○●陈年贵州茅台酒产于贵州省仁怀市茅台镇，原料为当地出产的有机高粱和小麦。是世界著名三大蒸馏名酒之一，是中国大曲酱香型白酒的鼻祖和典型代表，其酿造工艺列入中国首批非物质文化遗产名录，享有国酒之称，是绿色食品、有机食品、地理标志保护产品。
○●80年陈年贵州茅台酒其基本基酒酒龄不低于15年，按照80年陈年贵州茅台酒标准勾兑而成。
国酒茅台
Moutai China
【酿造高品位的生活】
茅台 国酒
贵州茅台酒
MOUTAI
AGED 80 YEARS
53%vol
500ml
PRODUCE OF
KWEICHOW MOUTAI CO.,LTD.
贵州茅台酒
贵州茅台酒

源于自然 传递新鲜
龙大

龙大

有机绿豆粉丝

哈尔滨老鼎丰食品有限公司

哈尔滨老鼎丰食品有限公司（糕点厂）始建于1911年，注册资金1.5亿元，资产总额1.8亿元。目前，已投资1.7亿元在哈尔滨利民开发区建设老鼎丰食品工业园。老鼎丰是黑龙江省食品行业骨干企业。

“老鼎丰”品牌是黑龙江省著名商标，始创于浙江绍兴，至今已有二百多年历史，连续两次被国家认定为中华老字号。老鼎丰公司在近百年的发展历程中以弘扬中国糕点传统文化为指导思想，把继承发扬和创新中国糕点传统文化有机的结合起来。经过老鼎丰几代传人的努力使其技术、工艺不断完善，并已自成体系。目前，糕点已发展形成上千品种，五十余个系列品牌，形成了配方独到、工艺独特，色、香、味、形俱佳，自成一派的“哈式”体系，具有很强的地域代表性，在中国食品行业乃至东北地区有较高的知名度和美誉度。

几十年来，老鼎丰牌糕点获得了近百项各级政府、协会授予的奖牌，其销售市场覆盖哈尔滨市及黑龙江省十三个地市，连续三年通过省邮政速递将产品远销到全国各地，年产糕点数千吨，深受广大消费者喜爱，老鼎丰品牌糕点是婚庆、节日馈赠亲友的最好礼品。

老鼎丰产品图片

RedBull
红牛
补充能量
精力十足
Red Bull
红牛
维生素功能饮料
牛磺酸强化型
EXTRA
净含量
RedBull
红牛
净含量250毫升
维生素功能饮料
红牛维他命饮料有限公司
RED BULL VITAMIN DRINK CO.,LT
消费者服务热线: 400-810-1128 http://www.redbull.com.c

诸城外贸
ZHU CHENG WAI MAO

诸城外贸有限责任公司

中国驰名商标

诸城外贸有限责任公司自1975年成立以来，承借改革开放的东风，艰苦创业，锐意进取，创立了“贸工农一体化，产加销一条龙”的经营模式，在全国率先实施农业产业化经营。

肉鸡宰杀流水线

经过35年的发展，公司现已形成良种繁育、食品生产、粮油加工、色素提炼、包装生产、饲料加工等六大主导产业，年繁育父母代种鸡500万套、商品代鸡雏1亿只、商品代鸭雏3000万只、肉仔兔100万只，年产饲料100万吨，年加工各类熟食品10万吨，年产玉米淀粉240万吨、变性淀粉30万吨、淀粉糖70万吨、肌醇2500吨，色素提炼达到年产2亿克的能力。

2009年公司实现销售收入81.1亿元，利税2.74亿元，出口创汇9037万美元；通过大力扶持农民发展畜禽饲养基地、规模化种植基地，公司带动了百万户农民致富，2009年向农村投放收购资金53亿元，为农民增加收入5.9亿元。

健康的企业形象、雄厚的经济实力、良好的企业信誉和优质的产品质量，赢得了社会各界的广泛赞誉，党和国家领导人江泽民、李鹏、乔石、朱镕基、温家宝、李岚清、曾庆红、吴官正、习近平、吴仪、姜春云、回良玉、陈慕华等先后莅临公司视察指导。

公司全体员工将以更加旺盛的斗志和努力拼搏的精神，全面贯彻落实科学发展观，与时俱进，抢抓机遇，不断提高企业整体素质和核心竞争力，为实现公司五年内规模、效益翻番的奋斗目标而不懈努力！

地址：山东省诸城市密州路东首 邮编：262200
电话：0536-6063672 传真：0536-6051092 网址：www.zcwm.com

《中国食品工业年鉴》（2010）编辑委员会

李建昌　　　国家工商行政管理总局商标局局长
刘卓慧（女）国家质量监督检验检疫总局质量监督司司长
安青虎　　　国家工商行政管理总局国际司司长
张晋京　　　国家食品药品监管局食品安全协调司副司长
周石平　　　国家工商行政管理总局信息中心主任
肖建华　　　中国合格评定国家认证认可委员会秘书长
乔　东　　　国家认证认可监督管理委员会认证认可研究所所长
季克良　　　贵州茅台集团董事长
李家顺　　　四川沱牌集团有限公司董事长
刘晓明　　　中央国家机关烹饪协会常务副会长兼秘书长
束长生　　　中国商品批发市场发展委员会副理事长

主　任

石秀诗　　　中国食品工业协会会长

常务副主任

刘　冶　　　中国食品工业协会常务副会长
熊必琳　　　中国食品工业协会副会长（兼）秘书长
沈　篪　　　中国食品工业协会副会长
姜增伟　　　中华人民共和国商务部副部长
王东峰　　　国家工商行政管理总局副局长
纪正昆　　　国家质量监督检验检疫总局标委主任
许宪春　　　国家统计局副局长
张玉香（女）中华人民共和国农业部总经济师
张　莉（女）工业和信息化部消费品工业司司长
苏　志　　　卫生部食品安全司与卫生监督局局长

常　委

张俊修　　　广东省食品行业协会会长
邹世华　　　河北省食品工业协会会长
崔兆全　　　四川省食品工业协会会长
庹文升　　　贵州省食品协会会长
鲍言富　　　山东省食品协会会长
赵五台　　　陕西省食品协会会长
赵国瑞　　　天津市食品工业协会会长
张大岭　　　河南省食品工业协会会长
杨润东　　　吉林省食品工业协会会长

袁仁国	贵州茅台酒厂有限责任公司董事长
万　隆	河南漯河市双汇实业集团有限公司董事长
王　勇	西王集团有限公司董事长
牛继星	山东鲁州食品集团有限公司董事长
宁高宁	中粮集团有限公司董事长
张　建	玛氏食品（中国）有限公司 副总裁
张　玲（女）	可口可乐饮料（上海）有限公司技术总监
李福成	北京燕京啤酒集团公司董事长
陈福泉	内蒙古伊利实业集团股份有限公司副总裁
姚忠良	白象食品集团董事长
唐　桥	四川宜宾五粮液集团有限公司总裁
曹树民	上海光明食品（集团）有限公司总裁
蔡永锋	中国食品工业（集团）公司总经理
李士靖	北京食品协会会长
刘自力	茅台集团茅台酒股份有限公司总经理
王巨波	贵州茅台酒厂集团啤酒有限责任公司总经理
刑海明	天津春发食品配料有限公司总经理
李家民	四川沱牌舍得集团副总经理、总工程师
杨永祥	宜宾高洲酒业有限责任公司董事长
黄建永	四川水井坊股份有限公司董事长
陈世勇	小洋人生物乳业集团有限公司董事长
倪永培	安徽迎驾集团总裁
谢　明	泸州老窖集团有限责任公司董事长
汪俊林	四川郎酒集团有限责任公司董事长

委　员

周以秋（女）	北京市食品协会常务副会长
张　媛（女）	天津市食品工业协会秘书长
吴龙妹（女）	河北省食品工业协会常务副会长
崔元斌	山西省食品工业办公室主任
段洪艳	辽宁省食品工业办公室主任
杨　林	国家博物馆综合考古部主任
杨润东	吉林省食品工业协会会长
车朝日	黑龙江省食品工业协会副秘书长
吴如瑾（女）	上海市食品工业协会办公室副主任
孙　林	江苏省食品工业协会秘书长
张　艳（女）	浙江省食品工业协会处长
汪　琳（女）	安徽省食品工业协会办公室主任
林勇毅	福建省食品工业协会副秘书长

编辑说明

一、《中国食品工业年鉴》是中国食品工业纪事、资料性的大型工具书，每年出版一部，各部分内容更新并保持连续。2010 版为总第 24 部。

二、《2010 中国食品工业年鉴》的结构体例根据食品工业行业特征做了一定的调整。

三、《2010 中国食品工业年鉴》中的统计数据，以国家统计局有关部门提供的数据为准。综述部分的全国性统计数据，均未包括台湾省、香港特别行政区、澳门特别行政区。

四、书中汇集的政策法规、专论，按原文载入，不再作技术处理。

五、《2010 中国食品工业年鉴》撰稿人署名一律在文章标题之后；辑录的资料，一般不署名。

六、《2010 中国食品工业年鉴》的编辑、出版、发行等工作，得到了中央和地方各有关部门、中国食品工业协会及各专业委员会、各地方食品工业协会、有关企业以及中华书局的大力支持和帮助，谨此表示衷心的感谢！

七、恳请读者对本书提出批评和改进意见，以便更好地为读者服务，为中国食品工业又好又快的发展服务。

《中国食品工业年鉴》编辑部

-目 录-

—— 第一部分·综述 ——

大事记

重点关注

专题论述

统计数据

—— 第二部分・行业分述 ——

—— 第三部分・地方分述 ——

-目 录-

—— 第四部分·食品安全 ——

安全瞭望

权威发布

—— 第五部分·食品科技 ——

—— 第六部分·食品文化及遗产 ——

—— 第七部分·品牌建设 ——

商标专栏

-目 录-

龙头企业动态

食品产业集群巡礼

—— 第八部分·政策法规 ——

-目 录-

—— 第九部分·附录 ——

第一部分

综　述

大事记

1月21日，农业部发布《动物检疫管理办法》和《动物防疫条件审查办法》。

2月6日，为贯彻落实《食品安全法》，切实加强对食品安全工作的领导，国务院印发了《国务院关于设立国务院食品安全委员会的通知》。中共中央政治局常委、国务院副总理李克强任该委员会主任。

2月20日，国家发改委、农业部发布《生态养猪及相关补贴政策》。

2月28日，国家主席胡锦涛签署第九号中华人民共和国主席令公布《中华人民共和国食品安全法》已由十一届全国人大常委会第七次会议通过，自2009年6月1日起施行。

3月4日，卫生部发布《食品检疫工作规范》。

3月8日，国务院办公厅印发《2010年食品安全整顿工作安排的通知》。

3月23日，国家工商总局发布《2010年流通环节食品安全整顿方案》。

3月25日，国家粮食储备局发布《粮食战略性问题研究项目管理办法（试行）》。

《中国食品报》报道：国家质检总局在官方网站上集中发布了产品质量信用“黑名单”，以惩戒违法违规企业。

4月1日，卫生部施行《食品检疫机构资质认定条件》。

4月3日，卫生部发布《预包装食品标签标准（征求意见稿）》和《预包装食品营养标签标准（征求意见稿）》。

4月22日，卫生部发布《可用于食品的菌种名单》。

4月28日，商务部公布对美白羽肉鸡产品返补贴调查初步裁决，美国应诉公司被裁定3.8%～11.2%不等的从价补贴率，未应诉公司从价补贴率为31.4%。

4月30日，卫生部发布《食品安全国家标准管理办法（草案）》。

5月1日，卫生部施行《餐饮服务食品安全监督管理办法》和《餐饮服务许可管理办法》。

5月14日，商务部施行《低温肉制品质量要求（1号修改单）》。

6月1日，国家质检总局发布《植物油抽提溶剂》、《食品生产许可管理办法》和《食品添加剂生产监督管理规定》。

6月13日，国家食药监局发布《保健食品生产企业日常监督现场检查工作指南（征求意见稿）》。

6月17日，国家食药监局施行《餐饮服务许可审查规范》。

6月19日，央行宣布进一步推进人民币汇率形成机制改革，增强人民币汇率弹性。

6月29日，中国工程院院士陈君石在举行的浙江省疾控中心成立十周年庆祝活动上表示，食品安全问题不仅危及我国消费者的健康，而且造成了巨大的经济损失。

6月底，在北京召开的第八届中国国际肉类工业博览会上，双汇集团董事长万隆获得了“中国肉类食品行业功勋企业家”称号。

7月，受国内外多种因素影响，以农产品为主的生活必需品价格涨声一片。

7月5日，卫生部发布《食品用香料、香精使用原则（征求意见稿）》和《食品工业用加工助剂使用原则和规定（征求意见稿）》。

7月6日，国家质检总局发布《进出口食品安全管理办法（征求意见稿）》。

7月11日，卫生部发布《食品安全国家标准 食品添加剂使用标准（征求意见稿）》、《食用盐碘含量（征求意见稿）》和《食品添加剂碘酸钾（征求意见稿）》。

7月12日，国家质检总局施行《监督生产者规范生产使用食品添加剂》。

7月16日，卫生部发布《关于磷酸酯双淀粉等14个食品添加剂的质量规格标准的公告》。

7月19日，针对群众反映强烈的“地沟油”回流餐桌问题，国务院办公厅发布关于加强地沟油整治和餐厨废弃物管理的意见，开展“地沟油”专项整治，严厉打击非法生产销售“地沟油”行为，严防“地沟油”流入食品生产经营单位。

7月21日，为防控食品安全事故发生，卫生部专门发布公告就食品中毒等进行预警。

7月22日，卫生部会同科技部、工信部、公安部等10部门发布了《2010年加强整顿违法添加非食用物质和滥用食品添加剂工作实施方案》。

7月底，著名亚洲投资基金赛富基金（SAIFPARTNERS）

以 10.7 亿元的溢价购入汇源果汁集团 22.98% 的已发行股本，成为汇源的第二大股东。

7 月 30 日，国家食药监局发布《餐饮服务单位现榨饮料管理办法（征求意见稿）》。

8 月 3 日，卫生部发布《营养改善工作管理办法》。

8 月 6 日，国家食药监局发布《保健食品生产企业日常监督现场检查工作指南》。

8 月 9 日，卫生部发布《进口无食品安全国家标准食品许可管理规定》。

8 月 18 日，国务院总理温家宝主持召开国务院常务会议，研究部署进一步促进蔬菜生产、保障市场供应和价格基本稳定的政策措施。

8 月 23 日，国家质检总局施行《关于发布食品生产许可审查通则（2010 版）的公告》。

9 月 1 日，卫生部施行《营养改善工作管理办法》。

9 月 8 日，袁隆平在北京举行的“21 世纪论坛”2010 年会议上表示，解决粮食短缺问题的唯一途径是科技进步，大幅提高单位土地的粮食作物产量。

9 月 15 日，最高人民法院、最高人民检察院、公安部、司法部联合下发《关于依法严惩危害食品安全犯罪活动的通知》。

9 月 16 日，国家质检总局发布《企业生产乳制品许可条件审查细则（2010 版）（征求意见稿）》。

9 月 18 日，卫生部、铁道部施行《铁道运营食品安全管理办法》。

9 月 20 日，国家新闻出版署正式发文：《关于同意〈中国食品质量报〉更名为〈中国食品安全报〉的批复》（新出审字 [2010]733 号）。

9 月 25 日，国家发改委发布《2011 年粮食、棉花进口关税配额数量、申请条件和分配原则》。

9 月 26 日，中国食品工业协会第六次全国会员代表大会在北京召开。田纪云、顾秀莲、陈锦华、袁宝华、王文哲被聘请为名誉会长，石秀诗当选为中国食品工业协会会长、刘治为常务副会长、熊必琳为副会长兼秘书长。会上，石秀诗会长代表新一届理事会向大会做了重要讲话。

10 月，居民消费价格（CPI）同比上涨 4.4%，其中食品价格上涨 10.1%。

10 月 14 日，国家粮食局发布《国家粮食质量检验检测机构管理暂行办法》。

10 月 19 日，应河南省人民政府邀请，全国人大财经委主任、中国食品工业协会会长石秀诗一行赴河南省调研考察，副会长兼秘书长熊必琳、副秘书长杜荷等陪同考察。

10 月 21 日，卫生部发布《蔗糖聚酯、玉米低聚肽粉、磷脂酰丝氨酸等 3 种物品为新资源食品》。

同日，国家食药监局发布《保健食品注册申报资料项目要求补充规定（征求意见稿）》。

10 月 22 日，国家食药监局发布《保健食品产品技术要求规范》。

10 月 26 日，卫生部发布《食品营养强化剂使用标准（征求意见稿）》。

同日，国家粮食局发布《中央储备粮代储资格认定办法实施细则》。

《中国食品报》报道：上海世博会食品安全保障系统运行良好，得到了世界卫生组织专家的肯定和称赏。

10 月 30 日，由中国食品工业协会主办，广东省食品工业协会承办，北京、上海、辽宁、山东、浙江、江西、河南、湖北、四川、云南 10 个省市食品行业主管部门、行业协会协办的“食品安全亚运行”活动及“亚运食品安全高峰论坛”在广州举行。

11 月 1 日，国家质检总局发布《企业生产婴幼儿配方乳粉许可条件审查细则》、《企业生产乳制品许可条件审查细则（2010 版）》和《食品检验机构资质认定管理办法》。

11 月 3 日，国家食药监局发布《食品安全信息公布管理办法》。

11 月 5 日～7 日，由中国食品工业协会和广东省中山市人民政府共同主办的“2010 年中国国际食品洽谈会”在中山市举办。

11 月 6 日，由中国国际跨国公司促进会、联合国开发计划署、贸易和发展大会、工业发展组织、环境绿化署、全球契约组织共同举办的第四届中外跨国公司 CEO 圆桌会议在中国大饭店举行，中国食品工业协会副会长兼秘书长熊必琳应邀参加会议并作主题演讲。

11 月 9 日，国内媒体关于植物黄油、氢化油中的反式脂肪酸对人体造成危害的有关报道引起了社会的广泛关注和强烈反响，卫生部召开新闻发布会表示，已采取了一系列措施对反式脂肪酸进行管理。

11 月 10 日，卫生部发布《食品安全国家标准管理办法》。

11 月 12 日，“中国郑州 2010 年产业转移系列对接活动以及签约仪式”在郑州市举行，国家区域性中小企业产权交易市场开盘仪式也同期进行。中国食品工业协会副会长张莉、副秘书长杜荷应邀参加上述活动。

11 月 15 日，卫生部施行《18 种食品添加剂扩大使用范围》。

11 月 17 日，国务院总理温家宝主持召开国务院常务会议，明确要求确保市场供应，促进价格稳定，完善补贴制度，必要时对重要的生活必需品和生产资料实行价格临时干预措施。

11 月 19 日，国务院发布《关于稳定消费价格总水平保障群众基本生活的通知》，出台了大力发展农业生产、稳定农副产品供应 16 条措施。在这些措施的作用下，农产品价格应声回落。

11 月 20 日，第八届中国食品安全年会在北京人民大会堂开幕。十届全国人大副委员长顾秀莲出席大会并做了重要指示。

11 月 22 日，工信部发布《食品工业用速溶茶》和《食品工业用茶浓缩液》。

11 月 24 日，国家食药监局施行《餐饮服务食品安全监管绩效考核办法（试行）》。

11 月 26 日，国家粮食局施行《国家临时存储食用油竞价销售交易细则》。

11 月 30 日，中国消协、中国保健品协会发布《保健食品消费指南》。

《中国食品报》报道：中国食品工业协会副会长兼秘书长熊必琳表示，今年的前三季度，全国规模以上食品工业企业完成总产值 44915 亿元，比上年同期增长 26%，预计今年全年食品工业总产值将达 53000 亿元。

12 月 1 日起，由卫生部起草并发布的《食品安全国家标准管理办法》开始施行。

同日，国家认监委施行《乳制品生产企业良好生产规范》和《粉状婴幼儿配方食品良好生产规范》。

同日，中国商业联合会施行《速冻食品 HACCP 体系应用标准》。

12 月 2 日，国家粮食局发布《中央储备粮油质量检查抽样检验管理办法》。

12 月 4 日，国务院施行《价格违法行为行政处罚规定》。

12 月 4 日～5 日，中粮集团董事长宁高宁在北京出席了 2010（第九届）中国企业领袖年会，并获评“2010 年度最具影响力的 25 位企业领袖”。

12 月 6 日，十一届全国人大财经委主任委员、中国食品工业协会会长石秀诗赴广东省东莞市考察“食品安全亚运行”活动开展情况。中国食品工业协会副会长兼秘书长熊必琳、广东省食品行业协会会长张俊修、中国食品工业协会副秘书长王伟等陪同前往。

12 月 7 日，长达两年的“天府状告百事追讨秘密配方”一案终于有了进展，即天府可乐配方及生产工艺等为中国天府可乐集团公司所有，百事可乐公司应停止使用并于法院判决生效日起 10 日内返还配方及生产工艺等资料。

同日，国家质检总局发布《关于食品添加剂生产许可工作的公告》。

12 月 9 日，工信部与黑龙江省人民政府在哈尔滨市共同召开食品工业企业诚信体系建设试点工作阶段总结暨黑龙江省现场交流会。中国食品工业协会副会长张莉、副秘书长王伟出席会议。

12 月 12 日～ 18 日，由商务部、工业和信息化部支持，中国食品工业协会、中国商业联合会、湖北省人民政府、武汉市人民政府主办，湖北省商务厅、武汉市商业局承办的中国食品博览会暨交易会在武汉国际会展中心举行。中国商业联合会会长张志刚，商务部、工业和信息化部、湖北省、武汉市有关领导及中国食协刘治常务副会长、杜荷副秘书长出席博览会开幕式。

12 月 16 日，全国食品安全办公室主任会议在四川省成都市召开。

《中国食品报》报道：我国奶业行业已经基本恢复到行业危机以前的水平，乳制品企业产品销售率达到 99.86%，同时生鲜乳质量安全处于历史较高水平。

《中国食品报》报道：卫生部着力清理整合现行食品标准，积极推进各项工作有序开展，取得了明显成效。

《中国食品质量报》报道：从中国食品安全联盟办公室获悉，中国食品安全大厦已经封顶。将在 2011 年 6 月份正式投入使用。

12 月 28 日，食品安全亚运行活动组委会在广州市召开了“食品安全亚运行”活动总结表彰大会。全国人大财经委主任委员、中国食品工业协会会长、食品安全亚运行组委会主任石秀诗，广东省人民政府副省长雷于蓝、中国食协副会长兼秘书长熊必琳，中国食协副会长、广东省食品行业协会会长张俊修、亚运高级合作伙伴加多宝集团和亚运食品供应商代表等出席大会。

重点关注

转变观念　依法履行职责　努力开创食品安全工作新局面

——卫生部部长陈竺在全国卫生系统学习贯彻《食品安全法》会议上的讲话

本次会议的主要任务是：动员和部署各级卫生行政部门认真学习贯彻《食品安全法》，履行法定职责，推进食品安全监管体制改革和监管制度建设，提高食品安全综合协调能力，切实做好《食品安全法》学习贯彻和食品安全整顿工作。刚才，全国人大法工委副主任信春鹰同志作了重要讲话，对《食品安全法》的立法背景、法律精神和主要制度作了精辟阐述，对正确理解《食品安全法》的各项法律制度，把握要点，增强责任感和紧迫感具有重要指导作用，希望大家认真学习，深刻领会。《食品安全法》的公布施行，对我国食品安全工作具有重要意义和深远影响，如何学习好、贯彻好、实施好这部法律，是当前各级卫生行政部门的十分紧迫的政治任务。下面，我谈几点意见。

一、统一思想，充分认识《食品安全法》的重大意义

《食品安全法》是在全党深入学习实践科学发展观，构建社会主义和谐社会的重要时期，顺应我国经济社会发展形势需要而出台的一部重要法律，体现了党和国家对保障食品安全、保护人民群众身体健康和生命安全的高度重视。《食品安全法》明确食品安全工作的宗旨是保护人民健康，赋予卫生行政部门食品安全综合协调的重要使命。食品安全工作是卫生工作的重要组成部分，各级卫生行政部门要统一思想，提高认识，理顺关系，把握大局，深入领会《食品安全法》出台的重大意义，积极行动，转变职能，切实增强依法履行职责的意识和能力。

（一）出台《食品安全法》是深入贯彻落实科学发展观的重大成果

科学发展观的核心是以人为本，键康是人的基本权利，食品安全直接关系到人民群众的身体健康，让人民群众吃上放心安全的食品，是促进社会和谐的基本要求。近年来，我国接连发生多起重大食品安全事故，特别是去年三鹿奶粉事件给人民群众健康造成严重伤害，给国家声誉和政府形象带来了恶劣影响，暴露出食品安全领域问题仍很突出，尤其是一些深层次的问题还未得到根本解决。当前，食品安全问题已成为人民群众最关心、最直接、最现实的利益问题。做好食品安全工作，提高食品安全水平已经成为广大人民群众的迫切要求，成为建设和谐社会的重要内容。胡锦涛同志在中央经济工作会议上强调，必须充分认识加强产品质量和安全工作的极端重要性，牢固树立安全发展的理念，把人民群众的生命安全放在至高无上的地位。制定《食品安全法》的重要目的就是通过法制化的手段，保证食品安全，保障公众身体健康和生命安全，是实践科学发展观的具体体现，必将有力促进社会主义和谐社会建设。

（二）《食品安全法》是维护社会稳定和民生的重要举措

食品安全直接关系人民群众切实利益，是重大的民生问题，党中央、国务院历来高度重视，始终将实现好、维护好、发展好最广大人民的根本利益作为一切工作的出发点和落脚点。在当前国际金融危机波及我国的形势下，食品安全问题更加敏感，不仅关系食品行业发展，甚至影响整个“中国制造”的声誉和中国的国际形象。胡锦涛同志指出，越是困难时刻，越要关注民生。食品行业覆盖面广、从业人员数量多，在国民经济中占有重要比重，尽快解决我国食品安全面临的问题，推动食品行业健康发展，不仅能够直接维护人民群众身体健康，也能在促进就业、调整结构、繁荣经济等方面发挥重要作用。《食品安全法》的公布，从法律上规范食品生产经营活动，防范食品安全事故发生，加强食品安全监管，约束行业自律，对维护社会稳定和改善民生发挥重要作用。

（三）《食品安全法》为加强食品安全监管工作提供了法律武器

我国1995年实施《食品卫生法》以来，各级政府和各监管部门依法强化监督管理，规范生产经营行为，查处违法案件，对保证食品安全、保障人民群众身体健康发挥了积极作用。《食品安全法》在食品卫生法律制度基础上，不断总结经验教训，特别汲取去年三鹿牌婴幼儿奶粉事件的

惨痛教训，在法律中明确了食品生产经营者是食品安全的第一责任人，以及建立食品安全全程监管的要求。《食品安全法》吸收国际先进管理理念，规定了食品安全风险监测和评估制度、食品安全标准制度、食品生产经营行为的基本准则、索证索票制度、不安全食品召回制度、食品安全信息发布制度等一系列制度，实现了风险评估、标准制定、食品检验、信息发布和事故处置的协调统一。明确了政府和各监管部门的监管责任，建立了问责机制。总之，《食品安全法》将科学的管理制度、有效的管理手段及明确的职责分工通过法律的方式予以规定，有利于食品安全监管体制不断完善，有利于实现食品安全的全程监管，为系统有序地解决当前食品安全问题提供了法律保障。

二、认真学法，全面理解卫生行政部门的法定职责

针对我国食品安全监管存在的体制、机制等问题，《食品安全法》明确了地方政府和各部门的职责，进一步理顺了监管体制，规定了国务院设立食品安全委员会以及县级以上地方人民政府建立健全食品安全监督管理协调机制，规定县级以上卫生行政部门承担食品安全综合协调职能。具体来说，《食品安全法》赋予了卫生行政部门六项主要职责，我们必须深刻理解和掌握这些职责所包含的任务和要求，全面履职，勇挑重任。

（一）承担食品安全综合协调工作

《食品安全法》规定：国务院卫生行政部门承担食品安全综合协调职责；县级以上地方卫生行政、农业行政、质量监督、工商行政管理、食品药品监督管理部门依照本法和国务院的规定，负责本行政区域的食品安全监督管理工作。法律确立了县级以上卫生行政部门在食品安全监管体制中的作用和定位。新的“三定”规定也明确了卫生部门的食品安全综合协调职责。按照《食品安全法》要求，卫生部门应在当地政府领导下，建立“统一、协调、权威、高效”的食品安全综合协调机制，实现协同配合，强化联合执法，强化信息沟通，形成工作合力。综合协调内容包括协调研究拟订食品安全监管工作法规、方针政策、制度措施，分析整体形势，落实重要部署，解决重大问题，协调重大专项行动，评价各部门、各级政府食品安全监管工作情况，协调重大食品安全信息统一发布、重大食品安全事故查处等。

（二）负责食品安全风险监测与评估

根据《食品安全法》的规定，食品安全风险监测与评估工作的主要任务是，由卫生部会同相关部门组织制定并实施国家食品安全监测计划，由省级卫生行政部门组织制定实施本行政区的食品安全风险监测方案，对食品污染物、食源性疾病以及其他食品安全风险进行监测、检验和评价，提高食源性疾病预防、调查、报告和应急处置能力，同时建立为风险评估提供足够技术能力的实验室网络、信息采集和分析网络以及流行病学调查报告网络。卫生部负责食品安全评估工作，应搭建起与国际接轨的食品安全风险评估技术平台，成立高水平的食品安全风险评估专家委员会，具备主动进行风险评估的能力。在对已知和潜在的有毒有害物进行系统研究的同时，提高对食品安全风险的识别和评价能力，为风险评估、风险管理及风险交流提供基础。

（三）组织查处重大食品安全事故

《食品安全法》规定，卫生行政部门负责组织查处重大食品安全事故，承担重大食品安全事故报告、现场处置、事故调查、卫生处理、流行病学调查、责任追究任务，各级政府制定食品安全事故应急预案。其中应急预案仍然需要卫生部门协助政府制定。各级卫生行政部门应建立食品安全事故查处机制和应急处置体系，事故发生前应加强评估预警，制定预案，做到早发现、早报告、早控制，发生后及时处置，全力救援，最大限度减少事故造成危害，同时应建立部门协调、信息通报、事故善后处理、整改督查回访等制度。

（四）发布重大食品安全信息

《食品安全法》要求国家建立食品安全信息统一公布制度，并规定了卫生部和各省级卫生行政部门统一公布信息的范围和内容，县级以上有关部门应当相互通报获得的食品安全信息。各省卫生行政部门应建立和完善食品安全信息交流平台，跟踪研究掌握当地食品安全总体情况，建设食品安全风险评估和风险警示信息数据库，建立食品安全信息统一公布制度。各级卫生行政部门应建立顺畅高效的食品安全信息报告机制，按照法律规定和权限，确保需要省级或卫生部统一公布的信息能够及时准确权威发布。各地还应建立食品安全信息收集通报机制和投诉举报受理机制，加强信息互联共享，广泛发动公众关注、参与食品安全工作，力争食品安全隐患能够及时发现。

（五）负责制修订国家和地方食品安全标准

《食品安全法》将食品安全标准制定的职责授予国务院卫生行政部门，并要求国务院卫生行政部门对现行的食用农产品质量安全标准、食品卫生标准、食品质量标准和有关食品的行业标准中强制执行的标准予以整合，统一公布为食品安全国家标准。对没有食品安全国家标准的，省级卫生行政部门可以制定食品安全地方标准。企业标准应报省级卫生行政部门备案，省级卫生行政部门负责组织

制定食品安全地方标准和企业标准备案。各省级卫生行政部门要尽快掌握标准制定的流程和标准制定应该考虑的因素，一方面对需要制定的地方食品安全标准进行梳理，并尽快制定标准的制定计划，另一方面还要积极研究企业标准的备案程序和要求。

（六）新产品的许可和检验规范制定

依照法律规定，卫生部负责对新的食品原料、食品添加剂新品种、食品相关产品新品种进行评估和批准，批准尚未制定食品安全国家标准进口的食品、食品添加剂以及食品相关产品；负责制定食品检验规范和资质认定条件。我部正在按照公开、公正、公平的原则制定相应的许可规定。

同志们，我们必须清醒地认识到，《食品安全法》赋予卫生行政部门的这六项主要职责，既是对各级卫生行政部门长期以来从事食品卫生监督管理工作成效的肯定，也是人民群众对卫生部门寄予的高度信任和重托。我们必须全面分析把握当前食品安全工作的形势和任务，按照今年卫生工作会议的要求，及时调整工作的重点、思路和方法，不辜负国家和人民群众对卫生部门的信任，紧跟政府职能调整工作的步伐，从卫生部门所承担的食品安全综合协调与综合监督的职责出发，增强综合协调工作的紧迫感、责任感，进一步明确职责，理清思路，落实责任，抓住《食品安全法》颁布实施的契机，勇于承担责任，积极做好食品安全综合协调及相关法律法规赋予卫生部门的各项职责。

三、总结经验，深刻把握当前食品安全形势

多年来，在党和政府的领导下，各级卫生行政部门始终坚持以人民群众生命健康为根本，按照《食品卫生法》规定，扎实做好食品安全各项工作。一是坚持以法律为准绳，加强食品法规和标准体系建设，完善食品卫生标准，担任国际食品添加剂法典委员会主持国。二是坚持以改革为主导，建立了从县、地（市）、省到国家四级卫生监督技术支撑体系及执法监督体系，拥有一支10万人的卫生监督和20万人的技术支撑队伍，改善执法和技术支撑条件，提高监督执法能力。三是坚持以科学为基础，建立了食源性疾病和食品污染物监测网络、食品卫生监测报告制度、食物中毒网络直报系统和应急处置和预警工作制度。四是坚持创新思维，改革监管模式，加强食品卫生监督执法工作，开展市场秩序整顿规范工作，查处了一批大案要案。五是坚持走群众路线，公布食品卫生监督举报投诉电话，定期公布食品卫生信息，发动群众参与对食品卫生的社会监督，提高全社会食品安全意识。可以说，我们各级卫生行政部门在食品卫生工作中，尽职尽责，不断探索食品安全监管体制和管理机制，为食品卫生工作付出了艰辛的努力，取得了明显成效。

我部自去年9月承担食品安全综合协调职责以来，按照国务院工作部署，主要开展了以下工作。一是做好三鹿牌婴幼儿奶粉事件应急处置工作，启动国家重大食品安全事故Ⅰ级响应，成立了国家处理三鹿牌婴幼儿奶粉事件领导小组，有力、有序、有效开展事件处置工作；二是联合工商、农业、质检等九部门，在全国范围内开展打击违法添加非食用物质和滥用食品添加剂专项整治，完成了第一阶段的自查自纠工作任务，正在组织开展清理整顿阶段的各项工作；三是部署《乳品质量安全监督管理条例》贯彻实施，启动了乳品质量安全标准的制修订工作，制定了工作方案，明确了工作任务和目标；四是建立食品安全综合协调工作机制，拟定了食品安全监管部际协调制度，食品安全风险评估制度、信息发布制度等配套制度，筹建国家食品安全科学委员会、咨询委员会。启动了国家食品安全风险监测和评估体系建设工作。

卫生部门承担食品安全综合协调工作时间短、经验少、人力不足、制度尚不完善，当前还面临着许多困难。一是中央和地方改革进度不一，造成过渡期间工作上下不对口。各省机构改革方案尚未完全批复，有的虽已批复，但具体的改革也尚未启动。上下不对口造成工作部署贯彻不及时、落实力度不够、信息沟通不畅等问题。二是各级卫生监督队伍面临职能调整和职能转变的挑战。食品卫生监督队伍是卫生监督体系的重要组成部分，目前基层卫生监督人员最关心卫生监督队伍的走向和归属，岗位调整、人员编制、执法队伍能否做到统筹资源、综合执法等现实问题。三是食品安全风险监测和评估职责难落实。目前承担食品污染物和食源性疾病监测工作的部门主要是各级疾病预防控制中心，但疾病预防控制机构较多侧重传染病防控，对这两项工作缺乏足够重视，不同程度存在经费缺乏、人员不足、设备落后、业务萎缩等问题，目前仅个别省份具备从事食品安全风险评估工作的能力，离《食品安全法》的要求相去甚远。如何解决这些难题是我们当前面临的重要挑战，将直接关系到《食品安全法》有关规定能否真正落实，直接影响到食品安全综合协调工作能否真正做好，各省要高度重视，尽快拿出有效措施，克服困难，为《食品安全法》实施做好准备。

当前，我国食品安全形势仍很严峻，三鹿牌婴幼儿奶粉事件暴露出我国食品生产经营领域存在的突出问题和主要矛盾。加上市场经济发展不平衡，市场竞争无序，企业诚信意识淡漠，不法分子见利忘义等多方面原因，一些食品行业长期存在“潜规则”问题给消费者健康和行业发展都带来不利影响甚至严重威胁。这些突出问题和主要矛盾，不仅损害了消费者健康权益，也阻碍了食品行业健康发展，还影响了党和政府的形象甚至国际声誉。总体上说，目前我国食品安全仍处于风险高发期和矛盾凸显期。当前严峻的食品安全形势，时刻提醒我们必须保持清醒头脑，告诫我们不容许有丝毫放松和懈怠，鞭策我们必须着力解决重要问题和复杂矛盾。

四、深入贯彻《食品安全法》做好食品安全综合协调工作

"天下之事，不难于立法，而难于法之必行"，法律的生命在于实施。做好《食品安全法》的学习贯彻工作，既是卫生行政部门的重要职责，也是提高食品安全监管能力的难得机遇。当前学习贯彻《食品安全法》的主要任务是：以完善体制、机制为核心，积极推进地方机构改革，建立食品安全综合协调机制；整合资源，明确卫生行政部门、卫生监督和疾病预防控制机构职能，全面提高食品安全综合协调能力，加快食品安全监测、评估、信息和事故查处体系建设。

（一）改革创新，尽快履行食品安全综合协调职责

根据国务院部署，目前已有大部分省份的政府机构改革方案获得国务院批准同意，其中食品药品监管部门均改由卫生部门管理，取消省级以下垂直管理模式，新的部门"三定"方案正在抓紧制订过程中。《食品安全法》已经明确规定县级以上地方人民政府依照本法和国务院的规定对食品安全工作负总责，卫生行政部门承担食品安全综合协调职责。各地按照国务院和地方机构改革的部署安排，在当地政府的统一领导下，通过改革创新，促进职能转变，全面履行食品安全综合协调职责，建立由卫生部门牵头、多部门联合、社会各界广泛参与的食品安全综合协调机制，建立食品安全综合协调组织机构和专门队伍，充实食品安全综合协调的监督力量。各地在改革中要始终坚持大部门、大卫生原则，大胆探索，整合机构，允许一个部门对口上级几个部门。要明确部门监督管理职责和责任，避免职责交叉和模糊。充分利用现有资源，尽可能减少改革的行政成本，充分依托现有的卫生监督队伍，发挥包括疾病预防控制部门在内的各类技术服务机构的优势。

各地要在当地政府领导下，建立健全食品安全综合协调机制，加强食品安全综合监督，统筹协调食品安全监管工作，确保食品安全监管政策统一，工作步调统一，信息发布统一，形成监管合力，提高监管效能。要建立食品安全监管部门议事机制、食品安全信息通报、发布机制、重大食品安全事故应急处置机制、食品安全风险监测、评估及预警机制等综合协调配套制度。要当好地方政府的参谋，发挥抓手作用，加强考核评估，协调督促有关部门履行食品安全监管职责，保证政府食品安全部署落到实处。要健全企业是食品安全第一责任人、地方政府对食品安全工作负总责、监管部门按职责分工各负其责的责任体系，配合纪检监察部门，加大行政问责力度，严查违法违纪行为，落实食品安全监管责任制和责任追究制。

（二）统筹资源，加强食品安全综合监督体系建设

《食品安全法》为了体现食品安全全程监管，在分段监管和综合协调工作机制基础上，规定了"食品安全风险评估、标准制定、信息发布、检验机构资质认定条件和检验规范、重大事故处置"五个协调统一。要做好这五项工作，必须下决心、下大力气加强食品安全综合监督体系建设。一是要加强食品安全风险监测体系建设。力争利用2年左右的时间，依托现有的疾病预防控制和医疗机构体系，充分利用各食品安全监管部门现有资源，在全国建立起覆盖食品生产经营各环节和各省、市、县并逐步延伸到农村的食品污染物、食源性疾病监测和总膳食调查体系，建立食品安全有害因素与食源性疾病监测数据库，逐步实现与国际接轨的食源性疾病监测、调查、报告和数据分析机制。各级医疗单位要落实食源性疾病、食物中毒等食品安全事故的报告责任，建立事故监测、报告和处置工作机制。二是要加强食品安全检验检测和风险评估体系建设。卫生部正在筹建国家食品安全风险评估委员会和国家食品安全风险评估中心，并将合理规划，在有能力的省份成立分中心。各省要结合本省实际，发展有特色的评估项目，不求大而全，但要小而精，要提高食品检验检测、有毒有害物质鉴定排查、风险评估和预警、技术仲裁能力，能够尽快承担食品安全风险评估任务，为搭建全国食品安全风险评估体系贡献力量。三是要加强食品安全信息管理体系建设。要整合目前分散在各部门、各环节的食品安全信息，协调建立部门间信息沟通平台，依托先进科技力量和手段，调动各方资源，实现信息的互联互通、资源共享，建立全面完整的信息数据库，提高信息管理水平和综合利用效果，加快食品安全信息统一公布制度建设，履行法定职责发布食品安全信息。四是要建立食品安全事故处置体系。要从食品安全事故的预案制定、事故报告、应急措施、事故调查、卫生处理、责任追究等方面建立食品安全事故处置机制。要在现有食品卫生监督队伍的基础上，抽调专业水平高的人员，尽快组建一支食品安全事故应急处置队伍，这支队伍不仅要包括从事食物中毒处置工作的卫生监督人员，也要包括能够开展现场卫生处理和流行病学调查的疾病预防控制人员，还要与医疗机构建立畅通的协调机制，确保事

故发生后病人能够及时救治。五是要加强食品安全标准专家队伍和工作队伍建设。我部正在组建食品安全国家标准审评委员会，筹建国家食品安全标准技术机构，亟需引入食品科学、农业、化学、工艺、环境等多学科、多领域广泛的人才。希望各省能够发掘推荐一批人员充实现有标准专家队伍。各省要加强能力建设，要培养一批了解国际食品标准、熟悉国家标准、能承担地方标准制定和企业标准备案工作的专业人员，尽快承担法律赋予我们的职责。各地要抓住当前有力时机，争取编制、财政、规划等部门支持，从组织领导、机构建设、队伍发展、能力提高、经费支持等各方面加强食品安全综合监督体系建设。

（三）精心准备，积极做好《食品安全法》宣传贯彻工作

与原《食品卫生法》比较，《食品安全法》在食品安全管理制度、监管体制、食品生产经营者要求及责任等方面都有很大改善。为推动《食品安全法》实施，各地要做好充分准备。一是要加快地方配套法规制修订。各级卫生行政部门要结合新规定和新职能，对原有的地方性法规进行全面清理，尤其是有些法规规定不再属于目前职责范围的，要认真处置，该移交的移交，该修订的修订，该废止的废止。目前国务院正在制订《食品安全法》实施条例，各地也要加强《食品安全法》地方配套法规建设。二是要完善食品安全标准体系。今年要完成国家乳品质量安全标准修订工作。同时，按照《食品安全法》要求，全面清理现行食品质量标准、卫生标准和行业标准，解决标准缺失、重复和矛盾问题，加强跟踪、研究和转化国际标准和国外先进标准，及时调整完善标准的内容和指标，逐步建立内容丰富、覆盖面广、科学性强，与我国社会经济发展相适应，与国际食品标准体系接轨，满足保障人民健康和贸易需要的食品安全标准体系。我部已将食品中农兽药残留限量、有毒有害污染物、致病微生物和真菌毒素限量、食品添加剂使用限量以及相应检验方法等标准的制修订工作列为近期的优先领域。加大标准的宣传和培训，强化食品安全标准实施。三是要加强宣传和教育工作。要有组织有步骤地进行专门培训，使各级卫生部门领导干部和广大卫生监督人员充分了解和掌握食品安全法律法规、规范和标准，强化食品安全行政执法意识和责任意识。要向企业大力宣传，不断强化企业是食品卫生安全的第一责任人，增强企业守法意识和自律行为，树立诚实守信的生产经营理念，严格按照有关规定组织生产，确保食品安全。要充分利用各种媒介，及时宣传食品安全法规，普及食品安全知识，提高公众食品安全意识，营造全社会监督食品安全的良好氛围。

（四）以学习贯彻食品安全法为契机，做好食品安全整顿的综合协调工作，形成整顿合力

针对我国食品安全存在的突出问题，国务院于今年2月印发了《食品安全整顿工作方案》，决定用两年左右时间，开展集中整顿，使食品安全各环节监管责任进一步落实，食品安全法规标准逐步完善，食品行业自律显著加强，农产品和食品质量安全水平明显提高，人民群众饮食安全得到切实保障。今年中央纪委三次全会，要求切实解决损害群众利益问题，把食品药品安全作为首要任务。我们要将学习贯彻《食品安全法》和落实党中央、国务院部署有机结合，按照整顿工作方案要求，履行综合协调职能，形成整顿合力。一是要会同各有关部门，在地方政府领导下，制定切实可行的整顿工作实施方案，将整顿工作任务进行分解，将任务分解到各个环节、各个监管部门、各个工作阶段，明确工作内容、工作目标、工作时限、考核指标和具体责任人员，做到整顿工作组织领导到位、任务分解到位、责任落实到位。二是加强整顿工作的指导、评估和检查，要会同有关部门，对照工作方案，对各部门、各环节的整顿工作进展情况开展监督检查，督促有关部门切实履行职责，抓好整顿工作的落实，确保整顿工作的顺利进行。对工作不落实、进展缓慢、工作效果不显著的部门和地区，要责令其限期整改，按时按质完成工作任务；对工作马虎、走过场、流于形式、造成重大食品安全事故的，要追究地方政府和部门主要负责人和相关责任人的责任。三是要加强食品安全监管的制度建设，根据整顿工作中发现的问题，对相关食品安全法规和规章、制度进行分析，及时修订和完善管理制度。及时总结整顿工作中的典型做法和经验，形成长效工作机制，补充到管理制度中，增加规章制度的可操作性。四是要加强整顿工作的宣传工作，大力宣传食品安全整顿工作的措施和成效，增强消费者食品安全信心。

同志们，食品安全是关系党和国家事业发展全局、关系人民群众根本利益的重要工作，责任重大、使命光荣。我们一定要牢记党的宗旨，狠抓《食品安全法》的贯彻实施工作，把这部法律学习好、宣传好、执行好。我们要在以胡锦涛同志为总书记的党中央领导下，高举中国特色社会主义伟大旗帜，全面贯彻党的十七大精神，认真落实科学发展观，求真务实，开拓进取，不断开创食品安全工作新局面，为实现全面建设小康社会奋斗目标做出更大贡献。

强化落实责任　突出保障安全
全面推进产品质量安全监管长效机制建设

——质检总局副局长魏传忠在2009年全国产品质量监督工作会议上的讲话

这是我第一次出席全国产品质量监督工作会议。很高兴能和各位代表一起探讨推进产品质量监督工作的有关问题。重庆市委、市政府对在渝召开的这次会议给予了高度重视和大力支持。刚才，谢小军副市长代表市政府专程到会，并发表了热情洋溢的讲话。在这里，我代表质检总局党组和与会代表，向重庆市委、市政府多年来对质检工作的支持和帮助表示衷心的感谢！

去年，“三鹿奶粉事件”发生后，特别是全党开展深入学习实践科学发展观活动以来，党中央、国务院和各级党委、政府把产品质量安全放到了更加突出的位置，全国质检系统更是以“三鹿奶粉事件”为警示，以深入学习实践科学发展观活动为契机，紧扣“提高质检水平，服务科学发展”的主题，在加强产品质量安全监管方面提出了一系列新思路、新举措。这次会议选在第一批学习实践科学发展观活动即将结束之际召开，目的就是更好地巩固成果，推进工作，落实各项整改措施，全面推进质量监督工作科学发展上水平。刚才卓慧同志作了一个很好的工作报告，对2008年工作进行了系统总结，对今年的工作进行了全面部署，我都十分赞成。这次会议的主题就是强化落实责任，突出保障安全，改革创新工作，完善各项机制。下面，我讲三点意见。

一、积极应对危机与挑战，过去一年质量监督工作经受住急难险重任务的考验，发挥了重要作用

2008年是很不寻常、很不平凡的一年。我国遭遇了南方冰冻雨雪灾害和汶川大地震等自然灾害，经历了“三鹿奶粉事件”和国际金融危机对我国经济的负面影响。在挑战和考验面前，全国质量监督战线的同志们按照党中央、国务院和总局党组的部署要求，以学习实践科学发展观活动为契机，紧密围绕大局，发扬良好作风，认真履行职责，各项工作取得明显成效。

（一）积极开展深入学习实践科学发展观活动，突出实践特色，重在取得实效

按照中央和总局党组学习实践活动的部署要求，质监部门参加第一批学习实践活动的各个单位，积极参与，严密组织，精心安排，围绕总局党组提出的“七个新”的工作目标，紧密结合实际，深入开展调研，认真分析查找突出问题，明确整改落实目标、时限和责任，实现了各个阶段规定动作全完成，自选动作有特色。特别是通过认真反思“三鹿奶粉事件”，按照国务院和总局党组的要求，结合学习实践活动整改思路，监督司组织部分省局研究起草了《国务院关于进一步加强产品质量安全工作的决定（代拟稿）》，对新形势下进一步加强产品质量安全监管工作提出了一系列新要求和新举措。各级质量监督部门都把学习实践活动作为改革完善自身工作的重大机遇和强大动力，紧密结合工作实际，进一步解放思想，着力解决不符合不适应科学发展的突出问题，改革完善监管措施，不断加大服务力度，有力地促进了各项工作。

（二）积极应对突发事件，组织协调有力，发挥积极作用

在去年面临的各种重大事件中，广大质量监督战线的干部职工坚决贯彻落实党中央、国务院及地方党委政府和总局党组的各项部署要求，以维护人民群众切身利益、维护党和政府形象、维护中国产品信誉为己任，作了大量卓有成效的工作。积极响应支援救灾一线和服务灾后重建，加强救灾和灾后重建物资质量监督，深入灾区开展检验检测；全力以赴配合做好“三鹿奶粉事件”应急处置和工作，参与协调制定《奶业整顿和振兴规划》，迅速组织研究确定三聚氰胺检测方法，开展乳制品集中整治和三聚氰胺检测能力提升，严格驻厂监管，严把乳制品检验关，在关键时刻展示了能吃苦、善战斗、讲奉献、顾大局的精神风貌，发挥了积极作用。

（三）切实履行产品质量监督职责，完善监管措施，加大监管力度

各级质监部门坚持从源头严把产品质量安全关，努力提高产品质量总体水平，维护人民群众生命健康财产安全，服务经济社会发展。全力保障奥运焰火和建材产品质量安全，建立有效监管机制，开展供奥焰火和建材质量跨地域合作监管；积极参与开展产品质量专项整治行动，加大对重点产品、重点项目、重点区域问题产品的整治力度；大力加强对食品、日用消费品、建筑和装饰装修材料、农业生产资料等产品的监督抽查，增加抽查频次，扩大抽查覆

盖面，严肃查处不合格产品生产企业；严格生产许可证管理，规范现场审查和产品检验，严把涉及人身健康安全和国家产业政策的重点产品许可条件审查关，加大淘汰落后生产设备和生产工艺力度，强化证后监管，严厉打击违法违规生产和无证生产；进一步加强产品质量检验机构监管，着力提升重要产品检验能力，服务地方优势产业发展，为产品质量监督工作提供有力技术保障；积极推进机动车安检机构监管工作，规范安检机构规划设置和资格审批，积极开展安检机构监管队伍、审查人员和检测人员的培训，着力提高机动车安全检测水平；制定了《全国重点产品质量安全监管指南》，突出涉及人体健康和人身财产安全、涉及国计民生的重要产品监管，加强了对全系统实施重点产品监管工作的指导；把贯彻落实十七届三中全会和中央经济工作会议精神与产品质量监督工作紧密结合起来，提出了服务农村改革与发展、服务扩内需、调结构、促增长的具体措施，在服务党和国家中心工作中发挥了积极作用。全国质量监督系统通过进一步改革监管制度，完善监管措施，坚持把关与服务并举，促进了产品质量安全监管长效机制建设，取得了明显成效。

成绩来之不易，这是党中央、国务院以及地方党委、政府和总局党组正确领导的结果，是质量监督战线广大干部职工同舟共济、迎难而上、拼搏进取、无私奉献的结果。借此机会，我代表总局党组向艰苦奋战在产品质量监督战线的全体干部职工表示衷心的感谢和崇高的敬意！

在充分肯定成绩的同时，我们也要清醒地看到，产品质量监督工作仍然存在薄弱环节和不足。特别是“三鹿奶粉事件”给我们的启示，告诉我们必须以此为鉴，举一反三，深入学习实践科学发展观，坚持以人为本，维护好、实现好、发展好最广大人民的切身利益；坚持统筹兼顾，统筹好产品质量安全与经济社会各个方面、统筹好产品质量安全监管各项工作的协调发展；坚持可持续发展，不断加强产品质量监督法制建设，改革创新监管制度，着眼于建立完善产品质量安全监管长效机制，服务经济社会的全面可持续发展，促进产品质量监督事业和产品质量监督队伍建设的全面可持续发展。这些都要求我们要认真查找和解决工作中不适应、不符合科学发展观要求的突出问题，科学准确定位职责，强化权力和责任的统一，加强总局和地方工作的统筹规划和协调，进一步加大监管力度，突出监管重点，完善监管机制，落实监管责任，提高监管效能。2009 年，产品质量监督工作依然面临十分繁重的任务和严峻的挑战，必须团结一心，再接再厉，开拓进取，奋发有为，努力促进产品质量监督工作科学发展上水平。

二、认清当前形势和任务，进一步增强责任感和使命感，努力开创产品质量监督工作的新局面

当前，国际经济环境和国内经济形势十分严峻，我国经济发展面临诸多困难和挑战，质量问题也被放在经济社会发展更加突出的位置。胡锦涛总书记强调：“增长质量和产品质量关系发展可持续性，关系人民群众切身利益，关系国家形象”，“如果增长粗放和产品质量不高的问题不能得到全面有效解决，总有一天会引发系统性风险，甚至会引发信用危机和社会动荡，反过来会影响发展进程。我们必须警醒，痛下决心加快解决我国经济发展质量不高的问题”。胡锦涛总书记这段话语重心长，对我们产品质量监督工作提出了新的更高要求，产品质量监督工作面临着前所未有的新挑战，也蕴含着加快发展的新机遇。在中央经济工作会议上，胡锦涛总书记和温家宝总理都对产品质量安全工作作出了非常明确的指示，提出了非常明确的要求，都讲了很长一段话，并把今年确定为“质量和安全年”。这在历届中央经济工作会议上是没有过的。从 2007 年国务院部署开展全国产品质量和食品安全专项整治行动，到去年的“三鹿奶粉事件”以后，党中央、国务院对产品质量的重视达到了前所未有的高度，各级党委、政府和全社会高度关注，大家也切身感受到了。这既给我们的工作带来了严峻的挑战，增加了压力，也给质量工作的发展带来了前所未有的机遇。这就看我们如何按照党中央、国务院的部署要求，做好新形势下的质量监督工作。所以，我们一定要抓住机遇，加快发展。各级产品质量监督机构要深刻学习领会十七届三中全会和中央经济工作会议精神，认真贯彻落实党中央、国务院和地方党委政府、总局党组的重大决策部署和重要政策措施，充分认识肩负的重要责任和历史使命，切实增强做好各项工作的责任感和紧迫感，把握机遇，迎接挑战，努力开创产品质量监督工作的新局面。

（一）要紧紧把握服务经济社会又好又快发展的主题，努力在提高产品质量监督工作有效性上取得新进展

中央经济工作会议提出，必须把保持经济平稳较快发展作为今年经济工作的首要任务，并强调要坚持保持增长速度和提高质量效益相统一，进一步提高经济发展质量和水平。各级产品质量监督工作机构一定要从党和国家工作大局出发，充分认识加强质量监督工作的重要性和紧迫性，紧紧围绕中央提出的“扩内需、保增长、调结构、惠民生”的目标要求，深入开展“质量和安全年”活动，充分发挥质量监督工作的重要作用，采取有效措施，监督和帮助企业落实产品质量安全主体责任，引导和服务百姓消费，努力提高产品质量安全总体水平，为实现我国经济又好又快

发展提供有力保障。

1. 紧扣扩内需、保增长，加大涉及灾后重建和重点工程投资项目建设物资的监管力度，积极培育优质产品、优秀企业和优良品牌，扶持自主创新型产品和自主品牌，不断提高产品、企业和产业竞争力。

2. 紧扣促进产业结构调整和优化升级，严格生产准入条件，加大对产业政策鼓励类产品的引导和扶持力度，依法淘汰对不符合国家产业政策、不符合节能减排要求、不符合环境保护、不符合结构调整和优化升级的产品，严把许可准入关。

3. 紧扣关注民生、构建和谐社会，加大对百姓日用消费品等民生产品，特别是加大食品和妇女、儿童、老年人、残疾人等弱势群体安全保障产品和涉及灾区群众生活的产品的监管力度，维护百姓消费安全。

4. 紧扣服务农村经济社会发展，加大涉及“三农”产品，特别是围绕保春耕生产和开展“家电下乡”活动，加大农业生产资料和“家电下乡”产品的监管力度，积极保障农业生产安全，服务农村建设和农民生活。也可以说，这两点是当前质量监督工作的重点。“家电下乡”工作是中央采取的扩内需、保增长的一项重要举措。但是，一些不法商人也借机把一些假冒伪劣商品推销下去。对这个问题，中央领导高度重视，也多次进行了批示。前段时间总局专门发了文件，要加强监管工作，质量监督部门和执法打假部门的同志要积极配合，努力做好这项工作。当前春季生产也进入了高峰阶段，农资要保证质量，加强监督抽查。

（二）要紧紧把握处理好服务与监管的关系，努力在改进和完善产品质量监督工作机制上取得新成果

按照科学发展观的要求和王岐山副总理的指示精神，如何寓监管于服务之中，如何处理好、解决好服务与监管的关系，是产品质量监督工作要深入研究、脚踏实地做好的重要课题。这要求我们必须紧紧围绕服务地方经济、维护百姓利益、促进企业发展上做文章，积极探索在实施服务地方经济社会发展、服务百姓、服务企业中实现监管的有效途径，通过改革监管服务方式，完善监管服务机制，创新监管服务举措，强化监管服务手段，切实维护人民群众生命健康和财产安全，促进地方经济发展和社会和谐稳定，帮助企业提高产品质量和竞争力，构建特色鲜明、充满活力的产品质量监督工作机制。寓监管于服务之中，是王岐山副总理多次对我们质检部门提出的要求，是当前做好我们监管工作的一个大课题。王岐山副总理特别强调服务，服务做好了，我们的监管自然在其中了。因此，要把寓监管于服务之中作为我们做好工作的一个重要方向。

1. 寓监管于服务地方经济社会发展中。紧紧围绕地方党委、政府的中心工作，深入研究和充分利用产品质量监督现有政策措施，通过科学统筹规划和扎实有效的工作，最大限度地发挥引导区域经济发展，促进地方产业结构调整升级与产业进步，提升行业、区域整体质量水平的作用。

2. 寓监管于服务企业发展中。转变监管理念，把服务和监督紧密结合起来，对发现的产品质量问题，不能简单地一罚了之。对守法经营企业要了解和帮助企业解决质量管理和检验技术方面存在的困难和问题，引导和帮助企业建立健全质量保证和诚信体系，切实提高产品质量安全水平，推动企业走质量效益型发展道路。对蓄意违法行为要严厉打击，为守法企业创造公平竞争的市场环境。

3. 寓监管于服务人民群众生产、生活中。积极解决人民群众最关心、最直接、最现实的产品质量问题，维护人民群众利益。要把人民群众关注、关心的质量问题，作为监管重点，加强对与人民群众生产、生活密切相关的产品质量安全监管。要关注和重视消费者投诉、举报，帮助消费者解决质量纠纷，维护消费者权益。要广泛收集消费者的意见建议，加强对反映集中和问题突出产品的质量监管。要充分利用和公开监管信息，指导百姓消费。

（三）要紧紧把握落实产品质量安全监管的责任，努力在加强产品质量监督工作薄弱环节上取得新突破

近年来，产品质量和食品安全事件时有发生，引起国内外广泛关注。我们必须深刻汲取以往的经验教训，牢固树立以人为本、监管为民的理念，着力转变思想观念，积极探索科学履行监管职责的有效途径，落实履行职能的具体措施，加快完善监管工作机制，不断提高监管效能和水平。

1. 要加快研究建立产品质量安全风险监控制度，有效控制重大质量安全问题的发生，提高应急处置能力。加强产品质量安全风险管理，制定风险监控方案，建立质量安全风险研判、预警和快速处置等工作机制，加快风险监控专家队伍建设。充分发挥科研院所、检测机构及社会各界在风险信息采集、风险分析评估、研判全过程中的作用，对可疑的、潜在的质量安全风险问题进行研究，及时查找和确定风险源和风险危害程度，及时预警，实施安全防护与快速处置。通过开展风险监测和预警，做到早发现、早研判、早预警、早处置，提高监管工作的针对性和有效性。过去，我们工作的一个薄弱环节，就是在产品质量安全风险的监测、分析、研判、预警、处置这方面缺乏健全的力度和机制。所以，对我们的工作有时候带来很大的被动。通过“三鹿奶粉事件”对我们带来的警示和提示，总局党组也确实感到我们全系统要在风险预警、监测、研判发布处理上要建立和完善制度和机制，目前也正在组织有关方面在研究建立这个机制的方法。全系统也要把这项工作放在一个重要的位置。今后，我们必须要建立一个以风险监测预警为中心的质量监督网。我们开展监督抽查就是要进行风险监测，这也一直是我们工作的重点。我们还要建立专家委员会，还要把检测机构、社会组织、群众举报反映的质量安全问题和一些领导的批示，作为我们做好风险监测工作的基础，一定要高度重视。

2. 要加强以县级局为重点的基层建设，夯实产品质量监督工作基础。要把基层建设作为产品质量监督工作的重要基础，认真研究解决基层建设面临的重大问题。要以县级局为重点，深入了解基层存在的困难和问题，加强对基层工作的服务、培训和指导，多为基层办实事，提高基层产品质量监督工作的能力和水平，不断增强凝聚力和战斗力。要积极争取各级人民政府的支持，加大投入力度，进一步推动解决基层检验检测能力薄弱、经费保障不足、技术装备水平低等问题，为基层履行职能创造良好条件。

3. 要建立良好的沟通协调机制，加强与有关各方的配合与协作。实践经验证明，靠我们一个部门、一个单位或一项监管措施，不可能抓好产品质量安全工作。要积极与有关部门、行业协会建立良好的工作关系和沟通合作机制，充分发挥部门和行业的作用，针对共同关心的问题，深入开展交流与合作，寻求为行业、企业服务的切入点，通过相互配合，共同促进行业自律，加强行业治理，提高行业整体质量水平。要建立总局与地方局之间、各地方局之间沟通协作机制，建立产品质量监督各项业务之间和与质量技术监督其他业务之间的统筹协调机制，充分利用全系统的监管资源，相互配合，相互促进，统筹兼顾，协调发展。通过切实转变工作方式，充分调动有关各方的积极性，谋求合作发展，努力构建产品质量安全监管工作新格局，逐步形成过程监管和事后监管相结合、监督与服务相结合、治劣与扶优相结合的产品质量安全监管机制，提高监管效果，促进监管工作上水平。

4. 加大对产品质量监督工作的正面宣传力度，正确引导社会舆论。充分发挥舆论的监督作用，加强与新闻媒体的联系与沟通，坚持正确的舆论导向，引导新闻媒体科学、严谨、客观、准确地报道涉及产品质量安全的信息，在加大对质量违法行为、质量问题严重的产品和企业的曝光力度的同时，要积极加大质量监督工作正面宣传力度，广泛宣传质量监督工作的有关政策法规和在加强产品质量安全监管方面采取的有力措施，积极传播产品质量知识，争取社会公众对产品质量监督工作的理解和支持，营造良好社会舆论氛围。同时，要重视和加强对产品质量监督工作信息和舆情的分析，及时、准确地研判形势，并制定妥善有效的对外宣传口径和应对预案。在新形势下，我国经济社会发展的新时期，全社会对产品质量的关注度空前提高，正确的舆论引导，可以为我们工作创造良好的发展环境，取得社会各界和各级党委政府的大力支持。如果一些媒体有一些误导，将给我们工作带来极大的被动。因此，我们要把宣传工作和其他工作一样，列入我们工作的重要议事日程，一起抓，指派专人负责。我们要加强宣传，要和新闻媒体建立良好的合作关系，这很重要。

三、强化落实责任　突出保障安全
全面推进建立产品质量安全监管长效机制

2009 年，全国产品质量监督工作要紧密围绕贯彻党的十七届三中全会、中央经济工作会议精神，落实党中央、国务院的各项重大决策部署，按照全国质检工作会议的要求，深入开展“质量和安全年”活动，全面推进建立产品质量安全监管长效机制，不断提升产品质量监督工作水平。做好今年的质量监督工作，要着力从以下三个方面入手。

（一）强化落实责任，切实有效地履行产品质量安全监管职责

前不久，王岐山副总理到河北视察工作时强调，加强产品质量安全监管，要切实落实三个责任，即企业的主体责任、相关部门的监管责任和地方政府的领导责任。各级质量技术监督部门要按照国务院要求，紧紧围绕明晰和落实产品质量安全责任，着力创新完善产品质量安全监管工作机制，切实全面履行职责。

1. 明确各方责任。要建立完善和落实产品质量安全责任制，明确相关责任主体及其职责，合理界定企业的主体责任、产品质量监督部门的监管责任和地方政府的领导责任。要建立健全从总局到基层局的产品质量安全监管责任体系，进一步明确细化监管工作各个环节、各类机构、各个岗位、各类人员的监管责任，严格落实责任，严格责任追究。要进一步明确与相关部门监管职责的界定，杜绝推诿扯皮，加强相互衔接和协作配合，切实形成合力，加强产品质量安全监管。

2. 加大企业落实产品质量安全主体责任的宣传和监督。要向企业和社会广泛宣传《产品质量法》等法律法规的规定，明确企业是产品质量安全的责任主体，对发生的质量安全问题，企业法人和各环节相关人员要承担相应的法律责任。督促和要求企业建立完善质量安全控制体系，抓住影响产品质量安全的关键环节，严把产品质量安全关；加强产品质量安全风险控制，及时消除产品质量安全隐患，

切实降低质量安全风险；落实企业社会责任，发现产品质量安全问题，应当及时主动召回和处理，并向有关监管部门报告。各级产品质量监督部门要加强对企业落实主体责任情况的监督。

3. 紧紧依靠地方党委、政府的领导。要主动汇报、积极协调，将产品质量监督工作纳入地方各级党委、政府的工作规划，列入目标责任制考核。要在地方各级党委、政府的领导下，切实落实地方党委、政府的各项部署要求。要积极争取地方党委、政府对产品质量安全监管工作有关经费和技术机构建设的重视和关心，着力解决产品质量安全监管工作中存在的困难和问题，为加强产品质量安全监管工作提供有力保障。

4. 切实依法履行监管职责。要建立完善有效的产品质量监督工作机制，抓好各项监管制度措施的落实。要加强各级产品质量监督工作人员的法律法规学习培训，努力提高法律意识和整体素质，切实把《产品质量法》、《工业产品生产许可证条例》等国家和地方现行有效的法律法规、政策制度落实到位；要结合实际，依法制定和完善相关配套法规和政策制度，深化落实各项制度的具体措施，增强可操作性，提高有效性；要按照“有权必有责、用权受监督”的原则，积极完善监督制约机制，加强对各项工作的绩效考核和日常监督，对发现的违规情况，加大通报力度，并依法追究有关负责人的责任，为切实有效地履行各项职责提供重要保障，不断提升工作水平，推进依法有序实施监管。

（二）突出保障安全，推进建立产品质量安全监管长效机制

根据国务院关于开展“质量和安全年”活动的要求，总局研究制定了《全国质检系统“质量和安全年”活动方案》，即将组织实施。各级质量监督部门要按照国务院和总局的统一部署，在地方各级党委、政府的领导下，与有关部门密切配合，扎实工作，把开展“质量和安全年”活动作为2009年工作的重中之重，突出保障安全，全力抓好落实，确保“质量和安全年”活动取得实效，维护人民群众生命健康安全。要通过开展“质量和安全年”活动，使企业质量安全主体责任进一步落实，全社会质量安全观念进一步增强，产品质量安全监管体系进一步完善，产品质量安全总体水平进一步提升，群众对质量安全的满意度进一步提高，有力地推动扩大内需、稳定外贸、优化结构、促进增长。

1. 要进一步加强产品质量安全监管法制建设。加快推进《产品质量安全监督管理条例》的立法进程，抓紧建立完善产品质量监督抽查、产品质量检验机构和机动车安全技术检验机构监督管理等产品质量监督工作重要部门规章，建立健全符合新形势、新任务要求的各项监管制度，完善监管工作体制机制，进一步提高产品质量安全监管工作的科学化、法制化和规范化水平，为产品质量安全监管长效机制建设提供法制保障。

2. 要建立完善产品质量安全分类监管制度。要建立监管区域企业质量档案，根据企业产品质量监管信息和诚信体系建设的状况，制定分类监管方案，对企业及其生产的产品实施动态监管。对质量稳定性差、诚信度较低的企业，要重点监管和整治，加大巡查、抽查频次，加大质量投诉信息的采集和明察暗访力度；对质量稳定性较好、诚信度较好的企业，要突出质量问题的预防，以巡查为主，抽查为辅，加强对企业生产条件、质量保证体系等必备条件落实情况的检查指导，督促和帮助企业对存在的问题进行整改；对质量长期稳定、信誉高的企业，要做好服务，围绕帮助企业建立完善质量保证和诚信体系，科学确定巡查和抽查频次，督促规范和落实良好的售后服务制度。通过分类监管，强化企业落实产品质量安全主体责任，实现科学有效地履行监管职责。科学的监管制度非常重要，关键是要落实企业的主体责任。

3. 要加大对直接涉及人体健康和人身财产安全的产品监督抽查的力度。加强监督抽查工作的统筹规划和协调，科学规划和制定抽查产品计划，加快实施全国监督抽查联动机制，突出重点、分类监管。对质量安全风险高的产品，要增加市场抽样，提高抽查频次，扩大抽查覆盖面。要公开监督抽查工作程序、检验标准和抽查结果，严格监督抽查后处理的机制和措施，加强后处理工作中与其他相关部门和地方局的沟通协调，提高后处理时效性、可操作性和执行力，对质量安全问题严重的企业予以曝光和依法查处，增强震慑力。强化对监督抽查不合格企业的后续跟踪和监管，进一步提高监督抽查的有效性。

4. 要严格对直接涉及人体健康和人身财产安全产品的生产许可准入。要根据国家产业政策和产品质量安全风险、质量状况、技术发展等，制定严格的准入条件，对重点产品提高准入门槛，按照国务院行政审批改革精神，动态调整生产许可证产品范围，及时将带有行业性质量安全问题的产品纳入生产许可证管理，逐步取消和缩减对安全风险低的产品生产许可。要进一步调整生产许可审批权限，逐步对省级质量技术监督部门有条件、有能力承担的部分产品生产许可审批工作，交由省级质量技术监督部门负责，实现权责一致，提高监管效能。要严格生产许可涉及安全的条件审查和产品安全指标的检验，严把生产准入门槛，保证企业具备生产符合质量安全要求产品的能力。要大力加强证后监管，对发现降低准入条件的、产品不能持续符合标准要求的，严肃依法处理，并依法查处无证生产经营和违法生产经营行为。

5. 要采取积极有效的措施加大产品质量检验机构监管力度。要制定有效的产品质量检验机构监管制度，完善和落实监管措施，实施分类监管和考核定级，加强监督检查，规范检验行为，保证检验结果的科学、准确和公正。加大违规违纪行为查处力度，对存在问题的机构和个人，要依法及时作出处理；问题严重的，依法撤销其相应授权和资质，不得承担监督抽查、生产许可检验等工作任务。要采取切实有效的措施，加快解决技术装备、专业人才、检测技术和管理机制等方面存在的问题，特别要重点解决涉及安全的产品和检验项目不能检、检不准的问题，大力推进产品质量检验机构能力提升，不断提高技术保障能力。我们抓产品质量有两个重点。一个是企业的主体责任，要对产品质量负责，要建立企业内部严格的质量安全控制制度，配备必要的检测设备。第二个就是要抓检验机构，检验机构承担对某些产品的检验责任，必须要作为一个工作重点来抓。要对检验机构进行全过程的严格监管，建立严格的准入制度和退出制度，根据检验机构的诚信度实施分类管理。

6. 要全面推进机动车安全技术检验机构监管工作。进一步加大资格许可工作力度，会同各级公安交通管理部门，着力解决全国安检机构资格许可工作进展不平衡的问题，尽快在全国范围内对符合条件的安检机构全面实施资格许可。改革规划设置审批工作，坚持统一性与灵活性相结合，既要符合科学规划设置的要求，又要符合地方实际。加强与公安交通管理部门的协调和沟通，不断提高监管能力和水平，大力加强安检机构监管，加大现场检查和问题调查处理力度，对出具虚假检测报告等行为，要依法严肃处理，逐步使监管工作有效、到位，为驾驶员和百姓出行道路交通安全提供重要保障。

7. 要加强对消费者投诉、举报和反映的质量安全问题的处理。要建立完善产品质量监督回应型工作机制。对消费者投诉、举报或反映的质量问题，绝不能简单随意处理，更不能不处理，要建立形成规范、有序、有效的质量问题处理机制和程序，进一步畅通消费者质量安全问题反映渠道。要定期分类汇总和研究分析消费者反映的质量安全问题，作为实施监管的重要参考和依据，纳入风险监控和监督检查的目标，对涉及安全的重要信息，要及时制定监管工作方案和问题处置预案。

（三）加强队伍建设，为产品质量监督工作科学发展上水平提供有力保障

产品质量监督工作，关系国民经济发展和社会和谐稳定，责任大，任务重。各级产品质量监督工作机构要不断提高队伍整体素质，加大培训力度，狠抓思想建设、作风建设和行风建设。要努力把产品质量监督战线广大干部职工的思想和行动进一步统一到党中央、国务院对质检工作的部署要求上来，统一到解放思想、改革创新、加强监管上来，统一到真抓实干、促进经济社会又好又快发展上来。要大力加强学习培训，特别要加大对基层一线工作人员的培训，努力提高基层业务能力和水平。要以质量技术监督有关政策法规、业务知识、管理规范和检验技术等为重点，采取缺什么补什么、需要什么学习什么的办法，及时更新知识，满足监管工作的需要，促进整体业务能力显著提高，使产品质量监督各项业务水平迈上一个新的台阶。要深入学习贯彻胡锦涛同志在中央纪委三次会议上的重要讲话精神，增强党性、改进作风，依法行政、严格把关，把服务发展、服务地方、服务基层、服务人民群众、服务企业落到实处，推动产品质量监督事业科学发展，开创工作新局面。要高度重视行风建设，严格管理，努力建设一支政治坚定、业务过硬、作风严谨、奋发有为的产品质量监督队伍，为全面开创质量监督事业新局面提供坚强的组织保证。

同志们，质量监督工作任务艰巨，使命光荣，责任重大。各级质量技术监督部门要充分认识加强产品质量安全工作的重要性和紧迫性，深入贯彻落实科学发展观，保持求真务实的作风和昂扬向上的精神状态，奋发进取，开拓创新，扎实推进各项工作，为提高我国产品质量安全总体水平，维护人民群众生命健康和财产安全，促进国民经济又好又快发展和社会和谐稳定作出积极贡献！

关于宣传贯彻《中华人民共和国食品安全法》电视电话会议上的讲话

——国家食品药品监督管理局局长邵明立

2009年2月28日，十一届全国人大常委会第七次会议审议通过了《中华人民共和国食品安全法》，该法将于2009年6月1日起正式施行。《食品安全法》的公布施行，对规范食品生产经营活动，防范食品安全事故发生，强化食品安全监管，落实食品安全责任，保障公众身体健康和生命安全，具有重要意义。

为确保《食品安全法》顺利实施，国务院办公厅于3月4日发出了《关于认真贯彻实施食品安全法的通知》，对做好《食品安全法》学习、宣传、贯彻工作作出了全面部署。根据国务院的要求，3月18日，国家局机关和在京直属单位举办了《食品安全法》专题培训，邀请起草工作主要负责同志宣讲立法背景、过程、宗旨和主要法律制度。此后，政策法规司、食品许可司、食品安全监管司分别采取会议等形式，对各省、自治区、直辖市以及计划单列市和副省级省会城市食品药品监管局、新疆生产建设兵团食品药品监管分局有关同志进行培训。各省、市、县食品药品监管局也积极主动地开展了形式多样的学习宣传活动。

为了深入宣传贯彻《食品安全法》，国家局决定召开这次电视电话会议，向全系统进一步部署学习、宣传、贯彻《食品安全法》工作，动员全系统依法履行好食品安全监管相关职责，做好食品安全整顿工作。下面，我讲三点意见。

一、充分认识颁布实施《食品安全法》的重要意义

《食品安全法》是在全党深入学习实践科学发展观，构建社会主义和谐社会的重要时期，顺应我国经济社会发展形势需要而出台的一部重要法律。《食品安全法》的颁布实施体现了党中央、国务院坚持“以人为本，立党为公，执政为民”，着力解决食品安全问题，努力改善民生，确保公众饮食安全的坚定决心和坚强意志。我们必须从深入贯彻落实科学发展观、全面推进依法行政和建设责任政府的高度，充分认识《食品安全法》实施的重要意义。

（一）《食品安全法》为食品安全工作构筑了新的法制框架

全国人大常委会新通过的《食品安全法》，是继1982年《食品卫生法（试行）》、1995年的《食品卫生法》之后，在食品监管法制建设史上的又一个里程碑。2004年7月，国务院召开常务会议，9月印发了《关于进一步加强食品安全工作的决定》，标志着《食品卫生法》修订工作正式启动。从2007年12月国务院提请审议《食品安全法（草案）》，至2009年2月，全国人大常委会历经四次审议，期间还将草案向社会全文公布征求意见。总体上看，《食品安全法》全面总结了我国食品卫生工作经验教训，在广泛听取各方意见、反复科学论证的基础上，从现阶段实际情况出发，吸收了国内外食品安全监管的成功经验和做法，以保证食品安全为主线，针对食品安全监管中的漏洞，在不同层面、多个角度，进行了体制创新、制度创新和机制创新，为全面强化食品安全奠定了法制基础。

（二）《食品安全法》体现预防为主、科学管理、明确责任、综合治理的指导思想

根据当前食品安全新形势，《食品安全法》规定了食品安全风险监测和风险评估制度、食品安全标准制度、食品生产经营行为的基本准则、索证索票制度、不安全食品召回制度、食品安全信息发布制度，明确了分工负责与统一协调相结合的食品安全监管体制，为全面加强和改进食品安全工作，实现全程监管、科学监管，提高监管成效、提升食品安全水平，提供了法律制度保障。特别是汲取了三鹿牌婴幼儿奶粉事件的惨痛教训，明确了食品生产经营者是食品安全的第一责任人，建立了食品安全全程监管的要求。立法重点明确，法的适用性和可操作性都比较强，对于保证食品安全，保障公众身体健康和生命安全，具有重要的现实意义和长远影响。

（三）《食品安全法》明确了食品药品监管部门的具体监管职责

《食品安全法》规定了县级以上地方人民政府的食品安全责任，确定了有关部门的具体监管职责，明确了分工负责与统一协调相结合的食品安全监管体制，以及与相关部门的协调配合关系。依照《食品安全法》的规定，各级食品药品监管部门应担负起餐饮服务和保健食品安全监管的职能，严格执行各项食品安全法律制度，督促食品生产经营者切实承担起食品安全第一责任人的

责任；同时，依照《食品安全法》及其配套法规、规章、规范性文件的规定，积极履行部门间的信息通报等责任，加强主动沟通和相互协作，实现食品药品监管部门与其他监管环节的无缝衔接。这些规定给食品药品监管系统提出了新要求，也给我们推动食品监管工作迈上新台阶，提供了新的机遇。

二、深入开展《食品安全法》学习宣传活动

做好《食品安全法》学习、宣传工作，是贯彻实施《食品安全法》的重要前提和基础。国务院办公厅在《关于认真贯彻实施食品安全法的通知》中强调，要把学习、宣传《食品安全法》作为一项重要工作列入议事日程抓紧抓好、抓出成效，特别要求"食品药品监督管理等部门要开展《食品安全法》的学习培训，特别要加强执法队伍的法律知识和专业技术培训，确保执法人员准确理解、全面掌握《食品安全法》的主要内容，提高执法人员依法行政意识和执法水平。"当前，学习好、宣传好、贯彻实施好这部法律，是各级食品药品监管部门重要而紧迫的任务。

一方面，要抓紧组织面向全系统的《食品安全法》学习培训。各级食品药品监管部门要结合"五五"普法工作的开展，加强组织领导，统筹安排部署，制定学习培训计划，广泛深入地组织开展学习培训活动。通过学习，进一步提高干部队伍抓好食品安全工作的责任意识，严格执行《食品安全法》的法治意识，切实履行职责、主动接受监督的依法行政意识。

另一方面，要广泛开展面向全社会的《食品安全法》宣传教育。各级食品药品监管部门要把《食品安全法》作为当前新闻宣传工作的重要内容，广泛宣传《食品安全法》的立法宗旨、精神实质和相关规定，为《食品安全法》的顺利贯彻实施营造良好的舆论氛围和社会环境。要把宣传《食品安全法》和宣传食品安全专项整治工作结合起来，同宣传食品药品监管系统新的监管职能结合起来，大张旗鼓地宣传专项整治采取的措施和取得的成效，介绍食品药品监管部门新的监管职能。《食品安全法》既是行政机关开展食品安全监管工作的基本法，也是食品生产经营企业规范自身行为的基本法。各地要充分利用报刊、电台、电视台、网络等媒体，采取发放宣传材料、召开座谈会、组织培训、知识竞赛等形式，组织开展面向保健食品生产经营企业、餐饮服务环节企业的宣传活动，强化企业是食品安全的第一责任人，增强企业守法意识和自律行为，树立诚实守信的生产经营理念。要继续推进食品安全知识进学校、进社区、进农村活动，普及食品安全法律知识和基本常识，使《食品安全法》及相关法规深入人心，形成学法、知法、自觉守法的良好社会环境。

三、认真做好《食品安全法》实施准备工作

从现在到《食品安全法》正式实施，还有不到两个月的时间。各级食品药品监管部门、承担餐饮服务食品安全监管的卫生部门，要依照《食品安全法》的规定，在地方人民政府的领导下，准确把握本部门承担的餐饮服务、保健食品安全监管职能，严格依法行政，科学监管，深入开展餐饮服务和保健食品安全整治，确保人民群众的饮食安全。为此，国家局会前已经正式印发了《关于做好学习贯彻食品安全法有关工作的通知》和《餐饮服务环节和保健食品整顿工作实施意见》，请各地认真贯彻执行。在这里，我再强调三条要求：

（一）认真履行食品安全监管相关职责，加强部门间的协调配合

目前，省级政府机构改革正在进行中，省以下食品安全监管职能尚未交接到位。各级食品药品监管部门要认真贯彻卫生部、国家局《关于餐饮业、食堂等消费环节食品安全监管职责调整工作的通知》和国家局《关于做好职责交接期食品安全监管工作的通知》要求，认真履行职责，以更加积极、更加主动的态度，抓紧开展本地区餐饮服务环节和保健食品安全状况的全面调研，掌握基本情况，摸清存在问题，提出工作建议，研究工作措施。卫生部门和食品药品监管部门要完善餐饮服务、保健食品安全监管工作机制，加强合作，搞好协调，形成监管合力。既避免职责不清、交叉重复，又防止监管空白。要按照部门职能分工，认真履行餐饮服务、保健食品安全监管职责，按照《食品安全法》的要求，建立和完善监管责任制度，明确职责、落实责任，防止监管工作中的不作为、不到位和乱作为问题。要依法加强监管，督促餐饮服务和保健食品生产经营者落实严禁使用非食用物质和滥用添加剂、严把原料进货关、索证索票、卫生管理等一系列规章制度，严肃查处各种违法违规生产经营行为。

（二）做好相关的立法和法规清理工作

1. 积极配合国务院法制办、卫生部有关部门制定《食品安全法实施条例》。

2. 组织起草《保健食品监督管理条例》。按照《食品安全法》的规定，国家局正在组织力量抓紧研究，已经提出有关制度设计的框架建议，在各省、自治区、直辖市食品药品监管局范围初步征求了意见，与国务院有关部门进行了沟通协商。国家局将在充分听取各方意见的基础上，尽快修改完善，力争与《食品安全法》同时实施，确保保健

食品监管工作的顺利开展。三是清理现行食品安全监管规章和规范性文件。依照《食品安全法》及配套行政法规的规定，及时废止、修订与食品安全法、行政法规不一致的规章或者相关内容。各级食品药品监管部门要加强论证和调研，积极配合国家局立法工作以及本地地方性法规和地方政府规章的立、改、废工作，进一步健全和完善食品安全工作机制。

（三）深入开展餐饮服务环节和保健食品安全整顿

各级卫生部门、食品药品监管部门要抓住贯彻实施《食品安全法》的有利时机，认真落实《国务院办公厅关于印发食品安全整顿工作方案的通知》和国家局《餐饮服务和保健食品安全整顿工作实施意见》，加强对食品安全整顿工作的组织领导，制订切实可行的工作方案，抓好督促检查、工作指导和效果评估，逐级落实整顿工作任务和责任。

在餐饮服务环节，要强化餐饮许可管理，加大对无证经营行为的整治；会同有关部门开展对学校食堂、工地食堂和集体用餐单位的检查；健全餐饮服务环节食品添加剂使用监管制度，打击违法添加非食用物质和滥用食品添加剂行为；加强对餐饮服务单位使用畜禽、食用油的监督检查，防止使用劣质原料；开展重点品种调查和监测评价，加大对熟食、盒饭、冷菜和餐饮清洗消毒等重点食品、重点环节的检查，及时发现和处置存在的问题；完善餐饮服务环节重大食品安全事故应急机制，防范和处置餐饮服务环节食品安全事件。

在保健食品监管方面，要继续加强保健食品源头把关，严格审评审批，适时组织对上市保健食品集中清理整顿；组织开展保健食品违法添加药物专项检查，重点加强对群众反映强烈的减肥、辅助降血糖、缓解体力疲劳等产品的监督检查和抽验，严厉惩治保健食品中违法添加药物的行为；组织开展保健食品标签、说明书内容专项检查，严厉打击夸大和虚假宣传的行为。

按照上述要求，各地要结合本地实际，及时总结宣传贯彻《食品安全法》的做法和经验，报告国家局。国家局将在《食品安全法》正式实施之前，适时召开食品安全监管工作会议，对有关工作再次进行深入研究和部署，请各地做好相关准备。

同志们，宣传贯彻《食品安全法》，根本目标是保证食品安全，保障公众健康和生命安全。各级食品药品监管部门要在各级政府的统一领导下，与有关部门密切配合，全面贯彻落实《食品安全法》，切实履行职责，强化餐饮服务环节和保健食品安全监管，维护好人民群众的合法权益，增强人民群众对食品安全的信心。

努力构建流通环节食品安全监管长效机制

——国家工商总局局长周伯华在全国工商系统贯彻《食品安全法》工作会议暨流通环节食品安全监管长效机制建设现场会上的讲话

全国工商系统贯彻《食品安全法》工作会议暨流通环节食品安全监管长效机制建设现场会是总局党组决定召开的，十分重要。会议的主要任务是，深入落实科学发展观，认真贯彻党的十七大和十一届全国人大二次会议精神，传达贯彻国务院领导的重要批示及国务院关于食品安全整顿工作的部署，进一步动员部署学习贯彻实施《食品安全法》，现场参观学习浙江省工商行政管理机关食品安全监管的好做法，交流推广流通环节食品安全监管长效机制建设的经验，切实做好新形势下的食品安全监管工作，为促进经济平稳较快发展及建设和谐社会作出新的贡献。

《中华人民共和国食品安全法》经十一届全国人大常委会第七次会议审议通过，将于6月1日施行。党中央、国务院高度重视《食品安全法》的贯彻实施工作。3月4日，国务院办公厅下发《关于认真贯彻实施食品安全法的通知》，对学习宣传和贯彻落实《食品安全法》进行了部署。2月8日，王岐山副总理对浙江省工商局的经验作出重要批示：食品安全在流通领域的监管十分重要，工商部门要从制度规范建设入手，对批发零售的各个主体进行监管，这是一项十分繁杂的工作，要做到全覆盖更属不易，应将各地成功或发生问题的案例、制度及时进行分析归纳总结，以便对全国工作进行指导。3月6日，王岐山副总理对上海的经验作出重要批示：要注意及时发现各地维护食品安全的好办法，进行研析总结，在工商、质检系统进行交流学习，以提高我们的工作质量。王岐山副总理的重要批示，既是对工商系统流通环节食品安全监管工作的肯定，也是对工商系统广大干部的鼓舞和鞭策。我们一定要认真学习领会，切实抓好贯彻落实工作。总局党组按照国务院的部署和王岐山副总理的重要批示，及时研究贯彻实施《食品安全法》的具体措施，先后召开专门的党组会议学习讨论，并决定召开这次工作会议和现场会，分别下发了《关于宣传贯彻实施〈食品安全法〉的通知》、《流通环节食品安全整顿工作方案》等专门文件，部署总局食品监管司、法规司、广告司等分别研究起草相关办法和指导意见，为全面贯彻《食品安全法》做了大量的前期准备工作，取得了一定的成效。

这次会议在浙江杭州市召开，得到浙江省委省政府的高度重视和大力支持，会前省委赵洪祝书记、吕祖善省长对支持开好这次会议作出重要批示、指示，亲切会见了总局一行几位同志。今天，省政府副省长王建满同志在百忙之中光临会议指导，刚才，代表浙江省委省政府作了热情洋溢的讲话，介绍了浙江省经济社会发展的情况，充分肯定了浙江省工商行政管理机关的工作成绩，给大家以很大的鼓舞，我们一定要认真学习和深刻领会。在此，我代表总局党组和全体会议代表，对浙江省委省政府和杭州市委市政府、绍兴市委市政府及新闻界的朋友们给予这次会议的大力支持，表示最诚挚的谢意！

多年来，浙江省工商行政管理机关在省委省政府的领导下，围绕中心，服务大局，立足职能，改革创新，切实维护食品市场秩序，特别是在流通环节食品安全监管长效机制建设方面成效突出，走在了全国前列，得到了王岐山副总理的充分肯定。昨天，全体与会代表进行了现场参观学习，他们的好经验、好做法非常典型，特别是在食品安全示范店建设、食品经营者自律机制、推进食品安全电子监管和信息化网络建设等方面力度大，收效好，值得各地学习和借鉴。在这次会议上，浙江和北京、上海、山东、江苏、新疆等地工商局还将进行大会发言，介绍各自的经验，希望大家相互交流，相互借鉴，共同提高。

近几年来，全国各级工商行政管理机关认真贯彻党中央、国务院的重大部署，在地方党委、政府的统一领导下，全面落实科学发展观，努力做到“四个统一”，加强“四化建设”，推进“四个转变”，按照实现“四高目标”的要求，不断开拓创新，尽心尽力强化流通环节食品安全监管，尽职尽责规范食品市场秩序，为保障食品市场消费安全、保护消费者权益和促进经济平稳较快发展做了大量艰苦细致的工作，取得了显著成效，也探索和积累了不少宝贵经验。概括起来主要是：

一是大力强化监管和服务，切实促进食品产业健康有序发展。各级工商行政管理机关认真贯彻党中央、国务院的部署，把食品市场监管与促进食品产业发展有机结合，积极服务企业，大力培育、发展各类食品市场主体，取得了良好的成效。北京、广东、浙江、河南、四川、湖南等地通过开展消费提示、警示，积极开展食品消费引导，配合中宣部、中央文明办开展百家食品经营企业道德承诺活动，努力营造良好的食品市场消费环境，充分发挥消费对食品产业的拉动作用。甘肃、辽宁、福建、海南等地积极培育食品市场生产经营主体，通过开辟绿色通道，简化程序，强化服务措施，依法促进食品市场主体健康有序发展，食品产业对于促进经济平稳较快发展发挥了积极的作用。

二是大力开展食品市场专项整治，切实维护食品市场秩序。按照国务院的统一部署，各级工商行政管理机关连续5年认真组织实施每年一度的专项整治，成效显著。先后开展了对经营者履行索证索票和进货台账等法定义务的专项检查，实现了国务院部署和要求的食品经营者建立健全两项制度“两个100%”和取缔无照经营“一个彻底解决”的目标任务；认真组织开展了奥运食品安全监管专项执法检查，实现了奥运食品安全保障零事故，为奥运会的成功举办发挥了重要作用，总局消保局和北京市工商局受到了党中央、国务院的表彰；开展了农村食品整顿年专项行动，农村食品市场秩序得到进一步规范。5年来，全系统出动执法人员3866万人次，检查食品经营主体5846万户次；查处制售假冒伪劣食品违法案件37.58万件，案值21.23亿元，捣毁制售假冒伪劣窝点3.05万个，移送司法机关大要案件512件，为消费者挽回经济损失32.75亿元；查处食品违法广告案件3.2万件，责令公开更正广告2481件。上海、河北、山西、湖北及深圳、大连、长春、南京等地加大执法力度，查处取缔无证无照食品经营窝点，查处违法食品广告等成绩突出;广西、内蒙古、西藏、云南、青海及西安、成都、济南等地结合地方特点，强化地方特色食品、边贸食品市场监管，收效良好。

三是大力创新食品安全监管机制，切实推进食品安全监管“四化”建设。各级工商行政管理机关在深入开展专项整治、强化日常监管的同时，加大食品安全监管长效机制建设力度。总局先后制定下发了《工商行政管理所食品安全监督管理工作规范》、《关于积极推进食品安全和商品质量监管网络化建设工作的意见》、《关于进一步加强流通环节食品安全监管工作的意见》等一系列文件，积极推进食品安全监管长效机制建设。各地结合当地实际，大胆探索，努力创新食品安全监管机制。山东省工商局推行的农村食品安全监管“四项制度”，得到了温家宝总理的充分肯定；北京、天津、上海、青岛、沈阳、秦皇岛等六个奥运项目举办城市立足奥运特点，全力构建奥运食品监管和保障体系；新疆、安徽、江西及广州、宁波、哈尔滨、武汉、厦门等地构建食品安全监管网络成效突出，积极推进监管网络信息化建设；江苏、陕西、河南、重庆、吉林、宁夏、贵州、黑龙江及杭州等地通过创建食品安全示范店活动，促进了食品经营者诚信守法经营。通过各地的共同努力，食品安全监管的制度化、规范化、程序化和法治化水平进一步提高。

四是大力完善食品安全预警体系和应急机制，切实提升处置食品安全突发事件的能力。根据国务院的部署，结合食品安全监管的特点，总局制定下发了《工商行政管理系统流通环节重大食品安全事故应急预案》、《工商行政管理系统市场监管应急预案》，通过12315信息化网络体系，基本建立了食品安全监管应急处置体系。各地层层制定和落实食品安全应急预案，不断提高预警和处置能力，形成了全系统上下贯通的食品安全预警防范和应急处置机制，在应对和保障地震灾区、雨雪冰冻灾害地区的食品市场安全及处置流通环节三鹿奶粉事件等重大事件中经受了考验。特别是三鹿牌婴幼儿奶粉事件发生后，按照国务院的部署，总局作为国务院处理三鹿牌婴幼儿奶粉事件工作领导小组市场安全组的牵头单位，全力组织全系统及时有力、有序、有效地开展了一系列工作。各级工商行政管理机关认真组织实施奶制品市场清查工作，有效地维护了市场秩序，保护了广大消费者合法权益，维护了社会稳定，得到了国务院领导同志和地方党委、政府的充分肯定，赢得了人民群众的赞誉。

五是大力加强队伍建设，切实提高流通环节食品安全监管水平。各级工商行政管理机关按照“五抓”和“三个过硬”的要求，狠抓食品安全监管队伍建设。通过开展培训、学习和岗位锻炼等方式，使广大食品安全监管执法人员，尤其是基层一线执法人员从全局和政治上把握与处理复杂问题的能力、依法行政的能力、监管执法的能力、协调配合的能力等得到了进一步提升。通过开展大练兵、大比武、知识竞赛等活动，广大执法人员食品安全监管执法的综合能力得到进一步加强，为维护食品市场秩序和保障食品市场消费安全提供了素质保障。

总之，这些成绩的取得，是党中央、国务院和地方党委、政府正确领导的结果，也是全系统广大工商干部努力工作、开拓创新和奋力拼搏的结果。在此，我代表总局党组向同志们并通过大家，向为食品安全监管辛勤工作的全系统广大干部和执法人员表示衷心的感谢和崇高的敬意！

下面，我就贯彻《食品安全法》以及国务院领导同志重要批示精神，落实国务院关于开展食品安全专项整顿、构建流通环节食品安全监管长效机制等工作讲几点意见。

一、进一步提高思想认识，切实增强做好流通环节食品安全监管工作的紧迫感责任感和使命感

（一）充分认识贯彻实施《食品安全法》的重要意义，牢固树立大局意识、法制意识、责任意识和服务意识

从废止《食品卫生法》到颁布实施《食品安全法》，既是我国民主法制的完善进步，更是我国人民从解决温饱到全面建设小康的真实要求。各级工商行政管理机关要从贯彻落实科学发展观的高度，从对党和人民负责的高度，从促进食品产业健康发展、维护国家声誉、维护社会稳定全局的高度，充分认识贯彻实施《食品安全法》的极端重要性。把思想认识统一到党中央、国务院的部署和《食品安全法》的规定上来，切实增强大局意识、法制意识、责任意识和服务意识，不断提高贯彻落实《食品安全法》的自觉性。

（二）认真学习《食品安全法》，全面准确地掌握法律的精神实质、立法宗旨和主要内容

《食品安全法》共十章，一百零四条，立法寓意深刻，既认真总结了我国食品安全生产、监管的实践经验和教训，又学习借鉴了世界食品生产大国监管的成功做法。该法的颁布实施，更进一步明确了食品生产经营者的法定义务和责任，强化了地方政府负总责和部门分段监管的责任；既强化了对生产经营者严格自律的要求，又强化了监管执法和严管重罚及惩罚性赔偿等措施。《食品安全法》和已经公布征求意见的《食品安全法实施条例》，进一步明确了工商部门的法定职责，涉及工商行政管理机关相关监督和执法职能30多条，特别是增加了工商行政管理机关对流通许可证的发放，这些职能不仅包括对食品生产经营主体准入把关，还涉及对流通环节食品质量的监管和对经营行为的规范等。这些既是法律赋予工商行政管理机关的监管执法权力，更是工商行政管理机关的法定职责，任务艰巨，责任重大，使命光荣。各级工商行政管理机关一定要把学习《食品安全法》作为当前和今后的重要任务，在领会精神和准确掌握法律规定上下功夫，采取多种方式深入开展《食品安全法》和即将颁布的《食品安全法实施条例》的学习，加大教育培训力度，全面掌握法律法规规定，做到知法守法，切实履行法定职责，严格依法行政。

（三）广泛宣传《食品安全法》，努力营造良好的舆论氛围和社会环境

各级工商行政管理机关要通过多种多样的形式广泛宣传《食品安全法》，为贯彻实施《食品安全法》营造良好的舆论氛围和社会环境。要突出宣传重点，提高宣传的针对性。要以食品经营者和消费者作为重点宣传对象，使食品经营者了解《食品安全法》的重大意义，熟悉掌握《食品安全法》规定的从事食品经营所应具备的基本条件、食品经营者的进货查验和记录、定期清理库存食品、召回和退市等制度、食品经营者法律责任等主要内容。要让消费者了解维权和法律救助的途径、食品安全的知识，增强其食品安全意识和自我保护能力。要采用多种方式，扩大宣传的覆盖面。各地要按照总局制定下发的《关于宣传贯彻实施〈食品安全法〉的通知》，采取发放宣传材料、开展现场咨询、开辟宣传专栏、以案说法、举办培训班等方式，广泛深入地宣传《食品安全法》，切实提高食品经营者守法经营的自觉性和自律水平。

二、深入开展流通环节食品安全专项整顿切实维护食品市场秩序

今年，中央经济工作会议和“两会”把食品安全监管作为整顿和规范市场秩序的重要任务。胡锦涛总书记指出，“食品药品质量安全和生产安全事关人民群众生命、事关社会稳定、事关国家声誉，必须高度重视并切实抓好”，“要全面提高监管水平，强化技术手段，对生产、流通、消费等各个环节实行全过程监管”。温家宝总理在今年《政府工作报告》中指出，“深入开展食品药品安全专项整治，健全并严格执行产品质量安全标准。实行严格的市场准入制度和产品质量追溯制度、召回制度。要让人民群众买得放心、吃得安心、用得舒心”。各级工商行政管理机关要深刻领会精神实质，认真抓好贯彻落实，既要把开展流通环节食品安全专项整顿作为贯彻中央经济工作会议精神和落实“保增长、保民生、保稳定”要求的具体行动，又要当作贯彻实施《食品安全法》的重要任务，全面贯彻落实国务院《食品安全整顿工作方案》和总局《流通环节食品安全整顿工作方案》的部署，用两年左右时间集中开展流通环节食品安全专项整顿。通过整顿，着力解决流通环节食品安全突出问题，确保食品生产经营主体资格合法有效，食品销售者进货查验和进销货台账制度得到严格执行，食品安全监管制度得到有效落实，食品经营行为规范有序，食品质量安全水

平明显提高，流通环节食品安全状况进一步好转，人民群众食品消费安全感进一步增强。要重点抓好以下几个方面工作：

（一）以解决本地区食品市场存在的突出问题为重点，集中开展重点食品、重点区域以及季节性、节日性食品的专项执法检查

各地要把开展重点食品专项执法检查作为整顿工作的重要任务，着力解决本地区食品市场存在的突出问题，切实保障食品市场消费安全。要集中开展重点品种的专项执法检查，集中开展重点区域的专项执法检查，集中开展季节性、节日性食品市场专项执法检查，集中开展对重点食品经营企业和市场的专项执法检查。各地要把这些专项执法检查作为食品安全整顿工作的重中之重，按照总局制定下发的整顿工作方案的要求，结合各地实际，加大工作力度，强化工作措施，集中执法力量，确保取得实效。在当前要特别强调，认真贯彻落实好党中央、国务院关于加强甲型H1N1流感防控工作的部署，按照总局的通知要求，在当地党委、政府的统一领导下，启动市场防控应急机制，实行24小时值班，切实加强市场监管，努力维护市场稳定。

（二）以贯彻《乳品质量安全监督管理条例》和《奶业整顿和振兴规划纲要》为重点，深入开展奶制品市场专项执法检查

各地要严格履行《条例》、《纲要》赋予工商行政管理机关的职责，严格监督奶制品销售者落实进货查验和进货台账制度。要突出重点市场、重点区域和重点奶制品销售者，严格规范经营行为，严厉打击销售假冒伪劣奶制品违法行为，进一步整顿和规范奶制品市场秩序，促进奶制品行业健康有序发展。

（三）以依法查处流通环节违法添加非食用物质和滥用食品添加剂及违法销售食品添加剂的行为为重点，集中开展专项执法检查

各地要按照国务院的部署，认真落实卫生部、工商总局等九部门的要求，进一步加大工作力度，用两年左右的时间集中开展流通环节食品添加剂的专项整顿工作。要突出重点，强化监管，狠抓大要案件查办工作，依法严厉查处流通环节食品经营者在食品中违法添加非食用物质和滥用食品添加剂的行为以及违法销售食品添加剂的行为，努力提升监管执法水平。

（四）以消费者反映强烈和与农民群众日常生活消费关系密切的食品市场监管为重点，集中开展农村食品市场专项执法检查

要紧紧围绕农民群众反映强烈的问题，突出整治重点，加大工作力度。一是要加大对农村城镇、集镇、乡村举办的食品交易会、庙会等经营食品的监管力度，严格规范农村食品经营秩序；二是要加大对农村和乡镇各类食品批发市场、集贸市场，特别是食杂店的监管力度，狠抓重点场所和经营者的整治，严格规范经营行为；三是要加大对消费者反映强烈和与农民群众日常生活消费关系密切的食品品种的监管力度，强化食品质量监管，严格规范食品市场准入行为。

三、建立健全八项制度
努力构建流通环节食品安全监管长效机制

各级工商行政管理机关在深入开展食品安全专项整顿和强化日常规范化监管的同时，要在长效监管机制建设上下功夫，按照建立健全工商监管、经营者自律、社会监督体系的总体要求，突出流通环节食品安全监管关键环节、重点部位，大力推进食品安全监管制度化、规范化、程序化、法治化建设，特别要在食品市场监管制度建设上采取新举措，取得新成效。

（一）建立健全食品市场主体准入制度，严格规范食品许可和登记注册行为

1. 严格执行食品生产经营主体准入条件的规定，进一步规范主体准入管理。总局将制定下发《食品流通许可证管理办法》，对食品流通许可证的发放、条件、程序以及与食品卫生许可证的衔接等问题予以明确。各地要严格按照《食品安全法》和《食品流通许可证管理办法》的规定核发食品流通许可。

2. 坚持先证后照，依法登记注册。凡申请从事食品生产经营，未依法取得前置审批文件的，工商行政管理机关不得办理登记注册手续。

3. 对被吊销许可证或许可证到期的，要根据有关部门的通报和市场检查情况，及时责令其限期办理变更登记或依法办理注销登记，逾期不办的，依法吊销其营业执照；对被吊销营业执照的食品市场主体，要在工商行政管理网站或者当地主要媒体及时予以公布。

（二）建立健全食品市场质量准入制度，严格监督食品经营者切实把好食品进货关

要认真监督落实食品经营者建立并执行进货查验和记录制度，督促食品经营者严格查验供货者的许可证、营业执照和食品合格证明文件，督促食品经营企业记好进货台账，监督食品批发企业记好销售台账；要监督市场开办者、柜台出租者、展销会举办者建立并落实食品安全管理制度和责任制度。鼓励有条件的经营者建立电子进货查验记录和质量自检制度，积极探索和完善流通环节食品安全可追

溯制度，积极引导食品经营者建立“场厂挂钩”、“场地挂钩”等协议准入制度；要大力推进食品市场信用体系建设，积极推进食品安全示范店建设进程。

（三）建立健全食品市场监管和巡查制度，严格规范食品经营者的经营行为

各地要有针对性地开展市场巡查，尤其是要检查经营者是否按照保证食品安全的要求贮存食品、是否及时清理变质或者超过保质期的食品。要及时查处违法违章行为，依法加大对制售假冒伪劣食品等违法案件的查处力度，切实规范食品销售者的经营行为。要将食品市场巡查与经济户口管理、食品抽样检验与信用分类管理等结合起来，建立健全食品安全违法行为记录制度，建立违法案件信息库，完善监管档案，并加强对监管数据的统计分析，切实提高日常市场巡查的针对性和有效性。

（四）建立健全流通环节食品抽样检验和退市制度，严格食品质量监管

各地要按照《食品安全法》赋予的职责，建立健全“经营者自检、执法抽检、消费者送检”相结合的食品质量抽样检验体系。要根据消费者的投诉、举报和检查发现的问题，有针对性地进行食品质量抽样检验，并作为监管执法的重要手段。切实加强对食品质量安全抽样检验信息的统计、分析和利用，按照法律法规和国家的有关规定，适时发布监管信息，及时进行消费警示、提示，并及时向卫生部门报告、向相关部门和行业协会通报抽样检验信息，有针对性地开展市场清查。要建立健全执法监督责令退市和销售者主动退市相结合的监管机制，并配合相关部门加强对不合格食品退市后的跟踪监管，严防再次流入市场。

（五）建立健全食品市场分类监管制度，严格食品市场日常规范管理

各地要对不同的食品经营者有针对性地采取分类监管措施。对商场、超市，重点加强对包装食品、进口食品、散装食品等质量安全的监管，监督和鼓励经营者建立和完善进货查验记录、协议准入、质量自检、质量承诺和不合格食品退市等自律制度。对批发企业，重点加强对其是否建立并执行了食品销售台账和索证索票的监督检查。对批发市场、集贸市场，重点加强对其是否履行了食品安全管理责任和交易行为的监督检查。对农村集贸市场，重点是推广“一户多档”、“实名登记”、“证明登记”、“标牌公示”等四项制度，引导其规范和诚信经营。对食品店尤其是农村食品店，重点加强对其是否履行了查验供货者证照和食品合格的证明文件义务及食品保质期的监督检查，引导食品店积极开展创建食品安全示范店活动，配合商务部门推进食品物流配送和连锁经营。

（六）建立健全食品安全预警和应急制度，严格防范和处置食品安全突发问题

各地要结合食品安全监管的实际，建立健全预警和应急制度，坚持预防为主、超前防范与果断处置相结合，有效预防、积极应对、及时防控重大食品安全事故。要充分利用12315行政执法网络，进一步强化食品安全监管信息的联网应用，加强食品安全监管信息的采集和综合分析利用，运用无线执法平台、移动查询终端等现代科技手段，有效开展网上预警防范和应急处置，努力做到事前预警、事前监控、有效防范。要进一步完善食品安全应急预案，加强应急机构、队伍建设，提供必要的车辆、物资、设备保障，开展应急演练和应急系统检查，切实建立和完善食品安全预警防范和应急处置机制。各地要建立健全食品安全重大事项报告制度，畅通信息，严禁迟报、漏报和瞒报。

（七）建立健全食品安全广告管理制度，严格规范和监管食品广告行为

各地要进一步加大对食品广告的监管力度。一是完善食品广告的有关规定，依法严格监管食品广告。严厉查处含有虚假内容的食品广告和涉及宣传疾病预防、治疗功能的违法广告。二是坚决制止和查处机关、社会团体或者其他组织以广告或者其他形式向消费者推荐食品的不法行为。对于被确认为不符合食品安全规定的食品，要立即责令停止发布广告。三是加强对食品广告发布情况的监测和预警，及时了解和掌握食品广告发布动态。四是监督广告经营发布单位健全和完善食品广告审查报告制度，指导食品生产经营者及广告经营发布单位依法发布食品广告。支持和指导广告协会开展行业自律，努力把违法食品广告特别是重大违法广告杜绝在广告发布之前。五是坚持和完善广告联合监管工作机制，充分发挥广告专项整治联席会议的作用，整合广告执法资源。

（八）建立健全食品安全监管部门协作制度，严格履行和落实与相关部门的协调配合职责

《食品安全法》明确规定，各部门要加强沟通、密切配合，把监管部门之间的协作配合上升为法定义务。各级工商行政管理机关要努力做到内和外顺，进一步建立健全与其他食品监管部门之间的协作机制，切实做到依法履行职责。要建立健全与卫生部门的协调机制，建立健全与质检、食品药品、农业、工业和信息化、商务、公安等部门的协作配合机制，建立食品安全监管信息通报机制。对监督检查中发现违法行为属于其他监管部门管辖的，及时书面通报或移交相关监管部门；对申诉举报处理工作中发现应由其他监管部门处理的，要及时转交并告知举报人，相关移交、转交材料要存档备核；对其他监管部门通报和移交属于工商行政管理机关管辖的，要按照职责及时依法查处或处置，建立健全登记反馈制度，切实形成部门间的合力，充分发挥整体优势。

四、加强组织领导　注重基层建设　狠抓检查落实

（一）加强组织领导，确保监管责任落实到位

1. 要加强组织领导。各地要在当地党委、政府的统一领导下，坚持一把手亲自抓，分管领导具体抓，相关内设职能机构按职责分工协作抓，形成齐抓共管的工作格局。

2. 制定工作方案。要明确目标，突出重点，全面部署，层层分解任务，积极稳妥地认真抓好组织实施工作。

3. 严格监管责任。按照《食品安全法》的要求，全面落实属地监管领导责任制、职能机构指导监督责任制和基层监管岗位责任制，分片划段，任务和责任到岗到人。

（二）加强基层建设，确保监管执法到位

各地要按照“四高目标”的要求，切实加强基层建设，坚持抓基层、强基础，将监管重心下移，切实把食品安全日常监管的任务和责任落实到基层工商所，全面提升基层食品安全监管执法水平，确保监管执法到位。

1. 要强化市场巡查，严格日常监管责任。要突出重点场所、重点区域、重点经营者，采取严格巡查责任、增加巡查频次、完善巡查方式、突出巡查重点、提高巡查效率等措施，切实提高监管效能。

2. 要强化创新监管机制，严格规范管理。各地要按照“四化建设”的要求，以停征“两费”为契机，切实转变基层工商所的职能，在创新机制、改进监管方式、强化监管手段、提升执法水平上下功夫，研究新措施，务求新实效，切实为监管执法到位提供机制、手段保障。

3. 要强化基层执法队伍建设，严格工作考核。各地要高度重视和加强基层执法队伍建设，通过自学、集中培训和岗位锻炼等多种方式，着力提高基层执法人员的政治素质、业务素质和监管执法能力，建立健全学习培训、日常监管和行政执法的考核机制，并同干部的晋升晋级和使用有机结合，奖罚分明，严格纪律，廉洁从政。同时，各地要加强和充实一线执法人员力量，切实帮助基层解决工作和生活方面的实际困难，关心基层，努力改善基层工作环境和条件，为保障食品市场消费安全奠定基础。

（三）加强作风建设，确保检查落实到位

1. 要切实改进工作作风。各级领导干部要深入基层，全面了解食品安全监管实际情况，研究解决监管执法工作中面临的困难和突出问题，确保各项监管工作落到实处，取得实效。

2. 要坚持分类指导。各地要针对不同地区实际、不同业务需求、不同监管层级、不同监管对象的特点，加大分类指导力度，提升指导效果，切实增强食品安全监管工作的针对性和实效性。

3. 加强检查督查。要采取重点督查、专项督查、交叉检查、明察暗访等多种方式，一级抓一级，一级对一级负责，确保组织领导、工作任务、工作措施、工作责任、人员力量和经费保障等落实到位。

同志们，贯彻实施《食品安全法》，时间紧迫，任务艰巨，责任重大。我们要进一步按照党中央、国务院的部署，认真履行法定职责，加大流通环节食品安全监管执法力度，努力构建食品安全监管长效机制，切实维护食品市场秩序，为维护社会稳定和促进经济平稳较快发展作出更大的贡献，以优异的成绩迎接新中国成立60周年！

商务部部长陈德铭在全国肉类蔬菜流通追溯体系建设试点工作会议上讲话

刚刚闭幕的党的十七届五中全会，审议通过了《中共中央关于制定国民经济和社会发展第十二个五年规划的建议》，强调要把加快转变经济发展方式贯穿于经济社会发展的全过程和全领域，将坚持扩大内需战略、建立扩大消费需求的长效机制作为今后五年的重要任务，并提出坚持发展要更加注重以人为本，更加注重保障和改善民生。“菜篮子”不仅连着经济增长，更是连着民生。党中央、国务院高度重视，国务院常务会议近期专题研究蔬菜供应问题，并下发文件进行部署。各地、各部门做了大量工作，但保供稳价形势仍不容乐观。今年以来，我国气候异常，极端天气时有发生，一些地区相继发生了干旱、洪涝等特大灾害，对瓜果、蔬菜等重要农产品生产造成较大影响。10月份，海南遭遇了49年来最大强度降雨天气，灾情之重历史罕见，种植业损失严重。海南是我国重要的蔬菜生产基地，这次洪涝灾害不仅影响到当前市场，可能也会影响到全国冬季蔬菜供应。据监测，10月11日至17日，全国主要大中城市蔬菜价格同比上涨50.4%。因此，我们一定要深刻理解市场形势的复杂性和严峻性，切实提高思想认识，扎扎实实把蔬菜市场供应的有关政策措施和工作要求落到实处。各地要围绕加快建立畅通、高效、安全、有序的蔬菜流通体系，进一步做好加强流通设施建设、加大产销衔接力度、提高应急保供能力、完善市场监测预警、规范市场秩序等工作。特别是要进一步细化“菜篮子”市场保障供应应急预案，加快完善蔬菜、肉类等重要商品储备制度，建立城乡之间、主产区与主销区之间的应急供应协作机制，充分发挥大宗农产品骨干企业在市场调控中的作用，并善于利用国内外两个市场、两种资源，解决好“买难”、“卖难”问题。

为进一步提高我国肉类蔬菜质量安全和供应保障水平，商务部、财政部决定开展肉菜流通追溯体系建设试点，并于日前联合下发了指导性文件。这次会议的主要任务是，贯彻落实文件精神，部署肉菜流通追溯体系建设试点工作，并开展相关经验交流。刚才，上海、青岛、宁波、大连、杭州几个城市的市长作了很好的经验介绍和发言，听了很受启发，感到振奋和鼓舞。房爱卿同志代表商务部与试点城市签定协议，标志着这项工作正式启动。下面，我代表商务部讲几点意见。

一、充分认识建设肉菜流通追溯体系的必要性和紧迫性

肉菜是与百姓日常生活最为密切的食品。保障“一荤一素”的供应和质量安全，人民群众生活、身体健康和生命安全就有了更大保障，满意度也会显著提升。作为最重要的两类农产品，肉菜流通方式逐步走向现代化，必然带动农产品流通现代化和流通发展方式转变。这两项任务完成好了，商务主管部门才算履行好自己的职责；反过来，如果肉菜质量安全问题频发，流通方式落后，商务主管部门就没有尽到自己的责任。因此，我们会同财政部，依托试点城市和省级商务主管部门，建设肉菜流通追溯体系，促进肉菜流通的安全、高效，是一项以人为本的民心工程，一项转变流通方式的提升工程，具有十分重要的意义。

（一）建设追溯体系，是提高肉菜质量安全水平，保障和改善民生，构建和谐社会的迫切需要

近年来，在党中央、国务院的正确领导和有关方面的共同努力下，我国食品安全工作不断加强，食品安全形势总体向好，但基础依然薄弱，问题时有发生，形势不容乐观。肉菜与人民群众身体健康和生命安全直接相关，质量安全状况更是备受关注。近年来曝光的“毒豇豆”、“瘦肉精”、“发光猪肉”等事件虽属个别情况，但涉及种植养殖、加工、批发、零售等多个环节，不仅危害人民群众身体健康和生命安全，打击消费信心，而且损害了政府公信力，甚至产生了恶劣的国际影响。如果不从源头和根本上解决这一问题，人民群众不满意，以人为本与社会和谐更是无从谈起。我们必须按照党中央和国务院的部署，依据《食品安全法》的规定，不断探索，着力推动解决。

流通领域肉菜质量安全问题多发，一个重要原因是经营主体责任落实不到位。我国肉菜经营集中度低，包装化、品牌化程度不高。90%～95%的蔬菜经营户是个体，散装和无包装蔬菜占87%以上；75%以上的生猪定点屠宰企业是手工和半机械化操作，白条肉、非包装肉占90%以上，进货查验、索证索票、购销台账等制度难以落实。另外，我国食品质量安全监管涉及多个部门，尚未建立统一的部门间信息共享机制，经营者身份、肉菜来源、流向及质量等信息大部分是纸

质的、零散的，标准化、规范化不足，难以实现互联互通、多方共享，让不法分子有隙可乘。

建立肉菜流通追溯体系，不替代任何监管部门的职责。目的是使各流通节点的信息互联互通，形成来源可追溯、去向可查证、责任可追究的质量安全追溯链条，变“点监管”为“链监管”，既充分发挥各监管部门的职能，又加强部门间的执法协作，实现肉菜质量安全的全过程无缝隙监管。这样，出了问题可以很快查到责任主体，避免打击一大片。故意制售有害食品的不法分子将不敢肆意妄为，守法的经营者出于自身利益考虑，也会在食品质量安全上严格把关。追溯体系和信息化管理平台的建设，将大大增强商务主管部门为食品安全监管部门支持和服务的能力，加大执法监管力度；还可以为消费者查询和维权提供帮助，营造安全放心的消费环境。

（二）建设追溯体系，是发挥商务主管部门职能，加强流通行业管理的迫切需要

实行索证索票和台账管理，是《食品安全法》规定的硬性措施。鼓励和支持食品经营者采用先进技术手段，记录食品的来源、流向及相关信息，是《食品安全法》及其实施条例规定的重要原则。《食品安全法实施条例》还规定了商务主管部门在食品经营行业管理方面的职责。推动建设肉菜流通追溯体系，是商务主管部门实施行业管理的重要抓手，可以推进产业结构优化，促进食品经营行业健康发展，对整个流通行业发展也十分重要。追溯体系建成后，流通信息的标准化、电子化就会实现，索证索票和台账管理就会更加规范，监管部门的监管效率会显著提高，行业管理与执法监管的协作配合会更加密切，肉菜质量安全就会更有保障，商务主管部门的作用也会更好地发挥。

建设肉菜流通追溯体系，也是商务部支持和保障城市“菜篮子”建设的一项重要措施。随着城市化进程的不断推进，目前大中城市肉菜供应量平均70%以上来自外埠，本地菜比重持续下降，特别是北方城市本地菜比重更小，保障安全的任务更加艰巨。强化“菜篮子”市长负责制，落实食品安全地方政府责任，在稳定和提高城市自给能力的同时，要坚持全国“一盘棋”，否则每个城市、每个地区都会孤掌难鸣，出了问题也难以追溯源头。建设追溯体系，就是为了顺应全国农产品大流通的趋势，消除“信息孤岛”，逐步实现产、运、批、零全程的链式管理，加强市场监测及运行调控的准确性和及时性，在保障供应和质量安全上为市长们提供服务，当好帮手。

（三）建设追溯体系，是推进农产品流通现代化，转变流通发展方式的迫切需要

近年来我国农产品现代流通迅速发展，但总体上仍较落后，批发市场、集贸市场等传统渠道仍承载着80%以上的生鲜农产品流通量。流通组织化、信息化程度低，设施简陋，方式粗放，98%以上的批发市场仍以现货现金、一对一的对手交易为主；流通链条长、环节多，流通成本高、损耗大、效率低，质量安全难以保障。以人民群众最关心的食品质量安全为主攻方向，以建设肉菜流通追溯体系为突破口，促进农产品流通的现代化，是转变流通发展方式的重要内容。

最新研究表明，信息化已经成为流通现代化的重要标志和流通方式创新的重要载体，发达国家流通业的技术应用程度仅次于金融业。党的十七届五中全会强调，要坚持把科技进步和创新作为转变经济发展方式的重要支撑，为我们转变流通发展方式指明了方向。信息技术的不断创新和互联网的深入发展，“物联网”、“智慧地球”、“未来城市”等概念的提出，为我们提供了新的机遇和强大武器。建设追溯体系，就是要运用现代信息技术，推动流通企业业务流程再造，优化肉菜流通交易和管理方式，促进连锁经营、现代物流和电子商务等现代流通方式发展，提高肉菜流通的组织化程度；创建放心肉菜渠道品牌，扩大品牌化、包装化、标准化肉菜的市场占有率；通过技术手段采集、分析、运用农产品流通信息，稳定以销定产的协作关系，提高质量安全监管水平。总之，从肉菜到农产品，从试点到覆盖全国，以点带面，流通信息化、现代化的步伐就会加快，流通发展方式的转变就会大有希望。

2009年，商务部、财政部在全国10个省市开展“放心肉”服务体系建设，上海、青岛等部分城市探索建立猪肉质量安全信息可追溯系统，取得了积极成效。有的城市还将追溯产品扩大到了蔬菜，进行了积极尝试。特别是上海市，由于肉菜流通基础设施建设、信息化和标准化建设、质量安全追溯体系建设起步较早，基础较牢，效果也比较好，为我们开展试点积累了宝贵经验。这充分说明，开展肉菜流通追溯体系建设试点是有基础的，实践证明也是可行的。希望各位市长和各地商务主管部门的同志高度重视，增强信心，把这项利国利民的大事抓紧抓好。

二、建设肉菜流通追溯体系的基本思路和主要任务

商务部、财政部印发的肉菜流通追溯体系建设指导意见，是在充分调查研究、总结地方先进经验的基础上形成的。基本思路是，深入落实科学发展观，以信息技术为手段，以法律法规标准为依据，以发展现代流通方式为基础，实现索证索票、购销台账的电子化，切实提高肉菜质量安全保障能力，加快流通现代化进程和发展方式转变。

（一）以信息技术为手段，兼顾多样性与统一性

采用先进适用的信息技术是追溯体系建设的核心，没有信息技术支撑，追溯体系的建设就成了无源之水、无本之木。

在推进肉菜流通信息化的过程中，应处理好多样性与统一性的关系。多样性是指信息采集手段和载体可以采用多种技术模式。当前，无线射频识别（RFID）、集成电路（IC）卡、条形码以及互联网等技术和方式相对成熟。上海、青岛、南京等地采用比较成熟、成本较低的集成电路技术，成都、无锡等地则采用成本相对较高的无线射频识别技术。每个城市的市场发育程度、流通方式、管理和技术基础、运行成本接受程度都有不同，各试点城市可根据自身实际，选择不同的技术模式，尽快把追溯体系建立和运行起来。

统一性是指采集信息的内容要统一，以满足互联互通要求。具体来说，要做到信息采集指标、编码规则、传输格式、接口规范、追溯规程在全国范围内实现“五统一”。肉菜是典型的全国大市场、大流通，建设追溯体系必须要着眼于实现全国流通信息的互联互通，方案设计既要考虑近期的现实需要，更要考虑未来全国联网的要求。如果各城市之间、各地区之间形成信息孤岛，将来全国联网就会难以实现；如果届时重新改造或另起炉灶，就会造成巨大浪费。我们已经起草了《全国肉类蔬菜流通追溯体系建设规范》，希望大家认真研究，提出宝贵意见。我们还将制定专门的技术标准、管理制度和操作规范，为“五统一”提供支撑。

（二）完善法规标准，严格市场准入

追溯体系是制度设计与技术应用的统一体，需要完善的法律法规和标准支撑。立法的关键和难点是解决建立追溯体系的直接法律依据问题，在法律尚未对追溯体系信息化做出明确规定的情况下，要坚持多层次立法。商务部将在推进和总结试点工作的基础上，研究制定部门规章，或者修订《流通领域食品安全管理办法》，细化《食品安全法》及其实施条例的相关规定。上海、青岛等地的经验表明，结合城市流通管理实际出台地方性法规，是周期短、见效快的好办法。上海市规定生猪及生猪产品产销对接制度，青岛市规定实行“备案登记、查验换证、协议约束、品牌经营、联合监管、全程追溯”为主线的肉品流通监管新模式，为顺利推进猪肉流通追溯体系建设提供了有力保障，值得其他城市学习借鉴。

标准化是农产品现代流通的重要基础和抓手，也是追溯体系建设和运行的基本前提。没有标准，追溯很难实现。我们正抓紧编制流通标准“十二五”规划，力争3～5年内全面完成主要农产品流通标准的制修订工作。一是借鉴发达国家经验，合理确定农产品标准框架体系，加快农产品购销要求、等级、包装、标识、储存、保鲜、追溯等标准的制修订工作。这项工作得到国家标准委的大力支持，2010年底前将有一批标准出台。二是鼓励流通企业符合良好生产规范(GMP)要求，实施危害分析与关键控制点体系（HACCP)，申请相关质量安全认证，提高食品安全管理水平。三是完善法规政策，加强宣传引导，加大标准实施力度，督促市场主办者、经营者严格按照标准执行进货查验，强化市场准入管理，逐步做到无法追溯来源的产品不允许上市，上市的都可以追溯。

（三）抓住关键环节，夯实流通基础

追溯体系的建设与流通发展水平密切相关。流通基础设施越完善、现代化程度越高，这项工作就越容易开展。近年来，商务部会同财政部先后开展了“双百市场工程”、“标准化菜市场改造”、“农超对接”、“放心肉服务体系建设”等工作，再加上各城市高度重视，积极推进，城市肉菜流通体系更加完善，为试点工作打下了良好基础。但把追溯体系建设好，还有大量工作要做，尤其要抓好两个关键环节。

从蔬菜来看，要着力抓好批发市场电子化统一结算。目前，80%以上的蔬菜通过批发市场进入城市。管住批发市场，就管住了城市蔬菜流通的主渠道。一方面，应统一政策要求，将全部大型批发市场尤其是一级批发市场全部纳入试点，否则，市场开办者和经营者就会有顾虑，担心因不公平竞争而遭受损失；另一方面，应在批发市场全部推行电子化统一结算，利用技术手段改造交易模式，从流程上强化对经营主体的管理，确保监管信息采集的真实性和有效性，从而满足追溯的需要。据我们了解，一些批发市场和经营户担心电子化结算后税费增加、商业秘密得不到有效保护。这些问题还需进一步研究解决。

从肉类来说，要进一步提高屠宰行业集中度。建好肉类追溯体系，关键在于管住屠宰环节。目前，一些城市定点屠宰企业数量多，条件参差不齐，低水平恶性竞争严重。这个问题不解决，追溯体系很难建立起来，即使建起来也很难真正发挥作用。希望各地结合追溯体系建设需要，按照规划压缩定点屠宰企业数量，把产能进一步向规模化、机械化、规范化的屠宰企业集中。昆明市利用调整城市布局的机会，将当地12家定点屠宰企业缩减为4家，优化了行业布局，淘汰了落后产能，提高了肉品质量安全保障水平，值得学习借鉴。

（四）城市试点先行，逐步全面铺开

总体工作部署上，我们将坚持试点先行、重点突破。选择城市试点主要是考虑：一是城市是肉菜主要销区市场。按年人均消费猪肉40公斤、蔬菜120公斤计算，一个百万人口城市年均肉菜消费量分别达到4000万公斤和1.2亿公斤。全国百万人口以上城市120多个，消费人口聚集，一旦发生问题，危害面和社会影响面都相当广。二是城市批发市场、标准化菜市场、超市等流通基础设施比较完善，建设追溯体系有良好的基础。三是城市具有“菜篮子”市长负责制的体制优势。具体工作安排上，2010年，我们选择上海、大连、青岛等10个有一定基础的城市，从肉菜“一荤一素”入手先行试点。下一步，我们将视情况把其他具备条件的大中城市纳入试点，并逐步扩大到水果、水产品、豆制品等其他农产品。今年未纳入试点的城市，要做一些准备工作或自行开展试点；没有试点城市的省（区、市）可以根据自身情况和条件，选择一些城市进行试点；已有试点任务的省（区、市）也可以适当扩大范围。

需要特别强调的是，除了在10个城市开展试点外，目前我们还在财政部的大力支持下，开展海南农产品现代流通综合试点，追溯体系建设是其中的一个重要方面。海南农产品辐射全国，追溯体系建设更为复杂，但是要参照试点工作指导意见，研究符合海南特点的追溯体系，尤其要考虑将来与全国的对接问题。

三、关于试点工作的几点要求

建设肉菜流通追溯体系，是一件打基础、利长远的大事，是一项艰巨复杂的系统工程，也是一项需要不断开拓进取的全新任务。大家要高度重视、精心组织，明确任务、突出重点，按照《商务部办公厅 财政部办公厅关于肉类蔬菜流通追溯体系建设试点指导意见的通知》（商秩字 [2010]279 号）精神和今天签署的协议，把试点工作抓紧、抓实、抓出成效，为下一步向全国推广进而实现追溯体系的网络化和全覆盖打下基础，积累经验。

（一）要作为“一把手”工程全力推进

强化“菜篮子”市长负责制，是国务院的明确要求。与过去相比，现在市长们不仅要让市民的“菜篮子”里面有肉有菜，还要让肉菜质量好、安全有保障。肉菜流通追溯体系建成了，市长们管好“菜篮子”会如虎添翼。因此，希望各试点城市把追溯体系建设纳入“菜篮子”市长负责制总体框架，作为“一把手”工程统筹推动。希望“一把手”亲自挂帅，分管市长直接负责，建立以商务主管部门为枢纽，农业、工商、质监、食品药品监管等相关部门参加的协调机制，形成肉菜流通管理和质量安全监管齐抓共管的局面。

尽管试点的主体是城市，但省级商务主管部门的工作丝毫不能放松。要加大协调力度，为试点城市在资金、人才、制度设计等方面创造条件、提供支持。这项工作要尽可能地争取主动，希望各位厅局长及时向上级领导汇报。

（二）要进一步完善落实试点工作方案

我国地域辽阔，各地情况千差万别，国家出台的任何一项政策措施，都不可能面面俱到。各试点城市要在把握政策实质、遵守法律法规的前提下，认真领会本次会议精神，学习借鉴上海等地的经验做法，进一步完善试点工作方案。要落实责任分工，明确目标进度，细化配套措施，狠抓工作落实，加强监督检查，确保每一项任务落实到位。大家务必要开动脑筋、大胆实践，创造性地开展工作。要及时发现和解决出现的问题，不断总结经验教训，通过健全法律法规、加强制度建设、完善标准体系，为追溯体系建设及运行提供有力保障。

（三）要大力推动现代流通体系建设

追溯体系与现代流通体系建设相辅相成。各地要按照十七届五中全会关于扩大内需、建立扩大消费需求长效机制的要求，抓紧制定商务发展“十二五”规划，并抓住国家推广应用物联网等技术的大好机遇，不断完善流通基础设施，着力推进连锁经营、物流配送和电子商务等现代流通方式，大力提高农产品标准化、品牌化、包装化经营程度，提高流通现代化水平。省级商务主管部门要统筹兼顾，把指导推动追溯体系建设与“双百市场工程”、“标准化菜市场改造”、“农超对接”、“放心肉服务体系建设”结合起来，为试点城市提供支持。试点城市要把发展现代流通纳入本市重点民生工程，切实加以推动。

（四）要加强经费保障，严格资金使用管理

近两年，国家为应对国际金融危机，实行积极的财政政策，中央财政并不宽裕。在这种情况下，2010年中央财政专门安排4亿元资金用于追溯体系建设试点，是很不容易的，充分表明了党中央、国务院对这项工作的高度重视，也充分表明财政部对这项工作的大力支持。但追溯体系的建设和运行需要大量投入，仅靠中央财政资金是不够的，希望各试点城市安排必要的配套资金，确保追溯体系能够建起来、用得上、可持续。

需要强调的是，财政资金都是纳税人的钱，我们决不能浪费挪用，更不能贪污腐败。试点城市商务主管部门要密切配合财政部门，制定完善的资金管理办法，切实用好管好资金，最大限度地发挥资金使用效益，从制度上防范奢侈浪费、贪污腐败等行为。各级商务主管部门、财政部门要加强资金使用情况的监督和检查。

（五）要坚持政府推动，市场化运作

肉菜流通追溯体系建设的过程，也是转变政府职能、调动市场开办者和经营户发挥主体作用、吸引消费者共同参与的过程，要坚持政府推动、市场化运作。综合运用经济、法律、行政手段，不能由政府部门大包大揽。发挥新闻媒体的力量，树立积极参与追溯体系建设、肉菜质量安全有保障的优秀企业典型，引导消费者主动选购可追溯肉菜。还要充分发挥舆论监督、社会监督作用，促进追溯体系不断完善。

同志们，建设全国肉菜流通追溯体系功在当代、利在千秋，人民期盼、任重道远。我们要以党的十七大和十七届三中、四中、五中全会精神为指导，深入落实科学发展观，同心同德，真抓实干，大胆探索，开拓创新，把这项工作认真抓好，为改善民生和促进流通现代化做出新的、更大的贡献。

深入落实科学发展观 努力开创流通环节食品 安全监管和消费者权益保护工作新局面

——国家工商总局副局长王东峰在全国工商行政管理系统食品安全监管暨消费者权益保护工作会议上的讲话

这次全国工商行政管理系统食品安全监管暨消费者权益保护工作会议，是继全国工商行政管理工作会议之后总局召开的一次十分重要的专项会议，主要任务是，全面落实科学发展观，深入贯彻党的十七大、十七届三中、四中全会和中央经济工作会议精神，以及全国工商行政管理工作会议的部署，总结2009年的工作，安排部署2010年的工作，交流工作经验，进一步推进流通环节食品安全监管和消费者权益保护工作制度化、规范化、程序化和法治化建设，努力开创流通环节食品安全监管和消费者权益保护工作新局面。总局党组和周伯华局长对召开这次会议非常重视，专门进行了研究，提出了明确要求，特别是周伯华局长在全国工商行政管理工作会议上的重要讲话，不仅充分肯定了流通环节食品安全监管和消费者权益保护工作的成绩，而且部署了新的任务。各级工商行政管理机关和广大干部要深刻学习领会精神实质，认真抓好贯彻落实。各省（区、市）工商局分管局长和职能处室的处长及总局各司局主要负责同志积极按时参会，体现了大家对食品安全和消费维权工作的责任感和对会议的重视，相信通过大家的共同努力，会议一定会取得预期成效。下面，我讲几点意见。

一、积极应对国际金融危机，全力维护市场秩序和服务经济平稳较快发展，流通环节食品安全监管和消费者权益保护工作取得显著成效

2009年是工商行政管理系统应对国际金融危机、服务经济平稳较快发展的重要一年，也是认真贯彻实施《食品安全法》、保障流通环节食品安全、保护消费者合法权益取得新成效的一年。一年来，各级工商机关在当地党委、政府的领导下，全面落实科学发展观，认真贯彻党中央、国务院的部署和中央"保增长、保民生、保稳定"的要求，全面落实全国食品安全整顿工作办公室的部署和全国工商行政管理工作会议的安排，认真开展专项执法检查，强化食品市场监管，加大消费维权工作力度，积极改革创新，各项工作取得了显著成效，保障了食品市场消费安全，有效地保护了消费者合法权益，为应对金融危机、促进经济平稳较快发展、促进和谐社会建设，发挥了重要作用。

（一）认真贯彻实施《食品安全法》，流通环节食品安全和食品添加剂专项整治取得新成效

全国各级工商机关把贯彻落实《食品安全法》和深入开展食品安全专项整治作为强化食品安全监管的重中之重，采取一系列措施，有力地保障了食品市场消费安全。总局就实施《食品安全法》制定了两个规章、一个意见和八项制度，下发了《关于宣传贯彻实施〈食品安全法〉的通知》。在浙江召开了全国工商系统贯彻《食品安全法》工作会议暨流通环节食品安全监管长效机制建设现场会，推广了浙江、北京、上海、山东、江苏、新疆6个单位的典型经验，总局党组书记、局长周伯华同志亲自到会，对贯彻《食品安全法》和落实王岐山副总理的重要批示提出了新的要求。各省（区、市）工商局采取有力措施，认真学习宣传贯彻《食品安全法》，切实落实总局有关文件规定，学习宣传贯彻《食品安全法》在全系统取得实实在在成效。总局和各地工商机关认真贯彻国务院的部署，扎实有效地开展食品安全专项整治。总局下发了《流通环节食品安全整顿工作方案》，及时动员部署。各地突出重点，集中开展重点食品、重点区域以及季节性、节日性食品的专项执法检查、奶制品市场专项执法检查、流通环节打击食品添加剂违法行为专项执法检查、农村食品市场专项执法检查等，有效地解决了流通环节食品安全存在的一些突出问题。总局在各地自查的基础上，于去年11月组织了15个督查组进行专项检查，有力推动了食品安全监管和专项整治工作的落实。北京以传承奥运经验、巩固奥运成果为契机，全面提升首都食品流通监管水平，为保障国庆六十周年首都食品市场发挥了重要作用。山东、济南、青岛对全运会食品市场全面监控，确保了流通环节食品安全万无一失。上

海、浙江、广东、河南、辽宁、河北、山西、杭州、南京、沈阳、大连在食品专项整治工作中措施有力，特别是专项整治力度大，食品安全示范店建设覆盖面广，效果明显。天津、四川、重庆、陕西、内蒙古、西藏、成都、长春、哈尔滨等地在流通环节打击食品添加剂违法行为专项执法检查工作中成效明显。同时，各地不断强化食品安全日常巡查和规范化管理，依法核发食品流通许可证，积极推进和落实“两项制度”，有针对性地实施食品分类监管，在规范食品市场经营主体资格、保障食品质量和规范经营行为等方面取得了明显成效，有力地保障了食品市场消费安全。黑龙江、云南、福建、湖北、江西、海南、武汉等地食品流通许可证的核发工作部署早、行动快。江苏、广西、贵州、广州、深圳、厦门等突出重点食品质量监管，强化抽样检验手段，有力促进了流通环节食品质量的提高。湖南、新疆、安徽、宁夏、青海、西安等地推行“一票通”制度，力度大、效果好。尤其是甘肃省，“一票通”的覆盖率达到了95%。吉林省全面有序开展全省流通环节食品安全监管规范年建设活动。宁波市以抓食品准入源头为切入点，推行食品经营者公开评价制度。据统计，2009年，全系统共检查食品经营户1290.2万户次，检查批发市场、集贸市场等各类市场25.5万个次，取缔无照经营食品8.9万户，捣毁食品制假售假窝点3530个，查处流通环节食品案件7.2万件。检查食品添加剂经营者48.6万余户，查处违法案件1257件。共核发食品流通许可证20.1万个。

（二）深入开展“质量和安全年”活动，农村商品市场、“家电下乡”市场专项整治工作取得新成果

全国各级工商机关认真贯彻国务院部署的“质量和安全年”活动和温家宝总理、王岐山副总理的重要指示、批示精神，扎实开展农村商品市场和“家电下乡”等市场专项整治，有力地维护了商品市场秩序。总局高度重视，进行专题研究，制定具体方案，及时下发专门通知，做出全面安排部署，并分别于去年8月和11月先后两次组织专项督查。各地结合当地实际，集中执法力量，突出工作重点，全面开展专项整治工作，取得阶段性成效，有力地维护了“家电下乡”市场秩序，促进了“家电下乡”政策的具体落实。上海、浙江、湖南、江西、内蒙古、安徽等地精心组织，周密部署，查处了一批借“家电下乡”名义制假售假违法案件，社会反响良好。2009年，全系统共查处“家电下乡”市场违法案件2198件，查处假冒和不合格家电5316台。各地还全面加强流通领域商品质量监督检查，积极配合相关部门开展建材、室内装饰装修材料等市场专项执法检查，开展“清新居室”行动，依法查处制售假冒伪劣商品违法行为，有效地保护了消费者合法权益。江苏、北京、广东、辽宁等地采取规范商品质量监测、强化不合格商品市场清查等措施，进一步完善了流通领域商品市场准入退出制度。2009年，全系统共查处制售假冒伪劣商品违法案件8.93万件，案值11.01亿元。

（三）大力推进12315行政执法体系“四个平台”建设，消费维权水平得到新的提升

全国各级工商机关将12315行政执法体系“四个平台”建设作为改善民生和维护社会和谐稳定的一项重要工作，深入推进。总局制定下发了《关于加强12315行政执法体系“四个平台”建设的通知》、《关于加强“一会两站”规范化建设的意见》等文件，开发了“全国12315主要数据信息管理系统”，对“四个平台”规范化建设提出明确要求。各地加快12315中心建设和信息化网络升级、系统应用和数据汇总工作步伐，大力推进“一会两站”建设和12315进商场、进超市、进市场、进企业、进学校，消费维权公共服务能力和消费维权社会监督水平进一步提升。截至2009年底，已有11个省级局和328个地市局建立了12315集中受理中心，有22个省级局建立了12315数据分析中心；全国共建立“一会两站”44.2万个，比上年增加1.3万个，城市社区覆盖率达82.9%，农村村镇覆盖率达78.3%。福建、贵州、海南等省将12315行政执法体系“四个平台”建设作为服务民生的重要举措，积极争取地方党委、政府支持，扎实推进；特别是上海市工商局，在总局工作会议后，立即召开有各区县主管区、县长参加的“四个平台”建设工作会议，将部门行为上升为政府行为，有力地提升了“四个平台”建设水平。北京、甘肃、宁夏、深圳、武汉通过加快12315系统升级改造步伐、开通12315短信受理平台等措施，12315信息化水平迈上新台阶；浙江、上海、江西、福建、甘肃实现了“一会两站”城乡全覆盖；天津、河北、内蒙古、青岛、大连采取积极措施，12315“五进”覆盖面不断扩大；山东、济南、厦门结合实际，强化12315申诉举报受理与处理和信息分析利用工作，全力服务全运会、海峡西岸经济区建设和区域经济发展大局，及时受理和处理消费者申诉和举报。2009年，全系统共受理消费者申诉66.05万件，为消费者挽回经济损失6.51亿元。同时，各级工商机关积极会同商务等部门清理损害消费者权益的规定和收费，扎实开展服务领域专项执法检查，进一步规范了服务领域经营行为。上海、天津、浙江、山东、青岛突出预付卡领域和美容美发等重点行业，与相关部门、行业协会密切协作，服务领域消费维权工作深入推进。总局下发了《关于开展消费教育和消费引导工作有关问题的通知》，各地会同消费者协会，选择多种多样载体，动员社会各界力量，广泛开展宣传、教育、引导工作，积极营造良好的消费环境，有力地促进了消费需求的不断扩大。宁夏、湖北、四川、宁波结合实际开展丰富多彩的消费教育活动，取得良好效果。

（四）建立健全各项监管制度，流通环节食品安全监管和消费维权长效管理机制建设取得新进展

全国各级工商机关把制度建设作为保障流通环节食品安全和消费者权益保护工作的关键环节，积极有效地推进监管制度建设。总局结合贯彻《食品安全法》，及时制定颁布了《食品流通许可证管理办法》、《流通环节食品安全监管办法》两个部门规章；下发了《关于食品流通许可证印制发放和管理有关问题的通知》、《食品流通许可证格式》、《食品流通许可证编号编制规则》、《流通环节食品安全示范店规范指导意见》等规范性文件。各地积极推动地方立法立规，建立健全食品流通许可规范化管理和监管工作制度。全系统还集中开展了清理流通环节食品安全行政规章及规范性文件的工作。总局和各地工商机关以制度建设为重点，在长效监管机制上下功夫，建立健全和落实《食品市场主体准入登记管理制度》、《食品市场质量监管制度》、《食品市场巡查监管制度》、《食品抽样检验工作制度》、《食品市场分类监管制度》、《食品安全预警和应急处置制度》、《食品广告监管制度》、《食品安全监管执法协调协作制度》等八项制度，提高了流通环节食品安全监管的制度化、规范化、程序化和法治化水平。按照总局关于金信工程建设的总体规划，各地工商机关充分运用数字化、信息化、网络化等科技手段，积极构建流通环节食品安全监管业务平台、服务平台和内部管理平台，初步形成了食品安全监管信息化网络体系，提升了流通环节食品安全监管现代化水平。去年总局启动了《消费者权益保护法》的修订工作，各地广泛参与，认真研究，为进一步完善消费者权益保护法律法规体系提出了许多建设性宝贵意见。同时，各地积极建立健全区域性维权协作制度，加强12315网络平台与其他政府部门公共服务平台的执法协作，完善部门协调配合和与行业协会的情况通报制度，消费维权长效管理机制建设迈上新的台阶。湖南以建立食品抽检等五大机制为重点，提升了食品安全监管的现代化水平。广西建立健全“三个中心、一个平台”食品安全监管机制。北京、海南、新疆、广州、厦门、大连、深圳、哈尔滨积极利用信息化手段，大力推进食品安全电子化监管。杭州、西安积极推进小额消费纠纷快速解决、消费纠纷协商和解等制度，消费维权长效机制建设扎实推进。

（五）切实加强培训教育和队伍建设，食品安全监管与消费维权执法能力明显提高

各级工商机关按照建设政治上过硬、业务上过硬、作风上过硬的高素质干部队伍的要求，以贯彻实施《食品安全法》和落实新“三定”为契机，围绕食品安全和消费维权能力建设，加大培训力度，尤其是《食品安全法》出台后，各地分层分类进行全员培训，进一步提高了广大执法人员的监管能力和依法行政的水平。据统计，2009年，全系统共举办《食品安全法》培训班8945期次，专题讲座3970场次，培训工商干部115万余人次。同时，各地工商机关按照总局的部署，结合当地实际，严格落实流通环节食品安全监管和消费者权益保护工作责任制度，强化廉政风险点防范管理。各地还以基层食品安全和商品质量监管能力建设为重点，加强基层基础设施建设，努力保障执法装备、设备和经费，食品安全监管与消费维权执法水平明显提高。

总之，一年来，各省（区、市）工商局充分发挥垂直管理的体制机制优势，各级工商机关积极努力工作，强化执法，有效维护了食品和商品市场消费安全。总局各相关司局，尤其是办公厅、法规司、竞争执法局、直销局、消保局、市场司、食品司、企业局、外资局、广告司、个体司、人事司、商标局、纪检组监察局、宣传中心、信息中心、中国消费者报、中国消费者协会等，形成了上下协调一致的团队力量，发挥了重要职能作用，有力促进了食品安全监管和消费维权工作。经过全国工商系统广大工商干部的共同努力，流通环节食品安全监管和消费者权益保护各项工作取得了显著成绩。这些成绩的取得，是党中央、国务院和各级党委、政府正确领导的结果，是各级工商机关齐心协力共同努力工作的结果，特别是战斗在执法监管第一线的广大干部拼搏奋斗的结果，也是各有关部门积极配合协作的结果。在此，我代表总局党组和周伯华局长，向同志们并通过大家，向全国工商系统从事食品安全监管、消费者权益保护工作的广大干部和执法人员，表示衷心的感谢和致以崇高的敬意！

同时，我们也要清醒地认识到，在新的形势和新的挑战面前，流通环节食品安全监管和消费者权益保护工作还存在差距和不足。主要是按照服务科学发展和促进社会和谐稳定的要求，需要进一步更新思想观念和增强服务意识、发展意识和法制意识；按照有效保障流通环节食品安全和保护消费者合法权益的要求，需要进一步加大专项整治力度和日常监管执法力度；按照构建食品安全和消费维权长效机制的要求，需要进一步建立健全各项监管制度，创新监管机制，强化监管手段，特别是切实抓好制度的实施和落实工作；按照建设“三个过硬”高素质队伍的要求，需要进一步扎实推进食品安全和消费者权益保护工作队伍建设，全面提升监管能力和依法行政水平。对此，全国各级工商机关和广大工商干部必须高度重视，进一步采取有效措施，有针对性地加以改进和提高。

二、进一步认清形势，加大流通环节食品安全监管和保护消费者合法权益工作力度积极促进经济社会又好又快发展

2010年是实施“十一五”规划的最后一年，也是夺取应对国际金融危机冲击全面胜利、保持经济平稳较快发展势头、为“十二五”规划启动实施奠定良好基础的重要一年。做好今年的食品安全监管和消费者权益保护工作对于促进经济平稳较快发展和构建和谐社会具有十分重要的意义。不久前召开的中央经济工作会议，对当前国内国际形势作了深刻分析和科学判断，对今年经济工作作了全面部署。全国工商行政管理工作会议上周伯华局长在讲话中结合工商行政管理工作，就认清形势、统一思想和开创各项工作新局面提出了新的要求。各级工商机关要认真学习，深刻领会，认清形势，抓好贯彻落实。根据中央的部署和全国工商行政管理工作会议的安排，2010年流通环节食品安全监管和消费者权益保护工作的总体要求是：高举中国特色社会主义伟大旗帜，以邓小平理论和“三个代表”重要思想为指导，深入落实科学发展观，认真贯彻党的十七大、十七届三中、四中全会和中央经济工作会议精神，紧紧围绕落实中央保持经济平稳较快发展和加快经济发展方式转变的决策部署，根据全国工商行政管理工作会议安排，切实把握“四个只有”，努力做到“四个统一”，以保障流通环节食品安全和有效保护消费者合法权益为目标，在深化专项整治、强化日常规范监管、完善服务体系、创新机制手段、提升执法效能和服务水平上狠下功夫，深入开展食品安全和“家电下乡”市场专项整顿，全面落实流通环节食品安全监管和消费维权各项制度，切实维护市场秩序和促进经济社会又好又快发展。

（一）深入开展消费教育消费引导和食品安全宣传工作，切实服务广大消费者、经营者和经济平稳较快发展

1. 加大消费教育和消费引导工作力度，积极服务和促进扩大消费需求及经济平稳较快增长。各级工商机关要紧紧围绕扩大居民消费需求、改善民生和经济平稳较快增长，创造性地开展消费教育和消费引导工作，按照总局《关于开展消费教育和消费引导工作有关问题的通知》要求，突出重点，加大力度，选好载体，丰富内容和形式，注重实效，特别是要结合食品安全、商品质量监管和服务领域消费维权等工作，充分利用社会关注度较高、普及性较强的各种载体和形式，通过各类有效途径，动员社会各界力量，继续深入开展对消费者、生产经营者及行业协会的消费宣传教育和引导工作，积极培育消费热点，拓展居民消费领域，增加消费预期，扩大消费需求，充分发挥消费拉动经济增长的重要作用，积极服务经济平稳较快发展大局。总局将适时召开消费教育和消费引导工作经验交流会，总结和推广工作经验，发挥典型示范引导作用，推进消费教育和消费引导工作向纵深发展。各地要结合当地实际，创造新经验，取得新成果。

2. 加大食品安全和市场消费安全宣传工作力度，积极服务广大消费者、经营者和食品产业健康有序发展。各级工商机关要进一步解放思想，着力破除和消除不适应、不符合科学发展观的思想观念和障碍，强化服务意识、发展意识和法制意识。既要坚持依法监管，切实为经济发展营造良好市场环境，又要加大支持服务工作力度，促进食品产业健康发展。各级工商机关要认真分析新形势，研究新问题，采取新举措，更好地服务广大消费者，特别是通过实事求是扩大正面宣传和消费知识的宣传，提振消费信心，促进消费者提高自我保护能力，切实解决消费者最关心、最直接、最现实的利益问题。要围绕食品生产经营者的市场准入、结构调整、开拓经营和提高市场竞争能力等各环节，结合工商机关职责，采取有力措施，积极服务企业转变发展方式，帮助企业排忧解难办实事，支持经营者提高产品质量和可持续发展能力，配合有关部门认真贯彻落实食品产业振兴规划。积极开展食品安全监管信息和消费维权信息的综合分析利用工作，既要为政府宏观决策提供参考，又要有针对性地监督、指导经营者提高自律能力和经营管理水平，为食品产业和经济平稳较快发展发挥积极作用。

（二）深入开展流通环节食品安全和食品添加剂专项整顿，切实保障食品市场消费安全

各级工商机关要在去年专项整顿成果的基础上，继续集中执法力量，突出工作重点，强化专项执法检查，加大监管执法力度，着力解决流通环节食品安全的突出问题，圆满完成国务院部署的两年食品安全和食品添加剂专项整顿工作各项任务。

1. 认真开展规范食品经营主体资格专项执法检查。各级工商机关要对食品经营主体的经营资格进行全面清理、依法规范。要严格执行《食品安全法》及其实施条例和总局下发的《关于食品流通许可证印制发放和管理有关问题的通知》的规定，认真开展规范食品经营主体资格专项执法检查。要按照“谁登记、谁规范、谁负责”的原则，分别由各级食品流通许可、注册登记机构依法实施；按照“谁监管、谁清理、谁负责”的原则，由县级工商局组织，基层工商所采取逐户排查等办法依法实施。对发现存在食品主体准入方面的问题及时依法处理。要在当地政府的统一领导和协调下，按照相关部门的职责分工和工商机关各职能机构的职责分工，

依法查处和取缔无照经营食品违法行为。

2. 认真开展对重点食品和重点区域、重点场所食品经营以及季节性、节日性食品市场的专项执法检查。继续突出消费量大、消费者申诉举报多以及群众日常生活必需的食品，以城乡结合部、社区、车站、码头、旅游景区为重点，加大市场巡查和专项整治力度，严厉打击制售假冒伪劣食品违法行为。要突出抓好对节日性食品以及季节性食品的检查，特别是元旦、春节、“五一”、“十一”、中秋等节日性食品的专项检查，尤其是要强化春节和“两会”期间食品市场监管。针对节日食品市场消费特点，突出重点食品品种和重点区域、场所，加大监管执法力度，重点整治不符合食品安全标准、过度包装、搭售商品、虚假宣传及欺诈消费者等问题，切实保障节日性、季节性食品市场消费安全。同时，要按照总局服务2010年上海世博会的总体部署，加强上海世博会期间流通环节食品安全监管工作，完善食品安全预警防范和应急处置机制，切实维护世博会食品市场秩序。

3. 认真开展打击流通环节违法添加非食用物质和滥用食品添加剂专项执法检查。继续按照全国食品安全整顿工作办公室公布的非食用物质和添加剂的品种名单，对重点食品、重点区域和重点食品经营者，认真开展集中执法检查行动，依法规范食品添加剂经营者主体资格，依照《产品质量法》的规定强化对食品添加剂质量的监管。狠抓大要案件查办工作，依法严厉查处流通环节食品经营者在食品中添加非食用物质和滥用食品添加剂的行为以及违法销售食品添加剂的行为。

4. 认真开展奶制品市场专项执法检查。要深入贯彻《乳品质量安全监督管理条例》和《奶业整顿和振兴规划纲要》以及总局的实施意见，依法履行《条例》、《纲要》赋予工商机关的职责，严格监督奶制品销售者落实进货查验和进销货台账制度。要加强对奶制品市场的专项执法检查，在检查中发现不符合食品安全标准的，要集中时间和执法力量对城乡市场奶制品经营者开展拉网式逐户清查，对辖区内经营者销售不符合食品安全标准的奶制品要依法监督或责令其全部停止销售、下架退市，不留死角。对已下架退市的奶制品，要在当地政府的领导和协调下，会同相关部门，分工协作，落实监管责任，该由生产企业召回的及时召回，该销毁的坚决依法销毁，严防再次流入市场。各地要按照全国食品安全整顿工作办公室的部署和总局的文件要求，认真负责地做好2008年问题乳粉处理和销毁情况的彻底清查工作，务必高度重视，严格责任制度，确保落到实处。对进口的奶制品，还要重点检查食品合格证、中文标签和中文说明书及相关手续。

5. 认真开展农村食品市场专项执法检查。要结合农村食品市场特点，突出农民消费者日常生活食品消费的必需品种，加大对农村城镇、集镇、乡村举办的食品交易会、庙会等经营食品的监管力度，严格规范农村食品经营秩序。要加大对农村和乡镇各类食品批发市场、集贸市场和食杂店的监管和整治力度，规范连锁配送和送货下乡经营食品行为，依法打击制售假冒伪劣食品违法行为，切实保障农村食品市场消费安全。要认真落实总局下发的《流通环节食品安全示范店规范指导意见》，按照“两重点、三严格、四统一、五规范”的建设要求，加大工作力度，加快推进农村食品安全示范店建设进程，强化源头治理，充分发挥示范店的示范引导作用，切实维护农村食品市场秩序。

6. 认真开展对食品经营者履行法定责任义务的专项执法检查。要按照《食品安全法》及其实施条例和总局《流通环节食品安全监督管理办法》的要求，严格依法监督食品经营者履行法定责任和义务。要把经营者严格食品质量市场准入，严格建立和执行进货查验与记录制度，严格履行内部食品质量管理等，作为其履行法定责任和义务的重点，列入食品安全专项整治工作的重要任务，加大监督工作力度，务求实效。要严格监督商场、超市等企业，在巩固索证索票、进货台账“两项制度”成果的基础上，履行好进货查验和查验记录义务，严格落实企业内部食品质量管理责任，规范食品质量市场准入行为，切实把好食品进货关。要加强对食品经营者内部质量管理和质量控制的检查，督促经营者针对食品保质期的不同时间段采取有效的管理措施，引导其采取消费提示和食品有效期管理警示等防范措施，切实对消费者负责。要监督食品经营者建立健全食品安全管理制度，主要是食品质量管理、食品退市、应急处置、消费纠纷解决、从业人员健康管理等制度，切实落实食品安全管理责任。要积极引导食品批发市场、集贸市场、商场、超市与生产加工基地、重点企业建立“场厂挂钩”、“场地挂钩”等协议准入机制，切实从源头上保障食品安全。要积极鼓励有条件的商场、超市等食品经营者依法对查验的许可证件、食品合格的证明文件以及建立的进销货台账，采用信息化网络、扫描、拍照、数据交换、电子表格等科技手段，实行计算机管理；积极引导和督促食品经营者建立健全食品采购、贮存、运输、交易、退市和食品质量管理等环节的电子监控体系，探索和完善流通环节食品安全可追溯机制；积极鼓励和推进有条件的大中型食品企业、商场、超市和批发市场、集贸市场逐步实行计算机网络化管理，并加快与基层工商所信息化网络体系的有效对接，为逐步实现食品安全网上监管创造有利条件。

（三）深入开展食品市场巡查和强化日常规范监管，切实提高贯彻实施《食品安全法》和履行法定职责的能力和水平

要在开展食品安全专项整顿工作的同时，进一步强化食品市场日常规范监管，加大食品市场巡查力度，严格食品市场主体准入管理，严格食品质量监管，严格食品经营者行为的规范，依法查办食品安全大要案件，有效维护食品市场秩序，要进一步创新监管机制和手段，积极构建流通环节食品安全监管保障体系。

1. 严格市场主体准入管理，依法规范证照核发行为。要严格按照法定条件、程序和有关规定核发《食品流通许可证》；坚持先证后照，对未获得相关许可文件的，一律不予登记注册，切实规范证照核发行为。要继续按照总局制定下发的《关于对食品经营主体予以特别标注的通知》的规定，对食品经营主体进行特别标注，加大对食品生产经营者的经济户口和信用分类管理力度。建立许可证发放机关与登记注册机关的信息沟通机制，依托工商系统信息化网络体系，实现食品流通许可机构与登记注册机构的互联互通，信息共享，及时依法规范食品经营主体资格。

2. 严格食品质量监管，依法规范食品质量抽样检验行为。要在严格监督食品经营者履行法定责任义务、建立两项制度、严把食品进货关的同时，切实加强对食品质量的监管，强化对食品质量的监督检查，从食品的入市、交易到退市进行全程监管。要加强对食品包装、标识、生产日期、保质期等的监督检查，严格规范食品经营者的经营行为。要严格落实《食品安全法》及其实施条例及总局有关规定和制度，依法开展流通环节食品抽样检验工作，认真执行当地政府有关流通环节食品安全检测计划，严格食品质量抽样检验工作程序和纪律，严格抽样检验信息发布和审核程序，重大情况和重要食品安全信息要及时向当地政府和省级卫生部门报告，各省级工商局要在当地政府领导和协调下研究制定具体办法。同时，要充分发挥食品抽样检验结果的作用，按照有关规定和程序进行消费提示和警示，有针对性地加强食品市场监管执法，并及时将有关情况通报相关职能部门和行业组织，促进食品安全的源头治理和行业自律。要把快速检测作为监管执法现场发现食品质量问题的重要技术手段，不断提升快速检测的科学性、针对性和准确性。快速检测结果不得作为行政执法依据。对快速检测发现有食品质量问题的，务必按照法定程序和经法定的质量检验机构依法检测认定才能作为执法依据。对经法定检验机构依法确认的不合格食品，要依法处理和有针对性地开展市场清查。要加大对不合格食品退市的跟踪监管力度，切实提高食品安全监控水平。要不断健全完善对不合格食品实施行政强制退市和经营者主动退市相结合的管理机制，确保不合格食品及时有效退市，并配合相关部门加强对不符合食品安全标准的食品退市后的跟踪监管，严防再次流入市场。

3. 严格食品市场巡查，依法规范食品市场监督检查和案件查办行为。要按照法律法规的规定和食品市场巡查监管制度的要求，强化市场巡查，将监管重心下移，严格落实基层工商所食品安全日常巡查和属地监管责任制。基层工商所要突出巡查检查重点，通过增加巡查频次、强化巡查措施、完善巡查机制、创新巡查手段，有针对性地开展市场巡查，切实提高巡查效能，着力解决重点市场、重点区域和重点食品经营者的突出问题，建立健全制度规范、责任明晰、执法严格、反应迅速、措施有力的巡查机制。要把监督食品经营者建立和落实各项自律制度作为日常监管的重要任务，及时发现、制止和查处违法行为，并将巡查记录纳入经营者食品安全监管档案和信用分类管理体系，激励守信者，查处违法者。要进一步将食品市场巡查与经济户口管理、食品质量监管、食品分类监管等结合起来，加强对食品经营者食品安全违法行为记录与信用体系建设，完善监管档案，并加强对监管数据的统计和综合分析，切实提高日常巡查的针对性和有效性。

4. 严格落实监管制度和创新监管手段，依法规范行政执法行为。要突出流通环节食品安全监管关键环节、重点部位，结合专项整治工作和日常监管的实际情况，在建立健全监管制度和构建长效监管机制上下功夫，特别要抓好各项监管制度的实施和落实，切实用制度规范行政执法行为。要认真落实总局制定下发的流通环节食品安全监管八项制度，并在实践中不断细化、完善和创新，切实提高食品安全监管的制度化、规范化、程序化、法治化水平。同时，要加大食品安全监管手段的创新，努力提高监管执法的现代化水平。要认真落实总局制定下发的《关于积极推进流通环节商品质量和食品安全信息化网络建设工作的意见》，强化网络信息技术在流通环节食品市场主体许可、准入、食品质量监管、市场巡查和执法办案等方面的综合应用。要加快建立流通环节食品经营主体、食品市场质量监管、食品抽样检验、食品安全监管和案件查办数据库，并与工商机关其它方面执法监管信息互联互通，实现数据信息共享。各地要加快推进基层工商所信息化网络体系建设和应用，充分运用无线网络执法平台、移动查询终端等现代科技手段，开展市场巡查和日常监管，有效开展网上预警防范和应急处置工作。要认真落实食品安全预警防范和应急处置各项工作，完善机制，严格责任制度，切实做到超前防范，及时有效处置。

（四）深入开展“家电下乡”等市场专项整顿，切实维护“家电下乡”市场秩序和保护消费者合法权益

要认真贯彻落实中央有关扩大内需，改善和保障民生等一系列决策部署，继续深入开展“家电下乡”等市场专项整顿，进一步强化流通领域商品质量监管和服务领域消费维权工作，大力推进12315行政执法体系“四个平台”建设，切实保护消费者合法权益。

1. 继续加大“家电下乡”等市场专项整顿工作力度，切实维护“家电下乡”市场秩序。中央经济工作会议明确提出，要进一步做好家电、汽车摩托车下乡工作，继续实施家电和汽车以旧换新政策。各地要紧紧围绕确保中央政策措施深入落实，进一步加大监管执法力度，深入扎实开展“家电下乡”等市场专项整治。要积极配合相关部门加强对中标销售企业及其销售网点的管理，加大家电等商品二手市场监督检查力度，强化家电等商品市场主体准入、交易行为、商品质量的日常监管，严厉打击以“家电下乡”、家电“以旧换新”名义销售不合格和假冒伪劣商品等违法行为，切实维护“家电下乡”、家电“以旧换新”市场秩序。特别是要积极配合商务、工业主管、质检等部门，督促指导经营者切实规范“家电下乡”、家电“以旧换新”产品售后服务行为；充分发挥12315行政执法体系“四个平台”的作用，及时受理和依法处理消费者有关家电商品的申诉举报，切实保护消费者合法权益。

2. 继续加大商品市场准入退出制度改革工作力度，切实强化流通领域商品质量监督工作。要按照“四化建设”要求，在深入开展专项整治的同时，加快流通领域商品市场准入退出制度改革步伐，强化日常规范监管，进一步健全流通领域商品质量长效监管机制，强化流通领域商品市场监管工作。一是要严格商品市场主体准入。按照法定程序严格商品市场主体准入管理，加强经济户口管理和信用分类监管，按照职责分工依法查处取缔无照经营违法行为，切实规范商品市场主体资格。二是要强化流通领域商品质量监督检查。各地要突出流通领域重点商品强化监管。围绕家用电器、电线电缆、插头插座、节能灯具、汽车配件、装饰装修材料、手机、服装等重点商品，深入开展专项执法检查；严格监督销售者建立并切实执行进货检查验收制度，加强对商品包装、标识以及商品质量的监督检查，加大流通领域商品质量监测力度和不合格商品退市工作力度，依法监督流通领域商品质量。要严格工作程序，按照法定职责和国家有关规定科学、准确、全面地开展消费提示和警示，对商品质量监督检查的重要信息要及时向当地政府报告，按照规定和程序通报相关部门和相关地工商机关，促进源头治理和区域协作。三是要严厉打击制售假冒伪劣商品违法行为。要强化对违法线索的梳理和分析，加强案件排查和区域执法协作，加大违法案件查办力度，特别是要进一步严格大要案件督查督办制度，依法严厉查处制售假冒伪劣商品违法行为。要继续建立健全重大案件信息库，加强对假冒伪劣案件特点的研究分析，有针对性的加强对重点品种、重点区域违法行为的打击力度，并不断总结经验，切实提高案件查办工作水平和监管效能。同时，要有针对性地会同或者配合相关部门开展联合执法行动，严厉打击制售假冒伪劣商品违法行为，切实维护商品市场秩序。

3. 继续加大服务领域消费维权工作力度，切实保护消费者合法权益。要依法加强服务领域消费维权工作，有效化解服务领域消费纠纷。要与商务等部门和消费者协会、行业协会密切合作，继续深入开展清理损害消费者权益的规定和收费工作。积极会同相关部门、行业协会规范商业零售、家电维修等行业经营行为，并加强与相关部门、行业协会的工作协作和信息通报，针对服务领域存在的一些突出问题和消费者申诉举报热点，共同研究解决的具体措施，完善行业自律制度。要突出美容美发、宾馆饭店、装饰装修等领域服务行为的监管，加大专项执法检查力度。同时，综合运用合同监管和广告监管等执法手段，大力推广合同示范文本，依法制止欺诈消费者等违法行为，依法规范服务领域经营行为。

（五）深入推进12315行政执法体系“四个平台”建设，切实提高消费维权效能和现代化水平

中央经济工作会议提出，要“更加注重改善民生”和“加快解决涉及人民群众切身利益的问题”。各地要按照总局《关于加强12315行政执法体系“四个平台”建设的通知》等文件部署，进一步完善12315信息化网络，完善功能，规范管理，不断扩大消费维权网络覆盖面，切实提高消费维权效能和现代化水平。

1. 大力推进12315信息化网络体系建设。要继续认真贯彻总局《关于加强12315行政执法体系“四个平台”建设的通知》的部署和要求，大力推进12315行政执法体系建设，在加大工作力度、完善功能、提升水平和扩大网络覆盖面及规范高效运行上下功夫，充分发挥“四个平台”的作用。要继续建立健全省局和地（市）局相对集中受理12315中心，对还没有落实到位的，要抓好组织实施，确保今年取得新突破。要加强12315数据分析中心和数据库建设，完善12315中心网上受理功能，建立健全12315短消息受理平台，按照总局统一数据标准加快对12315应用系统的升级改造和数据整合工作。要强化12315数据的综合分析利用，动态分析申诉举报热点和消费市场秩序状况，及时形成12315数据分析报告，切实发挥12315数据在加强市场监管、开展消费警示提示、推动经济结构调整、服务经济发展方面的积极作用。总局将组织开展对12315行政执法体系“四个平台”建设工作的检查，扎实推进此项工作再上新台阶。

2. 大力推进“一会两站”和12315“五进”规范化建设。要认真落实总局《关于加强“一会两站”规范化建设的意见》，以健全组织、完善制度、严格程序、规范运行和注重实效为重点，大力推进“一会两站”规范化建设，进一步扩大社会维权网络覆盖面，要努力实现农村村镇和城市社区“一会两站”全覆盖。充分发挥“一会两站”服务基层群众的作用，方便城乡消费者就近解决消费纠纷，加强对商品和服务的社会监督，及时有效地保护消费者合法权益，为提振消费信心，建设和谐社区、和谐村镇发挥积极作用。同时，要进一步总结经验，加强对商场、超市、市场、企业等方面的督促指导，密切沟通协作，努力扩大12315进商场、进超市、进市场、进企业、进学校覆盖面，畅通消费者申诉举报渠道，并结合实际，积极开展12315进景区、进牧区等工作，切实保护消费者合法权益，积极促进社会和谐稳定。

3. 大力推进消费维权长效管理机制建设。各地要围绕消费者权益保护工作，大力推进长效管理机制建设，以流通领域商品质量监管、依法规范服务领域经营行为和受理处理消费者咨询、申诉、举报等为重点，建立健全和落实规章制度，建立和完善协作制度。要进一步完善和落实与政府相关部门的协作制度，加强12315网络体系与其他政府部门公共服务平台执法协作。同时，建立健全与消费者协会的合作制度、与行业协会的情况通报制度和与新闻媒体的消费维权互动机制，有效形成消费维权合力，积极营造消费维权的良好氛围。要加强消费者权益保护的地区合作和国际交流，吸收借鉴成功经验，切实推进消费维权长效管理机制建设。同时，各地要积极认真地抓好今年“3•15”活动，突出重点，选择载体，多形式多途径加大消费维权宣传工作，务求取得新成效。

（六）加强组织领导和法制建设，强化基础和基层基础工作，狠抓检查督查和落实

1. 要进一步加强组织领导。各地要在地方党委、政府的统一领导下，按照《食品安全法》等法律法规的职能，切实履行法定职责，以保障流通环节食品安全和有效保护消费者合法权益为重点，切实加强组织领导，一把手亲自抓，主管领导具体抓，各内设机构按照职能分工负责，密切协作，切实抓好组织实施和落实工作。要落实各项监管制度，严格责任制度和责任追究制度，积极防范监管的系统性风险和区域性风险。各地要层层研究制定具体的整顿方案和工作方案，明确目标任务和工作责任，精心组织和认真实施流通环节食品安全监管和专项整顿以及消费者权益保护的各项工作。

2. 要进一步加强法制建设和队伍建设。各级工商机关要加大法制建设力度，积极推进《消费者权益保护法》等法律法规的修订工作，严格监管执法、市场巡查检查和案件查办程序，严格规范行政执法行为，确保具体行政行为合法有效，并能够经得起司法监督，切实完善食品安全监管和消费维权法制体系。各地要按照建设学习型机关和基层的要求，采取学习、培训、岗位练兵、实践锻炼等方式，加大广大执法人员政治理论、业务知识、法规政策、管理技能的学习和培训力度，特别要加强对基层工商所长和基层监管执法人员的培训，努力建设一支政治上、业务上、作风上过硬的干部队伍，为保障流通环节食品安全和保护消费者合法权益提供人才和素质保障。同时，要深入开展对食品经营者进一步学习贯彻《食品安全法》和履行法定责任义务的宣传培训和教育，采取多种形式，突出学习和培训重点，注重实际效果，进一步提高经营者自律和管理水平。

3. 要进一步加强基础建设、基层基础建设和党风廉政建设。各地要以信息化建设、体制机制制度建设和规范管理建设为重点，大力推进食品安全监管和消费维权工作基础建设，全面提升工作质量、工作效率和工作水平。各地要进一步强化基层，夯实基础，充实基层执法队伍，强化基层执法力量，切实抓好执法装备、设备和经费保障工作，尤其是运用高科技手段监管所需的设施、设备及技术手段，为提高监管执法水平提供坚实的组织保障、人员保障和物质保障，大力推进食品安全和消费维权基层基础建设，不断提升基层监管执法能力和水平。要继续加强作风建设和党风廉政建设，进一步落实党风廉政建设责任制，有效防范流通环节食品安全监管和消费者权益保护工作的廉政风险和监管风险。

4. 要进一步加强协作配合和检查落实工作。要加强工商机关内设机构之间以及与各有关部门的协作配合，及时通报有关情况，建立健全协调协作机制，切实形成监管合力。要层层加强对食品市场监管和消费维权等工作的指导、督查和考核，采取重点督查、专项督查、交叉检查、明察暗访等多种方式，一级抓一级，层层抓落实，确保组织领导、工作任务、工作措施、工作责任、人员力量和经费保障等落实到位。各级领导干部要深入基层，深入一线了解监管工作的实际情况，尤其要及时发现存在的问题和监管的薄弱环节，有针对性地加强指导，切实研究解决监管执法工作中面临的困难和实际问题，确保各项监管工作落到实处，取得实效。

同志们，依法开展流通环节食品安全监管和保护消费者合法权益，任务艰巨，责任重大。各级工商行政管理机关一定要按照落实科学发展观和维护社会和谐稳定的要求，围绕中心，服务大局，加大力度，改革创新，求真务实，开拓进取，努力开创流通环节食品安全监管和消费者权益保护工作的新局面，以饱满的工作热情和优异的工作成绩，为促进经济社会又好又快发展做出新的更大的贡献。

专　题

我国食品工业60年发展辉煌历程

食品工业的发展历史比较悠久。近代食品工业的产生可以追溯到18世纪末19世纪初。法国的阿培尔在1810年提出用排气、密封和杀菌的基本方法来保存食品的“食品贮藏法”。随着该方法的提出，世界上第一个罐头厂于1829年建成。1872年美国发明了喷雾式奶粉生产工艺，乳制品的生产于1885年正式成为工业生产的一部分。18世纪，工业革命在英国发生，食品工业中科学技术的应用随即产生，出现了以蒸汽机为动力的面粉厂，这就是近代利用机械进行加工的食品工业。随着科学技术的进一步发展，现代食品工业发展迅速，食品加工的范围和深度不断扩展，利用的科学技术也越来越先进。食品消费是人类生存的第一需求，其在各国的国民经济中占有重要的地位，因此，食品工业的发展为各国所重视，且成为许多国家国民经济中的支柱产业之一。

我国自古有“民以食为天”的谚语，食品消费历来就备受重视。但是，我国的食品消费基本上是处于“原始状态”，即我国居民的食品消费一直以直接的农产品消费为主。由于我国的小农经济特征非常明显，农村经济普遍呈现出自给自足的特点，这使得我国的食品工业的发展远远晚于西方国家。我国食品工业总体呈现出起步晚、发展慢、技术水平低、核心技术依靠进口等的特点。但是，随着我国经济的不断发展，近年来食品工业的发展也非常迅猛。从20世纪50年代初以来我国食品工业的发展状况来看，我国的食品工业可以初步划分为以下三个阶段。

一、平稳缓慢增长阶段（1952～1990年）

我国现代化的食品工业是“进口型”的，开始于清末进口机械进行的面粉加工。但是从机械引进之日起，多年的发展都比较缓慢，真正比较系统而稳定的发展还是从新中国成立之后开始的。1952年我国食品工业的总产值为82.8亿元，全国工业总产值为349亿元，食品工业总产值占全国工业总产值的23.72%，体现出非常明显的农业国的特点。经过38年的发展，到1990年我国食品工业的总产值达到了1360亿元，占全国工业总产值的比重下降到了10.4%。在这一阶段，食品工业的年均增长率为24.31%左右，但是由于原有的基础非常薄弱，所以一般增长额都在百亿元以下，年均增长产值只有33.61亿元左右。到1990年，我国食品工业从业人员总计达429万人，分行业的基本建设投资，食品制造业为15.85亿元、饮料制造业为8.04亿元、烟草加工为1.13亿元，与上年相比，分别新增固定资产投资14.12亿元、6.99亿元、0.95亿元。

从这一阶段食品工业的进出口状况来看，食品工业的贸易都处于非常低的水平，出口产品的数量、种类、加工深度等都非常有限。1952年以来我国商品进出口总额都比较低，且统计数据不全。从有较好连续性的统计数据看，1980年我国海关统计的食品工业出口总额为31.23亿美元，同年进口额为44.74亿美元，存在逆差13.51亿美元。从具体商品类别来看，进出口总额占比最大的为食品加工和制造类产品，饮料和烟类产品进出口比例非常小。到1990年，我国食品工业产品进出口金额分别为44.74亿美元、71.12亿美元，实现顺差26.38亿美元。食品类产品出口实现了较大的转变，但是饮料和烟类产品的进出口额仍然很低。

从这一阶段我国食品工业的主要产品看，糖产量由1952年的45万吨增加到了1990年的582万吨，年均增长只有约2.43%；食用植物油产量由98万吨增加到544万吨，年均增长率也仅为2.16%；卷烟由265万箱增加到了3298万箱，增速也与前两种产品相当；啤酒产量由1957年的5万吨增加到1990年的692万吨，年均增长2.61%。

处于这一阶段的食品工业发展速度比较缓慢，整个行业的劳动生产率比较低，技术水平严重依赖国外进口，而且对引进技术的吸收水平也很低。整个国家的食品消费都处于小农经济自给自足的状态，且食品消费主要以初级农产品为主，加工食品消费比例非常低。另一方面也受到国家发展政策的影响，重视重工业而轻视轻工业，对食品工业的发展不够重视。

二、食品工业的觉醒阶段（1990～2003年）

1978年，我国实行了改革开放，经济呈现全面振兴之势。改革开放为食品工业的发展带来了机遇，为先进技术的引进提供了便利条件，但是由于食品工业有“久病积重难返”的困难，因而在开放之年没有爆发出迅猛的发展势头。在两年之后，食品行业的技术引进以及新增投资开始发挥作用，即从20世纪90年代开始，我国食品工业呈现出了觉醒之势，整体发展水平突然迈上了一个新台阶。1991 年食品工业的增速与上年同期相比增长了 95.96%，1991 ～ 1997 年的 6 年间，我国食品工业以每年 33.82% 的速度在增长（主要是源于 1991 年的增长速度，剔除该因素的年均增速约为 13.74%。但是，由于 1991 年的“超常”发展打下了较宽的基础，因此即使增速不是很高增量也比较大）。虽然在 1998 ～ 2003 年间增速有所放缓，但是由于增长的基数已经较大，所以在这个阶段里除了 1998 年外，每年的增长额都在 300 亿元以上，年均产值增长 654.63 亿元。

从食品行业的其他指标来看，2003 年食品工业从业人员为 392.95 万人（规模以上企业），企业平均从业人员为 204 人。食品行业的投资不断加大，1990 年全社会固定资产投资总额仅有 88.78 亿元，而到 2003 年仅食品行业的固定资产投资额就达到 326.64 亿元。按照食品工业四大类划分的行业来看，2003 年的基本建设投资分别为：农副食品加工业 148.94 亿元、食品制造业 99.32 亿元、饮料制造业 66.98 亿元和烟草制品业的 11 亿元；与上年相比，分别新增固定资产投资 88.68 亿元、56.99 亿元、50.15 亿元和 9.6 亿元。不断扩大的新增投资和改扩建投资为整个食品工业的持续发展奠定了坚实的基础。随着整个食品工业的快速发展，食品产品的进出口也日渐活跃，到 2003 年进出口金额分别达到 94.5 亿美元和 186.65 亿美元，顺差 92.15 亿美元。可见，与 1991 年相比，我国食品工业已经有了较大的发展，迈上了一个新的台阶。

这一阶段我国食品工业主要产品中，机制糖产量由 1990 年的 582 万吨增加到 2003 年的 1083.94 万吨，增长了约 86.24%；啤酒由 692 万千升增加到了 2540.48 万千升，增长了 2 倍多；卷烟增长相对较慢，由 1990 年的 3298 亿支增加到了 2003 年的 3580.86 亿支。这一阶段我国食品工业的增长按照增量来看，明显要高于前一阶段，处于两个完全不同的增量等级上。

三、食品工业的飞速发展阶段（2003 年至现在）

进入 21 世纪，我国在政策上逐渐重视食品工业的发展，特别是在“十五”中加大了对食品工业科技研发的政策支持和资金支持力度，使得我国食品工业的发展表现出平稳、快速的发展态势。2003 年以来我国的食品工业发展速度又明显高于上一阶段，年均增长速度达到 20.44%。在已有的基数之上，每年的产值增长都在 4000 亿元以上。从食品工业总产值的增长额来看，我国食品工业的发展又上了一个新台阶。

2007 年食品工业规模以上企业全行业从业人员总计达 519.47 万人，企业的平均从业人员为 177 人，平均每个企业比上年减少了 3 人，比 2003 年减少了 27 人。一方面，企业的数量在不断上升，2007 年食品工业的企业数较 2003 年增加了 10139 家，即增加了 52.76%。另一方面，企业的平均销售收入也由 2003 年的 6374.22 万元增加到了 2007 年的 10803.86 万元。这表明我国食品工业行业企业的效率得到了不断的提升，企业的劳动生产率提高了。

按照食品工业中类划分的行业来看，2006 年分行业的基本建设投资，农副食品加工业达 1196.1 亿元、食品制造业为 766.6 亿元、饮料制造业为 551.6 亿元、烟草制品业为 115.1 亿元；同期分别新增固定资产投资 789.63 亿元、495.83 亿元、349.75 亿元和 58.93 亿元，与 2003 年同期的投资额相比又有了一个数量级的提升。而在 2007 年，食品工业中农副食品加工业实现城镇固定资产投资 1646 亿元，比 2006 年同期又增长了 37.6%，食品制造业城镇固定资产投资为 967 亿元，同期增长 26.1%。2006 年食品工业进出口金额分别为 149.71 亿元和 272.89 亿美元，顺差扩大到 123.18 亿美元。食品工业全行业不断增加的投资与国内外的广阔市场继续支撑着整个行业的高速发展。

在食品工业主要产品中，啤酒由 2003 年的 2540.48 万千升增加到了 2006 年的 3543.58 万千升；卷烟增长非常快，由 2003 年的 3580.86 亿支增加到了 2006 年的 20218.13 亿支，增长了 464.62%，2007 年又比上年同期增长了 5.9%；食糖的产量近年来持续上升，总产量已经连续几年位居世界第三位，2007 年比 2006 年同期增长了 34%，继续保持高速增长。

在这一阶段中，得益于国家对食品工业的重视以及国家对食品工业重点技术研发的大力支持，我国食品工业年均增速都在 20% 以上。食品工业总产值迅速由 2003 年的 9870.2 亿元增长到了 2006 年的 24801.03 亿元，工业产值年均增量高达近 5000 亿元。经过这一阶段的快速发展，我国食品工业与世界发达国家水平的差距进一步缩小了，甚至在部分领域接近国际先进水平，在个别领域已经达到了领先水平，为我国食品工业的进一步发展奠定了坚实的基础。但是，同时也要看到我国食品工业的整体水平仍然较低。据国家质检总局和国家统计局联合发布的《2005 年全国制造业质量竞争力指数公报》显示，在国内 29 个制造业行业中食品工业的总体质量竞争力水平较低，其中最高的为烟草制造业，指数为 78.69，其次为饮料制造业（77.34）、食品制造业（75.09）和农副食品加工业（73.37）。我国食品工业与世界先进水平还有较大差距，借助于国内广阔的市场以及现有的实力，食品工业还有非常大的发展空间。

世界关注新中国60年巨变 外媒目光聚集中国

今天，是新中国60岁的生日。今天，中国注定将成为世界的主角。纽约帝国大厦首次为中国国庆点亮象征五星红旗的红黄灯，英国首相布朗在媒体上撰文为中国祝寿，日本《朝日新闻》刊登了整版的中国60年报道专辑，远在南美的巴西众议院也为新中国成立60周年举行了特别大会。卡塔尔"半岛"电视台说，60年了，新中国有太多的理由庆祝这个生日。美国副国务卿霍马茨说，60年前，毛泽东主席说，四万万中国人民从此站起来了；60年后，中国人民站立得很高，很强壮。加拿大《多伦多星报》说，今天的中国是一颗升起的新星，比以往任何时候都更加自豪，更加富裕，更加自由，更加幸福。俄罗斯学者谢尔盖·卢加宁说，60大庆意味着新中国已成功实践了新的发展模式，尽管存在人口问题、失业问题、贫富差距问题，中国人对自己的未来充满信心。

从一贫如洗到第三大经济体

9月30日，英国《金融时报》驻京记者在题为"龙将起舞"的文章中写道，当人们星期四打开电视时，会看到上百辆坦克将沿着长安街驶过天安门广场，后面是整齐划一、踢着正步的军人方阵（原文如此——编者注），新式军事装备骄傲地接受检阅，从射程可达华盛顿的机载导弹发射器到歼10战斗机。这是中华人民共和国建国60周年的庆典——在中国经济正带领全球走出衰退之际，中国领导人将展示其迅速增强的军力。如果说去年的北京奥运会给中国提供了一个展示成就的机会，那么10月1日的阅兵式则将让人们铭记中国不断增强的实力。

路透社等多国媒体都在中国国庆之前回顾了中国从1949年建国到现在60年间所经历的重大事件和前进过程。澳大利亚《世纪报》评论说，10月1日的"生日派对"就是一首对现代中国从饱受战争折磨和一贫如洗的起点长途跋涉到世界第三大经济体的颂歌。美国麦克拉奇报业集团称，建国60周年，对中国来说是"苦乐参半的里程碑"。美联社说，阅兵是纪念中国成立60周年的适当形式，盛大庆典能够满足中国人心中强烈的民族主义情感：为新中国的成就感到骄傲。新中国已经从成立时的一个贫穷落后、饱受战争蹂躏的国家转变成一个经济和外交大国。

加拿大《多伦多星报》29日发表社论"60年后的中国"。文章说，如果加拿大总理哈珀在百忙之中抽空到北京一趟，他会看到什么呢？巨大的成功！这种成功甚至毛泽东在60年前向世界宣布"中国人民从此站起来"时不曾想象得到。今天的中国在国际社会表现得积极活跃，而且还是一个援助捐赠国。它成功地举办了2008年奥运会，收回了香港和澳门，共产党向企业家打开了大门，修建了三峡大坝，还将宇航员送入太空。

巴林学者贾比尔·安萨里近日在科威特媒体上撰文说，中国的崛起再次安慰了痛苦的阿拉伯人。安萨里回顾了中国摆脱西方列强凌辱成为世界大国的历史，他提醒阿拉伯民众，在看待中国能够"平静地"崛起为世界大国时，不要忘记中国人并不是"免费"获得了这些成就，在取得成功的背后，有中国人留下的"血汗、艰辛和痛苦的征程"。

印度《每日新闻与分析》网站30日发表题为"60岁，中国又开始崭新的生命"的评论说，每天，世界上超过10亿人要接触到"中国制造"。任何国际性话题如果离开中国似乎都失去了意义，正如"中国"这两个字在汉字中的含义：中国正走向地缘政治的中心。

世界正视中国的成功

英国《每日电讯报》30日同时刊登了中国总理温家宝、英国首相布朗和英国商务大臣曼德尔森为中国国庆专门撰写的文章。温家宝在题为"建国60年与我们的未来"的文章中，表示中国将满怀信心迎接未来。英国首相布朗的文章题为"我们逐渐增加的理解与合作"。布朗说，从上世纪70年代开始，中国的改革逐步让人民摆脱贫困，中国在此所用的时间比历史上任何一个国家都要短，这不仅是中国的骄傲，也是我们所有人的骄傲。曼德尔森则发表题为"与中国共享信心"的文章说，中国的决策者们现在有着巨大的自信，相信中国正在走向可持续发展的道路。

俄罗斯科学院远东研究所副所长奥斯特洛夫斯基29日在《俄罗斯报》撰文说，保持国家对经济发展的监管，是中国经济成功并能从容抵御金融危机的原因。他对比中俄的发展道路写道：中国从来没有实行价格完全自由化，也没有搞私有化。假设中国决定按照俄罗斯 的模式对国有资产实行私有化和完全放开价格，不难想象会出现什么样的情况：物价飞涨，商品匮乏，在人民处于严重的经济压力下，国家完全可能分裂。

美国有线电视新闻网在国庆前夕采访了中国年轻的3名大学生党员和共青团员，从新闻自由方面感受中国60年来发生的巨大变化。报道说"原以为采访对象会穿着拘谨，事先会准备好答案”,可事实上“这次采访没有受到严密的监视”,他们很开放,“冷静沉着地回答了每一个敏感问题”。

乔治．华盛顿大学政治学教授沈大伟说：“适应形势和保持灵活是获得生存之道，中国共产党是兼收并蓄的，它从世界范围内不同政治体系中吸取经验。”

奥地利《标准报》在中国国庆前报道了华西村“家家有别墅和至少一辆汽车”，并说这是60年来“中国特色社会主义的一个范本”。

中国农村生活水平大大提高，平均寿命从1949年的41岁上升到73岁，年收入增长50多倍。加拿大《快报》29日也发表了该报记者发自华西村的报道，文中写道，一名美国旅游者在参观华西村后发出感慨:“如果这是社会主义,我们也想要。”

美国“赫芬顿邮报”网30日发表资深记者埃里克·马格利斯的评论，题为“纪念新中国伟大的舵手”，文章历数了毛泽东、邓小平等对中国的贡献，称“中国的崛起是我这一生中看过的最不寻常的事”。

新中国得到空前祝福

建国60周年，新中国得到了前所未有的祝福。美东时间9月30日上午10时，纽约帝国大厦为庆祝新中国成立60周年举行点灯仪式。9月29日晚，中国驻日大使馆在东京举行盛大的国庆招待会。日本官房长官平野博文等亲自到场。前众议院议长河野洋平在祝酒时充满感情地表示，上世纪，中国面临欧美列强及日本的侵略，在非常艰难的情况下统一了国家。“中国人民在遭受了这么多苦难后终于取得了现在的成就。大家此时此刻应该怀着一种怎样的喜悦心情啊。我对此要表示衷心的祝贺。”同天在中国驻美使馆举行的国庆招待会上，奥巴马政府破天荒派出了美军参谋长联席会议主席马伦将军、贸易代表柯克大使和国务院副国务卿霍马茨三位重量级官员到场。

巴西联邦众议院9月29日为庆祝新中国成立60周年举行特别大会，各政党领袖和国会议员纷纷上台致词，100多名巴西中学生挥舞着手中的五星红旗，三层旁听席上也站着大批自发前来的巴西人。有些议员在讲话结束时还振臂高呼：“巴西万岁！中国万岁！”巴西外交部东亚司司长毛罗对《环球时报》记者说：“国会是反映民意的殿堂。众议院今天为新中国成立60周年举行特别大会,反映出巴西对中国的关注和友好感情。”

在德国，各大电视台纷纷推出中国庆祝建国60周年专题节目。德国莱卡照相机公司还推出特制的莱卡纪念版金机,机身镀金,“宫墙红”饰皮,机顶印有红色天安门图案与“中华人民共和国万岁”字样。德国电影博物馆通过“中国电影展”向德国民众讲述中国历史。

世界看到中国的挑战

在欢庆的气氛中也传出一些外国媒体质疑的声音。《朝日新闻》30日称,中国历经曲折却实现了令人惊讶的经济发展。但是现在，民众对官员的不信任感在蔓延。日本东京大学学者川岛真公开撰文指出，中国和美国现在并称“G2”，但中国真能和美国对等吗？从人均GDP来看中国只能被称为“中等先进国”。实际上中国是否实现了近代国家这个目标还不清楚。

《印度快报》30日在题为“中国走了多长的路”的文章中说，中国在近几十年里取得的“奇迹般的增长”已经使人产生了这样一种印象：“中国具有点石成金、化腐朽为神奇的魅力”。但中国60年的发展道路“走走停停、起起伏伏”，而且充满“冒险”。尽管好的变化“以非常广泛的规模和非常迅速的速度”发生，但错误也以相当的规模和速度出现。

“半岛”电视台发表了“对中国60年的评估”。报道称,“建国60年，如果你用人民币购买力来计算的话，这个国家可以算是经济超级大国了。与此同时，这个国家每年都涌现一批百万和千万富翁，在过去几年中有5亿人口成功脱贫。但我们也听说这个国家贫富差距增大，并不是每个人都分享到国家发展的财富。在执政60年后,中国政府面临着一大堆难题：农民进城的问题，腐败的问题……”

世界对中国有信心

不过，曾长期担任美国前国务卿黑格将军助手的格德伯格先生29日在接受《环球时报》记者采访时说,看待中国“必须有一种历史眼光”。

署名“安加里”的印度网友30日在“祝福中国！”的帖子中说：我们没有资格批评中国不民主，尽管西方表示怀疑,但是共产主义非常适合中国,而且取得了举世瞩目的成就。

俄罗斯国际关系学院学者谢尔盖．卢加宁日前对俄媒体说，中国的改革很成功。中国官方把这一模式称做中国特色的社会主义，但实 际上全世界都明白，一个新的超级大国诞生了。让其他大国倒退若干年的国际金融危机，对中国来说仅仅是一次很轻松的考验。

法中协会主席温明登对《环球时报》记者说，中国在60年里取得的成就有目共睹。他说，自己最羡慕中国人总干劲十足，对生活和明天充满信心，有一种力量。德国国际媒体研究所弗洛托教授对《环球时报》记者说，世界上没有哪个国家能有中国这样连贯的5000年历史以及丰富的文化，世界已经进入“中国时代”。法国地域政治学家皮埃尔·皮卡尔说，中国已处在上升通道中，而一个有悠久历史和文明的国家，将对未来更有眼光。英国东亚问题学者马丁·雅格斯对《环球时报》记者说，他第一次到访中国就对中国社会积极发展的气氛所吸引，这是在英国看不到的。他说，中国势必在未来20年里成为世界的领导者，这不仅是经济上的先锋，而且中国文化也将影响到全世界。

建国60年我国畜牧业发展迅速

新中国成立以来，我国畜牧业生产经历了恢复和发展期、曲折和缓慢发展期、改革起步期、全面快速发展期、结构调整期、发展方式转变期等阶段。畜牧业从家庭副业成长为农业农村经济的支柱产业、畜产品供应从严重匮乏到供应充足，为改善我国居民的膳食结构和营养水平、增加农民收入、促进农村劳动力就业和保障国家食品安全做出了巨大的贡献。

60年来，我国畜牧业的生产规模不断扩大，综合生产能力稳步提高。畜产品供应一改上世纪五六十年代肉、蛋、奶极度匮乏、市场凭票供应的局面，目前市场上各种畜产品供应充足，花色品种丰富多彩。2008年，全国肉类产量达到7278.7万吨、禽蛋产量2701.7万吨，居世界第一位；奶类产量3781.5万吨，居世界第3位。2008年，我国人均肉、蛋、奶占有量已分别达到54.9公斤、20.4公斤和28.5公斤，而1949年，全国人均肉、蛋占有量分别只有4.1公斤和0.7公斤，奶类人均占有量则更少。目前，我国肉类人均占有量已达到世界平均水平，而蛋类则已达到发达国家平均水平。畜产品结构更趋合理，肉类比重从1978年的72.1%下降到2008年的52.9%，而奶类比重从1978年的8.2%提高到2008年的27.5%，肉类品种也呈现多样化发展。畜牧业产值不断提高，1949年到2008年，全国畜牧业产值由33.7亿元增加到20583.6亿元，占农业总产值的比重由12.4%上升到35.5%。

为了实现可持续发展，畜牧业转变生产方式，加快规模化、标准化、产业化和区域化进程。到2008年末，生猪、肉牛、羊、奶牛、肉鸡和蛋鸡的规模化程度分别达到了56.0%、38.0%、44.6%、36.1%、81.6%和76.9%，规模化养殖优势逐渐显现。畜牧业生产标准化逐步推进，畜产品质量明显提升，目前已通过畜牧“无公害产品”、“绿色食品”和“有机食品”认证的品牌近2000个，畜产品优质化率进一步提高。畜牧业产业化也加速推进，利益联结机制日趋完善。截至2008年底，全国畜牧业产业化组织已达6.91万个，带动牲畜饲养量14.6亿头，带动禽类饲养量113.4亿只。目前，肉、蛋、奶畜产品生产产业带已形成，畜牧业生产区域化进程加快。畜产品集中化程度进一步提高，从排在前10名的省份合计产量占全国总产量的比重看，禽蛋由1982年的65.6%提高到2008年的79.0%；牛奶由1982年的75.2%提高到2008年的83.8%。

科技是第一生产力，畜牧业一直把科技进步作为发展的基本支撑，科技水平显著提升。我国先后启动了一批畜牧重大科技项目，在畜禽和牧草品种选种选育、饲料生产及安全、主要畜禽营养及饲养管理、产品标准和检验方法、草原建设和生态保护等方面做了大量的研究，获得了一批重大科技成果。据不完全统计，共获国家级奖项268项，其中，国家技术发明奖30项，国家科学技术进步奖191项，国家自然科学奖2项，全国科学大会奖45项。依靠科学技术的不断创新和推广应用，畜牧业生产效率、农牧民素质、产品附加值和综合生产能力不断得到提升。在上个世纪的畜牧业发展中，配合饲料、畜禽良种的推广起到了非常关键的作用。近年来，除了依靠存栏和饲养数量的增加外，畜产品数量的提高，在很大程度上来自于畜牧技术的创新、推广与普及。目前科技进步对畜牧业发展的贡献率达到50%左右。

经过60年建设与发展，我国畜禽良种繁育体系的基础已初步确立，育种、扩繁、推广、应用相配套的构架基本形成，有力支撑了畜牧业快速发展。培育了中国荷斯坦牛、中国美利奴羊、农大褐3号等众多优良畜禽新品种（系）。建立完善了畜禽良种繁育体系建设，初步形成了以种畜禽原种场为核心，繁育场相配套，畜禽品种资源保护与开发相结合，与畜牧业区域生产格局相适应，满足不同生产方式和生产规模需求的畜禽良种繁育体系。

我国饲料工业起步于20世纪70年代中后期，到2008年饲料工业总产值为4257.9亿元，同比增长27.7%。从1992年起，我国饲料产量已连续17年稳居世界第2位。目前全国已形成包括饲料加工业、饲料原料工业、饲料添加剂工业、饲料机械工业，以及饲料科研教育、质量安全监测等为支撑的中国特色饲料工业体系，为畜牧业的发展提供了坚实的物质基础。

畜牧业在注重自身发展的同时，统筹兼顾生态、经济、社会目标。全面保护、重点建设和合理利用草原，加大畜牧业环境保护力度建设，实行畜禽污染减量化、资源化和再利用，走生态文明道路，确保畜牧业健康发展。进入新世纪以来，国家进一步加大草原生态建设力度，先后实施了一系列草原生态建设重大工程和项目，如天然草原植被恢复与建设、牧草种子基地、草原围栏、退牧还草、京津风沙源治理、西南岩溶地区草地治理、草原防火、草原治虫灭鼠等项目。在草原生态建设工程项目的带动下，草原畜牧业生产方式和农牧民生活方式开始转变，牧区畜群结构得到调整，取得了良好的经济效益。同时，项目区草原得以休养生息，草原植被得到较好的恢复，生态功能明显增强。

我国肉类食品产业60年实现快速发展

从凭票定量到想买就买

新中国成立60年来，我国肉类食品产业实现了从落后到快速发展的转变。百姓以前要凭“肉票”定量买肉，而现在则“想买就买”，过去我国年人均肉类占有量不足4公斤，而现在上升到54.8公斤，百姓肉类消费从贫乏到日益富足，这一生活变迁折射出我国肉类食品产业60年由弱到强的发展历程。

改革开放促成飞跃

2009年9月3～7日，“世界肉类组织第五届世界猪肉大会”和“第七届中国国际肉类工业展览会暨第四届中国国际肉类食品文化节”在青岛召开。在这次由世界肉类组织、中国肉类协会、青岛市人民政府共同主办的第七届中国国际肉类工业展览会上，《中国肉类工业发展史1949～2009》大型展览特别引人注目。该展从多个角度展示了新中国成立以来特别是改革开放以来我国肉类食品行业的整体发展历程。

我国是一个肉类消费大国，为解决数亿人口的基本吃肉问题，1955年2月，我国开始实行猪、牛、羊、禽蛋商品“派养派购”政策。此后长达30年的时间内，我国肉类食品的流通一直在计划经济体制下，由国营商业实行集中统一经营。直到1985年我国取消生猪派购后，全国多数大中城市仍继续实行平价定量供应办法。在1992年实行市场经济后，随着畜禽生产的进一步发展，各地陆续放开肉类市场，才最终取消了平价定量供应。

据中国肉类协会编制的《中国肉类食品产业六十年》数据显示，1949年，我国生猪、牛、羊存栏量分别只有5775.2万头、4393.6万头、4234.7万头，到1977年分别增长到29177.7万头、7039.8万头、16135.7万头。1952年全国肉类人均占有量只有5.95公斤，到1978年增加到9公斤。

我国肉类食品产业的真正快速发展，是在党的十一届三中全会以后改革开放的进程中实现的。1981年，全国肉类总产量为1260.9万吨，1990年增长至2857万吨，2000年增长至6125.4万吨，2008年增长至7278.7万吨，成为世界上最大的肉类生产国。

中国肉类协会常务副会长兼秘书长邓富江表示，近年来，我国肉类禽蛋生产总量和人均占有总量稳步增加，肉类禽蛋交易规模不断增长，市场供给稳定充足，这些都充分反映出我国肉类食品行业的快速发展，促进人民生活质量不断改善。

国际合作不断加强

肉类行业的合作交流关系到粮食以及整个食品领域，涉及范围很广，是经济合作的重要内容。本着“让中国了解世界，让世界了解中国”的目标，中国肉类行业在不断发展壮大的同时，也积极与世界各国同行开展互访与交流，开拓国际市场实现合作共赢。

近些年，中国肉类产业代表多次出访美国、澳大利亚、德国、荷兰等国家和地区，就多边合作及食品安全等问题进行广泛而富有成效的交流，并达成了多项共识。

通过国际交流的不断加强，我国肉类产业得到了更快发展。目前，我国的猪肉生产量已占世界猪肉总量的45%左右，居世界第一位。2008年，我国肉类出口总量达74.2万吨。

继2007第四届世界猪肉大会的召开，国际肉类行业同行发表以“和平发展互利互惠公平竞争持续发展”为主要内容的《南京宣言》之后，今年的“2009世界肉类组织第五届世界猪肉大会”更是开创了全球肉类产业共同交流、加强合作的新局面。来自世界30多个国家和地区的代表近

800人出席了会议。

第五届世界猪肉大会主题是：世界猪肉工业现代化——科学、健康、稳定、可持续性发展。会上，全球肉类产业代表还通过并发表《世界肉类组织第五届世界猪肉大会青岛宣言》。宣言提纲包括：1. 食品安全是全世界各国所面临的共同问题，保障肉类食品安全是国际社会共同的责任；2. 确保动物健康和肉食消费安全需要加强国际合作；3. 加强国际合作的基础是动物产品安全风险信息的透明化和充分交流；4. 要针对猪肉产品可能带来的风险加强分析评估和预防等方面国际合作；5. 要加强以国际标准为依据的对动物产品安全状况分析判断的国际合作；6. 在严格把好产品产地准出关和市场准入关方面加强国际合作等内容。

业内人士表示，青岛宣言的发表，必将对世界肉类行业的持续健康发展起到更进一步的推动作用。

品牌战略效益显现

建国初期，我国的肉类产业基本处在计划经济的国营统一销售的模式，企业的市场意识不明显。但随着改革开放的不断深入，在近20年的时间里，中国肉类食品产业通过引进吸收和自主创新先进生产技术，加强现代化科学管理，打造出了一大批肉类食品产业的知名品牌。

1987年，有94项产品获得商业系统优质产品奖，其中36项蝉联部优产品；1989年，52项产品获得鲜、冻白条猪肉，内外销分割猪肉部优产品奖；2003～2004年，共计125家肉类企业获得国家重点农业产业化龙头企业称号；2002～2007年，共计200家企业获得中国肉类食品产业50强企业称号；2002～2007年，中国肉类食品49个企业品牌获得“中国名牌”；2007～2008年，共有37个肉类企业商标被评为“中国驰名商标”；而2009年，中国肉类产业又诞生了“最具价值品牌”企业。

这一批批品牌企业不仅成为了肉类行业的龙头企业，也为引领肉类行业发展起到了标杆带动作用。它们得到了市场的充分认可，品牌效益凸显。据统计，2008年，全国肉类食品产业规模企业实现销售收入总额达4242.28亿元，实现利润153.7亿元。

新中国60年：中国粮食增产之路

一、从建国后到改革开放前我国粮食产量情况（1949～1977年）

1949～1977年这一时期，我国粮食产量不断增长，但发展迅速相对缓慢，总产量都在30000万以下。而且在这28年间，我国粮食产量经历了5次波动，其中有3次波动幅度较大。1949年我国的粮食产量仅为11320万吨，但1950～1952年是新中国成立后的三年国民经济恢复时期，粮食也出现连续增产。其中1950年增长率高达16.73%，1952增长14.08%。但到1953～1954年两年出现了第一次粮食产量增长率下降。这两年粮食总产量分别比1952年增长1.79%和1.59%，粮食增长率大幅度降低。1955和1956年这两年，粮食出现了恢复性增产。1957～1961年出现了第二次粮食产量增长率大幅度下降，其中1959年、1960年两年粮食增长率分别比1956年下降19.78和20.37个百分点。1959到1961年是中国近现代历史上著名的三年经济困难时期。

从1962到1966年我国的粮食生产出现了连续5年增产，年均增长率为7.75%。接着，1967～1969年形成了第三次粮食生产波动，年均粮食增长率为-0.44%，比上5年的年均粮食增长率降低8%。1970～1971年粮食又连续两年增产，年均粮食增长率为9%。接着，1972年出现粮食产量较大幅度减产，粮食增长率为-3.86%。1973～1975年连续3年粮食增产，年均粮食增长率为5.81%。1976和1977年最后两年出现第五次粮食生产波动，年均粮食产量增长率为-0.31%。（注：部分数据引用尹国务院研究室副主任成杰《关于我国粮食生产波动的思考及建议》一文）

二、改革开放以来的粮食产量情况（1978～2008年）

改革开放以后，我国逐步改革统购统销的体制，提高粮食收购价格，减少定购数量，使粮食生产实现高速增长。我国粮食产量从30000万吨开始一路震荡走高。1978～2008年这30年，我国粮食生产得到快速发展，但波动也更频繁复杂。

1978年我国农村实行改革和提高粮食价格，极大地调动了农民的积极性。1978年中国粮食产量首次突破30000

万吨，达到30477万吨，增长了7.8%。1979年粮食产量又增长8.9%，主要是由于国家大幅度提高粮食收购价格，粮食统购价提高20%，超购部分加价50%，从而促进粮食产量快速增长。1978和1979年粮食产量年均增长率达到8.38%。而1980和1981年则出现了改革开放后的第一次粮食减产，年均粮食增长率为-1.05%。

1982到1984年这3年粮食总产量年均增长率为7.83%。尤其是1984年，中国粮食产量历史性得到达了40732万吨。这次粮食增长的主要原因是中国农村推行的家庭联产承包责任制，实现了土地所有权与土地使用权的分离，赋予了农民生产的自主权以及剩余产品的支配权利，充分调动了农民的积极性。突然出现的粮食大幅度增长的情况下，导致粮食供给过剩。

1985到1988年出现了第二次粮食大幅度减产，1985年粮食产量回落到37910.8万吨水平，比上年减产6.9%。1985年到1988年4年粮食产量的年均增长率为-0.29%。到1989和1990年粮食生产迅速恢复，连续两年粮食产量增长，年均增长率为6.45%。1991～1994年这4年粮食产量在43000到44525万吨之间徘徊，年均粮食增长率为0.04%。但是在1990～1992年出现农产品全面“卖难”，是典型的生产过剩造成的。因为从1989年开始，国民经济连续3年在低谷中运行，城市有购买能力的需求下降导致农产品卖难。

1995和1996年粮食生产快速发展。1996年总产达50453万吨，增长率为8.13%，首次跨上50000万吨的大台阶。1997年出现第四次粮食生产波动。1997年粮食产量比上年减少2.05%。1998年粮食增长率为3.67%。1999年虽然粮食增长率为-0.76%，但仍保持50000万吨水平。此次粮食产量的上升导致粮价下跌，严重挫伤农民种粮的积极性。从2000年到2003年粮食出现了改革开放以来最为严重的一次大减产。粮食产量从1998年的最高位51229.5万吨降到了最低时的43065万吨，一下退回到10年前水平。主要原因除了干旱造成减产的因素外，更重要的是粮食种植面积的急速减少。许多地区提高了经济作物和优质农产品的种植，而当时的高层对粮食问题的乐观估计在一定程度上动摇了中国长期坚持的“以粮为纲”的观念。城市发展大量占用耕地，还有一些地区盲目推行“退耕还林、退耕还草”政策，导致全国粮食播种面积锐减。

2004年以来的5年，我国粮食产量连续5年增产。2004年我国粮食总产量46947万吨（9389亿斤），比上年增产3877万吨（775亿斤），增长9.0%。粮食单产水平和当年粮食增产量均创历史最高。2004年以来，党中央、国务院连续出台了一系列更直接、更有力、更有效的重大政策措施，极大地调动了农民的生产积极性，粮食生产出现重要转机。

2005年中国粮食再获丰收。全年粮食总产量达到48402万吨（4840亿公斤），同比增长3.1%。

从2006年国家开始彻底取消农业税和农业特产税，国家与农民的传统分配关系发生了根本性变革，农村税费改革进入农村综合改革的新阶段。同时还加大补贴政策实施力度，新增120亿元补贴资金，对种粮农民因农业生产资料增支实行综合直补，7.28亿种粮农民直接受益。2006我国粮食产量为49746万吨，同比增长2．8%。

2007年我国粮食总产量为51050万吨，同比增长0.7%，2007年粮食实现连续4年增产，总产超过1万亿斤，单产再创历史新高。粮食生产改变了“两增一减”、“两增一平”的局面，实现了产量、质量和效益同步提高。2007年中央财政进一步加大支持种植业特别是粮食生产的政策力度，良种补贴、农机具购置补贴、粮食直补、农资综合直补四项补贴资金达514四亿元人民币，比去年增长66%，为粮食连续4年增产提供重要支撑。

2008年，粮食总产量达到52850万吨，比上年增产2690万吨，增长5.4%，连续5年增产。其中，夏粮产量12041万吨，增产305万吨；早稻3158万吨，增产6万吨；秋粮37651万吨，增产2379万吨。

而到了1985年，国家取消了部分鼓励粮食生产的优惠政策，粮食收购实行“倒三七”比例价，实际降价幅度接近10%，资金和物质投入也减少，农资价格涨幅为4.8%，挫伤了农民种粮积极性。

此前粮食生产的历史最高纪录是1998年的51200万吨。但此后，由于土地、资金等要素大量转向非农产业等原因，耕种面积连年调减，产量曾一路走低。2004～2007年，中国建立支持粮食稳定发展的政策框架，粮食产量得以恢复，2007年总产量达50150万吨。

2009年一定会成为连续第6个丰产年。农业部部长孙政才6月12日宣布，今年全国夏粮预计产量将达到2450亿斤，创下了新中国成立以来第一次连续6年夏粮增产的佳绩。虽然，全年粮食生产稳定发展还要看早稻和秋粮，但夏粮增产为今年粮食全面丰收奠定了关键的良好开局。

我国食糖行业辉煌的60年

又是一年金秋好时节，我们即将迎来祖国61周岁的生日，60多年来各行业蓬勃发展，我国糖业也得到了长足发展，让我们祝福祖国、祝福糖业……

1949～2009年是中国发生翻天覆地变化的60年、是辉煌的六十年。中国糖业在建国之后得到了长足发展，所取得的成就引人注目，在国际糖业的地位日益提高。我们的祖国从来没有像今天这样欢乐祥和、蒸蒸日上；我们的糖业从来没有像今天这样意气风发、精神振奋，我们对中国糖业的未来充满信心……

一、主要成就

我国南方盛产甘蔗、北方宜种甜菜，是世界上少数几个既产甘蔗糖又产甜菜糖的国家之一。据文字记载，我国制糖业的历史可追溯到公元前400年，但是长期的封建社会与半封建、半殖民地的历史使得旧中国的制糖业一直没有发展起来。到1949年建国初期，我国的制糖业主要是以牛拉石辊压榨甘蔗的土法制糖为主，中小型机制糖厂只有几家，多数濒临倒闭，1949跨1950年制糖期，能维持生产的机制糖厂仅剩下两、三家，全国所产的26.1万吨糖中90%是土法生产的红糖。

建国60年来，我国糖业是在几乎一张白纸的基础上发展起来的。经过建国以来60年、特别是改革开放30年来的建设，全国糖 料播种面积由1949年 186.2万亩（其中：甘蔗162.3万亩，甜菜23.9万亩）扩大到1998年2296万亩（其中，甘蔗1664万亩，甜菜632万亩）；糖料平均亩产由1949年1.5吨（其中，甘蔗平均亩产1.6吨，甜菜平均亩产0.8吨）提高到1998年3.35吨（其中，甘蔗平均亩产4吨，甜菜平均亩产1.64 吨）。全国食糖产量由1949跨1950年制糖期26.1万吨提高到1998跨1999年制糖期882.6万吨（其中，甘蔗糖产量由24万吨提高到 756.8万吨，甜菜糖产量由2万吨提高到125.8万吨）。全国机制糖厂由3家增加到458家，日加工糖料能力由0.2万吨提高到67万吨，年产糖能力由2.4万吨提高到850万吨，其中，甘蔗糖厂由2家增加到373家，日加工甘蔗能力由1650吨提高到57.5万吨，年产糖能力由1.98万吨提高到 700万吨；甜菜糖厂由1家增加到85家，日加工甜菜能力由350吨提高到9.5万吨，年产糖能力由0.42万吨提高到150万吨。1998年全国糖厂平均规模为日处理糖料1460吨。

全国现有糖业研究机构25个，设计院、所9家；全行业现有制糖工业职工35万人，从事糖业生产的农业人口约4000万人；已经建成了包括糖业教学、科研、设计、设备制造、土建安装的完整体系，可以自主进行糖业开发、建设，并先后援助第三世界国家兴建了50多座糖厂。

除主产品食糖外，以甘蔗、甜菜加工后的副产品为原料的产品计有：纸、纸浆板，食用、饲料酵母，甜菜颗粒粕、糖蜜酒精。

我国是发展中国家，“吃”在国民消费总支出中约占50%。以食糖为原料和辅料的食品有56大类3000多个品种；目前全国年消费食糖量约1300万吨，人均年消费食糖约10公斤。

在我国，甘蔗、甜菜是仅次于棉花、食用植物油料之后的大宗经济作物，糖料种植区大多集中在周边经济不太发达的省、区，发展糖业生产对振兴这些地区的经济具有重要意义，糖业（包括工、农业）是国家重点扶持发展的产业。

二、促进糖业发展的主要措施

我国糖业的发展大体经历了三个时期。

（一）1949年至1958年是我国糖业发展史上第一个兴盛时期

这一时期恢复了建国前已停产的5座机械化制糖厂，新建了24座日处理糖料1000吨以上规模的大型机械化制糖厂，新增年产糖能力170万吨。与此同时完成了对12万吨土法制糖产糖能力（当时土糖产糖总能力为36万吨）的机械化、半机械化改造。

这一时期加速发展糖业的主要措施是：

1. 摸清资源底细，制定发展规划，加强技术后方建设，为糖业的发展打下坚实的基础。

建国初期，原轻工业部设立了制糖工业勘测规划处，负责糖业资源调研、厂址勘测、发展规划；1954年、1956年分别在广州、哈尔滨成立了甘蔗、甜菜制糖工业设计、安装公司，在外国糖业专家的具体帮助下，从1957年开始，具备了自行设计甜菜、甘蔗大、中型糖厂的能力。与此同时，原轻工业部通过跨行业向广州、哈尔滨重型机械厂投资，为制糖工业制造大型专用设备，并先后投资在黑龙江、内蒙古、广东兴建了一批制糖专业机械厂，实现了糖厂设计、设备制造、土建安装立足于国内。

1953年、1956年原轻工业部、食品工业部分别在广州、哈尔滨设立了甘蔗、甜菜糖业研究室。相应在北方甜菜主产区建立了一批甜菜原种站、采种站；在海南建立了甘蔗杂交育种场，在甘蔗主产区建立了甘蔗育种研究机构；从1953年起相继育成了我国自己的甜菜新品种；并进入了我国自育与引进甘蔗良种相结合的时期。

针对建国初期糖业科技人员奇缺，熟练工人不多的情况，1951年，原轻工业部在南京大学、中山大学设立了制糖专业，为新中国培养了第一代制糖高级技术人才。此后，又相继在七所大专院校设立了制糖专业，依靠大专院校举办了10多期在职干部短训班，培养了大批班组长、车间主任以上具有一定理论基础、又有实践经验的管理人员和熟练工人。

截至1958年，我国已建立起自主开发、建设糖业的基础，除承担国内全部糖业建设项目外，从1958年到1983年25年间共援助第三世界国家建成糖厂48座。

2. 坚持高起点起步的糖业建设方针。

对新建糖厂采取了高起点起步的建设方针，在第一个五年计划期间，从波兰、民主德国、捷克等先进产糖国家引进了7整套各具特点的制糖工艺技术及装备，先后于1955年至1958年建成了包头、新中国、友谊、齐齐哈尔4座甜菜糖厂和广州、江门、广丰、贵县4座甘蔗糖厂，使我国制糖工业工艺及技术装备一跃进入了当时国际先进水平。其中，江门甘蔗糖厂（现江门甘蔗化工厂）是我国引进规模最大（日榨甘蔗3000吨）、并且综合利用甘蔗发展制糖、造纸、酵母、酒精等产品的联合企业。

3. 依靠科技进步，通过对糖业的改革、改造，提高效率与效益。

甘蔗土法制糖是旧中国糖业生产的主体，建国初期土糖产量占全国食糖总产量的90%。1951年，原轻工业部提出：在土糖集中产区发展机械化制糖厂和对土糖寮实行前机后土改造的方针。1958年，原轻工业部、农业部、商业部联合推广了1470台小型五辊压榨机代替了1/3（约12万吨土糖产糖能力）牛拉石辊压榨机，使每百公斤甘蔗平均多产土糖1～2公斤。在对土糖寮进行改造的同时，对机械化制糖厂也进行了革新、改造，重点是：实现甘蔗、甜菜、煤、石灰石、食糖等大宗物料装卸、堆垛、捣运机械化，使一个日加工糖料千吨规模糖厂减少劳力200～400人；用先进的连续化、高效率制糖设备代替低效能、间歇的落后生产设备，节省了厂房面积，提高了能力，降低了消耗；采用中、高压背压汽轮发电机组和合理热力分配使用方案，既发电、又供汽，充分回收利用余热，逐步更新低压、低效锅炉，改造落后的热力系统。

4. 综合合理利用糖料，治理“三废”。

建国初期，蔗渣主要用于燃料；甜菜废丝除附近农民拉走极少量供作饲料外，其余任其风干，甚至排放江河成为一害；糖蜜仅少　量用于制酒。“一五”期间，开始用蔗渣造纸，糖蜜制酒精，但规模小、工艺落后，糖厂大多搞单一制糖生产，半年生产、半年闲。

1958年7月，周恩来总理视察江门甘蔗糖厂和蔗渣纸浆厂时指出：“甘蔗用途很广，应该大搞综合利用”。提出把江门甘蔗糖厂改名为江门甘蔗化工厂并亲笔题写了厂名。周总理的指示揭开了我国糖厂开展综合利用、多种经营的新篇章。利用蔗渣造纸、制纸板，利用糖蜜制酒精、酵母，利用甜菜废丝制颗粒粕饲料以及以充分利用废液、废渣为内容的的“三废”治理均取得了重要进展，糖厂综合利用产品产值占到了总产值的18%～20%。

这一时期由于方向明确，措施得力，取得了多、快、好、省发展糖业的效果：建设一个大型甘蔗糖厂一般只需1～2年，投产后1～2年即可收回全部投资；建设一个大型甜菜糖厂一般也只需要2～3年，建成后2～3年即可收回全部投资。

（二）1959～1977年糖业生产建设徘徊期

1959年至1977年，由于“三年困难”和“十年动乱”，全国食糖产量由1958跨1959年制糖期110.25万吨下降到1961跨1962年制糖期 31.19万吨。1961年我国国民经济贯彻了党的“调整、巩固、充实、提高”方针，1963年至1965年，糖料与食糖生产迅速恢复，困难时期停产的糖厂全部复产，一批新建与扩建糖厂也相继投产，1965跨1966年制糖期，全国食糖产量达到155.4万吨的历史最好产糖水平。

1966年开始的“文化大革命”，由于左倾错误思想愈演愈烈，许多有利于发展糖业生产的经济政策受到批判，严重挫伤了农民种植糖料的积极性，糖料与食糖生产10年徘徊，1975跨1976年制糖期，全国产糖161.33万吨，比1966跨1967年制糖期仅增加了10万吨。

（三）1978 年党的十一届三中全会以来的 30 年，我国糖业生产建设进入了历史上最兴盛的时期

党的十一届三中全会以来，我国农村广泛推行了家庭联产承包责任制，极大地调动了农民的生产积极性。在邓小平理论的指引下，党中央、国务院为满足市场食糖供应，扭转长期依靠进口的局面，确定了“食糖要立足于国内”的方针，采取了一系列经济政策，结束了糖业长期徘徊的局面，经过 20 年的改革、调整、发展，实现了食糖自给，略有结余，满足了人民的需求。

改革开放 30 年来，我国糖业的发展大体上经历了两个阶段：即 1979 至 1990 年，由计划经济向市场经济过渡的阶段；1991 年以后，进入社会主义市场经济阶段。

过渡阶段的主要任务是通过改革，从政策上采取一系列措施解除对糖业经济发展的束缚，创造条件，向社会主义市场经济过渡。

主要解决四个方面的问题：

1. 解除糖农口粮不足对糖业发展的束缚。

国务院决定从 1980 年开始在重点产糖省、区广东、广西、福建、云南、四川、黑龙江、吉林、内蒙古实行粮糖挂钩，吨糖奖售吨粮的政策，确保糖料集中产区糖农口粮不低于邻近产粮区的标准。

2. 解除主要农用生产资料供应不足对糖业生产的束缚。

国家实行了糖奖化肥政策，每吨甘蔗由国家供应补贴化肥 10 公斤，每吨甜菜供应补贴化肥 12.5 公斤。此外在种子用肥和农用地膜供应等方面也给予了积极扶持。

3. 解除价格统得过死对糖业生产发展的束缚

由于食糖价格自 1963 年国家定价以来，几十年不变，而制糖生产的费用、成本逐年提高，企业由盈转亏，严重影响了工、农业生产的积极性。为了稳定糖农生产的积极性，保证糖厂有充足的原料，各主产糖省、区在国家规定的原料收购价格之外，采取了价外补贴、利润分成和奖售农用物资等办法提高糖农的实际收入，调整糖料与其他农作物之间的合理比价关系。

4. 解除加工能力不足对糖业生产发展的束缚

国家按照“改造扩大老厂、尽量少建新厂”的方针，加快了新增产糖能力的建设，年产糖能力由 1979 年 285 万吨提高到了 1989 年 570 万吨，使加工能力增长与糖料生产发展基本相适应。

采取这些措施以后，1980 跨 1981 年制糖期，1984 跨 1985 年制糖期，1985 跨 1986 年制糖期全国食糖产量先后跨过了 300 万吨、400 万吨和 500 万吨的水平，使全国食糖供应得到了极大的改善。此后，由于糖价 20 多年不变和进口糖多的制约，食糖生产徘徊不前。

1988 年国家决定调整食糖出厂价格和调拨价格，1990 跨 1991 年制糖期、1991 跨 1992 年制糖期、全国食糖产量先后跨过了 600 万吨、700 万吨达到了 791 万吨，实现了食糖基本自给。

随着社会主义市场经济的发展，1991 年国务院决定调整食糖经营管理有关政策，将食糖收购调拨计划由指令性计划改为指导性计划，实行多渠道、少环节地经营食糖批发业务；食糖出厂价由国家定价改为国家指导价；食糖销售实行敞开供应。从 1991 年开始，通过对食糖生产经营和管理体制的改革，实现了由计划经济向社会主义市场经济过渡。

为稳定与发展糖业生产，实现吃糖立足于国内，国家和主产糖地区政府采取了以下措施：

1. 通过推进科技进步，在南方，重点在广西、湛江、云南等地，开发旱坡地种甘蔗，使 90% 以上的蔗田由平原、河川地区转移到了旱坡地；在北方，在新疆等地发展垦荒地种甜菜；解决了在耕地不足的条件下，种甘蔗、种甜菜与粮食争地的矛盾。

2. 通过政府支持、地方投资，开发了广西、云南、广东湛江和新疆三省、区和一个市的新的糖料生产基地，实现集中连片种植，适度规模、集约经营，使 4 个基地产糖量占全国产糖总量的 60% 以上，成为稳定全国食糖生产供应的支柱力量。

3. 通过采用新技术，改造老糖厂，扩大糖厂平均规模 30%，新增年产糖能力 280 万吨，使全国年产糖总能力达到了 850 万吨。

4. 按照合理的比价关系，先后 3 次调整了糖价与糖料的收购价格。

这些措施的实施，实现了 1991 跨 1992 年制糖期产糖 791 万吨，1997 跨 1998 年制糖期产糖 811 万吨，1998 跨 1999 年制糖期产糖 882.6 万吨，2008 跨 2009 年制糖期产糖 1243 万吨，做到了国产糖自给有余，并且有少量出口。

糖业涉及到工、农、商、贸（外贸）等多个部门，相互之间有着密切的关系，为适应市场经济条件下加强行业管理的要求，1992 年 10 月成立了中国糖业协会，使制糖行业管理由部门管理转变为行业管理，加强了行业内部企业间、地区间、部门间的协调与合作，发挥了协会横向联系和在企业与政府间的桥梁作用。

三、经验教训

（一）1959～1977年，“三年困难”、“十年动乱”期间

由于错误思想路线的干扰，建国初期10年和1961年以后调整时期制订的许多有利于发展糖料生产的经济政策被当作“资本主义”、“物质刺激”受到批判，严重挫伤了农民生产的积极性，全国农业和糖料生产停滞不前，制糖工业建设被迫压缩，为解决糖料供应不足和糖、粮争地的矛盾，1958年、1959年、1977年3次试图用在甜菜产区分散大办甜菜土糖厂、小糖厂的办法来加快糖业发展，结果事与愿违，由于这些小厂技术不过关，生产管理落后，消耗大、成本高、亏损严重，先后垮台倒闭，这是我国糖业发展史上一次严重的教训。

（二）在糖业由计划经济向市场转换的过程中也遇到了一些新问题，取得了不少经验教训

1. 1990年以前，我国食糖生产与销售实施的是计划经济，糖厂生产的糖全部由国有商业统购包销；随着市场经济的发展，1991年国家决定放开食糖销售，实施“多渠道、少环节”经营，食糖市场放开以后，食糖季节性生产、常年销售的任务由商业转给了工业；商业在不承担统购包销和季产年销短期储备任务以后，为加速资金周转，从本身经营利益考虑，当年压缩库存糖200多万吨，使1991跨1992年榨季制糖期投放市场食糖总量达到1000万吨，大大超过了同期市场需求量700多万吨的水平，因而出现了糖厂卖糖难，糖价暴跌，糖料收购价随之下降，企业严重亏损等一系列问题，由此引发了1992跨1993年制糖期、1993跨1994年制糖期、1994跨1995年制糖期连续3个制糖期糖料与食糖生产下降。对此，国家采取了放宽出口，适当调高糖价和糖料收购价，对糖厂所需糖料收购资金和工业季产年销短期储存食糖所需资金给予积极支持等措施，加上市场食糖供求关系由供大于求转为供应偏紧，糖价回升，糖业生产受到鼓舞，从1995年起，扭转了糖料生产下滑的局面，出现糖料与食糖生产回升的形势。

2. 在食糖供应偏紧，糖价回升的情况下，1994年下半年、1995年，一些不法分子以来料、进料加工为借口，大量走私进口食糖，凭借走私逃税价低的优势在国内压价竞销，使我国糖业再次受到致命打击。据海关统计，1994、1995两年，全国以来料、进料加工名义进口糖313.3万吨，其中未加工复出口的糖达210万吨。对于走私糖、非法进口糖的问题，国家采取了严厉打击、综合治理的措施，收到了成效，到1998年，走私糖、非法进口糖已基本被堵住。

3. 对于吃糖是否要立足于国内，在相当一段时间，由于各个部门从不同角度，不同的利益考虑，看法并不完全一致，所以相当长一段时间，屡屡发生进口糖冲击国内糖业生产的问题，这也是我国糖业在发展过程中屡屡受挫的主要原因之一。随着糖业在我国国民经济中，特别是在振兴我国周边不发达省、区经济中重要地位的日益显露，“吃糖应立足于国内”、“完全有条件立足于国内”在我国已经获得绝大多数人的共识。

4. 1997跨1998年制糖期，全国糖料大丰收，食糖产量达到811万吨，产量略微超过了市场需求，这是在没有进口糖干扰的情况下首次出现的国内市场供略大于求的情况，由于对这一丰收情况始料不及，事先措施力度不够，一些企业怕糖压在自己手里，加上资金严重短缺的压力，竞相压价销售，引发了一场价格大战，糖价暴跌，使全行业90%以上的企业亏损，亏损额高达数十亿元。对此，国家从3个方面采取了措施：

1. 加强总量控制，限产、促销。适当控制糖料与食糖生产；控制进口，鼓励出口；限产、限用糖精等化学合成甜味剂促进食糖销售。

2. 加强季节性平衡的调控。加大对工业季产年销临时储存食糖和主产糖地区食糖短期储备的资金支持。

3. 加强行业内部价格自律，将食糖生产、销售、经营纳入法制化、规范化的轨道。

相信随着这些措施的实施。我国糖业生产流通将会出现稳定、健康发展的新局面。

在我国糖业进入社会主义市场经济以后，迫切需要一个公平的、法制化的市场环境。从国内讲，要进一步完善市场的法制建设，坚持制止过分投机的行为，严厉打击走私，保护市场的公平竞争环境。从国际讲，也要严格按照我国和国际法规和惯例，有序地开展食糖进出口贸易和加工贸易，制止以走私等非法手段向我国市场倾销食糖，将国际间糖业合作建立在互相尊重主权、互通有无、互惠互利的基础之上。

世界人均年消费食糖为20公斤，高的达到30～40公斤，我国不足10公斤，属世界食糖消费水平最低的国家行列，由于我国人民的 饮食习惯与西方国家不同，没有必要盲目追求西方食糖消费的高水平，但鉴于我国广大农村目前食糖消费水平还相当低，随着农村经 济的发展，农民生活水平的提高，我国食糖消费总量还会在现有1300万吨左右的基础上有一定程度的提高。

四、近十年来的榨季情况

1.1999/2000 榨季，严重的霜冻导致全国食糖产量大减，食糖行业长期亏损的局面因此而得到扭转。

2.2000/2001 榨季，南方甘蔗遭受严重霜冻灾害，食糖大幅度减产，国家从 2000 年 8 月 18 日起至 2001 年 10 月 17 日，分 15 批，通过竞买，投放国家储备糖 172.87 万吨（其中：原糖 13.6 万吨，其余为成品糖，保障了市场供应、保持了糖价平稳。

3.2002 年上半年、2002/2003 榨季，世界糖价低迷，国内食糖增产、糖价异常下跌，国家及时启动了应急收储糖机制，防止了糖价过度下滑，保护了工、农业生产。

4.2003/2004 榨季，根据市场食糖供应短缺情况，投放储备糖 50.2 万吨；2004 年 10 月再投放 8.6 万吨，使国家储备的糖量调整到了收放自如的状态。

5.2005 年 5 月 20 日，国家发改委、商务部根据 2005 年市场食糖供应短缺的情况，安排在 2005 年 5、6、7 三个月，投放国家储备糖 41.18 万吨（其中包括 2005 年从古巴进口糖 15 万吨），将有效地预防其他一般贸易食糖超前、超量进口。

6.2005/2006 年制糖期，受连续两年干旱影响，全国共生产食糖 881.5 万吨，比上个制糖期下降 3.91%。为满足市场需要，稳定糖价，国家发展改革委、商务部会同有关部门决定，向国内投放储备糖，包括 109 万吨成品糖和 5 万吨原糖，分别于 1 月份、4 ～ 9 份月和 10 月份共竞卖 12 次向市场投放，有效地弥补了食糖市场供求缺口，抑制了人为炒作和糖价虚高的问题，使市场逐步理性，价格接近合理水平。

7.2006/07 年制糖期食糖产量再创历史新高，达到了 1199.41 万吨，同比增加 36.06%，国家于 2007 年 7 月下旬决定采用公开竞价方 式收储 30 万吨国产白砂糖补充国家食糖储备，从 7 月 21 日至 9 月 21 日共进行了 8 次竞价交易，由于政府有关部门对食糖市场的宏观调控政策透明度进一步增加，对稳定食糖市场的价格起到重要作用，这段期间内市场糖价普遍高于收储价位，最终只收到了 1200 吨。

8.2007/2008 年制糖期全国食糖产量 1484 万吨，再创历史新高，为缓解市场供应压力，稳定食糖销售价格，国家有关部委于 2008 年采用公开竞价方式分三期批收储了共 80 万吨国产糖补充国家食糖储备。

9.2008/2009 年制糖期全国食糖产量 1243.12 万吨，其中，产甘蔗糖 1152.99 万吨，产甜菜糖 90.13 万吨。2009 年初糖价低开，国家和地方分别进行了食糖收储，春节过后，糖价高走，广西地方在 2009 年 8 月份进行了 60 万吨地方储备的放储。

10.2009/2010 年制糖期由于广西、云南遭受重大干旱灾害，全国食糖产量仅为 1073.83 万吨，其中，产甘蔗糖 1013.83 万吨，产甜菜糖 60 万吨，遭受干旱灾害后，国内食糖市场供不应求，部分销区市场糖价上涨至 6000 元 / 吨，国家自 2009 年 12 月开始累计向国内 市场投放了 8 批次 171 万吨国储糖。

11．近 10 年来食糖消费量汇总

（万吨）

年份	总消费量	工业用糖	民用糖	增长率（%）
1998/1999	790	585	205	1.2
1999/2000	800	600	200	1.3
2000/2001	820	615	205	2.5
2001/2002	910	682	227	11
2002/2003	1020	765	255	12
2003/2004	1060	795	265	3.9
2004/2005	1030	772	257	-2.8
2005/2006	1050	780	270	1.9
2006/2007	1250	800	450	19
2007/2008	1350	878	472	8

60 年前，食糖行业百废待兴，60 年后，食糖行业迈向了繁荣富强。

统计数据

2009 年全国 50 个城市主要食品平均价格变动情况

为应对国际金融危机的影响，及时、准确反映我国主要农产品价格、主要工业品出厂价格和主要食品价格变动情况，国家统计局启动"价格调查应急机制"，在全国部分地区和城市增加了主要农产品价格、主要工业品出厂价格和大中城市主要食品价格调查。其中，主要农产品价格调查的是全国 200 个农产品主产县集贸市场的 15 种农产品交易价格；主要工业品出厂价格调查的是分布在 20 个省（区、市）的 313 家工业企业的 22 种工业品的出厂价格；大中城市主要食品价格调查的是全国 50 个大中城市的 29 种与居民生活密切相关的食品价格。按照《政府信息公开条例》的要求，为更好地为社会公众服务。

2009 年 1 月 1 ～ 10 日

商品名称	规格等级	单位	本期价格（元）	比上期价格涨跌（元）	涨跌幅（%）
大　米	粳米	千克	4.14	0.04	1.0
面　粉	富强粉	千克	4.05	0.01	1.0
面　粉	标准粉	千克	3.42	0.04	1.0
豆制品	豆腐	千克	3.43	0.01	0.3
花生油	压榨一级	5L 桶装	93.84	0.04	0.0
大豆油	5L 桶装	5L 桶装	49.33	-0.50	-1.0
菜籽油	一级散装	千克	10.43	0.05	0.5
猪　肉	猪肉后臀尖（后腿肉）	千克	20.85	0.02	0.1
猪　肉	五花肉	千克	19.80	-0.05	-0.3
牛　肉	腿肉	千克	35.14	0.08	0.2
羊　肉	腿肉	千克	34.99	0.31	0.9
鸡	白条鸡	千克	14.96	0.06	0.4
鸡	鸡胸肉	千克	17.70	-0.07	-0.4
鸭	白条鸭	千克	14.44	-0.03	-0.2
鸡　蛋	散装鲜鸡蛋	千克	7.88	0.04	0.5
活鲤鱼		千克	10.89	0.09	0.8
活草鱼		千克	13.15	0.19	1.5
带　鱼		千克	18.73	0.39	2.1
大白菜		千克	2.15	0.18	9.1
油　菜		千克	5.31	0.37	7.5
芹　菜		千克	4.66	0.24	5.4
黄　瓜		千克	5.49	-0.14	-2.5
西红柿		千克	5.77	0.13	2.3
豆　角		千克	7.97	-0.09	-1.1
土　豆		千克	3.17	0.08	2.6
苹　果	富士苹果	千克	7.79	0.11	1.4
香　蕉	国产	千克	3.79	0.00	0.0
巴氏牛奶	约 250 克	袋	1.70	0.02	1.2
利乐枕奶	约 500 克	袋	3.59	0.05	1.4

2009 年 1 月 11 ～ 20 日

商品名称	规格等级	单位	本期价格(元)	比上期价格涨跌(元)	涨跌幅(%)
大　米	粳米	千克	4.18	0.03	0.7
面　粉	富强粉	千克	4.12	0.05	1.2
面　粉	标准粉	千克	3.37	0.00	0.0
豆制品	豆腐	千克	3.46	0.01	0.3
花生油	压榨一级	5L 桶装	93.71	0.06	0.1
大豆油	5L 桶装	5L 桶装	49.46	0.11	0.2
菜籽油	一级散装	千克	10.70	0.07	0.7
猪　肉	猪肉后臀尖(后腿肉)	千克	20.76	-0.11	-0.5
猪　肉	五花肉	千克	19.84	-0.08	-0.4
牛　肉	腿肉	千克	35.18	-0.02	-0.1
羊　肉	腿肉	千克	35.08	0.08	0.2
鸡	白条鸡	千克	15.05	0.04	0.3
鸡	鸡胸肉	千克	17.61	-0.07	-0.4
鸭	白条鸭	千克	14.59	0.11	0.8
鸡　蛋	散装鲜鸡蛋	千克	8.03	0.16	2.0
活鲤鱼		千克	10.78	-0.13	-1.2
活草鱼		千克	13.16	-0.03	-0.2
带　鱼		千克	19.31	0.52	2.8
大白菜		千克	2.33	0.16	7.4
油　菜		千克	5.24	-0.13	-2.4
芹　菜		千克	4.68	-0.01	-0.2
黄　瓜		千克	5.67	0.14	2.5
西红柿		千克	5.95	0.15	2.6
豆　角		千克	7.82	-0.09	-1.1
土　豆		千克	3.33	0.14	4.4
苹　果	富士苹果	千克	7.91	0.12	1.5
香　蕉	国产	千克	3.94	0.12	3.1
巴氏牛奶	约 250 克	袋	1.67	0.00	0.0
利乐枕奶	约 500 克	袋	3.59	0.00	0.0

2009 年 1 月 21 ～ 30 日

商品名称	规格等级	单位	本期价格(元)	比上期价格涨跌(元)	涨跌幅(%)
大　米	粳米	千克	4.19	0.02	0.5
面　粉	富强粉	千克	4.14	0.03	0.7
面　粉	标准粉	千克	3.39	0.02	0.6
豆制品	豆腐	千克	3.44	0.01	0.2
花生油	压榨一级	5L 桶装	93.95	0.11	0.1
大豆油	5L 桶装	5L 桶装	49.66	0.21	0.4
菜籽油	一级散装	千克	10.70	-0.04	-0.4
猪　肉	猪肉后臀尖(后腿肉)	千克	20.54	-0.20	-1.0
猪　肉	五花肉	千克	19.51	-0.25	-1.3
牛　肉	腿肉	千克	35.21	0.10	0.3
羊　肉	腿肉	千克	35.40	0.36	1.0
鸡	白条鸡	千克	15.09	0.10	0.7
鸡	鸡胸肉	千克	17.76	0.12	0.7
鸭	白条鸭	千克	14.66	0.11	0.8
鸡　蛋	散装鲜鸡蛋	千克	8.15	0.13	1.6
活鲤鱼		千克	10.83	0.07	0.7
活草鱼		千克	13.13	0.02	0.2
带　鱼		千克	19.96	0.68	3.5
大白菜		千克	2.34	0.03	1.3
油　菜		千克	4.85	-0.33	-6.4
芹　菜		千克	4.42	-0.22	-4.7
黄　瓜		千克	5.48	-0.15	-2.7
西红柿		千克	5.84	-0.06	-1.0
豆　角		千克	7.41	-0.33	-4.3
土　豆		千克	3.42	0.11	3.3
苹　果	富士苹果	千克	7.98	0.06	0.8
香　蕉	国产	千克	4.18	0.27	6.9
巴氏牛奶	约 250 克	袋	1.68	0.00	0.0
利乐枕奶	约 500 克	袋	3.59	0.01	0.3

2009 年 2 月 1 ~ 10 日

商品名称	规格等级	单位	本期价格(元)	比上期价格涨跌(元)	涨跌幅(%)
大　米	粳米	千克	4.22	0.03	0.7
面　粉	富强粉	千克	4.12	0.00	0.0
面　粉	标准粉	千克	3.41	0.02	0.6
豆制品	豆腐	千克	3.43	0.00	0.0
花生油	压榨一级	5L 桶装	94.49	0.07	0.1
大豆油	5L 桶装	5L 桶装	48.96	-0.70	-1.4
菜籽油	一级散装	千克	10.66	-0.04	-0.4
猪　肉	猪肉后臀尖(后腿肉)	千克	20.52	-0.02	-0.1
猪　肉	五花肉	千克	19.71	0.20	1.0
牛　肉	腿肉	千克	35.84	0.64	1.8
羊　肉	腿肉	千克	36.74	1.34	3.8
鸡	白条鸡	千克	15.41	0.31	2.1
鸡	鸡胸肉	千克	17.92	0.24	1.4
鸭	白条鸭	千克	15.01	0.35	2.4
鸡　蛋	散装鲜鸡蛋	千克	8.08	-0.07	-0.9
活鲤鱼		千克	11.58	0.74	6.8
活草鱼		千克	13.81	0.68	5.2
带　鱼		千克	21.06	1.10	5.5
大白菜		千克	2.51	0.17	7.3
油　菜		千克	4.87	0.01	0.2
芹　菜		千克	4.53	0.11	2.5
黄　瓜		千克	6.85	1.32	23.9
西红柿		千克	6.09	0.25	4.3
豆　角		千克	9.32	1.91	25.8
土　豆		千克	3.66	0.24	7.0
苹　果	富士苹果	千克	8.27	0.30	3.8
香　蕉	国产	千克	4.52	0.33	7.9
巴氏牛奶	约 250 克	袋	1.70	0.01	0.6
利乐枕奶	约 500 克	袋	3.61	0.02	0.6

2009 年 2 月 11 ~ 20 日

商品名称	规格等级	单位	本期价格(元)	比上期价格涨跌(元)	涨跌幅(%)
大米	粳米	千克	4.20	0.01	0.2
面粉	富强粉	千克	4.16	0.05	1.2
面粉	标准粉	千克	3.41	0.00	0.0
豆制品	豆腐	千克	3.48	0.06	1.8
花生油	压榨一级	5L 桶装	94.41	-0.08	-0.1
大豆油	5L 桶装	5L 桶装	48.89	-0.08	-0.2
菜籽油	一级散装	千克	10.68	0.02	0.2
猪肉	猪肉后臀尖(后腿肉)	千克	21.07	0.55	2.7
猪肉	五花肉	千克	20.09	0.39	2.0
牛肉	腿肉	千克	36.44	0.54	1.5
羊肉	腿肉	千克	37.87	1.13	3.1
鸡	白条鸡	千克	15.48	0.08	0.5
鸡	鸡胸肉	千克	18.05	0.15	0.8
鸭	白条鸭	千克	15.03	0.02	0.1
鸡蛋	散装鲜鸡蛋	千克	8.10	0.02	0.3
活鲤鱼		千克	12.70	1.04	8.9
活草鱼		千克	14.97	1.16	8.4
带鱼		千克	21.77	0.71	3.4
大白菜		千克	3.02	0.51	20.3
油菜		千克	5.43	0.55	11.3
芹菜		千克	5.17	0.64	14.1
黄瓜		千克	8.22	1.37	20.0
西红柿		千克	6.40	0.31	5.1
豆角		千克	10.30	0.98	10.5
土豆		千克	3.97	0.31	8.5
苹果	富士苹果	千克	8.55	0.27	3.3
香蕉	国产	千克	4.76	0.24	5.3
巴氏牛奶	约 250 克	袋	1.70	0.00	0.0
利乐枕奶	约 500 克	袋	3.62	0.01	0.3

2009 年 2 月 21 ～ 28 日

商品名称	规格等级	单位	本期价格(元)	比上期价格涨跌(元)	涨跌幅(%)
大　米	粳米	千克	3.72	0.03	0.8
面　粉	富强粉	千克	3.77	0.01	0.3
面　粉	标准粉	千克	3.09	0.01	0.3
豆制品	豆腐	千克	3.41	0.01	0.3
花生油	压榨一级	5L 桶装	103.19	-0.43	-0.4
大豆油	5L 桶装	5L 桶装	50.31	-0.15	-0.3
菜籽油	一级散装	千克	10.34	0	0
猪　肉	猪肉后臀尖（后腿肉）	千克	21.15	-0.54	-2.5
猪　肉	五花肉	千克	20.23	-0.54	-2.6
牛　肉	腿肉	千克	34.43	-0.26	-0.8
羊　肉	腿肉	千克	33.55	-0.28	-0.8
鸡	白条鸡	千克	14.52	0	0
鸡	鸡胸肉	千克	17.82	0.02	0.1
鸭	白条鸭	千克	14.48	-0.08	-0.6
鸡　蛋	散装鲜鸡蛋	千克	6.95	-0.07	-1.0
活鲤鱼		千克	11.35	0.22	2.0
活草鱼		千克	13.36	0.33	2.5
带　鱼		千克	16.50	-0.27	-1.6
大白菜		千克	1.52	0.05	3.4
油　菜		千克	4.14	0.18	4.6
芹　菜		千克	3.92	0.04	1.0
黄　瓜		千克	5.45	-0.41	-7.0
西红柿		千克	4.90	-0.06	-1.2
豆　角		千克	8.19	-0.12	-1.4
土　豆		千克	2.61	0.03	1.2
苹　果	富士苹果	千克	6.56	-0.10	-1.5
香　蕉	国产	千克	4.10	-0.16	-3.8
巴氏牛奶	约 250 克	袋	1.64	-0.01	-0.6
利乐枕奶	约 500 克	袋	3.61	0.03	0.8

2009 年 3 月 1 ～ 10 日

商品名称	规格等级	单位	本期价格(元)	比上期价格涨跌(元)	涨跌幅(%)
大　米	粳米	千克	3.76	0.03	0.8
面　粉	富强粉	千克	3.77	0.03	0.8
面　粉	标准粉	千克	3.12	0.03	1.0
豆制品	豆腐	千克	3.41	0.00	0
花生油	压榨一级	5L 桶装	101.47	-0.08	-0.1
大豆油	5L 桶装	5L 桶装	50.58	0.05	0.1
菜籽油	一级散装	千克	10.19	-0.09	-0.9
猪　肉	猪肉后臀尖（后腿肉）	千克	20.49	-0.66	-3.1
猪　肉	五花肉	千克	19.61	-0.62	-3.1
牛　肉	腿肉	千克	34.50	0.07	0.2
羊　肉	腿肉	千克	33.63	0.10	0.3
鸡	白条鸡	千克	14.56	0.04	0.3
鸡	鸡胸肉	千克	17.63	-0.19	-1.1
鸭	白条鸭	千克	14.56	0.05	0.3
鸡　蛋	散装鲜鸡蛋	千克	7.03	0.08	1.2
活鲤鱼		千克	11.33	-0.02	-0.2
活草鱼		千克	13.60	0.24	1.8
带　鱼		千克	16.39	-0.11	-0.7
大白菜		千克	1.81	0.29	19.1
油　菜		千克	4.73	0.59	14.3
芹　菜		千克	4.36	0.44	11.2
黄　瓜		千克	5.62	0.14	2.6
西红柿		千克	5.10	0.20	4.1
豆　角		千克	9.11	0.92	11.2
土　豆		千克	2.70	0.09	3.5
苹　果	富士苹果	千克	6.63	0.04	0.6
香　蕉	国产	千克	4.13	0.03	0.7
巴氏牛奶	约 250 克	袋	1.64	0.00	0
利乐枕奶	约 500 克	袋	3.59	-0.02	-0.6

2009 年 3 月 11 ～ 20 日

商品名称	规格等级	单位	本期价格(元)	比上期价格涨跌(元)	涨跌幅(%)
大 米	粳米	千克	3.79	0.03	0.8
面 粉	富强粉	千克	3.78	0.01	0.3
面 粉	标准粉	千克	3.13	0.01	0.3
豆制品	豆腐	千克	3.42	0.01	0.3
花生油	压榨一级	5L 桶装	100.98	-0.49	-0.5
大豆油	5L 桶装	5L 桶装	49.68	-0.82	-1.6
菜籽油	一级散装	千克	10.09	-0.10	-1.0
猪 肉	猪肉后臀尖(后腿肉)	千克	19.89	-0.60	-2.9
猪 肉	五花肉	千克	19.16	-0.45	-2.3
牛 肉	腿肉	千克	34.43	-0.07	-0.2
羊 肉	腿肉	千克	33.32	-0.31	-0.9
鸡	白条鸡	千克	14.67	0.11	0.8
鸡	鸡胸肉	千克	17.27	-0.36	-2.0
鸭	白条鸭	千克	14.44	-0.12	-0.8
鸡 蛋	散装鲜鸡蛋	千克	7.22	0.19	2.7
活鲤鱼		千克	11.32	-0.01	-0.1
活草鱼		千克	13.80	0.20	1.5
带 鱼		千克	16.32	-0.07	-0.4
大白菜		千克	2.06	0.25	13.8
油 菜		千克	4.34	-0.39	-8.3
芹 菜		千克	4.43	0.07	1.6
黄 瓜		千克	5.49	-0.13	-2.3
西红柿		千克	5.13	0.04	0.8
豆 角		千克	9.19	0.08	0.9
土 豆		千克	2.75	0.05	1.9
苹 果	富士苹果	千克	6.66	0.05	0.8
香 蕉	国产	千克	4.30	0.17	4.1
巴氏牛奶	约 250 克	袋	1.63	-0.01	-0.6
利乐枕奶	约 500 克	袋	3.56	-0.01	-0.3

2009 年 3 月 21 ～ 30 日

商品名称	规格等级	单位	本期价格(元)	比上期价格涨跌(元)	涨跌幅(%)
大米	粳米	千克	4.41	0.07	1.6
面粉	富强粉	千克	4.18	0.00	0.0
面粉	标准粉	千克	3.43	0.02	0.6
豆制品	豆腐	千克	3.44	-0.01	-0.3
花生油	压榨一级	5L 桶装	94.04	-0.24	-0.3
大豆油	5L 桶装	5L 桶装	48.57	-0.24	-0.5
菜籽油	一级散装	千克	10.68	0.07	0.7
猪肉	猪肉后臀尖(后腿肉)	千克	18.12	-0.51	-2.7
猪肉	五花肉	千克	17.15	-0.47	-2.7
牛肉	腿肉	千克	34.80	-0.08	-0.2
羊肉	腿肉	千克	36.55	-0.08	-0.2
鸡	白条鸡	千克	15.13	-0.03	-0.2
鸡	鸡胸肉	千克	17.66	-0.16	-0.9
鸭	白条鸭	千克	14.63	-0.03	-0.2
鸡蛋	散装鲜鸡蛋	千克	7.65	-0.05	-0.7
活鲤鱼		千克	11.51	0.03	0.3
活草鱼		千克	13.92	0.08	0.6
带鱼		千克	20.29	-0.03	-0.2
大白菜		千克	3.66	0.38	11.6
油菜		千克	4.42	-0.07	-1.6
芹菜		千克	4.16	0.03	0.7
黄瓜		千克	6.06	-0.21	-3.4
西红柿		千克	5.51	0.09	1.7
豆角		千克	10.18	-0.04	-0.4
土豆		千克	4.15	0.15	3.8
苹果	富士苹果	千克	8.39	0.07	0.8
香蕉	国产	千克	4.93	0.20	4.2
巴氏牛奶	约 250 克	袋	1.71	-0.01	-0.6
利乐枕奶	约 500 克	袋	3.63	-0.02	-0.6

2009 年 4 月 1 ～ 10 日

商品名称	规格等级	单位	本期价格(元)	比上期价格涨跌(元)	涨跌幅(%)
大　米	粳米	千克	3.80	0.01	0.3
面　粉	富强粉	千克	3.81	0.00	0.0
面　粉	标准粉	千克	3.17	0.01	0.3
豆制品	豆腐	千克	3.40	0.00	0.0
花生油	压榨一级	5L 桶装	98.60	-1.46	-1.5
大豆油	5L 桶装	5L 桶装	48.18	-0.71	-1.5
菜籽油	一级散装	千克	9.96	-0.01	-0.1
猪　肉	猪肉后臀尖(后腿肉)	千克	18.79	-0.67	-3.4
猪　肉	五花肉	千克	17.87	-0.78	-4.2
牛　肉	腿肉	千克	34.20	-0.16	-0.5
羊　肉	腿肉	千克	33.47	-0.03	-0.1
鸡	白条鸡	千克	14.72	-0.03	-0.2
鸡	鸡胸肉	千克	17.47	0.30	1.8
鸭	白条鸭	千克	14.33	-0.20	-1.4
鸡　蛋	散装鲜鸡蛋	千克	7.31	0.06	0.8
活鲤鱼		千克	11.55	0.09	0.8
活草鱼		千克	14.07	0.06	0.4
带　鱼		千克	16.40	0.00	0.0
大白菜		千克	2.69	0.43	19.0
油　菜		千克	3.67	-0.36	-8.9
芹　菜		千克	4.27	0.06	1.4
黄　瓜		千克	4.76	-0.35	-6.9
西红柿		千克	4.98	0.11	2.3
豆　角		千克	8.53	0.20	2.4
土　豆		千克	2.89	0.13	4.7
苹　果	富士苹果	千克	6.90	0.21	3.1
香　蕉	国产	千克	4.83	0.28	6.2
巴氏牛奶	约 250 克	袋	1.62	0.00	0.0
利乐枕奶	约 500 克	袋	3.61	0.00	0.0

2009 年 4 月 11 ～ 20 日

商品名称	规格等级	单位	本期价格(元)	比上期价格涨跌(元)	涨跌幅(%)
大　米	粳米	千克	3.80	0.00	0.0
面　粉	富强粉	千克	3.81	0.00	0.0
面　粉	标准粉	千克	3.15	-0.02	-0.6
豆制品	豆腐	千克	3.39	-0.01	-0.3
花生油	压榨一级	5L 桶装	99.86	-0.52	-0.5
大豆油	5L 桶装	5L 桶装	47.49	-0.69	-1.4
菜籽油	一级散装	千克	9.90	-0.06	-0.6
猪　肉	猪肉后臀尖(后腿肉)	千克	18.41	-0.38	-2.0
猪　肉	五花肉	千克	17.46	-0.41	-2.3
牛　肉	腿肉	千克	34.20	0.00	0.0
羊　肉	腿肉	千克	33.33	-0.04	-0.1
鸡	白条鸡	千克	14.66	-0.06	-0.4
鸡	鸡胸肉	千克	17.45	-0.11	-0.6
鸭	白条鸭	千克	14.28	-0.05	-0.4
鸡　蛋	散装鲜鸡蛋	千克	7.46	0.15	2.1
活鲤鱼		千克	11.52	-0.03	-0.3
活草鱼		千克	14.13	0.03	0.2
带　鱼		千克	16.36	-0.04	-0.2
大白菜		千克	2.74	0.05	1.9
油　菜		千克	3.31	-0.36	-9.8
芹　菜		千克	4.08	-0.19	-4.5
黄　瓜		千克	4.29	-0.47	-9.9
西红柿		千克	5.06	0.08	1.6
豆　角		千克	7.45	-1.09	-12.8
土　豆		千克	3.09	0.20	6.9
苹　果	富士苹果	千克	7.17	0.27	3.9
香　蕉	国产	千克	5.27	0.44	9.1
巴氏牛奶	约 250 克	袋	1.63	0.01	0.6
利乐枕奶	约 500 克	袋	3.55	-0.03	-0.8

2009 年 4 月 21 ～ 30 日

商品名称	规格等级	单位	本期价格(元)	比上期价格涨跌(元)	涨跌幅(%)
大　米	粳米	千克	3.81	0.01	0.3
面　粉	富强粉	千克	3.83	0.02	0.5
面　粉	标准粉	千克	3.16	0.01	0.3
豆制品	豆腐	千克	3.39	0.00	0.0
花生油	压榨一级	5L 桶装	99.37	-0.49	-0.5
大豆油	5L 桶装	5L 桶装	47.10	-0.39	-0.8
菜籽油	一级散装	千克	9.85	-0.05	-0.5
猪　肉	猪肉后臀尖(后腿肉)	千克	17.99	-0.42	-2.3
猪　肉	五花肉	千克	17.03	-0.43	-2.5
牛　肉	腿肉	千克	34.12	-0.08	-0.2
羊　肉	腿肉	千克	33.26	-0.07	-0.2
鸡	白条鸡	千克	14.74	0.08	0.6
鸡	鸡胸肉	千克	17.32	-0.13	-0.7
鸭	白条鸭	千克	14.21	-0.07	-0.5
鸡　蛋	散装鲜鸡蛋	千克	7.53	0.07	0.9
活鲤鱼		千克	11.61	0.09	0.8
活草鱼		千克	14.30	0.17	1.2
带　鱼		千克	16.53	0.17	1.0
大白菜		千克	2.70	-0.04	-1.5
油　菜		千克	3.33	0.02	0.6
芹　菜		千克	4.07	-0.01	-0.3
黄　瓜		千克	4.38	0.09	2.1
西红柿		千克	4.87	-0.19	-3.8
豆　角		千克	7.55	0.10	1.3
土　豆		千克	3.16	-0.01	-0.3
苹　果	富士苹果	千克	7.49	0.32	4.5
香　蕉	国产	千克	5.73	0.46	8.7
巴氏牛奶	约 250 克	袋	1.61	-0.02	-1.2
利乐枕奶	约 500 克	袋	3.57	0.02	0.6

2009 年 5 月 1 ～ 10 日

商品名称	规格等级	单位	本期价格(元)	比上期价格涨跌(元)	涨跌幅(%)
大　米	粳米	千克	3.86	0.05	1.3
面　粉	富强粉	千克	3.82	0.01	0.3
面　粉	标准粉	千克	3.17	0.01	0.3
豆制品	豆腐	千克	3.39	0.00	0.0
花生油	压榨一级	5L 桶装	99.30	-0.07	-0.1
大豆油	5L 桶装	5L 桶装	47.15	0.05	0.1
菜籽油	一级散装	千克	9.91	0.06	0.6
猪　肉	猪肉后臀尖(后腿肉)	千克	17.50	-0.55	-3.1
猪　肉	五花肉	千克	16.55	-0.48	-2.8
牛　肉	腿肉	千克	34.03	-0.09	-0.3
羊　肉	腿肉	千克	33.42	0.06	0.2
鸡	白条鸡	千克	14.66	-0.08	-0.5
鸡	鸡胸肉	千克	17.65	0.33	1.9
鸭	白条鸭	千克	14.27	-0.04	-0.3
鸡　蛋	散装鲜鸡蛋	千克	7.61	0.08	1.1
活鲤鱼		千克	11.73	0.12	1.0
活草鱼		千克	14.38	0.11	0.8
带　鱼		千克	16.58	0.05	0.3
大白菜		千克	2.61	-0.09	-3.3
油　菜		千克	3.23	-0.05	-1.5
芹　菜		千克	4.12	0.05	1.2
黄　瓜		千克	3.96	-0.42	-9.6
西红柿		千克	4.80	-0.07	-1.4
豆　角		千克	6.85	-0.70	-9.3
土　豆		千克	3.18	0.02	0.6
苹　果	富士苹果	千克	7.78	0.29	3.9
香　蕉	国产	千克	5.96	0.23	4.0
巴氏牛奶	约 250 克	袋	1.61	0.00	0.0
利乐枕奶	约 500 克	袋	3.59	-0.02	-0.6

2009 年 5 月 11 ～ 20 日

商品名称	规格等级	单位	本期价格(元)	比上期价格涨跌(元)	涨跌幅(%)
大　米	粳米	千克	3.87	0.01	0.3
面　粉	富强粉	千克	3.82	0.00	0.0
面　粉	标准粉	千克	3.16	-0.01	-0.3
豆制品	豆腐	千克	3.38	-0.01	-0.3
花生油	压榨一级	5L 桶装	99.07	-0.23	-0.2
大豆油	5L 桶装	5L 桶装	47.64	0.49	1.0
菜籽油	一级散装	千克	9.96	0.05	0.5
猪　肉	猪肉后臀尖(后腿肉)	千克	17.31	-0.19	-1.1
猪　肉	五花肉	千克	16.36	-0.19	-1.2
牛　肉	腿肉	千克	34.00	-0.03	-0.1
羊　肉	腿肉	千克	33.53	0.11	0.3
鸡	白条鸡	千克	14.63	-0.03	-0.2
鸡	鸡胸肉	千克	17.71	0.06	0.3
鸭	白条鸭	千克	14.16	-0.11	-0.8
鸡　蛋	散装鲜鸡蛋	千克	7.65	0.04	0.5
活鲤鱼		千克	11.94	0.21	1.8
活草鱼		千克	14.46	0.04	0.3
带　鱼		千克	16.59	0.01	0.1
大白菜		千克	2.52	-0.09	-3.5
油　菜		千克	3.13	-0.10	-3.1
芹　菜		千克	3.91	-0.21	-5.1
黄　瓜		千克	3.52	-0.44	-11.1
西红柿		千克	4.40	-0.40	-8.3
豆　角		千克	6.40	-0.45	-6.6
土　豆		千克	3.10	-0.08	-2.5
苹　果	富士苹果	千克	8.14	0.36	4.6
香　蕉	国产	千克	6.22	0.26	4.4
巴氏牛奶	约 250 克	袋	1.62	0.01	0.6
利乐枕奶	约 500 克	袋	3.56	0.01	0.3

2009 年 5 月 21 ～ 30 日

商品名称	规格等级	单位	本期价格(元)	比上期价格涨跌(元)	涨跌幅(%)
大　米	粳米	千克	3.90	0.02	0.5
面　粉	富强粉	千克	3.84	0.02	0.5
面　粉	标准粉	千克	3.16	0.00	0.0
豆制品	豆腐	千克	3.38	0.00	0.0
花生油	压榨一级	5L 桶装	98.82	-0.25	-0.3
大豆油	5L 桶装	5L 桶装	48.82	1.18	2.5
菜籽油	一级散装	千克	10.05	0.09	0.9
猪　肉	猪肉后臀尖(后腿肉)	千克	17.13	-0.13	-0.8
猪　肉	五花肉	千克	16.16	-0.20	-1.2
牛　肉	腿肉	千克	34.14	0.14	0.4
羊　肉	腿肉	千克	33.51	-0.02	-0.1
鸡	白条鸡	千克	14.65	0.02	0.1
鸡	鸡胸肉	千克	17.32	-0.39	-2.2
鸭	白条鸭	千克	14.47	0.03	0.2
鸡　蛋	散装鲜鸡蛋	千克	7.64	-0.01	-0.1
活鲤鱼		千克	12.15	0.21	1.8
活草鱼		千克	14.61	0.15	1.0
带　鱼		千克	16.57	-0.02	-0.1
大白菜		千克	2.49	-0.03	-1.2
油　菜		千克	3.19	0.06	1.9
芹　菜		千克	3.94	0.03	0.8
黄　瓜		千克	3.27	-0.25	-7.1
西红柿		千克	4.09	-0.31	-7.1
豆　角		千克	6.06	-0.34	-5.3
土　豆		千克	3.10	0.00	0.0
苹　果	富士苹果	千克	8.43	0.29	3.6
香　蕉	国产	千克	6.15	-0.07	-1.1
巴氏牛奶	约 250 克	袋	1.63	0.01	0.6
利乐枕奶	约 500 克	袋	3.58	0.02	0.6

2009 年 6 月 1 ～ 10 日

商品名称	规格等级	单位	本期价格(元)	比上期价格涨跌(元)	涨跌幅(%)
大　米	粳米	千克	3.90	0.00	0.0
面　粉	富强粉	千克	3.83	0.00	0.0
面　粉	标准粉	千克	3.16	0.01	0.3
豆制品	豆腐	千克	3.37	-0.01	-0.3
花生油	压榨一级	5L 桶装	98.81	0.03	0.0
大豆油	5L 桶装	5L 桶装	49.10	0.28	0.6
菜籽油	一级散装	千克	10.07	0.02	0.2
猪　肉	猪肉后臀尖(后腿肉)	千克	17.07	-0.06	-0.4
猪　肉	五花肉	千克	16.12	-0.04	-0.3
牛　肉	腿肉	千克	34.08	-0.06	-0.2
羊　肉	腿肉	千克	33.40	-0.11	-0.3
鸡	白条鸡	千克	14.48	-0.17	-1.2
鸡	鸡胸肉	千克	17.34	0.01	0.1
鸭	白条鸭	千克	13.99	-0.21	-1.5
鸡　蛋	散装鲜鸡蛋	千克	7.61	-0.04	-0.5
活鲤鱼		千克	12.16	0.00	0.0
活草鱼		千克	14.44	-0.18	-1.2
带　鱼		千克	16.70	0.13	0.8
大白菜		千克	2.38	-0.11	-4.4
油　菜		千克	2.97	-0.23	-7.2
芹　菜		千克	3.70	-0.24	-6.1
黄　瓜		千克	2.83	-0.42	-12.9
西红柿		千克	3.82	-0.27	-6.6
豆　角		千克	4.70	-1.27	-21.3
土　豆		千克	2.83	-0.27	-8.7
苹　果	富士苹果	千克	8.91	0.48	5.7
香　蕉	国产	千克	5.91	-0.24	-3.9
巴氏牛奶	约 250 克	袋	1.63	0.00	0.0
利乐枕奶	约 500 克	袋	3.56	-0.02	-0.6

2009 年 6 月 11 ～ 20 日

商品名称	规格等级	单位	本期价格(元)	比上期价格涨跌(元)	涨跌幅(%)
大　米	粳米	千克	3.89	-0.01	-0.3
面　粉	富强粉	千克	3.81	-0.03	-0.8
面　粉	标准粉	千克	3.16	0.00	0.0
豆制品	豆腐	千克	3.36	-0.01	-0.3
花生油	压榨一级	5L 桶装	98.44	-0.37	-0.4
大豆油	5L 桶装	5L 桶装	49.27	0.17	0.4
菜籽油	一级散装	千克	10.08	0.01	0.1
猪　肉	猪肉后臀尖(后腿肉)	千克	17.35	0.28	1.6
猪　肉	五花肉	千克	16.34	0.22	1.4
牛　肉	腿肉	千克	34.06	-0.02	-0.1
羊　肉	腿肉	千克	33.52	-0.05	-0.2
鸡	白条鸡	千克	14.35	-0.13	-0.9
鸡	鸡胸肉	千克	17.41	0.05	0.3
鸭	白条鸭	千克	13.97	-0.02	-0.1
鸡　蛋	散装鲜鸡蛋	千克	7.50	-0.11	-1.5
活鲤鱼		千克	12.01	-0.15	-1.2
活草鱼		千克	14.36	-0.08	-0.6
带　鱼		千克	16.77	0.07	0.4
大白菜		千克	2.21	-0.17	-7.1
油　菜		千克	2.89	-0.08	-2.7
芹　菜		千克	3.48	-0.22	-6.0
黄　瓜		千克	2.54	-0.29	-10.3
西红柿		千克	3.33	-0.49	-12.8
豆　角		千克	3.96	-0.74	-15.7
土　豆		千克	2.58	-0.25	-8.8
苹　果	富士苹果	千克	9.30	0.39	4.4
香　蕉	国产	千克	5.70	-0.21	-3.6
巴氏牛奶	约 250 克	袋	1.63	0.00	0.0
利乐枕奶	约 500 克	袋	3.55	-0.01	-0.3

2009 年 6 月 21 ～ 30 日

商品名称	规格等级	单位	本期价格(元)	比上期价格涨跌(元)	涨跌幅(%)
大　米	粳米	千克	3.90	0.01	0.3
面　粉	富强粉	千克	3.80	-0.01	-0.3
面　粉	标准粉	千克	3.17	0.01	0.3
豆制品	豆腐	千克	3.35	-0.01	-0.3
花生油	压榨一级	5L 桶装	98.62	0.18	0.2
大豆油	5L 桶装	5L 桶装	49.53	0.13	0.3
菜籽油	一级散装	千克	10.11	0.03	0.3
猪　肉	猪肉后臀尖(后腿肉)	千克	17.84	0.49	2.8
猪　肉	五花肉	千克	16.86	0.52	3.2
牛　肉	腿肉	千克	34.03	-0.03	-0.1
羊　肉	腿肉	千克	33.43	-0.09	-0.3
鸡	白条鸡	千克	14.23	-0.12	-0.8
鸡	鸡胸肉	千克	17.32	-0.09	-0.5
鸭	白条鸭	千克	13.90	-0.16	-1.1
鸡　蛋	散装鲜鸡蛋	千克	7.28	-0.22	-2.9
活鲤鱼		千克	11.81	-0.20	-1.7
活草鱼		千克	14.24	-0.12	-0.8
带　鱼		千克	16.74	-0.03	-0.2
大白菜		千克	2.12	-0.09	-4.1
油　菜		千克	2.97	0.08	2.8
芹　菜		千克	3.54	0.06	1.7
黄　瓜		千克	2.63	0.09	3.5
西红柿		千克	3.34	0.01	0.3
豆　角		千克	3.84	-0.12	-3.0
土　豆		千克	2.42	-0.16	-6.2
苹　果	富士苹果	千克	9.83	0.54	5.8
香　蕉	国产	千克	5.64	-0.06	-1.1
巴氏牛奶	约 250 克	袋	1.63	0.00	0.0
利乐枕奶	约 500 克	袋	3.57	0.02	0.6

2009 年 7 月 1 ～ 10 日

商品名称	规格等级	单位	本期价格(元)	比上期价格涨跌(元)	涨跌幅(%)
大　米	粳米	千克	3.92	0.02	0.5
面　粉	富强粉	千克	3.80	0.00	0.0
面　粉	标准粉	千克	3.17	0.01	0.3
豆制品	豆腐	千克	3.36	0.01	0.3
花生油	压榨一级	5L 桶装	98.17	-0.45	-0.5
大豆油	5L 桶装	5L 桶装	49.51	-0.02	0.0
菜籽油	一级散装	千克	10.06	-0.05	-0.5
猪　肉	猪肉后臀尖(后腿肉)	千克	18.00	0.11	0.6
猪　肉	五花肉	千克	17.05	0.17	1.0
牛　肉	腿肉	千克	34.01	-0.02	-0.1
羊　肉	腿肉	千克	33.49	0.06	0.2
鸡	白条鸡	千克	14.21	-0.01	-0.1
鸡	鸡胸肉	千克	17.33	0.01	0.1
鸭	白条鸭	千克	13.97	0.00	0.0
鸡　蛋	散装鲜鸡蛋	千克	7.26	-0.02	-0.3
活鲤鱼		千克	11.71	-0.10	-0.9
活草鱼		千克	14.12	-0.13	-0.9
带　鱼		千克	16.76	-0.01	-0.1
大白菜		千克	2.12	0.00	0.0
油　菜		千克	3.12	0.13	4.4
芹　菜		千克	3.57	0.03	0.9
黄　瓜		千克	2.67	0.04	1.5
西红柿		千克	3.30	-0.03	-0.9
豆　角		千克	4.00	0.14	3.6
土　豆		千克	2.38	-0.04	-1.7
苹　果	富士苹果	千克	10.20	0.36	3.7
香　蕉	国产	千克	5.54	-0.10	-1.8
巴氏牛奶	约 250 克	袋	1.63	0.00	0.0
利乐枕奶	约 500 克	袋	3.57	0.00	0.0

2009 年 7 月 11 ～ 20 日

商品名称	规格等级	单位	本期价格（元）	比上期价格涨跌（元）	涨跌幅（%）
大米	粳米	千克	3.92	0.00	0.0
面粉	富强粉	千克	3.81	0.01	0.3
面粉	标准粉	千克	3.17	0.00	0.0
豆制品	豆腐	千克	3.42	0.00	0.0
花生油	压榨一级	5L 桶装	98.43	0.26	0.3
大豆油	5L 桶装	5L 桶装	49.39	-0.12	-0.2
菜籽油	一级散装	千克	10.04	-0.02	-0.2
猪肉	猪肉后臀尖（后腿肉）	千克	18.28	0.27	1.5
猪肉	五花肉	千克	17.29	0.24	1.4
牛肉	腿肉	千克	34.02	0.00	0.0
羊肉	腿肉	千克	33.51	0.02	0.1
鸡	白条鸡	千克	14.21	0.01	0.1
鸡	鸡胸肉	千克	17.28	-0.05	-0.3
鸭	白条鸭	千克	13.83	-0.19	-1.4
鸡蛋	散装鲜鸡蛋	千克	7.27	0.01	0.1
活鲤鱼		千克	11.53	-0.18	-1.5
活草鱼		千克	14.11	-0.02	-0.1
带鱼		千克	16.93	0.14	0.8
大白菜		千克	2.17	0.05	2.4
油菜		千克	3.40	0.27	8.6
芹菜		千克	3.56	-0.01	-0.3
黄瓜		千克	2.69	0.02	0.8
西红柿		千克	3.48	0.19	5.8
豆角		千克	4.01	0.00	0.0
土豆		千克	2.38	0.00	0.0
苹果	富士苹果	千克	10.46	0.29	2.9
香蕉	国产	千克	5.42	-0.12	-2.2
巴氏牛奶	约 250 克	袋	1.63	0.01	0.6
利乐枕奶	约 500 克	袋	3.54	-0.03	-0.8

2009 年 7 月 21 ～ 30 日

商品名称	规格等级	单位	本期价格（元）	比上期价格涨跌（元）	涨跌幅（%）
大米	粳米	千克	3.93	0.01	0.3
面粉	富强粉	千克	3.82	0.01	0.3
面粉	标准粉	千克	3.17	0.00	0.0
豆制品	豆腐	千克	3.41	-0.01	-0.3
花生油	压榨一级	5L 桶装	98.28	-0.15	-0.2
大豆油	5L 桶装	5L 桶装	49.20	-0.19	-0.4
菜籽油	一级散装	千克	9.95	-0.09	-0.9
猪肉	猪肉后臀尖（后腿肉）	千克	18.60	0.32	1.8
猪肉	五花肉	千克	17.68	0.39	2.3
牛肉	腿肉	千克	34.13	0.11	0.3
羊肉	腿肉	千克	33.49	-0.02	-0.1
鸡	白条鸡	千克	14.12	-0.09	-0.6
鸡	鸡胸肉	千克	17.30	0.00	0.0
鸭	白条鸭	千克	13.79	-0.04	-0.3
鸡蛋	散装鲜鸡蛋	千克	7.48	0.21	2.9
活鲤鱼		千克	11.40	-0.13	-1.1
活草鱼		千克	14.04	-0.07	-0.5
带鱼		千克	17.02	0.09	0.5
大白菜		千克	2.24	0.07	3.2
油菜		千克	3.62	0.22	6.5
芹菜		千克	3.71	0.15	4.2
黄瓜		千克	2.85	0.16	6.0
西红柿		千克	3.58	0.10	2.9
豆角		千克	4.21	0.20	5.0
土豆		千克	2.37	-0.01	-0.4
苹果	富士苹果	千克	10.51	0.05	0.5
香蕉	国产	千克	5.38	-0.04	-0.7
巴氏牛奶	约 250 克	袋	1.62	-0.01	-0.6
利乐枕奶	约 500 克	袋	3.54	0.00	0.0

2009 年 8 月 1 ～ 10 日

商品名称	规格等级	单位	本期价格(元)	比上期价格涨跌(元)	涨跌幅(%)
大　米	粳米	千克	3.91	0.00	0.0
面　粉	富强粉	千克	3.83	0.01	0.3
面　粉	标准粉	千克	3.18	0.01	0.3
豆制品	豆腐	千克	3.40	-0.01	-0.3
花生油	压榨一级	5L 桶装	96.22	-0.39	-0.4
大豆油	5L 桶装	5L 桶装	48.32	-0.73	-1.5
菜籽油	一级散装	千克	9.91	-0.04	-0.4
猪　肉	猪肉后臀尖（后腿肉）	千克	19.56	0.96	5.2
猪　肉	五花肉	千克	18.53	0.87	4.9
牛　肉	腿肉	千克	34.19	0.06	0.2
羊　肉	腿肉	千克	33.47	0.13	0.4
鸡	白条鸡	千克	14.23	0.10	0.7
鸡	鸡胸肉	千克	17.39	0.10	0.6
鸭	白条鸭	千克	13.80	0.03	0.2
鸡　蛋	散装鲜鸡蛋	千克	7.98	0.49	6.5
活鲤鱼		千克	11.32	-0.08	-0.7
活草鱼		千克	13.94	-0.06	-0.4
带　鱼		千克	16.98	-0.04	-0.2
大白菜		千克	2.31	0.07	3.1
油　菜		千克	4.18	0.57	15.8
芹　菜		千克	3.97	0.27	7.3
黄　瓜		千克	2.88	0.02	0.7
西红柿		千克	3.95	0.37	10.3
豆　角		千克	4.40	0.19	4.5
土　豆		千克	2.39	0.01	0.4
苹　果	富士苹果	千克	10.20	-0.20	-1.9
香　蕉	国产	千克	5.37	-0.07	-1.3
巴氏牛奶	约 250 克	袋	2.00	0.00	0.0
利乐枕奶	约 500 克	袋	3.33	0.00	0.0

2009 年 8 月 11 ～ 20 日

商品名称	规格等级	单位	本期价格(元)	比上期价格涨跌(元)	涨跌幅(%)
大米	粳米	千克	3.94	0.01	0.3
面粉	富强粉	千克	3.82	-0.01	-0.3
面粉	标准粉	千克	3.18	0.01	0.3
豆制品	豆腐	千克	3.41	0.00	0.0
花生油	压榨一级	5L 桶装	96.93	-1.05	-1.1
大豆油	5L 桶装	5L 桶装	48.05	-0.29	-0.6
菜籽油	一级散装	千克	9.87	-0.05	-0.5
猪肉	猪肉后臀尖(后腿肉)	千克	20.11	0.55	2.8
猪肉	五花肉	千克	19.04	0.52	2.8
牛肉	腿肉	千克	34.30	0.12	0.4
羊肉	腿肉	千克	33.39	-0.08	-0.2
鸡	白条鸡	千克	14.67	0.44	3.1
鸡	鸡胸肉	千克	17.52	0.13	0.8
鸭	白条鸭	千克	14.02	0.36	2.6
鸡蛋	散装鲜鸡蛋	千克	8.15	0.16	2.0
活鲤鱼		千克	11.22	-0.09	-0.8
活草鱼		千克	13.97	0.04	0.3
带鱼		千克	16.82	-0.16	-0.9
大白菜		千克	2.42	0.11	4.8
油菜		千克	4.18	-0.02	-0.5
芹菜		千克	3.91	-0.05	-1.3
黄瓜		千克	3.02	0.13	4.5
西红柿		千克	4.11	0.15	3.8
豆角		千克	4.44	0.04	0.9
土豆		千克	2.42	0.03	1.3
苹果	富士苹果	千克	9.80	-0.29	-2.9
香蕉	国产	千克	5.21	-0.16	-3.0
巴氏牛奶	约 250 克	袋	1.63	0.01	0.6
利乐枕奶	约 500 克	袋	3.54	0.01	0.3

2009 年 8 月 21 ～ 30 日

商品名称	规格等级	单位	本期价格(元)	比上期价格涨跌(元)	涨跌幅(%)
大　米	粳米	千克	3.96	0.02	0.5
面　粉	富强粉	千克	3.81	-0.01	-0.3
面　粉	标准粉	千克	3.16	-0.02	-0.6
豆制品	豆腐	千克	3.40	-0.01	-0.3
花生油	压榨一级	5L 桶装	95.36	-1.57	-1.6
大豆油	5L 桶装	5L 桶装	48.01	-0.04	-0.1
菜籽油	一级散装	千克	9.87	0.00	0.0
猪　肉	猪肉后臀尖(后腿肉)	千克	20.32	0.21	1.0
猪　肉	五花肉	千克	19.25	0.21	1.1
牛　肉	腿肉	千克	34.28	-0.02	-0.1
羊　肉	腿肉	千克	33.49	0.10	0.3
鸡	白条鸡	千克	14.75	0.08	0.6
鸡	鸡胸肉	千克	17.51	-0.01	-0.1
鸭	白条鸭	千克	14.24	0.11	0.8
鸡　蛋	散装鲜鸡蛋	千克	8.29	0.14	1.7
活鲤鱼		千克	11.24	0.02	0.2
活草鱼		千克	13.83	-0.14	-1.0
带　鱼		千克	16.70	-0.12	-0.7
大白菜		千克	2.42	0.00	0.0
油　菜		千克	4.14	-0.04	-1.0
芹　菜		千克	4.04	0.13	3.3
黄　瓜		千克	3.28	0.26	8.6
西红柿		千克	3.96	-0.15	-3.7
豆　角		千克	4.55	0.11	2.5
土　豆		千克	2.43	0.01	0.4
苹　果	富士苹果	千克	9.33	-0.34	-3.5
香　蕉	国产	千克	5.02	-0.19	-3.7
巴氏牛奶	约 250 克	袋	1.64	0.01	0.6
利乐枕奶	约 500 克	袋	3.57	0.03	0.9

2009 年 9 月 1 ～ 10 日

商品名称	规格等级	单位	本期价格(元)	比上期价格涨跌(元)	涨跌幅(%)
大　米	粳米	千克	3.98	0.02	0.5
面　粉	富强粉	千克	3.83	0.02	0.5
面　粉	标准粉	千克	3.18	0.02	0.6
豆制品	豆腐	千克	3.39	0.00	0.0
花生油	压榨一级	5L 桶装	91.36	-4.00	-4.2
大豆油	5L 桶装	5L 桶装	47.63	-0.38	-0.8
菜籽油	一级散装	千克	9.88	0.01	0.1
猪　肉	猪肉后臀尖(后腿肉)	千克	20.47	0.15	0.7
猪　肉	五花肉	千克	19.39	0.14	0.7
牛　肉	腿肉	千克	34.37	0.09	0.3
羊　肉	腿肉	千克	33.48	-0.01	-0.03
鸡	白条鸡	千克	14.64	-0.11	-0.8
鸡	鸡胸肉	千克	17.60	0.09	0.5
鸭	白条鸭	千克	14.29	0.05	0.4
鸡　蛋	散装鲜鸡蛋	千克	8.52	0.23	2.8
活鲤鱼		千克	11.10	-0.14	-1.3
活草鱼		千克	13.81	-0.02	-0.1
带　鱼		千克	16.93	0.23	1.4
大白菜		千克	2.51	0.09	3.7
油　菜		千克	3.95	-0.19	-4.6
芹　菜		千克	4.18	0.14	3.5
黄　瓜		千克	3.41	0.13	4.0
西红柿		千克	4.13	0.17	4.3
豆　角		千克	5.07	0.48	10.5
土　豆		千克	2.47	0.04	1.7
苹　果	富士苹果	千克	8.81	-0.44	-4.8
香　蕉	国产	千克	4.59	-0.38	-7.7
巴氏牛奶	约 250 克	袋	1.64	0.01	0.6
利乐枕奶	约 500 克	袋	3.57	0.00	0.0

2009 年 9 月 11 日～ 20 日

商品名称	规格等级	单位	本期价格(元)	比上期价格涨跌(元)	涨跌幅(%)
大米	粳米	千克	3.98	0.00	0.0
面粉	富强粉	千克	3.82	-0.01	-0.3
面粉	标准粉	千克	3.19	0.01	0.3
豆制品	豆腐	千克	3.39	0.00	0.0
花生油	压榨一级	5L 桶装	89.17	-2.19	-2.4
大豆油	5L 桶装	5L 桶装	47.32	-0.31	-0.7
菜籽油	一级散装	千克	9.85	-0.03	-0.3
猪肉	猪肉后臀尖(后腿肉)	千克	20.38	-0.09	-0.4
猪肉	五花肉	千克	19.33	-0.06	-0.3
牛肉	腿肉	千克	34.48	0.11	0.3
羊肉	腿肉	千克	33.61	0.13	0.4
鸡	白条鸡	千克	14.83	0.19	1.3
鸡	鸡胸肉	千克	17.50	-0.12	-0.7
鸭	白条鸭	千克	14.25	-0.04	-0.3
鸡蛋	散装鲜鸡蛋	千克	8.52	0.00	0.0
活鲤鱼		千克	11.03	-0.07	-0.6
活草鱼		千克	13.63	-0.18	-1.3
带鱼		千克	16.86	-0.07	-0.4
大白菜		千克	2.51	0.00	0.0
油菜		千克	3.65	-0.30	-7.6
芹菜		千克	4.07	-0.07	-1.7
黄瓜		千克	3.47	0.06	1.8
西红柿		千克	4.23	0.10	2.4
豆角		千克	5.30	0.23	4.5
土豆		千克	2.48	0.01	0.4
苹果	富士苹果	千克	8.19	-0.62	-7.0
香蕉	国产	千克	4.44	-0.15	-3.3
巴氏牛奶	约 250 克	袋	1.65	0.01	0.6
利乐枕奶	约 500 克	袋	3.57	0.00	0.0

2009 年 9 月 21 ～ 30 日

商品名称	规格等级	单位	本期价格(元)	比上期价格涨跌(元)	涨跌幅(%)
大米	粳米	千克	3.99	0.01	0.3
面粉	富强粉	千克	3.80	0.02	0.5
面粉	标准粉	千克	3.18	-0.01	-0.3
豆制品	豆腐	千克	3.38	-0.01	-0.3
花生油	压榨一级	5L 桶装	88.65	-0.50	-0.6
大豆油	5L 桶装	5L 桶装	47.07	-0.25	-0.5
菜籽油	一级散装	千克	9.84	-0.01	-0.1
猪肉	猪肉后臀尖(后腿肉)	千克	20.42	0.05	0.3
猪肉	五花肉	千克	19.37	0.04	0.2
牛肉	腿肉	千克	34.62	0.14	0.4
羊肉	腿肉	千克	33.72	0.11	0.3
鸡	白条鸡	千克	14.77	-0.06	-0.4
鸡	鸡胸肉	千克	17.60	0.11	0.6
鸭	白条鸭	千克	14.37	0.12	0.8
鸡蛋	散装鲜鸡蛋	千克	8.37	-0.15	-1.8
活鲤鱼		千克	11.03	0.00	0.0
活草鱼		千克	13.49	-0.14	-1.0
带鱼		千克	17.15	0.29	1.7
大白菜		千克	2.47	-0.04	-1.6
油菜		千克	3.49	-0.14	-3.9
芹菜		千克	4.06	-0.01	-0.3
黄瓜		千克	3.49	0.02	0.6
西红柿		千克	4.15	-0.08	-1.9
豆角		千克	5.35	0.05	0.9
土豆		千克	2.45	-0.03	-1.2
苹果	富士苹果	千克	8.00	-0.14	-1.7
香蕉	国产	千克	4.43	-0.01	-0.2
巴氏牛奶	约 250 克	袋	1.65	0.00	0.0
利乐枕奶	约 500 克	袋	3.56	-0.01	-0.3

2009 年 10 月 1 ～ 10 日

商品名称	规格等级	单位	本期价格(元)	比上期价格涨跌(元)	涨跌幅(%)
大　米	粳米	千克	3.99	0.01	0.3
面　粉	富强粉	千克	3.86	0.02	0.5
面　粉	标准粉	千克	3.19	0.00	0.0
豆制品	豆腐	千克	3.38	-0.01	-0.3
花生油	压榨一级	5L 桶装	89.55	0.86	1.0
大豆油	5L 桶装	5L 桶装	46.67	-0.51	-1.1
菜籽油	一级散装	千克	9.84	0.00	0.0
猪　肉	猪肉后臀尖(后腿肉)	千克	20.23	-0.20	-1.0
猪　肉	五花肉	千克	19.13	-0.23	-1.2
牛　肉	腿肉	千克	34.59	-0.03	-0.1
羊　肉	腿肉	千克	33.60	-0.12	-0.4
鸡	白条鸡	千克	14.89	0.12	0.8
鸡	鸡胸肉	千克	17.57	-0.05	-0.3
鸭	白条鸭	千克	14.23	-0.13	-0.9
鸡　蛋	散装鲜鸡蛋	千克	8.09	-0.27	-3.2
活鲤鱼		千克	11.00	-0.03	-0.3
活草鱼		千克	13.41	-0.09	-0.7
带　鱼		千克	17.02	-0.14	-0.8
大白菜		千克	2.28	-0.18	-7.3
油　菜		千克	3.32	-0.29	-8.0
芹　菜		千克	4.11	0.01	0.2
黄　瓜		千克	3.42	-0.05	-1.4
西红柿		千克	4.05	-0.10	-2.4
豆　角		千克	5.16	-0.20	-3.7
土　豆		千克	2.45	0.00	0.0
苹　果	富士苹果	千克	7.83	-0.20	-2.5
香　蕉	国产	千克	4.35	-0.08	-1.8
巴氏牛奶	约 250 克	袋	1.66	0.00	0.0
利乐枕奶	约 500 克	袋	3.61	-0.01	-0.3

2009 年 10 月 11 ～ 20 日

商品名称	规格等级	单位	本期价格(元)	比上期价格涨跌(元)	涨跌幅(%)
大　米	粳米	千克	4.00	0.01	0.3
面　粉	富强粉	千克	3.87	0.01	0.3
面　粉	标准粉	千克	3.20	0.01	0.3
豆制品	豆腐	千克	3.40	0.01	0.3
花生油	压榨一级	5L 桶装	90.96	1.41	1.6
大豆油	5L 桶装	5L 桶装	46.95	0.28	0.6
菜籽油	一级散装	千克	9.84	0.00	0.0
猪　肉	猪肉后臀尖(后腿肉)	千克	20.02	-0.21	-1.0
猪　肉	五花肉	千克	18.97	-0.16	-0.8
牛　肉	腿肉	千克	34.63	0.04	0.1
羊　肉	腿肉	千克	33.70	0.10	0.3
鸡	白条鸡	千克	14.77	-0.12	-0.8
鸡	鸡胸肉	千克	17.54	-0.01	-0.1
鸭	白条鸭	千克	14.28	0.05	0.4
鸡　蛋	散装鲜鸡蛋	千克	7.91	-0.18	-2.2
活鲤鱼		千克	10.86	-0.17	-1.5
活草鱼		千克	13.14	-0.27	-2.0
带　鱼		千克	16.86	-0.16	-0.9
大白菜		千克	1.97	-0.31	-13.6
油　菜		千克	3.01	-0.31	-9.3
芹　菜		千克	3.81	-0.30	-7.3
黄　瓜		千克	3.38	-0.04	-1.2
西红柿		千克	4.09	0.04	1.0
豆　角		千克	5.10	-0.06	-1.2
土　豆		千克	2.39	-0.06	-2.5
苹　果	富士苹果	千克	7.54	-0.29	-3.7
香　蕉	国产	千克	4.22	-0.13	-3.0
巴氏牛奶	约 250 克	袋	1.66	0.00	0.0
利乐枕奶	约 500 克	袋	3.61	0.00	0.0

2009年10月21～30日

商品名称	规格等级	单位	本期价格(元)	比上期价格涨跌(元)	涨跌幅(%)
大 米	粳米	千克	4.00	0.00	0.0
面 粉	富强粉	千克	3.86	-0.01	-0.3
面 粉	标准粉	千克	3.20	0.00	0.0
豆制品	豆腐	千克	3.40	0.01	0.3
花生油	压榨一级	5L桶装	90.57	-0.27	-0.3
大豆油	5L桶装	5L桶装	46.48	-0.47	-1.0
菜籽油	一级散装	千克	9.79	-0.05	-0.5
猪 肉	猪肉后臀尖(后腿肉)	千克	19.85	-0.17	-0.9
猪 肉	五花肉	千克	18.80	-0.17	-0.9
牛 肉	腿肉	千克	34.60	-0.03	-0.1
羊 肉	腿肉	千克	33.59	-0.10	-0.3
鸡	白条鸡	千克	14.72	-0.05	-0.3
鸡	鸡胸肉	千克	17.49	-0.04	-0.2
鸭	白条鸭	千克	14.22	-0.06	-0.4
鸡 蛋	散装鲜鸡蛋	千克	7.74	-0.17	-2.2
活鲤鱼		千克	10.84	-0.02	-0.2
活草鱼		千克	13.06	-0.08	-0.6
带 鱼		千克	16.94	0.08	0.5
大白菜		千克	1.80	-0.17	-8.6
油 菜		千克	2.92	-0.09	-3.0
芹 菜		千克	3.53	-0.28	-7.4
黄 瓜		千克	3.40	0.02	0.6
西红柿		千克	4.17	0.08	2.0
豆 角		千克	5.15	0.05	1.0
土 豆		千克	2.48	0.09	3.8
苹 果	富士苹果	千克	7.34	-0.20	-2.7
香 蕉	国产	千克	4.10	-0.12	-2.8
巴氏牛奶	约250克	袋	1.66	0.00	0.0
利乐枕奶	约500克	袋	3.62	0.01	0.3

2009年11月1～10日

商品名称	规格等级	单位	本期价格(元)	比上期价格涨跌(元)	涨跌幅(%)
大米	粳米	千克	3.99	0.00	0.0
面粉	富强粉	千克	3.89	0.00	0.0
面粉	标准粉	千克	3.23	0.03	0.9
豆制品	豆腐	千克	3.37	-0.01	-0.3
花生油	压榨一级	5L桶装	90.39	-0.19	-0.2
大豆油	5L桶装	5L桶装	46.76	0.15	0.3
菜籽油	一级散装	千克	9.79	0.00	0.0
猪肉	猪肉后臀尖(后腿肉)	千克	19.76	-0.10	-0.5
猪肉	五花肉	千克	18.73	-0.09	-0.5
牛肉	腿肉	千克	34.61	0.00	0.0
羊肉	腿肉	千克	33.34	-0.15	-0.5
鸡	白条鸡	千克	14.75	0.05	0.3
鸡	鸡胸肉	千克	17.74	0.25	1.4
鸭	白条鸭	千克	14.32	0.04	0.3
鸡蛋	散装鲜鸡蛋	千克	7.72	-0.06	-0.8
活鲤鱼		千克	10.83	0.01	0.1
活草鱼		千克	12.99	-0.09	-0.7
带鱼		千克	16.87	-0.03	-0.2
大白菜		千克	1.72	-0.10	-5.5
油菜		千克	3.13	0.20	6.8
芹菜		千克	3.53	-0.04	-1.1
黄瓜		千克	3.84	0.42	12.3
西红柿		千克	4.35	0.16	3.8
豆角		千克	5.80	0.62	12.0
土豆		千克	2.55	0.07	2.8
苹果	富士苹果	千克	7.34	-0.04	-0.5
香蕉	国产	千克	3.95	-0.14	-3.4
巴氏牛奶	约250克	袋	1.63	0.00	0.0
利乐枕奶	约500克	袋	3.56	0.01	0.3

2009 年 11 月 11 ～ 20 日

商品名称	规格等级	单位	本期价格(元)	比上期价格涨跌(元)	涨跌幅(%)
大　米	粳米	千克	4.00	0.00	0.0
面　粉	富强粉	千克	3.87	0.00	0.0
面　粉	标准粉	千克	3.24	0.01	0.3
豆制品	豆腐	千克	3.42	0.02	0.6
花生油	压榨一级	5L 桶装	90.48	0.06	0.1
大豆油	5L 桶装	5L 桶装	46.61	-0.03	-0.1
菜籽油	一级散装	千克	9.85	0.06	0.6
猪　肉	猪肉后臀尖（后腿肉）	千克	19.96	0.22	1.1
猪　肉	五花肉	千克	18.90	0.19	1.0
牛　肉	腿肉	千克	34.83	0.23	0.7
羊　肉	腿肉	千克	34.23	0.88	2.6
鸡	白条鸡	千克	14.73	-0.02	-0.1
鸡	鸡胸肉	千克	17.82	0.08	0.5
鸭	白条鸭	千克	14.23	-0.04	-0.3
鸡　蛋	散装鲜鸡蛋	千克	7.73	0.04	0.5
活鲤鱼		千克	10.95	0.08	0.7
活草鱼		千克	13.13	0.15	1.2
带　鱼		千克	17.24	0.30	1.8
大白菜		千克	1.95	0.24	14.0
油　菜		千克	4.14	1.01	32.3
芹　菜		千克	3.95	0.44	12.5
黄　瓜		千克	5.20	1.36	35.4
西红柿		千克	5.10	0.78	18.1
豆　角		千克	7.07	1.27	21.9
土　豆		千克	2.79	0.24	9.4
苹　果	富士苹果	千克	7.42	0.11	1.5
香　蕉	国产	千克	3.88	-0.07	-1.8
巴氏牛奶	约 250 克	袋	1.64	-0.01	-0.6
利乐枕奶	约 500 克	袋	3.56	-0.01	-0.3

2009 年 11 月 21 ～ 30 日

商品名称	规格等级	单位	本期价格(元)	比上期价格涨跌(元)	涨跌幅(%)
大米	粳米	千克	4.02	0.02	0.5
面粉	富强粉	千克	3.88	0.01	0.3
面粉	标准粉	千克	3.26	0.02	0.6
豆制品	豆腐	千克	3.42	0.00	0.0
花生油	压榨一级	5L 桶装	90.80	0.32	0.4
大豆油	5L 桶装	5L 桶装	46.65	0.04	0.1
菜籽油	一级散装	千克	9.98	0.13	1.3
猪肉	猪肉后臀尖(后腿肉)	千克	20.29	0.33	1.7
猪肉	五花肉	千克	19.29	0.39	2.1
牛肉	腿肉	千克	34.57	-0.26	-0.8
羊肉	腿肉	千克	34.35	0.20	0.6
鸡	白条鸡	千克	14.72	-0.01	-0.1
鸡	鸡胸肉	千克	17.79	-0.03	-0.2
鸭	白条鸭	千克	14.27	0.04	0.3
鸡蛋	散装鲜鸡蛋	千克	7.75	0.02	0.3
活鲤鱼		千克	10.88	-0.07	-0.6
活草鱼		千克	13.06	-0.07	-0.5
带鱼		千克	17.43	0.19	1.1
大白菜		千克	1.94	-0.01	-0.5
油菜		千克	4.33	0.19	4.6
芹菜		千克	4.28	0.33	8.4
黄瓜		千克	5.98	0.78	15.0
西红柿		千克	5.53	0.43	8.4
豆角		千克	8.15	1.05	14.8
土豆		千克	2.88	0.09	3.2
苹果	富士苹果	千克	7.45	0.03	0.4
香蕉	国产	千克	3.74	-0.14	-3.6
巴氏牛奶	约 250 克	袋	1.64	0.00	0.0
利乐枕奶	约 500 克	袋	3.58	0.02	0.6

2009年12月1～10日

商品名称	规格等级	单位	本期价格(元)	比上期价格涨跌(元)	涨跌幅(%)
大　米	粳米	千克	4.04	0.02	0.5
面　粉	富强粉	千克	3.90	0.02	0.5
面　粉	标准粉	千克	3.26	0.00	0.0
豆制品	豆腐	千克	3.44	0.03	0.9
花生油	压榨一级	5L桶装	93.09	2.29	2.5
大豆油	5L桶装	5L桶装	48.08	1.48	3.2
菜籽油	一级散装	千克	10.28	0.30	3.0
猪　肉	猪肉后臀尖(后腿肉)	千克	20.46	0.17	0.8
猪　肉	五花肉	千克	19.53	0.24	1.2
牛　肉	腿肉	千克	34.82	0.09	0.3
羊　肉	腿肉	千克	34.26	-0.20	-0.6
鸡	白条鸡	千克	14.78	0.06	0.4
鸡	鸡胸肉	千克	17.76	-0.03	-0.2
鸭	白条鸭	千克	14.29	0.02	0.1
鸡　蛋	散装鲜鸡蛋	千克	7.78	0.03	0.4
活鲤鱼		千克	10.69	0.04	0.4
活草鱼		千克	13.06	0.00	0.0
带　鱼		千克	17.47	0.04	0.2
大白菜		千克	1.83	-0.11	-5.7
油　菜		千克	4.56	0.23	5.3
芹　菜		千克	4.39	0.11	2.6
黄　瓜		千克	6.19	0.21	3.5
西红柿		千克	5.70	0.17	3.1
豆　角		千克	8.49	0.34	4.2
土　豆		千克	2.98	0.10	3.5
苹　果	富士苹果	千克	7.46	0.01	0.1
香　蕉	国产	千克	3.64	-0.10	-2.7
巴氏牛奶	约250克	袋	1.66	0.00	0.0
利乐枕奶	约500克	袋	3.61	-0.03	-0.8

2009年12月11～20日

商品名称	规格等级	单位	本期价格(元)	比上期价格涨跌(元)	涨跌幅(%)
大　米	粳米	千克	4.08	0.04	1.0
面　粉	富强粉	千克	3.93	0.03	0.8
面　粉	标准粉	千克	3.28	0.02	0.6
豆制品	豆腐	千克	3.44	-0.01	-0.3
花生油	压榨一级	5L桶装	93.72	0.50	0.5
大豆油	5L桶装	5L桶装	49.34	1.22	2.5
菜籽油	一级散装	千克	10.49	0.21	2.0
猪　肉	猪肉后臀尖(后腿肉)	千克	20.74	0.28	1.4
猪　肉	五花肉	千克	19.79	0.26	1.3
牛　肉	腿肉	千克	34.93	0.08	0.2
羊　肉	腿肉	千克	34.47	0.21	0.6
鸡	白条鸡	千克	14.77	-0.01	-0.1
鸡	鸡胸肉	千克	17.73	-0.03	-0.2
鸭	白条鸭	千克	14.36	0.07	0.5
鸡　蛋	散装鲜鸡蛋	千克	7.82	0.04	0.5
活鲤鱼		千克	10.80	0.09	0.8
活草鱼		千克	13.03	-0.03	-0.2
带　鱼		千克	17.86	0.39	2.2
大白菜		千克	1.87	0.04	2.2
油　菜		千克	4.80	0.24	5.3
芹　菜		千克	4.33	-0.06	-1.4
黄　瓜		千克	6.03	-0.16	-2.6
西红柿		千克	5.75	0.05	0.9
豆　角		千克	8.29	-0.30	-3.5
土　豆		千克	3.05	0.07	2.4
苹　果	富士苹果	千克	7.56	0.12	1.6
香　蕉	国产	千克	3.74	0.08	2.2
巴氏牛奶	约250克	袋	1.66	0.00	0.0
利乐枕奶	约500克	袋	3.62	0.01	0.3

2009 年 12 月 21 ～ 30 日

商品名称	规格等级	单位	本期价格(元)	比上期价格涨跌(元)	涨跌幅(%)
大　米	粳米	千克	4.12	0.04	1.0
面　粉	富强粉	千克	3.94	0.01	0.3
面　粉	标准粉	千克	3.30	0.02	0.6
豆制品	豆腐	千克	3.43	0.01	0.3
花生油	压榨一级	5L 桶装	94.15	0.61	0.7
大豆油	5L 桶装	5L 桶装	49.79	0.40	0.8
菜籽油	一级散装	千克	10.61	0.13	1.2
猪　肉	猪肉后臀尖（后腿肉）	千克	20.78	0.06	0.3
猪　肉	五花肉	千克	19.82	0.13	0.7
牛　肉	腿肉	千克	35.03	0.18	0.5
羊　肉	腿肉	千克	34.74	0.33	1.0
鸡	白条鸡	千克	14.67	-0.10	-0.7
鸡	鸡胸肉	千克	17.72	-0.01	-0.1
鸭	白条鸭	千克	14.52	-0.03	-0.2
鸡　蛋	散装鲜鸡蛋	千克	7.83	0.01	0.1
活鲤鱼		千克	10.86	0.06	0.6
活草鱼		千克	13.06	0.03	0.2
带　鱼		千克	18.25	0.50	2.8
大白菜		千克	1.95	0.08	4.3
油　菜		千克	4.94	0.17	3.6
芹　菜		千克	4.40	0.07	1.6
黄　瓜		千克	5.66	-0.37	-6.1
西红柿		千克	5.64	-0.10	-1.7
豆　角		千克	8.03	-0.19	-2.3
土　豆		千克	3.10	0.05	1.6
苹　果	富士苹果	千克	7.64	0.10	1.3
香　蕉	国产	千克	3.75	0.03	0.8
巴氏牛奶	约 250 克	袋	1.69	0.01	0.6
利乐枕奶	约 500 克	袋	3.62	-0.01	-0.3

国家统计局发布了 2009 年 1 ～ 12 月份国内规模以上工业企业大类行业的增加值增长速度数据，其中食品制造业以及饮料制造业的数据如下：

食品制造业：2009 年 1 ～ 12 月份，我国食品制造业较去年同期增长 14.1%，其中 12 月份单月较去年同期增长 12.7%；

饮料制造业：2009 年 1 ～ 12 月，我国饮料制造业较去年同期增长 14.6%，其中 12 月份单月较去年同期增长 16.5%；其中软饮料 12 月份生产 633.25 万吨，1 ～ 12 月累计生产 8086.19 万吨，较去年 1 ～ 12 月同比增长 24.3%。

据国家标准软饮料的分类包含：碳酸饮料（品）（汽水）类、果汁（浆）及果汁饮料（品）类、蔬菜汁及蔬菜汁饮料（品）类等等类别。

众所周知，食品制造业以及饮料制造业在我国食糖消费的比例中占据着主要位置，云南糖网今后将根据国家统计局公布数据，定期发布我国食品制造业以及饮料制造业增长情况。

2009 年我国食品制造业、饮料制造业同比去年同期增长比例

（单位：%）

	1月	2月	3月	4月	5月	6月	7月	8月	9月	10月	11月	12月
食品制造业	8.6	9.2	10.7	11.2	12.4	12.7	11.9	11.9	12.1	13.3	14.1	14.1
饮料制造业	10.5	11.9	10.6	11.8	13.3	14.7	12.9	12.7	12.9	13.1	13.4	14.6

注：增长比例为累计比例，例如 10 月的增长比例为 1 ～ 10 月的累计同比增长数据

2009我国食品工业各分类产品产量月度统计数据

2009 年我国菜籽油进口数据

年 度	月 份	当前月		当月比去年同期±%	
		数量（千克）	金额（美元）	数 量	金 额
2009	1	10636663	8443697	1488.60	1347.60
	2	22804502	18070977	7.50	-27.90
	3	58086506	45072515	390.40	172.20
	4	55527740	42173705	175.50	28.90
	5	69713252	53446812	58.40	-16.60
	6	33249096	25939386	1002.00	418.70
	7	37010694	31512002	-46.80	-71.60
	8	47496638	40101936	576.30	258.50
	9	40749431	34859630	180.20	90.80
	10	27245333	22623277	180.00	96.90
	11	19162822	16331968	-39.60	-44.80
	12	45843552	38676335	26.40	29.80
2009	累计	467526229	377252240	平均单价：806.91 美元／吨	

2009 年我国方便面产量月度统计表

（单位：吨）

时　间	本月产量
2009 年 1 月	456,509.47
2009 年 2 月	466,806.87
2009 年 3 月	460,894.46
2009 年 4 月	440,813.44
2009 年 5 月	489,579.54
2009 年 6 月	464,051.55
2009 年 7 月	431,403.89
2009 年 8 月	476,897.51
2009 年 9 月	536,080.49
2009 年 10 月	568,137.92
2009 年 11 月	514,902.55
2009 年 12 月	540,135.00

2009 年我国酱油产量月度统计表

（单位：吨）

时　间	酱油(吨)
2009 年 1 月	324,274.12
2009 年 2 月	343,168.45
2009 年 3 月	405,302.19
2009 年 4 月	330,611.00
2009 年 5 月	306,890.58
2009 年 6 月	451,391.60
2009 年 7 月	441,965.87
2009 年 8 月	423,204.15
2009 年 9 月	431,618.68
2009 年 10 月	894,346.24
2009 年 11 月	498,371.45
2009 年 12 月	496,570.77

2009 年我国罐头产量月度统计表

（单位：吨）

时　间	罐头(吨)
2009 年 1 月	324,682.51
2009 年 2 月	389,420.70
2009 年 3 月	476,122.17
2009 年 4 月	479,198.01
2009 年 5 月	439,033.79
2009 年 6 月	558,815.40
2009 年 7 月	522,904.27
2009 年 8 月	869,659.13
2009 年 9 月	1,091,189.56
2009 年 10 月	715,699.37
2009 年 11 月	638,553.30
2009 年 12 月	729,054.05

2009 年我国乳制品产量月度统计表

（单位：吨）

时　间	本月产量
2009 年 1 月	1,387.127.11
2009 年 2 月	1,450,787.07
2009 年 3 月	1,497,779.55
2009 年 4 月	1,543,574.79
2009 年 5 月	1,640,298.84
2009 年 6 月	1,695,187.44
2009 年 7 月	1,603,879.45
2009 年 8 月	1,727,610.35
2009 年 9 月	1,736,117.95
2009 年 10 月	1,700,122.42
2009 年 11 月	1,655,014.08
2009 年 12 月	1,730,100.70

2009 年我国味精产量月度统计表

（单位：吨）

时　间	本月产量
2009 年 1 月	165,115.02
2009 年 2 月	175,782.08
2009 年 3 月	223,823.66
2009 年 4 月	212,955.56
2009 年 5 月	210,246.81
2009 年 6 月	221,818.80
2009 年 7 月	195,456.45
2009 年 8 月	195,997.87
2009 年 9 月	206,992.50
2009 年 10 月	241,636.82
2009 年 11 月	242,860.13
2009 年 12 月	244,364.91

2009 年我国冷冻饮品产量月度统计表

（单位：吨）

时　间	本月产量
2009 年 1 月	112,157.68
2009 年 2 月	124,529.54
2009 年 3 月	189,183.70
2009 年 4 月	250,121.31
2009 年 5 月	275,983.90
2009 年 6 月	319,882.92
2009 年 7 月	338,887.21
2009 年 8 月	270,327.70
2009 年 9 月	183,115.04
2009 年 10 月	114,863.38
2009 年 11 月	74,090.41
2009 年 12 月	71,901.08

2009 年我国软饮料产量月度统计表

（单位：吨）

时　间	本月产量
2009 年 1 月	4,110,129.22
2009 年 2 月	4,640,437.41
2009 年 3 月	5,952,158.45
2009 年 4 月	5,621,020.85
2009 年 5 月	6,271,914.66
2009 年 6 月	7,361,642.40
2009 年 7 月	7,673,204.83
2009 年 8 月	8,104,460.14
2009 年 9 月	8,286,096.58
2009 年 10 月	7,067,511.19
2009 年 11 月	6,592,663.15
2009 年 12 月	6,332,520.13

2009 年我国碳酸饮料产量月度统计表

（单位：吨）

时　间	本月产量
2009 年 1 月	698,004.14
2009 年 2 月	698,443.37
2009 年 3 月	781,401.61
2009 年 4 月	886,583.57
2009 年 5 月	963,338.44
2009 年 6 月	1,274,498.24
2009 年 7 月	1,220,387.33
2009 年 8 月	1,266,509.37
2009 年 9 月	1,484,596.82
2009 年 10 月	890,421.41
2009 年 11 月	800,272.25
2009 年 12 月	1,004,315.46

2009 年我国包装饮用水产量月度统计表

（单位：吨）

时　间	本月产量
2009 年 1 月	1,602,115.49
2009 年 2 月	1,805,038.72
2009 年 3 月	2,437,566.37
2009 年 4 月	2,305,558.06
2009 年 5 月	2,708,252.12
2009 年 6 月	2,966,673.62
2009 年 7 月	3,052,493.51
2009 年 8 月	3,247,273.52
2009 年 9 月	3,056,354.75
2009 年 10 月	2,724,058.22
2009 年 11 月	2,418,261.00
2009 年 12 月	2,187,007.58

2009 年我国果汁和蔬菜汁饮料产量月度统计表

（单位：吨）

时　间	本月产量
2009 年 1 月	700,117.84
2009 年 2 月	702,062.00
2009 年 3 月	1,054,048.97
2009 年 4 月	959,045.93
2009 年 5 月	1,021,397.17
2009 年 6 月	1,261,903.93
2009 年 7 月	1,285,181.74
2009 年 8 月	1,351,144.06
2009 年 9 月	1,537,935.98
2009 年 10 月	1,425,290.94
2009 年 11 月	1,306,434.44
2009 年 12 月	1,457,268.76

2009 年我国精制茶产量月度统计表

（单位：吨）

时　间	本月产量
2009 年 1 月	59,184.67
2009 年 2 月	65,248.25
2009 年 3 月	84,341.91
2009 年 4 月	98,369.57
2009 年 5 月	112,062.06
2009 年 6 月	129,700.82
2009 年 7 月	113,022.40
2009 年 8 月	110,789.98
2009 年 9 月	118,128.84
2009 年 10 月	103,968.90
2009 年 11 月	109,133.83
2009 年 12 月	117,189.22

2009 年我国发酵酒精产量月度统计表（折 96 度，商品量）

（单位：千升）

时　间	本月产量
2009 年 1 月	587,047.63
2009 年 2 月	613,082.97
2009 年 3 月	724,514.87
2009 年 4 月	597,750.60
2009 年 5 月	566,927.56
2009 年 6 月	560,661.76
2009 年 7 月	478,780.69
2009 年 8 月	504,947.22
2009 年 9 月	542,737.88
2009 年 10 月	715,153.79
2009 年 11 月	711,627.65
2009 年 12 月	774,781.64

2009 年中国卷烟产量统计数据

月份	单位	本月止累计	本月	本月止累计比去年同期增长（%）	本月比去年同期增长（%）
1 月	万支	43167480.70	11028456.90	2.14	5.77
2 月	万支	44823504.20	13383297.80	2.58	5.67
3 月	万支	63351317.70	18110858.50	3.32	5.35
4 月	万支	81696879.00	18406539.70	2.89	1.44
5 月	万支	100636351.40	18939472.20	3.06	4.12
6 月	万支	127696858.80	20304098.40	2.50	-0.23
7 月	万支	137748703.10	18393470.30	2.74	4.91
8 月	万支	156436690.40	18687987.30	3.13	6.13
9 月	万支	180450524.10	24013833.70	4.45	13.99
10 月	万支	194777939.70	14327414.60	3.17	-7.69
11 月	万支	216552261.40	21774322.70	2.89	-0.13
12 月	万支	229086135.35	12533872.95	3.17	9.42

2009 年我国啤酒产量月度统计表

（单位：千升）

时　间	其中：啤酒(千升)
2009 年 1 月	2,117,470.51
2009 年 2 月	2,627,604.43
2009 年 3 月	2,983,062.45
2009 年 4 月	3,579,252.35
2009 年 5 月	4,626,401.95
2009 年 6 月	4,874,347.46
2009 年 7 月	5,187,510.22
2009 年 8 月	4,851,609.61
2009 年 9 月	4,139,296.10
2009 年 10 月	3,218,597.14
2009 年 11 月	2,514,243.93
2009 年 12 月	2,366,134.12

2009 年我国白酒月度统计表

（单位：千升）

时　间	其中：白酒
	本月产量（折 65 度，商品量）
2009 年 1 月	460,148.77
2009 年 2 月	480,742.82
2009 年 3 月	535,819.27
2009 年 4 月	533,164.54
2009 年 5 月	512,308.41
2009 年 6 月	609,686.70
2009 年 7 月	565,049.46
2009 年 8 月	513,781.53
2009 年 9 月	649,199.69
2009 年 10 月	649,635.55
2009 年 11 月	722,274.73
2009 年 12 月	844,268.02

2009年我国黄酒产量月度统计表

（单位：千升）

时　间	本月产量
2009年1月	100,201.00
2009年2月	109,198.00
2009年3月	125,043.00
2009年4月	96,158.00
2009年5月	72,870.00
2009年6月	65,059.00
2009年7月	42,003.00
2009年8月	46,509.00
2009年9月	100,692.00
2009年10月	83,414.00
2009年11月	108,286.00
2009年12月	117,057.00

2009年我国葡萄酒产量月度统计表

（单位：千升）

时　间	本月产量
2009年1月	51,127.28
2009年2月	56,833.13
2009年3月	69,010.11
2009年4月	63,852.04
2009年5月	70,224.61
2009年6月	73,140.25
2009年7月	61,129.23
2009年8月	71,521.71
2009年9月	85,902.25
2009年10月	85,505.41
2009年11月	110,093.94
2009年12月	132,416.12

表1. 主要年份食品工业总产值及其比例

年份	食品工业总产值（亿元）	占全国工业总产值的比例（%）	年份	食品工业总产值（亿元）	占全国工业总产值的比例（%）
1952	82.8	24.1	1991	2665.1	11.9
1957	153.6	19.6	1992	2980.0	11.0
1962	126.9	14.9	1993	3428.7	10.0
1965	175.5	12.6	1994	4039.9	9.9
1970	197.9	8.2	1995	4496.1	10.1
1976	388.6	11.9	1996	5146.5	10.1
1977	435.7	11.7	1997	5842.1	10.3
1978	471.7	11.1	1998	5517.3	9.6
1979	518.7	11.3	1999	6020.3	9.3
1980	568.0	11.4	2000	6672.1	8.8
1981	690.1	13.3	2001	7278.0	8.4
1982	755.5	13.6	2002	8433.0	8.2
1983	794.3	12.9	2003	9870.2	7.7
1984	865.8	12.3	2004	16280.9	8.7
1985	940.6	11.3	2005	20473.6	8.1
1986	1018.1	11.3	2006	24801.0	7.8
1987	1134.0	11.0	2007	32425.6	8.0
1988	1305.7	10.8	2008	2626.4	8.4
1989	1348.3	10.4	2009	4967.8	8.6
1990	1360.0	10.4			

注：1952～1957年数字按1952年不变价格计算；1962～1970年数字按1957年不变价格计算；1970～1980年数字按1970年不变价格计算；1981～1990年数字按1980年不变价格计算；1991～2002年数字按1990年不变价格计算；2004年起工业总产值为当年价格。

表2.食品工业总产值指数

年份	以1952年为100	以1957年为100	以1965年为100	以1978年为100	以1980年为100	以1990年为100
1952	100.0	53.9	42.5	20.6	17.1	7.3
1957	185.5	100.0	78.9	38.2	31.7	13.5
1962	170.0	91.6	72.3	35.0	29.1	12.4
1965	235.2	126.8	100.0	48.4	40.2	17.2
1978	485.5	261.7	206.4	100.0	83.0	35.6
1979	534.1	287.9	227.1	110.0	91.3	39.2
1980	584.8	315.3	248.6	120.5	100.0	42.9
1981	659.1	355.3	280.2	135.8	112.7	48.4
1982	721.7	389.1	306.8	148.7	123.4	53.0
1983	758.5	408.9	322.5	156.2	129.7	55.7
1984	826.8	445.7	351.5	170.3	141.4	60.7
1985	897.9	484.0	381.7	184.9	153.6	65.9
1986	971.5	523.7	413.0	200.1	166.2	71.3
1987	1082.3	583.4	460.1	222.9	185.1	79.4
1988	1245.7	671.5	529.6	256.6	213.0	91.4
1989	1286.8	693.7	547.1	265.1	220.0	94.4
1990	1362.8	734.6	579.4	280.7	233.0	100.0
1991	1508.5	813.2	641.4	310.7	257.9	110.7
1992	1686.7	909.3	717.2	347.4	288.4	123.8
1993	1940.7	1046.2	825.2	399.7	331.8	142.4
1994	2286.7	1232.7	972.3	471.0	390.9	167.8
1995	2545.0	1371.9	1082.1	524.2	435.0	186.8
1996	2913.1	1570.3	1238.6	600.0	497.9	213.8
1997	3306.4	1782.3	1405.8	681.0	656.1	242.7
1998	3556.7	1917.2	1512.2	732.6	607.9	261.1
1999	3880.4	2091.7	1649.8	799.3	663.2	284.9
2000	4302.4	2319.1	1829.2	866.2	735.6	315.7
2001	4693.1	2529.7	1995.3	966.7	802.4	344.4
2002	5436.8	2930.6	2311.5	1119.9	929.6	399.0
2003	6363.3	3430.0	2705.4	1310.3	1088.0	467.0
2004	7610.1	4102.0	3235.5	1567.0	1301.2	558.5
2005	9569.9	5158.4	4068.7	1970.5	1636.3	702.3
2006	10805.1	5824.2	4593.8	2224.8	1847.5	792.9
2007	12415.5	6692.3	5278.5	2556.4	2122.9	911.1
2008	13598.1	7329.7	5781.3	2799.9	2325.1	997.9
2009	13899.6	8231.9	6128.2	2991.4	2521.4	1101.7

注：1998年统计范围由原来的全部独立核算企业改为全部国有食品企业及年销售收入500万元以上的非国有食品企业（即：规模以上）。1998年的指数计算，借助于"九五"前四年的平均增长速度。2004年起与往年统计口径不同，不可比。

表 3. 食品工业总产值平均年增长速度

（单位：%）

项目	"一五"时期	"二五"时期	1963～1965年	"三五"时期	"四五"时期	"五五"时期
年均增长%	13.2	-1.7	11.4	2.4	8.4	8.0

项目	"六五"时期	"七五"时期	"八五"时期	"九五"时期	"十五"时期	2006-2009年
年均增长%	9.0	8.7	13.3	11.1	17.3	15.4

表 4.2009 年食品工业总产值及其比重

（单位：亿元）

	工业总产值	各行业工业总产值构成（%）
全部食品工业合计	51226.21	100.00
采盐业	267.74	0.59
农副食品加工业	27961.03	56.11
食品制造业	9219.23	18.10
饮料制造业	7465.03	14.66
烟草制品业	5721.52	10.53

表 5.2009 年食品工业增加值及其比重

（单位：亿元）

	工业增加值	各行业工业增加值构成（%）
全部食品工业合计	17432.58	100.00
农副食品加工业	7101.45	42.13
食品制造业	4221.21	17.69
饮料制造业	2471.85	11.85
烟草制品业	3792.32	20.32

表 6.2009 年分地区农副食品加工业总产值及其比例（当年价）

（单位：亿元）

地　区	工业总产值	比例（%）	地　区	工业总产值	比例（%）
全　国	27218.92	100.00	河　南	2213.81	8.69
北　京	242.43	1.00	湖　北	759.71	3.22
天　津	287.09	1.12	湖　南	798.70	3.51
河　北	1153.21	4.25	广　东	1521.26	7.01
山　西	100.22	0.45	广　西	788.62	3.67
内蒙古	631.78	2.27	海　南	79.49	0.33
辽　宁	1591.88	6.88	重　庆	221.44	0.91
吉　林	958.21	4.09	四　川	1289.57	5.58
黑龙江	712.52	2.90	贵　州	54.16	0.29
上　海	298.21	1.61	云　南	176.94	0.56
江　苏	1622.95	7.49	西　藏	1.80	0.07
浙　江	681.55	2.22	陕　西	299.54	0.99
安　徽	679.75	2.21	甘　肃	100.58	0.24
福　建	801.31	3.29	青　海	15.69	0.07
江　西	399.59	1.68	宁　夏	29.33	0.09
山　东	5921.58	24.99	新　疆	158.09	0.57

表7.2009年分地区食品制造业总产值及其比例（当年价）

（单位：亿元）

地　区	工业总产值	比例（%）	地　区	工业总产值	比例（%）
全　国	9219.23	100.00	河　南	842.81	10.0
北　京	149.23	1.93	湖　北	200.68	2.85
天　津	149.50	1.94	湖　南	272.21	3.39
河　北	326.95	4.25	广　东	747.92	9.07
山　西	71.37	0.91	广　西	78.12	0.98
内蒙古	491.33	6.39	海　南	34.71	0.32
辽　宁	282.56	3.91	重　庆	69.35	0.77
吉　林	142.71	2.08	四　川	279.32	3.32
黑龙江	277.58	3.82	贵　州	44.60	0.64
上　海	369.21	4.31	云　南	39.82	0.50
江　苏	310.15	3.89	西　藏	0.81	0.01
浙　江	321.21	3.99	陕　西	121.40	1.40
安　徽	191.24	2.49	甘　肃	30.12	0.47
福　建	359.10	4.62	青　海	7.99	0.10
江　西	143.47	1.92	宁　夏	34.99	0.39
山　东	1521.28	21.17	新　疆	72.90	0.98

表8.2009年分地区饮料制造业总产值及其比例（当年价）

（单位：亿元）

地　区	工业总产值	比例（%）	地　区	工业总产值	比例（%）
全　国	7465.03	100.00	河　南	499.93	7.91
北　京	139.55	2.18	湖　北	320.78	4.84
天　津	112.68	1.61	湖　南	159.53	2.58
河　北	221.64	3.37	广　东	532.06	7.81
山　西	69.09	1.09	广　西	127.25	2.10
内蒙古	119.55	1.81	海　南	14.27	0.25
辽　宁	225.38	3.44	重　庆	64.85	1.03
吉　林	231.80	3.55	四　川	799.55	12.58
黑龙江	123.07	1.94	贵　州	155.32	2.44
上　海	181.52	2.80	云　南	68.62	1.10
江　苏	421.08	6.53	西　藏	6.44	0.08
浙　江	367.75	6.04	陕　西	152.62	2.42
安　徽	121.99	2.86	甘　肃	68.16	0.99
福　建	242.74	3.90	青　海	6.75	0.11
江　西	100.82	1.59	宁　夏	13.56	0.22
山　东	669.42	9.42	新　疆	40.07	0.57

表9.2009年分地区烟草制品业总产值及其比例（当年价）

（单位：亿元）

地　区	工业总产值	比例（%）	地　区	工业总产值	比例（%）
全　国	5721.52	100.00	河　南	222.25	4.70
北　京	29.77	0.67	湖　北	252.63	5.75
天　津	18.54	0.38	湖　南	423.05	9.66
河　北	91.32	2.03	广　东	253.12	5.71
山　西	25.12	0.48	广　西	94.81	2.18
内蒙古	40.71	0.82	海　南	10.55	0.24
辽　宁	42.81	0.92	重　庆	74.12	1.69
吉　林	71.34	1.54	四　川	121.25	2.99
黑龙江	46.58	1.21	贵　州	155.27	3.99
上　海	330.02	7.45	云　南	873.72	19.12
江　苏	283.92	6.13	西　藏		0.00
浙　江	221.06	4.91	陕　西	99.03	2.45
安　徽	177.38	3.81	甘　肃	63.82	1.34
福　建	139.88	3.11	青　海		0.00
江　西	79.12	1.42	宁　夏	0.13	0.00
山　东	277.27	6.22	新　疆	17.14	0.39

表10.2009年全国食品工业主要产品产量

产品名称	计量单位	产　　量	2009年比2008年增长%
大米	万吨	4672.01	33.86
小麦粉	万吨	7943.07	23.74
配混合饲料	万吨	11132.06	19.98
食用植物油	万吨	2416.14	8.48
机制糖	万吨	1460.90	14.02
鲜、冻畜肉	万吨	1412.32	12.15
水产加工品	万吨	179.24	9.19
糖果	万吨	127.37	15.84
方便 面	万吨	510.45	5.35
糕点	万吨	79.99	26.23
饼干	万吨	287.68	30.84
乳制品	万吨	1800.51	-0.49
其中：液体乳	万吨	1466.23	-3.63
罐头	万吨	605.29	17.45
味精	万吨	160.39	-9.11
酱油	万吨	397.07	12.62
冷冻饮品	万吨	271.52	4.81
发酵酒精	万千升	688.67	4.12
饮料酒	万千升	4991.22	7.06
其中：白酒	万千升	574.38	14.79
啤酒	万千升	4121.09	5.56
葡萄酒	万千升	70.83	23.85
软饮料	万吨	6700.10	19.08
其中：碳酸饮料	万吨	1107.40	10.42
果汁及果汁饮料	万吨	1182.51	12.23
瓶（罐）装饮用水	万吨	2495.58	23.93
精制茶	万吨	103.43	11.25
卷烟	亿支	22831.63	4.65

表11-1.2009年全国分地区食品工业主要产品产量

（单位：万吨）

地　区	大　米	小麦粉	配料合饲料	食品植物油	机制糖
全　国	6451.56	8213.05	12971.21	2991.24	1675.25
北　京	1.64	36.44	156.66	0.97	
天　津	13.68	52.36	81.86	126.88	0.05
河　北	66.59	656.27	568.85	133.65	4.69
山　西	0.05	17.14	93.47	7.23	3.44
内蒙古	28.52	98.28	348.87	35.00	25.36
辽　宁	487.59	26.39	831.82	171.68	1.99
吉　林	403.22	0.19	374.50	24.63	
黑龙江	497.84	20.05	126.54	72.72	29.34
上　海	14.01	19.77	25.59	96.88	
江　苏	397.15	656.72	383.55	209.03	
浙　江	45.23	55.83	299.29	35.54	
安　徽	721.25	569.84	337.17	45.51	
福　建	92.11	45.58	333.93	57.83	7.70
江　西	392.11		437.51	7.55	0.00
山　东	30.72	1932.80	1406.69	470.68	
河　南	232.67	3214.75	1321.47	167.50	
湖　北	592.31	162.73	280.64	130.17	
湖　南	432.46	19.58	652.93	102.07	1.98
广　东	42.72	143.14	1489.70	232.77	128.06
广　西	77.27	21.89	632.52	83.42	931.48
海　南			92.33		47.46
重　庆	40.78	1.68	129.75	16.49	
四　川	277.16	122.58	798.08	61.27	5.76

接上表

贵　州	18.46	3.84	43.22	5.50	1.20
云　南	1.88	7.92	142.18	12.93	210.11
西　藏				0.09	
陕　西	14.88	231.90	85.91	39.99	
甘　肃	0.06	162.19	34.65	5.05	1.63
青　海		1.06	0.14	2.62	
宁　夏	14.71	22.02	19.22	0.71	
新　疆	5.98	77.12	132.99	62.79	53.77

表 11–2.2009 年全国分地区食品工业主要产品产量

（单位：万吨）

地　区	鲜、冻畜肉	糖果	方便主食品	方便面	糕点
全　国	1482.21	132.34	233.71	532.82	80.91
北　京	52.30	7.18	0.16	0.87	5.01
天　津	5.99	0.25	1.98	12.80	0.64
河　北	21.84	3.04		52.49	3.30
山　西	10.58	0.19	0.13	0.14	0.42
内蒙古	58.00		2.23	2.82	1.03
辽　宁	106.97	3.30	3.00	20.39	3.07
吉　林	87.67	0.30	8.24	11.03	2.13
黑龙江	44.64	0.01	0.73	10.37	0.48
上　海	1.96	12.71	4.53	2.18	4.31
江　苏	37.44	3.57	1.58	18.57	1.16
浙　江	8.98	2.08	6.17	28.97	4.44
安　徽	34.90	1.11	0.79	24.01	0.56
福　建	25.12	23.22	10.06	10.12	6.56
江　西	5.82			4.16	0.85
山　东	344.69	3.83	11.28	38.33	13.28
河　南	187.45	8.08	156.11	136.82	8.00
湖　北	21.27	9.10		9.81	1.02
湖　南	29.01	9.14	2.17	17.87	1.20
广　东	25.19	30.86	3.47	39.66	15.03
广　西	3.83	0.24	0.00	4.17	0.63
海　南	17.01	0.39		0.00	0.02
重　庆		0.40		13.62	1.46
四　川	255.18	1.70	2.62	13.74	1.87
贵　州	1.64	0.05	0.14	1.09	0.10
云　南	8.02	0.49	0.00	2.13	1.32
西　藏					
陕　西	9.78	0.09	0.31	19.79	1.40
甘　肃	1.48			0.13	0.01
青　海	2.05				
宁　夏	0.80				0.45
新　疆	3.49	0.03	0.00	3.36	0.18

表 11–3.2009 年全国分地区食品工业主要产品产量

（单位：万吨）

地　区	饼干	乳制品	其中：液体乳	罐头	味精
全　国	298.65	2132.55	1625.25	600.29	193.39
北　京	2.39	44.01	43.70	0.03	
天　津	2.85	33.07	30.43	14.54	0.13
河　北	6.37	243.54	221.58	7.70	17.53
山　西		47.78	39.54	2.56	
内蒙古	0.38	356.93	343.71	0.04	
辽　宁	2.98	96.06	93.98	7.51	3.79
吉　林	3.00	7.94	2.17	0.36	
黑龙江	0.00	178.23	132.33	1.16	1.08
上　海	6.53	38.14	34.37	4.99	5.06
江　苏	1.68	97.93	70.31	4.70	12.01

接上表

浙　江	5.35	32.21	18.29	72.71	9.10
安　徽	4.95	43.23	37.10	21.75	0.00
福　建	26.09	11.33	6.68	144.24	6.71
江　西	11.09	16.32	13.21	4.47	0.76
山　东	36.93	175.38	132.35	63.86	57.83
河　南	93.42	82.50	61.03	6.08	39.10
湖　北	8.91	41.55	36.67	24.87	2.37
湖　南	4.04	22.92	19.65	56.36	1.90
广　东	43.29	34.94	27.79	20.78	9.68
广　西	1.09	32.24	31.98	25.06	0.08
海　南	0.07	0.27	0.27	15.36	
重　庆	0.15	9.29	9.13	3.97	4.95
四　川	16.98	35.08	30.67	24.39	7.01
贵　州	0.10	3.56	3.48	0.92	
云　南	0.04	24.85	23.49	2.50	1.16
西　藏		0.55			
陕　西	16.56	113.58	82.50	1.51	
甘　肃		7.73	6.38	7.28	0.10
青　海		6.43	6.19		
宁　夏		13.11	9.43		6.57

表11-4.2009年全国分地区食品工业主要产品产量

（单位：万吨／万千升）

地　区	酱油	冷冻饮品	发酵酒精	饮料酒	白酒
全　国	399.05	265.72	699.83	5002.61	592.84
北　京	6.14	9.90		178.83	18.06
天　津	2.91	6.43	26.24	31.12	4.65
河　北	6.37	4.92	12.60	182.41	19.99
山　西	0.45		4.53	22.60	10.21
内蒙古	14.59	49.23	56.88	123.20	25.32
辽　宁	8.43	17.99	3.06	284.21	47.15
吉　林	3.89	15.97	137.49	145.93	17.91
黑龙江	2.59	2.52	56.93	185.38	9.17
上　海	8.23	8.13		85.47	0.67
江　苏	7.29	3.00	48.94	288.34	32.60
浙　江	18.64	9.14	0.08	345.01	2.62
安　徽	1.98	8.04	54.98	173.64	31.01
福　建	2.17	1.02		215.53	2.39
江　西	2.81	1.83		105.89	11.67
山　东	26.88	15.25	49.21	601.70	79.55
河　南	42.93	25.94	85.77	468.77	62.90
湖　北	3.56	3.41	5.26	271.05	32.39
湖　南	18.26	1.82	1.29	83.80	6.63
广　东	182.21	8.29	13.87	333.89	9.85
广　西	0.97	2.70	68.27	150.55	3.65
海　南		0.00	0.46	18.24	0.74
重　庆	0.95	4.86		78.07	10.21
四　川	15.90	3.12	39.34	320.68	132.76
贵　州	1.64	2.81	0.21	41.65	18.35
云　南	1.43		20.20	45.07	3.74
西　藏				9.04	
陕　西	2.11	0.69	0.42	92.98	6.92
甘　肃	0.93		1.28	56.19	2.69
青　海				10.46	1.04
宁　夏		0.03	0.53	13.03	0.64
新　疆	0.89	1.90	3.38	44.93	4.56

表 11-5.2009 年全国分地区食品工业主要产品产量

（单位：万吨／万千升）

地　区	啤酒	葡萄酒	软饮料	瓶（罐）装饮用水	碳酸饮料
全　国	4243.22	73.23	6825.10	2682.68	1421.40
北　京	153.45	1.59	215.99	60.93	67.41
天　津	21.75	4.54	169.86	20.60	67.41
河　北	132.45	9.93	162.60	35.81	47.27
山　西	12.04		39.16	2.12	0.79
内蒙古	98.28	0.13	114.86	14.15	15.47
辽　宁	235.12	1.35	321.51	202.76	2.57
吉　林	115.88	11.01	304.89	229.00	53.99
黑龙江	173.11	0.11	119.48	32.79	59.54
上　海	72.69	0.19	252.29	99.24	34.41
江　苏	239.65		225.53	39.20	112.38
浙　江	283.17		641.92	168.60	53.76
安　徽	139.04	0.41	89.24	22.92	84.51
福　建	196.97	0.00	224.34	49.47	13.35
江　西	94.05		95.26	38.81	42.72
山　东	473.92	28.09	342.89	143.39	19.63
河　南	381.89	6.88	491.15	160.76	51.95
湖　北	212.22	0.00	292.97	72.89	38.50
湖　南	75.64	0.47	48.83	40.66	50.97
广　东	300.15		1213.33	569.67	221.44
广　西	114.16		129.21	83.89	20.07
海　南	15.37		31.34	16.48	5.36
重　庆	67.85		142.64	44.50	37.64
四　川	236.10	0.02	246.89	141.13	26.18
贵　州	23.28	0.00	31.22	22.93	
云　南	30.88	0.64	119.65	76.52	12.76
西　藏	9.04		3.85	3.85	
陕　西	84.04	0.70	180.64	19.42	31.92
甘　肃	51.90	1.41	92.55	24.92	0.03
青　海	9.42		0.00	0.00	
宁　夏	11.04	0.63	11.23	8.80	
新　疆	38.54	1.73	59.78	29.37	2.78

表 11-6.2009 年全国分地区食品工业主要产品产量

（单位：万吨／万千升）

地　区	果汁及果汁饮料	精制茶	卷烟（亿支）
全　国	1485.58	104.57	22512.53
北　京	45.90	0.00	182.28
天　津	4.42		200.50
河　北	45.09		710.00
山　西	21.57		145.00
内蒙古	7.98		222.50
辽　宁	14.57		260.35
吉　林	15.30		335.60
黑龙江	51.38	0.02	426.00
上　海	8.99		849.99
江　苏	52.54		894.45
浙　江	96.27	31.91	760.99
安　徽	4.26	10.74	1161.75
福　建	29.59	7.23	750.49
江　西	21.65	1.74	504.00
山　东	96.29	0.32	1272.61
河　南	115.62	3.08	1586.08
湖　北	62.36	8.47	1245.66
湖　南	1.45	18.30	1648.02
广　东	197.98	0.57	1222.24
广　西	1.92	2.75	653.75

接上表

海 南	5.38	0.03	77.16
重 庆	38.16	2.16	451.00
四 川	34.98	6.14	831.48
贵 州	7.21	0.62	1133.70
云 南	4.01	4.20	3397.77
西 藏			
陕 西	129.31	0.18	782.87
甘 肃	46.75		389.50
青 海			
宁 夏	2.43		
新 疆	19.17	0.00	120.00

表 12-1.2009 年分地区农副食品加工业主要经济指标

（单位：亿元）

地 区	企业数（个）	亏损企业数（个）	产品销售收入	利税总额	利润总额	全部职工（万人）
总 计	22900	2319	23575.50	1870.35		323.05
北 京	225	69	252.49	4.56	2.79	3.30
天 津	167	47	286.11	6.40	4.23	1.63
河 北	659	96	1018.05	78.00	60.32	9.68
山 西	139	31	99.88	5.00	3.62	2.24
内蒙古	508	53	528.82	48.48	28.11	6.34
辽 宁	1623	208	1599.11	105.32	77.44	20.87
吉 林	703	60	930.41	52.92	41.73	10.31
黑龙江	670	70	696.25	49.91	27.83	10.76
上 海	206	55	311.13	14.02	8.68	2.86
江 苏	1664	90	1513.68	159.95	106.58	16.78
浙 江	1022	149	612.59	24.25	15.24	8.78
安 徽	1119	94	670.00	52.78	36.25	9.83
福 建	881	151	743.14	48.44	34.17	12.25
江 西	450	20	373.34	37.23	25.97	5.98
山 东	4508	221	5811.39	427.14	293.88	82.98
河 南	1930	52	2122.86	255.78	192.30	25.60
湖 北	1222	100	743.23	74.37	44.72	10.70
湖 南	861	41	780.14	73.83	31.36	10.31
广 东	911	169	1444.58	131.14	63.18	15.94
广 西	477	88	763.60	54.03	26.31	10.66
海 南	84	31	78.64	5.25	2.53	2.31
重 庆	381	24	212.31	13.04	8.03	4.55
四 川	1103	107	1210.36	92.39	50.14	14.58
贵 州	138	40	51.94	2.92	1.69	1.08
云 南	249	77	176.03	13.25	6.34	4.55
西 藏	7	0	1.66	0.13	0.10	0.05
陕 西	293	41	222.74	11.82	7.49	3.65
甘 肃	259	40	98.39	10.45	8.51	3.56
青 海	35	8	15.65	0.32	0.20	0.23
宁 夏	77	17	28.31	1.08	0.76	0.49
新 疆	229	69.00	168.94	6.18	3.40	2.22

表 12-2.2009 年分地区农副食品加工业主要经济指标

（单位：亿元）

地 区	固定资产原值	资本金	流动资产年平均余额	工业总产值	固定资产净值年平均余额
总 计	5403.07	2730.24	5622.06	25907.31	3681.54
北 京	49.95	31.73	64.23	232.15	32.61
天 津	47.00	36.64	97.97	288.27	32.30
河 北	176.17	77.92	214.77	1028.17	128.56
山 西	48.93	22.13	47.38	102.88	38.03
内 蒙	115.38	54.14	99.55	548.09	86.38
辽 宁	428.80	168.15	281.02	1629.08	288.03
吉 林	336.34	128.37	175.44	962.34	238.64
黑龙江	233.14	130.60	225.46	677.44	175.97

接上表

上　海	43.71	48.14	96.10	291.59	27.22
江　苏	269.48	151.44	348.02	1535.63	177.24
浙　江	154.53	93.22	277.06	637.35	107.98
安　徽	135.74	76.18	148.97	685.58	93.80
福　建	144.31	113.46	227.46	775.27	98.62
江　西	130.14	49.98	64.94	378.82	78.80
山　东	1226.36	465.08	1156.23	5912.41	840.15
河　南	334.22	229.57	304.07	2046.51	256.20
湖　北	182.54	110.18	151.36	758.65	114.27
湖　南	141.09	89.59	128.25	795.46	107.65
广　东	299.33	154.66	394.91	1494.31	174.10
广　西	303.33	111.50	334.75	815.30	188.71
海　南	28.60	13.23	33.26	81.10	18.87
重　庆	40.56	19.25	36.86	215.39	27.49
四　川	212.68	98.30	199.81	1233.23	130.70
贵　州	11.04	6.20	13.97	54.54	9.13
云　南	97.50	28.41	78.64	179.66	53.13
西　藏	1.36	1.34	0.87	1.59	1.27
陕　西	47.78	28.03	61.13	239.81	34.54
甘　肃	74.57	49.86	58.06	110.06	50.01
青　海	6.67	3.97	7.39	15.56	4.77
宁　夏	11.40	6.35	9.98	30.00	9.38
新　疆	60.39	32.83	84.14	161.12	38.62

表 13–1.2009 年分地区食品制造业主要经济指标

（单位：亿元）

地　区	企业数（个）	亏损企业数（个）	产品销售收入	利税总额	利润总额	全部职工（万人）
总　计	8108	1178	7463.72	832.52	489.60	154.57
北　京	210	62	186.00	12.26	2.90	3.66
天　津	157	58	141.76	14.42	7.17	2.85
河　北	277	66	320.55	26.00	16.18	6.27
山　西	92	17	57.89	4.45	2.90	1.87
内蒙古	147	31	464.68	23.55	5.59	4.28
辽　宁	410	58	267.59	19.14	11.54	5.22
吉　林	155	16	124.98	9.05	4.75	2.40
黑龙江	167	33	248.04	31.59	17.59	3.83
上　海	304	97	372.97	43.35	22.43	6.19
江　苏	456	66	297.09	34.36	20.94	7.45
浙　江	443	83	284.64	30.47	18.66	6.88
安　徽	225	34	164.10	11.89	6.37	4.13
福　建	429	52	335.27	32.12	22.06	8.97
江　西	168	8	140.32	20.50	11.21	3.97
山　东	1251	85	1424.99	143.64	85.53	23.71
河　南	636	25	755.29	118.38	86.42	15.67
湖　北	283	39	192.81	22.96	11.83	5.57
湖　南	307	12	258.09	28.87	13.20	6.20
广　东	788	144	719.30	125.40	73.45	15.91
广　西	142	21	59.22	6.64	4.21	2.49
海　南	29	2	32.23	4.78	2.73	0.62
重　庆	149	17	68.51	8.15	5.47	2.10
四　川	395	40	242.25	25.78	13.90	6.19
贵　州	50	13	39.42	8.32	6.15	0.79
云　南	71	19	38.14	4.17	3.06	1.20
西　藏	2	0	0.86	0.14	0.07	0.03
陕　西	136	23	91.29	5.70	1.48	2.55
甘　肃	61	16	25.23	3.25	2.33	1.22
青　海	20	5	7.39	0.33	0.14	0.24
宁　夏	40	11	30.27	2.82	1.73	0.64
新　疆	108	25	72.57	10.05	7.61	1.49

表 13—2.2009 年分地区食品制造业主要经济指标

（单位：亿元）

地 区	固定资产原值	资本金	流动资产年平均余额	工业总产值	固定资产净值年平均余额
总 计	2759.64	1494.69	2381.80	7716.54	1855.48
北 京	88.00	74.50	80.48	148.43	51.14
天 津	74.36	54.38	79.69	146.40	45.63
河 北	105.98	76.36	75.09	325.97	77.81
山 西	33.17	18.58	24.05	67.34	23.88
内蒙古	133.29	51.44	108.00	487.33	96.12
辽 宁	127.53	44.13	70.94	270.65	82.99
吉 林	74.49	39.20	43.77	138.65	54.02
黑龙江	96.94	54.31	72.41	265.85	60.23
上 海	143.91	130.80	160.08	332.87	87.68
江 苏	129.72	77.43	154.42	302.56	78.32
浙 江	110.23	63.91	132.01	298.72	69.82
安 徽	103.09	30.85	52.00	186.24	72.05
福 建	84.80	71.29	96.38	348.10	60.03
江 西	74.74	29.54	30.76	142.67	47.45
山 东	460.16	192.66	369.89	1479.27	343.20
河 南	202.50	108.68	189.02	805.47	162.55
湖 北	95.60	41.08	52.92	196.65	59.30
湖 南	61.35	36.57	51.51	269.13	45.47
广 东	259.80	152.80	296.30	746.21	139.14
广 西	21.85	12.27	22.10	67.92	14.77
海 南	10.41	4.06	14.96	32.54	5.22
重 庆	26.21	11.53	20.85	67.35	15.78
四 川	92.70	35.85	61.40	258.97	56.88
贵 州	8.58	4.87	12.04	41.59	6.30
云 南	15.77	7.85	13.60	37.84	10.39
西 藏	1.29	0.38	0.25	0.71	1.02
陕 西	33.38	20.11	26.81	106.48	23.39
甘 肃	17.85	9.66	10.91	29.82	11.83
青 海	3.55	1.81	3.03	7.97	2.74
宁 夏	15.75	9.79	11.20	33.94	11.03
新 疆	52.63	28.00	44.93	72.90	39.30

表 14—1.2009 年分地区饮料制造业主要经济指标

（单位：亿元）

地 区	企业数（个）	亏损企业数（个）	产品销售收入	利税总额	利润总额	全部职工（万人）
总 计	5411	720	6137.61	1106.49	558.85	113.04
北 京	67	23	149.25	23.26	6.63	2.71
天 津	46	15	97.11	14.08	4.61	1.31
河 北	175	50	193.65	30.27	13.13	3.73
山 西	58	16	74.45	15.34	5.31	2.06
内蒙古	118	12	107.85	19.79	8.80	2.60
辽 宁	235	20	200.29	31.70	17.33	3.46
吉 林	201	21	188.62	18.54	5.94	3.54
黑龙江	136	22	121.39	26.64	13.80	3.19
上 海	70	20	153.00	19.43	6.62	1.26
江 苏	282	28	396.14	69.33	36.02	8.31
浙 江	343	62	451.31	62.46	34.46	5.72
安 徽	249	37	170.02	34.29	12.53	5.22
福 建	364	34	239.48	44.86	26.11	5.22
江 西	114	11	97.85	20.71	9.19	2.29
山 东	538	41	707.27	115.72	55.90	11.51
河 南	426	24	454.40	71.52	47.49	8.47
湖 北	294	29	267.20	47.95	21.67	5.18
湖 南	235	8	154.15	23.17	9.80	3.18
广 东	244	50	487.82	73.61	30.73	6.89
广 西	138	24	112.51	20.28	11.02	2.60

接上表

海　南	18	5	15.72	2.75	1.10	0.32
重　庆	80	6	64.11	12.28	6.07	1.54
四　川	488	36	799.50	163.62	84.44	12.02
贵　州	92	12	121.92	91.59	65.39	2.54
云　南	133	49	56.48	8.16	4.13	2.13
西　藏	7	0	5.57	1.65	1.16	0.10
陕　西	104	27	139.11	20.01	9.31	2.56
甘　肃	79	16	56.58	10.16	3.81	1.86
青　海	8	2	7.62	2.16	1.15	0.20
宁　夏	21	7	13.41	1.79	0.89	0.41
新　疆	48	13	33.83	9.37	4.33	0.93

表 14–2. 2009 年分地区饮料制造业主要经济指标

（单位：亿元）

地　区	固定资产原值	资本金	流动资产年平均余额	工业总产值	固定资产净值年平均余额
总　计	3101.35	1514.70	2737.17	6250.46	1897.42
北　京	96.47	73.41	111.96	136.15	53.89
天　津	63.27	34.06	47.52	100.63	40.31
河　北	108.50	54.82	82.21	210.44	65.11
山　西	46.47	22.34	47.95	68.06	31.36
内蒙古	46.68	27.02	35.48	112.92	31.44
辽　宁	116.54	48.08	74.25	215.33	73.83
吉　林	113.13	43.49	70.27	221.89	81.73
黑龙江	98.82	41.95	56.50	121.07	66.91
上　海	84.67	69.71	80.14	175.07	47.53
江　苏	157.94	98.34	112.14	408.08	100.84
浙　江	182.69	90.19	207.64	377.73	115.46
安　徽	87.10	48.42	95.50	178.92	60.96
福　建	99.51	49.70	85.84	243.72	61.97
江　西	73.04	27.98	31.14	99.18	42.51
山　东	232.62	131.01	224.38	651.42	143.75
河　南	157.12	75.17	112.12	497.93	123.73
湖　北	227.92	64.06	140.03	301.78	73.68
湖　南	68.44	35.45	42.99	159.63	45.53
广　东	265.25	133.96	205.93	489.08	149.66
广　西	74.71	38.51	38.45	125.25	48.17
海　南	12.25	15.29	15.90	14.19	7.42
重　庆	41.98	16.96	27.21	65.58	22.77
四　川	355.37	137.03	402.88	780.55	209.77
贵　州	66.38	21.62	144.04	150.79	43.51
云　南	40.87	20.07	59.78	68.62	27.42
西　藏	5.55	5.70	4.75	6.43	4.50
陕　西	86.31	37.30	83.92	151.68	62.16
甘　肃	47.29	26.14	43.25	60.16	32.74
青　海	3.60	2.26	3.23	7.75	2.77
宁　夏	9.25	6.07	16.88	13.36	6.82
新　疆	31.62	18.61	32.88	37.07	19.17

表 15–1. 2009 年分地区烟草制品业主要经济指标

（单位：亿元）

地　区	企业数（个）	亏损企业数（个）	产品销售收入	利税总额	利润总额	全部职工（万人）
总　计	156	7	4259.65	3080.38	712.99	19.77
北　京	2	0	29.38	20.34	4.56	0.08
天　津	1	0	16.44	8.28	0.17	0.09
河　北	4	0	86.86	55.26	11.40	0.66
山　西	1	0	20.49	12.51	2.00	0.13
内蒙古	2	0	36.08	24.58	4.88	0.21
辽　宁	4	1	39.42	25.06	4.47	0.25
吉　林	5	0	67.15	40.79	7.41	0.40
黑龙江	7	0	45.43	28.10	6.73	0.54

接上表

上　海	2	0	322.43	317.62	121.24	0.39
江　苏	6	1	271.47	227.24	58.63	0.59
浙　江	4	0	215.65	176.67	42.58	0.31
安　徽	8	0	174.07	109.93	19.85	0.99
福　建	5	0	142.76	105.93	26.78	0.41
江　西	1	0	74.89	48.35	7.91	0.49
山　东	13	1	168.12	97.56	15.07	1.20
河　南	12	0	211.37	127.44	20.78	1.67
湖　北	10	0	250.45	167.94	32.48	0.96
湖　南	7	0	404.28	325.63	83.01	2.37
广　东	10	2	250.84	171.29	42.80	0.69
广　西	2	0	91.26	60.90	16.11	0.35
海　南	1	0	10.13	6.45	1.40	0.05
重　庆	4	0	73.63	43.48	8.41	0.57
四　川	7	0	129.29	82.95	15.52	0.77
贵　州	8	0	167.12	108.23	23.66	1.55
云　南	22	2	783.08	575.89	113.21	3.09
西　藏						
陕　西	4	0	90.58	54.27	11.62	0.62
甘　肃	2	0	69.81	46.43	8.10	0.27
青　海						
宁　夏	1	0	0.10	0.01	0.00	0.00
新　疆	1	0	17.08	11.25	2.19	0.05

表 15–2.2009 年分地区烟草制品业主要经济指标

（单位：亿元）

地　区	固定资产原值	资本金	流动资产年平均余额	工业总产值	固定资产净值年平均余额
总　计	1507.21	760.24	2866.17	4488.87	696.58
北　京	7.10	9.32	15.58	29.67	2.43
天　津	7.30	4.24	0.00	16.54	4.34
河　北	30.72	13.20	42.07	91.13	14.19
山　西	9.23	6.13	6.73	21.19	7.33
内蒙古	12.34	12.00	16.13	37.08	7.96
辽　宁	16.29	4.62	16.58	41.63	10.35
吉　林	22.35	16.60	32.02	68.34	14.51
黑龙江	23.23	13.83	30.53	45.48	11.60
上　海	71.04	20.30	424.79	329.72	33.11
江　苏	66.75	13.21	199.89	274.95	32.97
浙　江	61.06	10.34	167.60	216.08	35.95
安　徽	62.56	26.54	91.98	175.33	29.37
福　建	47.56	14.96	82.72	144.15	23.30
江　西	25.77	2.20	41.17	77.11	13.42
山　东	86.23	65.62	92.60	270.25	46.41
河　南	87.21	36.39	103.86	211.25	45.52
湖　北	62.75	18.10	124.34	259.63	29.26
湖　南	130.29	49.49	207.94	420.05	55.43
广　东	78.83	151.83	160.26	256.12	35.56
广　西	39.33	46.49	37.46	93.28	23.86
海　南	3.66	2.06	5.43	10.45	1.74
重　庆	30.94	10.87	39.18	73.97	14.43
四　川	51.35	28.16	69.20	131.25	22.52
贵　州	61.45	32.21	81.95	164.23	27.64
云　南	336.15	99.54	667.66	853.89	111.37
西　藏					
陕　西	44.24	20.56	54.75	96.73	19.84
甘　肃	22.06	29.53	47.01	62.12	16.33
青　海					
宁　夏	0.05	0.02	0.10	0.12	0.03
新　疆	9.39	1.87	6.66	17.12	5.80

表16.2009年分行业食品工业全员劳动生产率

（单位：万元/人）

行　业	按产值计算全员劳动生产率	行　业	按产值计算全员劳动生产率
食品工业合计	70.65	罐头制造	54.01
采盐业	26.61	肉、禽类罐头制造	37.83
农副食品加工业	77.85	水产品罐头制造	37.85
谷物磨制	89.25	蔬菜、水果罐头制造	32.36
饲料加工	131.61	其他罐头食品制造	69.62
植物油加工	197.29	调味品、发酵制品制造	59.96
食用植物油加工	193.35	味精制造	73.65
非食用植物油加工	99.82	酱油、食醋及类似制品的制造	48.67
制糖	46.54	其他调味品、发酵制品制造	66.44
屠宰及肉类加工	69.05	其他食品制造	63.13
畜禽屠宰	69.96	营养、保健食品制造	67.64
肉制品及副产品加工	60.77	冷冻饮品及食用冰制造	42.02
水产品加工	55.14	盐加工	27.37
水产品冷冻加工	51.32	食品及饲料添加剂制造	93.23
鱼糜制品及水产品干腌制加工	42.93	其他未列明的食品制造	49.70
水产饲料制造	94.43	饮料制造业	61.19
鱼油提取及制品的制造	19.89	酒精制造	91.58
其他水产品加工	45.42	酒的制造	57.06
蔬菜、水果和坚果加工	44.40	白酒制造	67.22
其他农副食品加工	64.62	啤酒制造	72.10
淀粉及淀粉制品的制造	81.22	黄酒制造	43.78
豆制品制造	47.35	葡萄酒制造	86.90
蛋品加工	52.67	其他酒制造	53.60
其他未列明的农副食品加工	53.28	软饮料制造	76.45
食品制造业	49.92	碳酸饮料制造	91.65
焙烤食品制造	48.75	瓶（罐）装饮用水制造	52.47
糕点、面包制造	30.41	果菜汁及果菜汁饮料制造	753.92
饼干及其他焙烤食品制造	37.49	含乳饮料和植物蛋白饮料制造	68.49
糖果、巧克力及蜜饯制造	41.93	固体饮料制造	56.95
糖果、巧克力制造	46.39	茶饮料及其他软饮料制造	100.68
蜜饯制作	33.34	精制茶加工	40.15
方便食品制造	44.72	烟草制品业	236.03
米、面制品制造	46.34	烟叶复烤	33.54
速冻食品制造	33.99	卷烟制造	289.43
方便面及其他方便食品制造	61.82	其他烟草制品加工	45.89
液体乳及乳制品制造	70.19		

表17.食品工业新增主要产品生产能力

（万吨/年）（箱/年）

名　称	2005年	2006年	2007年	2008年	2009年
啤酒	384	481	753	551	682
白酒	316	228	518	179	238
其他酒	48	51	151	44	52
卷烟（箱/年）	1551074	701514	1074420	820000	810320

表 18-1.2009 年分地区食品工业主要原料产品产量

地　区	粮　食	谷　物	稻　谷	小　麦	玉　米	豆　类	薯　类	油　料	花　生	油菜籽	芝　麻
	2043.3	59820.9	47937.1	18139.6	12847.4	16891.2	2980.2	2857.8	1458.6	1310.2	57.6
北　京	135.5	121.5	0.3	32.7	88.0	2.1	1.9	2.2	2.1		
天　津	141.9	147.3	10.5	52.5	84.3	1.3	0.3	0.5	0.3		
河　北	2805.2	2758.5	55.6	1221.9	1442.2	45.9	101.4	152.6	140.1	3.5	1.1
山　西	1122.0	948.3	0.1	253.0	682.8	34.8	44.9	19.1	2.2	0.9	0.4
内蒙古	2141.1	1780.0	70.5	154.0	1410.7	155.7	195.7	117.5	4.0	20.2	1.5
辽　宁	1880.3	1760.0	505.6	4.9	1189.0	52.9	47.5	48.5	45.1	0.1	0.3
吉　林	2840.0	2705.0	579.0	1.8	2083.0	106.6	28.4	51.8	35.0		1.4
黑龙江	4225.0	3501.5	1518.0	89.5	1822.0	667.0	56.5	28.5	6.1	0.1	0.4
上　海	115.7	113.8	89.3	18.2	2.1	1.6	0.3	3.6	0.3	3.3	
江　苏	3175.5	3047.2	1771.9	998.2	203.0	86.6	41.7	150.3	35.6	112.8	1.9
浙　江	775.6	706.0	660.4	21.2	11.1	30.6	39.0	41.3	5.2	35.3	0.7
安　徽	3023.3	2846.7	1383.5	1167.9	286.6	130.0	46.6	228.0	77.9	140.3	7.3
福　建	652.3	525.4	508.8	1.5	13.6	17.3	109.7	25.4	24.0	1.3	0.1
江　西	1958.1	1872.3	1862.1	1.9	6.6	26.7	59.1	91.2	36.8	51.6	2.6
山　东	4260.5	4039.6	110.4	2034.2	1887.4	41.9	179.0	340.6	337.1	2.7	0.2
河　南	5365.5	5126.3	443.1	3051.0	1615.0	96.2	143.0	505.3	384.6	97.1	22.2
湖　北	2227.2	2101.2	1533.7	329.2	226.4	45.0	81.0	285.7	57.5	214.9	12.7
湖　南	2805.0	2665.3	2528.0	3.2	128.0	35.2	104.5	133.8	22.7	109.9	0.9
广　东	1243.4	1070.9	1003.3	0.2	63.5	18.0	154.6	81.5	80.5	0.8	0.2
广　西	1394.7	1317.3	1107.6	0.5	207.2	23.0	54.4	37.5	35.4	1.0	0.5
海　南	183.5	151.0	143.8		7.0	1.8	30.7	8.7	8.3		0.4
重　庆	1153.2	839.1	529.4	58.2	246.0	37.8	276.3	35.7	7.7	26.5	0.7
四　川	3140.0	2615.6	1497.6	426.8	637.0	116.3	408.1	249.9	59.0	189.4	0.5
贵　州	1158.0	907.0	461.1	42.8	391.2	36.2	214.8	68.4	6.4	60.4	
云　南	1518.6	1236.7	621.0	83.1	529.6	112.1	169.8	30.4	5.0	24.6	
西　藏	95.0	91.9	0.5	25.8	2.2	2.7	0.5	6.0		6.0	
陕　西	1111.0	979.0	83.1	391.5	483.6	50.0	82.0	49.5	8.2	33.4	1.7
甘　肃	888.5	637.1	3.8	268.1	265.4	36.8	214.6	53.5	0.2	28.6	
青　海	101.8	54.7		42.0	1.8	10.9	36.2	35.2		34.8	
宁　夏	329.2	282.9	66.4	64.1	149.9	4.1	42.3	13.6			
新　疆	930.5	898.2	41.0	406.5	425.3	16.7	15.6	56.8	1.3	10.7	0.8

表 18-2.2009 年分地区食品工业主要原料产品产量

（单位：万吨）

地　区	甘　蔗	甜　菜	烟　叶	烤　烟	茶　叶	水　果	苹　果	柑　桔	梨	葡　萄	香　蕉
全国总计	13615.2	1404.4	293.8	282.3	145.8	18620.2	2994.7	2439.2	1452.8	815.6	793.3
北　京						118.8	12.1		15.2	4.5	
天　津						62.3	6.3		3.0	10.0	
河　北		59.4	0.6	0.4		1532.9	261.6		354.0	98.8	
山　西		23.4	0.8	0.8		410.6	222.9		37.9	11.7	
内蒙古		170.0	1.4	1.0		238.2	7.0		8.7	4.1	
辽　宁		7.5	3.2	3.0		591.7	170.9		93.8	61.4	
吉　林		24.3	6.5	2.8		273.9	13.5		14.7	13.2	
黑龙江		260.0	7.8	7.8		367.5	13.8		4.7	4.5	
上　海	1.0					111.1		26.5	3.1	6.3	
江　苏	8.8		0.1		1.5	682.9	57.5	5.1	63.9	24.3	
浙　江	85.5		0.4		16.2	747.9		238.4	37.6	33.2	
安　徽	29.2	0.3	2.5	2.4	7.6	691.9	30.5	2.2	62.9	18.2	
福　建	70.9		13.9	13.8	24.7	632.5		256.5	16.9	9.6	88.2
江　西	64.2		4.8	4.7	2.3	444.5		248.5	11.4	1.6	
山　东		0.1	9.9	9.8	1.0	2612.6	763.2		119.0	90.5	
河　南	20.7		26.7	26.7	3.2	2129.6	374.4	4.0	87.7	43.7	
湖　北	26.5		11.8	8.7	13.0	686.2	0.9	255.5	47.3	9.8	

接上表

湖　南	77.0		19.3	18.7	9.2	663.1		297.6	12.6	7.3	
广　东	1198.8		4.9	4.4	4.8	1081.3		280.5	4.6		348.1
广　西	8215.6		2.9	2.4	3.3	855.8		265.5	18.2	17.1	97.0
海　南	518.8				0.1	325.2		3.9			151.6
重　庆	11.2		8.6	6.9	2.5	193.3	0.6	113.7	23.6	2.5	0.2
四　川	116.3	0.2	22.8	18.2	13.9	635.1	38.9	257.6	82.1	20.2	2.7
贵　州	71.8		39.8	37.7	3.5	114.3	1.2	19.1	16.3	3.6	0.8
云　南	1898.7	0.1	86.3	83.9	17.2	313.4	26.8	32.7	28.7	12.8	94.8
西　藏						1.1	0.4		0.1		
陕　西	0.3		7.2	7.1	1.6	1247.0	745.5	23.7	85.4	21.7	
甘　肃		20.1	1.0	0.8	0.1	411.6	164.1	0.3	28.5	10.0	
青　海			0.1			3.3	0.6		0.5		
宁　夏		0.1	0.2	0.2		185.8	28.3		2.3	9.7	
新　疆		438.9	0.1			855.0	43.5		69.3	164.9	

注：2003年起水果产量包括瓜果类产量

表19. 出口主要货物数量和金额

（单位：万美元）

	2009年		2008年	
	数量	金额	数量	金额
活猪（万头）	167	42151	164	38270
活家禽（万只）	1166	3399	1635	3456
牛肉（万吨）	2	9550	3	7932
猪肉（吨）	8	27565	13	28375
冻鸡（万吨）	7	15666	8	13039
水海产品（万吨）	175	517708	183	474820
鲜蛋（百万个）	1216	8013	1006	5838
谷物及谷物粉（万吨）	181	75857	986	218917
#稻谷和大米（万吨）	97	48326	134	48787
玉米（万吨）	27	7942	492	87533
蔬菜（万吨）	624	416654	622	421648
#鲜或冷藏蔬菜（万吨）	415	155138	412	172605
橘、橙（吨）	748814	36227	472579	20549
苹果（吨）	1153325	69834	1019235	51260
松子仁（吨）	4178	4768	7882	8161
大豆（万吨）	47	35146	46	19650
花生及花生仁（万吨）	23	30652	29	28123
食用植物油（含棕榈油）（吨）	247623	40156	166348	16928
食糖（吨）	58403	2708	110529	4835
天然蜂蜜（吨）	84865	14711	64354	9438
茶叶（吨）	296940	68226	289436	60714
辣椒干（吨）	96476	17997	56064	12514
猪肉罐头（吨）	31563	8747	44247	8504
蘑菇罐头（吨）	422371	65206	396144	64293
啤酒（万升）	24170	12952	20571	10085
肠衣（吨）	67642	84141	68802	57241

表20. 进口主要货物数量和金额

（单位：万美元）

	2009年		2008年	
	数量	金额	数量	金额
谷物及谷物粉（万吨）	159	76179	154	73179
#小麦（万吨）	4	1480	10	2871
稻谷和大米（万吨）	33	20841	49	22804
大豆（万吨）	3744	2181265	3082	1147217
食用植物油（万吨）	836	897734	818	641606
食糖（万吨）	78	31850	119	37960

表 21-1.2009 年各地区城镇居民家庭平均每人全年消费性支出

（单位：元）

地 区	食品	粮 食	淀粉及薯类	干豆类及豆制品	油脂类	肉禽及制品	蛋 类
全 国	12172.85	4315.84	318.26	31.40	64.61	172.69	899.87
北 京	16460.26	5561.54	369.83	41.27	62.51	174.29	970.46
天 津	13422.47	5005.09	259.71	37.45	46.80	154.24	817.43
河 北	9086.73	3155.40	279.12	22.44	38.80	181.58	583.78
山 西	8806.55	2974.76	387.21	57.23	46.26	119.99	455.24
内蒙古	10828.62	3553.48	352.47	27.13	29.90	118.75	712.61
辽 宁	11231.48	4378.14	318.54	19.56	49.80	167.45	774.30
吉 林	9729.05	3307.14	314.38	34.22	64.34	132.60	633.76
黑龙江	8622.97	3128.10	339.24	43.28	49.84	168.67	623.80
上 海	19397.89	7108.62	376.65	47.08	93.18	155.47	1127.70
江 苏	11977.55	4544.64	278.58	31.40	71.04	137.74	968.77
浙 江	15158.30	5522.56	298.26	27.84	69.89	140.85	813.32
安 徽	9524.04	3905.05	298.55	18.27	60.93	162.76	782.11
福 建	12501.12	5078.85	387.25	29.24	57.60	151.94	1116.29
江 西	8717.37	3633.05	307.89	12.96	62.86	216.77	898.50
山 东	11006.61	3699.42	311.59	26.29	43.68	135.90	657.95
河 南	8837.46	3079.82	306.17	35.66	50.91	127.44	569.41
湖 北	9477.51	3996.27	400.38	21.12	77.70	204.31	886.00
湖 南	9945.52	3970.42	349.83	17.01	68.29	205.48	959.37
广 东	15527.97	5866.91	400.88	24.81	48.69	183.22	1548.64
广 西	9627.40	4082.99	300.22	19.94	53.00	152.92	1312.22
海 南	9408.48	4226.90	229.55	17.36	21.21	136.18	1230.02
重 庆	11146.80	4418.34	273.17	34.98	52.56	229.15	1205.28
四 川	9679.14	4255.48	308.33	31.59	40.75	232.22	1181.73
贵 州	8349.21	3597.94	303.11	12.54	42.93	192.30	927.81
云 南	9076.61	4272.29	296.74	17.18	45.72	84.34	892.68
西 藏	8323.54	4262.77	425.55	34.31	10.19	164.61	1052.17
陕 西	9772.07	3586.13	320.45	36.97	55.52	152.40	504.29
甘 肃	8308.62	3183.79	306.91	26.49	30.78	180.01	492.51
青 海	8192.56	3315.94	338.96	25.08	26.87	145.85	707.09
宁 夏	9558.29	3352.83	306.16	34.13	36.06	142.50	590.53
新 疆	8669.36	3235.77	347.67	27.54	29.27	162.05	703.71

表 21-2.2009 年各地区城镇居民家庭平均每人全年消费性支出

（单位：元）

地 区	食品						
	水产品类	菜 类	调味品	糖 类	烟草类	酒和饮料	干鲜瓜果类
全 国	299.56	492.41	65.46	49.21	331.05	193.65	321.48
北 京	220.76	428.94	97.63	54.87	181.22	359.28	495.45
天 津	351.18	406.29	80.15	39.22	185.34	271.17	420.63
河 北	144.81	362.90	43.68	31.00	146.76	247.02	232.15
山 西	57.27	312.34	35.44	20.37	197.23	118.09	213.79
内蒙古	97.90	290.43	39.66	24.93	223.77	243.53	248.85
辽 宁	318.38	462.19	65.74	28.77	242.32	265.66	385.51
吉 林	155.69	406.74	46.70	26.01	123.20	138.06	353.74
黑龙江	148.20	295.64	47.56	25.76	104.19	119.86	265.84
上 海	708.05	508.40	73.18	92.85	361.49	298.96	486.93
江 苏	356.12	424.59	51.62	33.98	280.43	198.12	285.41
浙 江	595.76	413.54	45.26	40.16	398.06	232.43	382.11
安 徽	184.06	402.41	28.25	30.25	293.20	279.70	237.01
福 建	859.07	423.27	57.84	32.03	161.16	193.78	308.30
江 西	212.70	489.66	40.92	29.24	157.53	98.46	248.77
山 东	263.11	318.65	47.85	27.68	110.75	245.59	319.58

接上表

河　南	65.25	323.69	42.66	19.46	158.64	180.14	198.81
湖　北	227.00	488.61	57.71	30.49	226.16	136.29	215.10
湖　南	202.67	413.02	46.69	33.65	199.76	134.78	277.25
广　东	549.80	517.63	52.02	50.30	127.91	183.68	345.30
广　西	263.79	358.99	36.34	36.00	106.07	111.66	260.60
海　南	567.26	394.54	40.92	23.66	121.58	77.58	233.21
重　庆	171.07	425.45	73.30	43.09	236.52	131.46	238.25
四　川	126.16	477.88	80.15	49.23	236.73	168.56	222.90
贵　州	66.49	378.46	46.30	39.74	258.42	134.69	226.16
云　南	114.89	471.39	46.80	33.52	408.95	122.39	258.05
西　藏	54.34	491.60	36.98	59.87	445.64	252.60	203.65
陕　西	74.88	337.75	52.36	27.95	191.94	150.44	272.45
甘　肃	58.58	333.60	48.35	24.57	174.39	158.22	244.55
青　海	71.87	334.04	40.95	31.59	161.84	166.47	233.20
宁　夏	62.10	294.19	40.49	33.45	203.84	139.37	286.04
新　疆	72.77	305.59	34.85	42.11	98.94	118.28	290.98

表 21-3.2009 年各地区城镇居民家庭平均每人全年消费性支出

（单位：元）

地　区	食品				
	糕点类	奶及奶制品	其他食品	在外用餐	食品加工服务费
全　国	95.44	201.24	82.15	921.81	1.73
北　京	184.80	332.13	75.94	1406.74	1.31
天　津	145.88	211.11	98.00	1346.93	0.31
河　北	69.54	169.14	45.51	444.81	1.60
山　西	58.29	205.47	37.57	555.04	0.53
内蒙古	43.69	159.80	156.87	719.96	0.84
辽　宁	95.01	213.15	74.23	774.65	2.35
吉　林	57.96	126.55	82.96	524.73	1.93
黑龙江	50.92	129.59	66.48	561.90	0.79
上　海	183.68	341.69	86.07	2067.95	0.11
江　苏	80.53	216.44	108.05	925.71	2.14
浙　江	100.18	210.20	81.07	1598.97	0.75
安　徽	87.07	238.78	57.45	615.62	3.31
福　建	66.91	201.42	46.31	886.66	0.50
江　西	64.87	169.30	107.13	436.51	1.45
山　东	97.26	215.95	77.47	675.17	1.55
河　南	61.12	140.81	65.02	637.84	0.72
湖　北	82.61	148.87	41.16	659.63	1.73
湖　南	63.00	134.95	96.05	698.89	0.95
广　东	102.73	207.50	64.28	1382.80	0.59
广　西	62.20	139.58	60.62	742.58	1.00
海　南	62.46	113.17	34.31	877.55	1.08
重　庆	65.35	204.16	52.44	883.77	3.95
四　川	63.59	190.15	63.02	685.74	6.28
贵　州	56.21	118.35	87.19	642.09	1.34
云　南	68.94	65.48	54.24	1212.05	0.67
西　藏	28.21	311.74	66.31	577.79	1.57
陕　西	98.46	197.88	91.36	949.54	0.82
甘　肃	46.38	140.37	133.12	722.25	0.57
青　海	49.64	140.87	147.20	627.75	1.07
宁　夏	54.82	199.40	117.09	758.11	0.30
新　疆	67.62	148.52	62.32	662.12	1.81

表 22. 城镇居民家庭平均每人全年购买主要食品数量

（单位：千克）

	2008年	2007年
粮 食 （千克）		77.60
鲜 菜 （千克）	123.15	117.80
食用植物油 （千克）	10.27	9.63
猪 肉 （千克）	19.26	18.21
牛 羊 肉 （千克）	3.44	3.93
家 禽 （千克）	8.00	9.66
鲜 蛋 （千克）	10.74	10.33
水 产 品 （千克）		14.20
鲜 奶 （千克）	15.19	17.75
水 果（瓜果）（千克）	54.48	59.54
酒 （千克）		9.14

表 23. 限额以上批发零售贸易业主要商品分类销售额

项目	销售合计		批发		零售	
	2008年	2009年	2008年	2009年	2008年	2009年
食品、饮料、烟酒类	19472.4	20422.5	14586.1	15586.1	4886.3	4916.3
粮油类	2513.2	2813.6	1787.6	1831.2	725.6	795.2
肉禽蛋类	1107.4	1507.7	449.7	502.7	657.7	762.7
其他食品类	4382.9	4682.9	2366.5	2421.7	2016.4	2821.4
饮料类	1140.4	1238.2	673.8	688.3	466.6	499.2
烟酒类	10328.5	11381.2	9308.5	9992.6	1020.0	1200.0

谷物磨制业数据

表 1. 行业基本情况

指标名称	2009年谷物磨制业
行业内企业单位数（个）	5731
其中：亏损企业（个）	301
从业人员（万人）	49.71

表 2. 在全部工业中的位置与比较

（单位：%）

项目：	2009年谷物磨制业
行业产值占全部工业产值的比重	0.819
行业人数占全部工业人数的比重	0.597
行业资产占全部工业资产的比重	0.421

表 3. 行业财务状况

（单位：亿元）

指标名称	209年谷物磨制业
实收资本	414.72
国 家	29.21
港澳台	11.24
外 商	11.82
工业总产值	3782.39
工业销售产值	3624.37

表 4. 行业资产负债

（单位：亿元）

指标名称	2009年谷物磨制业
年末资产	1590.27
流动资产	700.83
固定资产原价	831.44
年末负债	799.16
流动负债	631.45
年末所有者权益	787.02

表5．行业损益及分配

（单位：亿元）

指标名称：	2009年谷物磨制业
产品销售收入	4232.71
产品销售成本	3393.68
产品销售费用	88.32
产品销售税金及附加	32.32
产品销售利润	372.62
产品管理费用	72.52
营业利润	292.34
利润总额	291.66
应交增值税	87.01
亏损企业亏损额	3.22

表6．行业发展速度与效益评价

指标名称	2009年谷物磨制业
产品销售率（%）	103.21
流动资产周转率（%）	523.91
企业亏损面（%）	6.20
资产负债率（%）	52.92
销售利润率（%）	10.28

表7．粮食及饲料有关产品产量

（单位：万吨）

年　份	粮　食				
		谷　物			
			#稻　谷	#小　麦	#玉　米
1978	30476.5		13693.0	5384.0	5594.5
1980	32055.5		13990.5	5520.5	6260.0
1981			14396.0	5964.0	5921.0
1982			16160.0	6847.0	6056.0
1983			16887.0	8139.0	6821.0
1984			17826.0	8782.0	7341.0
1985	37910.8		16856.9	8580.5	6382.6
1986			17222.0	9004.0	7086.0
1987			17426.0	8590.0	7924.0
1988			16911.0	8543.0	7735.0
1989	40754.9		18013.0	9080.7	7892.8
1990	44624.3		18933.1	9822.9	9681.9
1991	43529.3	39566.3	18381.3	9595.3	9877.3
1992	44265.8	40169.6	18622.2	10158.7	9538.3
1993	45648.8	40517.4	17751.4	10639.0	10270.4
1994	44510.1	39389.1	17593.3	9929.7	9927.5
1995	46661.8	41611.6	18522.6	10220.7	11198.6
1996	50453.5	45127.1	19510.3	11056.9	12747.1
1997	49417.1	44349.3	20073.5	12328.9	10430.9
1998	51229.5	45624.7	19871.3	10972.6	13295.4
1999	50838.6	45304.1	19848.7	11388.0	12808.6
2000	46217.5	40522.4	18790.8	9963.6	10600.0
2001	45263.7	39648.2	17758.0	9387.3	11408.8
2002	45705.8	39798.7	17453.9	9029.0	12130.8
2003	43069.5	37428.7	16065.6	8648.8	11583.0
2004	46946.9	41157.2	17908.8	9195.2	13028.7
2005	48402.2	42776.0	18058.8	9744.5	13936.5
2006	49804.2	45099.2	18171.8	10846.6	15160.3
2007	50160.3	45632.4	18603.4	10929.8	15230.0
2008	52870.9	47847.4	19189.6	11246.4	16591.4
2009	54270.8	49215.7	21999.5	13427.8	16993.6

表 8.2009 年分地区粮食产品产量

	2009年分地区粮食产品产量					
	粮食	谷物	稻谷	小麦	玉米	粮食
总　计	54720.22	48827.50	20189.27	13221.41	16972.30	53470.22
北　京	125.45	121.51	0.30	32.74	87.97	125.45
天　津	148.93	147.34	10.51	52.47	84.29	148.93
河　北	2905.81	2758.54	55.56	1221.93	1442.17	2905.81
山　西	1028.00	948.33	0.14	253.00	682.80	1028.00
内蒙古	2131.30	1779.95	70.50	154.00	1410.70	2131.30
辽　宁	1860.30	1760.00	505.60	4.93	1189.00	1860.30
吉　林	2840.00	2705.00	579.00	1.79	2083.00	2840.00
黑龙江	4225.00	3501.50	1518.00	89.50	1822.00	4225.00
上　海	115.67	113.78	89.29	18.20	2.10	115.67
江　苏	3175.49	3047.21	1771.90	998.21	202.95	3175.49
浙　江	775.55	706.04	660.43	21.21	11.12	775.55
安　徽	3023.30	2846.74	1383.49	1167.90	286.60	3023.30
福　建	652.33	525.40	508.81	1.47	13.64	652.33
江　西	1958.10	1872.26	1862.13	1.89	6.58	1958.10
山　东	4260.50	4039.62	110.42	2034.19	1887.41	4260.50
河　南	5365.48	5126.28	443.13	3051.00	1615.00	5365.48
湖　北	2227.23	2101.21	1533.72	329.19	226.42	2227.23
湖　南	2805.00	2665.30	2528.00	3.20	128.00	2805.00
广　东	1243.44	1070.89	1003.30	0.24	63.46	1243.44
广　西	1394.70	1317.30	1107.60	0.50	207.20	1394.70
海　南	183.48	150.97	143.84		6.96	183.48
重　庆	1153.20	839.10	529.39	58.20	246.03	1153.20
四　川	3140.00	2615.60	1497.60	426.80	637.00	3140.00
贵　州	1158.00	907.02	461.10	42.81	391.19	1158.00
云　南	1518.59	1236.71	621.01	83.05	529.55	1518.59
西　藏	95.03	91.87	0.51	25.76	2.24	95.03
陕　西	1111.00	979.00	83.10	391.50	483.60	1111.00
甘　肃	888.50	637.14	3.82	268.10	265.40	888.50
青　海	101.80	54.74		42.03	1.80	101.80
宁　夏	329.24	282.86	66.38	64.07	149.94	329.24
新　疆	930.50	898.19	40.99	406.53	425.28	930.50

表 9.2009 年城镇居民家庭人均全年粮食消费支出

（单位：元／年）

地　区	2009年	地　区	2009年
总 计	342.3	河 南	306.2
北 京	359.8	湖 北	400.4
天 津	269.7	湖 南	349.8
河 北	289.0	广 东	400.9
山 西	397.6	广 西	300.2
内蒙古	352.5	海 南	229.6
辽 宁	318.5	重 庆	273.2
吉 林	314.4	四 川	308.3
黑龙江	339.2	贵 州	303.1
上 海	376.7	云 南	296.7
江 苏	278.6	西 藏	425.6
浙 江	298.3	陕 西	320.5
安 徽	298.6	甘 肃	306.9
福 建	387.3	青 海	339.0
江 西	307.9	宁 夏	306.2
山 东	311.6	新 疆	347.7

表 10.2009 年进出口数量、金额及主要国家和地区

国家或地区	10011000主要进口数据		
	数量（吨）	金额（万美元）	百分比（%）
合计	392.52	24.08	100
美国	382.10	23.76	99.73
巴基斯坦	0.11	0.03	0.27

注：10011000 硬粒小麦

国家或地区	10019090主要进口数据		
	数量（吨）	金额（万美元）	百分比（%）
合计	32300.00	789.25	100.00
澳大利亚	36500.00	763.73	100.00

注：10019090 其它小麦或混合麦，硬粒小麦除外。

国家或地区	10059000主要进口数据		
	数量（吨）	金额（万美元）	百分比（%）
合计	50065.08	1325.69	100.00
缅甸	27470.00	328.54	31.76
老挝	18724.00	401.33	37.75
美国	4978.00	308.52	28.86

注：　10059000 玉米

国家或地区	11010000主要进口数据		
	数量（吨）	金额（万美元）	百分比（%）
合计	12132.23	825.52	100.00
日本	4129.26	287.29	37.54
澳大利亚	3618.20	164.22	19.36
韩国	1507.76	162.75	17.24
泰国	882.03	71.35	11.30

注：　　11010000 小麦或混合麦的细粉

国家或地区	10059000主要出口数据		
	数量（吨）	金额（万美元）	百分比（%）
合计	26.33	8206.09	100.00
台湾省	15.07	4481.04	57.23
英国	0.79	156.73	1.97
瑞士	0.63	142.53	1.80
日本	0.31	59.61	0.76

注：　10059000 玉米

国家或地区	2009年11010000主要出口国家和地区		
	数量（吨）	金额（万美元）	百分比（%）
合计	191807.16	7936.94	100.00
香港特别行政区	140236.18	6124.75	76.58
越南	8722.75	263.07	3.28
泰国	6992.17	221.10	2.67
澳门特别行政区	6326.03	334.62	4.19

注：　11010000 小麦或混合麦的细粉

表 11、2009 年行业内三资企业状况

指标名称	2009年行业三资企业数据	指标名称	2009年行业三资企业数据
企业单位数（个）	97	产品销售收入（亿元）	145.83
亏损企业	21	# 销售成本	120.10
企业从业人员数（人）	13321	# 销售费用	5.13
实收资本（亿元）	27.01	# 销售税金及附加	0.95
国家	1.74	# 销售利润	14.45
港澳台	9.94	管理费用（亿元）	6.23
外商	13.26	利润总额（亿元）	6.37
工业总产值（亿元）	192.03	应交增值税（亿元）	1.06
年末资产（亿元）	79.00	亏损企业亏损总额（亿元）	0.67
# 流动资产	46.71	产品销售率（%）	100.96
年末负债（亿元）	48.58	流动资产周转率（%）	309.59
# 流动负债	37.98	企业亏损面（%）	23.03
所有者权益（亿元）	38.23		

植物油加工业行业数据

表 1 .2009 年行业基本情况

指标名称	植物油加工业行业数据
行业内企业单位数（个）	2705
其中：亏损企业（个）	393
从业人员（万人）	28.60

表 2.2009 年在全部工业中的位置与比较

（单位：%）

指标名称	植物油加工业行业数据
行业产值占全部工业产值的比重	0.92
行业人数占全部工业人数的比重	0.30
行业资产占全部工业资产的比重	0.44

表 3.2009 年行业财务状况

（单位：亿元）

指标名称	植物油加工业行业数据
实收资本	402.75
国家	21.73
港澳台	6.17
外商	118.38
工业总产值	4729.90
工业销售产值	4822.21

表 4 .2009 年行业资产负债

（单位：亿元）

指标名称	植物油加工业行业数据
年末资产	2014.49
流动资产	1399.74
固定资产原价	785.11
年末负债	1305.79
流动负债	1370.25
年末所有者权益	793.41

表 5 .2009 年行业损益及分配

（单位：亿元）

指标名称	植物油加工业行业数据
产品销售收入	5175.09
产品销售成本	4934.91
产品销售费用	77.82
产品销售税金及附加	24.26
产品销售利润	380.63
产品管理费用	70.47
营业利润	282.82
利润总额	282.62
应交增值税	104.49
亏损企业亏损额	22.24

表 6 .2009 年行业发展速度与效益评价

指标名称	植物油加工业行业数据
产品销售率（%）	109.97
流动资产周转率（%）	389.68
企业亏损面（%）	13.79
资产负债率（%）	62.97
销售利润率（%）	4.79

表7．植物油产量

（单位：万吨）

年　份	食用植物油			
		大豆油	花生油	芝麻油
1980	222.00			
1981				
1982				
1983				
1984	380.00			
1985	401.00			
1986	441.00			
1987	478.00			
1988	480.00			
1989	496.00			
1990	544.00			
1991	644.00			
1992	661.00			
1993	695.00			
1994	723.00			
1995	1144.50	329.08	157.35	40.11
1996	946.54	234.49	133.70	29.98
1997	893.73	221.75	123.40	28.47
1998	602.48			
1999	733.79			
2000	835.32			
2001	1383.17			
2002	1531.22			
2003	1584.29			
2004	1235.44			
2005	1612.21			
2006				
2007	2318.53			
2008	2419.14			
2009	2513.32			

表8.2009年分地区食用植物油产品产量

地　区	2009年分地区粮食产品产量	地　区	2009年分地区粮食产品产量
总　计	2663.04	河　南	183.50
北　京	0.97	湖　北	130.17
天　津	131.89	湖　南	102.07
河　北	143.55	广　东	262.87
山　西	7.23	广　西	83.42
内蒙古	34.00	海　南	
辽　宁	171.68	重　庆	16.49
吉　林	24.63	四　川	61.27
黑龙江	73.72	贵　州	5.50
上　海	96.88	云　南	12.93
江　苏	259.33	西　藏	0.09
浙　江	35.54	陕　西	39.99
安　徽	45.51	甘　肃	5.05
福　建	57.83	青　海	2.62
江　西	7.55	宁　夏	0.71
山　东	490.68	新　疆	62.79

表 9 .2009 年城镇居民家庭人均油脂类消费支出

（单位：元／年）

地　区	2009年	地　区	2009年
总　计	165.79	河　南	127.44
北　京	184.29	湖　北	204.31
天　津	164.20	湖　南	205.48
河　北	191.08	广　东	183.22
山　西	119.99	广　西	152.92
内蒙古	118.75	海　南	136.18
辽　宁	167.45	重　庆	229.15
吉　林	132.60	四　川	232.22
黑龙江	168.67	贵　州	192.30
上　海	155.47	云　南	84.34
江　苏	137.74	西　藏	164.61
浙　江	140.85	陕　西	152.40
安　徽	162.76	甘　肃	180.01
福　建	151.94	青　海	145.85
江　西	216.77	宁　夏	142.50
山　东	135.90	新　疆	162.05

表 10. 进出口数量、金额及主要国家和地区

出　口	2009年15071000主要出口数据		
国家或地区	数量（吨）	金额（万美元）	百分比（%）
合　计	39073.30	5861.60	100.00
日　本	27532.95	3999.13	69.73
印　度	8342.04	1099.98	20.58
俄罗斯联邦	209.30	34.56	0.61
安哥拉	9.77	1.64	0.03

注：15071000 初榨的豆油，不论是否精制，但未经化学改性。

进　口	15071000主要进口数据		
国家或地区	数量（吨）	金额（万美元）	百分比（%）
合　计	2879913.04	328774.48	100.00
阿根廷	1784063.12	220497.49	67.07
巴　西	696538.60	92215.26	28.05
美　国	140280.52	16061.67	4.89

注：15071000 初榨的豆油，不论是否精制，但未经化学改性。

国家或地区	15149110主要出口数据		
	数量（吨）	金额（万美元）	百分比（%）
合　计	140.65	28.05	100.00
日　本	84.89	11.62	41.45
韩　国	32.00	8.27	29.48
安哥拉	23.76	8.16	29.08

注：15149110 初榨的菜籽油。

国家或地区	15149110主要进口数据		
	数量（吨）	金额（万美元）	百分比（%）
合　计	39.62	8.16	100.00
加拿大	21.01	4.05	66.70
美　国	23.12	3.27	33.30

注：15149110 初榨的菜籽油。

表 11.2009 年行业内三资企业状况

指标名称	行业三资企业数据	指标名称	行业三资企业数据
企业单位数（个）	142	产品销售收入（亿元）	2138.31
亏损企业	32	#销售成本	1960.47
企业从业人员数（人）	34524	#销售费用	37.28
实收资本（亿元）	163.73	#销售税金及附加	3.55
国　家	3.82	#销售利润	112.01
港澳台	7.05	管理费用（亿元）	37.28
外　商	132.02	利润总额（亿元）	87.41
工业总产值（亿元）	2163.18	应交增值税（亿元）	37.12
年末资产（亿元）	767.83	亏损企业亏损总额（亿元）	9.30
#流动资产	550.58	产品销售率(%)	100.87
年末负债（亿元）	520.17	流动资产周转率(%)	383.83
#流动负债	497.04	企业亏损面（%）	24.24
所有者权益（亿元）	247.65		

制糖业行业数据报告

表 1 .2009 年行业基本情况

指标名称	制糖业行业数据
行业内企业单位数（个）	388
其中：亏损企业（个）	125
从业人员（万人）	15.52

表 2 .2009 年在全部工业中的位置与比较

（单位：%）

指标名称	制糖业行业数据
行业产值占全部工业产值的比重	0.129
行业人数占全部工业人数的比重	0.172
行业资产占全部工业资产的比重	0.179

表 3 .2009 年行业财务状况

（单位：亿元）

指标名称	制糖业行业数据
实收资本	136.69
国　家	18.14
港澳台	6.52
外　商	17.61
工业总产值	627.80
工业销售产值	568.01

表 4 .2009 年行业资产负债

（单位：亿元）

指标名称	制糖业行业数据
年末资产	873.93
流动资产	421.62
固定资产原价	483.08
年末负债	511.14
流动负债	432.83
年末所有者权益	272.03

表 5 .2009 年行业损益及分配

（单位：亿元）

指标名称	制糖业行业数据
产品销售收入	720.07
产品销售成本	532.15
产品销售费用	24.21
产品销售税金及附加	3.13
产品销售利润	76.88
产品管理费用	42.69
营业利润	19.02
利润总额	22.92
应交增值税	38.82
亏损企业亏损额	10.72

表 6 .2009 年行业发展速度与效益评价

指标名称	制糖业行业数据
产品销售率（%）	93.63
流动资产周转率（%）	163.05
企业亏损面（%）	39.09
资产负债率（%）	76.92
销售利润利率（%）	13.07

表 7. 糖产品产量

（单位：万吨）

年份	甘蔗	甜菜	糖	机制甘蔗糖
1980	2280.74	630.53	257.00	
1981	2966.80	636.00	317.00	
1982	3688.20	671.20	338.00	
1983	3114.10	918.20	377.00	
1984	3951.90	828.40	380.00	
1985	5154.90	891.86	451.00	
1986	5021.90	830.60	525.00	
1987	4736.30	814.00	506.00	
1988	4906.40	1281.00	461.00	
1989	4879.47	924.33	501.00	
1990	5762.01	1452.45	582.00	
1991	6789.80	1628.94	640.00	
1992	7301.07	1506.91	829.00	
1993	6419.38	1204.82	771.00	
1994	6092.68	1252.56	592.00	
1995	6541.74	1398.40	558.60	433.70
1996	6818.70	1541.55	640.20	492.10
1997	7889.68	1496.79	702.60	554.30
1998	8343.81	1446.61	826.00	
1999	7470.27	863.86	861.00	
2000	6827.98	807.35	700.00	
2001	7566.27	1088.86	653.10	
2002	9010.69	1281.99	926.00	
2003	9023.48	618.17	1083.90	
2004	8984.94	585.71	1017.60	
2005	8663.80	788.11	956.99	
2006	9978.37	1053.62	949.07	
2007	11295.05	893.12	1271.38	
2008	12415.24	1004.38	1449.48	
2009	13472.31	1210.28	1521.63	

表 8 .2009 年分地区机制糖及原料产品产量

地　区	机制糖	甘蔗	甜菜
总　计	1629.88	12465.24	1124.48
北　京			
天　津			
河　北	4.65		59.38
山　西	3.44		23.44
内蒙古	22.07		173.72
辽　宁	1.99		7.50
吉　林			24.27
黑龙江	28.34		260.00
上　海		1.00	
江　苏		8.75	
浙　江		85.45	
安　徽		29.18	0.33
福　建	7.60	70.90	
江　西		64.21	
山　东			0.06
河　南		20.74	
湖　北		26.47	
湖　南	1.98	77.04	
广　东	128.06	1288.00	
广　西	931.12	8872.04	
海　南	47.46	518.82	
重　庆		11.18	

接上表

四　川	5.76	116.28	0.18
贵　州	1.20	71.76	
云　南	230.71	1998.85	0.13
西　藏			
陕　西		0.28	
甘　肃	1.63		20.09
青　海			
宁　夏			0.05
新　疆	53.77		468.32

表 9 .2009 年城镇居民家庭人均糖类消费支出

（单位：元／年）

地　区	2009年	地　区	2009年
总　计	37.84	河　南	19.46
北　京	63.07	湖　北	30.49
天　津	42.52	湖　南	33.65
河　北	35.00	广　东	51.80
山　西	23.77	广　西	36.00
内蒙古	32.00	海　南	23.66
辽　宁	31.07	重　庆	43.09
吉　林	27.81	四　川	49.83
黑龙江	29.06	贵　州	39.74
上　海	100.95	云　南	33.52
江　苏	37.68	西　藏	61.87
浙　江	48.12	陕　西	27.95
安　徽	38.25	甘　肃	24.57
福　建	32.03	青　海	31.59
江　西	29.24	宁　夏	33.45
山　东	27.68	新　疆	44.11

表 10.2009 年进出口数量、金额及主要国家和地区

出　口	17011100主要出口数据		
国家或地区	数量（吨）	金额（万美元）	百分比（%）
合　计	6165.27	362.45	100.00
日　本	4872.13	266.06	73.41
香港特别行政区	241.88	16.91	4.66
美　国	225.07	17.00	4.69
澳门特别行政区	218.79	13.92	3.84
马来西亚	184.47	13.58	3.75

注：　17011100 甘蔗原糖，未加香料或着色剂

进　口	17011100主要进口数据		
国家或地区	数量（吨）	金额（万美元）	百分比（%）
合　计	570143.09	23477.83	100.00
古　巴	424617.53	18532.04	83.20
印　度	95937.87	2713.02	12.12
泰　国	20000.00	600.00	2.68
缅　甸	4811.00	100.30	0.45
韩　国	1050.00	52.93	0.24

注：　17011100 甘蔗原糖，未加香料或着色剂。

出　口	17019910主要出口数据		
国家或地区	数量（吨）	金额（万美元）	百分比（%）
合　计	29682.77	1271.73	100.00
香港特别行政区	13093.59	546.37	50.32
蒙　古	6896.00	265.50	24.45
新加坡	720.00	30.52	2.81
台湾省	634.90	33.02	3.04

注：17019910 砂糖

进　口	17019910主要进口数据		
国家或地区	数量（吨）	金额（万美元）	百分比（%）
合　计	262963.87	10042.95	100.00
韩　国	129841.09	5734.34	60.28
印　度	69960.80	1808.07	19.24
泰　国	32752.80	1093.58	11.37
缅　甸	8720.90	295.93	2.95
澳大利亚	8645.51	319.55	3.42

注：17019910 砂糖

表 11.2009 年行业内三资企业状况

指标名称	行业三资企业数据	指标名称	行业三资企业数据
企业单位数（个）	32	产品销售收入（亿元）	98.68
亏损企业	8	#销售成本	83.24
企业从业人员数（人）	22349	#销售费用	5.35
实收资本（亿元）	33.56	#销售税金及附加	0.12
国　家	4.53	#销售利润	9.98
港澳台	6.52	管理费用（亿元）	5.35
外　商	10.85	利润总额（亿元）	8.23
工业总产值（亿元）	109.70	应交增值税（亿元）	5.87
年末资产（亿元）	133.40	亏损企业亏损总额（亿元）	1.05
#流动资产	67.79	产品销售率（%）	90.13
年末负债（亿元）	84.48	流动资产周转率（%）	145.56
#流动负债	62.81	企业亏损面（%）	26.67
所有者权益（亿元）	48.92		

屠宰及肉类蛋类加工业行业数据

表 1 .2009 年行业基本情况

指标名称	屠宰及肉类蛋类加工业
行业内企业单位数（个）	3786
其中：亏损企业（个）	413
从业人员（万人）	79.56

表 2 .2009 年在全部工业中的位置与比较

（单位：%）

项目	屠宰及肉类蛋类加工业
行业产值占全部工业产值的比重	0.966
行业人数占全部工业人数的比重	0.864
行业资产占全部工业资产的比重	0.476

表 3 .2009 年行业财务状况

（单位：亿元）

指标名称	屠宰及肉类蛋类加工业
实收资本	751.02
国　家	23.26
港澳台	61.29
外　商	38.74
工业总产值	4900.56
工业销售产值	4806.60

表 4 .2009 年行业资产负债

（单位：亿元）

指标名称	屠宰及肉类蛋类加工业
年末资产	2321.82
流动资产	920.83
固定资产原价	1218.97
年末负债	1121.75
流动负债	917.29
年末所有者权益	984.00

表 5 .2009 年行业损益及分配

（单位：亿元）

指标名称	屠宰及肉类蛋类加工业
产品销售收入	4937.96
产品销售成本	4614.97
产品销售费用	174.53
产品销售税金及附加	30.99
产品销售利润	309.38
产品管理费用	115.63
营业利润	294.16
利润总额	238.32
应交增值税	92.12
亏损企业亏损额	13.51

表 6 .2009 年行业发展速度与效益评价

指标名称	屠宰及肉类蛋类加工业
产品销售率（%）	97.28
流动资产周转率（%）	570.52
企业亏损面（%）	11.89
资产负债率（%）	62.07
销售利润利率（%）	4.69

表 7 . 屠宰及肉类蛋类加工产品产量

（单位：万吨）

年份	肉类						
		猪肉	牛肉	羊肉	禽肉	鱼肉	禽蛋
1980		1134.10	26.90	44.40			
1981		1444.70	37.30	58.60			431.60
1982	1926.50	1654.70	46.70	59.30	160.20	5.60	534.70
1983	2112.40	1796.00	58.90	62.20	187.90	7.40	555.00
1984	2215.50	1834.90	79.20	71.90	219.40	10.10	590.20
1985	2479.50	2017.60	95.80	80.20	274.40	11.50	695.50
1986	2628.50	2122.80	107.20	96.20	282.00	10.30	719.80
1987	2857.00	2281.10	125.60	106.80	322.90	9.60	794.60
1988	3144.40	2452.30	153.50	118.00	395.00	10.80	922.00
1989	3430.70	2635.30	180.30	125.00	454.20	18.50	1019.90
1990	3841.50	2854.40	233.60	137.30	573.60	20.40	1179.80
1991	4499.30	3204.80	327.00	160.90	755.20	22.90	1479.00
1992	5260.10	3648.40	415.40	201.50	934.70	26.80	1676.70
1993	5915.10	4037.70	494.90	240.00	1074.60	30.60	1965.20
1994	5152.10	3464.30	415.00	210.20			1897.10
1995	5723.80	3883.70	479.90	234.60			2021.30
1996	5949.00	4005.60	504.40	251.30	1115.50		2134.70
1997	6125.40	4031.40	532.80	274.00	1207.50		2243.30
1998	6333.90	4184.50	548.80	292.70	1210.30		2336.70
1999	6586.50	4326.60	584.60	316.70			2462.70
2000	6932.90	4518.60	630.40	357.20			2606.70
2001	7244.80	4701.60	675.90	399.30			2723.70
2002	7743.10	5010.60	711.50	435.50			2879.50

接上表

2003	8051.40	5197.20	750.00	469.70			2945.60
2004	6865.70	4287.82	613.41	382.62			
2005	7278.70	4620.50	613.20	380.30			
2006		1134.10	26.90	44.40			
2007		1444.70	37.30	58.60			431.60
2008	1926.50	1654.70	46.70	59.30	160.20	5.60	534.70
2009	2011.20	1721,90	52.80	61.70	167.60	5.80	546.40

表 8 .2009 年分地区猪肉．牛肉．羊肉产品产量

（单位：万吨）

地　区	猪肉	牛肉	羊肉
总　计	5120.80	633.27	410.35
北　京	22.31	2.13	1.45
天　津	23.48	3.68	1.44
河　北	248.98	56.83	26.48
山　西	45.43	4.23	5.05
内蒙古	64.68	43.09	84.84
辽　宁	219.08	37.70	7.34
吉　林	121.89	39.97	3.51
黑龙江	103.81	32.60	10.47
上　海	17.34		0.54
江　苏	194.93	2.97	7.00
浙　江	126.85	0.98	1.84
安　徽	232.09	17.11	13.42
福　建	136.60	2.14	1.65
江　西	198.08	10.58	1.15
山　东	363.04	70.67	33.21
河　南	367.10	84.10	26.50
湖　北	280.28	16.09	7.30
湖　南	370.23	14.61	10.57
广　东	258.96	5.76	0.82
广　西	278.96	12.45	2.92
海　南	36.89	2.19	1.04
重　庆	140.65	5.19	1.78
四　川	496.24	28.68	24.00
贵　州	134.60	10.22	3.04
云　南	229.58	26.12	11.47
西　藏	1.21	14.19	8.28
陕　西	73.47	7.59	7.37
甘　肃	42.92	14.77	15.35
青　海	8.74	7.28	8.67
宁　夏	8.45	6.83	5.88
新　疆	22.29	32.42	45.97

表 9 .2009 年城镇居民家庭人均肉禽及其制品消费支出

（单位：元／年）

地　区	2009年	地　区	2009年
总　计	986.47	河　南	569.41
北　京	970.46	湖　北	886.00
天　津	817.43	湖　南	959.37
河　北	583.78	广　东	1548.64
山　西	455.24	广　西	1312.22
内蒙古	712.61	海　南	1230.02
辽　宁	774.30	重　庆	1205.28
吉　林	633.76	四　川	1181.73
黑龙江	623.80	贵　州	927.81
上　海	1127.70	云　南	892.68
江　苏	968.77	西　藏	1052.17
浙　江	813.32	陕　西	504.29
安　徽	782.11	甘　肃	492.51
福　建	1116.29	青　海	707.09
江　西	898.50	宁　夏	590.53
山　东	657.95	新　疆	703.71

表10.2009年城镇居民家庭人均蛋类消费支出

（单位：元／年）

地　区	2009年	地　区	2009年
总　计	97.68	河　南	96.05
北　京	113.02	湖　北	91.41
天　津	133.23	湖　南	68.78
河　北	110.75	广　东	76.12
山　西	97.40	广　西	65.22
内蒙古	62.41	海　南	45.25
辽　宁	120.53	重　庆	94.42
吉　林	83.56	四　川	90.46
黑龙江	86.54	贵　州	63.81
上　海	99.19	云　南	78.26
江　苏	93.98	西　藏	45.63
浙　江	73.91	陕　西	70.67
安　徽	125.32	甘　肃	62.16
福　建	99.30	青　海	65.58
江　西	77.53	宁　夏	54.25
山　东	123.40	新　疆	59.63

表11.2009年进出口数量、金额及主要国家和地区

出　口	02023000主要出口数据		
国家或地区	数量（吨）	金额（万美元）	百分比（%）
合　计	15137.83	6152.57	100.00
香港特别行政区	8125.58	2967.11	49.85
吉尔吉斯斯坦	2342.80	1241.12	20.85
马来西亚	1269.16	463.42	7.79
利比亚	617.56	255.04	4.28
以色列	567.93	265.56	4.46

注：02023000 冻去骨的牛肉

出　口	02032900主要出口数据		
国家或地区	数量（吨）	金额（万美元）	百分比（%）
合　计	61466.59	22120.72	100.00
香港特别行政区	42079.81	13708.97	71.33
吉尔吉斯斯坦	8436.63	2681.34	13.95
澳门特别行政区	3147.51	1027.25	5.34
越　南	1977.22	539.22	2.81

注：02032900 其他冻猪肉

出　口	02071419主要出口数据		
国家或地区	数量（吨）	金额（万美元）	百分比（%）
合　计	68771.97	15315.36	100.00
香港特别行政区	38811.14	7860.65	55.18
马来西亚	14969.76	3762.48	26.41
巴　林	3941.95	892.55	6.27
吉尔吉斯斯坦	2323.55	472.05	3.31
伊拉克	1751.48	364.47	2.56

注： 02071419 其他冻鸡块

出　口	02071411主要进口数据		
国家或地区	数量（吨）	金额（万美元）	百分比（%）
合　计	183568.69	21238.56	100.00
美　国	177626.91	20188.80	99.75
阿根廷	382.09	39.03	0.18
法　国	121.88	14.01	0.07

注： 02071411 带骨的冻鸡块

表 12.2009 年行业内三资企业状况

项目	2009年行业三资企业数据	项目	2009年行业三资企业数据
企业单位数（个）	259	产品销售收入（亿元）	1321.79
亏损企业	60	# 销售成本	1264.83
企业从业人员数（人）	162826	# 销售费用	29.18
实收资本（亿元）	137.05	# 销售税金及附加	1.79
国　家	2.57	# 销售利润	82.40
港澳台	57.90	管理费用（亿元）	29.18
外　商	36.11	利润总额（亿元）	47.00
工业总产值（亿元）	1172.50	应交增值税（亿元）	20.95
年末资产（亿元）	572.98	亏损企业亏损总额（亿元）	5.80
# 流动资产	292.54	产品销售率 (%)	98.76
年末负债（亿元）	362.07	流动资产周转率 (%)	453.96
# 流动负债	292.98	企业亏损面（%）	26.07
所有者权益（亿元）	228.31		

水产品加工业行业数据

表 1．行业基本情况

指标名称	2009年水产品加工业
行业内企业单位数（个）	2741
其中：亏损企业（个）	342
从业人员（万人）	49.8

表 2．在全部工业中的位置与比较

（单位：%）

指标名称	2009年水产品加工业
行业产值占全部工业产值的比重	0.52
行业人数占全部工业人数的比重	0.63
行业资产占全部工业资产的比重	0.29

表 3．行业财务状况

（单位：亿元）

指标名称	2009年水产品加工业
实收资本	306.27
国　家	5.00
港澳台	42.86
外　商	57.09
工业总产值	2823.13
工业销售产值	2343.68

表 4．行业资产负债

（单位：亿元）

指标名称	2009年水产品加工业
年末资产	1352.93
流动资产	782.97
固定资产原价	627.32
年末负债	824.30
流动负债	724.05
年末所有者权益	604.34

表 5．行业损益及分配

（单位：亿元）

指标名称	2009年水产品加工业
产品销售收入	3284.34
产品销售成本	2215.64
产品销售费用	40.03
产品销售税金及附加	14.34
产品销售利润	272.93
产品管理费用	58.43
营业利润	128.97
利润总额	162.07
应交增值税	42.13
亏损企业亏损额	9.59

表 6．行业发展速度与效益评价

项目	2009年水产品加工业
产品销售率（%）	92.70
流动资产周转率（%）	321.34
企业亏损面（%）	14.48
资产负债率 (%)	58.03
销售利润利率 (%)	4.61

表 7 . 水产品产量

（单位：万吨）

年份	水产品	海水产品	淡水产品
1980	450	326	124
1981	461	323	138
1982	516	360	156
1983	546	362	184
1984	619	394	225
1985	705	420	285
1986	824	475	348
1987	955	548	407
1988	1061	606	455
1989	1152	661	491
1990	1237	713	524
1991	1351	800	551
1992	1557	934	623
1993	1823	1076	747
1994	2143	1242	902
1995	2517	1439	1078
1996	3288	2013	1275
1997	3602	2176	1425
1998	3907	2357	1550
1999	4122	2472	1650
2000	4278	2539	1740
2001	4381	2572	1810
2002	4565	2646	1918
2003	4705	2686	2019
2004	4902	2768	2134
2005	5108	2838	2269
2006	4584	2510	2074
2007	4748	2551	2197
2008	4896	2598	2297
2009	4932	2761	2341

表 8 .2009 年分地区水产品产量

（单位：万吨）

地　区	水产品	海水产品	淡水产品
总　计	4995. 6	2883. 3	3297. 3
北　京	6. 1	0. 7	5. 4
天　津	32. 3	3. 9	28. 4
河　北	96. 6	54. 9	41. 7
山　西	3. 1		3. 1
内蒙古	9. 8		9. 8
辽　宁	377. 7	316. 1	61. 5
吉　林	15. 5		15. 5
黑龙江	35. 6		35. 6
上　海	32. 3	17. 7	14. 6
江　苏	425. 0	125. 3	299. 8
浙　江	418. 8	337. 6	81. 2
安　徽	172. 3		172. 3
福　建	542. 0	476. 1	65. 9
江　西	190. 4		190. 4
山　东	730. 3	609. 5	120. 8
河　南	50. 6		50. 6
湖　北	313. 4		313. 4
湖　南	178. 6		178. 6
广　东	680. 4	376. 8	303. 6
广　西	250. 0	144. 1	105. 9
海　南	139. 4	110. 9	28. 5
重　庆	19. 1		19. 1
四　川	95. 2		95. 2

接上表

贵 州	7.8		7.8
云 南	25.5		25.5
西 藏	0.1		0.1
陕 西	5.2		5.2
甘 肃	1.2		1.2
青 海	0.1		0.1
宁 夏	7.5		7.5
新 疆	9.1		9.1

表 9 .2009 年城镇居民家庭人均水产品消费支出

（单位：元／年）

地 区	2009年	地 区	2009年
总 计	187.41	河 南	39.28
北 京	173.94	湖 北	119.35
天 津	279.22	湖 南	100.92
河 北	98.93	广 东	359.79
山 西	36.37	广 西	191.51
内蒙古	43.24	海 南	353.23
辽 宁	189.75	重 庆	110.75
吉 林	102.10	四 川	68.47
黑龙江	84.99	贵 州	43.50
上 海	534.09	云 南	78.42
江 苏	234.46	西 藏	88.98
浙 江	547.10	陕 西	45.72
安 徽	112.94	甘 肃	41.67
福 建	581.56	青 海	51.58
江 西	110.71	宁 夏	43.06
山 东	120.79	新 疆	54.72

表 10.2009 年进出口数量、金额及主要国家和地区

出口	03041900主要出口数据		
国家或地区	数量（吨）	金额（万美元）	百分比（%）
合 计	7510.49	1874.59	100.00
香港特别行政区	6020.98	1494.52	88.73
澳门特别行政区	526.37	127.04	7.54
日 本	89.92	49.64	2.95
台湾省	50.00	5.00	0.30
加拿大	27.22	8.19	0.49

注： 03041900 其他冻鱼片

出口	03061319主要出口数据		
国家或地区	数量（吨）	金额（万美元）	百分比（%）
合 计	10019.08	2055.95	100.00
日 本	7686.57	1253.00	60.94
台湾省	710.39	69.12	3.36
韩 国	416.45	42.77	2.08
丹 麦	368.71	411.14	20.00

注： 03061319 冻带壳小虾

出口	03061329主要出口数据		
国家或地区	数量（吨）	金额（万美元）	百分比（%）
合 计	2321.67	1986.43	100.00
日 本	436.26	815.43	47.23
西班牙	407.26	227.72	13.19
葡萄牙	301.12	123.31	7.14
马来西亚	216.50	115.70	6.70
俄罗斯联邦	141.72	59.42	3.44

注： 03061329 冻带壳对虾

出口	03074900主要出口数据		
国家或地区	数量（吨）	金额（万美元）	百分比（%）
合　计	99819.02	25427.52	100.00
日　本	18718.25	6636.40	28.44
美　国	13772.74	3888.56	16.66
台湾省	8965.49	1180.69	5.06
西班牙	6259.18	1511.59	6.48
马来西亚	5349.99	1373.46	5.89

注： 03074900 冻．干．盐或盐墨鱼及鱿鱼

进　口	03061319主要进口数据		
国家或地区	数量（吨）	金额（万美元）	百分比（%）
合　计	25637.69	6630.95	100.00
加拿大	7908.27	2071.29	31.86
格陵兰	6034.69	1336.52	20.56
丹　麦	2211.84	522.00	8.03
缅　甸	1384.67	319.08	4.91
马来西亚	1081.14	375.46	5.78

注 :03061319 冻带壳小虾

进　口	03061329主要进口数据		
国家或地区	数量（吨）	金额（万美元）	百分比（%）
合　计	3833.45	2828.41	100.00
印度尼西亚	1714.80	1454.80	37.46
泰　国	646.07	646.07	16.64
澳大利亚	545.98	545.98	14.06
墨西哥	509.04	509.04	13.11
马来西亚	323.54	323.54	12.22

注： 03061329 冻带壳对虾

进　口	03074900主要进口数据		
国家或地区	数量（吨）	金额（万美元）	百分比（%）
合　计	369465.95	35283.40	100.00
秘　鲁	82100.90	7247.74	22.22
韩　国	79498.28	7083.54	21.52
阿根廷	40227.73	2928.16	10.89
台湾省	32107.43	1889.11	8.69
美　国	28869.01	3747.97	10.62

注 :03074900 冻．干．盐或盐墨鱼及鱿鱼

表 11.2009 年行业内三资企业状况

指标名称	2009年行业三资企业数据	指标名称	2009年行业三资企业数据
企业单位数（个）	695	产品销售收入（亿元）	851.17
亏损企业	156	#销售成本	755.69
企业从业人员数（人）	201026	#销售费用	14.15
实收资本（亿元）	156.02	#销售税金及附加	3.94
国家	0.72	#销售利润	77.39
港澳台	31.95	管理费用（亿元）	14.15
外商	58.23	利润总额（亿元）	34.98
工业总产值（亿元）	900.32	应交增值税（亿元）	15.23
年末资产（亿元）	576.75	亏损企业亏损总额（亿元）	7.40
#流动资产	321.01	产品销售率(%)	96.42
年末负债（亿元）	333.24	流动资产周转率(%)	265.16
#流动负债	286.71	企业亏损面（%）	22.45
所有者权益（亿元）	243.52		

焙烤食品制造业行业数据

表 1 .2009 年行业基本情况

项目	焙烤食品制造业行业数据
行业内企业单位数（个）	1410
其中：亏损企业（个）	174
从业人员（万人）	23.38

表 2 .2009 年在全部工业中的位置与比较

（单位：%）

指标名称	焙烤食品制造业行业数据
行业产值占全部工业产值的比重	0.17
行业人数占全部工业人数的比重	0.26
行业资产占全部工业资产的比重	0.12

表 3 .2009 年行业财务状况

（单位：亿元）

指标名称	焙烤食品制造业行业数据
实收资本	193.73
国家	1.11
港澳台	34.94
外商	69.32
工业总产值	812.59
工业销售产值	798.79

表 4 .2009 年行业资产负债

（单位：亿元）

指标名称	焙烤食品制造业行业数据
年末资产	509.81
流动资产	220.37
固定资产原价	298.57
年末负债	253.05
流动负债	231.44
年末所有者权益	273.16

表 5 .2009 年行业损益及分配

（单位：亿元）

指标名称	焙烤食品制造业行业数据
产品销售收入	844.23
产品销售成本	652.89
产品销售费用	59.14
产品销售税金及附加	5.04
产品销售利润	106.96
产品管理费用	34.97
营业利润	67.7
利润总额	65.47
应交增值税	33.28
亏损企业亏损额	4.23

表 6 、2009 年行业发展速度与效益评价

项目	焙烤食品制造业行业数据
产品销售率（%）	97.70
流动资产周转率（%）	364.95
企业亏损面（%）	12.42
资产负债率（%）	46.93
销售利润利率（%）	8.14

表 7 、2009 年城镇居民家庭人均糕点消费支出

（单位：元／年）

地　区	2008年	地　区	2008年
总　计	86.54	河　南	61.12
北　京	104.80	湖　北	82.61
天　津	145.88	湖　南	63.00
河　北	69.54	广　东	102.73
山　西	58.29	广　西	62.20
内蒙古	43.69	海　南	62.46
辽　宁	95.01	重　庆	65.35
吉　林	57.96	四　川	63.59
黑龙江	50.92	贵　州	56.21
上　海	183.68	云　南	68.94
江　苏	80.53	西　藏	28.21
浙　江	100.18	陕　西	98.46
安　徽	87.07	甘　肃	46.38
福　建	66.91	青　海	49.64
江　西	64.87	宁　夏	54.82
山　东	97.26	新　疆	67.62

表 8 .2009 年进出口数量、金额及主要国家和地区

进　口	19053100主要进口数据		
国家或地区	数量（吨）	金额（万美元）	百分比（%）
合　计	11444.07	4611.04	100.00
丹　麦	3225.31	1778.52	41.16
菲律宾	1564.28	176.76	4.09
印度尼西亚	1117.10	509.86	11.80
韩　国	972.30	355.91	8.24
英　国	573.95	188.97	4.37

注：19053100 甜饼干

出　口	19053200主要出口数据		
国家或地区	数量（吨）	金额（万美元）	百分比（%）
合　计	4766.51	1066.20	100.00
澳大利亚	2621.69	462.49	47.55
韩　国	1355.26	318.26	30.42
香港特别行政区	452.01	90.86	8.68
印度尼西亚	180.21	50.21	4.80

注：19053200 华夫饼及圣餐饼

进　口	19053200主要进口数据		
国家或地区	数量（吨）	金额（万美元）	百分比（%）
合　计	797.64	296.13	100.00
马来西亚	160.72	38.51	13.01
意大利	154.05	99.33	33.54
德　国	101.34	33.11	11.18
菲律宾	93.38	9.08	3.07
印度尼西亚	84.35	25.68	8.67

注：19053200 华夫饼及圣餐饼

表 9 .2009 年行业内三资企业状况

项目	行业三资企业数据	项目	行业三资企业数据
企业单位数（个）	331.00	产品销售收入（亿元）	357.25
亏损企业	79.00	# 销售成本	267.53
企业从业人员数（人）	96843.00	# 销售费用	39.85
实收资本（亿元）	115.14	# 销售税金及附加	1.07
国　家	0.12	# 销售利润	48.79
港澳台	34.01	管理费用（亿元）	39.85
外　商	69.28	利润总额（亿元）	28.28
工业总产值（亿元）	349.92	应交增值税（亿元）	18.73
年末资产（亿元）	263.29	亏损企业亏损总额（亿元）	3.39
# 流动资产	130.11	产品销售率（%）	98.79
年末负债（亿元）	129.10	流动资产周转率（%）	274.56
# 流动负债	118.17	企业亏损面（%）	24.92
所有者权益（亿元）	134.19		

糖果、巧克力及蜜饯制造业行业数据

表 1 .2009 年行业基本情况

指标名称	糖果、巧克力及蜜饯制造业
行业内企业单位数（个）	773
其中：亏损企业（个）	74
从业人员（万人）	13.2

表 2 .2009 年在全部工业中的位置与比较

（单位：%）

指标名称	糖果、巧克力及蜜饯制造业
行业产值占全部工业产值的比重	0.17
行业人数占全部工业人数的比重	0.15
行业资产占全部工业资产的比重	0.09

表3.2009年行业财务状况

（单位：亿元）

指标名称	糖果、巧克力及蜜饯制造业
实收资本	167.02
国　家	0.86
港澳台	14.32
外　商	69.53
工业总产值	575.90
工业销售产值	562.75

表4.2009年行业资产负债

（单位：亿元）

指标名称	糖果、巧克力及蜜饯制造业
年末资产	384.07
流动资产	221.81
固定资产原价	209.93
年末负债	174.10
流动负债	168.59
年末所有者权益	196.07

表5.2009年行业损益及分配

（单位：亿元）

指标名称	糖果、巧克力及蜜饯制造业
产品销售收入	574.90
产品销售成本	412.97
产品销售费用	52.92
产品销售税金及附加	2.18
产品销售利润	138.65
产品管理费用	27.19
营业利润	58.55
利润总额	56.18
应交增值税	25.91
亏损企业亏损额	2.47

表6.2009年行业发展速度与效益评价

指标名称	糖果、巧克力及蜜饯制造业
产品销售率（%）	97.14
流动资产周转率（%）	242.05
企业亏损面（%）	8.56
资产负债率（%）	48.75
销售利润利率（%）	20.16

表7.2009年分地区糖果产品产量

（单位：万吨）

地　区	糖果产量	地　区	糖果产量
总　计	145.07	河　南	8.08
北　京	7.18	湖　北	9.10
天　津	0.25	湖　南	9.14
河　北	3.04	广　东	30.86
山　西	0.19	广　西	0.24
内蒙古		海　南	0.39
辽　宁	3.30	重　庆	0.40
吉　林	0.30	四　川	1.70
黑龙江	0.01	贵　州	0.05
上　海	12.71	云　南	0.49
江　苏	3.57	陕　西	0.09
浙　江	2.08	甘　肃	
安　徽	1.11	青　海	
福　建	23.22	宁　夏	
江　西		新　疆	0.03
山　东	3.83		

表8.2009年进出口数量、金额及主要国家和地区

出口	17041000主要出口数据		
国家或地区	数量（吨）	金额（万美元）	百分比（%）
合　计	18239.85	4735.03	100.00
印　度	2094.56	578.11	13.55
美　国	1266.18	476.12	11.16
澳大利亚	909.00	375.42	8.80
阿拉伯联合酋长国	841.22	222.16	5.21
安哥拉	770.19	116.06	2.72

注：17041000口香糖，不论是否裹糖

进　口	17041000主要进口数据		
国家或地区	数量（吨）	金额（万美元）	百分比（%）
合　计	390.65	106.27	100.00
加拿大	212.53	28.81	27.11
泰　国	65.38	16.52	15.54
日　本	22.17	24.61	23.16
沙特阿拉伯	21.54	3.10	2.92
韩　国	20.77	10.51	9.89

注：17041000口香糖，不论是否裹糖；

出口	17049000主要出口数据		
国家或地区	数量（吨）	金额（万美元）	百分比（%）
合　计	123480.69	31957.09	100.00
韩　国	3385.01	867.60	2.71
香港特别行政区	2664.85	733.19	2.29
朝　鲜	2599.16	204.84	0.64
加　纳	2240.64	317.54	0.99
蒙　古	1607.60	200.48	0.63

注：17049000 不含可可的糖食 .

进口	17049000主要进口国		
国家或地区	数量（吨）	金额（万美元）	百分比（%）
合　计	11019.88	3900.25	100.00
香港特别行政区	2309.25	735.71	19.58
马来西亚	1485.17	277.34	7.38
美　国	827.97	246.63	6.56
加拿大	750.15	117.29	3.12
台湾省	591.61	121.66	3.24

注：17049000 不含可可的糖食 .

表 9 .2009 年行业内三资企业状况

项目	行业三资企业数据	项目	行业三资企业数据
企业单位数（个）	182.00	产品销售收入（亿元）	283.12
亏损企业	39.00	# 销售成本	183.46
企业从业人员数（人）	51293.00	# 销售费用	45.74
实收资本（亿元）	87.52	# 销售税金及附加	0.21
国　家	0.42	# 销售利润	53.71
港澳台	14.16	管理费用（亿元）	45.74
外　商	67.71	利润总额（亿元）	35.69
工业总产值（亿元）	272.66	应交增值税（亿元）	17.43
年末资产（亿元）	217.78	亏损企业亏损总额（亿元）	1.53
# 流动资产	122.77	产品销售率（%）	98.63
年末负债（亿元）	112.48	流动资产周转率（%）	230.61
# 流动负债	105.18	企业亏损面（%）	24.36
所有者权益（亿元）	105.30		

方便食品制造业行业数据

表 1 .2009 年行业基本情况

指标名称	方便食品制造业
行业内企业单位数（个）	1311
其中：亏损企业（个）	165
从业人员（万人）	29.31

表 2 .2009 年在全部工业中的位置与比较

（单位：%）

指标名称	方便食品制造业
行业产值占全部工业产值的比重	0.27
行业人数占全部工业人数的比重	0.34
行业资产占全部工业资产的比重	0.18

表 3 .2009 年行业财务状况

（单位：亿元）

指标名称	方便食品制造业
实收资本	229.64
国　家	4.78
港澳台	46.95
外　商	59.00
工业总产值	1310.70
工业销售产值	1275.28

表 4 .2009 年行业资产负债

（单位：亿元）

指标名称	方便食品制造业
年末资产	795.45
流动资产	360.24
固定资产原价	441.01
年末负债	393.27
流动负债	313.83
年末所有者权益	385.18

表5.2009年行业损益及分配

（单位：亿元）

指标名称	方便食品制造业
产品销售收入	1737.80
产品销售成本	1121.66
产品销售费用	91.24
产品销售税金及附加	7.08
产品销售利润	174.82
产品管理费用	37.60
营业利润	95.55
利润总额	88.97
应交增值税	46.79
亏损企业亏损额	4.59

表6.2009年行业发展速度与效益评价

指标名称	方便食品制造业
产品销售率（%）	96.71
流动资产周转率（%）	361.98
企业亏损面（%）	13.74
资产负债率（%）	50.52
销售利润利率（%）	11.42

表7.2009年行业内三资企业状况

项目	行业三资企业数据	项目	行业三资企业数据
企业单位数（个）	511	产品销售收入（亿元）	504.01
亏损企业	67	#销售成本	391.37
企业从业人员数（人）	100399	#销售费用	59.13
实收资本（亿元）	119.12	#销售税金及附加	0.69
国家	2.04	#销售利润	52.81
港澳台	46.95	管理费用（亿元）	59.13
外商	53.96	利润总额（亿元）	32.50
工业总产值（亿元）	498.14	应交增值税（亿元）	23.80
年末资产（亿元）	343.16	亏损企业亏损总额（亿元）	3.47
#流动资产	169.98	产品销售率（%）	97.10
年末负债（亿元）	164.36	流动资产周转率（%）	296.51
#流动负债	141.85	企业亏损面（%）	29.00
所有者权益（亿元）	178.80		

液体乳及乳制品制造业行业数据

表1.2009年行业基本情况

指标名称	2009年液体乳及乳制品制造业数据
行业内企业单位数（个）	914
其中：亏损企业（个）	223
从业人员（万人）	21.24

表2.2009年在全部工业中的位置与比较

（单位：%）

指标名称	液体乳及乳制品制造业数据
行业产值占全部工业产值的比重	0.31
行业人数占全部工业人数的比重	0.27
行业资产占全部工业资产的比重	0.28

表3.2009年行业财务状况

（单位：亿元）

指标名称	液体乳及乳制品制造业数据
实收资本	263.72
国　家	11.84
港澳台	6.71
外　商	67.19
工业总产值	1600.71
工业销售产值	1411.48

表4.2009年行业资产负债

（单位：亿元）

指标名称	液体乳及乳制品制造业数据
年末资产	981.62
流动资产	468.98
固定资产原价	487.01
年末负债	561.24
流动负债	457.17
年末所有者权益	409.42

表5.2009年行业损益及分配

（单位：亿元）

指标名称	液体乳及乳制品制造业数据	指标名称	液体乳及乳制品制造业数据
产品销售收入	1468.02	产品管理费用	50.98
产品销售成本	1264.03	营业利润	80.60
产品销售费用	185.00	利润总额	40.31
产品销售税金及附加	6.84	应交增值税	56.77
产品销售利润	125.15	亏损企业亏损额	20.88

表 6 .2009 年行业发展速度与效益评价

指标名称	液体乳及乳制品制造业数据
产品销售率（%）	93.79
流动资产周转率（%）	351.10
企业亏损面（%）	27.36
资产负债率（%）	57.57
销售利润利率（%）	8.75

表 7.2009 年乳制品产品产量

（单位：万吨）

年份	奶类	牛奶	人造奶油	乳制品	奶粉	乳酸菌饮料	液体乳
1980	136.70	114.10					
1981							
1982							
1983							
1984	259.60	218.60					
1985	289.40	249.90					
1986	332.90	289.90					
1987	378.80	330.10					
1988	418.90	366.00					
1989	435.80	381.30					
1990	475.10	415.70					
1991	524.30	464.40					
1992	563.90	503.10					
1993	563.70	498.60		41.73			
1994	608.90	528.80		42.46	29.94		
1995	672.80	576.40	5.32	52.57	35.22	15.98	52.40
1996	735.80	629.40	4.73	50.41	35.01	22.17	
1997	774.80	667.40	3.79	56.48	39.08	22.81	
1998	744.50	667.40		54.86			
1999	806.90	717.60		69.08			
2000	919.10	827.40		82.92	124.57		
2001	1122.90	1025.50		74.29	213.32		
2002	1400.40	1299.00		84.55	360.23		
2003	1848.60	1746.30		140.59	582.90		
2004	2368.40	2260.60		949.18	806.74		
2005	2864.80	2753.40		1310.42			
2006	3302.46	3193.41					
2007	3633.38	3525.24		1787.44			1441.00
2008	3781.45	3555.82		1810.56			1525.22
2009	3841.85	3582.25		1902.15			

表 8.2009 年分地区奶类及奶制品产品产量

（单位：万吨）

地 区	奶 类	牛 奶	乳制品
总 计	3829.25	3757.02	2080.26
北 京	66.54	66.38	46.01
天 津	70.12	69.75	33.07
河 北	515.33	504.51	236.45
山 西	70.02	68.18	47.78
内蒙古	921.23	912.23	355.94
辽 宁	107.26	101.20	96.06
吉 林	39.74	39.74	7.94
黑龙江	512.84	508.36	168.53

接上表

上　海	23.29	23.29	38.14
江　苏	61.05	61.05	80.90
浙　江	22.51	22.51	30.52
安　徽	18.10	18.09	39.98
福　建	14.87	14.49	11.33
江　西	11.19	11.19	15.98
山　东	254.92	230.51	152.38
河　南	298.62	279.10	82.50
湖　北	33.18	15.51	41.55
湖　南	15.21	7.67	25.92
广　东	13.28	12.96	34.94
广　西	7.50	7.50	32.24
海　南	0.47	0.24	0.27
重　庆	7.78	7.78	9.29
四　川	66.61	66.08	35.08
贵　州	4.27	4.27	3.56
云　南	97.32	44.67	24.85
西　藏	52.44	22.98	0.55
陕　西	182.30	149.02	110.88
甘　肃	34.69	34.69	7.73
青　海	27.23	25.28	6.43
宁　夏	89.22	89.22	13.11
新　疆	142.32	137.36	20.65

表 9.2009 年城镇居民家庭人均奶及奶制品消费支出

（单位：元／年）

地　区	城镇居民家庭人均奶及奶制品消费支出	地　区	城镇居民家庭人均奶及奶制品消费支出
总　计	201.74	河　南	140.81
北　京	362.03	湖　北	148.87
天　津	211.11	湖　南	134.95
河　北	169.14	广　东	207.50
山　西	205.47	广　西	139.58
内蒙古	159.80	海　南	113.17
辽　宁	213.15	重　庆	204.16
吉　林	126.55	四　川	190.15
黑龙江	129.59	贵　州	118.35
上　海	341.69	云　南	65.48
江　苏	216.44	西　藏	311.74
浙　江	210.20	陕　西	197.88
安　徽	238.78	甘　肃	140.37
福　建	201.42	青　海	140.87
江　西	169.30	宁　夏	199.40
山　东	215.95	新　疆	148.52

表 10.2009 年进出口数量、金额及主要国家和地区

出　口	04012000出口数据		
国家或地区	数量（吨）	金额（万美元）	百分比（%）
合 计	39035.06	3104.63	100.00
香港特别行政区	29827.41	2087.31	68.41
菲律宾	2495.67	204.91	7.06
新加坡	1983.44	168.69	5.81
蒙　古	1897.11	174.07	5.99
澳门特别行政区	1860.11	156.11	5.38

注：04012000 未浓缩未加糖的乳及奶油，1%＜含脂量≤ 6%；

进　口	04012000主要进口数据		
国家或地区	数量（吨）	金额（万美元）	百分比（%）
合　计	3833.96	410.79	100.00
澳大利亚	1389.62	121.64	33.76
新西兰	1301.51	108.49	32.78
法　国	676.51	67.97	20.53
德　国	266.18	21.12	6.38
日　本	76.17	14.32	4.33

注：04012000 未浓缩未加糖的乳及奶油，1%＜含脂量≤ 6%，

进　口	04021000主要进口数据		
国家或地区	数量（吨）	金额（万美元）	百分比（%）
合　计	62932.90	22310.41	100.00
新西兰	18122.20	8121.48	37.77
美　国	15601.69	5520.84	25.68
澳大利亚	14455.39	5443.41	25.32
印　度	2651.90	941.61	4.38
加拿大	1277.85	383.57	1.78

4021000 固态乳及奶油，含脂量≤ 1.5%

表 11.2009 年行业内三资企业状况

项目	行业三资企业数据	项目	行业三资企业数据
企业单位数（个）	127	产品销售收入（亿元）	601.33
亏损企业	35	# 销售成本	434.00
企业从业人员数（人）	66214	# 销售费用	109.60
实收资本（亿元）	120.93	# 销售税金及附加	2.32
国家	0.27	# 销售利润	55.41
港澳台	6.62	管理费用（亿元）	109.60
外商	66.89	利润总额（亿元）	22.04
工业总产值（亿元）	626.45	应交增值税（亿元）	29.46
年末资产（亿元）	406.18	亏损企业亏损总额（亿元）	14.03
# 流动资产	203.20	产品销售率（%）	93.41
年末负债（亿元）	217.18	流动资产周转率（%）	295.92
# 流动负债	190.01	企业亏损面（%）	30.77
所有者权益（亿元）	188.99		

罐头食品制造业行业数据

表 1 .2009 年行业基本情况

指标名称	罐头食品制造业数据
行业内企业单位数（个）	1005.00
其中：亏损企业（个）	134.00
从业人员（万人）	18.04

表 2 .2009 年在全部工业中的位置与比较

（单位：%）

指标名称	罐头食品制造业数据
行业产值占全部工业产值的比重	0.21
行业人数占全部工业人数的比重	0.23
行业资产占全部工业资产的比重	0.12

表 3 .2009 年行业财务状况

（单位：亿元）

指标名称	罐头食品制造业数据
实收资本	121.42
国　家	5.72
港澳台	7.72
外　商	14.05
工业总产值	621.09
工业销售产值	586.02

表 4 .2009 年行业资产负债

（单位：亿元）

指标名称	罐头食品制造业数据
年末资产	472.89
流动资产	242.08
固定资产原价	211.19
年末负债	267.11
流动负债	233.50
年末所有者权益	197.58

表5.2009年行业损益及分配

（单位：亿元）

指标名称	罐头食品制造业数据
产品销售收入	631.82
产品销售成本	493.77
产品销售费用	23.82
产品销售税金及附加	4.05
产品销售利润	65.66
产品管理费用	19.35
营业利润	36.92
利润总额	32.14
应交增值税	16.89
亏损企业亏损额	2.90

表6.2009年行业发展速度与效益评价

指标名称	罐头食品制造业数据
产品销售率（%）	95.08
流动资产周转率（%）	261.76
企业亏损面（%）	17.02
资产负债率（%）	57.48
销售利润利率（%）	11.18

表7.2009年罐头产品产量

（单位：万吨）

年份	罐头	肉类罐头	蔬菜罐头	水果罐头
1980	57.20			
1981	68.40			
1982	78.50			
1983	84.50			
1984	109.00			
1985	142.50	24.95	39.08	63.10
1986	164.10	24.78	41.04	76.47
1987	161.50	22.12	45.99	72.11
1988	220.90	37.75	65.39	85.34
1989	232.50	28.91	71.55	94.80
1990	157.10	23.45	54.60	58.10
1991	193.00	28.55	64.81	75.45
1992	224.30	28.30	65.15	94.21
1993	230.30	26.46	66.57	88.09
1994	247.30	23.40	65.10	106.51
1995	310.57	25.22	95.28	126.22
1996	282.61	20.29	100.53	124.70
1997	254.57	14.94	91.95	110.80
1998	156.46			
1999	169.09			
2000	178.20			
2001	290.37			
2002	375.17			
2003	436.38			
2004	313.37			
2005	360.06			
2006				
2007	513.63			
2008	595.29			
2009	621.73			

表8.2009年分地区罐头产品产量

（单位：万吨）

地 区	罐头产量	地 区	罐头产量
总 计	642.31	河 南	6.08
北 京	0.03	湖 北	24.87
天 津	14.57	湖 南	56.36
河 北	7.70	广 东	20.78
山 西	2.55	广 西	25.06
内蒙古	0.04	海 南	15.36
辽 宁	7.51	重 庆	3.97
吉 林	0.36	四 川	23.39
黑龙江	1.16	贵 州	0.92
上 海	4.96	云 南	2.50
江 苏	4.70	西 藏	
浙 江	79.81	陕 西	1.51
安 徽	21.75	甘 肃	7.28
福 建	173.52	青 海	
江 西	4.47	宁 夏	
山 东	60.86	新 疆	56.71

表 9.2009 进出口数量、金额及主要国家和地区

出　口	16024910主要出口数据		
国家或地区	数量（吨）	金额（万美元）	百分比（%）
合　计	35312.73	8962.52	100.00
香港特别行政区	9083.07	2883.83	32.99
马来西亚	7127.16	1690.81	19.33
菲律宾	3630.81	803.34	9.18
新加坡	3822.12	1121.62	12.37
印度尼西亚	2123.42	415.72	4.63

注:16024910 猪肉及杂碎罐头

出　口	16025010主要出口数据		
国家或地区	数量（吨）	金额（万美元）	百分比（%）
合　计	7538.62	1517.69	100.00
韩　国	4081.42	774.07	48.49
安哥拉	602.42	125.68	8.45
马来西亚	563.85	80.81	5.43
香港特别行政区	573.94	184.09	8.85
巴布亚新几内亚	202.55	65.01	4.37

16025010 牛肉及杂碎罐头

出　口	20031011主要出口数据		
国家或地区	数量（吨）	金额（万美元）	百分比（%）
合　计	343132.81	44726.69	100.00
美　国	56286.40	8851.75	20.23
俄罗斯联邦	39995.70	4190.13	9.92
德　国	22475.84	3247.27	7.69
加拿大	20421.84	2674.25	6.33
马来西亚	19052.89	2150.40	5.09

4021000 固态乳及奶油，含脂量≤ 1.5%

10. 行业内三资企业状况

项目	2009年行业三资企业数据	项目	2009年行业三资企业数据
企业单位数（个）	234	产品销售收入（亿元）	185.06
亏损企业	63	# 销售成本	102.00
企业从业人员数（人）	48704	# 销售费用	5.30
实收资本（亿元）	39.50	# 销售税金及附加	0.38
国　家	0.50	# 销售利润	17.39
港澳台	7.07	管理费用（亿元）	5.30
外　商	14.86	利润总额（亿元）	8.16
工业总产值（亿元）	194.39	应交增值税（亿元）	3.95
年末资产（亿元）	170.52	亏损企业亏损总额（亿元）	1.89
# 流动资产	82.63	产品销售率（%）	97.42
年末负债（亿元）	78.09	流动资产周转率（%）	210.77
# 流动负债	71.32	企业亏损面（%）	27.23
所有者权益（亿元）	52.12		

调味品、发酵制品制造业行业数据

表 1 .2009 年行业基本情况

指标名称	调味品、发酵制品制造业数据
行业内企业单位数（个）	1254
其中：亏损企业（个）	167
从业人员（万人）	20.83

表 2 .2009 年在全部工业中的位置与比较

（单位：%）

指标名称	调味品、发酵制品制造业数据
行业产值占全部工业产值的比重	0.23
行业人数占全部工业人数的比重	0.22
行业资产占全部工业资产的比重	0.21

表 3 .2009 年行业财务状况

（单位：亿元）

指标名称	调味品、发酵制品制造业数据
实收资本	242.63
国 家	24.76
港澳台	42.56
外 商	47.25
工业总产值	1321.74
工业销售产值	1851.84

表 4 .2009 年行业资产负债

（单位：亿元）

指标名称	罐头食品制造业数据
年末资产	983.87
流动资产	398.52
固定资产原价	552.09
年末负债	499.63
流动负债	473.62
年末所有者权益	415.26

表 5 .2009 年行业损益及分配

（单位：亿元）

指标名称	罐头食品制造业数据
产品销售收入	1246.78
产品销售成本	986.02
产品销售费用	53.35
产品销售税金及附加	6.95
产品销售利润	173.73
产品管理费用	43.72
营业利润	86.05
利润总额	80.92
应交增值税	44.90
亏损企业亏损额	6.58

表 6 .2009 年行业发展速度与效益评价

指标名称	罐头食品制造业数据
产品销售率（%）	97.06
流动资产周转率（%）	294.90
企业亏损面（%）	13.64
资产负债率（%）	56.71
销售利润利率（%）	16.87

表 7.2009 年调味品、发酵品产品产量

（单位：万吨）

年 份	酱 油	食 醋	味 精	柠檬酸
1993	288.80		39.61	14.94
1994	279.77		39.77	17.08
1995	361.53	146.64	52.37	15.55
1996	301.74	135.86	53.88	15.18
1997	263.20	106.48	63.13	18.25
1998	176.85		63.23	
1999	161.79		72.72	
2000	159.41		84.50	
2001	156.93		91.28	
2002	160.06		110.26	
2003	170.97		118.97	
2004	168.93		114.92	
2005	198.72		135.97	
2006				
2007	324.09		191.29	
2008	367.07		184.39	
2009	392.61		189.62	

表 8.2009 年城镇居民家庭人均调味品消费支出

（单位：元／年）

地　区	2009 年	地　区	2009年
总　计	53.66	河　南	42.66
北　京	98.03	湖　北	57.71
天　津	82.55	湖　南	46.69
河　北	44.05	广　东	52.02
山　西	36.71	广　西	36.34
内蒙古	42.85	海　南	40.92
辽　宁	65.74	重　庆	73.30
吉　林	46.70	四　川	80.15
黑龙江	47.56	贵　州	46.30
上　海	73.18	云　南	46.80
江　苏	51.62	西　藏	36.98
浙　江	45.26	陕　西	52.36
安　徽	28.25	甘　肃	48.35
福　建	57.84	青　海	40.95
江　西	40.92	宁　夏	40.49
山　东	47.85	新　疆	34.85

表 9.2009 年进出口数量、金额及主要国家和地区

出　口	21031000主要出口数据		
国家或地区	数量（吨）	金额（万美元）	百分比（%）
合　计	82176.74	6236.73	100.00
香港特别行政区	24458.73	1897.38	30.76
美　国	15981.81	1135.32	18.50
加拿大	3646.50	233.45	3.80
印度尼西亚	2841.93	157.90	2.57
英　国	2766.84	221.29	3.61

注：21031000 酱油

进　口	21031000主要进口数据		
国家或地区	数量（吨）	金额（万美元）	百分比（%）
合　计	7672.63	982.88	100.00
日　本	3674.27	755.99	69.90
台湾省	2651.99	148.62	15.60
韩　国	485.97	49.40	5.19
新加坡	310.83	27.05	2.78
香港特别行政区	232.75	12.03	1.21

注：21031000 酱油

出　口	22090000主要出口数据		
国家或地区	数量（吨）	金额（万美元）	百分比（%）
合　计	8962.31	777.45	100.00
香港特别行政区	3481.53	192.49	25.45
新加坡	1106.84	90.42	11.96
日　本	749.79	85.16	11.26
马来西亚	734.42	61.77	8.17
美　国	679.43	61.47	8.13

注：22090000 醋及醋酸制的醋代用品

进 口	22090000主要进口数据		
国家或地区	数量（吨）	金额（万美元）	百分比（%）
合　计	3739.80	355.71	100.00
日　本	997.52	182.91	32.47
韩　国	689.01	52.93	15.78
马来西亚	384.91	10.79	3.22
台湾省	370.36	47.66	14.21
德　国	315.15	24.45	7.29

注 :22090000 醋及醋酸制的醋代用品

出 口	21039010主要出口数据		
国家或地区	数量（吨）	金额（万美元）	百分比（%）
合　计	27448.85	3638.73	100.00
美　国	4962.51	684.80	20.10
缅　甸	2641.00	274.11	8.99
刚果（金）	1831.91	179.29	5.88
加　纳	1594.51	137.06	4.50
香港特别行政区	1145.77	137.99	4.53

注： 21039010 味精

进 口	21039010主要进口数据		
国家或地区	数量（吨）	金额（万美元）	百分比（%）
合　计	84.53	19.64	100.00
台湾省	32.07	11.81	61.56
韩　国	20.93	2.85	15.79
香港特别行政区	11.99	1.53	8.48
印度尼西亚	11.85	1.81	7.80
日　本	1.97	1.02	6.21

注： 21039010 味精

出 口	21021000主要出口数据		
国家或地区	数量（吨）	金额（万美元）	百分比（%）
合　计	47527.03	9790.53	100.00
阿尔及利亚	4851.09	960.64	10.16
菲律宾	4392.51	896.93	9.69
韩　国	3234.15	263.69	2.85
苏　丹	3133.80	713.91	7.71
尼日利亚	3070.84	656.01	7.08

进 口	21021000主要进口数据		
国家或地区	数量（吨）	金额（万美元）	百分比（%）
合　计	985.63	993.70	100.00
法　国	583.81	199.54	20.93
美　国	165.57	599.11	64.79
泰　国	78.96	21.50	2.32
比利时	58.75	32.14	3.48
丹　麦	17.72	33.92	3.67

注： 21021000 活性酵母

表 10.2009 年行业内三资企业状况

项 目	行业三资企业数据	项 目	行业三资企业数据
企业单位数（个）	198	产品销售收入（亿元）	373.09
亏损企业	43	#销售成本	294.97
企业从业人员数（人）	47510	#销售费用	24.20
实收资本（亿元）	111.41	#销售税金及附加	0.45
国 家	1.30	#销售利润	44.04
港澳台	42.54	管理费用（亿元）	24.20
外 商	46.57	利润总额（亿元）	24.28
工业总产值（亿元）	384.98	应交增值税（亿元）	15.90
年末资产（亿元）	301.64	亏损企业亏损总额（亿元）	3.27
#流动资产	152.85	产品销售率（%）	97.39
年末负债（亿元）	173.08	流动资产周转率（%）	216.02
#流动负债	125.00	企业亏损面（%）	22.87
所有者权益（亿元）	183.31		

盐加工业行业数据

表 1.2009 年行业基本情况

指标名称	盐加工业数据
行业内企业单位数（个）	89
其中：亏损企业（个）	17
从业人员（万人）	2.79

表 2.2009 年在全部工业中的位置与比较

（单位：%）

指标名称	盐加工业数据
行业产值占全部工业产值的比重	0.01
行业人数占全部工业人数的比重	0.03
行业资产占全部工业资产的比重	0.02

表 3.2009 年行业财务状况

（单位：亿元）

指标名称	盐加工业数据
实收资本	21.72
国家	7.85
港澳台	0.00
外商	0.00
工业总产值	67.31
工业销售产值	62.16

表 4.2009 年行业资产负债

（单位：亿元）

指标名称	盐加工业数据
年末资产	86.48
流动资产	27.63
固定资产原价	59.35
年末负债	55.76
流动负债	37.10
年末所有者权益	30.72

表 5.2009 年行业损益及分配

（单位：亿元）

指标名称	盐加工业数据
产品销售收入	60.78
产品销售成本	42.73
产品销售费用	5.80
产品销售税金及附加	1.45
产品销售利润	13.15
产品管理费用	4.81
营业利润	3.78
利润总额	3.70
应交增值税	2.89
亏损企业亏损额	0.36

表 6.2009 年行业发展速度与效益评价

指标名称	盐加工业数据
产品销售率（%）	97.83
流动资产周转率（%）	232.63
企业亏损面（%）	22.59
资产负债率（%）	64.78
销售利润利率（%）	16.92

表 7.2009 年产品产量

（单位：万吨）

年份	原盐	加工盐	精制盐
1980	1728.00		
1981	1832.00		
1982	1638.00		
1983	1613.00		
1984	1642.00		
1985	1749.00		
1986	1761.00		
1987	1764.00		
1988	2264.00		
1989	2829.00		
1990	2023.00		
1991	2410.00		
1992	2838.00		
1993	2943.00		
1994	2996.00	558.30	
1995	2977.72	694.85	598.76
1996	2903.57	766.96	665.32
1997	3028.66	845.75	729.75
1998	2242.52		
1999	2812.36		
2000	3128.00		
2001	3410.51		
2002	3602.43		
2003	3437.70		
2004	4043.44		
2005	4661.06		
2006	5663.13		
2007	6166.97		
2008	5952.78		
2009	6032.69		

表 8.2009 年分地区原盐产品产量

（单位：万吨）

地 区	产量	地 区	产量
总 计	6352.98	河 南	247.56
北 京		湖 北	489.90
天 津	253.05	湖 南	150.78
河 北	392.57	广 东	29.74
山 西		广 西	4.02
内蒙古	274.91	海 南	11.26
辽 宁	194.98	重 庆	122.39
吉 林		四 川	641.66
黑龙江		贵 州	
上 海		云 南	98.70
江 苏	695.31	西 藏	
浙 江	3.78	陕 西	46.81
安 徽	151.73	甘 肃	4.32
福 建	31.67	青 海	272.84
江 西	192.64	宁 夏	
山 东	1921.73	新 疆	184.29

表 9.2009 年进出口数量、金额及主要国家和地区

出　口	25010011主要出口数据		
国家或地区	数量（吨）	金额（万美元）	百分比（%）
合　计	142127.92	1088.55	100.00
韩　国	48732.60	295.22	27.12
菲律宾	38994.83	235.41	21.63
香港特别行政区	18862.44	138.99	12.77
蒙　古	8334.50	49.11	4.51
台湾省	7250.91	50.12	4.60

进　口	25010011主要进口数据		
国家或地区	数量（吨）	金额（万美元）	百分比（%）
合　计	3452.85	190.55	100.00
韩　国	2852.96	109.15	57.28
意大利	321.94	7.94	4.17
中华人民共和国	228.93	2.85	1.49
比利时	168.02	4.06	2.13
日　本	127.66	21.82	11.45

注：25010011：食用盐

酒精及饮料酒制造业行业数据

表 1 .2009 年行业基本情况

指标名称	酒精及饮料酒制造业数据
行业内企业单位数（个）	2849
其中：亏损企业（个）	462
从业人员（万人）	74.35

表 2 .2009 年在全部工业中的位置与比较

（单位：%）

指标名称	酒精及饮料酒制造业数据
行业产值占全部工业产值的比重	0.72
行业人数占全部工业人数的比重	0.87
行业资产占全部工业资产的比重	0.91

表 3 .2009 年行业财务状况

（单位：亿元）

指标名称	酒精及饮料酒制造业数据
实收资本	986.72
国　家	108.24
港澳台	82.99
外　商	210.66
工业总产值	3800.72
工业销售产值	3918.50

表 4 .2009 年行业资产负债

（单位：亿元）

指标名称	酒精及饮料酒制造业数据
年末资产	3977.71
流动资产	1874.03
固定资产原价	2841.88
年末负债	1815.28
流动负债	1960.08
年末所有者权益	1951.00

表 5 .2009 年行业损益及分配

（单位：亿元）

指标名称	酒精及饮料酒制造业数据
产品销售收入	3832.81
产品销售成本	2531.65
产品销售费用	294.16
产品销售税金及附加	224.68
产品销售利润	558.56
产品管理费用	200.78
营业利润	367.44
利润总额	341.03
应交增值税	197.35
亏损企业亏损额	36.25

表 6 .2009 年行业发展速度与效益评价

指标名称	酒精及饮料酒制造业数据
产品销售率（%）	96.92
流动资产周转率（%）	188.96
企业亏损面（%）	15.05
资产负债率（%）	40.71
销售利润利率（%）	16.73

表 7、饮料酒产品产量

（单位：万吨，万千升）

年份	饮料酒	年份	饮料酒
1980	368.00	1997	2834.12
1985	851.00	1998	
1986	985.00	1999	2705.64
1987	1195.00	2000	2845.72
1988	1357.00	2001	2803.16
1989	1285.00	2002	2886.84
1990	1386.00	2003	3001.23
1991	1539.00	2004	3378.39
1992	1753.00	2005	3565.81
1993	1971.00	2006	
1994	2233.00	2007	4611.64
1995	2559.66	2008	4882.29
1996	2650.85	2009	5109.31

表 8.2009 年城镇居民家庭人均酒和饮料消费支出

（单位：元／年）

地　区	2009年城镇居民家庭人均酒和饮料消费支出	地　区	2009年城镇居民家庭人均酒和饮料消费支出
总　计	198.04	河　南	180.14
北　京	371.42	湖　北	136.29
天　津	287.73	湖　南	134.78
河　北	261.93	广　东	183.68
山　西	118.09	广　西	111.66
内蒙古	243.53	海　南	77.58
辽　宁	272.07	重　庆	131.46
吉　林	138.06	四　川	168.56
黑龙江	119.86	贵　州	134.69
上　海	310.62	云　南	122.39
江　苏	198.12	西　藏	252.60
浙　江	232.43	陕　西	150.44
安　徽	299.78	甘　肃	158.22
福　建	193.78	青　海	166.47
江　西	98.46	宁　夏	139.37
山　东	245.59	新　疆	118.28

表 9.2009 年进出口数量、金额及主要国家和地区

出　口	22071000主要出口数据		
国家或地区	数量（吨）	金额（万美元）	百分比（%）
合　计	11217.73	6824.21	100.00
韩　国	3741.93	1998.70	32.85
澳大利亚	1868.55	1025.64	16.86
新加坡	1542.42	842.10	13.84
日　本	1283.94	820.19	13.48
台湾省	1021.68	621.49	10.21

注：22071000 未改性的乙醇，按容量计酒精浓度在 80% 以上

进　口	22071000主要进口数据		
国家或地区	数量（万升）	金额（万美元）	百分比（%）
合　计	31.32	134.63	100.00
巴基斯坦	19.40	9.82	7.91
日　本	4.95	121.84	80.94
菲律宾	1.92	3.03	2.44
德　国	1.82	6.64	5.35
马来西亚	0.96	1.73	1.40

出　口	22083000主要出口数据		
国家或地区	数量（万升）	金额（万美元）	百分比（%）
合　计	19.85	163.90	100.00
香港特别行政区	11.86	92.63	57.87
泰　国	2.27	2.31	1.49
越　南	1.94	21.11	13.63
韩　国	1.38	7.01	4.52
柬埔寨	1.18	9.74	6.29

进　口	22083000主要进口		
国家或地区	数量（万升）	金额（万美元）	百分比（%）
合　计	1982.86	13215.66	100.00
英　国	1699.08	11230.50	90.97
美　国	166.40	846.03	6.85
日　本	13.05	136.37	1.10
印　度	9.09	19.26	0.16
韩　国	4.93	53.90	0.44

表 10.2009 年行业内三资企业状况

项　目	行业三资企业数据	项　目	行业三资企业数据
企业单位数（个）	292	产品销售收入（亿元）	714.55
亏损企业	74	# 销售成本	465.55
企业从业人员数（人）	134312	# 销售费用	95.63
实收资本（亿元）	371.09	# 销售税金及附加	58.47
国家	15.91	# 销售利润	94.91
港澳台	80.93	管理费用（亿元）	95.63
外商	196.81	利润总额（亿元）	49.03
工业总产值（亿元）	740.72	应交增值税（亿元）	48.71
年末资产（亿元）	1412.81	亏损企业亏损总额（亿元）	16.57
# 流动资产	392.70	产品销售率（%）	102.00
年末负债（亿元）	513.81	流动资产周转率（%）	181.91
# 流动负债	442.61	企业亏损面（%）	29.79
所有者权益（亿元）	539.00		

白酒制造业行业数据

表 1 .2009 年行业基本情况

指标名称	白酒制造业行业数据
行业内企业单位数（个）	14891
其中：亏损企业（个）	122
从业人员（万人）	37.52

表 2 .2009 年在全部工业中的位置与比较

（单位：%）

指标名称	白酒制造业行业数据
行业产值占全部工业产值的比重	0.34
行业人数占全部工业人数的比重	0.42
行业资产占全部工业资产的比重	0.37

表 3 .2009 年行业财务状况

（单位：亿元）

指标名称	白酒制造业行业数据
实收资本	285.42
国　家	38.67
港澳台	4.26
外　商	3.10
工业总产值	1685.38
工业销售产值	1949.41

表 4 .2009 年行业资产负债

（单位：亿元）

指标名称	白酒制造业行业数据
年末资产	1821.85
流动资产	874.74
固定资产原价	664.07
年末负债	763.82
流动负债	669.32
年末所有者权益	884.34

表 5 .2009 年行业损益及分配

（单位：亿元）

指标名称	白酒制造业行业数据
产品销售收入	1751.95
产品销售成本	1121.52
产品销售费用	142.31
产品销售税金及附加	113.79
产品销售利润	319.95
产品管理费用	98.82
营业利润	231.77
利润总额	218.50
应交增值税	99.12
亏损企业亏损额	8.84

表 6 .2009 年行业发展速度与效益评价

指标名称	白酒制造业行业数据
产品销售率（%）	96.03
流动资产周转率（%）	196.06
企业亏损面（%）	8.40
资产负债率（%）	47.23
销售利润利率（%）	19.45

表 7. 历年白酒产量

（单位：万吨）（万千升）

年份	白酒产量	年份	白酒产量
1990 年	513.91	2000 年	476.11
1991 年	524.48	2001 年	816.72
1992 年	547.43	2002 年	739.57
1993 年	593.67	2003 年	647.49
1994 年	651.29	2004 年	311.68
1995 年	774.22	2005 年	349.37
1996 年	801.33	2006 年	
1997 年	781.79	2007 年	493.95
1998 年	584.96	2008 年	569.34
1999 年	502.26	2009 年	632.71

表 8.2009 年分地区白酒产品产量

（单位：万千升）

地 区	产量	地 区	产量
总 计	599.64	河 南	57.90
北 京	18.74	湖 北	32.39
天 津	4.65	湖 南	6.63
河 北	20.85	广 东	9.85
山 西	10.21	广 西	3.65
内蒙古	24.29	海 南	0.74
辽 宁	45.97	重 庆	10.21
吉 林	16.81	四 川	132.76
黑龙江	9.17	贵 州	18.35
上 海	0.67	云 南	3.74
江 苏	30.71	西 藏	6.92
浙 江	2.62	陕 西	2.69
安 徽	29.01	甘 肃	1.04
福 建	2.39	青 海	0.64
江 西	11.67	宁 夏	4.56
山 东	76.55	新 疆	4.26

表 9.2009 年进出口数量、金额及主要国家和地区

出 口	22089090主要出口数据		
国家或地区	数量（万升）	金额（万美元）	百分比（%）
合 计	2775.54	1431.09	100.00
香港特别行政区	789.83	6343.73	48.43
日 本	553.71	1160.18	8.89
朝 鲜	398.03	183.36	1.41
韩 国	349.87	593.63	4.02
澳 门	114.42	445.63	3.42

注：22089090 浓度 <80% 的未改性乙醇，其他酒精饮料 .

进　口	22089090主要进口数据		
国家或地区	数量（万升）	金额（万美元）	百分比（%）
合　计	799.64	1841.74	100.00
韩　国	596.29	687.82	38.06
日　本	164.93	503.51	28.59
澳大利亚	80.91	92.39	5.25
台湾省	47.14	497.82	22.98
法　国	2.44	23.11	1.31

注：22089090 浓度<80% 的未改性乙醇，其他酒精饮料

表 10.2009 年行业内三资企业状况

项 目	行业三资企业数据	项目	行业三资企业数据
企业单位数（个）	27.00	产品销售收入（亿元）	18.42
亏损企业	6.00	# 销售成本	11.35
企业从业人员数（人）	7943.00	# 销售费用	1.86
实收资本（亿元）	12.57	# 销售税金及附加	2.02
国家	0.06	# 销售利润	2.30
港澳台	3.02	管理费用（亿元）	1.86
外商	2.78	利润总额（亿元）	0.79
工业总产值（亿元）	21.11	应交增值税（亿元）	0.92
年末资产（亿元）	21.88	亏损企业亏损总额（亿元）	0.42
# 流动资产	8.85	产品销售率 (%)	94.70
年末负债（亿元）	10.96	流动资产周转率 (%)	190.87
# 流动负债	10.52	企业亏损面（%）	20.83
所有者权益（亿元）	9.93		

啤酒制造业行业数据

表 1.2009 年行业基本情况

指标名称	啤酒制造业数据
行业内企业单位数（个）	598
其中：亏损企业（个）	195
从业人员（万人）	26.19

表 2.2009 年在全部工业中的位置与比较

（单位：%）

指标名称	啤酒制造业数据
行业产值占全部工业产值的比重	0.23
行业人数占全部工业人数的比重	0.29
行业资产占全部工业资产的比重	0.34

表 3.2009 年行业财务状况

（单位：亿元）

指标名称	啤酒制造业数据
实收资本	521.98
国　家	59.65
港澳台	68.29
外　商	146.99
工业总产值	1321.37
工业销售产值	1232.94

表 4.2009 年行业资产负债

（单位：亿元）

指标名称	啤酒制造业数据
年末资产	1653.97
流动资产	565.07
固定资产原价	1429.66
年末负债	759.05
流动负债	650.35
年末所有者权益	767.28

表 5.2009 年行业损益及分配

（单位：亿元）

指标名称	啤酒制造业数据
产品销售收入	1219.63
产品销售成本	751.95
产品销售费用	110.84
产品销售税金及附加	86.58
产品销售利润	130.40
产品管理费用	70.57
营业利润	61.19
利润总额	61.03
应交增值税	68.23
亏损企业亏损额	21.86

表 6.2009 年行业发展速度与效益评价

指标名称	啤酒制造业数据
产品销售率（%）	102.00
流动资产周转率（%）	184.83
企业亏损面（%）	32.31
资产负债率（%）	51.61
销售利润利率（%）	10.99

表 7、历年啤酒产量

（单位：万吨，万千升）

年份	产量	年份	产量
1985	310.00	1998	1987.67
1986	413.00	1999	2098.77
1987	540.00	2000	2231.32
1988	656.00	2001	2288.93
1989	643.00	2002	2402.7
1990	692.00	2003	2540.48
1991	838.00	2004	2910.05
1992	1021.00	2005	3061.55
1993	1192.00	2006	3543.58
1994	1415.00	2007	3931.07
1995	1568.82	2008	4103.09
1996	1681.91	2009	4295.83
1997	1888.94		

注：2003 年及以前计量单位为万吨。

表 8.2009 年分地区啤酒产品产量

（单位：万千升）

地　区	罐头产量	地　区	罐头产量
总　计	4703.39	河　南	381.89
北　京	164.85	湖　北	212.22
天　津	21.75	湖　南	75.64
河　北	142.05	广　东	300.15
山　西	12.04	广　西	114.16
内蒙古	98.28	海　南	15.37
辽　宁	285.12	重　庆	67.85
吉　林	115.88	四　川	236.10
黑龙江	173.11	贵　州	23.28
上　海	72.69	云　南	30.88
江　苏	289.05	西　藏	9.04
浙　江	283.17	陕　西	84.04
安　徽	139.04	甘　肃	51.90
福　建	196.97	青　海	9.42
江　西	94.05	宁　夏	11.04
山　东	473.92	新　疆	38.54

表 9.2009 年进出口数量、金额及主要国家和地区

出 口	22030000主要出口数据		
国家或地区	数量（万升）	金额（万美元）	百分比（%）
合　计	26469.84	13159.95	100.00
香港特别行政区	10439.71	5121.75	38.94
缅　甸	2531.84	1078.24	8.33
台湾省	2756.95	1393.87	10.76
柬埔寨	2134.96	1100.96	8.50
澳　门	1358.71	685.58	5.29

注：22030000 麦芽酿造的啤酒

进 口	22030000主要进口数据		
国家或地区	数量（万升）	金额（万美元）	百分比（%）
合　计	2923.85	4317.89	100.00
墨西哥	991.60	945.79	25.79
德　国	823.81	1266.94	34.54
韩　国	367.90	237.82	6.48
马来西亚	135.21	210.86	5.75
俄罗斯联邦	134.18	119.15	3.25

注：22030000 麦芽酿造的啤酒

表 10.2009 年行业内三资企业状况

项目	行业三资企业数据	项目	行业三资企业数据
企业单位数（个）	189.00	产品销售收入（亿元）	585.28
亏损企业	72.00	#销售成本	383.97
企业从业人员数（人）	132336.00	#销售费用	80.77
实收资本（亿元）	319.40	#销售税金及附加	50.86
国　家	14.85	#销售利润	69.69
港澳台	68.29	管理费用（亿元）	80.77
外　商	174.52	利润总额（亿元）	27.63
工业总产值（亿元）	595.13	应交增值税（亿元）	41.48
年末资产（亿元）	895.00	亏损企业亏损总额（亿元）	15.94
#流动资产	311.46	产品销售率（%）	103.45
年末负债（亿元）	432.59	流动资产周转率（%）	187.92
#流动负债	362.13	企业亏损面（%）	37.70
所有者权益（亿元）	462.41		

葡萄酒制造行业数据

表 1.2009 年行业基本情况

指标名称	葡萄酒制造行业数据
行业内企业单位数（个）	232
其中：亏损企业（个）	26
从业人员（万人）	2.47

表 2.2009 年在全部工业中的位置与比较

（单位：%）

指标名称	葡萄酒制造行业数据
行业产值占全部工业产值的比重	0.040
行业人数占全部工业人数的比重	0.026
行业资产占全部工业资产的比重	0.049

表 3.2009 年行业财务状况

（单位：亿元）

指标名称	葡萄酒制造行业数据
实收资本	49.84
国　家	5.97
港澳台	7.38
外　商	11.10
工业总产值	199.84
工业销售产值	210.22

表 4.2009 年行业资产负债

（单位：亿元）

指标名称	葡萄酒制造行业数据
年末资产	243.21
流动资产	121.68
固定资产原价	94.50
年末负债	127.23
流动负债	90.17
年末所有者权益	89.72

表 5.2009 年行业损益及分配

（单位：亿元）

指标名称	葡萄酒制造行业数据
产品销售收入	231.69
产品销售成本	153.63
产品销售费用	28.73
产品销售税金及附加	9.50
产品销售利润	37.81
产品管理费用	10.01
营业利润	28.87
利润总额	26.07
应交增值税	11.23
亏损企业亏损额	1.68

表 6.2009 年行业发展速度与效益评价

指标名称	葡萄酒制造行业数据
产品销售率（%）	95.91
流动资产周转率（%）	172.11
企业亏损面（%）	14.21
资产负债率（%）	56.26
销售利润利率（%）	17.29

表7.2009年分地区葡萄酒产品产量

（单位：万千升）

地　区	产量	地　区	产量
总　计	72.83	河　南	6.88
北　京	4.39	湖　北	0.00
天　津	4.54	湖　南	0.47
河　北	10.23	广　东	
山　西		广　西	
内蒙古	0.13	海　南	
辽　宁	1.35	重　庆	
吉　林	12.81	四　川	0.02
黑龙江	0.11	贵　州	0.00
上　海	0.19	云　南	0.64
江　苏		西　藏	
浙　江		陕　西	0.70
安　徽	0.41	甘　肃	1.41
福　建	0.00	青　海	
江　西		宁　夏	0.63
山　东	32.79	新　疆	1.73

表8.2009年进出口数量、金额及主要国家和地区

出　口	22041000主要出口数据		
国家或地区	数量（千升）	金额（万美元）	百分比（%）
合　计	358.77	249.20	100.00
日　本	212.09	129.14	45.49
香港特别行政区	58.89	127.81	44.69
印度尼西亚	32.20	2.63	1.10
尼日利亚	17.80	2.53	1.47
澳门特别行政区	9.27	6.90	2.92

注：22041000 葡萄汽酒

进　口	22041000主要进口数据		
国家或地区	数量（千升）	金额（万美元）	百分比（%）
合　计	1721.82	2727.67	100.00
法　国	861.89	1823.88	78.23
意大利	292.18	173.18	7.03
西班牙	177.99	107.61	5.28
澳大利亚	134.74	69.01	3.39
德　国	80.89	44.68	2.19

表9.2009年行业内三资企业状况

项目	2009年行业三资企业数据	项目	2009年行业三资企业数据
企业单位数（个）	43.00	产品销售收入（亿元）	61.55
亏损企业	5.00	#销售成本	33.49
企业从业人员数（人）	4743.00	#销售费用	10.82
实收资本（亿元）	24.10	#销售税金及附加	4.36
国　家	0.90	#销售利润	12.88
港澳台	7.48	管理费用（亿元）	10.82
外　商	9.50	利润总额（亿元）	9.99
工业总产值（亿元）	67.00	应交增值税（亿元）	4.16
年末资产（亿元）	75.92	亏损企业亏损总额（亿元）	0.01
#流动资产	47.56	产品销售率(%)	98.44
年末负债（亿元）	35.99	流动资产周转率(%)	141.02
#流动负债	32.88	企业亏损面（%）	9.76
所有者权益（亿元）	39.93		

软饮料制造业行业数据

表 1 .2009 年行业基本情况

指标名称	软饮料制造业数据
行业内企业单位数（个）	1639
其中：亏损企业（个）	254
从业人员（万人）	34.18

表 1–1. 碳酸饮料制造业

指标名称	碳酸饮料制造业数据
行业内企业单位数（个）	180
其中：亏损企业（个）	25
从业人员（万人）	6.71

表 1–2. 天然矿泉水制造业

指标名称	天然矿泉水制造业数据
行业内企业单位数（个）	573
其中：亏损企业（个）	48
从业人员（万人）	5.92

表 1–3. 果菜汁饮料制造业

指标名称	果菜汁饮料制造业数据
行业内企业单位数（个）	438
其中：亏损企业（个）	81
从业人员（万人）	6.87

表 1–4. 固体饮料制造业

指标名称	固体饮料制造业数据
行业内企业单位数（个）	69
其中：亏损企业（个）	12
从业人员（万人）	1.35

表 2 .2009 年在全部工业中的位置与比较

（单位：%）

指标名称	软饮料制造业数据
行业产值占全部工业产值的比重	0.43
行业人数占全部工业人数的比重	0.36
行业资产占全部工业资产的比重	0.40

表 3 .2009 年行业财务状况

（单位：亿元）

指标名称	软饮料制造业数据
实收资本	581.59
国　家	17.52
港澳台	81.10
外　商	199.58
工业总产值（新规定当年价）	2436.80
工业销售产值	2321.05

表 3–1. 碳酸饮料制造业

指标名称	碳酸饮料制造业数据
实收资本	81.69
国　家	2.89
港澳台	15.85
外　商	38.21
工业总产值	516.12
工业销售产值	493.11

表 3–2. 天然矿泉水制造业

指标名称	天然矿泉水制造业数据
实收资本	78.64
国　家	2.24
港澳台	13.20
外　商	17.09
工业总产值	328.72
工业销售产值	331.03

表 3–3. 果菜汁饮料制造业

指标名称	果菜汁饮料制造业数据
实收资本	186.92
国　家	4.92
港澳台	32.67
外　商	86.79
工业总产值	584.02
工业销售产值	562.89

表 3–4. 固体饮料制造业

指标名称	固体饮料制造业数据
实收资本	56.27
国　家	5.94
港澳台	0.25
外　商	23.80
工业总产值	212.21
工业销售产值	198.21

表 4 .2009 年行业资产负债

（单位：亿元）

指标名称	软饮料制造业数据
年末资产	1826.17
流动资产	891.97
固定资产原价	1026.21
年末负债	1022.92
流动负债	927.12
年末所有者权益	962.50

表 4–1. 碳酸饮料制造业

指标名称	2009年碳酸饮料制造业数据
年末资产	32.20
流动资产	176.23
固定资产原价	231.72
年末负债	199.82
流动负债	128.16
年末所有者权益	162.72

表 4–2. 天然矿泉水制造业

指标名称	天然矿泉水制造业数据
年末资产	289.92
流动资产	121.63
固定资产原价	172.92
年末负债	159.17
流动负债	136.12
年末所有者权益	109.04

表 4–3. 果菜汁饮料制造业

指标名称	果菜汁饮料制造业数据
年末资产	622.82
流动资产	296.97
固定资产原价	326.20
年末负债	362.76
流动负债	272.79
年末所有者权益	282.75

表 4–4. 固体饮料制造业

指标名称	软饮料制造业数据
年末资产	143.58
流动资产	65.27
固定资产原价	73.92
年末负债	59.07
流动负债	62.64
年末所有者权益	83.21

表 5 .2009 年行业损益及分配

（单位：亿元）

指标名称	软饮料制造业数据
产品销售收入	2327.54
产品销售成本	1831.90
产品销售费用	273.64
产品销售税金及附加	9.57
产品销售利润	320.63
产品管理费用	84.46
营业利润	200.37
利润总额	198.18
应交增值税	101.40
亏损企业亏损额	17.69

表 5–1. 碳酸饮料制造业

指标名称	碳酸饮料制造业数据
产品销售收入	570.4
产品销售成本	356.83
产品销售费用	121.73
产品销售税金及附加	1.17
产品销售利润	62.21
产品管理费用	28.58
营业利润	22.23
利润总额	27.33
应交增值税	32.28
亏损企业亏损额	2.51

表 5–2. 天然矿泉水制造业

指标名称	天然矿泉水制造业数据
产品销售收入	421.58
产品销售成本	352.11
产品销售费用	38.79
产品销售税金及附加	3.71
产品销售利润	36.73
产品管理费用	12.28
营业利润	27.20
利润总额	23.93
应交增值税	16.78
亏损企业亏损额	2.22

表 5–3. 果菜汁饮料制造业

指标名称	果菜汁饮料制造业数据
产品销售收入	522.12
产品销售成本	422.18
产品销售费用	37.82
产品销售税金及附加	2.12
产品销售利润	63.19
产品管理费用	18.83
营业利润	36.90
利润总额	39.28
应交增值税	16.97
亏损企业亏损额	7.30

表 5–4. 固体饮料制造业

指标名称	固体饮料制造业数据
产品销售收入	209.18
产品销售成本	172.29
产品销售费用	17.85
产品销售税金及附加	0.77
产品销售利润	23.97
产品管理费用	6.28
营业利润	15.27
利润总额	19.32
应交增值税	6.92
亏损企业亏损额	0.29

表 6 .2009. 年行业发展速度与效益评价

指标名称	软饮料制造业数据
产品销售率（%）	97.16
流动资产周转率（%）	295.01
企业亏损面（%）	14.52
资产负债率（%）	54.22
销售利润利率（%）	13.70

表 6–1. 碳酸饮料制造业

指标名称	碳酸饮料制造业数据
产品销售率（%）	94.81
流动资产周转率（%）	377.58
企业亏损面（%）	16.29
资产负债率（%）	62.59
销售利润利率（%）	14.42

表 6–2. 天然矿泉水制造业

指标名称	2009年天然矿泉水制造业数据
产品销售率（%）	96.87
流动资产周转率（%）	315.26
企业亏损面（%）	10.56
资产负债率（%）	53.30
销售利润利率（%）	9.90

表 6–3. 果菜汁饮料制造业

指标名称	2009年果菜汁饮料制造业数据
产品销售率（%）	98.35
流动资产周转率（%）	172.97
企业亏损面（%）	20.25
资产负债率（%）	64.54
销售利润利率（%）	13.35

表 6–4. 固体饮料制造业

指标名称	2009年固体饮料制造业数据
产品销售率（%）	132.22
流动资产周转率（%）	363.22
企业亏损面（%）	16.67
资产负债率（%）	47.90
销售利润利率（%）	14.87

表 7. 软饮料产品产量

（单位：万吨）

年份	软饮料产量	年份	软饮料产量
1980	28.80	1995	949.04
1981	40.00	1996	883.84
1982	44.00	1997	1068.87
1983	49.20	1998	950.55
1984	55.40	1999	1219.37
1985	100.00	2000	1490.83
1986	183.94	2001	1673.68
1987	246.64	2002	2024.93
1988	315.35	2003	2374.4
1989	300.86	2004	2620.17
1990	330.33	2005	3380.42
1991	400.46	2006	
1992	420.82	2007	5110.11
1993	476.39	2008	6415.10
1994	629.13	2009	7218.25

表 8.2009 年进出口数量、金额及主要国家和地区

出口	22011010主要出口数据		
国家或地区	数量（千升）	金额（万美元）	百分比（%）
合　计	27606.36	332.72	100.00
澳门特别行政区	21976.61	192.79	62.69
香港特别行政区	2830.34	81.61	26.83
马绍尔群岛共和国	392.75	6.00	1.97
韩　国	174.20	2.99	0.98
日　本	163.88	4.05	1.33

注 :22011010 未加味、加糖或其他甜物质的矿泉水

出口	22019010主要出口数据		
国家或地区	数量（亿升）	金额（万美元）	百分比（%）
合　计	8270.00	26818.01	100.00
香港特别行政区	7456.00	25575.78	95.37
澳门特别行政区	814.00	1242.23	4.63

注：22019010 未加味、加糖或其他甜物质的天然水

出口	22021000主要出口数据		
国家或地区	数量（千升）	金额（万美元）	百分比（%）
合　计	121350.57	5487.84	100.00
香港特别行政区	61122.45	3716.84	54.97
印度尼西亚	12195.80	433.52	7.90
澳门特别行政区	11264.03	443.84	8.09
韩　国	6893.60	333.59	6.08
美　国	2761.07	102.81	1.87

注：22021000 加味、加糖或其他甜物质的水

出口	22029000主要出口数据		
国家或地区	数量（千升）	金额（万美元）	百分比（%）
合　计	142981.43	8908.24	100.00
香港特别行政区	68934.93	3772.07	48.01
美　国	16672.03	1335.25	16.88
澳门特别行政区	8722.41	405.80	5.13
日　本	6431.69	198.26	2.51
俄罗斯联邦	5329.96	311.92	3.94

注：22029000 其他无酒精饮料

国家或地区	2009年22060000主要出口国家和地区		
	数量（亿升）	金额（万美元）	百分比（%）
合　计	33245.80	3899.58	100.00
日　本	17673.14	1952.17	50.07
香港特别行政区	2619.17	435.70	10.17
意大利	2503.79	151.83	3.39
西班牙	2477.57	114.88	3.48
美　国	2441.05	208.41	6.32

注：2201901022060000 其他无发酵饮料

表 9.2009 年行业内三资企业状况

项　目	行业三资企业数据	项　目	行业三资企业数据
企业单位数（个）	515.00	产品销售收入（亿元）	1527.13
亏损企业	89.00	#销售成本	1106.49
企业从业人员数（人）	16.20	#销售费用	221.82
实收资本（亿元）	366.17	#销售税金及附加	3.98
国　家	6.22	#销售利润	194.83
港澳台	80.26	管理费用（亿元）	221.82
外　商	191.31	利润总额（亿元）	133.43
工业总产值（亿元）	1473.84	应交增值税（亿元）	73.82
年末资产（亿元）	1206.35	亏损企业亏损总额（亿元）	13.37
#流动资产	621.43	产品销售率（%）	97.54
年末负债（亿元）	651.46	流动资产周转率（%）	245.74
#流动负债	588.76	企业亏损面（%）	21.98
所有者权益（亿元）	554.90		

精制茶加工行业数据

表 1 .2009 年行业基本情况

指标名称	精制茶加工行业数据
行业内企业单位数（个）	1834.00
其中：亏损企业（个）	89.00
从业人员（万人）	9.82

表 2.2009 年在全部工业中的位置与比较

（单位：%）

指标名称	精制茶加工行业数据
行业产值占全部工业产值的比重	0.06
行业人数占全部工业人数的比重	0.10
行业资产占全部工业资产的比重	0.08

表 3 .2009 年行业财务状况

（单位：亿元）

指标名称	精制茶加工行业数据
实收资本	67.35
国家	2.56
港澳台	1.95
外商	5.33
工业总产值	392.27
工业销售产值	321.73

表 4 .2009 年行业资产负债

（单位：亿元）

指标名称	精制茶加工行业数据
年末资产	328.62
流动资产	172.88
固定资产原价	121.26
年末负债	191.04
流动负债	111.86
年末所有者权益	138.26

表 5 .2009 年行业损益及分配

（单位：亿元）

指标名称	精制茶加工行业数据
产品销售收入	367.79
产品销售成本	283.96
产品销售费用	19.35
产品销售税金及附加	5.23
产品销售利润	59.95
产品管理费用	19.01
营业利润	33.34
利润总额	32.72
应交增值税	19.73
亏损企业亏损额	1.23

表 6 .2009 年行业发展速度与效益评价

指标名称	精制茶加工行业数据
产品销售率（%）	94.26
流动资产周转率（%）	295.21
企业亏损面（%）	8.72
资产负债率（%）	52.07
销售利润利率（%）	17.84

表 7. 茶叶产品产量

（单位：万吨）

年 份	产 量	年 份	产 量
1980	30.37	1995	58.86
1981	34.30	1996	59.34
1982	39.70	1997	61.34
1983	40.10	1998	66.50
1984	41.41	1999	67.59
1985	43.23	2000	68.33
1986	46.05	2001	70.17
1987	50.80	2002	74.50
1988	54.54	2003	76.80
1989	53.49	2004	83.50
1990	54.01	2005	52.41
1991	54.16	2006	
1992	55.98	2007	87.32
1993	60.00	2008	98.47
1994	58.85	2009	109.28

表8.2009年分地区分地区茶叶产品产量

（万吨）

地 区	产 量	地 区	产 量
总 计	104.5	河 南	3.9
北 京		湖 北	8.5
天 津		湖 南	19.7
河 北		广 东	0.6
山 西		广 西	2.7
内蒙古		海 南	0.0
辽 宁		重 庆	2.2
吉 林		四 川	6.1
黑龙江		贵 州	0.6
上 海		云 南	7.8
江 苏		西 藏	
浙 江	32.9	陕 西	0.2
安 徽	11.5	甘 肃	
福 建	8.2	青 海	
江 西	1.9	宁 夏	
山 东	0.3	新 疆	

表9.2009年进出口数量、金额及主要国家和地区

出口	09021010主要出口数据		
国家或地区	数量（吨）	金额（万美元）	百分比（%）
总 计	1978.76	1932.06	100.00
美 国	474.55	575.83	38.05
日 本	157.45	70.80	4.91
香港特别行政区	150.84	113.23	7.76
加拿大	175.07	132.92	8.63
英 国	142.87	140.16	8.67

注：09021010花茶，内包装每件净重不超过3千克

出 口	09021090主要出口数据		
国家或地区	数量（吨）	金额（万美元）	百分比（%）
合 计	112464.98	36296.37	100.00
摩洛哥	49891.86	12172.03	37.05
加 纳	9996.20	2624.81	8.45
阿尔及利亚	8989.40	2072.52	6.69
毛里塔尼亚	8436.25	2895.86	8.46
塞内加尔	5838.65	2130.80	6.29

注：09021090绿茶（花茶除外），内包装每件净重不超过3千克

出口	09022090主要出口数据		
国家或地区	数量（吨）	金额（万美元）	百分比（%）
合 计	120168.29	18291.99	100.00
乌兹别克斯坦	23226.73	2576.31	14.32
俄罗斯联邦	9973.25	2016.03	11.21
巴基斯坦	7652.87	845.79	4.70
美 国	5985.59	870.14	4.84
贝 宁	5974.23	553.04	3.07

注：09022090绿茶（花茶除外），内包装每件净重超过3千克

表10.2009年行业内三资企业状况

项目	行业三资企业数据	项目	行业三资企业数据
企业单位数（个）	78	产品销售收入（亿元）	26.33
亏损企业	12	#销售成本	19.64
企业从业人员数（人）	6284	#销售费用	3.93
实收资本（亿元）	8.27	#销售税金及附加	0.08
国 家	0.91	#销售利润	5.89
港澳台	1.75	管理费用（亿元）	2.93
外 商	5.53	利润总额（亿元）	4.23
工业总产值（亿元）	29.22	应交增值税（亿元）	1.83
年末资产（亿元）	26.81	亏损企业亏损总额（亿元）	0.11
#流动资产	19.31	产品销售率（%）	98.22
年末负债（亿元）	11.83	流动资产周转率（%）	163.33
#流动负债	11.14	企业亏损面（%）	18.97
所有者权益（亿元）	13.98		

烟草制品业行业数据

表 1 .2009 年行业基本情况

指标名称	烟草制品业数据
行业内企业单位数（个）	176
其中：亏损企业（个）	9
从业人员（万人）	20.70

表 2 .2009 年在全部工业中的位置与比较

（单位：%）

指标名称	烟草制品业数据
行业产值占全部工业产值的比重	0.91
行业人数占全部工业人数的比重	0.21
行业资产占全部工业资产的比重	1.04

表 3 .2009 年行业财务状况

（单位：亿元）

指标名称	烟草制品业数据
实收资本	776.34
国家	193.86
港澳台	1.01
外商	0.28
工业总产值	4828.27
工业销售产值	4620.52

表 4 .2009 年行业资产负债

（单位：亿元）

指标名称	烟草制品业据
年末资产	4828.72
流动资产	2926.17
固定资产原价	1727.81
年末负债	1212.05
流动负债	1126.06
年末所有者权益	3386.45

表 5 .2009 年行业损益及分配

（单位：亿元）

指标名称	烟草制品业数据
产品销售收入	4379.75
产品销售成本	1436.93
产品销售费用	99.09
产品销售税金及附加	1980.25
产品销售利润	1025.28
产品管理费用	332.98
营业利润	699.03
利润总额	702.99
应交增值税	597.14
亏损企业亏损额	1.20

表 6 .2009 年行业发展速度与效益评价

指标名称	烟草制品业数据
产品销售率（%）	98.23
流动资产周转率（%）	147.92
企业亏损面（%）	5.09
资产负债率（%）	25.33
销售利润利率（%）	25.31

表 7．烟草产品产量

年 份	烟叶（万吨）	烤烟(万吨)	卷烟(万箱)（亿支 ）
1980	84.50	71.70	
1981		127.90	1704.00
1982		184.80	1885.00
1983		115.10	1938.00
1984	223.80	154.00	2132.00
1985	242.50	207.50	2370.00
1986	170.70	137.40	2596.00
1987	194.30	163.60	2881.00
1988	273.40	233.70	3096.00
1989	283.00	240.50	3195.00
1990	262.70	225.90	3298.00
1991	303.10	267.00	3226.00
1992	349.90	311.90	3285.00
1993	345.10	303.60	3376.00
1994	223.80	194.00	3432.00
1995	231.40	207.20	3485.00
1996	323.40	294.60	3401.90
1997	425.10	390.80	3377.40

接上表

1998	236.40	208.80	3374.00
1999	246.90	218.50	3340.00
2000	255.20	223.80	3397.00
2001	235.00	204.50	3402.10
2002	244.70	213.50	3467.10
2003	225.70	201.50	3580.90
2004	240.60	216.30	18744.10
2005	268.30	243.50	19566.10
2006	245.60	225.50	20218.10
2007	239.50	217.80	21438.80
2008	283.80	262.30	22215.70
2009	337.20	319.20	22997.50

注：2003 年及以前卷烟计量单位为万箱，2004 年起计量单位为亿支。

表 8.2009 年分地区烟草加工业产品产量

地　区	烟叶（万吨）	烤烟（万吨）	卷烟（亿支）
总　计	298.72	272.85	27415.83
北　京			189.68
天　津			200.50
河　北	0.61	0.36	710.00
山　西	0.84	0.81	145.00
内蒙古	1.44	1.04	222.50
辽　宁	3.23	2.97	260.35
吉　林	6.53	2.77	335.60
黑龙江	7.80	7.80	426.00
上　海			849.99
江　苏	0.05		894.45
浙　江	0.36		760.99
安　徽	2.54	2.40	1161.75
福　建	13.91	13.85	750.49
江　西	4.78	4.67	504.00
山　东	9.89	9.82	1272.61
河　南	26.73	26.72	1586.08
湖　北	11.80	8.72	1245.66
湖　南	19.32	18.67	1648.02
广　东	4.93	4.39	1222.24
广　西	2.90	2.40	653.75
海　南			77.16
重　庆	8.55	6.90	451.00
四　川	22.84	18.20	831.48
贵　州	39.79	37.71	1133.70
云　南	87.85	92.87	3987.07
西　藏			
陕　西	7.24	7.14	782.87
甘　肃	1.04	0.82	389.50
青　海	0.07		
宁　夏	0.22	0.22	
新　疆	0.05		120.00

9.2009 年城镇居民家庭人均烟草消费支出

（单位：元/年）

地　区	2009年	地　区	2009年
总　计	215.01	河　南	158.64
北　京	183.42	湖　北	226.16
天　津	189.34	湖　南	169.76
河　北	146.76	广　东	127.91
山　西	197.23	广　西	106.07
内蒙古	272.21	海　南	121.58
辽　宁	262.02	重　庆	236.52
吉　林	123.20	四　川	236.73
黑龙江	114.89	贵　州	258.42
上　海	381.29	云　南	408.95
江　苏	280.43	西　藏	445.64
浙　江	399.52	陕　西	191.94
安　徽	297.40	甘　肃	174.39
福　建	171.16	青　海	161.84
江　西	187.53	宁　夏	203.84
山　东	110.75	新　疆	98.94

表 10.2009 年进出口数量、金额及主要国家和地区

出　口	24022000主要出口数据		
国家或地区	数量（亿支）	金额（万美元）	百分比（%）
合　计	146.25	25324.86	100.00
香港特别行政区	46.19	9013.64	38.92
阿拉伯联合酋长国	16.34	1958.57	7.49
马来西亚	9.75	1914.05	6.80
巴拿马	7.92	849.89	3.72
日　本	6.61	1016.14	4.59

注：24022000 烟草制的卷烟

进　口	24022000主要进口数据		
国家或地区	数量（亿支）	金额（万美元）	百分比（%）
合　计	36.34	6786.92	100.00
新加坡	17.38	3879.72	57.78
香港特别行政区	11.32	1270.57	23.49
韩　国	3.80	482.89	7.09
美　国	1.89	281.93	5.48

注：24022000 烟草制的卷烟

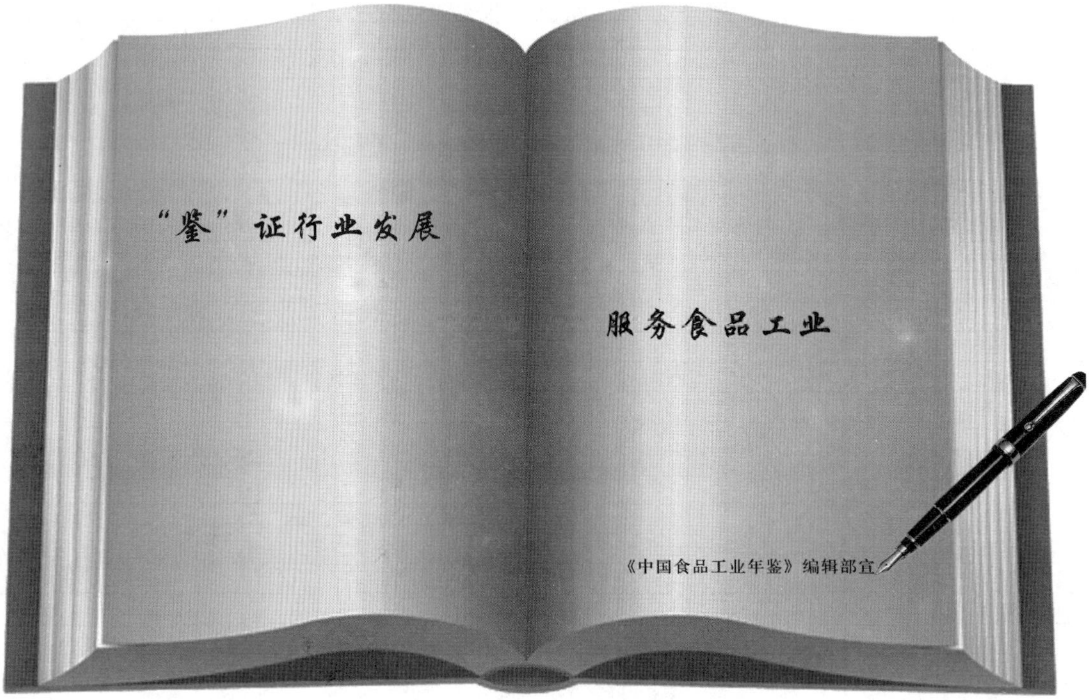

"鉴"证行业发展
服务食品工业
《中国食品工业年鉴》编辑部宣

第二部分

行业分述

制 糖(134)

中国糖业协会　胡志江

【概 况】

2009～2010年制糖期，中国产糖省区由原来的18个减少至15个，主要分布在沿边境地区，主产糖区集中在北部、西北部和西南部。甘蔗糖产区主要分布在广西、云南、广东、海南及邻近省区；甜菜糖主要分布在新疆、黑龙江、内蒙古及邻近省区。与糖料种植相关的人员近4000万。2009～2010年制糖期全国食糖总产量中，甘蔗糖占94.4%，甜菜糖占5．6%。

中国的食糖生产销售年度为10月1日至次年的9月30日，开榨时间由北向南各不相同。甜菜糖厂一般在9月底或10月初开机生产；甘蔗糖厂中湖南10月底或11月初开榨，广西、广东、海南等省区11月中或12月初开榨，云南12月底或次年1月初开榨。

2009～2010年制糖期制糖生产已顺利结束。自2009年10月4日新疆伊力特糖业有限责任公司开机生产标志着本制糖期开始，至2010年5月31日云南镇康南华南伞糖业有限公司最后一个停机。2009～2010年制糖期历时240天，比上制糖期减少31天。

截至2010年9月，全国有制糖生产企业（集团）49家，开工糖厂276家，其中：甜菜糖生产企业（集团）5家，糖厂36家；甘蔗糖生产企业（集团）44家，糖厂240家；另有炼糖企业10家。

2009～2010年制糖期，全国共生产食糖1073．83万吨。其中优级、一级白砂糖988．39万吨，绵白糖32．02万吨，精制糖18．72万吨，赤砂糖和红糖28．45万吨，原糖及其他6．25万吨。

2009～2010年制糖期，全国糖料种植面积2412．76万亩，同比减少9．48%，其中甘蔗种植2202．22万亩，同比下降5．68%，甜菜种植210．54万亩，同比下降36．3%。全国糖料入榨量1．01亿吨，其中甘蔗入榨量9374．55万吨，甜菜入榨量737．96万吨。2009～2010年制糖期食糖产量、播种面积、开工糖厂数见表1：

表1.2009／2010年制糖期全国糖料播种面积、食糖产量基本情况

（单位：万吨）

企业名称	糖料播种面积(万亩)	实际入榨糖料量(万吨)	产糖量	开工糖厂数(家)
全国累计	2412.76	8591.99	1073.83	276
甘蔗糖合计	2202.22	8100.83	1013.83	240
广东	189.00	834.00	85.77	32
其中：湛江	162.00	733.94	73.03	22
广西	1445.00	5560.00	710.20	102
云南	457.76	1364.87	177.15	77
海南	94.00	262.00	31.81	20
福建	5.41	32.24	3.48	2
其他	11.05	47.72	5.42	7
甜菜糖合计	210.54	491.16	60.00	36
黑龙江	66.27	83.20	9.89	9
新疆	97.00	321.00	38.44	14
内蒙古	26.60	53.50	7.01	5
其他	20.67	33.46	4.66	8

2009～2010年制糖期糖价持续走高，甘蔗收购价格较上年有较大幅度增长，平均收购价344元／吨，平均每吨增长81元，其中：广西甘蔗平均收购价357.92元／吨；甜菜收购价较上年略有下降，平均收购价305元／吨。

2009～2010年制糖期全国制糖行业主要技术指标：甘蔗平均单产3.8吨／亩，甜菜平均单产2.78吨／亩。甘蔗平均含糖分14.38%，甜菜平均含糖分15.5%。甘蔗糖产糖率12.54%，甜菜糖产糖率12.1%。

【国内食糖市场】

2009～2010年制糖期，食糖生产继续呈现周期性下滑趋势，全国食糖产量1073.83万吨，较上制糖期减少169.29万吨，下降13.62%；甘蔗糖产量下降至1013.83万吨；甜菜糖产量下降至60万吨（接近近10个制糖期的最低水平），占总产量的比重已不足6%。食糖消费量1379万吨，比上制糖期减少11万吨，同比下降0.79%，年人均食糖消费量为10.6千克。食糖消费格局与前几年相比没有太大变化，食糖消费总量中民用消费为36%（餐饮消费与零售业终端销售商品糖比例为1：4)，工业消费比例为64%。

2009～2010年，全国食糖综合平均价5161元／吨，工业累计销售平均价5006元／吨。全国制糖行业销售收入576.64亿元（其中综合利用产品销售收入39亿元），同比增加104.94亿元，实现利税总额122.82亿元，同比增加81.72亿元。农民种植糖料收入同比增加50.16亿元。

2009～2010年制糖期，中国制糖行业运行特征：

随着食糖生产企业进一步兼并重组，企业结构得到优化，以大型企业集团为主导的食糖生产格局初步形成。产量超过30万吨的企业集团发展到12家，占全国产糖量的68%。

2009～2010年制糖期是国家对食糖市场宏观调控力度比较大的制糖期，经国务院批准，动销国家储备糖满足市场供应，保持了食糖市场价格适度平稳运行。全行业经济效益明显改善，农民种植糖料收入稳步增加，扭转了上制糖期大部分企业亏损的局面。

主产糖省区糖料种植规模化、水利化、机械化程度进展缓慢；糖料生产劳动力成本增加明显，劳动力供求压力进一步加大；糖料推广工作缓慢和储备品种不足，新品种培育与繁育工作任务依然艰巨。

【国际食糖市场】

2009～2010年制糖期国际食糖走出了由高到低再走高的过程。纽约期货价格在2010年1月底创下30年的新高30.40美分。这主要是由于印度出现干旱，导致甘蔗和食糖生产大幅减产，印度食糖产量1470万吨，下降1230万吨。全球在2008～2009年制糖期的食糖缺口为900万吨。

受国际高糖价的影响，在2009～2010年制糖期，主要产糖国家普遍增加甘蔗种植面积。印度食糖产量大幅增加到1850万吨，期初巴西中南部甘蔗产量近6亿吨，增加9%，食糖产量将达到3500万吨，增加18%。根据国际主要咨询机构的预测，2009～2010年制糖期，全球食糖缺口下降到500万吨。纽约原糖价格从2月下跌至5月的13美分。一年多的食糖高价位运行，很多进口国家尽量消费库存，当国际糖价下跌后，食糖贸易活跃；巴西出现的干旱和亚洲的巴基斯坦等国家出现的暴雨洪涝，导致甘蔗受损食糖减产；墨西哥、泰国、菲律宾等传统的出口国，也不同程度地进口食糖。以上诸多因素成为推动国际糖价止跌回升的重要原因。加之外汇市场美元从5月的暂时坚挺后恢复跌势，以美元计价的大宗商品价格普遍上涨，国际基金大举炒作商品期货，致使国际糖价在9月底又上升至27美分。

【国际食糖市场特征】

2009～2010年制糖期，全球食糖产量低于预期，食糖消费继续保持稳步增长。全球气候异常对农作物生产不利，虽然种植面积普遍增加，但是食糖产量增加滞后。

一、全球食糖库存普遍处于低位，进口需求增加。而食糖的相对刚性需求没有由于食糖高价受到太大冲击。

二、全球制糖能力没有明显增加，出口国家港口能力没有增加。

三、土地、肥料、水利、电力、人工成本等提高，致使全球制糖成本普遍提高，影响食糖价格。

四、美元汇率长期没有改善的迹象，投资投机以美元计价的大宗商品期货，成为国际基金的避险渠道。

五、全球长期的低利率的货币政策和大量提供现金挽救经济危机，使货币供应量增加，造成全球的通货膨胀。

六、全球房地产处于高价，而股票市场处于低迷，商品期货市场或成为投资和投机渠道的补充。

以上这些微观和宏观因素，将继续成为影响2010～2011年制糖期国际食糖价格的基本因素，虽然预测2010～2011年制糖期全球食糖供求可能过剩300万吨，但国际糖价仍可能继续维持在高价位运行。

【食糖进出口贸易】

2009～2010年制糖期，食糖进口比上制糖期略有增加。中国食糖进出口贸易情况分别见表2、表3：

表 2.2008 ～ 2010 年全国食糖进口与贸易方式统计表

（单位：万吨）

年度	合计	一般贸易	来料加工	进料加工	保税仓库进出境货物	其他
2008	77. 99	61. 91	1. 97	8. 89	3. 67	1. 55
2009	106. 45	83. 02	0. 17	9. 93	12. 77	0. 56
2010	101. 29	95. 43	0. 61	4. 99		0. 26

注：2010 年度统计数字截止到 8 月底

表 3.2008 ～ 2010 年全国食糖出口与贸易方式统计表

（单位：万吨）

年度	合计	一般贸易	来料加工	进料加工	边贸	其他
2008	5. 84	1. 76	2. 15	1. 51	0. 42	
2009	6. 39	2. 21	0. 90	3. 15	0. 13	
2010	6. 68	4. 96	0. 58	0. 76	0. 22	0. 16

注：2010 年度统计数字截至 8 月底

【行业大事记】

2009 年 11 月 1 ～ 2 日，中国糖业协会在河南省郑州市召开 2009 / 2010 年制糖期全国食糖产销工作会议暨全国食糖、糖蜜酒精订货会。会议分析了 2009 / 2010 年制糖期糖料生产、食糖产销形势和存在的问题，提出了解决问题的意见和建议。

2009 年 11 月 29 日，由环保部总量司组织，中国糖业协会承担的“制糖行业污染物排放分析报告和总量控制方案”课题验收会在北京召开。控制方案在深入分析制糖行业污染物排放现状的基础上，提出了“十二五”及中长期糖业污染物排放控制目标和治理方案，以及产业结构调整建议。

2009 年 12 月 23 日，“‘十二五’中国糖业产业结构调整指导意见”编制小组召开第一次工作会议。中国糖业协会向国家发改委、工信部汇报了编制进展情况，与会领导就指导意见的编制工作进行了深入讨论，听取了中国糖业协会关于“中国糖业信息统计预警系统建设方案”的工作汇报。

2010 年 1 月 22 日，由农业部组织召开的全国糖料工作会议在广西南宁市召开。各省区分别介绍了本省糖业发展情况，分析存在的制约因素以及采取的对策措施，与会专家从品种、市场等方面分析并提出推进糖业发展的建议。

2010 年 2 月 23 日，为进一步做好 2009 / 2010 年制糖期食糖产销平衡工作，确保国内食糖市场平稳运行，中国糖业协会在北京组织召开大型食品企业座谈会。各用糖企业汇报了 2009 年的用糖情况、淀粉糖等替代品的使用情况，并针对当前糖价运行给企业带来的影响和国家储备糖拍卖过程中出现的问题进行了反映和交流。国家有关部委领导听取了各企业的汇报，同时介绍了国家对食糖行业宏观调控的原则和思路，并对用糖企业关心的问题进行了解答。

2010 年 3 月 2 日，中国糖业协会和广西糖业协会在广西南宁市联合召开 2010 年广西食糖交易会暨中国糖业协会商业流通会员会议。会上国家有关部委领导就国家制糖行业相关政策等方面内容做了介绍。广西、云南、广东等食糖主产区糖业协会通报了 2009 ～ 2010 年制糖期产销情况和产量预测，并对国家宏观调控提出了意见和建议。

2010 年 3 月 5 日，国家工信部消费品司在贵州省贵阳市召开全国糖精行业 2010 年计划工作会议。会议总结了全国 2009 年糖精产、销情况；分析国际、国内糖精市场发展趋势，听取 2010 年糖精生产计划安排建议；研讨糖精行业发展和行业清洁生产有关问题；修改“关于开展糖精生产经营秩序整顿工作的通知”(征求意见稿)，并提出修改意见。

2010 年 3 月 29 ～ 31 日，中国糖业协会理事长贾志忍任组长、中国轻工业联合会综合业务部副主任查长全为副组长的“中国糖都”考核专家组，就广西崇左市申报“中国糖都”进行考核。专家组考核认为崇左市是中国第一产糖市，基本具备授予“中国糖都”称号的条件。2010 年 4 月 27 日，中国轻工业联合会、中国糖业协会联合发文，授予广西壮族自治区崇左市“中国糖都”称号。

2010 年 6 月 2 日，工信部会同环保部、国家工商总局、质监总局在北京召开整顿糖精生产经营秩序工作座谈会。经过讨论研究，做出如下安排：由各省区工信部门牵头，环保、工商、质检等部门密切配合，按照“通知”的要求，制定详尽的工作方案，对重点地区和重点企业进行调查，对非定点企业坚决予以取缔，9 月底前各地工信部门要总结整顿工作的成效，并书面上报工信部。

2010 年 6 月 14 ～ 16 日，中国糖业协会第四届会员代表大会在北京召开。会上代表听取并审议了三届理事会的各项工作报告，充分肯定了第三届理事会卓有成效的工作。会议表决通过了“关于中国糖业协会三届理事会工作报告的决议”、“关于中国糖业协会三届理事会财务工作报告的决议”、“关于修改中国糖业协会章程的决议”、“关于修改中国糖业协会会费收缴（标准）办法的决议”。大会选举产生了中国糖业协会第四届理事会。选举陆宝明为理事长，闫卫民为秘书长。与会领导为获得制糖行业“十强”企业授牌，为中国糖业第二届专家组专家颁发了聘书。

2010 年 6 月 16 ～ 18 日，由世界糖业研究组织主办、中国糖业协会承办、英国糖业集团协办的世界糖业研究组织 2010 年年会及研讨会在北京召开。会议以“发展中的世界糖业”为主题，邀请来自国际糖业组织、联合国粮农组织等机构的专家和学者，围绕糖业对经济发展所做出的贡献、食糖在食品安全方面所做出的贡献等议题发表演讲。

2010 年 7 月 14 ～ 16 日，中国糖业协会贾志忍一行赴印度尼西亚参加第十六届亚洲国际糖业会议。贾志忍在会上作了关于“中国糖业的现状及发展趋势”的报告，并回答了代表的提问。会议期间，贾志忍分别会见了国际糖业组织总干事、印度尼西亚、泰国、菲律宾、印度等国家的糖业机构负责人。

2010 年 7 月 20 日，中国糖业协会在宁夏银川市召开信息员工作会议。会议提出进一步完善信息体系建设的建议和要求，并就如何做好信息工作以及如何加强对会员单位的服务进行充分讨论，提出意见、建议。

屠宰及肉类加工（135）

中国肉类协会　　储士官

【概 况】

资料显示，2009 年全国肉类总产量 7649.9 万吨，比上年增长 5%，为肉类的总供量提供了保障，为肉类加工发展提供了物质基础。但在品种结构上，牛羊肉生产量仍显不足，其价格一直处于坚挺。2009 年我国肉类工业面临的突出问题仍是畜禽产品价格的极不稳定性。以主导品种生猪为例，在国家政策倾斜、支持鼓励发展中，是年生猪饲养、母猪在栏、仔猪繁育都超出预设量。与此同时，也受动物疫情及甲型 H1N1 流感传播的直接威胁，随之引起的生猪价、仔猪价逐月下滑，猪粮比价从 3 月的 1 ∶ 7.64 下跌到 6 月的 1 ∶ 5.66，短期内亦有回升，但仍徘徊在黄色警区边缘。致屠宰毛白差率一直摆动在 36% 走势中。为此，国家启动保护性应急收储政策。禽肉及禽蛋增产，对市场起到积极地调剂性作用，但价格也一直处在应时性波动中。肉类工业处于畜禽产品向肉类产品转化的地位，其连接着城市与农村、养殖与消费，上游的波动必然通过工业环节反映到市场振荡，同时，全球经济危机也给肉类工业带来一定影响，除企业发展资金瓶颈外，内外需求总体疲软，肉类进出口贸易量出现收窄。我国肉类工业在积极应对诸多严峻挑战的形势下，随着工业现代化、集约化、规模化的提升，产品结构的调整，服务质量的改善，仍取得了平稳发展。

一、肉类工业企业集约化、规模化水平进一步提高

（一）规模企业明显增加，较历年来年度增加最多

资料显示，2009 年全国规模以上肉类屠宰及肉制品加工企业达 3696 家，其中畜禽屠宰加工为 2076 家、肉制品加工为 1620 家，两种企业结构比为 56 ∶ 44。另外，有肉类罐头制造企业 91 家。畜禽屠宰及肉制品加工规模以上企业总数比上年增加 600 家，其中屠宰增加 277 家、制品加工增加 323 家；肉类罐头制造企业增加 3 家。充分体现了企业实现产能的规模在日益提升。

（二）规模企业投资明显增长

2009 年全国规模以上畜禽屠宰及肉制品加工企业工业资产总额达到 2256 亿元，比上年增加 442.4 亿元，增长 24.4%。其中畜禽屠宰加工形成资产额为 1154.4 亿元，增加 193.5 亿元，增长 20.1%；肉制品加工资产额为 1101.6 亿元，增加 248.8 亿元，增长 29.2%。在投资量增长中，畜禽屠宰和肉制品加工投资比重出现新变化，屠宰由上年的 53% 降为 51%，肉制品加工由 47% 上升为 49%。另外，肉类罐头制造资产额为 51.76 亿元，增加 12.77 亿元，增长 32.8%。数据表明，畜禽屠宰及肉制品加工对社会投资

仍保持着较强的吸引力，尤其是肉制品加工及肉类罐头制造，其投资增长呈现出较大发展的态势。随着规模企业尤其是集团化企业的扩张和发展，一些无优势的、生产能力落后的企业在挑战中将逐步被淘汰。

（三）规模企业销售收入显著增升

2009年全国规模以上畜禽屠宰及肉制品加工业销售总收入达到5167.4亿元，比上年增加925.1亿元，增长21.8%。其中畜禽屠宰加工销售为2924.2亿元，增加500.8亿元，增长20.7%；肉制品加工销售为2243.2亿元，增加424.3亿元，增长23.3%。销售总收入中，畜禽屠宰与肉制品加工的销售额比重与上年基本持平，维持在57:43水平。另外，肉类罐头制造销售为94.7亿元，增加39亿元，增长70%。

综上分析，2009年其资产总额（投入）与销售总额（收入）之比比较稳定，在一定意义上体现了企业产能状况，往期投入已见成效，成熟度在提高。畜禽屠宰及肉制品加工综合投入与产出比为1 ∶ 2.29，比上年降低0.05。其中，畜禽屠宰加工投入与产出比为 1 ∶ 2.5，比上年降低0.02；肉制品加工投入与产出比为1 ∶ 2.0，比上年降低0.1。另外，肉类罐头制造投入与产出比为1 ∶ 1.83，比上年提高0.4。

（四）企业经济效益逐渐改善

2009年全国畜禽屠宰及肉制品加工业规模以上企业实现利润总额205.9亿元，比上年增加52.2亿元，增长33.9%。其中畜禽屠宰加工实现利润为103.7亿元，增加23.3亿元，增长29%；肉制品加工实现利润为102.2亿元，增加28.9亿元，增长39.4%。另外，肉类罐头制造实现利润为4.2亿元，增加2.1亿元，增长100%。在畜禽屠宰及肉制品加工实现总利润中，畜禽屠宰加工实现利润比肉制品加工利润的绝对增量增加1.5亿元，但其增长幅度明显低了10多点。

肉类工业企业投入在增加，技术装备在提升，经营状况在改善，效益积累在上升，但仍是低利行业，主要由于其在产业链上所处之位置和职能之作用（如价格干预）决定了效益的体现在某种程度上，还有“靠天吃饭”之因素。2009年畜禽屠宰及肉制品加工综合销售利润率仅为3.99%，比上年3.64%略升0.35个百分点。其中畜禽屠宰加工销售利润率为3.53%，比上年3.32%，略升0.21个百分点；肉制品加工销售利润率为4.55%，比上年4.03%略升0.52个百分点。另外，肉类罐头制造销售利润率为4.44%，比上年3.77%略升0.67个百分点。

2009年全国畜禽屠宰及肉制品加工企业中，亏损企业仍有412家，占规模以上企业11.2%，较上年下降了2.5个百分点；亏损金额达到12.8亿元，较上年增加0.7亿元。其中，畜禽屠宰亏损企业为225家，占全国屠宰及肉制品加工规模企业的6.1%，下降了1.3个百分点；占屠宰企业10.84%，下降1.95个百分点；其亏损金额为8.26亿元，增加了0.97亿元，占行业全部亏损额的64.4%。肉制品加工亏损企业为187家，占全国屠宰及肉制品加工规模企业 5.06%，下降1.21个百分点；占肉制品加工企业11.55%，下降3.64个百分点；其亏损金额为4.56亿元，减少了0.46亿元，占行业全部亏损额的35.6%，下降5.8个百分点。另外，肉类罐头制造亏损企业为11家，减少了5家；占肉类罐头制造企业的12.1%，下降了6.1个百分点；其亏损金额为0.1亿元，较上年减亏0.03亿元。

上述数据表明，在畜禽产品入市极不稳定、价格涨跌低迷中，屠宰及肉制品加工企业艰难地把握经济运行，行业的经营亏损较上年略有增加，但2009年所达到的亏损额仍为近年来行业亏损最高。

二、企业经济结构进一步得到调整

（一）规模结构

2009年畜禽屠宰及肉制品加工企业的规模结构中，大、中型仅占9%，但其在行业资产中占有60%，销售及创利占一半以上。大型企业为26家，占规模企业总量的0.7%，其资产总额为612.4亿元，占27.2%；销售收入1111.3亿元，占21.5%；创利50.5亿元，占24.5%。中型企业为307家，占规模企业总量8.3%，其资产总额754.3亿元，占33.4%；销售收入1509.8亿元，占29.2%；创利53.9亿元，占26.2%。小型企业为3369家，占91%，其资产总额889.4亿元，占39.4%；销售收入2546.3亿元，占49.3%；创利101.4亿元，占49.3%。

下面分述屠宰加工企业及肉制品加工企业的规模状况：

1. 屠宰加工企业规模结构：2009年畜禽屠宰加工中的大型企业为14家，形成资产额为244亿元，销售收入341.7亿元，实现利润13.1亿元，分别占屠宰加工业的0.68%、21.1%、11.7%和12.6%。屠宰加工的中型企业176家，资产额为404.2亿元，销售收入929.9亿元，实现利润27.5亿元，分别占屠宰加工业的8.5%、35%、31.8%和26.5%。屠宰加工的小型企业1886家，资产额为506.2亿元，销售收入1652.6亿元，实现利润63.1亿元，分别占屠宰加工业的90.9%、43.9%、56.5%和60.9%。在屠宰加工业中，大中型企业与小型企业的产销量正处在抗衡中。

2. 肉制品加工企业规模结构：2009年肉制品加工企业中的大型企业为12家，占肉制品加工企业的0.7%，其资产额为368.36亿元，占肉制品加工业总额的33.4%；销售收入为769.5亿元，占34.3%；创利为37.4亿元，占36.6%。中型企业为131家，占8.1%，其资产额为350亿元，占31.8%；销售收入579.96亿元，占25.9%；创利26.45亿元，占25.9%。小型企业1477家，占91.2%，其资产额383.17亿元，占34.8%；销售收入为893.68亿元，占39.8%；创利38.33亿元，占37.5%。（见附表2）上述结构表明，企业规模群体正在形成，大型企业虽占不到1%数量，但其在资产、销售及效益已占有行业的1/3以上比重，预期将会继续增升。

肉禽罐头制造业没有大型企业，仅有中小企业两类，但是中型企业在资产、销售和创利方面已占有1/2以上的天地。其中，中型企业为13家，仅占14.3%，其资产达到34.7亿元，占67%；销售收入56.7亿元，占59.9%；创利2.16亿元，占51.4%。小型企业为78家，占85.7%，其资产为17.1亿元，占33%；销售收入37.9亿元，占40.1%；创利2.07亿元，占48.6%。

（二）经济结构

企业经济结构随着投资主体加快的多元化，企业性质发生了急剧变化。目前，国有及集体企业数量已不及7%，其资产量及销售收入不足4%，创利仅为3%，私营及其它企业已占据4/5，外商及港台投资企业显著增升，投资及效能占到1/4。肉类屠宰加工及肉制品加工企业中，国有及集体企业249家，占行业规模企业的6.74%。其资产为75.36亿元，占3.34%；销售收入194.24亿元，占3.76%；创利5.59亿元，占2.71%。股份制企业144家，占3.9%，其资产190.2亿元，占8.43%；销售收入256.5亿元，占6.9%；创利9.58亿元，占4.65%。私营和其它企业为3042家，占82.3%，其资产为1368.79亿元，占60.67%；销售收入3403.67亿元，占65.87%；创利139.75，占67.87%。外商及港台投资企业为261家，占7.1%，其资产额621.69亿元，占27.56%；销售收入1213亿元，占23.47%；创利50.98亿元，占24.76%。

下面分述屠宰加工企业及肉制品加工企业经济成分结构变化：

1. 屠宰加工经济结构：2009年畜禽屠宰规模企业中，国有及集体企业189家，占屠宰加工企业9.1%，其资产为42.6亿元，占3.69%；销售收入151.3亿元，占5.18%；创利4.5亿元，占4.3%。股份制企业79家，占3.8%，其资产为136.8亿元，占11.85%；销售收入269.2亿元，占9.2%；创利6.9亿元，占6.7%。私营及其它企业为1799家，占84%，其资产为871.2亿元，占75.5%；销售收入2318亿元，占79.3%；创利91.8亿元，占88.5%。外商及港台投资企业为64家，占3.1%，其资产额103.9亿元，占9%；销售收入185.7亿元，占6.3%；创利0.38亿元，占0.4%。纵观在屠宰加工企业中民营企业投资及其产能占4/5。

2. 肉制品加工企业经济成分结构：2009年肉制品加工规模企业中，国有及集体企业60家，占3.7%，其资产额为32.7亿元，占2.9%；销售收入为42.9亿元，占1.9%；实现利润0.99亿元，占1%。股份制企业65家，占4%，其资产额53.4亿元，占4.9%；销售收入87.2亿元，占3.9%；实现利润2.63亿元，占2.5%。私营企业989家，占61.1%，其资产额301.7亿元，占27.4%；销售收入706.3亿元，占31.5%；创利为31.59亿元，占31%。外商及港台投资企业197家，占12.1%，其资产额为517.8亿元，占47%；销售收入1027.3亿元，占45.8%；实现利润50.6亿元，占49.5%。其它企业为309家，占19.1%，其资产额195.9亿元，占17.8%；销售收入379.4亿元，占16.9%；创利16.3亿元，占16%。

2009年肉禽罐头制造企业中，国有企业包括产能已失去权重，民企已控制主导。国有及股份制企业4家，占肉禽类罐头制造规模企业仅4.4%，其形成资产额为7.9亿元，占15.2%；销售收入为5.3亿元，占5.7%；创利仅0.03亿元，占0.6%。私营企业58家，占63.7%，其资产额24.7亿元，占47.7%；销售收入61.1亿元，占64.6%；创利2.8亿元，占66.5%。外商及港台投资企业为12家，占13.2%，其资产额为9.3亿元，占18%；销售收入13.1亿元，占13.8%；创利0.8亿元，占19%。其它企业为17家，占18.7%，其资产额为9.8亿元，占18.9%；销售收入15.1亿元，占15.9%；创利0.6亿元，占14%。

三、肉类工业经济形成区域梯度

据以下数据显示：一是资产投入总量：以鲁、豫、川、辽、吉、苏、皖、蒙、黑、冀10位为第一梯度，2009年形成资产量为1741亿元，占全国规模以上企业总量的77%；以闽、京、鄂、湘、粤、浙、沪、晋、渝、津为二梯度，资产量为412.3亿元，占资产总量的18%；以赣、陕、桂、云、新、甘、贵、青、宁、藏、琼为三梯度，资产量为102.7亿元，占资产总量的5%。

二是产品销售收入额：以鲁、豫、川、辽、蒙、吉、苏、冀、京、黑10位为第一梯度，2009年销售额为4275.5亿元，占全国规模以上企业总销售额的83%；以皖、湘、鄂、粤、渝、闽、浙、赣、沪、陕为二梯度，销售额为753.5亿元，占总销售额的14%；以晋、津、桂、云、贵、新、甘、青、宁、藏、琼为三梯度，销售额为138.4亿元，占总销售额3%；

三是规模企业利润额：以豫、鲁、川、苏、辽、蒙、皖、冀、黑、桂10位为第一梯度，2009年实现利润174.7亿元，占全国规模以上企业利润总额85%；以鄂、湘、陕、粤、闽、赣、浙、吉、渝、沪为二梯度，实现利润28.4亿元，占全国规模以上企业利润总额 14%；以晋、京、新、贵、甘、云、琼、青、藏、宁、津为三梯度，实现利润2.81亿元。由于2009年津、宁负创利，使区域利润结构发生变化。

四、肉类产品结构略有调整

据资料显示，2009年全国肉类总产量达到7649.9万吨，比上年增长5%。其中猪肉为4890.5万吨，增长5.8%；牛肉为635.8万吨，增长3.6%；羊肉389.4万吨，增长2.4%；禽肉1595.3万吨，增长4.02%。禽蛋产量2746.6万吨，增长1.6%。在肉类产品中，牛、羊肉处于供需紧张平衡，价格一直坚挺，牛羊屠宰加工缺乏整合，市场秩序不良，大多数企业经营吃紧，开工不足。

据有关信息显示，2009年全国定点生猪屠宰企业屠宰量达3.16亿头，占出栏量49%；其中规模以上企业屠宰量达2.1亿头，占定点屠宰量的66.5%。

与产量的变化相适应，2009年全国人均肉类占有量达到57.5公斤，比上年增加2.7公斤。其中猪肉人均占有量为36.7公斤，比上年增加1.9公斤；牛肉人均占有量为4.8公斤，比上年增加0.2公斤；羊肉人均占有量为2.9公斤，与上年持平；禽肉人均占有量为12.0公斤，比上年增加0.5公斤；禽蛋人均占有量为20.6公斤，比上年增加0.3公斤。

2009年我国猪肉、禽肉、牛肉、羊肉、杂畜肉的结构比重依次为64：21：8.3：5.1：1.6。与上年相比，猪肉上升1个百分点；禽肉维持原比重；牛、羊肉各下降0.1个百分点；杂畜肉下降0.8个百分点。继续坚持以猪肉业稳定发展，禽业积极发展，牛羊业加快发展的总原则，既保障了市场肉类总量需求的平衡，又保障了肉类结构在调整中的替代，总体上既符合我国居民消费习惯、民族特点和动物生物体生长周期以及市场的变化。但相比世界肉类品种总体结构的变化趋势（世界肉类品种总结构比重中，猪肉、禽肉、牛肉、羊肉、杂畜肉分别为40：30：24：5：1），近年来我国肉类结构的调整，虽战略思路符合科学发展和市场需要，而实践调整的进度显示是缓慢地，甚至牛羊肉比重还在下降，其原因有人们认识所致，如投入与风险问题，也有政策倾斜力度不够。

肉类制品结构随着市场需求的变化得到进一步调整。据测算，2009年肉类制品加工占肉类总产量的比重为14.7%，比上年下降了0.4个百分点；其产量预计达到1120万吨，比上年增加50万吨，增长4.7%。其中，中西式制品结构约为45：55。西式技术制作的制品中，高温制品约占40%，低温制品约占60%；中式肉制品数量在技术改进中有了新的提升。

五、品牌成为强势企业增强市场竞争力的重要战略

在市场竞争日趋激烈，在食品质量与安全凸显的今天，品牌作为技术、素质和信誉的综合表现的附着物呈现给社会和公众，代表了物质和精神文明。品牌战略昭示了企业技术水平、素质水平和诚信水平的不断提升，是企业持续发展和科学发展结合的体现，对推动地方经济和引导规范市场行为起到了积极的作用。2009年止，肉类行业历年来获得中国名牌产品共49个40家企业；获中国驰名商标品牌37个；上市企业达13家。

全国连锁店超市信息网监测的市场列位可视部分企业肉制品市场分布状态。以2009年11月信息为例如示：

肉类制品产业正处在发展中，加工企业正处在发展整合中，所以不可否认，其产品质量的不稳定时有发生，尤其是在新开发产品中，这种现象更有之。多数企业的技术力量不足，缺乏与发展相适应的技术性储备，缺乏产品机理研究，因而，产品更新（调整）缓慢。一些企业仍维持在一线品牌二线市场中。同时，在市场机制不健全的状态中，企业的创制问世新产品必然受到社会跟风的冲击威胁，所以，大型企业和优势企业一定要坚持在强化技术和管理的基础上，稳步推进做好市场工作和服务工作。

	1	2	3
北京市	双汇	恒慧	得利斯
河北省	双汇	洛杉奇	双鸽
上海市	雨润	双汇	海霸王
江苏省	双汇	雨润	金锣
广东省	双汇	雨润	万威客
河南省	双汇	金锣	美好
湖北省	双汇	金锣	可可
四川省	美好	双汇	老城南
辽宁省	双汇	础明	金百味
陕西省	双汇	得利斯	雨润

2009 年中国畜禽养殖和肉类禽蛋生产的

2009 年随着我国经济总体向好，农业连续 6 年丰收，在宏观经济“促增长、调结构、扩内需”的拉动下，发展畜禽生产具有很多有利条件。但由于金融危机的冲击，动物疫情的频发，以及生猪周期性供过于求的影响，又对全国畜禽生产带来严峻挑战。自年初以来，受甲型 H1N1 流感及其他疫情威胁，猪价一路下滑，猪粮比价从 3 月的 1 ∶ 7.64 降到 6 月的 1 ∶ 5.66，跌临最低警戒线。6 月 13 日，国家发改委、商务、农业等相关部门适时启动《防止生猪过度下跌调控预案》，以略高于市场的价格落实冻猪肉收购储备政策，从 6 月下旬起猪价迅速止跌回升，提振了养殖信心。直至年末连续 6 个月猪粮比价保持在 1 ∶ 6.5 上下，高于盈亏平衡点（1 ∶ 6），提高了养猪盈利水平，促进了生产，稳定了猪肉市场。牛和羊的生产稳中有升，供应量略有偏低，价格比较坚挺。家禽产销两旺，价格起伏正常，市场供应较为充足。一年来，各地区和有关部门进一步贯彻国家扶持畜禽生产的各项政策，强化动物疫情防控力度，继续实施能繁母猪补贴十保险、生猪良种繁育补贴、生猪调出大县奖励，及推进生猪、家禽标准化、规模化养殖基地建设，均有明显成效。全年猪、牛、羊、禽的存栏量、出栏量、出栏率和产肉量取得了全面稳定持续增长的好成绩。

2009 年畜禽养殖年末存栏量情况

近年来，畜禽存栏量持续增长，养殖规模逐年扩大，区域优势进一步显现，梯度结构差距明显拉大。

生猪存栏量为 46983.4 万头，比上年同期增加 692.1 万头增长 1.5%。按生猪存栏数量分区域排序，名列前十位的重点区域有四川、河南、湖南、山东、云南、湖北、广东、广西、江苏，其存栏合计 30,171.9 万头，占生猪存栏总数的 64.2%；排位第二梯度的十省区是贵州、辽宁、重庆、江西、安徽、黑龙江、福建、浙江、吉林、陕西，其存栏合计 13,706.2 万头，其生猪存栏总数的 29%；其余区域合计为 3,105.3 万头，仅占存栏总数的 7%。

牛存栏量为 10,521.7 万头，比上年同期减少 54.3 万头，下降 0.51%。存栏量排在前十位的有河南、四川、云南、内蒙古、西藏、黑龙江、贵州、山东、吉林、广西，其存栏合计 6,458.6 万头，占牛存栏总数的 61%；区域排位第二梯度的十省区是青海、甘肃、广西、湖南、河北、辽宁、新疆、湖北、江西、广东、陕西，其存栏合计 3,353.6 万头，占牛存栏总数的 32%；其余区域合计为 709.6 万头，占牛存栏总数的 7%。在牛存栏量中，肉牛为 5,766.7 万头（占 54.8%）；比上年同期增加 513.4 万头，增长 3.8%；奶牛为 1,483.6 万头（占 14.1%），比上年同期 250 万头，增长 20.3%；役用牛为 3,271.3 万头（占 31.1%），比上年同期减少 817.9 万头，下降 20%。数据显示，近年奶牛增长较快，肉牛增长缓慢，役用牛呈下降趋势，但仍占较高比重。

羊存栏量为 28,453 万只，比上年同期减少 368.1 万只，下降 1.3%。存栏量在前十位的是内蒙古、新疆、山东、河南、甘肃、四川、西藏、河北、青海、黑龙江，其存栏合计为 21,504.5 万只，占羊存栏总数的 76%；第二梯度的十省、区有云南、山西、辽宁、陕西、安徽、湖南、宁夏、江苏、吉林、湖北，其存栏合计为 5,850.6 万只，占羊存栏总数的 20%；其余区域合计 1,097.7 万只，仅占羊存栏总数的 4%。在羊存栏量中，山羊为 15,799.6 万只（占 55.5%），比上年同期增加 570.4 万只，增长 3.7%；绵羊为 12,653.4 万只（占 44.5%），比上年同期减少 202.3 万只，下降 1.6%。由于绵羊连续三年累计下降 1,948 万只，绵羊比重由 49.8%下降为 44.5%；山羊比重则由 50.2%提升为 55.5%。

家禽（含鸡、鸭、鹅等）存栏量为 532,998.4 万只，比上年同期增加 4801 万只，增长 0.9%。家禽存栏量在前十位的分别是河南、山东、四川、辽宁、广东、河北、江苏、广西、湖北、湖南，其存栏合计为379,044.4万只，占家禽存栏总数的71%；第二梯度的十省、市有安徽、江西、吉林、黑龙江、浙江、云南、重庆、福建、贵州、山西，其存栏合计125,865.4万只，占家禽存栏总数的24%；其余区域合计28,088.6万只，仅占家禽存栏总数的5%。

家兔存栏量为22,221.3万只，比上年同期增加356.2万只，增长1.6%。前十位的分布区域是四川、山东、河南、江苏、河北、重庆、福建、浙江、山西、陕西，其存栏合计20,291.2万只，占家兔存栏总数的91%。

2009年畜禽主要品种出栏量情况

猪出栏量为64,527.1万头，比上年同期增加3,510.5万头，增长5.8%。出栏量在前十位的区域是四川、湖南、河南、山东、湖北、广东、河北、广西、云南、江苏，其出栏合计41,085.3万头，占猪出栏总数的64%；第二梯度的十省区是江西、安徽、辽宁、重庆、福建、浙江、贵州、黑龙江、吉林、陕西，其出栏合计19,358.5万头，占猪出栏总数的30%；其余区域合计4083.3万头，仅占猪出栏总数的6%。

牛出栏量为4,602.2万头，比上年同期增加156.1万头，增长3.5%。出栏量在前十位的区域是河南、山东、河北、内蒙古、吉林、辽宁、云南、四川、黑龙江、新疆，其出栏合计3,159.5万头，占牛出栏总数的69%；第二梯度的十省区是甘肃、广西、湖南、西藏、江西、安徽、湖北、青海、贵州、陕西，其出栏合计1,153.9万头，占牛出栏总数的25%；其余区域合计288.8万头，仅占牛出栏总数的6%。在牛的出栏中，肉牛（包括黄牛、改良牛）年出栏约占85%；奶牛出栏（淘汰率）约占5%；水牛出栏（淘汰率）10%。

羊出栏量为26,732.7万只，比上年同期增加560万只，增长2.1%。出栏量在前十位的区域是内蒙古、山东、新疆、河南、河北、四川、甘肃、安徽、辽宁、黑龙江，其出栏合计20,333万只，占羊出栏总数的76%；第二梯度十省、区有云南、江苏、湖南、青海、西藏、湖北、陕西、山西、宁夏、吉林，其出栏合计5,207.9万只，占羊出栏总数的20%；其余区域出栏合计1,191.8万只，仅占羊出栏总数的4%。在羊的出栏中，山羊为14,915.6万只（占55.8%），比上年同期增加299.6万只，增长2.05%；绵羊为11,817.1万只（占44.2%），比上年同期增加342.9万只，增长2.9%。

家禽出栏量为1,061,305.4万只，比上年同期增加39,149.7万只，增长3.8%。出栏量在前十位的区域是山东、广东、河南、广西、江苏、辽宁、安徽、四川、河北、湖北，出栏合计777,435.2万只，占家禽出栏总数的73%；第二梯度的十省区是吉林、江西、湖南、浙江、福建、云南、重庆、黑龙江、北京、海南，出栏合计236,282.8万只，占家禽出栏总数的23%；其余区域合计出栏47,587.4万只，仅占家禽出栏总数的4%。家禽出栏中以鸡为主，据测算，在鸡的出栏中肉用鸡量约占85%，蛋鸡淘汰量约占15%。

家兔出栏量为43,281.4万只，比上年同期增加1,751.8万只，增长4.2%。出栏量在前十位的区域是四川、山东、江苏、河南、河北、重庆、福建、内蒙古、湖南、浙江，出栏合计39,961.9万只，占家兔出栏总数的92%。

2009年主要畜禽平均出栏率状况

活猪出栏率为139.4%，比上年的138.7%增升0.7个百分点；

活牛出栏率为43.5%，比上年的42%，增升1.5个百分点；

活羊出栏率为95.1%，比上年的91.6%，增升3.5个百分点；

家禽出栏率为200.9%，比上年的203.6%减少2.7个百分点；

家兔出栏率为198.2%，比上年的187.2%增升11个百分点。

2009年肉类禽蛋产品生产量情况

全国肉类总产量为7,649.9万吨，比上年同期增加371.2万吨，增升5%。其中：

猪肉产量为4,890.5万吨，比上年同期增加270万吨，增长5.8%；

牛肉产量为635.8万吨，比上年同期增加22.6万吨，增长3.6%；

羊肉产量为389.4万吨，比上年同期增加9.1万吨，增长2.4%；

禽肉产量为1595.3万吨，比上年同期增加61.7万吨，增长4.02%；

兔肉产量为63.6万吨，比上年同期增加4.9万吨，增长8.3%。

在全国肉类总产量中，按其产量顺序排列：山东、四川、河南、湖南、广东、河北、辽宁、广西、湖北）、安徽等前10区域共计肉类产量4,751.9万吨，占全国肉类总产量的62%。其中分品种情况是：

猪肉产量中：四川、湖南、河南、山东、湖北、广东、河北、广西、云南、安徽，其产量合计3089万吨，占全国猪肉总产量的63%；

牛肉产量中：河南、山东、河北、内蒙古、吉林、辽宁、黑龙江、新疆、四川、云南，其产量合计465.9万吨，占全国牛肉总产量73%；

羊肉产量中：内蒙古、新疆、山东、河北、河南、四川、甘肃、安徽、云南、黑龙江，其 产量合计296.2万吨，占全国羊肉总产量76%；

禽肉产量中：山东、广东、江苏、广西、辽宁、河南、安徽、四川、河北、吉林，其产量合计1,159.6万吨，占全国禽肉总产量73%。

2009年全国禽蛋总产量为2,740.6万吨，比上年的2701.7万吨增加38.9万吨，增长1.4%。在禽蛋总产量中，前十位的区域是：河南、山东、河北、辽宁、江苏、四川、湖北、安徽、黑龙江、湖南，其产量合计2,153.2万吨，占全国禽蛋总产量的79%。

2009年主要肉类品种在肉类产品中的结构比重

2009年各种肉类产品占肉类总产量的结构比重分别为：猪肉占63.9%（比上年提升0.4个百分点）；牛肉占8.3%（比上年下降0.1个百分点）；羊肉占5.1%（比上年下降0.1个百分点）；禽肉占20.8%（比上年下降0.25个百分点）。

其他农副食品工业（139）

淀粉糖（1391）

中国发酵工业协会 余淑敏

【概 况】

2009年，淀粉糖（醇）取得了较大的发展，淀粉糖总产量740万吨，同比增长5. 26%，其中固体糖290万吨，液体糖450万吨。多元醇产量93万吨，同比增长9.41%，淀粉糖的产量从1999年的60万吨发展到2009年的740万吨，增长了12倍多，位居世界第二。山梨醇居世界第一位，生产规模最大的30万吨，中国淀粉糖（醇）生产企业的生产规模、生产技术和产品质量均已达到世界先进水平，国内市场占有率达90%以上，国外市场占有率也逐年提高。2009年淀粉糖产值达185亿元，出口创汇4. 49亿美元。

表1.2009年淀粉产量情况

（单位：万吨）

地区	玉米淀粉	薯类谷类淀粉				合计
		木薯	马铃薯	红薯	小麦	
河北	260.10		0.40			260.50
山西	26.92		0.56			27.48
内蒙古	1.31		2.01			3.32
辽宁	68.29					68.29
吉林	358.25		0.10			358.35
黑龙江	55.00		5.06			5.06
江苏						55.00
浙江					0.18	0.18
山东	803.90			8.50		812.40
河南	102.69				3.18	105.86
湖北	4.51					4.51
四川			0.50	0.50		1.00
云南			1.42			1.42
陕西	77.00		0.20			77.20
甘肃	8.17		3.57			11.74
宁夏			1.57			1.57
青海			0364			0.64
新疆	6.90		0.69			7.59
广东	2.00	4.98			0.68	7.66
广西		41.00				41.00
海南		1.45				1.45
合计	1725.52	47.43	16.72	9.00	4.04	1802.71

由于中国淀粉糖（醇）市场快速发展，美国、韩国、法国、印尼等跨国公司在中国建厂，在国内形成了国际化竞争。糖和醇出口量增加。

【淀粉、淀粉糖、多元醇产量】

一、淀粉产量

2009年总淀粉产量为1803万吨，比上年减少15万吨，其中玉米淀粉1726万吨，与上年持平；木薯淀粉47.43万吨，下降47%；马铃薯淀粉16.72吨，下降48%；小麦淀粉13.04万吨，增长13.9%。

2009年玉米淀粉实际产量在10万吨以上的企业计33家，集中在山东、吉林、河北、河南、陕西、辽宁6个省，其中10万～30万吨18家，30万～50万吨6家，50万～100万吨4家，100万～200万吨4家，200万吨以上1家，这33家企业玉米淀粉的年产量为1536.90万吨，占玉米淀粉总产量的89.07%，与上年基本持平。

从地区分布情况看，山东、吉林、河北3省玉米淀粉的产量仍然保持着前3位，分别占玉米总产量的46.59%、20.76%，15.07%，这3个省合计产量占总产量的82.42%，与上年基本持平。

二、变性淀粉产量

2009年变性淀粉产量为112.93万吨，比上年增长32.4%，其中1万吨以上的26家企业变性淀粉产量为107.65万吨，占总产量的95.3%。阳离子淀粉和涂布用变性淀粉产量增幅较大。从地区分布看，变性淀粉企业集中在华东和两广地区，这两个地区的产量99.76万吨，占总产量88.3%。从各省区看，山东位居第一，产量31.75万吨，占总产量的28.1%；广西居第二，产量22.97万吨，占总产量的20.3%；浙江居第三，产量15.89万吨，占总产量的14.1%；广东居第四，产量12.20万吨，占总产量的10.8%；这4省区合计年产量为82.81万吨，占变性淀粉总产量的73.3%。

三、淀粉糖产量

淀粉糖产量740万吨，同比增长5.26%，其中固体糖290万吨，液体糖450万吨，其中固体糖中的结晶葡萄糖总产量为238.78万吨，同比增长13.5%。从地区分布上看，山东居第一，总产量146.98万吨，占总产量的61.55%；河北居第二，产量51.06万吨，占总产量的21.38%；吉林居第三，产量31.56万吨，占总产量的13.2%；这3个省合计年产量占结晶葡萄糖总产量的96%以上。

液体淀粉糖450万吨，同比增长13.5%，其中高麦芽糖浆产量由2008年的40万吨增加到2009年的100万吨以上；低聚异麦芽糖产量较2008年增长了近1倍。

四、糖醇产量

2009年糖醇总产量93万吨，同比增长9.41%，其中液体山梨醇产量74.56万吨，占糖醇总产量的86%，与上年相比持平；木糖醇产量4万吨，同比下降14.89%。

表2.2008～2009年糖醇产量情况

年份	产量(万吨)	同比增长(%)
2008	85	27.24
2009	93	9.41

【中国淀粉糖行业集中度】

2009年淀粉糖行业的集中度进一步提高，全国淀粉糖20强企业淀粉糖的生产规模占行业总规模的90%，行业中前10名企业销售额160亿元，占总销售额的近85%。2009年淀粉糖行业规模以上生产企业中，产量5万吨以上的企业20家，10万吨以上的17家，20万吨以上的7家，40万吨以上的1家，100万吨以上的2家，130万吨以上的1家。

【淀粉糖品种】

中国淀粉糖和多元醇行业朝着多品种、个性化、专一化、规模化发展，品种结构日益完善。中国淀粉糖和多元醇的主要品种目前已发展到32种，改变了原先产品单一的格局。32个品种分别为各种DE值麦芽糊精、液体葡萄糖、麦芽糖饴（饴糖）、果葡糖浆、低聚异麦芽糖50型、低聚异麦芽糖90型、功能性低聚糖、黄或白糊精、一水注射葡萄糖、口服葡萄糖、无水注射葡萄糖、山梨醇、硬质结晶山梨醇、高麦芽糖浆、结晶果糖、全糖浆、全糖粉、结晶麦芽糖、中转化麦芽糖粉、中转化葡萄糖浆、海藻糖、麦芽糖醇、低聚糖醇、低聚异麦芽糖醇（还原低聚异麦芽糖）、赤藓糖醇、啤酒用糖浆、氢化淀粉糖浆、结晶果葡糖、阿拉伯糖、甘露糖、木糖醇、葡鲁兰多糖。

【国外淀粉糖生产及消费情况】

全球淀粉糖的年产量已超过3000万吨，其中数量最多的是果葡糖，美国是全球最大的淀粉糖产销国，美国2009年淀粉糖总量1046万吨（干重），美国年人均淀粉糖消费量31.45千克，人均蔗糖消费量30.03千克。淀粉糖占食糖总消费量的50%，欧盟和日本的淀粉糖消费量也占到40%以上，发达国家人们日常食用的食糖中有很大一部分是淀粉糖。

【国内淀粉糖消费情况】

中国2009年淀粉糖总量740万吨，淀粉糖中葡萄糖、麦芽糖所占比例较大（结晶葡萄糖238万吨、麦芽糖235万吨），而国外食品工业大量使用的果葡糖，需求在逐步扩大，中国已达50万吨（产能150万吨），具有较大的发展潜力。中国(13亿人口)年人均淀粉糖消费量5.0千克，年人均蔗糖消费量 10.7 千克，淀粉糖的发展在“十一五”期间平均年递增 15%以上。

【产业链延伸】

行业中产品结构不断的调整，实行多品种开发、多层次利用，提高资源利用率。大多数企业产业链都在不断延伸。有的企业几乎 100%的淀粉自用，生产高附加值的有机酸、各种淀粉糖和多元醇、氨基酸等。有的企业从玉米→淀粉→结晶葡萄糖→山梨醇→生物化工醇，有的企业从淀粉→结晶葡萄糖→葡萄糖酸及其盐类等系列产品，不但改变了原先产品单一的格局，而且为相关行业的发展提供了品质优良的原料。

【淀粉、淀粉糖及多元醇进出口情况】

一、淀粉糖进出口

淀粉糖产品 2009 年出口 76.47 万吨，比上年下降 7.16%，出口额 4.49 亿美元，下降 25.91%。进口量 23.48 万吨，比 2008 年上升 9.57%，进口额 1.85 亿美元，下降 2.63%。

表 3.2008 ～ 2009 年淀粉糖产品进出口情况

（单位：吨、万美元）

年份	出口量	出口额	进口量	进口额
2008	823 717	60 658	214 281	18 979
2009	764 692	44 869	234 817	18 510

二、葡萄糖及葡萄糖浆（果糖 <20%）、葡萄糖及糖浆 (20%≤果糖 <50%）、果糖及果糖浆（果糖 >50%）3 种商品离岸价虽然并不看好，但出口量比上年增加 17%，出口总金额比上年增加 3350 万美元，增幅 19%。果糖及果糖浆（果糖 >50%）出口量前 3 位的依次是韩国、越南、美国，出口量占总出口量的 72%。离岸价依次是美国、越南、韩国。出口额依次是韩国、美国、越南。葡萄糖及糖浆 (20%≤果糖 <50%)：出口量前 3 位的依次是菲律宾、越南、美国，出口量占总出口量的 82%。离岸价和出口额依次均是越南、美国、菲律宾。

葡萄糖及葡萄糖浆（果糖 <20%）。出口量前 4 位的依次是韩国、菲律宾、尼日利亚、越南。出口量占总出口量的 49%，离岸价差别在 357 美元～ 393 美元 / 吨。出口额依次是韩国、菲律宾、尼日利亚、越南。

表 4.2008 ～ 2009 年多元醇产品进出口情况

（单位：吨、万美元）

年份	出口量	出口额	进口量	进口额
2008	270 637	49 081	258 097	42 134
2009	200 748	26 507	335 087	36 941

三、甘露糖醇进口量与上年相比减少，出口量与上年持平，离岸价比上年下降 25%。山梨醇进口量与上年相比大福减少，进口量创近 10 年来最低水平，比上年下降了近 90%。出口量虽比上年下降 21%，山梨醇的到岸价却比上年上涨了 26%。山梨醇出口量前 4 位的依次是日本、泰国及中国台湾和韩国，出口量占总出口量的 51.5%。离岸价依次是韩国、日本及中国台湾和泰国。出口额依次是日本、泰国、韩国及中国台湾。

表 5.2008 ～ 2009 年淀粉类主要产品出口对比情况

（单位：吨、万美元、美元／吨）

年份	产品	上半年出口量	上半年出口额	上半年价格	下半年出口量	下半年出口额	下半年价格	全年出口量	全年出口额	全年价格
2008	小麦淀粉	12 604.34	578.23	458.75	7805.91	402.54	515.69	20 410.26	980.77	480.53
	玉米淀粉	308 875.47	9986.73	323.33	135 926.52	4973.82	365.92	444 802.03	14 960.54	336.34
	未列名淀粉	25 187.01	1308.91	519.68	27 714.18	1687.37	608.85	52 901.19	2996.27	566.39
	合计	346 666.82	11 873.86	342.51	171 446.65	7063.73	412.01	518 113.47	18 937.58	365.51
2009	小麦淀粉	6058.03	274.39	452.94	5920.54	249.82	421.96	11 978.57	524.21	437.62
	玉米淀粉	169 825.68	5047.99	297.24	119 961.34	4190.58	349.32	289 787.02	9238.56	318.80
	未列名淀粉	27 757.10	1605.61	578.45	33 560.96	1960.38	584.12	61 318.06	3565.99	581.56
	合计	203 640.80	6927.99	340.21	159 442.84	6400.77	401.45	363 083.64	13 328.76	367.10

表 6.2009 年淀粉进出口情况

项目	进口				出口			
	进口量（吨）	与上年同比(%)	进口额（美元/吨）	与上年同比(%)	出口量（吨）	与上年同比(%)	出口额（美元/吨）	与上年同比(%)
玉米淀粉	965	-72	1072	48	289 787	-35	318	-5
木薯淀粉	831 987	80	286	-23	464	51	514	-35
马铃薯淀粉	35 004	182	465	-29	8712	-56	650	-16
小麦淀粉	1243	-29	687	-9	11 978	-41	437	-9
未列名淀粉	935	增长一倍	1100	-21	117 522	-46	581	3

四、木薯淀粉进口量 2009 年创历史最高水平，比最高年份 2006 年增加 8%，比上年增加 80%，到岸价比上年下降近 1/4。

马铃薯淀粉进口量 2009 年比上年增加近 2 倍，上年到岸价 696 美元 / 吨，但 2009 年下降至 465 美元 / 吨。

由于 2009 年玉米淀粉到岸价上涨近 50%，所以进口量降至近 10 年来的最低水平，比上年下降了 72%。

淀粉类商品出口：除木薯淀粉外，出口量均比上年下降，下降幅度在 14%～ 15%不等，下降幅度最大的是马铃薯淀粉为 16%。

【新技术、新设备、新产品】

一、膜脱色技术已用于淀粉糖工业。通过工艺改进，显著降低活性炭用量；色谱分离和膜分离技术已成功用于结晶葡萄糖母液，分离提取葡萄糖和低聚糖，即增加品种又进一步提高了原料利用率。

二、多项自主创新技术；自主研发的山梨醇氢解制多元醇的技术；结晶果糖生产技术；色谱分离树脂技术、三组分分离技术和装备；酶转化法生产 γ-氨基丁酸技术达到国际先进水平。

三、在淀粉糖生产中，采用喷射液化技术，使淀粉液化浓度提高，每吨干淀粉可以节约蒸汽 100 千克，约节煤 10%。

四、干法挤压膨化技术。用于淀粉糖行业，节水节电效果明显，预计吨产品水耗由湿法的 5．0 吨降到 0．09 吨，电耗由 187kwh 降到 100kwh，蒸汽消耗由 1．2 吨降到 0．7 吨左右。

五、多效蒸发器、连续离子交换、逆流自动离子交换等技术设备在淀粉糖和多元醇工业的应用，可显著降低蒸汽消耗，减少生产过程中的污水排放量，降低酸碱用量，节约生产成本。

六、发酵糖（醇）的开发、发酵法生产海藻糖、氨基糖、木糖醇、阿拉伯糖、赤藓糖醇的发酵法生产，改变了传统加氢的制备工艺，使多元醇产品生产来源更广泛。

七、酶法清洁生产木糖、微生物发酵木糖生产木糖醇，改变了木糖醇传统化学法生产工艺，节能减排效果显著。

八、生物材料方面、生物化工醇"玉米衣服"和可降解的聚乳酸"玉米塑料"实现重大突破，在国内已工业化生产。

九、近几年中国山梨醇出口远超过进口量，已成为净出口国。生产规模大型化是近年中国山梨醇行业发展的一大特点，中国山梨醇生产企业主要有长春大成集团、山东天力药业、柳州利达、罗盖特公司等，这些企业的年产能都超过 10 万吨。长春大成集团 35 万吨 / 年，山梨醇（含量 70%）装置成为中国之最。随着新装置的不断投产，中国山梨醇产量，已超过美国成为全球最大的山梨醇生产基地。山梨醇质量也大有提高，与国际水平接轨。山东天力药业的万吨硬质山梨醇（即 r- 型山梨醇）也突破技术难关，实现工业化生产。山梨醇因其在许多应用领域不能被取代，将继续保持其在多元醇产品中的主导地位，山梨醇裂解生产乙二醇、丙三醇、丙二醇等化工用醇的新兴消费正在起步。

【新型的稀有糖品的开发】

L- 阿拉伯糖：以聚糖的形式，存在于多种植物、谷物、水果、蔬菜中。特别是在甜菜、马铃薯、苹果、西红柿、玉米芯、玉米皮及其他高糖水果中，其含量占干计的 5%～ 25%之间。山东福田药业与南京凯通公司合作，用木糖母液精制后，采用模拟流动床分离，成功地获得 L- 阿拉伯糖。已建成年产 L- 阿拉伯糖 1000 吨的生产装置，投产后生产运行正常，市场容量巨大。

甘露糖：甘露糖是葡萄糖的同分异构体，除 C2 上羟基位置与葡萄糖相反外，其他结构与葡萄糖相似。山东明月集团与南京凯通粮食生化有限公司合作研究，如果制成 80%纯度的甘露糖，成本可以降至 5 万元 / 吨以下。

【设备国产化促进淀粉糖和糖醇的发展】

中国的淀粉糖和糖醇工业从技术引进、仿制、研制，自主开发等多渠道发展，成为具相当规模和水准的行业，大型专用设备的开发，为改造扩建打下基础，淀粉糖生产从酸法过渡到酶法，促进了淀粉糖工业的发展，淀粉糖年递增率达20%，淀粉糖产量比20世纪90年代初增长了12倍多。其他大型设备的国产化也促使淀粉糖工业向大型化发展，如大型鼓式预涂层过滤机、薄膜蒸发器、立式大结晶罐、上悬式自动卸料离心机等，20世纪80年代淀粉糖生产规模最大的也只有年产1万多吨，2009年产量最高的可达120万吨以上。

糖醇生产的设备是高温高压，要求严格，危险性高，是糖醇发展的关键。中国糖醇行业从起步之日起，始终坚持发展自主技术与自主装备，对行业的发展奠定的坚实的基础。国内内资的主要糖醇厂家，所采用的全是国产设备，因此生产成本大大降低。

在甘露醇、麦芽糖醇与木糖醇生产上，中国采用国产的模拟流动床、薄板换热蒸发器、立式连续结晶罐及磁力分离器，使得收率与生产效率大为提高。

【存在的问题】

一、同质化竞争严重

淀粉糖等产品全国各地无序相继扩建新建，导致有些生产能力闲置；同质化竞争严重，导致企业效益低下，淀粉糖好的企业每吨利润仅几十元，企业微利保本运行，低水平重复建设，致使规模化的企业原料不足，效益低下。

二、原料利用率低

玉米加工业是工业用粮的大户，首先要提高原料玉米的利用率。其玉米原料利用率包括淀粉利用率68%～69%，各种副产物利用率也只有97.5%，相当一部分企业的原料利用率仅为95%～96%。即有2%左右的原料未利用，除少量固体废渣外，主要成分含可溶性糖类、蛋白质等的高浓度有机废水被排出，成了污染源。

三、副产物综合利用水平低

玉米深加工过程中，除淀粉以外还有30%的副产品，年产1000多万吨，只有少数企业用胚芽制玉米油，大多数均以干燥作饲料处理，未作深加工。

四、淀粉糖环保有待再完善

在环保问题上，淀粉糖行业不仅面临节能，减排也是主要任务，行业内大企业都能达标排放，但小企业未能达标排放。

【淀粉糖分会主要工作】

一、行业会议

2009年3月21日，中国发酵工业协会在北京组织召开了发酵行业2008年度名牌企业董事长、总经理座谈会。共有15家企业20多人参加了会议。会上石维忱理事长客观的指出全行业要高度重视，深入贯彻落实国家《轻工业调查和振兴规划》内容，结合行业的实际情况，积极主动地调整企业经营，把解决好当前困难和谋求长远发展结合起来，增强信心，艰苦奋斗，实现新发展。会议通报了“关于开展全国打击违法添加非食用物质和滥用食品添加剂专项整治的紧急通知”及“卫生部陈啸宏副部长在全国打击违法添加非食用物质和滥用食品添加剂专项整治第二次电视电话会上的讲话”，企业就发展情况进行了交流。

2009年6月12日，中国发酵工业协会淀粉糖分会第四届会员代表大会在青海省西宁市召开，来自56家单位的70余位代表参加了会议。石维忱理事长介绍了协会近期的工作情况以及行业第一季度经济运行情况。第三届淀粉糖分会理事长余淑敏对淀粉糖分会2004年～2008年五年来的工作情况进行了总结。会议同时进行了淀粉糖分会理事会的换届选举工作。由协会推荐，会员代表表决通过，选举产生了由淀粉糖生产企业及相关科研单位负责人组成的第四届淀粉糖分会理事共42名，并表决通过了理事长、副理事长、秘书长及副秘书长人选。

二、开展行业调研工作

2009年4月，协会在淀粉糖行业开展了书面调研和实地调研工作，走访了淀粉糖企业比较密集的山东省的几家代表性企业。通过调研，深入了解重点企业在落实国家有关政策、保持总体平稳较快发展等方面的主要做法和典型经验；听取了行业在新情况下出现的新问题、新建议。调研结束后，撰写了行业调研报告，提出了行业发展的政策措施建议向有关部门进行了汇报。

三、第三届全国淀粉糖行业二十强企业评定工作

2009年4月1日，中国发酵工业协会评定工作开始。此次评定本着企业自愿参加和“客观、公正、公平、公开”的原则开展，共有22家企业递交了纸质申报材料。评出了第三届全国淀粉糖行业二十强企业，名单如下：山东西王糖业有限公司、鲁洲生物科技有限公司、保龄宝生物股份有限公司、山东福田药业有限公司、浙江华康药业股份有限公司、山东龙力生物科技有限公司、山东天力药业有限公司、广州双桥股份有限公司、郸城财鑫糖业有限责任公司、诸城兴贸玉米开发有限公司、中粮融氏生物科技有限公司、长春帝豪食品发展有限公司、河北赵州利民糖业集团有限公司、河北健民淀粉糖业有限公司、武汉佳宝糖业有限公司、河北燕南食品集团有限公司、山东香驰健源生物科技有限公司、河南淇雪淀粉有限公司。

四、积极反映行业诉求

2009年1～6月玉米深加工行业情况有所好转，国际和国内对相关产品需求回升带动了企业开工率增加，上规模企业开工率达到了80%，企业和行业经济效益回暖。

7月31日，国家发改委联合财政部、国家粮食局面向内蒙古、辽宁、吉林、黑龙江省（区）人民政府下发了发改电[2009]219号文（中机电8636号）《关于做好国家临时存储玉米定向销售工作的通知》，通知中明确8～11月期间国家对吉林、辽宁、黑龙江、内蒙古三省一区内规模在10万吨以上的玉米深加工企业进行补贴。此政策出台后，对玉米深加工行业产生了很大的影响：吉林、辽宁、黑龙江、内蒙古三省一区有补贴的玉米深加工企业在一定程度上提高了企业的开工率。但其他地区的企业则受到了很大的冲击，开工率出现不升反降的现象，尤其在河北和山东地区更为突出，大型企业的经济效益大幅下滑，企业面临停产的危险，影响到近万人的就业和行业发展。为此，河北、山东等省的企业寻求协会的帮助，通过协会向上级国家相关部委反映所面临的困难。淀粉糖分会积极开展调研工作，组织材料，向国家发改委相关部门反映行业所面临的现状，提出了政策性建议，受到了部委的重视。

豆制品制造（1392）

中国食品工业协会豆制品专业委员会 卫祥云

中国是大豆的故乡，在中国已有4600多年人工种植的悠久历史。在中国古代，大豆叫“菽”，与谷子、玉米、小麦、水稻合称“五谷”。同时，中国的豆腐烹饪居世界之首，享誉全球，因此从饮食文化的角度来看，大豆食品已成为中国文化的一部分，它不但是中华民族所创造的物质财富，也是中华民族精神财富的重要内容之一。

千百年来，中国优秀的传统大豆食品，以它极佳的口感，丰富的营养和低廉的价格，成为中国人民生活的必需品，也是重要的健康食品。今天，随着中国的豆腐文化遍及全球，传统大豆食品的生产也开始向工业化和产业化迈进，并在世界舞台上显现出及其重要的地位。

一、我国大豆食品产业的状况

（一）产业发展历程

新中国建立以来，我国豆制品行业前店后场的生产经历了较长的计划经济时期。改革开放以来，随着人民生活水平的提高，各地政府为了满足人民群众对豆制品的需求，开始对前店后场的手工作坊进行改造，但豆制品生产经营仍然是计划原料，计划供应，企业从政府得到财政补贴，老百姓凭票证买豆腐，豆制品行业的生产和市场带有较强的计划性和地域性。在此阶段内，豆制品行业在改变生产方式，提高机械化、自动化水平方面做出了很大努力。从1992年开始，我国的豆制品行业进入了一个新的转折点，原来的计划原料和政府财政补贴逐步取消，企业的经营体制、生产状况和市场营销方式发生了较大的变化。从1992年到2002年，我国豆制品行业经历了一个新的转折的时期，其中包括前5年的调整和后5年的恢复性发展。自2002年开始，全国豆制品行业开始发生了很大的变化，大豆食品产量的迅速增长，花色品种的不断增多，可以说，中国的大豆食品行业迎来了快速发展的春天，并呈现出高速、强健的发展势头。

（二）产业发展现状

1. 企业及生产状况

我国2009年大豆的产量约为1450万吨，使用量约为5450万吨，进口约4000万吨。其中用于食品工业的大豆约800万吨，约占总消费量的15%，食品大豆中用于传统大豆食品加工的大豆约400万吨，占食品用大豆的50%。

截止到2010年3月份，我国取得食品生产许可证的大豆食品企业达到3569家（如1表）。从各地取得生产许可证企业数量来看，东、南部经济较发达地区的企业数量明显大于西北部地区。

我会对全国规模大豆食品企业前50位进行了统计：2009年总投豆量合计为74.23万吨，与2008年相比增长了31.36%；年销售额合计为84.83亿元，比2008年增长了25.37%；出口额不到1000万美元与2008年比基本没有变化。年销售额上亿元的企业达到24家，2008年为18家；大型豆制品生产企业（年销售额上亿元）的年耗用大豆量合计为63.7万吨，占规模企业总耗豆量的85.8%（08年为70.8%）；年销售额合计为74.02亿元，占规模企业总销售额的83.7%（08年为73.29%）。

2. 主要产品分类

我国大豆食品主要分14大类，如2表。

表1. 我国各地大豆食品企业市场准入情况统计表

地区名称	取证企业数量	城市人口数（万）	地区名称	取证企业数量	城市人口数（万）
北京	66	1，538	湖北	108	5，988
天津	55	1，007	湖南	323	6，629
河北	115	6，735	广东	299	7，859
山西	61	3，294	广西	105	4，822
内蒙古	20	2，379	海南	21	803
辽宁	129	4，203	重庆	216	3，107
吉林	53	2，699	四川	233	8，673
黑龙江	77	3，813	贵州	42	3，837
上海	147	1，625	云南	112	4，333
江苏	193	7，381	西藏	1	267
浙江	316	4，647	陕西	63	3，674
安徽	118	6，338	甘肃	24	2，593
福建	116	3，466	青海	5	529
江西	103	4，222	宁夏	11	572
山东	182	9，082	新疆	28	1，905
河南	189	9，613	合计	3，589	127，633

表2. 我国大豆食品产品分类表

第一类	熟制大豆	煮大豆	如焖黄豆、甜蜜豆。
		烤大豆	
第二类	豆粉	烤大豆粉	
		全脂豆粉	
		脱脂豆粉	
		低脂豆粉	常用于加工膨化豆制品、面包和香肠等。
		其他	除上述以外的豆粉。
第三类	豆浆粉	豆浆粉	又称速溶豆粉；根据添加的辅料和理化指标不同分为：普通型、高蛋白型、低糖型、低糖高蛋白型等产品。
		调制豆浆粉	
第四类	豆浆	豆浆	
		调制豆浆	又分为调制豆浆，如调味豆浆和营养强化豆浆；脱脂调制豆浆，如调味脱脂豆浆和营养强化脱脂豆浆。
		豆浆饮料	如果汁豆浆饮料、巧克力豆浆饮料、豆奶、五谷豆浆等。
第五类	豆腐	充填豆腐	
		嫩豆腐（南豆腐）	
		老豆腐（北豆腐）	
		油炸豆腐	如油三角、油方等。
		冻豆腐	又称海绵豆腐。
		其他	
第六类	豆腐花（豆腐脑）		

第七类	豆腐干	白干	
		油炸类	如油茧子、豆腐泡、油丝等。
		卤制类	如兰花干、香干、卤素鸡、素烧鹅等。
		炸卤类	如素牛肉、辣丝等。
		熏制类	如熏干、熏素鸡等。
		其他再制品	如素鸡等。
第八类	臭豆腐（臭干）类	臭豆腐（臭干）	
		臭豆腐（臭干）再制品	
第九类	腐竹类	腐竹（腐皮）	又称豆腐衣 / 油皮。
		腐竹（腐皮）再制品	
第十类	膨化豆制品类	膨化豆制品	
		膨化豆制品再制品	
第十一类	发酵类	豆豉	
		纳豆	
		腐乳	
		味噌	
		天培	
		发酵豆浆（发酵豆乳）	
		其他发酵豆制品	如霉千张、霉豆腐等。
第十二类	大豆蛋白类	大豆蛋白粉	
		大豆浓缩蛋白	
		大豆分离蛋白	
		大豆组织蛋白	
		大豆蛋白制品	
		其他大豆蛋白	
第十三类	豆芽		
第十四类	其他豆制品		如豆渣、豆乳酪、大豆能量棒、大豆布丁、大豆炼乳等。

3. 我国大豆食品产业特点

(1) 豆腐等传统大豆食品仍然是消费主体

根据企业上报的数据分析，豆腐、豆浆类的传统大豆食品仍然是中国老百姓非常喜欢食品，人们日常佐餐的选择佳品；豆腐干的占有量有了明显的提高，这其中休闲豆干的出现功不可没；挤压膨化豆制品作为大豆食品的新兴品种，其市场潜力和发展规模不可小视；腐竹产品从数字上看占所有投豆量非常少，主要是因为腐竹生产企业中仍然以个体作坊 为主，上规模的腐竹生产企业在中国不到10家。

(2) 自主创新推进行业加速 产品质量稳步提高

大豆食品产业的技术进步与传统产品的工业化是互为依托、互相促进的两个方面。近几年，中国传统豆制食品生产工艺的改进和市场的繁荣，有力地促进了行业的技术进步，带动了产业化升级和产品的更新换代。2004 年在中国豆制品专业委员会成立之初，我们曾提出了大豆食品的加工技术应该努力的三个方向：一是传统豆制品品种的开发，要根据市场和消费者需要研制终端消费品；二是生产流水线的改造和提高，设备的改造一定要适合广大消费者对产品特点的要求；三是大力改进包装。现在，我们已经看到了，我们离这个目标越来越近，一些成果经过研究和试验已转化为现实的生产力，很多地方已经达到或者超越了这个目标。

随着由本国自主研发并生产的全自动无菌豆浆灌装机、自动豆腐切割机、自动连续煮浆装置、豆腐干及休闲豆腐干生产线等设备的相继出现并成功投入市场后，中国的传统大豆食品完成了从手工、半自动化操作向机械化、自动化流水线生产的转变，从工艺技术和产品质量上拉近了与国外先进水平的距离，同时也标志着中国大豆食品行业走向了自主创新的道路。

就大豆食品的加工技术而言，过去，豆腐的点浆、压榨、切割、装盒等工序全凭手工操作，尤其是豆腐干制品的最后一步——包装，一个豆腐干企业包括后勤行政人员在内的全体员工，仅在包装车间工作的工人就要占到一半以上，可以说是一个既让人头疼却又是不可或缺的重要步骤。但是现在，我们已经完全采用了机器控制，实现了流水线标准化操作，我们相信不久以后，几百人聚集在包装车间手工劳动的场面将不复存在。从产品上看，不但品种日益繁多、市场供不应求，而且企业也在不断的改进工艺，运用先进的技术使产品的质量更加稳定，利用调味技术使产品更加多样化；利用杀菌技术延长了产品的货架期；利用灌装技术和包装技术让消费者食用起来更加方便。

以上现象与中国大豆食品加工的机械化和自动化水平的提高有着密不可分的联系。现在，利用大豆食品加工设备，已经有效解决了泡豆过程、磨浆煮浆过程、压榨过程、卤制过程的工艺智能化自动控制问题及除黄浆水以外的废水回收处理循环利用问题，从头道洗豆、泡豆工序到最终的杀菌、包装系统，全部采用计算机自动控制，而且各系统之间的连接均实现了自动化，不但使豆制品生产工艺实现了流水线标准化控制，在很大程度上减少了人为控制对最终产品品质的影响程度，并大幅度减轻了员工的劳动强度，同时还实现了环保和节能。同时，由中国的大豆食品设备加工企业自行设计和研制的机械设备不断涌现。中国大豆食品生产的工艺技术、设备水平和企业的自主研发水平不断提高，核心技术及重大装备的国产化能力不断加强。如大豆食品挤压膨化设备、干豆腐（千张、百叶）生产线、智能豆腐干（油豆腐、腐乳）多功能生产流水线、熟浆工艺生产设备等均是近几年由中国豆制品设备加工企业根据市场需要，自行研发设计出的新品，这些新成果的推出，对中国传统大豆食品行业的规模化、产业化和标准化的发展起到了积极的作用，同时对中国大豆食品设备企业实行自主创新、保护环境、节约能源和可持续发展将起到良好的示范作用。

(3) 规模企业逐渐成熟　行业队伍不断扩大

从中国大豆食品行业早期的发展情况来看，传统豆制品行业是一个计划经济色彩较重的微利行业，从1992年开始逐步从前店后厂的手工作坊向工业化迈进，尤其是在北京、上海、杭州、宁波等大、中城市开始了规模化和标准化生产。

一方面原有的国有企业进行了改制和重组，为豆制品企业的发展助了一臂之力。尤其是在北京、上海、杭州等地，催生了一批市场经济意识超前的传统豆制品企业，这里既有民营企业，也有国有改制后的企业。从目前上规模企业来看，民营企业已占到了90%以上。另一方面，由于中国大豆食品行业在生产观念、市场观念和消费观念出现了新的变化，使得企业的品牌建设越来越受到重视，品牌的集中度在提高，名牌产品的市场占有率不断扩大。如北京的“白玉”，上海的“清美”、“张小宝”，浙江的“祖名”、“鸿光浪花”，安徽的“金菜地”，河北的“豆豆”，山东的“伊豆”，四川的“好巴食”，重庆的“奇爽”等，均是当地消费者心目中响当当的品牌，也早已成为该地区的龙头企业，成为推动当地经济发展的重要支柱。而维维集团有限公司和永和国际发展有限公司两家企业在经营理念和市场营销方面做得比较出色，在大豆食品业界可以称是全国品牌企业。如永和豆浆，以餐饮连锁的经营模式进入大豆食品产业，如今又推出了速溶类豆浆粉等产品，不仅丰富了产品种类，增加了品牌知名度，而且在传播大豆食品文化方面起到了极大的推动作用。

从中国大豆食品行业总体来看，北方的发展不如南方迅速，尤其是中西部地区，如西藏自治区，到目前为止仅有一家获得食品生产许可证的企业；青海省5家；宁夏在2008年时仅有3家，目前有11家，其中1家的销售额已超过5000万元，使我们备受鼓舞，看到了大豆食品的市场还有非常大的发展空间。东北三省地区，早期更加关注于大豆榨油行业，而忽视了大豆食品加工，因此该地区的大豆食品加工业发展得比较缓慢，现在，由于进口转基因大豆成本过低，给国产大豆造成了很大的压力，使得一些大豆压榨企业的生存面临着困难，目前当地政府有关部门和企业开始调整发展思路。例如沈阳就有两家企业2009年的销售额均超过亿元。此外，随着政府部门对食品安全监管工作力度的加大，很多地方开展了集中整治，通过豆制品专项整治工作，企业的安全意识和规模化生产意识均有了提高，在河北、、山东、山西、陕西等地，取得食品生产许可证的企业越来越多，发展成为上规模的品牌企业已成为他们的目标。南方沿海地区尤其是江浙一带的传统豆制食品发展一直保持着领先地位，规模企业数量多，产品品种丰富、企业安全生产意识强、品牌推广好等特点成为这些地区大豆食品行业及企业发展渐趋成熟的有利条件，值得一提的是，这些地区虽然目前上亿元的企业不多，但各企业的产品自成特色，给当地大豆食品行业带来了勃勃生机和活力。此外，休闲豆腐干产品的出现，使得四川、湖南、重庆等地的大豆食品业迅速崛起，上规模企业猛增，市场占有率较快提高。

现在，有两个现象值得我们注意。一是一些地方建立了豆制品生产加工基地，由政府出面，对散装豆制品生产企业进行了统一规划、统一建设、集中管理。二是现有大豆食品企业与相关食品企业、外（合）资企业的竞争开始显现。近年来，一些豆制品行业外的食品企业正在以不同的方式和不同的产品定位进军大豆食品产业，同时外资企业也在看好豆制品行业，而这些企业在某些方面可以说比现有的豆制品企业还占据优势。例如糖果等休闲食品企业在销售渠道方面已有了相当成功的经验，因此新的休闲豆腐干产品上马时，在渠道铺货方面就有着得天独厚的条件；豆制品的调味技术与肉制品非常相似，奶制品与豆浆、豆粉的销售模式及消费理念亦有着共同之处，因此以上几类行业的企业在所属领域近乎饱和的情况下，纷纷进军大豆食品行业，有的企业已经创下了非常优异的业绩。此外，一些粮油集团，以原料优势和雄厚的经济实力为背景，通过收购、并购等方式进入豆制品行业。可以说这些企业的出现给现有豆制品企业的发展带来了新的竞争对手，同时也给行业带来了新的活力。在与外商合资方面，北京、上海等地的一些豆制品企业也在初试锋芒，不管结果成功与否，对于中国传统大豆食品行业而言，都是不可多得的宝贵财富。

4. 存在的问题及发展方向探讨

(1) 原料

前面我们谈过，中国是大豆的故乡，大豆品种资源异常丰富。但是，不同的大豆品种其理化指标存在很大差异，这就对产品品质产生重要的影响。现在，如美国、加拿大、日本等国实行的是订单农业制度，即根据生产的产品来种植具有适配性的原料大豆，这样明确了大豆原料与豆制食品生产之间的相互关系，不但对大豆育种工作者改良大豆加工品质、培育大豆食品专用品种具有指导意义，而且对大豆食品生产企业选择大豆原料、提高豆制食品得率、改善产品质构，以及实现大豆食品生产的自动化具有重要价值。对于中国大豆食品行业来说，选择专用食品大豆将是大势所趋。另外，原料的转基因生物技术也将是将来面临的一个问题。

(2) 设备

从大豆食品机械设备方面考虑，目前还有一些需要解决的问题：一是共性设备与个性设备的衔接配套问题；二是豆制品生产工艺与设备的结合尚不够完美；三是豆制品机械制造厂对于食品检测技术尤其是传感技术的应用关注较少；四是设备的布局不够合理；五是豆制品加工设备的零部件机加工能力有待提高。

(3) 产品研发

目前，在保留传统口味的基础上，加入时尚、流行元素，使产品在食用起来更加方便快捷，已成为今后市场的发展趋势。同时，大豆食品企业一定要把眼光盯在我们的终端消费上，在这方面有些企业还不太重视，有的企业生产的产品科技含量不低，有营养，品质高，但市场占有率不高，原因就是没有找到产品与消费者的结合点，在定位前没有考虑到这种投入是否会有回报。所以，产品的研发需要注重口感、方便及绿色有机等，同时做好市场定位、开发创新产品，这是豆制品企业的生存之本，重中之重。

二、协会在行业管理中的作用

（一）专业委员会的成立

2004 年 4 月，在北京成立了中国食品工业协会豆制品专业委员会，委员会不是一级法人，是中国食品工业协会领导下的二级分会，是我国大豆食品行业唯一的行业管理组织。专业委员会成立以后面临着两大任务，一是接受政府委托的工作任务，二是为企业提供全方位的服务，真正起到政府和企业之间的桥梁和纽带作用。民政部给我们核准的业务范围是行业管理、技术交流、信息交流、业务培训和书刊编辑。其中首要的和主要的任务是搞好行业管理工作，包括制修订原料标准、卫生标准、行业标准、原产地保护标准、技术标准和产品标准，还要提出豆制品行业的添加剂标准等工作。包括配合各地政府做好豆制品放心工程；组织好国内外技术交流和行业交流；豆制品行业生产技术培训和职工培训；向政府部门反映企业的意见和呼声等工作。

（二）充分发挥委员会在行业管理工作中的作用

作为全国的豆制品行业管理组织，专业委员会吸收了全国主要豆制品企业和相关企业组成了会员大会和常务理事会，逐步开展行业管理工作。目前，委员会面向 4000 多家豆制品生产、设备、原辅料及添加剂共有 160 多家的会员单位，14 家副会长单位，9 家常务理事单位。从近两年的发展来看，一是现有会员单位的规模越来越大，二是积极要求入会的新成员越来越多。因此，这对我们委员会来说既是鼓舞，同时也提出了更高的要求。

现在，委员会在逐步完善组织机构的同时，还展开了一系列工作，主要有：

1. 统计和发布工作：在行业内开展了主要企业经济技术指标的统计和交流；出版《中国豆制品企事业名录》，同时收集豆制品企业基本情况的统计数据，培育中国豆制品行业著名品牌企业 50 强；定期向各级政府有关部门、委员会会员单位及科研院所等发布行业重点信息。

2. 标准化工作：组织行业内技术力量，从行业实际和我国大豆食品市场管理的需要出发，开展行业标准的制定工作。目前，由委员会组织起草、并已获商务部批准的标准有：《膨化豆制品》行业标准、《臭豆腐（臭干）》行业标准、《纳豆》行业标准。去年底，《豆制品现场加工经营技术规范》的标准起草工作也已完成，并将在近期召开审定会。今明两年，委员会还将完成《豆制品（大豆食品）分类》、《豆制品（大豆食品）术语》、《卤制豆腐干》和《豆浆类》四项行业标准的组织起草工作。此外，委员会从行业实际出发，配合卫生部有关部门，推动《非发酵豆制品和面筋卫生标准》中关于微生物指标的修订工作；组织制定《中国豆制品行业质量安全示范单位评选办法》，会同行业有关专家，对申报"中国豆制品行业质量安全示范单位"的企业材料进行审核、部分企业进行实地考察评审，对最终入选的示范单位进行授牌表彰，该项活动提升了企业的质量安全意识，对企业标准化生产、向规模化发展起到了积极促进作用。

3. 技术交流与培训工作：每两年举办一次中国国际大豆食品加工技术及设备展览会，本届展览会是第三届，每年组织召开大豆食品行业自主创新高峰论坛，这两项活动已成为中国大豆食品企业了解行业新动向、技术新发展、消费新趋势、产品新热点、政策新举措的重要平台；主办全国豆制品生产工艺技术研讨培训班，聘请行业内技术专家，为全国大豆食品加工技术从业者传授专业知识，解决技术难点；组织前往国外考察市场、参观交流，了解国际前沿技术及市场走势，为国内大豆食品企业研发新品、改进工艺提供了新的思路。

4. 信息交流和宣传推广工作：编辑出版刊物《中国豆制品产业》、首次编辑出版《中国豆制品产业发展研究》一书，组建并开通了中国豆制品网，为大豆食品业界提供相互交流的平台，并通过这些平台向政府部门反映企业的意见和呼声，为政府相关部门更加全面、深入地了解大豆食品行业，向广大消费者普及大豆食品营养健康常识，起到了积极、良好的作用；对各地政府主办相关大豆食品活动给予支持和帮助，为地方经济的发展创造有利条件。

（三）未来与展望

从中国大豆食品产业的整体状况来看，虽然大豆食品企业数量众多，但是规模化的骨干企业和品牌企业仍然相对较少，对于这样的行业开展行业管理，存在着诸多困难。特别是针对企业不同情况和层次，分类进行行业管理，还有许多工作要做，其中最主要的是进一步发挥企业在行业协会中的主导作用，使行业协会的工作进一步符合企业生产和市场发展的实际，以共同推动行业的发展和振兴。下一步，我们的工作计划主要有以下几项：

1. 继续配合政府相关部门加强行业自律，提升企业安全意识，将《食品安全法》落到实处 。

2. 建议政府部门出台支持大豆食品产业发展政策。

3. 指导企业规范建设原料基地。

4. 引导并配合大豆育种专家研发培育专用大豆品种。

5. 引导企业开发适销对路的新产品。

6. 进一步加强国际间交流，根据"引进来，走出去"的原则，将国外先进企业介绍进来，将国内规模企业推广出去。

7. 加大宣传力度，引导消费者正确认识大豆食品，促进大豆食品消费。

目前，一些食品行业专业协会成功的做法也可以借鉴到豆制品专业委员会来，但不是完全照搬，因为传统的豆制食品行业大多是本小利微的企业，要结合行业和企业的生产实际逐步推进行业管理工作。因此，我们一定要与时俱进，开拓创新，努力做好本职工作。一方面要依靠现有骨干企业的支持；一方面要正视现实，找准定位，加强管理，遵守法纪，积极发挥导向作用、桥梁作用和为企业维权的作用，树立全国豆制品专业委员会良好的行业形象。

我们相信，在未来5到10年内，中国的大豆食品产业将面临前所未有的发展前景和无限商机。

烘焙食品制造（141）

中国焙烤食品糖制品工业协会

2009 年是新世纪以来我国经济发展最为困难的一年，不少企业经营困难，产品出口受阻，效益下滑。食品行业也不例外，受到了金融危机和食品信任危机以及原辅材料涨价等因素的影响，带来行业运行的诸多困难。面对前所未有的复杂形势，全国焙烤食品糖制品行业企业密切关注国内外相关情况的变化，认真学习贯彻《食品安全法》、《限制商品过度包装条例》等政策法规，调整运行策略，克服困难，应对不利因素的影响，全年取得了较好的生产经营效果。行业产品在满足人们日常生活消费需求的同时，不断创新推出的新产品，进一步丰富了市场，改善了供给水平，为消费者的个性化需求提供了有利条件。

一、行业经济运行数据

根据国家统计局对 2009 年行业有关情况的统计结果显示，糖果巧克力行业、糕点面包行业、饼干行业、冷冻饮品行业、方便面及其他方便食品行业等的产量、销售产值都有不同程度的增长；而产品出口交货值则明显下降，其中以糖果巧克力行业、饼干行业和冷冻饮品行业较为突出，同比去年均有较大幅度降低。但由于历年行业产品出口量值本就不大，所以产品出口的减少对于行业的影响不是很大。

具体数据见下表：

2009 年 1 ～ 12 月行业主要经济指标情况

	产量（万吨）		工业销售产值（亿元）		出口交货值（亿元）	
	1～12月累计	累计同比+ － %	1～12月累计	累计同比+ － %	1～12月累计	累计同比+ － %
糖果巧克力业	145.31	19.98	464.85	17.14	35.60	1.55
糕点面包业	98.04	6.41	335.45	24.27	10.97	-5.73
饼干业	343.07	18.59	650.06	19.61	15.22	-9.20
方便面及其他方便食品业	573.78	11.53	799.16	15.98	12.19	0.16
米面制品业			439.49	29.51	12.44	17.27
速冻食品业			314.29	27.09	26.39	1.16
蜜饯业			192.03	34.15	17.09	21.08
冷冻饮品业	233.90	6.03	207.83	20.37	1.088	-19.73

上述数据反映出，行业整体运行均保持了较好的状况，对此，行业协会分析认为：一是由于焙烤糖制食品紧密联系着人们的日常生活，属于刚性消费性质，整体变数不大；二是由于现阶段行业食品多档次、多规格、多品种的市场覆盖，为不同消费水平的人群提供了可供选择的余地；三是民以食为天，用于食品上的消费比起购房、买车、子女教育方面的开支是极少的部分，因此虽然受到危机的影响，市场消费仍呈上升趋势。尽管如此，当前全行业也仍然存在着一定问题，如：食品安全问题、拓展国际市场开发新的出口渠道问题、危机尚未过去，对食品行业产生的滞后影响问题、接连不断的原材物料涨价，给企业经营带来困难的问题等。因此，行业内要加强沟通，群策群力，

携手应对，努力打造自身品牌，在产品特色、区域特点、多元化发展上做文章，注意产品传承和创新两者间的区分和统一，依靠科技创新的力量，提升企业高度，在行业不断发展中创造理想效益。

二、有关行业年度简况

（一）糕点行业

本年内糕点行业的产量、产值都有 20% 以上的增幅，其中企业推出的新品，其产值率也达 20% 以上，为消费市场注入了活力，为企业带来了新的经济增长点。例如：人们熟知的北京稻香村食品有限公司紧紧抓住一年中的多个节气假日，传承开发诸多糕点新品，获得消费者欢迎，其产品供不应求，企业职工加班加点增产糕点食品供应市场，满足消费需求，

糕点中的月饼产品是一类重要的产品，每年的中秋节前后都成为市场关注的热点。2009 年，全国月饼市场的情况表现如下特点：其一是，据行业协会估算，2009 年全国月饼产量 25 万吨，销售额 120 至 130 亿元，比去年上升 6%，其中农村市场潜力较大；其二是 09 年行业运行平稳，月饼上市早，市场启动早，热销阶段是在 9 月 16 日至国庆节期间；其三是品牌化竞争日益激烈，中小企业市场份额开始下滑，尤其是跨地域销售的，下滑更为厉害。广东各品牌北伐西进，营销均走在全国前列；其四是由于企业生产的工业化水平、品控水平日益提高，食品质量安全继续保持较高水平；其五是本年由国家质量监督检验检疫总局对月饼产品质量进行的全国性专项抽查结果，合格率达 96.1%，实现了自 2001 年以来连续九年的月饼质量专项抽查合格率均达 90% 以上，说明了月饼产品质量整体较高，食品安全有所保障；其六是过度包装明显得到遏制，月饼价格整体回落，天价月饼基本消失，包装简约适度，体现了民族风格和节日气氛。

即将到来的 2010 年，国家标准《限制商品过度包装要求　食品和化妆品》将于 4 月 1 日起开始实施，其内容对于食品和化妆品销售包装的孔隙率、层数和成本等三项指标，都做了强制性规定，为指导包括糕点月饼在内的食品生产包装工作提供了技术依据。

（二）面包业

面包在国外是主食，在我国是配食，这种饮食习惯短期内改变不了。但中国人口多，市场大，多层次，绝对消费数量会逐步增长，每年都会有发展。近年，国内生产面包的单位有专业面包生产企业，如分布在各地的桃李面包食品公司、曼可顿食品有限公司、北京义利面包食品公司等。也有多种焙烤食品都有生产的单位，如：上海静安面包房有限公司、太原双合成食品有限公司、北京好利来工贸有限公司等。还有近年快速发展起来的饼店，有的前店后场，有的连锁店面几十家上百家，产品由中央工厂生产，配送至各销售门店，其产品新鲜、新颖、新口味，已成为不少消费者的最爱。随着需要的增长，饼店布点越来越密，区域的拓展将会下沉至城镇，形式如：商业街区店、居民社区店、卖场店中店等形式。行业中引入的外企，在参与国内焙烤食品市场的竞争中，也把先进的管理思想，领先的技术设备带进国内，有力的提高了行业总体水平。

据行业估算，目前全国年产面包数量约有 220 万吨，按人均计算约有 1.7 公斤，按城镇人口 5 亿消费计算约有 4.4 公斤。

近年，国内焙烤食品行业因其消费的需要，每年都在不断的发展。为此，有的进行工厂的扩建、有的门店不断拓展，加之国外企业的进入，带来四新（材料新、工艺新、技术新、设备新）的应用，导致行业内人员流动性加大。同时，行业的发展对于从业人员的要求也越来越高，因此对于焙烤从业人员的教育和培训正在逐年扩展和提高。目前国内教育培训的形式有大专学校教育、职业技术学校教育和短期培训班教育等。其中较为突出的培训机构有：广东省华美职业培训学校、黎国雄蛋糕烘焙学校、上海市贸易学校、王森艺术西点蛋糕学校、北京一轻高级技术学校等，多年来为焙烤食品行业培养了大批职业人员。

（三）膨化食品业

膨化食品作为食品产业之一是近一二十年的事情，由于其产品香脆适口，品味多样，深得年轻一代的喜欢，在休闲生活中食用，更增加了活动的情趣，由此行业得到了快速发展。根据国家统计局 2008 年第二次全国工业普查数据显示，参加统计的 146 家企业，生产了 85 万吨的产量，这些厂家均是规模以上企业，分布在全国 20 多个省市区内。另据国家质量监督总局公布的全国膨化食品行业获得生产许可证的企业，截止到 2009 年 8 月有 1503 家，反映出行业中还存在着大量的小型企业。在历年国家、地方进行产品质量抽查中，多为小型企业产品不合格居多，这也是行业存在的问题，。

随着我国经济的发展，人民生活水平的日益提高，消费者对产品品牌认知度也在提高，自我保护意识不断增强。目前，我国膨化食品高端市场的品牌认知度已成为决定产品销量的主要因素之一，而低端批发市场仍是在依靠产品的价格进行着竞争。由此带来知名品牌企业规模大，市场占有率高，消费者熟知的乐事、上好佳、好丽友、品客、可比克、艾比利等品牌就是目前位居前列的膨化食品的著

名品牌。在我国大众生活水平日益提高的形势下，作为休闲食品的膨化食品还有一定的发展空间。企业应适应人们消费观念的更新和改变，开发出符合现代消费理念的绿色、健康、营养的新产品，满足市场的需要。

归纳起来，目前该行业的特点可谓：知名品牌企业规模大，产品市场占有率高，且大多集中于外资企业产品；生产企业分布广，遍布全国多个省市，其中小型企业居多；市场消费潜力大，创新开发新产品是企业发展必由之路。

（四）冷冻饮品业

受金融危机和国内三聚氰胺事件及原材物料涨价的影响，行业运行较为困难。但多数企业能够以平实的心态面对困难，统一认识，积极采取措施，挖掘潜力，消化不利因素的影响，取得了较为欣慰的成绩。

2009 年该行业实现了年产量 234 万吨，累计同比去年增长了 6.03%；产品出口交货值 1.088 亿元，累计同比去年减少了 19.73%。在全国各地的省市中，均有冷冻饮品的生产，其中内蒙古、吉林、辽宁、河南、天津、山东、北京等省市是产量大省，总量占全国的 67%。由于行业多年的技术进步，多数企业的生产环境和条件，以及生产设备和技术都有了极大的改善和提高，较好的保障了产品的质量。2009 年在国家质检总局进行的冷冻饮品产品全国性质量抽查中，绝大部分厂家的产品质量是合格的，但也有部分小企业生产的产品质量存在一定问题，产品抽样合格率为 83.6%。反映出个别企业存在着投机心里和对消费者不负责任的态度，应得到相应惩罚。尽管出现问题的企业都是行业中小企业，但由此给行业带来的影响应引起重视。

（五）饼干业

我国的饼干行业整体基础扎实，企业生产管理规范，在应对两个危机的影响下，积极采取措施攻克不利因素，全年全行业仍然取得了不错的业绩。全年产量实现 342 万吨，比 2008 年的 282.7 万吨增长了 21%；实现工业销售产值 650 亿元，比 2008 年的 544.38 亿元增长了 19.4%；由于出口受阻，表现在产品出口交货值上，同比去年有 10.49% 的减少。由于饼干产品的食用方便、易于储备，又富有一定的营养成分，对于用作旅游、茶点、休闲时的消费，都是较好的食品。预测今后饼干及其他焙烤食品行业仍将呈现平稳适度的发展。

三、产品质量抽检情况

（一）糖 果

2009 年 4 月，通过对北京、天津等 10 省市 128 家企业生产的 140 种产品（不涉及出口产品）的质量抽查，产品实物质量抽样合格率为 99.7%。抽查中发现的主要质量问题是：1、个别产品检出微生物超标；2、个别产品违反强制性国家标准 GB2760-2007《食品添加剂使用卫生标准》中关于糖果中不允许加入糖精钠及限量限范围使用食品添加剂的规定。

（二）膨化食品

2009 年 4 月，国家质检总局通过对上海、江苏等 8 省市 55 家企业生产的 140 种产品（不涉及出口产品）的实物质量进行了抽查，其结果是抽样合格率为 97.5%。抽查中发现的主要质量问题是个别产品超范围使用甜味剂，违反强制性国家标准 GB2760—2007《食品添加剂使用卫生标准》规定，即膨化食品中不允许使用甜蜜素、糖精钠。

（三）果 冻

2009 年 9 月，国家质检总局对北京、天津等 9 省市 55 家企业生产的 80 种果冻产品进行了监督抽查，抽查中发现有 13 种产品不合格，存在的主要质量问题是：一是本次抽查中有 8 种产品检出糖精钠，违反国家强制性标准 GB2760 － 2007《食品添加剂使用卫生标准》规定，即糖精钠在果冻中不能使用的规定。二是国家强制性标准 GB2760—2007《食品添加剂使用卫生标准》规定，甜蜜素在果冻中的使用上限为 0.65g/kg。本次抽查中有 7 种产品甜蜜素含量超过标准规定的要求。三是国家强制性标准 GB2760—2007《食品添加剂使用卫生标准》规定，苯甲酸在果冻中不允许使用。本次抽查中有 3 种产品检出苯甲酸。四是强制性国家标准 GB19299—2003《果冻卫生标准》规定，果冻产品的菌落总数应≤ 100cfu/g。本次抽查中有 1 种产品菌落总数实测值为 1100000 cfu/g，是标准规定值的 11000 倍。

（四）冷冻饮品

2009 年 10 月，国家质检总局对北京、天津等 25 个省市的 224 家企业生产的 318 种冷冻饮品进行了监督抽查，抽查中发现有 52 种产品不合格，其中 42 种冷冻饮品微生物指标超标；19 种产品超范围或超量使用添加剂；1 种产品重金属铅超标；2 种冰淇淋蛋白质不合格。

（五）蜜 饯

2009 年 4 月，国家质检总局通过对北京、天津等 7 省市 50 家企业生产的 50 种产品（不涉及出口产品）的抽样检查，其产品实物质量抽样合格率为 96%。抽查中发现的主要质量问题是个别产品超限量使用食品添加剂，如苯甲酸、二氧化硫残留量超过国家标准规定的要求，由此可造成人体摄取过量影响健康的情况。

（六）月 饼

2009 年 10 月，国家质检总局对月饼产品质量进行了监督抽查，经对北京、天津、河北、上海、陕西、新疆等

30个省市自治区的591家企业生产的591种月饼产品进行了抽样检查，其结果表明，有568家企业生产的月饼抽样检验合格，其产品实物质量抽样合格率为96.1%，反映出我国月饼行业的整体产品质量状况良好，其中被抽查的109家占市场主导的大中型企业的月饼质量持续稳定。本次专项抽查中有23家企业生产的23种月饼抽样检验不合格，其中有7种月饼是过度包装问题。抽查中发现的主要质量问题为：一是少数产品微生物超标。二是个别产品超量使用添加剂。三是个别产品过氧化值超标。四是少数产品存在过度包装问题。

四、行业存在的主要问题

（一）食品质量安全工作任务艰巨

由于焙烤食品糖制品行业中的小型企业居多，在原料控制、生产管理、环境状况、操作条件等方面都存在许多不足，需要不断加强这些方面的改造和完善，以促进产品质量的提高。在近年国家进行的食品质量抽检中，小型企业的产品多有不合格情况发生，反映出个别企业对于食品安全、卫生要求不够重视，诚信缺失，损害了消费者权益和行业的声誉。因此如何保证食品质量，让消费者安全食用，则成为行业存在和发展的重要问题。

（二）行业产品出口受到一定影响

多年来行业产品出口集中在糕点、饼干、方便面、蜜饯、冷冻饮品等品种上。在金融危机和食品质量信任危机的影响下，国外国内对食品质量安全的要求更加严格，这些产品的出口都受到一定的影响。提高产品质量和寻找更多的产品出口渠道，则是行业企业应对影响的积极举措。

（三）原辅材料涨价运营困难加大

自2008年4季度开始，一直延续到2009年及至现在，食品生产用的原辅材料如食糖、乳粉、油脂、包装材料等价格普遍上涨，加大了生产成本，而提高售价又担心失去市场、失去消费人群。多项困难的存在，在考验着企业经营决策者的能力与水平的同时，也带来企业利润空间的减少。

（四）行业整体与发达国家存在差距

尽管行业中已有较多数量的外资和港澳台商投资企业，带进了先进的技术和设备，以及经营管理新思维、新做法，但是由于消化、吸收和应用仍有一个过程，加之国内企业受内外条件所限，效仿和提高难以在短期见效。特别是由于我国人口多，小企业多，分布分散的情况，所以从行业整体看，在生产条件、员工素质、专业培训、研究开发等方面都存在着较大的差距。

五、其 他

（一）为防止、控制和消除食品污染以及食品中有害因素对人体的影响，预防和控制食源性疾病的发生，保证食品安全，保障公众身体健康和生命安全，十一届全国人大常委会第七次会议于2009年2月28日审议通过了《中华人民共和国食品安全法》，并于2009年6月1日起施行。该法的颁布，标志着我国食品安全管理的法制化工作进入了一个新的里程碑，具有十分重大的意义。

中焙糖协作为联系和服务于食品行业的协会，始终把加强行业自律、引导食品生产经营者依法生产经营、推动行业诚信建设、宣传和普及食品安全知识等工作为己任，引领本行业企业以优质产品提供给消费者，促进食品行业健康平稳的发展。

（二）国家标准GB23350－2009《限制商品过度包装要求食品和化妆品》，由国家质量监督总局和国家标准化委员会于2009年3月31日发布，2010年4月1日实施。其中对于食品包装问题，明确了包装空隙率、包装层数、包装成本与销售价格比率的限量要求。该标准的发布实施为治理商品过度包装工作提供了技术依据，对于焙烤食品糖制品行业至关重要，为规范和打击过度包装，浪费资源的现象将发挥有效作用。

（三）在国家商务部和国务院国有资产监督管理委员会的领导下，由中焙糖协组织开展的全国焙烤食品糖制品行业企业信用等级评价工作，在行业企业的积极参与和配合下，按规定程序要求，已完成首批20家企业的信用评价工作。其中获得3A级评价结果的企业18家、获得2A级评价结果的企业2家。2009年3月16日，中焙糖协在北京召开了颁牌表彰大会，上述20家企业获得了此项殊荣。其中获得3A级的企业是：杏花楼食品餐饮股份有限公司、东莞市华美食品有限公司、新疆麦趣尔食品有限公司、太原双合成食品有限公司、天伦食品（成都）有限公司、哈尔滨秋林食品有限责任公司、青岛食品股份有限公司、河南省安阳市健丰食品有限公司、阳江市嘉伦饼业有限公司、沈阳德氏企业集团有限公司、宏宝莱集团股份有限公司、祐康食品集团有限公司、辽宁天淇食品集团有限公司、广东美怡乐食品有限公司、无锡华东可可食品有限公司、福建东方食品集团有限公司、天喔（福建）食品有限公司、北京御食园食品有限公司；获得2A级的企业是：宁波新美心食品工业有限公司、上海益民食品一厂有限公司。

（四）中国焙烤食品糖制品工业协会第四届全国会员代表大会，于2009年5月11日在上海由由大酒店召开。参加会议的有：中焙糖协第三届理事会各位副理事长，各地会员单位的领导或代表。会议还邀请到全国政协常委、中轻联副会长、中焙糖协名誉理事长潘蓓蕾，国资委协会办主任陈国卫，民政部民间组织管理局巡视员乔申乾等三位领导，以及有关行业媒体记者和中焙糖协理事长、秘书长、工作人员等共计 400 余人。

会议按即定安排，审议通过了《第三届理事会工作报告》、《中焙糖协第三届理事会财务报告》、《关于修改协会章程的报告》，选举产生了第四届理事会领导机构，并由新当选的理事长、副理事长、秘书长向大会发表了当选感言，一致表示要团结起会员单位，共同努力把协会的工作做好，促进行业更好发展。同期新的理事机构举行了四届一次理事会议。

（五）2009 年以来，在党中央国务院的正确领导下，诸多政策措施的贯彻执行，对于应对金融危机的影响发挥了重要作用。轻工业是我国的传统优势产业，是国民经济的重要组成部分，其 2009—2011 年调整和振兴规划，经国务院审查批准于 5 月 18 日发布实施。对于焙烤食品糖制品行业中加强食品加工安全能力建设、推进行业节能减排改造、以及增加国内供给积极扩大内需等方面的调整和改造的内容，纳入了三年期间的技术进步与技术改造投资的方向，用以指导各地行业企业进行参考，相信会给行业带来新的进步和发展。

（六）适应我国焙烤食品糖制品行业发展的需要，在相关企业的积极要求下，经过中焙糖协多年的努力工作，在征得国资委协会办的同意后，又经国家民政部审查批准，中焙糖协巧克力工作委员会和中焙糖协胶基糖果专业委员会获得批准，于 2009 年 11 月 4 日准予登记。这为更好开展专业活动，促进行业发展提供了有利条件。

（七）由中焙糖协举办的第 12 届中国国际焙烤展览会于 2009 年 5 月 12 ～ 14 日在上海浦东新国际博览中心举行。本届展会的规模、专业、权威、影响力等项指标都已提升到亚洲第一，世界第三的位次，为业界同仁提供了交流、交易、交往的优质平台，得到众多企业的支持和认可，也增加了协会办好展会的责任和信心。

（八）由中国轻工业联合会开展的 2009 年行业十佳企业评价表彰活动中，全国焙烤食品糖制品行业中的骨干企业，经过申请材料的报送、行业协会的初审、中轻联的量化评价，并经中轻联会长办公会通过，以“2009 年度中国轻工业行业十强企业”称号向社会公布。获得全国焙烤食品糖制品行业的十强企业如下：

东莞徐记食品有限公司
卡夫食品（中国）有限公司
北京稻香村食品有限责任公司
广东喜之郎集团有限公司
好丽友食品有限公司
北京好利来工贸有限公司
福建东方食品集团有限公司
沈阳桃李面包股份有限公司
福建亲亲股份有限公司
康师傅控股

液体乳及乳制品制造（144）

中国乳品工业协会　岳增君

【奶牛养殖业概况】

2009 年全国奶牛存栏为 1260．3 万头，比上年同期增长 2.2%。奶牛养殖业情况详见表 1 ～表 3：

表 1.2009 年全国奶牛存栏前五位省区市情况

（单位：万吨）

地 区	存栏数	比2008年增长(%)	占全国比例(%)
全国总计	1260．3	2．2	100．0
内蒙古	227．3	-7．5	18．0
黑龙江	197．0	40．6	15．6
新疆	170．4	-16．9	13．5
河北	167．4	16．9	13．3
山东	83．8	3．2	6．7

表 2.2009 年全国奶类总产量前五位省区市情况

（单位：万吨）

地 区	产 量	比2008年增长(%)	占全国比例(%)
全国总计	3732. 6	-1. 3	100. 0
内蒙古	934. 0	1. 4	25. 0
黑龙江	534. 7	4. 3	14. 3
河北	461. 0	-10. 5	12. 4
河南	301. 3	0. 9	8. 1
山东	258. 1	1. 3	6. 9

表 3.2009 年全国牛奶产量前五位省区市情况

（单位：万吨）

地 区	产 量	比2008年增长(%)	占全国比例(%)
全国总计	3518. 8	-1. 0	100. 0
内蒙古	903. 1	-1. 0	25. 7
黑龙江	528. 7	4. 0	15. 0
河北	451. 5	-10. 5	12. 8
河南	281. 9	1. 0	8. 0
山东	236. 3	2. 5	6. 7

【乳制品工业概况】

2009 年，全国有规模以上乳制品企业（全部国有和年主营业务收入 500 万元及以上非国有工业企业）803 家，比上年减少 12 家，同比下降 1. 5%。其中内资企业 692 家，比上年减少 6 家，下降 0. 9%，占企业总数的 86. 2%；港澳台商投资企业 20 家，比上年减少 2 家，下降 9. 1%，占企业总数的 2. 5%；外商投资企业 91 家，比上年减少 4 家，下降 4. 2%，占企业总数的 11. 3%。

2009 年全国规模以上企业共完成工业总产值 1668. 1 亿元，比上年增长 11. 9%。其中内资企业完成 987. 8 亿元，同比增长 14. 3%，占全行业的 59. 2%；港澳台商投资企业完成 55 亿元，同比增长 9. 7%，占全行业的 3. 3%；外商投资企业完成 625. 4 亿元，同比增长 8. 5%，占全行业的 37. 5%。

2009 年全国规模以上企业实现工业销售产值 1599. 7 亿元，同比增长 13. 3%。其中内资企业 956. 5 亿元，同比增长 15. 7%，占总值的 59. 8%；港澳台商投资企业 54. 2 亿元，同比增长 8. 5%，占总值的 3. 4%；外商投资企业 589. 0 亿元，同比增长 10. 1%，占总值的 36.8%。

2009 年全行业流动资产合计 556. 3 亿元，同比增长 26.9%，固定资产合计 395.9 亿元，同比增长 11.3%。其中不同类型企业固定资产合计分别为：内资企业 239. 1 亿元，同比增长 13. 1%，占全行业的 60. 4%；港澳台商投资企业 10.6 亿元，同比增长 0.2%，占全行业的 2.7%；外商投资企业 146. 2 亿元，同比增长 9. 4%，占全行业的 36.9%。全行业资产总计 1154. 0 亿元，同比增长 22.4%。其中内资企业 674.3 亿元，同比增长 25.7%，占 58.4%；港澳台商投资企业 57.2 亿元，同比增长 2. 3%，占 5.0%；外商投资企业 422.6 亿元，同比增长 20.6%，占 36.6%。

2009 年全国乳制品企业负债合计 619.2 亿元，同比增长 16.2%，资产负债率 53.7%，比上年降低 2.9 个百分点。其中内资企业负债 389.6 亿元，同比增长 23.4%，负债率 57.8%，同比降低 1.1 个百分点；港澳台商投资企业负债 27.7 亿元，同比增长 4.3%，负债率 48.4%，同比高 0.9 个百分点；外商投资企业负债 202 亿元，同比增长 5.9%，负债率 47. 8%，同比降低 6.6 个百分点。

全行业工业产品销售率为 95.9%，比上年同期提高 1.2 个百分点。其中内资企业为 96. 8%，比上年提高 1.2 个百分点，港澳台商投资企业为 98.6%，比上年低 1.1 个百分点，外商投资企业为 94. 2%，比上年提高 1.3 个百分点。

2009 年全行业利税总额为 177. 2 亿元，同比增长 70.5%，其中利润 104. 6 亿元，同比增长 159. 4%，税金 72. 7 亿元，同比增长 14. 2%，利润占利税的比重为 59%。其中：内资企业利税总额为 97. 4 亿元，同比增长 94. 5%，其中利润 56. 8 亿元，同比增长 211. 1%，税金 40. 6 亿元，同比增长 27. 6%，利润占利税总额的比重为 58. 3%；港澳台商投资企业利税总额为 9. 5 亿元，同比增长 46. 4%，其中利润 5. 1 亿元，同比增长 36. 9%，税金 4. 4 亿元，同比增长 58. 9%，利润占利税总额的比重为53．3%；外商投资企业利税总额为70．2亿元，同比增长48．5%，其中利润42．6亿元，同比增长132．7%，税金27．6亿元，同比下降4．7%，利润占利税总额的比重为60．7%。

全行业人均完成利税79517元/人·年，其中内资企业62680元/人·年，港澳台商投资企业157037元/人·年，外商投资企业114518元/人·年。全行业人均利润46916元/人·年，其中内资企业36558元/人·年，港澳台商投资企业83762元/人·年，外商投资企业69520元/人·年。全行业成本费用利润率为6．86%，其中内资企业6．26%，港澳台商投资企业6．85%，外商投资企业7．87%。

全行业亏损企业数160家，同比下降28．3%，亏损企业数占规模以上企业的19．9%，比上年降低7．4个百分点。其中内资企业136家，占内资企业总数的19．7%，比上年降低7．1个百分点；港澳台商投资企业4家，占港澳台商投资企业总数的20%，比上年降低2．7个百分点；外商投资企业20家，占外商投资企业总数的22%，比上年降低10．7个百分点。全行业亏损企业亏损总额12．1亿元，同比下降56．7%，其中内资企业7．1亿元，同比下降48．9%，占全行业的58．6%，港澳台商投资企业0.3亿元，同比下降2．8%，占全行业2．6%，外商投资企业4．7亿元，同比下降65．9%，占全行业的38．8%。

2009年全国乳制品生产情况详见表4～9：

表4.2009年全国乳制品产量前五位省区市情况

（单位：万吨）

地 区	产 量	比2008年增长(%)	占全国比例(%)
全国总计	1935．1	12．9	100．0
内蒙古	379．5	5．9	19．6
山东	202．9	38．1	10．5
河北	196．6	3．8	10．2
黑龙江	176．8	4．7	9．1
陕西	117．2	5．1	6．1

表5.2009年全国液体乳产量前五位省区市情况

（单位：万吨）

地 区	产 量	比2008年增长(%)	占全国比例(%)
全国总计	1641．6	13．5	100．0
内蒙古	348．5	5．5	21．2
山东	189．2	44．8	11．5
河北	179．8	2．8	11．0
黑龙江	111．5	-0．1	6．8
江苏	93．6	16．7	5．7

表6.2009年全国固态乳产量前五位省区市情况

（单位：万吨）

地区	产量	比2008年增长(%)	占全国比例(%)
全国总计	293．5	2．9	100．0
黑龙江	65．3	20．5	22．2
辽宁	44．5	2036．6	15．2
陕西	31．5	0．3	10．7
内蒙古	31．1	2．7	10．6
河南	20．2	-5．8	6．9

表 7.2009 年全国乳粉产量前五位省区市情况

（单位：万吨）

地 区	产 量	比2008年增长(%)	占全国比例(%)
全国总计	111. 7	11. 1	100. 0
黑龙江	41. 7	13. 5	37. 4
内蒙古	24. 6	15. 7	22. 0
陕西	8. 1	29. 2	7. 3
新疆	4. 9	-8. 4	4. 4
湖南	4. 6	41. 1	4. 1

表 8.2009 年全国规模以上乳制品产值前五位省区市情况

（单位：万吨）

地 区	产 值	比2008年增长(%)	占全国比例(%)
全国总计	1668. 1	11. 9	100. 0
内蒙古	322. 8	10. 8	19. 4
黑龙江	283. 0	25. 2	17. 0
山东	157. 7	11. 0	9. 5
河北	118. 7	-0. 8	7. 1
广东	96. 2	12. 3	5. 8

表 9.2009 年全国乳制品行业企业状况分布情况

类 别	年平均人数(人)	应付工资总额(亿元)	应付福利总额(亿元)
全国总计	222 878	89. 2	5. 9
其中：			
内资企业	155 464	54. 0	3. 8
港澳台商投资企业	6 070	3. 8	0. 1
外商投资企业	61344	32. 5	2. 0

2009 年乳制品行业私营企业继续发展，至 2009 年底共有企业 350 家，比上年增加 2 家；实现工业总产值 287.4 亿元，同比增长 18. 1%，占全行业的 17. 2%；利税总额 25. 9 亿元，同比增长 31. 8%，占全行业的 14.6%；利润总额 14. 3 亿元，同比增长 42. 9%，占全行业 13. 6%。

【产品结构】

2009 年，全行业乳粉产量约 112 万吨。据中国乳制品工业协会对 103 家会员单位（工业总产值占全行业的 89.2%）的统计，在乳粉类产品中，全脂乳粉占 24%，全脂加糖乳粉占 4%，脱脂乳粉占 2%，婴幼儿乳粉占 52%，中老年乳粉占 7%，调味乳粉占 7%，其他乳粉占 4%。2009 年，全国奶油产量约 3. 5 万吨；干酪产量约 1.5 万吨，其中原干酪约占 9. 3%，加工干酪约占 90.7%；炼乳产量约 16 万吨，其中甜炼乳约占 97%，无糖炼乳约占 3%。2009 年，全国液体乳产量为 1641. 6 万吨，其中巴氏杀菌乳约占 13%，灭菌乳约占 68%，酸乳约占 19%。

【乳制品消费】

由于 2009 年国内乳制品行业“事件”不断，因此国内乳制品消费状况在反复中前行。根据国家统计局资料，2009 年全国城镇人均购买鲜奶 14.91 千克，奶粉 0.48 千克，酸奶 3.88 千克，与 2008 年大体相当；农村乳制品消费量得到增长，由 2008 年的 3.43 千克增长到 3.60 千克，增长主要来自原本消费较低的中部地区，人均消费由 2008 年的 1.87 千克增长到 2.54 千克。

【大型骨干企业】

2009 年，完成工业总产值前十位的企业工业总产值达 1022.8 亿元，占全国规模以上企业工业总产值的 61.3%；销售收入前十位的企业销售收入达 1011.2 亿元，占全国规模以上企业总销售收入的 62.3%；利税总额前十位的企业完成利税总额 153.8 亿元，占全国规模以上企业利税总额的 86.8%；乳粉产量前十位企业总产量 59.9 万吨，占全行业的 53.6%；液体乳产量前十位的企业总产量达 743.5 万吨，占全国规模以上企业液体乳总产量的 45.3%。详见表 10 ～表 14：

表 10.2009 年乳制品生产企业工业总产值位居前列的企业

（单位：万元）

企业名称	工业总产值	企业名称	工业总产值
内蒙古蒙牛乳业（集团）股份有限公司	2 615 388	黑龙江摇篮乳业股份有限公司	277 911
内蒙古伊利实业集团股份有限公司	2 510 000	西安银桥生物科技有限责任公司	274 606
杭州娃哈哈集团有限公司	1 875 116	圣元营养食品有限公司	245 318
维维集团	927 100	北京三元食品股份有限公司	237 764
光明乳业股份有限公司	549 164	济南佳宝乳业有限公司	231 815
多美滋婴幼儿食品有限公司	385 812	福州明一乳业有限公司	210 238
黑龙江乳业集团	357 771	广东雅士利集团股份有限公司	195 613
美赞臣营养品（中国）有限公司	355 039	沈阳乳业有限责任公司	175 670
黑龙江省完达山乳业股份有限公司	352 172	新希望乳业控股有限公司	171 315
黑龙江飞鹤乳业有限公司	299 985	哈尔滨太子乳品工业有限公司	138 521

资料来源：中国乳制品工业协会

表 11.2009 年乳制品生产企业销售收入位居前列的企业

（单位：万元）

企业名称	销售收入	企业名称	销售收入
内蒙古蒙牛乳业（集团）股份有限公司	2 549 821	黑龙江摇篮乳业股份有限公司	255 677
内蒙古伊利实业集团股份有限公司	2 378 206	圣元营养食品有限公司	243 441
杭州娃哈哈集团有限公司	1 886 389	北京三元食品股份有限公司	237 959
维维集团	899 200	西安银桥生物科技有限责任公司	237 591
光明乳业股份有限公司	794 316	福州明一乳业有限公司	208 213
多美滋婴幼儿食品有限公司	364 759	济南佳宝乳业有限公司	190 855
黑龙江省完达山乳业股份有限公司	335 742	沈阳乳业有限责任公司	175 670
黑龙江乳业集团	308 423	新希望乳业控股有限公司	169 441
黑龙江飞鹤乳业有限公司	300 000	广东雅士利集团股份有限公司	164 613
美赞臣营养品（中国）有限公司	295 425	山西古城乳业集团有限公司	149 554

资料来源：中国乳制品工业协会

表 12.2009 年利税总额位居前列的企业

（单位：万元）

企业名称	利税总额	企业名称	利税总额
杭州娃哈哈集团有限公司	669 164	西安银桥生物科技有限责任公司	22 714
内蒙古蒙牛乳业（集团）股份有限公司	266 880	广东雅士利集团股份有限公司	21 916
内蒙古伊利实业集团股份有限公司	224 187	福州明一乳业有限公司	21 432
美赞臣营养品（中国）有限公司	97 782	济南佳宝乳业有限公司	18 780
维维集团	81 116	山西古城乳业集团有限公司	15 702
光明乳业股份有限公司	76 807	沈阳乳业有限责任公司	15 074
黑龙江飞鹤乳业有限公司	39 000	黑龙江兴安岭乳业有限公司	12 465
澳优乳品（湖南）有限公司	30 610	哈尔滨太子乳品工业有限公司	11 081
黑龙江乳业集团	27 937	黑龙江摇篮乳业股份有限公司	10 324
黑龙江省完达山乳业股份有限公司	24 093	江西美庐乳业有限公司	8 635

资料来源：中国乳制品工业协会

表 13.2009 年乳粉产量位居前列的企业

（单位：吨）

企业名称	产量	企业名称	产量
黑龙江飞鹤乳业有限公司	116 478	广东雅士利集团股份有限公司	22 931
内蒙古伊利实业集团股份有限公司	89 345	黑龙江兴安岭乳业有限公司	22 622
黑龙江摇篮乳业股份有限公司	87 523	黑龙江省农垦龙王食品有限责任公司	21 635
黑龙江省完达山乳业股份有限公司	87 292	哈尔滨太子乳品工业有限公司	17 534
黑龙江乳业集团	65 128	北京三元食品股份有限公司	17 180
西安银桥生物科技有限责任公司	38 215	光明乳业股份有限公司	16 471
福州明一乳业有限公司	35 535	杭州娃哈哈集团有限公司	15 434
圣元营养食品有限公司	28 230	山东德正乳业有限公司	13 215
美赞臣营养品（中国）有限公司	27 072	山西古城乳业集团有限公司	11 860
多美滋婴幼儿食品有限公司	24 149		
江西美庐乳业有限公司	23 310		

资料来源：中国乳制品工业协会

表 14.2009 年液体乳产量位居前列的企业

（单位：吨）

企业名称	产量	企业名称	产量
内蒙古蒙牛乳业（集团）股份有限公司	2 686 015	石家庄君乐宝乳业有限公司	197 081
内蒙古伊利实业集团股份有限公司	1 754 300	南京卫岗乳业有限公司	173 132
光明乳业股份有限公司	700 477	山东亚奥特乳业有限公司	171 890
维维集团	473 360	山东得益乳业有限公司	159 035
北京三元食品股份有限公司	344 712	山西古城乳业集团有限公司	143 850
西安银桥生物科技有限责任公司	332 510	徐州绿健乳业有限责任公司	113 022
黑龙江乳业集团	307 474	浙江李子园牛奶食品有限公司	99 543
黑龙江省完达山乳业股份有限公司	293 453	浙江金华市佳乐乳业有限公司	82 793
济南佳宝乳业有限公司	292 560	宁夏夏进乳业集团股份有限公司	81 427
沈阳乳业有限责任公司	250 500		
新希望乳业控股有限公司	243 298		

资料来源：中国乳制品工业协会

【原料乳收购价格】

2009 年，全国原料乳收购的平均价格略低于 2008 年。受三聚氰胺事件影响，企业使用国产乳粉量减少、乳粉进口量激增、出口量锐减，乳粉的产区，如内蒙古、黑龙江等地企业乳粉积压严重，部分企业被迫减产或停产，收奶量减少，导致原料乳收购价格下滑。而南方和西部的部分地区却是奶源紧缺，收奶价格有所增加。

从地区平均价格来看，东北、华北与上年比有所降低，而华东、华南、中南和西北则比上年有所增加，详情见表 15：

表15.2009年全国部分企业原料乳收购平均价格

（单位：元／千克）

企业名称	2009年	2008年
北京三元食品股份有限公司	2.75	3.00
多加多乳业（天津）有限公司	3.15	3.10
天津海河乳业有限公司	2.84	2.29
天津津河乳业有限公司	3.37	2.89
天津中芬乳业有限公司	2.60	2.86
河北乖乖嘉年华食品有限公司	2.25	2.12
石家庄君乐宝乳业有限公司	2.31	2.50
山西古城乳业集团有限公司	3.26	2.78
山西田仁乳业有限责任公司	2.57	2.19
呼伦贝尔海乳乳业有限责任公司	1.63	2.38
内蒙古红城乳业有限公司	1.78	2.34
内蒙古蒙牛乳业（集团）股份有限公司	3.06	3.15
内蒙古伊利实业集团股份有限公司	3.04	3.05
本溪木兰花乳业有限公司	2.83	2.82
沈阳乳业有限责任公司	2.70	2.20
吉林省乳业集团广泽有限公司	2.29	2.66
哈尔滨惠佳贝食品有限公司	2.86	2.68
哈尔滨乳多宝乳业有限责任公司	2.70	2.95
哈尔滨太子乳品工业有限公司	2.63	2.73
黑龙江澳佳乳业有限公司	3.20	3.00
黑龙江辰鹰乳业有限公司	2.52	2.14
黑龙江飞鹤乳业有限公司	2.59	2.65
黑龙江乳业集团	2.80	2.90
黑龙江省富裕明星食品有限公司	2.41	2.66
黑龙江省格球山乳品有限责任公司	2.60	2.30
黑龙江省农垦华威乳业有限公司	2.10	2.95
黑龙江省农垦龙王食品有限责任公司	2.30	2.20
黑龙江省完达山乳业股份有限公司	2.41	2.76
黑龙江兴安岭乳业有限公司	2.40	2.54
黑龙江摇篮乳业股份有限公司	2.30	3.40
光明乳业股份有限公司	3.66	3.86
上海晨冠乳业有限公司	3.76	3.12
南京卫岗乳业有限公司	3.13	3.09
维维集团	2.90	2.10
徐州绿健乳业有限责任公司	2.80	2.80
杭州娃哈哈集团有限公司	2.29	2.62
杭州味全食品有限公司	3.80	4.40
宁波市牛奶集团有限公司	3.50	3.62
瑞安市百好乳业有限公司	3.40	2.50
浙江金华市佳乐乳业有限公司	2.93	2.64
浙江李子园牛奶食品有限公司	3.24	2.90

企业名称	2009年	2008年
浙江熊猫乳品有限公司	2.26	2.45
安徽益益乳业有限公司	2.90	2.90
滁州市奶业有限责任公司	2.56	2.65
福建长富乳品有限公司	3.18	3.00
江西美庐乳业有限公司	2.95	2.86
江西牛牛乳业有限责任公司	3.20	3.20
江西维雀乳业有限公司	3.00	2.80
济南佳宝乳业有限公司	2.66	2.79
临沂盛能乳业有限责任公司	2.80	2.75
山东百慧乳业有限公司	2.60	2.60
山东得益乳业有限公司	2.61	2.81
山东德正乳业有限公司	2.60	1.96
山东凤祥乳业有限公司	2.33	2.91
山东鹏程食品股份有限公司	2.40	2.00
山东亚奥特乳业有限公司	3.20	3.18
山东银香大地乳业有限公司	2.70	2.60
圣元营养食品有限公司	2.49	2.76
威海金宝乳业有限公司	2.60	2.30
河南花花牛乳业有限公司	2.40	3.05
河南三剑客奶业有限责任公司	2.90	2.70
河南三色鸽乳业有限公司	2.60	2.80
焦作市博农乳业有限责任公司	2.80	2.20
洛阳巨尔乳业有限公司	2.65	2.60
湖南南山食品有限公司	2.88	2.78
湖南亚华乳业有限公司	2.97	2.85
湖南阳光乳业股份有限公司	3.00	2.80
广东东泰乳业有限公司	3.57	3.45
广东燕塘乳业有限公司	3.78	3.34
深圳市晨光乳业有限公司	4.24	4.43
广西皇氏甲天下乳业股份有限公司	3.82	3.16
广西灵山百强水牛奶乳业有限公司	6.80	5.80
四川菊乐食品有限公司	3.35	3.15
新希望乳业控股有限公司	2.85	2.42
贵阳三联乳业有限公司	3.08	2.60
贵州好一多乳业股份有限公司	3.45	3.44
大理来思尔乳业有限责任公司	2.06	2.10
大理银河乳业有限责任公司	2.80	2.50
陕西关山乳业有限责任公司	2.35	2.20
陕西和氏乳品有限公司	3.60	2.31
陕西红星乳业有限公司	2.60	2.60
西安银桥生物科技有限责任公司	2.98	2.75
兰州庄园乳业有限责任公司	2.60	2.20
宁夏红果乳业有限公司	2.10	2.41
宁夏夏进乳业集团股份有限公司	2.21	2.58
新疆明旺乳业有限公司	2.13	2.74

资料来源：中国乳制品工业协会

【乳制品进口】

2009 年，三鹿奶粉事件影响依然，加之国际乳制品价格较上年度有所降低，致使中国乳制品进口量大增，尤其是乳粉类产品更是增长一倍以上。详见表 16、表 17：

2009 年进口的其他乳制品中，乳糖类产品 5．96 万吨，同比增长 7．1%，货值 3441 万美元，同比下降 21．4%；零售包装婴幼儿乳粉进口量为 6.2 万吨，同比增长 47.9%，货值 6．05 亿美元，同比增长 52．6%。

2009 年中国乳制品出口持续低迷。详见表 18、表 19：

表 16.2009 年乳制品进口情况

产品名称		数量(吨)	比上年增长(%)	金额(万美元)	比上年增长(%)
液体乳		12 779	71．9	1970	57．3
乳粉	脱脂乳粉	70 443	28．2	15 601	-27．4
	全脂乳粉	174 969	298．2	41 953	140．0
	调味乳粉	1375	-35．2	486	-41．5
	合计	246 787	144．3	58 041	45．8
炼乳		1732	103．2	398	27．0
酸乳		1526	94．4	436	51．9
乳清粉		288 754	35．5	28 422	-8．9
奶油		28 444	109．9	6566	11．2
干酪		16 977	22．1	6966	-5．6
乳品合计		596 999	70．2	102 799	19．3

数据来源：中国海关

表 17.2009 年其他乳制品进口情况

（单位：万吨）

产品名称	数量(吨)	比上年增长(%)	金额(万美元)	比上年增长(%)
乳糖类	59 592	7．1	3441	-21．4
零售包装婴幼儿乳粉	62 442	47．9	60 452	52．6
酪蛋白类	6253	39．8	4299	-22．8
白蛋白类	12 365	130．7	5854	53．1
合计	140 653	30．6	74 046	38．7

数据来源：中国海关

表 18.2009 年乳制品出口情况

产品名称		数量(吨)	比上年增长(%)	金额(万美元)	比上年增长(%)
液体乳		20 030.00	-47．90	1334.00	-54．90
乳粉	脱脂乳粉	0．30	-99．98	0.10	-99．99
	全脂乳粉	8051.00	-86．40	2561.00	-88．40
	调味乳粉	1687.00	-45．40	525.00	-48．90
	合计	9738.00	-84．70	3086.00	-87．00
炼乳		3692.00	-54．20	571.00	-51．20
酸乳		844.00	-23．60	115.00	-33．30
乳清粉		316.00	-92．70	34.00	-93．00
奶油		2046.00	-58．80	501.00	-70．80
干酪		115.00	-	48.00	-
乳品合计		36 780.00	-69．50	5689.00	-81．10

数据来源：中国海关

表 19.2009 年其他乳制品出口情况

产品名称	数量(吨)	比上年增长(%)	金额(万美元)	比上年增长(%)
乳糖类	102	-82.70	22	-47.70
零售包装婴幼儿乳粉	152	31.50	88	77.40
酪蛋白类	1362	-70.50	730	-77.50
白蛋白类	48	47.90	23	19.40
合计	1664	-69.00	863	-74.30

数据来源：中国海关

2009 年，全国进出口乳制品数量逆差 56 万吨，进出口货值逆差 9.7 亿美元，分别比上年增长 143.5%和 73.2%。

【政策法规】

2009 年，卫生部组织对乳制品标准进行清理，并开始了质量安全国家标准的制定工作。此次乳品质量安全标准清理制定工作完成后，有 66 项乳品质量安全标准通过国家食品安全审评委员会的审核，包括：产品标准 15 项、生产规范 2 项、检测方法标准 49 项，并于 2010 年 3 月 26 日发布。

2009 年初，为帮助乳品企业度过行业危机下的艰难时光，财政部将原定的贴息政策实施期限延长 3 个月至 2009 年 3 月底。财政部于 7 月底再次宣布将原料奶收购贷款中央财政贴息政策的实施期限延续至 2009 年 12 月底，至此原料乳收购贷款中央财政贴息政策的实施期限由原来的 3 个月延长至 15 个月。

2009 年初，农业部制定了《2009 年生鲜乳专项整治行动实施方案》和《全国奶牛优势区域布局规划（2008～2015 年）》。

2 月 28 日，《中华人民共和国食品安全法》公布，自 6 月 1 日起实施。

3 月 23 日，农业部发布了《生鲜乳收购站标准化管理技术规范》。对生鲜乳收购站的基础设施、机械设备、质量检验、人员要求、操作规范、管理制度、卫生条件做出具体规定。

4 月 22 日，卫生部等 6 部门发布关于加强生鲜乳品抗生素残留量管理的公告（2009 年第 6 号），禁止企业进行“无抗奶”的宣传，规范市场秩序。

6 月 5 日，卫生部等 7 部委下发了“关于贯彻实施‘食品安全法’有关问题的通知”，要求各地部门要依法履行监管责任，加强食品安全各环节的监管，做好工作衔接。做好企业食品标准备案工作，自 2009 年 6 月 1 日起，卫生部门负责食品企业标准备案工作，质检部门不再负责食品企业标准备案工作，之前已经备案的企业标准继续有效。

6 月 26 日，国家工业和信息化部、国家发展和改革委员会联合发布了《乳制品工业产业政策（2009 年修订）》（工联产业 [2009] 第 48 号），该政策是根据《乳品质量安全监督管理条例》、《中华人民共和国食品安全法》及相关法律法规规定，结合乳制品工业发展的实际情况，对原《乳制品工业产业政策》、《乳制品加工行业准入条件》进行整合修订而成的。该版产业政策在原来 2008 版产业政策的基础上加入了乳制品流通和监督管理的内容共分十三章七十条，具体为：政策目标、产业布局、行业准入、奶源供应、技术与装备、投资融资、产品结构、质量安全、组织结构、资源节约与环境保护、消费和流通、监督管理、其他及名词解释等。产业政策提出了稳定可控的奶源基地产生鲜乳数量的概念，并且对新建加工项目（企业）选址、生鲜乳收购、检测、原辅料提出具体要求。乳制品加工企业要加强市场销售跟踪服务，建立和完善重大事项应急处置制度和机制。发现其生产的乳制品不符合乳制品质量安全标准、存在危害人体健康和生命安全危险或者可能危害婴幼儿身体健康或者生长发育的，应立即停止生产，报告有关主管部门，告知经销商、消费者，召回已经出厂、上市销售的乳制品，并记录召回情况。乳制品加工企业对召回的乳制品应当采取销毁、无害化处理等措施，防止其再次流入市场。各级地方工业主管部门会同相关部门负责对本地乳制品生产企业执行本产业政策的情况进行监督检查。各省、市、自治区工业主管部门负责依法淘汰落后乳制品加工生产能力，对属地符合准入条件的乳制品生产企业实行社会公告，接受社会舆论监督。

7 月 17 日，工信部、财政部及商务部正式下发奶粉收储相关文件，正式启动 5 万吨奶粉收储计划，收购以贴息的形式进行。

7 月 20 日，《中华人民共和国食品安全法实施条例》（第 557 号国务院令）公布实施。

7 月 22 日，国家质检总局和卫生部发布“关于进口食品食品添加剂检验有关适用标准问题的公告”，规定了可直接到进境口岸出入境检验检疫机构报检的产品目录；允许《食品安全法》实施前已有进口记录但尚无食品安全国家标准的食品、食品添加剂，在食品安全国家标准发布实施之前，按照原进口记录中指定的标准实施检验；对于产品目录外无食品安全国家标准的，进口商应当向国务院卫生行政部门提出申请并提交相关的安全性评估材料，获得进口许可的，进口商持卫生部颁发的许可文件向进境口岸出入境检验检疫机构报检。

9 月 27 日，国家质检总局印发《乳制品生产企业落实质量安全主体责任监督检查规定》的通知，此“规定”从 2009 年 10 月 1 日起施行。

12 月 30 日，工业和信息化部、国家发展改革委、监察部、农业部、商务部、卫生部、中国人民银行、国家工商总局、国家质检总局和国家食品药品监管局等 10 部委在人民大会堂举办“食品工业企业诚信体系建设工作指导意见”发布暨试点启动仪式。宣布在黑龙江省乳制品行业、河南省肉类加工行业启动企业试点工作。此次启动仪式标志着全面推进食品工业企业诚信体系建设工作正式启动。

【三鹿牌婴幼儿乳粉事件后续处理工作】

2009 年 1 月 21 日，石家庄市中级人民法院作出刑事判决，认定被告人张玉军犯以危险方法危害公共安全罪，判处死刑，剥夺政治权利终身；认定被告人耿金平犯生产、销售有毒食品罪，判处死刑，剥夺政治权利终身，并处没收个人全部财产。11 月 24 日，石家庄市中级人民法院对张玉军、耿金平执行死刑。

三鹿集团股份有限公司等 22 家责任企业向患儿主动赔偿，对近 30 万名确诊患儿给予一次性现金赔偿，并共同出资建立了医疗赔偿基金，患儿今后一旦出现相关后遗症，发生的医疗费由该基金给予报销。人保部、卫生部、保监会于 2009 年 1 月 8 日下发了“关于做好婴幼儿奶粉事件患儿相关疾病医疗费用支付工作的通知”，强调为保障因食用含三聚氰胺婴幼儿配方奶粉而患病婴幼儿的权益，由对此次事件负有责任的企业出资建立患儿医疗赔偿基金，并委托中国人寿保险股份有限公司代管，对患儿急性治疗终结后到18周岁以前可能发生的与此相关的疾病给予免费治疗。

【行业并购及新扩建大事记】

2 月，新希望乳业以 6450 万元受让昆明雪兰 42．9% 国有股权和“雪兰”商标。

2 月 20 日，蒙牛马鞍山现代牧业有限公司项目在肥东县白龙镇长王村开工建设。项目总投资 6．5 亿元，建设规模为 2 万头，项目分两期建设，计划在两年内完成。同时，征用 100 亩永久性农业建设用地，用于乳制品加工。

3 月，雅培公司耗资 2 亿元打造的雅培在华首家营养品工厂在广州开发区竣工并投产。广州工厂的产品将专供中国市场，工厂将全部采用来自新西兰的奶源。

3 月 4 日，三元集团与三元食品的全资子公司河北三元组成的“联合竞拍体”最终以 6．17 亿元拍得“三鹿”资产，包括三鹿集团的土地使用权、房屋建筑物、机器设备等可持续经营的有效资产和三鹿集团所持有的新乡市林鹤乳业有限公司 98．80% 的投资权益。

3 月 6 日，光明乳业股份有限公司以 1 元价格出售江西英雄 51% 股份，同时将 1 亿多元的债权余额整体作价 2000 万元转让给华恒实业。江西英雄不再被许可使用“光明”乳制品商标。

6 月，完达山并购河北贝兰德乳业 51% 的股权，成立了河北完达山贝兰德乳业有限公司。9 月 8 日，完达山乳业收购宝泉岭圣元乳业资产。

7 月 6 日，中粮集团与厚朴投资共同组建一家新的公司（中粮集团持股 70%），投资 61 亿港币分别向蒙牛认购新股、向老股东购买现有股份，新公司在分别完成相关收购后将持有蒙牛扩大后股本的20%，成为蒙牛第一大股东。

7 月 10 日，伊利天津奶粉项目签约仪式在天津市滨海新区举行。此次伊利投资兴建的天津奶粉项目，投产后年销售收入预计达 20 亿元，将是华北地区规模最大的奶粉项目。

7 月 28 日，光明食品（集团）有限公司接盘上海实业控股有限公司手中 30.18% 的股权，共计 3.14 亿股，收购价为 15.5 亿元，转让后，光明食品将直接和间接持有光明乳业 65.45% 的股份。

9 月中旬，光明乳业德州有限公司二期工程正式投产，此次扩建总投资达 1.2 亿元。

9 月 20 日，凯雷投资集团、上海复星高科技（集团）有限公司向雅士利注资，分别占有雅士利 17.3% 和 6% 股份，成为其战略股东。

9 月 28 日，柳州三元搬迁新建乳品加工厂项目开工，该项目占地 13340 平方米，厂房建筑面积 5000 平方米，总投资约 2500 万元，建设周期一年，投产后的生产能力约为 3 万吨。

11 月初，三元母公司首都农业集团与河北国信资产运营有限公司签署协议，购买后者所持唐山三鹿、恒天然三鹿牧场等资产。根据协议，首农集团将购买国信资产 5 月 5 日、5 月 8 日通过公开竞拍方式取得的石家庄三鹿集团股份有限公司原持有的唐山三鹿 70% 的股权，唐山康圣乳业 70% 的股权以及唐山恒天然三鹿牧场 15% 的股权。

【行业重大活动】

2009 年 6 月 1 日是第 9 个世界牛奶日，6 月 6 ～ 10 日是第 12 个全国乳品营养周，2009 年宣传的主题是：“安全、诚信、和谐”。中国乳制品工业协会从 4 月开始牛奶质量安全的宣传活动，在央视、经济日报等媒体做了报道；接受了央视《新闻会客厅》、《面对面》等栏目和慧聪网、中国经济网的专访；全国各地方协会和骨干企业在当地开展乳品营养宣传活动。天津、上海、陕西、河南、湖南和宁夏等省、市、自治区的地方协会和乳制品骨干企业在当地举行宣传活动，促进了乳品消费信心的恢复和营养知识的普及。6 月 9 日，由中国乳制品工业协会主办的 2009 年世界牛奶日和全国乳品营养周（以下称乳品营养周）宣传活动在北京举行。乳品营养周的宣传主题是："国产牛奶放心喝"。伊利、蒙牛、三元和君乐宝等 4 家国产品牌乳制品企业向北京市属社会福利院捐赠了 5000 箱牛奶。活动期间召开了乳制品质量安全报告会，中国乳制品工业协会理事长宋昆冈做了"国产牛奶放心喝中国乳业从危机到信心"的报告。

8 月 21 ～ 23 日，中国乳制品工业协会第十五次年会暨第九次乳品技术精品展示会在南京召开。来自全国乳制品行业的企业家、专家、教授、管理人员、技术人员、销售人员、各省、市、自治区乳制品工业（奶业）协会以及相关行业的企业代表共千余人出席会议。会议围绕"实践科学发展观，建设和谐乳业"的主题，深刻反思"三聚氰胺事件"发生的根源，认真汲取经验教训，提出建设和谐乳业、推动乳制品行业健康、持续发展的思路。会议总结了三聚氰胺事件发生以来国务院及有关部门为推动行业健康发展所采取的政策措施以及行业贯彻执行情况、行业整改工作所取得的成效；分析行业所面临的形势和存在的主要问题，提出解决问题的建议。中国乳制品工业协会理事长宋昆冈作了题为"实践科学发展观，建设和谐乳业"的主题报告，报告中全面分析了导致三聚氰胺事件发生的五个方面的原因，指出行业发展中所存在的问题，提出了建设和谐乳业的构想：建设和谐的原料乳收购秩序；建立和谐的市场秩序；建立和谐的企业关系；建立与消费者的和谐关系，树立正确的成本、价格观，消除低成本低价格的"唯价格论"的经营理念，树立科学的新产品开发和产品差异化观念。年会期间，分别举行了自律、和谐、科学发展企业家辩论会、国际乳业市场及新科技发展趋势、市场经济"立交桥"和质量安全宣贯大讲堂四个专场论坛。

年会同期举办第九次乳品技术精品展示会，展出面积 1 万多平方米，展位 400 余个，来自美国、法国、德国、丹麦、荷兰、俄罗斯等国家和国内的近 200 家知名机械设备、包装材料、印刷、乳制品生产配料及添加剂等企业参加展出，来自全国各地的专业参观者超过 3000 人。

罐头制造（145）

中国罐头工业协会　梁仲康

【概 况】

2009 年，中国罐头行业在国际金融危机的影响下，罐头出口出现较大幅度下降，呈现多年未有的负增长。全国罐头企业努力克服各种不利因素造成的影响，出口逐渐表现出恢复性增长。特别是在内需的强有力推动下，全国罐头总量保持较快增长，整个行业出现企稳向好趋势。

表 1.2009 年全国罐头生产完成情况

生产总量（万吨）	745. 07	同比增长（%）　19. 25
销售额（亿元）	724. 64	同比增长（%）　17. 20

（国家统计局提供数据）

表 2.2009 年全国主要省市罐头产量完成情况

地 区	2009年产量（万吨）	与上年同比增长（%）
福建	162. 88	14. 55
浙江	92. 22	5. 88
新疆	91. 12	43. 88
湖南	64. 83	12. 84
山东	57. 82	8. 34
广西	40. 76	

湖北	39.36	48.17
四川	27.87	21.96
安徽	25.86	16.79
广东	25.13	12.71
海南	17.98	17.04
河南	15.68	3.28
天津	14.39	-6.34
辽宁	13.40	42.13
河北	12.88	
江苏	11.98	31.80
甘肃	9.28	27.49
重庆	4.54	17.39
上海	3.71	11.27
江西	3.41	-27.01
云南	2.42	-3.30
黑龙江	2.25	
山西	1.83	-33.10
陕西	1.57	-15.15
贵州	1.05	14.92

表3 .2009年全国主要省、市罐头出口完成情况

（单位：万吨、万元）

地区	2009年		同比增长率(%)	
	出口量	出口额	出口量	出口额
新疆	43.04	40 930	-18.78	-17.93
福建	40.34	55 664	-14.47	-22.12
浙江	32.64	40 403	-16.69	-18.81
山东	22.76	34 101	-14.08	-20.53
内蒙古	14.23	13 084	42.25	47.74
湖北	13.27	11 299	3.32	-42.34
江苏	11.42	12 299	8.20	13.44
天津	11.16	14 681	8.12	8.17
广东	10.28	11 676	-1.78	-12.87
广西	8.18	7 165	-23.56	-26.80
湖南	7.27	7 448	-21.32	-14.65
河北	6.25	9 107	7.44	13.65
安徽	6.25	5 909	0.21	-3.84
甘肃	4.56	4 369	7.51	6.05
四川	4.24	5 842	-30.82	-39.46
上海	3.71	5 349	12.34	32.08
辽宁	3.61	9 167	-29.46	-14.92
重庆	2.50	3 357	-7.38	-6.91
山西	1.56	2 701	-31.90	-49.76
河南	1.23	1 654	23.26	-9.78
江西	1.11	1 178	-35.38	-27.94

表 5.2009 年全国罐头出口类别和主要品种完成情况

商品名称	出口量(万吨)	出口额(万美元)	累计量同比赠长(%)	累计额同比增长(%)	累计平均单价(美元/千克)	平均单价同比增长(%)
肉类罐头合计	4. 00	0 568	-2. 87	-1. 02	2. 64	1. 91
水产类罐头合计	9. 51	44 148	-16. 85	-22. 57	4. 64	-6. 88
蔬菜类罐头合计	163. 12	174 454	-9. 84	-16. S6	1. 07	-7. 45
其中：						
番茄酱罐头（重量≤5千克）	24. 21	28 358			1. 17	
番茄酱罐头（重量＞5千克）	56. 21	56 264			0. 93	
小白蘑菇罐头	22. 92	24 624	-31. 84	-41. 68	1. 07	-14. 44
芦笋罐头	6. 65	10 105	-12. 81	-41. 55	1. 52	-32. 96
甜玉米	2. 71	2 779	-2. 87	5. 47	1. 02	8. 59
竹笋罐头	13. 07	12 731	-14. 77	-12. 62	0. 97	2. 49
清水马蹄罐头	5. 07	4 497	11. 64	24. 46	0. 89	11. 49
蚕豆罐头	5. 05	2 214	1. 76	-11. 40	0. 44	-12. 94
干果类罐头合计	1. 64	5 248	-8. 95	-10. 47	3. 19	-1. 67
水果类罐头合计	72. 59	63 929	-11. 07	-11. 44	0. 88	-0. 41
其中：	2. 85	2 683	-20. 91	-24. 74	0. 94	-4. 86
果酱、果冻、果泥及果膏罐头						
菠萝罐头	6. 45	4 220	-16. 03	-32. 49	0. 65	-19. 61
柑橘罐头	32. 04	26 026	-9. 32	-7. 94	0. 81	1. 53
梨罐头	5. 38	4 816	-13. 29	-10. 46	0. 89	3. 25
杏	1. 59	1 303	-22. 04	-27. 54	0. 82	-7. 05
桃罐头	12. 76	12 480	-13. 94	-13. 44	0. 98	0. 58
草莓	2. 02	2 006	-26. 66	-33. 21	0. 99	-8. 95
其他什锦水果	6. 79	8 522	17. 67	30. 05	1. 11	10. 52
荔枝罐头	2. 20	1 990	-15. 36	-17. 17	0. 90	-2. 14
龙眼罐头	0. 12	130	-51. 29	-48. 5	1. 09	6. 5
狗猫饲料罐头	0. 54	1 131	-4. 45	-41. 40	2. 08	-38. 67

（国家海关提供数据）

表 5.2009 年中国罐头主要出口市场

（单位：万吨、万美元）

国家 / 地区	出口量	出口额	同比增长率（%）出口量	同比增长率（%）出口额
美国	42. 09	49 898	-4. 71	-16. 77
日本	34. 03	58 534	-11. 64	-5. 03
俄罗斯	17. 40	16 334	-17. 61	-22. 12
德国	13. 22	13 121	-13. 73	-17. 42
意大利	11. 03	9 837	13. 10	-2. 08
荷兰	6. 32	6 996	-4. 15	-13. 75
尼日利亚	5. 94	7 707	40. 12	39. 74
马来西亚	5. 93	7 574	-21. 87	-29. 62
韩国	5. 34	5 534	-22. 16	-41. 38
泰国	5. 32	7 461	-30. 19	-40. 36

【罐头行业市场情况】

一、出口持续下降，降幅逐月好转

国际金融危机对罐头出口的影响从2008年三季度开始显现，2009年上半年达到顶峰。主要表现为：出口订单明显减少，国际市场低迷。罐头出口主要国家和地区市场出现不同程度下跌，其中以东欧和俄罗斯市场最为严重。由于进口国货币大幅贬值以及信贷危机，进口商面对资金压力甚至濒临破产。有一些国家在危机冲击下，消费出现疲软，餐饮行业的罐头需求明显减少，罐头进口链以及消费市场的变化使中国罐头出口遭受损失。许多产品卖价下跌以及接踵而来的工厂库存增加，生产紧缩和资金紧缺。这种影响传导给农业，使长期为罐头提供原料的农民遭受损失。例如蘑菇原料收购价格不及正常年景的1 / 3，甚至跌破菇农种植的成本价，原料贱卖影响到农民发展原料种植的积极性。罐头出口下降的局面在2009年上半年延续，随着国家支持政策力度不断加大，企业应对危机所采取的各项措施的迅速到位以及进口国库存减少和市场恢复，中国罐头出口下降的势头从2009年下半年起得到遏止，出口下行通道逐步收窄并呈现逐月好转的趋势，全年出口下降10%左右。

二、企业加强管理，推进技术改造

2009年，罐头生产企业分析市场，采取各种稳定客户和市场的措施，把市场变化造成的损失降到最低；把工作重点转移到企业内部，推进现代管理制度，落实各种节约成本，全面提高职工素质和企业管理水平；积极推进技术改造，按照机械化、连续化和流程化思路和方案改造技术和装备，促进罐头加工向工业化方向迈进。瞄准国内市场，积极扩大罐头内需。

三、转变发展方式

中国罐头行业粗放的增长方式和结构性矛盾与这次金融危机爆发的交叉重叠，不仅加剧了企业的困难，而且充分暴露行业存在的问题。多年来，中国罐头出口完全贴牌加工和市场受制于人，企业难有话语权和主动权；产业的同质化和无序化以及门槛低，产能大使行业难以形成合力，在过高的出口依存度的同时，罐头内需不足，在国内市场缺乏规模和影响力以及工艺装备技术和包装的传统，缺少创新等，都成为影响全行业持续发展的关键。2009年6月国家为了帮助罐头出口尽快摆脱危机影响，给予罐头提高出口退税两个百分点的扶持性政策，极大提振全行业克服困难的信心。国家发布的《轻工业调整和振兴规划》，指出罐头产业发展的方向和途径，把握“扩内需，调结构，上水平”的要求，实现产业转型和升级。

【行业主要事件】

一、退税提高

国家为遏止罐头出口劣势，支持广大罐头企业出口，及时出台提高罐头出口退税政策。从6月起，罐头出口退税从13%提高到15%。

二、产业升级

改变罐头传统加工方式，实现机械化连续化改造成为罐头发展趋势。根据国务院颁发的“轻工业调整和振兴规划”，协会编制完成全国罐头行业产业升级和节能减排实施方案。按照重点项目，示范企业和国家支持的原则，更多企业启动技术改造列项，全国罐头产业升级工作步人快车道。

三、年会与展览会

协会年会和第二届罐头食品及原辅材料、机械设备国际博览会同时在上海召开。2009年会提出应对危机、出口市场、基地建设、国内市场、产业升级、食品安全、节能减排、科技创新、商业模式、新鲜与保质期等十大关键词，并对影响和决定罐头当前及未来发展的重点问题进行解读和研讨。第二届罐头食品及原辅材料、机械设备国际博览会有近百家生产和配套企业参加，共同构建罐头展示与交流的平台。

四、“罐头之都”

全国罐头首家产业集群特色区域亮相福建漳州，决定授予漳州市为“中国罐头之都”。该地区有雄厚产业基础，庞大企业集群，众多优秀企业，产业链配套齐全，较强的行业影响力、辐射力和贡献率以及地方政府支持。

五、番茄生产

受国际市场价格和需求推动，新疆、内蒙古等主产区种植面积扩大和产能增加，产量超过800万吨新鲜番茄原料和100万吨以上成品酱，全国番茄再创历史新高。番茄酱数量急剧增加引发价格下跌，各地分装酱工厂纷纷上马，质量标准千差万别，番茄酱形势不容乐观。

六、罐头餐饮化

2009年协会联手中国烹饪协会，加强行业之间的交流和对接，旨在打造国内罐头发展新空间。

其他食品制造（149）

盐加工（1493）

中国盐业协会　方海英

【概　况】

中国盐化工行业2009年经济效益全面下滑，特别是制盐下游的纯碱和氯碱行业需求萎缩、开工率降低，行业全面亏损，原盐需求相应减少，制盐企业开工率明显下降，继续出现需求萎缩、供大于求、价格低位运行的走势。

2009年，中国原盐产量（包括液体盐、自产自用盐）为7275万吨，比上年增长6．44％。其中，海盐3553万吨，占总产量的48．84％；井矿盐（含液体盐）2934万吨，占总产量的40．33％；湖盐788万吨，占总产量的10.31％。

食盐产区调拨量为887．78万吨，食盐销区购进量为887．78万吨，销售量为897．89万吨。

原盐总需求量为6760万吨，其中，两碱工业用盐为5360万吨，占总消耗量的79．28％，食盐898万吨，占13．28％，其他工业用盐379万吨，出口盐123万吨。原盐产区库存为1932万吨，比上年增加17．02％。

主要盐化工产品产量分别为：氯化钾4．19万吨、工业溴14．64万吨、氯化镁51．3万吨、芒硝103万吨，硫酸钾3万吨，其他化工产品总量为36．38万吨。

截至2009年末，原盐生产能力为8440万吨，比上年增加253万吨，其中：海盐的生产能力为3870万吨，占总生产能力的45．85％；井矿盐（含液体盐）生产能力为3700万吨，占总能力的43．84％，湖盐生产能力为870万吨，占总能力的10．31％。

2009年出口盐122．94万吨，比上年增加27．16％；进口盐145．75万吨，比上年下降48．64％。

【产销特点】

2009年国内原盐生产以6．44％的速度增长，原盐产量达7275万吨。2009年工业用盐量高达5755多万吨，占全国盐总消费量的85．13％，其中烧碱和纯碱行业用盐占到79．29％。2009年的原盐价格保持稳定态势，没有出现大起大落的现象。大中企业没有再受散小企业的影响，加之湘鄂赣联盟的作用，在成本的推动下，促使井矿盐在第四季度开始拉升。

【盐业体制改革进入关键时期】

2009年食盐专营体制改革进入拟订方案阶段，有关部门在研究方案时提出取消食盐专营，全面放开食盐市场。中盐协会认为，在经营主体、消费群体、市场监管等各方面条件还不完全具备的情况下，这样做势必造成市场无序竞争，食盐市场出现混乱，将难以保证合格碘盐的供应，中国十几年所取得的防治碘缺乏病的成果将前功尽弃。因此，中盐协会主动搜集资料，提出积极稳妥推进食盐专营改革建议、意见，并向国务院及有关领导写专题报告，反映行业的意见和建议。引起领导的关注和有关部委的重视，在拟制食盐体制改革方案中增加了特许经营的内容，积极稳妥地推进食盐体制的改革，保障了盐行业持续稳定的发展。

【工业盐市场止跌回稳】

2009年，原盐市场销售更加艰难，工业盐生产出现了开工不足、供大于求的局面；盐价大幅度回落，销售价格低于制造成本，制盐企业在经营亏损状态下运行。

中盐协会面对盐行业困难局面和状况，及时了解搜集各方面信息，并结合化工行业制定的振兴规划，积极沟通协调，及时召开全国盐业产销座谈会，通报化工和制盐行业的产销情况；提出适时限产，稳定工业盐销售价格，防止企业间恶性竞争，维护制盐企业利益。号召企业实施技术创新，节能降耗，降低成本，维护企业稳定运行，进一步减少国际金融危机带来的冲创；向700多家个体制盐企业经理，介绍近几年盐行业产销形势及原盐销售价格，明确指出潍坊、寿光产区原盐销售价格大幅度低于全国其他地区，不利于全行业发展；参加制盐企业区域协调会议，介绍分析盐业产销状况，共同研究、商讨应对危机带来的影响和对策。经过制盐行业共同努力，2009年北方海盐销售价格稳定，销售量增加，下半年全国制盐企业基本摆脱亏损局面，全年取得一定经济效益。

【第六届理事会换届选举】

5月25日，中盐协会在重庆召开了第五届六次理事长扩大会，审议讨论第五届理事会工作报告；讨论同意修改

《中国盐业协会章程》部分条款；审议中盐协会财务报告；讨论换届选举工作，推荐了理事长、副理事长、秘书长的候选人选。

6月24日，中国盐业协会会员代表大会暨第六届一次理事会在北京召开。中国轻工业联合会杨志海副会长、中国盐业协会董志华理事长和部分副理事长及全国各省、市、自治区、直辖市的141位会员代表参加了会议。会议通过中国盐业协会第五届理事会工作报告；通过修改的《中国盐业协会章程》；选举产生了中国盐业协会第六届理事会理事，常务理事；选举董志华为中国盐业协会第六届理事会理事长；选举林家骅等57人为中国盐业协会副理事长；选举宋占京为中国盐业协会秘书长。

【碘盐标志管理】

中盐协会是"碘盐标志"证明商标的持有人，承担着"碘盐标志"管理的任务，2009年在规范"碘标"使用方面，做了以下工作：制定2009版碘盐证明商标防伪技术方案，并组织实施，要求各单位于2010年6月以前完成新旧版更换工作；制订了标准版商标授权使用合同书，并与使用单位签订2009年11月至2012年10月的授权合同；完成了颁发新的"碘标"生产授权书；对碘盐证明商标所证明的碘盐产品，委托国家盐产品监督检验中心进行了全面质量抽查，抽查结果实物合格率达到99.9%。

【行业信息服务】

2009年中盐协会新版网站正式运行，新版网站版面更加新颖、合理，制定出信息员投稿评比计分标准，从数量上、内容上加以区分，客观考评信息员工，文章的点击率有大幅提升。

协会把基础数据统计工作作为一项重要工作，建立了盐业企业年报制度，制作了"各省盐业企业基本情况汇总表"和"制盐企业基本情况表"。同时，利用网站快捷的优势，完善了全国盐业公司和制盐企业的月报表。编辑出版《中国盐业年鉴》，"年鉴"改成规范的条目式文体出版，记载盐业企业经营发展情况，展现盐业发展的辉煌成就。

【组织培训】

2009年5月和7月，协会在福建武夷山举办了盐业营销和物流培训班和盐业企事业单位公文写作与办公室管理培训班。盐业企业持证上岗人员与其他行业相比差距较大，仅有海盐、井矿盐、湖盐技工标准12个，教材9个。2009年中盐协会申请设立中国轻工盐行业培训中心和技能鉴定站，为充实教学力量，10月，协会和中盐总公司在武夷山共同举办"海盐内训师"的培训，对行业内海盐生产企业进行专业技术培训，取得了初步成功。

【国际交流】

2009年3月组团赴埃及、土耳其参加了国际控制碘缺乏病理事会的年度工作会议，考察土耳其的盐业进出口贸易的情况。

9月，盐业协会和中盐总公司共同组织召开第九届世界盐业大会。

12月，组织行业内大型生产企业的高级技术管理人员赴美国进行海盐和岩盐制盐技术和设备的交流活动，并与美国盐业协会达成共识，将于2010年签订双方的长期合作框架协议。

12月，由协会理事长带队的考察团赴墨西哥、古巴进行交流，参观调研世界上最大的海盐盐场ESSA（黑勇士），将中国盐业协会的对外交往范围拓展到拉美地区，并且考察了墨西哥与古巴的食盐市场情况。

【信用等级评定】

2009年中国盐业协会成立中国盐业行业信用等级评价工作领导小组，领导行业信用评价工作，审定企业信用评价结果；设立专家评审委员会，负责企业信用等级评定具体工作；制定出"中国盐业行业信用评价实施细则"、"中国盐业行业信用信息管理办法"、"食盐批发企业"和"海盐、湖盐、井矿盐制盐企业"信用等级评价标准。并于2009年6月以［中盐协］61号文件下发"关于开展盐业企业信用等级评价工作"的通知，已有部分企业提交申报材料，2010年将评出盐行业首批信用等级企业。

【"AAAA"级行业协会】

中盐协会注重内部建设，制订和完善各项规章制度，自2008年8月开始，民政部组织政府有关部门、研究机构、会计师事务所和行业协会、商会负责人组成评估专家小组，依照行业协会商会评估标准和评估程序，开展全国性行业协会、商会评估工作，中盐协会申请参加并通过参评活动，规范秘书处工作管理，提高自身素质。经过民政部专家评估小组对中盐协会基础条件、内部治理、工作绩效和社会评价四个方面的综合评判，受到领导和各方面专家的一致好评，得到了很高的评分，中国盐业协会被民政部评定为"AAAA"级行业协会。

【行业大事记】

2009年1月，中盐新干有限公司中盐牌加碘精制盐，经中国绿色食品发展中心审核，获得许可使用绿色食品标志，填补了江西省境内绿色盐产品空白。

1月，浙江绿海制盐有限责任公司"日晒多品种自然盐系列技术开发”项目被列入国家级星火计划。

1月10日，以山东埕口盐化公司为主体的汇泰投资集团成立。

1月12日，中盐协会下发“关于对碘盐质量不合格迅速整改的通知”，对天津范围内抽查出不合格碘盐，提出整改要求。

年初，山东埕口盐化公司总投资11亿元的4万吨/年海水苦卤提取硫酸钾、磷化工及资源综合利用、海水淡化以及热力配套装置等项目开工建设。其中海洋钾肥项目该项目填补了鲁北地区硫酸钾行业生产空白，已列入科技部科技支撑项目和火炬计划项目。

2月11日，湖北省出入境检验检疫局出具了“关于湖北云天盐业包装制品有限公司出入境货物包装性能检验结果单”，确认云天盐业包装公司编织袋检验合格，标志着该公司生产的25千克、50千克两种规格塑料编织袋获得出口许可。

3月和9月，国家技术监督局和中盐协会分别委托国家井矿盐检测中心来对安徽省进行食盐质量抽样检查，在市场和销售环节各抽取13组样品，共26组食盐样品，抽检合格率达到100%。

3月，国家质量监督检验检疫总局批准“海南岛盐”为国家地理标志永久保护产品，海南省盐业总公司获得国家有关部门颁发的国家地理标志永久保护产品牌匾。

3月9～10日，中盐协会在湖北武汉市召开碘盐标志专业委员会工作会，总结2008年工作，讨论研究2009年工作安排。

3月31日，湖北盐业集团有限公司在武汉举行挂牌仪式，湖北盐业集团有限公司是在原湖北省盐业总公司基础上改制设立的国有独资公司，由省国资委代表省政府履行出资人职责。湖北盐业集团有限公司与湖北省盐务管理局职责分开、内部机构分设、合署办公。

4月1～2日，中盐协会在北京召开全国重点制盐企业产销座谈会，共80余人参加会议，会议总结分析2008年全国盐业产销形势；介绍两碱工业发展趋势；交流制盐企业产、销、存情况。

4月15日，安徽省盐业总公司合肥分公司等3家单位和吉林省盐业集团通化等3家单位，经专家评审通过，被授AAA批发企业。

4月23日，金桥盐化集团与江苏省盐业集团有限公司、灌云县人民政府就100万吨矿卤日晒制盐等项目签署合作协议。

5月20～22日，中盐协会包装专业委员会在四川自贡召开“食盐包装制作技术规范”起草工作会议，研究中国食盐包装的具体技术要求和制作规范，有10余位专家出席会议。

6月5日，经全国性行业协会商会评估委员会评定，中国盐业协会第一批被评为“AAA”级协会。

6月19日，中国第一座大型盐雕艺术品《盘古开天》在青海省海西蒙古族藏族自治州国家AAA级旅游景区——茶卡盐湖首雕成功。

6月中旬，浙江、福建部分地区由于谣传引发了食盐抢购潮，浙江、福建盐业公司采取紧急措施，很快平息，防止事态进一步发展。广东、湖北、江西等省盐业公司迅速行动，精心组织，从生产分装、调运、配送、市场销售各个环节周密安排，确保了各省市场食盐供应“不掉档”、仓库库存“有保障”。

6月26日，全国盐业对口支援西藏盐业培训项目启动仪式在中盐上海闵松配送中心举行，中盐上海公司等7家盐业企业承担本次西藏自治区盐业公司有关培训项目，培训项目历时半个月。

7月3日，经海南省民政厅批准，海南省盐业协会于2009年1月成立，7月3日，海南省盐业协会在海南省万宁市举行了揭牌仪式。

7月7日，中国盐业总公司、青岛市盐务局、胶南市人民政府在青岛举行了“关于中盐青岛董家口物流中心项目战略合作协议”的签字仪式。

7月8日，四川和邦投资集团80万吨纯碱项目竣工投产。

7月14～16日，中盐皓龙有限公司100万吨替代性真空制盐装置建设工程项目评估会在平顶山市举行。受国家发改委委托，中国国际工程咨询公司石化轻纺业务部副主任吴永和率领专家组对公司“100万吨替代性真空制盐装置建设工程项目建议书”进行现场考察和评估。

7月22日，冀鲁三市（沧州、滨州、德州）规范边界盐业市场秩序执法工作会议在沧州市召开。会议签署“冀鲁三市规范盐业市场秩序执法工作备忘录”。

8月7～8日，鲁冀豫三省共建共护安全和谐省际边界盐业市场座谈会在河北承德召开，会议回顾总结了三省共建友好和谐边界盐业市场工作情况，探讨了进一步加强联合执法工作的思路，确定了今后的工作任务，并在加强各级盐业行政主管部门的沟通联络机制等方面达成共识。

8月5～7日，中盐协会在青海省西宁市召开西部地区边界盐业市场管理座谈会，主要内容：完善并实施边界盐业市场联合管理工作方案；交流各省、区盐政工作经验；研究解决边界地区盐政管理存在的问题。

8月26日，湖南省首家“雪天”盐世界专卖形象店开业。专卖店各类盐产品近百种，有食用多品种营养盐以及沐浴、浴足、洗发、护发等多品种日化用盐。

9月，根据大连市人民政府国有资产监督管理委员会“关于同意大连市盐业公司改建为有限责任公司的批复”（大国资改革[2009]112号）文件的批复，由大连市工业资产经营公司、中国盐业总公司和企业经营者团队共同出资将大连市盐业公司改建为有限责任公司。其中大连市工业资产经营公司（经大连市人民政府国有资产监督管理委员会授权持有）以经资产评估核准后净资产出资，占51%；中国盐业总公司以货币受让国有净资产出资，占20%；经营者团队14人以货币受让国有净资产出资，占29%。

9月4～7日，由中国盐业总公司和中国盐业协会共同主办的第九届世界盐业大会在北京举行。

9月10日，江苏井神股份有限公司与浙江省盐业集团有限公司、江苏省苏豪创业投资公司、江苏省汇鸿国际集团公司、上海上大鼎正软件公司、江苏省集群信息产业股份公司、合肥新江淮煤炭购销公司等6家战略投资者签订了增资扩股合作协议，募集资金1．06亿元，认购股权21.38%。

9月16～18日，中盐协会在江苏省南京市召开了部分副理事长工作座谈会，会议研讨盐业体制改革的意见和建议。

9月27日，江苏省苏盐连锁有限公司南京分公司等16家单位，经专家评审通过，被授予AAA批发企业。

9月29日，山东省国资委批复“山东省盐业总公司改制方案”，同意山东省盐业总公司依法改制为山东省盐业集团有限公司（加挂山东省盐务局的牌子）。山东省盐业集团有限公司为省政府设立的国有独资公司，省国资委对其履行国有资本出资人职责，注册资本不变，承接山东省盐业总公司的全部资产、负债和所有者权益。

11月16～19日，中盐协会在湖南湘西自治州召开了各省盐业协会秘书长座谈会，全国22个盐业协会的专职理事长和秘书长40余人出席了会议。研究讨论了当前盐业协会工作的重点和存在的问题。

11月，久大盐业集团延伸产品链，通过资本运作，成功收购湖南湘潭碱业。

12月1～3日，中盐协会在北京召开了2009年第三次全国重点制盐企业产销座谈会，全国90多位代表参加会议。董志华理事长就盐业体制改革情况进行了通报；与会代表交流、通报全国盐业产销形势，讨论协调工业盐价格。

12月15日，重庆市两处盐业遗址即宁厂盐业遗址（巫溪县宁厂古镇北宝源山麓）和郁山飞水盐井（彭水县郁山镇中井村、连丰村）被评为市级文物保护单位。

12月18日，合川盐化公司60万吨/年真空制盐搬迁技改项目完成了前期的各项可研论证和报批手续，举行了开工典礼，标志着项目建设进入了实施阶段。

12月30日，中盐营口有限公司清算完毕注销。

香精香料（1494）

中国香料香精化妆品工业协会　张京原

【概 况】

2009年，中国香料香精行业生产、销售、产品质量等各方面的总体形势较好，年总产量、销售额相比2008年平均递增6.7%。全国香料香精总产量约28．8万吨，其中香料产品（包括天然香料、生物技术香料和合成香料）12.4万吨、香精产品（包括食品用香精、烟用香精、日用香精等）16．4万吨；年销售额约160亿元，其中香料产品81.3亿元、香精产品78.7亿元。

根据海关总署“2009年中国部分香料香精产品进、出口情况”汇总的统计数字（见表1、表2），2009年中国进口香料香精产品4.4万吨、用汇额6.2亿美元左右；出口香料香精产品16.38万吨、出口创汇18.16亿美元左右（其中含有部分化工产品和部分加香产品），实际香料香精产品出口创汇9亿美元左右。

表1.2009年部分香料香精产品进口情况

商品编码	商品名称	年进口量(千克)	年进口额(美元)
09050000	香子兰豆	6 120	136 486
29061100	薄荷醇	8 764 629	107 761 820
29061990	其他环烷醇、环烯醇及环萜烯醇	463 279	6 306 003
29062100	苄醇	946 404	1 536 144
29062900	其他芳香醇	305 626	7 688 060
29122100	苯甲醛	4 517 392	6 947 972
29124100	香草醛（3-甲氧基-4-羟基苯甲醛）	162 297	2 739 264
29124200	乙基香草醛	65 552	1 142 405
29142100	樟脑	1 237	15 152
29322100	香豆素和甲基、乙基香豆素	5 262	78 723
29322900	其他内酯	5 279 002	34 773 269
29329300	3，4-亚甲二氧基苯甲醛（胡椒醛）	671	17 934
29329990	其他仅含氧杂原子的杂环化合物	1 990 168	77 199 902
33011200	橙油	2 069 067	9 815 276
33011300	柠檬油	1 243 043	36 605 162
33011910	白柠檬油（酸橙油）	59 401	3 576 166
33012400	胡椒薄荷油	153 572	6 698 825
33012500	其他薄荷油	1 426 067	15 493 626
33012910	樟脑油	51	730
33012920	香茅油	27 551	357 668
33012930	茴香油	2 067	65 643
33012940	桂油	4 636	127 613
33012950	山苍子油	201	4 144
33012960	桉叶油	7 594	97 662
33012991	老鹳草油（香叶油）	4 867	482 441
33012999	未列名非柑橘属果实精油	1 341 232	20 659 575
33013010	鸢尾凝脂（香膏类）	34	16 692
33021010	酒精浓度≤0．5%以香料为基本成分的饮料原液	1 980 491	37 877 290
33021090	其他食品饮料工业用混合香料及含香料混合物	5 501 494	109 882 933
33029000	其他工业用混合香料及香料为基本成分混合物	7 987 283	128 933 845
	合计	44 316 290(4.4万吨)	617 038 424(6．2亿美元)

表 2.2009 年部分香料香精产品出口情况

商品编码	商品名称	年出口量(千克)	年出口额(美元)
09050000	香子兰豆	20	111
29061100	薄荷醇	4 539 667	64 584 701
29061990	其他环烷醇、环烯醇及环萜烯醇	5 431 374	63 429 259
29062100	苄醇	4 614 056	7 822 017
29062900	其他芳香醇	7 951 562	49 998 144
29122100	苯甲醛	485 236	7 837 497
29124100	香草醛（3- 甲氧基 -4- 羟基苯甲醛）	7 417 515	104 414 895
29124200	乙基香草醛	799 913	14 954 775
29142100	樟脑	9 611 384	38 701 382
29322100	香豆素和甲基、乙基香豆素	2 764 238	26 910 455
29322900	其他内酯	4 448 6018	365 020 887
29329300	3，4- 亚甲二氧基苯甲醛（胡椒醛）	926 225	22 861 376
29329990	其他仅含氧杂原子的杂环化合物	41 672 823	775 218 021
33011200	橙油	39 003	232 652
33011300	柠檬油	122 745	685 054
33011910	白柠檬油（酸橙油）	4 296	35 812
33011910	茉莉油	0	0
33012400	胡椒薄荷油	10 560	469 528
33012500	其他薄荷油	552 305	10 016 331
33012910	樟脑油	0	0
33012920	香茅油	1 119 942	9 923 727
33012930	茴香油	808 693	7 039 831
33012940	桂油	289 825	5 103 914
33012950	山苍子油	236 926	3 859 577
33012960	桉叶油	6 926 205	46 388 821
33012991	老鹳草油（香叶油）	98 015	9 717 451
33012999	未列名非柑橘属果实精油	826 625	14 134 201
33013010	鸢尾凝脂（香膏类）	219 419	973 508
33021010	酒精浓度≤ 0．5%以香料为基本成分的饮料原液	1 568 722	1 750 052
33021090	其他食品饮料工业用混合香料及含香料混合物	5 339 037	24 030 738
33029000	其他工业用混合香料及香料为基本成分混合物	14 949 078	140 266 007
	合 计	163 805 427(16.38 万吨)	1 816 380 624(18.16 亿美元)

【审批工作】

2009 年，全国香料香精行业对在中国境内生产香料香精产品的所有企业进行生产许可的申报、受理、审查、审批等项工作。截至 2009 年底，由国家质量监督检验检疫总局批准并颁发香料香精产品生产许可证 1568 个（包括一部分企业二次换证），其中 2009 年内批准并颁发 351 家香料香精生产企业的生产许可证书。其中，获取 XK 生产许可证的 56 家、获取 QS 生产许可证的 295 家。还有一些因不符合企业生产条件正在整改或尚未申报的香料香精未获证企业，对未获得香料香精产品生产许可证的企业，不得生产该产品，销售单位不得销售无生产许可证的产品。

2009 年，全国工业产品生产许可证办公室香料香精产品审查部和食用香料香精产品生产许可审查部主要做了以下工作：

一、生产许可证的审核工作

香料香精产品审查部对全国各省（区、市）质检局报来的申证企业资料经技术审查合格后，共上报国家质监总局申证企业 90 个文、345 家；对全国各省（区、市）质检局报来的申证企业资料经技术审查不合格又办文退回各省（区、市）质检局，共计 57 个文、71 家；派出审查组 11 个。

二、2009 年 11 月 23 日，香料香精产品审查部对从事多年香料香精产品生产许可证实地核查工作

符合晋级条件的 5 名国家注册审查员的有关晋级资料，上报给全国工业产品生产许可证审查中心，推荐参加国家注册审查员晋级面试。

【国际香料会议动态】

国际香料会议（IFEAT）：2009 年的 IFEAT 国际精油和香料贸易协会大会于 10 月 18 ～ 22 日在上海举行。大会新增一个由中国食品土畜商会香精香料分会与 IFEAT 协办的中国香料香精企业洽谈展示专场。

张铁诚理事长在大会致词中谈到：香料香精行业配套性强，科技含量高，提高加香产品的附加值作用大，为提高人民生活水平和国民经济发展发挥重要作用。至 2009 年中国香料香精企业有 1000 多家，有各种不同的组织形式，形成多元化投资共同发展的新格局。中国食品土畜商会杨会长在致词中指出，天然精油和合成香料是非常专业的产业链，涉及农业、林业、食品、化工等多个行业。

会议期间，共有 25 个演讲发言，关注中国和亚洲地区天然、合成香料及香精的发展情况、行业法规等。19 日的演讲主题是“中国香料工业市场的发展情况”，有介绍如何在中国投资和设立企业，有介绍进口香料在中国的市场分布及分销，也有介绍天然香料油在中国的现状以及茴油、茴脑的现状及发展。20 日的主题是“中国合成香料的发展，以及中国香兰素的现状；具有中国特色的日化香精在化妆品行业的使用及趋势”。在举行的 IFEAT 会员周年大会，介绍了 IFEAT 资助香料行业的教育、在意大利西西里进行柑橘类精油的研究考察情况以及 2010 年大会在北非摩洛哥召开的报告。大会评选出 2009 年的演讲获奖者是：上海爱普香料有限公司胡勇成副总经理所作的“食用香精在中国 30 年的发展——过去、现在和未来”和受资助研究生的优秀获奖者 MS. Sylvia Kokot，并举行了颁奖仪式。

大会介绍了有关行业的法规，REACH 的执行和发展，以及有关 GHS 的立法，即全球化学品分类及检验系统的情况，并举行专题讨论。大会组织参观上海爱普香料有限公司、嘉兴中华化工有限公司。

22 日的演讲主要介绍环境保护和有机天然香料油的市场及发展，亚洲地区的印度尼西亚天然香料油的发展，食品工业的质量和安全法规在中国和印度的现状及要求。

【标准化、法规工作】

第二届全国香料香精化妆品标准化技术委员会香料香精分技术委员会第三次全体会议于 2009 年 12 月 9 ～ 12 日在重庆市召开。出席会议的有全国香料香精化妆品标准化技术委员会香料香精分技术委员会委员及代表共 26 人。会议主要内容如下：

一、领导指示

（一）全国香料香精化妆品标委会主任委员，中国香料香精化妆品工业协会理事长张铁诚介绍了中国香化协会参加 IOFI 和 IFRA 会议概况，对标委会秘书处工作及各位委员的积极参与做了肯定，同时指出需努力的方向及未来的工作重点；强调了标准化工作的重要性，要求大家进一步重视标准的制修订工作，既要科学严谨，又要符合行业特性。

（二）传达了国家标管委和中国轻工业联合会有关标准化工作的精神和要求及秘书处工作报告。

二、审查标准、食品用新香料名单

（一）与会代表对秘书处提交的《精油气相色谱图像通用指南第一部分：标准中气相色谱图像的建立》等 4 个国家标准送审稿、《玳玳叶（精）油》等 44 个轻工行业标准送审稿进行了认真的讨论和审查，提出了修改意见。会议决定提请秘书处根据修改意见对标准送审稿进行修改，编制标准报批稿及报批材料上报中国轻工业联合会。

（二）与会代表对秘书处提交的 4 个《食品用新香料名单》进行预审，提出了修改意见。会议决定提请秘书处根据修改意见修改后，报 TC 11 审查。

（三）与会代表对卫生部监督局委托起草的《食用香料香精应用指南》草案进行了认真的讨论，提出了修改意见。会议要求秘书处按讨论意见修改后，召集起草单位和中国疾病预防控制中心营养与食品安全所共同确定征求意见稿内容。

中国国家标准化管理委员会于 2009 年 4 月批准发布了四项香料香精行业的国家标准，详见表 3：

表 3. 四项香料行业国家标准

序号	新标准号	标准名称	代替旧标准号	发布日期	实施日期
1	GB/T 14156-2009	食品用香料分类与编码	GB / T 14156-1993	2009-04-08	2009-07-01
2	GB 23487-2009	食品添加剂 2- 甲基 -3- 呋喃硫醇	无	2009-04-17	2009-10-01
3	GB 23488-2009	食品添加剂 2，3- 丁二酮	无	2009-04-17	2009-10-01
4	GB 23489-2009	食品添加剂大茴香脑（天然）	无	2009-04-17	2009-10-01

卫生部根据《中华人民共和国食品卫生法》和《食品添加剂卫生管理办法》的规定，于 2009 年公告（见表 4）发布批准“16”个允许使用的食品用香料名单。截至 2009 年底，中国经卫生部批准允许使用的食品用香料已达 1830 个（其中有 3 个重复）品种。

表 4.2009 年卫生部公告批准的食品用香料名单（16 个）

序号	国内编码	香料中文名称	香料英文名称	FEMA编号
1	N397	香厚壳桂皮油	massoia bark oil(Cryptocarya massoio)	3747
2	N398	(－)-高圣草酚钠盐	(-)-homoeriodyctiol sodium salt	4228
3	N399	酶处理异槲皮苷	isoquercitrin, enzymatically modified	4225
4	N400	葡萄籽提取物	grape seed extract(Vitis vinifera)	4045
5	I2231	d-香芹酮	d-carvone	2249
6	I2232	反式-3-己烯醇	trans-3-hexenol	4356
7	12233	甲酸松油酯	terpinyl formate	3052
8	12234	脱氢圆柚酮	dehydronootkatone	4091
9	12235	己酸香叶酯	geranyl hexanoate	2515
10	12236	3-甲基己醛	3-methyl hexanal	4261
11	12237	(E，E)-2，4-壬二烯	(E，E)-2，4-nonadiene	4292
12	12238	1-辛烯	1-octene	4293
13	12239	2-甲基苯乙酮	2-methyl acetophenone	4316
14	12240	1-乙基-2-甲酰基吡咯（茶吡咯）	1-ethyl-2-formylpyrrole(tea pyrrole)	4317
15	A3293	(＋/－)-4-巯基-4-甲基-2-戊醇	(＋/－)-4-mercapto-4-methyl-2-pentanol	4158
16	A3294	异戊酸环己酯	cyclohexyl isovalerate	2355

【职业教育】

2009 年 5 月 27 日，由石家庄利达化学品有限公司与上海应用技术学院香料香精技术与工程学院联合举办的第五届“利达杯”大学生调香竞赛闭幕，并举行颁奖大会。院党委书记祁学银、石家庄利达化学品有限公司总经理卢秉武、中国香料香精化妆品工业协会香料香精部主任郭振艺、香料香精行业的有关资深专家出席颁奖大会。此次调香竞赛题目是羊肉香精的制备，最终评委组依据香精香气香味特色、成本核算及结合答辩成绩评出一等奖 1 个、二等奖 2 个、三等奖 3 个。

2009 年 10 月 27 日，第七届中国香料香精专业高级应用技术培训班在上海应用技术学院举办。培训主要内容：国内外香料香精行业的近期发展状况及合成、天然香料市场趋势；天然香料和合成香料的新技术开发和应用；食用香精在食品加工中的应用研究；食用（咸味）香精的新技术开发和应用；烟用香精的新技术开发和应用；日化、食用（咸味）香精新原料的应用；日化香精的新技术开发和应用；日化香精在化妆品、日常用品中的应用研究；气相色谱和质谱在香料香精开发中的应用；中国香料香精标准、法规近况等。此届培训班历时 8 天，共有 60 名学员参加。

【协会动态】

2009 年 2 月 18 日，中国香化协会在北京召开食用香料香精产品生产许可有关问题的座谈会。参加会议的有卫生部监督司标准处、国家质检总局食品生产监管司、国家质检总局产品质量监督司的有关领导、中国香化协会的领导、国内部分与香料香精产品有关的企事业单位和协会香料香精部的工作人员共 41 人。会议针对目前实施 317 号文如何与现行的《食用香料香精产品生产许可实施细则》（国质检食监 [2008]297 号）、《香料香精产品生产许可证实施细则》（全许办 [2006]28 号）和《关于进一步明确香料香精产品生产许可管理有关问题的通知》（全许办 [2007]11 号）的内容统一、在实施过程中如何对已上许可目录的“香料香精”产品进行受理等一系列问题进行了认真的讨论。

2009 年 3 月 24 ～ 25 日，第四届中国香料香精高层论坛在杭州召开。100 多人聆听了食用香料香精行业在法规、标准、技术、应用等方面的一些探索和心得。

作为中国香化协会的系列学术会议，连续三年召开的中国香料香精高层论坛得到了国内外香料香精同仁的认可和褒奖。该论坛由中国香化协会、国际食用香料工业组织（IOFI）以及国际生命科学学会中国办事处（ILSI）共同主办，旨在通过加强国际法规标准的交流和普及，为中国的香料香精行业标准起到借鉴和参考的作用，提示企业尽早发现行业自律的必要性和重要性。

此届论坛除标准的议题外，协会特意引入了食品安全的相关话题，邀请了来自日本香料香精协会、长谷川香料的冈村弘之博士对日本食品问题进行了介绍。ILSI 中国办事处主任、中国工程院院士陈君石教授认为："为了避免食品安全问题的源头出在香料香精行业，研究食用香料的各国暴露量水平迫在眉睫。"CODEX 近年会议更聚焦于暴露量调查课题的解决。结合食品的课题，中国香化协会特意邀请了来自"李锦记"公司的专家介绍其香精应用和中国特色食品香味开发经验，以及"帝斯曼"、"诺维信"公司的专家介绍酶解和热反应等技术对香料香精研发生产的支持。

2009 年 3 月 25 日，中国香化协会在杭州召开有关食用香料香精产品生产许可证问题的座谈会。会议就食用香料香精产品生产许可证相关问题进行讨论，统一了思想，确定起草"食用香料香精产品安全通则"等事宜。

4 月 10 日，根据中轻联综发 [2009]50 号文件精神，协会上报了 54 个需要调整出口退税率的有关香料产品商品税号，并逐个填报了"调整产品出口退税率建议表"。

4 月 17 日，中国香化协会在上海香料研究所召开"食用香料香精产品安全通则"起草小组统稿会，经过认真讨论，最终形成"食用香料香精产品安全通则"送审稿。

4 月 27 日，国务院秘书局林健田处长到安徽丰乐香料有限责任公司进行调研，了解出口企业转向国内贸易过程中存在的问题等。

8 月参与编写《中国轻工业辉煌 60 年》一书，并撰写"中国香料香精行业发展 60 年"一文。

11 月 30 日，根据"关于 2009 年度全国轻工业卓越绩效先进企业推荐表彰工作安排的通知"，协会及时向有关企业进行了部署，较顺利地配合开展了此项工作。

12 月 21 日，根据中国轻工业联合会"关于开展轻工行业十强企业评价工作的通知"，协会及时向有关企业进行了部署，较顺利地配合开展了此项工作。

【中国工程院院士孙宝国业绩】

毕业于北京轻工业学院化工系的孙宝国于 2009 年当选为中国工程院院士，是中国工程院环境轻纺学部最年轻的院士之一，也是中国香料香精行业目前唯一的院士。孙宝国是中国香料香精行业专家，现任北京工商大学副校长，兼任中国香料香精化妆品工业协会副理事长、中国食品科学技术学会常务理事、中国化工学会理事、中国食品添加剂和配料协会副理事长。他建立了肉香味含硫化合物分子特征结构单元模型，研究成功一系列重要肉香味香料制造技术，奠定了中国 3- 呋喃硫化物系列和不对称二硫醚类香料制造的技术基础；凝练出"味料同源"的中国特色肉味香精制造新理念，研究成功以畜禽肉、骨和脂肪为主要原料的天然级肉味香精制造技术，奠定了中国天然级肉味香精制造的技术基础。获得国家科学技术进步二等奖、国家技术发明奖二等奖。获发明专利授权 13 项。出版学术著作 9 部。发表学术论文 200 余篇，被 SCI、EI 收录 40 余篇。

食品添加剂和配料工业（1495）

中国食品添加剂和配料协会　孙瑾

【概 况】

2009 年全行业主要品种产量达 671．5 万吨，同比增长 14．6%，销售额达 669 亿元，同比增长约 15%。出口创汇 30 亿美元。各分行业统计如下：

2009 年食品添加剂和配料工业主要产品产量

（单位：万吨）

产品名称	产量	比上年增长(%)
食用香精香料	11．00	7．80
食用着色剂（含焦糖色素）	32．50	0．32
高倍甜味剂	18．00	5．00
糖醇类甜味剂	117．00	8．30
防腐、抗氧、保鲜剂	21．60	8．00
增稠、乳化剂	14．70	5．00
品质改良剂	14．10	8．40
营养强化剂	21．80	9．00
其他种类	420．80	约 16.00

注：其他种类包括味精、柠檬酸及盐、乳酸、酶制剂、酵母等。

由于受 2008 年国际金融危机的影响，2009 年年初的经济形势不明朗，产品出口明显下滑，行业企业的各项经济运行指标同比不容乐观。但是，在政府积极的财政和拉动内需政策的推动下，国内经济复苏加快，国内的强劲需求和居民消费促进了食品工业整体的发展。从第二季度开始，增速明显加快，全行业的整体经济情况呈先抑后扬的态势。下半年全行业的产量和销售额均比上半年增长幅度要大，但对行业出口的影响依然存在，全行业出口产品的增速低于内销产品。

2009 年食品添加剂和配料行业逐步摆脱了金融危机的影响，进一步显现出对食品工业科技进步和产品创新的重要作用。食品工业每一次突破或飞跃式进步都有食品添加剂产品创新参与其中。同时，行业引入先进生产技术提高产品质量或研制出食品添加剂新产品后，反过来会拓宽食品添加剂和配料在食品中应用的范围以及加快在食品中的使用。如采用柱分离技术生产高含量的生育酚产品，减低生产成本，完善了天然 VE 系列产品结构；天然提取物的微胶囊化技术进一步成熟，特性更加适合食品使用，使天然提取物的应用范围日益广阔。食品添加剂和配料行业要顺应食品工业功能、营养、方便化发展潮流，结合高新生产加工技术和生物技术的在食品添加剂生产中的应用，加快天然、功能性食品添加剂产品的研制与开发；根据中国传统食品特点和现有生产技术水平，不断创新和改进产品品种，满足传统食品工业化过程中对创新食品添加剂品种的要求，适应食品工业整体、全面发展的需求。

【食用香精香料】

2009 年食用香精香料行业的总产量 11 万吨，同比增长 7．8%。行业呈现几个特点：

一、经济运行前低后高。年初行业延续 2008 年第四季度经济下行的趋势，直至 2009 年第二季度止跌回升。

二、食用香料增长状况好于食用香精。下半年食用香精经营状况好转，企业积极增加库存，对香料需求大增。尤其是酒用香料增长势头强劲。

三、香兰素、乙基麦芽酚、天然精油、酒用香料等，从二季度后出口逐步恢复增长。

四、企业抓住机遇，进行产品转型和结构调整，提升产品竞争力。咸味香精的增长好于甜味香精，2009 年增幅在 10% 以上。

【着色剂行业】

2009 年，中国食用着色剂年产销量 32．5 万吨，同比增长 0．32%，与 2008 年相比基本持平；销售额 27 亿元，同比增长 5．3%；出口量 7700 吨，同比减少 14．7%；出口创汇18300万美元，同比增长15．2%。2009年产品出口量下降，但创汇增长，主要原因是企业通过技术创新，生产工艺和装备水平有了大幅提高，产品品质和附加值得到提升，低质低价产品的出口减少，高质高价的产品如辣椒红、类胡萝卜素的产品的出口增加。

天然着色剂焦糖色素产销量达30万吨，销售额9亿元，产品全部内销，多年来产销量保持稳定；合成着色剂产销量约4600吨，销售额2.3亿元，出口量超过400吨；其他天然着色剂产销量约2.04万吨，销售额约15.7亿元，出口量在7700吨左右，占产销量的40%，主要出口品种有辣椒红、叶黄素、红曲米、栀子黄、叶绿素铜钠盐、高粱红、紫甘薯色素、萝卜红、叶黄素浸膏、类胡萝卜素等。近年来，除焦糖色素以外的天然着色剂取得了很大发展，通过技术和管理创新，产品的品质和附加值有很大提升，出口创汇增长较大，在国际市场的地位日益增强，2009年，中国已经成为天然着色剂（除焦糖色素）的产销大国。

2009年，行业存在的主要问题，一是辣椒红、叶黄素、栀子黄及合成色素等产能过剩，导致市场无序竞争加剧，企业处于微利状态，不利于行业发展；二是天然着色剂对资源的消耗较大，对资源的依赖性较强；二是部分品种如叶黄素，其排放物对环境污染较严重。

【甜味剂】

2009年，高倍甜味剂行业产销量约18.0万吨，产量增长约5%。2009年，糖精产量约15400吨，同比增加23%；其中出口12 600吨，同比增加15.57%，2009年国内销售价格在4．5万元～6万元/吨，销售价格总体下滑。甜蜜素国内的生产能力在6.5万吨/年左右，2009年甜蜜素销售价格总体稳定，产销量有所增加。安赛蜜产量约为8000吨，2009年安赛蜜出口继续受到国际金融危机大环境的影响，企业利润有所下降，数家安赛蜜生产企业出现倒闭或关停情况，多数还未恢复生产。阿斯巴甜产量约为1.4万吨/年，90%～95%出口到欧洲及日本等国家，2009年价格总体稳定但略有下滑趋势。三氯蔗糖2009年出口增加，产量上升，但价格已降低至80万元/吨左右，今后可能会进一步下滑，导致部分小企业出现关闭或停产，一些准备投资的企业出现投资终止的情况；甜菊糖2009年产量约2500吨，销售量比2008年有所上升，由于受到美国FDA政策面影响，除山东省等原有生产基地外，在山东、江苏和安徽等地区又增加多家公司，出口比2008年略有增长。罗汉果苷产品2009年走出雪灾影响，产销量明显上升，价格下降并逐步平稳。

糖醇类产品主要品种总产量达117万吨，同比增长8.3%。其中木糖醇30000吨，内销6000吨，出口24000吨。木糖醇产品自2008年市场下滑进入低谷后，2009年继续维持在低位运行，各生产企业经营非常困难，全国20家企业中，约60%的企业处于停产状态，30%的企业处于半停产状态，10%的企业勉强正常生产。2009年的销售价格木糖基本处于盈亏平衡点，预计，2010年还会维持在低位运行。主要原因：世界经济不景气，出口量下降直接影响价格下滑；与其他甜味剂相比价格较高；近几年高倍甜味剂的快速发展起了替代作用；产能严重过剩。

【防腐－抗氧－保鲜剂】

2009年该行业总产量达到21．6万吨，同比增长8%。进入2009年，出口形势趋于稳定，行业的生产经营逐步走出低谷，恢复正常。经过激烈的市场竞争，中国防腐、抗氧化剂行业规模和布局逐步演变，部分品种的行业集中度进一步提高，龙头企业的实力和示范作用进一步加强。传统的出口品种在国际市场的地位没有改变，中国的苯甲酸钠仍是世界生产和出口大国，山梨酸及山梨酸钾、乳酸链球菌素、异VC钠等产品产量在世界名列前茅，仍是国际市场的主要供应国。

主要品种苯甲酸（钠）、山梨酸（钾）2009年产销售量同比略有增长，乳酸链球菌素2009年产量达660吨，销量同比增长，但产值没有同步。抗氧化剂的主要品种TBHQ产量450吨，其中广州泰邦一家产量达360吨，全行业出口较少，只有8%。

【增稠－乳化－品质改良剂】

2009年该行业总产量达28.8万吨，同比增长6.7%，其中，增稠剂、乳化剂约14.7万吨，品质改良剂14.1万吨。黄原胶、结冷胶、蔗糖酯、单甘酯、吐温系列、斯潘系列、磷酸盐产量同比均有一定增长。复合疏松剂泡打粉2009年全年产销量约4.75万吨，同比下降5%。

【营养强化剂】

营养强化剂2009年的产量在21.8万吨，同比增长9%。合成维生素E产品集中度较高，2008年有85%以上出口，2009年的产销量比较平稳，出口数量增长较快，价格比2008年有所上升。天然维生素E产品由于原材料价格上涨幅度较大，而产品销售价格增长有限，压缩了利润空间，国内许多厂家处于停产或半停产状态，对于有较好经济和技术实力的企业是一个促进其技术创新的契机，如新昌制药厂2009年天然VE的成本通过技术进步降低了10%以上。

近年来，中国在β－胡萝卜素的应用领域取得了很大突破，先后开发出适合片剂、胶囊、饮料和黄油应用的微胶囊制剂、水溶性制剂和油悬液，扩大了其在国际市场的销售和影响。β－胡萝卜素主要用于保健食品、饮料和黄油等，90%用于出口。2009年，受金融危机的影响，类胡萝卜素系列产品市场有所萎缩，出口数量变化不大。近年来，国际市场的竞争日趋激烈，今后市场竞争很大一部分要依靠服务与品牌的竞争。

牛磺酸85%出口至欧美、东南亚等地，中国是国际市场主要供应国。2009年国内牛磺酸产量约2.5万吨，出口价格在2.1美元～2.6美元/千克。由于原料价格有所下降，销售价格较2008年下降了40%，随着经济形势的好转，原材料价格逐步回升，产品价格也逐步回升。

【存在的问题】

一、《食品安全法》实施后，配套法规和管理办法尚需完善

2009年6月1日，《食品安全法》颁布实施，该法对食品添加剂的安全性管理、生产销售、标准体系和监督执法等提出了新的要求。食品添加剂原有相关法规和标准已不能适应新形势的需要，在新旧法规过渡期间，在监督管理方面暴露出一些问题。如由于实施《食品安全法》后，取消了卫生许可证，导致部分生产企业在卫生许可证到期后，由于种种原因无法及时申领许可证，已有生产许可证的食品添加剂企业的到期换发，各地在食品添加剂日常监管过程中执法依据和执法力度不一致等，给企业正常生产和经营造成一定的影响。

二、食品添加剂标准体系不能适应《食品安全法》的要求，需要进一步完善

按照《食品安全法》的要求，食品添加剂的使用卫生标准、产品质量规格标准将纳入到食品安全国家标准体系中。《食品添加剂使用卫生标准》（GB2760）和《食品用营养强化剂使用卫生标准》（GB14880）存在一些问题需要完善，食品添加剂的产品标准缺失较为严重，尚有300多种食品添加剂需要制定产品质量标准。上述标准急需修订和制订，尽快完善食品添加剂标准体系。

三、行业竞争环境建设仍需加强

食品添加剂和配料行业是一个特色明显的行业，产品品种繁多，产品涉及不同的领域，由技术创新带动的产品更新换代明显，而由于原料或产品市场变动引起的阶段性竞争也非常明显。2009年尽管由于经济形势的影响，有些产品的国内市场竞争程度加剧，行业整体保持着正常的竞争势头，有些产品价格回升，改善了企业的效益。但是，也有因原料短缺，高价收购引起原料市场混乱以及为占据市场份额一味降价的现象发生。虽然仅是个别现象，但会对行业内、外造成不利影响，而且最后的结果往往是所有参与的企业都遭受损失，行业发展受到阻碍，没有真正的受益者。因此，需要进一步强调和加强行业内自律，采取有序竞争方式经营，以利行业的健康发展。

【主要工作和活动】

一、积极配合国家有关部门，做好食品添加剂专项整治工作

针对三聚氰胺等食品安全事件，国家卫生部等九部委从2008年12月起在全国范围内开展打击在食品中违法添加非食用物质和滥用食品添加剂专项整治工作。协会委派专人参与国家专项整治办公室的各项日常工作；并推荐专家积极参加专项整治专家委员的各种会议，提出相关建议和要求；抽调骨干人员参加工业和信息化部等部门组织的专项整治督导检查工作。协会根据专项整治不同阶段的要求，召集高倍甜味剂、复配食品添加剂等产品的生产企业代表和有关专家参加的专题研讨会，分析和梳理食品添加剂行业现状和存在的问题，宣传专项整治的有关政策，沟通相关信息，引导食品添加剂生产企业积极配合专项整治各项工作，完成专项整治领导小组和办公室布置的各项任务。

二、探索对食品添加剂重点品种实施重点管理的办法

一些食品添加剂品种如高倍甜味剂、防腐剂等存在超范围和超量使用的问题，为此，政府有关部把加强重点产品监管，着力建立长效监管机制作为今后工作的重点。受工信部的委托，协会开展了高倍甜味剂行业发展的调研工作，对行业的生产经营状况，存在的主要问题，国内外市场情况等进行了深入的研究，在保障食品安全以及保证行业和企业稳定发展的前提下，提出了在高倍甜味剂行业建立有效的监督管理机制的实施办法。

三、参与《轻工业调整和振兴规划》的编写，落实相关工作

为积极应对全球经济危机，减少对中国实体经济的影响，扩大内需，国家启动重点工业行业三年振兴计划，委托中国轻工业联合会组织制定轻工业振兴规划。协会按照轻工联合会的要求，通过各种途径了解行业现状，梳理出影响行业结构性调整、技术进步和技术提升、食品安全标准制修订等方面突出的状况和亟待解决的问题。在此基础上，制定出符合轻工业整体规划要求的食品添加剂和配料行业振兴规划，提出切合行业实际情况的规划目标，列出规划期内预定完成的重点任务，对保障规划实施和落实提

出相关的建议。

四、完成了食品添加剂行业“十二五”发展战略课题研究工作

为提高中国食品工业整体水平和国际竞争力，确保食品工业更好地适应新时期经济社会发展和食品消费结构变化的要求，保障食品安全，国家发改委启动了全国食品工业“十二五”发展战略课题研究工作。虽然食品添加剂行业占食品工业的比重仅为2%，但其对食品工业的技术创新和产品的丰富和升级换代起着不可替代的重要作用。这次“十二五”发展战略课题首次把食品添加剂纳入到食品工业发展的重点行业，协会承担了该项课题的研究工作。通过对行业企业的调研，查阅大量文献资料，组织专家研讨等，目前已完成了初稿。

五、举办中国国际食品添加剂和配料展览会（FIC）和全国秋季食品添加剂和配料展览会（FIC秋季展）

强化服务意识，努力提高行业两个展会（即FIC2009和FIC2009秋季展）的品牌效应。通过加强对两展的宣传力度，精选优质企业参展；采取各种方式广泛邀请国内外专业观众参观展览会，使两个展览无论在规模、参展企业质量还是观众人数都有所提高，极大地提升了展会效果。同期举办的学术、产品发布和论坛等交流活动，为企业新产品新技术推广和产学研的紧密结合起到了极大的促进作用。FIC和FIC秋季展成为促进企业相互沟通，拓宽行业发展之路的有效平台。

六、组织企业参加国外专业展

组织企业参加在日本、美国、西班牙、俄罗斯举办的国际食品添加剂专业展，增加国内企业与国外用户及供应商的交流和联系，努力扩大中国产品的出口，拓展海外市场。

七、协会召开了第四届会员代表大会，完成换届选举

2009年3月24日中国食品添加剂和配料协会第四届会员代表大会在上海召开。此次会议完成了协会第四届理事会的换届选举工作，经中国轻工业联合会党委推荐，四届一次理事会选举产生新一届协会领导成员，齐庆中当选协会理事长，薛毅当选协会副理事长兼秘书长，杜雅正当选协会副理事长；美晨集团股份有限公司等18家企业当选为协会副理事长单位，河北农业大学理学院等80多家单位当选为常务理事单位；聘请全国政协常委、中国轻工业联合会副会长潘蓓蕾、食品添加剂行业资深专家尤新教授、中轻联副会长吕坚东担任协会名誉理事长。

八、召开四个专业委员会的行业年会

2009年5～10月，协会分别在南昌、宜昌和南通召开了甜味剂、食用香精香料、着色剂和防腐－抗氧－保鲜剂的行业年会。通过组织行业大会，构建企业间以及企业与科研院所、大专院校之间交流沟通的平台，增强企业间的相互联系，提高行业的自律及诚信经营水平，共同探讨行业发展思路，促进行业持续健康发展。

酒的制造（152）

白酒（1521）

中国酿酒工业协会白酒分会　赵建华

【概　况】

2009年，白酒行业在消费税从严征收、“禁酒令”等一系列政策、法律法规相继实施的情况下，依然保持了良好的回升势头，尤其是下半年，行业回升态势明确，企业效益进一步提升，经济保持了较快的增长。

2009年累计实现：产量706．93万千升，同比增长23.82%；销售收入2095．17亿元，同比增长27.49%。1～11月白酒行业累计实现：利润总额234.89亿元，同比增长25．73%；税金总额222．51亿元，同比增长23.93%。

11月末，中国白酒制造业人均产品销售收入为52.88万元／人，比上年同期增加9.82万元／人；人均资产总额为51.54万元／人，比上年同期增加6.03万元／人。

1～11月，中国白酒制造业累计利润总额为234．89亿元，比上年同期增加48．46亿元；亏损企业累计亏损额为2．53亿元，同比下降42．50%。11月末，中国白酒制造业亏损面为9．34%，比上年同期减少0．92个百分点。

从全国各区域表现来看，2009年全国白酒企业实现销售收入2095．17亿元，同比增长27．49%。其中15个地区销售收入超过20亿元，分别是四川、山东、贵州、江苏、河南、湖北、安徽、内蒙古、辽宁、河北、山西、吉林、江西、陕西、北京。

全国白酒产量分布依旧集中在几个传统区域。其中产量超过20万千升的地区有10个，分别是四川、山东、河南、辽宁、湖北、吉林、内蒙古、江苏、安徽、河北。这10个产区的白酒产量占全国总产量79．47%。

表1.2009年全国各地区白酒产量

（单位：万千升）

地区	产量	同比增长(%)	地区	产量	同比增长(%)
北京	18．03	2．36	河南	71．96	18．00
天津	4．11	-11．37	湖北	43．54	30．62
河北	23．45	17．48	湖南	12．45	76．05
山西	9．91	-3．68	广东	9．39	-8．44
内蒙古	34．36	37．83	广西	3．70	4．81
辽宁	47．32	9．71	海南	0．99	82．28
吉林	34．48	70．86	重庆	17．01	41．11
黑龙江	10．32	42．94	四川	155．96	40．70
上海	0．77	13．94	贵州	13．79	-17．68
江苏	34．14	10．72	云南	4．75	25．62
浙江	2．40	-14．51	陕西	7．04	3．53
安徽	29．71	10．23	甘肃	3．78	9．48
福建	3．09	31．95	青海	1．06	3．69
江西	15．36	31．72	宁夏	2．29	239．50
山东	86．87	20．33	新疆	4．91	11．47

规模企业发展情况。2009年，中国白酒行业骨干企业业绩优良，排名前50位企业实现：销售收入总额1129.88亿元，占全行业销售收入总额53．93%；利润总额187.28亿元，占全行业利润总额79.3%；税金总额151.07亿元，占全行业税金总额67.89%，白酒规模企业在行业内占据绝对主导地位。

总体看，白酒行业坚持走“优质化、低度化、个性化、低消耗、少污染、高效益”的道路，通过几年的不断优化、调整结构，呈现出良好的发展态势。

表 2.2009 年白酒进出口情况

产品名称	进口		出口	
	数量(升)	金额(美元)	数量(升)	金额(美元)
浓度 <80% 未改性				
乙醇；其他酒精饮料	7 218 280	13 294 000	667 302	2 488 180

【白酒行业发展特点】

一、宏观政策、法律法规对白酒产业的影响

长期以来，白酒被列为国家产业政策限制发展行业，致使白酒在行业发展、科技投入、赋税征收、广告宣传、社会舆论等诸多方面承受着巨大压力，粮食白酒、薯类白酒的税率统一为 20%，0.5 元从量计税依然没有取消。税收政策对白酒产品的结构必然产生调节作用，影响白酒产品的定位和走势。由于靠产量获取利润的低端产品得不到税收政策的支持，加上各方面生产成本提高，致使许多管理规范、安全诚信、质量有保障的企业放弃低端产品。一些不规范甚至是非法生产的小企业大量生产低端白酒产品，占领农村、边远地区消费市场，这些企业通过偷漏税等手段扰乱了正常的市场竞争，给白酒质量安全带来严重隐患。

近期，国家有关部门针对白酒产业出台了一系列新的政策和法律法规，如“禁酒令”、限制广播电视酒类广告发布以及从严征收白酒消费税等，给行业带来震动。白酒新税政的实施只是国家税制全面改革的一个小的开端，税收政策大范围调整已经是大势所趋，所以白酒企业应该尽快适应新形势，拓展思路，集中精力加速创新企业管理、生产、科研机制，同时肩负起白酒企业理应承担的社会责任，提倡“健康饮酒”和“酒后禁驾”，树立白酒企业良好的社会形象。

在白酒立法方面，2009 年酒类立法工作提上日程，2009 年 10 月 24 日～11 月 1 日，国务院法制办、发改委、商务部、税务总局、质检总局等国务院相关部门和中国酿酒工业协会、中国酒类流通协会等行业协会负责人赴四川和山东，深入酒类生产、批发、零售企业实地调研，组织召开座谈会，广泛听取企业、专家、协会、政府管理部门对酒类行业管理和立法工作的意见和建议。《酒法》的制定，既能从根本上维护白酒的社会秩序，又能严格监管企业自身的白酒品质，必然对白酒业的发展起到促进作用，达成一个双赢的局面。

二、市场逐步开放，企业资本整合、渠道整合步伐加快

白酒市场近年来逐渐开放，兼容并包、多样共存的形式愈见明显。企业的管理模式和经营理念正在经历变革，外部资金大量注入，资本运作频繁，收购、整合、重组成为近年来中国白酒业新的亮点。2008 年金融危机促使中国白酒行业加速洗牌，白酒业生产格局由传统型向现代型、市场格局由区域型向全国型逐渐转变。

三、产品和营销模式趋向个性化发展

近年来，白酒市场竞争愈发激烈，白酒生产企业为了适应市场，积极转变经营模式，加大科研力度，加快创新步伐，越来越多的企业开始注重消费需求和品牌的深层次发展，在产品结构调整方面勇于创新，产品开发更倾向时尚化、个性化、传统文化和现代文化的交融并兼。随着中国国民收入水平的提高，消费能力的不断升级，白酒产品高端化趋势也愈加明显。产品和营销模式的个性化发展，进一步促进了白酒行业产品和市场的多样化发展。

四、强调食品质量安全，企业社会责任感增强

多年来，国家有关部门不断强化白酒生产许可制度，小’企业被纳入“小酒坊”管理，假冒伪劣产品的打击力度逐步加大。国家对白酒产品标签以及添加剂的控制更加严格，随着业内对新颁布的《食品安全法》不断深化执行，各地白酒企业普遍将严控产品质量作为工作重点。

另一方面，白酒企业注重社会责任。在 2008 年抗震救灾中，白酒企业踊跃捐款捐物，在社会上形成了良好的舆论影响，白酒行业声誉大幅提升，宏观环境与行业氛围共同推动白酒行业的稳步发展。

五、积极转变经济发展模式，
不断加大科技创新力度

近年来，白酒行业不断加速淘汰落后产能，规模企业积极发展循环经济，加大节能减排力度。在管理方面，企业逐步建立了有利于自主创新的制度与激励机制；在生产方面、在科研组织管理模式方面都有不同程度的创新发展；在产、学、研结合方面，行业协会、科研机构、规模企业共同探索，在协会组织下，先后设立《中国白酒 169 计划》科研项目，构建了“白酒行业产业技术创新战略联盟”，逐步摸索出一个适合白酒行业创新发展的合作模式，为提高白酒企业盈利能力，增强企业核心竞争力和市场竞争力奠定了良好基础。

六、地方政府逐渐重视白酒产业发展

针对金融危机，国家政府部门提出了一系列支撑计划，地方政府也提出了相应配套的刺激白酒行业经济发展计划，在很大程度上推动了中国白酒业的良性发展。如四

川省推行的"长江上游白酒经济带和千亿产业的建设规划"系统工程；山东省出台了《山东省白酒产业振兴和调整指导意见》；贵州省委、省政府规划2015年将茅台镇居民全部搬迁，给茅台酒生产创造更好的环境等，说明有关政府部门逐步开始将白酒产业作为先进的生产方式、支柱产业和新的经济增长点来发展。

【存在的问题】

一、行业竞争行为不规范，白酒业距离"蓝海"竞争还很遥远

当前，白酒业产品概念、营销方式相同，风格诉求高度重合，包装色彩趋于一致的情况越来越明显，终端的恶性竞争激烈，重战术、轻品牌的情况很普遍。这种只重眼前利益，忽略长远发展，不计成本、急功近利的无序竞争，实际上是以牺牲品牌为代价，不利于行业的持续健康发展。作为白酒企业，只有满足消费者的价值需求，实现白酒消费的理性回归才是出路；只有处理好行业利益的一致性和企业利益的不一致性问题，坚持白酒行业的共同利益，规范白酒市场竞争行为，才能使白酒市场走上健康发展的正轨。

二、白酒产品传统地位受到冲击和威胁

随着人们消费能力的增强，生活方式的现代化，消费结构逐步趋向多元化，白酒产品在酒饮料市场所占的份额正在不断缩减，白酒的传统地位开始动摇，面临着巨大压力。白酒行业应该在机制改革、科技进步、品牌建设、社会责任、传承文化、节能创新等多方面深刻思考，尽快摆脱在经济发展和消费结构调整中遇到的瓶颈。

三、行业标准体系不健全

中国白酒业的硬件设施和管理标准与国家食品卫生标准差距很大，标准化体系不健全，技术标准由于种种原因，长期以来发展缓慢。标准的出台实效很差，新标准不新，行业技术标准发展不平衡，跟不上行业技术的进步速度。标准之间缺乏系统科学的研究，不能适应新的《食品安全法》要求，影响了白酒行业的健康发展，阻碍了白酒行业的技术进步和产品更新。

四、白酒产业整体科技水平仍然较低，工业现代化进程缓慢

与啤酒、葡萄酒等酒种相比，白酒存在着装备水平低，技术进步慢的现象。不少白酒企业设备老化，检测手段落后，粗放型生产，手工作坊式操作。一些企业忽视传承与创新的辩证关系，拒绝尝试现代工业的管理方法和先进手段，不注重科研投入、人才培养和储备，影响了白酒产业与现代工业经济的同步发展。

五、倡导循环经济，加强环保节能意识

近年来，白酒规模企业逐步发展循环经济，重视节能环保，但仍有相当一部分中、小型白酒企业对此认识不足或尚不具备能力。白酒行业受到传统工艺的特殊性限制，应该在节能增效、清洁生产、"三废治理"方面积极探索，最大范围地采取工业化处理设施，杜绝对环境造成的污染。

六、行业入行门槛低，重复建设现象仍然存在

白酒行业约有1．8万家生产企业，其中获得生产许可证企业8821家，仍有近万家白酒企业处于食品生产监管范围之外。白酒作为传统产业，具有"投资小，见效快"的特点，对科技水平要求不高，行业入行门槛低，导致小作坊式的生产形式大量存在，这些企业沿袭着家庭作坊式的生产方式，大都资金短缺、生产条件落后、卫生条件差、检测手段不齐全，不能严格执行标准，不能对生产环节加以严格控制，产品以低档酒、散装酒为主。由于政府监管部门缺乏足够的力量对这些数量巨大且散乱、隐蔽的小企业进行严格监管，农村、边远地区白酒消费群体的食品安全意识不强等原因，导致白酒低端产品市场长期存在质量安全隐患。这些不规范小企业普遍存在偷漏税现象，严重影响了国家税收，扰乱了白酒市场，加重了行业不正当竞争，损害了合法经营企业的正当利益。因此，国家相关部门应进一步严格生产许可和市场流通制度，提高行业进入门槛，保障白酒产品质量安全。

【白酒分会工作】

一、全面推进生产许可工作

截至2009年12月，全国共发白酒生产许可证8821张。五年来，白酒审查部共完成白酒企业换证2373家、变更367家、发证286家、其他39家。

白酒行业从2000年开始实行市场准人制度，在政府有关部门高度重视下，不断规范酒类产品生产许可体系，近5年未发生一起食品安全事故。食品安全生产许可管理制度在遏制酒类行业不正当竞争、无序重复建设、制假售假等方面起到了作用，为白酒重点企业提供了强有力的支持，规范了白酒生产，提高了产品质量，保障了消费者的安全消费。

二、开展技术交流活动

2009年国家级白酒评酒委员年会评委们对"中国白酒169计划"项目中已进行阈值测定的78个呈香物质，分13轮次进行感官描述，对白酒中呈香物质作嗅觉感受和感官描述，从初步综合结果来看，评委们的感受描述大多一致。

三、深入研究白酒行业发展战略，引领行业持续健康发展

2009年白酒分会技术委员会对中国白酒现行标准进行了全面论述，指出了现行标准的落后、不足之处，提出合理的意见与建议，为进一步改革、完善中国白酒现行标准奠定了坚实的理论基础。

四、推动行业人才队伍建设，促进白酒生产现代化

白酒行业过去那种数量大，技能要求不高的数量型就业势必向数量精、技能性强的质量型就业转变，中国酿酒工业协会多次向原劳动和社会保障部提出建立国家酿酒行业职业分类的建议，经过立项、专家调研、专家答辩、制定国家职业标准等程序，原劳动和社会保障部批准将酿酒师、品酒师、酿造工纳入国家职业分类大典，白酒行业从此有了职业等级序列和针对酿酒行业从业人员技术要求的国家职业标准。

2009年11月、12月，由协会组织的“全国白酒行业职业技能教师培训会议”分别在成都和广州举行，接受过培训并通过考核的白酒行业职业技能教师就将走上各自的岗位开展培训工作。

五、走技术创新之路，促进酿酒行业健康发展

为了推动酿酒行业技术创新体系建设，促进行业产、学、研结合工作，2007年4月，由中国酿酒工业协会牵头组织相关院校、研究单位、企业共同参与成立“中国白酒169计划”项目。经过2年多的工作，“169计划”摸索出了很多很好的产、学、研合作经验，并且创造了符合白酒行业发展需要的新的合作模式：以技术创新项目为载体，采取多样化、多层次的合作形式，实行资源共享，成果共享，优势互补，风险共担。在技术领域，“169计划”研究成果填补了白酒基础科学研究领域的多项空白，采用微生物生态学、分子酶学、分子生物学等现代生物技术手段，围绕白酒产业共性的、关键的科学与技术问题进行创新性研究，建立了以风味化学物定向的功能微生物和酶技术的平台，对白酒年份酒、白酒中微量成分、白酒中风味化合物、白酒中异味化合物以及白酒风味定向功能微生物方面的研究都取得了巨大突破。

建立“中国白酒169计划”项目，是开创中国白酒行业产、学、研合作新模式的一项重要举措，是行业发展的需要，是改变落后局面的需要。近年来，白酒行业在科技研发上虽然取得了一些突破，但工艺技术和装备水平仍比较落后，缺乏资源高效利用和循环利用的共性和关键技术，企业自主创新能力不强，远不能适应行业经济发展的需要。因此，要进一步加大白酒行业关键技术的研发和推广力度，引导和督促企业加快实施以清洁生产、防治污染、综合利用为主要内容的技术改造。进一步推进“中国白酒169计划”将给中国白酒技术进步带来更多的机遇，实现加速提高企业自身创新能力，提升企业盈利水平，增强企业核心竞争力，帮助企业建立市场竞争的优势目标。

六、发挥协会桥梁作用，全力维护行业利益

2009年，白酒分会多次向国务院、全国人大、全国政协、发改委、财政部、税务总局等有关政府部门反映白酒企业呼声，为企业解决实际问题，切实发挥行业协会桥梁纽带作用。

为了打击制假、售假的违法行为，维护企业利益和合法权益，弘扬优秀品牌，白酒分会推荐11家企业申请驰名商标，妥善处理企业因各种不明原因被处罚事件。

配合国家认证认可监督管理委员会，酿酒行业率先在行业内开展“国家食品质量认证——酒类”的认证、宣传、贯彻工作，白酒分会先后组织159个产品进行产品质量认证。

七、完成白酒生产许可技术支持报告

2009年，协会与国家质检总局签订了《白酒、酒精生产许可技术支持技术服务合同》。根据合同要求，白酒分会完成以下项目：白酒产品生产许可证实施细则的修订；白酒行业内存在的质量隐患和质量安全问题的调研及试验分析报告；白酒产品技术资料编写。

在行业内存在的质量隐患和检查出的质量安全问题分析报告中，中国酿酒工业协会提出小酒坊的存在是白酒产品质量安全问题的最大隐患；白酒产品添加甜味剂有待规范管理；解决白酒产品年份酒问题的措施及建议。

啤酒（1522）

中国酿酒工业协会啤酒分会 何 勇

【概 况】

2009年，中国啤酒产业受内需市场的拉动，重新步入良性发展轨道。随着国内消费市场的复苏，同步实现企稳回升，但回升的幅度相对较小，体现出快速消费品的特点，对于通缩和通胀的敏感度均小一些。

2009年，全国啤酒产量国家统计局公布初报数是4236.4万千升（统计范围为国有企业和销售收入500万元以上的非国有企业），比上年同期（调整数）增长7.1%（按当年公布数4103.1万千升计算为3.3%）；行业统计啤酒产量数为4035.4万千升，比上年增长4.7%（见图1），连续8年居世界首位。啤酒人均年消费量30.2升，比上年增长1.2升。

分析各省市区的啤酒产量，比较行业统计数和国家统计局数，山东和河南两个省行业数低于国家统计局数，且差别比较大，其余各省市区差别较小。

啤酒产量前5位的省市和上年相比没有变化，山东以398.2万千升保持第一；广东和浙江以356.4万千升和301.8万千升居第二、三位；第四、第五位为河南、辽宁。第六至第十位为福建（上年第七）、湖北（上年第八）、江苏（上年第六）、四川（上年第十一）和黑龙江（上年第九）。300万千升以上的省市区3个（增加浙江），200万千升以上和100万千升以上的省市区分别为8个（增加湖北）和16个（增加广西和陕西）。增长比例在20%以上的是西藏和贵州，增幅10%以上的省市区有天津、四川、吉林、青海、广东、安徽、海南、湖北。黑龙江、上海、江苏、江西、新疆、甘肃出现负增长，比上年减少7个。以大地区作比较，西南增幅最大，为12.8%；中南次之为9.7%；华北、西北和东北地区分别为5.1%、3.4%和2.0%，华东地区增幅最小为0.6%；没有负增长的地区。

表1.2009年全国啤酒产量20万千升以上啤酒企业

地区	企业名称	产量（万千升）	地区	企业名称	产量（万千升）
北京	华润雪花啤酒（中国）有限公司	839.85	黑龙江	哈尔滨啤酒有限公司	42.13
山东	青岛啤酒集团有限公司	590.35	上海	三得利啤酒（中国）投资有限公司	41.81
北京	北京燕京啤酒集团有限公司	467.25	湖北	百威（武汉）国际啤酒有限公司	40.96
河南	河南金星啤酒集团有限公司	190.86	新疆	新疆乌苏啤酒有限责任公司	33.36
重庆	重庆啤酒（集团）有限责任公司	177.02	浙江	浙江英博石梁啤酒有限公司	26.13
福建	英博雪津啤酒有限公司	117.61	江西	南昌亚洲啤酒有限公司	25.44
广东	广州珠江啤酒集团有限公司	113.77	河南	河南蓝牌集团商丘啤酒有限公司	23.67
广东	金威啤酒（中国）有限公司	82.15	河南	河南省月山啤酒股份有限公司	22.76
江苏	江苏大富豪啤酒有限公司	49.38	河南	河南维雪啤酒有限公司	22.16
湖北	湖北金龙泉啤酒集团公司	48.72	甘肃	兰州黄河嘉酿啤酒有限公司	20.99
浙江	英博双鹿啤酒集团	47.04	辽宁	大连大雪啤酒股份有限公司	20.93
河北	蓝贝酒业集团有限公司	46.75	云南	云南澜沧江啤酒企业集团有限公司	20.70
吉林	四平金士百啤酒股份有限公司	44.08	河南	河南奥克啤酒实业有限公司	20.50
山东	山东新银麦啤酒有限公司	43.08	广东	百威啤酒（佛山）有限公司	20.47

【产品分类】

2009年啤酒产品在包装形式上以瓶装酒为主的趋势虽然没有改变，但总的瓶装酒比例持续下降，2009年为93.2%，比上年降低了2.8个百分点，主要是500毫升以上瓶装酒比例下降较多，500毫升以下瓶装酒比例比上年增长了0.8个百分点（见图2），且品牌专用瓶比例逐年提高。听装啤酒产量增加较多，提高1.7个百分点。桶装啤酒提高1.1百分点，其他包装形式和上年持平。

图1. 近五年中国啤酒产量及增长率

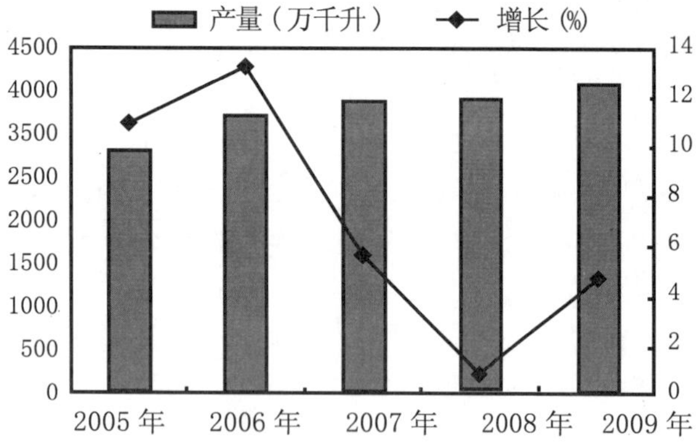

图2. 近五年中国瓶装啤酒变化趋势

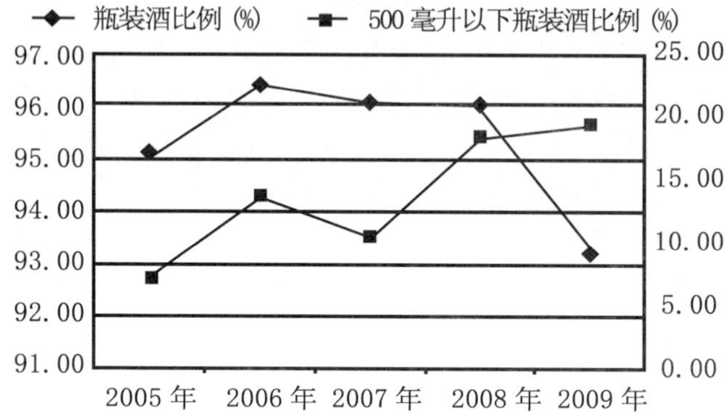

【啤酒进出口情况】

2009年，中国出口啤酒21.03万千升，同比下降12.96%，出口额1.23亿美元，出口单价提高了8.80%；进口啤酒4.05万千升，同比增长43.97%，进口额4911.84万美元，进口平均价格下降8.09%（见图3）。自2002年以来，中国啤酒进出口形势一直呈现出口量增长，进口量降低的趋势，进出口单价增长幅度变化不大。2009年的进出口形势发生变化，呈现出出口量下降，出口单价上升，而进口量增长，进口单价降低的情况。虽然，每年啤酒产品的进出口量均不大，和中国总的啤酒消费量相比，影响也不大，但是，啤酒消费市场的变化，体现出消费者对高端产品的需求正在逐步增强，高端啤酒市场的份额在缓步扩大。

图3. 近五年中国啤酒进出量变化趋势

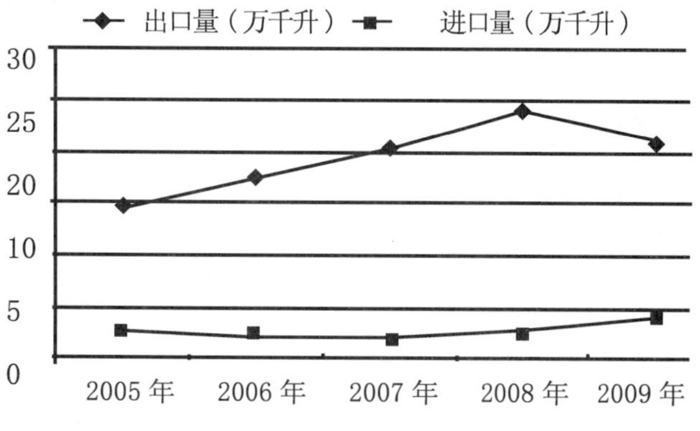

图4. 近五年中国啤酒业规模化趋势

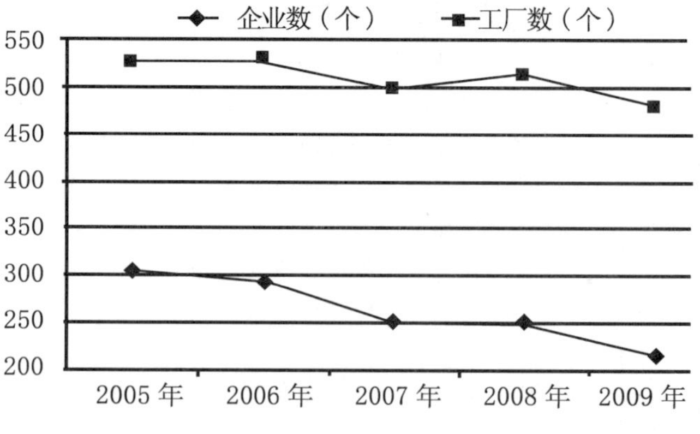

【结构调整】

2009年，啤酒企业数和生产工厂数与上年相比发生变化，企业数211家，比上年减少38家；生产啤酒的工厂数减少36家，为479家。其中20万千升以上和1万～5万千升以下的啤酒企业数占总企业数的比例分别提高了2.8和3.4个百分点，10万～20万千升和1万千升以下啤酒企业数占总企业数的比例分别比上年下降1.8和8.7个百分点。平均企业年产量为19万千升，比上年提高了23.5%。2009年20万千升以上企业28家，比上年增加1家；其产量占全国啤酒总量的80.3%，与上年基本持平。“华润”、“青岛”、“燕京”三大集团的产量占全国总量的47%，比上年提高3个百分点。（见图4）

从企业性质分类数据看，各种类型啤酒企业数量均有减少，占企业总数的比例变化不大，私营和民营企业比上年减少 10 家，但仍为最多，占企业总数的 45.5%，比上年提高了 2.3 个百分点。在市场竞争加剧的环境中，多为中小型企业的私营和民营企业，占据一定市场份额，但变数更大；股份制企业比上年减少 7 家，占企业总数的 23.2%；外资企业数量变化不大，所占比例增大至 23.7%；国有、集体和农垦企业所占比例最少，为 7. 6%。

【售价提高】

行业统计，2009 年啤酒产品销售收人 1000.4 亿元，比上年增长 9.4%，明显高于产量增幅；平均千升啤酒销售收入 2479 元，比上年增长 4.5%。

各省市啤酒产品销售收入总额和产量成正比关系，千升啤酒销售收入山东、西藏、陕西、湖北、海南、广西较高，达 3000 元以上，高于全国平均水平的还有北京、新疆、四川、广东，较低的有青海、吉林、天津、浙江、黑龙江和安徽。啤酒企业中，千升啤酒销售收入排名前列的仍是外资品牌企业，大中型企业中“青岛”、“燕京”、“珠江”、河北蓝贝、山东泰山进入前列，和上年情况基本相同，反映出中国本土品牌啤酒的价格虽然偏低，但趋势进一步向好。

分析行业统计的净酒价格，瓶装和桶装啤酒价格均呈上升趋势，分别增长 9.3%和 9.9%，听装酒价格下降 5.8%，不同包装类型的啤酒产品价格反映出市场化的量价趋势，即量增则价减，量减则价增。千升啤酒生产成本提高 7.5%，高于千升啤酒销售收入的增幅。

表 2.2009 年销售收入 3 亿元以上啤酒企业

地区	企业名称	销售收入（亿元）	地区	企业名称	销售收入（亿元）
山东	青岛啤酒集团有限公司	177. 61	湖北	湖北金龙泉啤酒集团公司	7. 83
北京	华润雪花啤酒（中国）有限公司	166. 35	广东	百威啤酒（佛山）有限公司	7. 82
北京	北京燕京啤酒集团公司	136. 15	吉林	四平金士百啤酒股份有限公司	7. 03
河南	金星啤酒集团有限公司	48. 58	河南	河南月山啤酒股份有限公司	5. 39
湖北	百威（武汉）国际啤酒有限公司	37. 73	海南	海南亚洲太平洋酿酒有限公司	5. 34
重庆	重庆啤酒（集团）有限责任公司	34. 81	云南	云南澜沧江啤酒企业（集团）有限公司	5. 17
广东	广州市珠江啤酒集团有限公司	29. 25	上海	上海亚太酿酒有限公司	5. 13
福建	英博雪津啤酒有限公司	28. 12	江西	南昌亚洲啤酒有限公司	5. 06
河北	蓝贝酒业集团有限公司	17. 26	河南	河南蓝牌集团商丘啤酒有限公司	4. 79
广东	金威啤酒（中国）有限公司	15. 32	甘肃	兰州黄河嘉酿啤酒有限公司	4. 75
上海	三得利啤酒（中国）投资有限公司	13. 18	河南	河南维雪啤酒有限公司	4. 50
山东	山东新银麦啤酒有限公司	10. 90	浙江	浙江英博石梁啤酒有限公司	4. 30
江苏	江苏大富豪啤酒有限公司	10. 00	辽宁	大连大雪啤酒股份有限公司	3. 61
浙江	英博双鹿啤酒集团	8. 79	浙江	浙江英博浙东啤酒有限公司	3. 06
黑龙江	哈尔滨啤酒有限公司	8. 19	山东	山东华狮啤酒有限公司	3. 02

【效益大幅增长】

2009 年，啤酒产品的税金实现 174.7 亿元，同比增长 14. 9%；实现利润 45. 2 亿元，同比增长 45.2%；千升啤酒税金同比增长 9.4%，千升啤酒利润增长 35. 7%，；实现利税 219.9 亿元，增长 20.1%。各项经济指标比上年均呈现大幅反弹，单位产品税金和利润增幅均高于单位产品售价增幅，啤酒行业的盈利能力得到提升。

各省市啤酒利润总额中，山东、四川、辽宁、广东、福建居前 5 位，千升啤酒利润广西、山东、四川、西藏达 400 元以上。亏损省市 5 个，比上年减少 3 个，其中河北、山西、浙江连续亏损，上年亏损的海南、江西、安徽、上海、湖南均扭亏，新增亏损省市有天津和吉林。税金总额基本和产量正相关，千升啤酒税金宁夏、新疆、山东、贵州在 500 元以上，低于 350 元的有河北、湖南、西藏。

一、原料价格大幅降低

2009 年中国进口啤酒大麦 173. 9 万吨，比上年增长 61.5%，全年平均进口单价比上年下降 44.5%，平均每吨大麦价格下降 200.1 美元，年底价每吨 235.0 美元。2009 年进口酒花量继续下降，全年进口颗粒酒花 560. 9 吨，比上年下降 53.8%，平均单价下降 54.6%。2009 年啤酒大麦进口量占总需求量的 45%，因此，进口大麦价格的下降一方面直接降低了啤酒生产成本；另一方面低价的进口大麦带动了国内大麦价格的下降。自2002年，啤酒行业开始使用小麦麦芽，2008年使用量达最高，占当年啤酒麦芽总用量的14%，2009年的使用量已明显减少，在河南等小麦产区，小麦价格较低的省市，仍使用小麦麦芽较多。进口酒花浸膏和液汁比上年增长170．0%，平均价格下降52.2%。因此，与啤酒行业有关的包装物、煤、原油等价格都处于低位。

二、节能降耗效益可观

近几年来，啤酒生产的各种消耗指标呈较明显下降趋势，主要是啤酒企业通过提高技术装备水平，加强指标定额管理带来的效益。以2009年啤酒企业消耗指标的加权平均数（产量平均）比较，每千升啤酒耗粮相比上年减少1.5千克、电减少3.1kWH、水减少0.4立方米、煤降低7.9千克，以一般水平的价格计算，可使千升啤酒成本降低8～10元。以降幅而言，煤耗降幅11.3%，取水、耗电和粮耗的降幅分别为6.8%、4.1%和1%。

三、管理效益表现突出

在经过多年连续过多过快新建扩建项目之后，2009年的新建扩建工厂的速度有所放缓，新增产能初步得到释放，在行业部分财务管理指标上也有所体现。2009年啤酒工业固定资产净值平均余额净增长52．5亿元，增幅为10.6%；工业增加值增加81．4亿元，增幅25．5%；千升啤酒占用资金比上年提高7．5%；资金利润率提高3.7个百分点；负债总额比上年下降3．6%，资产负债率比上年降低7．7个百分点；千升啤酒占有流动资产平均余额下降14．5%。

四、装备水平稳步提高

行业统计数据显示，全行业从业人数比上年增长5.8%，人均啤酒产量同比下降1．1%，人均劳产率同比微降，说明新建工厂未能达产。中国啤酒业装备水平提高的速度在食品制造业中是领先的，新建厂的陆续投产促进了行业整体装备水平和自动化水平的提高。

【规模优势】

以企业间的经济指标作对比，反映出规模效益明显的特点，“华润”、“青岛”、“燕京”三大集团啤酒总产量1897.44万千升，占全国啤酒总产量（行业统计数）的47%，比上年提高3个百分点。而其销售收入占全国总额的48.0%，利润占83.4%，税金占49.6%，千升啤酒经济指标均高于全国平均水平，其中千升啤酒利润高于全国平均水平36.6%。20万千升以上28家啤酒企业，啤酒产量占全国总产量的80.3%、销售收入占全国总额的81.1%，税金占82.6%、利润是行业利润总额的1.2倍。利税最高的企业是“青岛”、“华润”、“燕京”、“金星”、“重庆”、“雪津”、“珠江”。千升啤酒利税名列前茅的多为大集团和合资企业。从企业性质来分析，股份制企业和中外合资企业仍是行业经济效益的主要贡献者，占企业总数比例较大的民营、私营企业，对行业经济效益指标的影响较小。

【扩张持续】

2009年之后，国际、国内啤酒巨头的扩张步伐明显减速，原因是各大集团的布局布点战略基本告一段落；经过近两年的快速扩张后，新增产能过速，有待消费市场的消化。

2009年仍有不少并购和新建项目。百威英博转让青岛啤酒27%的股份，两次转让的资金达9．02亿美元。但是，“华润”、“燕京”、“青岛”三大集团仍是扩张大戏的主角，华润雪花兼并山东琥珀、内蒙古海拉尔、安庆天柱、辽宁松林、浙江洛克、裕腾伊春，新建扩产的宁波奉化、山西运城及山东和福建的项目投产及开工；燕京啤酒的新疆二期、四川工厂、云南嵩明和湖南衡阳技改工程；青岛啤酒买断济南趵突泉和滕州工厂开工等项目在2009年也不断开工和投产。

此外，百威英博在广东佛山、三水、河北唐山、浙江衢州，重庆啤酒在安徽亳州、天长、重庆的合川、黔江，以及“金星”、“蓝贝”、“乌苏”、“银麦”等啤酒企业或集团也都有新项目上马。2009年新、改、扩建工厂26个项目约580万千升规模，新项目开工又有10个项目约240万千升规模，投入资金约30亿元。协会认为，啤酒行业扩张布局的频率在逐步放缓。

【食品安全】

啤酒产品的质量一直比较稳定，合格率很高，属于质量最为安全的食品之一。每年二季度国家质监总局对啤酒产品进行全国性抽查，2009年的抽查结果显示，大中型企业产品合格率为100%，小型企业产品合格率为94．9%。不合格的是小型企业和“贴牌”公司，不合格项目是使用非“B”瓶包装、原麦汁浓度不合格和标注不规范，往年的双乙酰超标问题没有出现。2009年国家质监总局对大中小型企业的产品质量进行了分类，抽查结果也显示出，大中型企业对产品质量和品牌信誉更为重视。

食品安全事关消费者身体健康和生命安全，社会各界高度关注。国家陆续出台的食品安全等相关政策法规，加强食品安全监管力度，国务院专门设立食品安全委员会。对啤酒行业而言，食品添加剂和加工助剂是主要问题，倡导啤酒企业本着不用、慎用、少用的原则，必须严格执行标准规定的品种、范围和用量，维护啤酒企业自身的企业形象和品牌形象。

【啤酒分会年度重点工作】

一、啤酒行业统计工作

2009年2～5月，在各省（区、市）协会和啤酒企业的协助下，啤酒分会完成了2008年年度啤酒行业统计工作。在《啤酒科技》杂志上公布了产量、销售收入、利税总额排行，向各省市区协会反馈了各类统计结果。根据统计数据的全面性，对在统计工作中表现较好的协会、企业和个人进行了奖励。在对2008年行业统计数据分析的基础上，完成了题为“疾风知劲草，凌寒待春阳”的行业总结和发展趋势报告。

二、行业会议

2月15～17日，在苏州召开中国酿酒工业协会啤酒分会三届理事会一次理事长办公会；2月24～26日，在中国酿酒工业协会三届七次理事会（扩大）会议期间，啤酒分会召开了啤酒分会三届二次理事（扩大）会议。会议审议通过了啤酒分会2008年工作报告和啤酒分会2009年工作计划，对GB4927—2008《啤酒》、《添加剂使用卫生标准》、《啤酒瓶》国家标准重要内容进行了通报与探讨。会议为2008年度“啤酒行业科技进步优秀论文奖”获得者颁发了奖杯及证书。

9月4日，由国家工业和信息化部、中国轻工业联合会主办、中国酿酒工业协会承办的酿酒行业推行清洁生产现场交流会在广州珠江啤酒集团公司举行。与会人员共同交流了酿酒企业通过推行清洁生产和节约增效的实践经验，对提高中国啤酒工业清洁生产水平具有深远影响。

三、举办特训班

11月29日～12月3日，在山东省济南市举办了2009全国啤酒感官品评技能高级特训班。此次特训由啤酒分会主办，中国食品发酵工业研究院和山东省啤酒工业协会协办，并得到了青岛啤酒（济南）有限公司的全力支持和配合。参加本次特训的人员来自于全国28个省、市、自治区的170家啤酒生产企业，共308人。通过一系列的品评技能培训，提高了参加培训人员的感官品评技能水平以及质量评价和分析能力；通过学习原料、半成品、过程样品以及成品啤酒的不同品评方法，帮助啤酒企业建立生产全过程的感官质量品评体系。

四、课题研究

啤酒分会于2008年10月接受国家环保部委托，承接了“啤酒工业污染物排放分析及总量控制方案”课题，在掌握一定啤酒行业发展动态的基础上，重点对企业应用循环经济技术、节能减排现状进行调查，通过分析，提出了啤酒工业的污染物排放总量控制方案，于2009年4月完成课题，上报环保部。

2009年6月接受工信部委托，承接了“酿酒（啤酒）行业清洁生产推行方案”课题，期间经过多稿修改，于年底将征求意见稿上报轻工业联合会和国家工信部。

【完善《食品添加剂使用卫生标准》】

2009年3月底，受卫生部委托，协助修改《食品添加剂使用卫生标准》加工助剂名单，啤酒分会召集主要啤酒企业和研究机构制订修改方案，对现有加工助剂名单中的助剂进行了筛选，对未在加工助剂名单中的助剂种类进行确定，然后分工进行试验、资料收集，材料汇总后，于6月底上报卫生部。在此期间，协助20多家啤酒企业协调解决加工助剂使用问题和市场纠纷。

【协会工作】

2009年7月，啤酒分会在深圳主办了“2009中国纯生啤酒高端论坛”，论坛期间，有行业领导、国内外啤酒专家学者和啤酒企业代表、设备制造商，对中国啤酒产业发展进行展望，共同探讨了纯生啤酒的制造技术和发展方向，进一步促进中国啤酒制造技术的科技进步、改善啤酒行业的产品结构。

11月，啤酒分会、江南大学与ASBC共同主办了“2009年国际啤酒酿造新技术高峰论坛”，会议内容涉及啤酒大麦及麦芽质量控制、啤酒酵母及微生物管理、啤酒花品质、啤酒酿造技术及啤酒工厂节能减排技术等，使与会人员及时了解国际啤酒酿造技术；提高中国啤酒工业科技研发水平及企业生产管理水平；促进了国内外啤酒企业之间的沟通和交流。

4月以来，积极参与2009中国国际酒业博览会和“‘万昌杯’首届中国酒类产品包装设计大赛”的筹备和展出工作。

自4月10日民政部批准成立并登记啤酒原料专业委员会以来，啤酒分会参与了啤酒原料专业委员会的筹备成立工作，成立大会暨产业发展论坛于2009年10月20日在北京举行。大会原则通过了专业委员会的实施细则，第一届理事会五年工作设想和2009～2010年工作计划；选举产生了第一届理事单位及理事长，副理事长、秘书长和副秘书长。春蕾麦芽企业集团等41家单位成为第一届理事单位，永顺泰麦芽集团有限公司等15家单位成为副理事长单位。

【行业服务工作】

2009年，啤酒分会参加江苏盐城的“2009啤酒大麦发展论坛”，出席了各种企业活动，包括啤酒市场调研考察；啤酒新工厂投产扩产；出席了各地方和啤酒企业举办的啤酒节、啤酒花节、品鉴会、新品发布会等。

完成了政府相关部门各种委托的组织材料上报，如:《鼓励进口技术和产品目录》调整意见、节能环保装备（技术）推荐目录、酿酒行业轻工振兴方案 2009 ～ 2011、啤酒产品质量安全分析报告、中国啤酒城（都）认定条件、对《酿酒工业废水治理工程技术规范》的建议、酿酒行业食品安全检测设备升级专项申报材料、参与重点行业节能减排技术筛选与评估课题等。

为啤酒企业出具申报“中国驰名商标”的证明函；解答企业的咨询，为啤酒企业在市场中遇到的纠纷开具证明与说明，向国家职能部门提出各种意见与建议；完成日常的数据统计工作。

6 月，组织酒类产品认证感官品评，共品评 9 个批次啤酒样品，统计品评结果后，分别为每个样品出具了品评报告。

以《啤酒科技》杂志作为载体，介绍啤酒行业的政策法规、标准等资料，行业内各种会议及活动结果，及时传达行业信息。

啤酒分会承担行业统计工作，组织每季度统计资料的汇总和交换。真实反映了全国啤酒行业生产经营状况及发展水平，在啤酒企业间的信息交流方面发挥了很好的作用。

葡萄酒（1524）

中国酿酒工业协会葡萄酒分会　王祖明

【概 况】

2009 年葡萄酒产量保持较快增长速度，经济效益提高。根据国家统计局对规模以上企业的统计，2009 年葡萄酒产量 96 万千升，同比增长 27.63%；总产值 232.62 亿元，同比增长 20．35%；工业销售产值 222.85 亿元，同比增长 20．72%。

2009 年葡萄酒生产区域及企业集中度仍然较高，根据 2009 年统计数据，全国葡萄酒产量前十位的省、市、自治区占全国产量的 95．58%，居前五位的山东、吉林、河北、河南、天津占 76．88%，山东、吉林、河北 3 省的葡萄酒产量占行业总产量的 70．52%。

从生产企业看，中国葡萄酒的产销量集中在几大品牌的企业，根据 2009 年统计数据，葡萄酒产量前十位的企业占全国葡萄酒总产量的 52.76%，其中张裕集团公司、中粮酒业有限公司、中法合营王朝葡萄酿酒有限公司、烟台威龙葡萄酒有限公司这 4 家企业的产量占全国的 32.36%。

表 1.2009 年葡萄酒产量前十位省市区主要经济指标

地区	产量总计（千升）	比上年增长（%）	工业总产值（万元）	比上年增长（%）	工业销售产值（万元）	比上年增长（%）
山东	342 563．68	16．76	1 280 966．10	18．30	1 277 503．30	22．62
吉林	220 905．72	73．68	171 317．50	29．87	159 479．30	31．68
河北	113 541．78	2．91	240 541．60	16．36	224 618．00	14．26
河南	102 665．30	39．33	100 332．60	9．57	99 922．40	9．40
天津	50 287．40	6．24	118 169．10	-2．00	125 650．30	-2．96
辽宁	26 655．93	29．41	101 030．50	33．33	94 618．40	33．37
甘肃	19 484．48	42．17	98 941．10	76．39	82 470．60	72．98
湖南	15 596．00	41．50	9 431．50	85．22	9 431．50	87．43
陕西	13 136．00	86．60	19 261．80	79．70	13 678．60	37．80
北京	12 760．85	-21．29	29 782．00	12．71	25 637．60	14．60
合计	917 597．10		2 169 778．30		2 113 010．00	
占全行业比重（%）	95．58		93．28		94．82	

2009年，全国有葡萄酒企业约600家，但国有及销售收入在500万元以上非国有企业数208家，山东、河北两省葡萄酒企业数约占总数的42.79%，其次分布在河南、吉林、辽宁、新疆、甘肃、天津等省、市、自治区。

中国葡萄酒生产分布在26个省、自治区、直辖市，但主要集中在山东、河北、河南、吉林、辽宁、新疆、甘肃、天津等省、市、自治区。

【葡萄酒进出口】

2009年产品出口增速加快，进口小包装产品持续较快增长。进口葡萄酒17.12万千升，增长4.87%；其中：2升以下包装的9.1万千升，增长58%，进口量首次超过2升以上大包装产品；2升以上包装的8.02万千升，下降24.1%。

表2.2009年葡萄酒进口量前五位的国家分布统计

（单位：万吨）

产品规格	国家	进口量(千升)	产品规格	国家	进口量(千升)
2升以下包装的	法国	0 561.22	2升以上包装的	智利	42 764.02
	澳大利亚	18 620.74		澳大利亚	19 322.28
	智利	6 811.75		美国	3 680.68
	意大利	6 297.17		西班牙	3 652.24
	美国	6 233.18		法国	3 285.51

【行业活动】

一、申报葡萄酒产品用加工助剂和食品添加剂名单

根据卫生部的要求，开展对已列入和未列入GB2760《食品添加剂使用卫生标准》但需要增补的葡萄酒产品用加工助剂，以及已列入GB2760但需要扩大使用范围和未列入GB2760但需要增补的葡萄酒产品用食品添加剂资料准备工作，并报卫生部审批。召开座谈会，初步确定上报的加工助剂、添加剂名单；协调安排相关企业，根据名单收集国内外相关资料，对加工助剂、添加剂在产品中的含量和残留量进行检测等工作。加工助剂的相关工作已全部完成，资料报卫生部待批。其中，上报的酒石酸和亚硫酸两个食品添加剂品种报卫生部后，经审查，按要求补报酒石酸的资料后待批；亚硫酸作为二氧化硫水溶液允许使用。

初步确定的名单中，加工助剂共52种，其中有3种缺资料，暂时无法上报；食品添加剂共24种，2个已报，其中22个缺资料，暂时无法上报。

二、组织“诺玛科杯”全国首届葡萄酒品酒职业技能竞赛

“诺玛科杯”全国首届葡萄酒品酒职业技能竞赛分初赛和决赛两个阶段，组织全国各省、市、自治区酿酒协会，按照大赛组委会的安排，分省、市、区单独或赛区进行初赛，经过选拔，有55名选手进入决赛，于7月29～30日在北京进行决赛。最终，第一名获得“全国五一劳动奖状”，前3名获全国技术能手称号，第4～15名的选手获得全国轻工（酿酒）行业技术能手称号。

三、完成“酿酒葡萄种植与葡萄酒产业政策研究”课题

受工信部、国资委和财政部的委托，协会承担了“酿酒葡萄种植与葡萄酒产业政策研究”课题。根据要求成立课题组，课题组由主要葡萄酒产区政府、协会和企业组成，向各主要产区以书面形式收集相关资料，整理后有针对性地收集补充资料，再组织专家到主要产区、企业进行调研。报告初稿完成后，于7月通过专家审定后，上报工信部、国资委和财政部。

四、组织召开2009年葡萄酒、果露酒国家级评委年会

11月29日～12月1日在厦门市召开了2009年葡萄酒、果露酒国家级评委年会。会议期间，举办的技术讲座、对企业送样的产品进行了鉴评，特别对新旧世界的赤霞珠葡萄酒、国外的配制型果酒和配制酒进行品评和交流。

五、召开2009年中国葡萄酒技术委员会年会

会议代表结合国内外葡萄酒产业的状况，对武威市葡萄酒产业的发展提出了意见和建议；技术委员会讨论并上报卫生部的葡萄酒中使用的加工助剂、食品添加剂的名单的范围和葡萄酒产品质量分级等问题。

六、组织编写行业职业培训教材

组织编写葡萄酒酿造工、品酒师、酿酒师职业技能培训教材

七、完成葡萄酒行业企业生产情况统计工作

参与2009年协会统计的46家企业生产的产品产量，与国家统计局统计数据相比较，占其60.84%。

八、完成“中国葡萄酒酒庄联盟标志证明商标使用管理规则”及证明商标注册

根据国家工商管理总局的初步审查，对原办法作了重大的修订，并更名为“中国葡萄酒酒庄酒标志证明商标使用管理规则”。

【存在问题】

一、葡萄酒产业管理缺位，影响产业的发展

不同产区酿酒葡萄的种植分别属农业、林业等不同部门管理。产业管理的缺位，将对产区区划、产业政策、科学研究等方面产生影响，制约了葡萄酒产业的发展。

二、产区缺乏科学的产业发展规划的现象仍然存在

葡萄酒产业快速发展，使一些产区出现了局部过热的现象，所制定的规划普遍缺乏对整个行业的深入分析，对行业中存在的问题重视不够；过于重视产业发展的规模，不注重总结本地区以前产业发展中的经验和教训；不注重研究选择适合本地区的、合理的品种结构；没有处理好产业发展规模、速度与葡萄酒行业自身规律的关系。

三、酿酒葡萄栽培及其配套技术亟待提升

随着酿酒葡萄种植面积的扩大，中国酿酒葡萄栽培技术薄弱的问题开始显现。中国大部分产区受自然条件所限，酿酒葡萄在冬季需要埋土方能越冬，制约了葡萄种植方式和机械化葡萄园中推广。因此，酿酒葡萄栽培技术的整体提升和适应中国条件的酿酒葡萄机械辅助种植，成为中国酿酒葡萄基地建设中亟待解决的问题。

四、酿酒葡萄品种单一，葡萄酒产品特色不突出

中国酿酒葡萄种植品种过于单一，红色品种中超过60%为赤霞珠，白色品种中超过70%为霞多丽，高度集中的单一品种，很难适应中国地域广阔，酿酒葡萄产区自然条件各不相同的生产局面，也是造成原料质量低下，产区风格、特点不明显的主要原因。

五、进口葡萄酒对中国葡萄酒冲击日益显现

随着中国葡萄酒进口关税的降低，进口葡萄酒数量的逐年增加，无论是新的品牌还是早已进入中国的老品牌，市场的推广方式不断更新，力度明显加大，加强在中国进行葡萄酒文化的渗透，进口产品的销售量持续上升。由于世界范围葡萄酒生产相对过剩，国外葡萄酒产品有强烈的开发新兴消费市场的愿望，中国成为世界葡萄酒生产者开发、抢占的目标。

六、葡萄酒文化建设的缺失，不适应快速发展的葡萄酒产业的需要

随着中国葡萄酒行业的发展，粗放式的发展模式和葡萄酒文化建设，缺乏对外来葡萄酒文化本土化的研究，已不能适应行业进一步发展的需要。如何洋为中用，搞好中国葡萄酒文化建设，是急需要考虑的问题。

【葡萄酒行业发展趋势】

葡萄酒行业保持现有发展速度，产品市场进一步扩大，保持较高的生产集中度，更多资本进入葡萄酒产业，国外葡萄酒品牌的竞争更趋激烈。产品结构逐渐改变，2007年到2009年白葡萄酒占全部产品的比例分别为4．71%、8.67%、10．35%，呈明显上升态势；红葡萄酒的比例分别为80．46%、72．78%、65.43%，比重开始下降；半干、半甜葡萄酒等产品的比重也开始上升。

酒精工业（1529）

中国酿酒工业协会酒精分会　张国红

【概　况】

2009年全国发酵酒精产量731．74万千升（以年销售收入500万元以上的企业计，不包括小企业和自产自用的酒精量）比上年同期689．93万千升增长6．06%。与上年增幅4．13%相比，增长速度有所提升。

表1.2009年全国各省份酒精产量

地区	2009年	2008年	同比增长(%)	地区	2009年	2008年	同比增长(%)
吉林	146．44	136．24	7．48	山西	5．21	4．52	15．21
江苏	84．65	46．96	80．27	湖北	5．10	5．17	-1．38
内蒙古	80．11	54．01	48．33	新疆	3．93	3．89	0．86
河南	73．82	82．43	-10．45	天津	3．87	26．24	-85．25
广西	71．68	63．86	12．24	湖南	2．00	1．29	54．81
安徽	59．97	63．28	-5．23	甘肃	1．25	1．43	-12．42
黑龙江	58．94	57．29	2．87	宁夏	1．15	0．53	116．68
山东	48．06	48．17	-0．23	辽宁	0．75	3．14	-76．22
四川	38．24	44．45	-13．97	陕西	0．72	0．01	5533．07
云南	20．37	20．44	-0．33	海南	0．37	0．25	48．99
广东	14．58	13．74	6．12	贵州	0．19	0．21	-11．99
河北	10．32	12．33	-16．32	浙江	0．03	0．03	-13．37

增长量较大的省份：江苏增长37.69、内蒙古26.10、吉林10．19、广西7．82、黑龙江1．65万千升。减产量较大的省份：天津22．37、河南8．61、四川6．21、安徽3．31、辽宁2．40万千升。

根据协会统计，2009年全年燃料乙醇产量为173．2万吨，5家燃料乙醇企业产量见表2。

表2.2009年燃料乙醇产量

（单位：万吨）

企业名称	2009年	2008年
河南天冠企业集团有限公司	49.50	46.98
吉林燃料乙醇有限公司	46.00	48.00
安徽丰原生化股份有限公司	42.00	39.82
中粮生化能源（肇东）有限公司	19.40	15.00
广西中粮生物质能源有限公司	16.30	11.72
合计	173.20	161.52

除5家燃料乙醇生产企业外，产量较大的企业有：中粮生化能源（肇东）有限公司24．24万千升（19．57万吨）（非燃料乙醇），吉林新天龙酒业有限公司34．95万千升，梅河口市阜康酒精有限责任公司29．76万千升，安徽安特集团有限公司10．4万千升，承德避暑山庄企业集团有限责任公司10．09万千升。

据国家统计局统计快报，2009年酒精行业工业销售产值（当年价格）为461亿元，比上年同期420．74亿元增长9．57%。工业总产值（当年价格）478．13亿元，比上年同期455．09亿元增长5．06%。

表 3.2009 年 1 ～ 11 月酒精行业主要经济指标（当年价格）

（单位：亿元）

指标	2009年1～11月	2008年1-11月	同比增长(%)
累计主营业务收入	372. 82	348. 93	6. 85
累计主营业务成本	337. 32	306. 62	10. 01
主营业务税金及附加	6. 89	7. 37	-6. 43
累计利润总额	11. 27	13. 75	-18. 03
累计应交增值税	10. 03	9. 83	2. 09

【酒精进出口情况】

2009 年全国酒精出口 10. 80 万千升，与上年出口 10 81 万千升基本持平；出口创汇 5967. 53 万美元，每千升酒精创汇 552. 34 美元，比上年每千升酒精创汇 607. 83 美元大幅下降。2009 年全国进口酒精 158. 62 千升，2008 年进口 401. 93 千升。

【生产许可证换（发）证情况】

食用酒精审查部依据《食用酒精产品生产换（发）证实施细则》和有关法规，对申换证企业进行材料审查，并组织审查组到企业现场审查和产品抽样检测。2009 年食用酒精审查部共审核食用酒精产品申换证材料 53 份。

【国家酒精税收政策】

一、酒精出口退税由无恢复到 5%

中国在 2006 年 9 月以前，酒精出口退税率 13%。2006 年 9 月酒精出口退税率为零，同时出口时仍要征收 5% 消费税，从此开始酒精出口一直处于萎缩状态。2009 年 6 月 8 日，财政部及税务总局颁布《关于进一步提高部分商品出口退税率的通知》，酒精的出口退税率提高至 5%。由于中国酒精出口国地区酒精需求量减少及国内酒精价格高，国际竞争力较弱，此次退税 5% 的税收政策对中国酒精行业的影响是有限的。但企业酒精出口时，其消费税 5% 是免征的。

二、酒精进口关税由 30% 下调为 5%

2009 年 12 月 8 日，国务院关税税则委员会下发了《关于 2010 年关税实施方案的通知》（税委会 [2009]28 号），自 2010 年 1 月 1 日起，中国将进一步调整进出口关税税则，继续履行加入世界贸易组织的关税减让承诺，进口关税总水平降至 9. 8%。其中，任何浓度的改性乙醇及其他酒精（税则号列为 22072000）进口关税由 30% 下调为 5%。

随着进口酒精关税大幅下调，行业竞争将更加激烈。国外酒精进入中国的主要国家和地区是巴西以及东南亚。巴西主要是工业酒精，预计对国内食用酒精不会形成威胁，但可以以工业酒精价格冲击整体酒精价格。近年来，东南亚木薯酒精发展较快，随着东盟自由贸易区 (AFTA) 关税措施的实施（“共同有效普惠关税”是东盟会员国间的合作协议，约定各会员国选定共同产品类别，具体排定减税的程序及时间表，并自 1993 年 1 月 1 日起计划在 15 年内，逐步将关税全面降低至 0 ～ 5%），由于该地区不同于中国的国内税收政策，不排除东南亚木薯酒精进入中国市场可能性。

【节能减排】

在《轻工业调整和振兴规划》中，2009 ～ 2011 年，淘汰落后酒精产能 100 万吨。新增 34. 5 万吨（原来为 2006 年为 10. 1 万吨，2007 年为 40 万吨，2008 年 44. 4 万吨，2009 年为 35. 5 万吨，2010 年为 30 万吨，共 160 万吨）。下一步，一是配合工信部，做好淘汰落后产能工作；二是通过落实《清洁生产酒精制造业》、《清洁生产审查指南酒精制造业》及《酒精污染物排放标准》的实施，促进淘汰落后；三是继续建议通过税收政策，促进淘汰落后。2006 ～ 2009 年，酒精行业按照计划淘汰落后产能 130 万吨。酒精行业规模化和集约化趋势愈加明显，酒精生产企业数量从 2000 年以前的 1000 家，减少到 2004 年的 457 家，到 2009 年约 400 家。年产 10 万吨以上的大型企业已经成为行业产量和技术进步的主体。

【酒精行业发展特点】

一、酒精总产量增长，增幅缓慢提升

2009 年全国发酵酒精产量 731. 74 万千升，比上年同期 689. 93 万千升增长 6. 06%。与上年增幅 4. 13% 相比，增长速度有所提升。从 9 月开始到年底，全国酒精产量开始回到增长态势，说明金融危机之后，中国酒精行业已经从低谷走出。木薯酒精开工率和全年产量高于上年，工业酒精需求量也不断恢复。燃料乙醇发展缓慢，全年燃料乙醇产量为 173. 2 万吨，较上年 161. 52 万吨增长 7. 23%。

二、全年酒精价格及主要原料价格走出前抑后扬态势

2009 年初，受金融危机影响，工业酒精需求停滞，全国酒精价格最低到 3500 元 / 吨，3 月初回升到 4000 元左右，到 8 月份开始从 4500 向近 6000 元回升。原料价格不

断上涨，木薯价格从年初的每吨1000元左右涨到年底近每吨1900元。玉米作为酒精生产的主要原料，2009年一直持续高位运行，东北地区，吨玉米价格持续在1400元～1800元之间波动，其他地方要略高于这个价格，酒精主要生产原料木薯和玉米的价格仍将高位运行。

三、产能严重过剩，仍在不断续扩大

全国年产能超过10万吨的酒精企业有30家以上，而年产量超10万吨的企业不到10家（含燃料乙醇企业），甚至有些企业处于停产状态。原料主产地区的优势更加明显，东北以玉米产区优势，广西和江苏以木薯优势。这些地区酒精产量仍在增加，仍有企业扩大产能。而其他地区因原料价格高而限产停产。

四、产值提升，但利税大幅下降

2009年酒精行业工业销售产值、工业总产值、前11个月累计主营业务收入、前11个月累计主营业务成本都有不同程度的增长（5%～10%）；而2009年前11个月累计主营业务税金及附加、前11个月累计利润总额、前11个月累计应交增值税基本处于负增长水平，其中以利润总额同比减少18.03%，反映出行业利润率大幅降低且利润微薄。

五、酒精出口继续萎缩

受2006年9月国家取消酒精的出口退税政策的影响，2009年酒精出口量继续萎缩。2009年6月出口退税政策调整后，全年出口量没有从根本上改变。

六、行业淘汰落后和重新洗牌的步伐加快

金融危机使得一些企业相对于在规模、技术和原料处于劣势地位的企业有较多的优势，从而得到不断壮大和发展。从2007年中国节能减排工作开展以来，酒精行业淘汰3万吨以下满后产能，对行业的产业结构带来很大变化，规模小的企业受到制约，一些企业通过技术改造升级达到3万吨以上而得到生存。根据2009年的统计数据，全国产量前50家生产企业产量565.95万千升，占全国酒精产量的77.3%，前37家产量在3万吨以上的企业总产量525.68万千升，占全国酒精产量的71.8%，前12家产量在10万吨以上的企业总产量359.63万千升，占全国酒精产量的49.1%，说明规模企业占行业主要地位。一些原料非优势地区的酒精生产企业将越来越步履维艰，如果再加上管理不善、技术落后或其他问题，将很可能陷入到逐渐被淘汰的境地。

【酒精行业会议】

一、酒精分会三届四次理事会（扩大）会议

会议于2009年2月25～26日在北京召开，出席会议的代表共80余人。王琦理事长做2008年度酒精分会工作报告。中粮集团生化能源事业部市场和战略部总经理王春才做“中国酒精行业现状及发展趋势”报告、南宁商品交易所总裁闫文鸿做了“中国食用酒精行业2008年回顾与2009年展望”的报告。会议增补宁波万隆食用酒精有限公司、广东中科天元新能源科技有限公司、梅河口市阜康酒精有限责任公司为酒精分会三届理事会理事单位。与会代表讨论了《全国酒精行业主要技术指标分级标准（2009年修改稿）》，并提出修改意见。

二、2009酒精制造技术及装备高层论坛

7月3日召开，中国酿酒工业协会副理事长肖德润到会致辞。论坛邀请中科天元、诺维信、上海东潮、安琪公司、天津大学石化中心、四川亚连科技等装备先进企业对酒精生产先进技术进行了详细的讲解，对企业技术研究的主要方向做了简要介绍，并对酒精行业节能减排的方法和措施提出了合理化的建议。会议向酒精生产企业发放了《中国酒精制造相关企业名录》。

三、酒精行业形势分析会

7月4日召开，会议邀请中国酿酒工业协会王延才理事长、财政部税政司谭龙处长、能源局刘群处长、国家粮油信息中心王晓辉处长等人针对行业目前中国酒精行业的发展形势、关注的玉米等原料价格的走势和发展、燃料乙醇的发展和国家政策导向及酒精税收政策等问题进行了介绍，并和参会代表进行互动交流。会议使有关政策制订部门进一步了解行业产品情况，为后续工作打下基础。

四、2009年酒精分会技术委员会年会

7月4日召开，会上各委员针对清洁生产审核指南一酒精制造业（征求意见稿）、清洁生产标准一酒精制造业（征求意见稿）、全国酒精行业主要技术指标（2009年修改讨论稿）3个文件进行了讨论。同时探讨了行业技术创新联盟工作的初步工作计划。

五、2009年酒精分会年会

10月12～14日在广西南宁召开。会议代表共200多人。中国酿酒工业协会酒精分会理事长王琦做2008年和2009年前8个月酒精行业经济运行分析报告。会议同时举行了节能减排技术经验交流会议和酒精产品市场营销交流及供需洽谈会。在节能减排技术经验交流会议上，邀请华南理工大学、四川亚连科技有限责任公司、杰能科生物工程公司等单位进行经验交流和发言。在酒精产品市场营销交流及供需洽谈会上，生产商代表和经销商代表进行了交流和洽谈，并进行了酒精电子交易模式体验。

六、全国燃料乙醇行业标准化工作研讨会

研讨会于2009年12月29日在北京召开。国家变性燃料乙醇与燃料乙醇标准化技术委员会秘书处河南天冠集团

杜风光总工介绍了3年燃料乙醇标准体系建设计划及增补标委会委员事宜，研讨了国内外应用高比例乙醇汽油及相关标准、车用含水燃料乙醇应用等有关情况。与会专家委员讨论了现行变性燃料乙醇标准执行中出现的有关问题、燃料乙醇标准体系建设计划等有关问题。中国酿酒工业协会理事长王延才作为标委会的主任委员出席会议并讲话，中国酿酒工业协会酒精分会王琦理事长向与会代表通报了2009年下半年中国酒精行业发展形势。出席会议的代表主要有标委会委员和5家燃料乙醇生产企业的代表共26人。

【承担清洁生产示范推行方案编制】

承担工业和信息化部委托的《酿酒（酒精）行业清洁生产示范推行方案》编制工作。方案分析了酒精行业基本情况和清洁生产现状，指出中国酒精行业推行酒精清洁生产的指导思想、基本原则、任务和目标、分步实施计划、保障措施、政策支持和组织领导。

方案中，2010年～2011年研究、示范或推广包括但不限于以下的酒精清洁生产技术。研究：生料发酵技术（含高效生淀粉水解酶技术）、高转化率酒精酵母技术、无蒸煮工艺技术、酒精生产废水零排放技术、利用玉米酒糟二次发酵生产蛋白技术、非粮原料（如纤维素、黄姜、芭蕉叶等）酒精生产技术。示范：高浓醪发酵技术（酒精含量15%以上，含双边发酵技术）、复合液化酶低温蒸煮工艺。推广：废水全糟处理技术（玉米酒精糟液离心后的废水IC工艺和薯类酒精糟液全糟厌氧处理技术）、大罐发酵技术、差压蒸馏技术、间接蒸汽蒸馏技术、真空闪蒸降温技术、自动化控制技术、离心清液回配技术、冷却水和中水重复利用技术、沼气发电技术等。

酒精行业清洁生产重点技术需求及应用推广目录（第一批）2010年3月由工业和信息化部公布实施，其中推广浓醪发酵技术、酒糟离心清液回配技术、糟液废水全糟处理技术等。

【节能减排技术筛选与评估工作】

由科技部、工信部组织"轻工行业节能减排技术筛选与评估"课题，该课题由中国轻工业联合会负责牵头组织，确定了纸浆造纸、皮革、发酵、酿造等七大行业、十三种产品的节能减排技术的筛选与评估。酒精分会联合北京工商大学负责酒精行业酒精产品对应的生产工艺、生产流程中的关键节点的编制，以能耗、水耗及污染物排放量等为指标对典型技术进行综合评价，对先进节能减排技术进行函调和现场调研等工作。

饮料工业（153）

中国饮料工业协会 赵亚利 张兴华

【概 况】

2009年饮料行业继续高速增长，全国饮料总产量为8086．21万吨，比上年同期增长26．05%，为近5年中最快的增长速度。其中碳酸饮料类产量1254.24万吨，比上年同期增长13．26%；果汁和蔬菜汁类产量1447．61万吨，比上年同期增长22．42%；包装饮用水类产量3159．03万吨，比上年同期增长27．61%。

各饮料品种产量所占比重略有变化。包装饮用水类仍是最大品种，占39．07%，比上年同期增加0．48个百分点；碳酸饮料类比重为15．51%，比上年同期减少1.75个百分点；果汁和蔬菜汁类比重为17．90%，比上年同期减少0.53个百分点。

从各地区情况来看，东部地区产量最高，为4593万吨，占全国比重的56．81%；中部地区产量1906万吨，占全国比重的23．57%；西部地区最低，为1587万吨，占全国比重的19．62%。各省市情况，广东产量居全国首位，产量达1532万吨，占全国比重的18．94%，几乎与西部地区持平，第二名浙江产量652万吨。详见表1～表2

表 1.2009 年全国分地区饮料产量

（单位：万吨）

地区行业	饮料	碳酸饮料类	果汁和蔬菜汁类	包装饮用水类
全国	8086. 21	1254. 24	1447. 61	3159. 03
北京	202. 52	67. 65	42. 76	42. 41
天津	274. 99	75. 36	7. 46	23. 73
河北	139. 16	5. 43	46. 94	37. 30
山西	40. 33	14. 47	23. 65	2. 18
内蒙古	166. 70	4. 29	13. 99	62. 52
辽宁	465. 13	73. 48	19. 58	164. 76
吉林	351. 84	49. 66	25. 07	240. 64
黑龙江	136. 50	31. 35	62. 99	34. 39
上海	241. 56	103. 30	5. 86	101. 80
江苏	305. 85	70. 91	45. 55	69. 23
浙江	652. 37	89. 10	66. 72	204. 94
安徽	123. 96	32. 07	5. 98	23. 62
福建	313. 31	45. 39	35. 14	84. 92
江西	111. 40	11. 83	11. 67	52. 89
山东	428. 68	55. 66	84. 32	245. 64
河南	579. 44	43. 21	119. 06	222. 47
湖北	452. 86	63. 04	89. 25	117. 31
湖南	109. 51	12. 76	18. 96	48. 24
广东	1531. 78	251. 05	308. 39	690. 50
广西	192. 05	30. 22	2. 61	103. 50
海南	38. 11	5. 86	6. 78	19. 03
重庆	234. 24	38. 94	98. 91	73. 19
四川	357. 74	25. 06	54. 63	223. 00
贵州	54. 05		9. 53	44. 30
云南	131. 13	16. 96	3. 92	97. 82
西藏	6. 58			6. 58
陕西	217. 59	35. 01	120. 20	58. 58
甘肃	144. 78	244.00	93. 65	28. 09
青海	5. 45			
宁夏	3. 23		3. 23	
新疆	73. 36	2. 16	20. 80	35. 46

表 2.2009 年全国饮料产量前八位省市情况

（单位：万吨）

位次	省市	产量	占全国比重(%)
1	广东	1531.78	18.94
2	浙江	652.37	8.07
3	河南	579.44	7.17
4	辽宁	465.13	5.75
5	湖北	452.86	5.60
6	山东	428.68	5.30
7	四川	357.74	4.42
8	吉林	351.84	4.35

【碳酸饮料】

碳酸饮料类产量 1254.24 万吨，比上年同期增长 13.26%，占全国饮料总产量的 15.51%，比上年同期下降 1.75 个百分点。“娃哈哈”的非常系列碳酸饮料产量为 85 万吨，占全国碳酸饮料总量的 6.8%。

表 3.2009 年全国碳酸饮料产量前六位省市情况

（单位：万吨）

位次	省市	产量	占全国比重(%)
1	广东	251.05	20.02
2	上海	103.30	8.24
3	浙江	89.10	7.10
4	天津	75.36	6.01
5	辽宁	73.48	5.86
6	江苏	70.91	5.65

【果汁及蔬菜汁类】

2009 年，果汁及蔬菜汁类产量增长较快，超过 20%，北京汇源饮料食品集团有限公司果汁及蔬菜汁类产量 93 万吨，占全国产量的 6.4%，居全国第三位。

2009 年浓缩水果汁出口 88.14 万吨，比上年同期增长 13.36%。其中浓缩苹果汁出口 79.95 万吨，比上年同期增长 15.41%，占浓缩水果汁出口量的 90.72%；浓缩苹果汁出口额为 6.56 亿美元，平均价格为 819.87 美元 / 吨。

2009 年浓缩水果汁进口 8.45 万吨，比上年同期增长 32.17%；其中冷冻浓缩橙汁进口 4.89 万吨，比上年同期增长 12.97%；冷冻浓缩橙汁进口额为 7232.2 万美元，平均价格为 1477.98 美元 / 吨。

【中国饮料工业“二十强”】

2009 年起，中国饮料工业“二十强”取代了原来的“十强”，这二十家企业 2009 年按产量排序详见表 4：

表 4. 中国饮料工业“二十强”

企业名称	企业名称
康师傅饮品控股有限公司	乐百氏（广东）食品饮料有限公司
杭州娃哈哈集团有限公司	深圳市景田食品饮料有限公司
统一企业（中国）投资有限公司	深圳百事可乐饮料有限公司
农夫山泉股份有限公司	深圳达能益力泉饮品有限公司
华润怡宝食品饮料（深圳）有限公司	椰树集团有限公司
四川蓝剑饮品集团有限公司	上海百事可乐饮料有限公司
北京汇源饮料食品集团有限公司	广东健力宝集团有限公司
厦门银鹭食品集团有限公司	河北承德露露股份有限公司
杭州中萃食品有限公司	红牛维他命饮料有限公司
惠尔康集团有限公司	国投中鲁果汁股份有限公司

“二十强”企业产量合计 3519．23 万吨，占全国饮料总产量的 43．52%，其中康师傅和娃哈哈产量均超过 1000 万吨，远高于其他企业。“二十强”企业销售收入 978．99 亿元，利税总额 219．83 亿元。

【“两乐”企业】

2009 年“两乐”合资合作企业共 50 家，其中可口可乐企业 30 家，百事可乐企业 20 家，共生产饮料 1369．13 万吨，比上年同期增长 5．92%。可口可乐企业产量 941．17 万吨，比上年同期增长 10．56%；百事可乐企业产量 427．97 万吨，比上年同期降低 3．01%。两乐产量中可口可乐占 68．74%，百事可乐占 31．26%。

“两乐”合计生产外国牌号碳酸饮料 1041．60 万吨，其中可口可乐企业产量 652．07 万吨，百事可乐企业产量 389．53 万吨。“两乐”合计其他饮料产量 327．54 万吨。

外国牌号碳酸饮料按口味分类情况，可乐型所占比重为 49．42%，柠檬型为 38．27%，橙型为 8．68%，其他型为 3．63%；增长率方面，可乐型比上年同期降低 3．50%，柠檬型比上年同期增长 11．95%，橙型比上年同期增长 7．93%，其他型比上年同期增长 4．56%。

【行业活动】

一、天然矿泉水分会第八次会员代表大会暨技术交流会

4 月 8 ～ 10 日，中国饮料工业协会天然矿泉水分会第八次会员代表大会暨技术交流会在昆明召开，出席会议的有财政部、卫生部及部分省市饮用水协会的领导、专家和科研院所的专家、教授共 210 多名代表。大会进行了换届选举工作，通过了分会领导机构、分会工作报告、分会管理条例等，并围绕溴酸盐控制为主题，展开了全面深入的技术交流。

二、2009 中国蛋白饮料发展研讨会

8 月 13 ～ 14 日，中国饮料工业协会主办，美国乳品出口协会、厦门银鹭集团协办的 2009 中国蛋白饮料发展研讨会在厦门召开，来自业内的主要饮料生产企业及相关行业的近 200 名代表出席会议，就蛋白饮料行业发展、食品安全、营养健康、产品研发、加工设备以及国内外市场等方面进行了交流和研讨。

三、“爱健康，喝果汁——果蔬汁饮料行动计划”

以“拉动内需”、“服务三农”、“营养大众”为目的的“爱健康喝果汁——果蔬汁饮料行动计划”于 9 月 9 日在北京正式启动，活动得到了发改委、工信部、中轻联、中消协等部门的支持，行业内的 15 家重点果蔬汁企业协助举办。启动仪式上企业签署了《果汁宣言》，同时将《果汁消费手册》正式推出并发放给消费者。

此行动计划为期三年（2009 ～ 2011），将深入社会多层面，开展相关活动。向广大消费者普及果蔬汁饮料的营养健康知识，培养健康的膳食和生活方式；搭建果蔬汁饮料企业与消费者之间的沟通平台，帮助果蔬汁饮料企业了解相关市场动态；促进政府大力支持中国果蔬汁饮料行业的发展；吸引媒体关注和报道中国果蔬汁饮料行业相关信息；在全社会形成“爱健康喝果汁”的消费理念，促进全民健康、拉动内需、支持三农。

四、省市饮料行业协会工作座谈会

9 月 29 日，中国饮料工业协会在安徽合肥市召开了有关省市行业协会工作座谈会，来自上海、江苏、广东、广西、河南、吉林等省市的饮料行业协会及相关单位参加了座谈会。会议对当前行业中的问题进行了讨论。

五、2009 中国果蔬汁发展研讨会暨果蔬汁分会换届大会

11 月 26 日，以“和谐发展，质量安全”为主题的 2009 中国果蔬汁发展研讨会在上海召开，来自行业内的 120 多名代表参加了会议。大会选举产生赵亚利为会长，康永璞为秘书长，12 家国内主要果蔬汁企业 / 科研单位负责人为副会长的第二届分会领导班子。会议就食品安全、果汁营养、果汁发展趋势、果汁标准等相关话题展开演讲。

六、2009 第四届中国国际饮料工业科技展

2009 第四届中国国际饮料工业科技展（CBST2011）于 11 月 24 ～ 26 日在上海新国际博览中心举办。展会面积 19000 平方米。参展企业来自英国、德国、美国、日本等 10 多个国家和地区，参展商 180 家。国内饮料配套产品均有所亮相，展品类型涉及原料类、配料类、加工助剂、生产设备类、包装及包装设备类、配套类、售卖类、其他类等八大类产品，许多展品是首次在国内亮相的新产品。

展会期间，举行了 CBST2009 中国国际饮料科技报告会，十多场报告会，无论是新技术、新工艺、新包装，还是节能降耗专题报告和矿泉水专题报告都获得好评。

国内观众来自 30 个省市 262 个城市，海外观众则来自全球 43 个国家和地区，是展商公认饮料专业观众最多最好的饮料科技展会。

【标准、法规技术服务】

一、全国饮料标准化技术委员会成立

2009 年 4 月 11 日，中国饮料工业协会在云南昆明市召开了全国饮料标准化技术委员会成立大会。会议总结了

饮料标委会的工作重点，介绍了当前正在进行的多项标准工作，通过了标委会章程及秘书处工作细则，集中讨论了有关标准草案及相关工作。

二、标准化工作

2009年中国饮料工业协会技术工作委员会开展了《固体饮料》、《咖啡饮料》、《果汁类饮料通则》、《植物饮料》、《浓缩苹果汁》等国家标准和《复合蛋白饮料》、《谷物饮料》、《饮料制造综合能耗限额》等行业标准的制修订工作。其中《饮料制造综合能耗限额》行业标准已完成报批工作。

三、协助开展打击非法添加物及添加剂滥用专项整治工作

从2008年年底开始的"打击非法添加物及添加剂滥用专项整治"工作中，中国饮料工业协会配合卫生部等有关部门开展行业的自查和调查工作，协会作为专家组成员参与讨论并确定了两批食品中可能违法添加的非食用物质和易滥用食品添加剂的名单，最后将"传统工艺一直沿用但未经批准的添加物质"的调查结果上报整治办公室。

四、开展与《食品安全法》相关的有关工作

2009年6月1日，《食品安全法》正式实施，由于多数企业反映新法中部分条款如不细化补充，在执行时将对企业和行业产生重大影响。协会要求企业认真贯彻和学习《食品安全法》，并在行业内广泛开展调查，希望能够将通过《食品安全法实施条例》的出台，解决行业和企业遇到的难题。协会对配套出台的《食品安全国家标准管理办法（草案）》、《食品安全企业标准备案办法（草案）》提出行业意见，行业的意见得到部分采纳。

五、饮用矿物质水专家研讨会

2009年3月以来，"矿物质在饮用水中添加的问题"被媒体广泛报道，受到社会普遍关注，同时国家有关领导人及部门高度重视。因此，为深入探讨水中添加矿物质的安全性和必要性，由中国饮料工业协会召集企业、卫生部卫生监督中心组织专家在北京召开矿物质水相关标准研讨会。讨论后多数代表认为，在纯净水中出于调节口感目的添加一定量的矿物质添加剂有其工艺上的必要性，在GB2760(食品添加剂使用卫生标准》的规定范围内添加是可以保证饮用安全的。

六、组织编写《浓缩果蔬汁加工行业准入条件》

为规范浓缩果蔬汁加工行业投资行为，防止盲目投资和重复建设，引导企业合理布局，节约和有效利用资源，保护环境，促进浓缩果蔬汁加工与原料生产协调发展，根据国家有关法律法规和产业政策，中国饮料工业协会受工信部委托，组织制定了《浓缩果蔬汁加工行业准入条件》，其中对新建浓缩汁企业的布局、原料供应、企业规模、工艺及装备、产品质量和能源消耗均有明确规定。

【培训工作】

4月22～27日，中国轻工业职业技能鉴定指导中心和中国饮料工业协会在北京举办饮料行业国家职业技能鉴定考评员培训班，对即将从事饮料行业职业技能鉴定的人员进行集中培训和考核。参加培训班的有来自大型饮料骨干企业人力资源、产品质量和生产运行的管理人员、饮料设备制造企业的技术支持人员、食品质量检验站的质量检测人员、及高等院校食品专业骨干教师等120多人。培训结束后，经考核成绩合格并获得证书的人员，将被中国饮料工业协会聘为饮料行业的国家考评员和高级考评员，承担对全行业企业员工和高职院校毕业生的职业技能鉴定和考评工作。

7月13～18日，为帮助矿泉水生产企业和质检机构及时了解新标准，熟悉和掌握标准中规定的微生物指标的检测技术，由中国饮料工业协会天然矿泉水分会主办，广东省微生物研究所承办了矿泉水中微生物检测技术培训班（第三期），来自10家企业的技术人员参加了培训。

【企业发展】

一、汇源启动"果汁下乡"活动

2009年2月以来，汇源发起的"果汁下乡"运动已在全国350多个县全面启动。据悉，由于以接近成本的价格让利销售，"果汁下乡"深受各地县乡消费者的欢迎。汇源"真系列"果汁在全国县乡市场大力度、大范围的让利行动，短时间内迅速提升了汇源果汁的销售量，其整体销售业绩比以前提高了两倍以上。

二、统一拟与安德利果汁建合营公司

统一企业2月6日发布公告，公司与安德利果汁就成立一家合营公司签订合资备忘录。成立合营公司后，统一企业和安德利果汁将各自拥有50%的权益，双方将为合营公司的注册资本各自出资5000万元，安德利果汁还将转让若干土地使用权给合营公司。合营公司将用于为统一企业及其他第三方生产饮料产品。

三、百事公司海外首家绿色工厂落户重庆

6月26日，百事公司海外首家"绿色"工厂在重庆正式投入运营。重庆工厂是百事公司在中国建立的首家"绿色"饮料工厂，该厂采用超过35项节水节能环保设计以及多项全球领先技术，其中包括对所有生产线和生产设备的水电消耗情况进行实时监控的环境管理体系。此外，重庆"绿色工厂"在厂内建立了一个面向相关部门和本地社区学生的环保

教育中心，将成为中国食品饮料行业的环保教育基地。

四、加多宝昆仑山矿泉水青海厂正式运营

2009年8月，加多宝集团旗下青海玉珠峰矿泉水有限公司工厂正式投入营运。青海玉珠峰矿泉水有限公司天然雪山矿泉水生产基地占地面积17万平方米，项目共分两期建设，全部建成后预计年产2000万箱昆仑山天然雪山矿泉水。

【行业大事】

一、中国饮料工业协会第四届会员代表大会召开

11月23日，中国饮料工业协会第四届会员代表大会在上海召开，来自行业内的300多名代表参加会议。会议通过了换届选举，赵亚利当选新一届协会理事长，康永璞当选副理事长兼秘书长，宗庆后等19人当选副理事长，聘请潘蓓蕾副会长担任中国饮料工业协会名誉理事长，聘请汤天曙、史其禄担任协会高级顾问。

会议就企业及行业社会责任、中国经济形势分析、农村消费市场发展的热点问题展开专题演讲。在“2009中国饮料行业颁奖及CBST2009开幕晚宴”上，12家企业获“2009中国饮料行业实践社会责任优秀企业”称号，41家企业获“2009中国饮料行业节水优秀企业”称号，14家企业获“2009中国饮料业优秀供应商”称号，12位科技人员获“2009中国饮料行业优秀科技工作者”称号。

二、浓缩汁企业积极应对金融危机

2008年金融危机给浓缩苹果汁企业带来的严重影响，中国饮料工业协会多次调研和召开会议讨论应对措施，多次向轻工联合会、工信部、国家发改委反映行业情况，并提出提高出口退税、免所得税、流动资金贷款、收储、促进果汁消费等6项措施。经过协会和企业的努力，果汁出口退税率从13%提高到了15%。通过地方贴息支持浓缩苹果汁收储问题已列入轻工业振兴规划纲要，财政部发文要求地方财政要克服困难支持企业收储浓缩苹果汁等涉农产品。陕西、甘肃、宁夏在2009年底开展切实的收储工作。

三、《轻工业调整和振兴规划》发布

从2008年年底开始，中国饮料工业协会参与《轻工业调整和振兴规划》饮料部分的调研、编写工作，多次开展企业调查，召开会议讨论浓缩苹果汁、食品安全等问题，积极与政府和轻工业联合会保持沟通，反映行业真实情况和面临的问题以及行业的技术水平，积极争取对企业和行业有利的政策措施和扶持。国务院发布的《轻工业调整和振兴规划》中体现了对饮料行业的支持和重视，其中主要包括提高饮料设备的自主化率和技术改造，加强饮料食品安全性建设和标准化建设，支持农副产品加工，解决浓缩苹果汁收储问题等。

四、“达能”与“娃哈哈”纠纷终和解

达能和娃哈哈集团2009年9月30日宣布，双方达成友好和解，达能同意将其在各家达能—娃哈哈合资公司中的51%的股权出售给中方合资伙伴。历时近3年的“达娃”纷争就此终结，而双方产品在市场的激烈竞争则仍将持续。

五、可口可乐收购汇源案未通过反垄断审查

商务部于2008年11月对可口可乐收购汇源案立案后，依据中国反垄断法的相关规定，从市场份额及市场控制力、市场集中度、集中对市场进入和技术进步的影响、集中对消费者和其他有关经营者的影响及品牌对果汁饮料市场竞争产生的影响等几个方面进行了审查。商务部经审查认定，这项收购案将对竞争产生不利影响。为了减少收购对竞争产生的不利影响，商务部与可口可乐公司就附加限制性条件进行商谈，要求申报方提出可行的解决方。案，但可口可乐公司应商务部要求提交的修改方案仍不能有效减少此项收购对竞争产生的不利影响，因此商务部于3月作出禁止此项收购的决定。

【质量监督抽查】

2009年国家质检总局对果蔬汁饮料、碳酸饮料产品质量进行国家监督抽查。果蔬汁饮料产品共抽查了北京、天津、河北、山西、辽宁、上海、江苏、浙江、安徽、福建、江西、山东、湖南、广东、新疆等15个省、自治区、直辖市139家企业生产的150种果蔬汁饮料产品，合格率为95.33%。抽查中发现有7种产品不合格，存在的主要质量问题是：酵母超标、甜蜜素超标、虚假标签信息。

碳酸饮料类产品共抽查了北京、天津、河北、上海、江苏、浙江、安徽、福建、山东、河南、广东等11个省、直辖市88家企业生产的120种产品，合格率为91.67%。抽查中发现有10种产品不合格，存在的主要质量问题是：二氧化碳气容量不合格、菌落总数和酵母超标及甜味剂糖精钠、安赛蜜和甜蜜素不合格。

抽查了127种PET瓶（其中包括：63种PET无汽饮料瓶、31种PET碳酸饮料瓶、24种热灌装PET瓶、9种PET材质其它瓶子）和36种PE吹塑桶。抽查中发现2种PET无气饮料瓶乙醛平均值、乙醛最大值和跌落性能不合格，有1种PET碳酸饮料瓶耐内压力不合格，其余产品均合格。

烟草行业（162）

国家烟草专卖局办公室　江为民

【概 况】

2009 年，烟草行业面对市场环境的重大变化和卷烟税收政策的重大调整，紧紧围绕“烟叶防过热、卷烟上水平、税和 J 保增长”三项任务，坚持把“税利保增长”建立在尊重市场规律、优化资源配置、良好经营秩序、保持价格稳定、管理水平提升“五个基础”之上。全年实现工商税利 5131.1 亿元，同比增加 559.3 亿元，增长 12.2%；其中实现税费（含国有资本经营收入）4163.4 亿元，同比增加 864.6 亿元，增长 26.2%。

【现代烟草农业建设】

2009 年，烟草行业认真贯彻中央提出的“以工促农、以城带乡”方针和建设社会主义新农村重人历史任务，按照“加强烟田基础设施建设，实现规模化种植、集约化经营、专业化分工、信息化管理”的要求，扎实开展现代烟草农业建设，全国共安排现代烟草农业试点单位 143 个，其中整县推进 3 个，整乡推进 41 个。为加强烟田基础设施建设，全年共安排专项资金 99.7 亿元，新建密集式烤房 16.6 万座，新修机耕路 9097.1 千米、沟渠 9669.2 千米，烟田综合生产能力和抗御自然灾害能力得到进一步增强，烟区生产生活环境得到进一步改善。在烟叶生产过程中，全国商品化供苗面积比例达 94.0%，机械化整地比例达 57.7%，密集式烤房烘烤比例达 66.8%，同比分别提高 12.7、8.7 个和 20.0 个百分点。通过开展现代烟草农业建设，带动了烟叶工作水平的全面提高，有力促进了烟区经济社会发展和烟农增收。2009 年全国共种植烤烟 11240 平方千米，同比减少 297 平方千米；户均种烟规模 7470 平方米，同比增加 2334. 5 平方米；烟叶平均亩产 152 千克，同比增加 13.5 千克；烟叶收购均价 7. 2 元 / 500 克，同比增加 0.28 元 / 500 克；户均种烟收入 24400 元，同比增加 7300 元。

【现代流通市场建设】

2009 年，烟草行业努力运用现代信息技术和手段，加快推进传统商业向现代流通转变，积极构建全国统一的卷烟销售网络体系，切实为广大零售客户提供优质高效的服务，有效保障广大零售客户合理利益。在全国 495.3 万户卷烟零售客户中，电话订货率为 96%，电子结算率为 68%，卷烟配送分拣到户率为 88%。据调查统计，2009 年全国卷烟零售毛利率接近 10%，户均盈利额超过 10000 元。特别是在广大农村地区，各烟草企业不断加强农网设施建设，充实农网服务力量，保证农村货源供应，农村卷烟零售客户满意度和盈利水平明显提高。在全国城乡居民就业形势严峻、增收难度加大的情况下，卷烟销售为实现就业问题和增加城乡居民收入发挥了积极作用。

【卷烟减害降焦】

2009 年，烟草行业高度重视技术创新工作，按照“环境一流、手段一流、人才一流、成果一流”的要求，不断加强企业技术中心建设；加快推进重大专项实施，卷烟增香保润、卷烟减害技术、特色优质烟叶开发、中式卷烟制丝生产线等取得了积极进展；切实加强质检机构建设，不断强化卷烟产品质量监督；认真履行《烟草控制框架公约》有关的责任和义务，努力维护消费者健康。2009 年，全国平均卷烟焦油量为 12.2 毫克 / 支，同比下降 0.6 毫克 / 支；一氧化碳量为 13.7 毫克 / 支，同比下降 0.5 毫克 / 支。

【卷烟打假工作】

2009 年，烟草行业坚持把“端窝点、断源头、破网络、抓主犯”作为卷烟打假工作的突出重点，国家烟草专卖局与公安部加大对重大制售假烟网络案件的督导力度，组织多次大规模跨省打假行动。对制假源头开展全方位不间断打击，彻底销毁查获的制假设备和原辅材料，削弱制假生产能力。严查严堵运输、分销假烟和原辅材料，防止制假活动转移扩散。认真抓好打击非法经营烟叶行为，部署开展打击网上非法经营烟草专卖品工作。2009 年全国共打掉制假窝点 181 个，查处案值 5 万元以上案件 6014 起，收缴制假烟机 398 台，查获假烟 61.4 万件，其中物流运输环节查获假烟 32.2 万件；依法拘留犯罪嫌疑人 7730 人，其中追究刑事责任 3905 人；打掉重大制售假烟网络 606 个，关闭非法从事烟草专卖品经营网站 57 家。

第三部分

地方分述

北京市

北京市食品协会　周以秋

2009年是后奥运会的第一年，也是国际金融危机爆发，积极应对危机挑战的一年，面对国际金融危机对行业的影响，我协会在北京市经济和信息化委员会的领导下、在政府各综合部门的支持下，在全体会员的全力配合下，坚持以科学发展观为指导，坚持“服务”宗旨，认真履行协会职能，与时俱进，努力工作，积极促进北京食品产业的发展。

一、协助政府，帮扶企业，积极应对金融危机

2009年，国际金融危机爆发，对各行各业的影响巨大。面对金融危机，我协会紧紧围绕市委、市政府应对国际金融危机，振兴都市工业的要求，发挥自身优势，主动协助政府，帮扶企业应对危机。

年初，面对严峻行业形势，协会加大了工作力度，由常务副会长带队，走访企业进行调研，与企业领导进行沟通，了解企业存在的困难和需要解决的问题，及时向主管部门进行反映汇报。配合政府主管部门，帮助企业，树立战胜危机的信心，争取政策支持，指导企业练好内功，在与企业同舟共济，共克时艰中有所作为，以保障实现食品行业的平稳增长，提升对北京经济发展的促进作用。

3月份，积极参与市发改委和市经信委制定《北京食品产业振兴规划》的工作，发挥与政府、产业、企业间的桥梁与纽带作用，积极向市发改委和市经信委推荐上报项目，帮助行业申请加大技术改造力度，促进企业产品创新和产业升级。

7月份，在市经信委召开的“北京工业保增长促发展座谈会”上，我协会常务副会长周以秋就北京食品“上半年经济运行情况及问题”、“下半年保增长促发展的措施及建议”进行汇报，提出意见和建议。

8月份，我协会及时根据行业形势，以“应对危机、共谋良策，促进首都食品产业快速发展”为题召开理事大会。“用科学发展观，总结工作，研究任务；分析国际金融危机影响，动员各方力量，谋划发展措施，积极应对挑战，促进北京食品产业又好又快发展”。会上，周以秋常务副会长对上半年北京食品行业的形势进行了针对性分析；孙杰会长代表协会部署了积极应对金融危机的任务；北京三元食品股份有限公司进行了经验介绍。大会还邀请到北京市副市长苟仲文出席，并为行业作了重要指示，号召北京食品行业积极行动起来，应对危机、共谋良策，促进首都食品产业快速发展。

11月份，在市经信委召开的“北京食品行业培训班”上，周以秋常务副会长又一次对上半年北京食品行业的形势进行了针对性分析，呼吁谋划发展措施，积极应对挑战。

12月份，我协会联合北京食品学会、《食品工业科技》杂志社共同举办了“科技与食品工业振兴”——2009北京论坛活动。邀请行业内领导、专家学者、企业家共登论坛，各抒科技创新谋略，展示科技成果，加强业内交流，探讨食品科技与食品工业振兴，探讨应对措施，扩内需、调结构、保增长、促发展。

是年，我协会还积极参与了市经信委“振兴食品产业”规划的研究制定工作。在应对国际金融危机，协助政府、帮扶企业中，我协会尽职尽责，充分发挥了应有作用。

二、以促进产业发展为目标，积极推进品牌和诚信建设

2009年，我协会认真贯彻北京市加强北京工业品牌建设的措施，坚持传承创新、拓宽新的思路，继续推进名牌发展战略的实施，促进产业发展。

（一）完成“中国食品工业协会科学技术奖”审核推选工作。在第四届中国食品工业协会科学技术奖授奖大会，我市有多个项目获奖。中国肉类食品综合研究中心《利用畜骨开发功能性食品配料及应用》、北京三元食品股份有限公司《膜技术在乳制品中的研究与应用》、北京燕京啤酒股份有限公司《啤酒大麦／麦芽质量与安全评价体系的研究》荣获中国食品工业协会科学技术奖一等奖；北京王致和食品集团公司《腐乳白胚生产工艺及设备自动化项目》、北京顺鑫农业股份有限公司鹏程食品分公司《调理猪肉制品工业化生产的工艺化研究》等5项目荣获二等奖；北京红星股份有限公司《红星千尊系列白酒研发和应用》等4项目荣获全国食品行业科技进步优秀奖；北京三元食品股份有限公司、北京顺鑫农业股份有限公司鹏程食品分公司、北京王致和食品集团公司、中国全聚德（集团）股份有限公司、北京龙菲业食品有限公司荣获全国食品行业科技进步优秀企业；华都肉鸡公司佘峰、三元食品公司陈历俊、京粮集团周青、顺鑫农业杨文科、刘尔卓、龙菲业赵全明、御食园曹振兴等荣获全国食品行业先进科技带头

人和先进工作者。

（二）参加了北京旅游商品设计大赛。经协会组织推荐，红星酿酒、龙徽葡萄酒等2件作品荣获北京旅游商品设计比赛大赛奖。

（三）继续组织企业参与设计示范项目。推荐北京绿得食品有限公司参加了企业设计对接示范工程项目。该项目被受理，企业已享受到政府8万元的补贴。

（四）北京5家企业被评价为AAA级信用企业。在中国食品工业协会指导下，我协会开展行业评价工作并取得一定成效。2009年，北京5家企业被评价为AAA级信用企业：北京吴裕泰茶叶股份有限公司、北京张一元茶叶有限责任公司、北京龙菲业食品有限公司、北京红螺食品有限公司和北京红星股份有限公司。通过以上工作的全面开展和推进，有效促进了企业品牌影响力的扩大和企业信用的提高。

三、发挥服务作用，展示首都食品产业发展的新形象

2009年，我协会充分发挥服务作用，在市经信委的大力支持下，在各参展企业的大力支持下，成功参与了中国（宁波）食品博览会，积极开拓市场，充分展示首都食品产业发展的新形象，达到了较好效果，得到中国（宁波）食博会组委会的高度评价。

参加本届中国食品博览会的北京企业30家，参展人员共60余人，参展摊位20个。展示产品有：粮、油、面、乳制品、果汁饮料、蛋白饮料、糕点、饼干、蜂产品、啤酒、白酒、调味品、肉制品、禽类产品、果脯等近300多种展示产品。北京展团参展展示产品中品牌产品多，其中中国名牌8个（“燕京”啤酒；“汇源”饮料；“华都”肉鸡系列产品；“金狮”酱油；“龙门”醋；“古船”面粉；“三元”乳制品；“三禾”焙烤食品）；中国驰名商标6个；中华老字号产品12个系列；北京名牌18个系列；北京著名商标：12个系列；全国食品龙头企业24个。北京展团以“北京特色、市场影响力”为推广主题，各参展企业积极准备，精心组织了300多种产品展示，并呈现名牌产品多，老字号产品多的特点。开幕第一天展台就被观众围的水泄不通，带来的产品基本售完，有的企业不得不将带来的展品出售。来晚的观众不停的询问还能在哪里买到我们的产品。宁波市民对北京传统产品很感兴趣，比如北京烤鸭、北京果脯更是受到消费者的追崇。对北京老布特无糖健康食品极感兴趣，所带产品在展会期间，就被新签约的经销商全部买断。30家企业参展产品销售一空，销售额近60万元，北京产品成为宁波消费者抢购的热门产品。通过展会还达成合作意向近20个。北京展台由于出色的工作，受到了展会的表彰，荣获中国食品博览会最佳组织奖。期间，还举行京甬经贸合作洽谈会，有近百名京甬产业界、商界人士出席。市经信委李志处长就北京食品产业特点、促进食品产业发展的政策措施、北京食品产业的发展机遇及扩大合作等内容作了宣传推介主旨演讲，进行宣传推介。双方参会企业十分珍惜这个商务交流的机会，纷纷表达进一步加强合作的意向。二商集团、红星酿酒、老布特无糖食品、百花蜂产品、美丹食品等参展单位积极发言，介绍企业和产品，愿与宁波商界合作洽谈，共同发展。宁波商界的沃尔玛、家乐福、新一佳、农工商、欧尚等商业企业的代表对北京产品给予了很高的评价，对有意进入宁波市场给出了很好的建议。洽谈会时间不长，但活动内容丰富。通过交流洽谈，加深了相互了解，达到了沟通、合作、共赢，为开展经贸合作打下了良好的基础。

四、强化食品安全意识，积极履行社会责任

2009年4月，我协会与北京食品学会联合主办了“第二届国际食品安全高峰论坛”。共有32个国家和地区的700余名代表参加。论坛以“科技与信息同步，法律与责任同行”为主题，围绕“田头到餐桌”所有环节的食品安全问题尽心研讨。60余家会员企业派代表参会。大会向全国同行发出了《强化企业责任，保障食品安全》承诺倡议书，“倡议”得到了北京食品企业届和来自全国各地参会食品企业的热烈响应。

8月份，我协会承办了“重温奥运辉煌，共享食品安全”——奥运食品安全成就展暨奥运食品展示推介活动。展示推介活动的目的是充分宣传科技奥运理念在奥运食品安全保障工作中的运用，加深社会各界对食品安全工作的了解。展会期间将以图文并茂的形式宣传党中央、国务院对北京奥运食品安全工作的重视和支持，市委、市政府以奥运为契机全面提升首都食品安全控制水平的各项措施、成效。向社会各界展示奥运食品安全供应和保障工作中所采用的多种设备和系统，其中包括食品中有毒有害物质快速检测箱、奥运食品监控系统、食品安全追溯系统等高科技成果。并向社会各界宣传奥运食品的种植、养殖、生产加工过程，展现监管部门广大干部和供奥食品企业为确保奥运食品安全所开展的“从农田到餐桌”全过程监控工作。本次活动精心挑选了50家供奥食品企业，这些企业里既有奥运会赞助商、供应商，还有北京的老字号和行业龙头企业，也有外地的优秀食品企业。现场向市民销售供奥食品，品种涉及肉类、蔬菜、鸡蛋、调味品、米面、糕点、食用油、乳制品和水果等300多个品种。此次推介活动还将组织媒体和消费者代表一起走进供奥食品企业，对企业进行零距

离接触，现场了解企业的生产过程，产品质量控制措施，突出奥运食品供应企业的品牌培育和建设发展，为安全食品品牌及其生产企业树立形象，扩大行业影响力，提高全社会的食品安全意识，倡导科学消费理念，向广大群众宣传科学消费知识，树立消费信心。

11月份，我协会与市妇联、市食品安全办公室共同主办了“2009儿童食品安全（北京）高峰论坛”。论坛上北京三元食品企业、北京义利面包企业等数十家企业签署了“绿叶行动北京宣言”，呼吁全社会关注儿童食品安全，呵护儿童健康成长。

五、搞好跟踪调查，促进节能降耗工作

2009年，我协会积极贯彻落实国家节能减排政策，促进行业节能降耗工作。重点工作是对《北京工业能耗水耗指导指标》（第二批）执行情况进行了跟踪调查。我协会对食用植物油加工（1331）、糖果巧克力制造（1421）、蜜饯制造（1422）、方便食品制造（1432）、酱油食醋及类似制品制造（1462）等5个小类行业《指导指标》执行情况的跟踪调查工作。经跟踪调查分析，看到食品企业重视能源管理工作，积极采取各项措施节能降耗，使企业的万元产值能耗、水耗总体成逐年下降趋势，同时，针对调查中反映的情况，积极督促企业加强管理，加强行业节能降耗工作。并向主管部门提出建议，“加大宣传，抓好指标的落实力度”、“加强引导，落实节能降耗的责任”、“加强管理，提高企业的市场竞争力”，以有效推进节能降耗工作的落实。

六、加强技能培训，适应产业发展新需求

2009年，为适应食品产业发展需要，我协会积极组织行业培训，促进行业人员素质和能力的提高，重点抓了两个方面的培训。

（一）组织了食品检验工竞赛培训。北京红星股份有限公司、北京稻香村食品有限责任公司、北京汇源饮料食品集团公司等10余家企业的97名职工报名参加了本届竞赛活动。9月份，“第十三届北京市工业职业技能竞赛”总结表彰大会召开。北京红星股份有限公司薛小玉获“北京市（行业）技术能手”称号；北京红星股份有限公司薛小玉、杨连敏、北京稻香村食品有限责任公司沈超、北京御食园食品有限公司王春华获“北京市工业高级技术能手”称号；通过本届竞赛，有3名选手取得国家职业高级技师资格；4名选手取得国家职业技师资格；5名选手取得国家职业高级工资格；12名选手取得国家职业中级工资格。

（二）组织了食品安全法的学习培训。7月份，我协会与北京食品学会共同举办了《学习、贯彻＜食品安全法＞》培训班。来自协会15家会员企业的22名质检人员参加了培训。培训班由国家卫生部监督局徐娇老师主讲。系统解读了《食品安全法》全文，结合企业对重点章节进行了详细讲解，并针对学员提出的各种问题分别进行了解答。通过学习，学员们了解了《食品安全法》所涉及到的规章制度、标准、对企业的要求和各种处罚力度，对实施《食品安全法》需要重点抓好的各项工作，以及在实施过程中可能遇到的问题和相关应对措施等也有了更深的了解和认识。

七、扩大对外交流，共促产业发展

2009年，协会积极参加行业内的各项活动，加强行业交流，共谋产业发展。

（一）积极向中国食品工业协会推荐了中国肉类专家委员会成员，使北京籍专家数量增加，提升了北京在行业中的影响力。

（二）与北京工业经济联合会、北京包装技术协会密切合作，在节能减排、新北京名特优产品展示销售等工作中合作，为政府和企业服务。

（三）加强与区县工业局的联系，寻求与区县主管部门的合作，今年积极参与配合平谷开发区赴马来西亚进行招商引资工作。

（四）积极参与支持会员企业的活动，加强与会员企业的联系，及时了解企业和行业需求。一年来，我协会还多次组织会员企业赴境外进行经贸考察活动，加强国际交流，学习先进技术，拓展合作领域，大力促进了首都食品产业的发展。

八、加强自身建设，提高服务水平

2009年，我协会努力办好会刊《北京食品信息》杂志，扩大对外宣传，促进会员内部交流，全年出版《北京食品信息》12期，有“政策法规”、“经济态势”、“专题报道”、“市场观察”、“食品安全”、“数据分析”、“行业动态”、“品牌意识”、“经营管理”、“协会服务”十多个固定和临时栏目，共计72万字。面对全球金融危机，还加设了“应对危机”专栏，刊发企业和专家处理危机的经验和建议，我协会还发挥服务作用，加大对食品行业经济运行情况的统计，对企业积极应对金融危机情况进行了解，及时向政府主管部门汇报，为政府部门了解情况，进行决策提供科学依据。

天津市

天津市食品工业协会　廉长和

2009 年，天津市食品工业规模以上食品企业完成工业总产值 715 亿元，同比增长 18.4%；销售收入 700 亿元，同比增长 17.3%；工业增加值 175 亿元，同比增长 17.4%；利税合计 60 亿元，同比增长 20%。其中：农副食品加工业增长 19.5%，食品制造业增长 11.3%，烟草增长 17.3%。

2009 年，天津市食品工业三资企业完成工业总产值 363.6 万元，同比增长 6%；销售收入 341.8 万元，同比降低 4.6%；利税合计 313.4 万元，同比增长 9.3%。

2009 年，天津市食品工业固定资产投入大幅增加，全市老企业改造加快，新建企业和项目增势迅猛，大项目、好项目频频开工，不少项目创造了全国之最。全年新投项目预计 150 亿元，比 2008 年增长 1 倍。

如中粮集团（天津）的粮油综合基地和生猪生态养殖基地项目、利达粮食现代物流中心项目、市水产品冷藏加工物流基地项目、亚亿实业公司的羊奶项目、东大化工的食品添加剂基地项目、天津宝迪农业科技股份有限公司的食品工业园项目等。

科技创新步伐进一步加快，如天津凯润公司使用隧道发酵生产食用菌技术、大冢饮料公司的粉末装“功能性宝矿力水特”、利金粮油公司取代“明矾”的新型油条用面粉开发、天狮集团与国家级科研机构中国检验检疫科学研究院合作将国内领先的研究成果和检测设备首次引入本市、王朝公司研发出我国第一批高档干化型红葡萄酒达到了国内同行业的领先水平、狗不理集团使熟食在常温下保存 90 天新技术正在申报专利、中粮集团与天津大学科研团队合作建成目前世界上单套规模最大的 20 万吨木薯燃料乙醇生产装置等。品牌战略稳步推进，王朝葡萄酒有限公司与法国最大的葡萄酒生产商和出口商吉赛福酒业集团签订独家销售代理协议，吉赛福集团也在国际上积极推广王朝产品，提高王朝在全球的知名度。华润雪花啤酒（天津）有限公司年产 40 万吨啤酒生产线保持稳定生产，品牌效应进一步扩大。狗不理、桂发祥公司充分发挥品牌优势，积极创新发展思路，使传统小吃发展成现代化大型企业。

2009 年食品工业 50 强企业带动作用明显，2009 年全行业 50 强企业完成销售收入 513 亿元，占全市规模以上食品企业的 73.29%，实现利税 53 亿元，占全市规模以上食品企业的 88.3%。天津天狮集团有限公司和嘉里粮油（天津）有限公司实现销售收入都在 40 亿元以上。50 强企业的带动作用表现在“四个突出”，即：经营规模突出；行业拉动作用突出；滨海新区大食品企业聚集效应突出，尤其是油脂加工已形成聚集产业群；致力开拓国际市场效果突出。

截止到 2009 年我市食品工业累计拥有中国驰名商标 5 件，占全市 36 件的 13.9%，“津牌”津酒已通过司法认定为中国驰名商标；拥有市著名商标 91 件，占全市 491 件的 18.5%。累计拥有中国名牌产品 5 个，占全市 25 个的 20%；市名牌产品 36 个，占全市 242 个的 15%。按照商务部振兴老字号工程的有关要求，天津长芦海晶集团有限公司等 63 家企业被认定为我市首批“津门老字号”。

河北省

河北省食品工业协会　吴龙妹

【概 况】

2009 年河北省入统食品工业完成工业增加值 467.70 月亿元，同比增长 9.0%；完成工业总产值 1786.76 亿元，同比增长 7.27%；主营业务收入 1743.83 亿元，同比增长 8.66%；实现利税 197.37 亿元，同比增长 18.33%；利润总额 101.63 亿元，同比增长 20.23%；资产总值达到 926.54 亿元；新产品产值达到 7.22 亿元，同比增长 87.7%；出口交货值 46.54 亿元，同比增长 15.56%；食品生产企业达 1137 家，从业人员达 203022 人。

主要产品产量：碳酸饮料：5.43 万吨；罐头：12.88 万吨；饼干：9.80 万吨；鲜、冷藏冻肉：38.47 万吨；糖果：3.68 万吨；小麦粉：740.66 万吨；白酒：23.45 万吨；啤酒：111.58万千升；葡萄酒：11.35万千升；酱油：6.49万吨；软饮料：139.16万吨；发酵酒精：（折96度，商品量）10.32万千升；乳制品：196.63万吨；方便面：57.65万吨；味精：17.45万吨；果汁及蔬菜汁饮料：46.94万吨；冷冻饮品：5.73万吨；精制食用植物油：102.21万吨；大米：61.19万吨；糕点：1.61万吨；成品糖：3.66万吨；卷烟：742.50亿支。

【食品工业大事纪】

参加食品安全法的宣传工作。2009年，食品安全法正式出台实施。按照河北省食品安全监管协调领导小组《食品安全法》宣传月现场宣传活动工作安排，4月25日，省食协参加了《食品安全法》现场宣传咨询活动。省食协为搞好这次宣传活动，赶印了《食品安全法》中对行业协会的要求、协会工作职责以及河北省食品行业诚信道德宣言等宣传材料。在活动现场，省食协的宣传展位受到省政府领导和省食品安全监管协调领导小组的关注。副省长孙士彬在省食协的宣传展台前，语重心长对工作人员说："你们是主力军"，话语中饱含着对省食协积极参与食品安全工作并发挥作用的期待和厚望。此次宣传活动，省食协工作人员在现场共发放《食品安全法》文本、食品安全知识问答上千份，接待群众咨询200多人次。

开展食品行业自律活动。结合打造食品安全省的有关要求，我们制定了自律活动实施方案。活动贯穿全年，共分为四个阶段。2月至3月为学习阶段。要求食品企业管理人员和全体员工都要认真学习《中华人民共和国产品质量法》、《中华人民共和国食品卫生法》、《中华人民共和国商标法》、《国务院关于加强食品等产品安全监督管理的特别规定》等法律法规和有关规定，提高对进行自查自纠、增强诚信道德观念、开展行业自律活动的认识；4月至6月为自查自纠阶段。本阶段是在在认真学习的基础上，查找本企业在生产经营特别是在食品质量安全和诚信道德建设中存在的问题，制定整改措施并实施。7月至10月为省食协抽查阶段，省食协将针对重点品种、重点区域、重点企业，分期分批进行重点抽查。对问题突出而又整改不力的企业通过新闻媒体等予以曝光批评，并建议有关部门对产品、企业及有关责任人进行依法查处；11月至12月为总结阶段。通过活动，食品生产企业提高了食品质量安全意识，把对产品原料的管理作为食品生产的第一车间，强化了食品生产的每个环节，企业管理水平得到提高。

一、抓好食品安全师培训，强化食品安全管理

针对我省多数食品企业食品安全专职管理人员薄弱的现状，我们组织了食品安全师培训。全年共有30多人通过考核，拿到了食品安全师资格证书。通过食品安全师的资质考核，使企业管理人员将学以致用，监督自己企业的食品安全关键控制环节，有效提高企业自律水平。

二、为企业排忧解难

积极帮助乳制品企业解决奶粉积压难题。今年4月，省食协在调研中发现，我省乳制品企业在政府的帮助下，正在一步步摆脱奶粉事件带来的不利影响，整体行业呈现逐月"向暖"的发展趋势。但我省乳制品行业因销路不畅致使积压奶粉量增大。积压奶粉成为奶粉事件的"次生灾害"之一，是悬在乳制品企业上游的"堰塞湖"，如得不到妥善分流泄洪，势必给我省乳业带来新一轮打击。为此，省食协紧急撰写了《关于帮助乳制品行业处置积压奶粉的建议》的调研报告。在省政府多位领导的关注下，省发改委、省财政厅、省工信厅联合下发《关于解决我省乳制品企业奶粉积压问题的意见》。今年8月，在省有关部门的帮助下，我省两家企业进入国家奶粉收储计划名单并享受了相关补贴。

多渠道向政府反映我省玉米深加工行业面临的问题。国家于2009年5月将出台仅限于东北三省玉米深加工行业的扶持政策，对河北省玉米加工企业的生产影响很大，省食协撰写了《关于恳请省政府向国家有关部门为我省淀粉行业争取政策扶持的报告》呈报省政府，关于争取玉米的有关扶持政策得到省政府的大力支持。为缓解我省玉米深加工行业缺粮问题，报经省政府同意，省发改委、财政厅、粮食局将我省临储12万吨玉米定向销售给经省食协确定的玉米深加工企业。

三、建立行业创新机制，促进企业技术进步

2009年，河北省食协积极组织企业申报第四届中国食品工业科学技术奖。通过申报、专家评审、国家食协认定，河北衡水老白干酿酒集团有限公司的"十八酒坊"酒生产工艺研究与创新、邯郸丛台酒业股份有限公司的冀派浓香型白酒工艺技术创新及应用获得中国食品工业协会科学技术一等奖；邯郸市宜维尔食品有限公司的核桃精深加工技术研究、河北晶品果业有限公司的核桃深加工工程获得二等奖。

同时，省食协按照国家科技部关于"社会力量设奖"的有关规定，向河北省科技厅进行申请在河北省食品行业内设科技奖活动，旨在推进食品行业的科技创新工作，提升食品行业整体水平。该申请经过科技厅的审查、批准，为河北省食协颁发了设奖的资质证书。

四、培育名牌

坚持质量兴企、名牌兴业的发展思路，积极参与行业名牌产品和著名商标的培育、评审工作。2009年，河北省食协对符合参评条件的产品、企业向河北省名牌战略促进委员会做了积极申报，共有30个产品获得河北名牌产品称

号、38个产品获得省优质产品称号，10家企业获得省质量效益型企业的荣誉称号。同时，协会还向河北省工商局推荐了22个著名商标。

五、制定河北省地方标准

积极参与产品标准制定工作。通过行业调查，向河北省质量技术监督局申报了8个制定河北省地方标准的项目。2009年省质监局向河北省食协下达了《饮用天然泉水》河北省地方标准的制定任务。项目于2010年6月完成。

六、为企业搭建市场服务平台

今年5月，第七届中国（漯河）食品博览会在河南省漯河市隆重举行。河北省食协组织的参展团取得了较好成效。承德乐野食品有限公司、河北衡水老白干酒业有限公司、河北富岗食品有限公司等企业与60家客商达成销售协议300多万元。

七、搭建信息平台，实现行业内外互动交流

受政府部门的委托，河北省食协每月为省政府提供食品行业经济运行情况；每季参加河北省工业经济联合会组织的工业经济运行信息发布会。

充分利用河北食品网和《河北省食品行业信息》的舆论阵地，积极宣传贯彻党和国家、省委省政府针对产业出台的指导方针和政策。

8月，河北省食协在秦皇岛举办了“河北省食品行业抓食品安全促发展论坛会，会上邀请我省知名食品安全专家就“三鹿奶粉事件”产生的原因及对事件的处理过程进行了深入解读，并就《食品安全法》几大亮点进行了详细阐述，与会代表收益非浅。

八、深入调查研究，为政府建言献策

河北省食协立足自身优势，针对我省食品工业发展中的重点、难点问题，多次组织专门力量深入调研，先后向省政府撰写了三篇调研报告。

针对我省食品工业与“发展强省”、“发展快省”的对标调研。就我省食品工业总量不大、后劲不足等问题，专门就河南与吉林经验进行了对标调研，该报告针对我省食品工业发展“弱于河南而又慢于吉林”的现实，从多方面与河南、吉林进行了对标，找出了造成我省食品工业差距的原因，提出了有关建议。该报告受到省领导的重视，并批示要很好的研究，食品工业的发展。

九、针对我省食品安全状况的调研

河北省食品安全状况虽然历经多次整顿治理，有了很大改善，但仍然存在许多问题。如果其中有些问题得不到有关部门的重视，没有必要的应对措施，它日或许就是再次引发重大食品安全事故的隐患。为此河北省食协撰写了《关于当前我省食品安全状况的调查报告》呈报省政府。得到省领导的关注，并做了批示。

我省食品产业集群发展状况的调研。食品产业集群是构建我省食品产业现代体系的重要组成部分。但我们今年在调研中发现，这些依托当地农业资源发展起来的食品产业集群，正在面临着全面升级的挑战，诸多问题急需解决。为此，省食协形成了《关于我省食品产业集群的现状、问题及建议》一文，上报给了有关部门。

争创先进行业协会。根据河北省民政厅、河北省发改委、河北省工经联的关于对全省工业经济类行业协会进行综合评价的要求，省食协分别从制度建设、组织建设、业务建设等9个方面进行了自我综合评价。经过政府部门、行业协会综合评估办公室评审、实地考察评审等评审程序，我协会被评为5A级行业协会。

山西省

山西省食品工业办公室　张燕萍

【概 况】

2009年是我省积极应对国际金融危机影响，全力推进经济社会实现“转型发展、安全发展、和谐发展”的重要一年，也是受国际金融危机影响后开始复苏的一年，全年食品工业发展呈平稳上升态势。

2009年全省规模以上食品工业企业296个，比上年增加6个；全省主营业务收入279.22亿元，比上年同期上涨10.49%；利润总额16.34亿元，比上年同期上涨18.13%；利税总额42.89亿元，比上年同期上涨14.97%。

2009年我省食品工业四大行业经济运行情况良好，恢复了全面上升的局势：

农副食品加工业主营业务收127.45亿元，比上年同期上涨28.80%，利润总额4.14亿元，比上年同期上涨53.65%，利税总额5.56亿元，比上年同期上涨40.15%；

食品制造业主营业务收入52.27亿元，比上年同期上涨2.37%，利润总额2.39亿元，比上年同期上涨14.18%，利税总额4.01亿元，比上年同期上涨12.94%；

饮料制造业主营业务收入76.02亿元，比上年同期上涨4.09%，利润总额7.83亿元，比上年同期上涨57.18%，利税总额18.89亿元，比上年同期上涨36.37%；

烟草制造业主营业务收入23.48亿元，比上年同期上涨14.61%，利润总额1.98亿元，比上年同期上涨0.85%，利税总额14.43亿元，比上年同期上涨15.67%。

【2009年大事纪】

1月11日，王君省长在山西省第十一届人民代表大会第二次会议上所做的《政府工作报告》中明确提出：要突出抓好工业结构调整，要重点推进"四个一批"的工作。其中，要下气力培育发展一批新型产业，即：新型装备制造业、现代煤化工业、新型材料工业和食品工业等新型产业和高新技术产业，推动支柱产业多元化。在当前金融危机给我省以能源、原材料为主要的工业带来较大影响的形势下，抢抓机遇，积极应对，把食品工业培育发展为我省新的支柱产业，成为本届政府工作报告的一个新亮点。

我省食品工业正处于从比较优势产业向竞争优势产业、从内向型产业向外向型产业、从传统产业向创新型产业转变的重要历史时期。全省工业结构的战略转型，对食品工业进行了新的定位，为全省食品工业实现突破发展注入了强大动力，也使食品工业战线的全体职工增加了保增长，促发展的信心。同时，政府报告的明确导向，吸引了社会资金、特别是煤炭企业转产资金投向食品工业，也吸引了国内外财团来我省参股、投资食品工业。

按照中国与新加坡政府正式签署的《中华人民共和国政府和新加坡共和国政府自由贸易协定》。新方于2009年1月1日起全面启动降税计划，取消自华进口的全部产品关税，2009年元月，山西省出入境检验检疫局签发了第一份中国——新加坡自由贸易区优惠性原产地证书；山西省生产的汾酒，出口新加坡将享受零关税待遇。

1月7日，山西省食品安全快速检测车发车仪式在太原南宫广场举行。由省政府拨款495万元集中采购的11辆食品安全快速检测车配发到全省11个市。今后，这个流动"实验室"可随时在现场快速检测食品质量，10分钟检出农药残留量，并可检测上千种食品。快速检测车流动性强，检测速度快，提高了打击假冒伪劣食品的力度，加强了全省食品质量安全保障。

1月14日和3月4日，2008年底，国务院九部门联合开展全国打击违法添加非食用物质和滥用食品添加剂专项整治工作，省政府对该项工作高度重视，成立了由副省长张建欣为组长的《山西省打击违法添加非食用物质和滥用食品添加剂专项整治领导组》。由责任部门分市包干督察该项工作。省经委就该项工作成立了以王克建副主任为组长的督察领导组，并于2009年元月14～15日、3月4～5日率省食品办有关人员对吕梁市的"专项整治"工作进行了督察。

3月11日和28日，分别在太原和北京召开了《山西省食品产业调整和振兴规划》座谈会。会议分别邀请了国家工信部、消费品工业司、中国食品工业协会等部门负责同志、全国知名食品工业专家和省发改委、轻工行办、食品行业专家以及包括汾酒集团、粟海集团、水塔老陈醋集团、厦普赛尔集团等在内15家龙头食品企业负责人参加会议。参会代表对《山西省食品产业调整和振兴规划》给予充分悬定的同时，也从不同领域提了许多很好建议。

《山西省食品产业调整和振兴规划》的主要任务是：

1. 做大做强三大传统食品产业
2. 做精做细五大特色食品产业
3. 培育壮大三大现代食品产业
4. 培育龙头企业，提高竞争能力
5. 加强技术改造，促进产业升级
6. 加大营销力度，开拓食品市场
7. 完善食品标准，构建安全体系
8. 创建网络平台，强化行业服务

4月初，山西粮油集团有限责任公司与北京古船食品有限公司正式建立合作关系，落实省委、省政府提出的"放心粮油"工程，全力打造我省的"放心面粉"。

北京古船食品有限公司是我国著名的食品企业，具有一流的生产设备、生产工艺和管理水平，品牌优势突出，旗下山西古船食品有限公司坐落我省榆次工业园区，日处理小麦500吨，其生产能力和科研水平在国内同行属领先水平。山西粮油集团有限责任公司是我省最大的粮油企业，具有庞大的储备基础和成熟的销售网络系统，其下属的鸣李储备库是我省最大的储备库，仓储量1.65亿公斤。这次合作主要依托鸣李储备库和山西古船食品有限公司，前者保证优质小麦粉供应，后者负责生产，销售工作由山西粮油集团有限责任公司和山西古船食品有限公司共同开发。山西粮油集团有限责任公司鸣李储备库主任姜三星介绍，合作双方已经注册了新的品牌"佳家储"，属于"古船"品牌的子品牌。

4月2日，芦笋是我省重点出口农产品，2009年国际市场需求持续低迷，为帮助省内芦笋企业谋求发展，加快转变经济发展方式，促进经济发展由依靠出口向依靠消费、开拓国内市场拉动转变。4月2日，由省商务厅主办召开了芦笋生产企业与省内大型酒店产销合作对接会。

本次对接会上，省内10家芦笋生产企业与山西大酒店、大同宾馆、迎泽宾馆、国贸大酒店、康庄生态园、山西会馆、江南等我省众多餐饮企业签订了芦笋产销对接合作协议，芦笋生产企业和餐饮企业联手托市，应对金融危机的冲击，很大程度上缓解了芦笋生产企业出口压力，对拉动内需，促进经济增长起到了积极作用。

4月14日，省粮食局确定，今年我省“放心粮油”工程建设的主要任务为，新建1000家高标准“放心粮油”示范店，力争使“放心粮油”工程网络覆盖人口达到全省总人口一半以上。

今年，我省在每个市建设1个区域性放心粮油配送中心，在40个县结合当地交通、仓储、加工等资源和辐射区域，建设1个县级放心粮油配送中心。放心粮油店可以新建，也可以充分利用社会资源。采取连锁、加盟（特许）等方式，吸纳商业门店、粮油经营店（户）、农村个体商铺等。

4月24日，中国食品工业协会发布2008年度中国食品工业百强企业和重点行业十强企业名单，山西杏花村汾酒集团有限责任公司入围中国食品工业百强企业和白酒行业十强企业；山西水塔老陈醋股份有限公司入围酿醋行业十强企业。

5月13日，在太原晋祠宾馆召开了全省工业振兴大会，《山西省食品产业调整和振兴规划》以山西省人民政府晋政发［2009］16号文件正式发布。规划目标：

1. 产业总量明显增长。到2011年，全省规模以上食品企业销售收入达到450亿元以上。

2. 企业实力明显增强。到2011年，销售收入50亿元以上的企业1户，30亿元以上的企业2户，10亿元以上的企业15户，亿元以上的企业达百户以上。

3. 品牌建设取得成效。到2011年，全省食品产业中国驰名商标由目前的6个增加到10个，名牌产品由目前的10个增加到15个。

4. 创新能力明显提高。到2011年，全省食品产业技术进步贡献率达到40%左右，重点领域的关键技术达到国内先进水平，初步建立食品产业科技创新体系。

5. 安全体系基本健全。到2011年，基本建立起符合国家食品安全体系要求的食品标准体系、食品安全法规体系、控制技术和检测技术体系、食品安全认证体系、风险监测和风险评估体系，以及比较健全的市场信用体系和食品安全信息体系。

6月2日，在省质监局举办的“山西老陈醋”专用标志使用新闻发布会上，相关负责人向媒体宣布，自即日起，我省9家老陈醋生产企业纳入国家地理标志产品包含的范畴。至此，我省共有17家醋企纳入国家地理标志保护产品。

此次专用标志的使用，将促使企业必须严格按照山西老陈醋的标准组织生产，未经核准的企业不得生产山西老陈醋。“山西老陈醋”选料考究—必须使用产地为太原盆地、忻定盆地的优质高粱；用料严谨—大曲用量必须达到40%以上；工艺复杂—必须“蒸、酵、熏、淋、晒”；生产周期长—陈酿时间必须在一年以上。山西老陈醋地理标志保护为我省提供了一个“地理标志+龙头企业+农户”的新型经营模式，提高了农产品市场化组织能力，提高标志使用单位产品的市场竞争力，促进和保护山西老陈醋市场。

6月3日，省工商局在第三届山西品牌节暨中国驰名商标、山西省著名商标新闻发布会上，为我省2009年新获得的7个中国驰名商标进行了颁牌，其中获得食品类中国驰名商标的是太原六味斋实业有限公司的“六味斋”商标和山西老陈醋集团有限公司的“东湖”商标。

6月11日，山西省国家级非物质文化遗产老陈醋酿制技艺高层论坛在太原晋祠宾馆举行。由山西老陈醋集团有限公司申报的“美和居老陈醋酿造技艺”入选国家级“非遗”，标志着美和居老陈醋酿造技艺得到了国家的肯定，为山西老陈醋再铸辉煌书写了新的一页。

论坛围绕“传承保护国家级非物质文化遗产，推进中华酿醋业快速发展”的主题，国家“非遗”保护专家就“美和居老陈醋酿造技艺”对山西老陈醋的影响和贡献进行了充分的论述和肯定。

山西省有关部门领导认为，“美和居老陈醋酿造技艺”入选国家级“非遗”，将为拓宽山西老陈醋国内外市场及引领山西醋业发展产生积极的影响。

6月18日～20日，由中食协马铃薯食品专业委员会主办、山西省食协协办，山西兰顿旭美食品有限公司承办的全国马铃薯食品专业委员会一届四次年会在太原银龙大厦召开。会上国家发改委农经司方言司长作了“我国马铃薯产业发展现状和趋势”的报告，中食协王微副秘书长作了“马铃薯食品专业委员会2008年度工作报告和2009年度工作计划”报告。各会员单位交流了企业发展近况，研讨今后马铃薯产业发展方向，提出产业政策要求。会议还增选了常务理事、理事、会员单位等相关事宜工作。我省有相关产业企业7家参会，两家企业入专业委员会。

2009年6月，为了全面落实科学发展观，促进我省转型发展、安全发展、和谐发展，实现“品牌兴省”的战略目标，依据《山西省“十一五”商标发展规划》和《山西省著名商标认定和保护办法》，在企业自愿申报、社会推荐、书面审查、实地考察和征询有关部门及专家意见的基础上经山西省工商行政管理局审定，食品行业有100件食品产品注册商标被认定为山西省著名商标，其中新认定 62 件，重新认定38件。

古城乳业作为我省首席乳品行业的龙头企业，在三晋大地上一直占据着半壁江山，是全国十大乳制品集团之一。2009年6月，山西古城乳业集团新一届董事会成立。与外方合资后的古城乳业下一步将投资亿元，重新打造我省乳品行业的龙头”。投资方案，新增七大生产项目即：3000吨乳清粉项目、1万吨婴幼儿配方项目、3万吨学生奶粉项目、5万吨生物奶项目、1万吨干酪项目，古城乳业集团争取2011年上市，真正使山西品牌从雁门关走向全国 .

7月4日～5日，中共中央政治局常委、国务院总理温家宝到山西考察。温总理在山西老陈醋集团公司仔细察看了东湖老陈醋的传统酿造工艺过程、并亲自品尝了陈酿醋。温总理特别指出：老陈醋等传统产业应该说竞争比较激烈，食品最重要的就是质量。山西的东湖老陈醋和杏花村汾酒、竹叶青等传统食品工业，千万要把安全和质量放在第一位。企业要想可持续，能站得住，就得讲诚信、质量好，闯市场靠的是真本事。

考察期间。温总理还指出，巩固和发展当前经济企稳回升的好形势，必须统一认识，坚定信心、狠抓落实、保持宏观经济政策的连续性和稳定性，推进结构调整、培育新的经济增长点，提高经济增长质量和效益，保障和改善民生，实现经济平稳较快发展。

山西省食药监局今年做出新举措，为有效净化和规范药品和保健食品广告的行为，确保消费者利益，山西省食品药品监督管理部门采取有力措施，严厉打击违法药品和保键食品广告。在加强药品、保健食品广告的检测工作中，除日常监管外，加大对广播、电视等媒体广告的检测；进一步规范违法药品、保健食品广告的填写上报工作；继续在全省范围内对违法广告情节严重的药品和保健食品采取行政强制措施，各市食品药品监管局特别要对辖区内群众反映强烈、投诉集中、情节严重的违法广告药品和保健食品积极采取行政强制措施，并要求相关经营企业对停售的品种及违法原因在门店醒目位置进行张贴公示。另外，严厉打击欺骗和误导消费者的虚假违法广告。

9月6日～8日，第四届“中国食品工业协会科学技术奖”授奖大会暨第七届全国食品工业科技进步工作会议在山东省荣城市召开。经各专家组审评，中国食品工业协会审定，本届科学技术奖最终评选出一等奖六项20小项目；二等奖六项31小项目。

1. 山西世龙食品有限公司宋天雷、李忠林、徐枫完成的《“世龙”牌上党腊驴肉系列产品开发》获乳、肉、蛋制品开发、安全生产及综合利用新技术研究与应用项目二等奖。

2. 山西杏花村汾酒集团有限责任公司杜小威、雷郑河、翟旭龙、赵景龙、王俊刚、张学功、王 海、张桂仙、李少峰、郭 辉、吴云峰、李向东、史静霞、李淑琴、王京完成的《汾酒勾贮优化管理系统》获白酒生产、勾贮新技术研究与应用项目二等奖。

3. 蓝顿旭美食品有限公司获食品工业科技进步优秀企业。

4. 山西世龙食品有限公司宋天雷同志获食品工业科技进步先进科技工作者

10月10日～14日，全国人大常委会副委员长、民建中央主席陈昌智率全国人大常委会食品安全法执法检查组在我省检查。检查组一行深入太原、运城和清徐、新绛等市县的食品生产、经营、餐饮等单位，实地检查法律贯彻执行情况和食品安全现状。陈昌智在检查中指出，各级各部门要充分认识贯彻执行食品安全法的重要性，以科学发展观为指导，坚持以人为本，从实际出发，加强协调配合，进一步探索完善分段监管机制，制定、清理、修订有关地方性法规，继续加强教育培训，增强食品生产经营者的第一责任人意识，加强执法队伍建设，提高执法能力和监管水平，切实解决贯彻执行法律时遇到的困难和问题、保证法律有效实施，让人民群众吃得放心、吃得安全。他强调，要加强法律的学习宣传，切实加强食品安全工作，进一步完善食品安全监管机制，确保法律有效实施、维护人民群众切身利益。

10月20日～26日，由农业部、省政府、中国国际贸易促进委员会联合主办的中国（山西）特色农产品交易博览会在太原成功举办。这次农博会不仅充分展示了山西省近年来大力发展特色农产品取得的丰硕成果，更为国内外商家搭建起投资合作、贸易交流和拓展市场的广阔平台。短短七天时间，展会取得了丰硕成果，招商引资项目签约总金额262.9亿元，贸易签约总金额242.2亿元。展会期间，观展观众达22万人次，参展、参会企业1400多家，涉及23个省、自治区、直辖市和14个国家和地区；参展商品数量超过1万多个，展品90%为农产品和食品产品，主要涉及畜产品、小杂粮、干果、水果、蔬菜、食用菌、醋、酒、饮料等十多个种类。展会呈现四大特点——客商多 展品多 签约多 游客多。

10月26日，紫林集团年产30万吨食醋产业园及醋文化旅游园林项目正式开工奠基。

紫林醋产业文化园总体定位为：弘扬晋商文化，继承晋醋技艺、发扬醋文化魅力、创新山西食醋产业模式，推进晋醋科学发展，做强做大食醋产业，创建紫林成为国家级农业产业化龙头示范企业、山西煤炭可持续发展产业转型形象代表。园区总投资6.8亿元，项目分两期完成，2011年前完成30万吨食醋生产规模的建设任务，到2012年前形成以现代食醋生产工业园为核心的集醋文化旅游园林、醋立方理疗保健养生中心、食醋生产技术培训中心、食醋工程技术中心、醋理疗保健研究所为发展格局的现代化、规模化食品生产示范园区。项目将引领山西醋业科技进步，综合利用资源，实现当地优势产业链形成。项目建成后，园区年产值实现12亿元，利税3.8亿元。

10月，我省和北京市农业部门负责人在迎泽宾馆共同签订农产品产销合作框架协议：在今后的3年内，我省将规划建设一批稳定供应北京的农产品生产基地，而北京将协调组织相关企业到我省投资农畜产业，并制定相应优惠政策。

根据合作框架协议：我省与北京将以农畜产品基地建设、产销合作、技术经济合作等为主要合作内容，力争达到“资源共享、优势互补、互惠互利、共同发展的目标。同时，我省将规划建设一批稳定供应北京的优质奶、羊肉、猪肉和禽蛋、杂粮、蔬菜生产基地，北京市要把我省列为首都农产品重要供应基地，协调组织相关企业到我省投资农畜产业，共同推进农产品生产基地建设。双方还将制定优惠政策，开展农产品产销、技术、经济方面的合作。

11月7日，“2009醋与健康国际高峰论坛”于在京举行。此次论坛是2009中国清徐醋文化节暨醋业博览会的三大板块之一，旨在进一步弘扬以人为本，健康和谐的醋文化，打响清徐醋业品牌，推动以清徐老陈醋为代表的山西醋业实现由传统酿造向现代科技的转型，由单一调味向保健养生的转型，由区域品牌向全国品牌的转型。清徐县县委书记车建华在接受记者采访时表示：“我们正在加紧建设食醋工业园，努力争取国家级食醋检验研究中心落户清徐，早日搭建起全国醋业的交流平台，让清徐醋香飘得更远。

11月14日～16日，由运城市政府主办，市经委、食品办牵头与南京市食品工业协会、食品商会协作在南京钟山宾馆成功举办了《山西运城特色食品推介活动》。运城市、县、区60余家食品企业和南京百家商贸企业共200余人参加推介活动，推介食品主要有酒、果蔬、蜜饯、肉制品、面粉制品、休闲食品6大类约200种产品。推介会上，运城市政府与山西省政府驻南京办事处，运城市工商联、食品工业协会与南京市工商联、食品工业协会分别签署了战略合作协议3项；两地食品商贸企业签署购销合作协议32项；达成产品销售意向资金5000余万元。

12月，为了更好的贯彻落实《山西省食品产业调整和振兴规划》，省财政厅、省经信委、省商务厅、省质监局四部门联合制定了《关于促进山西醋产业加快发展若干意见的通知》（简称“醋八条”）。

12月16日，四部门及省旅游局在太原迎泽宾馆隆重召开了“醋八条”推进大会。省直、各市相关部门、醋企、新闻媒体等200余人到会参加。政府多部门合力推进醋产业发展这一重要举措，目的明确，意义深远，就是要支持我省醋产业做大做强，打造山西老陈醋品牌和声誉，带动相关产业发展，促进我省由产醋大省向醋业强省转变。“醋八条”摘要如下：

1. 支持山西老陈醋品牌建设和市场营销；

2. 制定和完善行业标准，加强山西老陈醋质量管理，确保产品质量安全；

3. 加大研发力度，大力开发和推广高附加值醋产品；

4. 鼓励和支持醋产业集群化、园区化发展；

5. 支持晋醋文化公共平台建设，大力弘扬山西老陈醋文化；

6. 推广公司＋基地＋农户模式，带动相关产业发展，促进农民增收；

7. 建立醋产业融资平台，鼓励醋企业资本市场融资；

8. 鼓励行业协会完善公共服务功能，解决产业发展共性问题。

吉林省

吉林省食品工业协会　杨润东

改革开放30年来，吉林省食品工业在省委、省政府的正确领导下，认真贯彻执行党的十一届三中全会的方针政策，坚持改革开放，创新发展，行业面貌发生了翻天覆地变化。成为地方经济发展中增长最快、最具活力的第二大支柱产业，对提高城乡居民生活水平、推动相关产业发展、扩大就业、带动农民增收和促进区域经济发展做出了重要贡献。

一、主要成就

吉林省食品工业30年发展变化，主要体现在：

一是规模壮大。截止到2008年，全省共有规模以上食品工业企业889户，行业资产合计951.23亿元；实现工业总产值1344亿元，占全省工业总产值的16.05%，比1979年的15.83亿元增长了84.87倍，在全国排名上升到12位；实现利税总额106.56亿元，比1979年的1.22亿元增长了87.34倍。主要产品产量与1980年相比，饮料酒达到91.1万吨，增长了36.96倍；酒精达到136.5万吨，增长了113.5倍；淀粉达到290万吨，增长了199倍。有8种产品产量居国际和国内前列：赖氨酸48万吨，居世界首位；发酵酒精136.5万千升，居全国首位；瓶（罐）装水229万吨、葡萄酒11万千升，居全国第2位；速冻米面食品8.2万吨、冷冻饮品16万吨，居全国第4位；碳酸饮料59.5万吨、鲜冷藏冻肉87.7万吨，居全国第5位。

二是水平提高。经过引进国外先进技术，改造创新，使产业水平、产品水平迅速得到提高，培育出了长白山牌葡萄酒、德大牌火腿肠、大成牌赖氨酸、通化牌葡萄酒、泉阳泉牌矿泉水、吉粮集团米字大米等12种中国名牌产品，占全省中国名牌总数的44%。“长白山”、“皓月”、“大成”、“通化”、“德大”、“福源馆”等8件商标被认定为“中国驰名商标，占全省驰名商标的28%。以长春大成集团为代表的玉米加工企业，通过不断创新和新技术的大量应用，加工领域逐步拓展，使玉米加工业的产业链不断延长。如今，玉米化工已成为玉米加工业新的成员，为玉米加工业提供了更大的发展空间。

三是带动了农牧业的发展。吉林省是国家粮食重点产区之一，改革开放初期，解决农民“卖粮难”问题，一度成为各级政府最头痛的事情。随着“十五”以来，投资290亿元建设的108个重大食品加工项目的陆续投产，极大地提升了粮食、肉、禽加工水平，彻底解决了困扰多年的农产品加工“瓶颈”问题，带动和促进了农牧业和相关产业的发展。

二、主要体会

（一）依托资源

吉林省位于东北平原中部，生态资源极其丰富。东部的长白山区盛产人参、林蛙、黑木耳及各种蔬果，年可开发利用的可食资源在200万吨以上。世界三大优质矿泉水产地之一的长白山，年允许矿泉水开采量可达1亿吨；中部松辽平原是世界三大黄金玉米带之一，也是国内最大的商品粮基地之一；西部科尔沁草原发展畜牧业优势突出。2008年全省粮食总产量2840万吨，人均粮食2082斤，比全国高1288斤，其中玉米产量2083万吨，人均1535斤，比全国高1361斤。畜禽饲养量分别达到猪4000万头，牛1126万头，羊915万只，禽7.5亿只，肉、蛋、奶总产量分别为384.5万吨、127万吨和65万吨。人均粮食商品量、肉蛋占有量均居全国首位。因此，要充分依托、利用资源，开展好资源加工利用，即是发展食品工业的一大优势，也是必要的条件。

（二）突出特色

结合资源特点和自身的基础条件，重点发展三大主导产业，形成了具有区域特色的食品工业主导产业。

一是粮食深加工产业。主要包括淀粉及淀粉深加工行业、饲料行业、酒精行业、大豆植物油行业等。淀粉及淀粉深加工和酒精行业是吉林省玉米深加工产业中的重点行业，是玉米转化大户，目前玉米淀粉生产量和酒精产量均居全国第一位。

二是畜禽乳深加工产业。主要包括畜禽屠宰、肉制品加工、液体乳及乳制品制造等行业。畜禽屠宰及肉制品加工业是吉林省实现玉米转化升值的主要产业，也是促进全省畜牧业和养殖业发展、带动农民脱贫致富、解决“三农”问题的重要产业。2008年吉林省鲜冷藏冻肉产量居全国第5位。

三是长白山生态食品产业。依托长白山丰富的可食资源，近年来，以果、蔬、珍、水为代表的长白山生态食品初具规模，已成为具有地域特色和生态特色的食品产业板块。2008年以长白山矿泉水为主的瓶装水产量229万吨，居全国第2位，通化葡萄酒股份公司、长白山酒业集团、泉阳泉饮品公司等企业迅速壮大，长白山矿泉水、长白山葡萄酒、五味子酒等产品市场声誉逐步提高。

（三）招商引资

引进国外资金，与国外先进企业合资合作，引进国外先进技术和现代企业管理，建设新型的具有国际竞争力的大型食品加工企业，是发展食品工业的必要途径。30年来，一批中外合资兴建的大型企业在促进吉林省食品工业的发展，发挥了重要作用。由中粮集团有限公司与香港广南（集团）有限公司共同投资建设的黄龙食品工业有限公司，年加工玉米能力为65万吨，具有玉米综合加工的世界先进水平；由吉林松辽禽业联营公司与泰国正大集团合资建设的吉林德大有限公司，年屠宰加工肉鸡能力达到2亿只，产品大多出口日本、韩国，是国内大型肉鸡加工企业；由美国嘉吉公司与香港华润集团旗下的吉林华润生化股份有限公司合资建设的华润赛力事达玉米工业有限公司，年加工能力为30万吨玉米，中外合资玉米深加工企业。主要设备全部进口，均按国际最新工艺技术制造，工厂生产的关键工艺及技术均由美方股东提供。产品包括玉米淀粉、葡萄糖浆、一水结晶葡萄糖、麦芽胡精（DE值3-38）、喷雾干燥葡萄糖浆产品、变性淀粉等。

（四）重点扶持

在调整产业布局，扶持三大主导产业发展的过程中，重点扶持一批规模大、产品竞争能力强的企业，极大提高了产业集中度，并逐步确立了玉米深加工产业在国内的领先地位和畜禽加工业在国内的优势地位。近年来，逐渐崛起了长春大成、长春皓月、吉林德大、吉林天景、泉阳泉饮品公司、长白山酒业集团等企业。目前，长春大成集团年加工玉米能力达到300万吨，2008年完成工业总产值210亿元，成为目前世界第三大和亚洲最大的玉米深加工企业。长春皓月清真肉业股份有限公司的肉牛和肉羊年屠宰加工能力分别达到50万头和30万只，自2003年连续4年清真牛肉出口占全国出口总量的一半，成为亚洲最大的清真肉牛加工企业。吉林德大有限公司年屠宰加工肉鸡能力达到2亿只，是国内大型肉鸡加工企业。吉林天景有限公司年产速冻玉米能力达到8万吨，是国内最大的速冻鲜玉米加工企业。泉阳泉饮品有限公司年矿泉水生产能力52万吨，是东北最大的矿泉水生产企业。截止到2008年末，产值超亿元食品企业229户，其中年产值超百亿元食品企业1户，30～100亿元食品企业3户，10～30亿元食品企业15户，1～10亿元食品企业210户。

（五）科技创新

科技创新是企业的生命，只有不断创新，企业才能不断发展前进。瞄准世界先进水平，注重吸收国外的先进技术，先进设备，开展创新研究，全面提升产品质量水平。省内企业先后引进了大型淀粉、赖氨酸、酒精、啤酒、饲料、大豆分离蛋白、色拉油等具有世界先进水平的技术和设备，生产技术、工艺、装备水平居国内领先地位。大成集团、黄龙公司、赛力事达公司等玉米深加工企业分别引进了美国、德国、法国的先进湿磨法淀粉生产技术、设备和计算机控制系统，在产品回收率、消耗指标、产品质量和产量等方面有了质的飞跃；梨树新天龙酿酒公司采用法国德西尼布公司的生产技术，实现了计算机程控化管理，自动化、连续化程度提高，稳定性增强，全省酒精行业的技术装备水平和产品质量在国内名列前茅；长春大成集团公司开发的玉米生物技术，具有自主知识产权，生产工艺技术全球独创；吉林德大、长春皓月全套引进国外的先进屠宰生产线，生产机械化程度提高，生产环境全面改善，工人劳动强度明显降低，产品质量稳定提升。

随着一批大型现代化龙头企业的建成投产和高新技术的广泛应用，吉林省食品工业科研水平和开发能力都有了较大提高，形成了以联合国援华玉米开发研究中心、国家大豆深加工研究中心、中国科学院左家特产研究所等20多个国家级科研开发中心、省级科研院所、企业研发中心为代表的科研机构，以及吉林农业大学等10余所大专院校为主体的食品工业研发和人才培养基地，拥有了一批素质高、能力强的食品教学和科研开发的科技人员。在雄厚的科研力量的支撑下，吉林省食品工业在科技创新方面不断取得新突破，新产品和新成果层出不穷。“十五”期间，全省食品工业有39个新产品通过了省级鉴定，23个科研成果获得了省科技进步奖，这些新成果、新产品的问世对全省食品工业的发展发挥了重要的促进作用。

三、预期与展望

全面贯彻落实科学发展观，走新型工业化道路，以国家轻工业调整和振兴规划为指导，以“保增长、调结构、促发展”为主线，以技术创新为动力，坚持突出发展三大主导产业，坚持发挥优势壮大龙头企业，坚持优化结构发展终端和精深加工，坚持培育品牌扩大市场，坚持加强食品安全提高准入门槛。充分发挥吉林省的生态环境和食品资金源优势，积极引进国内外大企业集团、大品牌和高新技术，推进食品工业优化结构、保障安全、提高效益、打造品牌。要突出重点，形成突破，努力构建新型食品工业体系基本框架，实现产业整体跃升。

预计到 2012 年，力争实现经济总量和主导产业产能全面跃升，食品工业总产值达到 3600 亿元，年均增速 28%。实现 1111 目标，即工业增加值突破 1000 亿元，比 2008 年增长 2.5 倍，占全省工业比重跃升到 20%；玉米深加工量稳定在 1000 万吨以上；肉类加工量达到 100 亿斤以上；长白山生态食品加工能力达到 1000 万吨以上。建设全国生态食品大省，打造国家重要的玉米深加工基地。

辽宁省

辽宁省食品工业办公室　郭建国

【综 述】

2009 年，面对严峻复杂的国际、国内经济形势，辽宁食品行业紧紧抓住中央及省政府出台的一系列“保增长、扩内需、调结构、惠民生”的产业振兴政策，积极调整产业结构、优化产品结构，加大节能减排力度，全行业运行平稳，增速虽有所回落，但仍保持较高的发展速度，各项经济指标好于预期。

行业发展呈现以下特点：一是保增长圆满完成。2009 年，在全球性经济危机的冲击下，全行业遇到了自 1996 年快速发展以来最严峻、最复杂的经济环境，虽然得益于产业振兴政策、国内刚性需求和行业对外依存度相对较低等有利因素，全行业仍然保持较高发展速度。以销售收入为例，规模以上食品企业销售收入增幅高于全国平均增幅近一倍，其中，高于东部地区 21.49 个百分点，高于中部地区 10.85 个百分点，高于西部地区 12.74 个百分点；但是从各项指标对比情况看，增幅均出现一定程度的回落，全年销售收入、利税总额和利润增幅分别比 2008 年下降 10.2、3.6 和 13.2 个百分。2009 年，全省农产品加工业对工业贡献率达到 22.90%，拉动全省工业增长 4.9 个百分点，成为促进全省经济发展的重要产业之一，其中，农副食品加工业增加值占比最大，为 35.7%。二是调结构效果显著。面对严峻的经济环境，企业一方面强化内部管理练好内功，一方面通过产业结构调整，转变企业增长方式，为更好更快发展寻找出路。以技术含量相对较高的食品制造业为例，其处于产业链下端，只有提高产品技术含量和附加值才能化解上游原材料价格变动带来的成本压力。2009 年食品制造业销售收入，利税和利润增幅分别为 48.9%、62.9%、63.3%，远高于其他行业。三是惠民生以人为本。为给消费者创造一个放心、满意的食品消费环境，2009 年各职能部门在食品生产和流通领域开展了力度空前的食品专项检查。如全省工商系统，开展了非食用物质和滥用食品添加剂专项整治和执法检查、乳制品市场专项执法检查等，全年共取缔无照经营 6210 户，捣毁制假窝点 76 个，查办制假售假食品案件 1178 件，挽回经济损失 196.7 万元，有效的净化了市场，也为行业有序健康发展起到了保驾护航的积极作用。

2009 年，全省规模以上食品企业完成销售收入 2670.9 亿元，增长 35.1%，其中农副食品加工业完成 2007.3 亿元，增长 33.2%，饮料制造业完成 263.42 亿元，增长 38.1%，食品制造业完成 356.52 亿元，增长 48.9%，烟草加工业完成 43.66 亿元，增长 10.0%；全省实现利税总额 174.45 亿元，增长 32.6%，其中农副食品加工业实现 93.17 亿元，增长 40.1%，饮料制造业实现 32.32 亿元，增长 21.8%，食品制造业实现 21.29 亿元，增长 62.9%，烟草加工业实现 27.67 亿元，增长 8.7%；全省实现利润 104.28 亿元，增长 33.4%，其中农副食品加工业实现 69.61 亿元，增长 34.7%，饮料制造业实现 18.09 亿元，增长 33.0%，食品制造业实现 13.34 亿元，增长 63.3%，烟草加工业实现 3.24 亿元，下降 31.1%。

从主要产品看，白酒 47.3 万千升，增长 9.7%，啤酒 246.9 万千升，增长 3.1%，葡萄酒 2.67 万千升，增长 29.4%，大米加工量 662.89 万吨，增长 29.7%，液体乳 51.4 万吨，下降 6.7%，果蔬汁 19.6 万吨，增长 48.2%，卷烟 260.3 亿支，与去年持平。

从企业情况看，外延式扩张和内生性增长齐头并进。在“保增长、保就业”目标下，规模企业数量出现跳跃式增长。截至2009年末，全省共有规模以上食品企业2336户，比去年增加475户，同比增长25.5%。其中：农副食品加工业1662户，增长26.2%，饮料制造业246户，增长13.9%，食品制造业424户，增长31.3%；全行业经济效益同步增长，且增幅高于企业数量增幅，销售收入、利税总额、利润增幅分别为35.1%、32.6%、33.4%。食品企业平均实力进一步提升，2009年规模企业平均实现销售收入1.14亿元，比2008年增加0.08亿元，同比增长7.65%，其中饮料制造业增幅较大，从户均0.88亿元增长到1.07亿元，增幅21.29%。户均实现利润450万元，比2008年增长30万元，增幅为6.29%。

与其它行业对比情况看，2009年，全省规模以上工业完成增加值7751.6亿元，其中装备制造业完成工业增加值2441亿元，同比增长18.3%，占全省规模以上工业的31.5%。冶金行业完成工业增加值1496.1亿元，同比增长23.8%，占全省19.3%。农产品加工业完成工业增加值1467.4亿元，同比增长21.7%，占全省18.9%，其中，农副食品加工业增加值523.9亿元，增长24.0%，烟草制品业增长3.8%，饮料制造业增长27.9%。石化行业完成工业增加值1286.8亿元，同比增长6.8%，占全省16.6%。

与全国同行业对比情况上看，尽管从国家提出东北老工业基地振兴以来，辽宁食品工业出现了跳跃式发展，行业总量增长幅度远高于全国平均水平，但精深加工的水平和程度仍较低，不论从龙头企业的带动作用还是行业整体实力都与全国平均水平有一定的差距。2009年辽宁规模以上食品企业数量占全国食品行业6.2%，销售收入占全国5.4%，利税总额占全国2.4%，利润总额占全国3.4%。按销售收入排名，辽宁位于江苏之后，位居全国第六，位次与上年相同。2009年全国超百亿食品企业有30余家，而辽宁没有一家食品企业达到。辽宁规模以上食品企业户均销售收入1.14亿元，比全国平均水平低0.18亿元，比东部地区平均水平低0.21亿元，而户均利税和户均利润分别为750万元和450万元，也远低于全国平均水平1950万元和810万元。食品工业产品销售净利润率3.90%，同比微降0.05个百分点，即每销售百元产品，获纯利3.90元，比上年减少5分钱，远低于全国6.15%（即每百元获利6.15元）的平均水平。

【食品安全】

根据国家相关部委要求，积极开展打击违法添加非食用物质和滥用食品添加剂专项整治。卫生厅、省食品药品监督管理局、省技术监督局、省经信委等10部门认真部署，各司其职，通力协作，全力推进专项整治工作。省卫生厅对67家食品添加剂生产企业和直管餐饮单位的自查自纠情况进行了全面检查，各地卫生行政部门对餐饮业、食堂等单位自查自纠情况进行了全面检查，共出动执法人员16365人次，检查餐饮单位27498家，查处案件78起，对284个重点地区、2937家重点单位、206种重点产品进行了整治；省检验检疫局共计派出了26个工作组，检验检疫工作人员173人，清查了722家企业，并在总局开通的“出口食品企业食品添加剂使用上报系统”录入了732个项目，食品添加剂583种；省质量监督局开展为期4个月，分三个阶段的打击违法添加非食用物质和滥用食品添加剂的专项整治工作，共出动执法、宣传车辆1431辆，执法人员6711人次，检查食品生产企业4049家，组织食品添加剂专项监督抽查1008批次，2批次产品不合格，合格率为99.8%；省经信委积极推进全省食品行业诚信体系建设，建立行业自律长效机制，与省委宣传部等九部门联合开展了以“诚实守信为荣，见利忘义为耻”为主题的“百家食品企业践行道德承诺”活动，共有120户重点骨干食品企业自愿参加了本次活动。

【依法行政】

《食品安全法》于2009年6月1日起正式施行，新法明确了各职能部门综合管理和分段管理中的责任，对执法过程中是否履职、履责，进行问责。为全面掌握和运用《食品安全法》及实施条例，切实提高依法行政的能力，全省各相关职能部门持续开展了形式多样、内容丰富的《食品安全法》学习活动。省质量技术监督局举办全省质监系统食品安全法宣贯培训，邀请国家质检总局有关领导深入、全面地解读《食品安全法》，并在系统内举办了食品安全知识竞赛。省工商局举办两期《食品安全法》培训班，集中培训系统业务骨干，来自全省工商系统的业务骨干共320余人参加了培训。省食品办开展了全员培训学习，派出2人次参加国家食品协会组织的高端食品安全法培训班学习，在集中学习和讨论时为大家答疑释义，学习效果事半功倍。

【展览展贸】

一是请进来，展示形象。沈阳市于5月份举办2009沈阳首届中国（沈阳）食品博览会，开创了沈阳举办国家级食品行业展会的先河。本次展会汇集了全国36个城市及地区组团参展，展出了370多家企业的千余种美食产品。沈阳食品协会在春节期间组织周边7城市食品企业参加由沈阳大东副食举办的食品节活动，对推动假日经济，刺激消费起到了积极作用。二是走出去，扩宽视野。沈阳市食品协会组织市内10家特产食品企业参加由国家商务部、浙江省政府主办的2009中国（宁波）食品博览会，通过参展树立了沈阳食品工业的新形象。省食品办组织部分企业参加第七届中国（漯河）食品博览会，取得较好经济效益。三是增友谊，促进交流。省食品办参加环渤海联谊会、白酒协会组织企业参加东北三省联谊会。通过沟通交流，为今后省市间、行业间、企业间的合作奠定了坚实基础。

【名牌战略】

2009年，大连獐子岛等37家食品企业的产品获得辽宁名牌产品称号，占全部获评的18.5%。辽宁柏慧燕都等6家企业的商标荣获辽宁省驰名商标殊荣，占全部获评的40%。省食品办组织相关企业参加国家食协举办的全国食品行业质量效益型企业考评和第七届全国食品行业科技进步评选，我省辽宁盛德集团等6户企业荣获优秀企业称号、“优格益生菌的研制与开发”（辽宁优格乳生物有限公司）等7个项目获优秀项目、7人获得先进科技进步带头人称号，辽宁食品办获得组织工作先进单位称号。

【协会工作】

各行业组织和分会立足行业、强化服务，为企业开展形式多样的服务工作。如：白酒行业协会根据国家人力资源部、国家质检总局关于从业人员必须持证上岗及加强食品安全工作的相关规定，结合我省白酒生产许可证要与企业质检员职业资质挂钩的要求，举办质检员职业资格鉴定工作，共组织全省重点骨干企业的50余名质检人员进行了全面系统的集中授课培训和鉴定考核，20人获得中级工资格、30人获得高级工资格。该协会还根据国家人力资源和社会保障部及轻工行业职业技能鉴定指导中心关于白酒行业品酒师岗位正式列入国家持证上岗职业系列的相关政策，以及组织开展岗位职业技能鉴定工作的要求，举办了品酒师国家职业资格鉴定活动，30余人获得国家注册高级品酒师资格、20余人获得品酒师资格；协会还按照工作部署开展了年度白酒产品检评活动，对行业产品进行年检，组织专家对企业新产品、新成果进行鉴定等工作，通过开展这些活动不但锻炼和提高了专家、评委的能力，也保证了产品质量，促进了企业的发展。省食品工业协会啤酒分会、蜂产品分会等二级协会还通过多种形式开展针对行业的特点进行培训和技术咨询服务等活动。

【啤酒行业】

2009年，全省啤酒行业整体继续保持平稳的发展态势，产业集中度进一步加剧，两级分化和地区间差距扩大化现象更加突出。华润雪花、青岛啤酒等具有内、外资背景的品牌，依靠资金、技术、品牌等优势在省内不断开展收购兼并，加快了行业集中的步伐。而地产品牌在外资品牌的挤压下，市场空间不断缩小，竞争压力不断加大。据不完全统计，目前全省17家啤酒企业仅剩大连大雪等4家地方品牌，产量不足全省的五分之一，其余均被内、外资品牌兼并收购。

从产量指标看：2009年辽宁啤酒总产量为246.9万千升，占全国总产量4236.38万千升5.8%，增长3.1%，增幅低于全国4个百分点。根据对全省17户重点企业统计，2009年重点监控的啤酒企业完成啤酒产量232.3万千升，占全省总产量94.1%，增长0.96%。重点监控的17户啤酒企业年产量全部超过3万千升，其中产量超过10万千升以上的企业共有7家，比上年减少3家，合计产量163.6万千升，占全省总产量的66.3%。产量最高的单体企业是沈阳华润雪花啤酒公司，为59.6万千升，占全省24.1%。按品牌划分，产量最高的是华润雪花，全省共有8家企业，总产量147.1万千升，占全省59.6%；从地区情况看：沈阳、大连、鞍山位居产量前三位，分别为73.6万千升、52.2万千升、20.5万千升，分别占全省总产量的29.8%，21.1%和8.3%，合计占全省59.2%。除沈阳、大连、朝阳和铁岭产量保持增长外，其余地区都有不同程度的下降。

从物耗指标看，五项消耗指标均比去年同期降低。

1. 啤酒总损失率指标：最低达到1.55%，最高达到6.51%，全省平均3.01%，比上年同期降低0.57%；按全年总产量计算，节约啤酒液13241千升；啤酒总损达到3.5%以下（含3.5%）的企业共有12家。

2. 啤酒耗粮指标（折11度计算）：最低达到143.16公斤/千升，最高达到156.21公斤/千升，全省平均147.59公斤/千升，比上年同期降低2.39公斤/千升，按全年总产量计算，共节约工业用粮552吨；啤酒耗粮达到150公斤/千升以下（含150公斤）的企业共有11家。

3. 啤酒耗标煤指标：最低达到48.57公斤/千升，最高达到141公斤/千升，平均达到66.69公斤/千升，比上年同期降低7.03公斤标煤；按全年总产量计算，共节约工业用煤16330吨；啤酒耗标煤达到80公斤/千升以下（含80公斤）的企业共有11家。

4. 啤酒耗电指标：最低达到52.39度/千升，最高达到99度/千升，全省平均67.04度/千升，比上年同期降低2.52度电；按全年总产量计算，共节约工业用电277万度；啤酒耗电达到70度/千升以下（含70度）的企业共有9家。

5. 啤酒耗水指标：最低达到3.75立方米/千升，最高达到6.90立方米/千升，全省平均达到4.83立方米/千升，比上年同期降低0.33立方米/千升；按全年总产量计算，共节约工业用水77万立方米；啤酒耗水达到5.5立

方米 / 千升（含 5.5 立方米）以下的企业共有 10 家。

从效益指标看：据全省 17 户重点企业分析，全年实现利税总额为 154663 万元，比上年增长 1.37%，沈阳华润最高为 56380 万元；全年实现产品销售收入净额为 445281 万元，比上年增长 3.10%；全年实现总盈利额 71862 万元，有 4 户企业亏损，总亏损额为 8392 万元，盈亏相抵后实现利润总额 63470 万元；千升酒利润平均达到 273.23 元，在 13 个盈利单位中，千升酒利润达到 100 元以上（含 100 元）的企业共有 9 个企业，大连华润最高为 529.31 元；全年人均实现利税 11.6 万元，达到 3 万元以上的企业有 15 家，大连大雪最高为 25.0 万元。

【白酒行业】

2009 年，辽宁白酒行业继续保持稳步的发展态势。按照行业发展规划“控总量、调结构、强品牌”的要求，在控制产量增幅的前提下，强化产品结构调整，高度饮料酒生产比例继续下降，低度酒比例呈上升趋势，以突出区域主题特色，符合大众化、精品化、时尚化发展趋势的降度酒、低度酒为主流产品，满足了广大消费者注重健康的新需求。同时打造了一批包括省内的“辽宁名牌”、“辽宁省行业名、优酒”及国内的“中国驰名商标”、“中华老字号”、“中国地理标志保护产品”、“中国文化名酒”等著名品牌。2009 年全省白酒产量 47.3 万千升，增长 9.7%，占全国总产量 706.93 万吨 6.70%。

【其它行业】

乳制品行业，受行业低靡和经济形势的影响，产量有所下降，效益水平大幅下滑。全年液体乳产量 51.4 万吨，下降 6.7%，占全国总产量 1641.64 万吨 3.1%，销售收入 83.57 亿元，增长 27.36%，利税总额 3.08 亿元，略增 5.5%，实现利润 1.09 亿元，下降 37%。

葡萄酒行业，受益于消费升级和消费观念更新影响出现了快速发展，但与发达省份相比不论在产量还是品牌建设上都有很大差距，占全国的比重相对较小。2009 年全省葡萄酒产量 2.67 万千升，占全国 96 万千升 2.8%，增长 29.4%，增幅高于全国 1.77 个百分点。

【小资料】

2009 年新认定辽宁省驰名商标（食品行业部分）

“柏慧燕都及图”商标（辽宁柏慧燕都食品有限公司）

“绿色芳山 LSFS 及图”商标（辽宁绿色芳山有机食品有限公司）“道光”商标（辽宁道光廿五集团满族酿酒有限责任公司）

“五女山及图”商标（辽宁省五女山绿色食品开发有限公司）

“大雪 DAXUE 及图”商标（大连大雪啤酒股份有限公司）

“三沟及图”商标（辽宁三沟酒业有限责任公司）

2009 年辽宁名牌产品公示项目表（食品行业部分）

序号	产品名称	注册商标	单位
1	麦芽	中粮	中粮麦芽（大连）有限公司
2	调料	惠成	沈阳惠成调料有限公司
3	速冻饺子	老边	沈阳老边食品有限公司
4	虾夷扇贝制品	獐子岛 zhangzidao	大连獐子岛渔业集团股份有限公司
5	鸡肉制品	大成鸡宝宝	大成农牧（营口）有限公司
6	肉鸡制品	曙光	辽宁唐人神曙光农牧集团有限公司
7	肉鸡制品	胜利	开原胜利牧业有限公司
8	鲜、冻禽产品	羽佳	北宁宏伟集团有限公司
9	肉鸡分割全系列	铁缘	铁岭大禾清真肉禽有限公司
10	啤酒	（图形）	辽宁天湖啤酒有限责任公司
11	葡萄酒	池之王	辽宁天池葡萄酒有限公司
12	大米	三块石	抚顺茂原实业集团丰沃米业有限公司
13	杂粮	瑞绿	建平县绿珠杂粮有限责任公司
14	杂粮	晶超	锦州晶超食品米业有限公司
15	系列小菜	（图形）	锦州百合食品有限公司
16	辣白菜系列	（图形）	开原圣亚食品有限公司
17	籽仁系列（松子仁、杏仁、南瓜籽仁、葵花籽仁）	天岳农庄	阜新振隆土特产有限公司
18	鲜冻猪肉	础明 CHUMING	大连础明集团有限公司
19	加工海参	晓芹	大连晓芹食品有限公司
20	即食海参	（图形）	凌海市达莲海珍品养殖有限责任公司
21	南果梨	千山王	鞍山千山王绿色果品有限公司
22	绥中白梨	关外第一仙	绥中县果蚕流通信息中心

23	鱿鱼制品	渔之郎	丹东永明食品有限公司
24	大豆油	百家福	辽宁鑫吉粮油加工有限公司
25	冷冻肉鸭制品	大清	大洼清水养禽场
26	白酒	盘锦	盘锦市盘山酒业有限责任公司
27	白酒	凌河	凌海市凌河酿酒有限责任公司
28	白酒	金麦坊	葫芦岛市富都酒业有限责任公司
29	白酒	常家	阜新常家酒业有限公司
30	绿豆糕	海峰	北票市海丰食品有限公司
31	绿色食品蔬菜系列	现代波特	辽阳新特现代农业园区
32	鲜切花	凌馨	凌源市东远农贸科技发展有限责任公司
33	玉米种	丹玉	辽宁丹玉种业科技股份有限公司
34	玉米淀粉	洁鹅	辽宁省军区宁官农副业基地淀粉厂
35	速冻甜玉米粒	川顺	铁岭川顺食品加工有限公司
36	绵白糖	银霞	营口北方糖业有限公司
37	豆果子	平和	大连平和食品有限公司

注：以上排名不分先后

上海市

上海市食品协会　吴如瑾

2009年是我国经济发展较为困难的一年，面对国际金融危机冲击和自身发展转型的双重考验，在国家扩内需、调结构、保增长等一系列政策措施的积极作用下，上海食品工业在结构调整、科技进步、自主创新、食品安全等方面全面提升，为保障供应、繁荣市场、提高人民生活质量、稳定社会作出了积极贡献。全年实现社会消费品零售总额5172.88亿元，比上年增长14%，其中吃的商品零售额2060.58亿元，增长14.5%。行业在逆势中发展，取得了产值、销售、利润全面增长的良好态势，但增幅比上年放缓，度过了金融危机冲击造成的严冬。

一、行业回暖，产值增长

在经历了国际金融危机冲击和农产品价格持续上涨后，2009年1、2月份上海食品工业开始扭转了下滑趋势，3月份起行业呈现回暖，之后加快了上升步伐。

2009年全市557家规模以上工业企业完成工业总产值1156.3亿元，比上年增长3.1%。其中农副食品加工业基本持平，卷烟制造业增长较快。由于酒类中白酒、啤酒、黄酒、葡萄酒产值全线下滑，影响饮料制造业同比下降。

销售向好，持续上升。全年完成主营业务收入1196.5亿元，同比增长4.7%。卷烟业增长最快，同比增长10.9%，农副食品加工业下降17%。

主营业务收入增幅较大的行业是豆制品、方便面及其他方便食品、其他调味品和发酵制品制造，增幅超过30%；增幅超过一成的有：糕点面包、糖果巧克力、液体乳及乳制品和肉、禽、蔬菜、水果罐头、味精制造等；饮料大多增长，酒类全线下跌。食用植物油制造完成主营业务收入113.6亿元，同比仅72.4%，食用油受原料大豆价格影响，近两年主营业务收入和利润起伏较大。由于其绝对值占农副食品加工45.6%，占全市食品工业（除卷烟业）份额14.1%，因此食用油主营业务收入的大幅降低也影响了上海食品全行业。出口产品的下降，使部分企业销售减少，有的产品转为内销，甚至影响到部分企业开工不足，从而导致农副食品加工业主营业务收入的降低。

二、市场供需两旺

主要食品产、销量增长，产销基本平衡，市场供需两旺。产、销同步增长的有：大米、饲料、冻肉、速冻米面食品、方便面、乳制品、罐头、味精、饮用水等。

乳制品行业已摆脱三聚氰氨造成的困境走出低谷，行业全面复苏，产销增长。2009年上海乳制品产量达40.2万吨，同比增长5.6%，销售量39.9万吨，增长4.9%。

由于外地产品进入上海市场竞争加剧，部分产品如饼干、冷饮、酱油的产量、销量下降。

三、出口依然低迷

受全球金融危机的影响，国外需求下降，出口形势依然严峻，全年完成出口交货值 37.6 亿元，同比 84.7%。

全年出口与上年相比增长较快的行业是：肉禽类罐头、味精、方便面及其他方便食品、米面制品、食用植物油加工等，但出口交货值总体仍不高。

除卷烟外，食品三大行业出口都处于负增长。有些行业的出口交货值仅为上年 1/3，如饼干及其他焙烤食品、速冻食品、营养保健食品，而糕点面包业更是跌入上年的 20% 以内。

我国受金融危机的影响已开始释放，但全球好转带动我国出口上升还有待时日。

四、利润总体飘红

全年实现利润 169.6 亿元，同比增长 6.9%。除卷烟下降外，食品三大行业利润均快速增长。其中农副食品加工业、食品制造业分别比上年增长 38.5%、22.7%，饮料制造业增长幅度达 162.2%。

利润增长较快的行业是：植物油加工、肉制品及副产品加工、豆制品、糕点面包、糖果和巧克力、米面制品、肉禽和蔬菜及水果罐头、其他调味品和发酵制品、食品及饲料添加剂、饲料加工。

饮料制造业利润上升的特征是：除白酒盈利较高外其他酒处于负增长；占饮料制造业利润 86.6% 的碳酸饮料增幅较快，带动了其所在行业利润的上升，含乳饮料和植物蛋白饮料也有一定增幅。

水产品冷冻加工、速冻食品、方便面及其他方便食品、冷冻饮品及食用冰、其他罐头制造继上年后继续亏损。

五、精心打造食品安全

为迎接2010年上海世博会，做好世博期间的食品供应，建立和完善食品安全保障体系成为食品产业的重点工作。

为了将味美、安全的食品奉献给来自海内外的宾客，由上海市商务委主编、上海市食品协会发起创意，会同上海商情编辑、出版了《2010 年上海食品纵览》一书。期间汇聚了本市与“吃”有关的近 20 家行业协会、集团和部分知名食品加工制造、商贸流通企业、部分国外驻沪机构等，经过一年多精心准备，于 2009 年 9 月正式出版发行。这是解放 60 年来上海第一部食品大全，精选了 100 多个企业的产品，入选企业和产品都有较高知名度和美誉度，曾获各级各类名牌或著名商标等称号，产品严格按国家标准、行业标准生产，展示了上海食品产业发展水平和企业、产品形象，旨在为世博服务，向采购商、消费者推荐优质、安全、名牌食品。全书编辑、制作过程也成为行业食品安全意识不断完善和提升的过程。

一系列围绕世博做好食品安全的活动在行业相继展开。在质量月活动中，由上海市食品协会、上海市小企业（生产力促进）服务中心等承办的“2009• 上海品牌食品博览会”在上海展览中心举行，意在打造“品牌食品第一展”，向祖国 60 华诞献礼，准备接受世博检阅。上海参展的 91 家单位中，76% 以上曾获各类名牌、名优称号，江苏、浙江及其他省市 40 多家参展企业产品中，43% 获得过省市名牌、名优食品称号。

展会期间还举办了以“安全与发展”为主题的论坛，上海百事可乐饮料有限公司和上海申美饮料有限公司领导介绍了世界品牌企业的食品安全观和理念，从各自亲身实践感悟食品安全与发展壮大同企业的关系。论坛形成“以食品安全引领食品产业发展”的共识，对于促进上海食品安全水平提高和推动食品产业发展起了积极作用。

六、重大项目进展顺利

面临国际经济风云突变，企业拓展发展和生存空间的脚步没有放缓，重大项目签约、奠基、竣工的信息频频传来，为食品产业可持续发展奠定了良好基础。

2009 年 9 月，位于上海金山区枫泾镇的黄酒酿造基地，举行了金枫 10 万吨新型高品质黄酒技术改造项目奠基庆典，当地政府与金枫酒业控股方光明集团达成了关于“打造中国黄酒产业基地，推进全面战略合作”框架协议，兴建“年新增 10 万吨新型高品质黄酒技术改造配套项目”，一期投资 2.35 亿元，计划于 2010 年 9 月竣工。新项目在生产规模、工艺技术、物料消耗和科研水平等方面将达到国内先进水平。金枫酒业将以创建国家级技术中心、国家级黄酒实验室为平台，推进中国黄酒产业基地科技创新进程。

同年 9 月，全球最大的鸡精工厂在上海嘉定建成投产。新厂由上海太太乐食品有限公司与瑞士雀巢集团共同出资，总投资 3.2 亿元人民币，拥有世界一流设施，全部建成投产后鸡精年生产能力超过 10 万吨，使原有工厂产能翻番。

七、技术创新能力增强

为适应技术创新需要，一批骨干企业相继建立了技术研发中心，促进新技术和新产品的产业化，使企业依托科学支持实现可持续发展。

光明乳业与利乐公司共同研制开发出新产品“Hi 优果粒”，采用的 TBA22 灌装设备是目前国内最高速的纸包装颗粒产品生产线，可使产品颗粒均匀度更加稳定。

通过技术创新，光明乳业在低碳经济方面也走在国内行业前列。投资 530 多万元，完成节能减排项目 31 项，年节约费用 746 万元，节约标煤 4300 吨，年内减少二氧化碳排放量10000多吨，一年节约的能耗相当全世界3秒的排放量。

八、并购重组持续发展

改革开放以后，一批外商对上海食品产业的投资，改变了产业经济发展模式，促进了行业集聚、提升了竞争能力。

以生产“大白兔”奶糖闻名的老字号民族品牌企业——冠生园（集团）有限公司，结束了长达几十年的全国有体制运作，开始引入国际资本。2009年，由上海益民食品集团占股份55%、跨国投资集团——中信资本占股份45%的合资企业冠生园集团正式亮相。

冠生园与中信的成功合资，在引入国际资本、经营理念的同时，增强“冠生园”的市场运营绩效和品牌增值力，使民族品牌保持青春和活力。

九、协会工作继续突破

（一）服务理念有了新的增强。通过开展“学习实践科学发展观活动”，找出了制约协会发展的的主要问题，增强服务理念，制订整改方案，为协会的可持续发展明确了方向。

（二）办展工作进行了新的尝试。协会成功举办的“2009上海品牌食品博览会”，与中央扩内需精神吻合，与民生紧密联系，成为上海“购物节”的一道亮丽风景。

（三）培训工作取得新的突破。协会培训中心取得了西式面点师二级/技师培训资质，培训工作上了一个台阶；在培训形式上向送教上门迈步，为上好佳主管、领班200人次举办了为期四天的企业管理培训和大型超市TESCO乐购大师傅培训，反响良好；培训规模进一步扩大，全年开设17个班，培训人数457人；培训内容有所拓展，增开餐饮食品安全员，生猪屠宰工人技术培训，有235人参加了培训。

（四）贯彻法律法规的自觉性有新的提高。配合《食品安全法》和《食品安全法实施条例》的实施，举办《安全与发展》论坛，并在协会主办的《上海食品》杂志刊文宣传。

（五）“两为服务”（为企业、为政府服务）有新的进展。接受政府有关部门委托，承担了“规范世博食品主要主副食材供应渠道”调研的课题，对保证世博食品供应和质量安全提出实施方案建议，供领导决策参考；继续为企业搭建招商引资平台。组织企业参加苏州、成都、江苏大丰的招商引资和推介会。继续开展咨询工作和实施品牌战略，完成对名牌、名优产品的评选、复审，扩大品牌影响。

2009年协会组织工作取得了新的成果，行业覆盖面进一步扩大。新的一年要继续提高服务水平和服务质量，健全各项工作机制，使效能得到充分发挥。

表1.2009年上海食品工业完成主要经济指标

指标	单位	食品工业合计		其中：农副食品加工业		食品制造业		饮料制造业		卷烟制品业	
		2009年	同比%	2009年	同比%	2009年	同比%	2009年	同比%	2009年	同比%
工业总产值	亿元	1156.3	103.1	241.4	100.1	366.1	102.3	163.8	94.6	385	110.9
销售产值	亿元	1149.0	105.4	235.4	84.7	366.4	109.4	157.3	105.1	389.9	118.9
主营业务收入	亿元	1196.5	104.7	249.0	83.0	402.8	109.1	155.4	102.6	389.3	120.7
出口交货值	亿元	37.6	84.7	9.9	76.2	15.6	80.7	4.7	96.2	7.4	102.8
利　润	亿元	169.6	106.9	12.5	138.5	27.4	122.7	15.8	262.2	113.9	94.0
利税合计	亿元	466.8	118.9	17.1	128.2	44.6	103.5	29.2	156.9	375.9	118.4
资产总计	亿元	1353.2	110.0	174.0	110.8	337.0	110.0	145.8	103.2	696.4	111.4
企业数	个	557.0		195.0		291.0		69.0		2.0	
平均从业人员	人	107591	102	30104	107.7	60634	98.9	12874	104.6	3979	101.4

（注：以上数据为规模以上食品工业企业，下同）

表 2.2009 年上海工业完成主要食品产、销量

产品名称	单位	产量	同比%	销量	同比%
精制食用植物油	吨	922672	101.3	873094	95.7
糖果	吨	121947	94.2	128754	102.4
糕点	吨	64052	97.3	61611	104.0
饼干	吨	46608	85.8	46578	85.5
速冻米面食品	吨	68855	106.4	67419	104.9
方便面	吨	22479	103.2	21734	101.3
乳制品	吨	401813	105.6	399360	104.9
其中：液体乳	吨	358935	104.7	358923	104.8
罐头	吨	37120	101.3	38936	105.5
味精	吨	55603	109.9	58739	120.1
酱油	吨	75009	86.9	76062	88.3
饮料酒	千升	798107	93.4	795652	93.0
其中：啤酒	千升	673951	92.7	671415	91.9
黄酒	千升	113537	97.1	113718	99.2
软饮料	吨	2415604	92.8	2416694	94.1
其中：碳酸饮料	吨	1032958	85.5	1061827	89.4
瓶（罐）装饮用水	吨	1017950	102.6	986675	100.2
果汁及果汁饮料	吨	58552	65.1	63129	72.2
冷冻饮品	吨	61700	78.8	60703	77.2
卷烟	万支	8656473	101.8	8729587	104.1

表 3. 中国名牌产品（上海）

产品名称	企业名称	品牌
糖 果	冠生园（集团）有限公司	大白兔
黄 酒	冠生园（集团）有限公司	和
鸡 精	上海太太乐食品有限公司	太太乐
肉类罐头	上海梅林正广和股份有限公司	梅林
卷 烟	上海烟草（集团）公司	红双喜
卷 烟	上海烟草（集团）公司	中华
速冻主食品（饺子、汤团）	上海国福龙凤食品股份有限公司	龙凤
焙烤食品 月饼	杏花楼食品餐饮股份有限公司	杏花楼
糖 果	上海金丝猴集团有限公司	金丝猴
黄 酒	上海金枫酿酒有限公司	石库门

表 4. 中国驰名商标（上海）

认定商标	企业名称	认定商品
冠生园	冠生园（集团）有限公司	糖果、蜂制品、糕点、速冻食品
大白兔	上海冠生园食品有限公司	糖果
光 明	光明乳业股份有限公司	乳制品
中 华	上海烟草（集团）公司	卷烟
杏花楼	杏花楼食品餐饮股份有限公司	月饼、糕点
金丝猴	上海金丝猴集团有限公司	糖果
上好佳	上海晨光食品工业有限公司	膨化食品
石库门及图	上海金枫酿酒有限公司	黄 酒
昂立	上海交大昂立生物药业有限公司	非医用营养液
天喔	上海天喔食品（集团）有限公司	蜜饯、加工过的坚果
正广和	上海正广和饮用水有限公司	汽水
天象	上海正广和饮用水有限公司	汽水
脑白金	上海黄金搭档生物科技有限公司	非医用营养液

表 5.2009 年上海市名牌产品

生产企业	品牌	产品
冠生园（集团）有限公司	华佗	十全酒
上海良友（集团）有限公司	乐惠	大米、方便米饭、方便粥
上海福新面粉有限公司	雪雀（福新）	食品专用面粉
上海良友海狮油脂实业有限公司	海狮	精制食用油
上海正广和饮用水有限公司	正广和	饮用纯净水，天然矿泉水，蒸馏水
上海三添食品有限公司	三添	芝麻油
上海鼎丰酿造食品有限公司	鼎丰	酿造食品
上海神仙酒厂	神仙	曲酒
上海冠生园天厨调味品有限公司	佛手	味精、鸡精
上海宝鼎酿造有限公司	天鱼	食醋，糟卤
上海融氏企业有限公司	融氏 RONGS	玉米油、葵花籽油
上海爱森肉食品有限公司	爱森	冷却肉
上海克莉丝汀食品有限公司	克莉丝汀	中西糕点
上海静安面包房有限公司	静安面包房	中西糕点
上海清美绿色食品有限公司	清美	豆制品系列
上海瑞莱新侨食品有限公司	瑞莱新侨	月饼，糕点，面包，饼干，裱花蛋糕
三得利啤酒（上海）有限公司	三得利	啤酒
上好佳（中国）有限公司	上好佳	系列休闲食品
上海川崎食品有限公司	川崎	元贞糖，火锅调料，中华便当（方便粥）系列
上海好唯加食品有限公司	唯加	调味品
上海三明食品有限公司	阿明	炒货食品
上海喔喔（集团）有限公司	喔喔	糖果
上海亚太酿酒有限公司	力波	啤酒
上海冠生园食品有限公司	大白兔	糖果
上海汉康豆类食品有限公司	汉康	豆制品
上海爱屋食品有限公司	来伊份	休闲食品

上海皇家酿酒有限公司	谷和	黄酒
上海海湾食品有限公司	图案（小辣椒）	休闲肉制品
上海交大昂立股份有限公司	昂立	保健食品
上海富味乡油脂食品有限公司	富味乡	芝麻油
上海天下粮仓米业有限公司	天下粮仓	大米
上海高榕食品有限公司	GR（高榕）	保鲜蔬菜
上海丰科生物科技股份有限公司	丰科 Finc	蟹味菇
上海大山合集团有限公司	大山合	干食用菌系列
上海新晖酿造有限公司	沪	黄酒
上海乐惠食品有限公司	味都	面制品
上海海融食品工业有限公司	欣融	植脂奶油
上海淘大食品有限公司	淘大	酿造酱油
上海融氏生物科技有限公司	融氏 RONGS	淀粉塘
上海黄金搭档生物科技有限公司	黄金搭档	脑白金胶囊、口服液、黄金搭档组合维生素片
上海大江（集团）股份有限公司	图案（大江）	鸡肉及其制品，配合饲料
上海福生豆制食品有限公司	豆制品	张小宝
上海台尚食品有限公司	台尚	糕点，果冻
天喔食品（集团）有限公司	天喔	蜜饯、炒货、休闲肉制品
上海立丰食品有限公司	立丰	牛肉十，香肠，肉松，肉脯，鸭肫肝，鸭舌，鸭翅
东方先导糖酒有限公司	玉棠	食糖小包装系列
上海大瀛食品有限公司	图案（大瀛）	肉鸭及制品
上海海丰米业有限公司	图案（海丰）	海丰优质大米
上海市食品（集团）有限公司	上食	清真牛羊肉系列
上海万有全（集团）有限公司	万有全	腌腊制品，豆制品，
水产及冷冻副食品		
上海杏花楼（集团）有限公司新雅粤菜馆	新雅	广式月饼
上海森蜂园蜂业有限公司	森蜂园	蜂产品
上海韦创贸易发展有限公司	诗蒂	喜糖
上海仓桥水晶梨发展有限公司	仓桥	水晶梨
上海新光农贸有限公司	锦绣	黄桃
上海奉叶农副产品配送有限公司	奉叶	上海蜜梨
上海南汇瓜果有限公司	绿妮	西瓜
上海老杜鸭鸭养殖有限公司	老杜	鲜禽（鸭、鸡）制品
上海田博瓜果专业合作社	田博	西瓜、甜瓜
上海禾煜贸易有限公司	图案（禾煜）	南北干货
上海正义园艺有限公司	天寿	蔬菜
上海垠海贸易有限公司	升月	大米
上海练塘叶绿茭白有限公司	练塘	茭白
上海青西禽蛋食品有限公司	淀山湖	禽蛋食品
上海金山银龙蔬菜加工厂	图案（SYL 上海银龙）	新鲜蔬菜、鲜切蔬菜
上海青浦赵屯草莓研究所	赵屯桥	鲜食草莓
上海闽龙实业有限公司	闽龙达	桂元、干荔枝、百合干、木耳、黄花菜、笋干、腌制蔬菜、香菇、干枣、地瓜干、开心果、腰果、松仁、核桃仁、芡实、薏米仁、米仁、茶、莲子、柿饼、葡萄干、蜜枣
上海马陆葡萄研究所	马陆	鲜葡萄
上海孙桥现代农业联合发展有限公司	孙桥	蔬菜

上海桃源科技发展有限公司	圣牌 申风 石笋	南汇水蜜桃
上海都市农商社有限公司	星辉	蔬菜
上海一只鼎食品有限公司	一只鼎	年糕（米面制品系列）
上海松林工贸有限公司	图案（松林）	猪肉
上海永辉羊业有限公司	永辉羊园	羊肉
上海邵万生食品有限公司	邵万生	糟制、醉制水产品
上海全益食品有限公司	老卤锅	酱卤肉制品
上海济洪蔬菜配送中心有限公司	济洪	新鲜蔬菜
上海弘阳农产品有限公司	HYAP（宏洋）	新鲜蔬菜
上海家绿蔬菜专业合作社	家绿	蔬菜
上海健绿花菜专业合作社	新健绿	花椰菜
上海绿笋芦笋种植专业合作社	白狗	芦笋
上海雪国高榕生物技术有限公司	雪榕	金针菇
上海原野蔬菜食品有限公司	菜博士	豆芽
上海汉德食品有限公司	东海渔场	单冻虾仁
上海军安特种蛋鸡场	图案（君安）	鲜鸡蛋
上海绿益果品园艺有限公司	皇母	蟠桃
上海百味林实业有限公司	百味林	炒货、蜜饯、南北货

表 6.2009 年上海市著名商标（食品）

商标名称	使用商品或服务项目	商标注册人
冠生园	糖果、蜂制品、速冻食品、调味品、面制品	冠生园（集团）有限公司
佛手	调味品、味精	
和	黄酒	
华佗	补酒	
大白兔	糖果	
光明	奶及乳制品	光明乳业股份有限公司
红双喜	卷烟	上海烟草（集团）公司
中华	卷烟	
牡丹	卷烟	
龙凤	速冻米面制品	上海国福龙凤食品股份有限公司
杏花楼	月饼、糕点、餐馆	杏花楼食品餐饮股份有限公司
乐惠	大米、粥、盒饭	上海良友（集团）有限公司
海狮	食用精制油	
三添	芝麻油	
福新	面粉	
雪菲力	饮料主剂 碳酸饮料	上海申美饮料食品有限公司
上好佳	休闲食品	上海晨光食品工业有限公司
金枫	黄酒	上海金枫酿酒有限公司
石库门	黄酒	
正广和	饮用水、果汁、汽水	上海正广和饮用水有限公司
光明	冷饮	上海益民食品一厂（集团）有限公司
鼎丰	酱油、乳腐	上海鼎丰酿造食品有限公司
神仙	曲酒	上海神仙酒厂
融氏	玉米胚芽油	上海融氏企业有限公司

爱森	猪肉食品	上海爱森肉食品有限公司
克莉丝汀	面包、糕点	上海克莉丝汀食品有限公司
清美	豆制品	上海清美绿色食品有限公司
川崎	调味用品	上海天天商务实业有限公司
上食	冷却肉、熟食制品	上海市食品（集团）有限公司
阿明	休闲食品	上海三明食品有限公司
喔喔	糖果	上海喔喔（集团）有限公司
力波	啤酒	上海亚太酿酒有限公司
新雅	月饼	上海杏花楼（集团）有限公司新雅粤菜
汉康	豆制品	上海汉康豆类食品有限公司
张小宝	豆制品	上海福生豆制食品有限公司
天喔	休闲食品	上海天喔食品（集团）有限公司
来伊份	休闲食品	上海爱屋食品有限公司
百诺	巧克力	上海百诺食品有限公司
香特莉	西点、月饼	上海铭源实业集团有限公司
老城隍庙	炒货	上海老城隍庙五香豆食品有限公司
生	菊花晶	上海梅林正广和股份有限公司上海咖啡
新农	猪饲料	上海新农饲料有限公司
高博特	非药用营养液	上海高博特生物保健品有限公司
天下粮仓	米	上海天下粮仓米业有限公司
金豆	动物饲料	东方希望企业管理有限公司
梅林	罐头食品	上海梅林罐头食品厂有限公司
昂立	保健食品	上海交大昂立股份有限公司
大江	饲料、鸡肉	上海大江（集团）股份有限公司
元盛	速冻肉制品	上海元盛食品有限公司
新成	猪肉食品、干蔬菜	上海新成食品有限公司
艺杏	豆制品	上海艺杏食品有限公司
台尚	休闲食品	上海台尚食品有限公司
小辣椒	休闲肉制品	上海海湾食品有限公司
百酿工房	蜂蜜、蜂胶	上海融氏企业有限公司
唯加	调味品	上海好唯加食品有限公司
顶味	挂面	上海顶味食品有限公司
早早麦	燕麦食品	上海早早麦食品有限公司
碧纯	纯净水、盐汽水	上海碧纯饮用水有限公司
市中	纯净水、盐汽水	上海市中绞股蓝保健食品有限公司
立丰牌	牛肉干，香肠，鸭肫干	上海立丰食品有限公司
一只鼎	糟醉水产品	上海一只鼎食品有限公司
练塘	茭白	上海练塘叶绿茭白有限公司
高榕	新鲜蔬菜	上海高榕食品有限公司
FINC	鲜食用菌	上海丰科生物科技股份有限公司
大瀛	鸭产品	上海大瀛食品有限公司
图形（海丰）	米	上海海丰米业有限公司
万有全	腌腊制品、冷冻副食品	上海万有全（集团）有限公司
大山合	干食用菌	上海大山合集团有限公司
新长发	糖炒栗子	上海新长发栗子食品有限公司
city	新鲜蔬菜	上海城市蔬菜产销专业合作社

SYL	新鲜瓜果蔬菜	上海金山银龙蔬菜加工厂
赵屯桥	新鲜草莓	上海青浦赵屯草莓研究所
百味林	休闲食品	上海百味林实业有限公司
闽龙达	南北货	上海闽龙实业有限公司
马陆	鲜葡萄	上海马陆葡萄研究所
汇农	肉鸽	上海朱桥王鸽有限公司
沈大成	餐馆、速冻食品	上海沈大成餐饮速食有限公司
稻香村	鸭肫肝	上海市泰康食品有限公司 稻香村肫肝食品分公司
南翔	小笼包	上海南翔速冻食品有限公司
孙桥	新鲜蔬菜	上海孙桥现代农业联合发展有限公司
诗蒂	巧克力、糖果	上海韦创贸易发展有限公司
豫园	止咳梨膏糖	上海老城隍庙五香豆食品有限公司
洪长兴	餐馆、涮羊肉	上海清真洪长兴餐饮食品有限公司
老杜	畜禽制品	上海老杜鸭鸭养殖有限公司
龙门	水产品	上海水产（集团）总公司
邵万生	糟醉水产品	上海邵万生商贸合作公司
三阳盛	南北干货	上海三阳盛食品有限公司
淀山湖	皮蛋、咸蛋	上海青西禽蛋生产联合社 上海青西禽蛋食品有限公司
展望生命	鲜鸡蛋	上海展望科技有限公司
君安	鲜鸡蛋	上海军安特种蛋鸡场
永辉羊园	羊肉	上海永辉羊业有限公司
丁义兴	肉制品	上海丁义兴食品有限公司
S	豆制品	上海市豆制品行业协会
图案	腌制蔬菜	上海绿缘食品有限公司
义林	南北干货	上海义林食品有限公司
图案	粉丝	上海美峰食品有限公司
老大房	糕点、熟食	上海西区老大房实业公司
真	糕点、黑酥糖	上海市泰康食品有限公司 真老大房食品分公司
玉棠	食糖	上海市糖业烟酒（集团）有限公司
瀛丰五斗	米	上海万事发实业总公司
叙友	茶叶	上海黄山茶叶有限公司
嘉密	新鲜水果、米	上海市嘉定区农业技术推广服务中心
仓桥	水晶梨	上海仓桥水晶梨发展有限公司
申凤	蜜露桃	上海团凤农业科技有限公司
馥怡	鲜水果、西红花	上海市崇明县庙镇农技综合服务部
天寿	新鲜蔬菜	上海正义园艺有限公司
白狗	新鲜芦笋	上海绿笋芦笋种植专业合作社

江苏省

江苏省食品工业协会　唐建泽

【2009年纪事】

3 月 27 日，在南京召开了《江苏食品 - 保健食品专辑》编委会会议。会议总结了 2008 年度《江苏食品 - 保健食品专辑》的出版发行工作，研究部署了 2009 年度的工作，对优秀编委进行了表彰。

4 月到 9 月，在全省食品行业积极开展"第四届中国食品工业协会科学技术奖评审活动暨第七届全国食品工业科技进步表彰工作"，积极组织申报，认真做好推荐工作，经过自下而上的推荐程序，向国家上报了一批项目。经国家统一评审，我省有 2 个项目获中国食品工业协会科学技术奖二等奖；2 人获中国食品工业协会科学技术奖自主创新企业家称号；7 个项目获全国食品工业科技进步优秀项目，6 个项目获全国食品工业科技进步优秀企业；3 人获全国食品工业先进科技带头人称号；3 人获全国食品工业先进科技工作者称号。我省是在全国同行业中获奖最多的省份之一，省食协荣获全国食品工业科技进步表彰活动组织工作先进单位称号。

4 月 18 日～ 20 日，组织部分重点食品企业和省内主要烘焙企业参加由中包联和无锡市人民政府联合举办的"中国包装艺术大赛暨太湖之春食品包装与印刷机械博览会"，使与会代表了解了当前国际食品包装行业的设计水平，相互交流了行业信息。

4 月 29 日，在扬州召开了全省营养保健酒研讨会。会议对全省营养保健酒的研发前景有了一个全面的了解，并邀请江南大学余晓斌教授作了"营养保健酒的现状与发展"主题报告，组织与会代表品评我省保健酒与国内知名品牌营养保健酒进行对比，使与会代表开了眼界，取长补短，从而使我省营养保健酒的发展迈上一个新台阶。

5 月 18 日～ 20 日，组织省内部分企业和产品赴漯河参加第七届中国（漯河）食品博览会，南京永鸿食品三大系列肉串热卖，来自广东、浙江、吉林等地的客商竞相与其签订了上万元的购货合同，展示了形象，收到了经济效益。

6 月 9 日～ 12 日，由蒋国宾会长率领的江西省白酒行业代表团一行 16 人来我省参观考察。省食协唐建泽主任、省白酒评委专家组李安陵组长陪同代表团先后考察了双沟酒业、洋河酒厂、今世缘酒业、汤沟酒业，受到了各酒企的热情接待，相互交流了行业信息。

6 月～ 9 月，在全省白酒行业开展白酒产品感观质量鉴评活动，进一步提高全省白酒产品的整体素质和竞争能力，进一步提升苏酒产品的品牌地位。6 月下发通知报名，7 月对报名参加鉴评的产品实施到工厂和市场抽样。9 月 16 日至 18 日在南京召开了江苏省白酒评委专家组扩大会议，组织我省全体白酒国家评委、部分省白酒评委，对全省抽样的 32 个相应水平的原国优、部省优白酒产品进行了鉴评，对 25 个近年来新开发的产品进行了鉴定，对 12 个省内外营养白酒产品进行了品评。通过开展此项活动，加强了全省白酒行业的技术交流，促进了我省白酒产品感观品质和产品质量的进一步提高。

7 月 15 日，组织食品行业人员赴上海参观"第十五届中国国际加工、包装及印刷科技展览会"。

9 月 17 日～ 20 日，组织食品企业赴上海参展"2009 上海品牌食品博览会"。

11 月 5 日～ 7 日，在南通江苏安惠生物科技有限公司召开江苏省食协营养保健品专业委员会 2009 年技术委员会年会，会议总结了技术委员会一年来的工作，相互交流了科技最新成果，明确了 2010 年度技术委员会工作打算，会议还对江波等 10 名同志颁发了"江苏省食协营养保健品技术委员会先进工作者"的"安惠奖"（见附件）。

11 月 18 日～ 20 日，组织部分食品餐饮企业赴上海参观"第十三届中国国际食品、饮料、酒店、餐饮、烘焙、零售设备供应及服务加工展览会"。

12 月 11 日，省经信委组织召开了全省白酒产品质量鉴评暨白酒创新产品发布会，会议发布了全省白酒产品质量鉴评结果，32 个原国优、部省优白酒产品都保持了相应水平，公布了 23 个 2009 年度江苏省白酒创新产品（见附件），对"振兴苏酒突出贡献企业"进行了表彰，优秀白酒企业交流了产品研发、技术创新工作经验，会议还提出了今后三年苏酒发展的目标任务和工作措施，为苏酒的进一步发展指明了方向。

12 月 29 日～ 30 日，在南京召开了江苏省食协营养保健品专业委员会 2009 年年会暨常务理事扩大会议，会议总结了专业委员会一年来的工作，分析全省保健食品行业发展的新情况、新机遇，企业交流了发展情况，并对2010年的专委会工作提出了建议。

【2009年概况】

2009年，面对国际金融危机的严峻挑战和经济运行的新情况、新问题，全省食品工业企业在省委、省政府的正确领导下，深入贯彻科学发展观，团结奋斗，攻坚克难，坚持一手抓当前、一手抓长远，一手抓技改投入、一手抓结构调整，着力解决经济运行和企业发展中的突出矛盾，加强内部管理，努力开拓市场，食品工业各行业全年销售产值保持稳步增长，行业发展取得显著成效。

一、食品工业经济增长率高于全国平均水平

全省规模以上食品企业完成工业总产值2993.13亿元，同比增长19.03%，增速比全国平均水平高1.2个百分点，占全省工业经济份额的4.09%；实现产品销售收入2939.21亿元，同比增长19.52%，占全省工业经济份额的4.13%，实现利税总额507.34亿元，同比增长17.54%，占全省工业经济份额的7.87%，其中：利润208.41亿元，同比增长16.35%，占全省工业经济份额的5.39%。食品产品产量稳中有升，有12个主要产品产量位居全国前10位，全省食品产品平均产销率达98.3%。行业经济运行的主要经济指标如下（见表1、表2）：

表3.2009年“十一五”确定的重点发展行业和鼓励发展行业主要经济指标

（单位：亿元）

分类	指标	企业数	主营业务收入		利税总额		利润	
	行业		本期	增长率%	本期	增长率%	本期	增长率%
重点发展行业	粮油加工业	717	1139.47	23.03	67.25	19.53	42.59	10.80
	肉及肉制品加工业	229	238.58	27.02	22.66	41.98	13.10	32.73
	乳及乳制品制造业	35	33.46	15.22	2.57	39.67	1.23	43.02
	方便休闲食品制造业	65	62.51	10.27	8.08	18.48	4.77	28.57
	酒类产品制造业	133	210.76	24.70	58.41	38.74	25.60	61.62
鼓励发展行业	功能饮料制造业	63	214.35	16.06	27.16	23.12	19.09	23.07
	水产品加工业	208	96.69	2.08	9.22	14.25	5.77	12.48
	调味品及发酵制品制造业	53	38.75	18.10	3.53	-3.81	2.26	-8.50
	食品添加剂制造业	55	42.56	19.55	4.96	50.30	3.39	83.24
	营养保健品制造业	35	27.87	4.62	1.68	-63.56	0.30	-90.08
	精制茶加工	10	1.92	9.71	0.18	28.57	0.09	28.57

二、重点骨干企业支撑作用明显增强

2009年我省重点骨干食品企业经济运行情况较好，对全省食品工业的整体发展起到了强有力的支撑作用。尤其是粮油加工业和白酒制造业，在全省食品工业主营业务收入前20强中，分别占了11家和3家，其中：中粮集团东海粮油工业（张家港）有限公司完成主营业务收入191.75亿元，同比增长18.85%，益海（连云港）粮油有限公司完成主营业务收入99.47亿元，同比增长2.31%；洋河、双沟、今世缘完成主营业务收入分别是39.26亿元、25.17亿元、19.36亿元，同比增长分别达到46.97%、72.74%、38.12%；软饮料制造业的维维集团完成主营业务收入118.44亿元，同比增长8.04%；肉制品制造业的南京雨润完成主营业务收入21.55亿元，同比增长6.76%；休闲食品制造业的昆山统一完成主营业务收入17.85亿元，同比增长3.75%；乳制品制造业的南京卫岗完成7.00亿元，同比增长15.42%；啤酒制造业的大富豪完成10.00亿元，同比增长4.04%；烟草制品业的江苏中烟工业公司（3家烟厂）完成入288.90亿元，同比增长9.18%。

三、实施品牌化战略有新进展

全省食品行业在企业发展规模化、产业布局区域化、优势产品品牌化、投资主体多元化、市场营销网络化等方面迈出了新步伐，取得了新成效，使我省食品行业企业的市场影响力和品牌知名度不断上升。截止目前，江苏食品工业已获得中国名牌产品 26 个、江苏名牌 416 个，获得中国驰名商标 13 个、省著名商标 375 个，其中 2009 年获省级以上称号情况如下（见表 4）：

表 4.2009 年全省食品行业获得品牌、荣誉统计

级 别	荣获荣誉称号	
国 家	2008 ～ 2009 年度中国食品工业协会科学技术奖二等奖项目	2 个
	2008 ～ 2009 年度全国食品工业科技进步优秀企业	6 个
	2008 ～ 2009 年度全国食品工业科技进步优秀项目	7 个
江苏省	江苏名牌产品（含农产品）	133 个
	新认定和重新认定江苏省著名商标	113 个
	“江苏省质量奖”企业	6 个

四、产业结构调整有了新成效

全省食品行业依据产业政策和行业发展重点和方向，加大淘汰落后产能工作力度，利用高新技术改造和提升传统产业，加快调整产品结构，促进产业结构优化。一是规模以上食品企业数量增加迅速。行业统计资料显示，2008 年规模以上企业 1858 家，2009 年新增 422 家，达到 2280 家，增长率达到 22.71%。其中：采盐业由 16 家增加到 19 家，农副食品加工由 1292 家增加到 1610 家，食品制造业 332 家增加到 410 家，饮料制造业由 212 家增加到 235 家，烟草制品业 6 家持平。二是培育扶持重点企业发展。积极培育发展潜力大、带动能力强的企业做大做强。目前，省级以上农业产业化龙头食品企业已达 189 个，其中国家级龙头食品企业 24 家。三是县域特色优势食品产业发展取得新成效。不少市县加大食品产业投入力度，结合本地资源优势，发展特色产业和特色产品，形成具有一定区域特色的食品产业聚集区，涌现了一批对县域经济带动力强和支撑作用明显的食品强县，我省累计已有 8 个县（市）获得全国食品工业强县称号，食品工业对县域经济发展的推动力进一步增强。

五、食品质量安全工作迈出新步伐

一是全省食品企业积极履行其法人是食品安全第一责任人的职责，奉行“食品工业是道德工业”的经营理念，吸取“三鹿事件”教训，严格执行国家标准，增加投入，加强自我检测能力，从源头上保证食品安全。二是企业通过设立食品安全师岗位，将经过专业培训，具备食品安全管理的相关专业知识，并取得国家认可的食品安全师任职资质的专业人员配备在企业的食品安全师岗位上，加强食品安全管理和协调，促使企业“规范行业安全标准”、“规范从业人员资质”、“规范企业内部监督管理”，从而进一步提高企业的食品安全意识、强化食品安全制度、保证食品安全生产标准的目的，取得了比较好的效果。2009 年全省有 70 余人参加了全国统一的食品安全师培训和全国统一资格考试。经过两年的努力，截至目前，全省已培养出食品安全师 280 名，参加培训考试合格学员上岗率达到 98%，初步形成了我省食品生产企业食品安全管理者队伍，为食品企业构筑了一道“食品安全防火墙”。三是省、市、县各有关部门通力合作，已全面建成“横向到边，纵向到底”的省、市、县、乡、村五级食品安全监督责任体系，在地方各级政府的统一领导下，密切配合，加强沟通，按照各自的职责分工，对食品安全加强监管，保证广大人民群众的食品安全。

六、存在问题

在快速发展的同时，我省食品工业依然存在一些突出问题。如企业研发投入明显不足，产品更新换代及新产品开发速度难以满足不断增长变化的市场需求，适应消费结构升级的方便、功能型产品不多，高附加值产品比重偏低，资源综合利用和生态环境保护滞后于行业发展；企业平均规模小，产业集中度低。规模以下食品企业占 90% 以上，质量安全水平低，行业“小、散、差”的状况尚未得到有效改变；技术装备水平总体不高，多数企业缺少现代化的成套流水线，物耗、能耗偏高;配套服务体系不完善，围绕食品工业发展的社会化流通和服务网络尚未形成，冷链物流发展尚处于起步期，电子商务、贸易和加工配送体系不完善，围绕骨干食品企业的配套协作产业滞后等。

【固定资产】

2009 年，江苏省食品行业固定资产投资总额 284.18 亿元，其中：农副食品加工业 129.19 亿元，食品制造业 106.14 亿元，饮料制造业 42.65 亿元，烟草制品业 6.20

亿元。与此同时，投资总额中新建投资为 198.93 亿元，扩建投资 53.63 亿元，改建投资 31.62 亿元。在固定资产投资中，全年施工项目为 708 个（其中新开工 503 个），全部建成投产项目 484 个，投产率达 46.28%，其中：农副食品加工业项目 383 个（新开工 282 个），全部建成投产项目 270 个，其项目建成投产率为 70.5%；食品制造业项目 231 个（新开工 152 个），全部建成投产项目 159 个，其项目建成投产率为 68.8%;饮料制造业项目 90 个（新开工 67 个），全部建成投产项目 54 个，其项目建成投产率为 60%；烟草制品业项目 4 个（新开工 2 个），全部建成投产项目 1 个，其项目投产率为 25%。

【行业管理】

2009 年，省食品工业协会立足行业服务平台，围绕行业企业转变发展方式，提升行业竞争力，深化行业管理手段，加强协会自身建设，更好地发挥桥梁和纽带作用，开展了一些行业工作。

一、发布行业信息，引导和协调食品重点产业发展

食品工业是我省工业经济的重要组成部分，是江苏轻工业中的第一大产业，也是全省制造业中经济总量超 2500 亿元的重要产业之一。我省食品工业又是一个传统产业，如何引导和协调食品重点产业的发展，是事关全省食品行业竞争力的大事。食品工业经济运行信息是食品企业确定发展规模、制订经营计划的重要参考资料，是政府制定和完善政策的依据，为此我们发挥行业协会收集信息的渠道作用，归纳分析，发布行业信息，为指导全省食品行业发展服务。一是通过省经贸委《经贸动态》发布 2008 年度全省食品行业发展和运行情况，公布全省食品工业主要经济指标、主要产品产量、重点行业运行情况分析、品牌化战略成果和食品安全工作情况等，使经贸系统和食品行业进一步加深对产业发展状况的了解，引导整个产业的有序发展。二是通过由协会主办的《江苏食品》杂志这个服务平台，及时将国家和我省有关食品行业发展的政策信息传递给服务对象，供地方在制定政策措施、申报有关项目等方面参考，让企业了解行业动态。通过信息发布，使媒体、全行业尤其是食品企业了解了全省食品工业生产经营等动态信息，以及运行中各行业的特点和问题，从而为各地政府、食协掌握情况，为指导食品行业发展提供了有效的服务。三是积极参与编制修订省市轻工业调整和振兴规划纲要论证，为食品产业结构调整作贡献。我们先后参与省、南通、宿迁等市的轻工食品工业调整和振兴规划纲要的专家评审会，提出合理的建议，用规划的形式确定下来，从而来引领全省重点产业的调整和产品结构的调整，同时也为全省食品行业做好桥梁纽带发挥好作用。

二、加大食品产业科技创新工作力度，促进行业发展

科技创新是全省食品行业、包装企业的追求，是产业之魂。科技创新能力是企业发展的关键，也是衡量企业经营水平高低的主要标志。为此我们做了几件事：一是抓住契机推动全省食品行业技术进步和创新。我们趁中国食协在全国开展第四届“中国食品工业协会科学技术奖评审活动暨第七届全国食品工业科技进步表彰工作”的契机，下发通知，要求各市对照文件，积极组织申报，认真做好推荐工作。经过自下而上的推荐程序，召开专家审定会，向国家上报了一批项目，经国家统一评审、公示等程序，我省共有 2 个项目荣获全国食品工业协会科学进步奖二等奖，有 2 人荣获中国食品工业协会科学技术奖自主创新企业家称号，有 7 个项目荣获全国食品行业科技进步优秀项目，有 6 家企业荣获全国食品行业科技进步优秀企业，3 人荣获食品工业先进科技带头人称号，3 人荣获食品工业科技进步先进科技工作者称号。我省是在全国同行业中获奖表彰最多的省份之一。我们的工作受到中国食品工业协会表彰，荣获全国食品工业科技进步表彰活动组织工作先进单位称号。二是为科研院所与企业对接搭建服务平台，加大产学研结合。今年我们召开营养保健品行业 2009 年技术委员会会议，搭建了产学研服务平台，与会专家、教授、企业代表站在不同层面交流。

三、积极开展对全省白酒产品进行感官质量鉴评活动，提高江苏白酒产品整体素质和竞争力

为认真落实全省工业大会提出的“传统产业要加快产业整合，优化产品结构，打造知名品牌”的要求，按照罗省长“传统产业重在‘做精’”的指示精神，加强全省行业间技术交流，提高产品质量，展示产品形象，拓展消费市场，进一步提高全省白酒产品的整体素质和竞争力，进一步提升苏酒产品的品牌地位，我们开展了对全省白酒产品感官质量鉴评活动。在中食协白酒专业委员会的指导下，组织我省白酒国家专家评委、部分白酒省评委，经 13 轮感官鉴评打分，对全省上报的 32 个保持相应水平的原国优、部省优的白酒产品进行了感官鉴评，对 25 个近年来新开发的产品进行了鉴定，对 12 个省内外营养白酒产品进行了品评。专家组在审定时一致认为，全省白酒产品质量总体水平比前几年大有提高，32 个原国优、部省优白酒产品都保持了相应水平，近年来又涌现了一批新开发的创新产品，共有 23 个产品感官质量均达到省优创新产品标准。通过开展白酒鉴评活动，就是要发挥鉴评活动对促进企业产品质量提高的积极作用，促使全省白酒产品感官品质和产品质量更

进一步的提高，江苏白酒板块整体形象进一步提升，江苏白酒在全国应有的地位进一步提升。

四、推动食品工业强县和食品龙头企业的建设，促进县域经济发展

食品工业作为我省重要的传统产业和县域经济发展的支柱产业，建设食品工业强县（市、区）已成为富民强县的重要举措。在这一方面，一是积极组织申报食品工业强县。按照全国食品工业强县（市、区）的申报条件，有重点地培育、指导、推荐。经过推荐、考核、评审等选拔程序，我省先后有8个县（市、区）被国家认定为全国食品工业强县（张家港、大丰、常熟、阜宁、通州、东台、兴化、溧水）。其中溧水县被认定为全国食品工业十大特色县。二是积极组织申报全国食品工业优秀龙头企业。我们依据优秀龙头企业申报条件，经过自下而上的推荐程序，择优选强，推荐了省内有一定知名度、影响力的部分龙头食品企业上报，共有36家骨干企业获批准为全国食品工业优秀龙头企业。三是对溧水县走持续发展之路，发挥生态资源优势，推行绿色食品战略，成为全国食品工业十大特色县的做法和经验进行了总结，指导面上的工作。该县在“环境优先”发展战略中，大力发展以绿色食品、生态食品、有机食品、特色食品为主的现代食品工业，使得溧水成为了全国最大的黑莓生产基地、全省最大的话梅生产基地和国内最大的有机食品试验示范基地，而四大类几十个品种的有机食品通过了美、欧、日等发达国家的相关认证。他们在发挥规模效益、内引外联、体制机制创新等方面也进行了大量探索，为推进食品工业与现代农业化协调发展，带动县域其他相关产业的发展提供了经验，对指导全省食品工业强县的建设和全行业发展，进一步提高重点行业在整个食品工业中的比重有着较强的指导作用。

五、组织宣贯《食品安全法》，培养了一批我省急需的食品安全师人才

今年2月28日经第十一届全国人民代表大会常务委员会第七次会议通过的《食品安全法》于6月1日起正式实施。食品安全是关乎民生、关系广大人民群众身体利益、生命安全的大事，《食品安全法》的颁布实施，为食品安全提供了法律保障、法律支持和执法依据，无论是各级人民政府及其相关职能部门依法做好食品安全监督管理工作，还是各类食品生产和经营者依法实施食品生产和经营并切实依法维护自身的合法权益，以及广大社会公众在食品消费中依法维护自身的生命健康权益和财产权益，认真学习并切实掌握好《食品安全法》都是至关重要的，作为全省食品生产企业的行业性组织，宣贯《食品安全法》是义不容辞的职责，为此我们做了几项工作：一是下发通知宣贯《食品安全法》的重要意义，指导各地食品行业协会，加强《食品安全法》的宣贯力度，进一步强化企业是食品安全第一责任人的意识。二是组织食品安全师上岗情况信息反馈调查。为进一步配合政府相关职能部门加强食品安全监管工作，做好食品安全师队伍的培养、配备、监管，对已参加食品安全师培训的学员进行了上岗情况信息反馈。通过调查，食品企业参加培训的学员上岗率达到98%。三是继续实施食品安全师培训工作。根据《食品安全法》第32条“要配备专职或兼职食品安全管理人员”的规定，做好有关培训准备工作，继续实施食品安全师培训工作，配备到一线企业，为食品企业构筑“食品安全防火墙”，为改善我省食品安全履好职，尽好责。四是在全国打击违法添加非食用物质和滥用食品添加剂专项整治工作中，积极配合有关部门，制定出台江苏食品工业行业自律公约，倡导遵守政策法规，诚信执业，诚信经营，诚信服务，维护公平竞争，共建行业自律。

六、加快信息沟通，为行业之间构筑服务平台

开展行业间经贸交流合作，加强信息沟通，是行业协会为企业服务的一种手段，通过行业间的信息交流，为行业企业之间构筑服务平台。一是办好《江苏食品》和《江苏包装信息》行业内刊服务平台，为行业、为企业提供必要的信息沟通交流服务。二是搭建交流服务平台，组织江苏食品产品走出去。4月份组织食品企业、包装企业参观“2009中国包装艺术大赛暨太湖之春食品包装与印刷机械博览会”；5月份组织食品企业赴漯河参加第七届中国（漯河）食品博览会；7月份组织食品行业人员参观第十五届中国国际加工、包装及印刷科技展览会；9月份组织食品企业参加2009上海品牌食品博览会；11月份组织食品餐饮企业参加“第十三届中国国际食品、饮料、酒店、餐饮、烘焙、零售设备及供应服务展览会”；三是加强行业协会之间交流对接平台。4月份、11月份分别赴山西、湖南参加部分省市协作交流会议，5月份参加第五次长三角健康食品联席会议，为加强食品行业协会之间的联系与交流和合作发挥平台服务功能。

七、突出重点行业和工作重点，为重点企业进行个性化服务

我们以进入全省食品行业100强企业和食品各行业销售收入前10名的企业以及包装行业骨干企业为重点服务对象，有针对性地个性化服务。一是在企业申报江苏省著名商标时提供行业服务，接受省工商局委托，按照《江苏省著名商标认定和保护办法》的有关规定，结合全省食品行

业实际情况，在企业规模、销售收入、利税总额、行业排名、产品市场占有份额、产品的安全性、企业诚信度等方面进行综合评价，今年为96家食品企业出具行业意见，为认定工作提供了依据。二是做好第三届调味品国家评委的推荐选拔工作。组织我省7名调味品国家评委和特邀评委参加在南京的培训考核，提高调味品行业科技人员的专业水平，为江苏的调味品行业发展培育了高级人才。三是做好肉、禽、水产制品国家评委的推荐选拔工作。为适应行业发展需要，提高肉、禽、水产制品行业科技人员的专业水平，中食协选拔一批新的感官品评评委，我们积极在全省肉制品行业内推荐选拔，现推荐18人参加国家肉禽、水产制品国家评委的考聘，为我省该行业的发展打了坚实基础。

八、加强协会自身建设，更好地发挥桥梁纽带作用

作为全省食品行业管理部门，要想做好行业管理，开展好服务工作，关键是秘书处自身建设要过硬。为此：一是组织好干部职工学习十七大文件精神和落实科学发展观的专题学习，提高全体干部职工的思想素质，进一步增强做好工作的自觉性。二是积极筹备做好协会的换届工作，完善充实行业组织体系。三是探索业务工作新领域，积极稳妥开展投资项目节能评估工作，结合开展服务工作，合理进行创收，确保协会工作的正常运转。四是加强党风廉政建设责任制的贯彻落实，注重内部制度的落实。五是关心干部职工的切身利益，努力营造协会内部的和谐团结向上的良好氛围。六是做好文档资料整理和食品年鉴（江苏分述）的撰写工作。

【名牌产品】

根据省政府《关于大力推进名牌品牌创建工作的意见》（苏政发〔2007〕93号）和《关于加快推进工业结构调整和优化升级的实施意见》（苏政发〔2009〕69号）精神，江苏省名牌战略推进委员会开展了2009年江苏名牌产品评价工作。经专家评审，并对产品技术、质量、规模、市场占有率、品牌知名度等方面进行比较认证，共有773个产品确认为2009年江苏名牌产品，其中食品（农产品）共133个（见下表）。

序号	产品名称	企业名称
1	凝瑞牌植脂奶油	盐城顶益食品有限公司
2	惠泉牌无锡毫茶	无锡市茶叶品种研究所有限公司
3	庭山牌洞庭山碧螺春茶	苏州市吴中区庭山碧螺春茶叶有限公司
4	鑫品牌金坛雀舌茶	江苏鑫品茶业有限公司
5	久宏牌久宏绿茶	南京久宏茶业有限公司
6	巨鹿牌绿茶	金坛市茅麓茶厂
7	金鹿牌茅山青锋	江苏茅山青锋茶叶有限公司
8	剑门牌绿茶	常熟市维摩剑门绿茶有限公司
9	古涵牌洞庭山碧螺春茶叶	苏州涵村茶业有限公司
10	宜竹牌阳羡雪芽	宜兴市太华镇乾元茶场
11	阳湖新月牌绿茶	常州阳湖新月茶业有限公司
12	二泉映月牌太湖翠竹茶	无锡太湖翠竹茶业有限责任公司
13	协联牌食品添加剂柠檬酸	宜兴协联生物化学有限公司
14	恒顺牌食醋	江苏恒顺醋业股份有限公司
15	苏美牌酿造食醋、酿造酱油	江苏苏美食品有限公司
16	万通牌酿造酱油、酿造食醋	徐州恒顺万通食品酿造有限公司
17	香雪牌味精	常州天香集团有限公司
18	顶能牌调味品	江苏顶能食品有限公司
19	小康牌牛肉酱	江苏小康食品有限公司
20	统一牌方便面、饮料	昆山统一企业食品有限公司
21	穗儿牌挂面	苏州市吴中区木渎穗儿食品厂
22	小精灵牌小麦种子	江苏省洪泽湖农场种子公司
23	渠星牌啤酒大麦	射阳淮农农业服务中心
24	南山牌小麦粉	江苏省银河面粉有限公司
25	飞业牌小麦粉	江苏省银河飞业面粉有限公司
26	六朝松牌小麦粉	维维六朝松面粉产业有限公司
27	金叶牌小麦粉、挂面、大米	江苏金叶粮油食品有限公司
28	江海牌小麦粉	南通博爱面粉有限公司
29	苏缘牌小麦粉	徐州苏源面粉有限公司
30	蓝牛牌小麦粉	徐州三牛面粉有限公司
31	名佳牌小麦粉	扬州市名佳面粉有限公司
32	隆元牌大米	宜兴市粮油集团大米有限公司
33	淮安大米牌大米	淮安市优质稻米开发协会
34	远望牌大米	南京远望富硒农产品有限责任公司
35	祥兴牌大米	兴化市祥兴精制米厂

接上表

36	华江牌大米	海安县江山米业有限公司
37	家缘牌大米	宿迁市苏北粮油有限公司
38	晚优牌大米	沭阳县华源米业有限公司
39	贤人牌大米	兴化市贤人米业有限公司
40	安宜牌特等籼米	扬州宝泰米业有限公司
41	汉戌堂牌沛县鼋汁狗肉	徐州汉戌堂食品有限公司
42	梅香牌松花皮蛋、咸蛋	泰州市梅香食品有限公司
43	红太阳牌高邮咸鸭蛋、高邮松花蛋	高邮市红太阳食品有限公司
44	三湖牌咸鸭蛋、松花蛋	高邮市三湖蛋品有限公司
45	雪山牌雪山鸡	常州市立华畜禽有限公司
46	可可牌樱桃谷 SM3 商品代鸭苗	江苏众诚鸭业有限公司
47	洋河牌白酒	江苏洋河酒厂股份有限公司
48	蓝瓷牌白酒	江苏洋河酒厂股份有限公司
49	敦煌牌白酒	江苏洋河酒厂股份有限公司
50	美人泉牌白酒	江苏洋河酒厂股份有限公司
51	蓝色经典牌白酒	江苏洋河酒厂股份有限公司
52	今世缘牌白酒	江苏今世缘酒业有限公司
53	国缘牌白酒	江苏今世缘酒业有限公司
54	分金亭牌白酒	江苏分金亭酒业有限公司
55	品王牌白酒	江苏品王酒业集团股份限公司
56	汤沟牌白酒	江苏汤沟两相和酒业有限公司
57	两相和牌白酒	江苏汤沟两相和酒业有限公司
58	沙洲牌黄酒	江苏张家港酿酒有限公司
59	水明楼牌黄酒	南通白蒲黄酒有限公司
60	百花漾牌黄酒、吴宫老酒	苏州市百花漾酿造有限公司
61	鸳栖牌黄酒	苏州市中南酿造有限公司
62	丰登牌黄酒（封缸酒）	金坛丰登酒业有限公司
63	天目湖牌啤酒	重庆啤酒集团常州天目湖啤酒有限公司
64	大富豪牌啤酒	江苏大富豪啤酒有限公司
65	通州牌啤酒	江苏大富豪啤酒有限公司
66	王子牌啤酒	中国江苏三得利食品有限公司
67	三泰牌啤酒	江苏三泰啤酒有限公司
68	房亭牌食用酒精	徐州香醅酒业有限公司
69	洋口港牌海蜇	南通洋口港实业有限公司
70	榆城牌长江系中华绒螯蟹苗	江苏榆城集团有限公司
71	金水牌中华绒螯蟹	江苏泗洪县金水集团
72	佳健牌中华绒螯蟹	宿迁楠景水产食品有限公司
73	湖丰牌中华绒螯蟹	江苏湖丰特种水产品科技有限公司
74	Hufeng 牌中华绒螯蟹	江苏湖丰特种水产品科技有限公司
75	陈长荣牌中华绒螯蟹	盐城市陈长荣大纵湖大闸蟹有限公司
76	天目湖牌砂锅鱼头及真空包装鱼头	江苏天目湖宾馆有限公司
77	银水湾牌加州鲈鱼	溧水县明觉水产养殖场
78	奇水牌青虾	南京奇水工贸有限公司
79	玉兔牌香肠香肚	南通玉兔集团有限公司
80	如皋牌肉制品（肉松、火腿、香肠）	江苏长寿集团股份有限公司
81	长寿牌天然肠衣	如皋市坝新肠衣有限公司
82	飞凤牌双凤爊鸡	太仓市飞凤食品有限公司
83	桂花牌盐水鸭	南京桂花鸭（集团）有限公司
84	馋神牌风鹅	扬州馋神集团有限公司
85	王四酒家牌叫化鸡	常熟市王四酒家
86	宁富牌肉圆	江苏宁富食品有限公司
87	苏食牌鲜、冻分割猪肉	江苏省食品集团有限公司
88	苏太牌苏太猪（肉）	江苏苏太企业有限公司
89	金琪洋牌猪肉	沭阳县商业肉联厂
90	天环牌猪肉	南京天环食品（集团）有限公司
91	双鱼牌猪肉脯	靖江双鱼食品有限公司
92	可其牌猪肉脯	靖江三阳食品有限公司
93	樵依牌饮用纯净水	昆山樵依饮用水有限公司
94	润发一世牌瓶装饮用纯净水	徐州润发一世超纯水有限公司
95	图形牌速冻蔬菜	江苏中宝食品有限公司

96	欣晖牌脱水蔬菜	泰州市欣晖食品有限公司
97	天娇牌糖水黑莓罐头、黑莓汁	南京新得力食品有限公司
98	金梅牌冷冻蔬菜	江苏省粮油食品进出口集团股份有限公司
99	万里雪牌冷冻蔬菜	徐州鲜之源食品有限公司
100	谢清华牌大蒜	徐州清华蒜业有限公司
101	阿里山牌炒货食品	江苏阿里山食品有限公司
102	旺达（图案）牌牛蒡	徐州旺达农副产品有限公司
103	八集牌八集小花生果	宿迁市八集花生制品有限公司
104	厚余牌樟树苗木	江苏艺林园花木有限公司
105	三业牌咸秧草	扬中市三叶咸秧草有限公司
106	大浮牌杨梅	无锡太湖山水城旅游度假区果农协会
107	虎翼牌水产饲料	江苏海辰科技集团有限公司
108	绿博士牌水产饲料	江苏海辰科技集团有限公司
109	水神牌水产饲料	常州神龙饲料有限公司
110	正昌牌畜禽饲料	徐州正昌饲料有限公司
111	口福牌大豆油	益海（连云港）粮油工业有限公司
112	葵王牌食用植物油	江苏金太阳油脂有限责任公司
113	金太阳牌食用植物油	江苏金太阳油脂有限责任公司
114	益众牌食用植物油	姜堰市益众油脂有限责任公司
115	东宝牌大豆油、动物饲料	江苏东宝粮油集团有限公司
116	老山牌蜂蜜、蜂王浆冻干粉	南京老山药业股份有限公司
117	康弘牌蜂蜜	江苏康弘保健品有限公司
118	金和屋牌紫菜	启东金和食品有限公司
119	新中牌腐乳	江苏新中酿造有限责任公司
120	星云牌干茧	江苏民星茧丝绸股份有限公司
121	隆力奇牌纯蛇粉	江苏隆力奇生物科技股份有限公司
122	富仁牌癞葡萄有机茶、癞葡萄有机营养液、癞葡萄有机保健胶囊	无锡市富仁生物科技有限公司
123	晶花牌植脂末	苏州市佳和食品工业有限公司
124	瑞年牌氨基酸片	无锡瑞年实业有限公司
125	脑白金牌脑白金胶囊、口服液	无锡健特药业有限公司
126	万山红遍牌水蜜桃、梨	镇江万山红遍农业园
127	親親牌八宝粥罐头	扬州欣欣食品有限公司
128	固城湖牌河蟹	南京固城湖水产实业有限公司
129	继生牌葡萄	句容市老方葡萄科技示范园
130	爱生牌首乌精粉（速溶）、首乌片	盐城金昉首乌科技发展有限公司
131	三和牌酱菜	扬州三和四美酱菜有限公司
132	四美牌酱菜	扬州三和四美酱菜有限公司
133	瑞盛牌蘑菇	沭阳县耿圩镇农业技术综合服务中心
134	云兔牌草莓	镇江市草莓协会

【著名商标】

根据《江苏省著名商标认定和保护办法》（省政府令157号）的规定，2009年度，江苏省工商行政管理局开展了江苏省著名商标认定工作，对届满三年的江苏省著名商标和新申请认定的商标进行认定，重新认定了377件，新认定了283件注册商标为“江苏省著名商标”，其中食品行业重新认定和新认定113件（见下表）。

2009年江苏省著名商标名单

序号	商标名称	商标注册人（利害关系人）	核定使用商品（服务）
1	宇航	东台市宇航奶业有限公司	鲜牛奶等
2	宁富	江苏宁富食品有限公司	生肉食
3	三鸿＋图	江苏三鸿食品有限公司	肉松
4	伊香及图	靖江伊香食品有限公司	猪肉脯、牛肉干、香肠等
5	百路	江苏省百路养殖实业公司	猪肉、牛肉、非活家禽等
6	神仙及图	连云港神仙紫菜有限公司	紫菜
7	口福	益海（连云港）粮油工业有限公司	植物油
8	沙沟	新沂市沙沟香油有限公司	香油
9	葵王	江苏金太阳油脂有限责任公司	食用油、食用菜油、玉米油等

接上表

10	旺润	江苏雨润食品产业集团有限公司	加工过的肉
11	马市街	徐州市金悦饮食服务有限公司	肉汤
12	苏食	江苏省食品集团有限公司	肉干、肉脯、肉松等
13	黄墩湖	宿迁天之香食业有限公司	食用腌黄豆、腌豆
14	魏胖子 + 图	南京魏胖子食品贸易有限公司	肉制品（酱卤肉制品）、酱牛肉系列、盐水鸭系列
15	馋神	江苏馋神集团有限公司	猪肉食品、腌肉、死家禽等
16	双山岛及图	张家港市福江资源开发有限公司	蛋等
17	千禧福	东台市千禧福冷冻食品有限公司	猪肉食品
18	源创	南京源创禽业发展有限责任公司	蛋
19	板浦	灌云县板浦东达肉制品厂	香肠、猪肉食品、腌肉等
20	一休	连云港雅玛珂紫菜有限公司	紫菜等
21	八集	宿迁市八集花生制品有限公司	加工过的瓜子、加工过的花生、加工过的开心果等
22	邮星	高邮市邮星食品有限公司	皮蛋（松花蛋）、咸蛋等
23	海悦	江苏海悦实业有限责任公司	蛋、豆腐、豆腐制品等
24	杰龙	江苏杰龙农产品加工有限公司	食用油等
25	正凰	太仓市好滋味食品有限公司	蛋、非活家禽等
26	天贵及图	句容市茅山天贵老鹅酒店	火腿、死家禽、腌制鹅
27	外婆湾	淮安市外婆家食品有限公司	腌鱼、醉鱼等
28	顶能及图	江苏顶能食品有限公司	鱼制食品、海米、干贝
29	味之琦	南通守俊味业食品有限公司	腐乳、腌制蔬菜、紫菜等
30	圆绿	涟水县高沟绿缘捆蹄厂	猪肉食品、香肠、腌肉
31	佳健	宿迁楠景水产食品有限公司	虾（非活）、贝壳类动物（非活）、甲壳动物（非活）等
32	图形	宿迁市林子食用菌有限公司	冬菇、木耳、干食用菌等
33	营养旋风	连云港好丽友食品科技有限公司	紫菜、海带等
34	大瑭	阜宁沟墩禽蛋专业合作社	蛋、咸蛋、皮蛋（松花蛋）等
35	美禾	淮安金未来油脂有限公司	食用油脂
36	松鹤	无锡市天天食品有限公司	油面筋
37	维扬	扬州维扬豆制食品有限公司	豆制品
38	三园	江苏省宿迁市三园调味品有限公司	酱油、醋
39	稻香村 DXC	苏州稻香村食品工业有限公司	果子面包、糕点
40	云雪	徐州云雪面粉有限公司	面粉、谷类制品
41	金叶	江苏金叶粮油食品有限公司	面粉、大米、挂面
42	劍门	常熟市维摩剑门绿茶有限公司	茶叶
43	勤梅	无锡市惠山区藕塘勤建茶场	茶
44	丹玉	镇江丹玉食品有限公司	米、面粉（包括五谷杂粮）
45	孙悟空及图	连云港金五食品有限公司	食用淀粉、粉条、粉丝等
46	碧螺	苏州市东山茶厂	茶及茶叶代用品等
47	金山寺	镇江市恒康调味品厂	酱油、醋
48	美麗家	昆山永诚食品工业有限公司	蛋糕
49	老周	盐城市老周食品有限公司	糕点、面包、豆腐干
50	双兔	江苏双兔食品股份有限公司	米、面粉
51	四季红	江苏苏美食品有限公司	酱油、醋
52	晶品	南京速冻食品有限公司	面包、汉堡包、糕点、蛋糕等
53	绿柳居	南京金都饮食服务有限公司	豆制品、小包子（商品）
54	玉禾	淮安市华鼎粮油有限责任公司	面粉、大米
55	句曲	句容市赵庄林苗场	茶、红茶、绿茶等
56	苏王	淮安市恒晟米业有限公司	大米、面粉
57	沁雪及图形	金坛市江南制粉有限公司	谷类制品、面粉、生糯粉等
58	甘泉山	盱眙县金禾米业有限责任公司	大米、面粉
59	苏三零及图	江苏三零面粉有限公司	面粉、食用面粉、米等
60	三邦	扬州三邦生物工程有限公司	食用蜂胶（胶囊剂、片剂）、蜂蜜等
61	元创	南通麦蒂酥食品有限公司	糕点、饼干、面包等
62	久宏	南京久宏茶业有限公司	茶叶
63	苏及图形	金坛市江南春米业有限公司	米、谷类制品、锅巴等
64	黄金	无锡健特药业有限公司	非医用营养粉、非医用营养液等

接上表

65	川城	常熟市川城茶厂	茶叶
66	南之缘及图	靖江南园樱花宾馆有限公司	包子、汤包
67	淞湖+图	南京沙塘庵粮油实业有限公司	米
68	宜竹	宜兴市太华镇乾元茶场	茶、茶叶代用品
69	健治一号	江苏健治一号高科技集团有限公司	非医用营养粉、非医用营养胶囊、非医用营养液等
70	袁龙	徐州龙龙食品有限公司	冰淇淋、冰糕
71	邓尉山	苏州市邓尉茶叶有限责任公司	茶、茶叶代用品
72	五峰迎春	镇江市五峰茶场	茶、茶叶代用品
73	吟春碧芽	江苏吟春碧芽股份有限公司	茶等
74	吴侬	苏州市东山吴侬碧螺春茶叶专业合作社	茶、茶叶代用品等
75	周维龙	扬中市绿健苦瓜茶厂	茶叶代用品、苦瓜茶、非医用营养胶囊
76	图形	天宁香料（江苏）有限公司	食用芳香剂等
77	二泉印月	无锡太湖翠竹茶业有限责任公司	茶
78	泗原	江苏省泗棉种业有限责任公司	棉花种子
79	大华	江苏省大华种业集团有限公司	农作物种子
80	大浮	无锡太湖山水城旅游度假区果农协会	鲜水果、杨梅、水蜜桃等
81	神园	张家港市神园葡萄科技有限公司	鲜水果、鲜葡萄、植物用种苗等
82	太湖绿	苏州西山国家现代农业示范园区有限责任公司	鲜水果、新鲜蔬菜、植物等
83	黄川及图	东海县黄川镇农业技术推广站	新鲜草莓、鲜水果、新鲜蔬菜等
84	石梁河	连云港市巨峰果品有限公司	新鲜草莓、鲜水果、新鲜蔬菜等
85	阳山	无锡市惠山区阳山水蜜桃桃农协会	桃子
86	水中仙	昆山市水产有限公司	蟹（活）、虾（活）、活鱼等
87	东宝	江苏东宝粮油集团有限公司	动物饲料
88	小精灵	江苏省洪泽湖农场种子公司	麦类种子、水稻种子等
89	百菌健	江苏安惠生物科技有限公司	鲜食用菌、菌种等
90	惠农神星	徐州惠农鸭业有限公司	饲料
91	丰苑及图	益海（连云港）粮油工业有限公司	饲料等
92	群鑫	连云港群鑫工贸有限公司	未加工谷种、植物种籽等
93	盱眙龙虾	江苏省盱眙龙虾协会	龙虾（活）
94	云盛及图	江苏省云台农场	小麦、未加工的稻、新鲜蔬菜等
95	泓膏	江苏红膏大闸蟹有限公司	蟹（活的）、虾（活）、龙虾（活）等
96	金星力克斯	太仓市金星獭兔有限公司	活动物、种家禽、活家禽等
97	佰绿吉	江苏中兴农业科技有限公司	鲜水果、新鲜蔬菜、甜瓜等
98	晶隆	江苏晶隆海洋产业发展有限公司	新鲜蔬菜等
99	飘之霖	无锡华晶飘之霖有限公司	不含酒精饮料
100	胡大祥	徐州胡大祥太空饮品有限公司	水（饮料）、矿泉水、果汁饮料（饮料）
101	润发一世	徐州润发一世超纯水有限公司	水（饮料）、矿泉水（饮料）
102	敦煌	江苏洋河酒厂股份有限公司	酒
103	旦阳	江苏省丹阳酒厂	各种酒
104	百花漾	苏州市百花漾酿造有限公司	酒
105	沙洲 SZ	江苏张家港酿酒有限公司	酒
106	锡山	无锡市振太酒业有限公司	黄酒
107	虞美人	江苏古楼春酒业有限公司	酒
108	秦淮	江苏秦淮酒业有限公司	酒（饮料）
109	惠泉	无锡市振太酒业有限公司	黄酒
110	大风歌	徐州丰泉酒业有限公司	果酒（含酒精）、酒精饮料（啤酒除外）
111	两相和及图	江苏汤沟两相和酒业有限公司	酒（饮料）、烧酒等
112	蓝色经典	江苏洋河酒厂股份有限公司	酒（饮料）等
113	东塔	东台市天成酒业有限公司	酒（饮料）等

2009年江苏省食品工业主要产品产量

产品名称	单位	产量	同比增幅%	全国产量	在全国位次	全国平均增幅%
原盐	万吨	453.04	-1.54	5845.10	4	5.60
小麦粉	万吨	636.60	3.96	8695.20	5	14.13
大米	万吨	555.29	36.69	6305.30	6	28.54
饲料	万吨	161.51	3.31	7155.57	15	26.16
精制食用植物油	万吨	467.49	-4.52	3280.19	2	22.89
鲜、冷藏肉	万吨	19.60	-5.19	1637.26	17	39.94
冷冻水产品	万吨	12.36	-20.80	347.23	6	20.82
糕点	万吨	1.18	-29.35	98.04	17	6.41
饼干	万吨	1.77	1.88	343.07	18	18.59
糖果	万吨	3.67	9.56	145.31	12	19.98
速冻米面食品	万吨	2.97	-11.78	247.33	9	18.75
方便面	万吨	18.50	9.38	573.78	11	11.53
乳制品	万吨	95.20	16.18	1935.12	8	12.88
其中：液体乳	万吨	93.58	16.67	1641.64	5	13.49
罐头	万吨	11.98	31.80	745.07	16	19.45
味精	万吨	5.56	9.89	254.98	12	10.84
酱油	万吨	10.26	-13.05	503.30	8	28.86
冷冻饮品	万吨	3.75	5.04	233.90	16	6.03
发酵酒精	万千升	84.65	80.27	731.74	2	6.06
饮料酒	万千升	280.57	-2.75	5188.56	8	9.50
其中：白酒	万千升	34.14	10.72	706.93	8	23.82
啤酒	万千升	236.52	-4.68	4236.38	7	7.09
葡萄酒	万千升	0.09	45.82	96.00	16	27.63
软饮料	万吨	305.84	20.93	8086.21	10	24.33
其中：碳酸饮料	万吨	70.91	19.43	1254.24	6	7.09
包装饮用水	万吨	69.23	13.19	3159.03	14	24.60
果汁蔬汁饮料	万吨	45.55	12.37	1447.61	12	37.68
卷烟	亿支	924.57	3.37	22908.61	11	3.17

荣获者名录

荣获第四届中国食品工业协会科学技术奖"二等项目"名单

企业名称	项目名称
江苏雨润食品产业集团有限公司	火腿肠防霉控制技术研究及应用
南京桂花鸭（集团）有限公司	传统中式盐水鸭系列产品工业化、标准化、信息化的实现

荣获第四届"中国食品工业协会科学技术奖"自主创新企业家名单

企业名称	企业家姓名
江苏雨润食品产业集团有限公司	祝义亮总裁
南京桂花鸭（集团）有限公司	董钢董事长

荣获"2007—2008年度全国食品工业科技进步优秀企业"名单

中粮东海粮油工业（张家港）有限公司

江苏雨润食品产业集团有限公司

南京桂花鸭（集团）有限公司

江苏双沟酒业股份有限公司

江苏今世缘酒业有限公司

淮安市康达饲料有限公司

荣获“2007～2008年度全国食品工业科技进步优秀项目”名单

企业名称	项目名称
南京桂花鸭（集团）有限公司	低温联合强化杀菌技术研究及竹盐盐水鸭的开发
南京卫岗乳业有限公司	金天元奶的研制及生产
江苏双沟酒业股份有限公司	窖泥生物活性的研究
淮安市恒晟米业有限公司	绿色稻米种植栽培应用与精加工
江苏今世缘酒业有限公司	国缘酒的研发与应用
淮安市奥斯忒食品有限公司	即食蒲儿菜罐头的开发和应用
太仓好滋味食品有限公司	禽类（爊煮）速冻食品产品的研发和应用

荣获“2007～2008年度全国食品工业科技进步先进科技带头人”名单

姓名	所属单位及职务
赵凤琦	江苏双沟酒业股份有限公司董事长
钟玉叶	江苏洋河酒厂股份有限公司副总经理
袁金牛	南京卫岗乳业有限公司副厂长

荣获“2007～2008年度全国食品工业科技进步先进科技工作者”名单

姓名	所属单位及职务
姜滢	淮安市康达饲料有限公司董事长兼总经理
邱兼发	南京欣南食品有限公司总经理
严景万	南京市溧水严景万茶场董事长

荣获“2008～2009年度省食协营养保健品技术委员会先进工作者“名单

姓名	所属单位及职务
江波	江南大学食品学院教授　国家重点食品工程实验室主任
于晓斌	江南大学生物工程学院教授
金邦荃	南京师范大学食品工程系教授
李小华	江苏经贸职业技术学院食品系主任
郑惠华	江苏安惠生物技术有限公司副总经理
孙春华	江苏隆力奇生物科技有限公司项目经理
陈孝	盐城神农保健食品有限公司董事长
张加林	江苏汤沟两相和酒业有限公司总工程师
曹庆穗	江苏瑞迪生科技有限公司总经理
刘小穗	江苏恒顺集团生物工程公司副总经理

荣获2009年度江苏省白酒创新产品名单

1. 洋河蓝色经典牌520梦之蓝酒　江苏洋河酒厂股份有限公司
2. 双沟牌460+680双沟珍宝坊（帝坊）酒　江苏双沟酒业股份有限公司
3. 双沟牌420双沟大曲（柔和九）酒　江苏双沟酒业股份有限公司
4. 双沟牌420双沟大典（柔和六）酒　江苏双沟酒业股份有限公司
5. 国缘牌490国缘V6酒　江苏今世缘酒业有限公司
6. 汤沟牌520汤沟窖藏特一号酒　江苏汤沟两相和酒业有限公司
7. 汤沟牌420汤沟窖藏一号酒　江苏汤沟两相和酒业有限公司
8. 两相和牌420两相和天和酒　江苏汤沟两相和酒业有限公司
9. 分金亭牌450分金亭经典30酒　江苏分金亭酒业有限公司
10. 品王牌430品王盛鼎酒　江苏品王集团股份有限公司
11. 御珍牌420御珍典藏酒　江苏御珍酒业有限公司
12. 梅兰春牌520梅兰老春酒　泰州市梅兰春酒厂有限公
13. 古顺河牌520花好月圆吾顺酒　江苏古顺河酒业有限公司

14. 古顺河牌420花好月圆特供酒	江苏古顺河酒业有限公司
15. 斗龙牌420江苏人商务用酒	大丰市江苏人酒业有限公司
16. 五琼牌420五琼浆王者至尊酒	江苏五琼浆酒业有限公司
17. 水明楼牌450水明楼绘园春酒	南通水明楼酒业有限公司
18. 汉刘邦牌450汉刘邦大和酒	徐州刘邦府酒厂
19. 精致五泉浆牌420吉龙祥云酒	江苏江府酿酒有限公司
20. 唯吾知足牌500唯吾知足酒	泰兴市唯吾知足酿酒厂
21. 蓝至尊牌420蓝至尊壹号（八年陈）酒	宿迁市洋河镇酿酒实业有限公司
22. 乾隆下江南牌420乾隆江南酒	江苏乾天酒业有限公司
23. 全德牌460全德坊酒	江苏双沟酿酒厂

进入2009年江苏省工业企业前100家食品企业名单　（按主营业务收入排列）

1. 东海粮油工业（张家港）有限公司（第18位）
2. 维维集团股份有限公司（第41位）
3. 江苏中烟工业有限责任公司公司徐州卷烟厂（第43位）
4. 江苏中烟工业有限责任公司南京卷烟厂（第45位）
5. 益海（连云港）粮油有限公司（第53位）
6. 江苏中烟工业有限责任公司淮阴卷烟厂（第97位）

2009年食品企业进入江苏省企业（集团）前100家名单　（按营业收入排列）

1. 江苏中烟工业公司 （第18位）
2. 江苏雨润食品产业集团有限公司（第23位）
3. 东海粮油工业（张家港）有限公司（第39位）
4. 维维集团股份有限公司（第79位）

【各项有关指标完成情况】

2009年江苏省规模以上食品工业企业主要经济指标

（单位：亿元）

项　目	农副食品加工业	食品制造业	饮料制造业	烟草加工业	合　计
企业单位数（个）	1754	443	246	6	2449
增加值	308.12	91.34	162.38	264.37	826.21
资产总计	836.01	293.50	350.96	303.67	1784.14
流动资产	501.03	176.85	191.50	244.76	1114.14
应收帐款	85.35	36.97	18.08	4.98	145.38
存货	156.68	43.60	54.24	86.32	340.84
产成品	56.98	21.01	19.98	3.15	101.12
固定资产原值	338.34	139.10	179.46	79.70	736.60
负债合计	556.60	148.58	167.06	41.49	913.73
所有者权益	278.68	144.60	183.52	262.18	868.98
实收资本	167.55	78.54	104.65	13.21	363.95
主营业务收入	1839.19	329.56	473.81	296.08	2938.64
主营业务成本	1665.19	263.16	348.37	69.77	2346.49
主营业务税金及附加	7.40	1.19	16.91	152.15	177.65
利润总额	85.66	24.70	50.44	58.63	219.43
利税总额	135.00	39.46	90.79	248.74	513.99
应交增值税	41.94	13.57	23.44	37.96	116.91
全部从业人员年平均人数（万人）	15.89	6.92	6.80	0.71	30.32

2009 年江苏省国有控股食品工业企业主要经济指标

（单位：亿元）

项　目	农副食品加工业	食品制造业	饮料制造业	烟草加工业	合计
企业单位数（个）	28	15	8	6	57
资产总计	16.99	36.38	25.61	303.61	382.59
流动资产	9.80	22.21	14.45	244.76	291.22
应收帐款	1.21	1.86	1.32	4.98	9.37
存货	3.06	10.05	7.53	86.32	106.96
产成品	0.86	1.01	2.91	3.15	7.93
固定资产原值	6.69	14.25	9.88	79.70	110.52
负债合计	11.05	25.97	16.58	41.49	95.09
所有者权益	5.94	10.41	9.03	262.18	287.56
实收交配	5.60	2.77	4.13	13.21	25.71
主营业务收入	40.78	20.08	27.83	296.08	384.77
主营业务成本	37.00	15.72	16.23	69.77	138.72
主营业务税金及附加	0.10	0.17	3.18	152.15	155.60
利润总额	0.60	1.10	3.37	58.63	63.70
利税总额	1.43	1.99	8.66	248.74	260.82
应交增值税	0.73	0.72	2.12	37.96	41.53
全部从业人员年平均人数（万人）	0.29	0.58	0.46	0.71	2.04

2009 年江苏省私营食品工业企业主要经济指标

（单位：亿元）

项　目	农副食品加工业	食品制造业	饮料制造业	合计
企业单位数（个）	1329	253	144	1726
资产总计	279.65	69.08	50.27	399
流动资产	153.61	40.04	20.88	214.53
应收帐款	31.02	9.65	3.36	44.03
存货	48.04	12.70	7.48	68.22
产成品	24.23	7.89	3.70	35.82
固定资产原值	138.71	28.93	25.52	193.16
负债合计	164.69	42.77	24.36	231.82
所有者权益	114.69	26.26	25.90	166.85
实收资本	60.99	13.86	14.93	89.78
主营业务收入	832.07	101.48	91.96	1025.51
主营业务成本	746.68	85.99	75.85	908.52
主营业务税金及附加	5.58	0.62	3.09	9.29
利润总额	40.40	4.51	6.19	51.10
利税总额	68.61	8.32	13.75	90.68
应交增值税	22.62	3.19	4.47	30.28
全部从业人员年平均人数（万人）	9.98	2.49	1.50	13.97

2009 年江苏省外商投资和港澳台商投资食品工业企业主要经济指标

（单位：亿元）

项　目	农副食品加工业	食品制造业	饮料制造业	合计
企业单位数（个）	224	114	54	392
资产总计	463.30	150.10	117.25	730.65
流动资产	298.88	92.19	49.68	440.75
应收帐款	43.44	20.55	8.51	72.50
存货	92.05	16.90	16.81	125.76
产成品	25.67	9.82	7.02	42.51
固定资产原值	155.37	74.68	95.42	325.47
负债合计	333.65	58.00	71.14	462.79
所有者权益	129.20	91.95	45.94	267.09
实收资本	82.79	49.63	59.42	191.84
主营业务收入	733.73	157.56	131.31	1022.60
主营业务成本	672.88	118.89	95.38	887.15
主营业务税金及附加	0.90	0.20	4.09	9.19

利润总额	35.03	16.27	8.95	60.25
利税总额	48.81	24.28	19.24	92.33
应交增值税	12.87	7.81	6.20	26.88
全部从业人员年平均人数（万人）	3.57	2.79	1.50	7.86

2009年江苏省食品工业产品质量监督检查情况

项　目	监督检查企业数(家)	查出不合格产品企业所占比例（%）	批次合格率(%)
加工食品和饮料	10043	7.6	92.4
小麦粉、大米	1770	3.1	96.9
肉制品	912	5.2	94.8
调味品	241	8.3	91.7
白酒	334	5.4	94.6
黄酒、果酒	154	14.9	85.1
食用植物油	198	7.1	92.9
糕点、糖果	803	8.3	91.7
饮料	1215	17.3	82.7
炒货	315	9.5	90.5
其它	4101	6.9	93.1

2009年江苏省食品进出口数量和金额

分　类	食品名称	单位	数　量	金额(千美元)
进口	冻鱼	吨	11411	16683
	鲜、干水果及坚果	吨	582	2838
	谷物及谷物粉	万吨	24	57671
	大豆	吨	609	2729934
	食用植物油	万吨	125	889848
	食糖	万吨		1770
	酒类	千升	4351	13846
	合计			3712590
出口	水海产品	万吨	3	86973
	谷物及谷物粉	万吨	2	5914
	蔬菜	万吨	47	355560
	鲜、干水果及坚果	万吨	1	7250
	食用油籽	万吨	1	5141
	食用植物油	吨	791	2127
	食糖	吨	1074	841
	天然蜂蜜	吨	5834	9988
	茶叶	吨	5407	10858
	猪肉罐头	吨	1778	4635
	蘑菇罐头	吨	4591	4042
	啤酒	万升	53	535
	肠衣	吨	23835	160565
	合计			654429

浙江省

浙江省食品工业协会　张　艳

【概 况】

2009年末，全省食品工业共有国有企业及年销售收入500万元及以上非国有工业企业（以下简称“规模以上企业”）个，其中国有及国有控股企业38个、集体企业25个、私营企业1526个、“三资”企业241个。从业人员21.96万人。全省食品工业主要经济指标反弹，指标好于全省工业。其中工业总产值的增速继续超过全省工业，高5.15个百分点。但增长水平仍低于全国食品工业10.68个百分点，按工业总产值排名在全国各省市的位次为第12位。具体见表1。

表1.2009年1～12月份食品工业分行业工业总产值

	工业总产值	同比±%
全省工业	40718.86	2.03
全国食品工业	49698.71	17.86
全省食品工业合计	1625.69	7.18
农副食品加工业	643.95	3.10
食品制造业	342.30	14.20
饮料制造业	403.63	7.24
烟草制品业	235.81	9.13

一、主要产品产量有大幅增长，一些新兴产品在全国的排位上升

列入统计的29种主要产品，有24种产品产量有增长，其中17种产品的产量增长在10%以上。新兴产品如水生动物冷冻品、速冻米面食品、果汁及蔬菜汁饮料等在全国的排位在逐步上升。

我省食品产量位居全国各省市中前10位的产品有：

黄酒、精制茶、水生动物冷冻品第1位；

软饮料第2位；

罐头、碳酸饮料、瓶（罐）装饮用水、食品添加剂第3位；

酱油、保健食品第4位；啤酒、饮料酒、糕点第5位；

速冻米面食品第6位；

果汁及蔬菜汁饮料、饮料酒第7位；

方便面、冷冻饮品第8位；味精第9位。

表2.2009年1～12月份全省食品工业主要产品产量

指标名称	计量单位	企业个数	本月累计		比去年同期增长%
原盐	吨	1	17500	18500	-5.41
小麦粉	吨	9	508249	498991	1.86
大米	吨	44	477635	419544	13.85
饲料	吨	145	4096764	3540728	15.70
其中：配合饲料	吨	88	2234323	1955219	14.27
混合饲料	吨	26	413936	294125	40.73
精制食用植物油	吨	30	445531	355127	25.46
成品糖	吨	1	14866	18931	-21.47
鲜、冷藏肉	吨	16	218305	156635	39.37
冷冻水产品	吨	270	1097795	1047037	4.85
糕点	吨	30	72152	54178	33.17
饼干	吨	20	67397	57869	16.46
糖果	吨	14	39134	33583	16.53
速冻米面食品	吨	16	72342	58150	24.41
方便面	吨	7	265634	257647	3.10
乳制品	吨	24	342596	251843	36.04
1.液体乳	吨	20	289633	211500	36.94
其中：乳粉	吨	3	41155	25012	64.54
罐头	吨	89	922155	870961	5.88
味精（谷氨酸钠）	吨	12	78861	87755	-10.14
酱油	吨	15	375569	223822	67.80
冷冻饮品	千升	11	89864	81265	10.58
发酵酒精（折96度，商品量）	千升	1	269	310	-13.37
饮料酒	千升	89	3111658	3013094	3.27
其中：白酒（折65度，商品量）	千升	28	23989	28061	-14.51
啤酒	千升	27	2475282	2371259	4.39
黄酒	千升	51	591562	580696	1.87
软饮料	吨	59	6523735	5856013	11.40
其中：碳酸饮料类（汽水）	吨	6	890984	832967	6.97
包装饮用水类	吨	21	2049412	1767122	15.97
果汁和蔬菜汁饮料类	吨	18	667225	478281	39.50
精制茶	吨	129	354172	293540	20.66
卷烟	万支	2	8042026.5	7609941.5	5.68

二、产销情况良好

实现销售产值1582.71亿元，全行业产销率为97.36%，比上年同期下降0.1个百分点，高于全省工业0.04个百分点。

其中农副食品加工业产销率为96.17%；食品制造业产销率为97.53%；饮料制造业产销率为97.55%；烟草制品业产销率为100.02%。

三、出口形势继续转暖

1-12月份全省食品工业完成出口交货值199.16亿元，同比下降5.72%，降幅低于1～9月3.51个百分点，低于全省工业5.07个百分点。

从分行业情况看，除烟草制品业增长44.46%外，农副食品加工业下降8.15%、食品制造业下降4.15%、饮料制造业下降3.3%。

四、经济效益稳步改善

1～12月份全省食品工业行业实现利税总额330.44亿元，同比增长13.74%，低于全省工业11.7个百分点，增幅高于1～9月3.55个百分点。其中实现利润总额114.5亿元，比上年同期增长5.41%，低于全省工业29.01个百分点，增幅高于1～9月6.6个百分点。每百元资金实现利税23.03元，高于上年0.51元。从分行业看，除烟草制品业的经济效益出现大幅度亏损外，其它行业都实现盈利。具体见表3、4。

表3.2009年1～12月分行业经济效益增长表

	利税总额（亿元）	同比±%	利润总额（亿元）	同比±%
全省工业	3488.71	25.44	2041.39	34.42
全省食品工业合计	330.44	13.74	114.50	5.41
农副食品加工业	27.22	7.07	18.95	11.30
食品制造业	38.95	27.96	24.38	29.18
饮料制造业	69.54	19.93	40.45	34.18
烟草制品业	194.73	10.22	30.72	-27.85

表4.2009年1～12全省食品工业主要经济效益指标

	单位	全省工业			食品工业		
		2009年	2008年	2009年比2008年+%	2009年	2008年	2009年比2008年+%
利润总额占利税总额	%	58.51	54.67	3.84	34.65	38.18	3.53
每百元销售收入实现利税	元	10.97	7.33	3.64	19.99	18.58	1.41
每百元资金实现利税	元	11.03	8.20	2.83	23.03	22.52	0.51
出口交货值占工业销售产值	%	21.60	24.67	-3.07	12.58	12.02	0.56
新产品率	%	18.08	16.55	1.53	10.14	7.34	2.8
亏损面	%	14.42	16.3	1.88	15.03	17.45	-2.42
亏损率	%	8.93	16.54	-7.61	9.00	10.19	-1.19

五、固定资产投资规模恢复增长，情况好于全省工业

1～12月份全省食品工业完成固定资产实际投资额66.42亿元，同比增长0.41%，高于全省工业9.34个百分点，增幅高于1～9月13.02个百分点。

从分行业看，农副食品加工业的固定资产投资规模降低7.17%，低于1～9月22.79 个百分点；食品制造业的固定资产投资规模增长29.93%，低于1～9月46.16个百分点；饮料制造业的固定资产投资规模下降4.67%，降幅低于1～9月29.23个百分点；烟草的固定资产投资规模下降15.63%，降幅低于1～9月31.33个百分点。具体见表5。

表5.2009年1～12月份全省食品工业完成固定资产投资情况

（单位：亿元）

	固定资产实际投资额（亿元）	同比±%
全省工业	1987.93	-8.93
全省食品工业合计	66.42	0.41
农副食品加工业	20.71	-7.17
食品制造业	16.58	29.93
饮料制造业	25.28	-4.67
烟草加工业	3.85	-15.63

【认真贯彻实施《食品安全法》】

2009年6月1日《食品安全法》实施，全省各界认真贯彻实施。省政府办公厅印发了《关于切实做好食品安全法宣传实施工作的通知》，省人大常务会和省政府有关领导分别带队到杭州、嘉兴、绍兴等市地检查指导《食品安全法》贯彻工作。积极开展食品安全法宣传周活动。宣传周期间全省共张贴宣传画60万份，组织媒体报道2000余次，发放宣传资料30余万份，悬挂横幅700多条，播放公益广告1500多次，直接参与群众12.6万余人次，营造了浓郁的食品安全法制氛围。同时，省食安办邀请全国人大常务会法工委、国务院法制办专家作学习辅导报告。

据不完全统计，全省共举办食品安全法培训班1500多期，受训6万多人次。

【有序推进食品安全示范创建】

各地各部门全力推进食品安全示范创建工作，取得显著成效。至2009年底，全省共有50个县（市、区）、742个乡镇（街道）开展了示范创建活动。共累计通过省级验收的示范县42个，通过市或县级验收的示范乡镇（街道）702个，创建国家级食品安全示范县6个。嘉兴、湖州在全面开展创建的基础上，所有县（市、区）和87.5%、95%以上的乡镇（街道）通过验收。

【巩固提升“农村三网”建设成效显著】

农村现代流通网进一步扩面、提质、增效。到2009年底，全省29898个行政村建立了16776个村级连锁便利店，村级连锁便利店覆盖面达到47.2%，比上年底提高6.3个百分点；农村放心店多种形式的统一配送面达到80%以上。

目前全省共有各类示范店29788家，其中纳入星级评定的农村示范店达7563家，占农村示范店总数的25.4%；

监管责任网进一步夯实，通过层层签订责任书，落实地方政府食品安全负总责，切实加强乡镇和村居的食品安全监管力度，对建立乡镇（街道）食品安全监管责、权一致的责任体系进行了探索。

群众监督网进一步强化，实行“多员合一”，逐步推行统一管理、统一培训、统一考核、统一报酬，切实打造一支有组织、常态化的农村食品安全协管员队伍。

【嘉兴建中国首家粽子文化博物馆】

2009年5月，嘉兴粽子历史与粽子文化的专题性博物馆——嘉兴粽子文化博物馆正式开馆，是中国首家粽子文化博物馆。嘉兴是中国“粽子之乡”，粽子文化源远流长。作为“嘉湖细点”典型代表的嘉兴粽子更是内外兼修。粽子和南湖作为嘉兴的两张金名片，在传播嘉兴文化、提高嘉兴知名度方面起到了重要的作用。嘉兴粽子文化博物馆建筑面积达480平方米，将通过展现马家浜文化，嘉兴粽子起源、传承等历史脉络，还原古街张家弄合记、庆记、荣记五芳斋粽子店的旺市情景，勾勒出五芳斋、真真老老、昌记等品牌粽子的变迁，让市民感受粽子文化的魅力。该馆将以弘扬粽子文化，振兴传统产业为己任，使之成为文化、休闲、旅游的一个特色景点。博物馆将最大限度地加入“互动元素”，让其在传承嘉兴粽子文化的同时吸引更多的市民前来参观。嘉兴粽子文化博物馆专门设置了展示粽子生产新工艺的展区，供市民亲身体验。导游人员在现场向市民游客演示粽子自动扎线机的“神奇”功能。另外，市民游客还可以看到裹粽自动灌装机生产粽子的部分流程。

【舟山市被授予“中国渔都”称号】

2009年10月，中国渔业协会正式授予舟山市“中国渔都”称号。舟山拥有全国最大的近海渔场—舟山渔场，自然条件优越，渔业资源丰富，是我国目前海洋渔业产量最高的地区，在全国水产业中占有举足轻重的地位。具有规模较大的水产品加工产业，精深加工能力较强；形成了发达的水产品市场体系，产品有效地流通到全国和世界各地；渔业基础设施较为完善，对渔业产业的支撑保障作用明显；已形成了以渔业为主导的较为完善的产业链，一二三产业协调发展，是我国重要的水产品生产、加工、贸易基地。

舟山市凭借着悠久的捕鱼历史、丰富的渔业资源、完善的产业结构、深厚的渔业文化、有力的科技支撑、较强的发展后劲，赢得了“中国渔都”这一荣誉称号。

2009 年 1 ～ 12 月份全部国有和年销售收入 500 万元及以上非国有食品工业主要经济指标

	全省工业		全省食品工业		农副食品工业		食品制造业		饮料制造业	
	实绩	比上年同期±%	实绩	比上年同期±%	实绩	比上年同期±%	实绩	比上年同期±%	实绩	比上年同期±%
企业个数（个）	59068.00	2.98	1830	3.22	1016	2.63	452	3.91	358	4.07
亏损企业（个）	8516.00	1.02	275	-4.87	153	3.38	72	-11.11	50	-13.79
工业总产值（现价）	40718.86	2.03	1625.69	7.18	643.95	3.10	342.30	14.20	403.63	7.24
其中：新产品产值	7361.02	12.64	164.78	33.34	49.46	26.45	70.04	48.27	45.28	21.61
工业销售产值	39629.12	2.11	1582.71	7.03	619.26	3.22	333.86	14.95	393.73	5.71
其中：出口交货产值	8560.98	-10.79	199.16	-5.72	115.57	-8.15	48.34	-4.15	34.06	-0.33
工业销售收入	38260.15	1.47	1652.62	7.63	624.63	6.97	321.19	12.72	471.81	4.64
利润总额	2041.39	34.42	114.50	5.41	18.95	11.30	24.38	29.18	40.45	34.18
亏损企业亏损额	182.26	-36.23	10.73	7.48	3.46	62.89	2.21	-3.14	5.06	-9.28
利税总额	3488.71	25.44	330.44	13.74	27.22	7.07	38.95	27.96	69.54	19.93
资产合计	38481.91	13.63	1434.73	13.33	485.72	17.67	286.02	13.99	426.16	10.23
流动资产年平均余额	20815.34	11.68	855.29	13.53	284.52	16.33	153.55	13.33	229.66	11.21
从业人数	7742729	-2.38	219621	3.16	84565	2.02	72212	5.21	59673	2.47
固定资产实际投资额	1987.93	-8.93	66.42	0.41	20.71	-7.17	16.58	29.93	25.28	-4.67

福建省

福建省食品工业协会　林勇毅

2009年福建省规模以上食品工业企业数1850个，2009年福建省食品工业总产值1781.98亿元，同比增长18.16%，列全国各省市第10位。其中农副食品加工业产值920.77亿元，增长18.88%；食品制造业产值411.15亿元，增长19.63%；饮料制造业产值294.51亿元，增长20.32%；烟草加工业153.79亿元，增长6.69%。全年食品工业销售产值1735.34亿元，增长19.85%，其中农副食品加工业897.71亿元，增长21.79%；食品制造业397.09亿元，增长20.65%；饮料制造业286.66亿元，增长20.16%；烟草制品业152.43亿元，增长7.26%。全省食品工业出口交货值246.93亿元，增长17.07%，其中农副食品出口交货值173.02亿元，增长26.88%；食品制造业出口交货值67.68亿元，降低1.34%；饮料制造业出口交货值6.18亿元，增长4.91%。

主要加工食品的产量为：大米88.78万吨，增长2.66%；糕点7.42万吨，增长6.57%；饼干29.88万吨，增长11.28%；果汁及果汁饮料35.14万吨，增长7.61%；软饮料313.31万吨，增长35.20%；包装饮用水类84.92万吨，增长54.28%；乳制品15.87万吨，增长42.06%；鲜、冷藏肉29.11万吨，增长33.44%；白酒3.09万升，增长31.95%；冷冻水产品25.31万吨，增长28.60%；味精（谷氨酸钠）8.80万吨，增长26.22%；冷冻饮品1.28万吨，增长25.80%；罐头162.88万吨，增长14.55%；糖果27.39万吨，增长15.95%；精制茶7.88万吨，增长0.94%；成品糖5.85万吨，降低18.90%；啤酒190.52万千升，降低3.41%；酱油7.65吨，降低12.49%。我省食品产量位居全国各省市前10位的产品有：罐头第1位；糖果第2位；糕点第3位；冷冻水产品、饼干第5位；精制茶第6位；味精（谷氨酸钠）第7位；配合饲料、成品糖、啤酒第8位；软饮料第9位；酱油、饮料酒第10位。

2009年是《中华人民共和国食品安全法》贯彻实施的第一年，福建省通过贯彻实施食品安全法，贯彻落实《食品安全法》规定的一系列重要制度，深入扎实开展治理“餐桌污染”、建设“食品放心工程”工作，部署各地各部门加强种养、加工、流通、消费等环节的监管，大力抓好食品安全七大体系建设，重点落实食品生产经营者的第一责任人和食品安全监管部门的监管责任制度，全面推广“食品流通监管系统”，建立相关食品经营单位台帐制度，切实保障人民群众食品安全消费。省人大常委会、省政府和有关部门相继制定（修订）出台了《福建省牲畜屠宰管理条例》、《福建省动物防疫和动物产品安全管理办法》、《福建省农药管理办法》、《福建省城市生活饮用水供水管理办法》、《关于贯彻国务院进一步加强食品安全工作决定的通知》等一批地方性法规、规章和规范性文件。福州、厦门两市人大制定了《福州市食用农产品质量安全管理办法》、《厦门市生鲜食品安全监督管理办法》等一批地方性法规。

根据福建省知识产权战略制定工作领导小组和福建省食品安全办公室的部署，由福建省食品工业协会调研、编写《福建省食品领域知识产权战略研究》。本专题是我省实施食品知识产权战略的指导性文件。目的是统筹兼顾地开发利用知识产权资源，循序渐进地推进食品领域知识产权工作，不断提升食品领域知识产权创造、运用、保护和管理能力，增强食品行业综合竞争力。基本原则是结合实际，加大食品知识产权建设投入，解决食品工业知识产权发展、管理和保护工作的热点、难点问题。坚持自主研发与引进国外先进相结合，有序有效地发展食品领域知识产权，努力实现跨越式发展。大力培养食品科技人才，为食品经济发展提供科技动力。依靠食品知识产权促进食品产业结构调整和升级，根据宏观经济环境和食品消费条件变化，适时调整食品知识产权的发展对策。总体目标是经过5-10年的奋斗，建立健全食品领域知识产权创造体系、保护体系、管理体系、政策体系、服务体系，逐步在全省采盐业、农副食品加工业、食品制造业、饮料制造业等领域选择一批龙头企业和产品，通过精心培育和扶持实现若干个知识产权（包括申专利、树名牌、创商标、获地标等）项目新的突破，使我省食品领域的知识产权综合竞争力达到全国前五名的水平。

5月19日，福建省食品工业协会联合福建省轻工业联合会、由国家加工食品质量监督检验中心（福州）在福州温泉大饭店隆重举行“海峡两岸食品安全研讨会”，海峡两岸食品行业知名专家、学者，省经贸委、省质量技术监督局相关部门领导，食品行业管理及行业协会领导，国家加工食品质量监督检验中心（福州）的领导、台湾知名食品加工企业、我省100多家重点食品加工企业的领导及负责食品安全方面的企业高管等180多人参加了研讨会。研讨会上，中国农业大学教授、中国农业大学食品科学与营养工程学院副院长胡小松作了“对中国食品产业发展与食品安全问题的思考”的演讲，解读了《食品安全法》，介绍了《食品安全法》立法过程；台湾食品工业发展研究所副所长陈陆宏介绍了台湾食品安全管理经验；中国疾病预防控制中心食品安全首席专家、中国食品科学技术学会副理事长刘秀梅作了“食品安全目标及标准制修订例证分析”的专题报告；台湾食品工业发展研究所副所长杨炳辉作了“食品机械卫生设计对食品加工安全之重要性”的演讲；国家加工食品质量监督检验中心（福州）主任陈永煊介绍并分析了我省食品加工企业食品安全管理现状及建议。

福建省食品工业协会通过调研，向省有关部门提交了《福建黄酒产业现状及面临机遇和发展对策》调研报告。提案就福建黄酒产业的现状做出概述，面临的发展机遇，产业的发展对策等提出相关的见解。黄酒作为营养成分最为丰富的低度饮料酒与其它酒类相比，其在文化底蕴、营养健康等方面都有自己极具特色的一面，迎合了多数消费者的需求并得以快速发展；低度清爽兼具营养保健功能的黄酒正成为人们所关注与追求的时尚饮品。只要加快福建省黄酒行业技术更新速度，加速产业结构优化升级，实现快速发展提供技术支撑，福建红曲黄酒一定能够再铸辉煌，福建红曲黄酒的发展也一定会给中国黄酒增辉添色。

2009 年福建省在食品行业品牌创新上还取得了不俗的业绩，“武夷 WU YI 及图”等 9 个商标获得中国驰名商标称号；福建海壹食品饮料有限公司的“海旺”牌速冻鱼糜制品等 154 个食品被授予 2009 年“福建名牌产品”称号。

福建省 2009 年中国驰名商标名单（食品类）

序号	商 标	注册人或所有人	类别及使用商品或服务
1	武夷 WU YI 及图	福建省建阳武夷味精有限公司	30 类，味精、鸡精
2	国圣及图	福建省红太阳精品有限公司	29 类，酱菜、蔬菜罐头、牛奶制品
3	百联	福建百联实业有限公司	29 类，加工过的瓜子
4	圣农 SUNNER 及图	福建圣农发展股份有限公司	29 类，肉冻等
5	光阳及图	福清市阳光食品有限公司	29 类，皮蛋、蛋品
6	连城红心地瓜干	连城红心地瓜干协会	29 类，地瓜干
7	海堤 SEA DYKE 及图	厦门茶叶进出口有限公司	30 类，茶
8	兴盛	厦门兴盛食品有限公司	30 类，挂面、面条
9	盛洲 SHENGZHOU 及图	厦门中盛粮油企业有限公司	29 类，食用油

2009 年福建名牌产品名单（食品类）

序号	商标及产品名称	企 业 名 称
1	海旺牌速冻鱼糜制品	福建海壹食品饮料有限公司
2	绿百合牌脐橙 52（农产品）	福建绿百合现代农业有限公司
3	光华百特牌生猪（农产品）	福建光华农牧科技开发有限公司
4	现龙牌盐渍海带结（丝）	福建省连江县官坞海洋开发有限公司
5	红冠牌面粉	福建红冠面粉工业有限公司
6	元洪、石竹山牌小麦粉	元洪面粉食品（福建）有限公司
7	多佰 +dobo 牌大豆油	福建康宏股份有限公司
8	味中味牌肉松	福建省罗源县味中味食品有限公司
9	HS+ 图形牌冻虾	福清市华盛水产食品有限公司
10	福铭牌冷冻烤鳗	福建福铭食品有限公司
11	图形 + 海虹牌加工水产品（干制、速冻）	福建省梅花水产加工厂
12	大春牌蘑菇（农产品）	闽侯县大春农科贸食用菌开发有限公司
13	坤兴牌水产寿司	福建坤兴海洋生物有限公司
14	鸭嫂牌皮蛋	福建省福清市东阁华侨蛋品有限公司
15	大世界牌蜜饯（橄榄、梅、李）	福州大世界橄榄有限公司
16	海旺牌速冻面米食品	福建海壹食品饮料有限公司

17	金富琳＋图形牌海鲜香酥鱼罐头	福州金富琳食品有限公司
18	XRX+ 图形牌水煮笋罐头	福建新日鲜集团有限公司
19	日日兴牌鱼籽	福州日兴水产食品有限公司
20	榕诚牌味精	福建榕诚食品有限公司
21	新大泽牌螺旋藻	福清市新大泽螺旋藻有限公司
22	图形＋贝奇牌野菜复合果蔬汁饮料	贝奇（福建）食品有限公司
23	统一牌茶饮料	福州统一企业有限公司
24	满堂香牌绿茶	福州满堂香生态农业有限公司
25	崟露牌茉莉花茶	福州市城门敖峰闽榕茶厂
26	百洋牌海带卷（农产品）	福州百洋海味食品有限公司
27	才溪牌纽荷尔脐橙（农产品）	上杭县鑫成农业发展有限公司
28	招宝牌山鸡（农产品）	福建省招宝生态农庄有限公司
29	HONGTOUMA+ 图形牌种猪、商品猪（农产品）	龙岩市龙马畜牧饲料有限公司
30	森宝牌白羽肉鸡（农产品）	龙岩宝泰农牧有限公司
31	森宝牌鲜、冻鸡肉（农产品）	福建森宝食品集团股份有限公司
32	家丰＋图形牌大米	福建省龙岩嘉丰米业有限公司
33	艾比利牌香芋片	福建省长汀盼盼食品有限公司
34	健尔聪牌地瓜干	福建连城健尔聪食品有限公司
35	好日子牌左酸－右甜梅草茶	福建好日子食品有限公司
36	金丰牌白酒	永定县金丰酿酒有限公司
37	金德牌啤酒	永定金德啤酒有限公司
38	大汇茗茶牌有机铁观音	福建大汇茶业有限公司
39	友青 +YOUQING+ 图形牌食用菌（农产品）	武夷山友青食品有限公司
40	仙芝楼＋图形牌灵芝孢子粉（农产品）	福建仙芝楼健康菌业有限公司
41	武夷禽哥 +WUYIQINGE+ 图形牌武夷农家鹅（农产品）	武夷山市大王鹅业发展有限公司
42	大禾牌无公害猪肉（农产品）	福建省南平市天晟肉食品批发有限公司
43	东福光牌水煮笋罐头	福建易扬食品有限公司
44	幸福来＋图形牌螺旋藻片	福建省幸福生物科技有限公司
45	武夷＋图形牌白酒	福建省武夷酒业有限公司
46	光兴＋图形牌建瓯水仙	福建省建瓯市龙兴茶叶有限公司
47	茂旺牌红茶	政和县茗佳茶厂
48	白牡丹城牌白茶	福建省政和县白牡丹茶叶有限公司
49	日丰 +RIFENG+ 图形牌绿茶	福建日丰生态茶业有限公司
50	桐木＋图形牌正山小种红茶	武夷山市桐木茶叶有限公司
51	闽威 +minwei 牌花鲈（农产品）	福建闽威水产实业有限公司
52	岳海＋图形牌大黄鱼（农产品）	宁德市岳海水产有限公司
53	青牛牌大米	宁德市恒信粮油贸易有限公司
54	仁昇、佳迪牌蛋卷	福建仁升食品有限公司
55	惠泽龙牌黄酒	福建惠泽龙酒业有限公司
56	春伦牌绿茶	寿宁县春伦茶业有限公司
57	元宵牌绿茶	福建省霞浦县茶场
58	目海 +MUHAI 牌目海毛峰（绿茶）	霞浦县目海茶厂
59	双芽牌绿茶	闽东张一元茶叶有限公司
60	新美牌甜玉米（农产品）	福建省莆田新美食品有限公司
61	怀然牌蚕豆（农产品）	莆田市秀屿区怀然农业开发有限公司
62	闽强牌西芹（农产品）	莆田市华林蔬菜基地有限公司

63	闽强牌结球甘蓝（农产品）	莆田市华林蔬菜基地有限公司
64	仙溪牌铁观音	福建省金溪茶业有限公司
65	兴泰牌芦柑（农产品）	福建省仙游县兴泰果园
66	秋芦牌枇杷（农产品）	莆田市涵江区秋泗名优果树基地开发有限
67	万寿塔牌小麦粉	福建省仙游面粉发展有限公司
68	天下农庄牌大米	福建天下农庄食品发展有限公司
69	东南香 S.E Fragrance 牌大米	莆田市东南香米业发展有限公司
70	涵兴记牌酱腌菜	莆田市涵兴食品有限公司
71	大家发牌红心熟咸蛋	福建仙游中源食品有限公司
72	大欢喜牌红蛋	福建省红太阳精品有限公司
73	东南香牌兴化人功夫米粉	莆田市东南香米业发展有限公司
74	肖大妈牌酿造酱油	福建肖大妈食品有限公司
75	康辉牌饮料（植物蛋白饮料、含乳饮料）	福建省康辉食品有限公司
76	摩莎 MOSHA• 龙品牌花生牛奶	福建省新黑龙食品工业有限公司
77	鸿湖牌番石榴（农产品）	晋江市安海镇鸿盛果蔬综合场
78	如意 + 图形牌永春芦柑（农产品）	福建省永春聚富果品有限公司
79	南贸牌小麦粉（通用）	福建省泉州市南贸粮油有限公司
80	图形 + 华闽 +HUAMIN 牌花生调和油	福建南安市华闽粮油有限公司
81	乐惠、王裔佳牌紫菜产品	福建省晋江市安海三源食品实业有限公司
82	全芳牌糕点	全芳（福建）食品有限公司
83	咪咪牌油炸休闲小食品	福建福马食品集团有限公司
84	雅客 +YAKE+ 图形牌糖果	福建雅客食品有限公司
85	亲亲牌果冻	福建亲亲股份有限公司
86	好来屋 + 图形牌凝胶糖果	福建好来屋食品工业有限公司
87	惠康 +HUIKANG+ 图形牌糖果	福建惠康食品有限公司
88	图形 + 和统 +HETONG 牌方便面	福建省南安市和统食品有限公司
89	图形 + 桃溪牌永春老醋	永春县永春老醋有限责任公司
90	亲亲牌膨化食品	福建亲亲股份有限公司
91	快步牌氨基酸饮料	福建仙境食品有限公司
92	八马牌铁观音	福建省安溪八马茶业有限公司
93	图形 + 鹏程牌铁观音	福建省安溪鹏程茶业有限公司
94	图形 + 庆云牌铁观音	安溪县感德庆云茶厂
95	图形 + 香岭 + 拼音牌铁观音	福建省安溪县溪华茶厂
96	图形 + 德珍 +DEZHEN 牌铁观音	福建省安溪县甘泉茶厂
97	图形 + 拼音 + 冠和牌铁观音	福建省安溪县祥华冠和茶厂
98	茗山茶牌铁观音	福建省茗山茶业开发有限公司
99	飞桥莴苣牌飞桥莴苣（农产品）	永安市飞桥莴苣发展有限公司
100	福梅牌辣椒（农产品）	福建省大田县福梅农业开发有限公司
101	郑湖牌水柿（农产品）	福建省沙县郑湖乡老区福利果场
102	甜乐牌丁地脐橙（农产品）	尤溪县梅仙脐橙专业合作社
103	建绿牌猕猴桃（农产品）	建宁县绿源果业有限公司
104	竹洲牌猪肉（农产品）	三明市恒祥农牧有限公司
105	清流溪鱼牌清流溪鱼（草鱼、鲢鱼、九龙白刀、鳜鱼）（农产品）	清流县清流溪鱼专业合作社
106	孟宗牌笋制品（农产品）	福建建宁孟宗笋业有限公司
107	山明溪流牌冷冻烤鳗	福建华盛集团三明冷冻食有限公司
108	明健盛牌水煮笋罐头	三明健盛食品有限公司

109	闽江源牌莲芯雪饮料	福建闽江源绿田实业投资发展有限公司
110	山雪 + 图形牌中华猕猴桃汁饮料	福建省兴辉食品有限公司
111	图形＋ HUANGJINXIANG+ 黄金香牌无公害猪肉（农产品）	厦门黄金香食品有限公司
112	图形 + 新时晛 +XSX 牌胡萝卜（农产品）	厦门新时鲜食品有限公司
113	图形＋绿心缘牌胡萝卜	厦门海鲜鸿食品有限公司
114	图形 + 盛州牌食用植物油	厦门中盛粮油集团有限公司
115	图形、兴盛牌面制品	厦门兴盛食品有限公司
116	图形、丹凤牌白酒	亚洲酿酒（厦门）有限公司
117	谷粒谷力牌谷物杂粮系列饮品	厦门惠尔康食品有限公司
118	图形牌铁观音	厦门华祥苑实业有限公司
119	金山牌枇杷（农产品）	云霄县金山农业生态园有限公司
120	蓝特 +LANTE 牌速冻海水鱼（农产品）	东山县南特水产加工有限公司
121	图形牌速冻斑节对虾（农产品）	东山县东协成水产食品有限公司
122	新合发 + 图形牌速冻水产品（农产品）	东山新合发食品有限公司
123	倍乐蔬牌冻干蔬菜（农产品）	漳州市立品食品有限公司
124	绿雅牌干食用菌（农产品）	漳州绿雅食品有限公司
125	格林氏 +GREENS 牌冻精致罗非鱼片（农产品）	龙海格林水产食品有限公司
126	ZF+ 图形牌速冻果蔬（农产品）	漳州振发食品有限公司
127	RICH—GARDEN+ 图形牌大葱（农产品）	漳浦县丰收园果菜有限公司
128	图形牌冻巴非蛤肉（农产品）	漳浦县丰盛食品有限公司
129	XR UNILAND+ 新润牌速冻果蔬（农产品）	福建省新润食品有限公司
130	盈丰牌罗非鱼片（农产品）	漳州泉丰食品开发有限公司
131	联侨牌速冻果蔬（农产品）	漳浦县农朋食品有限公司
132	元新 + 图形牌速冻水产品（农产品）	漳州元新食品有限公司
133	HL+ 图形牌速冻虾（农产品）	福建省诏安县海利水产有限公司
134	图形牌速冻蔬菜（农产品）	漳州瑞锋果蔬有限公司
135	鸿一、图形牌大豆油	鸿一粮油资源股份有限公司
136	厨师牌肉制品	福建省厨师食品集团有限公司
137	大有牌水产干制品	诏安县安邦水产食品有限公司
138	精益珍牌沙琪玛	精益珍食品（漳州）有限公司
139	鹅仙牌饼干	奇客食品有限责任公司
140	金峰 + 图形牌饼干	漳州市金峰食品工业有限公司
141	海新、泡吧牌饼干	福建省海新食品有限公司
142	盈豐 + 图形牌糖姜（糖水姜、干糖姜）	福建盈丰食品集团有限公司
143	南胜牌蜜柚蜜饯	福建南海食品有限公司
144	SINGSHUA 牌包子	信华食品（漳州）有限公司
145	伊依 YIYI、图形牌速冻面米食品	美龙（福建）冷冻食品有限公司
146	庆威牌油炸方便面	福建永得利食品有限公司
147	盈丰 + 图形牌冷藏巴氏灭菌蟹肉	漳州泉丰食品开发有限公司
148	龙虎 +LONGHU+ 图形牌蘑菇罐头	龙海市永利来食品有限公司
149	Q3、Q-three 牌果蔬罐头	漳州市港昌工贸有限公司
150	兴福 +XINGFU 牌果蔬罐头	龙海海昌食品有限公司
151	邦领 + 图形牌植脂末	福建省诏安邦领乳业有限公司
152	YANDING+ 图形牌铁观音	福建燕顶茶业有限公司
153	皇家龍牌铁观音	漳州皇家龙茶业有限公司
154	闽鑫 + 图形牌白芽奇兰茶	平和闽鑫白芽奇兰茶总厂

江西省

江西省食品工业协会　陈叔然

【大事记】

1 月 5 ～ 7 日，2009 江西食品暨"四个一"展销洽谈（订货）会在省展览中心举办。

1 月 26 日，胡锦涛总书记深入国家级农业产业化龙头企业江西国鸿集团考察。

3 月 1 日，江西省人民政府向江西中烟工业公司发出贺信，热烈祝贺"金圣"品牌累计产销突破 100 万箱、实现工商税利 200 亿元，其中工业税利 150 亿元，上交税金 120 亿元。

4 月 2 日，省工信委等有关部门发出通知，确定四特酒有限责任公司企业技术中心和谱赛科（江西）生物技术有限公司技术中心为江西省省级企业技术中心。

4 月 20 日，江西省产业经济"十百千亿工程"领导小组办公室发出通知，确定江西中烟工业公司、江西汪氏蜜蜂园有限公司、煌上煌集团有限公司、瑞金红都水产有限公司 4 家食品企业入选 2009 年江西省产业经济"十百千亿工程"名单。

4 月 27 日，江西省工业和信息化委员会公布确定南昌亚洲啤酒有限公司纯生啤酒、江西中烟工业公司金圣（硬祥和）卷烟、抚州苍源中药材种植有限公司金银花凉茶、新余市金土地粮油有限公司米乳汁、江西三清山绿色食品有限公司功能性膳食纤维 5 个食品产品入选 2009 年江西省百项重点自主创新产品项目名单。

4 月，江西春源绿色食品有限公司的"得尔乐"商标被国家工商总局商标局认定为中国驰名商标。

5 月 29 日，江西省食品工业办公室召开"保增长、促发展"座谈会，全省部分重点食品企业和有关单位的领导专家共 60 余人出席了会议。

6 月 15 日，省政府发文，决定在 2009 年至 2012 年实施科技创新"六个一"工程，绿色食品入选主攻 10 个优势高新技术产业之一。

7 月 7 日，江西省人民政府办公厅印发《江西省挂点帮促重点出口企业工作方案》，江西鄱阳湖四海国际水产有限公司、江西省德兴市百勤异 VC 钠有限公司 2 家食品企业入选全省 50 家挂点帮促重点出口企业名单。

7 月 30 日，省科技厅、省发改委、省工信委、省财政厅联合发布首批江西省自主创新产品名单，江西省德兴市百勤异 VC 钠有限公司、谱赛科（江西）生物技术有限公司等 8 家食品企业的 9 个产品入选。入选自主创新产品将优先获得政府采购支持。

8 月 25 日，省工业和信息化委员会批复，南昌小蓝经济开发区被认定为江西省食品产业基地。

5 月，国家标准委下文同意四特酒有限责任公司成立全国白酒标准化技术委员会特香型白酒分技术委员会，这标志着我省食品企业在参与国家标准化活动方面取得了新的突破。

8 月 24 ～ 27 日，2009 中国卷包装研讨会暨"2008 中国十大烟标"颁奖典礼会上，江西中烟工业公司"金圣"典藏本草香烟标荣获"2008 年中国十大烟标"荣誉称号。

10 月 29 日，江西中烟工业公司正式更名改制为江西中烟工业有限责任公司。

12 月 26 日，省政府印发《江西省十大战略性新兴产业（绿色食品）发展规划》，确定到 2015 年，绿色食品产业总产值超过 800 元。

【概 况】

截至 2009 年底，全省共有规模以上食品工业企业数 731 个，占全省规模以上工业企业数的 9.97%，同比增长 22.86%，新增 136 个；全部从业人员年平均人数 12.34 万人，同比增长 29.62%。农副食品加工业企业比重大，占全部规模以上食品工业企业总数 61.70%。食品制造业企业增长快，同比增长 26.52%。资产合计 408.98 亿元，同比增长 31.15%。其中，流动资产 193.02 亿元，同比增长 37.56%，流动资产全年平均余额 197.03 亿元， 同比增长 33.23%。固定资产 151.07 亿元，同比增长 28.28%，固定资产原值 191.39 亿元，同比增长 27.05%，固定资产净值全年平均余额 136.36 亿元，同比增长 28.12%。当年江西食品工业发展的主要特点：

一、全行业经济效益增长迅速

全省规模以上食品工业累计完成工业总产值 847.20 亿元，占全省工业总产值比重 8.7%，同比增长 28.92%；

实现工业增加值265.25亿元，占全省工业增加值比重10.16%，同比增长17.16%；实现主营业务收入840.38亿元，列全国第19位，同比增长29.24%；实现利税总额122.93亿元，同比增长28.48%，其中利润为51.71亿元，占全省规模以上工业利润的10.41%，同比增长42.60%。农副食品加工业和食品制造业是全省食品工业利润的主要来源，整体贡献巨大，两行业全年实现利润35.37亿元，占全省食品工业利润总额的68.41%。利润增速最快的是食品制造业和饮料制造业，同比增长分别为77.50%和59.32%。

二、主要产品产销情况良好

在全省统计的食品工业12类主要产品中，有10类产品产量与去年同期比均有较大幅度增长：精制茶同比增长79.89%，大米同比增长37.00%，白酒同比增长31.62%，包装饮用水同比增长29.54%，乳制品同比增长17.08%。软饮料同比增长16.94%，液体乳同比增长16.11%，精制食用植物油同比增长13.11%，啤酒同比增长13.00%，冷冻饮品同比增长11.89%，其中产销率较高的有：卷烟产销率达到100.0%，屠宰及肉类加工产品产销率为99.5%，食用植物油产销率为99.0%，啤酒产销率为98.9%，谷物磨制产品产销率为98.7%，精制茶产销率为97.0%，白酒产销率为95.3%。

三、外贸出口增幅全国第一

全省规模以上食品工业累计完成出口交货值38.48亿元，进入全国前十位，列中部六省第三位，同比增长32.77%，高出全国食品工业外贸出口29.52个百分点，增幅列全国第一位。其中，茶叶外贸出口货物总值2276万美元，同比增长22.89%，烤鳗外贸出口货物总值8299万美元，同比增长75.71%。食品添加剂行业7家主要出口企业创汇8224.7万美元，同比增长134.9%，

四、行业科研创新能力进一步提升

全省规模以上食品工业累计实现新产品产值2.61亿元，同比增长2.54%。

江西中烟工业公司投资5000万元的中草药提取线全面竣工，进一步提升“金圣”品牌利用中草药降低卷烟危害效果。

四特酒有限责任公司2009年共研发新产品34个，同时展开了《“特”型大曲微生物及其酶系对“特”型酒风格风味影响的研究》、《特香型酒窖泥的培养与应用》两个科研项目的研究。

谱赛科（江西）生物技术有限公司为抢占高端市场，投入2.6亿元研发高纯度甜菊糖甙产品并建成新品生产线，当年新增销售收入1.44亿元。

在第四届“中国食品工业协会科学技术奖”授奖大会上，我省四特酒有限责任公司、江西燕京啤酒有限责任公司等4家企业获全国食品行业科技进步优秀企业奖，江西食品厂安牌精品桃酥（易拉罐装）、江西金土地天然食品饮料有限公司谷韵牌米乳计等3个产品获全国食品行业科技进步优秀项目奖，江西燕京啤酒有限责任公司王学明总经理、江西食品厂黄树森厂长获全国食品行业先进科技带头人奖。

五、固定资产投资快速增长

2009年江西省食品工业完成固定资产投资248.21亿元，同比增长50.53%。施工项目717个，同比增长39.22%。投产项目506个，同比增长40.17%。其中，新增固定资产177.53亿元，同比增长21.93%。

从分行业投资情况分析，农副食品加工业、饮料制造业和食品制造业固定资产投资额大幅提高，分别同比增长50.85%、50.53%和41.77%。

从投资分类情况分析，当年内资完成投资额228.50亿元，占全年固定资产设资总额的92.06%，同比增长53.50%；外商完成投资额12.36亿元，同比增长67.30%；港澳台商投资6.74亿元，同比增长27.83%。

六、重大项目建设不断

2009，全省食品行业加大投资力度，一批重大项目纷纷开工建设和投产，为我省食品工业发展增添后劲。江西四特酒科技工业城于12月20日隆重奠基，项目占地2000多亩，总投资15亿元。项目建成投产后预计新增基酒产量4万吨，成品酒生产能力再增7万吨；实现主营业务收入50亿元，上缴利税10亿元。

南昌亚洲啤酒有限公司新建年产60万吨（一期30万吨）啤酒生产工程项目3月28日在南昌小蓝经济开发区奠基。该项目总投资约为6亿元，全部建成投产后，形成60万吨综合生产能力，销售产值将超过12亿元。

旺旺集团投资1500万美元的“速食米线”项目在江西上高县奠基。该项目是旺旺集团在上高县投资的第 9个项目，旺旺集团累计在上高的投资额已达到 7300多万美元。

江西国鸿100万头生猪屠宰线、新余润合100万头生猪屠宰线及煌上煌集团3000万羽禽类加工线等一大批项目的建成投产，带动了我省屠宰及肉类加工的快速发展，2009年全省屠宰及肉类加工业实现主营业务收入51.4亿元，同比增长52.6%，利税总额5.0亿元，同比增长78.7%。

2009年全省食品添加剂行业累计完成改扩或新建项目9个，累计投入8756.97万元，已完成项目5个。其中，

百勤公司异VC酸扩改与核黄素项目现已基本完工；维尔宝公司新建第三条生产线按GMP要求，实施全面改造，产品质量得到进一步的提高。

七、各设区市食品工业发展迅猛

全省10个设区市规模以上食品工业主营业务收入增幅均在15%以上，增幅前三位的分别为萍乡市61.8%、新余市36.1%、赣州市33.9%。实现利税前三位的设区市分别是南昌市72.8亿、宜春市17.5亿和赣州市6.6亿，利税增速最快的前三位是新余市469.2%、萍乡市83.8%、上饶市69.7%。

八、“四个一”项目引领作用突显

“四个一”项目（“一支烟”、“一瓶酒”、“一片茶叶”、“一盒胶囊”）全年累计实现主营业务收入177.4亿元，同比增长6.9%，完成全年目标的101.4%；实现利税总额70.9亿元，同比增长10.8%，完成全年目标的105.8%，占整个食品行业的57.7%。

九、有机食品连续七年保持全国第一

截至12月底，全省绿色食品企业达到482家，比2008年增长9%；绿色、有机食品产品总数达1408个，比2008年增长11%，居全国第八位，其中有机食品产品总数达到750个，连续七年保持全国第一；有8个创建全国绿色食品标准化生产基地通过国家验收，至此我省拥有全国绿色食品标准化生产基地达40个，列全国第二位。基地面积803万亩，带动农户190.2万户，户均增收500多元；全省绿色有机食品销售收入达到231亿元，比2008年增长36.9%；出口创汇达2.11亿美元，比2008年增长17%。

江西省规模以上食品工业产值表

（单位：万元）

分　类	2009年	2008年	同比增长±%
食品工业合计	8472043	6571594	28.92
农副食品加工业	4772166	3495833	36.51
食品制造业	1775927	1327940	33.74
饮料制造业	1094537	976714	12.06
烟草加工业	829411	771107	7.56

江西省规模以上食品工业企业财务指标

分类	单位	2009年	2008年	同比增长±%
企业数	个	731	595	22.86
工业增加值	万元	2652544	2264080	17.16
资产合计	万元	4089794	3118318	31.15
流动资产	万元	1930188	1403162	37.56
流动资产全年平均余额	万元	1970327	1478858	33.23
固定资产	万元	1510657	1177622	28.28
固定资产原值	万元	1913880	1506372	27.05
固定资产净值全年平均余额	万元	1363645	1064333	28.12
主营业务收入	万元	8403768	6502599	29.24
实现利润	万元	517062	362607	42.60
利税总额	万元	1229585	957001	28.48

江西省食品工业主要产品产量

产品名称	单位	2009年	2008年	同比增长±%
乳制品	万吨	18.71	15.98	17.08
罐头	万吨	3.41	4.47	-23.71
白酒	万千升	15.36	11.67	31.62
啤酒	万千升	106.28	94.05	13.00
软饮料	万吨	111.40	95.26	16.94
精制茶	万吨	3.13	1.74	79.89
卷烟	亿支	529.00	504.00	4.75
大米	万吨	526.09	384.00	37.00
冷冻饮品	万吨	2.54	2.27	11.89
液体乳	万吨	16.50	14.21	16.11
包装饮用水	万吨	52.89	40.83	29.54
精制食用植物油	万吨	9.06	8.01	13.11

江西省食品工业固定资产投资情况

（单位：万元、个）

分　类	合　计		农副食品加工业	食品制造业	饮料制造业	烟草制品业	
城镇固定资产投资	投资完成额		2482149	1286549	697045	481651	16904
	其中	内资	2285028	1197543	641101	429480	16904
		港澳台投资	67401	43316	16265	7820	
		外资	123580	44540	36339	42701	
		个体经营	6140	1150	3340	1650	
建设项目数和新增固定资产	施工项目个数		717	377	222	114	4
	投产项目个数		506	271	162	70	2
	新增固定资产		1775325	976599	510885	277913	9928

【行业管理】

2009年，江西省食品工业办公室、江西省食品工业协会认真贯彻省委、省政府各项方针政策，在省工信委党组的领导下，以党的十七届四中全会精神为指导，全面贯彻落实科学发展观，切实履行各项职责，扎实推进各项工作。

一、抓好食品安全工作

严格落实《食品安全法》各项制度，加强监督和诚信建设，抓好督促检查和指导工作。

（一）继续做好乳制品行业整顿和规范工作。落实《乳品质量安全监督管理条例》、《奶业整顿和振兴纲要》和《乳制品工业产业政策（2009年修订）》，配合有关部门切实加强对乳制品生产企业生产经营环节的管理，了解企业生产经营情况，督促企业加强生产管理，加强行业自律。积极落实国家有关政策，帮助江西大富乳业集团有限公司、江西阳光乳业股份有限公司、江西美庐乳业有限公司三家乳制品生产企业获国家财政贴息支持。。

（二）做好打击违法添加非食用物质和滥用食品添加剂专项整治工作。协助省工信委与卫生厅等10部门联合下发了《关于加强食品添加剂监督管理工作的通知》，要求各地督促食品企业进一步落实食品添加剂使用申报制度，着力消除食品添加剂生产、销售和使用中存在的管理漏洞，引导食品添加剂行业健康有序发展。配合卫生、农业、质检等相关部门开展专项整治行动，严格依法行政，督促企业严格执行《食品安全法》及《食品药品放心工程实施方案》。指导行业协会组织重点企业签订江西省食品生产企业规范使用食品添加剂承诺书；组织食品添加剂生产企业开展相互合作，加强行业自律承诺活动。

（三）积极推进全省食品行业诚信体系建设。在部分重点食品企业中开展诚信体系建设试点工作，指导有关行业协会开展诚信体系评价活动，帮助企业建立和完善各项诚信制度建设，积极准备在全省全面开展诚信体系建设工作。

二、深入调研、完成相关规划与调研报告

（一）协助省有关部门编写江西省轻工业振兴纲要（草案）食品工业部分。

（二）配合省工信委完成工信部消费品工业“两化融合”调研。

（三）配合省工信委综合行办编写《关于我省工业企业进一步提高“四率”水平措施意见》食品工业部分。

（四）完成江西食品工业“保增长促发展”情况调研并报有关部门。

（五）完成南昌小蓝经济开发区食品产业发展规划。

三、做好行业服务

（一）1月5～7日，协助省工信委在南昌市成功举办2009江西食品暨“四个一”展销洽谈（订货）会。全省共有500多家企业，1300多种有机、绿色食品、无公害农产品参展，参展、参会人员达7000余人，总成交额达3.46亿元，其中，签约额3.40亿元，零售额607万元。10月16～20日，组织企业参加第五届中国（永城）面粉食品博览会，帮助企业搭建展示宣传平台。

（二）4月28日，组织企业参加了由中国食品工业协会主办、四川省食品工业协会承办的“全国食品行业支援四川灾区重建工作会议”。江西仙客来生物科技有限公司与小金县天然野樱酒业有限公司现场签订了天然野樱桃发展与开发合作项目的协议。

（三）6月8日～18日，组织部分白酒企业赴江苏、山东考察白酒企业，学习江苏、山东酿酒工业的发展经验，与各界同行进行了交流与洽谈，同时向业界宣传推介江西白酒。

（四）组织企业参加“2008年江西省优秀企业家”“2007～2008年度工业企业市场营销功臣”、2008年度‘四率’领先企业”评选。郑伟等6位企业家被授予“2008年江西省优秀企业家”、罗庄琨等12位企业营销人员被授予“2007～2008年度工业企业市场营销功臣”、江西中烟工业公司等6家企业被授予“2008年度‘四率’领先企业”荣誉称号。组织企业参加全国食品工业质量效益型先进企业评选活动，其中一家企业被评为全国食品工业质量效益先进企业。

（五）开展2008年度优秀新产品初评及申报工作，共推荐14个新产品进行了行业初评并汇总上报。

（六）5月29日，江西省食品工业协会三届三次常务理事会在南昌市召开，参加会议的会议代表共80余人。省工信委副主任张小平出席会议并讲话，蒋国宾会长做协会工作报告。会议通报了江西省食品工业协会2008年工作完成情况和2009年工作要点及2008年协会财务收支情况。

山东省

山东省食品工业协会　王世敏

【概　况】

2009 年末，山东省规模以上食品工业企业 6885 户，比年初净增 349 户；资产总额 4981.41 亿元，同比增长 11.07%；从业人员 118.65 万人，比年初增加 4.65 万人。

2009 年，山东省规模以上食品工业实现主营业务收入 11104.39 亿元，同比增长 22.41%，实现利润 654.86 亿元，同比增长 29.64%；完成出口交货值 1130.42 亿元人民币，同比增长 14.30%。

农副食品加工业：实现主营业务收入 804526 亿元，同比增长 22.87%；实现利润 428.30 亿元，同比增长 28.59%。

食品制造业：实现主营业务收入 2029.68 亿元，同比增长 20.62%；实现利润 132.20 亿元，同比增长 32.94%。

饮料制造业：实现主营业务收入 1029.45 亿元，同比增长 22.45%；实现利润 94.36 亿元，同比增长 28.25%。

主要产品产量：小麦粉 2036.49 万吨，增长 7.40%；精制食用油 594.38 万吨，增长 6.69%；鲜、冷藏肉 509.42 万吨，增长 27.66%；冷冻水产品 109.43 万吨，增长 50.79%；饼干 54.62 万吨，增长 65.39%；乳制品 249.64 万吨，增长 38.05%；罐头 60.60 万吨，增长 12.31%；酱油 61.46 万吨，增长 45.57%；白酒 96.90 万千升，增长 16.78%；啤酒 536.13 万千升，增长 8.28%；葡萄酒 37.54 万千升，增长 4.79%；软饮料 535.86 万吨，增长 26.75%。精制食用油、鲜冷藏肉、味精、啤酒、葡萄酒产量居全国首位。

一、运行特点

2009 年山东省食品工业保持平稳较快发展，一方面得益于国家及省政府出台持续扩大内需、促进经济增长的各项政策，落实《山东省食品工业调整振兴指导意见》，把发展食品工业作为拉动农村经济发展增加农民收入扩大农村食品消费的重要工作来抓，有力的推动了全省食品工业健康平稳发展；一方面在于食品企业发展信心增强，全力开拓国内食品消费市场，增产市场畅销产品，不断满足消费需求。从全年运行看，具体表现在六个方面的提高。

（一）产业结构、产品结构调整向优势行业、优势产品发展，实现效益较快增长

2009 年，山东省食品工业全面落实《山东省食品工业调整振兴指导意见》，产业结构、产品结构以食用植物油加工、肉类加工、蔬菜果品加工、水产品加工、淀粉及淀粉制品、饼干、速冻调理食品、味精、罐头、乳制品、白酒、啤酒、葡萄酒等优势行业为重点，推动行业上规模、产品上档次、质量上水平，实现规模效益双增长，拉动了居民消费。2009 年 1 ～ 11 月统计，食用油收入增长 20%，利润增长 31.20%；畜禽屠宰收入增长 26.78%，利润增长 40.84%；冷冻水产品收入增长 10.71%，利润增长 29.75%；蔬菜及果品加工收入增长 34.01%，利润增长 35.97%；饼干收入增长 34.64%，利润增长 30.54%；速冻食品收入增长 40.19%，利润增长 125.49%；酿造调味品收入增长 53.99%，利润增长 73%；白酒收入增长 23.70%，利润增长 24.95%；葡萄酒收入增长 28.22%，利润增长 24.95%。

（二）重点企业、名牌产品企业发展快，带动作用强

2009 年末，山东省过亿元的食品企业超过 1300 家，其中 10 亿元以上的企业 100 多家，50 亿元以上的企业 15 家，山东六和、临沂金锣、青岛啤酒、西王集团、山东渤海油脂、烟台张裕等 6 家企业主营业务收入超过 100 亿元。食品行业 100 户重点企业，实现主营业务收入、实现利润占全省食品工业主营业务收入比重提高到 30%，利润总额的比重提高到 40%，分别增加了 5、10 个百分点。28 家企业进入全国食品工业百强企业行列。青岛啤酒、烟台张裕、临沂金锣、西王集团、鲁花集团、龙大集团等全国知名企业实现效益大幅提高，品牌影响力更加突出；扳倒井、泰山生力源、景芝酒业、得益乳业、好当家、泰祥、京鲁渔业等骨干企业通过调整产品结构，努力增加高端产品生产，全力开拓市场，实现了产量、效益大幅提高，提升了山东白酒、乳制品、速冻调理食品在全国的知名度。

2009年，食品行业新增山东名牌60个，山东名牌总数达到381个；食品行业获国家商标局认定中国驰名商标13件，中国驰名商标总数达到68件。壮大重点企业、培育名牌产品成为山东省食品工业发展的突出亮点。

2009年山东名牌产品（食品）

地区	企业名称	产品名称	商标
德州	山东福田药业有限公司	木糖醇	福甜
德州	山东龙力生物科技股份有限公司	低聚木糖、木糖醇	龙力
德州	禹城绿健生物技术有限公司	麦芽糖醇	迈特健
青岛	青岛东生集团股份有限公司	烤花生果	TOPSEN
青岛	青岛佳德食品股份有限公司	烤花生果	
烟台	烟台枫林食品有限公司	烤花生果（仁）	枫林
青岛	青岛万里江茶业有限公司	绿茶	万里江
日照	日照北极春茶业有限公司	绿茶	旭光
日照	山东浮来青茶业有限公司	绿茶	浮来青
日照	山东日照碧波茶业有限公司	绿茶	日照碧波
潍坊	诸城市电力怡明茶业有限公司	绿茶	怡 明
临沂	山东蒙山龙雾茶业有限公司	绿茶	蒙山龙雾
青岛	青岛崂池云峰茶业有限公司	绿茶	崂池
日照	日照圣谷经贸有限公司	绿茶	圣谷山
威海	乳山市正华农林科技示范园有限公司	绿茶	正华
潍坊	诸城市碧龙春茶业有限公司	绿茶	
泰安	泰安市泰山女儿旅游商贸有限公司	绿茶	泰山女儿
滨州	山东三星集团有限公司	玉米油、葵花籽油	长寿花
滨州	山东西王食品有限公司	玉米油	西王
临沂	山东玉皇粮油食品有限公司	花生油	玉皇
青岛	青岛长生集团股份有限公司	花生油	长生
青岛	青岛亮泉植物油有限公司	花生油	亮泉
青岛	青岛品品好粮油有限公司	花生油	品品好
青岛	青岛天祥食品有限公司	花生油	喜燕
烟台	龙大食品集团有限公司	花生油	龙大
烟台	山东鲁花集团有限公司	花生油	鲁花
临沂	山东兴泉油脂有限公司	花生油	鲁泉
莱芜	山东山歌食品有限公司	花生油	山歌
聊城	山东省高唐蓝山集团总公司	花生油	沙土地
青岛	青岛长寿食品有限公司	原生花生油	第一坊
滨州	山东香驰粮油有限公司	大豆油	香驰
滨州	山东渤海油脂工业有限公司	大豆油	美食客
济宁	嘉祥县嘉冠油脂化工有限公司	大豆油	嘉冠
德州	谷神生物科技集团有限公司	大豆油（非转基因）	谷神
东营	山东万得福实业集团有限公司	大豆油（非转基因）	绿色家园
潍坊	诸城兴贸玉米开发有限公司	玉米油	兴贸
临沂	鲁洲生物科技（山东）有限公司	玉米油	鲁洲
东营	山东三丰香油有限公司	芝麻油	三丰
潍坊	瑞福油脂股份有限公司	芝麻油	崔字
青岛	青岛柏兰食品有限公司	芝麻油	
青岛	青岛春明调味品有限公司	芝麻油	春明
青岛	青岛红福集团有限公司	蟹肉罐头	红岛
威海	荣成石岛广信食品有限公司	鱼罐头	广信
威海	威海市宇王集团有限公司	茄汁鲐鱼罐头、红烧裙带罐头	宇王
威海	荣成汇英食品有限公司	鱼松罐头	汇英食品
烟台	蓬莱京鲁渔业有限公司	鱿鱼仔罐头	京鲁远洋
滨州	滨州绿福园食品有限公司	果蔬糕	绿福园

滨州	山东亿人食品有限公司	蜜饯	万亩园
潍坊	山东赛维绿色科技有限公司	果蔬脆片	品维
潍坊	山东金保罗食品饮料有限公司	八宝粥罐头	金保罗
枣庄	滕州市福康食品有限责任公司	果脯	福康
淄博	山东鞠乡食品有限公司	膨化食品	鞠乡
青岛	青岛市北洋食品有限公司	烤鱼片	北洋
青岛	青岛五洲食品有限公司	烤鱼片	LEiLE
青岛	青岛鑫海丰食品有限公司	烤鱼片制品	薛家岛海珍品
济宁	微山县对外贸易皮蛋加工厂	风干鱼	旺湖
青岛	青岛海顺食品有限公司	风琴鱿鱼	鱼乡情
日照	山东美佳集团有限公司	鱿鱼丝	美加佳
威海	荣成宏业水产食品有限公司	即食软烤海鲜制品	鑫湲
威海	荣成泰红水产食品有限公司	即食鱼干	泰红
威海	山东好当家海洋发展股份有限公司	即食大虾	好当家

（三）企业技术创新力增强，国家、省级企业技术中心数量增加

2009年，我省骨干食品企业技术创新能力明显增强，技术创新投入增加，新产品开发加快，自主知识产权成果数量增多，带动了食品行业技术进步。2009年，青岛明月海藻集团有限公司、山东东方海洋科技股份有限公司等单位联合完成的“海洋水产蛋白、糖类及脂质资源高效利用关键技术研究与应用”，山东渤海油脂工业有限公司等单位联合完成的“大豆磷脂生产关键技术及产业化开发”2个项目获2009年国家科技进步二等奖。鲁花集团“花生油葵花籽油新工艺及标准化安全生产”、“生物技术在高温花生粕领域的应用”两项科技成果分别达到国际先进水平和国际领先水平。喜旺食品先后承担国家“十一五”科技支撑计划、国家星火计划、农业部948项目等国家科技项目，成为国内为数不多的、能够掌握低温肉制品全套技术和工艺的食品企业。

2009年，我省食品工业实现新产品产值247亿元，同比增长25.11%。新开发的高端白酒、高端液体乳、高端调味品、高端调理食品等，产销两旺，成为企业增加效益的拳头产品。

2009年，龙大食品集团有限公司、青岛康大食品有限公司、日照金禾生化集团有限公司3家食品企业被认定为国家级企业技术中心，13家企业被认定为省级企业技术中。2009年末，山东省食品行业拥有国家级企业技术中心总数达到13家，省级企业技术中心总数达到57家。

（四）食品产业集群（基地）建设实现新突破

2009年，我省食品行业积极推进食品名城、产业集群、食品标准化生产示范基地建设，规模逐步扩大。省质监局、省兴省办确定了烟台市优质葡萄酒、荣成市优质冷冻调理食品、诸城市优质肉制品、禹城市优质功能糖、日照市岚山区优质绿茶5大优质产品生产基地；中食协命名烟台市为中国食品名城、荣成市为中国海洋食品名城、德州市为中国粮油食品城；省食品办（食协）确定92家企业为山东省食品工业标准化生产示范基地等。加强食品名城、产业集群（基地）建设对于提升我省食品工业整体质量水平，增强竞争力，促进区域经济发展已发挥出越来越重要作用。

2009年，荣成海洋食品产业集群、禹城及邹平淀粉糖与功能糖产业、沂水饼干产业集群、烟台葡萄酒产业集群、莱阳食用油与果蔬产业集群、诸城畜禽食品产业集群、曹县及平邑果蔬罐头产业集群、金乡大蒜加工产业集群实现产值1800多亿元，占全省食品工业总产值16%。

（五）发展循环经济，实现可持续发展

2009年，全省食品工业落实科学发展观，以发展循环经济为产业导向，全面开展节能减排工作，建设环境友好型企业，促进食品工业实现可持续发展。以西王集团、保龄宝公司、鲁洲食品集团、菱花集团、诸城兴贸等为代表的玉米深加工企业，积极发展循环经济，实现了玉米产业链多层次开发；以青岛啤酒、景芝酒业、古贝春、琅琊台等为代表的酿酒企业，积极推行清洁生产，建设环境友好型企业。他们表现出较高的社会责任意识，在发展循环经济、节能减排方面走在了行业前列，获得了国家及省有关部门的表彰。到2010年，我省食品工业有16家企业被命名为山东省环境友好型企业。

（六）技改投入增加，大项目建设进度加快

列入山东省2009年重点技改导向计划食品工业项目69项，项目总投资达到124亿元。其中烟台喜旺肉制品、烟台威龙葡萄酒、烟台广和曲奇蛋糕、得利斯冷却肉、荣成泰祥调理食品、鲁花菜籽油、西王低聚糖、龙大花生油、高唐蓝山冷榨花生油等名牌产品扩产项目竣工投产。

目前，粮油加工、肉类加工、果蔬加工以及淀粉糖、乳制品、味精、啤酒、葡萄酒、浓缩果汁等主要行业中龙头企业的技术装备水平达到国际或国内先进水平。

二、行业发展存在的突出问题

（一）部分行业生产能力严重过剩

据统计，2010年末，全省畜禽屠宰加工产能利用率仅为42%、小麦粉产能利用率仅为65%、食用油产能利用率为50%，淀粉、乳制品、软饮料等行业产能利用率也仅为50%左右。产能过剩的主要原因：一是企业上马加工项目缺乏科学论证，盲目性较大。二是食品加工准入门槛较低，新上小型初级产品加工企业数量多。从整个行业看，我省扶优措施有力，重点企业发展较快，除涉及国家产业政策的行业外（如乳品、玉米深加工），对大多数条件较差的小企业没有设立退出机制。

（二）企业自主创新能力不强

全省食品企业科技投入较少，研发能力较弱，核心技术、关键技术自主创新率较低，企业管理与市场开发创新能力不强，出口食品贴牌比例较高。与国外先进国家相比，整体技术和装备水平、管理水平、市场开发等方面还有很大差距。

（三）青岛、烟台、威海等食品出口大市企业劳动力不足的问题依然严重

（四）企业减负的问题没有得到根本性解决

企业反映较为强烈的突出问题主要是食品安全监管部门涉企收费名目繁多，搭车收费的现象依然存在。

河南省

河南省食品工业协会　陈振杰

一、我省食品工业的现状

（一）基本成就

食品工业是我省工业行业的第一大支柱产业，是我省构建现代产业体系，实现中原崛起的重要战略支撑产业。近年来，省委、省政府高度重视，食品工业快速发展。一是经济总量较大。2009年，全省规模以上食品工业企业3027家，较2008年净增389家，完成工业总产值4058.1亿元，同比增长17.9%，经济总量连续四年稳居全国第二位。二是经济效益较好。全省规模以上企业完成工业增加值1167.5亿元，同比增长11.5%，占规模以上工业增加值的14.7%；实现利润391.7亿元，同比增长16.1%。三是优势产业突出。两大基地建设成就显著，小麦粉、速冻米面食品、方便面、饼干产量分别为3211万吨、181万吨、158万吨、96万吨，均居全国首位，同比分别增长15.6%、21.9%、17.5%、23.6%；味精、饮料酒、啤酒产量分别为44万吨、468万吨、382万吨，均居全国第二位，鲜冷藏肉、白酒、果汁、卷烟产量分别为143万吨、71万吨、119万吨、1613亿支，均居全国第三位。四是品牌知名度高。全省食品行业中国名牌产品26个，占全省中国名牌总数的38.3%，拥有中国驰名商标16家，是我省工业知名品牌最多的行业。五是吸引投资多。全年食品工业投资同比增长40.0%，高出工业投资平均增幅8.7个百分点。六是食品工业基地建设成效显著。漯河市是首个中国食品名城，永城市是中国面粉城，临颍县、汤阴县等14个县被命名为全国食品工业强县，食品工业已成为区域经济发展的重要支撑。我省食品工业企业直接就业人数120万人，相关配套产业就业人数达500万人，2300万农民从事原料生产。食品工业的发展从根本上解决了我省卖粮难、卖猪难的问题，增加了农民收入，仅种植优质专用小麦一项，每年带动农民增收40亿元。食品工业成为我省经济社会发展中的重要支撑，和工业经济一张闪光名片、一个金字招牌。

（二）主要问题

我省食品工业在快速发展的同时，也面临着突出的问题和挑战。

1. 增速放缓。2003～2007年5年间，我省食品工业总产值增速平均高于全国增速近20个百分点，增速一直名列前茅。近两年来，我省食品工业增速有所减缓，接近或略高于全国平均增速。

2. 产业、产品结构不优。产品偏重于产业链前端，产业层次偏低。在我省多数食品主导产业中，主要产品多处于全国中低端市场，“初、粗、低”现象依然突出。

3. 创新能力不强。2009年我省食品工业新产品产值率仅为1.8%，低于全国平均水平2个百分点。

4. 产品出口能力较低。2009年我省食品工业出口交货

值仅25亿元，居全国第18位。

总之，我省食品工业结构不够优化，产业水平有待进一步提高。纵观现代食物消费升级的要求、和全国日益形成的食品工业竞相发展的局面，我省食品工业潜力与压力同在，机遇与挑战并存，优化、升级十分紧迫。

二、食品工业是中原经济区的重要支撑

食品工业成长性好、关联度高、拉动性强、就业面广，是涵盖一、二、三产业的生命工业。河南是我国重要的农业大省、粮食大省和人口大省，也是新兴的工业大省。加快食品工业发展，有利于推动农业产业化，促进农产品转化增值，带动农业增效、农民增收和农村经济活跃；有利于优化工业结构，拉动相关产业，推动经济综合协调发展；有利于进一步拓展民营经济发展空间，扩大城乡就业，促进社会和谐。因此，进一步加快食品工业发展，是解决“钱从哪里来”的重要突破口、“人往哪里去”的重要切入点、“民生怎么办”的重要着力点和“粮食怎么保”的重要抓手，对于推进我省工业化、城镇化和农业现代化进程，实现富民强省具有十分重要的意义。中原经济区基础在农业，关键在工业，食品工业一肩担两头，一头连着千家万户，一头连着广阔市场。建设中原经济区，应大力发展食品工业，坚持工业农业一起抓、两篇文章一起做，围绕农业办工业，办好工业促农业，使食品工业成为构建现代农业的火车头、建设中原经济区的重要支撑。

三、加快食品工业发展的主要任务和工作重点

（一）基本思路与基本原则

1. 基本思路。以科学发展观为统领，以转型升级为主线，以“优化、创新”为核心，实施龙头带动，打造知名品牌，壮大产业规模，强化产业支撑，垂直整合，错位发展，努力构建竞争优势突出、产业带动明显、技术装备先进、结构布局合理的现代食品产业体系，把食品工业培育成为我省重要的战略支撑产业。

2. 基本原则。坚持巩固传统优势产业和积极发展新兴产业相结合；坚持发挥自身优势和承接产业转移相协调；坚持重点企业培育与一体化发展相促进；坚持食品安全与绿色发展相衔接。

（二）基本目标

1. 产业规模明显壮大。2012年总产值达到1.2万亿元，年均增速20%，形成河南经济的“万亿产业”，其中规模以上产值达到7000亿元，两年累计新增固定资产投资1200亿元。2015年总产值达到2万亿元，年均增速20%，其中规模以上产值达到1.2万亿元，三年累计新增固定资产投资2300亿元。力争到2020年，总产值达到4万亿元。

2. 产业升级明显加快。到2015年，食品工业技术进步贡献率由2009年的35%提高到45%，产品质量整体合格率由88%提高到95%，食品制造业和食品精深加工占全部食品工业的比重由45%提高到60%。单位增加值能耗年均下降3%，水耗年均下降5%，排污年均减少10%。

3. 食品安全水平明显增强。到2015年，食品工业企业诚信体系建设全面推广，食品企业全面实行标准化生产，规模以上企业全面建立食品质量安全保证体系，基本建成食品安全省。

4. 产业竞争力明显提升。到2015年，主营业务收入超100亿元的企业达到10家，面制品、肉制品、速冻食品产量分别达到1000万吨、500万吨和400万吨，休闲食品、饮料及酒、调味品、果蔬加工等一批新兴优势产业逐渐形成，基本建成食品工业强省。到2020年，把我省建成全国最大、国际上具有重要影响的现代食品加工制造中心。

（三）重点任务

1. 实施“354”产业结构升级工程。巩固具有国际竞争力的面制品、肉制品和速冻食品三大主导产业，做强国内具有较强竞争力的休闲食品、饮料及酒、调味品、油脂、卷烟五大高附加值产业，积极发展乳制品、淀粉、果蔬、食品添加剂四大高成长性产业。

2. 实施“一带、两片、多点”产业布局优化工程。构建沿京广食品产业带，建设豫东粮油肉酒精深加工和豫西及豫西南特色食品产业两大基地，培育20个国家级食品工业强县和50个食品产业重点集聚区。支持临颍县创建中国休闲食品名城，进一步丰富漯河市中国食品名城内涵，积极发展区域特色食品经济。

3. 实施“三百”产业竞争力提升工程。培育100户重点企业、100个知名品牌和100个优秀创新产品。努力挖掘开发特色食品资源，积极开展河南特产食品认定和推广工作。

4. 实施产业一体化推进工程。建设规模化、标准化、专用化的食品工业原料基地，培育打造20个综合产值50亿元以上的全产业链集团。提高食品工业装备水平。发展以冷链物流为重点的现代物流产业。

5. 实施开放带动工程。加大市场开拓力度，积极承接产业转移，加快企业战略布局，扩大进出口贸易。

6. 实施食品安全放心工程。建设企业诚信体系，健全质量安全保证体系，建立检测监管体系。

湖南省

湖南省食品行业联合会　李文炳

2009 年湖南省食品工业经济运行情况

一、全省食品工业经济运行情况与特点

（一）生产保持较快增长。全年全省规模食品工业完成工业总产值 1586 亿元（除烟草），居中部第 3 位，同比增长 28.8%，比全国平均水平高 10.9 个百分点；完成工业增加值 451.6 亿元，同比增长 26.2%；产销率为 98.2%。

2009 年食品工业总产值完成情况

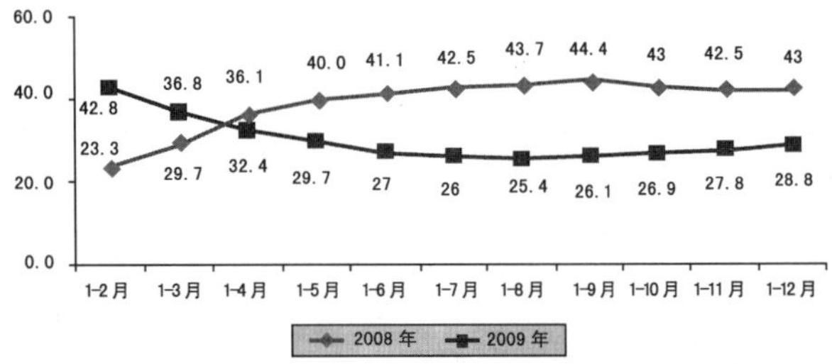

（二）大部分市州生产保持两位数增长。全省 14 个市州生产均保持 2 位数的增长，其中郴州、怀化、衡阳、湘潭等 4 个市生产增速高于全省食品工业平均水平。

2009 年全省食品工业总产值分市州完成情况

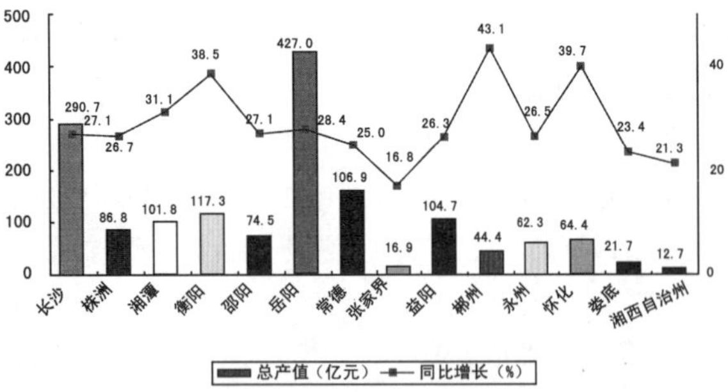

（三）主要子行业生产快速增长。全省食品工业除乳制品加工业同比仅增长 3.2 %外，其它 13 个主要子行业生产均保持 2 位数增长，其中调味品业、酿酒业、果蔬加工业、精制茶加工业、食用植物油加工业、谷物磨制加工业等 6 个子行业生产增速高于全省食品工业平均水平。

2009 年全省食品工业总产值分子行业完成情况

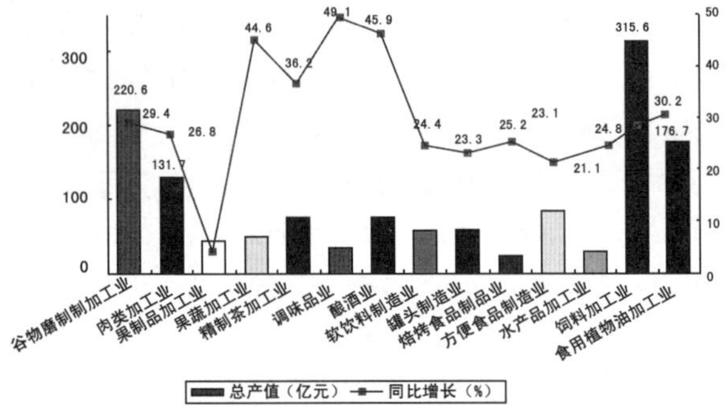

（四）主要产品产量保持较快增长。全省规模食品工业主要产品产量保持较快增长。其中，鲜冷藏肉全年完成 23.9 吨，同比增长 78.5%；白酒 124511 千升，增长 76.1%；食用植物油 174.3 万吨，增长 59%；软饮料 109.5 万吨，增长 58.5%；大米 568.2 万吨，增长 28.1%。

（五）经济效益大幅提高。全省规模食品工业实现主营业务收入 1521.3 亿元，同比增长 30.3%；实现利税总额 92.9 亿元，同比增长 37.8%，比上年提高 8.6 个百分点；实现利润 57.6 亿元，同比增长 55.4%，比上年提高 29 个百分点。

二、食品工业生产效益保持较快增长的原因分析

（一）良好发展环境和政策扶持促进了食品产业发展。在省委、省政府特别是委党组的高度重视下，加大政策扶持力度，从 2009 年开始设立了省食品产业发展专项资金，促进了食品产业又好又快发展，已成为全省第二大产业。

（二）小型规模食品企业快速发展。全省小型规模食品企业共有 1378 家，比上年增加 165 家；累计完成工业总产值 1197.8 亿元，同比增长 32.3%，增幅比全省规模食品工业平均水平高 3.5 个百分点，对全省规模食品工业增长贡献率为 82.5%。实现利税、利润分别为 67.1 亿元、42.5 亿元，同比分别增长 47.9%、52%，对全省规模食品工业增长贡献率为 85.1% 和 70.7%。

（三）技改项目竣工投产提供了新的经济增长点。全省规模食品企业完成技术改造投资 157.5 亿元，同比增长 60.1%。其中，金浩油脂 10 万吨 / 年综合利用项目茶籽油压榨生产线、盈城油脂二期工程日处理 200 吨棉籽油冬化生产线和日产 50 吨茶籽油生产线、顺祥水产年加工淡水鱼

虾3万吨扩建项目等一批重点食品项目建成投产，为食品工业经济发展提供了新的经济增长点。

三、食品工业经济运行存在的主要问题

受金融危机影响，国际市场需求下降，全省规模食品工业累计出口31.4亿元，同比下降13.6%。其中，水产品加工业、精制茶加工业、罐头制造业等主要外向型子行业出口分别同比下降96.2%、22.8%、6.5%。

四、食品工业当前面临的形势

食品产业发展政策环境和势头好。自去年召开全省加速推进食品产业发展工作会议后，《湖南省食品产业发展规划（2009-2015年）》已经省加速推进新型工业化工作领导小组批准印发，《关于加快发展食品产业的意见》已由省委、省政府下发，为我省食品工业快速发展营造了良好的氛围，提供强有力的政策支持，各市州都将食品产业作为当地支柱产业予以支持发展。

预计一季度，全省医药规模工业完成总产值77亿元，同比增长25%；全省食品规模工业完成总产值346亿元，同比增长28%。

广东省

广东省食品工业协会　　陈昌清

【年度纪事】

1月13日，广东省食品行业协会在广州召开了“2009年节庆食品质量水平鉴评结果新闻发布会”，张俊修会长作了《保障食品安全，提高食品质量，满足多层次需求》工作报告。会议认为，因“三鹿奶粉事件”引起了消费市场对食品的信用危机，加之国际金融危机的爆发，食品产业面临着严峻的挑战。必须认真落实党中央、国务院和广东省委、省政府关于“保增长、促发展、调结构”指示，努力扩大内需。会议号召，全省食品行业要在以胡锦涛为总书记的党中央的正确领导下，扎实贯彻党的十七届三中全会和广东省委十届四次全会精神，进一步深入学习实践科学发展观，加强行业自律管理，履行社会责任，确保食品安全，提高产品质量，团结拼搏，为进和谐社会建设，争当全国排头兵再立新功。

1月19日，省春运办主任、省经贸委副主任李向明、省食品行业协会会长张俊修到春运琶洲候车点慰问返乡农民工，向候车旅客送上王老吉凉茶和上清饮凉茶。广东加多宝饮料食品有限公司、广州市香雪制药股份有限公司积极参加“南粤春暖行动”，受到各方面好评。

2月5日，广东省政协经济委员会主任张远贻、副主任赖悦辉一行领导莅临省食品（医药）行业协会视察。就当前食品医药行业面临全球金融危机的冲击和产业焦点、难点问题召开座谈会，进行实地调研。张俊修会长、刘荔琛秘书长和员工共30人参加了座谈会。

3月12日，中国食品工业协会会长王文哲、副会长王永祯一行领导到广东省食品行业协会考察工作，就当前食品行业热点、难点、焦点问题进行调研。

3月17日，广东省委巡视组副组长李迺强一行到省食品（医药）行业协会巡视考察。

3月26日，中共广东省社会组织工作委员会成立揭牌仪式在广州举行。省民政厅党组成员、副厅长王长胜任党工委书记，省民间组织管理局局长方向文任副书记，省食品行业协会会长张俊修等7人任委员。

5月12日，广东省食品行业协会紧急召开记者招待会，就王老吉凉茶饮料中有关添加物问题引起社会反响进行说明和通报。作为国家级非物质文化遗产——凉茶保护单位，协会会长张俊修以对历史、对社会、对文化遗产负责任的态度通报：一、王老吉凉茶饮料是严格按照国家有关规定组织生产与经营的，根本不存在添加物违规问题。2005年4月25日国家卫生部以卫监督发〔2005〕169号文《关于普通食品添加夏枯草有关问题的请示》批复将王老吉凉茶在卫生部备案。二、饮用王老吉凉茶饮料因含有夏枯草造成胃溃疡病伤害是不可能出现的事实。第一，胃溃疡病的发病机理非常复杂。医学研究证明胃溃疡病形成主要原因是以精神、心理压力过大为主，而到目前为止全球医学界还没有哪种食物可以直接造成胃溃疡病的报道。第二，夏枯草被列入1991年人民卫生出版社出版、中国预防医学科学院、营养与食品卫生研究所编著的《食物成分表》中的野菜食物。第三，从国际询征医学来说，仅一例说明饮用王老吉凉茶饮料造成胃溃疡病既无价值又无意义。三、王老吉凉茶饮料在形成和发展凉茶饮料产业、履行社会责任，抗震救灾尤其作为中国养生文化的传承中作出了突出贡献世人皆知。王老吉凉茶饮料配方与术语作为国家级非物质文化遗产、广东食文化遗产必须进行全力保护。

5月15日，为加强对国务院批准的国家级非物质文化遗产——凉茶的保护，协会在本部会议室召开了专题会议。会议强调：慎重宣传凉茶主要支撑配方及术语，加强配方保密；加强对凉茶的传承、保护工作；积极参与广东省凉茶博物馆建设工作；大力推进“广货北上”活动，为我国经济复苏作出新的更大的贡献。

5月17日，广东省食品行业协会在广州市三寓宾馆举办“最新食品法规理解与运用研讨会”。研讨会由协会秘书长刘荔琛主持，国家保健品评审专家、广州市食品药品监督管理局食品安全协调处副处长洪文华主讲，协会会长张俊修作了总结讲话。来自省内各地市的60多家食品骨干企业的负责人、管理人员近100人参加了这次研讨会。研讨会主要内容涵盖三个方面：关于食品安全法立法的基本原则及相关内容，主要有针对性地为企业讲解生产经营部分；关于食品添加剂的标准和使用注意事项；关于食品标签最新规定的解释和具体运用。

5月20日，马来西亚驻广州总领事馆商务处商务领事沈国安先生、商务副领事莎雷·阿斯哇先生等一行3人到访广东省食品、医药行业协会进行了友好会谈。沈国安领事介绍了马来西亚国际食品及饮料贸易展历届举办情况，邀请广东食品企业前往参展、洽谈、投资。

6月16日，广东省食品行业协会率加多宝集团公司、广州王老吉药业股份有限公司、广州市香雪制药股份有限公司等凉茶秘方及专用术语拥有企业在北京钓鱼台国宾馆启动了“凉茶文化传播全球行”活动，发表了宣言。启动仪式上，我国著名文史文物专家麦英豪和食品标准、食品工程和政府疾病预防控制部门等专家作了精辟发言。年逾80高龄的我国著名文史文物专家麦英豪用自己的亲身经历和详实的文史资料告诉大家，凉茶的悠久历史和严密的传承、有效的保护、明显的作用、科学的发展、巨大的贡献使凉茶成为中华文明的瑰宝。广东省疾病预防控制中心公共卫生所的王立斌副所长就该中心十二年来不断地对王老吉凉茶和所用各种原料提取液、浓缩液和浸膏分别做的食品安全毒理学评价结果证明王老吉凉茶及原料是安全无毒的。我国著名标准化专家、国家强制性标准《预包装食品标签通则》主要组织者及起草者郝煜和享受国务院津贴有突出贡献的食品工程专家陈永泉教授从标签标注、凉茶饮料制造工艺、设备性能、质量控制等方面说明凉茶饮料已成为目前国际饮料界最先进的饮料产品和产业。张俊修指出：凉茶文化不仅是中国传统文化、民族文化，更是负责任的文化；凉茶饮料的安全、有效是我们勇于为全世界消费者服务、勇于在全球传播凉茶文化的科学技术基础。全球行活动一定会成为凉茶在全球超高速传承发展的宣言书、宣传队、播种机。

6月27日，由广东省食品行业协会主办、安利纽崔莱独家冠名、搜狐独家网络支持、广东中企机构承办的“2009年广东省食品安全宣传周”活动在广州启动。这次活动的主题是：“关注食品安全，共创健康生活”。广东省食品安全委员会副主任委员、省食品药品监督管理局副局长陈德伟及广东省食品行业协会会长张俊修、省消委会副秘书长江列华等出席了启动仪式。安利（中国）日用品有限公司代表食品（经营）企业郑重宣读“食品安全放心承诺宣言”，王老吉凉茶、上清饮凉茶、邓老凉茶、健生堂、百事可乐、华山泉、怡宝、益力多、致美斋、莲香楼等129家企业代表在现场郑重向全社会签名承诺。活动内容包括“食品安全知识大型图片巡回展”、“优秀食品企业巡回展”、“食品安全万人签名”、“金牌健康达人挑战赛”等相关项目。

7月10日，广东省食品、医药行业协会在广州召开了“2009年上半年广东省食品医药产业发展分析总结大会”，200多人参加了大会。会议系统总结分析了2009年上半年全省食品行业、医药行业经济运行情况。1～5月，食品制造业完成工业总产值累计同比增长40%，幅度高于全国水平。会议公布了广东省食品医药行业排序和岭南特色食品获得企业。

7月21日，九江双蒸酒酿制技艺入选省级非物质文化遗产名录新闻发布会于在佛山市南海区九江举行，广东省食品行业协会会长张俊修应邀出席了新闻发布会并作了讲话。

7月31日，广东省经贸委与四川省汶川县政府在广东迎宾馆举办“汶川县招商引资项目推介会”。广东省食品（医药）行业协会组织了广州市珍奇味食品有限公司、广州市天源长寿村酒业有限公司、广东健生堂保健品有限公司、珠海李氏百草凉茶有限公司、英德市权祥凉茶有限公司、广州市香雪制药股份有限公司、广州白云山和记黄埔中药有限公司、润都集团有限公司、广州奇星药业有限公司、广州星群（药业）股份有限公司、珠海安生医药有限公司共11个企业参加了推介会。省食协秘书长刘荔琛代表广东省食品行业协会、广东省医药行业协会；林增钦副总经理代表广州市珍奇味食品有限公司、张春英副总经理代表广州市天源长寿村酒业有限公司与汶川县有关部门签订了合作框架协议和投资意向书。截至2009年上半年，广东省援建项目已开工建设397个，其中竣工项目91个；累计已到位援建资金22.17亿元，群众生产生活秩序正在迅速恢复，将在两年内基本完成原定三年的援建任务。推介会现场举行了粤汶企业签约仪式，共签约项目46项，签约投资（意向）金额超过10亿元。

8月10日，加多宝集团旗下的新公司——青海玉珠峰矿泉水有限公司在海拔4200米的昆仑山山麓下诞生。清华大学副校长陈旭，中国食品工业协会副会长、广东省食品行业协会会长张俊修等领导剪彩。

8月22日，依据《关于设置广东省食品工程高、中、初级专业技术资格评审委员会的通知》（粤人发［2009］182号）文件，正式组建广东省食品工程高、中、初级专业技术资格评审委员会，负责全省食品工程相应专业技术资格的评审工作，广东省食品工程高级专业技术资格评审委员会下设食品粮食、食品机械、制糖三个专业评审组。评委会日常工作部门设在省食品行业协会秘书处。2009年8月22日，评审委员会在广州召开了广东省食品工程专业技术资格评审工作说明会。

8月24日，受广东省工商局委托，广东省食品、医药行业协会召开了“广东省著名商标（食品医药）行业评价会”。

8月28日，畅饮三江水，欢聚饮料城。“第二届中国三水饮品文化节”，在“中国饮料名镇——三水西南”正式启动。中国食品工业协会常务理事会扩大会议，“第二届中国饮料行业高峰论坛”同期在三水召开，国家相关部委领导、中国食品饮料行业150位高层人士亲临三水“中国饮料之都”。中食协会长王文哲，国家食药局副司长陈明、中食协副会长张俊修出席并讲话。饮品节共有65个知名饮料品牌参展，设置了400个展位，其中包括健力宝、百威、伊利、可口可乐、青啤、百事可乐、娃哈哈等65家饮料企业参展。世界著名功能性饮料品牌——红牛三水工厂奠基。

8月28日，中国食品工业协会常务理事会扩大会议在三水召开。中国食品工业协会王文哲会长，国家食品药品监督管理局陈明副司长，国家工业和信息化部消费品工业司食品处郭翔处长，中国食品工业协会刘治常务副会长、王永祯副会长，张俊修副会长、沈篪秘书长，广东省经贸委、省卫生厅领导等出席会议。150位国家相关部委领导、行业知名人物参加了会议。王文哲会长作了2009年上半年工作汇报，提出了今后工作意见。2009年1～6月份，全国食品工业完成现价工业总产值22992.58亿元，同比增长14.76%，位列全国各工业行业前列，食品工业率先出现经济回暖。1～6月份食品工业生产增加值对全国工业行业贡献率达到18.6%，拉动全国工业生产增长1.3个百分点。广东省食品行业着力破解产业发展瓶颈，逆势上扬，完成工业总产值比上年同期增长11.1%。在扩大会上，各省、直辖市、自治区食品工业办公室、协会领导以及龙头食品企业代表汇报了贯彻执行《食品安全法》情况、存在问题与困难，并提出了意见建议。常务理事们热烈讨论，并最终达成共识。

9月9日，由广东省民间组织管理局方向文局长率领，组长、华南农业大学教授王建平一行7人组成的评估小组莅临省食协进行评估工作。张俊修会长向评估专家介绍了协会的基本情况、主要工作以及评估资料准备情况。评估组按程序分头开展了认真、细致的现场评估、查阅资料等工作。王建平教授代表评估小组高度评价省食协所做的工作，希望打造一流现代行业协会。

9月16日，国家民政部在京召开了“新社会组织深入学习实践科学发展观活动指导工作动员大会”。广东省食品行业协会会长张俊修在大会上作了“学习实践科学发展观，创新行业协会发展模式，推进产业持续、健康、高速发展”的经验介绍。

9月17日，“首届中国（浙江）非物质文化遗产博览会”在杭州开幕。广东省食品行业协会组织了国家级非物质文化遗产——凉茶和安琪广式月饼制作技艺两个项目参加博览会。48000份由国家级非物质文化遗产——凉茶宣传指定媒体《食经》杂志“凉茶文化传播全球行”专刊免费派发，引起了强烈反响。凉茶获组委会颁发的金奖、安琪月饼获组委会颁发的银奖。凉茶展位还获由参观者评选、组委会认可的“最佳人气奖”。

9月18日，广东省民政厅在广州召开了“新社会组织参加第三批学习实践科学发展观活动电视电话会议”。广东省社会组织党工委委员、省食品行业协会会长张俊修在大会上介绍了经验。

9月28日，在省经信委举行了庆祝新中国成立60周年歌咏演唱会。省食协、省医药协、杂志社23人参加了演唱会，“跟着共产党走”大合唱，获得了“优秀奖”。

10月24日，“广东省食品（医药）行业协会各分会深入学习实践科学发展观活动动员大会”在广州召开。省食品（医药）行业协会各分会理事会理事共200人参加了大会。广东省食品药品监管局局长陈元胜等领导同志出席了会议。省食协凉茶分会会长王永辉主持了会议。张俊修会长作了《深入学习实践科学发展观，促进食品医药产业持续健康发展》动员报告，提出积极应对国际金融危机，破解产业难题，“扩内需、保增长”，努力完成各项经济技术指标，实现全行业2009年工业总产值增长15%的目标。

10月29，省经济和信息化委员会党组成员、纪检组长、监察专员龚明栋到协会（杂志社）检查指导工作。

11月5日，省食品工程高、中、初级专业技术资格评审委员会秘书处在广州东山宾馆举办了评委库入库委员培训班。培训班由协会张俊修会长主持，广东省人力资源和社会保障厅、华南理工轻工与食品学院、华南农大食品学院等省内所有食品专业院系、食品研究院所的教授、及食品骨干企业的候选评委100多人参加了培训。来自食品工程教学、研究、技术工作第一线的教授、高工们普遍反映：第一次全面、系统地了解了职称政策及评审工作，对于承任评委这一重任充满信心。

11月5日，在广东省委学习实践科学发展观活动领导小组成员、省民政厅党组书记、厅长、省新社会组织深入学习实践科学发展观活动指导小组组长刘洪的率领下，省新社会组织巡回检查组第三组到协会检查指导工作。省食品行业协会已参加了第一批学习实践科学发展观活动，并取得了突出成效。为使学习实践活动成果转化为全行业创新发展的动力，省食协、省医药协结合行业实际，决定协会各分会、各会员单位及协会所属民办非企业单位参加第三批学习实践科学发展观活动。刘厅长一行还检查了党员学习室的筹建工作，查看了协会编印的《学习实践科学发展观101问》和《活动简报》。

11月6日，全省新社会组织深入学习实践科学发展观活动座谈会召开。省委常委、组织部部长胡泽君，省委副秘书长谭一鸣，省民政厅厅长刘洪等领导出席了座谈会。胡泽君、刘洪讲了话。张俊修汇报了食品（医药）协会各分会开展深入学习实践科学发展观活动的情况。

11月6～10日，广东与东盟非物质文化遗产交流会在佛山举行，协会组织凉茶企业的产品到会参加交流活动。

11月14日，广东省食品（医药）行业协会为有效推进第三批学习实践科学发展观活动的顺利开展，帮助领会《学习实践科学发展观101问》，决定自2009年11月18日至28日开展“学习科学发展观知识竞赛活动”，并设奖品，面向广大读者、网民。

11月16日，根据广东省委深入学习实践科学发展观活动领导小组的要求，在省委学习实践办宣传组组长王永福率领下，南方日报、广东电视台、南方网记者一行8人到广东省食协对协会学习实践科学发展观活动情况进行实地采访。省食品(医药)行业协会所属各分会(专业委员会)按照《广东省食品（医药）行业协会各分会开展学习实践科学发展观实施方案》要求，学习实践科学发展观活动开展得如火如荼，“建党、回家”高潮迭起。记者们深入广州香雪制药股份有限公司、广东汇香源生物科技股份有限公司的厂区以及广州黄振龙凉茶有限公司、广州平安堂凉茶有限公司所属的凉茶铺进行实地采访。

11月17日，广东省九江酒厂有限公司举行“九江双蒸博物馆”开馆仪式。“九江双蒸博物馆”座落在佛山九江酒厂有限公司厂区内。九江双蒸是省级非物质文化遗产项目。该馆于2008年开始筹建，在建筑面积700多平方米的博物館内，有古代的酒铺、戏台、米坊、酒坊等，同时设有九江镇历史文化长廊，通过挖掘酒的制作技术、历史人物、事件等，把酒的历史演变、制作过程等直观展示出來。

11月20日，“公布第二批广东省食品（饮食）文化遗产保护名录新闻发布会”在广州召开。发布会向广州致美斋食品有限公司等22家企业颁发了牌匾和证书。广州酒家集团利口福食品有限公司、东莞市食品有限公司旗峰腊味厂代表入选广东省食品（饮食）文化遗产保护名录的申报单位发言。

11月26日，由中国食品工业协会、广东省食品行业协会主办的“平远县——中国仙草之乡”授牌仪式暨仙草推介会在广州举行。中国食品工业协会会长王文哲把“广东省平远县——中国仙草之乡”的牌匾授予平远县县长张映平。在生产红罐“王老吉凉茶”的加多宝集团与广东南台药业有限公司签订了仙草长年购销合同基础上，广州市香雪制药股份有限公司、广州市王老吉药业股份有限公司、广州市白云山和记黄埔中药有限公司、广州市润芯堂凉茶有限公司、广州市养和堂邓老凉茶连锁有限公司、广州市金葫芦凉茶有限公司、清新强力凉茶有限公司、广东杏林春凉茶有限公司、广州市黎泉凉茶连锁经营有限公司等凉茶秘方及专用术语拥有企业分别和平远县南台公司现场签订了20万吨仙草购销协议。

11月28日，广东省食品（医药）行业协会第一届党员代表大会召开，协会各分会、专业委员会、民办非企业单位、会员企业党员代表45名、代表40个党支部、816名共产党员出席了代表大会。选举张俊修同志为协会党委书记、刘荔琛同志为党委副书记，陈荣坤、陈兴国、张露璐、王启华、麦镇江同志为党委委员。此时，行业协会党委正式宣告成立。

12月1日，中共广东省社会组织工作委员会《关于中共广东省食品（医药）行业协会委员会选举结果的批复》（粤社党工[2009]16号），同意中共广东省食品（医药）行业协会第一届党员代表大会选举结果和党委委员分工。

12月4日，广东省食品（医药）行业协会党委邀请广东省经济和信息委员会机关党委副书记、机关党办主任刘俊兴同志给省食品（医药）行业协会分会（专业委员会）学习实践科学发展观活动指导小组办公室成员、协会党委办公室成员、省食品（医药）行业协会第三批学习实践活动联络员上关于党建工作的辅导课。

12 月 12 日，广东展团参加“第 18 届中国食品博览会”（武汉）。企业销售额 30 多万元，签订合同协议金额 10 多亿元，获得了食博会授予的“最佳组团奖”和“最佳布展奖”。

【行业概况】

2009 年，在跌宕起伏的经济形势下，作为全国经济外向度最高的省份，广东食品在短时间内企稳向好，逆势上扬。规模以上企业累计完成工业总产值 3363.7 亿元，经济总量同比增长 12.5%。广东餐饮业实现营业收入 1860 亿元，同比增长 4.7%。全省食品行业实现经济总量达到 5223.7 亿元，同比增长 10.1%。食品工业完成销售产值 3285.3 亿元，同比增长 13.8%。食品产业冲破了国际技术壁垒，使出口食品、保健品增幅达到 15%。广东食品工业经济持续平稳增长，继续位居全国同行业前列。

在列入统计口径的 20 类主要食品产品产量中，凉茶、酱油等 5 项产品 2009 年产销量位居全国首位。凉茶、酱油、软饮料、糕点等 6 项产品产量比上年同期增长 20% 以上，冷冻饮品降幅大（附表：2009 年广东省食品工业主要产品产量）。全省取得生产许可证的工业企业 6400 多家，其中规模以上企业 1500 多家，基本上与 2008 年持平。2009 年，广东省食品工业实现了工业总产值和销售产值同步增长的目标，凉茶、饼干、糕点等 6 项食品产销率达到 98%。

【发展特点】

凉茶在逆势中稳步发展。协会成功处置了 5.11 事件，不仅为行业协会提供了国际危机攻关经典案例，而且使王老吉凉茶顺利完成了全球铺市，成为全球最大饮料产品。“凉茶文化传播全球行”活动促进中国凉茶联动发力向世界冲刺，活动创造了全国“三个第一次”（国务院自 2006 年开展首批非物质文化遗产认定工作以来，单项国家级非物质文化遗产第一次最大型的国际性活动；拉动内需、扩展外销第一次行业联动的重大举措；贯彻《珠江三角洲地区改革发展规划纲要》、抵御风险、消除甲流，创新经济发展模式的第一次整体重大行动）。国家级非物质文化遗产——凉茶在逆势中快速发展，远销 50 多个国家和地区，继续突显食文化遗产拉动产业高速发展的巨大潜力。2009 年，广东凉茶原料基地建设工作顺利推进，平远县仙草种植总面积达到 110 万亩。

岭南特色食品认定保护工作收到成效。岭南特色食品是华夏传统文化的重要组成部分，更是岭南食文化的主要支撑点。2009 年认定了糯米甜醋、达濠鱼丸、九江双蒸酒等 82 个产品为“广东岭南特色食品”，首次明确塑造了岭南特色食品行业品牌，并通过宣传与推广，极大地提高了岭南特色食品的知名度，在业内引起了极大反响。借助饮食文化遗产资源转化为经济资源优势，推动全省食品产业跃上了一个新台阶。2009 年全省调味品、发酵制品制造业，完成工业总产值同比增长 18.3%。

“广货北上”系列活动取得硕果。2009 年 4 月，在省经济和信息化委的统筹下，由省食品行业协会等 12 家协会和南方日报社发起了“广货北上”系列活动。食品协会牵头起草了“广货北上宣言”，食品成交金额达到 185 亿元，行动迅速，成效显著。在活动中，协会多渠道多途径扩内销促消费。金融危机爆发后，广东食品行业就把目光瞄准国内市场，协会牵头制定了扩大内需行动计划，把扩大内销、促进消费作为应对危机、保持经济平稳较快发展的重要举措。2009 年，完成了“中国中小企业博览会”食品产业的招商工作，促进了消费市场的发展。

食品产业名镇又增添新军。2009 年，培育了“中国仙草之乡——广东平远”，广东省食品产业拥有 6 个全国食品名镇。经过多年的建设，全省食品产业集群建设布局趋于合理。

行业自律管理进一步规范。2009 年，全省食品企业扎实贯彻《广东省食品行业自律管理若干规定》要求，进一步完善了食品安全信用、食品放心工程、质量效益、公平竞争、自律保障长效体系，推动企业规范运作。2009 年，通过强化行业自律管理，全省食品行业呈现了 3 个显著特点：一是食品安全整体水平明显提高。二是食品质量状况进一步稳定。三是凉茶文化快速向全球传播。

产业预警体系继续发挥作用。广东省食品产业安全预警的作用突显。2009 年初当美国、澳大利亚等国就月饼进口设置新的标准后，预警平台及时发出预警，提出应对措施，使 2009 年拥有自营进出口权的月饼生产企业出口量继续保持了两位数的增长。

履行社会责任又有新举措。2009 年，省食品协会重新修订了《广东省食品行业抗灾救灾处置预案》。《广东省食品行业社会责任标准》、《广东省食品行业自律管理规范》已完成专家评审。一批食品企业参加了“汶川县招商引资项目推介会”，与汶川县签订了合作框架协议和投资意向书，在履行社会责任方面又有新的举措。

四川省

四川省食品工业协会　高海鸥

2009年是进入新世纪国际国内经济形势最为困难的一年。面对复杂多变的经济形势和加快产业恢复重建的迫切要求，全省食品工业系统坚决贯彻落实省委、省政府的决策部署，同心同德，顽强拼搏，食品工业逆势而上，保持了快速发展的良好势头，为推进农业产业化和工业强省做出了突出贡献。具体表现为：

一、产业发展有新突破

（一）产业规模实现跨越。全省1932户规模以上食品工业企业，实现工业增加值首次突破1000亿大关，达到1080.40亿元，同比增长30.09%，增幅比全省工业高出8.9个百分点；食品工业总产值和主营业务收入双双跃上3000亿台阶，分别达到3095.93亿元、3056.65亿元，同比增长30.91%、32.14%，其中食品工业总产值增幅位列全国第二，主营业务收入增幅比全省工业高出7.04个百分点；实现利税414.64亿元，同比增长30.69%，其中利润198.36亿元，同比增长38.41%，增幅分别高出全省工业5.5和4.7个百分点。食品工业规模排位超过江苏省，跃居全国第四位。

（二）支柱地位显著增强。全省食品工业在全省工业中的比重，主营业务收入占17.79%，工业增加值占17.47%，利税占23.80%，利润占21.83%，从业人员占11.99%；食品工业增加值对全省工业经济增长贡献率达到23.11%，拉动全省工业经济增长4.9个百分点。食品工业主营业务收入仅比排位第一的装备制造业少125.89亿元，但食品工业利税已超过装备制造业115.67亿元，食品工业已成为我省“7+3”产业中的“第一利税大户”。

（三）优势产业贡献突出。232户规模以上白酒企业，全年实现产量155.96万吨，同比增长40.70%；实现主营业务收入795.89亿元，同比增长34.70%；实现利税167.25亿元，同比增长34.23%；其中利润94.46亿元，同比增长44.56%。三项指标占全省食品工业比重分别达到26.04%、40.34%和47.62%。四川白酒主要经济指标占全国白酒的比重，产量占22.06%，工业总产值占34.02%，新产品产值占70.22%，销售产值占34.30%，出口交货值占83.8%。

（四）主要产品产量大幅增加。纳入统计范围的28种主要食品产品中，除方便面、发酵酒精和碳酸饮料外，其余25种均实现了不同程度增长。其中，糖果产量增幅最快，达127.89%；果菜汁饮料、食用植物油等7种产品增幅在50%以上；白酒产量同比增长40.70%，创近6年新高；大米（32.62%）、小麦粉（21.80%）、鲜冷藏肉（40.81%）、乳制品（49.90%）、精制茶（32.08%）等重点产品均实现了平稳较快增长。

（五）规模企业大幅增加。去年规模以上食品工业企业达1932户，新增446户，净增152户。新增企业共实现主营业务收入310.95亿元，利税23.99亿元，利润14亿元。

（六）龙头企业引领明显。2009年主营业务收入超亿元的食品工业企业达573户（其中去年新增131户），完成主营业务收入2530.12亿元，占全省主营业务收入总额的82.77%。其中10亿-50亿食品工业企业32户（其中去年新增10户），完成主营业务收入579.20亿元，占全省主营业务收入总额的18.95%。去年龙头食品工业企业实现主营业务收入，五粮液集团达到350亿元，泸州老窖集团达到94亿元，郎酒集团达到33亿元，增幅分别达到达16.53%、39.74%、63.45%。

（七）重点行业贡献突出。从工业总产值看，采盐、农副食品加工、食品制造和饮料制造四大行业增幅分别为36.78%、30.26%、40.88%和31.39%，发展较为均衡。值得一提的是饮料制造业，继续保持了稳中有升的良好发展态势，实现工业总产值1028.71亿元，增幅同比提高6.7个百分点，成为我省食品工业中第二个千亿产业。各大类行业间的基本结构保持稳定，农副食品加工业仍是第一大类行业，实现工业总产值1516.54亿元，占行业总额48.98%。饮料制造业实现利润113.58亿元，占全行业总额57.26%，仍是我省食品工业利润的主要来源。食品制造业继续保持了最快的发展速度，但总量在全行业中比重不大，对行业拉动作用有限。从小类行业看，白酒制造业在我省食品工业中一枝独秀。232户规模以上白酒制造企业实现主营业务收入795.89亿元，同比增长34.70%；实现利税167.25亿元，同比增长34.23%，其中利润94.46亿元，同比增长44.56%。三项指标增幅分别同比提高6.7、18.5和30.3个百分点，跨越发展态势十分明显。四川白酒产量和工业总产值占全国白酒业比重分别达到22.06%和34.02%，在全国的龙头地位进一步得到巩固。

（八）地区发展速度明显加快从工业总产值看，21个市州同比均有不同程度的增长，其中有14个市州增幅超过全省平均增幅，10个市州增幅超过40%。增长幅度最大的前五位，分别为甘孜州（206%）、攀枝花市（166.47%）、阿坝州（64.47%）、巴中市（51.96%）和雅安市（50.77%）。从绝对量看前五位，分别为成都市（657.05亿元）、宜宾市（382.19亿元）、泸州市（295.67亿元）、南充市（206.56亿元）和资阳市（204.36亿元），这5个地区食品工业总产值之和占全省食品工业总额的56.39%。成都市继续保持了均衡平稳发展的良好态势，食品工业主营业务收入、利润、利税增幅分别达到22.36%、20.19%和18.51%，其中农副食品加工、食品制造、饮料制造、烟草制品四大行业产值全部超过百亿元，有力拉动了全省食品工业增长。宜宾、泸州两市坚持突出白酒主业，推动白酒业加快发展。两市全年白酒业共完成主营业务收入634.56亿元，实现利税137.48亿元，利润82.49亿元，分别占全省白酒业总额的79.73%、82.20%和87.33%，向建设全国性白酒基地迈出坚实步伐。资阳市以四海集团为龙头，大力发展以肉类、粮油加工为主导的农副食品加工业，取得显著成效。全年农副食品加工业实现产值157.15亿元，成为我省仅次于成都市的农副食品加工基地。广元市充分利用灾后恢复重建机遇，以食品工业园区为载体推动食品工业发展，发展速度在全省名列前茅。

（九）县域工业蓬勃发展食品工业在壮大县域经济中的作用日益凸显，县域食品工业已成为我省食品工业重要支撑。2009年，全省共143个县市区分布有规模以上食品企业，覆盖率达79%。49个县市区食品工业主营业务收入在20亿元以上，其中宜宾市翠屏区、成都市龙泉驿区、泸州市江阳区超百亿元。经中国食品工业协会认定的我省23个食品工业强县食品工业完成主营业务收入1046.56亿元、利税124.91亿元、利润74.78亿元，分别占全省食品工业总额的34.24%、30.12%和37.70%。

（十）能耗水平得到有效控制。全省规模以上食品工业综合能耗（折标煤）640.62万吨，同比增长19.89%，增幅比工业总产值增幅低11.02个百分点。单位增加值能耗为0.593吨/万元，同比下降0.09吨/万元，降幅达13.23%，超额完成了能耗水平年均下降4.36%的目标要求。

二、科技创新有新成果

（一）新产品贡献突出。2009年，全省规模以上食品工业实现新产品产值419.41亿元，连续三年稳居全国第一。新产品产值率达到13.55%，比全国食品工业平均水平高出9.7个百分点。白酒制造业是我省食品工业中最具创新活力的产业，实现新产品产值117.96亿元，占全省食品工业比重达28.13%，新产品产值率达16.55%。新产品产值上10亿元的7户企业中，有5户属于白酒制造业。

（二）科技领域获奖多。2009年，我省获“中国食品工业协会科学技术奖”一等奖五项、二等奖一项，获“中国食品工业协会科技进步优秀项目”七项；五粮液等6家企业获全国食品工业科技进步优秀企业称号，其中五粮液成为唯一获此荣誉的七连冠；王国春、乔天明、刘友金等42人获“中国食品工业协会科学技术奖——自主创新企业家”、“全国食品工业科技进步先进科技带头人”、“全国食品工业科技进步先进管理工作者”荣誉称号，我省获奖企业及项目均居全国之首。泸州老窖、郎酒等单位承担的“中国白酒功能微生物研究选育及产业化应用”项目荣获省科技进步一等奖；高金、太丰、美宁等公司承担的“优质安全冷却保鲜肉加工及储运技术研究与应用示范”项目，叙府茶叶公司承担的“茶叶保绿增香加工技术研究及应用”项目荣获省科技进步二等奖；泸州老窖公司承担的“酒库智能化信息化自动控制系统的开发与应用”项目和“创建强势区域品牌研究—以四川白酒产业为例”项目荣获省科技进步三等奖。泸州老窖副总工程师张宿义，进入四川省科技学术带头人后备人选。

（三）产学研结合到位。我会发起成立了“四川白酒科技创新联盟”，为推动白酒科技进步搭建了平台，在浓香型白酒标准化生产和白酒食品安全体系建设等方面取得了进展。

三、品牌建设有新亮点

召开了“全省食品行业品牌建设和保护工作研讨会”。积极做好“中国驰名商标”、“中国名牌产品”、“四川省名牌产品”、“四川省著名商标”培育工作，支持企业创建国家及省级名牌和商标。截止2009年底，我省食品工业企业已拥有中国驰名商标30个（其中去年新增6个），四川省著名商标190个（其中去年新增39个，复查通过27个），荣获省名牌284个（其中去年新增127个）。经我会和有关方面积极争取，宜宾市荣获中国唯一的“中国酒都”称号。

四、食品安全有新举措

（一）强化安全意识。采取培训、网络、日历等方式宣传贯彻《食品安全法》，强化食品安全意识，强化企业落实主体责任，引导企业在提高产品质量上下功夫。

（二）培养安全人才。积极与科研院所、大专院校、重点企业联系沟通，充实白酒、啤酒、乳制品专家组成员，培育肉制品专家队伍；开展食品安全师和白酒酿造工技师、技工培训鉴定活动，共培训学员1600余人，有98人获得食品安全师资格，477 人获得国家认可的白酒酿造工技师、技工资格证。

（三）制定安全标准。起草制定《四川泡菜地方标准》、《四川省浓香型大曲酒标准化生产地方标准》和《四川川法固态小曲清香型白酒安全标准》；通过多种措施力促“全国浓香型白酒标准分委会”落户四川，把握白酒话语权，为四川赢得促进白酒发展主动权。

（四）落实安全措施。协同省级相关部门大力开展打击违法添加非食用物质和滥用食品添加剂专项整治工作；协同省质监局开展食品生产许可证等审查发证工作；联合省食品安全协调委员会办公室开展食品安全示范单位推荐认定工作，2009 年新增 30 户食品安全示范单位。

五、灾后重建有新成效

成功举办“全国食品行业支援四川灾区重建工作会”，全国 18 个支援省市和受灾市县食品行业主管部门和重点食品企业负责人近 100 人参会。会议提供四川食品工业发展项目 118 个，发表了《全国食品行业支援四川灾后重建共同宣言》。现场签订援建与合作项目协议 14 个，协议金额 5 亿多元。目前，签约项目已全部落实，工作正有力推进。中国食品工业协会、四川省食品工业协会、广元市政府、广元市元坝区政府签署《中国食品产业发展重点园区四方共建协议》，已在元坝区建成并启动独具特色的全国示范性食品工业园区。园区年产值预计可达 30 亿元，将提供就业岗位 5000 余个。

六、对外开放有新进展

（一）积极组织企业参展。积极组织食品企业参加“西博会”、“糖酒会”、“长沙国际食品博览会”等展示展销活动。特别是按省政府领导要求，组织食品企业参加“长沙国际食品博览会”，共签约、洽谈项目 20 多个，金额超过 8000 万元，获食博会组委会“最佳组织奖”。

（二）不断加强交流合作。组织我省白酒行业代表团赴京、津、冀、滇开展经济技术交流活动，加强联系，学习经验，增强合作；与河南、河北、云南等省食品行业主管部门签订合作协议，促进双方食品行业投资、贸易、打假和资源共享；成功举办“首届中国浓香型白酒高峰论坛”，为政府、专家、企业搭建了相互借鉴、学习、提高的平台，形成了《2009 年中国浓香型白酒行业共识》。

（三）大力推动产品出口。2009 年，我省食品行业有效应对国际金融危机，采取多种措施扩大产品出口，出口交货值实现止滑回升，完成 35.08 亿元（其中白酒出口 8.43 亿元），同比增长 4.36%。

七、行业管理有新起色

（一）加强行业指导。会同省政府政研室完成了《打造中国白酒“波尔多”，建设川酒千亿产业》调研报告，起草了《促进四川白酒又好又快发展，建设千亿产业实施意见》并呈报省政府；成功召开了“四川地方名酒发展高峰会”，全面分析和研究了我省地方名酒发展态势、战略措施；完成了食品工业“十一五”发展规划实施情况评估前期工作；编制了《四川省优势产业发展规划饮料食品产业分报告》；开展了“四川特产”食品认定前期工作，“四川特产食品图形著作权标识”已被省版权局认定；加强与茶叶协会、调味品协会、花椒协会、泡菜协会等专业协会的联络沟通，互通行业信息，交流发展意见；完成了《四川省志 · 川酒志》送审稿，并通过初审。

（二）加强协调服务。积极与省盐务局协调沟通，促成了允许部分食品工业企业使用非碘盐的政策优惠；积极与省科技厅等部门衔接，协助四川原池酒厂、四川省酿酒研究所申报科技项目，协助水井坊公司申请科技成果鉴定；为数 10 家企业寻求技术牵线搭桥。

（三）加强质量管理。成功举办白酒、啤酒、乳制品、调味品、茶叶等行业感官质量鉴评和经验交流活动。

尽管我省食品工业总体发展态势良好，但行业运行中仍然存在一些不容忽视的问题，必须引起高度重视。一是农产品加工率低。2009 年，我省食品工业总产值与农业总产值之比仅为 0.62:1，而山东省 2007 年就达到 1.42:1，全国平均水平为 0.72:1。可见，我省农产品加工特别是深加工不足，农产品附加值不高。二是大企业大集团偏少。截止 2009 年底，我省食品工业企业销售收入 100 强企业中，上 100 亿元的企业仅 2 家，20 ～ 50 亿元的仅 14 家，10 亿元以下的 59 家。其中，第 100 名的企业销售收入为 4 亿元，仅占第一位五粮液的 1.14%。“大个头”的领军型企业缺乏，“中等个头”的成长型企业不足。三是产品结构不合理。存在“四多四少”现象，即初加工产品多，深加工产品少；大路产品多，名优产品少；低档产品多，中高档产品少；单一产品多，系列产品少。四是食品工业外向度低。去年，全省食品工业出口交货值实现 35.08 亿元，仅占全省食品工业主营业务收入的 1.15%，占全省工业出口交货值总额的 6.36%；其中白酒实现出口交货值 8.43 亿元，同比下降 8.58%，仅占全省工业出口交货值总额 1.53%。在今年的工作中，我们一定要高度重视这些问题，采取切实措施努力加以解决。

宁夏回族自治区

宁夏自治区轻纺局　吴 俊

【发展概况】

2009年，宁夏民族食品工业坚持以科学发展观为指导，按照“保增长、扩内需、调结构”的战略战术布局，积极应对国际金融危机和三聚氰胺事件带来的冲击，将推进结构调整与产业升级相结合，与自治区大力发展的“五优一新”产业集群紧密相结合（“五优一新”产业：指重点发展壮大农副产品加工、能源、煤化工、新材料、装备制造等优势产业集群和高新技术产业），立足当地资源优势和“清真”人文优势，食品工业逆市而升再创佳绩，取得了可喜的成绩。全行业连续多年保持平稳高速增长，企业盈利能力不断提高，创出工业增加值和利润同比增长的历史最好水平中，突出清真食品制造与加工、发酵制品、酿酒制造、乳制品、枸杞制品、淀粉加工等重点行业和优势骨干企业的发展，大力提升了食品工业在宁夏经济发展中的比重。全部规模以上企业完成工业总产值101.55亿元，较上年同期的81.48亿元增长了24.63%，占宁夏轻重工业总产值比重6.98%，较上年增长1.39个百分点，占宁夏轻纺工业总产值比重达43.73%，较回族自治区工业平均增长水平高出10多个百分点。实现工业增加值32.37亿元，较上年同期增长24.5%；全年实现利税总额8.37亿元，较上年同期增长35%，实现了生产效益双增长，创出历史以来工业增加值和利润同比增长的最好水平，成为宁夏工业经济的亮点，在全国轻纺行业大幅下降的态势中，成长为该行业的主干行业。

紧紧抓住国家实施轻工产业调整振兴规划有利时机，宁夏食品工业抓抢发展机遇，运用市场倒逼机制，促进结构调整，推动产业结构优化升级，培育发展新兴产业，企业规模不断扩大。全宁夏共有食品生产企业804家，其中农副食品加工业534家，食品制造业171家，饮料制造业99家，从业人员2.6万余人。2009年规模以上食品企业发展到153家，其中主营业务收入达到5000万元的40家，达到亿元以上的15家，前10位企业合计完成销售收入41.38亿元，占全部规模以上食品企业的44.90 %。合计实现利税6.4亿元，占87.19%。建立了国家级技术中心1家，自治区级技术中心7家。

主导产业强劲支撑的作用凸显。按规模以上企业统计，乳制品行业摆脱三聚氰胺影响乳粉产品产量增长15.25%，液体乳也呈增长趋势，新建项目得胜园区的明旺乳业、吴忠园区恒枫乳业投产后成为新的骨干企业。乳品加工业生产乳制品13.6万吨，实现加工产值13.44亿元，占13.63%。酿酒行业白酒、啤酒、枸杞酒、葡萄酒四花齐放，主要企业大幅增长。酿酒企业生产白酒2.3万吨，啤酒12万吨，葡萄酒9989吨，枸杞酒7462吨，合计实现加工产值15.95亿元，占食品工业全行业比重16.17%。其中宁夏昊王酒业有限公司总产值4亿多元，比上年同期增长284%，有效带动宁夏白酒行业产品产量同期增长239.50%；宁夏御马葡萄酒有限公司总产值走上了1亿元大关，增长253%；以宁夏地方最具有优势特色枸杞加工为主要职能职责的宁夏红集团公司总产值5亿多元，再次增长35%以上。善于抢抓机遇的发酵制品行业发展迅速，经济运行态势良好，生产与效益同步增长，利税、利润大幅度增加；2009年规模以上企业中的3927名从业人员共完成工业总产值27.96亿元，同比增长46.67%；完成工业增加值8.60亿元，增长36.33%。实现利税总额2.93亿元，增长36.58%；利润总额2.28亿元，增长80.27%。其中味精（氨基酸）产量达到了17万吨，同比增长了70.61%，占宁夏食品工业的比重28.35%，成为西北地区最大的味精制造基地，占全国总产量的8.5%，赖氨酸产能位居全国第三。作为宁夏味精生产行业的龙头企业——伊品味精有限公司、万胜生物工程有限公司和米来生物工程有限公司都取得了不菲业绩，奠定了三角支撑宁夏微生物发酵行业加快发展的基础，成为宁夏食品工业经济新的增长点，并呈现出良好的健康发展势头。

紧扣宁夏实际，以开阔的视野、专业的视角、突出绿色发展、可持续发展。2009年，宁夏围绕构建内陆开发区，加强清真产业科学研究，启动了中国宁夏清真HALAL产品国际自由贸易区研究；充分发挥宁夏清真产业发展资金的导向作用；支持清真食品企业走出去开拓国外市场；按照国家产业发展趋势，重点在高附加值生产技术、清洁生产技术、资源综合利用技术、关键工艺与设备的研发和产业化方面取得突破。新型乳制品、枸杞深加工、淀粉深加工、生物发酵深加工等行业技术实现了进步升级。主要产品产量中，清真味精产量17012万吨，同比增长70.61%；葡萄酒9989千升，增长58.78%；大米23.25万吨，增长36.62%；还有清真糕点增长33.69%，食用植物油增长32.45%，鲜冻畜肉增长28.85%。以茂源果汁、恒兴果汁公司、中粮屯河惠农番茄制品公司为代表的果汁、番茄制品产业，味精发酵产业等快速崛起，为宁夏经济进一步健康发展奠定了一定的基础。

表1.2009年宁夏食品工业规模以上工业企业主要经济指标

（单位：亿元）

指标名称	现价工业总产值		利税总额		工业增加值	
	绝对额（亿元）	同比增长%	绝对额（万元）	同比增长（%）	绝对额（亿元）	同比增长（%）
农副食品加工业	33.58	16.10	9605	-5.97	10.43	22.63
食品制造业	46.84	25.48	39976	38.93	14.28	22.76
饮料制造业	18.22	43.94	23804	47.38	7.66	43.86
烟草制品业	2.91	13.24	10500	-2.07		
合计	101.55	25.00	83668	13.70	32.37	27.13

表2.2009年宁夏食品工业完成主要经济指标

（单位：万元）

指 标 名 称	食品工业	农副食品加工业	食品制造业	饮料制造业	占宁夏工业比重%
食品企业数（个）	153	85	48	20	16.37
工业总产值（当年价）	986 362	335 791	468 364	182 208	6.78
工业销售产值（当年价）	146	300 096	425 402	124 648	6.23
工业增加值（当年价	323 696	104 330	142 777	76 589	6.09
资产总计	1044 970	246 857	517 954	280 159	3.94
负债合计	678 761	161 226	321 340	196 195	3.83
主营业务收入	829 249	303 892	406 860	118 496	6.03
利税总额	73 384	9 605	39 976	23 804	4.80
利润总额	49 927	8 667	28 552	12 708	6.35
全部从业人员平均人数	16 257	4 797	7 379	4 081	6.18

【特色清真食品工业发展】

2009年宁夏回族自治区清真食品产业发展被确定为自治区促进地方经济发展的战略性支柱产业。清真食品工业趁势而上，积极贯彻落实2008年国务院出台的《关于促进宁夏经济社会发展的若干意见》中明确提出宁夏要"着力深化改革和发展内陆开放型经济"的精神，为宁夏发展清真食品和穆斯林用品产业奠定了战略基础。自治区党委、政府高度重视，全自治区上下大力发展清真食品、穆斯林用品产业的环境、氛围开始形成。"加快发展宁夏内陆开放型经济"，立足宁夏既有资源富集、便于开发的资源优势，又有民族团结、社会稳定的政治优势;既有区位独特，连接周边的地缘优势，又有回族聚居、文化独特的人文优势，大力发展清真食品产业成为共识。从历史渊源看，回族与中东、阿拉伯人有血缘关系，与穆斯林世界有共同的宗教信仰和民族心理素质。回族是中国最大的少数民族之一，人口1000多万，宁夏占20%以上，是全国最大的回族聚居区，被国外称为中国的"穆斯林省"。宁夏作为全国唯一的回族自治区，与穆斯林国家宗教信仰相同、风俗习俗相近、人文环境相似。利用回族穆斯林文化开展与世界穆斯林国家的经贸文化交流与合作，容易相互沟通，引发共识，加强双方经贸合作与文化交流符合双方人民的利益。宁夏与中东和东南亚穆斯林国家的经贸交流日益活跃，贸易投资逐年增加；已连续两届成功举办国际性的清真食品、穆斯林用品节和回商大会，宁夏在世界穆斯林市场的影响越来越大；以银川和吴忠两市为重点的清真食品和穆斯林用品发展迅速。目前，我国对穆斯林国家的出口额仅占全部出口额的10%，拓展与穆斯林国家的贸易，潜力巨大。中东、阿拉伯国家石油储量和产量分别占世界的60%和45%。我国目前进口的石油中，60%以上来自这一地区，大力发展与穆斯林国家经贸文化交流与合作，建立长期稳定的石油进口战略伙伴关系，是我国能源战略安全的需要。世界有57个穆斯林国家，人口达13亿，富有石油美元，但经济社会发展水平较低，许多生活和生产资料依赖进口，有着广阔的市场空间。充分发挥回族文化与穆斯林世界文化具有相似性和共同的民族心理这一优势，拓展双边贸易往来和社会文化交流，还是我国化解金融危机，保障能源安全，实现可持续发展的重大战略选择。

宁夏清真食品工业借助回族文化这一突出优势趁势发展。近年来我国主要领导人先后出访沙特等国家，取得了一系列积极成果。宁夏已在上世纪80和90年代两度组团，访问沙特、埃及等国，成为我国与穆斯林国家友好往来的先行省区。之后，宁夏与穆斯林国家和地区之间的友好往来日益发展。中国与穆斯林国家的友好关系日益加强，为拓展国际市场奠定了良好基础。中国已与沙特、阿联酋等一批穆斯林国家建交，中阿论坛（22个阿盟国家）已与2004年正式开办。从2006年开始在银川举办一年一度的中国宁夏（回族）投资贸易洽谈会期间，来宁夏的外宾每年都达500人以上，其中大部分人是来自穆斯林国家的外宾。《关于进一步促进宁夏经济社会发展的若干意见》（国发［2008］29号文）中明确指出，“加强国内外、区内外经济技术合作，主动承担国际和东部地区产业转移，构筑内陆开放型经济新格局”，“支持宁夏举办国际性贸易投资博览会，打造宁夏对外开放的综合平台”，同时要求宁夏“着力深化改革和发展内陆型开放经济”。大力发展宁夏内陆开放型经济，使之成为我国面向穆斯林世界开放的前沿阵地，条件日趋成熟，宁夏有条件、有理由成为中国面向穆斯林世界开发的前沿阵地。逐步努力将宁夏建成全球最大清真食品生产基地和出口基地，全面加强与阿拉伯国家和穆斯林地区的政治、经贸、文化合作，打通我国面向阿拉伯国家和穆斯林地区经贸通道，加快发展内陆开放型经济，在有效利用“两种资源”以保障国家能源安全的现实需要现状下（利用民族人文相类同下所生产加工出的清真食品与阿拉伯国家和穆斯林地区盛产的石油互换），食品工业以市场需求为导向，以技术创新为基础，采用高新技术和先进适用技术改造传统清真食品加工业，在国家和自治区有关民族政策和产业政策的扶持下，积极利用国家民贸民品优惠政策、利用2009年自治区政府决定新设

2009年宁夏清真食品工业规模以上工业企业主要经济指标

2009年清真食品工业	现价工业总产值			工业销售产值			企业数（个
	当年	上年	增减%	当年	上年	增减%	
清真食品工业	755241	643733	17.32	673931	596091	13.06	124
占食品工业总产值比重	76.57%						
占宁夏工业总产值比重	5.19%						
占宁夏工业销售产值比重	4.94%						
一农副食品加工	264132	244118	8.20	231278	214385	7.88	71
谷物磨制	140835	117626	19.73	132255	114960	15.04	27
食用植物油	26291	29171	－9.87	22592	27983	－19.26	12
屠宰及肉类加工	34079	36138	－5.70	33634	40725	－17.41	13
蔬菜加工	17532	52565	233.54	4701	5332	－11.84	9
其他副食品	45395	34878	30.15	38096	25385	50.07	10
二清真食品制造	489719	399615	22.55	442653	381706	15.97	53
焙烤食品	10129	8594	17.86	9644	8102	19.04	6
糖果蜜饯	1543	1328	16.20	1360	1169	16.26	2
方便食品	6544	6135	6.67	5668	5742	－1.30	3
乳制品	134390	141205	－4.83	128755	126745	1.59	22
调味发酵品	279638	190653	46.67	248201	168257	47.51	6
其他食品	36120	25350	42.48	31774	24002	32.38	9
软饮料	22745	26350	－13.68	17251	47689	－633.83	5

立每年5000万元的《宁夏清真产业发展资金》，扶持自治区清真食品产业发展，帮助清真食品企业做大做强。2009年，宁夏享受国家政策优惠扶持的少数民族特需商品定点生产企业从74家增加至85家，其中绝大多数是清真肉食品、乳制品、粮油制品以及穆斯林服装服饰生产加工的龙头骨干企业。进入到少数民族特需商品定点生产企业行列后，企业流动资金贷款可以享受2.88%的贴息，技术改造贷款也可以享受国家和自治区财政的贴息支持。全年度这些定点企业流动资金贷款获得国家财政贴息9100万元，比上年增长60%以上。通过国家和地方的共同支持，大大减轻了企业负担，促使清真食品工业企业迈上了产业健康发展的快车道。随着宁夏回族自治区出台《清真食品管理条例》和《清真食品认证通则》，全宁夏清真食品企业655家，其中规模以上工业企业124家，2009年实现工业总产值75.5亿元。全自治区初步形成了以清真乳品、清真粮油、清真肉制品、清真焙烤食品、清真休闲食品、清真方便食品、清真保健品、清真调味品为主要行业的企业群，经济总量持续扩张，发展速度再次高于宁夏工业平均增长速度，促使宁夏食品工业增加值和利润同比增长又创出了历史最好水平。

【实施名牌战略】

宁夏在推进名牌发展战略中，以发展清真特色产品、进一步提高回族自治区产品的质量竞争力，积极引导和鼓励企业争创名牌产品，增强全宁夏经济整体实力，以促进经济平稳较快发展。宁夏的33家食品工业企业、2家饲料加工企业和3家食品企业，不断提高企业质量管理和产品质量水平，增强企业自主创新能力，坚持以质取胜、名牌兴企，走质量效益型的发展道路，坚持技术创新，以科技发展促进质量进步。根据《宁夏回族自治区名牌产品管理办法》的规定，自治区名牌战略推进委员会在开展2009年名牌产品评价工作中，经企业自愿申请，各地市质量技术监督局推荐，专家综合评审，自治区名牌战略推进委员会审核并向社会公示后，确认了72家企业生产的78个产品为2009年宁夏名牌产品。在食品企业进一步实现清真品牌的迅速崛起中，有40种食品产品获得了宁夏名牌产品称号。并有7家食品企业获得了2009年宁夏质量管理奖。至此，宁夏食品工业中共培育了中国名牌3个、中国驰名商标4个、宁夏名牌产品90个、宁夏著名商标32个。“宁夏红”枸杞酒、“塞北雪”挂面、“厚生记”休闲食品、“夏进”液态奶、“御马”葡萄酒、“伊品”味精、“贺兰山”“穆和春”清真牛羊肉、“银鸥”马铃薯淀粉等品牌在国内外的知名度不断提高。据统计，宁夏名牌产品销售额占全自治区工业总产值的48.69%，名牌产品生产企业对全区工业增加值增长的贡献率为73.2%。今后，宁夏将重点培育以葡萄酒、枸杞果酒、牛奶、小麦粉等为重点的优势产品争创“中国名牌产品”、“中国驰名商标”。力争到2012年，全自治区“宁夏名牌产品”达到260个以上，“中国名牌产品”达到10个以上；到2015年，全区“宁夏名牌产品”达到300个左右，“中国名牌产品”达到20个以上，“世界名牌产品”实现零的突破。

表 3.2009 年宁夏名牌产品名单

序号	商标名称	产品名称	生产企业名称
1	夏　进	乳制品（灭菌乳）	宁夏夏进乳业巨头股份有限公司
2	夏　进	饮料（蛋白饮料）	宁夏夏进乳业集团股份有限公司
3	红　果	婴幼儿配方乳粉	宁夏红果乳业有限公司
4	宁夏红	枸杞酒	宁夏红枸杞产业集团有限公司
5	御　马	干红、干白葡萄酒	御马国际葡萄酒业（宁夏）有限公司
6	西夏王	干红、干白葡萄酒	宁夏西夏王葡萄酒业有限公司
7	大夏贡	白　酒	宁夏西夏贡酒业实业有限公司
8	香　山	白　酒	宁夏香山就业（集团）有限公司
9	沙　湖	白　酒	宁夏沙湖春酿酒集团有限公司
10	西夏金鹰	白　酒	隆德县岚风酒厂
11	源河祥龙	白　酒	宁夏河源锁阳酒厂
12	西　夏	啤　酒	宁夏西夏嘉酿啤酒有限公司
13	西香记	鸡精调味料	宁夏金岛食品有限公司
14	圣杞乐	枸杞油胶丸	宁夏志诚生物食品工程有限公司
15	玉　西	枸　杞	宁夏农林科学院枸杞研究所（有限公司）
16	百瑞源	枸杞、枸杞油胶丸	宁夏泰丰生物科技有限公司
17	同心圆枣	同心圆枣	宁夏天予枣业有限责任公司
18	六盘山	枸杞茶叶	宁夏绿源茶叶有限公司
19	十里花	蜂　蜜	宁夏天然蜂产品科技开发有限责任公司
20	阿　毛	糕　点	银川万利食品有限公司
21	胡大头	糕　点	银川市乐口福食品有限公司
22	中　南	脱水蔬菜	宁夏中南工贸有限公司
23	红山河	调味料（辣椒粉）	宁夏红山河食品有限公司
24	美　隆	沙棘果汁	隆德县美隆饮料制品有限责任公司
25	昊　王	大　米	宁夏昊王米业有限公司
26	杞　乡	大　米	中宁县丰泽粮油贸易有限公司
27	伊　晶	大　米	贺兰县金穗米业有限公司
28	广　银	大　米	贺兰广银米业有限公司
29	塞上农家	大　米	银川中储粮米业有限公司
30	金　夏	大　米	宁夏农垦企业集团米业有限公司
31	兴　唐	谷物加工品	宁夏兴唐米业集团有限公司
32	塞北雪	小麦粉	宁夏塞北雪面粉有限公司
33	塞北雪	挂　面	宁夏塞北雪面粉有限公司
34	山逗子	山逗子杂粮	盐池县山逗子杂粮绿色食品有限公司
35	六盘清	食用植物油	固原经济开发区润泽粮油有限公司
36	塞上一宝	鸡　蛋	宁夏顺宝现代农业有限公司
37	小　任	鲜果（幸运李、葡萄、油桃）	银川小任果业有限责任公司
38	沙坡头	鲜蔬菜（茄子、番茄、辣椒）	宁夏天瑞产业集团现代农业有限公司
39	正　大	饲料（畜禽鱼配合饲料、浓缩饲料）	银川正大有限公司
40	隆　丰	饲料（畜禽鱼配合饲料、浓缩饲料）	宁夏正旺生物技术有限公司

【主要产品产量】

2009全宁夏大米、食品植物油产量分别为23.25万吨和1.14万吨，比上年分别增长36.62%和32.45%；清真糕点6288吨，较上年同期增长33.69%。酿酒行业围绕培育壮大龙头企业，加强自主品牌建设，加强产品结构调整，加大对主要企业的扶持力度，促使酿酒业进入了较快发展阶段。白酒、啤酒、葡萄酒、枸杞酒、黄酒各放异彩，丰富了地区的消费品市场。全宁夏饮料酒年产量13.03万吨，销售收入达12亿元，利税总额保持两位数增长。特别是在宁夏昊王酒业有限公司建造的“宁夏酒城”成功运营后，促使白酒产量达到22913千升，较上年同期大幅度增长239.50%，实现产值也同期增长160.56%。葡萄酒充分发挥宁夏贺兰山东麓地区是中国优质酿酒葡萄种植基地之一，是中国第三个“葡萄酒地理标志产品”保护区域，已初具发展规模，资源优势十分突出，近年来成为中国各大葡萄酒企业高档酿酒原料的主要供应基地的优势条件，积极扩大生产，产品产量较上年同期增长也高达58.78%。2009年在原料优势和酿造工艺的完美结合上收获连连，酿酒葡萄种植面积超过了20万亩，当年就新发展了7万多亩，初步形成了以青铜峡市、永宁县、农垦农场为主体，红寺堡开发区为补充的贺兰山东麓葡萄产业带。葡萄酒生产企业18家，年加工能力8万吨，其中万吨以上企业有西夏王、御马等。作为酿酒葡萄种植土地资源最多的宁夏农垦也提出了调整布局、科学规划，用5年时间建成30万亩葡萄基地、17万吨葡萄酒加工、8.26平方公里小城镇、1个5A级生态旅游景区的“中国葡萄酒都”的发展规划，争取到2015年左右，达到年实现收入48.16亿元，年上缴税金6035亿元，年实现利润总额20.45亿元；实现年接待旅游50万人次；解决就业3万人；带动项目区5万农工、农民脱贫致富。乳制品行业在三聚氰胺事件的直接影响下，作为原料乳粉基地的宁夏，自2008年10月至2009年7月以来，奶粉大量积压，奶款拖欠严重，牛奶大量流失，加之国际金融风暴的蔓延，宁夏乳制品行业经历了史无前例的重创。在宁夏政府及时应对，采取了一系列的补救措施后，直到8月份后，宁夏乳制品企业积压的奶粉才开始陆续“解困”，同时鲜奶收购价格和奶粉价格都开始回升。散养户鲜奶收购价从1.60元/千克上涨到年末的2.50元/千克，园区从1.80元/千克上涨到3.15元/千克；原料奶粉价格也从低谷时的1.5万元/吨上涨到2.6～3.1万元/吨，奶牛存栏、奶农收益也全面逐步回升，奶产业基本恢复到了2008年的水平。借此良好发展态势，宁夏开展了生鲜乳收购站的专项整治，加强了收购站的建设与管理力度，先后关闭取缔奶站184个，使得486个奶站全部纳入监管范围。鲜奶质量显著提高，奶牛入园率达到50%以上，城市瓶装巴氏灭菌奶、枸杞奶、红枣奶等一些特色液态奶也纷纷上市，产品还远销到了西安、兰州、平凉、内蒙等周边市场。

发酵行业抢抓机遇发展，产能扩张迅速，味精产量171156吨，比上年度同期增长70.61%。其中，6月19日宁夏伊品生物工程股份有限公司投资兴建的“45万吨玉米深加工项目”在永宁县伊品工业园又开工奠基，成为宁夏当年投资最大的生产加工项目，总投资7.65亿元，占地700亩。项目完成后每年可加工玉米45万吨，生产味精12万吨，商品淀粉30万吨，玉米副产品10万吨，谷氨酸12万吨，复合肥12万吨，菌体蛋白1.2万吨，安排850个劳动就业岗位，每年可增加工业总产值16.1亿元。届时，伊品公司的苏氨酸产能将位居全国第一位，赖氨酸产能位居全国第二位，味精产能达到22万吨，位居全国前三位，综合产品生产规模将真正跨入国内发酵行业的前列。作为宁夏唯一的出口味精生产企业，宁夏伊品味精有限公司自2006年开始出口大包装味精。由于企业对国际市场重视不够，订单量较少，2006年～2008年每年的出口量均徘徊在500吨～1000吨之间，出口货值最多的年份不超过120万美元。2009年受金融危机影响，味精行业面临“大洗牌”，许多企业被迫减产，甚至关闭。伊品味精抓住机遇，在原有年产8万吨的基础上，又新投1条12万吨味精生产线，使之在全国味精行业排名由前5位跃居前3位。为了开拓市场，该公司还主动出击，积极参与一些国际性食品添加剂与配料展会，与国内外客户联系、沟通，并根据市场需求制定新的价格策略和市场策略，使其出口业务大幅增长。仅11月份，经宁夏检验检疫局查验合格，宁夏两批共计86吨味精就分别装船出口印度和菲律宾。宁夏味精主要销往东南亚、美国、非洲，2009年出口总量不断创造历史新高，至年末共出口味精4756吨，创汇600万美元，同比分别增长4.2倍和4.8倍。

表 4.2009 年宁夏主要制造加工食品产量

产品名称	单位	本年累计	上年同期	同比增长%
大米	吨	232 450	170 145	36.62
小麦粉	吨	194 850	220 830	－11.76
食用植物油	吨	11 383	8 594	32.45
乳制品	吨	135 728	132 691	2.29
液体乳	万吨	95 023	93 076	2.09
乳粉	吨	36 709	31 852	15.25
糕点	吨	6 288	4 703	33.69
速冻米面食品	吨	5 756	—	—
味精	万吨	171 156	100 318	70.61
鲜、冻畜肉	吨	14 740	11 439	28.85
淀粉	万吨	126 299	116 589	8.33
发酵酒精（商品量）	千升	11 488	5 302	116.68
饮料酒（商品量）	千升	159 215	130 608	21.90
其中：白　酒	千升	22 913	6 749	239.50
啤　酒	千升	119 977	110 414	8.66
葡萄酒	千升	9 989	6 291	58.78
软饮料	吨	15 442	13 219	16.82
其中：果汁及果汁饮料	吨	9 175	9 009	1.81

【中食协促进宁夏食品工业加快发展】

2009 年 4 月，中国食品工业协会给全国各省、自治区、直辖市食品工业协会、宁夏自治区轻纺工业局以中食协[2009]21 号文件形式，下发了《关于印发〈关于贯彻落实国务院关于进一步促进宁夏经济社会发展的若干意见〉的通知》，说明近年来，宁夏食品工业在自治区党委、政府高度重视下，坚持大力培育特色优质食品产业，特别是民族清真食品业获得了较快发展。2008 年宁夏食品工业实现工业总产值 76.66 亿元，且连续 6 年保持了高于宁夏工业增速 5 个百分点以上的发展势头。2008 年国务院下发了《关于进一步促进宁夏经济社会发展的若干意见》，国家相关部委也出台了一些促进宁夏经济社会发展的意见。为推动宁夏食品工业发展，经研究，中国食品工业协会将宁夏作为帮助西部地区加快民族食品工业发展的试点省区，加强对宁夏食品工业发展的指导和协调，并印发《关于进一步促进宁夏食品工业发展的若干意见》（附后）印发给你们，希望有关单位加强协作共同推动宁夏食品工业科学与健康发展。

【宁夏回族自治区清真食品认证标准】

3 月 18 日，全国第一个符合国家和地方有关食品安全管理体系的强制性地方标准（DB64/T 543—2009）——《宁夏回族自治区清真食品认证通则》和《宁夏回族自治区清真食品认证工作规范》在银川正式发布实施。

宁夏民族委员会在自治区出入境检验检疫局、自治区质监局等部门的支持下，制定了全国首部清真食品地方标准《宁夏回族自治区清真食品认证通则》后，引起国家认监委高度重视，并根据《国务院关于进一步促进宁夏经济社会发展的若干意见》文件精神和国家质检总局《关于进一步支持宁夏质检工作的意见》，对回族自治区清真食品认证工作予以了正式批复。根据该批复，自治区民委所属宁夏清真食品国际认证中心试行开展了清真食品认证工作，并逐步完成了《宁夏回族自治区清真食品通则》转化为行业标准或国家标准的相关工作。认证工作的开展，为宁夏清真食品企业走向国际市场搭建平台，对宁夏打造面向阿拉伯国家开放的内陆开放型经济区都有着一些重要的意义。对于实现宁夏同世界穆斯林国家和地区清真食品每贸易认证相互标准互认，加快清真食品标准化建设和生产，推动清真食品走向国际市场也有一定积极意义。至当年末，通过“宁夏清真食品国际贸易认证中心”的组织实施，共对 10 个清真食品企业进行了“清真食品认证”。

清真食品是指按照世界穆斯林认同的饮食规约而生产、加工、存储、运输、销售的食品统称。因其崇尚绿色，制作卫生科学、清洁而受到世人的喜欢。在我国，有 10 个民族的 2300 多万穆斯林人口具有清真饮食习惯，清真食品消费市场前景十分广阔。从世界范围看，仅伊斯兰会议组织就有 57 个正式成员国，加上散居各国的穆斯林，约有 13 亿人口（占世界人口的 1/5）食用清真食品，形成了巨大的清真食品国际市场。作为我国唯一的省级回族自治区，国外称呼为中国的穆斯林省，宁夏具有发展清真食品产业得天独厚的人文环境和资源优势。宁夏回族自治区民族事务委员会主任王俭在介绍《通则》时说，目前在宁夏清真食品不断争取进入国际清真市场的同时，国际上的其他清真食品出口和贸易国也在向我国、我区的清真食品市场大力挺进。制定这一套具有中国特色的、既不形成贸易壁垒又能够保护本国企业利益的清真食品认证标准和认证程序，不仅是保护宁夏穆斯林群众风俗习惯权益的需要，也是维护我国权益、拓展国际清真食品市场的需要。

《宁夏回族自治区清真食品认证通》则共 8 章，涵盖了清真食品生产全部过程，从而保证了清真食品安全管理符合国际通用的“从农田到餐桌”的整体过程控制理念。同时，因穆斯林饮食规约规定内容、程序细致，故“清真食品原材料要求”、“清真品加工规范要求”关于屠宰对象和屠宰规范按照穆斯林规约规范的特别细致，以确保了该通则的权威性、严谨性和科学性。

《宁夏回族自治区清真食品认证工作规范》也是 8 章，都做出了可操作性的明确规定，以确保《通则》的具体实施。

《通则》主要参考的法律依据有：国际粮食和农业组织（PAO）以及世界卫生组织（WHO）所属食品法典委员会（CAC）通过的《“清真”用词的使用准则》（1977）、GB/T17237《畜类屠宰加工通用技术条件》、《中华人民共和国食品卫生法》、《中华人民共和国动物防疫法》和《宁夏回族自治区清真食品管理条例》等。特别是该《通则》基本内容在采用了国际粮食和农业组织与世界卫生组织通过的《“清真”用词的使用准则》同时，又依据《宁夏回族自治区清真食品管理条例》，增加了企业名称、产品名称、饲养基地、屠宰人员、包装物使用文字等方面的规定，并提高了对生产、管理人员资质方面的要求，对国际上高度工业化企业允许在屠宰中使用的电击昏和其他致昏技术等情况，按照我国穆斯林的习俗，列入禁忌生产范围。使其在符合穆斯林国际惯例的要求中，即具有首例的创新性，又坚持了清真食品的纯真性、合法性与安全性、健康性相统一的原则，使之不仅成为宁夏清真食品生产加工的一般通用准则，也能够在符合《宁夏回族自治区清真食品管理条例》的基础上，符合国家和地方有关食品安全管理体系的强制性标准，具有一定的科学性、准确性和实用性。

为此，中国烹饪协会也首次在全国海选的基础上选中了在宁夏建设清真培训基地，由宁夏工商职业技术学院承担建设培训任务，为全国各地培训清真烹饪人才，整理编写清真培训教材，挖掘开发新的清真菜品，将清真食品和清真餐饮推向全国乃至世界。宁夏方面也积极地表示，努力办好清真培训基地，收集相关清真饮食文化的资料，将清真餐饮加入文化元素，增加饮食文化的附加值，打出有特色的清真品牌。

宁夏回族自治区地方标准DB64/T 543—2009

前　言

本标准中清真食品禁忌成分的内容参照国际粮食和农业组织（FAO）和世界卫生组织（WHO）所属食品法典委员会（CAC）通过的《“清真”用词的使用准则》（1997）制定。

本标准由宁夏回族自治区民族事务委员会提出并归口。

本标准由宁夏回族自治区清真食品国际认证中心负责解释。

本标准的执行程序参见《宁夏回族自治区清真食品认

证工作规范》

本标准主要起草单位：宁夏回族自治区民族事务委员会、宁夏回族自治区清真食品国际认证中心、宁夏伊斯兰教协会、宁夏政协民族和宗教委员会、宁夏大学清真产业发展研究所、宁夏人民出版社、宁夏农产品质量安全中心、宁夏出入境检验检疫局、宁夏金福来羊产业集团有限公司。

本标准主要起草人：马凤霞、李自然、王永亮、李德宽 、马成才、王生军、牛莉、王岳坤、李艳萍、龚卫红、张洪恩。

宁夏回族自治区清真食品认证通则

一、范围

本标准规定了宁夏回族自治区清真食品认证通则的术语与定义、总则、申请认证的清真食品生产经营企业资质要求、清真食品原材料及其来源的要求、清真食品加工规范要求及清真食品的标志、包装、运输、存储。

本标准适用于在宁夏回族自治区境内进行清真食品生产经营的企业，是规范生产经营资格、生产准备、操作、包装、运输、存储、销售的认证通则。是宁夏地区食品生产经营企业使用“清真（HALAL）食品”标识名称应当遵循的基本准则。也适用于清真食品安全管理监督。

二、规范性引用文件

下列文件中的条款通过本标准的引用而成为本标准的条款。凡是注日期的引用文件，其随后所有的修改单（不包括勘误的内容）或修订版均不适用于本标准，然而，鼓励根据本标准达成协议的各方研究是否可使用这些文件的最新版本。凡是不注日期的引用文件，其最新版本适用于本标准。

GB2760　食品添加剂使用卫生标准

GB7718　预包装食品标签通则

GB/T17237　畜类屠宰加工通用技术条件

《中华人民共和国食品卫生法》

《中华人民共和国动物防疫法》

《宁夏回族自治区清真食品管理条例》

三、术语与定义

以下术语和定义适用于本标准。

（一）穆斯林饮食规约

在清真（HALAL）基础上发展、形成的世界穆斯林所通用饮食规约。

（二）清真

清真（HALAL）就是伊斯兰教法指称的合法性行为。

（三）清真食品

清真食品（HALAL FOOD）是指伊斯兰教法许可的供人食用或饮用的成品和原料，以及传统的既是食品又是药品的物品（但不包括以治疗为目的的物品）。

（四）穆斯林禁忌成分

穆斯林禁忌成分是指穆斯林饮食规约所禁忌的物品及其衍生物。

四、总 则

（一）本标准旨在严格保证清真食品的纯洁性，保障清真食品的质量安全，

保障穆斯林的清真饮食安全，符合世界穆斯林国家和地区的认证相关标准要求。

（二）本标准认证的清真食品应符合国家和地方关于食品的卫生标准、质量标准、出入境管理标准和出口国的相关标准，本标准应符合《宁夏回族自治区清真食品管理条例》。

（三）本标准为争取实现与世界穆斯林国家和地区的认证相关标准对接。

（四）本标准是清真食品的标准化生产、投入品监管、关键点控制、清真安全保障的技术规范，是采取产地认定和产品认证的技术规范，是确保清真产品的独特文化、品质和安全性的技术规范。

五、申请认证的清真食品生产经营企业的资质要求

（一）申请认证的清真食品生产经营企业，应当取得当地工商营业执照、卫生许可证、食品生产许可证和《清真食品准营证》(或《清真食品许可证》)。

（二）国外申请清真食品认证的企业， 应当向宁夏回族自治区清真食品国际认证中心提交所在国权威机构HALAL认证文件，以资审查、协商、认可。

（三）生产企业的名称、商标不得有穆斯林禁忌的内容。

（四）企业负责人或主要管理人员中，应当有穆斯林。

（五）采购、保管和主要制作人员应当是穆斯林。

（六）肉类生产加工企业的屠宰主刀人员应当是阿訇、满拉或经过专业培训的穆斯林。

（七）企业员工应当有一定数量的穆斯林，宁夏生产清真食品的企业应当符合《宁夏回族自治区清真食品管理条例》，申请宁夏清真食品国际认证中心认证的企业应当符合当地法定要求。

（八）企业员工应当经过清真食品生产经营知识培训后上岗。

（九）企业应当具有清真食品生产的环境、技术、设备、

管理制度、人文等方面的条件。

（十）企业产品应经宁夏清真食品检验检疫中心检验合格。

（十一）有完善的质量控制措施，有完备的生产销售记录档案。

六、清真食品原材料要求

（一）食品的原料不得含有穆斯林饮食禁忌的成分（包括原材料和衍生物）：

1. 以动物为原料的食品：

（1）猪类；

（2）狗、蛇、鼠、猫和猴类；

（3）带有利爪和尖牙的食肉类动物，如狮、虎、熊及类似动物；

（4）带利爪的掠食类鸟类，如鹰、秃鹫及类似鸟类；

（5）害虫类，如蜈蚣、蝎子及类似动物；

（6）伊斯兰教禁止杀害的动物，如蚂蚁、蜜蜂和啄木鸟；

（7）一般令人讨厌的动物，如虱子、苍蝇等类似动物；

（8）青蛙、鳄鱼等两栖动物；

（9）骡、驴类；

（10）未按照伊斯兰教法屠宰的任何可食动物；

（11）除肉类和肝脏等器官自带之外血液及其任何衍生物；

（12）任何转基因动物及制品；

（13）其他禁忌动物及衍生物；

（14）将上述动物体上任何成分加入食品的。

2. 以植物为原料的食品：

使人兴奋并对人有毒害的植物（毒素和有害物经过处理被排除的不在限制之内）。

3. 饮料：

（1）含有酒精和以酒命名的饮料；

（2）令人兴奋并对人有害的饮料。

七、清真食品加工规范要求

（一）产品

1. 产品及其名称、形状、图案不得带有穆斯林禁忌的内容。

2. 所生产的食品不得涉嫌为宗教祭祀食品。

（二）清真食品的生产

1. 农产品加工业养殖基地：

（1）不得饲养猪类；

（2）养殖所用饲料和饲料添加剂不得含有穆斯林禁忌的成分。如果不能保证，屠宰前应当经过 40 天净化饲养。

2. 屠宰：

（1）屠宰技术条件应当符合 GB/T17237 及相关标准和有关规定。

（2）屠宰人员应当是 2 名以上熟悉伊斯兰屠宰规范并经过专业培训的穆斯林；

（3）被屠宰的动物应当是穆斯林认为合法的动物；

（4）动物应当是活的或屠宰前认定是活的，并符合《中华人民共和国动物防疫法》的相关要求；

（5）屠宰的环境应当清洁；

（6）屠宰时被宰动物应当头朝南、喉部朝向麦加方向；

（7）屠宰刀具应当是锋利的，不得使用钝器、枪械；

（8）屠宰的下刀处应当在被宰动物的颈部喉头，屠宰应当按照穆斯林的规范程序进行：1）下刀前应当按照相关程序诵念；2）应当用刀切断被宰动物的气管、食管、主动脉及颈部的纹理；3）最佳的宰牲为一刀完成，如不能完成需补刀，但抽刀时不可用力；

（9）在屠宰过程中，不得有不人道的行为：1）让动物感到恐惧；2）悬挂屠宰；3）在活体上采割和剥皮；4）在血沥尽前采割、剥皮、开膛。

3. 清真食品加工

（1）加工场所应当符合穆斯林所要求的清洁环境。清真食品的生产线、检疫设备等，包括其原料和制作工艺应当符合穆斯林的规范，并保证专用。非清真食品加工企业经当地清真食品管理部门批准转为清真食品加工企业，其生产过非清真食品的设备和器具，应当在生产清真食品前严格按照穆斯林的清洁规范和程序清洗，不能清洗的设备用具不得用于清真食品生产。

（2）加工场所应当在显著位置悬挂《清真食品准营证》和获得宁夏清真食品国际认证中心认证的标志。

（3）加工场所不得有穆斯林禁忌的任何物品。

（4）加工场所的工作人员不得有穆斯林禁忌的任何行为。

（5）应当使用经过清真食品认证的原料进行加工，所使用的辅料不得对清真食品安全存在较大影响或潜在危害。

（6）生产、清洗、消毒过程应当符合穆斯林的规范，并不得使用酒精等禁忌的消毒剂。

（7）食品添加剂的质量应当符合相应的标准和相关规定，食品添加剂的使用范围和使用量应符合 GB2760 规定，并不得含有穆斯林禁忌成分。

八、清真食品包装、标志、运输、存储要求

（一）计量设备包括其原料和制作工艺应符合穆斯林的规范，并保证专用。

（二）包装物的原材料应符合穆斯林的有关规范。

（三）包装物的文字、形状和图案不得有违反穆斯林

规约或伤害穆斯林感情的任何内容；也不得使用“太斯米”、“清真言”或来自《古兰经》、“圣训”的语句样式的内容。

（四）包装物应在显著位置印制清真标识和《清真食品准营证》编号、宁夏清真食品国际认证标识和编号，并应当符合 GB7718 规定。

（五）在包装物上一般使用中文、英文和阿拉伯文或进口国文字。

（六）为防止清真食品污染，其运输、存储应当符合以下要求：

1. 运输与存储的设备、设施和器具等，应专用。

2. 大型综合性的运输存储经营企业应保障所存储、运输、经营的清真食品与非清真食品有一定距离的隔离，运输设备在每次运输清真食品前要按穆斯林规范程序清洗。

宁夏回族自治区清真食品认证工作规范(暂行)

一、目的：为保障宁夏清真食品认证工作规范运行，根据《中华人民共和国行政许可法》、《中华共和国认证认可条例》、《食品安全管理体系认证实施规则》、《出口食品生产企业卫生注册行政许可工作规范（试行）》、《国家计委国家质量技术监督局关于印发＜质量体系认证收费标准的通知＞、《宁夏回族自治区清真食品国际认证通则》，特制定《宁夏清真食品国际认证工作规范》(以下简称《规范》)。

二、适用范围：本规范适用于宁夏回族自治区生产、加工、销售出入境清真食品企业及其产品认证申请、受理、专家评审、审查、决定、发证和监督等工作。

三、职责：宁夏回族自治区清真食品认证中心（以下简称认证中心）依法实施宁夏清真食品出入境认证工作。

（一）认证中心所属认证部（以下简称认证部）负责接受清真食品认证的申请，对申请材料进行形式审查，出具和送达受理文书，向有关专家组和部门移送申请材料。

（二）认证部负责调派专家评审组，组织实施评审，监督检查评审工作，核查评审书面报告，提出审核意见，报认证中心法定负责人审定，出具送达认证书，对外公示认证登记信息。

（三）专家评审组接受认证部的调派，对申请企业进行文件审核和现场审核，做出评审报告。

（四）认证中心的法定负责人，决定是否准予清真食品认证许可。

四、认证人员资格：认证检查人员应当具备清真食品生产、安全及认证检查等方面的教育培训或工作经历，并按照《认证及认证培训、咨询人员管理办法》经宁夏清真食品认证中心专业培训取得清真食品认证执业资格证书。

五、认证依据：《宁夏回族自治区清真食品认证通则》

六、认证工作程序

（一）办理认证的工作时限：10 个工作日。专家评审组对申请材料的文件审核和现场评审、企业补充材料和企业进行整改的累计时间不超过 30 个工作日，且不计算在办理认证（受理、审批）的工作时限之内。

（二）认证申请

1. 申请人所应具备的条件：

（1）取得工商营业执照、食品卫生经营许可证和《清真食品准营证》的企业，对于入境的清真食品企业及其产品应当出具国际相关的 HALAL 认证文件。

（2）生产、加工的产品或提供的服务符合中华人民共和国、宁夏回族自治区相关法律、法规、安全卫生标准和有关规范的要求。

（3）已按照以上基本认证依据和相关专项技术要求，建立和实施了文件化的食品安全管理体系，一般情况下体系需要有效运行 3 个月以上。

2. 填写申请表

申请人填写《宁夏回族自治区清真食品认证申请表》，并提供认证所需要的相关申请材料(一式三份)，提出申请。

3. 申请人需要提供以下文件材料：

企业的工商营业执照、食品卫生经营许可证、清真食品准营证（或国外的 HALAL 认证书）、《出口食品生产企业卫生注册登记》编号（如正在报检者，可出具《食品经营卫生许可证》）、企业的人事管理文件、厂区的平面图、产品工艺流程图等与清真食品认证有关的材料。

（三）认证受理

1. 认证部接受申请书时，应当向声请人公布以下信息：

（1）认证范围；

（2）认证工作程序；

（3）认证依据；

（4）认证书的有效期；

（5）认证收费标准。

2. 认证部应当在 5 个工作日内完成申请材料的形式审查。申请材料不齐全或不符合规定的，审核人应当当场告知，或填写《认证申请材料补正告知书》一次性告知申请人需要补正的内容。通知申请人在 10 日内补齐。申请人逾期未补正材料，视为申请人自动撤回申请。认证部向申请人签发《自动撤回认证申请通知书》。

3. 申请材料形式审查符合要求的，认证部作出受理决定，向申请人出具《认证申请受理决定书》，并书面告知专家评审工作期限。申请事项不属于清真食品认证范围的，认证部应当及时作出不予受理的决定，填写《认证申请不予受理决定书》加盖公章，退回申请材料。

（四）专家评审

1. 认证部应在作出受理决定的2个工作日内指定专家评审组。专家评审组应在20个工作日内完成评审，并将评审报告报认证部。

2. 专家评审组

（1）专家组的成员不得少于三人（必须是奇数）；

（2）成员包括伊斯兰教界权威人士、清真食品方面专家、清真食品管理的官方代表。

（3）清真食品方面专家、清真食品管理的官方代表必须有三年以上的相关工作经验。

（4）以上人员必须经过清真食品认证的相关培训，经宁夏清真食品认证中心专业培训取得清真食品认证执业资格证书。

（5）身体健康，并有健康证明。

3. 件审核

专家评审组应当在接到有关材料后5个工作日内完成文件审核，提出意见。

4. 现场评审

(1) 文件审核符合相关要求的，专家评审组应当在15个工作日内制定现场评审工作计划，并通过认证部联系申请人进行并完成现场评审。

(2) 专家评审组实施现场评审时，应在申请人企业召开见面会，由专家评审组组长向申请人告知评审项目、依据、范围、方法和评审程序、保密规定及廉政承诺等。

(3) 现场评审结束时，专家评审组应召开总结会，告知现场评审的初步结果。现场评审发现不符合项的，填写《不符合项及跟踪评审报告》，告知申请人应当在15个工作日内完成整改，并申请人应当在评审记录和不符合项报告上签字予以确认。

5. 跟踪评审　申请人完成不符合项的整改后，应当向专家评审组提交书面的不符合项报告。专家评审组在收到不符合项整改报告之日起5个工作日内，完成对不符合项的跟踪评审。

(1) 评审报告上报　专家评审组在完成现场评审和跟踪评审后的5个工作日内，将评审报告、申请人的申请材料和实施现场评审的其他材料，提交认证部。

（六）审查与决定

1. 审查

认证部接到专家评审组的评审报告后5个工作日内，应当对申请人的申请材料和评审程序、评审记录、评审报告及评审结果等进行书面核查，提出对申请人清真食品认证评审的审查意见，报认证中心法定代表人批准。认证部在报审中心法定代表人前可以组织对申请人进行现场核查。

2. 决定

认证中心法定代表人根据认证部提交的报批材料和审查意见，应当在3个工作日内做出是否准予认证的决定。

3. 发证

认证中心法人代表在作出准予认证的10个工作日内，对准予认证的，签发和送达《宁夏回族自治区清真食品认证证书》；对不准予认证的，签发和送达《评审不合格通知书》，并书面告知不予认证的理由。

认证中心负责对外公布获证企业的名称、企业地址、认证产品的类别、认证编号及有效日期等相关信息。

4. 对认证决定的申诉

申请人如对认证决定结果有异议，可在10个工作日内向认证机构的主管部门申诉，该主管部门自收到申诉之日起，应在一个月进行处理，并将处理结果书面通知申请人。

（七）监督

1. 监督类型与频次

(1) 认证中心认证后，要对企业进行监督检查，这些检查监督包括1年一次的定期监督和日常、随机监督。

(2) 获证企业的清真食品安全管理体系发生重大变更，或发生重大食品安全事故时认证中心可进行临时检查，并根据情况增加监督频次。

(3) 季节性产品可将定期监督的时间定为生产季节或生产旺季。

1. 监督审核应包括以下内容：

（1）清真食品安全体系的保持和变化情况；

（2）消费者投诉情况；

（3）涉及变更的范围；

（4）对上次审核时提出的不符合项所采取纠正措施的审查；

（5）适当时，其他选定范围。

3. 监督结果的评价

获证企业经监督审核合格的，认证中心应作出保持其认证资格的决定。否则，由认证中心暂停、撤销或注销其认证资格。

4. 信息通报制度

为确保获证企业清真食品安全管理体系持续有效，认证企业必须建立信息通报制度，及时向认证部通报以下信息。

（1）清真食品企业、人员、产品、工艺、环境等方面变更情况。

（2）消费者投诉和有关部门的检查中发现严重危害清真食品安全问题的情况。

（3）有关清真食品安全事故的信息。

（4）其他影响清真食品生产经营的重要信息。

5. 信息分析

认证中心应对上述信息进行分析，并根据实际情况，决定包括增加监督审核频次、暂停或撤销认证资格。

（八）变更

在认证有效期内，变更生产设备、技术流程、厂址、企业名称、法人代表、生产增项的情况下，凭有效证明文件并填写变更申请表向认证部变更申请。认证中心在收到申请 10 个工作日内，经过组织现场审查后，作出是否予以变更的决定。作出决定起 5 个工作日内，对准予变更的，重新签发和送达《宁夏回族自治区清真食品认证证书》。对于不准予变更的，签发和送达《评审不合格通知书》，并说明理由。对于已发生影响清真食品文化安全体系变更的，认证中心可收回《宁夏回族自治区清真食品认证证书》。

（九）认证效力和时效

1. 认证效力。

清真食品认定标准权属获得以后，只能由申请企业所有，其分厂和加盟连锁经营者必须重新申请认证。

2. 认证的时效

(1) 认证有效期

企业认证的有效期为 3 年，有效期届满前一个月可填写《续认证申请表》办理重新认证手续。认证中心在有效期届满时作出是否准予重新认证的决定，逾期未作出决定，视为准予重新申请认证。若不允许重新认证的，要书面说明理由。

(2) 年检

在认证有效期内，认证中心实行年检制度，申请人需上报有关材料。年检时间按发征日期计算。

3. 重新认证

连续年检两次以后，申请人必须办理重新认证手续。重新申请过程中，可以根据情况减免现场审核程序。

七．认证证书

（一）认证证书有效期 3 年

（二）认证证书的管理

1. 暂停认证证书的使用

认证企业出现以下情况之一的，认证中心应当暂停其使用认证证书。

（1）获证企业未按规定使用证书的。

（2）监督结果证明获证企业管理体系和产品不符合《宁夏回族自治区清真食品认证通则》，尚不需立即撤销认证证书。

（3）获证企业不接受认证部的监督。

（4）企业资质、产品出现变更，没有及时声明、申报的。

2. 撤销认证书

获证企业有下列情形之一的，认证机构应当撤销其认证资格。

（1）监督结果证明获证企业管理体系或产品严重违反《宁夏回族自治区清真食品认证通则》要求，立即撤销其认证证书。

（2）认证书暂停使用期间，该企业未采取有效纠正措施。

（3）获证企业出现清真食品安全严重事故的。

（4）获证企业坚决不接受认证部对其实施监督的。

（5）企业资质存在造假现象的。

（6）擅自转让和延伸认证资格的。

3. 注销认证证书

获证企业有下列情形之一的，认证部应当注销其认证证书。

（1）认证依据变更，获证企业不能满足变更后的要求的。

（2）认证证书超过了有效期，获证企业未申请重新认证的；

（3）获证企业申请注销的。

八、收费　按照有关规定应收取认证费 2200 元。

宁夏回族自治区清真食品国际贸易认证中心首批认证10个企业

宁夏清真食品国际贸易认证中心（以下简称“认证中心”），经自治区人民政府批准成立，是正式通过国家认证认可监督管理委员会批准，是全国目前唯一一个依据《中华人民共和国认证认可条例》和《宁夏回族自治区清真食品认证通则》（DB64/T543—2009）等相关规定，试行开展清真食品认证工作的省区。该“认证中心”主要职责是：在国家认监委的指导下，用认证手段促进我区清真食品产业健康发展，同时协助相关部门监督管理清真食品，规范清真食品市场的有序发展，具体承担自治区境内清真食品出口伊斯兰国家和地区的国际贸易认证等工作。

2009 年该“认证中心”按照《宁夏回族自治区清真食品认证通则》和《宁夏回族自治区清真食品认证工作规范》，先后受理了 12 家企业的申请，通过清真食品认证专家小组对企业申请材料的形式审查、文件审核、现场评审和跟踪评审，向宁夏首批 10 家企业下发了“认证批准表”并核发了《宁夏回族自治区清真食品认证证书》。根据宁夏人民政府打造面向中东阿拉伯国家开放的内陆开放型经济区的总体部署，以及国家认监委的具体工作要求，该“认证中心”还将在实践中进一步修改和完善《宁夏回族自治区清真食品认证通则》，使之尽快转化为行业标准或国家标准，逐步把宁夏发展成为全国的清真食品认证中心。与此同时，在与马来西亚开展清真(HALAL)食品产业标准互认的基础上，积极与沙特、埃及等国磋商洽谈争取签订清真食品互认协议，努力开拓宁夏清真食品的海外市场，不断提高清真食品在穆斯林国家的知名度和认可度以及市场占有率。

根据《中华人民共和国认证认可条例》和《宁夏回族自治区清真食品认证通则》（DB64/T543—2009）的相关规定，宁夏清真食品国际贸易认证中心首批认证的 10 家清真食品企业名单如下：

1. 宁夏金福来羊产业（集团）有限公司
2. 宁夏天然蜂产品科技开发有限责任公司
3. 宁夏金河乳业有限公司
4. 宁夏商业对外贸易有限公司
5. 宁夏礼和食品有限公司
6. 宁夏众一清真食品有限公司
7. 宁夏伊家盛禾清真食品有限公司
8. 宁夏阿拉丁工贸有限公司
9. 宁夏农垦贺兰山清真牛羊产业（集团）有限公司
10. 宁夏平顺源清真食品有限公司

【创建清真食品示范企业标准暨企业】

充分发挥榜样的力量，促进清真食品企业加快做强做大的力度，宁夏在自治区成立 50 周年后，首次创新性的制定了《清真食品示范企业创建标准》，

一是企业诚信守法、运营规范，有健全的财务、会计核算制度，经济和社会效益良好，银行信用等级达到“AA”；

二是严格按照《清真食品管理条例》规定开展生产、经营、管理活动；同时达到卫生、检疫、工商、质检、环保等部门的管理监督标准；

三是企业能够依法经营，在生产、经营过程中未被通报或处罚；四是有民族事务工作部门核发的《清真食品准营证》和清真标牌，并在生产、经营场地的显著位置悬挂；五是生产、经营部门的负责人和采购、保管人员必须是回族或者是有清真饮食习惯的其他少数民族；六是民族特色突出、社会影响面大，能够带动民族经济发展的龙头企业；七是企业有一定的生产经营规模和产品辐射范围。根据这些标准宁夏开展了清真食品示范企业的评定，评选出了 10 个示范企业。

宁夏清真食品示范企业名单

宁夏厚生记食品有限公司
宁夏塞北雪面粉有限公司
宁夏安优卜清真食品有限公司
宁夏伊品味精有限公司
宁夏金福来羊产业有限公司
宁夏涝河桥清真肉食品有限公司
宁夏夏进乳业集团股份有限公司
宁夏雪泉乳业有限公司
宁夏夏华清真肉食品有限公司
宁夏伊正回药有限公司

关于进一步促进宁夏食品工业发展的若干意见

近年来，宁夏回族自治区党委、政府认真贯彻落实科学发展观，重视食品工业，坚持立足当地资源优势和“清真”人文优势，大力培育发展特色食品业，取得了可喜的成绩，全行业连续多年保持平稳高速增长，企业盈利能力不断提高。为贯彻落实国务院《关于进一步促进宁夏经济社会发展的若干意见》，充分发挥中国食品工业协会这一全国食品行业管理组织的作用，支持帮助宁夏食品业更好更快发展，现提出以下意见。

第一条 充分发挥中国食品工业协会人才、信息、技术等方面的优势，为地方政府提供行业管理、咨询服务，在产业结构调整、规划布局、产品开发、市场开拓、发展循环经济、提升行业竞争力等方面提供意见和建议，为宁夏食品工业未来发展战略选择提供依据和参考，帮助宁夏提前启动食品工业“十二五”规划。积极向国家有关部委反映宁夏行业、企业诉求。

第二条 通过组织技术交流会、专家咨询等方式，指导帮助宁夏进行重大产业升级项目的评审论证。指导宁夏食品工业准确把握国家产业政策，加强技术创新，提升优化产业结构。为宁夏食品工业高新技术与装备引进、企业技术改扩建、发展循环经济、节能减排等工程项目建设提供必要的协调指导和技术支持，加快优秀科技成果和技术装备向宁夏的推广与转化。

第三条 指导和支持宁夏食品企业利用当地特色生物资源、矿产资源及历史名城、特殊区位等优势，培育建设

枸杞、酿酒葡萄、清真牛羊肉、牛奶、马铃薯、红枣、高酸苹果、五谷小杂粮等特色资源加工基地。指导宁夏食品工业制定集群规划、发展目标、扶持政策和落实措施，培育和发展区域产业品牌（集体品牌或集体商标）。

第四条　帮助宁夏拓展对外交流与合作渠道，加强国内外同行业组织和国内外知名企业的联系、交流与合作，促进国内外知名食品企业在宁设立企业或嫁接改造本地企业，以中国唯一回族自治区的独特优势，培育国内外知名清真食品品牌。

第五条　通过中食协及相关专业委员会举办的各类培训班，有针对性地协调和帮助宁夏培养技术、管理、营销、物流等方面的人才，全面提升行业综合素质。

第六条 加强宁夏对外交流学习活动的协调，积极引导宁夏企业参与国内外考察、交流、洽谈合作、出席国际性会议、参观或参加展览会。为宁夏“中国宁夏清真 HALAL 产品国际自由贸易区”项目的研究提供必要的支持。

第七条 借鉴与地方政府联合举办展会的成功经验，联合组织食品行业会展活动，打造宁夏特色食品扩展市场、品牌竞争，促进贸易和技术交流的平台，突出展会对扩大消费需求的推动作用，为企业之间、企业与消费者之间交流新信息、新理念、建立长期友好的合作关系构架桥梁。

第八条 指导和帮助宁夏开展营养发展战略研究，促进饮食结构和食物生产结构的合理化，提高民族地区人民营养食品。加强食品标准化工作，推进宁夏食品质量监督和管理水平不断提升，完善食品安全保障体系。

第九条　借助协会主办的报纸等各类刊物，扩大对宁夏食品工业的对外宣传，提高知名度和影响力。

第十条　把宁夏作为中食协帮助西部地区发展民族食品工业的试点省区，定期对食品工业发展进行咨询指导，会商部署相关工作，协调重大合作事项。

甘肃省

甘肃省食品工业协会　　成富山

【概 述】

2008 年甘肃食品工业积极应对金融危机对经济造成的严重影响，继续保持了高速发展态势，食品工业在全省七大支柱行业中，从业企业户数增长率、从业人员增长率、利润增长率均排第一位；年末总资产增长率、利税增长率、工业增加值增长率排第二位；工业销售产值增长率排第三位。

2008 年甘肃省规模以上食品工业企业 401 户，比 2007 年增加 42 户。其中农副食品加工业 259 户，比上年增加 35 户；食品制造业 61 户，比上年增加 3 户；饮料制造业 79 户，比上年增加 4 户；烟草制品业 2 户，与上年持平。

从业人员 69100 人，比上年增加 8400 人。全年食品工业完成工业总产值（当年价格）2621626 万元，比上年 1939376 万元增加 682250 万元，增长 35.18%，占全省工业总产值 36704632 万元的 7.14%（同比增加 1.14 个百分点）。

食品工业增加值（生产法）1017200 万元，比上年增加 264300 万元，增长 35.10%，占全省工业增加值 10140200 万元的 10.03%（同比增加 1.5 个百分点）。

食品工业销售产值完成 2473900 万元，比上年增加 593300 万元，增长 31.55%，占全省工业销售产值 33345400 万元的 7.42%（同比增加 1.05 个百分点）。

食品工业完成利润总额 227479 万元，比上年 69021 万元增加 158458 万元，增长 2.3 倍，占全省利润总额 932700 万元的 24.40%（同比增加 21 个百分点）。

食品工业完成利税总额 703002 万元，比上年 375200 万元增加 327802 万元，增长 87.37%，占全省利税总额 2787100 万元的 25.22%（同比增加 15.86 个百分点）。

食品工业完成出口交货值 132819 万元，比上年 102113 万元增加 30706 万元，增长 30.07%，占全省出口交货值 798585 万元的 16.63%（同比增加 6.06 个百分点）。

其中，农副食品加工业完成工业总产值 1100644 万元（当年价），工业增加值 366975 万元（生产法），工业销售产值 995806 万元，出口交货值 418543 万元，利润总额 85077 万元，利税总额 104540 万元，分别占全省食品工业的 41.98%、36.08%、40.25%、31.51%、37.40%、14.87%。

食品制造业完成工业总产值 298178 万元（当年价），工业增加值 89672 万元（生产法），工业销售产值 277352 万元，出口交货值 47924 万元，利润总额 23313 万元，利税总额 32511 万元，分别占全省食品工业的 11.37%、8.82%、11.21%、36.08%、10.25%、4.62%。

饮料制造业完成工业总产值601635万元（当年价），工业增加值197651万元（生产法），工业销售产值579508万元，出口交货值43042万元，利润总额38089万元，利税总额101610万元，分别占全省食品工业的22.95%、19.43%、23.42%、32.41%、16.74%、14.45%。

烟草制造业完成工业总产值621169万元（当年价），工业增加值362884万元（生产法），工业销售产值621185万元，利润总额81000万元，利税总额464341万元，分别占全省食品工业的23.69%、35.67%、25.11%、35.61%、66.05%。

2008年食品工业固定资产净值占全省工业固定资产净值的6.35%，亏损企业数占全省工业亏损企业数的15.62%，年末负债率占全省工业年末负债率6.89%，管理费用占全省工业管理费用的4.59%，主营业务税金及附加占全省工业主营业务税金及附加的55.96%，主营业务成本占全省工业主营业务成本的5.20%，年末总资产占全省工业年末总资产的8.63%。

2008年甘肃食品工业高速发展，工业总产值比上年增长35.18%，利润总额比上年增长2.3倍，利税总额比上年增长87.37%，出口交货值比上年增长30.07%，年末资产总额比上年增加768300万元，增长28.39%，主营业务税金及附加比上年增加131496万元，增长57.31%，年末负债总计比上年增加809395万元，亏损企业比上年增加5户。从以上数据看出，2008年食品工业对甘肃经济发展做出了卓有成效的贡献。

2008年全省食品工业主要产品产量：食用植物油5.05万吨。比上年4万吨增加1.05万吨，增长26.25%；糖16320吨，比上年17402吨减少1082吨；白酒2.69万千升，比上年4.28万千升减少1.59万千升；啤酒51.89万千升，比上年40.96万千升增加10.93万千升，增长26.68%；卷烟77.90万箱，比上年74.40万箱增加3.5万箱，增长4.70%；乳品37.10万吨，比上年35.32万吨增加1.78万吨，增长5.04%；肉类食品79.21万吨，比上年76.90万吨增加2.31万吨；禽蛋10.14万吨，比上年10.49万吨减少0.35万吨；水产品11650吨，比上年11449吨增加201吨，增长1.76%。

2008年作为食品工业原料的主要农产品产量：粮食888.50万吨，油料53.54万吨，烟叶1.04万吨，甜菜20.09万吨，蔬菜1082.29万吨，水果248.14万吨，核桃39854.38吨，毛栗1449.10吨，花椒22861.42吨，木耳224.41吨。

全省食品工业主要产品产量有增有降，啤酒、食用油增幅较大，分别增长26.68%、26.25%；乳品、肉类食品、水产品略有增加，食糖、白酒下降幅度较大。

【农业产业化经营】

我省农业部门积极推进农业产业化经营，为食品工业的规模化、标准化发展奠定了基础。目前，全省各类农业产业化组织发展到3100个，其中龙头企业1618个。龙头企业销售收入244.3亿元，净利润20.8亿元，上缴税金6.2亿元。省级农业产化重点龙头企业206个。各类产业化组织带动农户185万户，占全省农户总数的39.9%，参与农业产业化经营的农户户均增收1941元。全年特色优势作物面积达到2500万亩，同比增加60万亩。

我省供销社系统采取自办、联办、扶持农民办等形式，重点以中药材、葡萄、花椒和蚕豆等特色商品为主，培育了一批具有区域优势的特色商品基地。新发展特色基地4万亩，累计达到490万亩，据不完全统计，这些特色商品基地扶持带动农户28万户，年帮助农民实现收入32亿元。同时，抓好龙头企业建设，推行“龙头企业+专业合作社+农户”、“龙头企业+基地”的产业化经营模式，扩大农产品加工转化能力，帮助农民增加收入。至年末，全省供销社已办起龙头企业139户，其中国家级龙头企业2户、省级龙头企业7户、总社级龙头企业12户、年销售1000万元以上的龙头企业77户、年销售亿元以上的龙头企业9户。为了大力推广农业标准化示范基地。重点抓了金川啤酒大麦、古浪啤酒大麦、甘谷养鸡、永靖百合、皋兰西甜瓜和定西马铃薯等农业标准化示范基地项目的实施工作，已列入全国总社标准化示范项目库的项目有15个，其中正在组织实施的项目6个、验收合格的3个、已争取到示范扶持资金61万元，示范面积达到21.4万亩。还把项目建设同参与产业化经营、发展网络体系、推进企业发展等工作结合起来，层层制定目标任务，广泛开展招商引资，积极挖掘潜力，寻求合作伙伴，利用多种渠道申报立项，有力地推动了项目建设。据统计，全系统申报项目222个，总投资额23.7亿元，已完成投资7.2亿元。其中：已批复立项217个，总投资21.8亿元；投资千万以上的项目57个，总投资18亿元；已竣工项目121个、在建项目101个。一批骨干项目的实施，增强了供销社参与产业化经营的基础。

【农产品质量安全】

为了加快推进农产品认证，强化农产品品牌培育，加强农业投入品监管，农业部门开展了重要农时农资打假护农专项治理行动和“放心农资下乡进村”宣传周活动，检查农资经营门点2万多家，整顿农资市场2203个（次），查处案件557起，挽回直接经济损失1400多万元。集中开展了奶制品三聚氰胺检测、生鲜奶质量监管和奶站专项整治。组织开展了饲料质量安全专项整治行动，加强动物卫生监督工作。开展农产品例行监测4次，全省农产品质量安全水平保持在97%以上。

【食品安全监管】

问题奶制品事件发生后，我省工商系统积极主动、尽职尽责地开展应急处置。各级干部、特别是工商所广大干部职工、放弃节假日，开展奶制品市场清查，监督经营者下架、退市不合格奶制品，并对下架奶制品就地封存、专人专责跟踪、防止“回流”到市场。据统计，全省系统共销毁问题奶制品263.6吨，受到了各级党委、政府的充分肯定，赢得了群众的广泛赞誉。

【出口食品卫生注册企业实施分类管理】

为了提高卫生注册监管工作的有效性，不断完善出口食品生产卫生质量控制体系，强化企业诚信、自律意识，确保出口食品的安全卫生质量，甘肃检验检疫局制定了《出口食品生产企业分类管理办法（试行）》。

分类管理是指为实现科学管理、监管有效的目标，对出口食品生产企业的生产条件、管理水平、自检自控能力、产品质量情况、诚信状况等八个方面进行综合评价，评定不同等级。一级企业指按照卫生注册规范要求执行优秀的企业；二级企业指按照卫生注册规范要求执行良好的企业；三级企业指取得卫生注册，符合卫生注册规范要求的企业。分级结果将作为确定监管模式和对国外推荐注册的重要依据。

该局根据《办法》规定组成评定小组对所管辖的54家企业进行了分级评定，评定出一级企业4家，二级企业6家，三级企业45家。今后企业的分级评定工作将每年进行一次，根据企业的管理体系运行和硬件条件持续改进等情况实施动态管理，优胜劣汰。该办法也将根据运行情况不断补充完善，逐步推广实施。

【国内最大的啤酒原料科研生产基地】

甘肃省科技厅批准成立了“甘肃省啤酒花工程技术研究中心”。该中心是以甘肃省农垦农业研究院为依托单位，联合甘肃省国有饮马农场、甘肃省国营临泽农场和甘肃省国营黄花农场等单位共同组建的专业技术研究机构。该研究中心将充分利用甘肃省啤酒花行业现有的基础条件和科研、人才优势，立足甘肃，面向全国，按照“流动、开放、竞争、协作”的方针，建立开放的运行机制，通过产学研相结合，东西合作等途径，广泛吸纳国内外科技成果和人才，全面推进技术创新、体制创新和机制创新，努力将其建成促进甘肃省啤酒花产业发展的技术创新基地、科技成果转化基地、信息与技术扩散基地、人才培养与技术交流基地，为啤酒花产业发展提供技术支撑。

借啤酒花工程技术研究中心成立的东风，甘肃玉门市组建全国啤酒花加工产量最大的企业集团，年加工酒花3500吨，产量占全国的1/3多。甘肃拓璞科技有限公司联合两家啤酒花加工企业组建的啤酒花集团已成功签约。

玉门市是全国最适宜种植啤酒花的地区之一，生产的啤酒花以色正味浓、花体完整、甲酸含量高而闻名全国。玉门市已有啤酒花种植基地近两万亩，分别占全国和全省的33%和62%，年产鲜花1.7万吨。玉门市已建成压缩酒花生产加工企业23家，年加工压缩酒花3500余吨，产量占全国的1/3强。

玉门市还出台了《酒花基地建设三年规划》，计划每年新建酒花基地7000亩，力争3年内使玉门市区域内酒花面积增加两万亩以上，同时组建以拓璞公司为龙头的啤酒花集团公司，吸纳全市啤酒花加工企业加盟，组建国内最大的啤酒花集团。

将农业产业集团化，使许多农业企业的最大梦想，可真正要想付诸实施却不容易。第一个敢吃这只螃蟹的甘肃省啤酒麦芽加工企业—华悦集团，不仅率全国之先实现了农业集团化的企业运筹模式，而且还将先后分两期在兰州上马截至目前全国最大的两条啤酒麦芽生产线。第一期5万吨生产线已于8月18日在永登奠基开工。

这两条合计产量达15万吨的生产线，总投资3.8亿元，总占地160余亩。已开工建设的第一期5万吨麦芽生产线是引进设计最先进的德国设备，正常年产啤酒麦芽5万吨，消化啤酒大麦6万吨，该生产线拟于2009年9月建成投产。二期10万吨生产线也有望于明年在兰州市高新开发区彭家坪园区开工。

【大事记】

9月9日，一则题为《14名婴儿同患“肾结石”》的报道出现在《兰州晨报》上，报道中“长期食用某品牌奶粉而导致14名不满周岁婴儿患肾结石”的消息，旋即通过网络在全国引起强烈反响。

9月11日，兰州晨报记者沈丽莉、宋维国经过深入调查，在全国率先点名报道“三鹿问题奶粉”，为揭开问题奶粉的黑幕作出了重要贡献。

9月14日，卫生部部长陈竺带领有关司局领导及专家来到兰州，针对我省有关三鹿奶粉事件应急处置工作展开专项调研。

9月18日，2008年中国定西马铃薯大会在定西开幕。全国政协副主席民革中央常务副主席厉天畏宣布开幕。省政协主席陈学亨等出席开幕式。

贵州省

贵州省食品工业协会　杨世尧

一、2010年全省食品工业情况分析

2010年是我省实施“十一五”发展纲要的收官之年，全省食品工业通过实施宏观调控政策，认真贯彻落实中央和省委省政府经济工作的精神，在省经信委的领导下，在全省食品工业行业坚持科学发展观，克服困难，以扎实工作、锐意进取的科学态度和实干精神，克服诸多不利因素的影响，取得了较好的成绩和较快的发展。

（一）全省食品工业的经济指标完成情况

2010年全省食品工业完成销售值（规模以上企业，下同）529.06亿元，同比增长31.14%；利税总额截止到去年11月，全省实现149.82亿元，同比增长21.25%，其中利润100.0亿元，同比增长92.52%。

2010年全省实现食品工业总产值573.94亿元，比2009年的466.36亿元增长22.36%，实现年平均递增13.91%，占2010年全省GDP的12.49%。提前实现了“十一五”末全省食品工业总产值超500亿元的目标，比“十五”末食品工业总产值263.85亿元翻了一番多，食品工业已成为我省国民经济中最具活力的重要支柱产业之一，对促进我省经济增长、提高城乡居民生活水平、扩大就业等方面具有重要的地位和作用。

（二）食品工业分行业的完成情况及主要特点

农副食品加工业：2010年实现工业总产值91.41亿元，同比增长26.91%；完成销售值86.12亿元，同比增长25.34%；截止到去年11月，农副食品加工业实现税金总额1.27亿元，同比增长20.87%，实现利润1.34亿元，同比增长1.45%。

农副食品加工业中增长明显的是大米加工完成28.23万吨，同比增长25.0%；鲜、冷藏肉4.05万吨，同比增长40.91%；以肉干制品为主的肉制品及副产品加工实现产值8.72亿元，同比增长49.0%。精制食用油仅完成10.22万吨，同比减少9.50%。

食品制造业：2010年实现工业总产值44.53亿元，同比增长24.05%；完成销售值42.39亿元，同比增长22.10%；截止到去年11月，食品制造业实现税金总额2.10亿元，同比减少5.32%，实现利润5.97亿元，同比增长5.71%。

其中乳制品产量达到4.44万吨，同比增长8.15%，其中液体乳产量4.38万吨，同比增长8.12%，液体乳产量占我省乳制品产量的98.655，而且市场产量和需求呈现出不断扩大的趋势；糖果、巧克力产量1500吨，同比增长163.36%，以贵州华昌食品有限公司为龙头的糖果加工企业为此作出了较大的贡献；各类罐头产品的生产也显现出了较好的发展势头，去年罐头产量为历史最高达到1.23万吨，产值8.22亿元，同比增长143.28%；但食品工业的基本原料成品糖，由于受去年贵州大旱的影响，产量出现持续下滑的情况，去年仅完成0.33万吨，同比减少66.56%；尤其值得我们引为重视具有贵州地方传统特色和加工优势的辣椒制品业，去年产值为23.20亿元，同比虽然增长11.61%，但每年作为12月份辣椒制品的生产旺季，与去年同比反而下降20.35%。而邻近的四川省，以辣椒为主的其他调味品产值，2009年以前一直落后于我省，但从2009年后就超过了我省，去年四川达到了54.99亿元，同比增长58.69%。分析其原因，我省辣椒制品行业在新产品研发、包装改进、市场营销和产品服务等方面，有待迅速提高。

饮料制造业：2010年实现工业总产值229.35亿元，同比增长24.59%；完成销售值193.80亿元，同比增长23.88%；截止到去年11月，饮料制造业实现税金总额39.54亿元，同比增加29.35%，实现利润74.50亿元，同比增长66.43%。

其中白酒产量16.04万千升，同比增长12.63%，白酒产值203.50亿元，同比增长22.23%，白酒新产品的产值0.59亿元，同比增长43.91%，2010年白酒实现销售值169.54亿元，同比增长21.02%；啤酒产量32.66万千升，同比增长19.59%，啤酒产值5.71亿元，同比增长21.13%；在饮料制造业中，值得一提是我省果汁和蔬菜汁的生产已得到恢复和发展，去年果汁和蔬菜汁产量15.37万吨，同比增长61.33%，果汁和蔬菜汁产值0.94亿元，同比增长50.82%；茶叶生产在省委省政府的高度重视下，去年精制茶产量1.86万吨同比增长115.54%，达历史最高水平，精

制茶产值 11.44 亿元，同比增长 70.66%。

饮料制造业的快速发展，不仅为全省食品工业和贵州经济的发展作出了重要贡献，同时也为促进农业产业化的进程，加快农民的增收起到了积极的推动作用。

烟草制品业：2010 年实现工业总产值 208.65 亿元，同比增长 17.85%，烟草制品业新产品的产值 105.71 亿元，同比增长 186.58%；完成销售值 206.76 亿元，同比增长 16.58%；截止到去年 11 月，烟草制品业实现税金总额 106.92 亿元，同比增加 19.16%，实现利润 18.19 亿元，同比增长 18.93%。其中卷烟产量 1196.2 亿支，同比增长 3.0%。

总的来说，2010 年在省委省政府的领导下，在省直各部门的支持下，贵州食品工业按照"把握机遇，促进行业上台阶；调整结构，转变增长方式；加强科技创新，提高食品质量安全水平；开拓进取，提高服务质量"工作思路，创新工作思路和方法，坚持从实际出发，通过全行业共同努力，我省食品工业继续保持了快速、健康、稳步发展，尤其是对"三农"及社会就业有明显带动作用的农副食品加工业在我省食品工业中的比重，由"十五"末的 13.34%，提高到 15.93%，提高了 2.59 个百分点，为我省食品工业在"十二五"期间实现跨越式发展奠定了坚实的基础。

（三）全省食品工业存在的问题

2010 年我省食品工业虽然取得了较好的发展成绩，但与兄弟省市相比仍有较大的差距。目前我省食品工业在全国处于第 24 位，仅居于甘肃（396.55 亿元）、新疆（388.40 亿元）、山西（384.03 亿元）、海南（153.99 亿元）、宁夏（123.55 亿元）、青海（55.30 亿元）、西藏（13.39 亿元）之前。与国内经济较发达省市相比，我省食品工业的发展依然面临着困难与艰辛，因此，在"十二五"开局之年，我省食品工业一定要坚持科学发展观，紧紧抓住省委省政府实施工业强省战略的机遇，努力加速推进我省食品工业跨越式发展。

尤其在以下几个方面，应加大监管和提高发展的力度：

1. 食品安全形势依然严峻，违规使用食品添加剂的情况时有发生；食品生产企业尤其是中小企业，对开展"食品企业诚信和食品安全体系建设"的认识不足，确保了这些企业食品产品质量安全的食品安全制度建设、工艺技术及设备的改进、食品安全有关的标准基础性工作等有待进一步加强和提高。

2. 食品生产企业创新发展和科技进步的能力低，主要表现为新产品开发和产品升级换代步伐不快，目前我省食品工业的新产品的产值率（不含烟草业）几乎为零。

3. 除传统的白酒优势行业外，其他食品加工和食品制造业的投资不足和企业融资难，成为制约我省食品工业实现快速发展的瓶颈。

4. 由于我省农业产业化水平低，食品工业规模化生产的原料难以保障，制约实现食品工业和农产品加工良性互动发展。

5. 食品工业的技术人才不足，致使我们的绝大部分食品加工企业缺乏在市场经济中参与对外交流和竞争的平台及手段，使我省的许多食品资源优势和加工优势无法发挥出来。

6. 由于生产原辅料（包括粮食、糖、油、水果、蔬菜、包装材料）价格全面上扬，劳动力成本上升，交通、能源支出增加，造成食品生产成本增加，给食品生产企业造成巨大压力，盈利空间下降。

（四）2011 年预测

我省食品工业通过《十五和十一五规划》的发展，不仅成为我省经济和社会发展的重要支柱产业，更为实现又好又快发展奠定了良好基础。"十二五"期间我省食品工业仍要坚持"以市场为导向，创新为动力，基地和园区建设为基础，产业结构调整为重心"，实现食品工业跨越式发展。

1. 紧紧抓住传统烟酒优势产业和生态特色食品产业的发展，以此为龙头，带动果汁（含乳）饮料、乳品、罐头、糖果等现代食品工业和调味品、豆制品、方便食品（粽子、黄粑、饵快粑）等传统食品工业发展。预计 2011 年全省食品工业生产规模将达到 750 ～ 800 亿元。

2. 随着全省对食品安全诚信体系建设的进一步加强，确保食品质量安全，加强粮、油、肉、乳大宗食品运行监测预警工作与农业、食品工业生产、流通各环节的平衡和平稳衔接，全省食品行业的食品安全事故将得到有效的遏制，食品工业将更加平稳运行和健康发展。

3. 预计农产品价格、食品价格将持续走高，食品企业在 2011 年仍然要面对成本上升的事实。有关部门和行业协会将采取积极的应对措施和政策，通过加强内部管理，减少原料的采购环节、提高物流的效益、控制成本费用；加强科技创新和食品科技人才的培育，提高企业的整体素质和产品附加值；积极开拓国内外市场，提高市场占有率和产品利润空间。保持全省食品行业实现 20% 以上的增长速度。

云南省

云南省食品工业协会　唐安娜

2009年，是极不平凡的一年。面对国际金融危机持续扩散蔓延的巨大冲击，我省食品行业深入贯彻科学发展观，按照“保增长，扩内需，保民生，保稳定”的战略部署，坚定信心，真抓实干，化“危”为“机”，努力抓好生产、经营，为全省经济平稳健康发展作出了贡献。

一、2009年全省食品工业经济运行情况

据省统计局对规模以上食品企业统计，2009年，完成工业总产值1254.58亿元，比上年同期增长（下同）10.05%；工业销售产值1220.12亿元，增长10.83%；利税668.31亿元，增长11.06%；出口交货值25.93亿元，增长18.94%。农副食品加工业总产值209.17亿元，占省食品工业总产值16.67%（下同），食品制造业总产值45.24亿元，占3.61%；饮料制造业总产值79.38亿元，占6.33%；烟草制造业总产值905.23亿元，占72.15%。采盐业总产值15.56亿元，占1.24%。非烟食品工业总产值349.35亿元，占全省食品工业总产值的27.84%。

全年主要产品产量卷烟3457.90亿支比2008年同期（下同）增长1.77%；成品糖223.91万吨，增长6.11%；发酵酒精20.86万吨，增长1.79%；精制茶叶9.83万吨，增长0.47%；原盐89.19万吨，减少4.43%；饮料酒73.22万吨，增长13.53%，（其中：白酒23.52万吨，增长4.44%；啤酒48.16万吨，增长54.31%；葡萄酒6529.52吨，减少7.06%）；软饮料116.29万吨，增长15.45%；乳制品28.92万吨，增长12.24%；糖果1.02吨，增长62.43%；食用植物油19.63万吨，增长13.41%。

二、省食协2009年主要工作

协会是企业之家，协会的活动必须全心全意为企业做好服务工作。面对金融危机席卷全球的严峻形势，省食协积极配合政府有关部门加强调研，深入企业，共商应对措施，共克时艰，保持企业平稳发展。围绕全年工作的重点，做了一些实实在在的工作。

（一）深入企业调查研究

长期以来，我省食品企业除烟草企业外，大都生产经营规模小，市场覆盖面窄，抵御市场风险能力弱。但是，他们生产的产品与百姓生活息息相关，与国家“保民生、扩内需、保稳定”的大局密不可分。2009年，协会先后到昆明、玉溪、楚雄、文山、红河、普洱、西双版纳等州市，与昆明雪兰、昆明前进、昆明高上高、宜良李烧鸭、云南宏斌、易门象山、大龙口、云泉豆瓣、勐海茶业等20余家乳业、肉类、酒类、调味品生产企业交流座谈。各企业认真贯彻中央和省委、省政府刺激经济保增长、扩大内需惠民生的各项方针政策，积极主动应对，不断挖掘潜力，降低成本、努力拓展销路，企业最可贵的是为国分扰，为民着想，在CPL、PPL双下降的形势下，顾全大局、自行消化各种不利因素，确保了市场供应，维护了社会稳定。也带动了全行业的发展。通过调研，我们深受教育和鼓舞，也有力地促进了协会的工作，对企业反映的问题和要求，及时向有关部门反映。

（二）狠抓食品安全，维护消费者权益

引导和帮助企业诚信守法生产经营，历来是协会工作的重点。2009年6月1日《中华人民共和国食品安全法》正式实施，国务院办公厅发出了《关于认真贯彻实施食品安全法的通知》，这是我国食品安全进入法制化轨道的新里程碑。贯彻国家法律法规，省食协责任重大，义不容辞。一方面加强自身的学习，进一步提高法治意识和依法治食的责任感，通过《云南食品》内刊和《云南食品行业网》积极宣传食品安全法，鼓励和引导企业加强食品安全信用体系建设，加强行业自律，自觉接受社会监督，为广大人民群众的身体健康和生命安全提供有效保障；另一方面协会配合省食品安全委员会开展打击违法添加非食用物质和滥用食品添加剂专项治理，在全省范围从7个方面进行重点集中整治，收到了较好的效果。

（三）为科技兴食献计出力

1. 企业发展的根本出路在于科技兴食。鉴于我省食品企业长期处于小、散、弱状况，协会充分发挥专家委员会的职能作用，有针对性地帮助企业解决产品开发中采用新工艺、新技术、新产品遇到的问题，为10多家企业和单位进行了咨询，从选择项目、推荐项目、节能减排、降耗增效和招商引资等方面，为企业做一些实实在在的工作。2009年，省工信委下达的125项，总投资约245亿元工业

和信息技改项目计划中，食协积极配合贯彻落实，食品工业技改项目共60个，资金约27.3亿元，涉及食品行业的酿酒、果蔬加工、食用菌、茶叶加工、咖啡、屠宰肉类加工、食用油和粮油制品加工、调味品、乳品、生物工程等。

2. 我省酱菜企业多次反映原料盐的有关问题，协会专门派员向省政府及省工信委反映，省盐务局及时调查并妥善处理了此问题，为企业减轻了负担。

3. 配合省质量技术监督局开展云南省实施技术标准战略的研究及标准化工作现状调查，完成食品行业标准现状调查的有关工作，为贯彻实施省政府技术标准战略出了力。

（四）帮助企业提升软硬实力，增强知名度

企业要发展壮大、必须不断提高员工的综合素质和企业的知名度。2009年协会继续配合有关部门做好重信誉、创品牌、树形象的工作。

1. 参与云南名牌、昆明名牌的推荐工作。2009年又有19家企业的20个产品获得云南名牌称号；8家企业9个产品获昆明名牌称号。

2. 组织企业申报技术职称。当年全行业有41人被评定初、中、高级技术职称。

3. 经省食协推荐，云南省宏斌食品有限公司荣获中食协2007-2008年度全国食品行业科技进步优秀企业、优秀项目称号，总经理任宏斌评为先进科技带头人。在广州烘食品展览会《中华国饼》评选中，昆明吉庆祥食品有限公司生产的“石筋沙琪玛”，昆明冠生园食品有限公司生产的“绿豆糕”，玉溪市红塔食品有限公司生产的“云腿白饼”，定名为“中华国饼”，为云南滇式糕饼争得了荣誉。昆明市吉和商贸有限公司欧景和、昆明吉庆祥食品有限公司杨荣坤、昆明冠生园食品有限公司林尚勇等，被评为第一届烘食品国家评委，昆明市高上高食品有限公司总经理高厚基被评聘为全国肉类食品国家评委。云南大山饮品公司被授予全国饮料“信得过企业”称号，公司董事长山国勇当选为国家矿泉水分会副会长。他们获得的荣誉是我们云南食品行业的骄傲。

（五）穿针引线，加强经济技术交流合作

2009年6月，省食协受云南省科技厅的委托，组织我省20余家肉类食品生产加工企业参加“云南肉类食品安全及可追溯性国际论坛”，论坛围绕“肉类食品安全新技术研究与应用”、“肉类食品安全与公共政策”、“肉类食品安全风险评估技术”、“肉类食品安全可追溯体系建设”、“肉类食品安检测技术”等内容，欧盟食品安全局和省内外的10位知名专家和企业作了丰富精彩的发言，200多人参会，学习了解世界肉类食品安全先进技术成果，开阔了视野，增长了知识，反映受益匪浅。5月继续组织我省食品企业到省外参展（如到河南螺河参展），了解市场，扩大交流。昆明大禹食品饮料公司通过到省外参加展会，广交朋友，开拓了省外市场；云南易门益生绿色食品公司、楚雄云泉酱园食品有限公司等单位参展后感触很深。过去外省大多数消费者不大了解云南的产品，通过宣传展示，提高滇产食品认知度，企业表示今后要多参加类似活动，走出去宣传云南，推荐自己的产品，进一步开拓市场。

（六）加强企业信息服务平台建设

协会2008年对《云南食品》进行了改版后，加强了行业信息分析，为企业提供了更多的有效信息。2009年又加大力度，在拓展信息、提高我省食品企业和产品的知名度上下功夫。在云南省食品行业网站上设立了企业平台，专门对外展示我省食品企业形象和产品，发布招商引资信息，一年来运行效果良好。

（七）积极争取省工信委给予协会工作以更多支持

积极开展学习实践科学发展观活动，切实加强协会自身建设，努力转变不适应、不符合科学发展观要求的思想观念，积极主动地到工信委食品药品处、资源利用处、发展规划处、技术创新处、中小企业处等有关业务处室反映情况，联系沟通，配合工作，正确支持，为更好地服务企业创造条件。

陕西省

陕西省食品工业办公室　郭 君

2009 年，省食协在省工信厅、省轻工协会的正确领导和广大会员单位的大力支持下，认真贯彻党的十七届四中全会精神，积极落实省委、省政府扩大内需，确保增长的战略决策，坚持科学发展观，弘扬服务就是宗旨的工作作风，生产发展经受住了金融危机和三鹿奶粉事件的考验，较好的完成了年度工作任务，推动了本省食品工业的不断壮大，促进了全省经济社会事业的和谐与进步。

一、行业发展持续、平稳、健康，主要经济指标提前一年超额完成“十一五”规划要求

2009 年元月至 11 月份，我省 580 家规模以上食品企业完成产值 640.49 亿元，完成销售收入 618.78 亿元，实现税利 98.45 亿元，分别比上年同期增长了 23.23%、22.94% 和 19.33%。全国行业排序，我省产值、销售收入双居第二位，税利居 20 位。产值，销售收入和税利分别高于全国行业同指标平均增幅 5.73、5.42 和 6.03 个百分点，其中农副食品加工业完成产值 269.46 亿元，增长 35.29；食品制造业完成产值 115.54 亿元，增长 21.83%；饮料制造业完成总产值 152.66 亿元，12.73%；烟草制造业完成产值 101.43 亿元，增长 13.94%

2009 年元月至 11 月份全省食品工业主要产品产量为：原盐 37.07 万吨，小麦粉 241.89 万吨，大米 21.12 万吨，配合饲料 51.13 万吨，混合饲料 38.01 万吨、精制食用油 47.34 万吨，鲜冷藏肉 20.48 万吨，糕点 2.20 万吨，方便面 31.41 万吨，乳制品 106.58 万吨，饮料酒 95.64 万千升，啤酒 86.93 万千升，葡萄酒 1.22 千升，软饮料 192.19 万吨，包装饮用水 53.57 万吨，果汁和蔬菜汁 104.45 万吨，精制茶 0.19 万吨，卷烟 752.05 亿支，增幅在 5% 至 15% 之间的产品有饮料、乳制品、啤酒、精制茶、小麦粉和混合饲料。增幅在 15% 至 50% 的产品有精制食用油、配合饲料和包装饮用水。增幅在 50% 以上的产品有大米、方便面、糕点

葡萄酒和鲜冷藏肉。增幅最高的鲜冷藏肉发达到了 103.30%，负增长的有原盐和果汁蔬菜汁、果汁、蔬菜汁降幅达到了 -8.11%。

预测全省规模以上企业单位本年度可以完成产值 715 亿元，销售收入 700 亿元，税利 120 亿元，产销率达到 97% 以上。

2009 年全省食品行业有以下运行特点值得关注：

一是积极应对金融危机和三鹿奶粉事件的挑战，行业逆势发展，完全可能提前一年在产值、销售收入、税利和产销率等主要经济指标上达到行业“十一五”规划要求。

二是行业规模以上企业继续大幅增长。2009 年新增规模以上企业 105 户，增长 22.11%，增幅高调了 35.68 个百分点。

三是四大门类全面发展，增速都在 12% 以上，持续保持了稳定增长的良好势头。其中农副食品加工业作为“领头羊”，增速达到了 35.29%。

四是社会投资加大，有力支撑了行业发展。本年度中，省财政投入行业资本近 5 亿元，拉动社会投入行业资金 95 亿元，带动系数达到了 1:19。

五是金融危机和三鹿奶粉事件的影响已经有所减缓，但对全省果汁加工业和乳业的负面作用还没有完全消除，一段时间内应从行业管理方面有所侧重。

二、积极参与省级机构改革，主动开展横向联合，群策群力推动各项工作顺利开展

（一）服从大局、立足责任、积极参与省级机构改革

按照省委省政府的统一部署，2009 年上半年省级工业部门进行了机构改革，省食协原上级指导部门产生了新变化，协会工作人员有了大的变动，协会日常工作受到了一定的影响。面对压力，协会领导及工作班子迎难而上，主动加强相互沟通和横向合作，在有效配合机改的同时，克服人员岗位变动大、担子加重、精力分散的困难，较好的完成了全年主要工作任务，得到了上级领导和会员企业的认同与好评。

（二）积极组织会展经济，不断扩大行业影响力和凝聚力

本年度食品展会多彩缤纷，好戏连台，结出了喜人成果。5 月，协会与振华公司合作成功举办了“2009 西安食品博览会暨农副产品交易会”；11 月，食协与西安旭峰公

司合作，举办了较大规模的“2009西安食品博览会暨纺织服装国际交易会”。三会合计展位1800个，2万平方米面积，吸引了大量人流物流和消费热潮，很好地兼顾了企业效益和社会效益，取得了协会、厂家、展览公司共赢发展的效果。引起了公众关注，得到了消费者的好评。

（三）认真开展论坛和推介活动，自觉推行现代化行业管理理念

随同会展活动的深入开展，协会在5月份的食博会上积极组织了“ 中国西安食品安全高峰论坛”，请来了国家主笔食品安全法的罗云波教授宣讲食品安全法，10余家大专院校、科研单位及部分企业的代表参加了本次活动。清涧县红枣博览会期间，协会邀请了本省十多名专家教授前往该县成功举办了“中国红枣发展战略研讨会”，专家们就农副产品深加工、名牌战略、电子商务及红枣种植等方面的课题献计献策，得到了广大枣农和县委县政府的热情赞誉。杨凌农博会期间，协会与管委会合作，共同召开了“陕西省食品工业发展研究与杨凌食品产业园推介会”。协会领导在会上做了相关专题介绍，得到了示范区领导、参会媒体和企业的好评。

（四）切实抓好食品安全师培训与认证，不断壮大食品安全管理队伍

2009年6月，协会按工作计划与太白酒厂合作，在该厂顺利举办了“陕西省第三届食品安全师培训班”，有来自全省各地的40多名学员参加了培训，通过严格考试这批学员都获得了相应的资质证书。截止目前，我省获得食品安全师职业资格的人员已经累计达到了150人。

在食品安全师培训认证工作取得阶段成果的基础上，本年度7月、11月，协会紧密结合中国食协，在我省西风酒厂和四川成都市分一、二两个阶段顺利举办了全国首届高级食品安全师培训班。共有19个省市31名学员积极参加了培训学习，目前这批学员绝大多数通过了严格的测评，正按计划撰写论文，2010年适当时候将获得专业资质评书。

（五）继续开展深入调查研究，为领导和企业当好参谋与桥梁

2009年，协会配合工信厅形成了“安康高新技术产业园区发展的指导意见”；“陕西省农副产品加工业的调研报告”；“陕西食品产业集群的发展意见”上报工信厅，受到了工信厅领导的关注和重视。杨凌农博会期间，协会领导撰文“陕西食品工业发展情况介绍”，并在推介会上作了主题发言。成都市高级食品安全师培训班上，食协领导受中国食协委托，撰文“开拓创新做好我国食品安全工作，求真务实支撑朝阳产业健康发展”的课件做了专题讲座。省工信厅党组要求全体干部党员积极参加学习实践科学发展观的活动，协会同志认真撰写了“高度重视我国食品安全问题”的论文，上报了工信厅。

（六）主动加强合作，努力组织实施“食安信人才培养与自助”项目

2009年，西安工程技术学院成功开办了我省技工院校首个食品营养与安全专业，生源入校超过了预期。经中国食协，省食协和学校三方协商确定，启动了“食安信人才培养与资助”项目活动并形成了纪要。该项活动具有一定的社会、政治意义，合作三方目前正处于前期准备阶段，协会将因势导利的做好这一工作。

（七）多方推介和多轮驱动，努力搞好项目与咨询服务

2009年，协会按照省委省政府刺激内需，确保增长的战略部署，尽可能地为企业牵线搭桥，多方推介和多伦驱动做了一些项目服务工作。包括省发改委“产业引导发展基金”项目的咨询推介；省工信厅技改贴息项目的咨询推介；省科技厅、农业厅和中小企业局相关投资渠道的咨询与推介。促进一些企业和项目获得了政府资金扶持，得到了企业的重视和相关厅局的好评。

（八）积极利用信息平台，主动为会员单位和食品企业做好服务工作

“鉴”证行业发展
服务食品工业
《中国食品工业年鉴》编辑部宣

第四部分

食品安全

安全瞭望

《食品安全法》与我国食品安全监管制度的优化

近几年来，我国食品安全制度建设步伐加大。从2003年确立新的食品安全监管框架，到中央、地方理顺监管体制，质监、工商等部门设立专门的食品安全监管司局，重新调整相关监管机构的职责，彰显了政府重视食品安全，加大监管力度的决心。2009年2月28日，十一届全国人大常委会通过的《中华人民共和国食品安全法》（简称《食品安全法》），就是用法律形式将这些成果加以系统化、法治化。作为我国食品安全法律法规建设的一个里程碑，《食品安全法》比《食品卫生法》制度更合理、理念更先进。因此，《食品安全法》的实施，必将推动我国的食品安全监管制度发生重要变化，为我国的食品安全提供更可靠的制度保障。

一、企业成为食品安全的第一责任人

《食品安全法》规定，“食品生产经营者应当依照法律、法规和食品安全标准从事生产经营活动，对社会和公众负责，保证食品安全，接受社会监督，承担社会责任”，并制定了食品生产许可、不安全食品召回和停止经营等相关制度。这表明，用权威性最高的法律制度将食品生产经营者确定为食品安全的第一责任人，是我国食品安全监管制度的一次重大变革，有助于扭转当前许多食品生产经营者社会责任意识不强、违法成本偏低，以及政府监管部门责任过大、监管效能偏低的尴尬局面。

由于我国是一个由计划经济向市场经济转轨的发展中国家，政府在社会经济事务中往往扮演着不可替代的核心角色，因此，长期的体制熏陶让民间有过份依赖政府部门的倾向，也让政府部门产生了喜欢包揽一切的政策偏好。这种社会价值取向也渗透到食品安全监管领域，于是，政府理所应当成为食品安全的第一责任人，而真正的第一责任人——食品生产经营者只是在其中担当一个配角。

事实表明，政府一旦成为食品安全的首要责任人，大量原本应由生产经营者承担的责任被政府揽于名下，出现监管越位和错位现象。而没有了食品生产经营者自发、高效的质量控制作支撑，再完善的法律制度、再敬业的政府管理部门也无法确保生产经营者向市场提供的所有食品都是安全的。实际上，政府既无法对企业的每一个生产环节做出具体的硬性规定，也不可能实时监控。按照我国政府2007年发布的《食品质量安全状况》白皮书，我国仅食品生产加工企业就有44.8万家。其中规模以下、10人以上企业6.9万家，10人以下小企业小作坊35.3万家，这两类企业的产品市场占有率达28%。这些中小食品生产经营者不仅法律意识和道德水准参差不齐，而且大多生产环境差，工艺落后，缺少必要的质量控制资源。为我国的食品市场埋下了安全隐患。面对这样一群数量庞大、分布范围广泛、专业素质相对较差的被监管对象，政府部门无论是人员配备，还是技术手段都无法承担起第一责任人的职责。

欧美监管的实践表明，食品安全决不是单靠政府的“严管”就可以自然实现的。只有在法律制度的合理安排下，当每一个农户、食品加工企业和经销商都真正承担起应负的责任，认真负责地把控食品的安全关时，市场上的食品安全才有保障。在欧盟的《一般食品法》中有一项基本原则，即饲料和食品企业的操作者对食品安全负有首要责任，而政府主管部门主要负责监督其遵循法律规定。

《食品安全法》用正式制度明确食品生产经营者是第一责任人，不仅找到了不安全食品的真正源泉，有助于从源头消灭风险，还可以化解政府有限的监管力量与不断增加的监管职责之间的矛盾，提高公共资源的利用效率。需要特别强调的是，这种制度安排更加重了政府及相关监管部门的监管责任。食品安全与否关乎人民福祉，政府必须对食品安全监管负总责，把好企业和产品的市场准入条件，监督企业严格执行产品质量标准。一旦出现重大食品安全

事故，在首先追究生产经营者的民事和（或）刑事责任的基础上，必须问责。追究相关部门领导和具体工作人员的责任。

《食品安全法》把企业推到食品安全责任的前台，表明我国的食品安全监管法律制度已经瞄准了质量事故的"病灶"。让食品生产经营者成为法定的食品质量第一把关人，不仅可以在第一时间和第一地点消灭风险隐患，构造第一道防线，还有助于企业加强食品风险评估机制和预警机制，在源头上利用企业的事前、事中控制手段降低食品风险。从这个意义上讲，这种内在质量控制机制的效率高于政府部门事后监管效率。

二、多头分段监管格局有重大突破

《食品安全法》规定，"国务院设立食品安全委员会。其工作职责由国务院规定"。从监管制度优化的角度看，明确规定设立食品安全委员会无疑是《食品安全法》的一个亮点。

长期以来，我国实施的多部门分段监管体制，农业部门负责初级食用农产品生产环节的监管，质监部门负责食品生产加工环节的质量监督和日常卫生监管，食品流通环节的监管由工商部门负责，餐饮业和食堂等消费环节的监管由食品药品监管部门负责，食品安全的综合监督、组织协调和依法组织查处重大事故由卫生部门负责，进出口农产品和食品监管由质监部门负责。应该说，我国分段监管体制的初衷是按照食物链的纵向构成，分而治之，以分工明确，责任明晰为前提，以各食品安全监管部门密切配合，相互衔接为条件，旨在形成一个严密、完整的监管体系。然而，近年发生的重大食品安全事故暴露出这种监管体制存在部门职责交叉、权责不明、监管漏洞等内在缺陷。

◇

对我国食品安全法律制度的审视

由"三鹿"奶粉事件引发的思考　杨永华

食品安全问题已成为世界各国人民和政府十分关注的焦点。我国的食品安全问题也不容乐观。"关注民生、保护人权"是党的"十七"大确立的一项新的执政理念，是党和各级政府"以人为本"、"执政为民"的重要体现，同时也是我国今后立法的重要指导思想。食用安全的食品也是一个基本人权问题。我国宪法规定了国家保护公民的生命权和健康权，而"食品安全"即是保证公民享有维持生命和健康这一基础权利的必要条件，也是食品安全立法的一个基础。目前我国有关食品方面的法律规制已不能适应当前科技进步和经济发展形势的需要。应尽快就食品安全性进行统一完整的立法，从法律的层面来完善我国的食品安全保障体系，以实现对尊重和保障基本人权的宪法精神和原则的具体落实。

一、我国食品安全现状及问题

近年来，随着我国社会经济迅猛发展，城镇化进程加快和人民生活水平的不断提高，日益凸显的食品安全问题已成为人们和政府深切关注的焦点。2008 年 9 月以"三鹿"奶粉事件为首的在全国范围内引发的婴幼儿奶粉参杂非食用性化工原料三聚氰胺事件已是在全国引起轩然大波。食品安全问题再一次引起其社会各界的普遍关注，食品安全也又一次向我们敲响了警钟。

（一）现状及特点

目前我国食品质量安全面临的形势仍然非常严峻，其主要问题及特点表现为：

1. 态势——事故频发、波及面广

进入 21 世纪后，2003 年至 2004 年，食品安全领域频频出现大案要案，如金华毒火腿、广州毒酒、龙口毒粉丝、香河毒韭菜、四川彭州毒泡菜、阜阳劣质奶粉、平遥牛肉造假等事件。2005 年至 2007 年间苏丹红、瘦肉精、福寿螺、多宝鱼、红葡萄酒、红心鸭蛋事件等食品安全事件。但食品安全问题并未能从根本上得到解决，2008 年 9 月以"三鹿"奶粉事件在全国引起轩然大波，再次为监管问题敲响了警钟。频发的食品安全事故给人民的生命健康和安全造成极大的危害，严重地影响了社会安定与市场秩序，损害了我国的国际声誉和形象。而且，城市化以及市场流通的日益加快为食品安全危害的广泛蔓延创造了必要条件。早先局部的食品安全问题呈现出向全国扩展之势（从安徽"大头娃"到"三鹿"事件）。影响和波及面的日益增大对食品安全紧急情况的控制带来新的挑战。

2. 范围——涉及领域广泛、环节众多

从种养加工、营销流通到餐饮消费各个环节的各类食品无一例外存在安全隐患。严重危及人体健康和生命安全。

首先，农产品安全问题仍为突出，主要表现为：（1）农作物中化肥、农药残留量严重超标。我国是世界上化肥农药使用量最大的国家，氮肥和农药用量超标十分严重，单面积用量分别为世界水平的三倍和两倍。这些超标的有害物质残留在农产品中，就成为人体健康的隐形杀手。例如蔬菜中甲胺磷残留、花生中AFT残留；（2）抗生素、激素的滥用。为了提高蔬菜、水果产量、缩短生长期，大量使用催熟、催红类激素类农药。在养殖业中使用抗生素、激素来增加禽畜、水产品的产量。这些导致蔬菜、水果以及禽、畜、水产品受到抗生素和激素的污染，对人体健康造成潜在的危害；（3）农作物、禽、畜、水产品受重金属污染严重。由于我国江河、湖泊都受到了不同程度的污染，再加上工业废水、城市污水与垃圾未妥善处理就用于农田灌溉和施肥，就使重金属进入农牧业环境，造成农作物污染，并通过食物链污染禽畜产品，而利用受到重金属污染的水源生产的水产品也受严重污染，如茶叶中铅的污染。

其次，加工食品使用劣质原料、添加有毒物质：(1)使用劣质原料加工制作食品，如用"地沟油"制造油炸食品、用病死畜禽加工熟肉制品；(2)超量使用或滥用食品添加剂，如在面粉中超限量添加增白剂"过氧化苯甲酰"、在腌菜中超标使用苯甲酸、在饮料中超标使用化学合成的色素、甜味剂等等；(3)滥用非食品加工用化学添加物，非法使用和添加超出食品法规允许适用范围的化学物质，如用二氧化硫（SO2）使馒头、包子增白，用甲醛浸泡海产品使之增韧、增亮、延长保存期，在火锅底料中用包装蜡当牛油，用"吊白块"（甲醛次硫酸氢钠）改善米粉、腐竹口感等等。

最后，转基因食品存在诸多潜在危险。随着生物技术产品的出现，转基因食品的潜在危险同样带来了安全性问题。如今，转基因食品早已摆上了人们的餐桌，比如人们大量食用的番茄、甜椒，大豆粉、大豆油等豆制品。虽然转基因食品对人类的危害目前尚未得到科学论证，但是其仍有可能具有以下几个方面的潜在危险：损害人类的免疫系统（标记基因），产生过敏综合症；对人体有毒性（食源性中毒）；对环境和生态系统有害（影响和破坏原有生态系统的平衡，导致生物物种安全）；其他对人类和人体存在的未知危害。

另外，值得注意的是，微生物病原体食品安全问题无处不在，从生产源头到消费终端各个阶段和环节无处不存在安全隐患：如禽流感（HPAIH5N1）、疯牛病、口蹄疫等在养殖环节，如禽肉中沙门氏菌、贝类中付溶血弧菌等在生产环节；又如一次性餐盒中垃圾塑料、矿蜡、禁用增塑剂问题在包装环节；肯德鸡天绿香汤—罂粟碱和镉（Cd）超标4倍则在餐饮环节。

3. 对象——受害群体向老年幼儿弱势群体转移

改革开放三十年来，我国在经济等各个方面取得了举世瞩目的成就。人民生活水平也日益得到改善和提高。人们在解决温饱的同时也开始逐渐注重生活质量的提高。加之，作为我国基本国策的计划生育政策近三十年的贯彻与实施，我国的人口结构也发生巨大变化，人口老龄化和独生子女现象已成为我国人口的基本状况。为此，诸如保健、功能食品打着双歧因子、益生菌、高钙、提高人体免疫能力等等旗号，向老年、幼儿特殊人群聚集。一方面由于商家的炒作和夸大宣传误导消费者，另一方面，我国针对这类食品尚缺乏相应的标准来规范企业和引导消费者，面对名目繁多的新型食品，欠缺专业知识的广大消费者尤其是老年、幼儿这类特殊人群往往成为这些所谓功能食品的直接受害者。

4. 行为——违法行为的隐蔽性、流动性越来越高

近几年的典型食品安全案例中违法行为人大都采取了比较隐蔽、难以迅速分辨的违法方式，其中尤以违规使用非法添加剂情形最为突出。2006年以来食品安全事故典型案例中的瘦肉精、苏丹红Ⅳ号、呋喃西林、"日落黄"、三聚氰胺等，都是在生产、加工、运输、储存等环节向食品及食品源中添加的可能致害物。这种方式大大增加了检测和破获难度。消费者也难以通过一般的分辨方式将不安全食品拒于家门之外。而且违法行为的流动性也为逃避法律制裁提供了便利。尽管我国已对食品的生产、销售制定了相应的法律法规，但由于监管不力，尤其是在乡镇、小城市及大中城市的城乡结合部，一些无照企业、个体工商户及黑作坊游离于监管之外，成为制假售假的集散地，导致目前的食品安全事件屡见不鲜的又一重要原因。

（二）影响及危害

目前，我国频发的食品安全事件产生的危害也是多方面的：其不仅危及公众的身体及生命健康（引发各种疾病和身体伤害）、败坏社会风气（助长弄虚作假、导致诚信危机）、扰乱市场秩序（导致不公平以至恶性竞争）并影响食品产业健康发展（产业萎缩失去竞争能力或畸形发展）、引发民众恐慌和社会安定（消费信心丧失和社会动荡），而且还严重贬损国际形象、阻碍国际交往和国际贸易的发展。限于篇幅，本文仅就其国际影响进行论述。

2008年9月引发的"三鹿"奶粉事件不仅在全国范围内造成了不良影响，而且严重地损害了我国的国际形象。"中国制造"（Made in China）再一次遭到广泛地抵制。中国食品行业再次受挫。即使同时期与之相隔仅数日的中国航天业“神七”举世瞩目的创举也抵消不了“三鹿”奶粉事件给国际社会造成的负面影响。其直接后果必将使出口产品在国际市场再遭重挫。自我国入世后，出口农产品和食品的安全问题便遇到新的挑战。例如，由于我国输欧虾类产品被检出残留氯霉素。自2002年起，欧盟已停止从我国进口牛肉、鸡肉、兔肉、冻虾等动物源食品，使我国丢掉了欧盟的市场份额，蒙受巨大经济损失。美、日、韩、俄等国也纷纷增加农产品和食品的检测项目和提高农药、兽药残留的限量标准（MRL）。一些精心设计的、有针对性的技术标准和法规，已成为世界贸易组织（WTO）认可的技术壁垒措施，导致我国出口的茶叶、蘑菇、肉类、蕨菜、蜂蜜等产品被进口国退货或限制进口。对外贸易摩擦不断，使我国农产品和食品的出口贸易严重受遏。这次“三鹿”奶粉事件致使仅乳品行业在不到一个月的时间就损失数百亿。而且“中国形象”的损失更是无法数计。可见，加强食品安全监管，完善我国的食品安全体系，是树立良好国际形象，抵御食品安全技术性贸易壁垒的有效途径。

（三）问题的成因

产生食品安全问题的原因是多种多样的。但是，法律制度不健全、现存体制有缺陷、技术层面（标准、检测）的不足无疑是最为重要的深层次缘由。

1. 我国食品安全法律的系统性不够

由于我国在食品安全管理中，没有把食品安全建立在全部食品产业链基础上，食品安全法律体系的广度不够，具体标准和法规的制定上也不够协调和系统。诸如体系不完整，调整范围狭窄，监管存在盲区和空白，缺乏保障食品安全的有效制度，执法主体与职责模糊与交叉，法律责任规定不严，与相关法律衔接问题等。具体表现为：

（1）体系不完整（调整范围未能包括种、养殖的食用农产品）；

（2）内容不全面（未能列入一些新的食品安全法律制度诸如未实行食品安全风险管理机制、安全全过程监控制度、信息披露、行政问责机制、不安全食品的追溯及召回、突发性事件应急与处理机制不健全）；

（3）未能及时反映监管格局的改变（社会监督缺失、未实现我国食品安全管理与国际接轨）；

（4）对食品安全违法犯罪震慑力不够（惩罚性赔偿与连带责任制度缺失）；

（5）与相关法律法规衔接、协调不够，如与《产品质量法》、《刑法》等在内容上存在冲突。例如，在对“严重食物中毒事故或者其他严重食源性疾患事故”的同一违法行为进行制裁时，《食品卫生法》规定违法行为具有人身伤害后果才构成犯罪（结果犯），而《刑法》则强调当违法行为具有危害人身健康的危险性时即构成犯罪（危险犯）。法律规定的不统一，往往会造成执法的矛盾与冲突，从而弱化了法律的威严和惩处力度。等等。

2. 我国食品安全的管理体制不健全

长期以来，我国对食品安全实行多头管理，一方面各部门职权交叉，另一方面出现监管真空，形成了“都管但都管不好”的局面，为不法分子提供了可乘之机。监管体制的不健全直接导致食品安全监管不力。其首要原因是食品监管部门权力配置不科学、监管职责分工不明——条块分割。多部门监管模式必然导致交叉、重叠，资源消耗大，协调成本高等固有缺陷。虽然我国通过机构改革已形成了由国家食品药品监督管理局牵头、多个部委共同按职能分段监管的体系。但是，仍然未能彻底解决各管理机构的职责交叉、权力界定不清的问题，食品安全监督执法资源的重置和浪费的问题仍然存在。为此，中国食品安全监管体制的“多部门监管”今后应趋向于集中，监管部门数量应逐步减少，遵循统一监管原则，逐步建立起职能清晰明确、监管分工协作有致、政策标准统一、部门行动协调的食品安全综合监管体制。

3. 我国食品安全管理技术薄弱

食品安全技术能力建设是保证食品安全监管的有效性、科学性和专业性的坚实的科学基础。目前，我国食品安全标准化体系尚不完善。虽然我国在食品安全方面制定了大量的标准，但是标准不细化，分类欠科学，指标偏低（食品添加剂）。某些方面仍出现了不少法律盲区（如最近一次的“三鹿”奶粉事件就是因为我国乳制品的标准体系不健全的直接后果），而且标准又不统一，制约了执法。目前，我国现行的食品卫生标准仅对104种农药在粮食、水果、蔬菜、食用油、肉、蛋、水产品等45种食品中规定了允许残留量，共291个指标。而日本对蔬菜类制定的农残限量就有3728个。又如国际食品法典委员会（CAC）则对176种农药在375种食品中规定了2439个农药最高残留量标准。它所制定的约8000个食品相关标准已成为促进国际食品贸易和解决争端的依据。

随着食品中安全卫生指标限量值的逐步降低，对检测技术提出了更高的要求。发达国家已经将安全技术检测作为食品原料、生产加工过程、运输以及市场销售等环节进行全程监控的重要手段，并且建立了统一协调的食品安全信息监测、通报、发布的网络运行体系。而我国与其相比在食品安全监测技术水平、食品安全认证体系以及预防性安全控制技术（如HACCP）方面还存在很大差距。因此，建立科学的检测安全保证体系尤为必要，是保证我国食品安全工作的有序、顺利进行的必要条件。

另外，环境污染和生态破坏是导致食品安全的直接诱因，并且进一步加剧了食品安全中的许多不确定因素。我国在经济得到快速发展的同时，对环境的污染和生态系统的破坏也到了最为严重的时期。工业三废排放对环境的污染，导致我国农业生态环境急剧恶化。全国被污染的农田面积多达5亿亩，被污染的河流有850条，约40%的湖泊富营养化。2005年吉林松花江污染导致饮用水和水产品污染事件以及2007年江苏太湖蓝藻污染事件便是明证。特别是一些地区农业用水严重不足，污水农用逐年上升，污灌面积超过0.6亿亩，加剧了农产品的不安全因素。而且在种植业生产过程中过量使用化肥、滥用农药和生长调节剂等，在养殖业中广泛使用抗生素、激素、药物消毒剂和饲料添加剂等都无不使农产品中农药、兽药等化学有害物质残留量超标。这必然会影响粮食、蔬菜、肉类、水产品的食用安全，损害公众健康。此外，陆源污染（每年沿岸工厂和城市排海污水约80多亿吨）及海水养殖业的自身污染使沿海海域遭受营养盐类、持久性有机污染物、石油类和重金属等的污染影响。由此频繁发生的赤潮造成了一片死海，不仅影响了渔业生产，当人们食用该海域被微藻毒素污染的贝类时经常爆发集体中毒事件，常造成一些传染病的流行和迅速蔓延，如1988年上海市民因食用带甲肝病毒的毛蚶而大规模发病，累及31万人，震惊全国。

二、国外的立法实践及借鉴

食品是人类赖以生存和发展的物质基础。食品安全关系到民生、社会的稳定、经济的发展和民族的兴旺。当前，食品安全问题已经成为全球普遍关注的热点问题。为此，各国政府纷纷采用技术和法律的手段提高食品安全管理水平，对影响食品质量安全的因素进行有效监控。目前世界各发达家和地区如美国、加拿大、欧盟、日本等均已建立了较为完善的国家食品质量安全监督管理体系，从而保证了政府监管有力、国民能享受到安全、卫生的食品供应。研究和分析发达国家食品安全监督管理体系以及国际组织的标准和要求，将为我国食品安全监督管理体系建设提供可借鉴的经验和教训。

（一）国家层面上

西方发达国家在食品安全监督管理上积累了较为丰富的经验，并取得了较大成效。主要表现在以下几个方面：

1. 健全的食品法律体系

法律健全是确保食品安全的基础。西方发达国家，大多建立了涵盖所有食品类别法律体系，涉及食品生产、加工、流通、消费的各个领域，为食品安全的标准制定、质量认证、检测检验、标签管理、广告宣传、信息服务、监督管理等提供了法律依据。

美国食品质量安全法律主要体现在美国众议院制定的美国法典（USCode）中，形成了包括以《联邦食品、药品与化妆品法》核心，辅之以《联邦肉类检验法》、《禽肉制品检验法》、《蛋制品检验法》、《食品质量保护法》、《公共健康服务法》等在内的食品质量安全法律框架。另外，国联邦法典（CFR）是联邦政府发布的综合的永久性法规，分50卷，与食品有关的主要是第7卷（农业）、第9卷（动物与动物产品）和第21卷（食品与药品）。再有，美国食品与药物管理局（FDA）和美国农业部（USDA），依据有关法规在科学性与实用性的基础上负责制定《食品法典》（类似于我国的部门规章），以指导食品管理机构监控食品服务机构的食品质量安全状况以及零售业预防食物性疾病。科学、全面和系统的食品安全法律体系为美国食品安全管理构筑了严密的食品安全保护法律网络，确保了美国食品安全具有很高的公众信任度。

加拿大的食品质量安全法律法规体系包括《加拿大农产品法》《食品检验机构法》、《食品与药品法》、《动物健康法》、《肉与肉制品检验法》、《植物保护法》、《种子法》以及《消费品包装及标签法》等。这些法规基本上涵盖了食品安全各个环节，为政府监管提供了可靠的法律支撑。

德国的食品安全法律，既有综合性法律，又有具体法律，二者互相补充。德国综合性食品安全法律有4部，是其食品安全法律体系的基础和支柱，包括：《食品和日用品管理法》、《食品卫生管理条例 》、《HACCP方案》、食品卫生正确操作的《指导性政策》。具体法规包括：《畜肉卫生法》、《畜肉管理条例》、《禽肉卫生法》、《禽肉管理条例》、《混合碎肉管理条例》、《鱼卫生条例》、《奶管理条例》、《蛋管理条例》、《纯净度标准》、《基因技术法》、《食品和日用品管理法》等。综合性法律与具体法律相协调共同构筑了其食品安全法律体系。

日本于1947年制定了《食品卫生法》。该法是日本控制食品质量安全与卫生的最重要法典。为了适应社会经济的发展和日益发展变化的饮食结构，充分保证食品安全，1972年、1995 年和2002年日本政府多次对《食品卫生法》进行了修订。2001年以来疯牛病和禽流感等食品安全事件，导致消费者对食品安全的关注日益增强，要求政府进一步采取有效措施，确保食品安全，保护消费者的健康。因此，日本政府于2003年5月16日针对食品和食用农产品安全制定了《食品安全基本法》。加上其它与食品安全相关的法规，日本形成以食品质量卫生、农产品质量、投入品（农药、兽药、饲料添加剂等）质量、动物防疫、植物保护为主要内容的食品安全法律框架。

2. 良好的食品管理体制

统一监管是提高食品安全水平的保障。发达国家对食品安全多采用统一监管，监管主体明确，易于操作，避免了多头管理的弊端。

在美国，联邦政府负责食品安全工作的机构是农业部下属的食品安全与检验服务部（FSIS）和动植物健康检验服务部（APHIS）、人类健康事务部下属的食品与药品管理局（FDA）以及环境保护署、国家环境保护署（EPA）。其中，FSIS和APHIS负责肉、禽、蛋及其制品的食用安全、卫生，并被授权监督执行联邦食用动物产品安全法规；FDA负责FSIS负责范围之外的食品的安全与卫生以及制订畜产品中兽药残留最高限量法规和标准。国家环境保护署（EPA），负责饮用水、新的杀虫剂及毒物、垃圾等方面的安全，制订农药、环境化学物的残留限量和有关法规。以上各部门协调合作运用食品安全法律法规维护食品的安全，从而保护了消费者的身体健康。加上相应的州和地方政府间的合作提供了一个全面的、有效的食品安全系统。

加拿大政府于1997年将农产与农产食品部、卫生部、工业部、渔业与海洋部中与食品检验工作相关的部门合并，成立加拿大食品检验署（CFIA），负责该国所有的食品检验工作。CFIA将与食品、植物、动物有关的工作划分为14个方面，并将全国18个区域的食品安全检查系统纳入单一的体制管理。

日本根据《食品安全基本法》成立了内阁级食品安全委员会（FSC），改革了监管机构（食品安全委员会审议食品安全的重要政策并监督实施以及协调各监管部门的关系、农林水产省负责食品的生产和质量保证、厚生劳动省负责稳定的食品分配和食品安全），理顺了其食品安全管理体制，完善了其对食品安全的管理机制，对原有法律法规进行大调整，以适应和确保基本法的实施，从而来逐步实现食品安全监管统一的目标。

在监管机制上，在强调中央政府监管的同时，西方国家也十分注重加强与地方之间的密切协作、协同共管。

美国建有联邦、州和地方政府既相互独立又相互合作的食品安全监督管理网。按《食品安全行动计划》（1997）的要求，联邦政府、州政府、地方政府及其食品行政部门要对总统、国会、法院及公众负责。食品机构中资深的科学家和公共健康专家互相合作，努力保证美国食品的安全性。协调机构定期地咨询政府以外的科学家，以获得科技方法、过程和分析方面更多的建议和最前沿的信息。在食品质量安全监督上，联邦政府独立于各州政府，并由其付费在全美国设立多个检验中心或实验室。联邦所有具有食品质量安全监督职能的机构都不具有促进贸易的职能，从而保证食品质量安全监督免受地方和部门经济利益影响和干扰。

日本《食品卫生法》在加强中政府对食品安全监控的基础上，该法授权各地方政府在其管辖范围内对当地的企业采取必要的措施。这些措施包括为企业设施制定必要的标准，发放或吊销执照、给予指导以及中断或终止营业活动，形成了中央（厚生劳动省）与地方政府共同承担责任的食品安全管理格局。

3. 完善的食品监管制度

西方发达国家在其法律体系当中还建立了诸如食品安全风险管理、全过程监控、信息披露、行政问责机制、不安全食品的追溯及召回、惩罚性赔偿等等具体的食品安全监管制度。这些内容共同构筑了其完善的食品制度体系和监管机制。

首先，注重预防，实施全过程监控。加强预防和进行风险评估是食品安全管理的重要手段。发达国家十分重视食品安全风险的全面防范与管理。预防和以科学为基础的风险分析长期以来是美国的食品安全方针和决策的重要基础，是其实现从“事后控制”到“事前预防”的有效途径。同时，美国食品安全立法还强调从“农田到餐桌”的全过程控制。政府通过ＧＭＰ（良好操作规程）和ＨＡＣＣＰ（风险分析和关键控制点制度）两大风险管理工具对企业实施全程监管，对可能会给食品安全构成潜在危害的风险加以防范，避免重要环节的缺失，并以此为基础实行食品追溯制度。2001年以来，日本相继发生了雪印事件、0157中毒事件、疯牛病和禽流感等食品安全事件。日本政府认识到实现降低风险的目标的最有效的方法是在整个生产、加工和销售链中应用预防原则，并建立了全面的HACCP系统，形成了“从农场到餐桌”的食品安全控制政府管理系统。

其次，及时、透明的食品安全信息网。信息公开是增强管理过程透明度的关键。其不但是使制度更加完善，管理更为有效的保证，同时也是公众对食品安全管理建立信心的重要途径。例如，美国政府强调食品安全制度建设和食品安全管理的公开性和透明度，建立了有效的食品安全信息系统。政府通过定时发布食品市场检测等信息、及时通报不合格食品的召回信息、在互联网上发布管理机构的议案等，使消费者了解食品安全的真实情况，增强自我保护能力。而且，美国政府还特别强调风险信息交流和传播在风险评估与风险管理中的重要作用。管理部门风险分析程序也向社会大众公开，接受社会大众的评论和建议，充分发挥群策群力的作用，极大地提高了其风险分析的明确性和风险管理的有效性。

然后，严厉的责任追究制度。在政府监管上，除了强调统一协同管理体制，发达国家还在法律上分清各级政府及部门职责，并明确其法律责任，强化问责机制，以增强了政府的监管有效性。同时，其法律对问题食品的生产经营者处罚非常严厉。例如美国法律规定，无论金额大小，只要有制假或售假的行为就构成犯罪，处以 25 万美元以上 100 万美元以下罚款，并处 5 年以上监禁。由于法律责任大，制裁的措施严厉，违法成本很高，经营者不敢轻易以身试法。

再次，广泛调动社会力量参与管理。西方国家十分重视公众的知情权，强调“保持每一步政策制定过程中的透明性。美国食品质量安全方面的协调决策不仅是建立在科学基础上，而且协调过程对公众是透明的并且是可以参与的。美国普遍重视消费者在食品安全监管，特别是法规、政策制定过程中的作用，充分听取消费者的建议，确保其工作能真正维护消费者的利益。日本在加强政府食品安全监管的同时还注重公众的参与。其《食品安全基本法》明确规定消费者应接受食品安全方面的教育并参与政策的制订过程，食品行业机构对确保食品安全负首要责任。

最后，畅通的救济渠道。西方国家十分注重救济与保障机制的建立。其行政、司法和社会救济途径广泛而灵活，诸如行政补偿、不安全食品的追溯及召回、公益诉讼、责任保险、损害赔偿救济基金等制度在食品安全领域对消费者权益提供有效的保护。例如，美国政府十分强调公众对食品安全制度建设和安全管理如果个人或单位对行政当局的决定或行为有异议，可请司法机构裁决。如果法庭发现行政当局没有满足程序法要求，或缺乏充足的理由 就可以推翻行政决定。相反，如果程序合法，理由充足，就可通过法的力量推动行政决定的贯彻实施。

（二）国际层面上

食品安全已经成为继人口、资源、环境之后被国际社会关注的重大问题之一。食品质量与安全还关系到整个人类的健康。近年来区域性或全球性的食品危害事件仍不时发生，这直接引起了相关国际组织诸如欧盟、世界卫生组织等国际组织普遍关注，并促使其制定了一些列有关食品安全的国际法规和国际标准。

自 20 世纪 90 年代以来，食品安全问题对于欧盟而言不再是单纯的区域内政策问题，而是关系到整个区域经济全局与社会稳定的战略问题。特别是疯牛病、二恶英、禽流感、口蹄疫等食品危害事件严重地影响了欧盟消费者的信心。原有的欧洲食品质量安全制度已不再能满足社会的安全需要。为了确保食品质量安全高标准及恢复消费者的信心，融合各成员国在食品安全理念、原则和程序上的立法差异，制定新的、有效的、统一适用于各成员国的食品安全法便成为保障消费者健康和公共安全的现实要求。2000 年 1 月 12 日欧盟公布了《食品安全白皮书》，并于 2002 年 1 月 28 日正式成立了运作机制独立、透明的欧洲食品质量安全管理局（EFSA），还于 2002 年 2 月 1 日颁布了具有里程碑意义的《通用食品法》(Regulation(EC) No.178/2002)，规定了食品安全法规的基本原则和要求以及与食品安全有关的事项和程序，形成了以《食品安全白皮书》为指导，以《通用食品法》等一系列食品安全法规为主要依据，以“预防为主”作为食品安全的基本原则，以“从农田到餐桌”整个产业链全过程控制为基础和安全保障措施的食品质量安全监控政策法规体系和管理机制。

同时，联合国粮农组织（FAO）和世界卫生组织（WHO）的《国际食品法典》（CAC）确立了 HACCP（Hazard Analysis and Critical Control Point）体系，要求各国做到对食品安全实施全过程监管。世界贸易组织（WTO）也相继制定了与食品安全相关的 WTO 协定，主要包括《技术性贸易壁垒协定》（《TBT 协定》）和《实施卫生与植物卫生措施协定》（《SPS 协定》），从而在国际贸易领域对各国食品安全监管提出了新的要求 。

总之，以上发达国家所进行大量的探索和所积累的不少成功经验以及国际组织有关食品安全控制理念均对食品安全保障起到了积极而有效的作用。总结起来，西方各国以及国际社会在食品安全管理上的主要经验和特点体现以下 4 个方面：

（1）综合管理——强化食品安全“从农田到餐桌”全程监控的全面管理；

（2）科学管理——注重标准、检测、风险评估、过程控制、信息网络等技术支撑手段和方法运用的现代化管理；

（3）协作管理——强调政府、企业、消费者共同参与的食品安全协同管理；

（4）责任管理——加强责权清晰、分工明确、协调统一的问责式管理。这些管理方式和理念为我们探索食品安全监管模式和体系建设提供了很好的范式。

三、我国的立法现状及不足

我国在食品安全监管上历经几十年法律制度的建设，基本形成了自己的食品安全法律体系。我国现有食品安全的法律体系是由 1995 年正式出台的《食品卫生法》为主导，

《食品卫生行政处罚办法》（1997）、《农产品质量安全法》（2005）、《食品卫生监督程序》（1997）、《国务院关于加强食品等产品安全监督管理的特别规定》（2007）等数部单行的有关食品安全的法律和近百个配套规章和近 500 个食品卫生标准为主干，以及诸如《消费者权益保护法》(1994)、《传染病防治法》（2004）、《产品质量法》（2000）、《标准化法》（1989）、《农业法》（2003）、《进出口商品检验法》（2002）、《刑法》（1997）等法律中有关食品安全的相关规定为补充而构成的集合法群形态。这些法规共同构筑了我国食品安全法律体系基本框架，并在保障我国食品安全方面发挥了重要的、不可替代的作用。但是与发达国家以及国际社会的差距依然存在，主要体现在以下方面：

（一）基本法定位不准确，调整范围过窄

我国现行居于食品安全法律体系核心地位的《食品卫生法》以及其所领的法律法规并不是以食品安全为中心精心构建和设计的。而且，“食品安全”没有被确立为立法的整体性目标，也没有建立在全部食品产业链基础上。一些可有效确保食品安全的法律原则和制度并没有贯穿到现有的食品安全法律体系。然而，“食品安全”（Food Safty）包括食品卫生（Food Hygiene）、食品质量（Food Qulity）、食品营养（Food Nutrion）等立法要素，涉及到生产、流通、消费等立法环节，更具有宏观性、全局性、系统性。而“食品卫生”虽具备了食品安全的部分特征，但不包含种植、养殖环节的安全，仅仅是整个食品链中的一部分，不足以涵盖食品安全性、营养性、功能性和多样性的基本特征。“食品安全”通常是生产与经营安全、过程与结果安全、现实与未来安全的完整统一，而“食品卫生”则更侧重于过程安全，食品安全在内容上包含了食品卫生。基本法定位不准是食品安全法律体系的广度不够以及食品安全监管中的突出问题无法彻底解决的深层次原因之一。可见，以《食品卫生法》为核心的我国食品安全法律体系已明显不适宜时代发展的要求。因此，尽快制定一部覆盖食品安全全过程的、综合型的《食品安全法》以取代要素型《食品卫生法》的母法位置，是完善我国食品安全法律体系的必要选择。

（二）法规陈旧，协调统一性差

一方面，法规陈旧过时，不能适应食品安全新形势的需要。目前我国的相关法律的出台时间早，基本上都是上个世纪制定的。尤其是《食品卫生法》已实施十多年，一直未曾修订，已不适应国内外新情况的挑战。而且这些法律法规在制定时，并没有充分考虑食品安全问题。随着经济社会及科学技术的快速发展和人们对食品安全问题认识的不断深化，当食品安全问题出现时，食品安全法律体系的很多方面已经不能适应当今食品安全形势的需要了。另一方面，数量虽多，但协调不够，缺乏统一性。上述食品安全法律、法规是不同机关在不同时期制定和颁布的。法律法规虽然数量较多，但因分段立法，条款相对分散。针对性虽强，但协调统一性差。没有统一的执法依据，必然会导致监管的冲突与盲区进而促成监管不力和监管的效果大打折扣。

（三）食品安全法律体系的内容比较单薄

正如前面所述，法律制度不健全是造成食品安全事件屡防不止的重要原因。对由于经济社会和科技发展引发的危机食品安全的新情况、新问题等未引起足够重视，与经济发达国家的食品安全法规相比，我国食品安全法律保障（监管）体系还缺少包括食品安全风险评价制度、应急处理机制、信用体系以及信息发布制度等对保障食品安全十分必要的一系列重要制度。而且既有的制度也不完善，尤其是食品安全法律责任的制度不完善。表现为对违法行为的打击和制裁力度不够，行政执法人员责任追究制度不健全。违法成本较低是食品安全事故频发主要诱因。而行政问责制度的缺乏直接导致了“有法不依，执法不严，违法不究”的严重后果。因此，必须加大惩治力度和强化执法监督，如加重处罚力度、增加惩罚性赔偿、建立行政问责制度的等均不失为良好措施和办法。

（四）国外一些好的管理理念和制度没能及时予以吸收

当今，食品安全已成为一个法律概念。一些国家及国际组织从社会系统工程建设的角度出发，逐步以食品安全的综合立法替代卫生、质量、营养等要素立法。例如，1990 年英国颁布了《食品安全法》，2002 年欧盟发表了《食品安全法》（Regulation(EC)No.178/2002），2003 年日本制定了《食品安全基本法》。综合型的《食品安全法》逐步替代要素型的《食品卫生法》、《食品质量法》、《食品营养法》已成为各国构建食品安全监管法律体系的普遍做法。而且，一些先进的管理模式和管理技术相继孕育而生，诸如风险评估、食品认证、追溯和召回、信息披露、检测网络、HACCP 控制技术等进一步完善了其食品监管体系。缺乏科学的管理理念和管理方式必然导致一些必要而有效制度的缺失。这也是我国食品安全监管在以上诸多方面与国际仍存在很大差距的重要原因。

（五）标准设定得较低，缺乏与国际接轨

食品标准是确保食品安全不可或缺的技术保障。我国现行的食品安全监管体制，是以《食品卫生法》为核心形成的食品安全法律规范和标准体系。由于我国是一个经济技术比较落后的发展中国家，因此，在经济的发展与对人民身体健康的保护上，我们往往优先选择经济的发展，适当降低食品标准而适当牺牲消费者的权益。而且，我国食品标准与国际接轨的程度很低。目前我国采用国际标准的还不到一半，而早在上世纪80年代初，英、法、德等国采用的国际标准已达80%，日本更是超过90%。因此很多跨国企业为了达到在我国获得更多的利益，就拟定了两套标准，在我国生产销售的食品中使用较低标准，而在国外则使用较高标。有充分科学依据的标准是判断和控制食品安全性，保护人民健康，推动国际公平贸易，维护国家利益不可缺少的技术支撑，加强食品安全标准体系建设已成为当务之急。

四、我国食品安全法律规制的完善

完善食品安全法律体系，必须以科学发展观为指导。在立足国情并总结改革开放20多年来食品监管经验的基础上，借鉴国外发达国家的先进经验，以与时俱进的科学态度和对人民高度负责的创新精神，有计划、有步骤地对现行涉及食品安全的法律、法规，进行梳理。具体来说，我国食品安全监管体系法制建设可从以下各方面予以考虑：一个完善的食品安全保障系统应由法律体系、管理体系、标准体系、检测体系、信息体系、信用体系构成。

（一）构建食品安全立法体系

任何有效的食品安全监管和控制工作必然立足于坚实的食品安全法律之上。要形成一个较完备食品质量安全监督管理体系， 首先必须有一整套较为成熟和完善食品安全法律体系。因此，尽快构建我国食品安全法律体系是当务之急。结合我国食品安全法律制度的现状，本文认为，统一立法是解决食品安全问题的关键。

1. 尽快制定食品安全基本法，重构食品安全法律体系基础

（1）在立法模式上强调综合立法，避免部门多头立法、环节立法导致法规之间零乱、不协调的固有弊端。以食品安全来构筑我国的食品保障体系是社会治理理念的变革。只有专项（部门立法）的“要素立法”或者“环节立法”，缺乏“综合立法”会出现两个弊端：一是以偏概全，出现真空或遗漏；二是相互冲突撞车。食品安全与食品卫生在概念上是种属关系，以食品卫生为平台的法律体系不足以容纳食品安全的法律功能。综合型的食品安全立法取代要素型的个别立法具有多方面的价值与意义。它有利于实现食品安全监管的统一性，并与现代社会综合治理的理念相吻合。建议尽快出台《食品安全法》，形成以基本法为支撑，其他法律相匹配、多层次、系统化、结构严谨、操作性强的食品安全法律体系。

（2）在基本法的制定上还需考虑以下两个方面：一方面，在立法定位上，要明确该法在食品安全法律体系中的主导作用和中枢地位。在立法理念上树立民生、人权思想，在原则上体现预防为主，充分凸显出其政策导向性、事先预防性、管理前瞻性、源头和全过程管理型基本法的基本思路，并以此来构筑具体的食品监管法律制度。另一方面，在内容安排上，要注重与相关法律的衔接，将其纳入食品安全监督法律体系。如在监管范围上解决好与诸如《产品质量法》、《消费者权益保护法》、《农产品质量安全法》等的衔接，[如《农产品质量安全法》未提及“食用农产品安全”。可将《农产品质量安全法》的内容一分为二：食用农产品安全部分收入《食品安全法》，非食用农产品安全收入《农业法》。]在法律责任上（包括管理部门和违法人员）注重与《行政许可法》、《公务员法》、《行政处罚法》、《刑法》等相衔接。另外，还要注重配套法律制度的完善，如加强环保立法，加大环境治理，从源头杜绝因环境污染造成的食源性食品安全事件的频发。

2. 科学安排基本法的主要内容

未来的《食品安全法》在内容安排上，应当根据现代食品安全基本理念，在借鉴国外食品安全立法的成熟经验和遵循国际组织的要求的基础上，确立一系列基本原则，并以此为主导设立作为骨干的具体制度为来充实。

首先，确立预防原则（precautionary principle）作为整个基本法的首要原则。该原则基本含义为对于食品损害产生的可能性，尽管尚存在科学的不确定性，政府有权在风险明朗之前采取某些措施以保证为消费者提供高标准的健康保护。与以往事后追究原则更多具有的责任追溯性、损失弥补性相比，预防原则体现的则是前瞻性，具有事先防范和事后分散风险的双重功能。因为，现代食品安全管理促使法律在尽可能的程度上要求政府在食品安全控制体系中事先规划预防性措施，而不是仅仅以法律威慑和事后惩治作为确保食品安全的手段。在该原则指导下自然要作出食品安全危机管理的制度设计，如食品安全的风险评估及预警制度、食品生产的市场准入制度、食品生产过程的控制体系制度等。我国目前食品安全法律体系中确立这一原则不仅符合国际潮流，而且也具有实际意义。有效地运用该原则和以其为指导构建的制度不仅可以有效地保护国民健康和公共安全，而且避免引发食品进出口国际市场剧烈动荡，做到防患于未然。

其二，责权清晰、协调统一原则。该原则的确立必然触及现有的管理体制和责任追究机制。在此原则的要求下

必须要设立一个核心机构来统领和协调、各部门分工协作的食品安全监管体制（建立国家级食品安全委员会，负责政策方针的制定政策、规划和标准、信息收集与发布、协调各部门的关系等，从而实行统一管理以减少政府协调成本，实现食品安全监管统一的目标。）和责权统一的责任追究机制（细化有关部门具体职责，理顺工作关系。同时，对监管失职行为实施行政问则，以达到职权与责任的统一）。

其三，及时透明和公众参与原则。及时、公开、透明是现代食品安全行政管理理念的基本要求。公众既是政府行为的监督者，又是其协同管理的有力伙伴和助手，而且公众积极参与管理还进一步促使政府管理的公开与透明。该原则必然要求建立诸如食品安全信息的收集与发布制度、跟踪溯源（标签）机制、不良食品召回制度、食品安全应急机制等，以形成完善的食品安全信息管理体系。

其四，惩罚与鼓励并重原则。惩处与奖励是食品安全治理的一把双刃剑。两种措施综合运用可起到倍增的管理效果。它要求建立惩罚性赔偿与产业链连带责任制度，对违法行为予以严厉处罚，加重其法律责任份量，增加违法成本，树立法律的权威和震慑力。同时，通过奖励机制对良好行为的予以支持鼓励，并在政策上加以引导和示范，以形成良好的政策导向。其五，注重与国际接轨原则。该原则要求我们更新管理理念，采纳发达国家合理、先进及国际通用的法则，建立现代化的食品安全标准化体系和检疫检测技术等具体制度，使我国的食品安全法及其配套法规尽早与国际接轨。这有利于食品安全管理规范国际间的互认，消除贸易中的绿色壁垒，加强国际合作与交流。

3. 保持食品安全立法普遍性和特殊性的有机统一

在基本法制定的同时，我们应该对现有法律法规进行认真清理、修改和整合，[例如，为解决食品监管职能重叠和职责不清的问题，可制定各种单行法规，将分散在多部食品监管法律法规中属于禁止性的内容剥离后集中起来，由国务院分别制定“食品生产监督管理条例”、“食品加工监督管理条例”、“食品经营监督管理条例”、“食品安全监察条例”；将属于义务性的内容集中起来，由国务院食品安全主管部门分别制定“食品生产质量规范”、“食品加工质量规范”、“食品经营质量规范”、“食品安全监管行为规范”；将属于标准性的内容归于食品安全标准化体系。这样可以较好地对食品生产经营者和监管者的行为进行规范化管理，形成一种层次分明、环环相扣、功能齐全、监管有效的食品安全法律体系。以综合立法统领专项立法，并保持整个立法内容的统一性和完整性，形成有机、统一、完整食品安全法律保障体系。

（二）调整现有的管理体制

正如前文所述，我国目前的监管体制是一种以部门多头管理的模式，其固有的弊端是造成我国食品安全监管不力的重要体制原因。因此，应使监管体制相对协调和集中，尽快建立起科学、协调的食品安全监管新模式和监管体制。

1. 优化机构设置

目前，2008 年 4 月 20 日公布的《食品安全法》（草案）仍未摆脱“多头监管”与“分段监管”的俗套。分段监管模式与综合型的食品安全法内在要求不符。其不可避免地导致中央政府的食品安全监管缺乏整体性思维和宏观布局，缺乏有效得力的政策与战略安排，无法确定食品安全监管的总体目标，导致食品安全政策的形成缺乏稳定性与一致性，导致食品安全监管内容与对象的残缺不全，导致监管效率低下、执法标准不一和监管成本增加。因此，必须加快推进机构改革的步伐，加强中央政府食品安全统一管理的职能（如政策方针、决策领导、组织计划、风险评估、科学研究、信息沟通），成立自上而下的垂直型专门监管机构，如成立国务院食品安全委员会，以统一协调涉及国家食品安全管理的相关部门，彻底改变目前相关行政部门各自为政、协调不力、重复管理、执法软弱的局面。[而且，还可以考虑在食品安全监管部门内部设立分别负责食品市场准入管理部门、食品安全标准制定与执行部门、食品风险评估与预警部门、食品安全信息搜集、通报与调研部门和食品安全稽查部门，并明确划分各部门职责及执行程序。] 这对于建立高效统一的食品安全监管体制和监管机制就显得尤为迫切和必要。

2. 建立问责机制

现行食品安全法律体系中应注入对食品安全监管人员的监管失职责任追究机制。但是，问责不仅仅是临时处理或者罢免几个官员作为政府逃避自身原本应有的对公众负责的法定职责的避风港和挡箭牌。问责制度的建立关键还在于通过这种机制确实能够让政府认识到自身作为和担负起食品安全的保卫者和捍卫者的角色。一句话，问责只有最终形成对政府有约束力的长效机制才能真正发挥其管理者和监管者应有的作用。

3. 加强队伍建设

制度终究是要靠人来落实和执行的。没有一支意识到位、职责明确、素质过硬的专业管理和技术人才组成的监管队伍，再好的制度也难以得以有效执行，既是实施了也难以取得好的成效。“三鹿”奶粉事件的发生固然与我国食品安全管理体制诸多方面的问题有着直接关系。但是，作为政府职责的操行者——监管人员自身的责任意识淡薄、整体素质低劣不无关系。因次，要建立富有成效的食品安全质量监管体制，就必须对机构设置、职能划分、从业人员资质等诸多方面做出明确的规定。

（三）加强制度建设

完备具体制度是保障法律有效实施的根本前提和依据。我们可在借鉴发达国家及国际社会四大管理理念经验的基础上，从以下两大方面来对我国食品安全进行制度性安排，构筑监管制度的具体内容。

1. 管理层面上——强化基本管理制度建设

（1）健全市场准入制度。市场准入制度对于食品安全监管体系建设至关重要，其在整个食品安全监管中起着基础性作用。诸如卫生许可证制度、质量安全认证制度（QS / ISO）、食品标签标识制度等一系列强制性制度强调对食品安全从源头把关，坚决将不安全食品拒绝在市场入口，从而有效地保障了食品安全地进入市场。目前，我国的市场准入制度还很不健全，如标准和门槛较低，制定出自多个部门，效力不统一，缺乏协调性，给广大消费者造成了识别上的困难和混乱。今后应积极吸纳国外先进的管理经验，形成科学、统一、系列化的准入制度，确保和充分发挥其食品安全保障体系的基础性地位和作用。

（2）完善监管长效机制。食品安全的监管决不能不能一时一事，它是一项涉及亿万群众饮食安全和生命健康的头等大事。其长期和又艰巨不言而喻，任何时候都不能掉以轻心，否则就是对广大消费者的不负责任，对生命的轻视。制度制定的再好，如果不能做到持续性，其本应有的作用也难以得到发挥。为树立典范，区分优劣，强调企业自律，对于安全质量信誉较好的企业实行免检，是我国的免检制度设立初衷。要知道，没有制约的权力（利）必然导致其被的滥用。免检制度最终会导致企业自我管理的放松，并难以取得政府当初预期的效果。“三鹿”奶粉事件就是明证。“长治才能久安”，免检制度实质就是行政不作为，是一种失职行为。其造成监管不力的直接后果是食品安全监管缺乏经常化和持续性。日常的主动监管的减少必然会给缺乏自律的企业提供放松食品质量安全严格把关的机会。

（3）强化法律责任制度。为加大对违法者打击力度，可设立惩罚性赔偿与连带责任制度、加强行业自律。高额的惩罚性赔偿制度会迫使经营者需要承担严重的违法成本，同时使消费者在主张权益的过程中，能够更多的考虑到收益的存在，从而鼓励越来越多的消费者投入到维护权益与实现食品安全行动中。连带责任制度强调在生产、流通、销售各环节违法行为的实施者之间采用捆绑责任，使所有违法者承担食品安全第一责任。另外，加大对违法犯罪行为的处罚力度。对多次严重违法者，除处以高额的罚款外，将其永远淘汰出局，以显示法律对危害食品安全行为的威慑作用。行业协会是促进食品安全重要力量。其通过制定内部纪律，对缺乏诚信和自律的成员进行处置，在一定程度上可有效地防范食品安全事件的发生。

（4）建立食品安全危机管理制度。食品安全的现代科学管理理念要求对食品安全实行危机管理，注重风险评估、过程控制、跟踪溯源、标准、检测、信息网络等技术支撑手段和方法运用。例如建立食品安全事故的事先预防和应急处置制度，风险的监测和评估制度，其目的和作用在于及时提供科学建议和科学结论，为食品安全监管政策提供科学依据；建立全程监控，目的在于实现对从生产到销售的每一个环节监控并可相互追查的原则；建立食品标签标签追溯制度，对食品生产、经营进行记录，以实现食品质量安全的可追溯。这些制度的建立，可以有效性地改变那种当食品安全事故发生后或媒体曝光后才处理的情况，做到从源头抓起，注重防范，在事故还未形成之前就将其扼杀在萌芽之中。

（5）扩大社会群体参与管理的途径。在今后的食品安全管理中，应继续扩大社会群体参与食品安全管理的途径，提高公众的食品安全参与和自我保护意识。例如确立有关食品行业协会地位和作用， 通过其加强行业的诚信自律，规范企业的经营行为，也便于与国际组织及各国相关组织的联系和交流。进一步完善社会群体参与食品安全管理的机制，让其更多参与食品安全立法、执法活动，发挥社会监督作用，逐步形成政府、社会各界共同参与的食品安全协同管理机制。

（6）完善善后处理机制。当然，出了问题决不能因噎废食。应建立问题食品召回制度［召回制度在美国、欧盟、日本等发达国家和地区已广泛建立。我国却尚未全面铺开，在全国范围内适用的只有《缺陷汽车产品召回管理规定》。国家质检总局虽然一直在研究起草普适性的产品召回管理制度，却因各种原因尚未出台。具体到食品召回领域，只有广东、上海等地有了地区性的探索。这种情形跟食品本身的特点有关：食品单位价格不高、每日消耗量大、横跨地域范围广、证据难以保存等因素，决定了其在全国范围内建立召回制度有一定难度。最大程度上减少消费者的损失。况且，受到伤害的不只是广大消费者，还包括处于产业链初底端的如奶牛养殖户等。对于他们的救扶措施诸如财政补贴、信贷支持等是非常必要的。尽快理顺鲜奶收购渠道和环节，形成良好的监管机制并恢复生产关系到整个乳品产业兴衰以及民族产业的振兴。同时，政府还要通过各种渠道和手段来恢复广大消费者对我国食品安全的信心，使食品产业和市场秩序重新走上恢复良好的状态。

2. 技术层面上——加大管理技术支撑体系建设。

在食品安全管理技术方面，加强标准、监测技术、食品安全认证体系及和预防性安全控制技术等食品安全技术能力建设是加强食品安全立法的有效性、科学性和专业性，使法律具有坚实的科学基础。技术体系的统一完整，将为食品安全一系列的监管提供有力的技术支撑。

（1）健全食品安全标准体系。“标准”既是法律问题又是技术问题。由于制订标准工作缺乏有效的统一协调机制，我国现有的食品安全标准在实施中暴露出或方法不同或含量限度要求不同或标准低于国外要求等问题，这不仅让相关食品加工生产者颇为头疼，也使得政府部门在对不少食品的监管上陷入了尴尬的境地。而且，我国加入WTO后，贸易伙伴的绿色壁垒对我国出口食品的影响也日益显著。目前我国有些食品标准因出口和内销的不同而形成两套标准，如碳酸饮料、饮用纯净水、食盐、酱油等均是两套标准。这与我国积极参与国际经济活动并将成为该体系重要一员的地位不符。国内外形势迫使我国的食品安全标准体系必须尽快和国际接轨，努力缩短和联合国粮农组织（FAO）、世界卫生组织（WHO）、世界贸易组织（WTO）等国际标准的差距，建立起符合国际标准和要求的食品安全标准体系。

（2）建立检疫、检测技术支撑体系。检疫、检测工作作为食品原料、生产加工过程、运输以及市场销售等环节中内部自我监控和外部监督检查的重要手段，直接影响食品的质量和安全。随着食品中安全卫生指标限量值的逐步降低，对检疫、检测技术提出了更高的要求，检验检测应向高技术化、速测化、便携化以及信息共享迈进。建立科学的安全检测保证体系尤为必要，是提高我国食品检测能力的重要举措。我国尽快提升技术平台，为食品安全实施科学管理提供有力的技术支持。

同时，尽快建立统一协调的食品安全信息监测、通报、发布的网络运行体系是保证我国食品安全工作的有序、顺利进行的必要条件。用高科技的信息技术手段实现对全国食品安全状况的整体监控，有助于协调、解决全国性的食品安全问题，也有利于食品安全研究数据的汇总，对食品的多头管理也使信息网络建设成为必要。

（3）完善安全认证和过程控制技术。安全认证和过程控制技术是食品安全监管在“从源头到终端”的整个流程中进行预防和控制的基础性手段。认证是食品安全准入制度得以实施的基础和前提，而过程控制则是食品环节安全得以保证的必要措施。我们应该把国际认证和控制（ISO /HACCP）体系纳入食品安全技术保障体系作为食品安全法律体系重要组成部分。例如，在监督管理模式上，建立食品生产经营企业量化管理制度。在切实落实食品良好生产操作规范（GMP规范——Good Manufacturing Practice）的基础上，引入推广危害分析与关键监管点控制体系（HACCP体系——Hazard Analysis Critical ControlPoint），将监督管理的重点从对终产品的抽检过渡到对生产经营全过程的动态管理。

（四）建立食品安全社会信用体系

仅以法律的形式确立食品安全的基本监管制度是远远不够的。如果无相应的配套制度予以支持，无异于无源之水，无法发挥其应有的功能。其中，建立良好的食品安全社会信用体系，对于健全食品安全法律制度体系至关重要。市场经济是法治的经济更是诚信的经济。诚信法治的基石，是市场经济得以正常运行的根本要求。缺乏诚信将使市场经济彻底失去交易的基础。但在中国经济转型的过程中，在社会失信问题日益严重的今天，唯利是图、背弃信义似乎已成为众多不法商贩通向财富的捷径。在构筑我国食品安全保障体系的同时，我们必须积极吸纳国际先进的食品安全管理经验，结合我国的实际情况，加快食品安全社会诚信体系的制度建设。具体措施如加强政府引导和宣传教育，培育诚信守法良好社会氛围；加大社会公众和舆论的监督，建立行业协会自律机制，发挥非政府组织的作用，加强行业的诚信自律，规范企业的经营行为，对信誉差的企业成员实行曝光和行业纪律处分，逐步形成优胜劣汰的机制；建立食品安全信用档案，政府应对厂家的食品生产、加工、销售全过程进行档案化管理，将食品生产的全过程进行详细的记录存档，对食品安全情况进行跟踪监测。信用在当今社会的作用越来越大，作为市场经济的产物，它已成为企业的无形资本。食品安全不仅需要政府的监管，也需要政府在信用体系方面加大建设力度，运用市场规律，把食品企业对社会的食品安全责任真正化为自己的自觉意识。

食品工业中HACCP应用现状和未来发展

HACCP体系是一种预防性质量控制体系，在食品工业中的应用不断增多。本文介绍了HACCP体系的原理、特点，综述了HACCP体系与食品安全性的关系、HACCP体系在食品工业中的应用及其自动控制系统和控制软件。对该体系在食品工业应用方面所面临的问题进行讨论，并介绍了HACCP体系在食品分配流通等领域应用的进展。HACCP的全称是Hazard Analysis Critical Control Point，即危害分析关键控制点。它是一个以预防食品安全为基础的食品安全生产、质量控制的保证体系，由食品的危害分析（HA,Hazard Analysis）和关键控制点（CCPs,Critical control Points）两部分组成，被国际权威机构认可为控制由食品引起的疾病最有效的方法，被世界上越来越多的国家认为是确保食品安全的有效措施。

一、HACCP原理

（一）HACCP的产生和发展

20世纪60年代美国Pillsbury公司与美国宇航局用“零缺陷”方法控制宇航员食物的卫生质量开发航天食品时，形成了HACCP食品质量管理体系，并证实了其可靠性。1971年，Pillsbury公司在第一届美国国家食品保护会议上首次提出HACCP，从此这一概念就在食品工业发展起来。

美国是最早使用HACCP系统的国家，FDA首先将其用作制定酸性食品和低酸性食品法规的基础，并在食品加工制造中强制实施HACCP的监督与立法工作。此后，美国发布了不同食品生产和进口食品的HACCP法规，欧共体、加拿大，日本、泰国等国家也相继出笼了实施HACCP体系的法规和命令。

我国从1990年起开始了食品加工业应用HACCP的研究，由食品卫生监督机构采取试点研究的方式，对酸奶、肉制品控制取得显著的效果，国家商检局研究加工的出口产品对虾、柑橘应用HACCP原理进行质量控制，也取得成效。

（二）HACCP规则

HACCP体系是鉴别特定的危害并规定控制危害措施的体系，由以下基本方面组成。

1. 危害分析和预防控制措施估计可能发生的危害及危害的严重性，并制定控制危害的预防性措施。

2. 确定关键控制点（CCP）

关键控制点是指能够实施控制的一个点、步骤或程序，但每个引入或产生显著危害的点、步骤或工序未必都是关键控制点。关键控制点在实际生产中市分为两种形式：CCP1将确保控制一种危害，CCP2将减少但不能确保控制一种危害。确定关键控制点的目的是使一个潜在的食品危害被预防、消除或减少到可以接受的水平。确定关键控制点后，还要设定发生在各个关键控制点的危害的可接受的最低水平。

3. 建立关键限值（CL）

关键限值（CL,critical limit）是确保食品安全的界限，每个CCP必须有一个或多个CL值，包括确定CCP的关键限值、制定与CCP有关的预防性措施必须达到的标准、建立操作限值（OL,operational limit）等内容。极限可以作为每个CCP的安全界限。

4. 关键控制点的监控

监控是指一系列有计划的观察和措施，用以评估CCP是否处于控制之下，并为将来验证程序中的应用作好精晚记录，包括监控什么、怎样监控及监控频率和力度的掌握、负责人的确定等方面内容。

5. 纠偏措施

建立一个改正行为计划来确保对在生产偏差过程中所产生的食品进行适当的处置。

6. 保持记录

准备并保存一份书面的HACCP计划和计划运行记录，建立有效的记录程序对HACCP体系加以记录。

7. 验证程序

建立验证HACCP体系正确运作的程序。包括验证对危害的控制是适当的，各安全控制点是否严格按照HACCP计划运作，并对运行情况作记录，确证HACCP整体计划是否充分有效。

（三）HACCP的特点

HACCP是一个真正的逻辑性控制和评价系统，有利于防止食品所引起的疾病，提供有利于健康的和对安全有保证的食品，提高顾客的满意程度。近年来应用越来越广，与其它质量体系相比，具有简便易行、合理的特点。

1. 具有全面性

HACCP 是一种系统化方法，涉及食品安全的所有方面（从原材料、种植、收获和购买到最终产品使用），能够鉴别出现今能够想到的危害，包括实际预见到可能发生的危害。

2. 以预防为重点

使用 HACCP 防止危害进入食品，变追溯性最终产品检验方法为预防性质量保证方法。

3. 提高产品质量

HACCP 体系控制质量，产品更具竞争性并保证消费者食用安全。

4. 具有良好的经济效益

通过预防措施减少损失，降低成本，减轻一线工人的劳动强度，提高劳动效率。

5. 肯定了食品行业对生产安全食品有基本责任

保证食品安全的首要责任首先归于食品生产商或和销售商。

6. 提高政府监督管理工作效率

官方检验员可将精力集中到最容易发生危害的环节上，通过检查HACCP监控记录和纠偏记录可了解工厂的所有情况。

7. 为食品业体系与进行监督管理的政府体系提供联系的可能，有助于改善工厂与管理官方和工厂与消费者的关系。

值得注意的是，HACCP 可用于尽量减少食品危害的风险，但不是零风险体系。HACCP 是对其他质量管理体系的补充，和其它的质量管理体系一起使用具有更大的优越性，可以互相补充。

（四）HACCP 原理的应用

HACCP 的具体执行非常复杂，根据上述基本原则进行，首先应指出整个作业过程中的关键控制点（CCP），建立关键控制点是实施 HACCP 控制系统的根本。

食品加工必须从原料的栽培、收获开始，直到消费者食用为止，对其中的关键控制点加以控制。关键控制点的确定应用 CCP 判断树来进行，如下图所示。

不同行业、不同生产厂家以及不同的产品和不同的生产工艺的关键控制点不同，同一步骤中不同的危害的关键控制点也不同。确定 CCP 应该结合实际情况，因地制宜，不能盲目照抄照搬。

二、HACCP 与食品安全性

（一）食品危害

由物理性、化学性或微生物性因素引起的、可能造成食品的不安全，影响消费者健康，称之为食品危害。HACCP 系统里共有三类危害：微生物、物理和化学性质的危害，其中以微生物性危害最重要，也是最常导致问题的发生。

危害度指危害对消费者健康造成的不良影响程度。对危害度的分类方法有多种，国际食品微生物标准委员会（ICMSF）的分类方法被广泛接受。

（二）安全食品

只有符合特定要求的食品生产厂家生产的食品才可能成为安全食品。在我国，要求这样的食品生产厂经商检部门认可为“良好制造规范”（GMP, Good Manufacturing Practice），采用 HACCP 质量控制系统及 ISO9000 质量保证体系，同时，食品生产工厂必须获得商检部门颁发的卫生注册证书。我国在某些试点厂生产的安全食品有芦笋罐头、烤鳗鱼、冻鸡肉、冻对虾等。

食品安全不等于食品卫生，食品安全的定义是对食品按其原定用途进行制作和或食用时不会使消费者受害的一种担保，食品卫生则指为确保食品安全性和适合性在食物链的所有阶段必须采取的一切条件和措施。可见，食品安全是目的，食品卫生是实现目的的必要条件和保证。

（三）HACCP 与食品安全

由于食品工业规模的庞大和多样性，食品引发的疾病越来越引起人们的关注。欧洲的“疯牛病”事件、亚洲的“口蹄疫”及美国发生的李斯特菌、沙门氏菌、0157:H7 大肠杆菌引起的食品危害、造成的恐慌至今仍记忆犹新。食品安全的危害严重性受到高度关注，食品安全成为许多国家政府和学术研究的重要课题，并相继推行保证食品安全的计划和措施。

HACCP 是一种在生产环境下鉴别并控制潜在的危害，预防不合格产品的预防性方法，和传统的以检验终产品为基础的控制观念相比，更快捷、方便和安全，是一种简便易行、合理有效的食品安全保证体系。

（四）食品安全与食品质量不能混为一谈

国际上通行的质量管理和质量保证体系是 ISO9000 系列标准，它具有规范化、程序化、强调企业内部管理，最终目的是保证产品质量。

ISO9000 系列主要着眼于生产商和供应商之间的契约性关系以及规定符合消费者利益的尺度，HACCP 是为生产商在食品生产中能确保食品的安全而设立的。GMP 体制是美国首创的一种保障产品质量的管理方法，世界上不少国家和地区如日本、加拿大、新加坡、中国台湾等都在积极推行，其重点是确定食品生产过程的安全性，防止异物、毒物、微生物污染食品和人为损失。

为满足食品生产的各方面要求，Pillsbury 公司采用了 CCP/CP/MCP 三种体系的控制方法，通过关键控制点 CCP 保证食品的安全性，通过控制点 CP 达到所需的常规要求，MCP（Manufacturing Control Point）为生产控制点，可满足生产者对生产过程的质量控制。

三、HACCP的应用现状

（一）用于控制食品原料质量

人们对绿色食品和健康食品的呼声越来越高，保证食品的安全必须从源头开始，从原料的生态环境着手。在植物性食品原料的生产和动物性食品原料的饲养方面，主要对害虫、有害微生物和农药及其它一些化学物质进行控制。对当今崛起的基因食品，则需要考虑长期的影响。

植物性食品原料的农药控制至关重要，可以来用以下方式进行：为种植者提供可使用的农药清单，提供其所需要的农药，并派专人指导使用和监督使用情况。动物性原料更看重对饲料和兽药中的激素、生长调节剂及抗生素的控制，对奇生虫、有害微生物的控制也很重要。通过对饲料的监督、改变生长环境，并对生物体定期检查来满足要求。不同的原料有不同的控制方法，根据具体情况确定HACCP关键控制点以得到安全的食品生产原料。

（二）食品生产中的应用

生产过程中HACCP原理的应用尤其重要，在食品工业中的应用主要有以下几个方面。

1. 水产品 HACCP系统最早在水产品中得到应用，由于水产品含水量高，容易腐败变质，使分配、运输、贮存困难，过程中的质量控制尤为重要。

2. 冷冻食品 由于冷冻食品的特殊性，很难从外观判断内容物质量的好坏，又因冷冻不是杀菌的手段，生产过程中的冷冻工艺、细菌的污染和繁殖的防止就是关键控制点，在冷饮食品、冻肉、冷冻蔬菜的生产中采用该体系进行质量控制的研究很多．用HACCP体系进行质量控制可以避免引起大规模的食物中毒事件。

3. 罐头食品，罐头的杀菌是商业性杀菌，要照顾到内容物的色、香、味，形，空罐加工、罐头杀菌、封罐及成品的检验、储存都是关键控制点。我国在出口的芦笋罐头中实行的HACCP管理取得较好的效果。

4. 果汁、冷饮、奶制品等除了对原料的控制外，工艺的正确执行非常重要，空瓶的清洗、车间环境的管理与产品质量关系密切。

5. 焙烤食品

焙烤食品被认为经过高温应该是安全的，熔烤食品的种类越来越多，产品的多样性和新工艺的引人，在月饼、糕点及牛肉干、肉松生产中可以引入HACCP体系进行全面的质量管理。

6. 酵制品

发酵过程控制杂菌是关键，一旦染菌损失惨重，发酵废水、废气的排放与环境污染直接相关，利用工程菌发酵时对废液的处理更要谨慎。目前，在酱油、酸奶和某些酒类的生产中已经采用了HACCP原理控制产品质量，并取得良好的效果，生产菌的生长直接关系产品的质量和产量。

7. 油炸食品

油作方便面和许多休闲食品都属于这一类，对油的质量控制、包装材料的选择和保持产品的脆性是关键。

8. 食品添加剂

添加剂在食品工业中的应用范围越来越广，种类名目繁多。在添加剂生产过程中进行质量控制，得到符合要求的产品是生产安全食品的前提。

（三）产品流通分配中的应用

质量管理的最终目的是为消费者提供安全、高质量的食品。应用HACCP能够使工厂生产的合格产品在流通过程中冻少损失，延长货价期，保证高质量的产品到达消费者手中。冷冻食品、冷饮食品、水产品等分配运输过程中的质量控制是保证高品质产品的关键。

（四）餐饮业中的应用

一日三餐是人们必需的，烹调的温度、时间、保存条件及后处理是制备可口饭菜的关键控制点。通过HACCP体系确定关键控制点，对从业人员进行培训，提高质量意识，增加消费者对食品的满意程度。调味品要严格按标准使用。新兴的快餐食品配送中心、街头食品等都可以使用HACCP体系控制质量，包括对制作过程和发放过程的管理理，从原料的选择到产品包装都要严加控制。

（五）家庭中的应用

在家庭中应用HACCP可以减少食品在家庭中的品质降低，并提高食品食用的安全性，增加消费者对食品满意程度。这就要求消费者在购买食品时认真检查，购买包装未损坏的食品并完好的运输回家，正确贮存，在保持期内食用。正确管理食品储藏室、保持厨房用具卫生和个人卫生、正确处理剩余食品和腐败变质食品也是保证家庭食品安全性的关键。

四、HACCP控制软件

HACCP是控制监督工作涉及人员多，工作量大，监控困难，用HACCP管理软件进行监督管理，可使工作简化，稳定。

（一）HACCP自动控制的一般组成

自动控制体系中，最重要的组成软件是计划软件和执行软件。

1. 计划软件

计划软件可进行危害分析，鉴别危害和关建控制点。建立HACCP计划，并根据实际操作情况对HACCP计划进行修改，满足实际需要。

2. 执行软件

执行软件包括控制各个关键控制点，收集各关键控制点的情况，记录监测结果。当运行情况和HACCP计划有别，则从HACCP执行数据库中调取纠偏措施进行纠正，并作记录。

除了计划模块和执行模块之外，还有数据库和终端控制处理器。

（二）HACCP自动控制的一般过程

具体执行过程：HACCP执行模块阅读HACCP计划文件，将其转化为程序，用于监控关键点，收集各关键控制点的监控数据，并和执行数据库的数据对比，如果发现问题，就转变为可以操作的终端信号，以使操作人员进行正确的调整或纠正。

（三）HACCP自动控制软件

1. HACCP管理软件

Key2HACCP-plan Software 和 Key2HACCP Exeute Software

该软件为全面管理HACCP控制系统的软件，采用直观工具简化流程图的设计，利用简化模块定义HACCP任务，帮助用户准确快速建立HACCP计划，减少失误，具有简便、正确等优点。危害分析图表保证用户对每一个因素进行周全的考虑。管理系统与文件直接相连，容易更正，只要某一操作步骤发生变化，HACCP图表和纠正程序会相应的自动更新。

2. 食品安全软件：

do HACCPT Msoftware 在食品生产和分配流通中使用该软件，可以建立系统性的食品安全生产环境。软件模仿进料、操作、产出等工艺建立的物料流程图，能管理所有的HACCP信息，提供安全的生产环境。

3. HACCP应用软件：

Keller-SoftTM HACCP Compliance software 该软件帮助用户循序渐进地建立HACCP计划，能产生并打印生产的物料流程图，将预防措施和生产中存在的危害、原材料的工艺流程图紧密联系。根据确定的关键控制点工作，保持各产品的生产记录，如收集的各关键控制点的记录数据。还可指导用户如何记录和管理标准的操作程序，将各种标准的操作程序进行分类，如质量控制、机器保养、卫生状况等。该软件和do HACCPTM software, do SOPTM和一起使用能取得更好的效果。

4. HACCP记录软件：record HACCPTM和Q－Pro software

这些软件可以满足HACCP系统记录质量控制的要求，为公司管理提供依据，为上级部门检查提供了监控报告。记录的数据可以直接输入计算机，记录的同时，可通过传真或电子邮件发送到各部门，具有方便快捷、准确无误等优点。该系统管理记录数据井井有条，方便各个部门对数据的需求。能够建立各个关键控制点，临界极限、监控程序、预先决定的正确的行动计划并提供纠正措施和各种记录，如监控系统记录、正确执行报告、校准报告、监控记录和卫生监控记录。还可以指出失败的检查点，根据问题的严重程度来确定产品的等级，并检查缺点，提出改进措施。该软件能在多种型号的计算机上运行，适合各种特殊生产环境的需要。

5. HACCP监督审核软件：audit HACCPTM

该系统可以保证操作安全，正确执行政府部门的规章管理制度。控制质量时，将其放在可能引起食品危害的操作中，就能检查出存在的危害，并自动采取相应的纠正措施进行纠正，最终以正确的操作进行。该系统最大的优点是能够同时监控审查内部操作和遥控工厂生产，对供应商、合作伙伴的产品进行审查监督管理。通过它还可得到实时规章制度和以往的审查结果。

五、HACCP应用展望

食品安全性至关重要，目前对食品安全性的保证和对质量的控制仍然存在某些缺陷，HACCP原理推广应用是一个长期而艰巨的任务。HACCP的应用当前还存在一些问题，尤其是利用HACCP自动控制软件进行管理，起步晚、应用少，但这是今后的发展方向和研究方向，在实际工作中应引起注意。

（一）对HACCP体系的研究起步晚，具体操作经验少，存在问题多，应加强基础研究工作。

（二）食品法规不健全且执法力度不够，应加强立法工作，完善规章制度。

（三）管理不全面，只重视生产过程中的应用，对原料的生产和产品的分配流通抓得少，应进行食物的全线控制，保证消费者食用安全的食品。

（四）保证食品安全时，要严格把好质量关，二者兼顾。

（五）工厂化生产对产品安全和质量管理严格，个体食品、街头食品管理松散，不注意食品卫生，这方面的管理有待加强。

（六）在具体执行过程中有盲目性，尤其是对关键控制点的确定，要根据实际情况指定相应的HACCP计划。

（七）对HACCP管理情况的监督要严格，生产单位内部，监控应由质检部门完成，避免车间走过场的行为。政府也该有专门的监督部门监控生产厂家的执行情况。

针对工业上应用HACCP管理系统存在的问题，在实际应用中，要周全考虑各方面的因素确体发挥该系统的优点，给消费者提供高品质和安全的食品。

权威发布

白酒产品质量国家监督抽查质量公告

为维护消费者合法权益，国家质检总局组织对白酒产品质量进行了国家监督抽查。共抽查了北京、天津、河北、山西、辽宁、内蒙古、吉林、黑龙江、江苏、浙江、安徽、江西、山东、河南、湖南、四川、重庆、贵州、陕西等19个省、自治区、直辖市298家企业生产的300种产品（不涉及出口产品），产品实物质量抽样合格率为99.1%。

此次抽查依据GB2757-1981《蒸馏酒及配制酒卫生标准》、GB10344《饮料酒标签标准》、GB7718-2004《预包装食品标签通则》、GB2760-2007《食品添加剂使用卫生标准》等国家标准及相关产品标准的规定，对白酒产品的感官指标（色泽、香气、口味、风格）、理化指标（酒精度、总酸、总酯、己酸乙酯、乙酸乙酯、固形物、糖精钠）、卫生指标（甲醇、铅、锰）以及标签等15个项目进行了检验。

经检验，白酒产品的甲醇、铅、锰等卫生安全指标均符合标准规定的要求，大型企业的产品质量继续保持稳定。

抽查中发现的主要质量问题：

一、个别产品酒精度不合格

酒精度又叫酒度，是白酒的一个重要理化指标，是指在20℃时，100毫升白酒中含有乙醇（酒精）的毫升数，即体积（容量）的百分数，企业在标签上应向消费者加以明示。抽查中有个别产品的酒精度达不到明示酒精度的指标。其中有1种白酒的酒精度明示值为40±1.0%vol，经检验，实测值为28.4%vol。

二、个别产品固形物含量不符合标准要求

固形物是指白酒在100-105℃水浴条件下将乙醇、水分等挥发性物质蒸干后的残留物。固形物的含量多少是蒸馏酒的特征性检测指标，所以在国家标准中做了上限要求。抽查中有个别产品固形物含量超出标准规定的要求。

三、个别产品总酸含量不合格

总酸是白酒中所有挥发和非挥发性酸的总和，具有香气，是白酒中的呈香、呈味物质，在白酒中起到调味作用。抽查中有个别白酒产品总酸含量达不到标准规定的要求。

四、个别产品检出糖精钠

强制性国家标准GB2760-2007《食品添加剂使用卫生标准》规定，白酒产品中不允许使用糖精钠。抽查中有个别产品检出含有糖精钠。

针对抽查中发现的主要质量问题，国家质检总局已责成各地质量技术监督部门严格按照产品质量法等有关法律法规的规定，对抽查中产品质量不合格的企业依法进行处理，限期整改。同时，对抽查中质量较好的企业，加大宣传力度，引导消费。国家质检总局将继续对白酒产品质量进行跟踪抽查，促使白酒行业整体质量水平的提高。

白酒产品质量国家监督抽查部分质量较好的产品及其企业名单

序号	企业名称	产品名称	商标	规格型号	生产日期
1	山东景芝酒业股份有限公司	景芝神酿酒	景芝	53%vol 500mL	2008-06-07
2	四川绵竹剑南春酒厂有限公司	剑南春浓香型白酒	剑南春	52%voL 500mL	2008-10-06
3	江苏洋河酒厂股份有限公司	洋河蓝色经典酒（天之蓝）	洋河	46%(V/V) 480ml	2008-09-26
4	安徽双轮酒业股份有限公司	双轮醇酒	双轮	45%vol 500mL	2007-09-17
5	酒鬼酒股份有限公司	酒鬼馥郁香型白酒	酒鬼	52%(V/V) 500ml	2008-08-29
6	安徽古井贡酒股份有限公司	金古井酒	古井牌	38%vol 500mL	2008-07-28
7	四特酒有限责任公司	四特酒（五年陈酿）	四特	45%(V/V) 500ml	2008-09-17
8	河南省宋河酒业股份有限公司	宋河禧酒	宋河	46%vol 500mL	2005-09-11
9	长春榆树大曲集团股份有限公司	榆树钱白酒	榆树钱	39%vol 500mL	2008-09-20

10	安徽口子酒业股份有限公司	纯品金口子白酒	口子	46%vol 450mL	2008-04-29
11	山东青州云门酒业（集团）有限公司	新春王酒	云门春	33%vol 500mL	2008-09-03
12	四川省古蔺郎酒厂有限公司	红花郎（酱香型白酒）	郎	53%vol 500mL	2008-05-31
13	承德避暑山庄企业集团酒业有限公司	山庄老酒	山莊牌	38%vol 500mL	2008-09-18
14	湖南湘窖酒业有限公司	开口笑酒（15年浓香型）	开口笑	52%(V/V) 500ml	2008-09-23
15	安徽明光酒业有限公司	白酒	老明光	43%vol 500mL	2008-08-07
16	河南赊店酒业有限公司	赊店老窖酒	赊店	45%vol 500mL	2008-08-18
17	陕西省城固酒业有限公司	城古特曲白酒	城古	52%vol 500ml	2008-10-07
18	黑龙江省玉泉酒业有限责任公司	玉泉酒	红棉	42%vol 485mL	2008-09-16
19	黑龙江北大仓集团有限公司	北大仓白酒	北大仓	38%vol 450mL	2008-09-15
20	北京皇家京都酒业有限公司	京都二锅头酒	京都	41%vol 2L	2008-06-09
21	承德乾隆醉酒业有限责任公司	板城烧锅酒	板城	42%vol 500mL	2008-09-09

注：排名不分先后。

白酒产品质量国家监督抽查质量较差的产品及其企业名单

序号	企业名称	产品名称	商标	规格型号	生产日期	主要不合格项目
1	德阳市罗江县绵江曲酒厂	贵宾宴浓香型白酒	绵江	48%vol 488mL	2008-04-04	固形物、香气、口味、风格、糖精钠
2	通化市清香酒业有限公司	老刀王牌白酒	老刀	40%vol 508mL	2008-06-10	酒精度、总酸、总酯、己酸乙酯、标签
3	山西杏峰酒业有限公司	杏龙第一村白酒	杏龙	42%vol 475mL	2008-07-17	酒精度、总酸、乙酸乙酯、固形物

注：排名不分先后。

白酒消费常识

一、白酒的分类

（一）按香型分类

1. 浓香型白酒：以粮谷为原料，经固态发酵、贮存、勾兑而成，具有以己酸乙酯为主体的复合香气的蒸馏酒。

2. 清香型白酒：以粮谷等为主要原料，经糖化、发酵、贮存、勾兑而酿制成，具有以乙酸乙酯为主体的复合香气的蒸馏酒。

3. 米香型白酒：以大米为原料，经半固态发酵、蒸馏、贮存、勾兑而制成的，具有小曲米香特点的蒸馏酒。

4. 酱香型白酒：以高粱、小麦为原料，经发酵、蒸馏、贮存、勾兑而制成，具有酱香特点的蒸馏酒。

5. 兼香型白酒：以谷物为主要原料，经发酵、贮存、勾兑而酿制成，具有浓香兼酱香独特风格的蒸馏酒。

此外，还有凤香型白酒、特香型白酒、芝麻香型白酒和豉香型白酒等。

（二）按生产工艺分类

1. 固态法白酒：以粮谷为原料，经酒醅固态发酵、贮存、勾兑而成，固态法白酒大都香气浓郁，口感柔和，绵甜爽净，余味悠长。

2. 液态法白酒：以谷物、薯类、糖蜜等为主要原料，经液态法发酵蒸馏而得的食用酒精为酒基，再经串香、勾兑而成的白酒。液态法白酒一般没有固态法白酒那么好的香气和口感。

二、科学饮用白酒，有益身体健康

由于白酒中含有乙醇，少量饮用后能刺激食欲，促进消化液的分泌和血液循环，使人精神振奋。饮酒过量会刺激胃粘膜，不利消化，轻者过度兴奋，皮肤充血，意识模糊，自控能力降低；重者知觉丧失、昏睡等症状。因此不要过量饮酒。

炒货食品及坚果制品产品质量国家监督抽查质量公告

为了维护消费者的合法权益，国家质检总局组织对炒货食品及坚果制品产品质量进行了国家监督抽查。共抽查了北京、天津、河北、辽宁、上海、江苏、浙江、安徽、山东、河南等10个省、直辖市92家企业生产的100种产品（不涉及出口产品），产品实物质量抽样合格率为95.9%。

此次抽查依据CCGF 110-2008《炒货食品及坚果制品产品质量监督抽查实施规范》的规定，对炒货食品及坚果制品的感官、酸价、过氧化值、羰基价、铅、总砷、叔丁基羟基茴香醚BHA、2，6－二叔丁基对甲酚BHT、糖精钠、甜蜜素、安赛蜜、黄曲霉毒素B1、菌落总数、大肠菌群、致病菌、霉菌、酵母以及标签等18个项目进行了检验。涉及人体健康的主要安全项目黄曲霉毒素B1、重金属等指标单项符合率均达到100%。

抽查中发现的主要质量问题：

一、个别产品大肠菌群和霉菌不合格

强制性卫生标准GB16565-2003《油炸小食品卫生标准》规定，炒货食品大肠菌群不得超过30MPN/100g。GB19300-2003《烘炒食品卫生标准》规定，炒货食品霉菌不得超过25cfu/g。抽查中有个别产品大肠菌群和霉菌超标。其中有1种产品大肠菌群为430MPN/100g，超过标准值的10多倍。

二、个别产品油脂卫生指标超标

油脂卫生指标包括酸价、过氧化值、羰基价，是产品中油脂的酸败程度。强制性国家标准GB19300-2003《烘炒食品卫生标准》和GB16565-2003《油炸小食品卫生标准》规定，酸价不得超过3mg/g，油炸小食品的过氧化值不得超过0.25g/100g。抽查中有个别产品酸价为8.0mg/g，过氧化值为0.63g/100g，超过国家标准规定的要求。

针对抽查中发现的主要质量问题，国家质检总局已责成各地质量技术监督部门按照产品质量法等相关法律法规的规定，对抽查中产品质量不合格的生产企业依法进行处理，并限期整改。同时对质量较好的产品及其生产企业进行宣传，引导消费。国家质检总局将继续加大对炒货食品及坚果制品的监督抽查，促进产品质量整体水平的提高。

炒货食品及坚果制品产品质量国家监督抽查部分质量较好的产品及其企业名单

序号	企业名称	产品名称	商标	规格	生产日期
1	洽洽食品股份有限公司	香瓜子	洽洽	160g/袋	2008-09-13
2	上海三明食品有限公司	阿明精选开心果	阿明	227g/袋	2008-09-27
3	宁波恒康食品有限公司	琥珀桃仁	恒康	220g/袋	2008-09-22
4	南京含羞草食品有限公司	盐焗腰果	含羞草	150g/袋	2008-09-21
5	杭州姚生记食品有限公司	手剥山核桃（椒盐味）	姚生记	150g/袋	2008-09-16
6	北京御食园食品有限公司	甘栗仁	御食园	100g/袋	2008-10-15
7	安徽真心食品有限公司	原香瓜子	真心	40g/袋	2008-09-16
8	上海天喔食品（集团）有限公司	盐焗开心果	天喔	360g/袋	2008-10-12

注：排名不分先后。

炒货食品及坚果制品产品质量国家监督抽查部分质量较差的产品及其企业名单

序号	企业名称	产品名称	商标	规格	生产日期	主要不合格项目
1	淄博市淄川华神食品有限公司	香瓜子	神算十五	110g/ 袋	2008-09-26	霉菌
2	南京金瑞食品有限公司	盐焗腰果	金瑞	100g/ 袋	2008-09-22	大肠菌群、酸价
3	河北省冀州市祝神饮料厂	十分鲜美味湿瓜子		218g/ 袋	2008-09-09	酸价
4	新乡市四海缘食品有限公司	酒鬼花生	脆源	90g/ 袋	2008-09-25	过氧化值

注：排名不分先后。

炒货食品及坚果制品小常识

炒货食品及坚果制品指以果蔬籽、果仁、坚果等为主要原料，添加或不添加辅料，经炒制、烘烤（包括蒸煮后烘炒）、油炸、水煮、蒸煮、高温灭菌或其他加工工艺制成的包装食品，是具有浓郁中国特色的休闲食品之一。

一、看标识

选购时应注意产品的标签标识，炒货、坚果标签应标明产品名称、净含量、制造者（或经销者）的名称和地址、产品标准号、生产日期、保质期。在购买时应特别注意产品的生产日期，选择保质期内的产品，最好是距离购买日期较近的出厂不久的产品。同时，检查包装是否有破裂，最好是真空包装或者在包装中有脱氧剂。

二、品尝感官

闻一下产品的气味是否正常，应没有刺鼻的酸败、哈喇味；外观应没有烤焦、发芽、霉变、生虫现象，无外来杂质；口感应松脆、不生、无酸味等异味。

大米产品质量国家监督抽查质量公告

为维护消费者的合法权益，国家质检总局组织对大米产品质量进行了国家监督抽查。共抽查了天津、河北、辽宁、吉林、黑龙江、浙江、福建、江西、湖南、湖北、重庆、四川、贵州等 13 个省、直辖市 177 家企业生产的 180 种产品（不涉及出口产品），产品实物质量抽样合格率为 98.3%。

此次抽查依据 GB1354-1986《大米》、GB 2715-2005《粮食卫生标准》、GB7718-2004《预包装食品标签通则》等强制性国家标准及相关产品标准的规定，对大米产品的感官、不完善粒、最大限度杂质总量、糠粉、矿物质、碎米总量、小碎米、水分、黄粒米、铅、镉、汞、无机砷、六六六、滴滴涕、黄曲霉毒素 B1 以及标签等 17 个项目进行了检验。涉及人体健康的主要安全项目黄曲霉毒素 B1、农药残留等指标单项符合率均达到 100%。

抽查中发现的主要质量问题是个别产品镉含量超标。强制性国家标准 GB2715-2005《粮食卫生标准》规定，大米产品中镉的限量值为 0.2mg/kg。抽查中有个别产品镉含量超过国家标准规定的要求。

针对抽查中发现的主要质量问题，国家质检总局已责成各地质量技术监督部门按照产品质量法等相关法律法规的规定，对抽查中产品质量不合格的生产企业依法进行处理，并限期整改。同时对质量较好的产品及其生产企业进行宣传，引导消费。国家质检总局将继续加大对大米产品的监督抽查，促进大米产品质量整体水平的提高。

大米产品质量国家监督抽查部分质量较好的产品及其企业名单

序号	企业名称	产品名称	商标	规格	生产日期
1	福娃集团有限公司	大米	福娃	5kg/ 包	2008-09-23
2	湖南益阳粒粒晶粮食购销有限公司	大米	粒粒晶	10kg/ 袋	2008-09-24
3	哈尔滨方正秋然米业有限责任公司	秋然富硒香米	秋然	10kg/ 袋	2008-09-05
4	天津市金芦米业有限公司	天津小站米	小站稻	5kg/ 袋	2008-09-12
5	黑龙江省五常金禾米业有限责任公司	金禾香米	民辉	5kg/ 袋	2008-09-19
6	黑龙江省延寿县江珠粮油贸易有限公司	长寿香米	水丁	5kg/ 袋	2008-08-16
7	哈尔滨市通河褚峰精制米有限公司	国宴极品米	褚峰	10kg/ 袋	2008-09-18
8	湖南天泽农业发展有限公司	大米	天泽乐	10kg/ 袋	2008-09-17
9	重庆粮油集团人和米业有限责任公司	早籼大米	人和	5kg/ 袋	2008-09-16
10	贵州省平坝县顺龙米业有限责任公司	珍珠米	一品香	10kg/ 袋	2008-09-15
11	福建省浦城县望丰米业有限公司	晚籼米	望丰	10kg/ 袋	2008-09-23
12	江西泰亨米业有限公司	餐餐福米（晚籼米）	泰亨	25kg/ 袋	2008-09-10
13	建阳市富民米业有限公司	潭香贡米（晚籼米）	潭香	10kg/ 袋	2008-09-20
14	南昌田环粮食产业有限责任公司	早籼米	粮环	15kg/ 袋	2008-09-25
15	衢州市航埠粮油有限公司	晚籼米	梁氏	25kg/ 袋	2008-09-12

注：排名不分先后。

大米产品质量国家监督抽查质量较差的产品及其企业名单

序号	企业名称	产品名称	商标	规格	生产日期	主要不合格项目
1	益阳市兰溪粮食市场祥禾大米厂	大米		50kg/ 袋	2008-09-24	镉
2	湖南佳佳粮食购销有限公司	大米	农家粮道	10kg/ 袋	2008-09-23	镉
3	湘西小背篓米业有限公司	大米	溶江春	10kg/ 袋	2008-09-17	镉

注：排名不分先后。

大米消费常识

一、分 类

按品种不同分早粳、晚粳、早籼、籼糯、粳糯等；因加工精度不同分特等、标一、标二、标三等级，加工精度越好，等级越高。

二、外观判别

（一）看：等级越高，表皮去除越净，碎米、米糠、黄变粒、稗、谷、壳、石、砂、草、虫等杂物越少。

（二）闻：新米有自然清香味，色亮；陈米色暗，有霉味，呈黄绿色。

（三）摸：新米光滑，手摸有凉爽感；陈米色暗，手摸有涩感；严重变质米，手捻易成粉状或易碎。

（四）洗：早蛀米加水后漂浮于水面，霉变严重的淘洗后水呈灰绿色。

（五）米粒变黄是由于大米中某些营养成份在一定的条件下发生了化学反应，或者是大米粒中微生物繁殖引起的。这样的黄粒米影响香味和口味。

（六）大米陈化现象较重时，色泽变暗，粘性降低，失去大米原有的香味。所以，要认真观察米粒颜色，表面呈灰粉状或有白道沟纹的米是陈米，其量越多则说明大米越陈旧。同时，捧起大米闻一闻气味是否正常，如有发霉的气味说明是陈米。另外，米粒中有虫蚀粒的也是陈米。

（七）购买大米时还应注意查看包装上标注的内容。如包装上是否标注产品名称、净含量、生产企业、经销企业的名称和地址、生产日期和保质期、质量等级、产品标准号、特殊标注内容等。

电动食品加工设备产品质量国家监督抽查结果公告

本次对北京、河北、辽宁、江苏、浙江、安徽、山东、湖北、湖南、广东等10个省、直辖市79家企业生产的79种电动食品加工设备产品进行了监督抽查。

其中：抽查了25种和面机，14种切片机，16种绞肉机（切肉机），12种搅拌机，5种切菜机，5种压、切面机，2种碎冰（刨冰机）。

本次抽查依据强制性国家标准GB4706.1-1998《家用和类似用途电器的安全　第一部分：通用要求》、GB4706.38-2003《家用和类似用途电器的安全商用电动饮食加工机械的特殊要求》的规定，对电动食品加工设备产品涉及安全的标志和说明、对触及带电部件的防护、输入功率和电流、工作温度下的泄漏电流和电气强度、泄漏电流和电气强度、稳定性和机械危险、机械强度、结构、内部布线、电源连接和外部软线、外部导线用接线端子、接地措施、螺钉和连接、爬电距离和电气间隙等14个项目进行了检验。

抽查中发现有17种产品不合格，存在的主要质量问题：

一、本次抽查中有14种产品稳定性和机械危险不合格。不合格原因主要是有的产品皮带、皮带轮和齿轮等传动装置防护不完善；有的绞肉机产品进料筒直径过大或从进料口到绞龙距离过短，不能保证安全要求。

二、本次抽查中有8种产品接地措施不合格。不合格主要原因是有的产品未提供接地端子或等电位端子；有的产品易触及金属件不能可靠地连接到接地端子上，接地电阻过大。标准要求驻立式器具应提供合乎标准要求的接地端子和等电位端子，且接地电阻应≤0.1Ω。

三、本次抽查中有4种产品对触及带电部件的防护不合格。不合格原因主要是产品防触电保护达不到标准要求。

电动食品加工设备产品质量国家监督抽查产品及其企业名单

序号	企业名称	产品名称	商标	规格型号	生产日期（批号）	抽查结果	主要不合格项目
1	北京市雅宝食品机械厂	QR-300型自动切肉片机		QR-300型	2009-04-25	合格	
2	北京当代嘉业食品机械有限公司	自动食品切片机		QP-300S	2009-04	合格	
3	北京神东机电设备有限公司	SD-350(三相)(QR)多用途食品切片机		SD-350	2009-04	合格	
4	北京机电院高技术股份有限公司	高刚度自动切片机		YQR30-A	2009	合格	
5	北京市华联工业有限公司	金牛牌立式绞肉机	金牛	JL-80	2009-04	合格	
6	北京龙都厨房设备有限公司	立式绞肉机	立牛	Id-80	2009-04	合格	
7	北京南常肉食机械有限公司	（QR-高速）多用食品切片机	南常	HB-21(三相)	2009-04	合格	
8	北京鸿峰食品机械厂	冷冻肉食品切片机		GOLD-300A	2009-03	合格	
9	北京市铁马头食品机械公司	多用食品自动切片机	TIEMA 铁马	QRT-168	2009-03	合格	
10	玉田县鸦鸿桥恒远炊事机械厂	切片机	恒远	HY-30A	2009-04-20/001	合格	
11	玉田县鸦鸿桥美华炊事机械厂	和面机	久林	HWH25	2009-04/5	合格	

接上表

12	玉田县京东食品机械厂	切面机	鑫玉泉	MT-40	2009-04-01/9	合格	
13	玉田县圣达食品机械厂	和面机	德圣达	HMJ-12.5	2009-04/839	合格	
14	玉田县鸦鸿桥兴华炊事机械厂	和面机	玉桥	HMJ-12.5	2009-04/5	合格	
15	香河县忠信厨房设备有限公司	盆式切碎机	万寿山	PQ300	2008-07-10/043	合格	
16	河北欧美佳食品机械有限公司	双速螺旋和面机	OMJIA 欧美佳	OMJ-100	2009-02-20	合格	
17	渡边食品机械（河北）有限公司	富士龙 50 切片机	富士龍	WSD-3C	2009-04	合格	
18	沈阳清宇食品机械有限公司	切骨机	清宇	HBS-250	2009-04	合格	
19	沈阳厚地实业有限公司	冻肉切片机	厚地	SFS-350G	2009-04	合格	
20	如东县恒宇食品机械有限公司	搅拌机	恒宇	B20G	2009-04	合格	
21	如东县恒信食品机械厂	切片切丝机	恒信	QRS-105	2009-04	合格	
22	如东县盛恒食品机械厂	强力食品搅拌机	盛恒	B20-B	2009-04	合格	
23	南通市恒霸食品机械有限公司	绞肉机	恒霸	JR-12T	2009-04	合格	
24	如东县恒悦食品机械有限公司	食品搅拌机	恒悦	B20K	2009-03	合格	
25	新麦机械（无锡）有限公司	搅拌机	SINMAG	SM-50	2009-05	合格	
26	瑞安市威鑫利食品机械有限公司	多功能压面机	长灶	DX-300	2009-04/008255	合格	
27	杭州中冠机械制造有限公司	刨冰机	中冠（申请）	JA-168	2009-04/0904141	合格	
28	杭州萧山商业机械有限公司	双动双速和面机	萧山	HS20	2009-03/09049	合格	
29	杭州全立食品机械有限公司	和面机	QL	HWJ25	2009-04/915	合格	
30	杭州萧山凯兴食品机械有限公司	双动双速和面机	萧山	HS40	2008-10/081576	合格	
31	安徽华菱西厨装备股份有限公司	切片机	华菱	HBS-300	2009-04/03.03.01.0904.002	合格	
32	章丘市鑫隆机械厂	多用切菜机	鑫隆	YQC-660	2009-03/525	合格	
33	山东省博兴县旭升食品机械有限公司	不锈钢箱式和面机	旭升	HWT35	2009-04/200904	合格	
34	诸城市超越机械有限公司	不锈钢菜馅机		CTX40	2009-03/090307	合格	
35	诸城市新超然机械有限公司	拌粉机	超然	BF12.5	2009-04/090408	合格	
36	章丘市炊具机械总厂	和面机	银鹰	HWY50IV	2009-03/90330097	合格	
37	章丘市天龙食品机械厂	和面机	东方世纪天龙	HWT12.5	2009-04/1928	合格	
38	潍坊格瑞食品机械有限公司	绞肉机		JR100	2009-04/090401	合格	
39	武汉市鸿实商贸有限责任公司	鸿实牌多功能切菜机	鸿 HONG SHI	HSQC-100D1	2009-03	合格	

接上表

40	长沙市机电设备厂	长征牌不锈钢电动多用绞切机	长征 CHANGZHENG	QRLS-400 II ZG	2009-03	合格	
41	广州德威热力设备有限公司	双动和面机	德威	DF-20B	2009-04	合格	
42	广州恒威厨房设备有限公司	和面机	恒威	HSE-20	2009-04	合格	
43	广州红菱电热设备有限公司	双速和面机	红菱	DM-40C	2009-04	合格	
44	广州市番禺成功烘焙设备制造有限公司	全自动螺旋式搅拌机	永麦	YMJ-25	2009-01	合格	
45	广州市番禺区天地人机械有限公司	食品切片机	SEP	SS-250C	2009-04	合格	
46	广州市荣麦烘焙食品机械制造有限公司	全自动螺旋式和面机	荷达	RMJ-15	2009-04	合格	
47	广州市番禺力丰食品机械厂	搅拌机	力丰	B20	2009-03	合格	
48	广州宝锋食品机械有限公司	碎冰机	金碧机械	ER-C100	2009-04	合格	
49	江门市蓬江区荷塘新丰食品机械厂	高速三功能搅拌机	星丰	B10GFA	090302	合格	
50	江门市双碟机械有限公司	立式双速双动和面机	双碟	HLS20A	2009-03/0072	合格	
51	佛山市南海区平洲涛力食品机械厂	双动双速和面机	展力	SS20	2009-04/904154	合格	
52	佛山市顺德区北滘镇伟基业五金机械厂	压面条机	伟基业	PC-35	0902014	合格	
53	广州市智得食品机械有限公司	和面机	CHIETAK	SFM-20	2009-04	合格	
54	佛山市南海德丰电热设备厂	绞肉机	德丰	AS-12-A	2009-04	合格	
55	广东恒联食品机械有限公司	搅拌机	恒联	B20-G	2009-03	合格	
56	广州市赛思达机械设备有限公司	双动双速和面机	赛思达	NFJ-25	2009-04	合格	
57	韶关市恒基机械制造厂	VFM20A 高效食品搅拌机		VFM20A	2009-04	合格	
58	韶关市新通力食品机械有限公司	MM-12 型台式绞肉机	通力（文字图形）	MM-12 型	2009-04	合格	
59	佛山市顺德区陈村镇俊凌厨具电器厂	双速双动和面机		YQ-30	2009-01	合格	
60	佛山市顺德区北滘镇利宝达厨具机械厂	高速压面机	顺興(图形)	SXY-110	2009-03	合格	
61	佛山市顺德区陈村镇顺菱制冷厨用设备厂	ES-300 切片机	顺菱	ES-300	2009-04	合格	
62	佛山市顺德区陈村镇石洲耀华电器五金厂	切片机	Y 图形	SA-250	2009-04	合格	
63	玉田县燕山机械有限责任公司	拌面机		BM10	2009-04/7	不合格	标志和说明，稳定性和机械危险，内部布线，接地措施
64	镇江市京口区食品机械厂	不锈钢绞肉机	龙牌	QRLS-25	2009-04	不合格	稳定性和机械危险，电源连接和外部软线，接地措施

接上表

65	镇江市大港南方通用机械厂	单切机	恒基	QR105	2009-04	不合格	内部布线，接地措施
66	如东县新苗食品机械有限公司	豪华双切机	飞凤	QRD180	2009-02	不合格	稳定性和机械危险，电源连接和外部软线
67	如东县三江机械厂	强力台式绞切两用机	三江	DJQQLS128-D	2009-04	不合格	稳定性和机械危险，接地措施
68	瑞安市振华食品机械厂	多功能和面机	瑞乐	DX-25	2009-04	不合格	对触及带电部件的防护，稳定性和机械危险，内部布线，电源连接和外部软线，接地措施
69	瑞安市马屿美富达食品机械厂	压面面条机	美富达	LM-300	2009-04	不合格	对触及带电部件的防护，接地措施
70	章丘市刁镇宝得炊具机械厂	和面机	章炊宝得	HWT15	2009-04/000421-3	不合格	对触及带电部件的防护，稳定性和机械危险，外导线接线端子
71	章丘市刁镇宏大机械厂	切丝机	美鹰	SH30	2009-03/335	不合格	工作温度下的泄漏电流和电气强，泄漏电流和电气强度
72	广东多丽食品机械有限公司	强力高速搅拌机	多丽	B20B	2009-04	不合格	稳定性和机械危险
73	珠海三麦机械有限公司	打蛋机	三麦	SC-20L	2009-04/090502	不合格	稳定性和机械危险，内部布线
74	广州市昌岗食品机械厂	打蛋机	昌岗	CG-205	2009-03	不合格	稳定性和机械危险
75	韶关市大善食品设备有限公司	MM12 型绞肉机		MM12 型	2009-03	不合格	对触及带电部件的防护，稳定性和机械危险，结构
76	佛山市顺德区陈村镇合嘉信厨具机械厂	双动双速和面机	HJX（图形）	SSD20A		不合格	稳定性和机械危险，外导线接线端子，接地措施
77	佛山市顺德区陈村镇合成通顺五金厨具厂	TS-12 型台式绞肉机	通顺(字母)	TS-12	2009-03	不合格	稳定性和机械危险
78	韶关市浈江区成辉机械配件厂	MM12 型绞肉机		MM12 型	2009-04	不合格	稳定性和机械危险
79	佛山市顺德区陈村镇合成庆顺五金厂	电动和面机	废顺(图形)	AG-15 型（说明书）	2009-04	不合格	稳定性和机械危险，接地措施

注：按行政区域排序。

电动食品加工设备常识

电动食品加工设备是用来加工食品的专用设备，主要包括切片机、绞切肉机、切菜机、和面机、搅拌机、切面机、碎冰机等加工设备。

电动食品加工设备产品在选购和使用时应注意以下几点：

一、了解产品的结构及使用说明，产品上应有安全操作的警示标志，标牌标记内容应详细等。

二、电动食品加工设备的设计应使设备上运动部件与操作人员之间有防护罩等安全防护措施，可保证操作人员任意部位难于接触运动部件，以防发生意外。

三、按使用说明书要求进行安装调试，要请专业电工安装电路。

四、用产品随机配件进行操作和维修，因为电动食品加工设备大部分是在高速旋转状态下工作，有些随机配件是作为安全操作装置进行配备，使用者不用随机配件操作易发生事故。

五、为确保安全，电路中应使用漏电保护开关、热熔断保护器等安全装置。

六、使用中发现漏电现象应及时停机，请专业人员进行维修。

淀粉制品产品质量国家监督抽查质量公告

为维护消费者的合法权益，国家质检总局组织对淀粉制品产品质量进行了国家监督抽查。共抽查了北京、河北、山东、湖北、湖南等5个省、直辖市35家企业生产的46种产品（不涉及出口产品），产品实物质量抽样合格率为100%。

此次抽查依据强制性国家标准GB2713-2003《淀粉类制品卫生标准》、GB2760-2007《食品添加剂使用卫生标准》、GB7718-2004《预包装食品标签通则》及相关产品标准规定的要求，重点对淀粉制品的总砷、铅、二氧化硫、黄曲霉毒素B1、水分、淀粉、菌落总数、大肠菌群、致病菌、感官以及标签等11个项目进行了检验。

抽查结果表明，连续的国家监督抽查促进了企业质量意识的提高，加强了质量管理，使淀粉制品质量整体水平大幅度提高。此次抽查的原产地域产品—龙口粉丝所检项目全部符合国家标准要求。以往抽查中反映较为突出的二氧化硫残留量超标等问题，在此次抽查中均未被发现。

淀粉制品产品质量国家监督抽查部分质量较好的产品及其企业名单

序号	企业名称	产品名称	商标	规格	生产日期
1	山东春雨食品有限公司	龙口粉丝	春雨	300g/袋	2008-09-12
2	招远三嘉粉丝蛋白有限公司（山东）	龙口粉丝	冠珠	400g/袋	2008-09-16
3	山东六六顺食品有限公司	龙口粉丝	六六顺	250g/袋	2008-09-11
4	烟台市金城食品有限公司	龙口粉丝	金城	250g/袋	2008-09-19
5	卢龙县卢龙镇兴军粉丝厂（河北）	劲大粉条（宽）	兴军一奇	250g/袋	2008-09-24

注：排名不分先后。

粉丝、粉条小常识

粉丝和粉条是以豆类、薯类和杂粮为原料加工制成的丝状或条状干燥淀粉制品，其原料决定了粉丝的质量。不同原料生产出来的粉丝其颜色是不一样的。在豆类粉丝中，以绿豆粉丝品质最佳，颜色洁白光润，在阳光直射下银光闪闪，呈半透明状；蚕豆粉丝虽也洁白光润，但不如绿豆粉丝细糯，有韧性；其他杂豆粉丝外观色泽白而无光，质量与蚕豆粉丝相近； 以玉米、高粱制成的禾谷类粉丝、粉条，色泽淡黄；薯类粉丝粉条色泽土黄，暗淡不透明；甘薯粉丝粉条色土黄，暗淡，过滤不净的呈灰锈色；土豆粉丝微黄色；木薯粉丝灰白色；山芋粉丝是本色淡青灰。正常粉丝、粉条的色泽略微偏黄，接近淀粉原色。

消费者在购买粉丝时要从外观上加以鉴别，凡是手感柔韧、有弹性、粗细均匀、无并条、无酥碎的是真品。而劣质粉丝粉条是粗细不匀，粉丝易断、易糊，有并条及碎条，柔韧性及弹性均差，有霉斑，有大量杂质或有恶性杂质。在感官鉴别时，可取样品直接嗅闻，然后将粉丝或粉条用热水浸泡片刻再嗅其气味。

良好粉丝、粉条的气味和滋味均正常，无任何异味。而劣质的粉丝、粉条常带有霉味、酸味及其他外来滋味，口感有砂土存在。

豆制品产品质量国家监督抽查结果公告

本次对北京、辽宁、吉林、黑龙江、上海、江苏、浙江、安徽、福建、江西、山东、河南、湖南、广东、广西、重庆、四川等17个省、自治区、直辖市179家企业生产的200种豆制品产品进行了监督抽查。

本次抽查依据强制性国家标准GB2711-2003《非发酵性豆制品及面筋卫生标准》、GB2712-2003《发酵性豆制品卫生标准》、GB2760-2007《食品添加剂使用卫生标准》等标准的规定，对豆制品产品的标签、铅、总砷、苯甲酸、山梨酸、糖精钠、甜蜜素、安赛蜜、脱氢乙酸、菌落总数、大肠菌群、沙门氏菌、致贺氏菌、金黄色葡萄球菌、苏丹红Ⅰ－Ⅳ号、吊白块、黄曲霉毒素B1等17个项目进行了检验。

抽查中发现有18种产品不合格，存在的主要质量问题：

一、本次抽查中有10种产品菌落总数和4种产品大肠菌群不合格。其中重庆市南岸区亚松森食品厂生产的川妹子卤香豆干菌落总数为52000cfu/g，超过标准限量近70倍。定型包装非发酵性豆制品产品的菌落总数为≤750cfu/g；大肠菌群为≤40MPN/100g；发酵性豆制品产品的大肠菌群为≤30MPN/100g。

二、本次抽查中有1种产品苯甲酸、3种产品脱氢乙酸、1种产品甜蜜素、2种产品安赛蜜、1种产品山梨酸含量超标。强制性国家标准GB2760-2007《食品添加剂使用卫生标准要求》规定，豆干再制品中山梨酸的最大使用量为1.0g/kg，发酵豆制品中才允许使用脱氢乙酸，豆干再制品和发酵豆制品中均不允许使用苯甲酸、甜蜜素、安赛蜜。

三、本次抽查中有1种产品总砷含量为0.7 mg/kg，超过国家标准（≤0.5 mg/kg）规定的要求。

豆制品产品质量国家监督抽查产品及其企业名单

序号	企业名称	产品名称	商标	规格型号	生产日期（批号）	抽查结果	主要不合格项目
1	北京王致和食品集团有限公司	王致和臭豆腐	王致和	330g/瓶	2009-03-28	合格	
2	北京王致和食品集团有限公司	大块腐乳	王致和	250g/瓶	2008-11-25	合格	
3	北京市老才臣食品有限公司	老才臣腐乳	老才臣	290g/瓶	2009-03-14	合格	
4	北京六必居食品有限公司	六必居臭豆腐	六必居	340g/瓶	2009-01-15	合格	
5	沈阳红梅调味品有限公司	红腐乳	膳源	220g/瓶	2009-04-11	合格	
6	沈阳红梅调味品有限公司	青腐乳	膳源	220g/瓶	2009-04-11	合格	
7	辽宁柏慧燕都食品有限公司	风味香干	柏慧燕都	180g/袋	2009-02-03	合格	
8	辽宁盘宝食品有限公司	红腐乳	盘宝	200g/瓶	2009-04-01	合格	
9	沈阳市中天食品有限公司	八珍豆卷	中天	150g/袋	2009-04-07	合格	
10	沈阳市苏家屯区泰鸿食品加工厂	八珍豆干	泰鸿	130±5g/袋	2009-04-10	合格	
11	沈阳市苏家屯区长生酱菜加工厂	八珍豆香卷	长永生	150g/袋	2009-04-09	合格	
12	沈阳市双晟食品厂	风味豆卷	双晟	140g/袋	2009-04-07	合格	
13	沈阳市苏家屯区宏利来食品厂	八珍香辣卷	宏利来	150g/袋	2009-04-03	合格	
14	锦州酿造食品有限责任公司	锦州腐乳		175g/瓶	2009-04-02	合格	
15	锦州酿造食品有限责任公司	锦州臭豆腐	锦酿	175g/瓶	2009-04-02	合格	
16	长春市朱老六食品有限公司	朱老六牌青腐乳	朱老六	170g/瓶	2009-04-20	合格	
17	长春市朱老六食品有限公司	朱老六牌红腐乳	朱老六	170g/瓶	2009-04-20	合格	

接上表

18	吉林省百乐酿造有限公司	百乐青腐乳	百乐	320g/瓶	2009-04-22	合格	
19	吉林省百乐酿造有限公司	百乐红腐乳	百乐	320g/瓶	2009-04-22	合格	
20	北康酿造食品有限公司	臭豆腐	北康	220g/瓶	2009-04-06	合格	
21	北康酿造食品有限公司	腐乳	北康	170g/瓶	2009-04-19	合格	
22	四平海鲸食品酿造有限公司	红腐乳	海鲸	190g/瓶	2009-03-15	合格	
23	吉林市海味鲜调味品有限责任公司	马老五青腐乳	马老五	500g/瓶	2009-04-01	合格	
24	吉林市海味鲜调味品有限责任公司	马老五红腐乳	马老五	500g/瓶	2009-04-01	合格	
25	吉林酿业集团有限公司	青腐乳	江城	330g/瓶	2009-03-13	合格	
26	吉林酿业集团有限公司	红腐乳	江城	330g/瓶	2009-04-02	合格	
27	柳河县洁净肉食加工厂	香辣豆腐丝	初氏	120g/袋	2009-03-25	合格	
28	黑龙江省克东腐乳有限公司	克东腐乳	克冬	250g/瓶	2009-04-03	合格	
29	黑龙江省克东腐乳有限公司	臭豆腐	鑫王子	240g/瓶	2009-04-03	合格	
30	双城市绝缘制品有限责任公司	陈老二腐乳		180g/瓶	2009-04-05	合格	
31	双城市绝缘制品有限责任公司	陈老二青方		180g/瓶	2009-04-05	合格	
32	上海冯达豆类食品有限公司	黑豆豆浆		260ml/袋	2009-03-28	合格	
33	上海鼎丰酿造食品有限公司	香辣腐乳	鼎丰	338g/瓶	2009-03-04	合格	
34	上海鼎丰酿造食品有限公司	精制玫瑰乳腐	鼎丰	460g/瓶	2009-02-25	合格	
35	江苏新中酿造有限责任公司	糟方乳腐	新中	500g/瓶	2008-12-06	合格	
36	扬州三和四美酱菜有限公司	麻油红方	三和 四美	500g/瓶	2009-02-15	合格	
37	苏州津津食品有限公司	虾味豆腐干	津津	300g/包	2009-03-28	合格	
38	无锡市灵山食品有限公司	素功坊豆腐干		180g/盒	2009-03-28	合格	
39	雨润集团·开原大众肉类加工有限公司	八味豆腐干	雨润	250g/袋	2009-04-03	合格	
40	常州市万家食品有限公司	玫瑰红腐乳		500g/瓶	2009-03-10	合格	
41	常州市万家食品有限公司	糟方腐乳		500g/瓶	2009-3-10	合格	
42	江苏咸亨食品有限公司	红方腐乳	新宏	500g/瓶	2009-03-25	合格	
43	南京高淳阿香嫂食品厂	麻辣串	凤嫂	100g/袋	2009-02-05	合格	
44	南京汇荣食品有限公司	麻辣干		75g/包	2009-03-12	合格	
45	宜兴市万石粮管所豆制品厂	牛肉味豆腐干	中桥	散装	2009-04-07	合格	
46	宜兴市南漕华东食品厂	五香豆腐干	万友	100g/包	2009-04-06	合格	
47	高淳县伴你行食品厂	老街豆腐干		180g/包	2009-04-01	合格	
48	杭州华源豆制品有限公司	五香干	祖名	90g/包	2009-04-15	合格	
49	杭州豆制食品有限公司	素牛肉	鸿光浪花	180g/包	2009-04-14	合格	
50	绍兴市咸亨酒店食品有限公司	五香豆腐干	太雕	60g/包	2009-04-25	合格	
51	杭州华泉豆制品有限公司分公司	家常豆腐		350g/盒	2009-04-28	合格	
52	绍兴咸亨食品有限公司	糟方腐乳	咸亨	500g/瓶	2009-04-15	合格	
53	绍兴咸亨食品有限公司	红方腐乳	咸亨	500g/瓶	2009-04-25	合格	
54	浙江小王子食品股份有限公司	谷餐肉	小王子	48g/包	2009-03-20	合格	
55	富阳市国青食品有限公司	豆腐皮	大乐	250g/袋	2009-04-28	合格	
56	浙江中味酿造有限公司	玫瑰腐乳	中味	285g/瓶	2009-01-01	合格	
57	绍兴咸亨制造有限公司	醉方腐乳	越品	280g/瓶	2009-04-25	合格	
58	绍兴咸亨制造有限公司	红腐乳	越品	300g/瓶	2009-04-25	合格	

接上表

59	绍兴市兰亭食品有限公司	玫瑰腐乳	兰亭	280g/ 瓶	2009-03-04	合格	
60	绍兴市兰亭食品有限公司	农家辣腐乳	兰亭	280g/ 瓶	2008-08-31	合格	
61	绍兴百草园食品有限公司	辣腐乳	百草园	380g/ 瓶	2009-04-10	合格	
62	绍兴百草园食品有限公司	红玫瑰腐乳	百草园	300g/ 瓶	2009-04-28	合格	
63	绍兴县百乐食品有限公司	糟方腐乳	百乐园	500g/ 瓶	2009-04-23	合格	
64	绍兴县百乐食品有限公司	红方乳腐	百乐园	500g/ 瓶	2009-04-23	合格	
65	富阳市金衣豆腐皮厂	豆腐皮	金衣	230g/ 袋	2009-03-26	合格	
66	富阳市受降镇东坞山仁义豆腐皮厂	豆腐皮	玉蝉	散装	2009-04-27	合格	
67	绍兴乌蓬船食品有限公司	麻油腐乳	台雄	280g/ 瓶	2009-03-06	合格	
68	富阳市受降镇东坞山周记豆腐皮厂	豆腐皮		480g/ 袋	2009-04-26	合格	
69	绍兴县永兴食品厂	糟方腐乳	永兴	500g/ 瓶	2009-04-29	合格	
70	富阳市受降东坞山豆腐皮厂	豆腐皮	东坞山	散装	2009-04-28	合格	
71	富阳市受降镇东坞山周伟根豆腐皮厂	泗乡豆腐皮	泗乡	500g/ 袋	2009-04-12	合格	
72	杭州利华豆制品厂	内酯豆腐		350g/ 盒	2009-04-28	合格	
73	杭州王马豆制品厂	内酯豆腐		350g/ 盒	2009-4-27	合格	
74	马鞍山市采石矶食品有限公司	采石矶茶干	采石矶	100g/ 袋	2009-4-17	合格	
75	安徽人人福豆业有限公司	豆腐皮	人人香	250g/ 袋	2009-04-20	合格	
76	安徽人人福豆业有限公司	手包香干		散装	2009-04-23	合格	
77	铜陵市八宝食品有限责任公司	风太豆干	风太	80g/ 袋	2009-04-12	合格	
78	马鞍山市黄池食品（集团）有限公司	金菜地茶干	金菜地	110g/ 袋	2009-04-16	合格	
79	黄山旅游集团佳龙绿色食品有限公司	龙湾茶干	龙湾	50g/ 袋	2009-04-13	合格	
80	淮南市碗碗香豆业有限公司	刘香豆干	刘香	260g/ 袋	2009-04-09	合格	
81	淮南市八公山兴兴豆制品有限公司	五香干	兴兴	150g/ 袋	2009-04-12	合格	
82	淮南市八公山兴兴豆制品有限公司	八公山臭腐乳	兴兴	300g/ 瓶	2009-04-01	合格	
83	安徽省寿县八公山豆制品有限责任公司	红方腐乳	八公山泉	300g/ 瓶	2009-04-19	合格	
84	安徽省寿县八公山豆制品有限责任公司	青方腐乳	八公山泉	300g/ 瓶	2009-04-01	合格	
85	合肥市大富副食品有限公司	内酯豆腐	罗老大	360g/ 盒	2009-04-27	合格	
86	合肥徽之皇食品集团有限公司	徽之皇腐乳皇	徽之皇	350g/ 瓶	2009-04-07	合格	
87	铜陵月亮食品有限公司	月亮鸡汁茶干	月亮牌	80g/ 袋	2009-04-15	合格	
88	当涂县黄池恒泰源食品有限公司	恒泰源茶干	黄利	180g/ 袋	2009-04-16	合格	
89	黄山市益康豆制品有限公司	徽州五城茶干	天芳	80g/ 袋	2009-04-14	合格	
90	黄山市五城豆制品厂	茶干	五城	50g/ 袋	2009-04-13	合格	
91	休宁县五城双龙豆制品厂	兴龙茶干	兴龙	126g/ 袋	2009-04-13	合格	
92	亳州市诚久豆制品有限公司	素羊肚丝	豆花香	2.5kg/ 袋	2009-04-14	合格	
93	安徽省庐丰食品有限公司	麻油红方腐乳	明俊	400g/ 瓶	2009-03-05	合格	
94	安徽省庐丰食品有限公司	香化腐乳	明俊	400g/ 瓶	2009-03-24	合格	
95	黄山惠达食品集团有限公司	黑豆煮干	禾味食品	散装（独立小包装）	2009-04-16	合格	
96	黄山惠达食品集团有限公司	包公豆（煮制黑豆）	禾味	40g/ 袋	2009-04-16	合格	

接上表

97	肥西县三河酱品厂	麻油香辣豆干		60g/ 袋	2009-04-28	合格	
98	马鞍山市采石春华食品有限公司	茶干	皇廷	200g/ 袋	2009-04-16	合格	
99	当涂县黄池康力食品有限公司	精品茶干	迟峰	200g/ 袋	2009-04-14	合格	
100	黟县源泉豆制品厂	腊八豆腐	宏村	250g/ 袋	2009-04-14	合格	
101	黄山市黟县立松旅游食品厂	腊八豆腐	立松	250g/ 袋	2009-04-14	合格	
102	黟县三都豆制品厂	三都腊八豆腐		250g/ 袋	2009-04-14	合格	
103	安徽黄山市五龙山泉豆制品厂	茶干（五香）	五城芳嫂	40g/ 袋	2009-04-13	合格	
104	淮南市吴氏豆制品有限公司	酱香豆腐干	大作坊	250g/ 袋	2009-04-20	合格	
105	淮南市八公山腐皮厂	腐皮王	八公仙王	210g/ 袋	2009-04-08	合格	
106	淮南市八公山豆制品厂	豆腐干	八公山	150g/ 袋	2009-04-21	合格	
107	蚌埠市星光豆制品厂	油炸干	强食	散装	2009-04-23	合格	
108	合肥庐兴调味食品厂	庐兴香辣腐乳	信波	328g/ 瓶	2009-04-15	合格	
109	合肥庐兴调味食品厂	玫瑰红方腐乳	信波	350g/ 瓶	2009-04-15	合格	
110	肥西县三河镇罗记茶干厂	虾米茶干	罗记	60g/ 袋	2009-04-28	合格	
111	合肥三河镇单二憨茶干有限公司	虾仁茶干	单二憨	60g/ 袋	2009-04-26	合格	
112	厦门汉记食品有限公司	豆豉（黑豆豉）	汉记	100g/ 袋	2009-03-12	合格	
113	闽侯县星星豆制品有限公司	三星腐竹	星星	散装	2009-04-22	合格	
114	福州金味食品有限公司	香豆条	巧阿嫂	110g/ 袋	2009-04-12	合格	
115	福州品来食品有限公司	卤味豆干	品来	100g/ 袋	2009-04-22	合格	
116	闽侯县上街永峰腐竹厂	永峰腐竹	永峰	散装	2009-04-22	合格	
117	漳州市乐津食品有限公司	甜豆奶饮料	乐津	200ml/ 杯	2009-04-14	合格	
118	江西永丰县正达食品厂	家乡腐乳	福家婆	280g/ 瓶	2008-12-07	合格	
119	高安市大观苑腐竹厂	高安腐竹	大观苑	227g/ 袋	2009-04-12	合格	
120	江西瑞丰食品有限公司	高安腐竹	瑞丰惠尔	300g/ 袋	2009-03-04	合格	
121	江西高安市大观楼腐竹集团有限责任公司	大观楼腐竹	大观楼	300g/ 袋	2009-04-09	合格	
122	江西峰华豆制品有限公司	有机硒腐竹	泉硒	250g/ 袋	2009-04-17	合格	
123	江西寇寇豆制品制造有限公司	茶油腐乳	寇寇	130g/ 瓶	2009-01-02	合格	
124	高安市瑞阳门腐竹制品有限公司	瑞阳门腐竹	瑞阳门	300g/ 袋	2009-04-10	合格	
125	江西高安桥腐竹有限公司	腐竹	高安桥	300g/ 袋	2009-04-12	合格	
126	高安市老久腐竹厂	腐竹	老久	200g/ 袋	2009-04-12	合格	
127	高安市日日想食品有限公司	高安腐竹	日日想	218g/ 袋	2009-04-05	合格	
128	江西省高安市沁园食品有限责任公司	沁香园腐竹	沁香园	200g/ 袋	2009-04-16	合格	
129	高安市大观桥腐竹厂	大观桥腐竹	大观桥	300g/ 袋	2009-04-10	合格	
130	丰城市圣仁食品厂	圣仁腐竹	圣仁	1000g/ 袋	2009-04-17	合格	
131	丰城市三星食品有限公司	香辣腐乳	龙共	280g/ 瓶	2009-04-15	合格	
132	江西友泉食品有限公司	茶油腐乳	友泉	300g/ 瓶	2009-02-03	合格	
133	高安市景泰腐竹厂	馨景泰腐竹	馨景泰	228g/ 袋	2009-04-01	合格	
134	江西维尔宝食品生物有限公司高安瑞观楼腐竹厂	瑞观楼腐竹	瑞观楼	300g/ 袋	2009-04-10	合格	
135	高安市总汇腐竹厂	高安腐竹	总汇	300g/ 袋	2009-03-10	合格	
136	江西高安市惠而美食品有限公司	腐竹	惠而美	300g/ 袋	2009-04-12	合格	
137	高安市黄氏豆豉厂	黄氏豆豉	马家井园	80g/ 袋	2009-03-25	合格	

接上表

138	南昌市胡老太食品实业有限公司	香香腐乳	胡老太	280g/ 瓶	2009-03-11	合格	
139	江西太仔食品有限公司	麻辣腐竹	新太	50g/ 袋	2009-04-25	合格	
140	南昌市三妮实业有限公司	三妮香辣豆腐乳	三妮	500g/ 瓶	2009-04-20	合格	
141	南昌市青山湖区东瓜婆食品厂	豆腐乳	东瓜婆	200g/ 瓶	2009-04-18	合格	
142	南昌铭顶食品有限公司	铭顶香辣腐乳	铭顶	210g/ 瓶	2009-04-20	合格	
143	江西煌上煌集团食品股份有限公司	煌上煌酱干	皇禽	45g/ 袋	2009-04-26	合格	
144	枣庄市鼎鑫食品有限公司	大豆蛋白粉	鼎鑫	150g/ 袋	2009-04-07	合格	
145	枣庄志诚豆制品有限公司	大豆牛排丝		散装	2009-4-14	合格	
146	许昌世纪豪嘉食品有限公司	豪嘉腐竹	豪嘉	250g×4 袋 / 袋	2009-3-16	合格	
147	河南质源豆制品有限公司	腐竹	质源	250g/ 袋	2009-4-06	合格	
148	许昌县康利世纪食品有限公司	文锋腐竹	文锋	2kg/ 袋	2009-4-06	合格	
149	许昌县君豪豆制品厂	豆油皮	德荣	散装	2009-3-16	合格	
150	许昌县百合花豆制精品厂	豆腐皮		散装	2009-4-14	合格	
151	许昌县河街福贤豆制品厂	三国豆油皮	三国	1kg/ 袋	2009-4-13	合格	
152	许昌县凯美佳豆制品厂	豆油皮	虎金竹	散装	2009-3-19	合格	
153	长沙好韻味实业发展有限公司	风味豆豉	好韻味	280g/ 瓶	2009-04-10	合格	
154	湖南长沙口口香实业有限公司	香辣豆干	口口香	100g/ 袋（非炸卤类）	2009-04-20	合格	
155	湖南华越食品有限公司	红油腐乳	华越	275g/ 瓶	2009-04-19	合格	
156	长沙步步为赢食品有限公司	香十子	步步为赢	50g/ 袋	2009-04-15	合格	
157	湖南省简氏食品实业有限公司	柴火香干	简氏	100g/ 袋（炸卤类）	2009-04-21	合格	
158	平江县佳珍食品厂	平江佳珍酱干	佳珍王	100g/ 袋（非炸卤类）	2009-04-18	合格	
159	浏阳市雄民食品加工厂	帅哥豆豉	帅哥	1000g/ 瓶（浓郁型高盐）	2009-04-22	合格	
160	长沙金爱丽食品有限公司	片片香干	金爱丽	90g/ 袋（炸卤类）	2009-04-19	合格	
161	平江县钟新食品厂	鸡汁酱干	兴中	150g/ 袋（非炸卤类）	2009-04-22	合格	
162	平江县首佳食品厂	首佳腐乳	首佳	300g/ 瓶	2009-04-05	合格	
163	浏阳市太平桥食品豆豉厂	太平桥豆豉	太平桥	450g/ 袋	2009-04-20	合格	
164	浏阳市太平桥豆豉厂	天马山豆豉	天马山	450g/ 袋	2009-04-11	合格	
165	深圳冠益食品有限公司	红油腐乳	巨树牌	380g/ 瓶	2009-01-08	合格	
166	开平广中皇食品有限公司	麻油辣腐乳	广中皇	380g/ 瓶	2009-01-01	合格	
167	广州市润民食品有限公司	大石辣腐乳	大石	335g/ 瓶	2009-01-11	合格	
168	北京王致和（桂林腐乳）食品有限公司	花桥腐乳	花桥	270g/ 瓶	2008-11-03	合格	
169	桂林香老太食品有限公司	麻辣腐乳	香老太	250g/ 瓶	2009-01-14	合格	
170	重庆市武隆县羊角豆制品有限公司	羊角豆干（原味五香）	羊角	90g/ 袋	2009-02-19	合格	
171	重庆市江北区多味多食品厂	千百度豆干（麻辣味）	千百度	80g/ 袋	2009-04-07	合格	
172	重庆长富食品有限公司	卤豆干（泡椒味）	长富	160g/ 袋	2009-02-12	合格	
173	重庆乡水井食品有限公司	五香豆干	乡水井	80g/ 袋	2009-04-09	合格	
174	重庆有友实业有限公司	卤香豆干	有友	100g/ 袋	2009-04-10	合格	

接上表

175	成都香香嘴食品有限公司	《香香嘴》牌豆干	香香嘴	100g/ 袋	2009-03-21	合格	
176	成都市大王酿造食品有限公司	白菜豆腐乳	海会寺	200g/ 盒	2009-01-14	合格	
177	四川南溪徽记食品有限公司	《好巴食》牌豆腐干	好巴食	150g/ 袋	2009-02-04	合格	
178	四川省南溪县庶人食品有限责任公司	庶人坊豆腐干	庶人坊	40g/ 袋	2009-01-22	合格	
179	四川澳达食品有限公司	老川东（麻辣）豆干	老川东	80g/ 袋	2009-04-01	合格	
180	出品商：成都西部美绿食品有限责任公司 制造商：四川大邑县酿造厂	乡村腐乳	璞纯	200g/ 盒	2009-01-13	合格	
181	出品商：四川友嘉食品有限公司 生产商：四川国硅豆制品有限公司	南溪豆腐干（五香味）	厨大哥	80g/ 袋	2009-03-13	合格	
182	成都康达养生食品厂	石磨豆腐干	皇城	90g/ 袋	2009-02-18	合格	
183	临安正良绿色食品有限公司	豆腐干	正良	75g/ 包	2009-04-26	不合格	脱氢乙酸
184	安徽省铜陵市狮子山祥云豆制品厂	五香茶干		120g/ 袋	2009-04-15	不合格	山梨酸
185	蒙城县东恒豆制品加工厂	五香豆腐干	东恒	150g/ 袋	2009-04-24	不合格	菌落总数
186	漳州市芗城区品丰饮料有限公司	麦香豆奶		240ml/ 瓶	2009-04-13	不合格	甜蜜素（环己基氨基磺酸钠 / 钙），安赛蜜（乙酰磺胺酸钾）
187	福州三米田食品有限公司	五香卤块	三米田	100g/ 袋	2009-04-22	不合格	安赛蜜（乙酰磺胺酸钾），脱氢乙酸
188	许昌县宏源豆制品厂	豆油皮		散装	2009-04-14	不合格	吊白块
189	长沙市天天旺饮料食品厂	口口爽卤味兰花干	振旺	90g/ 袋	2009-04-12	不合格	菌落总数
190	湖南简老大食品有限公司	麻辣干子	简老大	50g/ 袋（炸卤类）	2009-04-20	不合格	菌落总数
191	长沙市小霸食品有限公司	鸡汁玫瑰香干	小霸王	100g/ 袋（炸卤类）	2009-04-19	不合格	菌落总数
192	湖南省长江连心食品有限公司	小豆条	周长江	32g/ 袋（非炸卤类）	2009-04-21	不合格	菌落总数
193	长沙市雨花区长霸王食品厂	长王麻辣豆干	长王	12g/ 袋	2009-04-10	不合格	菌落总数
194	平江县永泰食品厂	鸡汁麻辣干	永泰	90g/ 袋（非炸卤类）	2009-04-22	不合格	总砷（以 As 计）
195	长沙毛毛食品有限公司	芙蓉香干	毛毛	80g/ 袋（非炸卤类）	2009-04-19	不合格	菌落总数，苯甲酸
196	重庆梅香园食品有限公司	熏香豆干	梅香园	90g/ 袋	2009-03-01	不合格	脱氢乙酸
197	重庆市南岸区亚松森食品厂	川妹子卤香豆干	川妹子	158g/ 袋	2009-02-04	不合格	菌落总数，大肠菌群
198	重庆市合川区川洲桃片有限公司	馋豆干（卤香味）	川洲	80g/ 袋	2009-03-22	不合格	菌落总数，大肠菌群
199	四川省丹丹调味品有限公司	风味豆豉	丹丹	226g/ 袋	2009-02-23	不合格	大肠菌群
200	成都市隆福食品有限责任公司新都分公司	烧烤味豆干（非卤制）	都市派	80g/ 袋	2009-04-02	不合格	菌落总数，大肠菌群

注：按行政区域排序。

豆制品常识

豆制品是以大豆或其他杂豆为主要原料加工制成的。按生产工艺可分为发酵性豆制品和非发酵性豆制品。发酵性豆制品主要包括：腐乳、豆豉等；非发酵性豆制品主要包括：豆腐、豆腐干、豆腐皮、腐竹、茶干等。豆制品营养丰富，食用方法多种多样，选购时应按其各自特点来挑选。

一、豆腐。颜色应为白色或乳白色，豆腐切面应不出水，表面平整，无气泡，拿在手里摇晃无豆腐晃动感，开盒可闻到少许豆香气，倒出切开不坍不裂、切面细嫩，尝之无涩味，当天生产的可以凉拌食用，在10℃以下可保存3天不变质、无酸味。

二、豆腐干。分为白豆腐干、五香豆腐干、蒲包豆腐干、兰花豆腐干等品种，好的白豆腐干表皮光洁呈淡黄色，有豆香味，方形整齐，密实有弹性。五香豆腐干表皮光洁带褐色，有五香味，方形整齐，坚韧有弹性。蒲包豆腐干为扁圆形浅棕色，颜色均匀光亮，少许五香味，坚韧密实。兰花豆腐干表面与切面均金黄色，刀口的棱角看不到白坯，有油香味。

三、素鸡。外观颜色为乳白色或淡黄色，无重碱味，外观圆柱形，切开后刀口光亮，看不到裂缝、烂心，每只重量不超过750g。

四、腐乳又名豆腐乳。风味独特，质地细腻，营养丰富。腐乳可分为红腐乳、白腐乳、青腐乳、酱腐乳及各种花色腐乳。腐乳应表里色泽基本一致，滋味鲜美、咸淡适口、无异味，块型整齐，厚薄均匀、质地细腻。在挑选腐乳时，可观其色，闻其味。白色中透着黄色，有豆香味，是上好的腐乳。

五、豆豉。按加工原料分为黑豆豉和黄豆豉，按口味可分为咸豆豉和淡豆豉。豆豉可作为调料，也可直接蘸食。豆豉为传统发酵豆制品，以颗粒完整、乌黑发亮、具有酱香、酯香浓郁、滋味鲜美、咸淡可口、无苦涩味、质地松软即化且无霉腐味为佳。

购买豆制品最好到有冷藏保鲜设备的大型商场、超市。选购袋装的豆制品，真空袋装豆制品原则上要比散装的豆制品卫生，保质期长，携带方便。选购时要查看袋装豆制品标签应齐全，尽量选购近期生产的产品。

干制水产品质量国家监督抽查结果公告

本次对辽宁、上海、江苏、浙江、福建、山东、广东等7个省、直辖市80家企业生产的100种干制水产品进行了监督抽查。

本次抽查依据强制性国家标准GB 10144-2005《动物性水产干制品卫生标准》、GB 19643-2005《藻类制品卫生标准》、GB 2760-2007《食品添加剂使用卫生标准》及相关产品标准的规定，对干制水产品的无机砷、铅、多氯联苯、苯甲酸、山梨酸、胭脂红、苋菜红、柠檬黄、日落黄、糖精钠、安赛蜜、甜蜜素、菌落总数、大肠菌群、霉菌、致病菌、二氧化硫17个项目进行了检验。

抽查中发现有12种产品不合格，存在的主要质量问题：

一、本次抽查中有2种产品微生物指标菌落总数不合格。微生物指标反映产品卫生质量状况。菌落总数反映该产品在生产、包装、储存、运输、销售过程中受污染的程度。

二、本次抽查中有部分产品超范围使用食品添加剂，其中：有1种产品超范围使用防腐剂苯甲酸，1种产品超范围使用着色剂日落黄、1种产品超范围使用着色剂柠檬黄，5种产品超范围使用甜味剂甜蜜素。柠檬黄和日落黄属化学合成色素，主要用于产品增色，苯甲酸属于防腐剂，主要用于食品防腐，延长食品的保质期。强制性国家标准GB 2760-2007《食品添加剂使用卫生标准》规定，苯甲酸、日落黄、柠檬黄、甜蜜素均不允许在干制水产品中使用和添加。

本次抽查中有2种响螺片、1种烤鱼片产品检出二氧化硫。动物性水产干制品中不允许使用亚硫酸盐、亚硫酸氢盐、硫磺等作为添加剂。

干制水产品产品质量国家监督抽查产品及其企业名单

序号	企业名称	产品名称	商标	规格型号	生产日期（批号）	抽查结果	主要不合格项目
1	大连江能海产品有限公司	干贝		250g/盒	2009-03-18	合格	
2	大连江能海产品有限公司	紫菜		100g/袋	2009-03-18	合格	
3	沈阳新福记食品有限公司	海带丝	正福记	70g/袋	2009-03-18	合格	
4	沈阳市众品食品有限公司	原味烤鱼片		140g/袋	2009-01-10	合格	
5	沈阳市铁西区鑫奇天然食品经销处	野生紫菜	鑫奇	30g/袋	2009-03-08	合格	
6	大连獐子岛渔业集团股份有限公司金贝广场	淡干海参		散称	2008-09-29	合格	
7	辽宁省大连海洋渔业集团公司鱼品加工厂	烤鱼片	远洋	100g/袋	2009-03-19	合格	
8	辽宁省大连海洋渔业集团公司鱼品加工厂	鱿鱼丝	远洋	60g/袋	2009-02-04	合格	
9	上海明奋实业有限公司	虾皮	（图案）	150g/袋	2009-03-03	合格	
10	上海明奋实业有限公司	原味鱿鱼丝	（图案）	200g/袋	2009-03-03	合格	
11	上海赛林食品有限公司闵行分公司	鲜烤鳗鱼	元臻	50g/袋	2009-02-16	合格	
12	上海高冈屋食品有限公司	幸福海苔		25g/袋	2009-03-14	合格	
13	上海海天下食品有限公司	金秋紫菜	海天下	100g/袋	2009-03-18	合格	
14	海安县兰波实业有限公司	海苔		36g/袋	2009-02-18	合格	
15	南通海潮海味食品有限公司	如东烤紫菜	海潮	30g/袋	2008-12-24	合格	
16	古田县金星商贸有限公司南京分公司	烤鱼片	雅之星	150g/袋	2009-01-05	合格	
17	江苏吕鲜水产食品有限公司	烤鳗	吕鲜	150g/袋	2009-01-20	合格	
18	南京喜之郎海苔食品有限公司	美好时光海苔（即食紫菜）	喜之郎	18g/袋	2009 01 12	合格	
19	南通市巨联工贸有限公司	紫菜	忠通	100g/袋	2009-03-01	合格	
20	南通太阳食品有限公司	烤寿司海苔（红）		125g/袋	2009-03-02	合格	
21	南通瑞雪海洋食品有限公司	一水海苔	一水	36g/袋	2008-09-25	合格	
22	南通北渔人和水产有限公司	野生虾皮		100g/袋	2009-01-16	合格	
23	舟山市启航水产食品有限公司	烧烤鱿鱼仔	鸿丰泽	400g/袋	2009-03-05	合格	
24	舟山市启航水产食品有限公司	海之果香酥小黄鱼		400g/袋	2009-03-05	合格	
25	舟山市杰杰食品有限公司	紫菜	好杰	30g/包	2009-03-10	合格	
26	舟山市瀛洲海洋食品有限公司	紫菜	瀛洲	75g/袋	2009-03-04	合格	
27	中国水产舟山海洋渔业公司	鱿鱼须	明珠	20g/袋	2009-02-26	合格	
28	中国水产舟山海洋渔业公司	烤鱿鱼丝	明珠	45g/袋	2009-02-26	合格	
29	浙江兴业集团有限公司	烤鱼片	兴业	100g/袋	2009-03-11	合格	
30	浙江兴业集团有限公司	舟山淡菜干	兴业	200g/袋	2009-03-11	合格	
31	浙江正龙食品有限公司	生烤黄鱼仔	正龙	50g/袋	2009-03-11	合格	
32	浙江正龙食品有限公司	加州鱿鱼丝	正龙	50g/袋	2009-03-11	合格	
33	宁波市胖子海味有限公司	生虾皮		150g/袋	2009-03-17	合格	
34	宁波市胖子海味有限公司	大白鱼片		250g/袋	2009-03-17	合格	
35	宁波市笑眯眯水产有限公司	乐滋滋大海蜓	乐滋滋	150g/袋	2009-03-15	合格	
36	宁波市史翠英食品发展有限公司	史翠英－东海小鳗鲞	史翠英	500g/袋	2009-02-07	合格	
37	宁波市史翠英食品发展有限公司	史翠英－特级黄三鲞	史翠英	750g/袋	2009-03-15	合格	
38	宁波江北利亨四六八食品有限公司	家宴鱿鱼丝		200g/袋	2009-01-02	合格	
39	宁波江北旺达海味食品加工厂	中海蜓	甬旺达	200g/袋	2009-03-05	合格	
40	瑞安市玲玲食品加工厂	烤鱼片	玲玲	50g/包	2009-03-17	合格	

接上表

41	瑞安市华盛水产品加工厂	熟虾皮	大三元	250g/包	2009-03-06	合格	
42	瑞安市瑞松水产食品有限公司	烟熏烤鳗	瑞松	散称	2009-02-17	合格	
43	瑞安市瑞荣食品厂	小黄鱼片	瑞荣	35g/包	2009-03-13	合格	
44	平阳县烨华农副食品加工厂	康绿健紫菜	康绿健	18g/包	2009-03-18	合格	
45	瑞安市跃进食品厂	手撕鱿鱼片	跃进	150g/包	2009-03-01	合格	
46	温州星贝海藻食品有限公司	星贝海苔	星贝	20g/袋	2009-01-16	合格	
47	温州市海得旺食品有限公司	鱼胶	五马街	250g/包	2008-06-02	合格	
48	苍南县鹤翔食品厂	瑞旺紫菜	瑞旺	20g/袋	2009-01-01	合格	
49	宁波江北旺达海味食品加工厂	淡菜干	甬旺达	250g/袋	2009-02-18	合格	
50	宁波山水一派食品有限公司	香酥小黄鱼	山水一派	100g/袋	2009-03-18	合格	
51	福建海天湖食品有限公司	坛紫菜		50g/袋	2009-01-15	合格	
52	福鼎市钱盛食品有限公司	紫菜	指夸	50g/袋	2009-03-23	合格	
53	福鼎市福龙海藻食品厂	一水紫菜	鼎佳佳	散称	2009-02-15	合格	
54	福建省罗源县大自然食品开发有限公司	宽叶海带	星浪	150g/袋	2009-01-02	合格	
55	福建省罗源县海阳食品有限公司	宽叶海带	海漾牌	150g/袋	2009-03-20	合格	
56	福州海林食品有限公司	海带丝	金海林	50g/袋	2009-02-23	合格	
57	晋江市华丰食品有限公司	野生紫菜	金丰味	100g/袋	2009-03-14	合格	
58	晋江市阿一波食品工贸有限公司	幼嫩紫菜	阿一波	60g/袋	2009-02-15	合格	
59	福建省晋江市安海远东食品有限公司	三鲜紫菜汤		72g/袋	2009-03-16	合格	
60	福建省晋江市安海三源食品实业有限公司	食全食美干坛紫菜	乐惠	100g/袋	2009-03-10	合格	
61	厦门太祖食品有限公司	原味烤紫菜		35g/瓶	2009-01-15	合格	
62	福州百味村食品有限公司	石斑鱼	百味村	45g/袋	2009-03-18	合格	
63	福州捷龙食品有限公司	淡菜		250g/袋	2009-03-15	合格	
64	福州奇味食品有限公司	鱿鱼丝	奇味源	100g/袋	2009-03-01	合格	
65	厦门市大龙发工贸有限公司	淡味干贝	龙发	260g/袋	2009-03-12	合格	
66	诏安县安邦水产食品有限公司	珍味鱿鱼丝	大有食品	100g/袋	2009-03-12	合格	
67	厦门市思明区新海都干果经营部	赤棕鱼		150g/袋	2009-03-09	合格	
68	厦门市思明区鼓浪屿黄金干果经营部	鳕鱼片		150g/袋	2009-03-01	合格	
69	厦门太祖食品有限公司	原味金丝鱼片		100g/袋	2009-03-04	合格	
70	汕头市澄海区怡田食品工业有限公司	神仙紫菜	怡田	3.3g/包	2009-01-20	合格	
71	你口四洲（汕头）有限公司	四洲紫菜	四洲	7.6g/袋	2009-02-09	合格	
72	烟台新海水产食品有限公司	干贝		280g/盒	2009-03-10	合格	
73	烟台新海水产食品有限公司	紫菜		80g/袋	2009-03-09	合格	
74	烟台悦泰食品有限公司	宽叶海带	悦泰	150g/袋	2009-03-09	合格	
75	烟台悦泰食品有限公司	烤紫菜	悦泰	28g/袋	2009-03-09	合格	
76	青岛锦记食品有限公司	烤马面鱼	渔公渔婆	95g/袋	2009-03-07	合格	
77	青岛市新洋食品有限公司	烤鱼片	新洋	100g/袋	2009-03-16	合格	
78	青岛海栈水产国际贸易有限公司	烘干虾皮	海栈	250g/袋	2009-03-10	合格	
79	青岛海栈水产国际贸易有限公司	海米	海栈	250g/袋	2009-03-10	合格	
80	青岛正进集团永进食品有限公司	鱼柳食品（芝麻鱼柳块）	正进	60g/袋	2009-03-17	合格	
81	青岛正进集团永进食品有限公司	鱼柳食品（鱼柳丝）		90g/袋	2009-03-17	合格	
82	青岛新大陆食品有限公司	烤马面鱼	俞记	45g/袋	2009-02-25	合格	
83	烟台安德水产有限公司	鱿鱼仔	安德	500g/袋	2009-02-21	合格	
84	烟台安德水产有限公司	手撕鱿鱼板	安德	500g/袋	2009-01-15	合格	

接上表

85	青岛顺洋食品有限公司	烤鱼片	顺洋	43g/ 袋	2009-03-17	合格	
86	广州市金梓食品有限公司	鱿鱼	琼彬	350g/ 袋	2009-01-15	合格	
87	深圳市永联盛工贸有限公司	鱿鱼	富益	300g/ 袋	2009-01-10	合格	
88	广东正佳实业有限公司从化分公司	鱿鱼丝	正佳	90g/ 袋	2009-02-06	合格	
89	沈阳市佳梦食品有限公司	烤鱼片	佳梦	85g/ 袋	2009-02-10	不合格	二氧化硫残留量
90	杭州益健食品有限公司沈阳分公司	鱿鱼丝	凯邦	58g/ 袋	2009-03-16	不合格	甜蜜素
91	宁波江北利亨四六八食品有限公司	优质烤黄鱼		100g/ 袋	2009-03-16	不合格	柠檬黄
92	福州前进食品有限公司	黄金烤丝	前进	50g/ 袋	2009-03-16	不合格	日落黄、甜蜜素
93	烟台优美食品有限公司	鱿鱼丝	东美	50g/ 袋	2009-03-11	不合格	甜蜜素
94	青岛锦记食品有限公司	烤鳕鱼	渔公渔婆	46g/ 袋	2009-01-08	不合格	苯甲酸
95	青岛龙源珍洋食品厂	珍洋烤鱼片	龙源珍洋	40g/ 袋	2009-03-17	不合格	菌落总数
96	烟台王氏食品有限公司	鱿鱼丝	渔家乐	60g/ 袋	2009-03-11	不合格	甜蜜素
97	烟台工氏食品有限公司	鱿鱼丝	圣林	128g/ 袋	2009-03-09	不合格	甜蜜素
98	青岛新大陆食品有限公司	烧海苔	俞记	27g/ 袋	2008-11-09	不合格	菌落总数
99	佛山市南海区里水南丁水产加工场	响螺片		350g/ 包	2009-03-05	不合格	二氧化硫残留量
100	佛山市南海区里水华源源水产加工场	响螺片	华源源	350g/ 包	2009-03-12	不合格	二氧化硫残留量

注：按行政区域排序。

干制水产品小常识

一、干制水产品的分类

干制水产品是以鲜、冻鱼、虾、贝类、头足类、海水藻类等水产品为原料经干燥或脱水方法除去产品中的水分、或配以其它工艺（调味、焙烤、轧松等）加工制成的即食或非即食产品。目前市场上销售的产品主要有两类：

（一）产品经清洗、调味蒸煮等预处理后干燥加工而成产品，工艺相对简单，分为即食与非即食，主要包括虾米、鱿鱼干、干贝、干海带、紫菜等。

（二）产品经清洗、蒸煮、切片等预处理后再经调味、焙烤、轧松等工序加工而成的水产干制品，这类产品工艺相对复杂，一般为烤鱼片、鱿鱼丝、海苔、休闲鱼干等。

二、选购干制水产品时注意事项

（一）购买场所：首选正规或规模比较大的商场和超市。

（二）购买品牌：选择规模比较大的企业和知名品牌。

（三）看标签：应看产品名称、生产厂名、厂址、电话、执行标准、配料表、QS 标志是否齐全，是否在保质期内。

（四）看包装：选购包装质量好的产品，好的产品包装可避免流通过程中引起的二次污染。

（五）看感官：质量好的干制水产品应外形完整，色泽正常无霉变，无异味，口感良好，无杂质。

果、露酒产品质量国家监督抽查质量公告

为了维护消费者的合法权益，国家质检总局组织对果、露酒产品质量进行了国家监督抽查。共抽查了天津、河北、内蒙古、吉林、辽宁、黑龙江、山东、河南、湖北、湖南、陕西、青海、甘肃、宁夏、新疆等15个省、自治区、直辖市94家企业生产的100种产品（不涉及出口产品），产品实物质量抽样合格率为99.2%。

此次抽查依据GB2757-1981《蒸馏酒及配制酒卫生标准》、GB2758-2005《发酵酒卫生标准》、GB2760-2007《食品添加剂使用卫生标准》、GB10344-2004《预包装饮料酒标签通则》等国家标准的规定，对果、露酒产品的酒精度、干浸出物、挥发酸、总二氧化硫、铅、苯甲酸、山梨酸、糖精钠、甜蜜素、菌落总数、大肠菌群、沙门氏菌、志贺氏菌、金黄色葡萄球菌、锰、苋菜红、胭脂红、柠檬黄、日落黄、亮蓝、感官以及标签等22个项目进行了检验。

抽查结果表明，涉及人身健康安全的卫生指标菌落总数、大肠菌群、沙门氏菌、志贺氏菌、金黄色葡萄球菌等项目，全部达到国家标准规定的要求。

抽查中发现的主要质量问题：

一、个别产品食品添加剂指标超标

强制性国家标准GB2760-2007《食品添加剂使用卫生标准》规定，果、露酒产品允许添加山梨酸、苯甲酸；果酒是不允许添加糖精钠、甜蜜素，露酒限量使用。抽查中有个别产品山梨酸、苯甲酸、糖精钠、甜蜜素不合格。

二、个别产品重金属指标超标，抽查中有个别低度露酒产品锰含量超标

针对抽查中发现的主要质量问题，国家质检总局已责成各地质量技术监督部门严格按照产品质量法等有关法律法规的规定，对抽查中产品质量不合格的企业依法进行处理，限期整改。同时，对抽查中质量较好的企业，加大宣传力度，引导消费。国家质检总局将继续对果、露酒产品质量进行跟踪抽查，促使果、露酒行业整体质量水平的提高。

果、露酒产品质量国家监督抽查部分质量较好的产品及其企业名单

序号	企业名称	产品名称	商标	规格型号	生产日期
1	长白山酒业集团有限公司	五味子酒	冰晶	500mL/瓶 4.0%（vol）	2008-09-30
2	烟台张裕葡萄酿酒股份有限公司	张裕特质三鞭酒	张裕	500mL/瓶 35%（vol）	2008-09-18
3	烟台白洋河酿酒有限责任公司	苹果起泡酒	白洋河	1.5L/瓶 5.0%（vol）甜型	2008-09-08
4	宁夏红枸杞产业集团有限公司	枸杞干红（果酒）	宁夏红	735mL/瓶 12%vol 干型	2008-06-27
5	青海清华博众生物技术有限公司	高原沙棘酒	青海青	600mL/瓶 12%vol	2008-07-22
6	劲牌有限公司	中国劲酒	劲·JING	500mL/瓶 35%vol	2008-09-02
7	新疆和阗玫瑰酒业有限责任公司	精品石榴酒	和阗	750mL/瓶 11%vol 甜型	2008-03-06

注：排名不分先后

果、露酒产品质量国家监督抽查较差的产品及其企业名单

序号	企业名称	产品名称	商标	规格型号	生产日期	主要不合格项目
1	黑龙江北奇神酒业有限责任公司	北国蓝莓酒	北奇神	750mL/瓶 3.0%（vol）糖度：50g/L	2008-09-03	酒精度、感官、糖精钠、甜蜜素、苋菜红、标签
2	内蒙古开元食品有限公司	山楂酒	牵手草原	700mL/瓶 7.0% vol 半甜型	2008-09-05	干浸出物、感官、糖精钠、甜蜜素、苋菜红

注：排名不分先后

果、露酒消费小常识

果酒是以新鲜水果或果汁为原料，经全部或部分发酵配制而成，酒精度在 7% ～ 18%(V/V) 的发酵酒。露酒是以发酵酒、蒸馏酒或食用酒精为酒基，加入可食用的辅料、食品添加剂，进行调配、混合或再加工制成的，是已改变了原酒基风格的饮料酒。现在市场上销售的果酒类型较多，有枸杞果酒、桑椹酒、石榴酒、猕猴桃酒、五味子酒等众多品种。由于我国有丰富的药食两用资源，所以露酒产品较多，品种也较多，例如：东北参茸酒、三鞭酒，西北的虫草酒、灵芝酒等产品。

消费者选购果酒时应注意：

一、产品名称。根据产品的定义，名称应该为“果酒”。

二、酒精度。果酒的酒精度不应低于 7%（V/V）。

三、外观。果酒的外观大多数应该是澄亮透明，有光泽，其颜色与酒的名称相符。

四、香气。果酒是一种发酵产品，它的香气应该有果香、发酵的酒香、陈酿的醇香，而且这些香气应该平衡、协调、幽雅、令人愉快。

五、口感。果酒的口感应该是舒畅愉悦，各种香味细腻、柔和，余味绵长。

露酒产品由于与中国中医药的历史渊缘，结合不同的产品，形成了不少有地方特色的露酒产品。大多数露酒产品中都有药食两用成份在其中。按照一定的配制比例，对特定人群有一定的功效作用，一般露酒的酒精度较高，每日饮酒量不宜过多。

果冻产品质量国家监督抽查结果公告

本次对北京、天津、河北、上海、江苏、浙江、福建、山东、广东等 9 个省、直辖市 55 家企业生产的 80 种果冻进行了监督抽查。

本次抽查依据强制性国家标准 GB19883-2005《果冻》、GB19299-2003《果冻卫生标准》、GB2760-2007《食品添加剂使用卫生标准》及相关产品标准的规定，对果冻产品的规格、苯甲酸、山梨酸、甜蜜素、糖精钠、胭脂红、柠檬黄、日落黄、苋菜红、亮蓝、诱惑红、总砷、铅、铜、菌落总数、大肠菌群、霉菌、酵母、致病菌（沙门氏菌、志贺氏菌、金黄色葡萄球菌）、二氧化硫残留量、安全警示语等 23 个卫生安全指标、关键理化指标和安全警示语标签标识进行了检验。

抽查中发现有 13 种产品不合格，存在的主要质量问题：

一、国家强制性标准 GB2760-2007《食品添加剂使用卫生标准》规定，糖精钠在果冻中不允许使用。本次抽查中有 8 种产品检出糖精钠。

二、国家强制性标准 GB2760-2007《食品添加剂使用卫生标准》规定，甜蜜素在果冻中的使用上限为 0.65g/kg。本次抽查中有 7 种产品甜蜜素含量超过标准规定的要求。

三、国家强制性标准 GB2760-2007《食品添加剂使用卫生标准》规定，苯甲酸在果冻中不允许使用。本次抽查中有 3 种产品检出苯甲酸。

四、强制性国家标准 GB19299-2003《果冻卫生标准》规定，果冻产品的菌落总数为≤ 100cfu/g。本次抽查中有 1 种产品菌落总数实测值为 1100000cfu/g，是标准规定值的 11000 倍。

果冻产品质量国家监督抽查产品及其企业名单

序号	企业名称	产品名称	商标	规格型号	生产日期（批号）	抽查结果	主要不合格项目
1	北京成旺食品有限公司	维多粒什锦果肉果冻	旺旺	178g/ 个	2009-3-13	合格	
2	北京成旺食品有限公司	旺旺维多粒果冻爽（粒粒桃味）	旺旺	150g/ 袋	2009-3-7	合格	
3	北京康贝尔食品有限责任公司	圣雪果汁果冻（草莓味）	马大姐	散装	2009-3-15	合格	
4	北京康贝尔食品有限责任公司	香橙味果味型果冻	马大姐	散装	2009-3-10	合格	
5	北京市喜来宝食品有限公司	果肉果冻（甜橙味）	雄鹰	散装	2009-2-18	合格	
6	北京市喜来宝食品有限公司	果味果冻	雄鹰	225g/ 袋	2009-3-7	合格	
7	蜡笔小新（天津）有限公司	高仟果冻（果味果冻）	蜡笔小新	360g/ 包	2009-3-17	合格	
8	蜡笔小新（天津）有限公司	香橙味顽皮果子（可吸果冻）	蜡笔小新	60g/ 包	2009-2-10	合格	
9	天津三商食品有限公司	白桃果冻	SANSHANG	250g/ 个	2009-2-26	合格	
10	上海华元食品有限公司	如果果冻（鸡蛋布丁味）	华元 / 如果	140g/ 杯	2009-3-11	合格	
11	上海华元食品有限公司	如果蒟蒻果冻（综合口味）	华元 / 如果	500g/ 袋	2009-3-11	合格	
12	上海美吉食品有限公司	晶晶寒天果冻（葡萄味）	晶晶	120g/ 杯	2009-3-3	合格	
13	上海美吉食品有限公司	晶晶小子椰果果冻	晶晶	1.2kg/ 盒	2008-10-31	合格	
14	上海台尚食品有限公司	椰果水果味果冻	台尚	401g/ 袋	2009-3-10	合格	
15	上海台尚食品有限公司	蒟蒻小椰果果冻	台尚	401g/ 袋	2009-1-17	合格	
16	南京福旺食品有限公司	维多粒葡萄果肉果冻	旺旺	178g/ 杯	2009-3-19	合格	
17	南京福旺食品有限公司	蒟蒻椰果冻（柠檬味）	旺旺	25g/ 粒	2009-3-17	合格	
18	南京克莉丝汀食品有限公司	蒟蒻小果冻（果汁型苹果口味）	克莉丝汀	180g/ 袋	2009-2-2	合格	
19	南京旺旺食品有限公司	旺旺维多粒果冻爽（粒粒橙味）	旺旺	150g/ 袋	2009-3-20	合格	
20	南京喜之郎食品有限公司	黄桃 & 蜜桃果肉果冻	喜之郎	200g/ 杯	2009-3-16	合格	
21	南京喜之郎食品有限公司	草莓味果冻	喜之郎	21g/ 粒	2009-3-17	合格	
22	苏州香格里拉食品有限公司	草莓味唯一家果冻（果味型）		散装	2009-3-13	合格	
23	义乌市稠城镇曹云即食品厂	甜佳水果冻（果味型果冻）		散装	2009-3-14	合格	
24	义乌市善云郎食品厂	甜蜜蜜果味果冻（荔枝味）	乐之约	散装	2009-3-20	合格	
25	义乌市小晶心食品厂	苹果味果冻（果味型果冻）	上超柿	散装	2009-1-2	合格	
26	福建惠康食品工业有限公司	惠康一派菠萝果肉果冻	惠康一派	散装	2009-3-15	合格	
27	福建惠康食品工业有限公司	开心部落樱桃味果味果冻	惠康一派	散装	2009-3-14	合格	
28	福建亲亲股份有限公司	亲亲果肉果冻	亲亲	30g/ 个	2009-3-2	合格	
29	福建亲亲股份有限公司	香橙味果冻	亲亲	20g/ 个	2009-2-27	合格	
30	福建省嘉士柏食品工业有限公司	雅典娜果冻香橙	嘉士柏	30g/ 个	2009-3-16	合格	
31	福建省嘉士柏食品工业有限公司	百果蒂草莓味果冻	嘉士柏	散装	2009-3-13	合格	
32	福建省晋江市华美食品有限公司	龙眼味果冻	华美世家	25g/ 个	2009-3-1	合格	
33	福建省晋江市华美食品有限公司	荔枝味果冻	华美世家	40g/ 个	2009-3-10	合格	
34	福建省晋江市青阳维多利食品有限公司	鲜 C 维 C 什锦果肉果冻	维多利	散装	2009-3-10	合格	
35	福建省晋江市青阳维多利食品有限公司	浪漫一族果味果冻	维多利	散装	2009-3-5	合格	
36	福建省晋江市小兄弟食品工业有限公司	水果爽可吸型果味果冻	小儿郎	散装	2009-3-10	合格	
37	福建省晋江市小兄弟食品工业有限公司	浪漫の旅香橙味果冻	小儿郎	散装	2009-3-6	合格	
38	福建雅客食品有限公司	水果档果冻（草莓）	雅客	35g/ 个	2009-3-13	合格	
39	福建雅客食品有限公司	欢吸可吸冻（菠萝）	雅客	150mL/ 支	2009-3-4	合格	
40	金冠（中国）食品有限公司	优生果子果肉果冻	金冠	散装	2009-2-26	合格	

接上表

41	金冠（中国）食品有限公司	水果慕司慕司果冻椰果菠萝味	金冠	75g/ 个	2009-2-23	合格	
42	蜡笔小新（福建）食品工业有限公司	蜡笔小新高纤果冻草莓味	蜡笔小新	25g/ 个	2009-3-1	合格	
43	蜡笔小新（福建）食品工业有限公司	小新果冻	蜡笔小新	75g/ 个	2009-3-9	合格	
44	临沂市罗庄区金胜食品厂	双牛果冻	双牛	19g/ 个	2009-2-16	合格	
45	蒙阴县蒙山居有限公司	金丝猴大果肉果冻	金丝猴	200g/ 杯	2009-3-1	合格	
46	蒙阴县蒙山居有限公司	金丝猴果满园吸吸果冻（葡萄味）	金丝猴	45g/ 个	2009-3-17	合格	
47	潮安宝乐食品厂	宝乐园果味型果冻	芝兰	1.35kg/ 袋	2009-3-18	合格	
48	潮安县庵埠庄陇华利食品厂	五福果（番石榴味果味果冻）		1kg/ 包	2009-3-17	合格	
49	潮安县乐逍遥食品实业有限公司	字母果冻（果味型果冻）		1.02kg/ 篮	2009-3-15	合格	
50	潮安县日新工贸有限公司	摇摇冻（沾粉果冻）（草莓牛奶味）（其他型果冻）	日新 e 妹	39g/ 盒	2009-3-20	合格	
51	东莞市金娃食品工业有限公司	果汁果爽小手雷可吸果冻（草莓味）	金娃	130g/ 只	2009-3-10	合格	
52	东莞市金娃食品工业有限公司	酒杯果冻（什锦味）	金娃	散装	2009-3-9	合格	
53	东莞市来一口食品有限公司	菠萝味果冻（果味型果冻）	来一口	散装	2009-3-7	合格	
54	东莞徐记食品有限公司	餐后果冻（樱桃味）（果味型杯形果冻）	徐福记	散装	2009-2-22	合格	
55	广东金利食品工业有限公司	晶彩果园果冻（草莓味）（果味型果冻）	立爽	1kg/ 袋	2009-2-24	合格	
56	广东摩天食品有限公司	珍珠冻（果味型果冻）	摩天	1.18kg/ 包	2009-3-16	合格	
57	品佳品食品（深圳）有限公司宝安分公司	什锦果味果冻（香橙味、荔枝味、草莓味）	品佳品	500g/ 袋	2009-3-18	合格	
58	品佳品食品（深圳）有限公司宝安分公司	果肉果冻（什锦）（果肉型果冻）	品佳品	185g/ 杯	2009-3-15	合格	
59	深圳市赐发实业有限公司	果子乐园果冻（可吸型果冻）	乐口佳	散装	2009-3-15	合格	
60	深圳市赐发实业有限公司	心爱一生草莓味果冻（果味型）	乐口佳	散装	2009-3-13	合格	
61	深圳市郎郎食品有限公司	郎郎菠萝味果冻（果味型果冻）	郎郎	散装	2009-3-5	合格	
62	深圳市三和源实业有限公司	香橙味果冻（果味型果冻）	三和源	250g/ 盒	2009-3-16	合格	
63	笑哈哈食品（阳江）有限公司	红哥果冻（葡萄味）（果味型）	红哥	散装	2009-3-7	合格	
64	阳江喜之郎果冻制造有限公司	香蕉味果汁果冻（果汁型）	喜之郎	25g/ 只	2009-3-10	合格	
65	阳江喜之郎果冻制造有限公司	葡萄味果冻（果味型果冻）	喜之郎	21g/ 只	2009-3-13	合格	
66	中山市乐娃娃食品有限公司	麦当当高纤果冻（荔枝味）（果味型果冻）	麦当当	散装	2009-3-10	合格	
67	中山市小榄镇夏港营养食品厂	蒟蒻果冻（果味型果冻）	夏之港	25g/ 只	2009-3-15	合格	

接上表

68	唐山市丰南区顺意达食品厂	酸酸果冻条	顺意达	80g/ 袋	2009-3-10	不合格	甜蜜素，糖精钠，苯甲酸
69	唐山市丰南区顺意达食品厂	吸吸冻	顺意达	30g/ 支	2008-12-18	不合格	甜蜜素
70	兴化市百味食品饮料厂	非常果冻	苏缘	散装	2009-3-13	不合格	菌落总数
71	义乌市鑫娃食品厂	蜜桔果味果冻（果味型果冻）	新娃	散装	2009-3-1	不合格	甜蜜素，糖精钠，苯甲酸
72	福建省晋江市辉兴食品有限公司	高纤果冻荔枝味	流星王子	散装	2009-3-3	不合格	甜蜜素
73	福建省泉州恒盛食品有限公司	优爽果冻（荔枝味椰果果冻）	恒盛食品	散装	2009-3-10	不合格	甜蜜素，糖精钠
74	河东区太平金正食品厂	蜜桔味果冻	珍珠娃	25g/ 个	2009-3-5	不合格	糖精钠，苯甲酸
75	青岛青宏食品有限公司	吉百利可吸果冻	吉百利	218g/ 杯	2009-3-17	不合格	糖精钠
76	青岛青宏食品有限公司	吉百利兵器爽	吉百利	散装	2009-3-15	不合格	糖精钠
77	山东健生堂食品有限公司	好利美草莓味果冻	好利美	散装	2009-3-5	不合格	糖精钠
78	山东巨强生物食品有限公司	酷爽冻冻（果味）	巨强	散装	2009-2-17	不合格	糖精钠
79	沂水县天佳食品厂	小天财吸吸果冻爽	小天财	散装	2009-3-2	不合格	甜蜜素
80	汕头市潮阳区城南味之佳食品厂	坤成水果伴侣 什锦果味果冻		散装	2009-3-10	不合格	甜蜜素

注：按行政区域排序。

果冻产品小常识

果冻作为休闲食品，晶莹剔透、色彩绚丽、口感甜美爽滑、汁感丰富并富有天然水果的感觉，深受广大消费者特别是少年儿童的喜爱。

根据果冻的形态，分为凝胶果冻和可吸果冻。凝胶果冻是指内容物从包装容器倒出后，能保持原有形态，呈凝胶装；可吸果冻是指内容物从包装容器倒出后，呈半流体凝胶状，能够用吸管或嘴直接吸食。

根据果冻的内容物，分为果味型、果汁型、果肉型、含乳型和其它型果冻。果味型果冻是指果汁含量低于15%的果冻；果汁型果冻是指果汁含量不低于15%的果冻；果肉型果冻指含有不低于15%新鲜或经加工的水果碎块或果粒的产品；含乳型果冻指添加乳或乳制品等原料加工而成的产品；其他型果冻指上述类型以外的果冻。

购买果冻时应注意产品的标签标注是否规范，果冻产品应标注食品名称、配料表、净含量、制造者名称和地址、生产日期、保质期、安全警示语和食用方法等内容。

食用前观察果冻应没有肉眼可见的外来杂质。凝胶果冻在脱离包装后能基本保持原有的形态，组织柔软适中；可吸果冻呈半流体凝胶状，脱离包装容器后，呈不定形状。果冻中添加的果肉或其他食用固体原料应有正常的组织形态。

所有类型的果冻中其可溶性固形物含量即白糖添加量要求在15%以上，这样可达到少添加或不添加甜味剂的目的。含乳型果冻蛋白质要求为1.0%以上，在享用果冻润滑爽口的同时也摄入了由乳制品带来的优质蛋白。

果冻是由海藻胶等加工而成，含有较多的膳食纤维，膳食纤维是一种非常重要并为国际一致公认的功能性食品基料。对少年儿童来说不宜过多食用。

果蔬汁饮料产品质量国家监督抽查结果公告

本次对北京、天津、河北、山西、辽宁、上海、江苏、浙江、安徽、福建、江西、山东、湖南、广东、新疆等15个省、自治区、直辖市139家企业生产的150种果蔬汁饮料产品进行了监督抽查。

本次抽查依据GB 19297-2003《果、蔬汁饮料卫生标准》、GB 10789-2007《饮料通则》、GB 2760-2007《食品添加剂使用卫生标准》、CCGF 120.4-2008《果蔬汁饮料产品国家质量监督抽查实施规范》的规定，对果蔬汁饮料产品的总砷、铅、铜、二氧化硫残留量、展青霉素（仅适用于苹果汁、山楂汁饮料）、苯甲酸、山梨酸、糖精钠、甜蜜素、安赛蜜、合成着色剂（柠檬黄、苋菜红、胭脂红、日落黄、诱惑红、亮蓝）、菌落总数、大肠菌群、霉菌、酵母、致病菌（沙门氏菌、志贺氏菌、金黄色葡萄球菌）等23个项目进行了检验。另外以罐头加工工艺生产的罐装产品需检测锌、铁、锡及锌、铜、铁总和、商业无菌。

抽查中发现有7种产品不合格，存在的主要质量问题：

一、本次抽查中有3种产品酵母超标。其中鞍山市庆丰饮品有限公司生产的脐橙果肉饮料产品酵母、菌落总数和甜蜜素同时超标，酵母、菌落总数检测值分别为16000 cfu/mL和11000 cfu/mL。强制性国家标准GB19297-2003《果、蔬汁饮料卫生标准》规定，果蔬汁饮料的酵母≤20 cfu/mL，菌落总数≤100 cfu/mL。

二、本次抽查中有4种产品甜蜜素超标。其中有1种产品甜蜜素检测值为2.16g/kg。强制性国家标准GB2760-2007《食品添加剂使用卫生标准》规定，果蔬汁饮料中甜蜜素不得超过0.65g/kg。

三、本次抽查中有1种产品标签明示“不添加防腐剂”，经检测，其山梨酸实测值为0.12g/kg，不符合产品明示的质量承诺。山梨酸作为一种防腐剂，添加到果蔬汁饮料中可抑制微生物的生长，防止产品变质。强制性国家标准GB2760-2007《食品添加剂使用卫生标准》规定，果蔬汁饮料中山梨酸不得超过0.5g/kg。

果蔬汁饮料产品质量国家监督抽查产品及其企业名单

序号	企业名称	产品名称	商标	规格型号	生产日期（批号）	抽查结果	主要不合格项目
1	乐天华邦（北京）饮料有限公司	华邦橙汁	LOTTE乐天	300mL/瓶	2009-04-15	合格	
2	北京顺鑫牵手果蔬饮品股份有限公司	100%果蔬汁（胡萝卜+橙）	牵手 图形	750mL/盒	2009-04-11	合格	
3	北京汇源食品饮料有限公司	橙汁	汇源 图形	1L/盒	2009-04-17	合格	
4	北京统一饮品有限公司	统一鲜橙多（橙汁饮料）	统一企业 图形	450mL/瓶	2009-04-25	合格	
5	福运泉（天津）野酸枣开发有限公司	福运泉野生酸枣果汁饮料（加糖型）	福运泉	266mL/瓶	2009-03-11	合格	
6	天津冠芳可乐饮料有限公司	山枝野生酸枣汁饮料	山枝及图形	246mL/瓶	2009-03-01	合格	
7	天津华维斯特实业有限公司	[美汁源果粒橙]橙汁饮料	美汁源果粒橙	450mL/瓶	2009-03-26	合格	
8	大湖（天津）新鲜食品果汁有限公司	大湖100%橙汁	大湖	255mL/瓶	2009-03-26	合格	
9	大湖（天津）新鲜食品果汁有限公司	茹萝桃口味纤维混合果肉果汁饮料	茹萝及图形	1L/瓶	2009-03-18	合格	
10	天津晶丹奇食品有限公司	纯野生酸枣果汁	晶丹奇	500mL/瓶	2009-03-17	合格	
11	河北沃尔旺食品饮料有限公司	沃尔旺蜜桃汁饮料	沃尔旺及图形	518mL/瓶	2009-04-12	合格	
12	赵县旭海果汁有限公司	（清清一族）雪梨汁饮品	趙州及图形	390mL/瓶	2009-04-08	合格	
13	河北汇源食品饮料有限公司	桃果肉饮料	汇源及图形	1L/盒	2009-04-14	合格	
14	河北汇源食品饮料有限公司	混合果蔬汁饮料	汇源及图形	2.5L/桶	2009-04-01	合格	

接上表

15	保定宝贝乳业有限公司	蜜桃汁饮料	雪奇及图形	500mL/ 盒	2009-02-24	合格	
16	河北新希望天香乳业有限公司	桃汁饮料	天香及图形	480mL/ 盒	2009-03-24	合格	
17	唐山猫王工贸有限公司	山楂果肉果汁饮料	和才及图形	550mL/ 瓶	2009-04-03	合格	
18	唐山久久宏饮品有限公司	桃汁饮料	久久宏	600mL/ 瓶	2008-12-03	合格	
19	唐山市四通食品有限公司	水蜜桃果汁饮品	通飞及图形	310mL/ 听	2009-04-01	合格	
20	唐山满江红饮品有限公司	鲜橙果汁饮料	蒲满江	500mL/ 瓶	2009-04-20	合格	
21	唐山市可麦隆饮品有限公司	鲜橙多橙汁饮料	汇源泉	1.5L/ 瓶	2009-04-12	合格	
22	唐山清源饮品有限公司	橙汁饮料	国傲及图形	2.5L/ 瓶	2009-04-20	合格	
23	唐山市顺通饮品有限公司	橙汁饮料	惠山源泉	2.5L/ 桶	2009-04-21	合格	
24	唐山市兴旺饮料厂	桃汁饮品	馬蹄泉及图形	2.5L/ 桶	2009-04-21	合格	
25	左权太行野山果饮品有限责任公司	太行 100 岁沙棘果汁饮料（果汁）	太行野神 图形	500mL/ 瓶	2009-02-06	合格	
26	大同市绿苑饮品有限责任公司	EC 果蔬汁	杏韵 图形	500mL/ 瓶	2008-07-21	合格	
27	山西汇源食品饮料有限责任公司	沙棘果肉饮料	汇源 图形	1L/ 盒	2009-02-14	合格	
28	山西厦普赛尔食品饮料股份有限公司	黄梨汁饮料	世外梨园 图形	500mL/ 瓶	2009-03-31	合格	
29	山西星昶贸易有限公司高平副食饮料厂	黄梨汁饮料（果肉型）	星昶图形	500mL/ 瓶	2009-02-07	合格	
30	山西唯思可达天然饮业有限公司	酸枣果汁饮料	唯思可達 图形	500mL/ 瓶	2009-03-27	合格	
31	山西太原亮点实业有限公司	野生沙棘汁饮料	亮点	450mL/ 瓶	2009-04-26	合格	
32	沈阳可口可乐饮料有限公司	美汁源果粒橙橙汁饮料	Minute Maid 果粒橙图形	450mL/ 瓶	2009-03-23	合格	
33	康师傅（沈阳）饮品有限公司	康师傅橙汁饮品	康师傅	500mL/ 瓶	2009-03-28	合格	
34	沈阳统一企业有限公司	统一鲜橙多 橙汁饮料	统一企业健康快乐统一图形	450mL/ 瓶	2009-03-24	合格	
35	沈阳娃哈哈食品有限公司	娃哈哈 橙汁饮品	娃哈哈 图形	500mL/ 瓶	2009-04-09	合格	
36	沈阳天乐饮品有限公司	（椰果粒）椰粒桃汁饮料	天乐园	418mL/ 瓶	2008-09-15	合格	
37	大连绿珠食品有限公司	甜橙饮料（低糖型）	园汁园味	428mL/ 盒	2008-12-26	合格	
38	营口鲁冰花饮品有限公司	草莓汁（果肉型）	鲁冰花 图形	500mL/ 盒	2008-12-23	合格	
39	鞍山中通发展有限公司	草莓果汁饮料	深山秀	245mL/ 瓶	2009-02-28	合格	
40	辽宁五女山米兰酒业有限公司	山葡萄 V 优果汁饮品	五女山 图形	500mL/ 盒	2008-09-03	合格	
41	丹东田源食品有限公司	蓝莓果汁饮料	丹花 图形	300mL/ 瓶	2008-11-25	合格	
42	锦州汇源食品饮料有限公司	桃汁饮料	真蜜桃 汇源图形	1.5L/ 瓶	2008-09-07	合格	
43	辽宁桓仁王城饮品有限公司	山里红 "V8" 野生原汁（饮料）（低糖）	王城 图形	485mL/ 盒	2009-01-09	合格	
44	辽宁省凤城市孤山泉天然纯净水饮料有限公司	野生山里红汁	孤山泉	350mL/ 瓶	2009-03-08	合格	
45	盘锦双鹰维什绿色保健食品有限公司	胡萝卜鲜榨汁	KANGBAIER 康拜尔 图形	240mL/ 罐	2008-11-02	合格	
46	上海泰德利食品饮料有限公司	橙汁饮料	光明	1.5L/ 瓶	2009-03-13	合格	
47	上海紫泉饮料工业有限公司	复合果汁饮料	美汁源	450mL/ 瓶	2009-04-18	合格	
48	上海汇源食品饮料有限公司	柠檬复合果汁饮料	汇源	330mL/ 瓶	2009-04-15	合格	

接上表

49	三得利（上海）食品有限公司	橙汁饮品		450mL/ 瓶	2009-04-09	合格	
50	徐州市天生源食品有限公司	荟丰缘芦荟汁饮料	荟丰缘	500mL/ 盒	2009-04-17	合格	
51	南京紫泉饮料工业有限公司	美汁源果粒橙橙汁饮料	果粒橙	450mL/ 瓶	2009-04-12	合格	
52	南京紫泉饮料工业有限公司	混合果汁饮料	纯果乐	450mL/ 瓶	2009-04-01	合格	
53	南京澳宝饮品有限公司	澳宝 100% 苹果汁	澳宝	490mL/ 瓶	2009-04-06	合格	
54	南京娃哈哈饮料有限公司	复合果汁饮料	娃哈哈	450mL/ 瓶	2009-04-20	合格	
55	扬州顶津食品有限公司	水晶葡萄饮品	康师傅	500mL/ 瓶	2009-03-13	合格	
56	扬州康龄食品有限公司	甘之泉橙汁饮料	甘泉	500mL/ 瓶	2009-04-18	合格	
57	扬州市维扬区博思达食品厂	橙汁饮料	聚宾	1.5L/ 瓶	2009-01-04	合格	
58	无锡市碧林酿酒饮料有限公司	碧林苹果汁	碧林	1L/ 盒	2009-04-20	合格	
59	无锡东方航空食品饮料有限公司	东航橙汁		1L/ 盒	2009-04-08	合格	
60	无锡橙宝食品有限公司	橙宝 100% 苹果汁		250mL/ 瓶	2009-04-01	合格	
61	无锡市橙亿食品有限公司	橙之源苹果汁	橙之源	500mL/ 瓶	2009-04-12	合格	
62	苏州市好时饮品有限责任公司	芦荟果粒饮料	四季好时	390mL/ 瓶	2009-04-21	合格	
63	苏州宏星食品包装有限公司	哈密瓜 • 苹果混合果汁饮料	纯果乐	450mL/ 瓶	2009-04-06	合格	
64	昆山统一企业食品有限公司	统一蜜桃多（蜜桃汁饮料）	统一	450mL/ 瓶	2009-03-20	合格	
65	百佳四洲（苏州）食品有限公司	粒粒橙汁饮品		240mL/ 罐	2009-03-25	合格	
66	杭州娃哈哈集团有限公司	柠檬汁饮料	娃哈哈 HELLO-C 柠檬	450mL/ 瓶	2009-04-16	合格	
67	杭州娃哈哈乐维食品有限公司	白葡萄汁饮品	娃哈哈	500mL/ 瓶	2009-04-11	合格	
68	（顶新国际集团）杭州顶津食品有限公司	水晶葡萄饮品	康师傅	500mL/ 瓶	2009-04-02	合格	
69	可果美（杭州）食品有限公司	葡萄果蔬混合汁	可果美	280mL/ 瓶	2009-04-07	合格	
70	可果美（杭州）食品有限公司	纯正番茄汁	可果美	280mL/ 瓶	2009-03-11	合格	
71	杭州多维佳食品有限公司	芦荟橙汁饮料	多维佳	730mL/ 瓶	2009-04-12	合格	
72	杭州波卡食品有限公司	波卡明珠果饮料	BOKA	240mL/ 瓶	2009-04-07	合格	
73	农夫山泉杭州千岛湖饮用水有限公司	水溶 C100 柠檬汁饮料	水溶 C100	445mL/ 瓶	2009-04-03	合格	
74	农夫山泉浙江千岛湖有限公司	30% 混合果蔬（番茄 + 草莓 + 樱桃李 + 葡萄 + 黑加仑）	农夫果园 TM	500mL/ 瓶	2009-04-03	合格	
75	杭州千岛湖妙品食品有限公司	芦荟甜橙汁	妙品 TM	488mL/ 瓶	2009-04-01	合格	
76	浙江华龙食品有限公司	华龙果粒橙橙汁饮料	华龙	1.25L/ 瓶	2009-04-01	合格	
77	德清绿沥饮品有限责任公司	橙汁饮料	绿沥	460mL/ 瓶	2009-04-16	合格	
78	德清莫干山统球饮料有限公司	莫干山果园水果饮料（椰果）	统球	500mL/ 瓶	2009-04-15	合格	
79	德清佳源食品有限公司	蜜桃多蜜桃汁饮料	佳源 TM	500mL/ 瓶	2009-04-12	合格	
80	浙江乐源生物工程有限公司	维 C 葡萄汁饮料	乐源	500mL/ 瓶	2009-04-17	合格	
81	德清丰乐食品有限公司	果粒爽粒粒橙汁饮料	德沁	2L/ 瓶	2009-04-13	合格	
82	德清县阿宝食品厂	橙汁	佰爱 TM	500mL/ 瓶	2009-04-13	合格	

接上表

83	德清县香意来食品有限公司	橙汁饮品果汁饮料	香意来 TM	1.5L/ 瓶	2009-03-08	合格	
84	浙江聚仙庄饮品有限公司	杨梅醋饮料	聚仙庄	450mL/ 瓶	2009-04-12	合格	
85	仙居县南洋食品有限公司	果粒橙饮料	波波酷 TM	500mL/ 瓶	2009-04-18	合格	
86	浙江扬眉饮品有限公司	杨梅汁	扬百利	500mL/ 瓶	2009-04-12	合格	
87	浙江水晶心食品有限公司	水晶活力水蜜桃汁（桃汁饮料）	水晶活力	450mL/ 瓶	2009-04-14	合格	
88	浙江小顽童食品有限公司	（小顽童果粒橙）橙汁饮料	选中你	500mL/ 瓶	2009-04-10	合格	
89	浙江黄岩健峰食品有限公司	358g 桔片混合水果饮料	智慧兔	358g/ 瓶	2009-04-13	合格	
90	台州金奔食品有限公司	金奔混合水果饮料（椰果）	能量动力 TM	510mL/ 瓶	2009-04-17	合格	
91	浙江八星保健食品有限公司	八星椰果果粒水果饮料	八星	380mL/ 瓶	2009-04-18	合格	
92	浙江小博士饮料食品有限公司温岭分公司	明珠果粒果汁饮料（悬浮型）	百万宝贝	500mL/ 瓶	2009-04-07	合格	
93	浙江百辉食品有限公司	甜橙粒果粒饮料	百辉	500mL/ 瓶	2009-04-18	合格	
94	义乌市喜之朋食品饮料厂	盐水菠萝汁饮料	喜之朋	390mL/ 瓶	2009-03-28	合格	
95	金华市意中园牛奶食品有限公司	橙汁饮品	意中园	480mL/ 瓶	2009-04-13	合格	
96	浙江白鸽实业有限公司	我滴椰果粒饮料	白鸽	350g/ 瓶	2009-04-02	合格	
97	安徽同泰食品有限公司	橙汁饮料	姥山	500mL/ 瓶	2009-04-12	合格	
98	合肥统一企业有限公司	统一蜜桃多（蜜桃汁饮料）	统一	450mL/ 瓶	2009-03-26	合格	
99	安徽汇源食品饮料有限公司	汇源橙汁饮料	汇源	2L/ 瓶	2009-04-19	合格	
100	安徽汇源食品饮料有限公司	汇源混合果蔬汁饮料	汇源	2.5L/ 瓶	2009-04-11	合格	
101	漳州宝鲜食品饮料有限公司	宝鲜粒粒橙汁饮品	宝鲜	238mL/ 瓶	2008-08-11	合格	
102	厦门惠尔康食品有限公司	芭芒柳热带复合果汁饮料	惠尔康	250mL/ 盒	2009-02-20	合格	
103	福建省永春县逢源实业有限公司	冬瓜汁饮料	逢滢	250mL/ 盒	2009-02-21	合格	
104	厦门银鹭食品有限公司	冬瓜汁饮料	银鹭	250mL/ 盒	2009-03-17	合格	
105	南昌统一企业有限公司	鲜橙多	统一	1.5L/ 瓶	2009-02-06	合格	
106	江西必旺食品有限公司	旺旺果粒多橙汁饮料	旺旺	350mL/ 袋	2009-04-14	合格	
107	江西健康壹加壹饮料有限公司	白萝卜汁	健康 1+1	310mL/ 瓶	2009-03-11	合格	
108	江西汇源食品饮料有限公司	混合果蔬汁饮料	汇源	2.5L/ 瓶	2009-04-14	合格	
109	江西汇源食品饮料有限公司	橙汁饮料	汇源	1.5L/ 瓶	2009-03-26	合格	
110	江西润田饮料有限责任公司	橙汁饮料	润田	500mL/ 瓶	2009-04-14	合格	
111	江西七娃食品有限公司	椰果果粒果汁饮料	七娃	500mL/ 瓶	2009-04-26	合格	
112	九江汇源食品饮料有限公司	全有混合果蔬汁饮料	汇源	1.5L/ 瓶	2008-12-24	合格	
113	九江汇源食品饮料有限公司	水果丽人橙汁饮料	汇源	1.25L/ 瓶	2009-02-24	合格	
114	青岛可口可乐饮料有限公司	美汁源果粒橙橙汁饮料	果粒橙	450mL/ 瓶	2009-04-01	合格	
115	青岛青啤朝日饮品有限公司	青啤橙汁饮料		500mL/ 瓶	2009-03-09	合格	
116	青岛怡妙饮品有限公司	芒果汁饮料	怡妙	240mL/ 罐	2009-01-10	合格	
117	青岛顶津食品有限公司	康师傅橙汁饮品	康师傅	500mL/ 瓶	2009-03-15	合格	
118	山东祥旺食品有限公司	旺旺果粒多葡萄汁饮料	旺旺	350mL/ 包	2009-04-06	合格	

接上表

119	济南达利食品有限公司	果粒橙（橙汁饮料）	达利园	500mL/ 瓶	2009-03-03	合格	
120	鲁中汇源食品饮料有限公司	橙汁饮料	汇源	500mL/ 瓶	2009-03-28	合格	
121	鲁中汇源食品饮料有限公司	混合果蔬汁饮料	汇源	500mL/ 瓶	2009-02-27	合格	
122	烟台金波浪酿酒有限公司	桑椹饮料	康尔	268mL/ 瓶	2009-03-25	合格	
123	烟台山村果园绿色生物股份有限公司	山村果园黄桃果肉饮料	山村果园	1L/ 盒	2009-04-08	合格	
124	山东态能生物科技有限公司	番茄汁饮料	态能科技	168mL/ 罐	2009-03-09	合格	
125	烟台倡倡寿生物科技有限公司	番茄果蔬露饮品	体量	168mL/ 罐	2009-02-18	合格	
126	湖南亚华乳业有限公司	猕猴桃果汁饮料	南山果王	1.5L/ 瓶	2008-12-08	合格	
127	可口可乐装瓶商生产（东莞）有限公司	美汁源果粒橙	美汁源	1.25L/ 瓶	2008-12-16	合格	
128	杨协成（广州）食品饮料有限公司	甘蔗饮料	杨协成	480mL/ 瓶	2009-02-05	合格	
129	中山市新力食品饮料有限公司	冬瓜饮料	蜂巢	250mL/ 盒	2009-01-08	合格	
130	湛江市欢乐家食品有限公司	乐满家荔枝味饮品	乐满家	350g/ 瓶	2008-09-15	合格	
131	百事饮料（广州）有限公司	混合果汁饮料	纯果乐 TM	450mL/ 瓶	2009-02-05	合格	
132	新疆德洋实业有限公司	红枣汁饮料	草原雪	500mL/ 瓶	2009-04-02	合格	
133	新疆德洋实业有限公司	鲜桃汁	阿米娜	500mL/ 瓶	2009-03-25	合格	
134	乌鲁木齐富田食品有限公司	统一鲜橙多橙汁饮料	统一	450mL/ 瓶	2009-02-17	合格	
135	新疆顶津食品有限公司	水蜜桃饮品	康师傅	500mL/ 瓶	2009-04-02	合格	
136	石河子开发区神内食品有限公司	蟠桃汁饮料	神内	238mL/ 瓶	2009-01-22	合格	
137	石河子开发区神内食品有限公司	胡萝卜汁饮料	神内	238mL/ 瓶	2009-04-02	合格	
138	新疆石河子娃哈哈食品有限公司	水蜜桃汁饮品	娃哈哈	500mL/ 瓶	2009-03-25	合格	
139	中粮可口可乐饮料（新疆）有限公司	果粒橙橙汁饮料	美汁源	450mL/ 瓶	2009-03-31	合格	
140	拉依姆别克（新疆）食品有限公司	萨珍桃汁饮料	萨珍	1L/ 盒	2009-04-13	合格	
141	乌鲁木齐华荣汇工贸有限责任公司	石榴汁饮料	阿娜尔汗	500mL/ 瓶	2009-04-14	合格	
142	新疆汇源食品饮料有限公司	混合果蔬汁饮料	汇源	2.5L/ 桶	2009-04-13	合格	
143	新疆汇源食品饮料有限公司	桃果肉饮料	汇源	2.5L/ 桶	2009-04-08	合格	
144	唐山绿田园食品有限公司	鲜浓粒粒橙汁	鲜浓	2L/ 瓶	2009-04-21	不合格	霉菌、酵母
145	唐山市胜财饮料食品有限公司	橙汁饮品	胜财及图形	500mL/ 瓶	2009-04-18	不合格	酵母
146	吕梁野山坡食品有限责任公司	沙棘汁饮料	吕梁野山坡图形	245mL/ 罐	2008-09-25	不合格	甜蜜素
147	鞍山市庆丰饮品有限公司	脐橙果肉饮料	庆丰	500mL/ 瓶	2009-04-01	不合格	甜蜜素、菌落总数、酵母
148	辽宁 · 本溪怡香碧饮品有限公司	野生山里红汁	怡香碧 图形	600mL/ 袋	2009-03-08	不合格	山梨酸
149	烟台杏源工贸有限公司果醋饮料分公司	苹果醋饮	杏源	280mL/ 瓶	2009-03-26	不合格	甜蜜素
150	临沂斯威特葡萄酒有限公司	鲜橙多鲜橙汁饮料		500mL/ 瓶	2009-04-14	不合格	甜蜜素

注：按行政区域排序。

果蔬汁饮料常识

果（蔬）汁及果（蔬）汁饮料是一种以水果、蔬菜或其浓缩原浆为原料，经过预处理、榨汁、调配、杀菌、无菌罐装或者热罐装的可以直接饮用的果、蔬汁及其饮料产品，不包括果汁含量小于 5% 的果味饮料。

一、鲜果汁。一般采用塑料瓶装或屋型纸制保鲜盒装，注明保存条件是低温冷藏，保存时间较短，大多只有 7 ～ 10 天。这种果汁一般是鲜榨汁，没有经过高温灭菌，基本不加糖和甜味剂、防腐剂，营养成分保存较好。

二、纯果汁。一般采用纸盒装或玻璃瓶、塑料瓶装，常温保存时间半年以上。这种果汁大多是用水果产地生产的浓缩果汁加水复原到原果汁的浓度，经过瞬间高温灭菌处理。营养成分尤其是维生素受到了损失，水果的风味也略有改变。

三、浓缩果汁。多用玻璃瓶或塑料瓶装，常温保存的时间较长。这种果汁含较多的糖分和添加剂，标签上会注明饮用时的稀释倍数。浓缩果汁携带方便，甜度一般较高，味道可以自己调节。

四、果汁饮料。含汽的果汁饮料和不含汽的果汁饮料品种都很多，果汁的含量也不相同。

购买果（蔬）汁饮料时查看产品标签。主要内容有：产品名称、配料表、产品执行的标准号、净含量、生产日期、制造者的名称和地址、果汁含量等。在选购果汁饮料时特别应注意果汁含量、果蔬种类等。果汁含量表示饮料中果汁含量的高低，果汁含量越高，同类产品的营养物质越高。同时，根据需要选择不同规格的产品，打开包装后需尽快饮用。

花生酱、芝麻酱产品质量国家监督抽查结果公告

本次对北京、天津、河北、山西、辽宁、上海、江苏、浙江、安徽、山东、河南、湖北、广东等 13 个省、直辖市 80 家企业生产的 96 种花生酱和芝麻酱进行了监督抽查。

本次抽查依据 GB 2760-2007《食品添加剂使用卫生标准》、QB/T 1733.4-1993《花生酱》、LS/T 3220-1996《芝麻酱》及相关规定，对非发酵酱产品的酸价、过氧化值、总砷、铅、苯甲酸、山梨酸、糖精钠、甜蜜素、安赛蜜、叔丁基羟基茴香醚（BHA）、2，6- 二叔丁基对甲酚（BHT）、特丁基对苯二酚（TBHQ）、黄曲霉毒素 B1、菌落总数、大肠菌群、致病菌（系指肠道致病菌及致病性球菌）等 16 个项目进行了检验。经检验，本次抽查的所有产品中均未检出致病菌。

抽查中发现有 10 种产品不合格，存在的主要质量问题：

一、《调味料产品生产许可证审查细则》规定，芝麻酱中铅含量为≤ 1.0mg/kg。本次抽查中有 1 种产品铅含量不合格，铅含量检测值达到 4.7mg/kg。

二、LS/T3220-1996《芝麻酱》标准规定，芝麻酱中的大肠菌群不得超过 90 个 /100g；QB/T 1733.4-1993《花生酱》标准规定，花生酱中的大肠菌群不得超过 30 个 /100g。本次抽查中有 2 种芝麻酱产品和 1 种花生酱产品大肠菌群超标。

三、LS/T3220-1996《芝麻酱》标准规定，芝麻酱的酸价均不得超过 4.0mgKOH/g，QB/T 1733.4-1993《花生酱》标准规定，花生酱的过氧化值不得超过 0.25%。本次抽查中有 1 种芝麻酱产品酸价超标，有 1 种花生酱产品过氧化值超标。

四、强制性国家标准 GB 2760-2007《食品添加剂使用卫生标准》中未规定花生酱中允许使用特丁基对苯二酚（TBHQ），即表明花生酱生产过程中不允许使用特丁基对苯二酚（TBHQ）。本次抽查中有 4 种产品检测出含有特丁基对苯二酚（TBHQ），最高含量为 0.23g/kg。

五、本次抽查中有 1 种芝麻酱产品，经检验实物质量符合相关标准规定的要求，但发现涉嫌冒用他人的厂名、厂址、商标，已通报相关部门依法处理。

花生酱、芝麻酱产品质量国家监督抽查产品及其企业名单

序号	企业名称	产品名称	商标	规格型号	生产日期（批号）	抽查结果	主要不合格项目
1	北京百世口福食品有限公司丰台分公司	纯芝麻酱	百世图形	350g/瓶	2009-01-08	合格	
2	北京香芝坊工贸有限公司	精制麻酱	老许家图形	350g/瓶	2009-03-26	合格	
3	北京新盛达李记香油商贸有限公司	纯芝麻酱	（图形）	210g/瓶	2009-03-18	合格	
4	北京羽利兴商贸有限公司	五仁芝麻酱	羽利興图形	300g/瓶	2008-06-10	合格	
5	北京古钟油脂有限责任公司	纯芝麻酱	（图形）	350g/瓶	2009-02-27	合格	
6	北京海美乐工贸有限公司	纯芝麻酱	（图形）	350g/瓶	2008-08-30	合格	
7	北京京福缘工贸有限公司	纯芝麻酱	皇味皇	350g/瓶	2009-03-25	合格	
8	北京市朝阳燕桥香油厂	纯芝麻酱	燕桥及图形	350g/瓶	2009-02-05	合格	
9	北京市浩详香油厂	纯芝麻酱	傅佳鑫图形	350g/瓶	2009-03-30	合格	
10	北京天府盛业工贸有限公司食品分公司	精制芝麻酱	贝尔火龙及图形	200g/瓶	2009-03-01	合格	
11	天津市东宇顺油业有限公司	芝麻酱	东宇顺	300g/瓶	2009-01-13	合格	
12	天津市龙府食品有限责任公司	纯芝麻酱	梦府	200g/瓶	2009-03-13	合格	
13	天津市龙府食品有限责任公司	花生酱	梦府	200g/瓶	2009-03-13	合格	
14	天津市武清区瑞福食用油厂	纯芝麻酱	杨师傅	415g/瓶	2009-02-25	合格	
15	天津市武清区瑞福食用油厂	花生酱	杨师傅	200g/瓶	2009-03-13	合格	
16	河间市长利食油加工厂	芝麻酱	瀛兴	350g/瓶	2009-03-01	合格	
17	河间市长利食油加工厂	花生酱	瀛兴	350g/瓶	2009-03-01	合格	
18	河间市光华油厂	纯芝麻酱	同飞	300g/瓶	2009-03-01	合格	
19	河间市光华油厂	麻酱（花生酱）	同飞	350g/瓶	2009-03-01	合格	
20	河间市诗歌油料厂	纯芝麻酱	诗歌	350g/瓶	2009-03-12	合格	
21	河间市诗歌油料厂	花生酱	诗歌	300g/瓶	2009-03-12	合格	
22	河间市兴华食品厂	纯芝麻酱	古福	350g/瓶	2009-03-10	合格	
23	河间市兴华食品厂	花生酱	古福	350g/瓶	2009-03-10	合格	
24	石家庄市冀康香油老作坊	冀康芝麻酱		280g/瓶	2009-03-18	合格	
25	石家庄市徐府香油有限公司	芝麻酱	百年徐府	260g/瓶	2009-03-10	合格	
26	石家庄市永立香油有限公司	芝麻酱	小三	300f/瓶	2009-01-16	合格	
27	石家庄银沣食品有限公司	花生酱		200g/瓶	2009-03-16	合格	
28	大同市南郊区同冀调味食品有限责任公司	麻酱	同冀	260g/瓶	2009-02-22	合格	
29	大同市南郊区同冀调味食品有限责任公司	花生酱	同冀	260g/瓶	2009-03-05	合格	
30	汾阳市德义园味业有限公司	芝麻酱		200g/瓶	2009-03-21	合格	
31	汾阳市狄遗元味业有限公司	芝麻酱	狄遗元	225g/瓶	2009-03-14	合格	
32	祁县昭馀香油厂	芝麻酱	昭馀	300g/瓶	2009-03-09	合格	
33	祁县昭馀香油厂	花生酱	昭馀	300g/瓶	2009-03-20	合格	
34	山西居来香调味食品有限公司	居来芝麻酱		400g/瓶	2009-03-13	合格	
35	山西祁县双成香油豆瓣酱厂	芝麻酱	双成	320g/瓶	2009-03-06	合格	
36	山西省太谷县东关小磨香油坊	纯芝麻酱		250mL/瓶	2009-03-19	合格	

接上表

37	山西溢滴香调味食品有限公司	纯芝麻酱		400g/瓶	2009-03-10	合格	
38	太原市瑞杰食品有限公司	芝麻酱		350g/瓶	2009-03-18	合格	
39	北镇市闾阳镇康记香油坊	芝麻酱		200g/瓶	2009-02-04	合格	
40	北镇市闾阳镇康记香油坊	花生酱		200g/瓶	2009-03-09	合格	
41	北镇市闾阳镇于记香油坊	花生酱	长福	250g/瓶	2009-03-09	合格	
42	北镇市闾阳镇于记香油坊	芝麻酱	长福	200g/瓶	2009-03-09	合格	
43	朝阳市广恒香油厂	芝麻酱	广恒	150g/瓶	2009-01-08	合格	
44	朝阳市圣圣成龙食品有限公司	芝麻酱		150g/瓶	2009-03-08	合格	
45	朝阳市双塔区老武头香油调味品厂	芝麻酱	老武头	150g/瓶	2009-01-10	合格	
46	沈阳古玉清真食品有限公司	芝麻酱	古玉	260g/瓶	2009-04-01	合格	
47	沈阳文屾草莓制品有限公司	花生酱		0.5kg/袋	2009-03-25	合格	
48	上海川湘食品厂	纯芝麻酱	川湘图形	225g/瓶	2009-03-11	合格	
49	上海五福调味食品有限公司浦东分公司	花生酱	（图形）	250g/瓶	2009-02-16	合格	
50	上海香格食品有限公司	柔滑花生酱	莺舞	510g/瓶	2008-09-23	合格	
51	青岛春明调味品有限公司	芝麻酱	春明	400g/瓶	2009-02-12	合格	
52	青岛青龙调味食品有限公司	芝麻酱		400g/瓶	2009-02-10	合格	
53	青岛食品股份有限公司	花生酱	海友	310g/瓶	2009-01-09	合格	
54	青岛食品股份有限公司	颗粒花生酱	海友	340g/瓶	2009-02-11	合格	
55	山东华盛食品有限公司	花生酱	四季宝	340g/瓶	2009-02-28	合格	
56	山东金豆子花生制品有限公司	花生酱	合伙	210g/瓶	2009-03-10	合格	
57	山东万和食品有限公司	花生酱	宏和	340g/瓶	2009-03-20	合格	
58	山东莺歌食品有限公司	花生酱	莺歌	340g/瓶	2009-01-11	合格	
59	山东莺歌食品有限公司	芝麻酱	莺歌	315g/瓶	2009-01-07	合格	
60	潍坊瑞福油脂调料有限公司	崔字牌芝麻酱	崔字牌	300g/瓶	2009-03-19	合格	
61	潍坊市潍城区鲁潍香油厂	芝麻酱	鲁潍牌	240g/瓶	2009-03-03	合格	
62	邹城市龙海花生制品有限公司	花生酱		340g/瓶	2009-03-15	合格	
63	河南 · 偃师市钦明油脂食品有限公司	凉拌芝麻酱	钦明	370g/瓶	2009-01-01	合格	
64	洛阳学堂油脂食品有限公司	芝麻酱	张学堂	320g/瓶	2008-12-16	合格	
65	南阳市和润粮油有限公司	芝麻酱	三顾堂及图形	380g/瓶	2008-09-06	合格	
66	南阳市华阳粮油食品有限公司	华阳纯芝麻酱		230g/瓶	2009-01-02	合格	
67	平舆康博汇鑫油脂有限公司	原味芝麻酱	阿誠	200g/瓶	2008-12-19	合格	
68	濮阳市鑫源油脂有限公司	亿香芝麻酱	亿香及图形	400g/瓶	2009-02-01	合格	
69	清丰县卢家村食品有限公司	傻子芝麻酱（混合芝麻酱）	卢家村	380g/瓶	2009-02-22	合格	
70	温县社会香油加工厂	芝麻酱	付社会	330g/瓶	2008-11-01	合格	
71	许昌市双百粮油有限公司	纯芝麻酱	双百及图形	200g/瓶	2009-02-26	合格	
72	许昌市双百粮油有限公司	纯花生酱	双百及图形	200g/瓶	2009-03-01	合格	
73	郑州九香居工贸有限公司	芝麻酱	玖香居酱品及图形	300g/瓶	2009-03-04	合格	

接上表

74	郑州市春芝调味品有限公司	芝麻酱	一滴及图形	380g/瓶	2009-01-18	合格	
75	郑州市惠真小磨油厂	芝麻酱	惠真及图形	340g/瓶	2008-08-02	合格	
76	驻马店市古味小磨香油开发有限公司	芝麻酱	天中古味及图形	175g/瓶	2009-03-03	合格	
77	驻马店市正道油业有限公司	芝麻酱（调和酱）	正道	360g/瓶	2009-03-04	合格	
78	驻马店市正源食用油业有限公司	品正纯芝麻酱	品正及图形	280g/瓶	2008-12-30	合格	
79	湖北新丰粮油土特产品有限公司	芝麻酱	玉莲及图形	340g/瓶	2009-01-08	合格	
80	天门市天喜食品有限公司	天喜芝麻酱	天喜及图形	200g/瓶	2009-01-12	合格	
81	武汉林和记食品有限公司	纯芝麻酱	林和记	400g/瓶	2009-02-10	合格	
82	武汉生花食品有限公司	纯正芝麻酱	福达坊及图形	168g/瓶	2009-02-09	合格	
83	武汉市浪花调味食品厂	七姊芝麻酱	七姊及图形	360g/瓶	2009-01-12	合格	
84	东莞市万江溢贯食品厂	幼滑花生酱	溢贯利百事	510g/瓶	2009-03-10	合格	
85	东莞市万江溢贯食品厂	幼滑芝麻酱	溢贯利百事	450g/瓶	2009-03-13	合格	
86	广州市耀信经济发展有限公司	花生酱	多果仙	510g/瓶	2008-08-23	合格	
87	北京老记坊香油有限公司	芝麻酱	老记图形	350g/瓶	2009-03-10	不合格	铅
88	北京市老才臣食品有限公司	芝麻酱	老才臣及图形	226g/瓶	2009-01-11	不合格	大肠菌群
89	上海天增食品有限公司	花生酱	添增图形	225g/瓶	2009-01-16	不合格	特丁基对苯二酚
90	青岛胶凯食品有限公司	花生酱		380g/瓶	2009-03-16	不合格	过氧化值
91	南阳一滴香油脂食品有限公司	花生酱	益盛美及图形	220g/瓶	2009-01-08	不合格	特丁基对苯二酚
92	南阳一滴香油脂食品有限公司	芝麻酱	豫宛一滴香及图形	220g/瓶	2008-12-06	不合格	特丁基对苯二酚
93	郑州顺利味业有限公司	火锅芝麻酱	任堂香及图形	280g/瓶	2008-05-07	不合格	酸价
94	潮安通顺食品有限公司	花生酱	通顺	185g/瓶	2009-03-13	不合格	大肠菌群
95	潮安通顺食品有限公司	芝麻酱	通顺	185g/瓶	2009-03-18	不合格	大肠菌群
96	东莞市鸿兴食品有限公司	花生调味酱	味林	510g/瓶	2009-02-09	不合格	特丁基对苯二酚

注：按行政区域排序。

花生酱产品小常识

花生酱是以花生为原料制备的一种酱体食品。含有优质蛋白质、脂肪以及大量的磷、钾、铁、烟酸、硫胺素等成分，营养丰富，风味独特。花生酱食用方便，吃法多样，可作为中、西餐的涂抹食品和佐料，也可用于食品工业创作夹心饼干、馅饼、三明治、糖果等食品。

消费者购买和食用花生酱时应注意：

一、优质花生酱一般为浅米黄色，品质细腻，香气浓郁，无杂质。

二、注意不要购买油酱分离的花生酱。

三、花生酱应置冰箱内冷藏，保质期 3 个月左右。

此外，在购买芝麻酱和花生酱时，要注意产品的包装上应标明厂名、厂址、产品名称、生产日期、保质期、配料、QS 标志等信息齐全。

芝麻酱产品小常识

一、购买芝麻酱时，应选购色泽为棕黄色或棕褐色，无霉斑，有显著的芝麻酱香味，无焦糊、无霉变味或其它不良气味的产品。

二、生产时间不长的纯芝麻酱（20天以内）一般无香油析出，外观棕黄或棕褐色，用筷子蘸取时粘性大，从瓶中向外倒时，酱体不易断。

三、芝麻酱一般有浓郁芝麻酱香气，无其它异味。掺入花生酱的芝麻酱有一股明显的花生油味，甜味比较明显。掺入葵花籽的芝麻酱有明显的葵花籽油味。

四、芝麻酱开封后尽量在3个月内食用完，开封后放置过久，容易氧化变硬。

五、芝麻酱调制时，先用小勺在瓶子里面搅几下，然后盛出芝麻酱，加入冷水调制，不要用温水。

黄酒产品质量国家监督抽查质量公告

为了维护消费者的合法权益，国家质检总局组织对黄酒产品质量进行了国家监督抽查。共抽查了上海、江苏、浙江、安徽、山东、福建、江西、湖南、广东等9个省、直辖市100家企业生产的100种产品（不涉及出口产品），产品实物质量抽样合格率为97.5%。

此次抽查依据GB2758-2005《发酵酒卫生标准》、GB17946-2000《绍兴酒（绍兴黄酒）》、GB/T13662-2000《黄酒》、GB10344-2005《预包装饮料酒标签通则》、GB2760-2007《食品添加剂使用卫生标准》等国家标准及相关产品标准的规定，对黄酒产品的感官、总糖、非糖固形物、酒精度、pH值、总酸、β-苯乙醇、氧化钙、氨基酸态氮、挥发物、铅、苯甲酸、山梨酸、糖精钠、甜蜜素、菌落总数、大肠菌群、沙门氏菌、志贺氏菌、金黄色葡萄球菌以及标签等21个项目进行了检验。

抽查结果表明，大型企业的产品质量继续保持稳定。黄酒产品近4年来已连续跟踪抽查了9次，产品抽样合格率逐年上升，同比2007年提高了4.5个百分点，比2005年提高了12.1个百分点。

抽查中发现的主要质量问题：

一、个别产品违规添加甜味剂或防腐剂

黄酒属于发酵酒，强制性国家标准GB2760-1996《食品添加剂使用卫生标准》规定，黄酒中不得添加甜味剂（糖精钠、甜蜜素）、防腐剂（苯甲酸、山梨酸）。抽查中有个别产品检出甜蜜素。

二、个别产品β-苯乙醇不合格

黄酒中的β-苯乙醇来自于稻米中，为稻米的特有成份，与黄酒中的酯、醛类组分融合成协调细腻的黄酒香气。抽查中有个别产品β-苯乙醇达不到标准规定的要求，造成酒体风味成分比例下降。

三、个别产品总酸不合格

总酸是酒中未离解的酸和已离解的酸的浓度之和，是黄酒风味的一部分。清爽型黄酒标准规定总酸的含量为2.5～7.0g/L。抽查中有个别产品的总酸达不到标准规定的要求，主要是黄酒发酵周期偏短或用于发酵的酒曲用量添加不当，造成黄酒中的酒体协调性欠佳，影响黄酒的口感。

针对抽查中发现的主要质量问题，国家质检总局已责成各地质量技术监督部门严格按照产品质量法等有关法律法规的规定，对抽查中产品质量不合格的企业依法进行处理，限期整改。同时，对抽查中质量较好的企业，加大宣传力度，引导消费。国家质检总局将继续对黄酒产品质量进行跟踪抽查，促使黄酒行业整体质量水平的提高。

黄酒产品质量国家监督抽查部分质量较好的产品及其企业名单

序号	企业名称	产品名称	商标	规格	生产日期
1	上海金枫酿酒有限公司	石库门上海老酒（红色峥嵘）	石库门	500ml/ 瓶	2008-09-16
2	浙江嘉善黄酒股份有限公司	六年陈酿花雕酒	汾湖	500ml/ 瓶	2008-09-10
3	青岛即墨市酒厂	齐鲁老酒	齐鲁	470ml/ 瓶	2008-09-21
4	上海皇家酿酒有限公司	君再来黄酒东方之酒（1995）	君再来	500ml/ 瓶	2008-09-04
5	上海新晖酿造有限公司	沪牌老酒	沪	500ml/ 件	2008-09-15
6	宣城市大圣酒业有限责任公司	五年陈大圣金花雕酒	楚南冠	500ml/ 件	2008-09-16
7	无锡市振太酒业有限公司	清爽型黄酒	锡山	428ml/ 袋	2008-10-06
8	宁波阿拉酿酒有限公司	五年陈花雕酒	阿拉	500ml/ 瓶	2008-08-23
9	江西井冈酒业有限责任公司	红米酒清爽型黄酒	井冈牌	460ml/ 瓶	2008-08-09
10	绍兴市大越酒业有限公司	精制花雕酒	大越	600ml/ 瓶	2008-09-17
11	福建省宏盛闽侯酒业有限公司	闽江老酒清爽型黄酒	闽江	495ml/ 瓶	2008-09-09
12	湖南胜景山河生物科技股份有限公司	福典黄酒	古越楼台	1500ml/ 瓶	2008-09-01
13	广东明珠珍珠红酒业有限公司	珍珠红酒	珍珠红	600ml/ 瓶	2008-09-08

注：排名不分先后。

黄酒产品质量国家监督抽查质量较差的产品及其企业名单

序号	企业名称	产品名称	商标	规格	生产日期	主要不合格项目
1	闽侯县尚干镇酒厂	陶江老酒	久信	485ml/ 瓶	2008-09-21	苯乙醇、甜蜜素
2	闽侯县尚干七里酒厂	黄酒(红糀酒)	闽家	475ml/ 瓶	2008-08-30	感官、非糖固形物、pH 值、总酸、苯乙醇、氨基酸态氮、甜蜜素

注：排名不分先后。

黄酒选购小常识

黄酒是以稻米、黍米、玉米、小米、小麦等粮食为主要原料，经蒸煮、糖化、发酵、压榨、过滤、贮存、勾兑等工艺生产的发酵酒。

黄酒是我国的民族特产，其中以浙江绍兴酒为代表的麦曲稻米酒是黄酒历史最悠久、最有代表性的产品；山东即墨老酒是北方粟米黄酒的典型代表；福建龙岩沉缸酒、福建老酒是红曲稻米黄酒的典型代表。黄酒酒精度低、耗粮较少、富含多种氨基酸、蛋白质、维生素和对人体有益的矿物元素，营养丰富。

一、黄酒根据其含糖量的高低分为以下 4 种：

（一）干黄酒："干"表示酒中的含糖量少，糖份都发酵变成了酒精，故酒中的糖份含量最低，总糖含量低于或等于 15.0g/L。干黄酒的代表产品是元红酒。口味醇和、鲜爽、无异味。

（二）半干黄酒："半干"表示酒中的糖份还未全部发酵成酒精，还保留了一些糖份。在生产上，这种酒的加水量较低，相当于在配料时增加了饭量，故又称为“加饭酒”。总糖含量在15.0g/L～40.0 g/L。我国大多数高档黄酒，均属此种类型。如加饭（花雕）酒。口味醇厚、柔和、鲜爽、无异味。

（三）半甜黄酒：半甜黄酒采用的工艺独特，是用成品黄酒代水，加入到发酵醪中，使糖化发酵的开始之际，发酵醪中的酒精浓度就达到较高的水平，在一定程度上抑制了酵母菌的生长速度，由于酵母菌数量较少，对发酵醪中产生的糖份不能转化成酒精，故成品酒中的糖份较高。总糖含量在40.1g/L～100 g/L。代表产品如善酿酒、即墨老酒等。口味醇厚、鲜甜爽口，酒体协调，无异味。

（四）甜黄酒：甜黄酒一般采用淋饭操作法，拌入酒药，搭窝先酿成甜酒酿，当糖化至一定程度时，加入40-50%浓度的米白酒或糟烧酒，以抑制微生物的糖化发酵作用，总糖含量高于100 g/L。代表产品如香雪酒、福建沉缸酒。口味鲜甜、醇厚，酒体协调，无异味。

二、消费者在选购时应注意以下几点：

（一）选购时可从产品名称、产品类型（含糖量）来判别黄酒种类，以选择适合自己需要的产品。

（二）选购黄酒时，酒液呈黄褐色或红褐色，清亮透明，允许有少量沉淀的产品为佳。如酒液已浑浊，色泽变得很深，不要饮用。

（三）黄酒的品尝：一看颜色，二看清亮度，三看色泽亮度，四看流动性（粘稠度），第五步，嗅觉，鼻对杯口，静吸气，接收挥发性香味；摇动或转动杯子，检查酒的香味、品质、强弱和个性。第六步，味觉，品尝酒的六味及协调程度。第七步，回味检查，品尝后将酒咽下，感觉其回味及后味长短；第八步，品味酒的品质风格，在体味中享受黄酒的美味和香醇。

酱腌菜产品质量国家监督抽查结果公告

本次对北京、天津、河北、上海、江苏、浙江、安徽、湖北、湖南、山东、广东、四川、重庆等13个省、直辖市142家企业生产的150种酱腌菜进行了监督抽查。

本次抽查依据GB2760-2007《食品添加剂使用卫生标准》、SB/T10439-2007《酱腌菜》、GB2714-2003《酱腌菜卫生标准》、CCGF108.1-2008《酱腌菜产品质量国家监督抽查实施规范》及相关标准规定的要求，对酱腌菜产品的总砷、铅、苯甲酸、山梨酸、对羟基苯甲酸酯类、糖精钠、甜蜜素、安赛蜜、合成着色剂（柠檬黄、日落黄等）、亚硝酸盐、大肠菌群、致病菌（沙门氏菌、志贺氏菌、金黄色葡萄球菌）等15个项目进行了检验。

抽查中发现有13种产品不合格，存在的主要质量问题：

一、苯甲酸、山梨酸作为防腐剂，添加到酱腌菜中可抑制微生物的生长，防止酱腌菜变质。强制性国家标准GB2760-2007《食品添加剂使用卫生标准》规定，酱腌菜中苯甲酸及其钠盐不得超过0.5g/kg；酱渍蔬菜和盐渍蔬菜山梨酸及其钾盐不得超过0.5g/kg，其他类酱腌菜（比如酱油渍菜、糖醋渍菜等）均未作规定，表明其产品生产过程中是不允许添加的。本次抽查中有10种产品涉及超标超范围使用防腐剂。其中苯甲酸检测值最高的为1.6g/kg，是标准限量值的3倍多。

二、强制性国家标准GB2760-2007《食品添加剂使用卫生标准》规定，酱渍菜和盐渍菜中甜蜜素不得超过0.65g/kg，糖精钠不得超过0.15g/kg，安赛蜜不得超过0.3g/kg，其他类酱腌菜均未作规定，表明其产品生产过程中是不允许添加的。本次抽查中有8种产品甜味剂不合格。其中有1种糖醋渍菜产品糖精钠检测值为0.21g/kg，甜蜜素检测值为0.80g/kg，同时该产品苯甲酸检测值达到1.2g/kg，超过标准规定的要求。

酱腌菜产品质量国家监督抽查产品及其企业名单

序号	企业名称	产品名称	商标	规格型号	生产日期（批号）	抽查结果	主要不合格项目
1	北京李记乐宝食品有限公司	下饭豇豆	李记乐宝图形	100g/ 袋	2009-02-19	合格	
2	北京六必居食品有限公司三厂	小辣椒（盐渍）	六必居图形	290g/ 瓶	2009-03-18	合格	
3	北京六必居食品有限公司三厂	甜酸乳瓜	六必居图形	290g/ 瓶	2009-03-01	合格	
4	北京六必居食品有限公司天源酱园食品厂	甜酱黄瓜	天源酱园图形	300g/ 瓶	2009-02-11	合格	
5	金诚（北京）食品有限公司	宗家府萝卜切块泡菜	（图形）	400g/ 袋	2009-03-06	合格	
6	北京市老才臣食品有限公司	韭菜花	老才臣及图形	340g/ 瓶	2009-03-02	合格	
7	北京雨润肉类加工有限公司	朴府辣白菜	雨润图形	150g/ 袋	2009-04-02	合格	
8	天津市静海县东钓台利达酱菜厂	麻仁金丝	三冠图形	240g/ 袋	2009-03-15	合格	
9	天津市静海县东钓台利达酱菜厂	元宝香瓜	三冠图形	240g/ 袋	2009-03-15	合格	
10	天津市一品农庄食品厂	蒜沓黄瓜（盐水渍菜）	一品农庄图形	108g/ 袋	2009-03-10	合格	
11	天津市宝元调料酿造厂	小黄瓜	澳马图形	108g/ 袋	2008-10-10	合格	
12	河北保定槐茂有限公司	槐茂什锦酱菜	槐茂及图形	350g/ 瓶	2009-02-08	合格	
13	河北霸州六必居食品有限公司	特味脆鲜瓜	六必居	105g/ 袋	2008-12-27	合格	
14	河北霸州六必居食品有限公司	盐渍杏仁	六必居	85g/ 袋	2009-01-01	合格	
15	石家庄市新华区新潮食品厂	浏阳河剁辣椒	杜明安及图形	1.40kg/ 瓶	2009-03-23	合格	
16	上海行驰调味食品有限公司	爽口菜	行驰	128g/ 袋	2009-03-06	合格	
17	上海行驰酱品厂	散装酱菜		200g/ 袋	2009-01-12	合格	
18	崇明县致富酿造厂	崇明甜包瓜		800g/ 盒	2009-01-08	合格	
19	上海大陆酿造有限公司	崇明甜包瓜	公鸡	500g/ 盒	2009-03-03	合格	
20	上海东明酿造有限公司	崇明甜包瓜	珠裕	200g/ 袋	2009-02-13	合格	
21	上海绿缘食品有限公司	金花菜		100g/ 袋	2009-03-04	合格	
22	上海农家酿酒有限公司	崇明金花菜	农本	100g/ 袋	2009-02-18	合格	
23	上海新光酿造有限公司	崇明甜包瓜	飞鸽	1000g/ 盒	2009-02-05	合格	
24	上海梅鼎农产品专业合作社	姚氏爽口雪菜	姚梅生	88g/ 袋	2009-03-12	合格	
25	上海牛肚绿色食品有限公司	香味雪菜	牛桥	88g/ 袋	2009-03-09	合格	
26	南通金地来酱制品有限公司	香菜心	月亮城图形	375g/ 瓶	2009-03-16	合格	
27	南通市如桥菜业有限公司	榨菜丝	依你口味	55g/ 袋	2009-03-15	合格	
28	南通春华食品有限公司	春华爽甜萝卜条	春華图形	150g/ 袋	2009-03-15	合格	
29	南通春华食品有限公司	酸甜蒜头	春華图形	200g/ 袋	2009-03-01	合格	
30	如皋市仁宗食品有限公司	甜条	仁宗图形	150g/ 袋	2009-03-16	合格	
31	平望调料酱品厂	平望酱菜	莺湖图形	120g/ 袋	2009-03-10	合格	
32	吴江市汾湖镇芦墟酱制品厂	樱桃萝卜头		150g/ 袋	2009-03-01	合格	
33	苏州市吴中区角直酱品厂	小萝卜头	角直图形	100g/ 袋	2009-03-04	合格	
34	泰州元汁斋食品有限公司	香菜心		320g/ 瓶	2009-01-02	合格	
35	无锡金兰食品有限公司	波浪脆瓜	金蘭图形	396g/ 瓶	2009-01-20	合格	
36	江苏恒顺醋业股份有限公司	乳黄瓜	金山牌图形	375g/ 瓶	2009-02-27	合格	
37	慈溪市红圩菜厂	阿东哥榨菜丝	荣企	60g/ 袋	2009-01-02	合格	
38	慈溪市咪咪乐菜业有限公司	咪咪乐开味菜	咪咪乐图形	90g/ 袋	2009-03-02	合格	

接上表

39	慈溪市神棋菜业有限公司	爽口萝卜条	神棋图形	218g/袋	2009-03-12	合格	
40	杭州萧山瓜沥迦勒蔬菜食品厂	调味萝卜	宇生图形	250g/袋	2009-02-07	合格	
41	杭州冯娄酱制品有限公司	萧山萝卜干	冯娄图形	2.5kg/袋	2009-03-07	合格	
42	杭州景阳观调料酱品有限公司萧山分公司	景阳观雪菜	景陽觀	150g/袋	2009-02-18	合格	
43	杭州其门堂蔬菜食品有限公司	调味萝卜	其門堂图形	250g/袋	2009-03-06	合格	
44	杭州萧山菜厂	萧山萝卜干	新湾图形	2.5kg/袋	2009-03-08	合格	
45	杭州萧山梅西八字桥酱菜厂	萧山萝卜干	三皇图形	180g/袋	2009-03-01	合格	
46	杭州萧山新湾镇建华菜厂	萧山萝卜干	飞美	2.5kg/袋	2009-03-10	合格	
47	杭州萧山义蓬镇火星调味品加工厂	萧山萝卜干	盛星图形	300g/袋	2009-02-19	合格	
48	杭州萧山义蓬镇建鑫蔬菜制品厂	萧山萝卜干	建鑫图形	2.5kg/袋	2009-02-08	合格	
49	杭州萧山云玲蔬菜食品有限公司	萝卜皇	三马皇	280g/袋	2008-12-26	合格	
50	桐乡市南日江荣蔬菜厂	桐楼麻油榨菜	桐楼图形	60g/袋	2009-03-03	合格	
51	桐乡市南日蔬菜食品一公司	航空小菜丝	菊花图形	60g/袋	2009-03-12	合格	
52	桐乡市徐介桥菜业有限公司	榨菜片	徐介桥	80g/袋	2009-03-09	合格	
53	余姚市老板菜厂	儿童榨菜	老阮图形	128g/袋	2009-03-15	合格	
54	余姚市乡下妹菜业有限公司	乡下妹精品榨菜丝	乡下妹	60g/袋	2009-03-15	合格	
55	宁波雨云蔬菜厂	榨菜丝	雲牌	200g/袋	2009-03-07	合格	
56	和县金东海五显酱菜制品有限公司	蜜汁小乳瓜	金东海	200g/袋	2009-03-03	合格	
57	和县金东海五显酱菜制品有限公司	五香萝卜干	金东海	200g/袋	2009-03-09	合格	
58	安徽小菜一碟食品有限公司	八宝菜		180g/袋	2009-02-24	合格	
59	合肥徽之皇食品集团有限公司	红油笋丁	徽之皇	90g/袋	2009-03-05	合格	
60	安徽阿幸食品有限公司	美味裙带菜		50g/袋	2009-03-12	合格	
61	洽洽食品股份有限公司	泡椒花生果	洽洽	90g/袋	2009-01-07	合格	
62	当涂县黄池恒泰源食品有限公司	萝卜条	黄利	160g/袋	2009-03-11	合格	
63	马鞍山市百素园食品有限公司	麻油素香菜		165g/袋	2009-03-10	合格	
64	马鞍山市黄池恒香食品有限公司	萝卜条		180g/袋	2009-03-11	合格	
65	马鞍山市黄池食品（集团）有限公司	莴笋心	金菜地	100g/袋	2009-03-09	合格	
66	马鞍山市黄池食品（集团）有限公司	嫩豇豆	金菜地	100g/袋	2009-03-09	合格	
67	马鞍山市晶翔食品有限公司	椒汁王		2500g/袋	2009-03-05	合格	
68	山东惠民武定府酿造有限责任公司	合锦菜	武定府	280g/瓶	2008-12-26	合格	
69	乐陵市荣星酱菜食品厂	油芥丝	荣星	5kg/袋	2009-03-01	合格	
70	山东飞达集团有限公司	黄金辣椒		473mL/瓶	2009-01-13	合格	
71	山东鸿方缘食品有限公司	鸿方缘酱菜	鸿方缘	300g/袋	2009-02-16	合格	
72	山东鸿方缘食品有限公司	酱黄瓜	鸿方缘	300g/瓶	2009-02-10	合格	
73	山东鲁成酱菜食品有限公司	酱大头	鑫宇	300g/袋	2009-03-08	合格	
74	济宁玉园酿造食品有限公司	海带丝	玉园	158g/袋	2009-03-13	合格	
75	临清市济美酿造有限责任公司	甜酱瓜	济美	360g/瓶	2009-03-16	合格	
76	临沂市河东区久利食品有限公司	八宝菜	久利	168g/袋	2009-02-04	合格	

接上表

77	山东省临沂市河东区郑旺金玺酱园	海白菜	金玺	128g/ 袋	2009-03-17	合格	
78	山东春林食品有限公司	酱八宝	亿食	150g/ 袋	2009-03-07	合格	
79	青岛春明调味品有限公司	香辣椒		216g/ 袋	2009-02-22	合格	
80	青岛墨河源调味品厂	香辣芥丝		180g/ 袋	2009-03-06	合格	
81	青岛松源食品有限公司	酸菜丝	松源青青	300g/ 袋	2009-03-10	合格	
82	日照海润食品有限公司	海带菜	海润	180g/ 袋	2009-03-09	合格	
83	莒县文心食品酿造有限公司	文心酱菜	文心	1kg/ 袋	2009-03-08	合格	
84	三通食品（潍坊）有限公司	甜酸姜片	一元化	240g/ 袋	2009-03-08	合格	
85	潍坊市解戈酱菜厂	辣大根	海之情	400g/ 袋	2009-03-08	合格	
86	寿光市宝烨水产有限公司	老咸菜	宝烨	400g/ 袋	2009-03-02	合格	
87	寿光市昌达食品有限公司	香脆萝卜	菜都	180g/ 袋	2009-03-09	合格	
88	潍城区开发区明宗酱菜厂	油辣芥丝	明宗	168g/ 袋	2009-03-13	合格	
89	诸城市东升酱菜制品有限责任公司	脆萝卜	岔道口	100g/ 袋	2009-03-07	合格	
90	临淄区齐陵一家亲泡菜厂	精品泡菜		2kg/ 袋	2009-03-16	合格	
91	临淄区齐陵一家亲泡菜厂	油辣芥丝		250g/ 袋	2009-03-16	合格	
92	荆州市福星榨菜厂	鲜味榨菜丝		450g/ 袋	2009-03-27	合格	
93	荆州市沙市区福禄腌菜厂	香辣榨菜丝		300g/ 袋	2009-03-27	合格	
94	荆州市沙市区双马腌菜厂	榨菜丝		500g/ 袋	2009-03-27	合格	
95	荆州市渝航榨菜厂	红油爽口榨菜丝		500g/ 袋	2009-03-27	合格	
96	武汉市蔡甸区诚信食品厂	心爽野山椒	金乐	90g/ 瓶	2009-03-29	合格	
97	武汉浏阳河食品有限公司	红泡椒		1600g/	2009-03-25	合格	
98	武汉市东西湖佳佳酱菜厂	小米辣		1kg/ 袋	2009-03-25	合格	
99	武汉市东西湖游凤蔬菜酱品厂	游凤泡菜	游凤	500g/ 袋	2009-03-01	合格	
100	武汉小蜜蜂食品有限公司	甜酸藠头	每天六颗	260g/ 袋	2009-02-17	合格	
101	宜昌市伍家岗区兄弟食品厂	兄弟酱菜		240g/ 袋	2009-03-26	合格	
102	长沙坛坛香调料食品有限公司	精制剁辣椒	坛坛乡	210g/ 瓶	2009-03-20	合格	
103	长沙玉和园实业有限公司	精制剁辣椒	玉和园	540g/ 瓶	2009-03-19	合格	
104	长沙老兵调味品有限公司	湖南辣椒酱	老兵	248g/ 瓶	2009-03-11	合格	
105	长沙市开福区湘辣妹食品厂	辣椒酱	湘辣妹	248g/ 瓶	2009-03-21	合格	
106	华容县海露酱菜厂	酸菜王	吴记嗨露	200g/ 袋	2009-03-24	合格	
107	华容县升华酱品厂	酸菜鱼配料	开口爽	200g/ 袋	2009-03-21	合格	
108	华容县田丰菜业有限责任公司	鱼酸菜	梅嫂	200g/ 袋	2009-03-14	合格	
109	广州市花都区狮岭高龙果菜副食品加工厂	风干萝卜丝		7.5kg/ 箱	2009-03-08	合格	
110	广州市花都区新华宏浩酱菜食品厂	风干淡口菜		6.5kg/ 箱	2009-03-18	合格	
111	广州市花都区新华康福酱腌菜制品厂	黄梅菜芯		7kg/ 箱	2009-03-17	合格	
112	广州市花都区新华盛群酱腌菜制品厂	黄梅菜芯		7.5kg/ 箱	2009-03-15	合格	
113	广州市花都区新华伟艺农副产品加工场	农家乐风干丝	老农家乐	6.5kg/ 箱	2009-03-04	合格	
114	广州市花都区新华鱼香酱菜食品厂	爽甜香卜条		7kg/ 箱	2009-03-16	合格	
115	江门市荷塘镇荷联冲菜加工厂	豉油王冲菜		700g/ 袋	2009-03-18	合格	
116	江门市蓬江区荷塘荷兴食品加工厂	豉油王冲菜	昌兴	600g/ 袋	2009-03-15	合格	
117	江门市蓬江区荷塘荷裕食品加工厂	豉油王冲菜	荷塘牌	640g/ 袋	2009-03-19	合格	
118	汕头市澄海区莲下鸿盛食品厂	潮州咸菜	鸿盛	250g/ 袋	2009-03-01	合格	

接上表

119	汕头市澄海区莲下天天乐食品厂	潮汕咸菜	天天乐	250g/ 袋	2009-03-02	合格	
120	广东蓬盛实业有限公司	香港橄榄菜	蓬盛	180g/ 瓶	2009-03-17	合格	
121	汕头市龙湖区外砂凤窖腌制厂	橄榄菜	乐香	165g/ 瓶	2009-02-23	合格	
122	汕头市龙湖区外砂友美食品厂	乌橄榄菜	奕坤	170g/ 瓶	2009-03-15	合格	
123	汕头市玉蕾食品实业有限公司	潮汕风味菜（橄榄菜）	玉蕾	180g/ 瓶	2009-03-16	合格	
124	广州市如丰果子调味食品有限公司	香辣萝卜	如丰	400g/ 瓶	2009-03-16	合格	
125	涪陵天然食品有限责任公司	小字辈涪陵榨菜丝	小字辈	70g/ 袋	2009-03-24	合格	
126	太极集团重庆国光绿色食品有限公司	太极榨菜	太极	80g/ 袋	2009-03-13	合格	
127	重庆市北山食品有限公司	香辣榨菜丝	北山	60g/ 袋	2009-03-20	合格	
128	重庆市涪陵宝巍食品有限公司	榨菜	亚龙	70g/ 袋	2009-03-23	合格	
129	重庆市涪陵辣妹子集团有限公司	榨菜丝	辣妹子	60g/ 袋	2009-03-10	合格	
130	重庆市涪陵区红日升榨菜食品有限公司	榨菜片	懒妹子	60g/ 袋	2009-02-15	合格	
131	重庆市涪陵区洪丽食品有限责任公司	香辣榨菜丝	餐餐想	60g/ 袋	2009-02-05	合格	
132	重庆市涪陵区志贤食品有限公司	涪陵榨菜	志贤	60g/ 袋	2009-03-20	合格	
133	重庆市涪陵榨菜集团股份有限公司	精品三榨（红油榨菜）	乌江	80g/ 袋	2009-02-05	合格	
134	成都吉食道食品有限公司	箭笋	吉食道	500g/ 袋	2009-03-11	合格	
135	四川省京韩四季实业有限公司	红油洋姜		80g/ 袋	2009-03-18	合格	
136	成都奥斯特食品有限责任公司	下饭小菜		120g/ 袋	2009-02-15	合格	
137	乐山市牛华芽菜食品有限公司	乐山牛华芽菜	牛华	100g/ 袋	2009-03-05	合格	
138	天津市北辰区伊真清真调料有限公司	糖醋蒜	伊真图形	400g/ 袋	2009-01-01	不合格	山梨酸、糖精钠、甜蜜素
139	天津市超立食品加工厂	酸辣黄瓜	超历图形	80g/ 袋	2009-02-18	不合格	苯甲酸、甜蜜素
140	天津市福天乐工贸有限公司	糖蒜	福天樂图形	400g/ 袋	2009-01-08	不合格	苯甲酸、糖精钠、甜蜜素
141	天津市宏发调味食品厂	五香玫瑰菜	文发图形	400g/ 袋	2009-01-01	不合格	山梨酸、甜蜜素
142	上海浦卫酱菜厂	香菜心	浦卫	190g/ 瓶	2009-02-19	不合格	山梨酸
143	南京来一碟调味品有限公司	蜜汁乳瓜	桥林铺子	200g/ 袋	2009-02-18	不合格	安赛蜜
144	安徽省和县红光调味品有限责任公司	嫩姜芽	千年	238g/ 瓶	2008-12-18	不合格	山梨酸、糖精钠、甜蜜素
145	青岛墨水河调味厂	五香萝卜条	MH	180g/ 袋	2009-03-02	不合格	甜蜜素
146	山东日照市裕源酿造有限公司	高碘海带菜	盈源	150g/ 袋	2009-03-03	不合格	苯甲酸、山梨酸
147	武汉市东西湖成渝酱菜制品厂	鲜辣丁	食锦	9kg/ 箱	2009-03-24	不合格	苯甲酸
148	武汉市汉康调料咸菜厂	热干面萝卜丁		13.5kg/ 箱	2009-03-25	不合格	苯甲酸
149	武汉市汉阳区文武食品厂	麻辣油寸		10kg/ 箱	2009-03-26	不合格	苯甲酸
150	重庆市涪陵区桂怡食品有限公司	涪陵榨菜		60g/ 袋	2009-03-06	不合格	甜蜜素

注：按行政区域排序。

酱腌菜小常识

酱腌菜是指以新鲜蔬菜为主要原料，经淘洗、腌制、脱盐、切分、调味、分装、密封、杀菌等工序，采用不同腌渍工艺制作而成的各种蔬菜制品的总称。我国制作酱菜的调料，主要有盐、酱、酒糟、酱油、糖、醋、蜜、虾油、鱼露等。根据不同的加工方式可分为酱渍菜、盐渍菜、酱油渍菜、糖渍菜、醋渍菜、糖醋渍菜、虾油渍菜、盐水渍菜、糟渍菜等。

一、按加工方式分类

（一）酱渍菜以蔬菜咸坯，经脱盐、脱水后，用酱渍加工而成的蔬菜制品。如酱菜瓜、酱黄瓜、酱莴笋、酱姜、酱什锦菜、酱八宝菜等。

（二）盐渍菜以蔬菜为原料，用食盐盐渍加工而成的蔬菜制品。如干菜笋、咸香椿芽等。

（三）酱油渍菜以蔬菜咸坯，经脱盐、脱水后，用酱油浸渍加工而成的蔬菜制品。如北京辣菜、榨菜萝卜等。

（四）糖渍菜以蔬菜咸坯，经脱盐、脱水后，用糖渍加工而成的蔬菜制品。如糖大蒜。

（五）醋渍菜以蔬菜咸坯，经脱盐、脱水后，用醋渍加工而成的蔬菜制品。如酸藠头等。

（六）糖醋渍菜以蔬菜咸坯，经脱盐、脱水后，用糖醋渍加工而成的蔬菜制品。如糖醋萝卜。

（七）虾油渍菜以蔬菜为主要原料，用食盐盐渍后再经虾油渍制加工而成的蔬菜制品。

（八）盐水渍菜以蔬菜为原料，用盐水经生渍或熟渍加工而成的蔬菜制品。如泡菜、酸黄瓜等。

（九）糟渍菜以蔬菜咸坯为原料，用酒糟或醪糟经糟渍加工而成的蔬菜制品。如糟瓜、贵州独山盐酸菜等。

二、选购酱腌菜时应注意以下几点：

（一）首选正规商场、大型超市销售的大中型企业或知名品牌企业生产的酱腌菜。

（二）尽量购买预包装的酱腌菜产品，这样可避免产品在运输和销售时受到二次污染。

（三）购买时观察产品的包装和外观，若发现玻璃瓶装产品瓶盖膨凸、塑料袋装产品胀袋、标签不全、生产日期打印模糊、产品变色无光、发粘，甚至有白色菌膜点的产品不要购买；正规企业出品的袋装产品，其封口处一般不会起皱，很整齐。

（四）食用酱腌菜应适量。

（五）特别需要指出的是，目前家庭也常常自制腌菜，在腌制的过程中，需要了解产品的熟化时间。因为酱腌菜在腌制过程会产生对人体有危害的亚硝酸盐，一般在腌制第 4 ～ 8 天，亚硝酸盐的含量比较高，此时不宜食用；第 9 天以后开始下降，20 天后降低到安全的范围内，所以家庭腌制过程中要注意产品的熟化时间，选择最佳食用时间。

◇

酱油产品质量国家监督抽查质量公告

为了维护消费者的合法权益，国家质检总局组织对酱油产品质量进行了国家监督抽查。共抽查了北京、天津、河北、上海、江苏、浙江、安徽、湖北、山东、湖南、广东、河南等 12 个省、直辖市 79 家企业生产的 100 种产品（不涉及出口产品），产品实物质量抽样合格率为 89%。

此次抽查依据强制性国家标准 GB18186-2000《酿造酱油》、GB2717-2003《酱油卫生标准》、GB2760-2007《食品添加剂使用卫生标准》以及强制性部颁标准 SB10336-2000《配制酱油》等标准的规定，对酱油产品中的感官、氨基酸态氮、总酸、全氮、铵盐、可溶性无盐固形物、总砷、铅、黄曲霉毒素 B1、苯甲酸、山梨酸、菌落总数、大肠菌群、沙门氏菌、志贺氏菌、金黄色葡萄球菌以及标签等 17 个项目进行了检验。经检验，涉及人身健康的主要安全项目黄曲霉毒素 B1、重金属含量等指标全部符合国家标准规定的要求。

抽查中发现的主要质量问题：

一、个别产品菌落总数超标

菌落总数反映食品被污染的程度。强制性国家标准 GB2717-2003《酱油卫生标准》规定，可直接用于佐餐的餐桌酱油中菌落总数应≤ 30000cfu/mL。抽查中有个别产品菌落总数超过国家标准规定的要求。

二、个别产品防腐剂苯甲酸超标

强制性国家标准 GB2760-2007《食品添加剂使用卫生标准》规定，酱油的苯甲酸使用量应≤ 1.0g/kg，抽查中有个别产品防腐剂苯甲酸超过国家标准规定的限量。

三、个别产品氨基酸态氮、全氮、可溶性无盐固形物等酱油产品特征指标不合格

酱油的鲜味来自于其中所含有的氨基酸形式存在的氮元素，氨基酸态氮、全氮、可溶性无盐固形物是衡量酱油质量优劣的重要特征指标之一，在产品标准中，酱油的质量等级主要是依据酱油中氨基酸态氮、全氮含量不同来区分。抽查中有个别产品氨基酸态氮指标、全氮、可溶性无盐固形物指标低于标准规定的要求。

针对抽查中发现的主要质量问题，国家质检总局已责成各地质量技术监督部门严格按照产品质量法等有关法律法规的规定，对抽查中产品质量不合格的企业依法进行处理，限期整改。同时，对抽查中质量较好的企业，加大宣传力度，引导消费。国家质检总局将继续对酱油产品质量进行跟踪抽查，促使酱油行业整体质量水平的提高。

酱油产品质量国家监督抽查部分质量较好的产品及其企业名单

序号	企业名称	产品名称	商标	规格	生产日期
1	佛山市海天（高明）调味食品有限公司	海天酱油金标生抽	海天	500ml/瓶	2008-09-23
2	上海太太乐食品有限公司	特鲜宴会酱油	太太乐	623ml/瓶	2008-09-18
3	北京王致和食品集团有限公司销售分公司	铁强化酱油（酿造酱油）	金狮	500mL/瓶	2008-08-05
4	李锦记（新会）食品有限公司	金标生抽酿造酱油	李锦记	500ml/瓶	2008-09-20
5	石家庄珍极酿造集团有限责任公司赵县分公司	黄豆酱油（酿造酱油）	珍极	350mL/袋	2008-09-22
6	加加集团（长沙）有限公司	金标生抽王酱油	加加	500ml/瓶	2008-09-21
7	天津市天立独流老醋股份有限公司酱油酿造厂	天立味美鲜酱油	天立	500mL/瓶	2008-09-17
8	武汉市劲宝食品有限公司	特鲜老抽王（酱油）	劲宝	500ml/瓶	2008-10-06

注：排名不分先后。

酱油产品质量国家监督专项抽查部分质量较差的产品及其企业名单

序号	企业名称	产品名称	商标	规格	生产日期	主要不合格项目
1	武邑县民丰酿造厂（河北）	鲜酱油（酿造）		360mL/袋	2008-09-23	全氮、氨基酸态氮、可溶性无盐固形物、苯甲酸
2	天津市福润调料厂	原汁酱油（酿造酱油）		350mL/袋	2008-06-28	全氮、氨基酸态氮、菌落总数、标签
3	冀州市周村老醋酿造厂（河北）	古圣酱油（配制酱油）	古圣	350mL/袋	2008-09-01	全氮、氨基酸态氮、可溶性无盐固形物、苯甲酸
4	保定春不老食品有限公司	酿造酱油	三润深	380mL/袋	2008-09-02	全氮、氨基酸态氮、铵盐、可溶性无盐固形物

注：排名不分先后。

酱油小常识

一、分 类

（一）按生产方法分为酿造酱油和配制酱油。酿造酱油是指纯酿造工艺生产的酱油，不得添加酸水解植物蛋白调味液；配制酱油是以酿造酱油为主体，添加酸水解植物蛋白调味液等添加剂配制而成的酱油。配制酱油一般来说鲜味较好，但酱香、酯香不及酿造酱油。

（二）按生产工艺分为高盐稀态发酵酱油和低盐固态发酵酱油。在色泽上，高盐稀态酱油颜色较浅，呈红褐色或浅红褐色；而低盐固态酱油颜色较深，呈深红褐色或棕褐色。在香味上高盐稀态酱油具有酱香和酯香香气，而低盐固态酱油酱香香气突出，酯香香气不明显。

二、选 购

（一）选购时可根据不同用途选购不同的专用酱油。

（二）注意查看标签标注是否完整。一看标签上标明的氨基酸态氮含量，其含量不得小于 0.4g / 100ml。一般来说，特级、一级、二级、三级酱油的氨基酸态氮含量分别≥ 0.8g / 100ml、≥ 0.7g / 100ml、≥ 0.55g / 100ml 和 0.4g / 100ml。二看标签上的酱油类型是餐桌酱油还是烹调酱油，根据用途选购。三看标签上的生产方法，认清是酿造酱油还是配制酱油。四看标明的生产工艺。五看生产日期，优选近期生产的产品。

（三）正常的酱油具有鲜艳的红褐色、体态澄清，无悬浮物及沉淀。另外，摇动时会起很多泡沫，并不易散去，酱油仍澄清、无沉淀、无浮膜、比较粘稠。

（四）优质酱油应具有浓郁酱香和酯香味，味道鲜美、醇厚、咸淡适口，无异味。

三、食 用

（一）酱油中含有丰富的氨基酸，烹调时产生鲜香味，最好在菜肴将出锅前加入，略炒煮后即出锅，这样可以避免锅内高温而使氨基酸受到破坏，营养价值受到破坏，而且糖分也不会焦化变酸。

（二）为有效防止酱油发霉长白膜，可以采用往酱油中滴几滴食油、放几瓣去皮大蒜或几滴白酒等方法。

（三）食用时烹调酱油不要用作佐餐凉拌用。

（四）酱油新品种铁强化酱油，铁强化酱油是继食盐加碘后的又一国家营养改善项目，包装上有明确的铁强化酱油标识及含量。

冷冻饮品产品质量国家监督抽查结果公告

本次对北京、天津、河北、山西、内蒙古、辽宁、吉林、黑龙江、上海、江苏、浙江、安徽、福建、江西、山东、河南、湖北、湖南、广东、广西、重庆、四川、贵州、陕西、甘肃等 25 个省、自治区、直辖市 224 家企业生产的 318 种冷冻饮品进行了监督抽查。

本次抽查依据目前现行的强制性国家标准 GB2760-2007《食品添加剂使用卫生标准》、GB2759.1-2003《冷冻饮品卫生标准》、推荐性行业标准 SB/T10013-1999《冰淇淋》、SB/T10014-1999《雪泥》、SB/T10015-1999《雪糕》、SB/T10016-1999《冰棍》、SB/T10017-1999《食用冰》、SB/T10327-1999《甜味冰》的规定，对冷冻饮品产品的蛋白质、总砷、铅、铜、糖精钠、甜蜜素、安赛蜜、着色剂（胭脂红、苋菜红、诱惑红、柠檬黄、日落黄、亮蓝）、菌落总数、大肠菌群、致病菌（沙门氏菌、志贺氏菌 、金黄色葡萄球菌）等 18 个卫生安全指标进行了检验。

抽查中发现有52种产品不合格，存在的主要质量问题：

一、本次抽查中有 42 种冷冻饮品微生物指标超标，其中菌落总数和大肠菌群均超标的有 21 种，大肠菌群一项超标的有 13 种，菌落总数一项超标的有 7 种，致病菌（金黄色葡萄球菌）检出的有 1 种。含淀粉或果类的冷冻饮品的菌落总数应≤ 3000cfu/g，大肠菌群应≤ 100MPN/100g，本次抽查中发现武汉市东西湖常欣冷饮厂生产的老冰棒纯冰糖口味棒冰的菌落总数实测值为 160000cfu/g，超标 52 倍，大肠菌群实测值为 2400MPN/100g，超标 23 倍。含乳蛋白的冷冻饮品的菌落总数应≤ 25000cfu/g，大肠菌群应≤ 450MPN/100g，本次抽查中发现长治市郊区雪山冷饮厂生产的小脆筒雪糕的菌落总数实测值为 1600000cfu/g，超标 63 倍，大肠菌群实测值为 24000MPN/100g，超标 52 倍。

二、本次抽查中有 19 种产品超范围或超量使用甜味剂（糖精钠、甜蜜素、安赛蜜）。甜蜜素在冰棍中的最大使用量为 0.65g/kg。本次抽查中有 1 种果味冰的甜蜜素实测值为 1.9g/kg，超标近 2 倍。不合格原因主要是用低成本高甜度的甜味剂（糖精钠、甜蜜素或安赛蜜）代替成本较高的白砂糖提高产品甜度。

三、本次抽查中有 1 种产品重金属铅超标，铅含量检测值为 2.7mg/kg，超标 8 倍。强制性国家标准 GB2759.1-2003《冷冻饮品卫生标准》规定，冷冻饮品的铅含量应≤ 0.3mg/kg。

四、本次抽查中有 2 种冰淇淋蛋白质不合格，蛋白质含量均未达到 0.5%。混合型冰淇淋、组合型植脂冰淇淋的蛋白质应≥ 2.2%。冰淇淋产品中蛋白质能提供人体营养，赋予独特的奶香风味。

冷冻饮品产品质量国家监督抽查产品及其企业名单

序号	企业名称	产品名称	商标	规格型号	生产日期（批号）	抽查结果	主要不合格项目
1	北京艾莱发喜食品有限公司	纯正牛奶冰淇淋（芒果口味）	八喜	90g/ 杯	2009-05-02	合格	
2	北京天冰冷饮有限公司	雪贝棒冰	天冰(图形)	80g/ 支	2009-05-06	合格	
3	北京天冰冷饮有限公司	小神童快乐城雪糕	天冰(图形)	72g/ 支	2009-05-01	合格	
4	北京市昌平金凯康冷饮食品厂	乳果 · 爱 雪糕	快乐岛（图形）	85g/ 支	2009-03-06	合格	
5	北京市昌平金凯康冷饮食品厂	多彩旋（柳橙 + 菠萝口味棒冰）	快乐岛（图形）	75g/ 支	2009-03-06	合格	
6	北京北冰洋冷冻食品有限公司	双把雪糕（奶油味）	北冰洋（图形）	110g/ 根	2009-05-02	合格	
7	北京凤翔大都食品有限责任公司	绿莎莎绿色心情雪糕	蒙牛(图形)	71g/ 支	2009-04-16	合格	
8	北京凤翔大都食品有限责任公司	纯冰糖味棒冰	蒙牛(图形)	85g/ 支	2009-04-16	合格	
9	北京鑫大洋食品有限公司	布丁雪糕	蒙牛(图形)	50g/ 支	2009-03-28	合格	
10	和路雪（中国）有限公司	香草妞妞香草口味雪糕	和路雪及图形	246g/ 盒	2009-05-08	合格	
11	和路雪（中国）有限公司	可爱多甜筒非常香草口味冰淇淋	和路雪及图形 可爱多	68g/ 支	2009-04-30	合格	
12	北京宏宝莱饮品有限公司	蜜香豆（牛奶 / 红豆口味雪糕）	宏宝莱	88g/ 支	2009-04-26	合格	
13	天津伊利康业冷冻食品有限公司	玉米香雪糕	伊利	65g/ 支	2009-05-05	合格	
14	天津伊利康业冷冻食品有限公司	冰片蜜桃棒冰	伊利	89g/ 支	2009-05-04	合格	
15	天津市大桥道食品有限责任公司	牛奶口味雪糕	大桥道	80g/ 支	2009-04-20	合格	
16	秦皇岛市上当食品有限公司	水晶葡萄（葡萄味冰棍）		85g/ 支	2009-04-13	合格	
17	秦皇岛市鑫龙食品有限公司	都市沙冰冰棍		80g/ 支	2009-04-19	合格	
18	乐亭县凯达冷冻厂	脆乐滋脆皮巧克力夹心雪糕		75g/ 支	2009-03-24	合格	
19	沧州圣泉冷饮厂	甜橙甜味冰		80g/ 盒	2009-04-16	合格	
20	石家庄高新区天冰冷饮有限公司	天冰脆筒蛋奶味冰淇淋	天冰	100g/ 支	2009-04-18	合格	
21	石家庄高新区天冰冷饮有限公司	小神童快乐城香芋味雪糕	天冰	70g/ 支	2009-04-20	合格	
22	沧州盛天禧食品有限公司	老北京雪糕	盛天禧	80g/ 支	2009-04-18	合格	
23	沧州市冰峰冷饮厂	老冰棍（纯冰糖冰棍）	韩高	80g/ 支	2009-04-13	合格	
24	饶阳县金泉冷食厂	奥特曼棒冰	可赛号	80g/ 支	2009-04-21	合格	
25	河北省武强县新天地食品有限公司	大菠萝冰棍		100g/ 支	2009-04-20	合格	
26	河北格林新大陆食品有限公司	菠萝味冰棍		85g/ 支	2009-04-21	合格	
27	太原市晋源区金胜奶牛场	甜味冰		80g/ 根	2009-04-27	合格	
28	运城市夏美乐冷饮食品厂	牛奶布丁雪糕	夏美樂	50g/ 支	2009-04-17	合格	
29	运城市凌丰食品有限公司	菠萝蜜棒冰		85g/ 支	2009-03-02	合格	
30	运城市凌丰食品有限公司	帅狗脆皮雪糕		70g/ 支	2009-03-17	合格	

接上表

31	运城市协丰食品有限公司	紫葡萄雪糕	协丰及图形	60g/ 支	2009-04-23	合格	
32	晋城市城区金宇冷食品厂	老冰棍（棒冰）		85g/ 支	2009-03-21	合格	
33	长治市白雪冷饮有限责任公司	老冰棍	北寒及图形	95g/ 支	2009-04-25	合格	
34	长治市郊区雪山冷饮厂	三个小宝贝冰棍		120g/ 袋	2009-05-02	合格	
35	太谷兴业食品厂	老味道香蕉口味雪糕	曼奴尔及图形	70g/ 支	2009-04-26	合格	
36	内蒙古伊利实业集团股份有限公司东莞分公司	伊利心情棒冰	伊利	63g/ 支	2009-04-01	合格	
37	内蒙古伊利实业集团股份有限公司东莞分公司	捞水果雪糕	伊利	76g/ 支	2009-04-01	合格	
38	内蒙古乌兰布和乳业有限责任公司	大红果（棒冰）	乌兰布和图形	90g/ 根	2009-04-19	合格	
39	内蒙古乌兰布和乳业有限责任公司	小熊可可（雪糕）	乌兰布和图形	80g/ 根	2009-04-19	合格	
40	内蒙古伊利实业集团股份有限公司	臻品巧乐兹冰淇淋（悦欣香草口味）	伊利 图形	71g/ 支	2009-04-09	合格	
41	内蒙古伊利实业集团股份有限公司	层层转雪糕	伊利(图形)	76g/ 支	2009-04-09	合格	
42	内蒙古蒙牛乳业（集团）股份有限公司	奶杯雪糕	蒙牛(图形)	70g/ 杯	2009-04-06	合格	
43	内蒙古蒙牛乳业（集团）股份有限公司	蒂兰圣雪香草脆筒冰淇淋	蒙牛(图形)	75g/ 支	2009-04-02	合格	
44	内蒙古天辅乳业有限公司	冰红茶口味棒冰	蒙牛(图形)	90g/ 支	2009-04-14	合格	
45	内蒙古天辅乳业有限公司	随变转牛奶口味雪糕	蒙牛(图形)	66g/ 支	2009-03-06	合格	
46	通辽市金泰冷饮制品有限公司	大白糖冰棍	金泰通	80g/ 支	2009-05-04	合格	
47	通辽市开鲁县鑫源冷饮厂	鑫源大白糖冰棍		90g/ 支	2009-05-03	合格	
48	蒙牛乳业（沈阳）有限责任公司	奶杯雪糕	蒙牛	70g/ 杯	2009-04-07	合格	
49	沈阳德氏冷饮食品有限公司	大果雪糕(牛奶口味)	德氏	101g/ 支	2009-03-09	合格	
50	辽宁天淇食品集团有限公司	迷你杯冰淇淋	天淇	75g/ 杯	2009-04-10	合格	
51	蒙牛乳业（沈阳）有限责任公司	随变巧克力口味冰淇淋	蒙牛	63g/ 支	2009-03-06	合格	
52	沈阳中街冰点城食品有限公司	中街大果（雪糕）	中街	101g/ 支	2009-03-12	合格	
53	沈阳中街冰点城食品有限公司	中街大果冰天然果肉（荔枝冰棍）	中街	95g/ 支	2008-12-10	合格	
54	沈阳礼拜天食品有限责任公司	大头脆雪糕	礼拜天	75g/ 支	2009-04-09	合格	
55	辽宁雅朝食品有限公司	美国提子雪糕	雅朝	75g/ 支	2009-01-09	合格	
56	海城市名泉冷饮食品厂	白糖灌冰品		70g/ 支	2009-04-15	合格	
57	海城市大屯镇福源冷食制品厂	大白糖冰棍		70g/ 支	2009-04-16	合格	
58	大石桥市苏氏冷食品厂	老北京雪糕		90g/ 支	2009-03-27	合格	
59	大石桥市长宏冷食品厂	长宏奶糕		65g/ 支	2009-04-06	合格	
60	营口市迪力斯冷饮厂	比麦香雪糕		75g/ 支	2009-04-08	合格	
61	营口市德华食品厂	歪瓜雪糕	德华	70g/ 支	2009-03-05	合格	
62	营口奥雪食品有限公司	水晶蓝莓冰棍		72g/ 支	2009-04-14	合格	
63	营口航丰冷食品有限公司	大奶块雪糕		85g/ 支	2009-04-05	合格	

接上表

64	盖州市团甸冷食品总厂	疯狂牛奶雪糕	团甸	75g/支	2009-03-19	合格	
65	营口高氏冷食品有限公司	大奶霸冰棍		55g/支	2009-04-10	合格	
66	大连美口食品有限公司	花生奶棒冰		65g/支	2009-03-07	合格	
67	吉林市伊利食品有限责任公司	小布丁奶油口味雪糕	伊利	48g/支	2009-04-07	合格	
68	吉林派帝饮品股份有限公司	冰果风暴葡萄口味棒冰	派帝	86g/支	2009-04-11	合格	
69	吉林省红旗冷饮总厂	红旗奶油冰棍	红旗	77g/支	2009-04-13	合格	
70	吉林省红旗冷饮总厂	大奶块牛奶口味雪糕	红旗	65g/支	2009-04-17	合格	
71	吉林市伊利食品有限责任公司	山楂爽棒冰	伊利	81g/支	2009-04-16	合格	
72	吉林省莱尔冷饮食品有限公司	小奶油雪糕		70g/支	2008-12-12	合格	
73	二道区德达冷饮厂	德氏鲜奶糕雪糕	德氏	40g/支	2009-03-02	合格	
74	吉林省陆路雪食品有限公司	老冰棍棒冰	陆路雪	80g/支	2009-03-21	合格	
75	哈尔滨华义食品有限公司	华义大脚板冰淇淋	华义	70g/支	2009-04-29	合格	
76	哈尔滨德氏乳业有限公司	拔拔凉棒冰		90g/支	2009-04-20	合格	
77	龙沙区圣德冰棍厂	圣德鲜奶冰棍（牛奶口味）		75g/支	2009-04-01	合格	
78	大庆市让胡路区城市乡村鼎辉冷饮厂	麦香脆雪糕	鼎辉	75g/支	2009-03-19	合格	
79	大庆市红宝石冰淇淋有限公司	香雪海冰棍	红宝石	95g×10/袋	2009-02-11	合格	
80	上海亮亮食品厂	桂花大赤豆棒冰	金汇	96g/支	2009-04-14	合格	
81	上海广美食品厂	盐水棒冰（清型）		68g/支	2009-03-23	合格	
82	上海益民食品一厂有限公司	雪宝巧克力味雪糕（清型）	光明	70g/支	2009-03-26	合格	
83	上海益民食品一厂有限公司	白熊冰淇淋	光明	100g/盒	2009-03-23	合格	
84	上海麦丰食品有限公司航头分公司	香草圆冰淇淋	麦丰	100g/杯	2009-03-31	合格	
85	上海麦丰食品有限公司航头分公司	小布丁雪糕（清型）	麦丰	55g/支	2009-03-30	合格	
86	上海莱卡食品有限公司	光明白雪冰砖香草冰淇淋	光明	130g/盒	2009-04-08	合格	
87	上海露多冷冻食品有限公司普陀区分厂	椰子冰淇淋	罗．贝拉	散装	2009-04-21	合格	
88	上海福乐食品有限公司	麦乐冰盐水味冰棍	圣麦乐	80g/支	2009-03-08	合格	
89	上海福乐食品有限公司	香蕉先生香蕉味雪糕	雀巢/香蕉先生	52g/支	2009-04-19	合格	
90	上海洁康食品有限公司	布丁雪糕		48g/支	2009-04-17	合格	
91	上海卫仕食品有限公司	清凉盐水宝棒冰	卫氏	72g/支	2009-04-15	合格	
92	上海冰雪食品有限公司	小布丁牛奶味雪糕		50g/支	2009-03-29	合格	
93	上海大唐食品有限公司	香草冰淇淋		250g/盒	2009-03-31	合格	
94	上海新成格林尔食品有限公司	莓的微笑（组合型半乳脂草莓冰淇淋）	GREENEARTH	96g/盒	2009-04-21	合格	
95	上海新成格林尔食品有限公司	果堡（苹果雪泥）	GREENEARTH	130g/盒	2009-02-17	合格	
96	上海伊利爱贝食品有限公司	伊利火炬冰淇淋（香草口味）	伊利	80g/支	2009-03-30	合格	
97	上海伊利爱贝食品有限公司	果粒多雪糕(酸奶口味)	伊利	86g/袋	2009-01-21	合格	

接上表

98	南京天缘食品有限公司	天缘香蕉冰棍(组合型)	沁缘	78g/ 支	2009-04-10	合格	
99	南京宏宝莱食品有限公司	奶昔香草口味雪糕（清型）	宏宝莱	95g/ 杯	2009-04-16	合格	
100	南京宏宝莱食品有限公司	好多 C 柠檬口味棒冰（清型）	宏宝莱	81g/ 支	2009-04-15	合格	
101	和路雪（中国）有限公司太仓分公司	经典品味香草之悦香草口味冰淇淋	和路雪	275g/ 杯	2009-03-15	合格	
102	和路雪（中国）有限公司太仓分公司	奶昔香草口味雪糕	和路雪	102g/ 杯	2009-04-15	合格	
103	南京晶品食品有限公司	香芋味冰淇淋（清型半乳脂）	晶都	260g/ 杯	2009-04-19	合格	
104	江苏天冰冷饮有限公司	正宗老冰棒棒冰（清型）	天冰	80g/ 支	2009-04-23	合格	
105	江苏天冰冷饮有限公司	小神童快乐城雪糕（组合型）	天冰	75g/ 支	2009-04-20	合格	
106	祐康食品（杭州）有限公司	祐康唯依茉莉茶味冰淇淋（组合型植脂冰淇淋）	祐康	85g/ 支	2009-02-15	合格	
107	祐康食品（杭州）有限公司	乳果爱牛奶木瓜雪糕（组合型雪糕）	祐康	80g/ 支	2009-02-13	合格	
108	杭州梦之伴冷制品厂	赤豆棒冰（混合型冰棍）	梦之伴	70g/ 支	2009-04-15	合格	
109	杭州梦之伴冷制品厂	杭钢小布丁（清型雪糕）	梦之伴	55g/ 支	2009-04-12	合格	
110	杭州堡璐斯食品有限公司	香脆淇淋烧（油炸冰淇淋）	堡璐斯	300g/ 袋	2009-03-23	合格	
111	杭州五丰冷食有限公司	红豆皇棒冰（混合型棒冰）	五丰冷食	80g/ 支	2009-03-11	合格	
112	杭州五丰冷食有限公司	皇家圣诞杯巧克力香草口味雪糕	上口爱	145g/ 杯	2009-03-09	合格	
113	杭州乔尼亚食品有限公司萧山分公司	牛奶冰淇淋（清型、半乳脂）		散装	2009-04-20	合格	
114	杭州花家食品饮料有限公司	花家食用冰		散装	2009-04-22	合格	
115	合肥伊利乳业有限责任公司	小布丁奶油口味雪糕（清真）	伊利	48g/ 支	2009-04-17	合格	
116	合肥伊利乳业有限责任公司	山楂爽棒冰（清真）	伊利	81g/ 支	2009-04-16	合格	
117	蒙牛乳业（马鞍山）有限公司	纯鲜奶简砖雪糕（清型）	蒙牛	70g/ 支	2009-03-21	合格	
118	蒙牛乳业（马鞍山）有限公司	蒙牛火炬蛋奶口味冰淇淋	蒙牛	85g/ 支	2009-04-06	合格	
119	福建龙旺食品饮料有限公司	菠萝爽棒冰	龙旺	95g/ 支	2009-04-12	合格	
120	福建龙旺食品饮料有限公司	浓浓真情雪糕	龙旺	120g/ 盒	2009-04-11	合格	
121	石狮市美思奇食品有限公司	西点冰淇淋	美思奇	125g/ 杯	2009-04-15	合格	
122	福建仙境食品有限公司	爽菠萝（清型棒冰）	仙境	105g/ 支	2009-04-09	合格	
123	福建仙境食品有限公司	蜜瓜雪糕	仙境	100g/ 杯	2009-04-09	合格	
124	漳州市龙文区夏日食品冷冻厂	菠萝大块（菠萝味棒冰）	伊家妮	85g/ 支	2009-04-17	合格	
125	漳州市龙文区夏日食品冷冻厂	香橙多（棒冰）	伊家妮	85g/ 支	2009-04-17	合格	
126	雪都（泉州）食品有限公司	可乐爽小冰棍	大热天	70g/ 支	2009-04-15	合格	
127	雪都（泉州）食品有限公司	谷色古香(香芋味雪糕)	雪妮	90g/ 支	2009-04-15	合格	
128	福建益丰鳗业食品有限公司	香草冰淇淋	枝仔冰城	100g/ 盒	2009-04-18	合格	

接上表

129	南昌乐天实业有限公司	天冰脆筒（香芋味／香草味）	天冰	110g/支	2009-02-25	合格	
130	南昌乐天实业有限公司	天冰绿豆雪糕	天冰	80g/支	2009-03-26	合格	
131	南昌泰康美冷饮食品厂	乐滋滋冰棍	泰康美	75g/支	2009-04-19	合格	
132	南昌市北极制冰厂七里街分厂	上海盐水冰棍	北极冷饮	90g/支	2009-04-02	合格	
133	江西新天地制冰有限公司	香糯甜枣	新天地	80g/支	2009-04-21	合格	
134	江西新地实业发展公司	新地冰点雪糕（香草+椰果）	新地	80g/支	2009-04-15	合格	
135	南昌大众制冰有限公司	随缘雪糕	从乐	70g/支	2009-04-22	合格	
136	南昌大众制冰有限公司	香雪杯	蒙牛	180g/杯	2009-03-16	合格	
137	潍坊兴旺食品有限公司	老冰棍棒冰	兴旺狗	90g/支	2009-03-22	合格	
138	青岛娃宝食品有限公司	奶油口味雪糕（小布丁奶油雪糕）	娃宝	46g/支	2009-04-18	合格	
139	青岛晨晨食品有限公司	老冰棍（香蕉味）	晨晨	80g/支	2009-04-13	合格	
140	青岛晨晨食品有限公司	巧克力味雪糕	晨晨	80g/支	2009-04-09	合格	
141	山东美伦食品有限公司	老冰棍	美伦	80g/支	2009-04-07	合格	
142	济南君乐乳业食品有限公司	白糖爽冰棒	夏君乐	95g/支	2009-04-09	合格	
143	淄博市淄川零点冷饮食品厂	牛奶味雪糕	零点	80g/支	2009-03-18	合格	
144	济南市中顺昌冷饮厂	奶棒雪糕		76g/支	2009-04-01	合格	
145	蒙牛乳业泰安有限责任公司	草莓香草脆皮雪糕	蒙牛	60g/支	2009-04-16	合格	
146	蒙牛乳业泰安有限责任公司	蛋奶口味冰淇淋	蒙牛	85g/支	2009-04-18	合格	
147	济南伊利乳业有限责任公司	奶昔香草口味雪糕	伊利	94g/杯	2009-04-11	合格	
148	济南伊利乳业有限责任公司	冰片蜜桃棒冰	伊利	89g/支	2009-04-17	合格	
149	济南群康实业有限公司	牛奶口味冰棍	群康	65g/支	2009-04-15	合格	
150	新泰市金雀冷饮食品添加剂厂	老冰棍		120g/支	2009-04-02	合格	
151	青岛凯瑞乳业食品有限公司	老冰棍(香蕉味冰棍)	凯瑞	80g/支	2009-03-26	合格	
152	淄博兰宝食品有限公司	绿豆冰棍	兰宝	75g/支	2009-04-14	合格	
153	泰安市泰山区天祥冷饮食品厂	小布丁冰棍		70g±5g/支	2009-03-29	合格	
154	洛阳市华港冷业有限公司	老知味棒冰	华港	85g/支	2009-04-12	合格	
155	洛阳艾贝得食品有限公司	鲨鱼头雪糕	艾贝得	70g/支	2009-03-26	合格	
156	洛阳市天冰冷饮有限公司	黑米糕棒冰	天冰	80g/支	2009-04-14	合格	
157	洛阳市天冰冷饮有限公司	小神童快乐城雪糕	天冰	70g/支	2009-04-10	合格	
158	郑州汇泉食品有限公司	汇泉食用冰	汇泉	2.5kg/袋	2009-04-11	合格	
159	河南省天冰冷饮有限公司	天冰脆桶雪糕	天冰	110g/支	2009-04-10	合格	
160	郑州市里氏食品有限公司	老冰棍	淇乐多	80g/支	2009-04-10	合格	
161	许昌响当当食品有限公司	老冰棒	老爷冰	70g/支	2009-04-10	合格	
162	南阳市天梦冷食有限责任公司	层层爽雪糕	天梦龙城	80g/支	2009-04-08	合格	
163	许昌响当当食品有限公司	小布丁雪糕	GOOD GOOD	48g/支	2009-04-14	合格	
164	郑州天雪食品有限公司	奇乐脆皮雪糕	天雪食品	50g/支	2009-03-10	合格	
165	郑州市里氏食品有限公司	小布丁雪糕	淇乐多	50g/支	2009-02-21	合格	
166	河南省天冰冷饮有限公司	伊恋杯冰淇淋	天冰	110g/杯	2009-04-10	合格	
167	郑州极地食品有限公司	小可爱（花生味）雪糕	海贝	38g/支	2009-04-06	合格	
168	偃师市马车冰品有限公司	冰淇淋	马车冰城	4kg/桶	2009-04-15	合格	

接上表

169	洛阳市李楼三兄弟冷饮厂	三好生冰棍		115g/ 支	2009-03-19	合格	
170	威尔食品（武汉）有限公司	老冰棒白糖冰棒	威尔	90g/ 支	2009-04-10	合格	
171	威尔食品（武汉）有限公司	牛奶巧克力口味雪糕	威尔	80g/ 支	2009-04-15	合格	
172	武汉伊利食品有限责任公司	小布丁奶油口味雪糕	伊利	48g/ 支	2009-04-10	合格	
173	武汉伊利食品有限责任公司	山楂爽棒冰	伊利	81g/ 支	2009-03-30	合格	
174	武汉天冰冷饮有限公司	小神童快乐城雪糕	天冰	70g/ 支	2009-04-01	合格	
175	崇阳县冰丰食品有限公司	酸红果山楂味棒冰	冰丰	65g/ 支	2009-04-10	合格	
176	蒙牛乳业（当阳）有限责任公司	纯鲜奶筒砖雪糕	蒙牛	70g/ 支	2009-03-30	合格	
177	蒙牛乳业（当阳）有限责任公司	趣仔甜橙蜜桃杏口味雪泥	蒙牛	75g/ 支	2009-04-01	合格	
178	湖北康派克冰淇淋生产有限公司	可爱多草莓冰淇淋	和路雪	68g/ 支	2009-04-09	合格	
179	湖北康派克冰淇淋生产有限公司	奇彩旋柠檬 / 柳橙口味冰棍	和路雪	71g/ 支	2009-04-14	合格	
180	湖北黄冈伊利乳业有限责任公司	冰片蜜桃棒冰	伊利	89g/ 支	2009-04-11	合格	
181	湖北黄冈伊利乳业有限责任公司	玉米香雪糕	伊利	65g/ 支	2009-04-11	合格	
182	武汉市汉阳区雅利达食品饮料厂	雪冰棒冰	雅利达	100g/ 支	2009-04-12	合格	
183	长沙市雨花区康乐佳冷饮食品长	糯米饴冰棒		85g/ 支	2009-05-06	合格	
184	桃江县家佳冷饮厂	绿豆爆冰	家佳	120g±5g/ 支	2008-05-10	合格	
185	浏阳市笑哈哈食品厂	七个小矮人甜味冰	新发现	100g/ 袋	2009-04-28	合格	
186	浏阳市中兴冰厂	雪糕		80g/ 支	2009-05-11	合格	
187	湖南省宝哥儿食品有限公司	香橙棒冰	宝哥儿	90g/ 支	2009-04-26	合格	
188	长沙天冰冷饮有限公司	香草味冰淇淋	天冰	280g/ 盒	2009-04-25	合格	
189	长沙天冰冷饮有限公司	巧克力情人雪糕	天冰	85g/ 盒	2009-03-03	合格	
190	长沙县榔梨镇李鑫冰厂	糯米饴棒冰	鑫	90g/ 支	2009-05-11	合格	
191	长沙县榔梨镇李鑫冰厂	粒粒绿豆棒冰	鑫	100g/ 支	2009-04-08	合格	
192	长沙奇芳食品工业有限公司	食用冰块	奇芳	5kg/ 袋	2009-03-11	合格	
193	长沙皇冠冷食有限公司	绿豆缘雪糕	湘冠	95g/ 支	2009-05-13	合格	
194	湖南省常德德天美乐冷冻食品有限公司	小奶糕雪糕	天美乐	55g/ 支	2009-03-21	合格	
195	株洲市天骄工贸有限公司	好心情冰棍	天雪	75g/ 支	2009-05-13	合格	
196	邵阳宝庆肉类联合加工有限公司	相思红豆冰棒	雪妮璐	100g/ 支	2009-05-12	合格	
197	湖南立达食品饮料有限公司	绿豆爆冰	道道	95g/ 支	2009-05-16	合格	
198	浏阳市夏君乐食品厂	雪连甜味冰	夏君乐	100g/ 袋	2009-04-23	合格	
199	广州冷冻食品有限公司	菊花绿茶蜂蜜味冰棍	雀巢	72g/ 支	2009-04-17	合格	
200	广州冷冻食品有限公司	香草味雪糕	雀巢	225g/ 盒	2009-04-01	合格	
201	佛山伊利乳业有限责任公司	奶油口味雪糕	伊利	48g/ 支	2009-04-10	合格	
202	佛山伊利乳业有限责任公司	雪汤圆雪糕	伊利	76g/ 支	2009-04-07	合格	
203	佛山市南海蓝澳威食品有限公司	菠萝冰（冰棍）	班芙	70g/ 支	2009-04-14	合格	
204	佛山市南海蓝澳威食品有限公司	班芙小杯雪糕	班芙	45g/ 盒	2009-04-11	合格	
205	佛山市南海区官窑佳美冷冻食品厂	粒粒菠萝清型冰棍	佳美	95g/ 支	2009-04-22	合格	
206	佛山市南海区官窑佳美冷冻食品厂	花生飘香脆筒	佳美	80g/ 支	2009-04-15	合格	
207	佛山市南海区丹灶广顺冷冻食品厂	鲜橙多（清型冰棒）	广盛	80g/ 支	2009-03-24	合格	

接上表

208	佛山市南海区丹灶广顺冷冻食品厂	随缘奶味脆筒雪糕	广盛	80g/支	2009-04-20	合格	
209	佛山市南海区狮山沙桥南宝冷冻食品厂	08脆筒（雪糕）	粤宝	80g/支	2009-04-01	合格	
210	佛山市南海区狮山沙桥南宝冷冻食品厂	红枣糯米混合型冰棒	粤宝	85g/支	2009-04-03	合格	
211	东莞市新凯冷冻食品有限公司	神奇果园草莓味清型冰棍	凯业	80g/支	2009-04-22	合格	
212	东莞市新凯冷冻食品有限公司	小布丁雪糕	凯业	45g/支	2009-04-22	合格	
213	东莞祐康食品有限公司	绿豆莎莎冰棍	祐康	70g/支	2009-04-11	合格	
214	东莞祐康食品有限公司	玉米香雪糕	祐康	68g/支	2009-03-25	合格	
215	桂林市漓源雪冷食有限公司	糯米红枣冰棒	漓源雪	105g/支	2009-04-12	合格	
216	广西东蒙乳业有限公司	布丁雪糕	蒙牛	50g/支	2009-03-29	合格	
217	广西东蒙乳业有限公司	绿色心情雪糕	蒙牛	71g/支	2009-03-28	合格	
218	桂林市康露冷饮食品有限公司	蛋筒雪糕	康露	60g/支	2009-04-12	合格	
219	桂林市漓源雪冷食有限公司	明星脆筒雪糕	漓源雪	56g/支	2009-03-01	合格	
220	重庆大桥道食品有限公司	闪亮雪糕	大桥道	76g/支	2009-04-07	合格	
221	重庆大桥道食品有限公司	纯冰棒冰	大桥道	85g/支	2009-04-08	合格	
222	重庆健康食品有限公司	牛奶提子雪糕		50g/支	2009-04-02	合格	
223	重庆健康食品有限公司	老冰棍冰棍		80g/支	2009-04-02	合格	
224	重庆市北碚龙凤饮料厂	恋上纯香橙味雪糕		60g/支	2009-03-26	合格	
225	重庆市北碚龙凤饮料厂	山楂果冰棍		90g/支	2009-04-12	合格	
226	重庆口之福食品有限公司	奇奇果雪糕	口之福	80g/杯	2009-03-10	合格	
227	重庆绿好食品有限公司	西瓜王冰棍	绿好	75g/支	2009-04-06	合格	
228	重庆山桂食品有限公司	玉米棒雪糕		60g/支	2009-04-12	合格	
229	重庆山桂食品有限公司	桔柑棒冰		85g/支	2009-04-12	合格	
230	重庆口之福食品有限公司	棒棒糖草莓口味棒冰	口之福	85g/支	2009-03-16	合格	
231	重庆市东星食品厂	冰天雪地雪糕	帅乐	90g/盒	2009-02-06	合格	
232	成都伊利乳业有限责任公司	山楂爽棒冰	伊利	81g/支	2009-03-31	合格	
233	成都伊利乳业有限责任公司	小布丁奶油口味雪糕	伊利	48g/支	2009-03-29	合格	
234	成都金蒙乳业有限公司	布丁雪糕	蒙牛	50g/支	2009-03-31	合格	
235	四川龙旺食品有限公司	顶级脆筒雪糕	龙旺	145g/支	2009-04-06	合格	
236	四川龙旺食品有限公司	菠萝味棒冰	龙旺	90g/支	2009-04-03	合格	
237	成都大桥道食品有限公司	菠萝牛奶口味雪糕	大桥道	80g/杯	2009-01-03	合格	
238	成都大桥道食品有限公司	纯冰棍冰	大桥道	85g/支	2009-04-08	合格	
239	四川圣代食品有限公司	水蜜桃棒冰	圣代	80g/支	2009-03-27	合格	
240	四川圣代食品有限公司	可爱脆香草味雪糕	圣代	75g/支	2009-04-02	合格	
241	成都市新美食品有限公司	草莓味脆筒雪糕	欧米尔	80g/支	2009-03-30	合格	
242	成都市新美食品有限公司	酸梅口味冰棍	欧米尔	80g/支	2009-03-29	合格	
243	成都千芝乐食品工业有限公司	牛奶布丁味 雪糕	千芝乐	50g/支	2009-04-03	合格	
244	成都千芝乐食品工业有限公司	冰糖味棒冰	千芝乐	80g/支	2009-04-03	合格	
245	成都绿好食品有限公司	山楂味冰棍	绿好	78g/支	2009-03-28	合格	

接上表

246	成都芳花新上海食品有限公司	摇一摇果冻冰	芳花	70g/ 支	2009-04-05	合格	
247	贵州瀑布冷饮制品有限公司	葡萄味冰棍	瀑布	70g/ 支	2009-03-18	合格	
248	贵州瀑布冷饮制品有限公司	大熊猫雪糕	瀑布	75g/ 支	2009-03-19	合格	
249	贵阳花溪好友冷冻食品有限公司	西瓜爽冰棍		70g/ 支	2009-03-02	合格	
250	贵阳花溪好友冷冻食品有限公司	香芋口味雪糕（小布丁）		45g/ 支	2009-03-02	合格	
251	贵阳绿好食品有限公司	老冰棍	绿好	85g/ 支	2009-03-20	合格	
252	贵阳金糯米冷饮厂	黑牛棒冰	金糯咪	100g/ 支	2009-04-02	合格	
253	贵阳绿好食品有限公司	脆瓜子雪糕	绿好	53g/ 支	2009-03-20	合格	
254	西安市兰贝食品厂	雪糕	帝特	50g/ 支	2009-04-15	合格	
255	咸阳银华乳业有限责任公司	玉米棒雪糕	蒙牛	68g/ 支	2009-04-25	合格	
256	咸阳银华乳业有限责任公司	蒙牛火炬咖啡口味冰淇淋	蒙牛	85g/ 支	2009-04-17	合格	
257	西安华强食品有限公司	华强雪糕	自强	70g/ 支	2009-04-02	合格	
258	西安市北方冷冻食品厂	蛋奶糕雪糕	中海	80g/ 支	2009-04-02	合格	
259	西安米旗冷饮有限公司	欢乐谷雪糕	米旗	80g/ 支	2009-04-11	合格	
260	西安钟楼冷饮食品有限公司	绿豆雪糕	钟楼	46g/ 支	2009-04-21	合格	
261	西安衮雪冷冻食品有限公司	红豆小奶糕	滚雪球	45g/ 支	2009-03-20	合格	
262	兰州乐赛特食品饮料公司	会宾奶糕	乐赛特	80g/ 支	2009-04-21	合格	
263	兰州九洲乳业有限公司	牛奶布丁雪糕	蒙牛	50g/ 支	2009-04-20	合格	
264	兰州怡维思食品有限公司	草莓皇棒冰	怡维思	120g/ 支	2009-04-17	合格	
265	兰州市嘻嘻哈哈食品有限公司	巧克力味雪糕	嘻嘻哈哈	80g/ 杯	2009-04-15	合格	
266	兰州五泉冷冻食品有限公司	绿豆心情雪糕	五泉	80g/ 支	2009-04-22	合格	
267	北京鑫大洋食品有限公司	纯冰糖味棒冰	蒙牛(图形)	85g/ 支	2009-03-27	不合格	大肠菌群
268	廊坊市永盈食品有限公司	雪乐果味冰		88g/ 袋	2009-04-01	不合格	糖精钠，甜蜜素
269	河北格林新大陆食品有限公司	小神童蛋奶味雪泥		75g/ 支	2009-04-19	不合格	菌落总数，大肠菌群
270	唐山市利民冷食厂	奶油双棒雪糕	伟艳美	90g/ 支	2009-04-17	不合格	大肠菌群
271	深州市得利成冷饮有限公司	冰奶糕牛奶味冰棍		90g/ 支	2009-03-15	不合格	大肠菌群
272	长治市郊区雪山冷饮厂	小脆筒雪糕		35g/ 支	2009-05-03	不合格	菌落总数，大肠菌群
273	运城市煜丰食品有限公司夏县分公司	老冰棍（棒冰）	煜丰及图形	80g/ 支	2009-04-03	不合格	菌落总数，大肠菌群
274	运城市煜丰食品有限公司夏县分公司	香芋派雪糕	煜丰及图形	75g/ 支	2009-05-05	不合格	菌落总数，大肠菌群
275	晋城市博凯冷饮厂	青苹果棒冰		80g/ 支	2009-04-12	不合格	菌落总数，大肠菌群
276	科尔沁左翼中旗广鑫食品有限公司	大白糖冰棍		90g/ 支	2009-05-09	不合格	菌落总数，大肠菌群，金黄色葡萄球菌
277	包头市昆区银河冷饮厂	彩球（奶果）		130g/ 袋	2009-04-21	不合格	铅，糖精钠
278	科左中旗保康杜氏雪糕厂	大白糖冰棍		90g±5g/ 支	2009-04-12	不合格	甜蜜素
279	通辽市科尔沁区金三牛冷冻食品加工厂	大白糖冰棍		90g±5g/ 支	2009-04-03	不合格	糖精钠
280	营口市老边区惠凯冷饮厂	南韩布丁（冰棍）		50g×5/ 袋	2009-04-15	不合格	菌落总数，大肠菌群
281	台安县桑林镇新兴冷饮厂	乡村奶吧冰棍		55g/ 支	2009-04-05	不合格	大肠菌群
282	海城市大屯镇北雪冷饮厂	冰凉一夏冰棍		80g/ 支	2009-04-16	不合格	甜蜜素
283	四平绿泽食品有限公司	新大玉米雪糕		50g/ 支	2009-04-12	不合格	大肠菌群

接上表

284	安达市红星食品厂	多味果冰棍		90g×4/袋	2009-04-28	不合格	菌落总数，大肠菌群
285	肇东市鑫北冷冻饮品制造有限责任公司	拔拔冰棒冰	鑫北	90g/支	2009-04-21	不合格	大肠菌群
286	齐齐哈尔市牛奶公司冷饮厂	魔力鲜橙味雪条		70g/支	2009-04-27	不合格	甜蜜素
287	芜湖市恒丰冷食有限责任公司	真菠萝果汁冰（混合型冰棍）	鸿丰	100g/支	2009-04-19	不合格	甜蜜素
288	南昌泰康美冷饮食品厂	圈圈脆雪糕	泰康美	70g/支	2009-04-19	不合格	大肠菌群
289	江西新天地制冰有限公司	奶葡萄雪糕		80g/支	2009-03-25	不合格	甜蜜素
290	淄川区磁村蓝鸽冷食加工厂	老冰棍（含乳蛋白10%以下）	蓝鸽	80g/支	2009-04-20	不合格	菌落总数
291	潍坊兴旺食品有限公司	鲜奶味雪糕	兴旺狗	70g/支	2009-03-30	不合格	大肠菌群
292	淄川松龄晨阳食品加工厂	大奶块雪糕		80g/支	2009-03-31	不合格	大肠菌群
293	青岛凯瑞乳业食品有限公司	奶棒雪糕	凯瑞	80g/支	2009-03-15	不合格	菌落总数
294	洛阳雪达食品有限公司	可乐杯冰淇淋	雪嘉	70g/杯	2009-04-06	不合格	蛋白质，甜蜜素，菌落总数，大肠菌群
295	禹州市冰世界冷饮食品厂	小脆桶雪糕	冰世界	35g/支	2009-04-11	不合格	菌落总数，大肠菌群
296	许昌市傻子实业有限公司	苹果棒冰	傻子	80g/支	2009-04-12	不合格	甜蜜素
297	许昌市魏都区凯利食品厂	香芋葡萄雪糕	凯利	75g/支	2009-04-11	不合格	甜蜜素，菌落总数，大肠菌群
298	驻马店市冰峰食品有限公司	蚂蚁上树雪糕	天中冰峰	75g/支	2009-04-17	不合格	甜蜜素，菌落总数，大肠菌群
299	许昌市傻子实业有限公司	雪泥	傻子	80g/支	2009-04-12	不合格	甜蜜素
300	郑州天雪食品有限公司	黑米糕棒冰	天雪食品	65g/支	2009-04-16	不合格	菌落总数，大肠菌群
301	禹州市三德合冷冻食品厂	雪糕	三德合	80g/支	2009-03-22	不合格	菌落总数，大肠菌群
302	武汉市东西湖常欣冷饮厂	老冰棒纯冰糖口味棒冰		85g/支	2009-04-13	不合格	甜蜜素，菌落总数，大肠菌群
303	长沙皇冠冷食有限公司	牛奶多多冰淇淋	湘冠	70g/杯	2009-05-13	不合格	蛋白质，菌落总数，大肠菌群
304	邵阳宝庆肉类联合加工有限公司	营养快线棒冰	雪妮璐	95g/支	2009-05-02	不合格	糖精钠，菌落总数
305	湖南立达食品饮料有限公司	香草味蛋筒雪糕	道道	70g/支	2009-05-10	不合格	菌落总数，大肠菌群
306	湖南省常德天美乐冷冻食品有限公司	纯冰糖棒冰	天美乐	90g/支	2009-05-06	不合格	菌落总数，大肠菌群
307	邵东县两市镇新华冷饮食品厂	相思红豆冰棒		85g/支	2009-05-05	不合格	菌落总数
308	东莞市鸿昌食品有限公司	芋满天下雪糕	冰之岛	60g/支	2009-04-17	不合格	糖精钠，菌落总数，大肠菌群
309	东莞市鸿昌食品有限公司	绿豆孖棒	冰之岛	90g/支	2009-04-23	不合格	糖精钠
310	重庆绿好食品有限公司	脆瓜子雪糕	绿好	53g/支	2009-02-23	不合格	大肠菌群
311	重庆吉喜达食品有限公司	九岁芝麻官棒冰		82g/支	2009-03-20	不合格	大肠菌群
312	重庆吉喜达食品有限公司	脆筒雪糕		70g/支	2009-03-11	不合格	大肠菌群
313	重庆市东星食品厂	七小福星棒冰	帅乐	160g/支	2009-04-08	不合格	菌落总数
314	成都绿好食品有限公司	红枣牛奶口味雪糕	绿好	65g/支	2009-04-08	不合格	菌落总数
315	贵阳金糯米冷饮厂	脆皮雪糕	金糯咪	45g/支	2009-04-08	不合格	菌落总数，大肠菌群
316	宝鸡市渭河冷饮食品厂	玉米香雪糕	渭河	70g/支	2009-04-01	不合格	甜蜜素，菌落总数，大肠菌群
317	西安锦龙工贸有限责任公司	扒皮乐雪糕	夏君乐	75g/支	2009-04-16	不合格	大肠菌群
318	宝鸡市金台区雪元冷饮食品厂	阿拉雪果味冰品	雪元	100g/袋	2009-04-10	不合格	甜蜜素，菌落总数

注：按行政区域排序。

冷冻饮品小常识

冷冻饮品是以饮用水、甜味剂、乳品、果品、豆品、食用油等为主要原料，加入适量的香精、着色剂、稳定剂、乳化剂等食品添加剂，经配料、灭菌、凝冻而制成的冷冻固态饮品。

冷冻饮品按原料、工艺及产品性状不同，可分为冰淇淋、雪糕、冰棍、雪泥、甜味冰、食用冰等六大类。

一、种 类

冰淇淋是以饮用水、牛奶、奶粉、奶油（或植物油脂）、食糖等为主要原料，加入适量食品添加剂，经混合、灭菌、均质、老化、凝冻、硬化等工艺制成体积膨胀的冷冻饮品。

雪糕是以饮用水、乳品、食糖、食用油脂等为主要原料，添加增稠剂、香料，经混合、灭菌、均质或轻度凝冻、注模、冻结等工艺制成的冷冻饮品。

冰棍是以饮用水、食糖等为主要原料，添加增稠剂、香料或豆类、果品等经混合、灭菌（或轻度凝冻）、注模、插扦、冻结、脱模等工艺制成的带杆的冷冻饮品。

雪泥是以饮用水、食糖等为主要原料，添加增稠剂、香料，经混合、灭菌、凝冻或低温炒制等工艺制成的松软的冰雪状的冷冻饮品。

甜味冰是以饮用水、食糖等为主要原料，添加香料，经混合、灭菌、灌装、冻结等工艺制成的冷冻饮品。

食用冰是以饮用水为原料，经灭菌、注模、冻结、脱模、包装等工艺制成的冷冻饮品。

二、选 购

（一）购买时要查看产品包装上的标签标识，产品包装上应注明生产企业的名称和地址、产品名称配料表（食品添加剂中的甜味剂、防腐剂和着色剂应标明具体名称）、净含量、生产日期和保质期、贮藏条件、产品标准号。

（二）要选购包装完整，封口完全的产品，因为产品包装封口不完全，容易造成二次污染，影响产品卫生状况。不要购买因溶化引起变形后再次冷冻的产品。

（三）冷冻饮品要适量，尤其是在短时间内不要大量进食。

麦片产品质量国家监督抽查结果公告

本次对北京、天津、河北、吉林、上海、江苏、浙江、山东、广东、广西等10个省、直辖市、自治区64家企业生产的100种麦片进行了监督抽查。

本次抽查依据CCGF101.4-2008《产品质量监督抽查实施规范 麦片》、强制性国家标准GB2760-2007《食品添加剂使用卫生标准》、GB19640-2005《麦片类卫生标准》以及产品明示的执行标准，对麦片产品的重金属（总砷、铅）、甜味剂（甜蜜素、糖精钠、安赛蜜）、黄曲霉毒素B1、菌落总数、大肠菌群、致病菌（沙门氏菌、志贺氏菌、金黄色葡萄球菌）、霉菌等12个项目进行了检验。

抽查中发现有13种产品不合格，存在的主要质量问题：

一、强制性国家标准GB19640-2005《麦片类卫生标准》规定，麦片的大肠群菌应≤40MPN/100g，致病菌（沙门氏菌、志贺氏菌、金黄色葡萄球菌）不得检出，霉菌应≤50cfu/g。本次抽查中有11种麦片微生物指标超标。其中：有1种产品的沙门氏菌、金黄色葡萄球菌和霉菌同时超标，1种产品的金黄色葡萄球菌和霉菌超标，2种产品的大肠菌群和霉菌超标，7种产品霉菌超标。其中有1种产品的霉菌实测值为350cfu/g，超过标准规定要求的6倍。

二、强制性国家标准GB2760-2007《食品添加剂使用卫生标准》规定，麦片中安赛蜜不得检出。本次抽查中有2种麦片超范围使用甜味剂安赛蜜，安赛蜜实测值分别为0.4g/kg、0.8g/kg。不合格原因主要是为改善口味或降低成本以安赛蜜代替白砂糖。

麦片产品质量国家监督抽查产品及其企业名单

序号	企业名称	产品名称	商标	规格型号	生产日期（批号）	抽查结果	主要不合格项目
1	北京锄禾食品有限责任公司	核桃燕麦片	锄禾	700g/ 袋	2009-01-14	合格	
2	北京锄禾食品有限责任公司	即冲燕麦片	锄禾	700g/ 袋	2009-03-03	合格	
3	北京宝盛工贸有限公司	燕麦片	双保	400g/ 袋	2008-12-15	合格	
4	北京宝盛工贸有限公司	即食燕麦片	双保	400g/ 袋	2009-01-20	合格	
5	北京康汇佳食品有限公司	燕麦片	康汇佳	430g/ 袋	2009-02-21	合格	
6	北京康汇佳食品有限公司	中老年无蔗糖燕麦片	康汇佳	350g/ 桶 X3 桶 / 盒	2009-01-23	合格	
7	北京西麦世佳生物技术有限公司食品厂	高钙牛奶燕麦	麦加麦	630g/ 袋	2008-12-15	合格	
8	北京西麦世佳生物技术有限公司食品厂	燕麦片	麦加麦	600g/ 袋	2008-12-14	合格	
9	天津市联顺食品工业有限公司、 天津知味斋食品科技有限公司	木糖醇燕麦片	知味斋	720g/ 袋	2008-11-01	合格	
10	天津市好味特食品工业有限公司	速溶三合一燕麦片	妙妙	1Kg/ 盒	2008-12-18	合格	
11	天津市好味特食品工业有限公司	妙妙燕麦片	妙妙	350g/ 袋	2008-12-02	合格	
12	石家庄迎华食品饮料有限公司	中老年无蔗糖营养麦片	皇隆	880g/ 包	2009-01-16	合格	
13	内蒙古塞宝燕麦食品有限公司	有机燕麦片	塞宝	400g/ 袋	2009-01-03	合格	
14	内蒙古塞宝燕麦食品有限公司	无蔗糖燕麦片	玉麦	360g/ 袋	2009-01-03	合格	
15	上海铭辰食品有限公司	营养麦片（加钙）		600g/ 袋	2009-03-10	合格	
16	上海铭辰食品有限公司	燕麦片		138g/ 袋	2009-02-12	合格	
17	上海百味林实业有限公司普陀分公司	百味林即食燕麦片	百味林	454g/ 袋	2009-03-07	合格	
18	上海长城食品厂	高钙豆奶营养麦片	上海长城	1000g/ 袋	2009-03-01	合格	
19	上海闽融贸易有限公司分公司	燕麦片		1kg/ 袋	2009-03-10	合格	
20	上海早早麦食品有限公司	早早麦燕麦片	早早麦	700g/ 袋	2009-03-05	合格	
21	常州超级科技发展有限公司	即溶麦片		350g/ 袋	2009-03-16	合格	
22	常州超级食品有限公司	超级高钙麦片		600g/ 袋	2009-01-16	合格	
23	常州超级食品有限公司	超级原味麦片		600g/ 袋	2009-02-01	合格	
24	常州市喜洋洋食品有限公司	原味营养麦片	农香	600g/ 袋	2009-01-10	合格	
25	常州市喜洋洋食品有限公司	三合一营养燕麦片（核桃加钙）	农香	700g/ 袋	2009-01-10	合格	
26	南京润田食品有限公司	纯正原味麦片	祺田	600g/ 袋	2009-03-22	合格	
27	南京王氏食品有限公司	原味营养麦片	王氏	600g/ 袋	2009-03-16	合格	
28	上海佳格食品有限公司苏州分公司	多力香奶麦片（中老年配方）	多力	560g/ 袋	2009-01-15	合格	
29	上海佳格食品有限公司苏州分公司	多力香奶麦片（原味）	多力	560g/ 袋	2009-02-16	合格	
30	江苏统业保健食品有限公司	低糖加钙燕麦片	统业	520g/ 袋	2009-03-16	合格	
31	江苏统业保健食品有限公司	3 合 1 燕麦片	统业	720g/ 袋	2009-03-16	合格	
32	姜堰市晶鑫食品有限公司	核桃牛奶燕麦片	伊爱	460g/ 盒	2009-03-08	合格	
33	姜堰市晶鑫食品有限公司	钙奶原味营养麦片	伊爱	688g/ 袋	2009-03-08	合格	
34	泰州三九保健品有限公司	高钙燕麦片	惠邻	600g/ 袋	2009-03-13	合格	
35	泰州三九保健品有限公司	三合一燕麦片	惠邻	600g/ 袋	2009-03-13	合格	
36	泰州市天禾食品工业有限公司	高钙蛋白营养燕麦片	顶兴	528g/ 袋	2009-01-01	合格	

接上表

37	兴化市禾杰食品有限公司	牛奶加钙麦片	禾杰	518g/袋	2008-12-28	合格	
38	兴化市禾杰食品有限公司	麦香原味麦片	禾杰	518g/袋	2008-12-28	合格	
39	杭州建德天堂食品有限公司	原麦片（即食纯麦片）	天堂	2kg/袋	2008-11-5	合格	
40	杭州唐纳兹食品有限公司	牛奶鸡蛋燕麦片（混合型麦片）	唐纳兹	400g/袋	2009-03-23	合格	
41	金华市百家利食品有限公司	营养麦片	百家利	1.018kg/袋	2009-3-22	合格	
42	山东秦老太食品有限公司	快熟燕麦片	秦老太	700g/袋	2009-01-15	合格	
43	山东秦老太食品有限公司	加钙核桃燕麦	秦老太	600g/袋	2009-01-03	合格	
44	山东省沂水卓尔食品有限公司	牛奶高钙燕麦片	汇能南山	680g/袋	2009-02-10	合格	
45	荆州市德力兴食品有限公司	无糖型营养麦片	德力兴	520g/袋	2008-12-18	合格	
46	湖南省人人家食品有限公司	中老年营养麦片	人人家	600g/袋	2008-08-12	合格	
47	湖南省人人家食品有限公司	中老年营养麦片	人人家	800g/袋	2008-11-04	合格	
48	长沙市雨花区御味食品厂	即溶麦片	旺和顺	880g/袋	2009-01-02	合格	
49	广东雅士利集团股份有限公司	早餐燕麦片（混合型）	雅士利	600g/袋	2009-03-13	合格	
50	广东雅士利集团股份有限公司	澳洲燕麦片（纯麦片）	雅士利	350g/袋	2009-02-22	合格	
51	东莞市虎门日隆食品厂	理想3合1蛋白AD钙营养燕麦片（速食）	理想牌	700g/袋	2009-02-10	合格	
52	东莞市虎门日隆食品厂	即冲燕麦片	理想牌	350g/袋	2009-03-10	合格	
53	广东皇室食品工业有限公司	皇室中老年720即溶营养燕麦片	皇室	720g/袋	2009-02-13	合格	
54	广东皇室食品工业有限公司	皇室燕麦片（纯麦片）	皇室	700g/袋	2009-03-10	合格	
55	广东一家人食品有限公司	即食燕麦片（纯麦片）	一家人	800g/桶	2009-03-21	合格	
56	广东智多星食品有限公司	燕麦片（即食）	黄金麦氏	850g/桶	2009-03-20	合格	
57	广东智多星食品有限公司	中老年营养麦片（混合型）	黄金麦氏	600g/袋	2009-03-16	合格	
58	黑牛食品股份有限公司	中老年无加蔗糖燕麦片	黑牛	880g/袋	2009-02-25	合格	
59	汕头市金味食品工业有限公司	纯生燕麦片（即食型）	金味	350g/袋	2009-03-17	合格	
60	汕头市金味食品工业有限公司	金味营养麦片（强化钙低聚糖）	金味	600g/袋	2009-03-20	合格	
61	广东金禾食品工业有限公司	牛奶加钙营养燕麦片	金禾	600g/袋	2009-01-01	合格	
62	汕头市龙湖区顶味食品厂	牛奶加钙营养麦片	顶味	680g/袋	2009-01-10	合格	
63	汕头市龙湖区丰益食品厂	即溶麦片	丰溢	450g/袋	2009-03-03	合格	
64	汕头市龙湖区惠士食品厂有限公司	学生益智燕麦片	正台南	818g/袋	2009-03-01	合格	
65	汕头市龙湖区惠士食品厂有限公司	中老年高钙燕麦片	正台南	818g/袋	2009-03-13	合格	
66	汕头市同燕辉食品厂	牛奶加钙营养麦片	皇园	800g/袋	2009-01-03	合格	
67	汕头市未来食品有限公司	牛奶加钙营养麦片	加文	840g/袋	2008-12-01	合格	
68	汕头市未来食品有限公司	无蔗糖中老年营养麦片	加文	840g/袋	2008-12-01	合格	
69	恩氏食品（深圳）有限公司	约克即冲燕麦片	约克	400g/袋	2009-02-06	合格	
70	深圳万基药业有限公司保健品厂	万基澳洲农庄红枣高铁燕麦片	万基	520g/袋	2009-01-21	合格	
71	广西福禧达保健食品有限公司	牛奶加钙澳洲燕麦片	福禧达	700g/袋	2008-10-18	合格	
72	广西福禧达保健食品有限公司	中老年营养燕麦片	福禧达	700g/袋	2009-02-05	合格	
73	广西亚华饮料食品有限公司	红枣高铁高钙燕麦片	威士佳	600g/袋	2009-01-16	合格	
74	广西亚华饮料食品有限公司	中老年高钙燕麦片	威士佳	600g/袋	2008-09-18	合格	
75	广西亿发食品饮料有限公司	高钙营养麦片	皇味	700g/袋	2009-02-13	合格	

接上表

76	广西亿发食品饮料有限公司	芝麻牛奶燕麦片	皇味	700g/ 袋	2009-02-13	合格	
77	桂林金煌阁食品有限公司	中老年高钙营养燕麦片	金煌阁	700g/ 袋	2009-01-15	合格	
78	桂林金煌阁食品有限公司	麦香原味营养麦片	金煌阁	600g/ 袋	2009-01-11	合格	
79	桂林康泰食品有限公司	营养麦片	汇金源	600g/ 袋	2009-01-15	合格	
80	桂林耀华食品有限公司	中老年无糖营养麦片	隆盛	1000g/ 袋	2009-03-10	合格	
81	桂林澳美食品有限公司	红枣高铁高钙燕麦片	奥美高	700g/ 袋	2009-04-06	合格	
82	广西贺州西麦生物食品有限公司	中老年营养燕麦片	西麦	700g/ 袋	2008-11-27	合格	
83	广西贺州西麦生物食品有限公司	燕麦片	西麦	700g/ 袋	2008-12-23	合格	
84	广西梧州冰泉实业股份有限公司	速食胡萝卜汁蛋奶营养麦片	冰泉	560g/ 袋	2009-01-02	合格	
85	广西梧州冰泉实业股份有限公司	低糖（中老年）营养麦片	冰泉	560g/ 袋	2009-02-11	合格	
86	桂林澳美食品有限公司	核桃钙奶燕麦片	奥美高	700g/ 袋	2009-04-06	合格	
87	海南南国食品实业有限公司	椰奶营养麦片		560g/ 袋	2008-09-06	合格	
88	北京美多维食品有限公司	即冲燕麦片	美多维	400g/ 袋	2009-03-02	不合格	霉菌
89	北京美多维食品有限公司	快熟燕麦片	美多维	700g/ 袋	2009-02-16	不合格	霉菌
90	常州新区怡泰食品有限公司	燕麦片	怡泰	258g/ 袋	2008-12-22	不合格	霉菌
91	常州新区怡泰食品有限公司	牛奶高钙原味麦片	怡泰	900g/ 袋	2009-03-12	不合格	安赛蜜
92	姜堰市乐万福食品厂	红枣补血营养套餐（麦片）		488g/ 盒	2009-03-16	不合格	霉菌
93	姜堰市乐万福食品厂	牛奶加钙营养套餐（麦片）		488g/ 盒	2009-03-16	不合格	霉菌
94	姜堰市礼尚食品有限公司	麦香原味燕麦片		600g/ 桶	2008-11-24	不合格	霉菌
95	姜堰市礼尚食品有限公司	牛奶加钙燕麦片		600g/ 桶	2008-11-24	不合格	霉菌
96	泰州市天禾食品工业有限公司	红枣莲子燕麦片	顶兴	600g/ 盒	2009-02-20	不合格	大肠菌群，霉菌
97	金华市大地食品有限公司	牛奶加钙燕麦片（混合型）	善合	800g/ 袋	2009-03-07	不合格	大肠菌群，霉菌
98	长沙汇能食品有限公司	原味营养麦片	汇能南山	600g/ 袋	2009-02-10	不合格	金黄色葡萄球菌，霉菌
99	深圳万基药业有限公司保健品厂	万基澳洲农庄中老年燕麦片（无加蔗糖）	万基	520g/ 袋	2009-01-21	不合格	安赛蜜
100	桂林康泰食品有限公司	中老年加钙燕麦片	汇金源	800g/ 袋	2009-02-15	不合格	沙门氏菌，金黄色葡萄球菌，霉菌

注：按行政区域排序。

麦片产品小常识

一、分 类

麦片是以燕麦、大麦、小麦、荞麦、玉米、大米等禾谷类为主要原料制成的即食或加热食用的食品。

麦片分为两大类：纯麦片和混合型麦片。纯麦片是指单以燕麦、大麦、小麦、荞麦等麦类为原料，经粉碎（或不粉碎）、熟化、压片成型、干燥等工艺制成的即食或加热食用的可冲调性定型包装食品。混合型麦片是以燕麦、大麦、小麦、荞麦、玉米、大米等谷类为原料，添加（或不添加）奶、植脂末、糖等辅料，经粉碎、熟化、压片、干燥等工艺制成的即食可冲调性定型包装食品。

二、产品选购

要选购标识说明完整详细的产品。国家标准中规定标签必须包括：产品名称、净含量、配料表、制造者或经销者的名称和地址、产品标准号、生产日期、保质期，特别要注意是否有生产日期和保质期，尽量购买近期生产的产品。

三、食用方法

尽量选购纯麦片作为早餐的粮食来源，其蛋白质、纤维、矿物质和维生素含量都是最高的。此外，纯麦片不含白砂糖和盐，更适合老年人和糖尿病人、血脂及血糖偏高的人食用。

食用麦片的一个关键就是避免长时间高温煮，以防止维生素被破坏。正确食用麦片的方法：生麦片需要煮 20 ～ 30 分钟；熟麦片则需要 5 分钟；熟麦片与牛奶一起煮只需要 3 分钟，中间最好搅拌一次。

蜜饯产品质量国家监督抽查质量公告

为维护消费者合法权益，国家质检总局组织对蜜饯产品质量进行了国家监督抽查。共抽查了北京、天津、上海、浙江、福建、山东、广东等 7 个省、直辖市 50 家企业生产的 50 种产品（不涉及出口产品），产品实物质量抽样合格率为 96%。

此次抽查依据 CCGF105.1-2008《蜜饯产品质量监督抽查实施规范》、GB14884-2003《蜜饯卫生标准》、GB7718-2004《预包装食品标签通则》、GB2760-2007《食品添加剂使用卫生标准》等国家标准相关的规定，对蜜饯产品的感官、苯甲酸、山梨酸、糖精钠、安赛蜜、甜蜜素、胭脂红、苋菜红、诱惑红、柠檬黄、日落黄、亮蓝、二氧化硫残留量、总砷、铅、铜、菌落总数、大肠菌群、霉菌、致病菌、标签等 21 个项目进行了检验。

抽查中发现的主要质量问题是个别产品超限量使用食品添加剂。食品添加剂是为了改善食品的品质和色、香、味，以及为加工工艺需要而加入食品中的天然物质或化学合成物质。苯甲酸、甜蜜素、安赛蜜、柠檬黄、日落黄、胭脂红、二氧化硫等都是化学合成的食品添加剂，人体摄取过量对健康不利。抽查中有个别产品苯甲酸、二氧化硫残留量超过国家标准规定的要求。

针对抽查中发现的主要质量问题，国家质检总局已责成各地质量技术监督部门按照产品质量法等相关法律法规的规定，对抽查中产品质量不合格的生产企业依法进行处理，并限期整改。同时对质量较好的产品及其生产企业进行宣传，引导消费。

国家质检总局将继续加大对蜜饯产品的监督抽查，促进蜜饯产品质量整体水平的提高。

蜜饯产品质量国家监督抽查部分质量较好的产品及其企业名单

序号	企业名称	产品名称	商标	规格	生产日期
1	北京红螺食品有限公司	梨脯	红螺食品	200g/ 盒	2008-09-18
2	北京御食园食品有限公司	海棠脯	御食园	200g/ 盒	2008-09-21
3	广东佳宝集团有限公司	加应子	佳宝	80g/ 袋	2008-09-22
4	广东康辉集团有限公司	康辉话梅	康辉	80g/ 袋	2008-09-10
5	福州大世界橄榄有限公司	甘草榄	大世界	200g/ 袋	2008-09-28
6	杭州华味亨食品有限公司	盐津桃肉	华味亨	180g/ 袋	2008-10-04
7	上海天喔食品（集团）有限公司	天喔韩话梅	天喔	270g/ 罐	2008-09-27

注：排名不分先后。

蜜饯产品质量国家监督抽查质量较差的产品及其企业名单

序号	企业名称	产品名称	商标	规格	生产日期	主要不合格项目
1	青岛新大陆食品有限公司	美丽杏	俞记	238g/ 袋	2008-08-01	二氧化硫、标签
2	山东枣花香食品工业有限公司	阿胶蜜枣	枣花香	227g/ 袋	2008-07-18	苯甲酸

注：排名不分先后。

蜜饯产品选购常识

我国历来有“南蜜饯、北果脯”之说，南方以湿态制品为主，北方则以干态制品居上，俗称“北脯南蜜”。蜜饯是以果蔬等为原料，经用糖或蜂蜜腌制的方法加工而成的食品。按风味分为京式、广式、苏式和闽式几种。按种类分为果脯类、凉果类、话化类、果糕、果丹类。消费者可以根据自己的口味爱好挑选蜜饯产品，在购买及食用时应注意以下几点：

一、看产品外包装标识标注是否齐全。包装上必须标明：产品名称、配料表、净含量、制造者或经销者的名称和地址、生产日期、保质期或/保存期、产品标准号。

二、闻气味，辨外观。打开包装后注意产品不得有异味，滋味与气味表示产品的风味质量（包括味道与香气），各类产品应有其独特的香味。产品不允许有外来杂质，如砂粒、发丝等。一般不要购买色泽特别鲜艳的和有刺激气味的产品。并观察产品组织结构和形态，产品组织结构往往能反映产品的内在品质，通常包括肉质细腻程度、糖份分布渗透均匀程度、颗粒饱满程度；而产品形态则表示产品的外观，通常包括形状、大小、长短、厚薄是否基本一致、产品表面附着糖霜是否均匀、有无皱缩残损、破裂和其它表面缺陷、颗粒表面干湿程度是否基本一致。

三、区分消费群体，选择不同产品。因果脯通常含糖量较高，可高达70%，对于糖尿病患者等不宜过多摄入糖的人群，最好选择那些以功能性甜味剂代替蔗糖的低糖果脯蜜饯产品。另外，有的产品含有较高盐分，有的产品含有大量甜味剂、防腐剂和色素等添加剂，儿童食用这些产品时要注意有所选择，建议适量食用。

膨化食品产品质量国家监督抽查质量公告

为维护消费者合法权益，国家质检总局组织对膨化食品产品质量进行了国家监督抽查。共抽查了上海、江苏、浙江、福建、江西、湖南、广东、四川等8个省、直辖市55家企业生产的79种产品（不涉及出口产品），产品实物质量抽样合格率为97.5%。

此次抽查依据GB17401-2003《膨化食品卫生标准》、GB7718-2004《预包装食品标签通则》、GB2760-2007《食品添加剂使用卫生标准》等强制性国家标准及相关产品标准的规定，对膨化食品的感官、水分、酸价、过氧化值、羰基价、糖精钠、甜蜜素、柠檬黄、日落黄、胭脂红、苋菜红、亮蓝、铝残留量、总砷、铅、黄曲霉毒素B1、菌落总数、大肠菌群、致病菌以及标签等20个项目进行了检验。

抽查中发现的主要质量问题是个别产品超范围使用甜味剂。甜蜜素、糖精钠是无营养价值的化学合成甜味剂，摄入过多对人体有一定害处。强制性国家标准GB2760-2007《食品添加剂使用卫生标准》规定，膨化食品中不允许使用甜蜜素、糖精钠。抽查中有个别产品检出甜蜜素。

针对抽查中发现的主要质量问题，国家质检总局已责成各地质量技术监督部门按照产品质量法等相关法律法规的规定，对抽查中质量不合格的生产企业依法进行处理，并限期整改。同时对质量较好的产品及其生产企业进行宣传，引导消费。国家质检总局将继续加大对膨化食品的监督抽查，促进膨化食品质量整体水平的提高。

膨化食品产品质量国家监督抽查产品及其企业名单

序号	企业名称	产品名称	商标	规格型号	生产日期	抽查结果	主要不合格项目
1	百事食品（中国）有限公司北京分公司	嗞嗞烤肉味薯片	乐事无限	120g/袋	2009-04-08	合格	
2	北京市美丹食品有限公司	鲜米酥（香辣味）	美丹	320g/袋	2009-04-09	合格	
3	北京市食品研究所俪人实业公司	膨化大米		计量销售	2009-04-09	合格	
4	北京晋康源食品厂	营养锅巴		计量销售	2009-04-04	合格	

接上表

5	伟昶（北京）国际工贸有限公司	美味锅巴	唯美	2000g/袋	2009-04-06	合格	
6	北京兴华源食品厂	黄豆脆锅巴（孜然味）		1900g/袋	2009-04-01	合格	
7	北京澳华食品有限公司	香卡吧锅巴	香卡吧	120g/袋	2009-04-03	合格	
8	北京大旺食品有限公司	旺旺雪饼	旺旺	9g/袋	2009-04-07	合格	
9	天津圆圆食品有限公司	里脊牛排（油炸型膨化食品）	圆圆	25g/袋	2009-04-12	合格	
10	天津市天凌一品食品有限公司	也酥脆比萨卷（烧烤味）	天凌	115g/袋	2009-04-10	合格	
11	天津市天泽食品有限公司	天津香米锅巴（烧烤味）	天泽	计量销售	2009-04-13	合格	
12	天津市天隆食品有限公司	比萨卷（孜然味）	华昇	140g/袋	2009-04-01	合格	
13	天津市悦达食品有限公司	快乐佳锅巴（五香味）	亨脆	102g/袋	2009-04-07	合格	
14	天津市隆大食品有限公司	天津锅巴		计量销售	2009-04-13	合格	
15	天津市静海县顺腾食品厂	加蛋锅巴	顺腾	50g/袋	2009-03-01	合格	
16	天津联盟谷物早餐有限公司	脆谷乐营养早餐谷物食品	雀巢	300g/袋	2009-04-08	合格	
17	嘉年华（天津）国际有限公司	乖乖脆果（炼乳味）	乖乖	72g/袋	2009-03-30	合格	
18	河北博通饼业食品有限公司	米米丽米通（黑芝麻味）	博通	400g/袋	2009-04-14	合格	
19	保定金纳食品有限公司	花生味香酥米（膨化食品）	汉邦	300g/袋	2009-04-10	合格	
20	石家庄市新华区隆达食品厂	香酥果（油炸膨化食品）		计量销售	2009-04-10	合格	
21	好丽友食品有限公司	好多鱼（马铃薯膨化食品）	好丽友	34g/袋	2009-04-09	合格	
22	廊坊市澳华食品有限公司	黄豆脆锅巴	澳华	100g/袋	2009-04-09	合格	
23	河北顶大食品集团有限公司	巴巴脆休闲 100	巴巴脆	80g/袋	2009-04-07	合格	
24	石家庄市建刚食品有限公司	麦烧香脆饼（麻香味）	建刚	330g/袋	2009-04-15	合格	
25	河北百客食品工业有限公司	奇果哥金麦圈	奇果哥	2kg/袋	2009-04-10	合格	
26	抚顺比客食品工业有限公司	鸡味圈（非油炸膨化食品）	比客	60g/袋	2009-03-20	合格	
27	抚顺市美的好食品厂	喜加喜超级虾味条 118	4+4	84g/袋	2009-03-23	合格	
28	抚顺南方食品工业有限公司	亲亲虾条（原味）	亲亲	26g/袋	2009-03-27	合格	
29	沈阳市万家乐食品厂	椒盐土豆（面制品）	遍地红	70g/袋	2009-04-09	合格	
30	沈阳市东陵区周林食品厂	麻辣面食制品（开心小肥牛）	周林	38g/袋	2009-04-09	合格	
31	沈阳市大鑫玉食品厂	椒盐土豆（油炸膨化食品）	圣园	35g/袋	2009-04-04	合格	
32	沈阳市东陵区金林食品厂	麻辣面食制品（非常9+1）	金林	38g/袋	2009-03-19	合格	
33	沈阳市东陵区唐自成食品厂	麻辣面食制品（牛板筋）		38g/袋	2009-04-09	合格	
34	沈阳市东陵区国庆食品厂	麻辣面食制品（嘴巴香）		400g/袋	2009-04-07	合格	
35	沈阳市东陵区许世文食品厂	麻辣面食制品（牛排王）		300g/袋	2009-03-26	合格	
36	沈阳市东陵区珍珍食品厂	麻辣面食制品（巴西烤肉）	珍珍	36g/袋	2009-03-27	合格	
37	沈阳旺旺食品有限公司	旺旺仙贝	旺旺	8g/袋	2009-04-10	合格	
38	上海江崎格力高食品有限公司	百多百色拉虾味膨化食品	格力高	50g/盒	2009-01-09	合格	
39	百事食品（中国）有限公司嘉定分厂	美鲜甜辣味薯片（复合型）	乐事	120g/罐	2009-04-02	合格	

接上表

40	百事食品（中国）有限公司嘉定分厂	鲜浓番茄味薯片（复合型）	乐事	120g/ 罐	2009-04-08	合格	
41	上好佳（中国）有限公司	葱烤鲫鱼味薯片	上好佳	120g/ 罐	2009-02-04	合格	
42	上好佳（中国）有限公司	薯片（经典原味）	上好佳	120g/ 罐	2009-02-09	合格	
43	可瑞安制果（上海）食品有限公司	粒粒蹦（膨化食品）	粒粒蹦	180g/ 包	2009-03-17	合格	
44	上海美派福得食品有限公司	易佳韩式锅巴	易佳	75g/ 包	2009-03-18	合格	
45	百事食品（中国）有限公司	日式牛排味粟米棒	百事	60g/ 包	2009-04-11	合格	
46	百事食品（中国）有限公司	美式火鸡味粟米棒	百事	60g/ 包	2009-04-11	合格	
47	上海华元食品有限公司	真优惠虾条	华元	80g/ 包	2009-03-09	合格	
48	南京瑞麦食品有限公司	旺旺仙贝	旺旺	500g/ 包	2009-04-01	合格	
49	通用磨坊食品（南京）有限公司	膨化食品香米角	妙脆角	75g/ 包	2008-12-26	合格	
50	淮安旺旺食品有限公司	旺仔小馒头（焙烤膨化）	旺仔	250g/ 包	2009-03-19	合格	
51	浙江小王子食品股份有限公司	小王子鲜米饼（膨化食品）	小王子	488g/ 包	2009-04-21	合格	
52	杭州临安小天使食品有限公司	小天使香雪饼（膨化食品）	小天使	308g/ 包	2009-04-19	合格	
53	临安顶发食品有限公司	顶发麦烧（膨化食品）	顶发	55g/ 包	2009-04-15	合格	
54	杭州旺旺食品有限公司	旺旺雪饼	旺旺	84g/ 袋	2009-04-24	合格	
55	佳旺食品（福建）有限公司	黄瓜片（膨化食品）	啃得	66g/ 袋	2009-04-21	合格	
56	佳旺食品（福建）有限公司	啃得鸡块（膨化食品）	佳旺	80g/ 袋	2009-04-21	合格	
57	福建达利食品集团有限公司	可比克烧烤味薯片	可比克	45g/ 罐	2009-04-12	合格	
58	福建亲亲股份有限公司	亲亲大薯片（原味）	亲亲	140g/ 袋	2009-04-08	合格	
59	福建亲亲股份有限公司	亲亲虾条（原虾味）	亲亲	46g/ 袋	2009-04-17	合格	
60	福建省晋江福源食品有限公司	艾比利薯片（油炸型膨化食品）	盼盼	95g/ 罐	2009-04-15	合格	
61	福建省晋江福源食品有限公司	盼盼家庭号薯片（油炸型膨化食品）	盼盼	132g/ 袋	2009-04-20	合格	
62	福建雅客食品有限公司	米果卷（鸡肉味）	雅客	散称	2009-03-19	合格	
63	福建雅客食品有限公司	米果卷（海苔味）	雅客	散称	2009-03-15	合格	
64	泉州市威威猫食品发展有限公司	小馒头（原味）	图案	散称	2009-04-07	合格	
65	福建福马食品集团有限公司	巧克力涂层膨化棒（花生夹心）	福马	15g/ 条	2009-03-01	合格	
66	石狮德祥食品有限公司	好实在虾条（膨化食品油炸型）	好实在	92g/ 袋	2009-03-28	合格	
67	石狮德祥食品有限公司	好实在薯片（膨化食品油炸型）	好实在	85g/ 袋	2009-03-29	合格	
68	福建省海新食品有限公司	膨化食品 -- 小脆薯片(芥末味)	泡吧	200g/ 盒	2009-03-05	合格	
69	龙海市旭源食品有限公司	蛋皮米酥	福旺源	散称	2009-03-19	合格	
70	龙海市旭源食品有限公司	膨化食品 -- 蛋皮米酥	旭源	散称	2009-03-19	合格	
71	龙海市庆丰食品有限公司	够讚锅巴（牛肉味）	三惠	散称	2009-04-14	合格	
72	龙海市新顺荣食品厂	友趣 - 夹心米果	李荣记	散称	2009-04-12	合格	
73	龙海市榜山志兴食品厂	膨化（油炸型）- 麻酥枣	鸣亮	散称	2009-04-01	合格	
74	龙海市远东食品有限公司	米饼（直接挤压型膨化食品）	蓝草香	140g/ 袋	2009-04-12	合格	
75	漳州市金峰食品工业有限公司	吃米香雪饼	金峰	500g/ 袋	2009-04-01	合格	
76	德州麦特食品有限公司	锅巴	麦特	118g/ 袋	2009-04-08	合格	
77	陵县亲援食品厂	锅巴	亲援	130g/ 袋	2009-04-01	合格	

接上表

78	山东瑞麦食品有限公司	旺旺仙贝	旺旺	8g/ 袋	2009-04-06	合格	
79	济南市槐荫维特食品厂	烧烤牛排味膨化食品	维特雪人	32/ 袋	2009-04-07	合格	
80	济南彩宝食品有限公司	米香锅巴	彩宝	270g/ 袋	2009-04-01	合格	
81	山东高唐小宝贝食品有限公司	哈哈笑小馒头	宝杰	160g/ 袋	2009-04-04	合格	
82	济南巧巧食品有限公司	巧玲珑虾条	巧玲珑	90g/ 袋	2009-03-19	合格	
83	汕头市联通食品有限公司	甜心香蕉膨化	联通	4.5g/ 条	2009-02-21	合格	
84	汕头市联通食品有限公司	快乐香橙膨化	联通	4.5g/ 条	2009-03-01	合格	
85	潮安县博味食品有限公司	清怡牌黄瓜味片（膨化食品）	博味	40g/ 袋	2009-04-08	合格	
86	潮安县博味食品有限公司	清怡牌柠檬味片（膨化食品）	博味	40g/ 袋	2009-03-23	合格	
87	潮安县金香园食品有限公司	脆香薯条	健次郎	50g/ 袋	2008-12-10	合格	
88	潮安县金香园食品有限公司	嫩牛沙拉（膨化食品）	健次郎	35g/ 袋	2009-04-02	合格	
89	潮安县胡氏兄弟食品有限公司	麻婆沙拉（膨化食品）	胡世兴	30g/ 袋	2009-03-25	合格	
90	潮安县彩塘中南食品厂	辣笔小新比你脆（油炸型膨化食品）	0 派	25g/ 袋	2009-03-02	合格	
91	潮安县港乐食品有限公司	香米酥	港乐	26g/ 袋	2009-03-08	合格	
92	潮安县桂园实业有限公司	香香薯条（薯条味）		24g/ 袋	2008-11-20	合格	
93	潮安县凯悦食品有限公司	扒鸡腿（膨化食品）	凯悦	25g/ 袋	2009-04-10	合格	
94	潮安县海诺食品有限公司	阿牛哥烤土豆条（油炸型膨化食品）	满可佳	30g/ 袋	2009-04-08	合格	
95	天津顺泰食品有限公司	孜然味锅巴		计量销售	2009-04-01	不合格	甜蜜素
96	石家庄市正和食品厂	五香骨头（油炸型膨化食品）	亲兄弟	8g/ 包	2009-04-09	不合格	甜蜜素
97	沈阳市东陵区朝辉食品厂	麻辣面食制品（麻婆豆腐）	朝辉	36g/ 袋	2009-04-07	不合格	甜蜜素
98	沈阳市东陵区军辉食品厂	麻辣面食制品（豆角香干）	军辉	38g/ 袋	2009-03-03	不合格	甜蜜素
99	沈阳市东陵区旺宝食品厂	酱板鸭（麻辣面制食品）	如意	35g/ 袋	2009-04-07	不合格	甜蜜素
100	陵县燕鲁食品厂	锅巴	燕鲁	96g/ 袋	2009-01-09	不合格	大肠菌群

注：按行政区域排序。

膨化食品小常识

一、选购注意事项

选购时最好选购有预包装的产品并注意产品的标签标识。因膨化食品油脂含量一般较高，如果保存不当，受高温和高湿度的影响，易造成产品变质。所以在购买时特别注意产品的生产日期，选择保质期内的产品，最好是距离生产日期较近的出厂不久的产品。同时，检查包装是否有破裂，最好是真空包装或者在包装中有脱氧剂。

二、由于膨化食品普遍具有高油脂、高热量、高糖等特点，食用时注意以下几点

（一）打开包装闻一下产品的气味是否正常，应没有刺鼻的哈喇味，外观没有霉变，口感应松脆。

（二）不宜长期过多食用。长期大量食用此类食品会造成油脂、热量大量摄入，易造成人体脂肪积累。

（三）对于糖类摄入不宜过多的人群或高血压病人，应谨慎选择此类食品。

（四）少年儿童正处于身体发育阶段，更要注意合理膳食、均衡营养。如果在饭前大量进食此类食品，容易造成饱胀感，影响正常进餐。

啤酒产品质量国家监督抽查结果公告

本次对北京、天津、河北、辽宁、吉林、黑龙江、上海、江苏、浙江、安徽、福建、山东、河南、湖北、湖南、广东、广西、四川、重庆、贵州、陕西、山西等22个省、自治区、直辖市199家企业生产的200种啤酒产品进行了监督抽查。

本次抽查依据为强制性国家标准GB4927-2001《啤酒》、GB2758-2005《发酵酒卫生标准》、GB10344-1989《饮料酒标签标准》及相应产品标准的规定，对啤酒产品的卫生、部分理化及部分感官、包装、标签等16个项目进行了检验。其中包括特种啤酒的特征性指标（干啤酒中真正发酵度、冰啤酒中浊度、纯生啤酒的蔗糖转化酶活性）、包装（瓶装啤酒是否用绳捆扎出售、有无"B"标记）和甲醛及致病菌等项目指标。

抽查结果表明：我国啤酒产品整体质量水平良好，呈上升趋势，大中型企业产品合格率为100%，小型企业产品合格率为94.9%。

抽查中发现有7种产品不合格，存在的主要质量问题：

一、本次抽查中有2种产品使用涉及人身安全的非“B”瓶包装。啤酒的非“B”瓶包装耐内压力明显低于“B”瓶，强制性国家标准规定瓶装啤酒所用的玻璃瓶必须使用符合要求的“B”瓶。

二、本次抽查中有3种产品原麦汁浓度不合格。其中，有1种啤酒的原麦汁浓度实测值为8.9° P，与标准规定的≥9.8° P相比低了0.9° P。原麦汁浓度是衡量啤酒营养和口感的指标。

三、本次抽查中有2种产品酒名标注不规范，用“纯生化啤酒”、“原生态纯生化啤酒”命名熟啤酒。

啤酒产品质量国家监督抽查产品及其企业名单

序号	企业名称	产品名称	商标	规格型号	生产日期（批号）	抽查结果	主要不合格项目
1	北京燕京啤酒股份有限公司	燕京啤酒（金牌）	燕京	600mL/瓶 10° P	2009-03-21	合格	
2	北京燕京啤酒股份有限公司一分公司	燕京啤酒（9° P啤酒）	燕京	620mL/瓶 9° P	2009-02-06	合格	
3	北京五星青岛啤酒有限公司	特制五星啤酒	五星	350mL/听 11° P	2009-02-07	合格	
4	北京青岛啤酒三环有限公司	青岛啤酒	青岛	600mL/瓶 8° P	2009-04-10	合格	
5	华润雪花啤酒（北京）有限公司	雪花啤酒（纯爽）	雪花	600mL/瓶 10° P	2009-03-27	合格	
6	北京啤酒朝日有限公司	北京啤酒（精品纯生）	北京	500mL/瓶 9° P	2009-04-09	合格	
7	天津盘山啤酒厂	盘山啤酒（精品）	盘山	528mL/瓶 8° P	2009-04-06	合格	
8	宣化新钟楼啤酒有限公司	钟楼啤酒（金典）	Z	518mL/瓶 10° P	2009-04-05	合格	
9	康保龙岩酿酒有限责任公司	9° P纯爽啤酒	滨岛	580mL/瓶 9° P	2009-04-10	合格	
10	唐山欧联豪门啤酒有限公司	豪门啤酒（新生代）	豪门	550mL/瓶 8° P	2009-03-31	合格	
11	邢台嘉禾啤酒有限责任公司	嘉禾银超干啤酒	嘉禾	500mL/瓶 8° P	2009-04-12	合格	
12	河北斌扬集团山海关公牛啤酒厂	公牛冰啤酒	公牛	600mL/瓶 11° P	2009-04-08	合格	
13	华润雪花啤酒（秦皇岛）有限公司	雪花清爽啤酒	雪花	600mL/瓶 10° P	2009-04-08	合格	
14	河北珠江啤酒有限公司	珠江啤酒（淡爽）	珠江	635mL/瓶 8.0° P	2009-04-03	合格	

接上表

15	唐山金百利啤酒饮料有限公司	奥太啤酒（金奥太）	奥太	600mL/瓶 10° P	2009-04-06	合格	
16	华润雪花啤酒（河北）有限公司	雪花酷爽啤酒	雪花	330mL/瓶 9° P	2009-03-13	合格	
17	嘉禾啤酒有限公司	嘉禾啤酒（蓝色冰点）	嘉禾	600mL/瓶 8° P	2009-04-16	合格	
18	沧州市天健酒业有限公司	天健啤酒（10.0° P清爽）	天健力	580mL/瓶 10° P	2009-03-13	合格	
19	邢台天牛啤酒有限公司	天牛金麦啤酒	天牛	590mL/瓶 8° P	2009-04-16	合格	
20	太原嘉禾啤酒有限公司	嘉禾淡爽啤酒	嘉禾	600mL/瓶 9° P	2009-04-21	合格	
21	山西金星啤酒有限公司	金星啤酒（快乐365）	金星	600mL/瓶 9° P	2009-03-15	合格	
22	华润雪花啤酒（山西）有限公司	雪花啤酒（清爽）	雪花	580mL/瓶 9° P	2009-04-24	合格	
23	山西燕京啤酒有限公司	燕京啤酒（精品）	燕京	500mL/瓶 10° P	2009-04-19	合格	
24	山西大同云冈啤酒（集团）有限责任公司	云冈啤酒（特制）	云冈	600mL/瓶 10° P	2009-04-04	合格	
25	华润雪花啤酒（辽宁）有限公司	雪花啤酒	雪花	355mL/听 10.0° P	2009-04-09	合格	
26	哈尔滨啤酒（沈阳）有限公司	哈尔滨啤酒（冰纯）	哈尔滨	500mL/瓶 9.1° P	2009-04-07	合格	
27	华润雪花啤酒（鞍山）有限公司	鞍山啤酒	瑞德	500mL/瓶 8.0° P	2009-04-06	合格	
28	大连大雪啤酒股份有限公司	最麒麟清醇啤酒	麒麟	500mL/瓶 7.5° P	2009-04-12	合格	
29	华润雪花啤酒（大连）有限公司	黑狮啤酒（超纯金冠）	黑狮	500mL/瓶 9.0° P	2009-04-02	合格	
30	华润雪花啤酒（盘锦）有限公司	雪花原浆啤酒	雪花	610mL/瓶 11.3° P	2009-04-05	合格	
31	青岛啤酒（鞍山）有限公司	崂山啤酒	崂山	500mL/瓶 8° P	2009-04-02	合格	
32	本溪中日龙山泉啤酒有限公司	龙山泉啤酒	龙山泉	570mL/瓶 10.0° P	2009-04-11	合格	
33	哈尔滨啤酒（锦州）有限公司	纯鲜哈尔滨啤酒	哈尔滨	500mL/瓶 8° P	2009-04-03	合格	
34	华润雪花啤酒（丹东）有限公司	鸭绿江啤酒	鸭绿江	590mL/瓶 10.0° P	2009-04-11	合格	
35	大连华润棒棰岛啤酒有限公司	大连干啤	棒棰岛	500mL/瓶 10.0° P	2009-04-11	合格	
36	华润雪花啤酒（辽阳）有限公司	辽阳啤酒	美月	500mL/瓶 10.0° P	2009-04-08	合格	
37	金士百啤酒股份有限公司	金士百啤酒	金士百	340mL/听 10° P	2009-04-11	合格	
38	华润雪花啤酒（吉林）有限公司	雪花啤酒	雪花	500mL/瓶 9° P	2009-03-09	合格	
39	华润雪花啤酒（长春）有限公司	雪花纯生啤酒	雪花	500mL/瓶 8° P	2009-01-19	合格	
40	梅河口市啤酒有限公司	梅河啤酒	梅河	600mL/瓶 11° P	2009-04-12	合格	
41	哈尔滨啤酒（长春银瀑）有限公司	银瀑啤酒	银瀑	350mL/听 10° P	2009-04-12	合格	
42	长春冰峰啤酒有限责任公司	冰峰啤酒	冰峰	500mL/瓶 11° P	2009-03-25	合格	
43	华润雪花啤酒（哈尔滨）有限公司	雪花啤酒（精制干啤酒）	雪花	355mL/听 10° P	2009-02-06	合格	
44	黑龙江北大仓啤酒有限公司	明月岛啤酒（精制）	明月岛	580mL/瓶 11° P	2009-04-11	合格	

接上表

45	青岛啤酒（哈尔滨）有限公司	青岛啤酒	青岛	500mL/ 瓶 10° P	2009-04-05	合格	
46	哈尔滨啤酒（大庆晓雪）有限公司	晓雪啤酒	晓雪	500mL/ 瓶 10° P	2009-04-11	合格	
47	哈尔滨啤酒有限公司	哈尔滨啤酒（清爽）	哈尔滨	630mL/ 瓶 11° P	2009-04-17	合格	
48	华润雪花啤酒（黑龙江）有限公司	雪花啤酒精制干啤酒	雪花	570mL/ 瓶 10.0° P	2009-03-28	合格	
49	黑龙江省哈尔迪啤酒有限公司	威虎山啤酒	威虎山	600mL/ 瓶 10.1° P	2009-03-22	合格	
50	哈尔滨啤酒（佳木斯佳凤）有限公司	佳凤啤酒	佳凤	600mL/ 瓶 12° P	2009-04-10	合格	
51	华润雪花啤酒（依兰）有限公司	雪花超纯啤酒	雪花	500mL/ 瓶 11° P	2009-04-03	合格	
52	青岛啤酒（兴凯湖）有限公司	崂山啤酒	崂山	600mL/ 瓶 11° P	2009-03-25	合格	
53	哈尔滨啤酒（鹤岗）有限公司	哈尔滨啤酒（清爽）	哈尔滨	620mL/ 瓶 10.5° P	2009-04-09	合格	
54	青岛啤酒（密山）有限公司	山水啤酒	山水	600mL/ 瓶 10° P	2009-04-06	合格	
55	哈尔滨啤酒（牡丹江镜泊）有限公司	镜泊湖超鲜啤酒	镜泊湖	330mL/ 听 10° P	2009-01-15	合格	
56	青岛啤酒上海松江有限公司	青岛啤酒	青岛啤酒	500mL/ 瓶 8° P	2009-03-24	合格	
57	三得利啤酒（昆山）有限公司	三得利啤酒	三得利	610mL/ 瓶 8° P	2009-03-21	合格	
58	重庆啤酒集团常州天目湖啤酒有限公司	天目湖啤酒	天目湖	568mL/ 瓶 9° P	2009-04-09	合格	
59	华润雪花啤酒（常州）有限公司	雪花香麦啤酒	雪花	568mL/ 瓶 8° P	2009-04-02	合格	
60	南京英博金陵啤酒有限公司	金陵啤酒（清爽）	金陵	568mL/ 瓶 8° P	2009-03-30	合格	
61	江苏三泰啤酒有限公司	银雪清歌啤酒	银雪	578mL/ 瓶 8° P	2009-04-11	合格	
62	江苏黄浦啤酒有限公司（原名江苏蓝统时带啤酒有限公司）	金麦王啤酒	金麦王	618mL/ 瓶 8° P	2009-04-09	合格	
63	盐城大富豪啤酒有限公司	金苏中啤酒	BBOSS	600mL/ 瓶 8° P	2009-04-10	合格	
64	青岛啤酒（扬州）有限公司	新鲜 100 山水啤酒	山水	600mL/ 瓶 8° P	2009-03-24	合格	
65	江苏大富豪啤酒有限公司通州工厂	大富豪淡爽啤酒	大富豪	485mL/ 瓶 9° P	2009-04-12	合格	
66	浙江英博石梁啤酒有限公司	红石梁啤酒	红石梁	500mL/ 瓶 8° P	2009-02-07	合格	
67	杭州千岛湖啤酒有限公司	千岛湖啤酒	cheerday	570mL/ 瓶 7° P	2009-03-30	合格	
68	金华市华力啤酒有限公司	华力啤酒		570mL/ 瓶 8° P	2009-04-09	合格	
69	华润雪花啤酒（嘉兴）有限公司	雪花啤酒		576mL/ 瓶 8° P	2009-03-30	合格	
70	宁波英博啤酒酿造有限公司	KK 啤酒	KK	630mL/ 瓶 8° P	2009-04-11	合格	
71	重庆啤酒集团绍兴有限责任公司	山城啤酒	山城	568mL/ 瓶 8° P	2009-04-01	合格	
72	金华英博双鹿啤酒有限公司	双鹿纯清啤酒（鲜爽）	双鹿	496mL/ 瓶 5.8° P	2009-04-06	合格	
73	重庆啤酒集团浙江之江啤酒有限公司	之江啤酒	之江	570mL/ 瓶 8° P	2009-04-14	合格	
74	燕京啤酒（浙江仙都）有限公司	燕京啤酒（清爽型）	燕京	500mL/ 瓶 8° P	2009-03-10	合格	

接上表

75	重庆啤酒集团宁波大梁山有限公司	大梁山啤酒		590mL/ 瓶 8° P	2009-04-10	合格	
76	杭州西湖啤酒朝日（股份）有限公司	西湖啤酒	西湖	600mL/ 瓶 9° P	2009-04-15	合格	
77	华润雪花啤酒（浙江）股份有限公司	雪花啤酒（精制）		576mL/ 瓶 7° P	2009-04-05	合格	
78	青岛啤酒（马鞍山）有限公司	青岛啤酒	青岛	500mL/ 瓶 8° P	2009-04-02	合格	
79	重庆啤酒集团含山有限责任公司	山城啤酒（魅力）	山城	448mL/ 瓶 8° P	2009-03-28	合格	
80	黄山市迎客松啤酒有限公司	迎客松啤酒	迎客松	600mL/ 瓶 8° P	2009-04-14	合格	
81	华润雪花啤酒（安徽）有限公司合肥分公司	雪花啤酒（精制）	雪花	490mL/ 瓶 8° P	2009-03-23	合格	
82	华润雪花啤酒（安徽）有限公司蚌埠分公司	雪花啤酒（清爽）	雪花	560mL/ 瓶 9° P	2009-04-01	合格	
83	安徽紫晶啤酒有限公司	乐冠啤酒	乐冠	508mL/ 瓶 8° P	2009-04-12	合格	
84	福建燕京啤酒有限公司	燕京啤酒 淡啤	燕京啤酒	590mL/ 瓶 8.0° P	2009-03-27	合格	
85	青岛啤酒（漳州）有限公司	青岛啤酒 特制	青岛啤酒	500mL/ 瓶 10.0° P	2009-04-09	合格	
86	青岛啤酒（厦门）有限公司	青岛啤酒	青岛啤酒	600mL/ 瓶 10.0° P	2009-04-03	合格	
87	青岛啤酒（福州）有限公司	青岛啤酒 大优	青岛啤酒	620mL/ 瓶 8.0° P	2009-04-06	合格	
88	英博雪津啤酒有限公司	雪津啤酒 冰啤	雪津	330mL/ 听 8.0° P	2009-04-03	合格	
89	福建省燕京惠泉啤酒股份有限公司	惠泉啤酒 经典	惠泉	330mL/ 听 11.0° P	2009-03-17	合格	
90	华润雪花啤酒（福建）有限公司	雪花啤酒 精制	雪花	330mL/ 听 9.0° P	2009-04-10	合格	
91	泰山啤酒（莱芜）有限公司	克利策啤酒		600mL/ 瓶 8° P	2009-03-16	合格	
92	烟台啤酒东营信义饮料有限公司	醴泉啤酒		630mL 10° P	2009-03-07	合格	
93	烟台啤酒青岛朝日有限公司	崂山啤酒	崂山	640mL/ 瓶 10° P	2009-04-15	合格	
94	燕京啤酒（莱州）有限公司	光州啤酒	光州	590mL/ 瓶 10° P	2009-04-20	合格	
95	乳山市曙光啤酒有限公司	威岛啤酒	威岛	620mL/ 瓶 8° P	2009-04-02	合格	
96	山东威海卫酒业集团文登有限公司	昆嵛啤酒	昆嵛	580mL/ 瓶 10° P	2009-04-14	合格	
97	山东新银麦啤酒有限公司	银麦啤酒	银麦	590mL/ 瓶 8° P	2009-04-10	合格	
98	青岛啤酒第五有限公司	青岛啤酒	青岛啤酒	500mL/ 瓶 8° P	2009-04-23	合格	
99	山东金孚龙啤酒有限公司	金孚龙经典啤酒	金孚龙	590mL/ 瓶 8° P	2009-04-03	合格	
100	青岛啤酒股份有限公司青岛啤酒二厂	青岛啤酒（纯生）	青岛啤酒	500mL/ 瓶 8° P	2009-04-26	合格	
101	青岛青丽啤酒有限公司	青丽啤酒	青丽	600mL/ 瓶 10° P	2009-04-28	合格	
102	焦作云台山啤酒有限责任公司	纯小麦啤酒	云台山	610mL/ 瓶 8° P	2009-03-20	合格	
103	河南奥克集团河南奥克啤酒实业有限公司	一品奥克（啤酒）	AoKt	580mL/ 瓶 9° P	2009-04-11	合格	
104	河南麦佳啤酒实业有限公司	麦佳啤酒	麦佳	590mL/ 瓶 9° P	2009-04-15	合格	
105	河南维雪啤酒集团有限公司	维雪啤酒	维雪	560mL/ 瓶 9° P	2009-03-30	合格	
106	金星啤酒集团有限公司河南金星啤酒厂	新一代金星啤酒	金星	550mL/ 瓶 9° P	2009-04-23	合格	

接上表

107	河南省月山啤酒股份有限公司	特制月山啤酒	月山	500mL/瓶 11° P	2009-04-17	合格	
108	洛阳亚洲啤酒有限公司	洛阳宫啤酒	洛阳宫	590mL/瓶 12° P	2009-04-16	合格	
109	青岛啤酒（应城）有限公司	山水啤酒	山水	590 mL/瓶 10.0° P	2009-03-27	合格	
110	华润雪花啤酒（宜昌）有限公司	雪花啤酒（冰醇）	雪花	500mL/瓶 8.0° P	2009-03-29	合格	
111	英博金龙泉啤酒（湖北）有限公司	金龙泉啤酒	金龙泉	608mL/瓶 8.0° P	2009-02-17	合格	
112	英博金龙泉啤酒（湖北）有限公司	金龙泉啤酒（清爽）	金龙泉	490mL/瓶 8.0° P	2009-04-01	合格	
113	华润雪花啤酒（天门）有限公司	雪花纯爽啤酒	雪花	500mL/瓶 8.0° P	2009-03-31	合格	
114	青岛啤酒（黄石）有限公司	山水啤酒	山水	600mL/瓶 8.0° P	2009-04-01	合格	
115	湖北津江啤酒有限公司	津江啤酒	津江	438mL/瓶 8.0° P	2009-03-25	合格	
116	燕京啤酒（仙桃）有限公司	劲纯燕京啤酒	燕京	500mL/瓶 10.0° P	2009-03-20	合格	
117	湖北金百利啤酒有限公司	金百利体能100啤酒	金百利体能100	488mL/瓶 8.0° P	2009-02-25	合格	
118	英博金龙泉啤酒（孝感）有限公司	金龙泉啤酒（清爽）	金龙泉	488mL/瓶 8.0° P	2009-03-27	合格	
119	青岛啤酒（随州）有限公司	山水啤酒	山水	590mL/瓶 8.0° P	2009-03-31	合格	
120	湖北蓝带啤酒有限公司	蓝带金麦啤酒	蓝带	330mL/瓶 10.0° P	2009-04-02	合格	
121	燕京啤酒（襄樊）有限公司	燕京冰爽啤酒	燕京	518mL/瓶 10.0° P	2009-03-06	合格	
122	襄樊神泉啤酒有限公司	神泉啤酒	丹江源	600mL/瓶 9.0° P	2009-03-09	合格	
123	湖北维雪啤酒有限公司	荆楚啤酒	荆楚啤酒	480mL/瓶 9.0° P	2009-04-02	合格	
124	湖北帝艺啤酒有限公司	蓝田啤酒	中国蓝田	490mL/瓶 8.0° P	2009-04-10	合格	
125	百威（武汉）国际啤酒有限公司	啤酒	百威	355mL/瓶 10.0° P	2009-04-19	合格	
126	华润雪花啤酒（武汉）有限公司	啤酒（勇闯天涯）	雪花	500mL/瓶 8.0° P	2009-04-17	合格	
127	荆州市宝龙啤酒有限公司	清爽啤酒	圣宝龙	500mL/瓶 8.0° P	2009-04-16	合格	
128	青岛啤酒（长沙）有限公司	精品山水啤酒	山水	500mL/瓶 8.0° P	2009-03-23	合格	
129	英博雪津（湖南）啤酒有限公司	雪津啤酒	雪津	600mL/瓶 8.0° P	2009-04-16	合格	
130	湖南燕京啤酒有限公司	燕京啤酒（冰纯）	燕京	500mL/瓶 8.0° P	2009-04-13	合格	
131	湖南奥华啤酒有限公司	金纯麦啤酒	奥华	600mL/瓶 10.0° P	2009-04-05	合格	
132	怀化舒心啤花露酒业有限公司	啤酒	川城	620mL/瓶 8.0° P	2009-04-05	合格	
133	芷江鹤泉酒业有限责任公司	三滤爽啤酒	鹤城	600mL/瓶 10.0° P	2009-03-28	合格	
134	湖南重庆啤酒国人有限责任公司	重庆啤酒（清爽型）	重庆	600mL/瓶 10.0° P	2009-04-07	合格	
135	湖南重庆啤酒国人有限责任公司	清爽重庆啤酒	重庆	490mL/瓶 8.0° P	2009-04-08	合格	
136	湖南岳阳楼酒业有限公司	岳阳楼啤酒	岳阳楼	490mL/瓶 8.0° P	2009-03-21	合格	
137	湖南七箭啤酒有限公司	七箭啤酒（原麦汁）	七箭	500mL/瓶 9.0° P	2009-04-03	合格	
138	华润雪花啤酒（湖南）有限公司	雪花啤酒（超醇）	雪花	500mL/瓶 8.0° P	2009-04-05	合格	
139	广州珠江啤酒股份有限公司	珠江啤酒 新清爽	珠江	355mL/听 12.0° P	2009-03-22	合格	

接上表

140	金威啤酒（佛山）有限公司	金威啤酒 金典	金威	600mL/瓶 10.0° P	2009-04-09	合格	
141	生力（广东）啤酒有限公司	生力啤酒 淡色熟啤酒	生力	355mL/听 11.0° P	2009-03-13	合格	
142	青岛啤酒（三水）有限公司	青岛啤酒 2000	青岛啤酒	600mL/瓶 10.0° P	2009-04-09	合格	
143	百威啤酒（佛山）有限公司	百威啤酒	百威	355mL/听 10.0° P	2009-04-10	合格	
144	广东燕京啤酒有限公司	燕京鲜啤 经典	燕京	580mL/瓶 10.0° P	2009-04-10	合格	
145	华润雪花啤酒（广东）有限公司	淡色啤酒 雪花纯生啤酒	雪花	620mL/瓶 10.0° P	2009-04-09	合格	
146	金威啤酒（东莞）有限公司	金威啤酒	金威	600mL/瓶 11.0° P	2009-04-01	合格	
147	深圳金威啤酒有限公司	金威啤酒 精品超爽	金威	330mL/听 8.0° P	2009-04-06	合格	
148	深圳青岛啤酒朝日有限公司	青岛啤酒	青岛啤酒	330mL/听 10.0° P	2009-03-21	合格	
149	燕京啤酒（桂林漓泉）股份有限公司	漓泉纯生啤酒		530mL/瓶 10° P	2009-04-16	合格	
150	重庆啤酒集团柳州啤酒有限责任公司	山城啤酒	山城	600mL/瓶 10° P	2009-04-21	合格	
151	南宁青岛啤酒有限公司	清纯山水啤酒	-	620mL/瓶 10° P	2009-04-19	合格	
152	燕京啤酒（玉林）有限公司	燕京鲜啤	燕京	490mL/瓶 10° P	2009-04-18	合格	
153	重庆啤酒股份有限公司万州分公司	山城啤酒	山城	520mL/瓶 10° P	2009-04-28	合格	
154	重庆啤酒股份有限公司九厂	山城啤酒	山城牌	500mL/瓶 10° P	2009-04-14	合格	
155	青岛啤酒（重庆）有限公司	青岛啤酒	青岛啤酒图形商标	500mL/瓶 10° P	2009-04-14	合格	
156	重庆啤酒（集团）有限责任公司綦江分公司	山城啤酒	山城	480mL/瓶 9.5° P	2009-04-21	合格	
157	浙江飞渡泉凌啤酒有限公司	桥都啤酒	图形商标	500mL/瓶 10° P	2009-04-20	合格	
158	重庆市涪陵区山公主保健食品有限责任公司	润星啤酒（纯啤）	润星啤酒	580mL/瓶 10° P	2009-04-08	合格	
159	重庆嘉威啤酒有限公司	山城啤酒	山城	600mL/瓶 9.5° P	2009-04-23	合格	
160	重庆市威力啤酒有限责任公司	雪威啤酒	威力	518mL/瓶 10° P	2009-04-23	合格	
161	重庆啤酒股份有限公司新区分公司	重庆纯生啤酒	山城图形商标	486mL/瓶 10° P	2009-04-15	合格	
162	重庆啤酒集团宜宾啤酒有限公司	山城啤酒（清爽）	山城	518mL/瓶 9.5° P	2009-05-04	合格	
163	内江马山牌啤酒有限责任公司	蓝崴啤酒	图形商标	518mlL/瓶 9° P	2009-04-16	合格	
164	华润雪花啤酒（内江）有限责任公司	雪花啤酒（冰纯）	雪花	500mL/瓶 9.5° P	2009-04-24	合格	
165	华润雪花啤酒（自贡）有限责任公司	雪花啤酒	雪花	518mL/瓶 9.5° P	2009-04-27	合格	
166	内江市佳星啤酒厂	蓝统时带 (BEER)	蓝统时带	480mL/瓶 10.5° P	2009-04-20	合格	
167	金威啤酒集团（成都）有限公司	金威啤酒（清醇）	金威	500ml/瓶 10° P	2009-05-07	合格	
168	渠县荷花啤酒有限责任公司	哈星啤酒	百年幽州	518mL/瓶 10° P	2009-03-24	合格	

接上表

169	青岛啤酒（成都）有限公司	青岛啤酒（冰醇）	图标商标	500mL/瓶 10° P	2009-05-06	合格	
170	成都金星啤酒有限公司	金星啤酒（醇爽）	金星啤酒	500mlL/瓶 9° P	2009-05-11	合格	
171	四川燕京啤酒有限公司	燕京啤酒	燕京	500mL/瓶 9.5° P	2009-04-26	合格	
172	华润雪花啤酒（四川）有限责任公司	雪花啤酒	雪花	580mL/瓶 9.5° P	2009-05-07	合格	
173	华润雪花啤酒（邛崃）有限责任公司	雪花啤酒	雪花	580mL/瓶 9.5° P	2009-04-28	合格	
174	华润雪花啤酒（遂宁）有限公司	雪花啤酒	雪花	580mL/瓶 9.5° P	2009-05-12	合格	
175	华润雪花啤酒（绵阳）有限责任公司	雪花啤酒	雪花	518mL/瓶 9.5° P	2009-05-13	合格	
176	华润雪花啤酒（南充）有限责任公司	雪花啤酒	雪花	580mlL/瓶 9.5° P	2009-05-07	合格	
177	华润雪花啤酒（德阳）有限责任公司	雪花啤酒	勇闯天涯	500mL/瓶 10° P	2009-05-09	合格	
178	华润雪花啤酒（达州）有限公司	雪花啤酒	雪花	580mL/瓶 9.5° P	2009-05-08	合格	
179	华润雪花啤酒（乐山）有限责任公司	蓝剑啤酒	雪花	528mL/瓶 10° P	2009-05-13	合格	
180	华润雪花啤酒（广安）有限责任公司	雪花啤酒	雪花	518mL/瓶 9.5° P	2009-05-06	合格	
181	重庆啤酒集团成都勃克啤酒有限公司雅安分公司	山城啤酒	山城	518mL/瓶 9° P	2009-04-28	合格	
182	重庆啤酒集团成都勃克啤酒有限公司	山城啤酒	山城	468mL/瓶 9.5° P	2009-05-07	合格	
183	青岛啤酒（泸州）有限公司	青岛啤酒	青岛	500mL/瓶 10° P	2009-04-30	合格	
184	贵州省都匀市金榕啤酒有限公司	剑江啤酒	剑江	600mL/瓶 10° P	2009-05-09	合格	
185	黔东南天源啤酒有限公司	瀑布清啤酒	黄果树瀑布	615mL/瓶 8.0° P	2009-05-06	合格	
186	重庆啤酒集团六盘水啤酒有限责任公司	山城啤酒	山城	515mL/瓶 9.5° P	2009-05-05	合格	
187	贵州茅台酒厂集团啤酒有限责任公司	茅台啤酒	茅台	518mL/瓶 10° P	2009-04-26	合格	
188	贵州神奇啤酒有限公司	冰天雪地（啤酒）	神奇	610mL/瓶 10° P	2009-03-05	合格	
189	贵阳花溪天泉啤酒有限公司	瀑布清啤酒	黄果树瀑布	615mL/瓶 8° P	2009-05-01	合格	
190	华润雪花啤酒（贵州）有限公司	雪花啤酒（清醇）	雪花	580mL/瓶 9.5° P	2009-05-05	合格	
191	贵州金星啤酒有限公司	金星啤酒（新一代）	金星	550mL/瓶 10° P	2009-04-27	合格	
192	陕西蓝马啤酒有限公司	金星啤酒	金星	560mL/瓶 9° P	2009-04-22	合格	
193	金威啤酒（西安）有限公司	金威啤酒（超爽）	金威	600mL/瓶 9° P	2009-04-24	合格	
194	无锡市新力啤酒有限公司	金麦新力啤酒	新力	568mL/瓶 7.8° P	2009-02-26	不合格	酒精度，原麦汁浓度
195	青岛雪贝儿啤酒技术开发有限公司	纯生态啤酒	金麦王	618mL/瓶 8° P	2009-04-09	不合格	标志
196	山东恒润啤酒有限公司	原生态纯生化恒润啤酒	恒润	598mL/瓶 8° P	2009-04-01	不合格	标志
197	洛阳龙门山泉啤酒有限公司	龙门啤酒（冰纯）	龙门	590mL/瓶 11° P	2009-04-19	不合格	原麦汁浓度

接上表

198	襄樊海尼根啤酒有限公司	滨岛啤酒	滨岛	600mL/ 瓶 8.0° P	2009-02-26	不合格	包装
199	湖南百惠酒业有限公司	金泉啤酒	七叶	(630±10)mL/ 瓶 8.0° P	2009-04-15	不合格	包装
200	益阳会龙泉啤酒有限公司	青爽啤酒	QINGCHUN	630mL/ 瓶 10.0° P	2009-04-06	不合格	原麦汁浓度

注：按行政区域排序。

啤酒常识

目前，我国啤酒产品种类主要包括淡色啤酒、浓色啤酒、黑色啤酒、熟啤酒、生啤酒、鲜啤酒、特种啤酒等品种。特种啤酒主要包括：干啤酒、冰啤酒、低醇啤酒、无醇啤酒、小麦啤酒、浑浊啤酒、果蔬类啤酒（果蔬汁型、果蔬味型）等。

按生产工艺的不同可分为生啤酒、鲜啤酒和熟啤酒。生啤酒是不经巴氏灭菌或瞬时高温灭菌，采用物理过滤方法除菌，达到一定生物稳定性的啤酒；鲜啤酒是不经巴氏灭菌或瞬时高温灭菌，成品中含有一定量的活酵母菌，达到一定生物稳定性的啤酒；鲜啤酒因未经灭菌，酒体中保留着大量的酵母和酶，同时也存在其它杂菌而不易长期贮存，故保质期短，一般只能就地销售饮用。目前市场上的啤酒吧销售的鲜啤酒大部分为前店后厂式，就地酿造后供消费者饮用。此工艺制造的鲜啤酒不但口味新鲜，啤酒风味浓厚，而且具有一定的营养价值。相反，酿造后的啤酒，经包装，采用巴氏或高温瞬间杀菌，该工艺生产的啤酒称为熟啤酒。熟啤酒可以长期贮存，而不发生沉淀混浊。

选购、饮用啤酒产品时应注意以下几点：

一、消费者在选购啤酒产品时，应首先选择大中型企业生产的国家名牌产品。

二、建议消费者不要购买标签标识不规范，使用捆扎包装或非 B 字标记玻璃瓶包装的啤酒，以免发生玻璃瓶爆炸事故，危及人身健康。

三、选购啤酒时，可以用“看日期、看色泽、透明度及泡沫，闻香气，尝味道”的方式来判断质量的优劣。

（一）看日期：查看瓶装啤酒是否超过保质期。啤酒过期则质量下降，甚至不能饮用。

（二）看色泽。透明度及泡沫：将啤酒倒入洁净干燥的大口无色透明的玻璃杯中。浅色黄啤酒应呈微带青的金黄色，不可色暗；黄啤酒应呈淡黄色或淡黄带绿色，色淡者为优，不可带有暗褐色；黑啤酒应呈黑红色或黑棕色，不可呈黑褐色，浅红或棕色彩。但都要求酒液清亮透明，有光，无悬浮物及沉淀物。质优的啤酒，注入杯内时升起的泡沫高度不应低于 3 厘米，而且泡沫洁白、细腻，能持久 4 ～ 5 分钟以上才消失，质量较次的啤酒，泡沫升起的高度低，泡沫微黄、较粗、不持久，或者无泡沫、喷泡。

（三）闻香气：质优的啤酒，应具有显著的麦芽清香和酒花特有的香气；质较次的啤酒，麦芽清香和酒花香气不明显；质次的，往往不但无麦芽和酒花香气，甚至会有生酒气味，老化气味以及其它不正常的异香气。

（四）尝味道：尝味道，即喝一口啤酒，含在嘴里，用味觉、嗅觉检验其质量优劣。啤酒应具有来自酒液中的二氧化碳气味和来自酒花的爽口苦味和独特风味。质优的啤酒，喝到嘴里后具有非常爽口的感觉，没有异味、涩味等。如黄啤酒，清苦、爽口、细腻；红啤酒初味苦而回味甜；黑啤酒味道香浓质厚实。酿造不好质次的啤酒，不仅口味平淡，而且会带有苦味，涩味，有的还会带有酵母臭味，不成熟的啤酒味及其它不正常的异味等。

四、啤酒的最佳饮用温度在 8 ～ 10 摄氏度左右。啤酒所含二氧化碳的溶解度是随温度高低而变化的，适宜的温度可以使啤酒的各种成分协调平衡，给人一种最佳的口感。

五、啤酒不能冷冻保存。啤酒的冰点为 -1.5 摄氏度，冷冻的啤酒不仅不好喝， 而且会破坏啤酒的营养成分，使酒液中的蛋白质发生分解、游离。同时，容易发生瓶子爆裂，造成伤害事故。

啤酒口感与杀菌条件

啤酒是指以麦芽、水为主要原料，加啤酒花（包括酒花制品），经酵母发酵酿制而成的、含有二氧化碳的、起泡的、低酒精度的发酵酒。

市场上的啤酒种类繁多，有鲜啤酒、熟啤酒、（纯）生啤酒及干啤酒、冰啤酒、无醇啤酒、果蔬啤酒等特种啤酒，不同的啤酒有不同的特色。

鲜啤酒是指包装后不经巴氏灭菌或瞬时高温灭菌的啤酒，其成分中含有一定量活酵母，味道鲜美，但一般不易保存，市场分额有限；（纯）生啤酒是不经巴氏灭菌或瞬时高温灭菌，而采用物理方法除菌的啤酒，其各种营养成分未被破坏，风味稳定性更好，口味更鲜、更纯、更营养且易保存，深受消费者欢迎，价格也高于熟啤酒；熟啤酒是指经过巴氏灭菌或瞬时高温灭菌的啤酒，酒中的酵母已被加温杀死，占据市场主流。

啤酒杀菌的目的是杀灭清酒中含有的少量酵母活细胞或可能含有的少量杂菌，保证啤酒的生物稳定性。为保证啤酒的质量，啤酒的杀菌应在最低的杀菌温度和最短的杀菌时间下完成。

杀菌不足或过度都将对啤酒的保质期和风味产生影响。啤酒灭菌一般采用巴氏灭菌法，即在60℃的温度下，保温一段时间，使菌体营养细胞的蛋白质发生凝固，达到杀菌的效果。巴氏灭菌通常用巴氏灭菌单位表示灭菌的效果，一个巴氏灭菌单位（用PU值表示）是在60℃的温度下，保持1min所引起的灭菌效应，PU值与灭菌时间和灭菌温度之间存在函数关系。

PU值大小对啤酒的口味影响很大，确定一个合理的PU值是非常必要的，PU值如果过低，会导致杀菌不彻底；PU值如果过高，会加速啤酒老化和双乙酰反弹，同时也会导致氧化混浊等非生物稳定性问题，会给啤酒带来风味方面的不良影响。通过确定合理的PU值，使我们既保证了成品啤酒的生物稳定性，又降低了杀菌强度，在保证质量的前提下，最大限度地降低了杀菌过程给啤酒风味带来的不良影响。一般大生产瓶装酒的PU值均控制在8～25之间，整个生产过程注意卫生控制，使PU值越低越好，纯生啤酒PU值一般小于4。

食醋产品质量国家监督抽查质量公告

为维护消费者的合法权益，国家质检总局组织对食醋产品质量进行了国家监督抽查，共抽查了北京、天津、河北、山西、内蒙古、上海、江苏、浙江、安徽、江西、山东、河南、湖北、湖南、陕西等15个省、直辖市133家企业生产的150种产品（不涉及出口产品），产品实物质量抽样合格率为99.5%。

此次抽查依据GB2717-2003《食醋卫生标准》、GB18187-2000《酿造食醋》、SB10337-2000《配制食醋》等国家标准及相关产品标准的规定，对食醋产品的感官、总酸、游离矿酸、不挥发酸、可溶性无盐固形物、总砷、铅、黄曲霉毒素B1、菌落总数、大肠菌群、致病菌（沙门氏菌、金黄色葡萄球菌、志贺氏菌）、苯甲酸、山梨酸、标签等16个项目进行了检验。

抽查中发现的主要质量问题：

一、个别产品苯甲酸超标。苯甲酸在一定条件下能够对微生物的繁殖起到抑制作用，有效延长产品的保质期，但食用过量会影响身体健康。强制性国家标准GB2760-2007《食品添加剂使用卫生标准》规定，食醋中苯甲酸含量不得超过1.0g/kg，抽查中有个别产品苯甲酸超标。

二、部分产品总酸和不挥发酸含量不合格。总酸含量是食醋产品的一种特征性指标，其含量越高说明食醋酸味越浓。不挥发酸是传统固态发酵食醋固有的成分，其含量影响固态发酵食醋的风味，其含量高，则滋味柔和，回味绵长。抽查中有部分产品总酸、不挥发酸含量达不到国家标准规定的要求。

三、部分产品可溶性无盐固形物含量低。可溶性无盐固形物是指食醋中内容物含量，直接反映酿造食醋的品质。强制性国家标准GB18187-2000《酿造食醋》规定，液态发酵食醋（非酒精为原料）可溶性无盐固形物含量不得低于0.50g/100ml。抽查中有个别液态发酵食醋产品（非酒精为原料）中未检出可溶性无盐固形物。

针对抽查中发现的主要质量问题，国家质检总局已责成各地质量技术监督部门按照产品质量法等相关法律法规的规定，对抽查中质量不合格的生产企业依法进行处理，并限期整改。同时对质量较好的产品及其生产企业进行宣传，引导消费。国家质检总局将继续加大对食醋的监督抽查，切实从源头抓好质量，促进食醋质量整体水平的提高。

食醋产品质量国家监督抽查部分质量较好的产品及其企业名单

序号	企业名称	产品名称	商标	规格	生产日期
1	天津市天立独流老醋股份有限公司	天立老醋	天立	420mL/瓶	2008-10-13
2	石家庄珍极酿造集团有限责任公司	酿造米醋	珍极	400mL/袋	2008-09-25
3	镇江恒丰酱醋有限公司	北固山镇江陈醋	北固山	500mL/瓶	2008-10-09
4	青岛灯塔酿造有限公司	米醋	灯塔	600ml/瓶	2008-10-20
5	山东淄博巧媳妇食品有限公司	餐餐伴侣香醋	巧媳妇	300mL/袋	2008-10-19
6	长沙市九陈香醋业食品有限公司	五粮陈醋	加加	500ml/瓶	2008-09-18
7	温州海螺调味品有限公司	糯米香醋	一品海	500ml/瓶	2008-09-20
8	上海宝鼎酿造有限公司	上海白醋	天鱼	500ml/瓶	2008-09-01
9	山西水塔老陈醋股份有限公司	水塔陈醋	水塔	420ml/瓶	2008-10-01
10	山西紫林食品有限公司	紫林陈醋	紫林	350ml/袋	2008-10-04
11	山西老陈醋集团有限公司	东湖陈醋	东湖	350ml/袋	2008-09-23

注：排名不分先后。

食醋产品质量国家监督抽查部分质量较差的产品及其企业名单

序号	企业名称	产品名称	商标	规格	生产日期	主要不合格项目
1	天津市福润调料厂	久润醋	久润	350mL/瓶	2008-09-10	总酸
2	邯郸市峰峰矿区和村从祥香醋有限责任公司	酿造食醋	从祥	360mL/袋	2008-10-06	苯甲酸
3	峰峰矿区和村香醋厂	香醋	和亨牌	380mL/袋	2008-08-17	总酸、标签
4	浏阳市枨冲梁嘉食品厂	白醋	梁嘉	480ml/瓶	2008-09-08	可溶性无盐固形物
5	荆州皇冠调味品有限公司	家常醋	皇冠	460ml/瓶	2008-08-15	不挥发酸

注：排名不分先后。

食醋小常识

我国食醋生产历史悠久，各地消费习惯和口味不一，因此品种很多，传统品种主要有：山西老陈醋、镇江香醋、四川保宁醋、福建永春红曲醋等等。

消费者在选购食醋时，除了选择自己喜爱的风味外，可参考以下几点：

一、看标签。按照国家标准的要求，食醋产品标签上应标明总酸的含量。总酸含量是食醋产品的一种特征性指标，其含量越高说明食醋酸味越浓。一般来说食醋的总酸含量要≥ 3.5g/100ml。看清生产日期，不要购买过期产品。

二、看色泽、体态。酿造食醋具有琥珀色或红棕色，有光泽者为佳品。体态澄清、浓度适当，无悬浮物、沉淀的产品质量较好。

三、闻香气、尝滋味。好的食醋应有食醋特有的香气和酯香，不得有不良气味。酸味柔和，回味绵长，有醇香，不涩，无异味。

现在，喜欢饮用保健醋的人越来越多，保健醋虽有营养，喝时要注意以下几个方面：一是不能大量饮用；二是尽量不要空腹喝；三是患胃溃疡、胃酸过多的人、糖尿病患者不宜多喝；四是对水果过敏的人在喝之前要详看说明，避开相应的水果醋。建议消费者尽可能选用酿造工艺生产的产品。

食品用塑料容器产品质量国家监督抽查结果公告

本次对北京、天津、河北、辽宁、吉林、黑龙江、上海、江苏、浙江、福建、山东、湖南、湖北、广东、广西、四川、重庆等17个省、自治区、直辖市191家企业生产的207种食品用塑料容器产品进行了监督抽查。

其中，抽查了127种PET瓶（其中包括：63种PET无汽饮料瓶、31种PET碳酸饮料瓶、24种热灌装PET瓶、9种PET材质其它瓶子），36种PE吹塑桶，16种PC塑料奶瓶，28种水杯、水壶、食用油瓶。

本次抽查依据QB/T 1868-2004《聚对苯二甲酸乙二醇酯(PET)碳酸饮料瓶》、QB 2357-1998《聚酯(PET)无汽饮料瓶》、QB/T 2665-2004《热灌装用聚对苯二甲酸乙二醇酯(PET)瓶》、GB/T 13508-1992《聚乙烯吹塑桶》及相应产品的卫生标准，对食品用塑料容器产品的跌落性能、密封性能、耐内压力、丙烯腈单体、感官、高锰酸钾消耗量、锑（以Sb计）、脱色试验、乙醛平均值、乙醛最大值、蒸发残渣（4%乙酸）、蒸发残渣（20%乙醇）、蒸发残渣（65%乙醇）、蒸发残渣（正己烷）、蒸发残渣（水）、重金属（以Pb计）、酚等17个项目进行了检验。

抽查结果表明，一是本次抽查的207种产品蒸发残渣项目、高锰酸钾消耗量、重金属含量、密封性能、脱色试验等主要的卫生、理化指标均符合标准的要求。二是除PET无汽饮料瓶和碳酸饮料瓶外，其他抽查的食品用塑料容器全部合格，所检项目全部符合标准的要求。

抽查中发现有3种产品不合格，存在的主要质量问题是有2种PET无汽饮料瓶乙醛平均值、乙醛最大值和跌落性能不合格。有1种PET碳酸饮料瓶耐内压力不合格。

食品用塑料容器产品质量国家监督抽查产品及其企业名单

序号	企业名称	产品名称	商标	规格型号	生产日期（批号）	抽查结果	主要不合格项目
1	北京晓星容器有限公司	PET碳酸饮料瓶		0.6L	2009-04-15	合格	
2	北京中富容器有限公司	极度碳酸饮料瓶		0.5L	2009-04-14/20090414	合格	
3	乐天包装（北京）有限公司	塑料包装瓶（食品用）		100mL	2009-03-26	合格	
4	北京天赐矿泉饮料有限公司	聚酯(PET)无汽饮料瓶	天赐莊	315mL	2009-02-20	合格	
5	北京田川工贸有限公司	饮用水瓶		600mL	2009-03-05	合格	
6	北京中富热灌装容器有限公司	热灌装用聚对苯二甲酸乙二醇酯（PET）瓶		450mL	2009-04-08	合格	
7	北京太子奶生物科技发展有限责任公司	聚乙烯吹塑瓶（食品用）	日出	180mL	2009-04-08	合格	
8	今麦郎饮品（北京）有限公司	聚酯（PET）无汽饮料瓶		600mL	2009-04-08	合格	
9	北京汇源食品饮料有限公司	聚酯(PET)无汽饮料瓶	汇源	1.5L	2009-04-09	合格	
10	北京燕京饮料有限公司	热灌装用聚对苯二甲酸乙二醇酯（PET）瓶	燕京	490mL	2009-04-20	合格	
11	天津大冢饮料有限公司	宝矿力水特PET无汽饮料瓶	宝矿利水特	500mL	2009-04-08	合格	
12	天津顶津食品有限公司	热罐装用PET瓶（康师傅冰红茶）	康师傅	500mL	2009-04-07	合格	
13	天津利士包装有限公司	PE吹塑桶	REX（利士）	25L	2009-04-08	合格	

接上表

14	天津实发－紫江包装有限公司	PET 碳酸饮料瓶		1.25L	2009-04-08	合格	
15	天津翔峰容器有限公司	PET 碳酸饮料瓶	百事	600mL	2009-04-07	合格	
16	徐水县拓宽包装装璜材料有限责任公司	（PE）聚乙烯吹塑桶	拓宽包装	1.75L	2009-04-13	合格	
17	徐水县永存塑料包装厂	PET 桶（食品用）		1.9L	2009-04-02	合格	
18	沧州东盛塑料有限公司	食品用聚丙烯塑料瓶		500mL	2009-04-12	合格	
19	沧州恒达塑业有限公司	PE 塑料瓶（食品用）		200mL	2009-04-15	合格	
20	沧州银鑫塑料制品有限公司	PET 塑料瓶（饮料用）		2L	2009-04-09	合格	
21	秦皇岛鲁东塑料包装有限公司	PET 瓶		1.8L	2008-08-15	合格	
22	石家庄开发区华龙塑胶工贸有限公司	PET 瓶（食品用）		5L	2009-04-13	合格	
23	乐百氏（丰润）食品饮料有限公司	聚酯（PET）无汽饮料瓶	乐百氏	550mL	2009-04-09	合格	
24	乐百氏（丰润）食品饮料有限公司	PE 酸奶瓶	乐百氏	150mL	2009-03-20	合格	
25	唐山市益豪塑料制品有限公司	聚酯（PET）无汽饮料瓶		550mL	2009-04-09	合格	
26	玉田县云海塑料厂	PET 桶（油用）		5L	2009-04-07	合格	
27	大连翔龙包装容器有限公司	聚酯（PET）无汽饮料瓶		550mL	2009-05	合格	
28	大连松泽塑料包装有限公司	聚乙烯（PE）吹塑桶		600mL	2009-05	合格	
29	康师傅（沈阳）饮品有限公司	热灌装用聚对苯二甲酸乙二醇酯（PET）瓶		550mL	2009-04-27	合格	
30	乐百氏（沈阳）食品饮料有限公司	聚酯（PET）无汽饮料瓶		550mL	2009-04-27	合格	
31	沈阳伟东包装制品有限公司	热灌装用聚对苯二甲酸乙二醇酯（PET）瓶		450mL	2009-04-27	合格	
32	沈阳中富瓶胚有限公司	聚酯（PET）无汽饮料瓶		550mL	2009-04-15	合格	
33	沈阳中富容器有限公司	聚对苯二甲酸乙二醇酯（PET）碳酸饮料瓶		2L	2009-04-27	合格	
34	沈阳娃哈哈饮料有限公司	聚酯（PET）无汽饮料瓶		596mL	2009-04-27	合格	
35	长春乐富容器有限公司	聚对苯二甲酸乙二醇酯（PET）碳酸饮料瓶		1.25L	2009-04-21	合格	
36	长春滔达饮料有限公司	聚酯（PET）无汽饮料瓶		550mL	2009-04-21	合格	
37	长春中富容器有限公司	聚对苯二甲酸乙二醇酯（PET）碳酸饮料瓶		600mL	2009-04-17	合格	
38	四平市金拓塑料有限公司	聚乙烯（PE）吹塑桶		1700mL	2009-03	合格	
39	白山娃哈哈饮料有限公司	聚酯（PET）无汽饮料瓶		596mL	2009-04-22	合格	
40	农夫山泉吉林长白山有限公司	聚酯（PET）无汽饮料瓶		550mL	2009-04-22	合格	
41	农夫山泉吉林长白山有限公司	热灌装用聚对苯二甲酸乙二醇酯（PET）瓶		445mL	2009-04-22	合格	
42	长春市盛泉机械加工厂	聚酯（PET）无汽饮料瓶		550mL	2009-04-21	合格	
43	今麦郎饮品（长春）有限公司	聚酯（PET）无汽饮料瓶		600mL	2009-04-21	合格	
44	四平市金盾塑料有限公司	聚乙烯（PE）吹塑桶		1.25L	2009-04-23	合格	

接上表

45	四平市铁东区华林塑料加工厂	聚乙烯（PE）吹塑桶		1600mL	2009-02-15	合格	
46	四平市铁东区天宇塑料厂	聚乙烯（PE）吹塑桶		1600mL	2009-04-12	合格	
47	宏宝莱集团股份有限公司	聚酯（PET）无汽饮料瓶		500mL	2009-04-24	合格	
48	大庆五洲塑料制品有限公司	聚酯（PET）无汽饮料瓶		330mL	2009-04-15	合格	
49	哈尔滨顶津食品有限公司	聚酯（PET）无汽饮料瓶		350mL	2009-04-10	合格	
50	哈尔滨顶津食品有限公司	热灌装用聚对苯二甲酸乙二醇酯（PET）瓶		500mL	2009-04-10	合格	
51	哈尔滨好博药业有限公司	聚酯（PET）无汽饮料瓶		500mL	2009-04-10	合格	
52	哈尔滨市道外区祥睿塑料制品厂	聚乙烯（PE）吹塑桶		4L	2009-04-09	合格	
53	哈药集团制药六厂	聚酯（PET）无汽饮料瓶		480mL	2009-04-08	合格	
54	黑龙江五大连池仙池矿泉饮品有限公司	聚对苯二甲酸乙二醇酯（PET）碳酸饮料瓶		350mL	2009-04-13	合格	
55	五大连池健龙矿泉水有限公司	聚对苯二甲酸乙二醇酯（PET）碳酸饮料瓶		330mL	2009-04-12	合格	
56	五大连池泉山矿泉水有限责任公司	聚对苯二甲酸乙二醇酯（PET）碳酸饮料瓶		330mL	2009-04-12	合格	
57	上海汇源食品饮料有限公司	聚酯无汽饮料瓶	汇源	330mL	2009-04-16	合格	
58	上海丽婴房婴童用品有限公司	直身奶瓶	宝贝可爱	150mL	2008-10-16	合格	
59	上海利士包装有限公司	聚乙烯吹塑桶（食品包装用）	Rex	2L 家乐瓶	2009-04-12	合格	
60	上海品冠塑胶工业有限公司	喜多宽口葫芦 PC 奶瓶 XL330		330mL	2009-04-15/09415-19B	合格	
61	上海紫江特种瓶业有限公司	PET 热灌瓶		0.35L	2009-04-16	合格	
62	上海雀巢饮用水有限公司	PET 无汽瓶（饮料瓶）		330mL	2009-04-17	合格	
63	上海申美饮料食品有限公司	碳酸饮料 PET 瓶		500mL	2009-04-17	合格	
64	上海正广和饮用水有限公司	聚酯（PET）无汽饮料瓶	正广和	350mL	2009-04-10	合格	
65	江苏龙灯博士摩包装材料有限公司	食品用聚乙烯吹塑桶	JRB	250mL	2008-11/845-502	合格	
66	昆山统一企业食品有限公司	无汽饮料瓶	统一	500mL	2009-04-13	合格	
67	昆山统一企业食品有限公司	热灌装饮料瓶	统一	500mL	2009-04-13	合格	
68	昆山中富容器有限公司	PET 无汽瓶		550mL	2009-04-13	合格	
69	南京顶津食品有限公司	康师傅饮用矿物质水瓶		550mL	2009-04-10	合格	
70	南京娃哈哈饮料有限公司	无汽饮料瓶		450mL	2009-04-10	合格	
71	南京娃哈哈饮料有限公司	热灌装饮料瓶		500mL	2009-04-10	合格	
72	南京松朗饮料包装制品有限公司	PET 无汽饮料瓶		1.5L	2009-03-28/200903281010	合格	
73	南京伟东包装制品有限公司	碳酸饮料瓶		600mL	2009-04-08/N1904081002	合格	

接上表

74	南京紫泉饮料工业有限公司	热灌装 PET 瓶		1.25L	2009-04-08	合格	
75	南京茂鼎饮料有限公司	PET 无汽饮料瓶		550mL	2009-04-08	合格	
76	南京小鹿班尼婴儿用品有限公司	塑料奶瓶	小鹿班尼	240mL	2008-10-10	合格	
77	黑松食品（苏州）有限公司	PET 碳酸饮料瓶		600mL	2009-04-11	合格	
78	苏州宏星食品包装有限公司	热灌装 PET 瓶		450mL	2009-04-12	合格	
79	苏州日康食品饮料有限公司	聚酯无汽饮料瓶		550mL	2009-04-11	合格	
80	苏州日康食品饮料有限公司	热灌装用饮料瓶		280mL	2009-04-06	合格	
81	苏州阳山天然矿泉水有限公司	PET 无汽饮料瓶		330mL	2009-04-10	合格	
82	杭州紫江包装有限公司	聚对苯二甲酸乙二醇酯（PET）碳酸饮料瓶	雪碧	0.6L	2009-04-14/20090414	合格	
83	淳安千岛湖人人企业有限公司	聚酯（PET）无汽饮料瓶		350mL	2009-02-23	合格	
84	农夫山泉杭州千岛湖饮用水有限公司	聚酯（PET）无汽饮料瓶	C100 柠檬汁	445mL	2009-04-17	合格	
85	农夫山泉杭州千岛湖饮用水有限公司	热灌装用聚对苯二甲酸乙二醇酯（PET）瓶	尖叫	550mL	2009-04-17	合格	
86	杭州顶津食品有限公司	聚酯（PET）无汽饮料瓶	康师傅	550mL	2009-04-13/20090413	合格	
87	杭州顶津食品有限公司	热灌装用聚对苯二甲酸乙二醇酯（PET）瓶	康师傅	1L	2009-04-13/20090413	合格	
88	杭州松朗饮料包装制品有限公司	聚酯（PET）无汽饮料瓶		550mL	2009-04-14/0904141027	合格	
89	杭州娃哈哈百立食品有限公司	聚酯（PET）无汽饮料瓶		596mL	2009-04-14	合格	
90	杭州娃哈哈百立食品有限公司	聚对苯二甲酸乙二醇酯（PET）碳酸饮料瓶		500mL	2009-04-13	合格	
91	杭州伟东包装制品股份有限公司	聚对苯二甲酸乙二醇酯（PET）碳酸饮料瓶		600mL	2009-04-14/109641410041	合格	
92	杭州翔峰容器有限公司	聚对苯二甲酸乙二醇酯（PET）碳酸饮料瓶		600mL	2009-04-16/20090416	合格	
93	杭州中富容器有限公司	聚对苯二甲酸乙二醇酯（PET）碳酸饮料瓶	中富	600mL	2009-04-14/20090414	合格	
94	杭州长青包装塑料制品厂	食品包装用 PE 吹塑桶		2.5L	2009-04-01/090401	合格	
95	杭州龙洞塑料制品有限公司	食品用塑料瓶（PET）		250g	2009-04-01/20090401	合格	
96	杭州满锋纸塑有限公司	食品用塑料瓶（PET）		200g	2009-04-12/20090412	合格	
97	杭州余杭区崇贤南山全根塑料包装厂	食品用塑料瓶		200g	2009-03-26	合格	
98	福建茶花家居塑料用品有限公司	儿童鼓形杯	茶花	1426	2009-01-01	合格	
99	福建茶花家居塑料用品有限公司	袖珍冷饮壶	茶花	2111	2008-07-09	合格	
100	福州中富包装有限公司	PET 耐热瓶		0.5L	2009-04-15	合格	
101	福州中富包装有限公司	PET 碳酸瓶		600mL	2009-04-15	合格	
102	福州紫江包装有限公司	热灌装 PET 瓶		0.5L	2009-04-14	合格	

接上表

103	福州紫江包装有限公司	碳酸饮料用PET瓶		600mL	2009-03-30	合格	
104	福州百星聚脂有限公司	PET碳酸饮料瓶		0.6L	2009-03-28	合格	
105	厦门新星包装有限公司	PET无汽饮料瓶		500mL	2009-04-10	合格	
106	厦门帝尔特企业有限公司	PC奶瓶（圆弧）	爱得利	300mL	2009-04-13	合格	
107	青岛坤煌塑胶有限公司	聚酯（PET）无汽饮料瓶		330mL	2009-04-22	合格	
108	青岛龙德利塑料厂	聚酯（PET）无汽饮料瓶		330mL	2009-04-15	合格	
109	青岛华尔捷工贸有限公司即墨分公司	聚对苯二甲酸乙二醇酯（PET）碳酸饮料瓶		500mL	2009-04-19	合格	
110	青岛顶津食品有限公司	热灌装用聚对苯二甲酸乙二醇酯（PET）瓶		500mL	2009-04-20	合格	
111	青岛青啤朝日饮品有限公司	聚酯（PET）无汽饮料瓶		600mL	2009-04-21	合格	
112	青岛三丰容器有限公司	聚酯（PET）无汽饮料瓶		600mL	2009-03-28	合格	
113	青岛中富联体容器有限公司	聚对苯二甲酸乙二醇酯（PET）碳酸饮料瓶		600mL	2009-04-16	合格	
114	山东九发深海矿泉开发有限公司	聚酯（PET）无汽饮料瓶		500mL	2009-04-23	合格	
115	烟台市大通塑料制品有限公司	聚酯（PET）无汽饮料瓶		350mL	2009-04-24	合格	
116	武汉紫海塑料制品有限公司	聚对苯二甲酸乙二醇酯（PET）碳酸饮料瓶		1.25L	2009-04-16	合格	
117	乐百氏（武汉）食品饮料有限公司	聚酯（PET）无汽饮料瓶		550mL	2009-04-17	合格	
118	武汉统一企业食品有限公司	热灌装用聚对苯二甲酸乙二醇酯（PET）瓶		450mL	2009-04-16	合格	
119	武汉中富热灌装容器有限公司	热灌装用聚对苯二甲酸乙二醇酯（PET）瓶		450mL	2009-04-16	合格	
120	长沙中富容器有限公司	PET无汽饮料瓶		350mL	2009-04-17	合格	
121	长沙中富容器有限公司	PET碳酸饮料瓶		0.355L	2009-04-17	合格	
122	湖南长沙娃哈哈饮料有限公司	PET无汽饮料瓶		596mL	2009-04-17	合格	
123	湖南长沙娃哈哈饮料有限公司	热罐装PET瓶		500mL	2009-04-17	合格	
124	浏阳市宝升塑料制品厂	PET塑料食品用容器		500mL	2009-04-21	合格	
125	宏全企业（长沙）有限公司	PET无汽饮料瓶		600mL	2009-04-20	合格	
126	长沙市德泽实业有限公司	食品用PE吹塑桶		2.5L	2009-04-06	合格	
127	东莞竞业塑胶五金制品厂有限公司	饮水杯		375mL	2009-04-01	合格	
128	东莞市乐尔宝塑胶制品有限公司	PC奶瓶		250mL	2009-01-06	合格	
129	东莞市穗联包装制品有限公司	聚乙烯吹塑桶		2.2L	2009-04-08	合格	
130	东莞市银燕塑料容器有限公司	塑料奶瓶		240mL	2009-03-23	合格	
131	东莞永荣塑胶制品有限公司	奶瓶（PC）	亲亲我	300mL	2009-02	合格	
132	佛山市南方包装有限公司	塑料瓶（PP）		40粒装	2009-04-06	合格	
133	佛山市南海惠而信商用设备有限公司	PC塑料杯化	惠而信	200mL	2009-03-08	合格	

接上表

134	佛山市南海区狮山润泉实业有限公司	PE 吹塑桶		1.6L	2009-03-30	合格	
135	佛山市南海区信德来实业有限公司	240ml 奶瓶（PC）	康宝	240mL	2009-02-18	合格	
136	佛山市南海区粤诚五金塑料模具有限公司	广口形塑料杯（含盖）		170mL	2009-03-02	合格	
137	佛山市南海育成婴儿用品有限公司	PC 奶瓶		4 安士	2009-02-10	合格	
138	佛山市南海子华塑料制罐有限公司	PE 塑料罐		2000mL	2009-04-08	合格	
139	佛山市三水天力纸品包装有限公司	健力宝纯净水瓶		600mL	2009-04-08	合格	
140	佛山市顺德区大良东昊塑料制品有限公司	PE 吹塑桶		1850mL	2009-04-03	合格	
141	佛山市顺德区第一塑料电器有限公司	PET 无汽饮料瓶		350mL	2009-04-13	合格	
142	佛山市禅城区家胜塑料制品厂	PE 吹塑桶		1.8L	2009-04-07	合格	
143	佛山市禅城区南庄建华塑料厂	PE 吹塑桶		1860mL	2009-03-25	合格	
144	佛山市禅城区腾丰塑料五金厂	聚乙烯吹塑桶		1L	2009-05-06	合格	
145	佛山市广明塑料制品有限公司	聚乙烯吹塑桶		2L	2009-05-05	合格	
146	佛山市南海功成塑料有限公司	PE 吹塑桶		1.6L	2009-04-09	合格	
147	佛山市三水诚远包装彩印有限公司	900ml 光身瓶		900mL	2009-04-01	合格	
148	佛山市三水飞马包装有限公司	海天 2kg 瓶		2kg	2009-04	合格	
149	佛山市三水区华南包装制品有限公司	热灌瓶		500mL	2009-04-12	合格	
150	佛山市三水智达塑料制品有限公司	三千尺 PET 无汽瓶		550mL	2009-04-13	合格	
151	广州市番禺区振兴塑料有限公司	太空杯	振兴	500mL	2009-03-23	合格	
152	广州市新力实业有限公司日用制品厂	饮水杯	迪士尼	350mL	2009-04-06	合格	
153	广州健士婴童用品有限公司	PC 奶瓶		240mL	2009-04-10	合格	
154	广州市宝贝乐日用品有限公司	PC 奶瓶		286mL	2009-04-08	合格	
155	广州市文搏实业有限公司	塑料饮水壶（PE）	Tom and Jerry	450mL	2009-03-15	合格	
156	广州永益有限公司	聚乙烯吹塑桶		2.2kg	2009-03-30	合格	
157	广州市特康婴童用品有限公司	PC 奶瓶		250mL	2009-04-10	合格	
158	特百惠（中国）有限公司	饮水杯（PP）	Tupper ware	470mL	2009-03-25	合格	
159	广州市花都洪宇塑胶制品厂	PC 奶瓶	贝美	250mL	2009-04-10	合格	
160	广州市花都区新华新兴塑料制瓶厂	PE 吹塑桶		1.5L	2009-04-09	合格	
161	广州盛宝容器有限公司	零度可乐瓶	可口可乐	600mL	2009-04-07	合格	
162	颂怡塑胶电子制品（博罗）有限公司	16 安单层杯	Aladdin	16 安	2009-03	合格	

接上表

163	永辉（惠州）轻工实业有限公司	8安流线型奶瓶	可儿	240mL	KR-111	合格	
164	开平市沙冈金堂塑料五金制品厂	聚乙烯吹塑桶		1.6L	2009-04-02	合格	
165	开平雅琪塑胶机械模具厂	聚乙烯吹塑桶		6500mL	2009-03-22	合格	
166	江门金榕家庭用品制造有限公司	PP饮水杯	金榕	300mL	2009-03-17	合格	
167	江门市科健塑胶制品有限公司	PE酱油瓶		1880mL	2009-03-25	合格	
168	腾宇塑料容器（江门）有限公司	PE酱油瓶		0.78L	090362	合格	
169	揭阳经济开发试验区联兴塑料制品厂	8安A级直身奶瓶	婴健	240mL	A800	合格	
170	揭阳市春天塑料吹瓶制品有限公司	带柄全自动大奶瓶	利宝乐	300mL	AC24	合格	
171	揭阳市荣德塑料包装有限公司	（食品用）聚乙烯吹塑桶	荣德	25L	2009-03-29	合格	
172	揭阳市盛洲酱油厂有限公司	酱油瓶		1.25L	2009-04-16	合格	
173	潮安县爱丽斯实业有限公司	随意杯	爱丽斯	63.8mm	86150338	合格	
174	汕头市百宝居日用品有限公司	百宝水壶	百宝居	1800mL	B-091	合格	
175	汕头市虹达塑料制品有限公司	小猫形吸管杯	虹达	220mL	HD-2207	合格	
176	汕头市华美塑料模具实业有限公司	花蕊（水杯）	华美日用	480mL	9596	合格	
177	汕头市佳宜塑胶制品有限公司	儿童水壶	JIA YI	350mL	R2095	合格	
178	汕头市金平区大源纸塑厂	高雅冷水壶	正裕	2L	2019	合格	
179	汕头市金平区岐山橡胶塑料厂	儿童水壶	林翔	400mL	LX-495	合格	
180	汕头市南方塑胶制品有限公司	微波牛奶杯	南方	400mL	CD2144	合格	
181	汕头市汕乾塑胶制品有限公司	106时尚杯	汕乾	400mL	SQ106-2	合格	
182	汕头市实宝塑胶有限公司塑料制品厂	微波牛奶杯	SUPER	550mL	SP-0036	合格	
183	汕头市万安工艺包装有限公司	一次性塑料餐饮具		500g	2009-04-12	合格	
184	汕头市万茂塑胶制品有限公司	通用冷水壶		2.15L	2009-03	合格	
185	汕头市新陵塑胶有限公司	海洋生物杯	新陵	440mL	R336	合格	
186	汕头市雅胜塑胶制品有限公司	口杯		300mL	货号 S1121	合格	
187	肇庆市三和塑料容器有限公司	聚酯（PET）无汽饮料瓶		350mL	2009-04-09	合格	
188	珠海特艺塑料容器厂有限公司	PC浅绿杯	乐柏美	400mL	2009-03-18	合格	
189	南宁中富包装有限公司	PET无汽饮料瓶		0.6L	2009-04-23	合格	
190	南宁中富包装有限公司	PET碳酸饮料瓶		0.6L	2009-04-23	合格	
191	重庆科汇应用技术开发有限责任公司	聚酯（PET）无汽饮料瓶		450mL	2009-04-15	合格	

接上表

192	重庆美多食品有限公司	聚酯（PET）无汽饮料瓶		550mL	2009-04-15	合格	
193	重庆电力纯净水有限责任公司	聚酯（PET）无汽饮料瓶		550mL	2009-04-14	合格	
194	重庆中梁山饮品有限公司	聚酯（PET）无汽饮料瓶		415mL	2009-04-14	合格	
195	重庆安吉尔科技有限公司	聚酯（PET）无汽饮料瓶		550mL	2009-04-13	合格	
196	重庆川东化工（集团）有限公司	聚乙烯（PE）吹塑桶		20L	2009-03	合格	
197	重庆市奇派食品饮料有限公司茶园分厂	聚对苯二甲酸乙二醇酯（PET）碳酸饮料瓶		490mL	2009-04-13	合格	
198	重庆中富联体容器有限公司	聚对苯二甲酸乙二醇酯（PET）碳酸饮料瓶		600mL	2009-04-14	合格	
199	成都恒大塑料制品有限公司	聚酯（PET）无汽饮料瓶		350mL	2009-04-08	合格	
200	成都润田食品饮料有限公司	聚酯（PET）无汽饮料瓶		550mL	2009-04-09	合格	
201	成都娃哈哈昌盛食品有限公司	热灌装用聚对苯二甲酸乙二醇酯（PET）瓶		1500mL	2009-04-09	合格	
202	成都紫江包装有限公司	聚对苯二甲酸乙二醇酯（PET）碳酸饮料瓶		600mL	2009-04-07	合格	
203	成都紫泉饮料工业有限公司	热灌装用聚对苯二甲酸乙二醇酯（PET）瓶		450mL	2009-04-10	合格	
204	成都统一企业食品有限公司	热灌装用聚对苯二甲酸乙二醇酯（PET）瓶		450mL	2009-04-09	合格	
205	长春市盛泉机械加工厂	聚对苯二甲酸乙二醇酯（PET）碳酸饮料瓶		350mL	2009-04-21	不合格	耐内压力
206	青岛科迪塑胶有限公司	聚酯（PET）无汽饮料瓶		330mL	2009-04-12	不合格	乙醛平均值，乙醛最大值
207	烟台裕泉塑料制品有限公司	聚酯（PET）无汽饮料瓶		600mL	2009-04-10	不合格	跌落性能

注：按行政区域排序。

食品用塑料容器常识

食品用塑料容器产品包括PET瓶、聚乙烯吹塑桶、塑料奶瓶、塑料饮水杯等产品。PET瓶主要用于饮料的包装，如碳酸饮料瓶，其特点是瓶体轻薄且强度好；而热灌装用的PET瓶则具有较好的耐热性；聚乙烯吹塑桶用于盛装较大量的固体及液体食品。质量好的聚乙烯吹塑桶应颜色均匀，无杂质，无刺激性的气味，桶身的厚薄应均匀；塑料奶瓶，是用来盛装奶品、哺乳的一种器具，目前常用的材质为PC。塑料奶瓶的最大的优点就在于其轻巧不易碎。塑料中聚碳酸酯（PC）质轻强度高，不易破碎，高度透明。

选购时查看瓶壁、桶壁、杯壁应透明、纯净；没有刺鼻气味；外表有光泽。尽量不要选择颜色较重的产品。

此外，还可以向塑料容器中灌入热水，进一步判别是否有异味，并反复上下颠倒，查看密封性能。最好不要高温加热PC奶瓶。

食用盐产品质量国家监督抽查结果公告

本次对山西、吉林、黑龙江、安徽、江西、湖北、湖南、广东、海南、重庆、云南、陕西、青海、新疆等14个省、自治区、直辖市54家企业生产的100种食用盐进行了监督抽查，主要品种为精制盐、粉碎洗涤盐、日晒盐、低钠盐、钙强化营养盐、锌强化营养盐。

本次抽查依据 CCGF 121.4-2008《食用盐 产品质量监督抽查实施规范》及 GB5461-2000《食用盐》等强制性国家标准及相关产品标准规定的要求，对食用盐产品氯化钠、铅、砷、碘、亚铁氰化钾、氯化钾、镁离子、钙、锌、钡等10个项目进行了检验。

食盐是消费量大面广的日常必需品，食盐加碘是消除碘缺乏病的有效措施。近年来，国家高度重视食盐市场供应和加碘盐的质量问题，在生产环节建立了食盐生产定点制度。目前，我国食盐定点生产企业有97家。

本次抽查结果表明，被抽查产品全部合格。连续的国家监督抽查促进了企业质量意识的提高，加强了质量管理，提高了产品质量。特别是近5年的国家监督抽查结果，产品抽样合格率均达到97%以上。

食用盐产品质量国家监督抽查产品及其企业名单

序号	企业名称	产品名称	商标	规格型号		生产日期（批号）	抽查结果
1	太谷县晋昇盐业有限责任公司	加碘精制盐	晋盐	400g/袋	精制盐	2009-02-25	合格
2	榆次盐业公司	加碘精制盐	晋盐	400g/袋	精制盐	2008-12-31	合格
3	榆次盐业公司	加碘精制盐	晋盐	400g/袋	精制盐	2009-03-02	合格
4	山西省盐业公司太原分公司	加碘精制盐	晋盐	400g/袋	精制盐	2009-03-08	合格
5	山西省盐业公司太原分公司	加碘精制盐	晋盐	400g/袋	精制盐	2009-03-08	合格
6	山西省盐业公司太原分公司	加碘精制盐	晋盐	400g/袋	精制盐	2009-03-08	合格
7	山西省盐业公司阳泉分公司	加碘精制盐	晋盐	400g/袋	精制盐	2009-03-01	合格
8	中盐吉林盐业有限公司盐制品开发公司	锌营养盐	百晶	400g/袋	锌强化营养盐	2009-01-02	合格
9	中盐吉林盐业有限公司盐制品开发公司	低钠盐	百晶	400g/袋	低钠盐 Ⅰ类	2009-03-02	合格
10	吉林盐业集团德惠有限公司	加碘粉洗盐	吉盐	500g/袋	粉碎洗涤盐	2009-03-13	合格
11	吉林盐业集团德惠有限公司	加碘精制盐	吉盐	350g/袋	精制盐	2009-03-14	合格
12	吉林盐业集团吉林有限公司	加碘精制盐	吉盐	350g/袋	精制盐	2009-03-02	合格
13	吉林盐业集团吉林有限公司	加碘粉洗盐	吉盐	500g/袋	粉碎洗涤盐	2009-02-02	合格
14	大庆市盐业公司	加碘精制盐	中盐	350g/袋	精制盐	2009-03-17	合格
15	哈尔滨龙盐盐业有限公司	加碘精制盐	中盐	350g/袋	精制盐	2009-03-12	合格
16	哈尔滨龙盐盐业有限公司	加碘粉碎洗涤盐	中盐	500g/袋	粉碎洗涤盐	2009-03-08	合格
17	牡丹江市盐业公司	加碘精制盐	中盐	350g/袋	精制盐	2009-03-16	合格
18	牡丹江市盐业公司	加碘粉碎洗涤盐	中盐	500g/袋	粉碎洗涤盐	2009-03-18	合格
19	龙盐绥化盐业有限公司	加碘粉碎洗涤盐	中盐	500g/袋	粉碎洗涤盐	2009-03-17	合格
20	中盐安徽盐业配送有限公司	加碘精制盐	迎客松	500g/袋	精制盐	2009-03-13	合格
21	中盐安徽盐业配送有限公司	加碘精制盐	迎客松	500g/袋	精制盐	2009-03-19	合格
22	中盐安徽盐业配送有限公司	加碘精制盐	迎客松	500g/袋	精制盐	2009-03-22	合格
23	中盐安徽盐业配送有限公司	加碘精制盐	迎客松	500g/袋	精制盐	2009-03-15	合格
24	合肥市盐业有限责任公司	加碘精制盐	迎客松	325g/袋	精制盐	2009031117	合格
25	合肥市盐业有限责任公司	加碘精制盐	迎客松	325g/袋	精制盐	2009031348	合格
26	中盐新干盐化有限公司	加碘食用盐	银洁	500g/袋	精制盐	2008.11.12F1	合格
27	中盐新干盐化有限公司	食用盐	中盐	500g/袋	精制盐	2009-03-10	合格
28	中盐新干盐化有限公司	食用盐	中盐	500g/袋	精制盐	2009-02-14	合格
29	中盐新干盐化有限公司	加碘精制盐	雪涛	350g/袋	精制盐	2009-03-20	合格
30	江西富达盐化有限公司	食用盐	中盐	500g/袋	精制盐	2009-01-23	合格

接上表

31	江西盐矿有限责任公司	食用盐	中盐	500g/袋	精制盐	2009-01-14	合格
32	江西盐矿有限责任公司	食用盐	中盐	500g/袋	精制盐	2009.03.17E3	合格
33	江西盐矿有限责任公司	钙强化营养盐	康力源	500g/袋	钙强化营养盐	2009-03-14	合格
34	湖北省盐业总公司荆州分公司	精制碘盐	云鹤牌	500g/袋	精制盐	2009-03-12	合格
35	湖北省盐业总公司潜江分公司	精制碘盐	云鹤牌	500g/袋	精制盐	200903F1F	合格
36	湖北省盐业总公司武汉食盐配送中心	精制碘盐	云鹤牌	500g/袋	精制盐	200902B01D	合格
37	湖北省盐业总公司武汉食盐配送中心	精制碘盐	云鹤牌	500g/袋	精制盐	200903B10D	合格
38	湖北久大品种盐有限责任公司	低钠盐	云鹤牌	350g/袋	低钠盐	2009-01-25	合格
39	湖北省盐业总公司分装厂	精制碘盐	云鹤牌	500g/袋	精制盐	200811A8DR	合格
40	湖北省盐业总公司分装厂	精制碘盐	云鹤牌	500g/袋	精制盐	200903A3A	合格
41	湖北蓝天盐化有限公司	精制碘盐	云鹤牌	500g/袋	精制盐	200903G1C	合格
42	中盐宏博（集团）有限公司	锌强化营养盐	云鹤牌	350g/袋	锌强化营养盐	2009-02-13	合格
43	中盐宏博（集团）有限公司	食用盐	雪涛	350g/袋	精制盐	20090329 乙 0H	合格
44	湖南省轻工盐业集团有限责任公司长沙分公司	加碘精制盐	雪天	350g/袋	精制盐	2009-03-26	合格
45	湖南省轻盐科技有限公司	钙强化营养盐	雪天	400g/袋	钙强化营养盐	2009-03-09	合格
46	湖南省湘澧盐矿	加碘精制盐	雪天	350g/袋	精制盐	2009-03-23	合格
47	湖南省湘衡盐矿	加碘精制盐	雪天	350g/袋	精制盐	2009-03-19	合格
48	湖南省轻工盐业集团有限责任公司娄底分公司	加碘精制盐	雪天	500g/袋	精制盐	2008-11-13	合格
49	湖南省轻工盐业集团有限责任公司邵阳分公司	加碘精制盐	雪天	350g/袋	精制盐	2009-03-25	合格
50	湖南省轻工盐业集团有限责任公司湘潭分公司	加碘精制盐	雪天	500g/袋	精制盐	2009-03	合格
51	湖南省轻工盐业集团有限责任公司永州分公司	加碘精制盐	雪天	350g/袋	精制盐	2009-03-22	合格
52	广东省多品种盐公司	加锌盐	家健利	250g/袋	锌强化营养盐	2009-03-19	合格
53	广东省多品种盐公司	低钠盐	家健利	250g/袋	低钠盐 Ⅲ类	2009-03-16	合格
54	广东省盐业运销（企业）集团公司广州分公司	自然晶盐	岭海	400g/袋		2009-02-19	合格
55	广东省清远盐业总公司	加碘精制盐	岭海	500g/袋	精制盐	2009-03	合格
56	广东省清远盐业总公司	雪晶盐	岭海	400g/袋	钙强化营养盐	2009-03	合格
57	广东省韶关盐业总公司	加碘海精盐	岭海	500g/袋		2009-03	合格
58	广东省韶关盐业总公司	雪晶盐	岭海	400g/袋	钙强化营养盐	2009-03	合格
59	海南省盐业总公司海口分公司	食用日晒盐	晶山	500g/袋	日晒盐	2009-03-20	合格
60	海南省盐业总公司海口分公司	食用日晒盐	晶山	500g/袋	日晒盐	2009-03-24	合格
61	海南省盐业总公司海口分公司	食用日晒盐	晶山	500g/袋	日晒盐	2009-03-25	合格
62	海南省盐业总公司海口分公司	食用日晒盐	晶山	500g/袋	日晒盐	2009-03-24	合格
63	海南省盐业总公司东方分公司	食用日晒盐	晶山	500g/袋	日晒盐	2009-02-20	合格
64	海南省盐业总公司乐东分公司	食用日晒盐	晶山	500g/袋	日晒盐	2009-02-25	合格
65	重庆合川盐化工业有限公司	锌强化营养盐	钓鱼城	420g/袋	锌强化营养盐	2009-03-03	合格
66	重庆合川盐化工业有限公司	加碘食用盐	晶心	500g/袋	精制盐	2009-02-03	合格
67	重庆合川盐化工业有限公司	低钠盐	晶心	250g/袋	低钠盐	2009-03-25	合格
68	重庆合川盐化工业有限公司	加碘食用盐	晶心	500g/袋	精制盐	2009-02-12	合格
69	重庆索特盐化股份有限公司	加碘食用盐	晶心	500g/袋	精制盐	2009-02-05	合格
70	重庆索特盐化股份有限公司	加碘食用盐	晶心	500g/袋	精制盐	2009-03-06	合格
71	重庆索特盐化股份有限公司	加碘食用盐	晶心	500g/袋	精制盐	2009-03-26	合格
72	重庆索特盐化股份有限公司	加碘食用盐	晶心	500g/袋	精制盐	2009-01-12	合格
73	云南盐化股份有限公司一平浪盐矿	加碘精制食盐	白象牌	500g/袋	精制盐	2008-03-16	合格
74	云南盐化股份有限公司一平浪盐矿	加碘精制食盐	白象牌	500g/袋	精制盐	2009-02-14	合格

接上表

75	云南盐化股份有限公司一平浪盐矿	加碘精制食盐	白象牌	500g/ 袋	精制盐	2009-03-19	合格
76	云南盐化股份有限公司乔后盐矿	加碘精制食盐	白象牌	500g/ 袋	精制盐	2008-05-07	合格
77	云南盐化股份有限公司乔后盐矿	加碘精制食盐	白象牌	500g/ 袋	精制盐	2009-01-22	合格
78	云南盐化股份有限公司乔后盐矿	加碘精制食盐	白象牌	500g/ 袋	精制盐	2009-01-06	合格
79	云南盐化股份有限公司昆明盐矿	钙强化营养盐	白象牌	248g/ 瓶	钙强化营养盐	2009-01-21	合格
80	云南盐化股份有限公司昆明盐矿	加碘精制食盐	白象牌	500g/ 袋	精制盐	2009-03-20	合格
81	云南盐化股份有限公司昆明盐矿	加碘精制食盐	白象牌	500g/ 袋	精制盐	2009-03-07	合格
82	云南盐化股份有限公司昆明盐矿	加碘精制食盐	白象牌	500g/ 袋	精制盐	2009-02-28	合格
83	合阳县盐业公司	加碘精制盐	冰凌	500g/ 袋	精制盐	2008-11-13	合格
84	渭南市临渭区盐业公司	加碘精制盐	冰凌	500g/ 袋	精制盐	2009-02-18	合格
85	中盐西安盐业公司食盐配送中心	加碘精制盐	冰凌	500g/ 袋	精制盐	2009-02-21	合格
86	西安市长安区盐业公司	加碘精制盐	冰凌	500g/ 袋	精制盐	2009-03-11	合格
87	咸阳市盐业公司市区公司	加碘精制盐	冰凌	500g/ 袋	精制盐	2009-02-15	合格
88	陕西省兴平市盐业公司	加碘精制盐	冰凌	500g/ 袋	精制盐	2009-02-23	合格
89	格尔木盐化（集团）有限责任公司	加碘精制盐	昆仑	500g/ 袋	精制盐	2009-03-21	合格
90	格尔木盐化（集团）有限责任公司	加碘精制盐	昆仑	500g/ 袋	精制盐	2009-03-21	合格
91	青海省盐业股份有限公司	加碘粉洗盐	绿洁	800g/ 袋	粉碎洗涤盐	2009-01-10	合格
92	青海省盐业股份有限公司	加碘粉洗盐	绿洁	800g/ 袋	粉碎洗涤盐	2009-03-17	合格
93	青海省盐业股份有限公司	加碘粉洗盐	绿洁	800g/ 袋	粉碎洗涤盐	2009-03-24	合格
94	青海省盐业股份有限公司	加碘粉洗盐	绿洁	800g/ 袋	粉碎洗涤盐	2009-03-19	合格
95	乌鲁木齐市兴盐盐业专营有限责任公司	精制盐	兴盐	500g/ 袋	精制盐	2009-03-02	合格
96	乌鲁木齐市兴盐盐业专营有限责任公司	精制盐	兴盐	500g/ 袋	精制盐	2009-02-02	合格
97	新疆盐湖制盐有限责任公司	钙强化盐	盐湖	200g/ 袋	钙强化营养盐	2009-03-07	合格
98	新疆盐湖制盐有限责任公司	锌强化盐	盐湖	200g/ 袋	锌强化营养盐	2009-03-07	合格
99	新疆盐湖制盐有限责任公司	钙强化盐	盐湖	200g/ 袋	钙强化营养盐	2008-12-02	合格
100	新疆盐湖制盐有限责任公司	锌强化盐	盐湖	200g/ 袋	锌强化营养盐	2008-12-02	合格

注：按行政区域排序。

食用盐小常识

一、碘是人体必须的微量元素

碘是人体所必须的一种微量元素，被医学专家称之为“智力元素”。中国营养学会推荐 13 岁以后每天碘的需要量为 150 微克。我国绝大多数地区为环境缺碘地区，碘的摄入量不足可导致碘缺乏病。

二、食用碘盐是防治碘缺乏病的好方法

防治碘缺乏病最根本的措施是食盐加碘。这是经过几十年的防治经验所证实的，是各种补碘办法中最好的方法，它不仅安全、有效、经济和容易推广，又符合微量、长期及生活化的要求。

由于外环境缺碘，人类需要长期适量补碘，食盐是补碘的最好载体。我国规定的食用碘盐含碘量为 (20～60)mg/kg，食用这种碘盐完全可以保证每日人体对碘的需要量。如果每人每日摄入 5 克碘盐，每天就可补充 200 微克的碘，足以满足人体的生理需要量。这样既不会造成浪费，又不会有任何不良反应，既安全又有效。食用碘盐非常经济，可解决防治碘缺乏病的问题。而盐是人们生活中必须要吃的，通过吃碘盐，就能够保证补碘的生活化，适量化及持久性，所以，碘盐是各种补碘办法中最好的办法。

食用植物油产品质量国家监督抽查质量公告

为了维护消费者的合法权益，国家质检总局组织对食用植物油产品质量进行了国家监督抽查。共抽查了北京、天津、河北、辽宁、吉林、黑龙江、上海、江苏、江西、山东、河南、湖南、广东、广西、陕西、甘肃、青海、宁夏、新疆等19个省、直辖市、自治区204家企业生产的250种产品（不涉及出口产品），包括大豆油、菜籽油、花生油、葵花籽油、棉籽油、玉米油、芝麻油、食用调和油、胡麻油、棕榈油、米糠油、亚麻仁油、色拉油、茶籽油等14类产品，产品实物质量抽样合格率为99.3%。

此次抽查依据强制性国家标准GB1534-2003《花生油》、GB1535-2003《大豆油》、GB1536-2004《菜籽油》、GB10464-2003《葵花籽油》、GB19111-2003《玉米油》、GB2716-2005《食用植物油卫生标准》、GB7718-2004《预包装食品标签通则》等标准的规定，对食用植物油产品的酸价（酸值）、过氧化值、黄曲霉毒素B1、溶剂残留量、铅、总砷、苯并（a）芘、游离棉酚、抗氧化剂（BHA、BHT）以及标签等10个项目进行了检验。

抽查中发现的主要质量问题是个别产品酸价和溶剂残留量超标。酸价和溶剂残留量均是重要的卫生指标，酸价还是油脂精炼程度和品质好坏的重要标志之一。强制性国家标准GB2716-2005《食用植物油卫生标准》规定，食用植物油浸出油溶剂残留为≤50mg/kg。抽查中有个别产品酸价和溶剂残留量超标，其中有1种棉籽油产品溶剂残留量实测值为1157mg/kg，超过国家标准规定的要求的22倍。

针对抽查中发现的主要质量问题，国家质检总局已责成各地质量技术监督部门严格按照产品质量法等有关法律法规的规定，对抽查中产品质量不合格的企业依法进行处理，限期整改。同时，对抽查中质量较好的企业，加大宣传力度，引导消费。国家质检总局将继续对食用植物油产品质量进行跟踪抽查，促使食用植物油行业整体质量水平的提高。

食用植物油产品质量国家监督抽查部分质量较好的产品及其企业名单

序号	企业名称	产品名称	商标	规格	生产日期
1	上海嘉里粮油工业有限公司	大豆油	元宝	5L/瓶	2008-09-24
2	深圳南顺油脂有限公司	花生油	刀唛	2L/瓶	2008-09-10
3	南海油脂工业（赤湾）有限公司	花生油	金龙鱼	1.8L/瓶	2008-10-08
4	新疆新粮油脂有限责任公司	红花调和油	天山红	5L/桶 压榨	2008-09-12
5	宁夏优素福清真食品有限公司	高级胡麻油（小磨压榨）	优素福	5L/桶 压榨	2008-10-09
6	西安嘉里油脂工业有限公司	食用调和油	金龙鱼	2.5L/桶	2008-09-23
7	中粮天海粮油工业（沙湾）有限公司	福临门大豆油	福临门	5L/瓶	2008-10-11
8	东海粮油工业（张家港）有限公司	福临门非转基因压榨花生油	福临门	2.5L/桶	2008-05-13
9	山东西王食品有限公司	玉米油	西王	1.8L/瓶	2008-09-12
10	益江（张家港）粮油工业有限公司	香满园食用调和油	香满园	2.5L/桶	2008-09-29
11	黑龙江绿金集团股份有限公司	纯香大豆油	绿金	1.5L/桶	2008-04-16
12	九三集团哈尔滨惠康食品有限公司	九三大豆油	JIU SAN	3L/桶	2008-09-09

注：排名不分先后。

食用植物油产品质量国家监督抽查部分质量较差的产品及其企业名单

序号	企业名称	产品名称	商标	规格	生产日期	主要不合格项目
1	西安市嘉禾油脂有限公司	纯正菜籽油		散装 浸出	2008-09-23	过氧化值
2	武功县代甲油粮加工有限公司（陕西）	纯正菜籽油		散装 浸出	2008-08-15	酸值（酸度）
3	乌苏市银星棉蛋白加工有限责任公司（新疆）	棉籽油		散装	2008-10-09	溶剂残留量
4	天津市鸿禄食品有限公司	香油	禄荣	125ml/瓶	2008-09-11	苯并（α）芘

注：排名不分先后。

食用植物油小常识

食用植物油贮存时间不宜过长。如有异样颜色，闻之有异味或加热时出现过多的泡沫，且伴有呛人的带苦油烟味的食用植物油都是劣质油或变质油，不能食用。

消费者在购买食用植物油时，注意从以下的几方面判别其质量。

一、从感官上辨别

（一）看色泽。油的色泽深浅也因其品种不同而使同品位油的颜色略有差异，一般高品质食用油颜色浅，低品位的食用油颜色深（香油除外）。不同品种的油色泽的深浅也略有差异。品质好的豆油为黄色，花生油为淡黄色或浅橙色；菜籽油为黄中稍绿或金黄色；葵花油为浅黄色。

（二）看透明度。一般高品质食用油透明度好，无浑浊，优质的植物油静置24小时后，应清晰透明、不混浊、无沉淀、无悬浮物。

（三）看有无沉淀物。高品质食用油无沉淀和悬浮物，粘度较小。

（四）看有无分层现象。若有分层则可能是掺假的混杂油。

（五）不同品种的食用油有其独特的气味，但都无酸异味。

（六）看油状。取个干燥洁净细小的玻璃管，插入油中堵好上口慢慢抽起，管中的油若呈乳白状，表明内中有水，而且越白就说明水分越多

二、从标识上鉴别

食品标签上应注明厂名、厂址、联系方式、保质期、出厂日期、执行标准、“QS”标志等。目前市场上的食用油都标有纯正、精品、纯香等字样，相关的食用植物油的标准大多都有等级的规定，消费者可以通过包装容器上的标识来鉴别油品等级。食用植物油一般按质量分为一级、二级、三级、四级，以一级为最好，级别越小，精炼程度就最高。

三、食用油优劣鉴别方法

（一）花生油掺假后透明度下降，把油从瓶中快速倒入杯内，观察泛起的油花，纯花生油的油花泡沫大，周围有很多小泡沫且不易散落。

（二）棉籽油当掺有棉清油或毛棉油时，油花泡沫略带绿黄色或棕黑色。闻其气味可闻出棉籽油味。掺有米汤、面汤等淀粉物的棉籽油，在其中加入几滴碘酒，就出现蓝紫色或蓝黑色。或者放入透明杯中放置两天后再观察，必然会出现云状悬浮物。

水果罐头产品质量国家监督抽查质量公告

为维护消费者合法权益，国家质检总局组织对水果罐头产品质量进行了国家监督抽查，共抽查了天津、河北、山东、辽宁、浙江、广东、广西、福建等8个省、直辖市、自治区97家企业生产的140种产品，产品实物质量抽样合格率为99%。

此次抽查依据CCGF116-2008《罐头产品质量监督抽查实施规范》、GB11671-2003《果、蔬罐头卫生标准》、GB2760-2007《食品添加剂使用卫生标准》、GB7718-2004《预包装食品标签通则》的规定，对水果罐头产品的感官、固形物、糖水浓度、重金属指标（锡、总砷、铅）、食品添加剂（苯甲酸、山梨酸、糖精钠、安赛蜜、甜蜜素、二氧化硫残留量、柠檬黄、日落黄、胭脂红、苋菜红、亮蓝等）、微生物指标（商业无菌）以及标签等19个项目进行了检验。经检验，此次抽查产品的重金属指标、微生物指标全部符合国家标准规定的要求。

抽查中发现的主要质量问题：

一、部分产品超范围使用食品添加剂。苯甲酸、山梨酸、二氧化硫属于防腐剂，糖精钠、安赛蜜、甜蜜素属于甜味剂，柠檬黄、日落黄、胭脂红、苋菜红、亮蓝属于着色剂。强制性国家标准GB2760-2007《食品添加剂使用卫生标准》规定，水果罐头中不允许使用防腐剂、着色剂，甜味剂中不得加入糖精钠、甜蜜素，安赛蜜的最大允许使用量为0.3g/kg。抽查中有部分产品检出山梨酸、二氧化硫、糖精钠、安赛蜜、甜蜜素、胭脂红、柠檬黄。

二、个别产品固形物含量不合格。固形物是罐头中固态物质的多少，产品的固形物含量必须不低于产品明示值。抽查中有个别产品固形物含量未达到产品明示值。

针对抽查中发现的主要质量问题，国家质检总局已责成各地质量技术监督部门按照产品质量法等相关法律法规的规定，对抽查中产品质量不合格的生产企业依法进行处理，并限期整改。同时对质量较好的产品及其生产企业进行宣传，引导消费。国家质检总局将继续加大对水果罐头产品的监督抽查，促进水果罐头产品质量整体水平的提高。

水果罐头产品质量国家监督抽查部分质量较好的产品及其企业名单

序 号	企业名称	产品名称	商标	规格	生产日期
1	保定市佳康食品有限公司	糖水桃罐头（黄桃）	芝麻官	720g/ 瓶	2008-08-18
2	临沂市康发食品饮料有限公司	糖水桃罐头	康发	580g/ 瓶	2008-08-02
3	福建乐天食品有限公司	蜂蜜什锦椰果	乐隆隆	850g/ 罐	2008-09-09
4	大连理想食品有限公司	沁香海棠罐头		350g/ 瓶	2008-09-04
5	大连魁氏食品有限公司	糖水黄桃罐头	魁	950g/ 瓶	2008-09-18
6	福建省泉州喜多多食品有限公司	什锦椰果罐头	喜多多	850g/ 罐	2008-09-20
7	莆田市莆罐食品工业有限公司	糖水龙眼罐头	秀屿牌	425g/ 罐	2008-07-02
8	浙江黄岩科技罐头厂	糖水黑梅罐头	科技	425g/ 罐	2008-06-16

注：排名不分先后。

水果罐头产品质量国家监督抽查部分质量较差的产品及其企业名单

序号	企业名称	产品名称	商标	规格	生产日期	主要不合格项目
1	广西荔浦味思源食品厂	糖水荔枝罐头	味思园	910g/ 瓶	2008-07-15	糖精钠、甜蜜素、二氧化硫残留量、糖水浓度
2	莆田市荔城区华隆食品罐头厂	糖水枇杷	力达	360g/ 罐	2008-08-16	糖精钠、甜蜜素、柠檬黄、糖水浓度
3	保定市威光食品厂	糖水草莓罐头	万馨	430g/ 瓶	2008-08-01	山梨酸、糖精钠、甜蜜素、胭脂红
4	漳州市芗城华龙食品厂	冰糖什锦椰果罐头	乐之味	800g/ 罐	2008-08-25	固形物含量、糖精钠、甜蜜素、糖水浓度
5	莆田市城厢区哈哈食品厂	荔枝罐头	乐常	350g/ 罐	2008-06-22	糖精钠、甜蜜素、二氧化硫残留量
6	莆田市城厢区侨明食品厂	龙眼罐头	加喜	368g/ 罐	2008-09	糖精钠、甜蜜素、二氧化硫残留量
7	荔浦新兴罐头食品厂	糖水龙眼罐头	荔源	380g/ 罐	2008-09-02	糖精钠、甜蜜素、二氧化硫残留量
8	湛江市枫之然食品有限公司	桂圆	枫之然	380g/ 瓶	2008-09-06	固形物含量、安赛蜜、食品标签

注：排名不分先后。

水果罐头小常识

消费者在购买和食用时应注意以下几点：

一、购买水果罐头时，首先观察外包装是否整洁干净，字迹印刷清晰；其次应确定产品在保质期内，食品标签中是否标注有企业的名称、厂名、厂址、配料表、净含量、固形物含量、标准号、质量等级等信息。

二、对以玻璃瓶包装的产品，可观察内容物块形是否完整，有无异物。一些水果罐头在加工过程或在贮运期间可能会出现变色等质量问题，所以还要看水果颜色不应发生褐变。选择金属罐包装的产品时，不要购买金属罐的外壁或罐盖有因腐蚀引起的生锈等现象的产品。

三、对包装物外形发生变化的产品不要购买。当水果罐头被微生物污染，失去食用价值时，经常会产生产品的"胖听"现象，即通过肉眼观察产品的外包装物体积增大。金属罐包装的产品，在运输过程中，受物体碰撞，常出现外壁内陷现象，空气极易进入，致使内容物酸败变质，发现上述情形的产品不能食用。

四、购买水果罐头时，应区分糖水罐头和糖浆罐头。糖水类罐头的糖水浓度一般在15%左右，比较适合直接食用。糖浆类罐头的糖水浓度很高，在65%以上，只适合于食品加工。所以消费者在购买时要看清食品标签上糖水浓度含量，加以区分再购买。

五、购买时仔细核对生产日期、保质期，认真查看外包装的完整性。

六、水果罐y头中水分和糖分含量很高，开盖后，很容易造成微生物的大量繁殖，引起产品的酸败，失去食用价值。建议消费者开盖后，尽量一次食用完毕。

碳酸饮料产品质量国家监督抽查结果公告

本次对北京、天津、河北、上海、江苏、浙江、安徽、福建、山东、河南、广东等11个省、直辖市88家企业生产的120种碳酸饮料产品进行了监督抽查。

本次抽查依据GB 2759.2-2003《碳酸饮料卫生标准》、GB/T 10792-2008《碳酸饮料（汽水）》、GB 2760-2007《食品添加剂使用卫生标准》及备案企业标准的规定，对碳酸饮料产品的二氧化碳气容量、咖啡因、苯甲酸、山梨酸、糖精钠、甜蜜素、安赛蜜、总砷、铅、铜、柠檬黄、苋菜红、胭脂红、日落黄、亮蓝、菌落总数、大肠菌群、霉菌、酵母、沙门氏菌、志贺氏菌、金黄色葡萄球菌等22个项目进行了检验。

抽查中发现有10种产品不合格，存在的主要质量问题：

一、本次抽查中有2种产品二氧化碳酸气容量不合格。二氧化碳气容量是碳酸饮料的特征性指标，充足的二氧化碳气容量能使碳酸饮料具有爽口感，二氧化碳气容量不合格会影响碳酸饮料的口感。

二、本次抽查中有3种产品菌落总数超标，有4种产品酵母超标。

三、本次抽查中各有1种产品甜味剂糖精钠、安赛蜜和甜蜜素不合格。

碳酸饮料产品质量国家监督抽查产品及其企业名单

序号	企业名称	产品名称	商标	规格型号	生产日期（批号）	抽查结果	主要不合格项目
1	北京百事可乐饮料有限公司	七喜柠檬味汽水	七喜	600mL/瓶 果味型	2009-03-31	合格	
2	北京金月饮品有限责任公司	黑加仑味碳酸饮料	金月	345mL/瓶 果味型	2009-04-18	合格	
3	北京市华伟饮料食品厂	黑加仑味碳酸饮料		345mL/瓶 果味型	2009-04-01	合格	
4	北京新五代饮品有限公司	橙蜜味碳酸饮料	体宝	345mL/罐 果味型	2009-04-12	合格	
5	北京可口可乐饮料有限公司	清爽柠檬味雪碧汽水	雪碧	600mL/瓶 果味型	2009-04-13	合格	
6	北京可口可乐饮料有限公司丰台分厂	可口可乐汽水	可口可乐	600mL/瓶 可乐型	2009-04-19	合格	

接上表

7	北京可口可乐饮料有限公司	可口可乐汽水	可口可乐	600mL/瓶 可乐型	2009-04-17	合格	
8	北京百事可乐饮料有限公司	百事可乐可乐型汽水	百事可乐	600mL/瓶 可乐型	2009-04-02	合格	
9	天津津永食品有限公司	长城碧液碳酸饮料	长城	500mL/瓶 果味型	2009-04-21	合格	
10	天津冠芳可乐饮料有限公司	南极碧液柠檬味碳酸饮料	南极	1.25L/瓶 果味型	2009-04-06	合格	
11	天津市鑫发饮料有限公司	丹舞柠檬碳酸饮料	丹舞	500mL/瓶 果味型	2009-04-19	合格	
12	天津市福林饮料厂	清爽柠檬味汽水	秋莲	1.25L/瓶 果味型	2009-03-18	合格	
13	天津市俊成饮料有限公司	清爽柠檬味汽水	俊成	500mL/瓶 果味型	2009-04-20	合格	
14	天津可口可乐饮料有限公司	可口可乐汽水	可口可乐	600mL/瓶 可乐型	2009-04-23	合格	
15	天津冠芳可乐饮料有限公司	冠芳可乐汽水	冠芳	2.25L/瓶 可乐型	2009-04-09	合格	
16	天津百事可乐饮料有限公司	百事可乐可乐型汽水	百事可乐	600mL/瓶 可乐型	2009-04-23	合格	
17	天津百事可乐饮料有限公司	美年达橙味汽水	美年达	600mL/瓶 果味型	2009-04-21	合格	
18	天津可口可乐饮料有限公司	芬达橙味汽水	芬达	600mL/瓶 果味型	2009-04-17	合格	
19	玉田县润通食品饮料有限公司	沃美青柠味汽水	沃美	2L/瓶 果味型	2009-03-18	合格	
20	永清县永生源饮品厂	苹果味碳酸饮料	乾钰	600mL/瓶 果味型	2009-03-10	合格	
21	霸州市霸州镇顺兴饮料厂	冰爆橙味汽水	顺兴	600mL/瓶 果味型	2009-04-22	合格	
22	石家庄市三亚饮品有限公司	旭日升可乐型碳酸饮料	旭日升	345mL/罐 可乐型	2009-03-05	合格	
23	石家庄市三亚饮品有限公司	橙味碳酸饮料	H8	345mL/罐 果味型	2009-02-22	合格	
24	霸州市霸州镇顺兴饮料厂	顺兴可乐（可乐型碳酸饮料）	顺兴	600mL/瓶 可乐型	2009-04-21	合格	
25	河北沃尔旺食品饮料有限公司	鲜橙多（橙味碳酸饮料）	沃尔旺	345mL/罐 果味型	2009-04-23	合格	
26	上海市中绞股蓝保健食品有限公司	市中盐汽水	市中	600ml/件 其它型	2009-04-21A	合格	
27	上海国奥工贸实业有限公司绿茵饮料食品厂	舒霖盐汽水	舒霖	600ml/件 其它型	2009-04-29	合格	
28	上海东锦饮品有限公司	日加满丽人营养素碳酸饮品（无糖）	日加满	100ml/件 其它型	2009-04-17	合格	
29	蓝樽（上海）酒业有限公司	幻蓝苏打水	Holyblue	350ml/件 其它型	2009-04-29	合格	
30	上海碧纯食品饮料有限公司	盐汽水	碧纯	600ml/件 其它型	2009-04-22	合格	
31	上海富金酿酒有限公司	盐汽水	富金	600ml/件 其它型	2009-03-21	合格	
32	上海新热浪饮料有限公司	自在一夏低热量盐汽水	热浪	600ml/件 其它型	2009-03-12	合格	
33	上海申美饮料食品有限公司	可口可乐汽水	可口可乐	330ml/件 可乐型	2009-04-25	合格	
34	上海申美饮料食品有限公司	雪碧清爽柠檬味汽水	雪碧	330ml/件 果味型	2009-05-07	合格	
35	上海百事可乐饮料有限公司	可乐型汽水	百事可乐	600ml/件 可乐型	2009-05-04	合格	
36	上海百事可乐饮料有限公司	柠檬味汽水	七喜	355ml/件 果味型	2009-05-04	合格	
37	上海新延中企业发展有限公司	盐汽水低热量	延中	600ml/件 其它型	2009-05-12	合格	
38	经销商：上海市亚庆工贸有限公司	水泡碳酸水（俗称：苏打水）	水泡	1L/件 其它型	2009-03-12	合格	
39	上海易买得超市有限公司监制上海畅列饮料有限公司生产	盐汽水	易福来	600ml/件 其它型	2009-04-28	合格	
40	上海欧发管理咨询有限公司监制	盐汽水低能量碳酸饮料	（图案）	600ml/件 其它型	2009-04-22	合格	
41	盐城市彭城堂酒业有限公司	彭程堂柠檬味碳酸饮料（低糖）	彭程堂	500ml/件 果味型	2009-03-21	合格	
42	黑松食品（苏州）有限公司	黑松沙士	黑松	600ml/件 其它型	2009-04-03	合格	

接上表

43	黑松食品（苏州）有限公司	可口可乐汽水	可口可乐	600ml/件 可乐型	2009-04-28	合格	
44	南京中萃食品有限公司	清爽柠檬味雪碧汽水	雪碧	330ml/件 果味型	2009-04-09	合格	
45	南京中萃食品有限公司	可口可乐汽水	可口可乐	330ml/件 可乐型	2009-04-08	合格	
46	南京福旺食品有限公司	柠檬味水果泡泡果味汽水	旺旺	355ml/件 果味型	2009-04-18	合格	
47	南京百事可乐饮料有限公司	柠檬味汽水	七喜	355ml/件 果味型	2009-04-14	合格	
48	南京百事可乐饮料有限公司	可乐型汽水	百事可乐	600ml/件 可乐型	2009-04-18	合格	
49	江都市纯明饮料厂	柠檬味碳酸饮料	纯明	2.25L/件 果味型	2009-04-16	合格	
50	杭州娃哈哈百立食品有限公司	非常可乐碳酸饮料	娃哈哈	500ml/件 可乐型	2009-04-18 7117BL	合格	
51	杭州娃哈哈百立食品有限公司	非常甜橙 甜橙味碳酸饮料	娃哈哈	500ml/件 果味型	2009-04-11 7209BL	合格	
52	杭州娃哈哈永盛饮料有限公司	非常柠檬 柠檬味碳酸饮料	娃哈哈	600ml/件 果味型	2009-04-16 2201YS	合格	
53	杭州中萃食品有限公司	雪碧柠檬味汽水	雪碧	600ml/件 果味型	2009-04-22 HZ	合格	
54	杭州中萃食品有限公司	可口可乐汽水	可口可乐	600ml/件 可乐型	2009-04-28 HZ	合格	
55	杭州娃哈哈非常可乐饮料有限公司	非常柠檬 柠檬味碳酸饮料	娃哈哈	1.25L/件 果味型	2009-04-15 1223FC	合格	
56	杭州娃哈哈非常可乐饮料有限公司	非常可乐 碳酸饮料	娃哈哈	1.25L/件 可乐型	2009-04-25 1223FC	合格	
57	杭州娃哈哈永盛饮料有限公司	非常可乐	娃哈哈	500ml/件 可乐型	2009-04-10 1220YS	合格	
58	芜湖市月牙泉饮品有限公司	芜永柠檬味低热量	芜永	600ml/件 果味型	2009-04-15	合格	
59	厦门太古可口可乐饮料有限公司	可口可乐汽水	可口可乐	330ml/件 可乐型	2009-04-26	合格	
60	厦门太古可口可乐饮料有限公司	雪碧柠檬味汽水	雪碧	330ml/件 果味型	2009-04-24	合格	
61	晋江市恒力食品有限公司	生活盐泉盐饮料	清沙江	520ml/件 其它型	2009-04-24	合格	
62	厦门银鹭食品有限公司	柠檬味碳酸饮料	银鹭	1.25L/件 果味型	2009-03-27	合格	
63	厦门银鹭食品有限公司	可乐型碳酸饮料	银鹭	1.25L/件 可乐型	2009-03-21	合格	
64	福州荣旺食品饮料有限公司	荣旺柠檬味盐点汽水	荣旺	580ml/件 果味型	2009-05-08	合格	
65	福建省福州双星食品饮料有限公司	动碧盐点茉莉味汽水	动碧	580ml/件 其它型	2009-04-20	合格	
66	福州兴达专利开发有限公司	建康茉莉味含盐碳酸饮料	建康	600ml/件 其它型	2009-05-08	合格	
67	福州西城食品有限公司	厦门大雪柠檬味汽水（低热量型）		1.25L/件 果味型	2009-02-14	合格	
68	临淄区齐都镇早绿饮料厂	事事可乐可乐型碳酸饮料	毛毛雪	600mL/瓶 可乐型	2009-04-27	合格	
69	临淄区齐都镇早绿饮料厂	青苹果味碳酸饮料	毛毛雪	600mL/瓶 果味型	2009-04-22	合格	
70	淄博伏冰饮品有限公司	甜橙味碳酸饮料	伏冰	600mL/瓶 果味型	2009-04-17	合格	
71	淄川区般阳鸿运食品饮料厂	甜橙果味汽水		500mL/瓶 果味型	2009-04-28	合格	
72	济南可口可乐饮料有限公司	可口可乐汽水	可口可乐	600mL/瓶 可乐型	2009-04-14	合格	
73	济南可口可乐饮料有限公司	雪碧柠檬味汽水	雪碧	600mL/瓶 果味型	2009-04-28	合格	

接上表

74	济南百事可乐饮料有限公司	百事可乐可乐型汽水	百事可乐	600mL/ 瓶 可乐型	2009-04-13	合格	
75	青岛可口可乐饮料有限公司	雪碧汽水	可口可乐	600mL/ 瓶 果味型	2009-04-26	合格	
76	青岛可口可乐饮料有限公司	可口可乐汽水	可口可乐	600mL/ 瓶 可乐型	2009-04-13	合格	
77	青岛崂山矿泉水有限公司	崂山苏打水	崂山矿泉水	300mL/ 罐 其他型	2009-04-27	合格	
78	青岛崂山矿泉水有限公司	崂山可乐汽水	崂山矿泉水	330mL/ 瓶 可乐型	2009-03-01	合格	
79	山东金保罗食品饮料有限公司	雪柠檬（汽水）	金保罗	345mL/ 罐 果味型	2009-04-21	合格	
80	青岛康尔乐饮品有限公司	苏打水	帆都	350mL/ 罐 其他型	2009-03-24	合格	
81	青岛康尔乐饮品有限公司	果泡多草莓味汽水	帆都	350mL/ 罐 果味型	2009-04-14	合格	
82	青州市罗力亚食品饮料厂	罗力橙汁（汽水）	古都罗力亚	530mL/ 瓶 果味型	2009-04-15	合格	
83	青州市罗力亚食品饮料厂	罗力可乐（汽水）	古都罗力亚	530mL/ 瓶 可乐型	2009-04-15	合格	
84	金星啤酒集团有限公司	金星鲜菠萝碳酸饮料	金星	500mL/ 瓶 果味型	2009-04-24	合格	
85	焦作市宇坤饮品有限公司	雪冰洋维生素碳酸饮料	雪冰洋	350mL/ 瓶 果味型	2009-04-26	合格	
86	郑州太古可口可乐饮料有限公司	雪碧碳酸饮料	可口可乐	500mL/ 瓶 果味型	2009-04-27	合格	
87	郑州太古可口可乐饮料有限公司	可口可乐碳酸饮料	可口可乐	600mL/ 瓶 可乐型	2009-04-25	合格	
88	焦作市安江凌饮品有限公司	甜橙碳酸饮料	安江凌	330mL/ 瓶 果味型	2009-04-28	合格	
89	河南奥克啤酒实业有限公司	香菠萝果味碳酸饮料	奥克	490mL/ 瓶 果味型	2009-04-13	合格	
90	河南中沃饮料有限公司	中沃可乐碳酸饮料	沃尔玛	600mL/ 瓶 可乐型	2009-04-16	合格	
91	河南中沃饮料有限公司	中沃柠檬碳酸饮料	沃尔玛	600mL/ 瓶 果味型	2009-04-20	合格	
92	河南雪洋绿色食品有限公司	雪洋柠檬味汽水	雪洋	250mL/ 瓶 果味型	2009-04-21	合格	
93	河南雪洋绿色食品有限公司	雪洋可乐汽水	雪洋	250mL/ 瓶 可乐型	2009-04-18	合格	
94	济源市王屋山黑加伦饮料有限公司	王屋山可乐碳酸饮料	王屋山	600mL/ 瓶 可乐型	2009-04-01	合格	
95	济源市王屋山黑加伦饮料有限公司	百姓苹果碳酸饮料	王屋山	2.25L/ 瓶 果味型	2009-04-29	合格	
96	佛山市顶华珍珍饮料有限公司	麦维维生素碳酸饮料		350ml/ 听 其它型	2009-03-20	合格	
97	佛山市奇乐饮料食品有限公司	鲜橙多碳酸饮料	雪山	345ml/ 听 果味型	2009-04-09	合格	
98	广州百事可乐饮料有限公司	橙味汽水	美年达	330ml/ 件 果味型	2009-04-06	合格	
99	广州百事可乐饮料有限公司	可乐型汽水	PEPSI	330ml/ 件 可乐型	2009-04-22	合格	
100	广东太古可口可乐有限公司	雪碧柠檬味汽水	雪碧	600ml/ 瓶 果味型	2009-03-25	合格	
101	广东太古可口可乐有限公司	可口可乐汽水	可口可乐	600ml/ 瓶 可乐型	2009-04-14	合格	
102	广州百事可乐饮料有限公司开发区分公司	百事可乐可乐型汽水	PEPSI	600ml/ 瓶 可乐型	2009-04-24	合格	

接上表

103	广州百事可乐饮料有限公司开发区分公司	柠檬味汽水	七喜	330ml/ 听 果味型	2009-04-22	合格	
104	中山市小榄镇喜得乐食品饮料厂	柠檬味碳酸饮料	雪淇	1.25L/ 瓶 果味型	2009-04-11	合格	
105	中山市海心调味食品有限公司	第五醋柠蜜味碳酸饮料	第 5 醋	450ml/ 瓶 果味型	2009-04-18	合格	
106	广州屈臣氏食品饮料有限公司.	橙汁汽水	新奇士	380ml/ 瓶 果味型	2009-04-23	合格	
107	广州新源饮料有限公司	原味葡萄糖碳酸饮料	葡萄适	300ml/ 瓶 其它型	2009-04-06	合格	
108	广州市亚洲饮料有限公司	亚洲沙示汽水	asia	600ml/ 瓶 其它型	2009-03-26	合格	
109	中山市花皇食品饮料有限公司	桔子味低热型汽水	金 5 代	1.25L/ 瓶 果味型	2009-04-08	合格	
110	中山市小榄镇浪泉食品饮料厂	柠檬味碳酸饮料	奥淇	2.5L/ 瓶 果味型	2009-04-15	合格	
111	北京通达饮料厂	黑加仑味碳酸饮料	同裕	345mL/ 瓶 果味型	2009-03-29	不合格	酵母
112	北京市身宝饮料厂	黑加仑味碳酸饮料		330mL/ 瓶 果味型	2009-04-20	不合格	菌落总数
113	唐山久久宏饮品有限公司	苹果味碳酸饮料	久久宏	580mL/ 瓶 果味型	2009-03-27	不合格	甜蜜素
114	乐清市云泽饮品有限公司	云泽甜橙甜橙味加汽低能量饮料	云泽	480ml/ 件 果味型	2009-03-25	不合格	二氧化碳气容量 (20℃容积倍数)
115	晋江市百泉食品饮料有限公司	冰檬碳酸饮料（柠檬味）	思必特	320ml/ 件 果味型	2009-05-03	不合格	菌落总数
116	福建省晋江磁灶奥林食品饮料公司	柠檬碳酸饮料	壮力	320ml/ 件 果味型	2009-04-12	不合格	二氧化碳气容量 (20℃容积倍数)
117	淄川区般阳鸿运食品饮料厂	开心可乐碳酸饮料		500mL/ 瓶 可乐型	2009-04-16	不合格	糖精钠
118	博爱县姜源食品饮料厂	豫欣源风暴鲜橙碳酸饮料	豫鑫源	330mL/ 瓶 果味型	2009-04-25	不合格	菌落总数，酵母
119	博爱县青天河饮品厂	冰爽风暴甜橙碳酸饮料	青天河	330mL/ 瓶 果味型	2009-04-25	不合格	甜蜜素，安赛蜜，酵母
120	博爱县思源食品饮料厂	思源风暴甜橙碳酸饮料	芦氏	340mL/ 瓶 果味型	2009-04-20	不合格	酵母

注：按行政区域排序

碳酸饮料常识

碳酸饮料俗称汽水，是指在一定条件下充入二氧化碳气体的软饮料。碳酸饮料作为一种传统软饮料品种，因其具有清凉解暑、补充水分的功能。选购时除了选择喜爱的风味外，还应该注意以下几点：

一、产品标签上应有生产日期、保质期、厂名、厂址、QS标志等。

二、根据需要选择不同规格的产品。打开包装后，应尽快饮用，因为二氧化碳在存放过程会逐渐逸出，长期保存后饮用会影响口感。

三、选择近期生产的产品，尤其是在夏秋季节，购买时尽量选择罐体坚硬不易变形的产品。

糖果产品质量国家监督抽查质量公告

为了维护消费者的合法权益，国家质检总局组织对糖果产品质量进行了国家监督抽查。共抽查了北京、天津、上海、江苏、浙江、福建、山东、湖南、广东、广西等10个省、直辖市、自治区128家企业生产的140种产品（不涉及出口产品），产品实物质量抽样合格率为99.7%。

此次抽查依据CCGF 104.1-2008《糖果产品质量监督抽查实施规范》，对糖果产品的感官、蛋白质、总砷、铅、铜、锌、二氧化硫残留量、菌落总数、大肠菌群、致病菌、霉菌、甜蜜素、糖精钠、苋菜红、胭脂红、柠檬黄、日落黄、亮蓝、标签等19个项目进行了检验。

抽查中发现的主要质量问题：

一、个别产品微生物超标。强制性国家标准GB9678.1-2003《糖果卫生标准》规定，凝胶糖果中菌落总数不得超过1000cfu/g。抽查中有1种凝胶糖果菌落总数为70000cfu/g，超过标准规定要求的70倍。此外，还有个别产品菌落总数和大肠菌群同时超标。

二、个别产品超量超范围使用食品添加剂。强制性国家标准GB 2760-2007《食品添加剂使用卫生标准》规定，糖果中不允许加入糖精钠。抽查中有个别硬糖产品检出含有糖精钠。

针对抽查中发现的主要质量问题，国家质检总局已责成各地质量技术监督部门按照产品质量法等相关法律法规的规定，对抽查中产品质量不合格的生产企业依法进行处理，并限期整改。同时对质量较好的产品及其生产企业进行宣传，引导消费。国家质检总局将继续加大对糖果产品的监督抽查，促进糖果产品质量整体水平的提高。

糖果产品质量国家监督抽查部分质量较好的产品及其企业名单

序号	企业名称	产品名称	商标	规格型号	生产日期或批号
1	福建惠康食品工业有限公司	果味软糖（香橙味）	惠康	散装	2008-08-27
2	金冠（中国）食品有限公司	真果趣硬糖（草莓味）	金冠	散装	2008-09-17
3	汕头市茂发食品有限公司	酷一点可乐泡泡气糖	茂发	90g/包	2008-09-01
4	蜡笔小新（福建）食品工业有限公司	什锦味真果棒棒糖	阳光城市	0.5kg/包	2008-09-03
5	东莞徐记食品有限公司	多嘟屋泡泡糖	徐福记	1.35kg/罐	2008-08-27
6	福建雅客食品有限公司	雅客VQ香橙味果汁软糖	雅客	150g/包	2008-07-01
7	南京旺旺食品有限公司	黑妞吸吸糖（巧克力味）	黑妞	600g/盒	2008-09-17
8	天津雀巢有限公司	情迷热带果汁软糖	雀巢	1680g/盒	2008-10-08
9	上海喔喔（集团）有限公司	喔喔奶糖	喔喔	150g/袋	2008-09-16
10	不凡帝范梅勒糖果（中国）有限公司	曼妥思夹心无糖口香糖（经典薄荷味香甜薄荷味）	曼妥思	336g/盒	2008-10-05
11	箭牌糖类（上海）有限公司	益达木糖醇无糖口香糖-清爽草莓味	益达	336g/盒	2008-10-11
12	乐天（中国）食品有限公司	木糖醇无糖口香糖（片状）冰凉薄荷味	乐天 LOTTE	41.4g/袋	2008-10-15

注：排名不分先后。

糖果产品质量国家监督抽查部分质量较差的产品及其企业名单

企业名称	产品名称	商标	规格型号	生产日期	主要不合格项目
徐州市金氏黑猫食品饮料有限公司	小孩酥糖	黑猫牌及图形	450g/袋	2008-09-26	菌落总数、大肠菌群
徐州申丰进出口贸易有限公司	纯康喜糖	纯康	2.5kg/袋	2008-09-16	菌落总数
桂林市金冠园旅游食品有限公司	桂花姜糖	铭兴	0.2kg/包	2008-08-28	菌落总数
汕头市龙湖区佳华食品厂	真味100（水果味）硬糖	娃口米	390g/盒	2008-10-05	糖精钠

注：排名不分先后。

糖果小常识

糖果分类：糖果可分为硬质糖果、硬质夹心糖果、乳脂糖果、凝胶糖果、抛光糖果、胶基糖果、充气糖果和压片糖果等。其中硬质糖果是以白砂糖、淀粉糖浆为主料的一类口感硬、脆的糖果；硬质夹心糖果是糖果中含有馅心的硬质糖果；乳脂糖果是以白砂糖、淀粉糖浆（或其他食糖）、油脂和乳制品为主料制成的，蛋白质不低于1.5%，脂肪不低于3.0%，具有特殊乳脂香味和焦香味的糖果；凝胶糖果是以食用胶（或淀粉）、白砂糖和淀粉糖浆（或其他食糖）为主料制成的质地柔软的糖果；抛光糖果是表面光亮坚实的糖果；胶基糖果是用白砂糖（或甜味剂）和胶基物质为主料制成的可咀嚼或可吹泡的糖果；充气糖果是糖体内部有细密、均匀气泡的糖果；压片糖果是经过造粒、黏合、压制成型的糖果。

消费者在选购糖果时，可根据各自的需要和特点，挑选相应的产品。同时应注意以下几点：

一、首先观察外包装是否有破损，是否整洁干净，字迹印刷是否清晰，标签是否完整正规。正规厂家生产的糖果产品标签完整清晰，应该标有品名、厂名、厂址、配料表、净含量、产品类型、执行标准代号、保质期等。

二、糖果的色泽应正常、均匀、鲜明，香气纯正，口味浓淡适中，不得有其他异味；糖果的外型应端正，边缘整齐，无缺角裂缝，表面光亮平滑、花纹清晰，大小厚薄均匀，无明显变形；糖果应无肉眼可见的杂质。

三、选购近期生产的、包装完整的产品。特别是一些含乳制品的糖果，超过保质期，容易发生变质，外观上会发黄，口感上会有异味。另外包装破损，产品会受到污染。

四、临睡前尽量少吃糖果，吃过糖果后应刷牙，防止发生蛀牙。

小麦粉产品质量国家监督抽查质量公告

为了维护广大消费者合法权益，国家质检总局组织对小麦粉产品质量进行了国家监督抽查，共抽查了北京、天津、河北、山西、江苏、浙江、安徽、山东、河南、湖北、陕西、甘肃等12个省、直辖市150家企业生产的150种产品（不涉及出口产品），产品实物质量抽样合格率为99.9%。

此次抽查依据强制性国家标准GB1355-1986《小麦粉》、GB2715-2005《粮食卫生标准》、GB2760-2007《食品添加剂使用卫生标准》、GB7718-2004《预包装食品标签通则》的规定，对小麦粉产品中的灰分、面筋质、含砂量、磁性金属物、水分、脂肪酸值、气味口味、铅、镉、汞、无机砷、六六六、滴滴涕、黄曲霉毒素B1、过氧化苯甲酰、溴酸钾以及食品标签等17个项目进行了检验。

抽查中发现的主要质量问题是个别产品超范围使用食品添加剂。强制性国家标准GB2760-2007《食品添加剂使用卫生标准》规定，小麦粉中可限量使用过氧化苯甲酰作为增白剂，其限量为≤0.06g/kg。抽查中有个别产品过氧化苯甲酰含量超过标准规定的要求。

另外，此次小麦粉产品全部增加检验了次硫酸氢钠甲醛、二氧化钛、滑石粉、荧光增白剂非食品添加剂风险检测项目。经检测，此次抽查的150种小麦粉产品均未检出上述4种非食品添加物。

针对抽查中发现的主要质量问题，国家质检总局已责成各地质量技术监督部门严格按照产品质量法等有关法律法规的规定，对抽查中产品质量不合格的企业依法进行处理，限期整改。同时，对抽查中质量较好的企业，加大宣传力度，引导消费。国家质检总局将继续对小麦粉产品质量进行跟踪抽查，促使小麦粉行业整体质量水平的提高。

小麦粉产品质量国家监督抽查部分质量较好的产品及其企业名单

序号	企业名称	产品名称	商标	规格	生产日期
1	北京古船食品有限公司	富强粉	古船	25kg/袋	2008-09-12
2	山东利生面业（集团）有限公司	超级特精粉	利生	25kg/袋	2008-09-22
3	益海（周口）小麦工业有限公司	蓝匙65粉	蓝匙	25kg/袋	2008-09-11
4	今麦郎面粉（许昌）有限公司	F粉（甲家面粉）	甲家	25kg/袋	2008-09-06
5	许昌湖雪面粉有限公司	家庭专用粉	湖雪	25kg/袋	2008-09-11

注：排名不分先后。

小麦粉产品质量国家监督抽查质量较差的产品及其企业名单

序号	企业名称	产品名称	规格	生产日期	主要不合格项目
1	天津市武清区富达面粉加工厂	富达面粉	24.5kg/袋	2008-09-21	过氧化苯甲酰、食品标签
2	凤阳县雪松面粉有限公司	小麦粉	25kg/袋	2008-09-26	过氧化苯甲酰

注：排名不分先后。

小麦粉选购常识

根据标准、用途的不同，小麦粉可分为通用小麦粉和专用小麦粉。通用小麦粉包括特制一等小麦粉、特制二等小麦粉、标准粉、通用粉、高筋小麦粉和低筋小麦粉。

一、分 类

（一）按加工精度：特制一等粉、特制二等粉、标准粉和普通粉。

（二）按用途不同：饺子粉、面包粉、饼干粉、馒头粉等。

二、选购及储存

（一）应选购有“QS”（质量安全）标志的产品。

（二）小麦粉的包装要完好。选购小麦粉时查看包装上的标识标注内容应完整。包括：品名、厂名、厂址、生产日期、保质期、执行的产品标准、配料表、净含量等。

（三）应尽量挑选近期生产的小麦粉。家庭用尽量选择小包装，保证食用的新鲜度。

（四）小麦粉正常的色泽为白中略带浅黄色，不正常的小麦粉为灰白色或青灰色。散装小麦粉选购时用手握紧成团，久而不散的小麦粉含有水分较高，不易储存。

（五）正常小麦粉应无酸、霉等异味。取少量入口品尝应无牙碜的感觉。

（六）小麦粉应在干燥通风处保存，并尽快食用。

熏煮香肠、火腿制品、酱卤肉制品、肉干制品产品质量国家监督抽查结果公告

本次对北京、天津、河北、山西、辽宁、吉林、黑龙江、上海、江苏、浙江、安徽、福建、山东、河南、湖南、广东、广西、重庆、四川、贵州、云南、陕西等22个省、直辖市、自治区247家企业生产的299种熏煮香肠、火腿制品、酱卤肉制品、肉干制品进行了监督抽查。

本次抽查依据强制性国家标准GB2726-2005《熟肉制品卫生标准》、GB2760-2007《食品添加剂使用卫生标准》及相关产品标准规定的要求，对肉制品产品的亚硝酸盐、蛋白质、脂肪、淀粉、菌落总数、大肠菌群、沙门氏菌、志贺氏菌、金黄色葡萄菌、胭脂红、柠檬黄、诱惑红、日落黄、苋菜红、苯甲酸、山梨酸、铅、无机砷、总汞、镉、苯并芘、商业无菌等22个项目进行了检验。

抽查中发现有21种产品不合格，存在的主要质量问题：

一、本次抽查中有7种产品蛋白质不合格，有1种产品淀粉超标。不合格原因主要是在肉制品中加入了过多的植物蛋白、淀粉。

二、本次抽查中有5种产品菌落总数超标，有3种产品大肠菌群超标。

三、本次抽查中有6种产品含有合成色素，其中：有2种产品检出柠檬黄、2种产品检出日落黄，2种不能使用诱惑红的产品检出诱惑红。强制性国家标准GB2760-2007《食品添加剂使用卫生标准》中对于食用色素柠檬黄、日落黄、诱惑红的使用范围作了规定，熟肉制品不允许使用柠檬黄、日落黄；熏煮香肠火腿类产品限量使用诱惑红，其他肉制品不允许使用诱惑红。

四、本次抽查中有1种火腿肠产品防腐剂山梨酸含量为326mg/kg，超过国家标准规定的要求。强制性国家标准GB2760-2007《食品添加剂使用卫生标准》规定，肉类制品中山梨酸的限量为0.075g/kg、熏煮香肠为1.5g/kg。

熏煮香肠、火腿制品、酱卤肉制品、肉干制品产品质量国家监督抽查产品及其企业名单

序号	企业名称	产品名称	商标	规格型号	生产日期（批号）	抽查结果	主要不合格项目
1	北京凯创食品有限公司	酱肘子	凯创	300g/块	2009-03-27	合格	
2	北京西餐食品有限公司	培根香肠	健仕	500g/根	2009-03-21	合格	
3	北京西餐食品有限公司	方火腿	健仕	2000g/块	2009-03-09	合格	
4	北京醇香肉制品加工厂	蒜味茶肠	醇香	350g/根	2009-03-21	合格	
5	北京醇香肉制品加工厂	青岛火腿	醇香	500g/根	2009-03-21	合格	
6	北京京顺食品有限公司	三文治	京顺	390g/块	2009-03-21	合格	
7	北京京顺食品有限公司	鸡肉肠	京顺	300g/根	2009-03-21	合格	
8	北京顺鑫农业股份有限公司鹏程食品分公司	酱香猪蹄	鹏程	300g/袋	2009-03-23	合格	
9	北京顺鑫农业股份有限公司鹏程食品分公司	无淀粉纯肉火腿	鹏程	300g/根	2009-03-23	合格	
10	天津市北辰区馥郁食品厂	精制香肠		计量称重	2009-03-04	合格	
11	天津市大海肉类制品有限公司	风味冷切肠	大海	240g/支	2009-03-06/B	合格	

接上表

12	天津市大海实业发展有限公司	鱼肉火腿	大海	350g/ 支	2009-03-09/B	合格	
13	天津市景泰隆食品厂	烤里脊香肠		计量称重	2009-03-10	合格	
14	天津市鹏顺源食品有限公司	四季香烤肠（老汤风味）	四季香	220g/ 支	2009-03-10	合格	
15	天津市鹏顺源食品有限公司	五香全肉传统果木熏烤火腿肠	四季香	250g/ 支	2009-03-10	合格	
16	天津市肉类联合加工厂	迎宾老火腿肠	迎宾	计量称重	2009-03-11	合格	
17	天津市超乐食品有限公司	美味精肉盐水火腿	御鼎	计量称重	2009-03-07	合格	
18	天津市黑子食品有限公司	老汤烧鸡	黑子	计量称重	2009-03-10	合格	
19	天津市津南区汇元肉食加工厂	麦西尼火腿肉灌肠		计量称重	2009-03-11	合格	
20	天津市津南区祥利永食品厂	广味熟香肠		计量称重	2009-03-10	合格	
21	天津市九鑫食品有限公司	麦西尼火腿	九鑫	计量称重	2009-03-10	合格	
22	天津市九鑫食品有限公司	九鑫脆皮肠（火锅专用）	九鑫	450g/ 袋	2009-03-10	合格	
23	天津市天福食品有限公司	三鲜肠	天福祥	计量称重	2009-03-07	合格	
24	天津市天福食品有限公司	拐头肠	天福祥	计量称重	2009-03-07	合格	
25	大厂回族自治县跃华食品有限公司	酱牛肉	盈润	300g/ 袋	2009-03-10	合格	
26	大厂回族自治县跃华食品有限公司	啤酒王	盈润	240g/ 袋	2009-03-10	合格	
27	河北福成五丰食品股份有限公司燕郊肉类制品分公司	五香酱牛蹄筋	福成	计量称重	2009-03-10	合格	
28	河北福成五丰食品股份有限公司燕郊肉类制品分公司	传统酱牛肉	福成	计量称重	2009-03-10	合格	
29	秦皇岛市北戴河杨氏肠子肉制品有限公司	杨肠子	杨长子	300g/ 袋	2009-03-09	合格	
30	秦皇岛市海港区三合肉制品加工厂	张香火腿	张香肠	200g/ 袋	2009-03-08	合格	
31	唐山市施尔得肉制品有限公司	酱猪蹄	施尔得	400g/ 袋	2009-03-08	合格	
32	唐山市施尔得肉制品有限公司	排骨肠	施尔得	270g/ 袋	2009-03-09	合格	
33	唐山市香美佳食品有限公司	酱香猪耳	香美佳	200g/ 袋	2009-03-09	合格	
34	唐山市香美佳食品有限公司	南味烤肠	香美佳	250g/ 袋	2009-03-09	合格	
35	唐山隆义实业（集团）公司万里香烧鸡厂	熏兔	万里香	500g/ 袋	2009-01-18	合格	
36	唐山隆义实业（集团）公司万里香烧鸡厂	烧鸡	万里香	750g/ 袋	2009-03-08	合格	
37	山西省平遥牛肉集团有限公司	平遥牛肉	冠云	200g/ 袋	2009-02-25	合格	
38	山西省平遥牛肉集团有限公司	五香驴肉	冠云	200g/ 袋	2009-02-01	合格	
39	山西省平遥县兴旺肉食品有限公司	速达平遥牛肉	速达	200g/ 袋	2009-01-20	合格	

接上表

40	山西省平遥县兴旺肉食品有限公司	精酱猪蹄	速达	计量称重	2009-02-21	合格	
41	山西智泽食品有限公司	火烧驴肉	老智	200g/ 袋	2009-03-08	合格	
42	山西智泽食品有限公司	五香牛肉	老智	200g/ 袋	2009-03-08	合格	
43	太原恒泰食业有限责任公司	红烧猪手	百川海	350g/ 袋	2009-03-05	合格	
44	太原恒泰食业有限责任公司	牛肉	百川海	200g/ 袋	2009-01-21	合格	
45	太原六味斋实业有限公司	酱牛肉	六味斋	180g/ 袋	2009-03-10	合格	
46	太原六味斋实业有限公司	猪蹄	六味斋	350g/ 袋	2009-03-12	合格	
47	太原市威特美食品有限公司	香焖羊腿	宏瑞	450g/ 袋	2009-03-10	合格	
48	太原市威特美食品有限公司	猪蹄	宏瑞	计量称重	2009-03-13	合格	
49	葫芦岛龙湾食品有限公司	小精烤熏煮香肠	龙湾	480g/ 支	2009-03-09	合格	
50	葫芦岛龙湾食品有限公司	龙湾火腿	龙湾	计量称重	2009-03-09	合格	
51	锦州塞维肉类制品厂	乡村烤里脊	塞维	280g/ 块	2009-03-10	合格	
52	锦州塞维肉类制品厂	塞维烤肠	塞维	170g/ 支	2009-03-10	合格	
53	锦州市锦汇肉类制品厂	锦汇传统老火腿肠	锦汇	计量称重	2009-03-09	合格	
54	辽宁诚信食品有限公司	烤香脊	诚信	260g/ 支	2009-03-13	合格	
55	辽宁诚信食品有限公司	大福烤肠	诚信	150g/ 支	2009-03-13	合格	
56	辽宁嘉益食品工贸有限公司	小肉枣	嘉益	140g/ 袋	2009-03-12	合格	
57	沈阳阿雷食品有限公司	阿雷猪蹄	阿雷	300g/ 袋	2009-03-11	合格	
58	沈阳阿雷食品有限公司	阿雷哈尔滨风味红肠	阿雷	180g/ 袋	2009-03-13	合格	
59	沈阳安益食品有限公司	桂花香肠	乐大妈	650g/ 袋	2009-03-13	合格	
60	沈阳克拉古斯食品有限公司	辣肉枣肠		130g/ 袋	2009-03-12	合格	
61	沈阳克拉古斯食品有限公司	老味香肠	克拉古斯	290g/ 支	2009-03-13	合格	
62	沈阳市陵西食品有限公司	陵西盐水肠	陵西	500g/ 支	2009-03-12	合格	
63	沈阳引立食品有限公司	廖大哥盐水香肠	廖大哥	350g/ 支	2009-03-13	合格	
64	沈阳雨润食品有限公司	脆香肠		200g/ 袋	2009-03-14	合格	
65	沈阳雨润食品有限公司	雨润 Q 爽香辣味（灌肠）		100g/ 支	2009-03-13	合格	
66	沈阳重工食品有限公司	菠萝王火腿	重工食品	400g/ 袋	2009-03-08	合格	
67	沈阳重工食品有限公司	精制烤肠	重工食品	130g/ 袋	2009-02-15	合格	
68	长春金锣肉制品有限公司	金锣王火腿肠	金锣	100g/ 支	2009-04-02	合格	
69	长春金锣肉制品有限公司	金锣脆脆肠	金锣	150g/ 袋	2009-04-01	合格	
70	吉林华正农牧业开发股份有限公司	熏烤圆火腿		300g/ 支	2009-04-04	合格	
71	吉林省阿满食品有限公司	阿满原味肠	AMMON	25g/ 袋	2009-03-28	合格	

接上表

72	吉林省长春皓月清真肉业股份有限公司	牛肉肠	皓月	70g/ 支	2009-03-24	合格	
73	吉林省长春皓月清真肉业股份有限公司	脆脆肠	皓月	200g/ 袋	2009-04-01	合格	
74	吉林市船营区北方肉类制品厂	北方火腿		计量称重	2009-04-01	合格	
75	吉林市哈欧亚国峰食品有限公司	精制腊肠	哈欧亚	250g/ 袋	2009-04-02	合格	
76	吉林市哈欧亚国峰食品有限公司	纯肉火腿（果木熏烤）	哈欧亚	450g/ 袋	2009-04-02	合格	
77	吉林市好胜利食品有限公司	好胜利圆火腿		计量称重		合格	
78	吉林市隆鑫食品有限公司	隆鑫啤酒火腿肠		400g/ 支	2009-03-23	合格	
79	四平市声旺食品有限公司	精肉火腿肠	声旺	320g/ 支	2009-03-11	合格	
80	大庆金锣肉制品有限公司	能量王特级火腿肠（老汤风味）	金锣	130g/ 支	2009-03-16	合格	
81	大庆金锣肉制品有限公司	金锣王火腿肠	金锣	80g/ 支	2009-03-20	合格	
82	哈尔滨大众肉联制品有限公司	红肠	哈肉联	90g/ 袋	2009-03-31	合格	
83	哈尔滨大众肉联制品有限公司	索菲亚火腿	哈肉联	170g/ 支	2009-04-02	合格	
84	佳木斯市宾馆红肠食品有限公司	宾馆红肠	佳宾	计量称重	2009-03-18	合格	
85	佳木斯市力佳食品有限责任公司	脆脆肠	力佳	180g/ 袋	2009-03-17	合格	
86	牡丹江市恒利肉制品有限公司	烟熏火腿	HL	380g/ 根	2009-03-19	合格	
87	牡丹江市华誉食品有限责任公司	华誉红肠	华吉	计量称重	2009-03-20	合格	
88	齐齐哈尔圣和源食品有限责任公司	泡椒风味香脆肠	吕氏圣和源	70g/ 支	2009-03-15	合格	
89	上海爱佳食品有限公司	精制级肉松	福禄源	200g/ 瓶	2009-03-18	合格	
90	上海阿尔比食品有限公司	西式蒸煮火腿	（图案）	计量称重	2009-03-26	合格	
91	上海顶好食品有限公司	顶好肉松	（图案）	250g/ 罐	2009-03-03	合格	
92	上海海湾食品有限公司	香辣牛肉（酱卤肉类）	小辣椒	160g/ 包	2009-03-30	合格	
93	上海梁燕食品工业有限公司	精制盐水方腿	梁燕食品	250g/ 件	2009-03-25	合格	
94	上海味先丰食品有限公司	鸭翅	一品张	计量称重	2009-04-06	合格	
95	上海五丰上食食品有限公司	招牌肴蹄	上食五丰	计量称重	2009-03-26	合格	
96	上海响当当食品有限公司	广式秘制鸭掌	响当当	130g/ 包	2009-03-28	合格	
97	上海山林食品有限公司	牛蒡大红肠	老饶	400g/ 件	2009-03-24	合格	
98	上海双汇大昌泰森有限公司	特嫩方腿（灌肠系列）	双汇	250g/ 件	2009-03-22	合格	
99	上海唐人神肉制品有限公司	加拿大熏腿	唐人神	400g/ 件	2009-03-24	合格	
100	上海百群食品有限公司	潮汕王卤水凤爪(鸡爪)	百群	70g/ 件	2009-04-01	合格	
101	上海凡家香食品有限公司	凡家香鸭肫肝	凡家香	计量称重	2009-04-01	合格	
102	上海公益食品有限公司闵行分公司	香卤顺风（猪肉系列）	锦辉	计量称重	2009-04-07	合格	

接上表

103	上海好搭档食品有限公司	牛肉粒（沙嗲味）	俩相好	36g/ 件	2009-03-17	合格	
104	上海华晨食品有限公司第一分公司	烟火煺		计量称重	2009-03-20	合格	
105	上海台尚食品有限公司	香辣味牛肉粒	台尚食品	132g/ 件	2009-01-15B	合格	
106	上海天弩食品厂	鸭颈（辣味鲜）	天弩食品	计量称重	2009-04-05	合格	
107	上海维众食品有限公司闵行分公司	盐水鸡	维众	计量称重	2009-04-04	合格	
108	上海杏花楼食品有限公司	鹅膀	杏花楼	100g/ 件	2009-04-08	合格	
109	上海意华食品有限公司	蘑菇里昂那香肠	Senfter	100g/ 件	2009-03-20	合格	
110	上海永展食品有限公司	水晶肴肉		250g/ 件	2009-03-20	合格	
111	上海猪状元食品销售有限公司猪状元肉制品厂	状元猪尾	猪状元	200g/ 件	2009-04-08	合格	
112	上海伟赛食品有限公司	香焗鸡	大佬倌	500g/ 件	2009-03-20	合格	
113	上海鹏飞食品有限公司	卤香猪鼻子	威红食品	200g/ 包	2009-04-08	合格	
114	上海市泰康食品有限公司稻香村肫肝食品分公司	稻香村鸭肫肝	稻香村	计量称重	2009-04-06	合格	
115	上海味之龙肉制品有限公司	老金山大红肠	味之龙	计量称重	2009-04-05	合格	
116	上海新奥力维食品有限公司	卤水鹅膀		230g/ 包	2009-04-07	合格	
117	上海畅源西餐食品有限公司分公司	猪肉早餐肠		500g/ 件	2009-03-25	合格	
118	上海利给尔食品有限公司．	碳烧鸭翅		计量称重	2009-03-25	合格	
119	上海新雅食品有限公司	香卤牛肉（酱卤肉制品）	新雅	300g/ 件	2009-03-25	合格	
120	上海真德食品有限公司	五香牛肉	真德	250g/ 件	2009-03-23	合格	
121	上海联华生鲜食品加工配送中心有限公司	盐水方腿	亨生	200g/ 件	2009-03-23	合格	
122	苏州唯葑食品有限公司	牛肉丝	倍思特	105g/ 件	2009-02-06	合格	
123	太仓市丰乐食品有限公司	肉松	丰仓	127g/ 件	2009-02-26	合格	
124	太仓市肉松二厂	香酥肉松（肉粉松）	仓花牌	225g/ 件	2009-02-15	合格	
125	靖江三阳食品有限公司	精制猪肉脯	可其	150g/ 件	2009-03-26	合格	
126	靖江市第二食品厂	精制猪肉脯	神仙	150g/ 件	2009-03-28	合格	
127	靖江市顶香食品厂	精制猪肉脯	丹桂	计量称重	2009-03-26	合格	
128	靖江市富友食品厂	精制猪肉脯	富友	150g/ 件	2009-03-18	合格	
129	靖江市豪莱顿食品有限公司	猪肉脯	冠成	250g/ 件	2009-03-22	合格	
130	靖江市金菊食品厂	精制猪肉脯	口香福	计量称重	2009-03-26	合格	
131	靖江市津津食品有限公司	福至牌精制猪肉脯	福至	250g/ 件	2009-03-20	合格	
132	靖江市苏香食品有限公司	精制猪肉脯	为康	200g/ 件	2009-03-26	合格	
133	靖江市天源食品有限公司	精制猪肉脯	向阳食品	200g/ 件	2009-03-24	合格	

接上表

134	靖江市文欣食品厂	精制猪肉脯	（图案）	100g/ 件	2009-03-25	合格	
135	靖江市西贝特食品有限公司	猪肉脯	西贝特	400g/ 件	2009-03-26	合格	
136	靖江双鱼食品有限公司	金奖猪肉脯	双鱼	250g/ 件	2009-03-27	合格	
137	靖江伊香食品有限公司	伊香精品猪肉脯	伊香	250g/ 件	2009-03-23	合格	
138	江苏馋神集团有限公司	馋神风鹅	馋神	1000g/ 件	2009-03-21	合格	
139	杭州华味亨食品有限公司	香辣牛肉粒	华味亨	46g/ 件	2009-03-06	合格	
140	杭州姚太太食品有限公司	牛肉片（五香味）	姚太太	138g/ 件	2009-03-10	合格	
141	杭州余杭区香泉食品厂	鲜汁鸭爪	香泉	130g（固形物％≥96）	2008-12-07	合格	
142	养生堂浙江食品有限公司	牛肉条 烟熏味	母亲	25g×12 根 / 件	2009-03-18	合格	
143	浙江宏达食品股份有限公司	酱鸭	天厨	350g/ 件	2009-03-06	合格	
144	宁波市禽丰食品有限公司	鸡翅	舜吉	65g/ 件	2009-03-25	合格	
145	浙江神农食品有限公司	香辣鸡	农博士	250g/ 件	2009-02-24	合格	
146	浙江省龙游云生肉制品有限公司	儿童老人台式营养肉松	（图案）	220g/ 件	2009-03-18	合格	
147	宿州市符离集中华烧鸡食品有限公司	五香脱骨扒鸡	荣毅	500g/ 件	2009-02-02	合格	
148	芜湖乐泉食品有限公司	卤猪耳	乐泉食品	计量称重	2009-03-25	合格	
149	福州亨味食品有限公司	儿童香酥肉松	叶家记	218g/ 袋	2009-03-13	合格	
150	福州市仓山区宏盛食品厂	香辣牛肉干	日日佳	65g/ 袋	2009-03-10	合格	
151	福州立日有食品有限公司	油酥肉松	日立有	250g/ 袋	2009-03-16C	合格	
152	福州翁财记食品有限公司	红焖牛肉	翁财记	150g/ 袋	2009-03-05	合格	
153	鼎鼎（福州）食品有限公司	儿童油酥肉松	鼎鼎	250g/ 罐	2009-03-14	合格	
154	厦门宏旺味香食品有限公司	猪肉干	香贡贡	250g/ 袋	2009-03-11	合格	
155	厦门水根行食品有限公司	营养肉松	水根行	250g/ 袋	2009-03-16	合格	
156	德州浩林食品有限公司	五香驴肉	祥乐	200g/ 袋	2008-12-26	合格	
157	德州永盛斋扒鸡集团有限公司	五香脱骨扒鸡	永盛斋	500g/ 袋	2008-12-28	合格	
158	济南维尔康食品有限公司	大红肠	维尔康	260g/ 根	2009-03-12	合格	
159	济南维尔康食品有限公司	火腿王	维尔康	460g/ 块	2009-03-12	合格	
160	济南黄老泰食品有限公司	烤火腿	黄老泰	350g/ 根	2009-03-12	合格	
161	济南黄老泰食品有限公司	黄老泰烤肠	黄老泰	280g/ 根	2009-03-12	合格	
162	临沂新程金锣肉制品有限公司	小贝贝香肠	金锣	135g/ 根	2009-02-09	合格	
163	临沂新程金锣肉制品有限公司	熏烤火腿	金锣	390g/ 根	2009-02-26	合格	
164	青岛波尼亚食品有限公司	纯肉火腿	波尼亚	计量称重	2009-03-12	合格	
165	青岛波尼亚食品有限公司	台式小烤肠	波尼亚	45g/ 袋	2009-03-12	合格	

接上表

166	青岛振洲食品有限公司	鲜肉火腿	（图形）	计量称重	2009-03-11	合格	
167	青岛骨里香实业有限公司	风味火腿	琴岛骨里香	300g/ 根	2009-03-09	合格	
168	青岛骨里香实业有限公司	扒鸡	琴岛骨里香	500g/ 袋	2009-03-09	合格	
169	青岛华清食品有限公司	精肉火腿	华清	375g/ 根	2009-03-11	合格	
170	青岛华清食品有限公司	华清烤肠	华清	380g/ 根	2009-03-11	合格	
171	山东得利斯食品股份有限公司	哈尔滨大红肠	得利斯	320g/ 根	2009-03-12	合格	
172	山东得利斯食品股份有限公司	五香火腿	得利斯	380g/ 根	2009-03-12	合格	
173	山东龙大肉食品有限公司	蒜香烤肠	龙大	280g/ 根	2009-03-10	合格	
174	山东龙大肉食品有限公司	金火腿	龙大	400g/ 根	2009-03-10	合格	
175	烟台市喜旺食品有限公司	西式火腿	喜旺	330g/ 根	2009-03-10	合格	
176	烟台市喜旺食品有限公司	香卤猪蹄	喜旺	240g/ 袋	2009-03-10	合格	
177	河南双汇投资发展股份有限公司	香脆肠	双汇	180g/ 袋	2009-03-16	合格	
178	河南双汇投资发展股份有限公司	青岛风味火腿	双汇	380g/ 根	2009-03-12	合格	
179	河南众品食业股份有限公司	卤猪蹄	众品	300g/ 袋	2009-03-16	合格	
180	河南众品食业股份有限公司	脆皮火锅肠	众品	500g/ 袋	2009-03-10	合格	
181	河南邦杰食品股份有限公司	邦杰牛腱	邦杰	200g/ 袋	2009-03-06	合格	
182	河南邦杰食品股份有限公司	优级牛肉肠	邦杰	240g/ 袋	2009-02-16	合格	
183	长沙金爱丽食品有限公司	香猪蹄	金爱丽	130g/ 袋	2009-03-10	合格	
184	长沙市仁仔下饭菜食品有限公司	烤香鸭肉串	仁仔	70g/ 袋	2009-03-10	合格	
185	长沙市雨花区凤阳小庄食品厂	酱鸭掌	振强	60g/ 袋	2009-2-18	合格	
186	长沙市雨花区灵溪小庄食品厂	酱鸭翅	小田庄	100g/ 袋	2009-03-08	合格	
187	长沙市雨花区湘阁食品厂	双龙腿	聚湘园	70g/ 袋	2009-03-13	合格	
188	长沙市雨花区鑫天峰食品厂	香酥猪蹄	刘煜	130g/ 袋	2009-03-01	合格	
189	湖南省津市市张老头卤腊味食品有限责任公司	五香牛肉干	张老头	118g/ 袋	2009-01-14	合格	
190	新晃老蔡食品有限责任公司	麻辣牛肉（酱卤制品）	富桥	120g/ 包	2009-02-18	合格	
191	湖南芷江和翔鸭业有限公司	芷江炒鸭（湘味熟食）	和翔	500g/ 包	2008-11-10	合格	
192	广东真美食品集团有限公司	自然派黑椒牛肉条	自然派	100g/ 包	2008-12-14	合格	
193	东莞市东华肉类制品有限公司	三文治方腿		1kg/ 条	2009-03-16	合格	
194	东莞市金冠食品有限公司	美式火腿	冠益	200g/ 条	2009-03-08	合格	
195	佛山市顺德区从兴食品有限公司	猪肉脯		计量称重	2008-03-17	合格	
196	广州市高技食品有限公司	高乐三文治火腿	高技	1kg/ 条	2009-03-19	合格	

接上表

197	广州市萝岗区佳味食品厂	台湾风味热狗肠	雄丰	2.5kg/包	2009-03-02	合格	
198	广州沿江食品有限公司	牛肉方火腿片	沿江	1kg	2009-03-16	合格	
199	广州沿江食品有限公司	牛肉热狗肠	沿江	1kg/包	2009-03-16	合格	
200	广州雨润肉类食品有限公司	青岛风味小火腿	雨润	500g/包	2009-03-12	合格	
201	广州酒家企业集团利口福（番禺）食品有限公司	盐焗鸡翅	利口福	65g/包	2009-03-14	合格	
202	广州食品企业集团有限公司皇上皇肉食制品厂	大红肠	香肠先生	250g/条	2009-03-01	合格	
203	广州食品企业集团有限公司皇上皇肉食制品厂	黑椒牛肉	香肠先生	400g/包	2009-03-01	合格	
204	广州市通用食品有限公司	牛肉干（香辣味）	盈屋	90g/包	2009-03-06	合格	
205	万威客食品有限公司	脆皮热狗肠（原味）	万威客	300g/包	2009-03-20	合格	
206	万威客食品有限公司	金门火腿	万威客	450g/包	2009-03-20	合格	
207	博罗县园洲好顺景食品厂	五香热狗肠	好顺景	500g/包	2009-03-15	合格	
208	博罗县园洲镇伟业龙食品厂	金猪牌火腿	伟业龙	1.0kg/条	2009-03-10	合格	
209	深圳市伊泽实业有限公司康力食品厂	康力烤肠	伊泽	2.5kg/包	2009-03-18	合格	
210	深圳市伊泽实业有限公司康力食品厂	午餐火腿	伊泽	2.5kg/条	2009-03-15	合格	
211	深圳市利朋食品有限公司	三文治火腿	维宝	1kg/条	2009-03-16	合格	
212	广西宜州市东升特味食品厂	牛肉条（香辣味）	东升	180g/包	2009-03-14	合格	
213	宜州市成达食品厂	牛肉条	四排阁	200g/包	2009-03-12	合格	
214	宜州市诚兴风味食品厂	牛肉条	诚兴	200g/包	2009-03-19	合格	
215	宜州市乐宜食品厂	牛肉条	乐宜	100g/包	2009-02-22	合格	
216	宜州市民族风味食品厂	壮家牛肉条（辣味）		200g/包	2009-03-18	合格	
217	宜州市庆峰特色风味食品厂	牛肉条	顺口宜之味	160g/包	2009-03-10	合格	
218	宜州市全味食品厂	牛肉条（香辣味）	金味佳	150g/包	2009-03-18	合格	
219	宜州市永利食品厂	牛肉条（麻辣）	永利嘉	180g/包	2009-03-16	合格	
220	重庆长富食品有限公司	灯影牛肉（五香味）	长富	135g/袋	2009-03-06	合格	
221	重庆豆奇食品有限公司	山椒凤爪	乐棒棒	计量称重	2009-03-18	合格	
222	重庆市选旺食品有限公司	野山椒土鸡爪	土	100g/袋	2009-03-17	合格	
223	重庆莉莱食品有限公司	五香牛肉干	牛浪汉	75g/袋	2009-02-19	合格	
224	重庆市南岸区项上食品厂	卤香凤翅	项上	90g/袋	2009-01-13	合格	
225	重庆市南岸区亚松森食品厂	五香牛肉干	川妹子	70g/袋	2009-03-03	合格	
226	重庆市商务集团饮食服务有限公司老四川牛肉制品分公司	五香三鼎牛肉干	三鼎	80g/袋	2009-02-19	合格	
227	重庆宝亦德食品开发有限公司	山椒凤爪	宝亦德	100g/袋	2009-03-17	合格	

接上表

228	重庆市邦明食品有限公司	山椒泡凤爪	永键	100g/袋	2009-03-10	合格	
229	重庆市沙坪坝区董府食品加工厂	香卤凤翅	卤家庄	120g/袋	2009-03-12	合格	
230	重庆市沙坪坝区穗源小食品厂	卤鲜鸡翅	尹华	100g/袋	2009-03-16	合格	
231	重庆有友实业有限公司	泡凤爪	有友	100g/袋	2009-03-15	合格	
232	成都西航食品有限公司	烟熏牛肉	西航食品	计量称重	2009-03-18	合格	
233	成都市自强西蜀食品厂	五香牛肉干	蜀牛	56g/袋	2009-02-14	合格	
234	成都郫县甜佳食品厂	野山椒泡凤爪	友伦	100g/袋	2009-03-17	合格	
235	成都市棒棒娃实业有限公司	五香手撕牛肉	棒棒娃	98g/袋	2009-03-20	合格	
236	郫县源源食品厂	泡凤爪		90g/袋	2009-03-25	合格	
237	成都市韩记食品有限公司	五香手撕牛肉	韩慎斋	102g/袋	2009-03-22	合格	
238	成都市青羊区灯影牛肉厂	灯影牛肉	卓玛	120g/袋	2009-03-25	合格	
239	成都财富实业有限责任公司	泡椒凤爪	蜀中将	100g/袋	2009-03-04	合格	
240	成都金太阳食品开发有限公司	五香味卤汁牦牛肉	阿甘	188g/袋	2009-03-09	合格	
241	成都老城南食品有限公司	手撕牛肉	老城南	100g/袋	2009-03-19	合格	
242	四川省双流味达食品厂	味达肉松	味达	250g/袋	2009-03-18	合格	
243	成都光玉食品有限责任公司	手撕牛肉（麻辣味）	首斯	92g/袋	2009-03-24	合格	
244	成都市全顺调味品厂	泡凤爪		30g/袋	2009-03-24	合格	
245	成都统一企业食品有限公司	统一满汉肉酥(肉粉松)	统一	100g/袋	2009-03-09	合格	
246	成都市武侯区料和成食品加工厂	廖记香酱牛肉		1.75kg/袋	2009-03-25	合格	
247	成都市圆平食品有限责任公司	雪山牦牛肉（五香）	富蓉	90g/袋	2009-03-23	合格	
248	成都市桂花庄食品有限公司	灯影牛肉（麻辣味）	桂花庄	126g/袋	2009-03-20	合格	
249	成都市隆福食品有限责任公司新都分公司	山椒凤爪（鸡爪）	都市派	90g/袋	2009-03-20	合格	
250	新都区建龙食品厂	野山椒凤爪	坛香居	80g/袋	2009-03-20	合格	
251	成都伍田食品有限公司	黑牦牛肉	伍田	200g/袋	2009-03-16	合格	
252	成都希望食品有限公司	美好王火腿肠	美好	400g/袋	2009-03-16	合格	
253	四川和谐食品有限公司	优级火腿肠	得益	300g/袋	2009-03-20	合格	
254	四川张飞牛肉有限公司	风味五香牛肉	张飞	225g/袋	2009-03-11	合格	
255	贵州金凤徕食品有限公司	牛肉干（苗家碳烤味）		71g/袋	2009-03-16	合格	
256	安顺经济技术开发区恒利达食品厂	牛肉干		2.5kg/袋	2009-03-20	合格	
257	安顺经济技术开发区幺铺永龙食品厂	卤汁牛肉	永龙	186g/袋	2009-03-20	合格	
258	贵州牛来香实业有限公司	牛来香牛肉干(五香味)	牛来香	168g/袋	2009-03-17	合格	
259	贵州中意食品有限责任公司	辣子鸡	沛坤	380g/盒	2009-02-11	合格	
260	贵州美味轩食品有限公司	酱卤鸡翅		70g/袋	2009-03-18	合格	

接上表

261	贵州五福坊食品有限公司	有点香五香猪肉丝	黔五福	200g/ 袋	2009-03-13	合格	
262	贵州巧媳妇食品有限公司	巧媳妇卤汁牛肉		160g/ 袋	2009-03-18	合格	
263	福建百联实业有限公司昆明食品厂	沙嗲牛肉干	百联	21g/ 包	2009-03-06	合格	
264	昆明金纯食品有限公司	五香牛肉粒	美浓	58g/ 包	2009-03-12	合格	
265	昆明金纯食品有限公司	滇牛五香牛肉	滇牛	130g/ 包	2009-03-05	合格	
266	昆明金恒达食品有限公司	牛板筋丝（麻辣味）	金氏	35g/ 包	2009-03-13	合格	
267	昆明市官渡区孔雀之乡食品厂	火烧干巴	傣旺	120g/ 包	2009-01-24-B	合格	
268	昆明市官渡区孔雀之乡食品厂	手撕牦牛肉	香格里拉 · 藏迪	90g/ 包	2009-03-10B	合格	
269	云南华之味食品有限公司	盐焗鸡腿	逍遥派	100g/ 包	2009-03-02	合格	
270	云南华之味食品有限公司	盐焗鸡翅	逍遥派	65g/ 包	2009-03-04	合格	
271	西安饮食股份有限公司老孙家食品科研分公司	腊牛肉	清真	200g/ 袋	2009-03-13	合格	
272	陕西永信肉食品有限公司	无色素腊牛肉	日月回	200g/ 袋	2009-03-17	合格	
273	西安得利斯食品有限公司	圆火腿	得利斯	500g/ 根	2009-03-18	合格	
274	西安市大华餐饮有限责任公司樊记腊汁肉中心厨房	樊记腊汁肉	樊记	450g/ 袋	2009-03-13	合格	
275	西安新景西餐食品有限公司加工厂	方火腿	福瑞斯	3kg/ 根	2009-03-12	合格	
276	西安永信清真肉类食品有限公司	腊牛肉	贾永信	227g/ 袋	2009-03-16	合格	
277	瑞可维食品（西安）有限责任公司	蛋白皮冻	李照森食品	280g/ 根	2009-03-06	合格	
278	西安市莲湖区辇止坡老童家食品店	酱牛肉		228g/ 袋	2009-03-16	合格	
279	天津市津南区旭日肉联厂	旭日三文治肉灌肠		计量称重	2009-02-08	不合格	蛋白质
280	天津市津南区旭日肉联厂	旭日五花肠		计量称重	2009-03-05	不合格	蛋白质
281	沈阳市宝来肉食加工厂	酒蒙子火腿肠		计量称重	2009-03-13	不合格	蛋白质
282	沈阳市馨溢源食品有限公司	沈馨火腿肠		400g/ 支	2009-03-04	不合格	山梨酸
283	齐齐哈尔双龙肉类食品有限责任公司	肘花大火腿	牧笛	400g/ 支	2009-03-16	不合格	蛋白质
284	厦门市新天洋食品有限公司	猪肉松（肉粉松）	新天洋	160g/ 罐	2009-03-19	不合格	大肠菌群
285	厦门银祥肉制品有限公司	儿童肉松	银祥	125g/ 袋	2009-03-18	不合格	大肠菌群
286	长沙市雨花区沪山小庄食品厂	原味鸡爪	庄师傅	15g/ 袋	2009-03-11	不合格	诱惑红
287	东莞市东华肉类制品有限公司	熏煮火腿		1kg/ 条	2009-03-16	不合格	淀粉
288	广西宜州市壮人风味食品厂	壮乡妹风味牛肉条	壮乡妹	84g/ 包	2009-03-12	不合格	蛋白质
289	重庆梅香园食品有限公司	爆烤鸭（鸭肉串）	香香	90g/ 袋	2009-03-01	不合格	菌落总数
290	金牛区都都食品厂	烘焙肉粉松		1000g/ 袋	2009-03-23	不合格	诱惑红
291	郫县君游乐食品厂	麻辣牛肉干	君游乐	60g/ 袋	2009-03-24	不合格	菌落总数

接上表

292	成都好吃嘴食品有限公司	泡凤翅	好吃嘴	100g/ 袋	2009-03-13	不合格	菌落总数
293	成都市香国食品有限公司	土鸡爪	万家乐	90g/ 袋	2009-03-25	不合格	菌落总数
294	成都市新都区宫王食品厂	五香牛肉干	师兄	88g/ 袋	2009-03-25	不合格	蛋白质
295	成都市东莱食品有限公司	卤香鸡翅	东莱	120g/ 袋	2009-03-24	不合格	日落黄
296	贵州省安顺市黄龙食品厂	牛肉干（沙嗲五香）	全留香	250g/ 袋	2009-03-17	不合格	菌落总数，大肠菌群
297	昆明博一食品有限公司	五香鹅翅	朝康	115g/ 包	2009-03-10	不合格	柠檬黄，日落黄
298	昆明博一食品有限公司	香辣鸡腿	朝康	85g/ 包	2009-02-24	不合格	柠檬黄
299	西安文理商贸有限公司食品分公司	午餐火腿肠	莺歌	500g/ 根	2009-03-09	不合格	蛋白质

注：按行政区域排序。

腌腊肉制品、熟肉制品产品质量国家监督抽查质量公告

为维护消费者的合法权益，国家质检总局组织对肉制品产品质量进行了国家监督抽查。共抽查了北京、天津、河北、辽宁、吉林、黑龙江、江苏、浙江、江西、山东、湖南等 11 个省、直辖市 98 家企业生产的 100 种腌腊肉制品、肉干、肉松、熏煮香肠、熏煮火腿产品（不涉及出口产品），产品实物质量抽样合格率为 96.9%。

此次抽查依据强制性国家标准 GB2760-2007《食品添加剂使用卫生标准》、GB2726-2005《熟肉制品卫生标准》、GB2730-2005《腌腊肉制品卫生标准》及相关产品标准规定的要求，重点对肉制品的感官、水分、盐分、瘦肉比率、蛋白质、脂肪、总糖、淀粉、亚硝酸盐、防腐剂（苯甲酸、山梨酸）、色素（胭脂红、苋菜红、诱惑红、柠檬黄、日落黄、亮蓝）、酸价、过氧化值、无机砷、铅、总汞、镉、三甲胺氮、菌落总数、大肠菌群、致病菌（沙门氏菌、志贺氏菌、金黄色葡萄球菌）以及标签等 30 个项目进行了检验。

抽查中发现的主要质量问题：

一、个别产品菌落总数不合格。强制性国家标准 GB2726-2005《熟肉制品卫生标准》规定，烧烤肉的菌落总数应≤ 50000cfu/g。抽查中有 1 种烤肉的菌落总数实测值为 130000cfu/g，超过标准规定的要求。

二、个别产品超范围或超量使用食品添加剂。强制性国家标准 GB2760-2007《食品添加剂使用卫生标准》规定，肉制品不允许使用胭脂红；熟肉制品中山梨酸的添加量应≤ 0.075g/kg；亚硝酸盐应≤ 30mg/kg。抽查中有个别产品检出着色剂胭脂红；个别产品山梨酸、亚硝酸盐超过标准规定的要求。

三、个别产品三甲胺氮、铅含量超标。强制性国家标准 GB2730-2005《腌腊肉制品卫生标准》规定，火腿的三甲胺氮应≤ 2.5mg/100g。强制性国家标准 GB2726-2005《熟肉制品卫生标准》规定，熟肉制品的铅含量应≤ 0.5mg/kg。抽查中有个别产品三甲胺氮、铅含量超过标准规定的要求。

针对抽查中发现的主要质量问题，国家质检总局已责成各地质量技术监督部门按照产品质量法等相关法律法规的规定，对抽查中产品质量不合格的生产企业依法进行处理，并限期整改。同时对质量较好的产品及其生产企业进行宣传，引导消费。国家质检总局将继续加大对肉制品的监督抽查，促进肉制品质量整体水平的提高。

腌腊肉制品、熟肉制品产品质量国家监督抽查部分质量较好的产品及其企业名单

序号	企业名称	产品名称	商标	规格	生产日期
1	南京雨润食品有限公司	南京风味正宗香肠（腌腊）	雨润	500g/ 袋	2008-09-25
2	北京荷美尔食品有限公司	火腿片	荷美尔	250g/ 包	2008-10-13
3	金华火腿实业有限公司	金华火腿（腌腊）	金华火腿	400g/ 盒	2008-09-20
4	烟台市喜旺食品有限公司	三文肉肠	喜旺	350g/ 袋	2008-10-14
5	吉林省阿满食品有限公司	阿满原味肠	AMMON	25g/ 袋	2008-09-21
6	大庆金锣肉制品有限公司	金锣脆脆肠	金锣	150g/ 袋	2008-09-22
7	江西五丰腊味食品有限公司	五丰板鸭（腌腊）	五丰	500g/ 只	2008-09-20
8	长沙市仁仔下饭菜食品有限公司	柴火腊肉（腌腊制品）		500g/ 袋	2008-09-10

注：排名不分先后。

腌腊肉制品、熟肉制品产品质量国家监督抽查部分质量较差的产品及其企业名单

序号	企业名称	产品名称	商标	规格	生产日期	主要不合格项目
1	抚顺顺意清真食品有限公司	营养肠		350g/ 袋	2008-10-10	铅、亚硝酸盐
2	济南黄老泰食品有限公司	烤肉	黄老泰（图形）	250g/ 袋	2008-09-27	菌落总数
3	金华市新宝火腿有限公司	火腿心	新宝	500g/ 盒	2008-09-30	三甲胺氮、水分、盐分
4	哈尔滨大众肉联制品有限公司	啤酒火腿	哈肉联	350g/ 块	2008-09-25	菌落总数
5	长沙市芙蓉区光辉食品加工厂	腊猪肚（腌腊制品）	益平堂	150g/ 袋	2008-09-18	酸价、山梨酸钾
6	吉林德大有限公司	香辣烤肠	德大（图形）	180g/ 根	2008-09-25	菌落总数
7	长沙清霖实业有限公司	纯肉香肠（腌腊肉制品）	湘亚	250g/ 袋	2008-09-22	胭脂红、脂肪
8	长沙市雨花区凌氏腊味加工厂	凌师傅麻辣香肠		300g/ 袋	2008-09-20	胭脂红、脂肪

注：排名不分先后。

肉制品小常识

一、分 类

肉制品是指以畜禽肉为主要原料，经选料、修整、调味、腌制（或不腌制）、绞碎（或切块或整体）、成型（或充填）、成熟（或不成熟）、包装等工艺制作，开袋即食（或经简单热加工即食）

肉制品分为两大类：生制品和熟制品。生制品主要指腌腊肉制品，熟制品主要有酱卤肉制品、熏烧烤肉制品、肉干制品、肉松、肉干、肉脯、熏煮香肠火腿制品、发酵肉制品等。

二、选购与食用

（一）产品包装上应标明品名、厂名、厂址、生产日期、保质期、执行的产品标准、配料表、净含量、食品生产许可证“QS”标志等。

（二）最好选购近期生产的产品，越新鲜的产品口味越好。

（三）选择真空包装、表面干爽、无异味的产品。

（四）购买肉类食品时要选择色泽纯正的产品。

（五）弹性好的肉禽制品内在质量好。

（六）食用腌腊制品时应多补充含钙丰富的食物，或者服用一些钙片，补充体内含钙量的暂时不足，以达到骨质中磷与钙的平衡。食用腌腊肉制品后应吃些新鲜蔬菜和水果。老人和儿童应尽量少食用腌腊制品。

（七）熟肉制品一次购买量不宜过多，注意产品外包装明示的保质期和贮存条件。已开封的熟肉制品一定要密封，最好在冰箱中冷藏保存，尽快食用。

婴幼儿辅助食品（罐头）产品质量国家监督抽查结果公告

本次对北京、山东2个省、直辖市2家企业生产的4种婴幼儿辅助食品（罐头）进行了监督抽查，主要品种为罐头类产品。

本次抽查依据强制性国家标准GB10775-1989《婴幼儿辅助食品　苹果泥》、GB10776-1989《婴幼儿辅助食品　胡萝卜泥》、GB10777-1989《婴幼儿辅助食品　肉泥》、GB10778-1989《婴幼儿辅助食品骨泥》、GB2760-2007《食品添加剂使用卫生标准》以及经备案现行有效的企业标准或产品明示质量要求，对婴幼儿辅助食品（罐头）产品的总砷、铅、铜、汞、锡、蛋白质、苯甲酸、山梨酸、糖精钠、安赛蜜、甜蜜素、胭脂红、柠檬黄、日落黄、诱惑红、苋菜红、亮蓝、微生物（商业无菌）等18个项目进行了检验。

目前，我国婴幼儿辅食以家庭制作为主，多为谷类、果蔬类。由于婴幼儿辅助食品（罐头）工艺复杂，成本、价格较高，所以国内婴幼儿罐装辅食生产企业数量较少，本次抽查的4种婴幼儿辅助食品(罐头)所检项目全部合格。

婴幼儿辅助食品（罐头）产品质量国家监督抽查产品及其企业名单

序号	企业名称	产品名称	商标	规格型号	生产日期（批号）	抽查结果
1	北京圣元汇力多食品科技有限公司	奶油胡萝卜泥	圣元汇力多	113g/瓶	2009-02-16	合格
2		什锦菜泥			2009-03-02	合格
3	亨氏（青岛）食品有限公司	金枪鱼泥	亨氏	113g/瓶	2009-02-08	合格
4		亨氏金香苹果泥			2009-02-04	合格

注：按行政区域排序。

婴幼儿辅助食品（罐头）小常识

一、分类

婴幼儿辅助食品主要是用于6个月龄至36个月龄婴幼儿辅食中添加的含各种高密度维生素和矿物质的补充品。婴幼儿辅助食品按原料不同大致可分为：蔬菜泥、水果泥、肉泥、骨泥、果蔬汁等；按形态不同可分为两类：泥糊状和碎泥状。泥糊状是指吞咽前不需咀嚼的细泥，碎泥状是含有适于锻齿要求的碎块。

二、选购

（一）看包装上的标签标识是否齐全。国家标准规定，外包装必须标明厂名、厂址、生产日期、保质期、执行标准、商标、净含量、配料表、营养成分表及食用方法等。罐头产品应注意有无胖听现象。

（二）看营养成分表中的标注是否齐全，含量是否合理。营养成分表中一般要标明热量、蛋白质、脂肪、碳水化合物等基本营养成分，维生素类如维生素A、维生素D、部分B族维生素，微量元素如钙、铁、锌、磷。其他被添加的营养物质也要标明。

婴幼儿配方米粉产品质量国家监督抽查结果公告

本次对北京、黑龙江、上海、江苏、浙江、福建、江西、湖南、广东、四川等10个省、直辖市36家企业生产的47种婴幼儿配方米粉产品进行了监督抽查。

本次抽查依据强制性国家标准GB 10767-1997《婴幼儿配方粉及婴幼儿补充谷粉通用技术条件》、GB 10769-1997《婴幼儿断奶期辅助食品》、GB 10770-1997《婴幼儿断奶期补充食品》、GB 13432-2004《预包装特殊膳食用食品标签通则》的规定，对婴幼儿配方米粉产品的脂肪、蛋白质、灰分、钙、磷、铁、锌、钠、碘、维生素A、维生素D、维生素B1、维生素B2 、维生素C、烟酸、铅、砷、硝酸盐、亚硝酸盐、细菌总数、大肠菌群、致病菌（沙门氏菌、金黄色葡萄球菌、志贺氏菌、乙型溶血性链球菌）、脲酶定性等26个理化指标和卫生指标进行了检验。

经检验，本次抽查婴幼儿配方米粉产品的铅、砷、硝酸盐、亚硝酸盐、细菌总数、大肠菌群、致病菌（沙门氏菌、金黄色葡萄球菌、志贺氏菌、乙型溶血性链球菌）、脲酶定性等11项卫生指标单项符合率均为100%。

抽查中有5种产品不合格，存在的主要质量问题：

一、本次抽查中湖南南山食品有限公司生产的胡萝卜果蔬米粉产品维生素C含量实测值为13mg/100g，达不到企业标准规定维生素C指标为≥ 20mg/100g的规定。

二、本次抽查中江西瑞博保健食品有限公司生产的婴幼儿淮山多维营养米粉产品的多种食品营养强化剂检验项目不合格。包括：磷、钙、维生素A、维生素D含量均低于产品标准范围值。

三、本次抽查中有2种产品维生素A指标不合格。其中有1种产品的维生素A含量为166.9 IU/100g，达不到产品标准1000 ～ 1500IU/100g的规定。

四、本次抽查中有1种产品维生素D指标不合格。维生素D含量为869.6 IU/100g，超出产品标准200 ～ 600 IU/100g的规定。

婴幼儿米粉产品质量国家监督抽查产品及其企业名单

序号	企业名称	产品名称	商标	规格型号	生产日期（批号）	抽查结果	主要不合格项目
1	北京市奥吉康营养食品有限公司第一食品厂	胡萝卜营养米粉	奥吉康	25g×10包/盒	2009-04-20	合格	
2	双城雀巢有限公司	牛肉蔬菜米粉	雀巢	225g/盒	2009-04-21	合格	
3	黑龙江省完达山乳业股份有限公司	婴幼儿加钙营养米粉	完达山	350g/袋	2009-04-08	合格	
4	黑龙江飞鹤乳业有限公司	贝迪奇乳蛋白营养米粉	贝迪奇	225g/盒	2009-04-20	合格	
5	上海伊威营养食品有限公司食品一厂	乳清蛋白营养米粉	伊威	250g/盒	2009-04-07	合格	
6	上海花冠营养乳品有限公司	乳清蛋白配方米粉（第2阶段）	贝智康	560g/罐	2009-04-02	合格	

接上表

7	上海花冠营养乳品有限公司	加锌铁配方米粉	贝智康	560g/ 罐	2009-04-02	合格	
8	杭州未来营养食品有限公司	锌铁营养米粉	未来	360g/ 袋	2009-04-03	合格	
9	杭州未来营养食品有限公司	β－胡萝卜素营养米粉	未来	360g/ 袋	2009-04-03	合格	
10	杭州贝因美豆逗儿童营养食品有限公司	什锦水果营养米粉	贝因美	225g/ 盒	2009-04-08	合格	
11	杭州贝因美豆逗儿童营养食品有限公司	鸡肉蔬菜营养米粉	贝因美	225g/ 盒	2009-04-07	合格	
12	厦门东浦食品有限公司	4 维婴幼儿米粉（1 阶段）	鹭芳	400g/ 盒	2009-04-07	合格	
13	厦门市美佳味食品有限公司	小明星米粉	智达	350g/ 袋	2009-04-16	合格	
14	厦门市美佳味食品有限公司	AD 钙婴儿米粉	小明星	350g/ 袋	2009-04-18	合格	
15	厦门东浦食品有限公司	4 维婴幼儿米粉（通用阶段）	鹭芳	400g/ 盒	2009-03-25	合格	
16	明一（福建）婴幼儿营养品有限公司	婴儿配方高蛋白营养米粉（3 阶段）	明一	400g/ 袋	2009-04-09	合格	
17	江西黑五类食品有限责任公司	果蔬宝多维营养配方米粉	南方食品	300g/ 盒	2009-03-27	合格	
18	江西绿欣生物制品有限公司	乳清蛋白婴幼儿营养米粉	安琪儿	250g/ 盒	2009-04-06	合格	
19	江西神水堂生物科技有限公司	DHA 高蛋白营养米粉	贝得福	618g/ 瓶	2009-04-09	合格	
20	江西省安培实业有限公司	淮山多维营养米粉	安亲	400g/ 袋	2009-04-06	合格	
21	江西省安培实业有限公司	铁锌钙营养米粉	安亲	400g/ 袋	2009-04-06	合格	
22	南昌康泰利保健品有限公司	金装幼儿营养米粉	聪尔壮	(25g×12 袋)/ 盒	2009-03-18	合格	
23	江西光阳谷物有限公司	鸡肉蔬菜营养米粉	亚儿比斯	300g/ 盒	2009-03-21	合格	
24	江西光阳谷物有限公司	莲子蛋黄羹营养米粉	亚儿比斯	300g/ 盒	2009-04-01	合格	
25	江西德泰医药生物技术有限公司	高钙营养米粉	金维安贝儿	400g/ 盒	2009-04-01	合格	
26	江西省益司营养食品有限公司	幼儿营养米粉	千手	328g/ 盒	2009-03-02	合格	
27	江西枫树生态科技食品有限公司	淮山莲肉营养米粉	英氏	225g/ 盒	2009-03-01	合格	
28	江西美庐乳业有限公司	乳清蛋白营养米粉	每伴	275g/ 盒	2009-02-15	合格	
29	江西美庐乳业有限公司	蛋黄双歧因子营养米粉	每伴	275g/ 盒	2009-02-21	合格	
30	江西阿颖金山药食品有限公司	淮山胡萝卜米粉	阿颖	250g/ 盒	2009-04-11	合格	

接上表

31	江西阿颖金山药食品有限公司	淮山营养奶米粉（1 阶段）	阿颖	350g/ 袋	2009-04-02	合格	
32	湖南亚华乳业有限公司	DHA 牛肉营养米粉	南山	225g/ 盒	2009-04-03	合格	
33	亨氏联合有限公司	婴儿营养米粉	亨氏	400g/ 盒	2009-03-24	合格	
34	汕头市乐万家食品工业有限公司	DHA 胡萝卜米粉	太子健	460g+40g/ 罐	2009-04-10	合格	
35	汕头市未来食品有限公司	幼儿奶米粉	吉百氏	450g/ 袋	2009-04-11	合格	
36	广东华氏食品工业有限公司	AD 钙助长婴儿营养米粉	皇世	300g/ 盒	2009-03-1	合格	
37	汕头市天地和食品有限公司	淮山薏米婴儿营养米粉	雅恩	300g/ 盒	2009-03-09	合格	
38	汕头市金祥食品有限公司	高蛋白鱼肉蔬菜营养米粉	能力多	250g/ 盒	2009-02-11	合格	
39	广东雅士利集团股份有限公司	胡萝卜南瓜营养米粉	雅士利	250g/ 盒	2009-04-07	合格	
40	深圳金必氏乳业有限公司	婴幼儿营养奶米粉（DHA+ 蛋黄 + 莲子）	金必氏	250g/ 盒	2008-12-08	合格	
41	广州市美素力营养品有限公司	金装宝素力乳清蛋白奶米粉	宝素力	250g/ 盒	2009-03-24	合格	
42	四川省正味正点食品厂	泸州肥儿粉（婴幼儿辅助补充食品）	泸州	280g+50g/ 盒	2009-04-20	合格	
43	上海伊威营养食品有限公司食品一厂	鱼骨营养米粉（2 阶段）	伊威	250g/ 盒	2009-04-07	不合格	维生素 D
44	江西瑞博保健食品有限公司	婴幼儿淮山多维营养米粉	瑞博	350g/ 袋	2009-04-01	不合格	磷，钙，维生素 A，维生素 D
45	江西鑫隆医药保健品有限公司	金优贝益生元营养米粉（0 阶段）	贝之惠	（250g+25g）/ 盒	2009-04-10	不合格	维生素 A
46	江西绿欣生物制品有限公司	胡萝卜素婴儿营养米粉		（340g×2 袋）/ 盒	2009-04-09	不合格	维生素 A
47	湖南南山食品有限公司	胡萝卜果蔬米粉	南仔	250g/ 盒	2009-04-11	不合格	维生素 C

注：按行政区域排序。

婴幼儿配方米粉常识

婴幼儿米粉是母乳或婴儿配方食品不能满足婴儿营养需要时，为婴幼儿生产的断奶期辅助食品；或者为补充婴幼儿在断奶期某些营养素不足而生产的断奶期补充食品。它是以大米为主要原料，加入白砂糖、微量元素和维生素等经加工制成的婴幼儿断奶期辅助食品；或者是以大米为主要原料，以白砂糖、蔬菜、水果、蛋类、肉类等选择性配料，加入钙、磷、铁等矿物质及维生素等食品添加剂，经加工制成供断奶期婴幼儿食用的补充食品。该类产品的特点是强化了人体生长发育所必需的维生素和微量元素。其主要加工工艺为泡米、打浆、配料、均质、干燥、粉碎、包装；另有挤压喷爆、粉碎、混合、包装的干法生产工艺。

一、选 购

（一）包装上的标签标识应齐全。国家标准规定，在外包装上应标明厂名、厂址、生产日期、保质期、执行标准、商标、净含量、配料表、营养成分表及食用方法等项目。

（二）营养成分表中标明的营养成分应齐全，含量合理。营养成分表中一般要标明热量，蛋白质、脂肪、碳水化合物等基本营养成分，维生素类如维生素 A、维生素 D、部分 B 族维生素，微量元素如钙、铁、锌、磷，或者还要标明添加的其他营养物质。

（三）细看产品包装说明，如婴儿米粉应有“婴儿最理想的食品是母乳，在母乳不足或无母乳时可食用本产品；6 个月以上婴儿食用本产品时，应配合添加辅助食品”。如断奶期配方米粉，还应注明“断奶期配方食品”或“断奶期补充食品”。

（四）看产品的色泽和气味。质量好的米粉应是大米的白色，均匀一致。有米粉的香味，无其它气味，如香精味等。

（五）看产品的组织形态和冲调性。应为粉状或片状，干燥松散，均匀无结块。以适量的温开水或煮熟，经充分搅拌呈润滑的糊状。

二、食 用

（一）即食类产品用适量的温开水冲调即可食用；非即食类产品，米粉的和色泽和气味要根据自身的条件和需要，选择合适的产品要煮熟后方可食用。

（二）食用婴幼儿米粉时应注意辅以婴幼儿可食用的细微的食品，如蛋黄、肉松或肉沫、鱼肉松等营养食品。

第五部分

食品科技

白酒催陈技术的发展与应用现状

中北大学山西省超重力化工工程技术研究中心，化工与环境学院
白　雪　刘有智　袁志国

白酒是中国特有的传统酒种，也是享誉世界的蒸馏酒，为世界七大蒸馏酒之一，历史悠久，源远流长。但是新蒸馏出来的酒一般比较辛辣暴冲，不醇和也不绵软。需要经一定时间贮存才能使杂味消失、香味增加、酒体醇和绵软、口味协调，这个变化一般称为老熟，也叫陈酿。老熟可分为自然老熟和人工催熟。自然老熟生产周期长、库房占用面积大，造成资金积压、贮存设备投资大等问题。因此，各酒厂都努力探索各种人工催熟方法来促进老熟进程，缩短陈酿周期，提高企业效益。至今用于白酒催熟的方法主要可分为 3 类：物理法、化学法、生物法。

一、物理法

从 20 世纪 80 年代中期，国内涌现了多种催陈白酒的物理方法。其借助于各种场、波、光对白酒进行催陈，主要作用是：①促进缔合作用：增强极性分子间的亲合力，不仅增强酒精与水分子之间的缔合度，而且可以形成更大且牢固的极性分子间的缔合群。同时，某些酯类及酸类等成分也可能参与这种缔合群。缔合作用促进了白酒物理性能上的老熟。②增强各类物质的分子活化能：提高了分子间的有效碰撞率，使酯化，缩合、氧化还原等反应加速进行，从而促进了白酒化学性能上的老熟。③加速低沸点成分的挥发：由于分子动能的增加，使硫化氢、乙醛等成分加速从酒液中逸出。在众多物理处理法中，利用电场、微波、磁场和红外线对白酒进行催陈取得了较好的效果，并部分实现工业化应用，下面分别对 4 种物理方法进行分析和对比。

（一）电场催陈

电场可以作用于酒液分子之间的静电力，使酒液中的极性分子趋于沿电场方向定向排列，导致酒液分子间的部分氢键断裂，从而易使乙醇分子和水分子相互渗透，缔合成大分子群，减少自由乙醇分子的数量，降低酒的刺激性。同时，电能的输入增强了白酒各类分子的活化能，加快了白酒化学反应的进行。采用场强变化范围在 75kV/m ～ 500kV/m 的高压静电场处理的清香型白酒明显变得绵甜柔和、闻香好。高压静电场处理设备初次投入成本较高，但运行过程中电耗很低，从长期来看是一种经济实用的好方法。国内已有数家酒厂利用此类方法进行酒的催陈。但催陈后的白酒后味比较平淡，处理时间越长回味越差，这是因为高压静电催陈过程中破坏了酒液中乳酸等非挥发性酸所特有的香味，而使得酒体不协调，采用高压静电场催陈优质白酒时，处理不慎极易造成优质酒降档，因此此法更适用于对普通白酒的催陈。

殷涌光等采用高电压脉冲电场对浓酱兼香型“榆树大曲”进行了催陈研究。在脉冲数 50 个，场强 E=25kV/cm，助剂碳酸钠浓度 10-4mol/L ～ 10-6mol/L 的条件下催陈效果较好，处理后的酒样总酸、总酯和总醛等有所增加，总醇含量有所下降，与自然陈酿 6 年以后的酒样成分变化趋势相同，且酒体透明、陈香明显、辛辣味减少、柔和绵软、有余香。高电压脉冲电场催陈白酒速度快，仅几十秒，操作简便，可以应用于白酒的快速催陈。

（二）微波催陈

微波催陈白酒主要利用其对白酒各种缔合分子群的切割作用和致热效应。微波的强烈冲击可以破坏酒精分子和水分子间的缔合分子群，瞬间将乙醇分子及水分子切成单个或 2 ～ 3 个分子群，从而增加其缔合机率，减少乙醇分子对人的感官刺激，使口感变得醇和。另外，酒液吸收微波能后，分子的内能增加，化学反应过程加速，使白酒在短时间内香味增加，香气协调醇郁。国内用于催陈白酒的微波主要是频率为 915MHz 和 2450MHz。林向阳等采用频率为 915MHz，功率为 5kW 的微波对德山大曲酒和长沙大曲酒进行催陈，其处理过的新酒经专家品评，相当于白酒自然老熟 3 ～ 4 个月的水平。这类大曲酒一般是自然老熟半年后才出厂，大约可缩短一半贮存期。李成斌等在 55℃～ 60℃采用 2450MHz 微波对白酒进行催陈，品评鉴定结果表明，经微波处理后酒质有明显提高，突出了绵甜醇和的风格，效果明显。散白酒经微波处理后减少了冲辣味，酒质柔和。与 915MHz 微波催陈相比，白酒的升温更快，节省库房和储酒容器，工艺过程简单，重复性好。微波催陈白酒效果较好，催陈白酒的微波机已经研制并投入市场，国内有部分酒厂已使用该法。但微波的致热效应必然引起升温，升温固然有催陈作用，但温度太高会使酒中的某些香味成分挥发，影响酒质醇香；且微波机每台约 3 万元，

价格较高，在小酒厂难以实行，更适于在大酒厂进行推行。

（三）磁场处理

磁场能使白酒中的各类成分的分子有规则的排列，特别是使乙醇和水缔合得更好，从而使酒体醇和。磁场的激活作用可以加速白酒中酯的生成，磁场催陈白酒应适当延长处理时间，使分子大量被激化，产生大量产物，从而避免因处理时间较短，产生暗逆反应，而导致的产物分解。用永磁材料对白酒进行催陈无需耗电，处理设备价格低廉，处理简便；磁体不与酒液接触，避免了对酒体的污染；经磁性材料处理的白酒具有某些磁化酒的医疗保健功效，国内已有多家酒厂应用。但采用永磁材料催陈时要选择磁性稳定的永磁材料，以免磁铁“退磁”影响白酒老熟质量和速度，造成生产上的不便。将磁场与氧化法、催化剂催陈法、光催陈法等配合使用可收到较好的催陈效果。谢文蕙等介绍了一种将磁性材料和氧化助剂相结合的白酒催陈方法，磁性材料可以是稀土族永磁材料或永磁铁氧体，助剂可以是过氧乙酸、过氧碳酸钠等氧化物，助剂的加入可加快化学反应的进行，催陈后的白酒色、香、味与自然陈化 6 ～ 12 个月或者更长时间的陈酒相同。将磁场催陈与光催陈结合催陈白酒取得了较好的经济效益。光的输入促使酒体产生氧化反应，且无需向酒体中加入均相催化剂，同时也避免了对酒体的加热效应，因此，光磁催化是一种很有前途的白酒催陈方法。但其催熟效果和生产效率有待进一步提高。

（四）红外线催陈

红外辐射的能量基本在分子转动能级和振动能级上，这种能量能使白酒的温度升高，白酒分子运动速度加快，单位时间内的碰撞次数增加，更主要的原因是温度升高和能量增加会使一些原来非活化的分子因获得足够的能量而活化，增加活化分子的比例，从而加快化学反应的进行。此外，白酒分子以自身固有的频率不停地转动或振动，当入射的红外辐射频率与水分子和乙醇分子各自赖以缔合成分子群的氢键所固有的频率一致时，就会发生共振吸收，使水分子和乙醇分子等发生强烈的振动和转动，使分子之间的氢键破坏而成为自由态分子。这些自由态分子在平均平动动能的作用下会再次缔合，从而增加了乙醇分子和水分子之间的缔合机率，减少自由乙醇分子数，使酒体绵软柔和。红外线催陈最关键的是红外辐射源的选取，现今常用的红外辐射源一般多用特制的硅陶瓷片制作，该辐射源具有无毒、不掉渣、不与酒直接发生化学反应的特点。采用红外线间歇处理新酒，累计处理时间为 1 周，处理后的白酒色、香、味与自然陈化半年以上的酒基本相同，此法已在山东多家酒厂试用。由于红外催陈主要原理是红外线的加热作用。因此，采用红外线催陈白酒时要严格控制酒的温度（30℃～ 40℃），并适当搅拌，以避免因温度过高而造成的乙醇挥发和白酒中香味物质的破坏。

（五）其他催陈方法

其他的物理催陈法还有激光法、γ 射线法、超声波法、超高压法、紫外线法、超过滤法，这些方法在一定程度上对白酒有催陈作用。

利用激光方法催陈白酒常用的激光器有 He-Ne 激光器、CO2 激光器、CO 激光器、N2 激光器、准分子激光器等。一般情况下，被激光照过的白酒，酯类、高级醇类增加，甲醇、乙醛等有害成分降低。激光催陈速度快，效果明显，是一种“冷方法”，有利于保持酒体风味，且设备在运行过程中耗电较少，比较轻便，容易搬动。但激光管成本高，且激光催陈必须针对具体白酒选择合适的激光参数（如波长、功率、能量、辐照时间等），这样才能保证白酒的典型性，取得较好的陈化效果。γ 射线催陈法可能使酒体产生一些无法预测和控制的复杂反应产物，而这些产物并非都是传统白酒中应有的成分，经 γ 射线催陈的白酒经常出现风味变异或产生“照射臭味”的现象，且 γ 射线存在高能辐射的安全防护问题，因此不宜在酒厂推广。超声波催陈白酒在国内还处于研究阶段，原轻工业部发酵所、江苏洋河酒厂使用频 14.7kHz，功率 200W 的超声波发生器进行过小型试验，催陈效果不明显。超声波对白酒有一定的催陈作用，但还缺乏足够的技术数据，需通过不懈的探索，才能使其在白酒的陈化方面得到更为广泛的应用。超高压催陈法对白酒的催陈程度有限且对酒质的提高也不明显，经常需借助其他处理手段综合作用以达到陈酒的要求。紫外线具有较高的化学能量。在紫外线作用下，可产生少量的初生态氧，促使一些成分的氧化。应用紫外线催陈白酒要特别注意对处理时间的控制，以防止过氧化的发生。超过滤法是使白酒分子在经过滤膜时受到强制挤压，增加彼此之间碰撞机会，加快物理、化学变化。超微膜滤法处理效果好，精度高，但需频繁冲洗和更换滤膜，设备滤膜寿命短，处理费用高，酒耗大。物理法催陈的条件比较难以控制，稍有不慎就有可能使氢键缔合受到破坏，使催陈效果向着与预期相反的方向发展，口感变得更为暴烈。目前很多科研人员开始重视各种物理方法组合的催陈技术，出现了如光 - 磁组合、超声波 - 紫外线 - 磁组合、磁 - 振荡 - 过滤组合、红外线 - 催化 - 超滤组合等方法。电子综合酒类催陈设备利用磁场、超声波、紫外线及臭氧 4 种因素同时作用于酒体，该设备综合 4 种催陈方法的特点，催陈效果明显优于单项因素催陈。组合式催陈可获得较为理想的催陈效果，是今后人工催陈技术的一个重要研究方向。但同时使催陈工艺变得复杂，投资成本高提高。

二、化学法

化学法催陈白酒主要着眼于加快白酒中各种成分间的化学变化，化学法主要分为氧化法、催化法。

（一）氧化法

氧化法主要是向酒体中加入氧气、臭氧、过氧化物或KMn04等氧化剂，利用氧化剂的氧化性加快酒体中醇、醛的氧化，从而促进酒老熟。

臭氧催陈：主要是利用臭氧的强化性促使氧化反应的进行，用臭氧催陈白酒要精确控制臭氧的释放量，常用的方法是将木片置于臭氧中浸泡一段时间，然后将木片放入白酒中。新酒经过适当时间处理，新酒味明显减轻，陈酒感增强，可相当于自然陈化1~2年的效果。臭氧氧化性极强，不但可加快硫化物、乙醇、乙醛的氧化，还可使难于氧化分解的高级脂肪酸分解使酒体澄清，此外，臭氧还可将酒中的酚、铅、苯及芳香烃类物质降解，从而大大降低其对人体的危害。臭氧法作为一种投资小、见效快、无污染的方法倍受关注。但臭氧催陈目前尚存在一些实际问题，臭氧的氧化能力极强，在水中的半衰期短，臭氧对酒体的氧化程度不易控制，如果释放量过大或处理时间控制不当，酒体会产生“臭氧气味”，影响酒质醇香，因此，如何有效地监测和控制臭氧的释放量已成为影响臭氧催陈工业化应用的关键问题，目前对臭氧催陈的研究也主要集中在精确控制臭氧的释放量上。

氧气催陈：强制氧化能将常规老熟中不能氧化的不饱和多元醇氧化成酸，降低不饱和多元醇的刺激性，从而使酒体变得醇香。采用强制氧化技术对新产浓香型大曲酒处理16min～26min，处理后的白酒比常规老熟的白酒更加醇甜，与自然老熟的白酒口感基本相同。一般强制加氧处理相当于传统储存法的3～4个月的储存期，缩短了老熟时间。由于强制氧化是通过增大氧气压力来提高酒体中氧的浓度，促进陈化。但是，由于氧气与酒之间的接触面积小，氧化速率慢，陈化的时间相对较长。另外，纯氧氧化对氧气的压力要求较高，在应用时要特别注意防爆。纯氧对酒的陈化过程实质上是气－液接触传质过程，选择适合的氧气与酒的接触方式显得十分重要。

高锰酸钾氧化法：KMn04有强氧化性，可将酒中的醛类氧化祛除，促进酒的氧化和酯化作用，而本身则还原为Mn02沉淀经过滤而除去。但KMn04的强氧化性有可能造成酒体局部的过度氧化，为防止此种问题，就要注意KMn04的添加方式，最好的添加方法是一次称足所需的KMn04，用温水化开，在酒中边搅拌边加入KMn04溶液。KMn04催陈白酒不应超过24h，特别是大剂量处理时，最好在8h～16h内过滤。尚宜良采用高锰酸钾与活性炭联合处理方法，投入小，见效快，可以大幅度缩短老熟时间。用此方法处理后的新酒直接用于勾兑新工艺白酒，口感醇厚绵软，不燥不辣，更适于在中小型生产厂家推广使用。需要注意的是，Mn02在酸性条件下能够分解而生成Mn2+，Mn02必须及时、细致的过滤除去，以免带入下道工序，在低度酒中分解，造成锰超标，考虑到白酒的卫生要求，对于优质白酒的催陈不推荐采用此种方法。

（二）催化法

加酸催化法：加酸能从2方面促进白酒老熟。一方面，酯化反应先要经过羰基质子化，氢离子浓度的增大可加快质子化过程；另一方面，酯化反应是可逆反应，增大反应物浓度可以促使平衡向正反应方向移动，酸的加入增大了酒体中的反应物，可促进酯化反应的进行。实验证明，向己酸和乙醇混合液中加入酸性催化剂，可使己酸乙酯的酯化速度加速10倍以上。此外，酸还能催化醇醛缩合反应，一般情况下酒中的醇醛缩合反应十分困难和极其缓慢，有酸存在能催化该反应。采用酸对白酒进行催陈时，过氧乙酸是最为常用的催化剂，过氧乙酸对白酒催陈时，其分解生成新生的氧，可将乙醛、乙醇氧化成酸，加快氧化反应，而过氧乙酸自身分解生成的酸又起到了酸催化的作用。赵怀杰向乙醇溶液中加入微量过氧乙酸，酯含量明显增加。固体酸对酯化反应有很强的催化性，在酯类的制备中是有效的催化剂。郭金生等用固体酸催化剂对白酒进行催陈，加快了老熟速度。固体酸具有易于分离的特点，用固体酸催陈白酒时，固体酸完成对酯化反应的催化后，可过滤出去，不会给酒体引入杂质而影响酒质。固体酸包括杂多酸、沸石型分子筛、固体超强酸、金属氧化物及阳离子交换树脂等，具有很强的酸性，一般用于酯类的合成，催陈白酒未见应用。

金属离子催化法：一些金属离子（Ni2+、Ti4+、Cu2+等）对酯化、醇醛缩合有催化作用。钾、铜可增加酒的醇甜、老熟感，尤其是添加铜离子可增加酒的老熟，去除新酒气味。陶坛中本身存在Ni2+、Ti4+、Cu2+、Fe2+等离子，若能将陶坛的催陈作用进行强化和放大，应用陶坛进行白酒催陈将会有很好的发展前景。甘肃滨河食品工业集团的科技工作人员设计以陶坛为贮酒容器，40℃～60℃高温贮存2～3个月，取样对照品尝，认为醇厚绵甜、窖香突出。后经白酒权威人士沈怡方等的品尝鉴定，一致认为，用此法贮存2～3个月的新酒，完全可以达到自然老熟1年的效果。山西杏花村汾酒厂股份有限公司技术开发中心用7种不同陶缸碎片配合超声波对汾酒进行催陈，贮存8个月后进行品评。结果表明，酒液经陶缸碎片和超声波处理后，有加速老熟作用，口感变化较明显。但随着长时间使用，陶坛的氧化作用和吸附作用会大为减弱，可以通过通风干燥一段时间进行自然活化，恢复其氧化吸附能力。也有使酒通过含有阳离子（Na+、K+、Ca2+、Ag+、Ni2+等）的沸石吸附柱的催陈方法，沸石吸附柱能选择性吸附的酒中各种极性分子，并使其发生变形和活化，促进化学反应的进行。吸附法处理时间长，过处理工艺比较繁杂，吸附废弃料多。

三、生物法

生物催熟，国外起源于20世纪30年代，最早用于白兰地、威士忌的催熟处理。生物催熟的显著特点就是具有特殊的选择性。

黄浆水是浓香型白酒发酵的副产物，含有丰富的酸、酯、醉等香味物质，还有较多的有益微生物。黄浆水经过滤、直接蒸馏、制备酯化液等工艺处理后可用于勾兑白酒，实现催陈老熟的目的。黄浆水中生活着大量的校状芽袍杆菌，是生成己酸及己酸乙酯不可缺少的菌种。黄浆水直接蒸馏后用于勾调中、低档新型白酒，可减少“酒精味”，去除“浮香”，明显提高酒质；用黄水制备酯化液，经蒸馏浓缩后可作为中、高档新型白酒的调酒液。由于各酿酒企业的发酵状况、大曲质量、操作工艺等情况不同，使得黄浆水中成分的种类和含量有较大差别，因此，各酿酒企业在制取黄水酯化液时应根据其自身实际情况选择合适的配方和制作方法。

YS-Ⅱ生物催熟物天然无毒，是从植物中提取α-酵酶和酵素，并经生物技术处理而得到生物催熟剂。其可加速酒精分子与水分子的缔合，使酒精气消失，醇厚感增强。通过YS-Ⅱ生物催熟技术处理过的新酒，刺激性降低，柔和感增强，后味干净，无“返生现象”；处理20d～30d，相当于自然老熟半年以上；对于一般白酒和名优催熟效果都比较显著；对人体无影响；用量少，为0.1‰至万分之几，操作简便，成本低，宜于推广。生物催熟技术代表了人工催熟发展的新方向，但因生物催熟技术难度大，我国对生物催熟技术研究较少。

四、结语

大多数的物理催陈方法（如超高压、紫外线法）都对低档酒或是质量较差的基酒有较明显的催陈效果，随着白酒质量的提高，这些方法的催陈效果会明显降低。虽然可用于催陈白酒的方法众多，但单一方法催陈白酒难于保证名优酒的风味，因此都未能得到普遍推广。组合法利用各种方法的特点相互补足，对白酒老熟有较好的催陈效果，越来越收到白酒酿造人员的青睐，但同时加长工艺流程，增加了投资。而白酒作为一种特殊的饮料，我国在卫生、食用安全方面等方面都有严格的要求和规定，这限制了如γ射线、臭氧法、高锰酸钾氧化法、催化剂法的应用。在众多的化学法中，用氧气作为氧化剂催陈白酒是最为卫生，也是最易让广大消费者接受的一种催陈方法，在白酒催陈中有广阔的应用前景，开发高效气-液接触的设备，强化氧气陈化过程，缩短陈化时间，提高氧气利用效率，将会成为氧气氧化法催陈白酒的主要研究方向。

从国际肉类科技大会看世界肉类科技发展动态

中国农业大学食品科学与营养工程学院
马长伟　钟赛意

前 言

国际肉类科技大会（Inetnrational Congress of Meat Seienee and Teeh nology，简称ICoMST）于一九五四年起源于欧共体国家，大会常务秘书处设在芬兰赫尔辛基大学。随着全球肉类工业与科学技术的迅猛发展，一九八八年这一地区性科技大会拓展为全球性国际会议，成为世界肉类科技领域最具权威性的会议，国际肉类科技大会是全球肉类科技工作者的学术盛会，每年在不同国家轮流召开。第53届国际肉类科技大会曾于2008年8月在北京召开，由中国畜产品加工研究会和中国商业联合会主办。第5届于2009年8月16～21日在丹麦首都哥本哈根市的贝拉中心召开由丹麦肉类研究所（Danish Meat Resea rehInstitute，DMRI）和丹麦先进食品研究中心（Cen tre for Advan eed Food Studies，LMC）共同主办。会议包括：大会报告分组报告展板交流和技术参观等。

一、大会报告

所谓大会报告是指根据组委会安排的不同专题，邀请相应研究领域的全球知名专家所作的报告，全体与会代表都参加。本次大会报告在一定程度上能够反映出当前国际肉类科技研究所取得的主要成就以及开发应用状况。以下列出第5届大会报告的题目，与国内同行分享。

（一）开幕式专题

1. 食品领域的创新：从研究到实践
2. 丹麦肉类研究概貌：肉类工业与研究和开发的连结

（二）肉类生产中的价值链

1. 垂直集成的生产体系：集成质量管理和物流系统以及可持续网络优化
2. 生产体系：巴西模式
3. 从全球远景看可持续肉类生产：家畜领域的增长对环境影响的后果和选择

（三）肌肉生物学和生物化学

1. 嫩度：酶学视野
2. 再看肌纤维分类：与肉类质量的关系

（四）加工工艺

1. 机器人在未来肉类工业中的作用
2. 丹麦生猪屠宰工业中的加工工艺

（五）食品安全

1. 通过爱尔兰最近发生的两次食品安全事件看未来食品安全面临的挑战
2. 丹麦改进肉类产品安全的主动措施

（六）食用质量：从基因到美食

1. 欧洲公民和消费者对牛肉和猪肉的态度和喜好
2. 生产系统及其对食用质量的影响

（七）健康与肉类摄入

1. 肉类摄入的生物标记及营养基因组学的应用
2. 肉类与癌症

（八）热点问题——去势与完全公猪

1. 去势或完全公猪生产：威胁和可能性
2. 公猪擅味的检测：和谐方法与快速方法的需求

二、分组报告

这次会议的一个主要特点是，除大会报告外，主办方还有意安排了很多场次的研究报告，限于会期，研究报告安排在2个不同会场同时进行。这些报告反映了国际肉类科技工作者近期完成或者正在实施的研究课题的成果或者阶段性进展。每个代表只能根据自己的兴趣有选择地听取不同的研究报告。下面把全部的研究报告题目列出来，以供参考。

（一）肌肉生长与代谢

1. 肌肉生长
2. 肉类组学
3. 改变肌肉糖酵解潜力的可能方法
4. 小猪出生时的体重是否影响胭体组成和肉品质量
5. 韩国地方黑猪与长白杂交以及韩国地方品种牛解剖化学特性与肉品质量的关系
6. 猪肉质量与肌肉脂肪酸组成和肌浆代谢产物的相关性
7. 在高葡萄糖添加模式下C2C12成肌细胞中由AICAR诱导的AM P激活蛋白激酶活性降低对蛋白合成的抑制作用

（二）蛋白质氧化

1. 蛋白质氧化与∪一钙激活酶：在肉品质量中的作用
2. 高氧环境冷藏鲜肉中的蛋白质氧化
3. 饲喂与肉类各组织结构蛋白氧化的关系
4. 煮制过程中猪肉pH值对血红素分子中铁释放的影响
5. 酚类化合物对肌纤维蛋白质的抗氧化和促氧化作用
6. 通过DNPH一ELISA分析定量测定肉中的蛋白质拨基化合物

（三）机器人与过程控制

1. 用于屠宰分割和去骨的下一代机器人
2. 初级包装中机器人和过程控制的进展
3. 图像分析超声波和CT在猪胭体分级和加工中的应用
4. 采用核磁共振成像（MRI）分析半膜肌用于对不同日粮的新鲜依比利亚火腿进行分级
5. 手持Raman传感器用于现场肉类成熟特性的测定
6. 采用EUROP软件和摄像图像分析方法从胭体分级预测产肉率
7. 用于牛胭体初级分割的机器人研发策略

（四）加工工艺

1. 肉类加工中的纳米技术
2. 干腌肉类加工新技术
3. 肉和肉制品的电加热：欧姆和射频技术应用
4. 肉在烤制过程中水分转移的机理
5. 用核磁共振成像（MRI）技术测定肉在加热过程中的变形和水分流失
6. 一种在线评估高精度测量质量特性的方法
7. 牛肉腌制过程中不同离子在肌肉组织中的运输

（五）危害评估与管理及HACCP

1. HACCP
2. 肉产品中的单核细胞增生李斯特菌：阐明一种新的病原菌

3. 危害评估

4. 有害因子和物质对禽肉生产链产生潜在危害的鉴别与评估

5. 微生物生长潜力的有意义模型

6. 对大块完整的肉产品应用可变通的煮制方法保证微生物表现与致死标准的一致性

7. 试验工厂的挑战性试验表明有机酸对低盐肉产品中的耐冷肉毒梭菌具有抑制作用

（六）新出现的食品安全危害：微生物化学和物理危害

1. 来源于食品接触材料的渗透转移

2. 肉和肉产品中异物的检测

3. 纳米粒子在食品工业中的应用及其带来的食品安全问题

4. 未经腌制的牛肉在煮制过程中产生杂环胺的预测

5. 用强光脉冲处理降低干发酵香肠切片刀具上的大肠杆菌

6. 从葡萄牙家禽屠宰场分离的空肠弯曲杆菌的耐药性

7. 挪威干腌肉产品中霉菌的分离及其意义

（七）肉类与美食

1. 分子美食学与感官科学

2. 含肉膳食的感官方面

3. 肉类制作与食用质量

4. 煮制方法对羊肉脂肪酸组成的影响

5. 牛腿肉中小肌肉的肌内嫩度图谱

6. 水溶性前体物对煮制肉品气味和风味的贡献

7. 牧饲圆当归（Angeliea acrhangelica ）的时间对放牧羊肉挥发性化合物和感官质量的影响

（八）微生物和化学变质

1. 鲜肉和肉产品货架期确定的要求

2. 鲜肉货架期的模型研究：实际经验

3. 鲜肉的颜色稳定性

4. 活性包装对经过不同成熟时间并经气调贮藏牛肉的氧化及微生物稳定性的影响

5. 葡萄酒工业残渣作为抗氧化物应用于经加工煮制及真空包装禽肉的冷冻贮藏

6. 澳大利亚出口加工商延长冷藏真空包装牛肉的贮藏时间

7. 传统煮制火腿生产和气调包装贮存过程中变质微生物群的选择

（九）肉类与营养

1. 肉类蛋白质和肥胖症

2. 降低肉产品中的钠含量：肉类工业的机遇

3. 绿茶和复合益生素对鸡肉氧化脂肪酸特性及胆固醇的影响

4. 添加羊肉和鸭肉的日粮对大鼠甲状腺素和细胞因子的不同作用

（十）肉类食物

1. 含肉食物的社会学层面：文化影响和饮食方式

2. 质构与饱食：通过模拟胃肠道消化以开发新的饱食概念

3. 走向有效地传播以肉类为主的食物的营养价值

4. 通过采用越桔腌制和低氧包装延长生鲜预制鸡肉食物的货架期

三、展板交流和技术参观

本次会议的大会报告和分组研究报告均表明，肉类食品的安全性仍然是全球肉类科技工作者的关注焦点之一。不过，研究的角度不再是传统意义上的安全性研究内容，而更侧重于从肉类食品的供应链角度对肉类食品的潜在危害进行评估，从而为肉类食品的微生物和肉类食品化学及肉类食品的货架期提供依据。食品溯源体系最先由欧洲科技工作者提出并在全球倡导，我国也正在全面推行。但是在本次会议上，爱尔兰的食品安全知名教授 Patirck Wall 却尖锐地指出，食品溯源体系的建立并不能一劳永逸地解决食品安全的全部隐忧，因为随着食品原料全球采购商业化模式的推广，人们已经很难在肉类产品中找到单一来源的加工原料。这位教授举例说，在欧洲，即使是最普通的一片蒸煮火腿，其加工原料可能来源于三个国家的不同原料供应商！所以，今后如何确保肉类食品的安全性，对全球的科技工作者提出了新的更为严峻的挑战。

由比利时 Gent 大学的 Wim Verbeke 教授所作的“欧洲公民和消费者对牛肉和猪肉的态度以及喜好性”报告也受到了与会代表的一致好评。该报告的内容是 2 个欧盟第六框架合作计划项目“QPork”和“ProsafeBef”的阶段性研究成果。该研究采用科学量化的评价方法首次对欧洲公民对待牛肉和猪肉的消费态度以及对产品安全性和质量的认识进行了较全面和较系统的研究，初步的研究结果对于指导欧洲肉类产业的结构调整和均衡发展具有重要价值。在我国，肉类消费科学的研究一直很薄弱， 期待国家有关部门给予重视。

关于肉品科学的基础性研究，以前是国际肉类科技会议的重头戏 而本次会议只列了 2 个分组专题，这 2 个组的研究报告又是在不同的会场同时进行的。本是基础性的研究内容，可安排的报告都不够份量，这些因素都使得报告的效果和讨论的氛围大受影响。这 2 个专题分别是：肌肉发育生物学和生物化学，蛋白质氧化机器人和加工过程控制专题应该是丹麦人精心考虑的特色安排，既有大会报告，又有分组专题报告。毫无疑问，丹麦在生猪屠宰分割和去骨机器人的研究开发方面在世界上处于领先地位，这次安排的大会报告也确实具有视觉冲击力。可是，会后发展中国家的同行一致认为，这是很难照搬的技术。试想一下，如果一个大型牲畜屠宰分割加工厂里都是机器人在工作，那我们的就业问题如何解决？ 但在我们传统肉品加工业的现代化改造过程中，还是应该尽可能借鉴发达国家的成功经验，在硬件建设和过程控制方面准备一定的投入，从而为产品的质量保证提供基础。另外一个专题即动物福利和动物生产系统也是东道主的强项。联合国粮农组织（FAO） TheunVelLinga 博士的大会报告介绍了FAO在2008年公开的一份调查研究报告，关于家畜生产集约化增长与全球温室效应的关系，引起了与会者的广泛关注。巴西的Jose Sterman Feraz教授则介绍了巴西养牛产业的成功经验．法国的Michel Bonnaeu博士介绍了他们关于动物生产系统与肉品食用质量关系的研究结果，结果显示有机养殖或放养与肉品食用质量无直接相关性。这些报告对于我国该采用何种动物生产模式提供了有益的思考。

四、前景展望

一年一次的国际肉类科技大会由各国轮流举办，是世界肉类科技领域最具权威和影响力的传统盛会，深受世界肉类领域的组织企业大学学府及科研单位的欢迎和关注。明年第56届将在韩国召开，衷心希望有更多的肉类科技工作者参加并介绍我国肉类科技的研究成果。

从蒙牛特仑苏“OMP”事件谈我国食用添加剂的监管

应伟军　朱堂明

“三聚氰胺”事件余波未平，国内牛奶业又再起波澜。2月14日，国家六部委经调查核认蒙牛特仑苏“OMP”牛奶安全，但企业夸大其功效，要求“如该企业认为OMP（OsteoblastMilk Protein 即造骨牛奶蛋白） 和IGF-1（类胰岛素样生长因子）是安全的，请按照法定程序直接向卫生部提供相关材料，申请卫生部门作出是否允许使用OMP及IGF-1的决定。”

虽然“OMP”事件暂告段落，但本事件疑问颇多，首先OMP 与IGF-1是否为同一物质？ 蒙牛既然说OMP与MBP（Milk Basic Protein 即牛奶碱性蛋白）同属一物，那为什么要冠以大家都陌生的称谓，是不是在隐瞒什么呢？既然安全，为什么不向卫生部申请以证明其安全性和向国家质检总局备案呢？为什么在国家公布的食用添加剂名目不含OMP 的情况下，蒙牛还继续添加该化学物质，而不采用相应的措施，如向卫生或质检部门反映呢？

目前正值国家对食品添加剂进行全面整顿之际，作为检验检疫工作者，在认真执行国家质检总局发布的《关于加强进出口食品添加剂、食品中非法添加非食用物质和滥用食品添加剂监管检验工作的通知》（质检食函[2008]422号）文件和《关于质监部门打击违法添加非食用物质和滥用食品添加剂的通知》（国质检食监函[2008]872号）文件的同时，笔者认为“OMP”事件可为我们本次的“专项整治”以及今后的监管工作指明重点。

一、做好食品添加剂的风险分析和风险预警

在“OMP”事件中，“企业回应称国家质检总局并没出具OMP对人体有害的鉴定书”。笔者认为这不是一种负责任的说法。难道在企业违规添加未备案的，在国内暂时还没证明是安全的新物质后，都要国家质检总局一一证明其危害既成事实，企业才能停止添加，并对自己的违规事件反省么？ 因此，有必要向企业宣传政府部门针对食用添加剂和非食用物质的风险分析和风险预警机制。

风险分析和风险预警的重点是进一步加大对高风险食品的风险监控，扩大监控项目和品种，对在整治中发现的违规添加新物质，进行必要的风险分析。在科学分析的基础上，只要认为其对人类健康有潜在危害的因素，就应以“保证安全防后悔”理念为基础法则，采取以预警原则为出发点的保护措施，而不必等到充分科学数据的评估结论出来，更不用等到危害的事实和严重性完全明朗化后再采

取措施，以百分百确保消费者的健康安全。

二、完善《食品添加剂使用卫生标准》，强化备案管理

我国法律规定，食品添加剂必须符合《食品添加剂使用卫生标准》。由于我国食品安全标准自身存在缺陷，因此，必然会与一些国外新科技产生一定的摩擦。因此应尽快完善我国食品添加剂的标准体系，短期内最快捷的方式是对国际标准或发达国家标准进行等效采用。这就需要加强食品添加剂信息的国际交流沟通，了解和掌握国际上新型食用添加剂信息。同时质检、卫生等部门也需要与企业增进相互了解，对整治中发现或企业主动上报的添加剂，在责令企业暂停添加的同时，要对企业提供的添加剂安全性检测报告进行审核，查明所用物质的真实成分，督促企业按国家规定的法定程序将能证明其安全性的添加物质向卫生部、国家质检总局申请验证和备案。

我国法律规定，食品中添加物质必须属于国家公布的食用添加剂名目中的物质，因此，质检部门应进一步加强对卫生注册登记申请材料，特别是食品添加剂方面内容的审核把关，对不能提供食品添加剂合格供方信息、规范食用方法等证明材料的一律不予受理。加大对违法违规使用添加剂或擅自添加非食用化学物质行为的处罚力度，依法采取取消备案、注册登记资格等处罚措施。网上有报道说，蒙牛曾于 2006 年申请了添加 IGF-1 的液态奶专利，在消费者普遍对 OMP 是否就是 IGF-1 产生疑问时，蒙牛的回应“虽申请了添加 IGF-1 的液态奶专利，但因应用困难而采用了 OMP 物质”也让消费者倍感不妥，是不是“添加剂”就可随意变化着添加呢？ 因此，企业在使用新的食品添加剂前必须向质检部门备案，经审批后方可使用。

三、督促企业自觉依法使用添加剂

通过对食品和食品添加剂生产经营者的宣贯，使企业树立“依法使用食品添加剂的第一责任人”意识。督促企业规范使用添加剂，添加剂的购买、验收、食用、记录必须符合有关法律法规和标准的要求，要求企业彻底检查违规和不规范使用食品添加剂的行为，形成可以追溯的记录，并明确承诺不使用非食用物质加工食品、不滥用食品添加剂。同时应严格规范对食用添加剂的命名，必须按国际惯例命名，命名不得有随意性。所有食用添加剂一律以学名为命名基础，再辅以国际通用的称谓，在有国际通用名称时，企业必须采用国际名称，不能冠以新的名称。六部委专家联合会诊后，卫生部宣布蒙牛特仑苏 OMP 是安全的。既然 OMP 与美国、日本等国家使用的 MBP 为同一物质，那为什么要使用一陌生的称谓，给监管部门带来无谓的行政负担，给消费者带来困惑？

四、及时发现行业“潜规则”

在专项整治中，检验检疫人员结合日常工作，对食品中的食用添加剂及非食用物质进行全面的监测，重点核查企业使用的食用添加剂是否经检验检疫机构备案，使用的添加剂品种、适用范围、计量等是否与备案内容一致，企业在采购前是否对供货方进行考核，采购时是否要求供货方提供有资质的实验室出具的检测报告。同时，检查企业是否建立相应的管理制度，设立添加剂、原辅料、调味料采购、使用台账以及有关原始资料档案；如发现违规使用情况立即上报，并对违规企业依法严厉查处。在此基础上，要及时收集、汇总和分析本地区违法添加的非食用物质和超范围、超剂量使用的食品添加剂相关信息，并充分利用好“12365”投诉电话和网络、媒体等工具，对人民群众举报的每一件违法线索，一查到底，件件有结果，深挖部分食品行业的“潜规则”。

五、加强企业召回制度建设

“OMP”事件期间，蒙牛并未对 2 月 2 日前生产的特仑苏 OMP 牛奶进行主动召回。质检部门也没出台相应的文件要求蒙牛实施召回。而国外食品安全监管的惯例是，一旦一种食品存在安全卫生风险，企业必须主动召回，否则企业将面临毁灭性的惩罚。为此，质检部门应加强召回制度执行力度，保证该制度有效运行，并对不落实的企业进行重罚，以起到威慑同类违法违规事件再次发生的作用。

六、进一步提高质检部门的职业敏感性

公众对蒙牛在牛奶中添加 OMP 的质疑其实由来已久。早在“三聚氰胺”事件之时，网络上便出现对蒙牛特仑苏 OMP 质疑。2008 年末，一些媒体先后对蒙牛特仑苏 OMP 牛奶中 OMP 究竟为何物，以及是否符合《食品添加剂使用卫生标准》一事多次提出质疑，更有学术打假者方舟子在对蒙牛官方公布的 OMP 物质相关信息与 IGF-1 进行比对，结果发现两者的氨基酸组成、分子量大小和生理功能完全相同。

为什么在蒙牛特仑苏 OMP 牛奶畅销数年来，在公众大量质疑后很长时间，我国质检部门都没采取措施。这不能不让公众对我们质量监督的有效性产生怀疑，因此，质检部门必须在应对社会动态中进行必要的改革，加强职业敏感性，关注民意，在科学的风险分析基础上，采取必要措施积极回应民意，而不是置若罔闻，这样不仅有利于及时发现食品添加剂违规事件，还可以增强民众对政府的信心。

七、鼓励媒体曝光和发动公众力量

新闻媒体具有客观、真实、及时等特点，在我国食品安全监管中起到了重要作用，“红心鸭蛋”、“大闸蟹”、“

三聚氰胺”牛奶包括本次“OMP”事件都是媒体的揭发才公诸于众。政府部门应鼓励和引导新闻媒体积极曝光我国食品安全中“使用非食用物质或滥用添加剂”等“潜规则”，并对媒体曝光的违规事件在第一时间做出反应，赢取主动性。正如原国务院副总理吴仪所说：“新闻舆论监督作用的发挥对于确保食品安全是至关重要的，只有及时曝光和揭露食品安全的事件，才能保证公众的知情权和监督权，才能最大限度地减少损失。”

同时公众的关注也是促进食品安全的因素之一，特仑苏 OMP 事件暴发前，我国绝大部分消费者都不知道 OMP 为何物，消费者了解的只是蒙牛的宣传。因此有必要将我国允许使用的食品添加剂名目和《食品中可能违法添加的非食用物质和易滥用的食品添加剂品种名单》公布于众，在这些名单中不仅要写明其化学名称，更要囊括所有通俗称谓，让普通消费者能真正理解。充分利用报刊、广播、电视、网络等各种媒体，有针对性地开展宣传与培训，让群众了解违法添加非食用物质和滥用食品添加剂的危害，提高消费者自我保护意识，并设立专门的举报非法使用食品添加剂及非食用物质奖励基金，形成全社会关注食品安全的良好氛围。

蒙牛特仑苏 OMP 牛奶终于等来了国家六部委会诊认定为“安全”的结论，同时也得到“夸大其功效”的判定。闹得沸沸扬扬的蒙牛特仑苏 OMP 事件终于到了尾声，让全球消费者虚惊一场。但作为食品监管部门，这还远远没结束。我们必须思索：我国还有多少 OMP 的兄弟姐妹？怎样才能在有效监管和扶持我国食品行业的同时，维护好人民群众的“菜篮子”安全？

蛋白组学及其在食品科学研究中的应用

浙江省食品安全重点实验室　浙江工商大学食品与生物工程学院
李学鹏　励建荣　于　平　朱军莉　王彦波　傅玲琳

人类基因组计划完成之后，生命科学研究的重心已从解析生命的全套遗传信息转移到系统研究这些遗传信息代表的生物学功能上来，即蛋白质的研究，从而产生了一门新的学科———蛋白组学（ Pro-teomics），使得生命科学研究进入了以基因组（Ge-nomics）蛋白组学（ Proteomics）、代谢组学（Metabo-nomics）等“组学”研究为标志的后基因组时代。组学技术的应用也促进了与食品科学相关 DNA、RNA、蛋白质和小分子代谢物的研究以及相关数据库的建立。2001 年的 Science 杂志已把蛋白组学列为六大研究热点之一，其“热度”仅次于干细胞研究，名列第二。蛋白组学的受关注程度如今已令人刮目相看。蛋白质组（ Proteome）是指由基因组表达产生的所有相应的蛋白质。与具有同源性和普遍性的基因组相比，蛋白质组是对某一生物或细胞在特定生理或病理状态下表达的所有蛋白质的特征、数量和功能进行系统性的研究，能提供全面的细胞动力学过程的信息，具有动态性、时间性、空间性和特异性，更能在细胞和生命的整体水平上阐明生命现象的本质和活动规律。这就促使了蛋白质组学研究相对于基因组学研究越来越受到人们的重视，目前已有望成为解决生命科学领域中诸多问题的工具，其中也包括食品科学领域。

食品质量与安全事关人民群众身体健康和生命安全，已成为人们时刻关心的焦点问题。消费者期望食品生产者和经营者能够提供优质、安全的食品，然而食品品质是一个复杂的综合问题，食品原料的性质、贮藏条件及加工过程中各种条件等诸多因素都会影响到食品的品质与安全性。由于蛋白质是多数食品的主要组成成分，因而蛋白质组分析能够提供参与决定食品品质的各种生理机制过程中的蛋白质的结构和功能等方面的更多信息，因此蛋白组学为食品科学研究提供了崭新的思路和技术。目前，蛋白质组学在食品科学领域中的应用还处于一个早期阶段，但已有了许多新的发现，表现出了广阔的应用前景。就蛋白质组学的主要研究技术及其发展作一综述，并着重介绍蛋白组学在食品科学研究中的进展和应用前景。

一、蛋白质组学的概念与研究内容

（一）蛋白组学概念

1994 年，澳大利亚悉尼 Maquarie 大学的 MarcWilkins 等首先将蛋白质组（proteome）定义为“基因组所表达的全部蛋白质，包括各种亚型及蛋白质修饰”。这个概念的提出标志着一个新的学科—蛋白组学的诞生，即以蛋白质组为研究对象，应用相关研究技术，从整体水平上来认识蛋白质的存在及活动方式（表达、修饰、功能、相互作用等）的学科。

（二）蛋白组学研究内容

总体上看，蛋白质组研究可分为两个方面。一个是对蛋白质表达模式（或蛋白质组组成） 的研究，另一方面是对蛋白质组功能模式（目前主要集中在蛋白质相互作用网络关系）的研究。目前蛋白组学研究的主要内容包括：①蛋白质的发现与功能的明确；②蛋白质翻译后的修饰特征；③蛋白质结构分析；④蛋白质活性的调节；⑤蛋白质的相互作用及其构象研究；⑥蛋白质的转运分析以及亚细胞结构中的蛋白质分离；⑦蛋白质的表达分析；⑧生物信号转导与代谢途径分析等。

二、蛋白组学主要研究技术

蛋白组学研究的核心技术为：蛋白质组分分离技术，蛋白质组分的鉴定技术，利用蛋白质信息学进行蛋白质结构、功能分析及预测。目前，主要有三种常用的蛋白组学技术，即 2 - DE 分离经胶上原位酶解后的质谱鉴定技术、特异性酶解后多维色谱 - 质谱联用蛋白质鉴定技术 (MudP IT) 和抗体芯片表面增强激光解析电离法检测技术 (SELDI - TOF - MS)，方法的选择取决于研究目的和可利用的仪器设备。虽然发展了几种途径的蛋白质表达分析技术，2D - PAGE 与 MS 结合仍是目前最经典也是应用最广泛的方法。

（一）双向电泳质谱 (2-DE-MS) 技术

双向电泳技术是一种用来从复杂的样本中分离蛋白质的电泳方法，其基本原理是，第一步是根据蛋白质等电点 (PI) 的不同来分离蛋白质，称作等电聚焦 (IEF) 。通过固定 pH 梯度技术 (IPG) 可以实现非常精确的蛋白质分离并具有高度的可重复性；第二步是根据蛋白质分子量大小的差别，采用经典的 SDS - PAGE 电泳来达到蛋白质分离的目的，在 2 - DE 分析中，蛋白质根据它的分子质量和所携带的电荷移到特定的位置，形成蛋白质点图谱，一个蛋白质点就代表一种单个的蛋白质。蛋白质点的饱和度显示的是那个细胞所产生的实际蛋白质数。2 - DE 在数小时内可同时分离大量蛋白质，应用大面积胶，一次可鉴定多达 10000 个蛋白质点 ；可通过蛋白质点染色的强度对其进行定量分析，也可提供蛋白质翻译后修饰信息，具有不同程度的糖基化或磷酸化修饰的蛋白质亚型能较容易地进行分离。在过去 40 年中已经测定了许多物种和组织的 2 - DE 胶图谱，其中包括猪、牛 、鸡和水产品等，一些图谱已经被用于获得与食品品质性状相关的分子标记。

在过去 20 年中，质谱技术 (MS) 已经从分析小的挥发性分子发展到一个很广的应用范围，包括对蛋白质和肽的分析。应用质谱分析可进行蛋白质鉴定和序列测定，其基本原理是样品分子离子化后，根据不同离子之间的质荷比的差异来分离并确定相对质量。在离子化方法上，现多采用电喷雾离子化（ ESI) 和基质辅助激光解吸离子化 (MALDI) 的软电离方法，样品分子进行电离时能保留整个分子的完整性，而不会形成碎片离子，又称肽质指纹图谱 (Pep tide -Mass Fingerp rinting, PMF) 技术。这些电离方法是基质辅助激光解吸电离飞行时间质谱 (MALDI - TOF) 和电喷雾电离 - 串联质谱 (ES - MS/MS) 技术的核心，将它们结合起来使用是蛋白质组学中一个经典的成就。PMF 是一种现在运用最广的用来鉴定 2-DE 分离出来的蛋白质和肽的方法，已经成功地应用于鉴定包括全部的家养动物在内的许多生物的蛋白质。

（二）多维色谱　质谱联用 (MudPIT) 技术

MudP IT 技术先由特异性的胰蛋白酶消化，产生的多肽由强阳离子交换柱和反相 HPLC 分离后经 ESI - MS/MS 分析。同位素亲和标签可标记对照组和处理组样品的蛋白质，从而得到蛋白组的定量信息。而且用 13 C 标记多肽加入到蛋白质消化混合物中，可用于样品制备过程中肽回收率的测定。由于 MudPIT 法采用高速且高灵敏度的色谱分离法来代替耗时的 2-DE 蛋白质分离法，故其与经典的 2 - DE - MS 法相比，具有快速、样品需要量少和多肽分离的通用性强等优点，但 MudP IT 法不能提供蛋白质异构体和翻译后修饰的相关信息。

（三）SELDI-TOF-MS 技术

SELDI 技术通过离子交换柱或 LC 分离蛋白质，并通过芯片上抗体、底物等的亲和力从蛋白质混合物中直接获得单个或多个目标蛋白。故 SELDI 技术能从复杂蛋白质样品中富集蛋白质亚群，所得蛋白经激光解析离子化后进一步质谱鉴定。SELDI 技术的样品制备简便，减少了样品的复杂性，特别适于转录因子等低丰度蛋白质的检测，并能迅速进行蛋白质的表征。然而该方法目前仅可应用于分子质量不大于 20ku 蛋白质的分离鉴定，且分子质量精确度低于经典的 2-DE-MS 法。

（四）蛋白质信息学

蛋白组学及其在食品科学研究中的应用生物信息学 (B ioinformatics) 是通过对生物学实验数据的获取、加工、存储、检索与分析来获取所得数据的生物学信息。在获得了编码蛋白质的 DNA 序列后，其表达蛋白的功能研究成为下一步分析的主要目的。蛋白质信息学 (Protein B ioinformatics) 在蛋白质组分析中起重要作用，一是通过与数据库中的已知蛋白质相比较来判断未知蛋白质的功能；二是预测蛋白质的结构，并判断蛋白质有无发生修饰。

蛋白质组学中出现的大量复杂数据需要整合许多其他来源的数据，包括表型以及结构基因组和功能基因组数据，

表 1 在网络上一些可以免费使用的蛋白质鉴定工具

搜索引擎和网址	蛋白质性质
ExPASy, http: / / ca. expasy. org/ tools/	全面收集了蛋白质的鉴定工具
CombSearch, http: / / ca. expasy. org/ tools/CombSearch /	能同时使用多种鉴定工具进行
AA Comp Ident, http: / /us. expasy. org/ tools/ aacomp /	蛋白质的氨基酸组成、分子质量、等电点、序列标签
FASTS/FASTF, http: / / fasta. bioch. virginia. edu /	序列标签
MASCOT, http: / /www. matrixscience. com	肽片段质量
MassSearch, http: / / cbrg. inf. ethz. ch /Server/MassSearch. html	肽片段质量
MS - BLAST, http: / /dove. embl - heidelberg. de /Blast2 /msblast. html	肽序列标签
MS - Pattern, http: / /128. 40. 158. 151 /mshome3. 4. htm	肽序列标签、质量
PepFrag, http: / /p rowl. rockefeller. edu /p rowl/pepfragch. html	肽片段质量
PepMapper, http: / /wolf. bms. umist. ac. uk /mapper/	肽片段质量
PepSea, http: / /www. unb. br/ cbsp /paginiciais/pep seaseqtag. htm	肽序列标签
Pep tideSearch, http: / /www. mann. embl ～ heidelberg. de / GroupPages/PageLink /pep tidesearchpage. html	肽序列标签、质量
Prob ID, http: / /p rojects. systemsbiology. net/p robid /	肽 MS/MS 数据
ProteinProspector, http: / /p rospector. ucsf. edu	肽片段质量、序列标签
PROWL (ProFound, PepFrap) , http: / /p rowl. rockefeller. edu /	肽 MS/MS 数据
Tagident, http: / /us. expasy. org/ tools/ tagident. html	分子质量、等电点、序列标签

数据搜集和合并是蛋白质组分析中一个主要的任务，近年来出现了一些处理数据的先进算法和软件，并且还存在着许多开放性资源和商业化的数据库平台。

蛋白质组数据库被认为是蛋白质组学知识的储存库，包含所有鉴定的蛋白质信息，如蛋白质的顺序、核苷酸顺序、双向凝胶电泳、三维结构、翻译后的修饰、基因组及代谢数据库等，一些开放性的蛋白质组数据库见表 1。这些数据库涵盖了人类和经典的模式生物如小鼠、大鼠和酵母。生物信息学的发展使蛋白质的鉴定更方便、更快捷，而且随着基因组学的深入研究，能够为蛋白质组学研究提供更全面的数据库。

三、蛋白组学在食品科学研究中的应用

（一）蛋白组学在粮油科学研究中的应用

影响农作物品质和产量的因素很多，近年来运用蛋白质组学技术与方法对其机理进行研究和探讨，对农产品性状的改良和产量的提高具有积极作用。Natarajan 等对野生型和栽培型大豆种子的蛋白谱进行分析后，发现二者具有相似性，提高大豆蛋白中含硫氨基酸的浓度，可以显著的改善大豆蛋白的品质。在提高农产品产量方面，Bahrman 等通过比较蛋白质组学方法研究不同小麦品种间氮肥施用效果的差异，研究发现氮水平对小麦籽粒数量、干重和含氮量的影响是很显著的，该研究对今后更好地采取提高产量的有效措施具有重要的意义。

蛋白组学能够提供与小麦品质及籽粒硬度相关的蛋白质组成的相关信息，为小麦品质的改良提供指导，同时也可以预测面包的品质。谷物蛋白质组学在小麦谷蛋白、醇溶蛋白等种子贮藏蛋白影响面团黏弹性及烘焙品质方面已有一些研究 Amiour 等采用 2 - DE 分离得到目的蛋白点，采用 MALD - TOF 和 ESI - MS/MS 对小麦籽粒进行了蛋白组学研究，以增加对小麦籽粒中两亲性蛋白的生理功能的了解。Salt 等经研究证明小麦生面团中形成泡沫的可溶性蛋白对面团中的气泡具有稳定性作用。科研人员分别利用双向电泳技术对小麦胚乳、面筋及灌浆期的小麦胚乳进行了蛋白组分析，试阐明相关的生物化学特性，为提高面食产品的质量奠定理论基础。何中虎等对中国小麦品种品质评价体系建立与分子改良技术的研究取得了重要进展，特别是通过蛋白质组学方法发现了与面筋强度直接相关的水溶性蛋白 WS-6, 以及运用改进的 SDS-PAGE 方法明确了面包和面条对亚基组成的要求等研究成果，为进一步推动小麦品质改良工作提供了新的理论依据。

（二）蛋白组学在肉品学研究中的应用

1. *肌肉的生长和发育*

肌纤维分两种类型：红肌纤维和白肌纤维，这两种类型在代谢水平上存在着结构和功能的差异。纤维类型与肉质性状比如多汁性、风味和嫩度之间的关系有很多争议，尤其是纤维类型对肉嫩度的影响仍然不清楚。利用能描述生长表型和独特的嫩度性状的动物模型（如牛的双肌和羊的肥臀性状）进行蛋白质组学研究，可以更好地了解生长和肉质性状之间相关的分子机制。Doherty 等阐述了蛋鸡胸肌蛋白质组的特性，揭示了生长期几种相关的蛋白质在表达水平上均有极大的变化。Boule 等应用蛋白质组研究牛骨骼肌的过度生长现象，表明肌肉生长抑制素 (Myostain) 基因上有 11 对碱基对缺失导致 13 种肌肉蛋白质发生了改变。包括收缩蛋白和代谢蛋白，这些蛋白质绝

大多数是来自有收缩性的器官组织，并能够加快肌纤维的收缩功能。同时，他们发现随着肌肉收缩特征的改变，肌肉蛋白质的代谢模式也发生了改变。Lametsch 等通过研究发现猪的补偿性生长可以改变其肌肉的蛋白质组，这有助于进一步了解补偿性生长与蛋白周转变化、肉质软化之间的关系。尽管这些研究还未能得出肌肉生长和肉品质性状最主要的联系，但是蛋白质组意义上的观察将对理解骨骼肌的生长规律起到重要有用，而且在将来的研究中可能为肌肉生长和肉品质性状如何相互联系提供信息。

2. 屠宰后肌肉的代谢活动

由于屠宰后肌肉早期的生化现象在很大程度上影响肉的品质，因此了解屠宰后肌肉的代谢活动与肉品质的关系是肉品学关注的一个主要的焦点。研究表明，与理化性质相关的参数、组织化学性质、温度、基因型及其他诸多因素都会影响到屠宰后肌肉的代谢活动，然而对于屠宰后肌肉的代谢活动与肉质之间的关系却知之甚少。一般说来，使肉变得僵硬的因素会显著影响嫩度，这些因素包括电刺激、压力、冷却速度和屠宰前的营养状况，因此建立能够描述屠宰后肌肉蛋白质组变化的动物模型是一个挑战性的工作。

Lametsch 等首次利用蛋白质组分析了屠宰后猪肌肉的变化情况。他们采集了刚屠宰至屠宰后 48h 肌肉的蛋白质组样品，这些肌肉蛋白质从 5 ～ 200ku 不等，pH 值在 4 ～ 9 之间，结果发现蛋白质组模式发生了 15 种显著的变化。此后， Lametsch 等通过研究最终确定了可作为肉品质标记的 20 多种蛋白质，包括结构蛋白质（肌动蛋白，肌球蛋白和肌钙蛋白 T）和代谢酶，如肌激酶、丙酮酸激酶和糖原磷酸化酶。在这些标记蛋白中，人们发现肌动蛋白和肌球蛋白重链（MHC）与肌肉的剪切力之间存在极显著的相关，这表明屠宰后肌动蛋白和 MHC 的降解会影响肉的质量。Remignon 等直接对肌肉蛋白片段进行分析，认为蛋白质的改变很可能是导致家禽 PSE 肉综合症的直接原因，但目前对于具体是哪些蛋白质发生了改变以及这些蛋白质如何被修饰还知之甚少。Molette 等研究发现火鸡（BUT9）屠宰后胸肌糖酵解的速度比较快（屠宰后每 20 分钟 pH 值比正常的多下降 0.5），从而使得肉品质发生改变，如系水力下降，加工产量降低，嫩度降低。

3. 钙蛋白酶在保持肉嫩度中的作用

研究表明钙激活中性蛋白酶在肉的嫩化中起到一个关键的作用，其限速因子是 calpastatin 介导的对屠宰后钙蛋白酶活性的抑制作用。引起羊肥臀主要原因是由于 18 号染色体的突变，导致钙激活中性蛋白酶的活性增加强两到三倍。肥臀羊死后肌肉结构的变化与其他类型的羊相似，但发生的速度较慢，这就表明了钙激活中性蛋白酶系统在肉嫩化中的重要作用。Lametsch 等研究报道了具体的肌纤维蛋白由钙激活中性蛋白酶介导的降解图谱，肌动蛋白、肌钙蛋白和一些原肌球蛋白异构体的特定降解图谱也将被测定，这些肽的图谱与肉嫩度之间的关系仍需要进一步的分析。

（三）蛋白组学在水产品贮藏加工研究中的应用

鱼贝类等水产品的基质同畜禽肉一样，无论从细胞水平还是从从组织水平都是由大量的蛋白质组成。显然，蛋白组学在水产品原料组成、贮藏加工过程中的品质变化、蛋白质之间及蛋白质与其他成分之间的相互关系等方面的研究中同样具有重要价值。Kjaersgard 等在 11 种不同冷冻储存条件下对鳕鱼肌肉蛋白质图谱进行了分析，发现不同冷冻储存温度对蛋白质图谱无显著影响，但是经过不同的冷冻储存时间（3 个月、6 个月和 12 个月），肌浆球蛋白轻链、磷酸丙糖异构酶、醛缩酶 A、2 - α 肌动蛋白片段等蛋白质的浓度发生了显著变化，从而导致鱼肉质地和味道特有的变化。Bosworth 等对受低氧温胁迫的斑马鱼的鱼肉进行研究分析， 发现低氧对 6 个低丰度蛋白产生影响，而不影响蛋白的表达模式。Martinez 等将双向电泳技术用于鱼种属和鱼肉组织的鉴定， 研究了北极和热带品种死亡后的变 144 第 25 卷第 2 期李学鹏等蛋白组学及其在食品科学研究中的应用化特征及某些添加剂在鱼肉加工过程中的影响。

（四）蛋白组学在乳品学研究中的应用

1. 在乳蛋白质研究中的应用

蛋白质水解是影响乳制品质地的关键因素，所产生的肽类一般是风味物质的前体，或具有独特的生物学特性。2 - DE 可用于考察蛋白水解酶对蛋白质的降解作用。Kunji 等为了研究 L. lactis 中 β - 酪蛋白水解途径，将蛋白水解系统中编码关键酶的几个基因切除，结果表明细胞壁上有关的蛋白酶具有底物特异性，主要表现在 β - 酪蛋白的 C - 末端，并且存在有能转移至少 10 个残基的寡肽转移系统，只有少数的肽类能被转移到细胞中。Deutsch 等比较了瑞士奶酪中几种嗜热乳酸菌的细胞提取物的水解作用，包 括 Lactobacillus helveticus、Lactobacil2lus delbruecki subsp. lactis 和 Streptococcus therm ophilus，其中 L. helveticus 水解 β - 酪蛋白的能力最强，但存在于水解产物中的磷酸肽几乎不能被降解，用相同的底物对保加利亚乳杆菌和嗜热链球菌以及 4 种丙酸菌研究也能得到类似的结果。

2. 在乳酸菌蛋白质组中的应用

①乳酸菌的标准图谱

Anglade 等报道了 L. lactis 的第一个标准凝胶，得到了 450 个银染斑点，鉴定了 15 个蛋白质。通过 2DE 分离蛋白质，再由肽类质谱图及搜索数据库而实现蛋白质的鉴定。由于基因组数据库中乳酸菌的信息还不完全，因而限制了蛋白质的鉴定。Perrin 等对生长于 M17 - 乳糖培养基上的嗜热链球菌进行研究，用 2D - PAGE 分离并通过 N - 末端测序来鉴定，建立了一种相当精确的对斑点指数化的方法。在所用的分析条件下只检测到了大约理论蛋白质组的 17%。目前有很多工作致力于更精确地描述乳酸菌蛋白质组。

②乳酸菌蛋白质的差异表达

乳酸菌中蛋白质的差异表达研究最多的是 L. lactis, 对它的差异研究主要是 2 个菌株之间或不同培养基上生长的细胞所产生的蛋白质组的比较。Guimont 等比较了在 M17 培养基或牛奶中生长的不同 S t. therm ophilus 菌株的蛋白质组成，不同的菌株和培养基对蛋白质组成的数量及性质都有影响，牛奶基质中酶的产量要比 M17 培养基低。大多数有关乳酸菌的差异表达研究集中在胁迫反应和适应方面，这有助于更好地理解乳酸菌的适应反应及相关的交叉保护机制，将乳酸菌应用于特定的工业过程。Rechinger 等采用 35S 标记的方法，结合 2 - DE 和 N - 末端测序，以动力学方式研究了保加利亚乳杆菌在合成培养基与牛奶中所表达的蛋白质的差异，他们发现将细胞从 MRS 培养基转接到牛奶中后不会诱导胁迫酶或糖酵解酶的大量合成。

（五）蛋白组学在食品营养学研究中的应用

1. 食品蛋白质组成和活性成分研究

食品蛋白质测定的传统方法不能得到纯的蛋白和氨基酸序列信息，而蛋白组分析则可轻易获得这些重要信息。目前，食品蛋白组学研究主要集中在富含蛋白的大豆、乳品蛋白组成和活性成分的研究 Gianazza 等采用 2 - DE - MS 法发现不同蛋白质组成的大豆对人体血浆脂蛋白等水平有影响，其中血浆 7S 和 11S 球蛋白变化显著。Smolenski 等采用 MudP IT 和 2 - DE - MS 法表征牛奶蛋白组，分别发现 2903 和 2770 个多肽，说明牛奶成分比先前报道的更为复杂，还鉴定了 15 种与机体防御机能有关的蛋白。

2. 营养素在胃肠道的消化与吸收研究

食物营养素的营养价值和其它功能不仅与自身的成分有关，还依赖于其在胃肠道中的消化和吸收，但目前对消化酶和上皮细胞营养物质的转运体却所致甚少。蛋白组分析表明，大鼠小肠存在一些小肠分子伴侣蛋白、细胞骨架可塑性蛋白和维生素转运蛋白等以前未发现的蛋白质，比如：胃肠调理素、α - 细丝蛋白和 V D 结合蛋白前体等。Alpert 等在体外用内毒素或病原菌处理小肠上皮细胞后，2 - DE - MS 法分析发现有 25 种和 18 种蛋白质分别上调和下调表达，这些蛋白可能与炎症条件下营养素的消化和吸收不佳有关。

3. 营养素的代谢与代谢调控机制研究

蛋白组学技术为糖尿病、肥胖、衰老、心血管疾病等营养代谢与调控异常疾病的机制研究提供了新的途径，阐明了营养素代谢和调控机制。Li 等采用 2 - DE - MS 法比较了青年人与老年人正常结肠粘膜上皮细胞蛋白质组，发现代谢、能量产生、分子伴侣、抗氧化、信号转导、蛋白质修复和细胞调亡相关蛋白质出现差异表达。这些研究有助于理解人营养吸收与代谢相关细胞衰老的分子机制。Bluher 等比较了脂肪敏感胰岛素受体基因敲除小鼠的脂肪细胞内蛋白质表达差异，发现 27 个脂质和能量代谢通路的关键蛋白上调或下调表达，其中转酮醇酶、延伸因子 - 2 和葡萄糖调节蛋白 - 78 等与胰岛素信号转导和脂肪细胞大小调控密切相关，其中 14 种蛋白质可能由相应 mRNA 表达量变化引起，13 种可能由蛋白质翻译或周转引起，这说明胰岛素可以在转录和翻译后修饰水平影响蛋白质的表达模式。这些研究结果进一步加深了人们对营养物质代谢调控网络的了解。

（六）蛋白组学在食品安全与食品鉴伪中的应用

各种食品安全突发事件，如食物过敏事件、沙门氏菌、李斯特菌污染事件、疯牛病事件等已经引起人们对食品安全的极大关注。其中，食物过敏是一个全世界关注的焦点问题。随着社会环境和生活方式的巨大变化，人类的饮食环境进入多样化时代，过敏性疾病的发病率随之亦呈持续快速上升的趋势。最近调查显示，我国 15 ～ 24 岁年龄段健康人群中，约有 6% 的人曾患有食物过敏。成年人多对海鲜有过敏反应，大约有 7 百万美国人对海产品过敏，占美国总人口的 2.3% ，其中 0.5% 的成年人对虾类产品过敏。海鲜过敏是由免疫球蛋白 IgE 对海产品中一些特殊蛋白质（如结构蛋白：原肌球蛋白等）反应引起的。蛋白组学为食物过敏原的鉴定和表征提供了技术支持。Yu 等采用 2 - DE - MALD I - TOF 技术研究了斑节对虾的致敏原，结果显示该致敏原是一种具有精氨酸激酶的蛋白质，它能与虾过敏性病人血清 IgE 发生反应，从而引起虾过敏性病人的皮肤过敏反应。Koller 等采用 2 - DE 和 MS/MS 及能够检测、鉴定超过 2500 种蛋白质的多维蛋白质鉴定技术对水稻（O ryza sativa ）的叶、根和种子组织进行了系统的蛋白组学研究，结果在种子样品中鉴定出了几种已经表征过的过敏性蛋白，显示了蛋白组学技术在食物过敏事件的监督中具有很大的潜能。

近年来，随着我国市场食品品种的丰富，加工手段的多样化，食品添加剂的广泛使用，食品真实性、品质鉴定等问题也逐渐凸现。如何快速鉴别食品的真、伪、优、劣和品质成为食品市场管理的重点和难点。随着科技的发展，假冒伪劣的手段也在不断提高，仿真度极高的劣质产品给检验工作带来了巨大的困难。因此，食品鉴伪已成为食品安全领域的关注热点。伴随着DNA种质鉴别等其他分子技术、同位素产地溯源技术等在食品鉴伪体系中的应用和发展，蛋白组学也已被证明成为该领域的一个有力工具，尤其是在鉴别动物的健康状况，繁殖和屠宰处理时所受刺激和污染的水平等方面。Martinez等综述了蛋白组学方法与其他一些方法在食品鉴伪中的应用进展，指出蛋白质组与基因组不同，基因组仅提供静态信息，蛋白质组则对某一生物或细胞在特定生理或病理状态下表达的所有蛋白质的特征、数量和功能进行系统性的研究，能提供更多更全面的信息，这些信息不仅包括种属方面的信息，还包括食品的新鲜程度和组织方面等信息。尽管DNA 鉴别技术在近期仍然会是种属鉴别的主要技术，发展迅速的蛋白组学技术将在食品鉴伪领域逐渐发挥其其商业价值。在很多情况下，仅通过肉眼观察2-DE图上蛋白质组的差异，即可把种属关系很近的两种鱼类区分开来。

四、前景与展望

蛋白质组学解决了在蛋白质水平上大规模直接研究基因功能的问题， 是通过生化途径研究蛋白质功能的重大突破。蛋白组学能够提供参与决定食品种属、品质、功能与安全性的各种生理机制过程中的蛋白质的结构和功能等方面的更多信息，作为专门的技术体系已广泛用于食品科学研究领域，为食品科学研究提供了崭新的思路和技术，并极大地拓展了食品科学的研究领域和促进了食品科学的快速发展，将成为食品品质研究的一个高通量、高灵敏度、高准确性的研究平台。当然基因和蛋白质不会单独地发挥作用，而是联合成一个复杂的网络来产生细胞功能、组织、器官以及有机体。食品品质是由多种因素间复杂的相互作用决定的，蛋白质组只是用于分析的有力工具而不是解决食品品质问题的最终方法，要建立食品品质的生物学标记并将其运用于食品原料、贮藏与加工等工艺过程，还需要多门学科如生理学、遗传学、细胞生物学、生物信息学的跨学科合作以及与动物生产和食品加工业的密切协作。

调味品的安全性评价

四川大学华西公共卫生学院营养与食品卫生学教研室
吕晓华

传统意义上的调味品指具有咸、甜、酸、苦、辣、鲜等味道的产品。作为一类特殊食品配料成分，调味品被广泛应用，其范畴已大大扩展。Schrankel将其定义为“以引起触觉和嗅觉的共同感官反应（包括放入口中的物质的触觉和温度反应）为首要目的的任何单一物质或其混合物”，按其来源可分为化学合成和天然食品调味品。大多数调味品化学结构明确、摄入量低、已被作为食物成分长期食用，许多国家在对食品添加剂立法管理过程中将调味品排除在外。随着食品国际贸易额不断增长，食品成分安全备受关注。同时，为满足消费者日趋多样化的口味需求，复合调味品涌现出来。我国目前尚未对调味品的安全性进行评价，本文简要介绍发达国家在食品调味品安全性评价方面的现况。

一、调味品安全性评价的组织机构

（一）美国食品药品监督局（FDA）

FDA早在1958 年开始对调味品安全性进行研究，并提出“一般认为是安全的”（generally regarded as safe ，GRAS）这一概念， GRAS物质入市前无需进入耗时而昂贵的审批步骤，但符合GRAS的物质必须通过专家采用完善的科学流程进行评价，同时GRAS物质只能用为调味品。

（二）FEMA 专家组

GRAS的提出使美国调味品工业界认识到随着调味品工业的发展，必须对调味品安全性进行系统评价，如调味品的使用条件、化学性异同、代谢和毒理学资料等。因此，在1960年成立美国食品香料与萃取物制造者协会（FEMA）

专家组，主要任务包括：从调味品的已有可利用资料中做出判断；确定所需的进一步研究；作出GRAS抉择。FEMA专家组每年3～4次例会对调味品进行安全性评价，建立了调味品的评价标准，包括调味品的化学结构、构效关系、人体接触剂量、毒性、代谢率和存在形式。迄今为已发表21个GRAS名单，合计超过2000种物质。

（三）JECFA

联合国粮农组织（FAO）和世界卫生组织（WHO）共JECFA食品添加剂联合专家委员会（JECFA）从1967年起开始常规评价调味品，并以每年1 种的速度进行评价和确立其可接受的每日摄入量。在整体评价方面，JECFA核准了1300多种物质在作为调味品的摄入量下的使用。1996年，JECFA按照Munro等人提出的理论建立了一套新的调味品安全评估方法，该程序考虑了调味品的摄入量及其存在形式、构效关系、毒性和代谢资料。

（四）欧盟的调味品安全性评价机构

欧盟各国洲也重视调味品的安全性，已注册的食物调味品包含所有的FEMA GRAS物质，同时他们还采用欧盟食品科学委员会（SCF）提出的一套评估方案，该方案强调不需要对J ECFA所采纳的物质进行重复评估，其它已经接受过评估或已经被欧委会和SCF认可的物质也不需要进一步评估。欧盟食品安全局（EFSA）也致力于建立一个各成员国认可的调味品清单。

（五）国际调味品工业组织（IOFI）

IOFI代表全球性调味品工业成员，组织确保提供安全调味品的多种活动。IOFI为工业、客户、政府机构和消费者提供可靠的科学信息、教育和培训机会以促进各方利益、推广调味品的安全使用。IOFI拥有一个全球性科学管理委员会（GSMC），负责开展科学项目计划，它的主要宗旨是基于合理的科学理论，维护并支持一致的全球性方法实现对调味品的安全评测。IOF收集全世界范围内的调味品使用标准以及安全性研究的数据，并提供给例如JEFCA的科学团体组织用于安全性评估。发展中国家应该就调味品信息问题积极联系IOFI。

二、调味品安全性评价内容

（一）调味品摄入量的估计

1960年，FEMA首先使用可能的每日平均摄入量（PADI）来估测调味品摄入量，具体方法是：将调味品在33种食物（包括烘焙食物和肉类） 中的常用量及每日的平均食用量加倍；将33种食物中的调味品摄入量相加。这种方法夸大了每日平均摄入量，而且没有考虑到特殊食物中调味品的浓度和需要增加的水平，以及食物的食用方式对其影响。

详细膳食分析（DDA）以14岁以上的消费者为对象，详细调查了他们所有食物的摄入量，整个过程持续一年，充分考虑了食物的季节性变化。这个调查设定各种特殊食物的食用量、每种食物的消费频率、每种食物中调味品的含量，并按照年龄、体重或其他特征将消费者分类。然后进行八步分析计算出食用调味品和不食用的人群各自的平均摄入水平。虽然数据结果比较准确可靠，但成本高，花费时间长。

完全随机样本研究（FSM）的开展是为了帮助欧盟开展调味品的评价。此前，欧洲的摄入量估计是用理论上附加的每日最大摄入量法（TAMDI）。TAMDI以1988年英国成人膳食营养调查中16～24岁男性的膳食资料为基础，选择某种调味品含量可能最大的31种食物和饮料的摄入量来计算某种调味品的每日摄入量。其结果的可靠性与PADI相似。但FSM法的样本是采用完全随机的方法抽样精选，其结果的可靠性比TAMDI高三个数量级，与DDA法相似。

在DDA的基础上，JECFA预测可以通过每年工业固定调查来估计调味品的摄入量，这种方法称为PCI×10法，也叫最佳化的调查的每日摄入量法（MS2DI）。该方法设定只有10%的人群消费掉每年所上报的某种调味品。而每年的调味品消费量相对容易地从工业界调查获得。PCI 的计算如下：PCI （μg/ 每人·每日）= 每年的调味品总消费量 /（人群总数 × 调整系数 ×365天）。其中，调整系数是为了修正工业固定调查的调味品总消费量。再将PCI乘以10就可以获得相对保守的某种调味品摄入量的估计值。尽管这种方法是目前最经济易行、可靠性高的方法，但仍没有考虑调味品具体使用时的影响因素等。

（二）调味品的存在形式

随着化学分析法日益成熟，越来越多天然和 / 或加工过程中产生的调味品成分在食品中被检测发现。对任何一种合成的调味品成分评价时，需要其同一性、纯度和化学合成方法的资料，后者也能提供潜在毒性的证据。

（三）调味品化学结构与重要的生物大分子的交互作用

调味品安全性评价的关键是了解调味品结构和内在毒性、剂量与毒性发作的关系。毫无疑问，每一种物质都需要达到一个阈值才能产生毒性。尽管目前科学上还不能作出一种新化学物毒性的确切预测，但最新的研究已经开始关注化学物与生物大分子之间的交互作用。生物分子主要作为酶、受体、细胞因子等发挥作用，生物靶分子的特殊构成决定了化学物（如药物、调味品、营养素或杀虫剂等）有益或有害的生物反应。同时，化学物的三维空间结构决定了与何种生物大分子发生交互作用。是调味品主要作用于嗅觉和味觉的受体，因此调味品的评价需要考虑与其发生作用的潜在的生物大分子。

（四）调味品代谢与分布

剂量依赖性代谢是理解调味品生化结果和毒性的关键。一般来说，调味品的代谢选择取决于化学结构，如官能团、碳骨架、取代的位置与类型、电子云等；而阈值和代谢能力则取决于研究的物种和性别。为了外推到人群，动物实验应在不同性别和种属的广泛剂量水平上进行。基于动物属种、性别和剂量的代谢研究已成为调味品安全性评价的主要组成部分。

（五）毒理学资料

根据毒理学观察终点的不同，可分为非致癌性和致癌性。在过去 20 多年中，JECFA 重点对 20 多种调味品或关键代谢物的致癌性进行研究，按照目前的摄入水平，调味品对人群没有显著的致癌危险。由于调味品的数量巨大，在进行毒理学评价时先进行毒性初筛试验来取代标准 LD50 试验，如果 PTS 结果阳性，再进行包括确定未观察到损害作用水平（NOAEL）的亚慢性毒性试验在内的进一步研究。如果条件允许，观察终点扩展到神经、生殖与免疫系统的不良反应。

（六）遗传毒性

遗传毒性试验主要用于致癌性预测。设计完善的体内试验结果体外试验的阳性结果。遗传毒性试验组合（包括体内和体外试验）方法的设计是为了减少有潜在遗传毒性化合物的假阴性结果的风险，但是，任何一种遗传毒性试验中的阳性结果并不一定能说明受试物对人体真正具有遗传毒性或致癌性的危险。遗传毒性试验组合检测的是被认为主要通过直接的遗传损伤机制的致癌剂，如绝大多数已知的人类致癌剂。因此，这些组合无法检测出非遗传毒性致癌剂。体外试验的一些实验条件，如体外代谢活化系统有限的能力，可能导致假阴性结果。因此，遗传毒性试验评价是复杂的，必须综合考虑其他资料。

三、JECFA 调味品安全评估方法

从 1996 年起，JECFA 已经应用一个决策树算法评价了 1200 多种调味品，通过调味品的代谢特征以及估计的摄入量与相关阈值的关系预测调味品的安全性 。鉴于调味品的种类繁多，其毒性阈值都是采用相同结构类别物质的慢性和亚慢性毒性资料。

JECFA 根据结构特征和代谢将调味品分为三类：

类别 I 是结构和相关资料显示经口低毒性物质，在人群中暴露量极低，在体内一般代谢为无毒物质，每日摄入限量为 1800μg。

类别 II 介于 I 和 III 之间，比类别 I 的毒性略高，但是没有充分的毒性证据或缺乏类别 III 那样的特征资料，其每日摄入限量为 540μg。

类别 III 是指不能进行安全假设或有明显毒性的物质，特别是当人均每日摄入量或者特殊人群摄入量很高时，需要更多的食用安全资料来确定其潜在危害，每日摄入限量为 90μg。

如果预计某种调味品在体内代代谢成无毒物质，其摄入量低于限量时是安全的，但超过限量时，就需要毒性和结构类比资料；如果预计某种调味品不能代谢为无毒物质，即使摄入量低于限量，其安全性评价也需要毒性和结构类比资料。每日摄入量超过限量 1.5μg ，都可能有 1/100 万的致癌危险率。

此外，调味品在遗传毒性、免疫毒性、神经毒性和生物蓄积等方面的阈值不同，不能按照同类物质的阈值来判断。

JECFA 采用的调味品安全评估方法只适用于化学结构已确定、可划分入所属结构类别的调味品。为了对市场上已有的几百种天然调味品进行安全评估，首先需要获取其成分数据。故 JECFA 提出建立一份世界各地的天然调味品的成分数据目录。随着调味品种类多样化、成分复杂化，对其进行安全性评价成为一个亟待解决的食品安全问题。我国应借鉴发达国家的经验，逐步完善调味品安全性资料，确保消费者食用安全。

论食品机械设计中的并行式绿色设计技术

大连绿诺环境工程科技有限公司
迟家成

进入 20 世纪 90 年代后，各国的环保战略呈现出鲜明的“绿色”态势，即向资源合理化和废气物少量化发展。“绿色”的概念逐步走向社会和大众生活。因此，把“绿色”概念引入食品机械行业，食品机械绿色设计势在必行。

目前，大多数数企业的食品机械开发设计是采用串行的设计模式，即按顺序方式来组织食品机械。从用户需求、概念设计、方案规划、详细设计、零部件开发、生产到售后服务的各个阶段，且每个阶段都是界限分明、各尽其职，但各阶段之间的工作是相互“孤立”的，缺乏必要的信息交流和协调。因此，食品机械开发过程增加了许多不增值的环节，使生产准备周期延长，容易造成设计、制造和用户要求的脱节。这种串行式的食品机械开发设计模式使食品机械的可制造性、可装配性和可维护性较差，从而导致设计改动量大、协调环节多、开发周期长以及成本高等结果。而且，在食品机械设计过程中很少考虑食品机械生产制造方式、使用过程和废弃处理对环境的负面影响。

一、食品机械并行式绿色设计的方法

食品机械在使用过程中产生的有害物更直接影响着自然环境。食品机械在使用过程中的噪声、废气和废水排放，还包括制造加工过程、

使用后的废弃处置对环境产生负面的影响等焦点问题。食品机械并行式绿色设计是基于并行技术为基础的绿色设计，是对食品机械的开发设计及其相关环节并行处理，即设计过程的并行化、集成化的绿色设计。从系统角度出发，绿色设计是整个系统的核心。主要包括食品机械结构设计（如可拆卸性设计）、食品机械材料选择、制造环境设计、食品机械工艺设计（如洁净成型、干式加工、工艺模拟、快速成型技术等）、包装方案设计和回收处理设计等方面；而环境影响评价则是整个系统的关键，它贯穿于整个系统的全过程，用于企业对食品机械开发战略、食品机械设计、制造过程实施全方位评估。主要可包括从生态平衡、宜人性和废弃处置等几个方面确定绿色食品机械的评价指标体系。其中，生态平衡包含资源、能源和环境污染等方面的要求；宜人性包括食品机械美观和使用舒适度、对人体危害和人身安全危害程度的要求；废弃处置则包括资源、材料、能源的利用率和食品机械及零部件回收等方面的要求；并行工程是整个系统的基础，它将整个系统涉及的设计、制造及使用的全生命周期中的各个环节通过网络、多媒体、工作站等信息交流平台实现设计制造的并行化、集成化。

由于食品机械在开发设计过程中的各阶段的工作都是交叉及并行的。为此，必须建立一个内部可以交互的并行工程支持的信息环境。一方面把各类信息经过筛选分类及时准确地传达给有资格决策的人，以便做出决策（修改或认可）；另一方面有以利于积累经验、重复使用。

二、并行式绿色设计的基本特点

并行式绿色设计作为食品机械开发设计的一种模式和方法，它以集成并行的绿色理念设计食品机械及其相关过程，力求使食品机械开发人员在设计初期就考虑食品机械生命周期全过程的各项因素（如用户需求、质量、成本、进度、拆卸与回收的设计体系等），使食品机械实施最优化设计。其特点为：

（一）设计目标的一致性

在食品机械的开发设计过程中，综合考虑食品机械的（功能、生命、质量、成本、服务与环境）特性，使食品机械既满足功能方面的使用特性，又要符合制造生产、使用和废弃处置等方面的环保要求。

（二）设计过程的协同性

主要表现为从食品机械的开发设计初期就考虑其生命周期全过程的各相关过程，包括技术设计、工艺设计、生产制造、使用维护、废弃处置等过程，应用并行式设计方法，在食品机械开发设计的各阶段交叉进行，以便及时发现、协调与其过程不合理之处，并进行改进、评估和决策。

（三）设计信息的集成性

从食品机械的开发设计初期，充分考虑影响食品机械的各项因素，且重点关注影响环境的因素。应用并行工程技术，实施信息预发布、方案评审及信息反馈。在计算机支持的协同工作环境中，实行信息集成、资源共享，使有关人员能够及时接受或发送正确的信息，以便协同进行优化设计。

（四）设计人员的多样性

并行式绿色设计比一般食品机械设计涉及更多的环节和技术人员，如材料工程师工艺人员检测人员销售人员服务人员环保技术人员。对于专业食品机械的开发设计人员的素质要求更高，即要求设计人员与各类技术人员协同配合作业，且具有较强的食品机械环境意识。

（五）设计方法的广泛性

食品机械的并行式绿色设计比一般的食品机械设计所涉及的内容更丰富，方法更广泛。如食品机械各类部件与总成材料的绿色特性评定、制造过程的绿色度评估、人机工程学设计、可拆卸性设计、回收设计、绿色程度评估等。

三、食品机械并行式绿色设计的关键技术

在食品机械开发中实施并行式绿色设计的相关技术非常多，最为关键技术有：食品机械数据管理技术、数字化食品机械建模与仿真技术、信息与技术的集成技术和食品机械设计制造绿色度的评价方法等方面的技术。

（一）食品机械数据管理技术

食品机械数据管理技术（PDM）是并行式绿色技术的关键技术之一，是对食品机械生命周期全过程的各环节中所需要的、或生成的大量数据和信息（包括绿色资源、绿色设计模式、工程规范、技术文档、图纸、CAE/CAD/CAM 文件、食品机械结构模型、食品机械设计结果、食品机械订单要求、供应商与顾客状况及食品机械制造加工流程等）的管理技术，并且可以按要求将数据或信息及时传递到指定的位置或相应的人员。

（二）食品机械建模数字化与仿真技术

为了达到并行式绿色设计的目的，通过收集、整理大量的设计、制造和运行的数据资料，建立食品机械的生命周期主模型。在建模的基础上，实现不同部门人员的协同工作，利用仿真技术对食品机械开发设计过程、制造过程、测试过程及废弃处置中的信息进行全面的仿真，以便发现开发设计和制造中可能出现的问题，在食品机械实际生产前就可以修改设计、采取有效措施。

（三）信息与技术的集成技术

食品机械的信息与技术的集成是实施并行式绿色设计的基础，将有关食品机械生命周期全过程中各类信息的获取、表达、传递和操作工具集成于一体的管理系统。通过通信网络技术、多媒体技术、绿色设计技术和食品机械数据管理系统，构成食品机械开发的数据共享平台，进行生产调度、质量控制成本核算、设计项目评估等，实现并行式绿色设计的网络化。使设计人员在各自的工作站上进行设计并可根据设计目标的要求，既可随时应其他设计人员的要求修改自己的部件设计，也可要求其他设计人员修改其设计以适应自己的要求，从而实现设计网络化，使食品机械设计的多项工作并行协调地进行。在食品机械数据管理系统的支持下，实现并行式绿色设计的食品机械开发过程。

（四）食品机械绿色度的评价方法

食品机械绿色度的评价指标除了有操作性指标、保养性指标、经济性指标，还有环保性指标，在评价过程中强调降低对环境负面影响的重要性。其中：操作性指标是对传统评价体系中功能合理性和安全性指标的综合；保养性指标是可靠性的延伸；经济性指标中包含因考虑食品机械的绿色设计而可能导致成本的增加，如污染和废弃处置导致为减少这种负面影响所必须的成本增加；环保性指标是绿色设计综合评价体系所特有的重要评价指标，是对食品机械全生命周期内的制造使用、废弃处理等方面对环境的负担和影响作客观、全面地评价。

四、结语

综上，环境问题已经成为一个全球性的问题，经济的发展不能以浪费资源为代价，影响人类生存的环境问题已经到了非解决不可的时刻。实施食品机械并行式绿色设计是食品机械制造业发展可持续发展战略、解决环境问题、实现新的腾飞的必由之路。

茅台酒酒曲中 5 株真菌的分离、纯化、鉴定初报

四川农业大学食品学院
刘洪伟

茅台酒在国内被誉为国酒、“祖国之光”，是酱香型白酒的典型代表，深受喜爱。但是由于茅台酒的生产环境尤为特殊，微生物的组成十分复杂限制了对茅台酒的深入研究。虽然国内科研学者对茅台酒做了大量的研究，但目前为止，茅台酒的主体香型成分还没有确定，本实验初步分离了茅台酒酒曲中的曲霉和根霉，旨在为后续对茅台酒的深入研究提供基础实验依据。

一、材料与方法

（一）材料

茅台酒酒曲：由贵州茅台酒厂提供。

主要培养基：孟加拉红培养基，PDA 培养基。

主要仪器：SW-CJ-IF 洁净工作台，DH360 型电热恒温培养箱，OLYMPUS 显微镜，XW-80A 漩涡混合机，E0214 型分析天平。

（二）方法

1. 酒曲中微生物种群的分离、纯化

于茅台酒酒曲内部取曲粉少量，放入 10mL 无菌水中，涡旋混合机上振荡，摇匀。用移液枪从中吸取 1mL 放入另一支试管，加入 9mL 无菌水，配成 10-1 菌悬液。依此类推，配制成 10-2，10-3，10-4……菌悬液。震摇后，分别从上述试管中吸取 200μ1 菌液涂布于孟加拉红培养基中，每个稀释度设置 3 个重复。32℃恒温培养 48h ～ 72h，挑取平板上带有个体特征为霉菌的单菌落分别接种于 PDA 培养基斜面上，32℃恒温培养，待菌苔长出后，检查其菌落和个体形态特点是否一致。

2. 菌落的培养方法

无菌条件下，用接种针挑取纯化分离斜面培养基中单菌落孢子，采用三点接种法接种于 PDA 培养基当中，接种时应该避免孢子散落于平皿其它位置。

3. 培养特征观察

采用标准条件培养霉菌，观察并记录 PDA 平皿菌落特征：包括菌落的正背面颜色，菌落直径，菌落质地，有无分泌物等。

4. 显微形态观察

制备临时玻片：按照乳酸 10g，甘油 20g，苯酚 10g，蒸馏水 10mL 的配方配制乳酸苯酚液。吸取一滴乳酸苯酚液于载玻片上，从菌落的边缘挑取少许菌丝和孢子置于乳酸苯酚液中，加盖玻片。显微镜下观察并记录菌种的显微形态：包括分生孢子头、顶囊、产孢结构、梗基、瓶梗、分生孢子等。

5. 茅台酒酒曲中真菌鉴定

依照 Klich MA、Raper KB 的鉴定方法，按标准培养方法培养分离出的曲霉，鉴定结果具有较高的准确性和稳定性。依照张纪忠介绍的方法鉴定根霉。

二、结果与分析

5 株真菌菌种的培养特征和显微形态见表 1。

表 1 霉菌菌株的鉴定结果

本实验对茅台酒酒曲中的 5 株真菌菌种进行了分离、

特征	菌号				特征	菌号
	R_1	R_2	R_3	R_4		R_5
菌落直径	6.2cm	0.65cm	3.6cm	3.0cm	菌落直径	5.2cm（孟加拉红培养基 5d）
菌落颜色	草绿色	红色	暗黑褐色	黑色	菌落颜色	初为白色，后为灰褐色
菌落质地	疏松	紧密	疏松	中心突起，有放射状沟纹	Pfeffer 液	28℃（+）
渗出液	无	无	无	少量	中生长温度	37℃（+）、45℃（-）
菌落反面颜色	无色	红色	略带黄色	黄褐色		
分生孢子头	放射状	无	放射状	球形	孢子囊	椭圆形，褐色
顶囊	近球形，表面全面可育，直径 42μ m	近球形，表面全面可育，直径 36.4μ m	球形，全面可育，直径 750μ m	球形，表面全面可育，直径 102μ m	孢囊梗	直立，浅黄色，长度在 960μ m
产孢结构	单层，瓶梗 (8～10) × (3～4) μ m	分枝顶端	双层，梗基 (4～6) × (2～3) μ m，瓶梗 (7～8) × (2～3.5) μ m	双层，梗基 (12~15) × (5~7) μ m，瓶梗 (7~12) × (2~5) μ m	孢囊孢子	圆形，光滑，黄灰色，直径 6.5μ m
分生孢子	球形，直径 3.2～5.1μ m，壁厚稍粗糙	球形或梨形，直径 6.7- 11.5μ m，壁光滑	球形，褐色，直径 3.6μ m	球形，壁粗糙，直径 6.8～7.0	假根	较为发达
子囊孢子	无	卵形或椭圆形，无色，(6.5～8)× (3～5)μ m	无	无	厚垣孢子	有
本种典型特征	无	含有多数子囊，闭囊壳 25～45μ m，菌丝直径 10～12μ m	无	无	接合孢子囊	由两个同型孢子囊异宗配合的有性生殖
菌种鉴定结果	半知菌亚门 丝孢纲 丝孢目 从梗孢科 曲霉属 米曲霉种	真菌门 不整子囊菌纲 散囊菌目 红曲科 红曲属 红色红曲菌种	半知菌亚门 丝孢纲 丝孢目 从梗孢科 曲霉属 黑曲霉种	为半知菌纲 壳霉目 杯霉科 炭黑曲霉	菌种鉴定结果	接合菌亚门 接合菌纲 毛霉目 毛霉科 根霉属 米根霉种

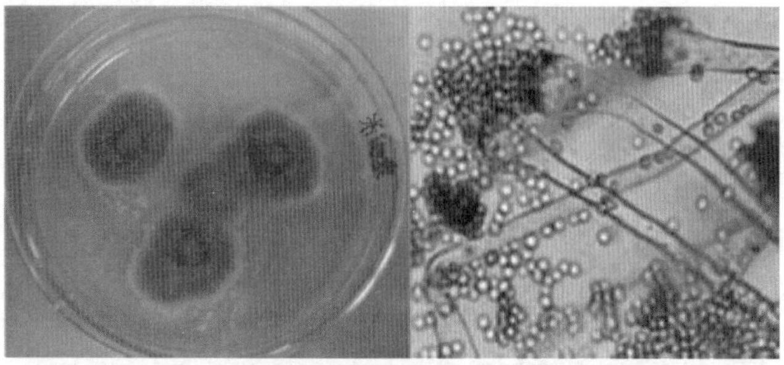

图 1 霉菌 R_1 的菌落和个体形态

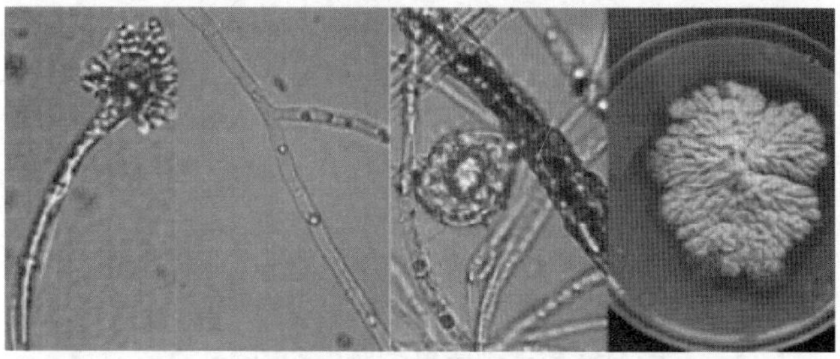

图 2 霉菌 R_2 的菌落和个体形态

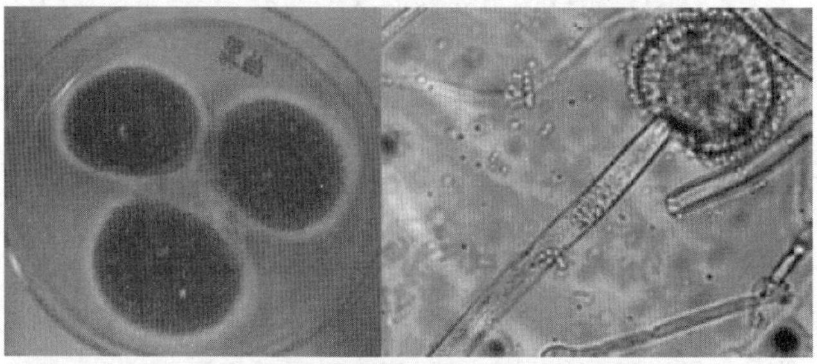

图 3 霉菌 R_3 的菌落和个体形态

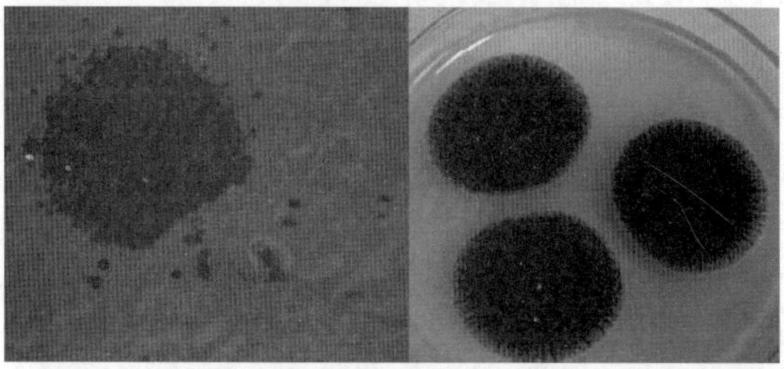

图 4 霉菌 R_4 的菌落和个体形态

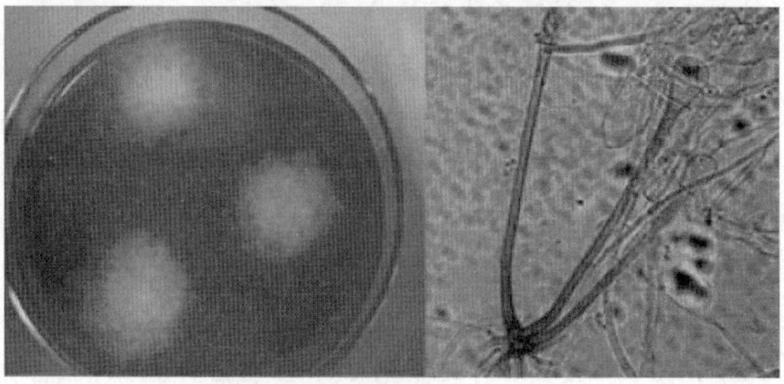

图 5 霉菌 R_5 的菌落和个体形态

纯化和初步鉴定，菌种编号为 R1、R2、R3、R4、R5。结果如表 1 和图 1-5, 研究表明：

霉菌 R1 菌落生长速度较快，菌落呈草绿色，质地疏松，菌落背面存在辐射状的沟纹。油镜下观察顶囊近球形，分生孢子头全面可育，直径 42μm，分生孢子梗为单层，瓶梗（8～10）×（3～4）μm；分生孢子呈球形，直径为 3.2～5.1μm, 壁厚稍粗糙。鉴定 R1 为半知菌亚门（Deuteromycotina）、丝孢纲（Hyphomycetales）、丝孢目（Hyphomycetales）、从梗孢科（Moniliaceae）、曲霉属（Aspergillus）、米曲霉（Aspergillusoryzae）。

霉菌菌株 R2 的菌落呈放射状条纹，中间隆起，菌落生长紧密，呈局限。菌丝具有分枝，横隔，多核，含油滴，有深浅不一的红色色素，菌丝及其分枝的顶端孢子单生或链状，闭囊壳球形，有柄。鉴定结果为子囊菌门（Ascomycota），真子囊菌纲（Euascomycetes），散子囊菌目（Eurotiales），红曲菌科（Monascaceae），红曲菌属（Monascus），红色红曲菌（MonascusruberVan Tieghem）。

霉菌菌株 R3 菌落呈暗黑褐色，四周有明显的透明圈。其分枝菌丝均具隔膜，菌丝每个细胞中常含多核。产孢结构双层，梗基（4～6）×（2～3）μm, 瓶梗（7～8）×（2～3.5）μm。鉴定结果为半知菌亚门（Deuteromycotina）、丝孢纲（Hyphomycetales）、丝孢目（Hyphomycetales）、从梗孢科（Moniliaceae）、曲霉属（Aspergillus），黑曲霉（Aspergillus Niger）。

霉菌菌株 R4 菌落生长速度较快，成熟后为黑色且菌落中心突起，有放射状沟纹，分生孢子头为球形，顶囊为球形，其直径为 102μm，顶囊表面全面可育，产包结构双层，梗基（12-15）×（5-7）μm，瓶梗（7～12）×（2～5）μm 球形，壁粗糙。鉴定结果为半知菌纲（Fungi Imperficti）壳霉目（Sphaeropsidales）杯霉科（Discellaceae）炭黑曲霉（Aspergillus carbonarius）。

霉菌菌株 R5 菌丝匍匐爬行，无色。假根发达，分枝呈褐色。孢囊梗直立，与假根对生，呈褐色，囊轴近球形，呈淡褐色，囊托呈楔型。有厚垣饱子，其形状、大小不一致。鉴定结果为接合菌亚门（Zygomycota），接合菌纲（Zygomycetes），毛霉目（Mucorales），毛霉科（Mucoraceae），根霉属（Rhizopus），米根霉（Rhizopus Oryzae）。

三、结论

从茅台酒酒曲中分离、纯化获得 5 株霉菌（R1、R2、R3、R4、R5），按照 Klich M A.、Raper K B 和张纪忠有关霉菌方法，初步鉴定为：霉菌菌株 R1 为米曲霉种的真菌；霉菌菌株 R2 为红曲霉的真菌；R3 为黑曲霉的真菌；R4 为炭黑曲霉的真菌，R5 米根霉的真菌。

酶制剂在食品工业中的发展及应用

广州优锐生物科技有限公司
刘柏楠　刘立国

酶是生物催化剂，酶制剂工业是生物技术产业化的重要工业部门。其应用领域遍及轻工、食品、化工、医药卫生、农业以及能源、环境保护等，对国民经济将起到重要作用。实践证明，酶制剂工业将成为轻工、食品工业支柱产业，它将是21世纪最有希望的新兴产业之一。

现分类对酶制剂在食品行业各个领域的应用进行说明，特别是在天然抗氧化剂的开发方面，是世界各国致力研究的重点项目之一。

一、研制肉味香精

（一）酶解对鸡肉风味的影响

鸡肉风味是鸡制品质量的一个重要指标，在鸡制品中鸡（精）粉由于兼具营养、调味和可接受性广特点，是近几年发展速度最快的固体调味品。鸡肉粉是很多鸡肉风味调味品的主要原料，但由于技术方面的原因，国产鸡肉粉对原料鸡的品种要求高，造成生产成本过高，而用繁育速度快的品种生产的产品则存在风味不足的问题，这些问题使国产鸡肉粉失去了在国内和国际市场的竞争力。通过酶解可以显著提高鸡肉风味，风味蛋白酶和复合蛋白酶的混合比例为4∶1，酶解度为18% -20%时，可以获得最佳的效果。鸡肉经过酶解后制得的鸡肉汤所含的低分子挥发性风味成分的种类和含量远比未经水解的鸡肉制得的多。

（二）酶法水解植物蛋白制备肉味香精

用2%复合胰酶水解豆粕粉制备HVP效果较好，酶解HVP液可进一步通过添加葡萄糖、L-半胱氨酸和DL-蛋氨酸来制备肉味香精，其最佳条件是：在酶解HVP液中添加6%葡萄糖、0.8%L-半胱氨酸和04%DL-蛋氨酸，在115下反应60min。此条件下，反应液产生了香气强烈而协调的肉味香精。

二、食品改良

（一）酶制剂水解大豆蛋白的意义

大豆多肽是以优质大豆蛋白为主要原料，应用高新现代生物工程技术，将分子量为2-35万Da的大豆蛋白水解成分子量主要介于500-1000Da的小分子生物活性肽。其氨基酸组成齐全，八种必需氨基酸的平衡良好，具有较高的营养价值。大豆多肽与传统大豆蛋白相比较，具有无蛋白变性、没有大豆的豆腥味、无残渣、分子量小、易溶于水、且在酸性条件下也不产生沉淀的优点。通过适当控制大豆蛋白的水解度，可以得到在溶解度、起泡能力、乳化能力、保湿性等加工特性方面优于大豆蛋白的大豆多肽。此外，大豆多肽还具有许多独特的生理功能特性，如在人体内大豆多肽比大豆蛋白更易消化吸收，抗原性较低；具有促进人体内脂肪代谢、肌红细胞的复原、增强运动员肌肉的功能；有降压、降胆固醇功能，以及促进发酵，使食品凝胶软化的功能等。

（二）酶对改善茶汤萃取品质的研究

茶汤是指茶叶的水提取液或浓缩液，传统的生产方法是以茶叶为原料，用热水直接进行萃取。此法的缺点是萃取时间长，很多营养成分在高温下失活或挥发，极大地影响了茶汤的风味和品质，可通过加入酶加以改善。酶作为一种高效、温和的生物催化剂，可使茶汤在较低的温度、较短的时间内就能取得好的萃取效果。目前，使用的酶制剂主要有纤维素酶、果胶酶和单宁酶等。单宁酶的作用机理是切断儿茶酚上没食子酸酯键，释放出没食子酸，形成相对分子质量较小的水溶物，从而达到澄清的目的。纤维素酶和果胶酶的作用是破坏茶叶细胞壁，使纤维素降解，果胶溶出。

三、功能食品开发

明胶酶解对运动饮料的改善作用：运动饮料的主要作用是补充水分维持体内电解质平衡，补充能量防止低血糖，有助于增强耐力和消除疲劳。运动饮料的主要成分有：水分、维生素、糖类、无机盐、氨基酸、其他物质。通过对现有运动饮料配方分析发现，目前国内运动饮料中比较缺乏氨基酸的加入。运动员进行强大的体育运动时，会出现蛋白质分解代谢增强，细胞膜正常功能失调，细胞酶外泄等现象，为了恢复运动消耗的组织蛋白，修复损伤的组织，或者最大限度地刺激蛋白质的合成，发展肌肉的力量，运动员必须要增加氨基酸的摄入。明胶是从动物的皮和骨中提炼出来的一种原胶蛋白，水解后可得到低分子的多肽，亦称水解动物蛋白。水解明胶含有18种氨基酸及人体必须的多种微量元素，是良好的天然生理活性物质，水溶性好，营养价值高，不含胆固醇，极易被人体吸收，饮用后可使运动员所消耗的氨基酸得到迅速的补充，体能迅速恢复。

四、降低原料加工难度

酶技术在鱿鱼脱皮中的应用研究：鱿鱼加工是目前国内水产加工业的一项重要内容，而脱皮处理是鱿鱼加工中主要的工环节之一。鱿鱼胴体的质构十分独特，它由表皮、内皮（体腔一侧的皮）及其间的肌肉层构成，其中表皮有四层，内皮有两层，表皮与内皮主要由胶原蛋白状纤维构成。鱿鱼在加工过程中较难解决的是去皮问题（主要是表皮），也称脱皮。国内加工企业有采用人工脱皮的，也有采用机械脱皮的。人工脱皮速度慢，劳动效率低；机械脱皮速度快，劳动效率高，但如果温度、速度、时间控制不当，会影响产品质量。如何既能快速脱皮，又能保证产品质量，是国内鱿鱼加工企业一直期盼解决的问题。自从木瓜蛋白酶的应用研究成功后，解决了鱿鱼脱皮难的问题，并快速得到了广泛的应用。在机械脱皮过程中加入木瓜蛋白酶后，由于蛋白酶的酶解作用，鱿鱼皮和肉分离速度明显加快，脱皮后的肌肉洁白，效果显著。其酶解条件是：木瓜蛋白酶量为鱿鱼量的 0.02% ～ 0.025%，热水温度 52℃～ 55℃，脱皮时间 5 ～ 7min。

五、原料下脚料利用

（一）鱼鳞酶解工艺研究

随着我国渔业的发展，渔业加工也越来越引起人们的重视，但在加工的同时，产生出鱼体总重约 30% 的下脚料，其中下脚料的 5% 左右是鱼鳞。鱼鳞含有丰富的胶原蛋白、脂肪（卵磷脂、多种脂肪酸）及多种矿物质、维生素、微量元素等。鱼鳞中的蛋白质经蛋白酶水解，制得的酶解液可用于调味品的生产和功能性食品添加剂，加入不同类型的蛋白酶将鱼鳞中的胶原蛋白大分子进行水解，得到聚合度较小的多肽类和游离的氨基酸，首先一些游离氨基酸和短肽本身具有呈味作用，水解液可以作为调味料的原料。另外在水解过程中还会产生具有特定功能的功能肽，已经有实验证明，鱼鳞蛋白水解液具有抗氧化和降低血压、降低血液总胆固醇、抗衰老等功效。

（二）酶解法提取薯渣膳食纤维的研究

我国是一个农业大国，薯渣资源非常丰富，是潜在的膳食纤维资源，对其加以开发利用，引导人们对健康的消费，变资源优势为经济优势，有利于提高我国薯类加工业的竞争能力，增加薯农收入。在膳食纤维的提取实践中，酸碱法色泽较差，不易漂白，并且在高酸高碱、高温条件下，对提取容器、管道、物料泵的腐蚀相当严重。膳食纤维的提取工艺流程：薯渣→干燥→粉碎→泡洗→过滤→离心→淀粉酶水解→过滤→漂洗→蛋白酶水解→过滤→漂洗→离心→烘干→粉碎→产品。提取的产品总膳食纤维含量达到 78% 以上，是薯渣粉含量的 2.76 倍，淀粉含量 3.09%，仅为原料中淀粉的 1.80%，而蛋白质也只有原料中的 14.31%。说明酶解法提取薯渣膳食纤维是完全可行的，其功能特性有待进一步究。

六、天然抗氧化剂开发

（一）番茄红素酶法提取

番茄红素 (Lyco pene) 是类胡萝卜素的一种，是一种很强的抗氧化剂，具有极强的清除自由基的能力，对防治前列腺癌、肺癌、乳腺癌、子宫癌等有显著效果，还有预防心脑血管疾病、提高免疫力、延缓衰老等功效，有植物黄金之称，被誉为“21 世纪保健品的新宠”。

酶反应法主要是利用番茄皮自身酶或外加酶反应来提取番茄红素，在碱性条件下使果胶酶和纤维素酶发生水解反应，分解果胶和纤维素使得番茄红素的蛋白质复合物从细胞中溶出。

日本一专利介绍了利用番茄皮自身果胶酶和纤维素酶反应来提取番茄红素。其工艺为： 番茄打浆粉碎→加碱调节 pH 值 7.5 ～ 9.0 → 45℃～ 60℃加热搅拌 5h →过滤除去表皮、种子和纤维等残渣，得提取液将抽提液 pH 值调整为 4.0 ～ 4.5，类胡萝卜素凝聚沉淀静置，虹吸除去上部浑浊液，得番茄红素沉淀→沉淀调整 pH 后干燥真空浓缩→成品加食盐保存。

而 Dubodel 等人通过外加果胶酶和纤维素酶的方法来提取番茄红素。其工艺流程为：清洗鲜番茄→ 100 度热烫去皮→用高速搅拌机打浆粉碎→添加 0.2%-0.5% 的果胶酶、纤维素酶，在 50 度条件下处理 3h，除去 90% 的果胶、纤维素等非色素物质→离心→沉淀用 96% 的乙醇洗涤、过滤→乙醇和植物油提取→分离油相、产品。

（二）美拉德反应产物（MRPs）

广州优锐生物科技有限公司组织多名专家和知名学者历时几年的研究，采用美拉德模式体系（Maillard modelsystem）通过控制一定的反应条件，开发出了美拉德反应产物天然抗氧化剂 MRPs。研究表明，这类物质具有一定的抗氧化性能，其中某些物质的抗氧化强度可以和食品中常见的抗氧化剂相媲美。随着褐变反应生成醛、酮等还原性物质，它们对食品有一定的抗氧化能力，尤其是对防止食品中油脂的氧化较为显著。近年来研究表明，MRPs 具有很强消除活性氧的能力。

Hay ase 认为 MRPs 抗氧化性可能是由于美拉德反应的终产物 类黑精具有很强的消除活性氧的能力。Echner 等人认为 MRPs 的中间体—还原酮化合物通过供氢原子而终止自由基的链，并发现 MRPs 具有络合金属离子和还原过氧化物的特性。

MRPs可用氨基酸和还原糖直接反应制得，考虑到生产成本，如果用复合蛋白酶和风味酶降解蛋白质类物质，使之成为含有小分子的多肽和氨基酸的水解液，经过离心分离取得上清液，添加还原糖在一定条件下反应，也能制取MRPs。不仅大大节约成本，同样具有很强的抗氧化能力，而且风味比前者更复杂、逼真。

七、总结

酶制剂在食品行业的应用在近30年内得到迅速的发展，我国酶制剂自1965年实现工业化生产以来，由无到有，由小到大，由单一品种发展到20个品系，已形成了较完整的工业体系。前面阐述了酶制剂在食品行业各个领域的应用，其中在提取天然抗氧化剂方面属于新兴产业。1954年，Franzke和Iwainsky首次发现甘氨酸与葡萄糖加热的反应产物可提高人造奶油氧化稳定性。但在随后二三十年中，却没有引起足够重视，直到20世纪80年代，美拉德产物抗氧化活性研究才逐渐增多，而且成为当今食品营养学和食品化学领域的热门课题。利用酶制剂对蛋白质类物质的高效水解能力，结合美拉德反应的机理，研制出较强的天然抗氧化剂MRPs。不仅可以取代现有的合成抗氧化剂，真正做到安全、无毒、天然化、高效率，也为酶制剂的应用开辟了一条新的道路。

农业龙头企业员工对企业创新能力评价研究
——以广东温氏食品集团为例

广东工业大学经济与贸易学院　仲恺农业工程学院经济管理学院
吴剑辉　吴晨

20世纪80年代初，广东新兴县簕竹镇榄根管理区的温北英、温木辉、温树汉、古章汉等村民先后办起了家庭养鸡场。90年代初，他们又相继成立了庞大的养鸡公司（集团），这些公司（集团）成为国内风云一时的农业龙头企业，他们创立的“公司 + 农户”生产和经营模式在全国广为推广。但是，由于种种原因，先后有温木辉养鸡公司、温树汉养鸡集团、古章汉的万益公司轰然倒下，或被接管，而温北英领导下的温氏食品集团却以近200亿（2007年）的销售额一枝独秀，成为广东最大的农业龙头企业。研究温氏食品集团成功根源发现，其快速发展离不开企业持续的创新努力。

一、企业创新能力理论综述及研究视角

自亚当·斯密[1]提出分工与专业化可以提高劳动生产率的思想以来，企业成长理论的研究成为经济学家和管理学家所关注的永恒话题。马歇尔[2]继承和发扬了斯密分工和专业化的理论，不仅关注企业内部的分工与协作，而且关注企业外部的分工与协作，强调企业成长的动力取决于企业的内部经济和外部经济。而在科斯[3]看来，企业存在是替代市场的一种资源配置方式，企业成长的过程就是企业边界的扩张过程。不断创新的能力，赋予了企业旺盛的生命力。

张伯仑和霍非等[5]将企业的竞争力描述为：“通过自身的资源配置格局，一个组织所达到的相对于竞争对手的独特的位置。”波特认为企业竞争理论主要有2个来源：一是以“结构———行为———绩效”为主要内容的产业组织理论；二是以“强项———弱项———机会———威胁”为主要分析框架的哈佛管理学派。熊彼特提出创新是企业家实行对生产要素和生产条件的一种新组合。纳尔逊等基于熊彼特的理论，以厂商行为为中心点，提出技术创新的演进模型。诺斯从制度的角度入手，提出在技术不变的条件下，通过制度创新（变迁）同样可以大大地促进经济发展，制度变迁带动了技术进步，并因此扩大了资源基数，提高了人类生活的质量，强调制度安排和制度环境对经济发展的重要性。

国内学者对企业创新能力研究的成果也比较丰富。谢燮正认为，自主创新是掌握自主知识产权，使经济、技术具有自主特点的创新。吕宏芬等提出影响企业创新力提升的因素有企业文化、领导风格、员工学习能力、评价机制及员工的主动性与合作精神等，而提升企业创新能力也应从领导、企业文化、激励机制和员工培训等几方面展开。

张青山等从企业工程技术人员、企业工业增加值、企业产品的销售收入和科技活动人员占从业人员比重等4 个主要指标对全国部分省份（15 个）的科技术创新能力进行了测算。

综上所述，影响企业创新能力的因素众多，不同学者因其对问题研究的偏好不尽相同从而得到不同的定义。基于受调查可获得数据的有限性缺陷，为研究便利，本研究认为企业的创新能力主要包括企业创新利润增长率、行业地位、企业核心技术、企业组织结构与文化和企业人才结构等5 个重要方面。员工是企业推行创新能力的核心因素，本研究从员工的角度尝试对农业龙头企业创新能力评价进行研究分析。

二、员工对企业创新能力评价的直观分析

（一）数据来源及其分布特征

数据来源于广东温氏食品集团（集团本部）所做的问卷调查。截至 2007 年底，广东温氏食品集团本部共有各类职工 310 人，其中，男性员工 158 人（50.97%）、女性员工 152 人（49.03%）。高中及其以下学历的员工 240 人（77.42%）、大专及本科学历员工 55 （17.74%）、本科以上学历员工 15 人（4.84%）。共发放了调查问卷 250 份，得到有效调查问卷 168 份，有效问卷率达 84.85%。

（二）员工对企业创新能力评价的统计分析

由上述分析可知，企业的创新能力主要体现在 5 个方面：公司创新利润增长率、公司行业地位、公司核心技术、公司组织结构和文化、公司人才结构。本研究根据对公司创新能力评价得分值的高低，设计了相应的调查表。该表按照 10 点量表回答（从“十分不同意”到“十分同意”）计算得分，评价越高，则其得分值越高；反之，评价越低，则其得分值越小。员工对企业创新能力评价得分值见表 1。

从表 1 可以看出，在 5 项创新能力中，行业地位的得分值最高，表明该企业所处的行业地位众所周知，公司员工对其公司所从事行业的地位有较强的认同感；对人才结构的评价得分最低，表明员工对企业人才缺乏看法一致。由于该企业地处交通相对落后的粤西北山区，与同处交通发达的珠三角地区相比，其交通、文化生活设施、信息通讯等方面存在缺陷，一定程度上影响了高素质人才加盟。

表 1. 员工对企业创新能力评价得分情况

指标 性征值	创新利润 得分	行业地位 得分	核心技术 得分	文化和组 结构得分	人才结构 得分	创新能力综 合评价得分
最小值	1	1	1	1	1	3
最大值	10	10	10	10	10	10
平均值	7.3512	7.8809	7.6429	7.7024	7.1726	7.4851
标准差	2.2670	1.7017	1.8289	1.8814	2.2878	1.5843

注:创业创新能力综合得分是员工对企业创新能力多方面评价的结果。

三、员工对企业创新能力评价的实证研究

（一）数据处理

虽然本文所引用的指标或原始数据来自调查资料或研究报告，但采用 10 点法计数原理，所得的数据不存在有不同的量纲特征，因而在求解主成分时无需作标准化处理。

（二）企业创新能力综合得分值

根据 SPSS（14.0）统计软件，可得到如下的结果（表 2、表 3）

表 2. 因素分析适当性检验结果

检验类别	参数名称	参数值
KMO 抽样适当性检验	KMO 参数	0.779
Bartlett 球形检验	卡方值	190.235***
相伴概率	相伴概率 (Sig)	0.000

注：“*”代表 10% 的显著水平，“**”代表 5% 的显著水平。“***”代表 1% 的显著水平（下同）。

表 3. 提取的主因素及其对总变异的解释率

可能提取的因素	初始特征值		
	特征值	对变异的解释率%	对变异的累计解释率%
1	7.924	39.320	39.320
2	6.360	31.559	70.879

各创新能力因子得分值（平均值）计算公式为：(1)

$$x_i = \sum_{i=1}^{i=n} x_i / n$$

(2)员工对企业创新能力评价综合得分值计算公式为：

$Fi = \alpha i \times Xi$（αi 代表各特征值对变异的解释率 %，i=1,2）

通过式（1）和式（2），得到员工在不同状况下对企业创新能力评价的综合得分值（表 4）。

（三）得分值的经济学含义解释

由表4 的计算结果，我们可以得到如下一些基本结论。

1. 员工年龄因素年龄在 40 岁以上的员工，对公司创新能力综合

表 4. 员工对企业创新能力综合评价得分值

类型得分	年龄	工龄	性别	学历	职务
1	0.005996	0.0109950	-0.0007710	0.001981	-0.005833
2	-0.005181	0.0015355	0.0013988	-0.001119	0.032207
3	-0.013074	-0.0210480		0.000179	-0.002581

评价得分值最低；其次是31～40岁之间的员工；得分值最高的是20～30岁的员工。其原因为:员工年龄越大，其经历相对丰富，对事物的评价相对客观，对事物的评价要求也相对较高，因而其评价得分值较小；而年龄较小的员工，因其刚踏入社会，可能对事物的了解不够全面，

因而其评价得分值较高，这符合客观事实。

2. 工作年限因素　工作6年以上的员工评价得分值较低，其次是工作年限为3～5年的员工，得分最高的是工年在2 年以下的员工。由于公司的创新能力是一个复杂的系统，因此，要真正做到对一个公司的创新能力准确了解，员工在公司工作一定的年限是必须的。随着员工在公司工作的年限增加，其对公司创新能力中存在的问题也了解得更加深刻，评价也更充分。

3. 员工性别因素　评价得分值高的是女性，评价得分值低的是男性。其原因为：女性在工作之余，喜欢追求休闲和生活，而男性较女性通常富有更充沛的精力，富有更多的创新激情，因而对公司创新能力评价的要求可能更高，其得分值自然就越小。

4. 员工学历因素　评价得分值最低是本科生，其次是研究生，得分最高的是本科以下的员工。其原因为：具有本科学历的员工，接受了较为正规的教育，具备从事创新能力所必备的条件，是公司推行创新能力的主力军，因而其对公司创新能力的要求也比较高；具有研究生学历的员工，教育年限更长，在其求学的过程中感悟也更多，导致其评价得分值出现较高。而学历相对较低的员工，对创新能力的要求相对较低，因而其评价得分较高。

5. 员工职务因素　普通员工对创新能力评价的得分最低，其次是职务较高的管理层员工，得分值最高的中等管理人员。其原因为：普通员工因其收入水平不高，在公司的地位不高，评价得分值相对越低;职位较高的管理员工，因其对公司赋予更多的管理权限以及承担更多的责任，对企业了解得可能更全面和深刻，可体会到创新能力的提升对一个企业而言是一件多么不容易的事，因而其评价得分值相对较高；而中层管理人员，一般年龄相对较轻，精力旺盛，富有创新能力和创新激情，其对公司创新能力评价的要求更高，其得分值就高。

四、企业创新能力综合评价实证研究

上述基于员工对企业创新能力的综合评价，其得分值是一组静态数据，是对企业创新能力的静态分析，还不能完全解释企业创新能力的真正来源。有鉴于此，本研究还需要进一步对那些影响企业创新能力变化的因素作计量模型分析，将影响企业创新能力的5个解释变量作为解释变量，以员工对企业创新能力综合评价得分作为被解释变

量，建立如下的计量模型：

$$Y=\alpha+\beta 1\times X1+\beta 2\times X2+\beta 3\times X3+\beta 4\times X4+\beta 5\times X5+\varepsilon \quad (3)$$

式中：X1代表创新利润增长率；X2代表行业地位；X3代表核心技术水平；X4代表企业组织及文化；X5代表企业人才结构；ε 表示随机误差项，并满足标准正态分布。

五、结论与讨论

（一）企业创新能力是一个综合性的概念，它包含了众多要素，企业要想在激励的市场竞争中立于不败之地，要不断地提升自身的创新能力。但对一个企业而言，其创新能力的提升涉及到不断革新自身的核心技术，大力研发和引进先进的技术设备，提高技术装备能力和水平。

（二）完善和深化企业组织结构，提升核心企业文化。对一个企业而言，应不断地完善各种规章制度，提升企业核心文化价值观，真正建立起能够激发广大员工创业的核心价值观和企业文化，充分调动员工的工作热情，最大限度地发挥员工的聪明才智，将员工的行动自觉地纳入到企业长期发展的目标中来。

（三）积极创造更加美好的工作和生活环境，吸引更多优秀的人才来企业工作。企业能否做到长久的发展，其最根本的因素取决于企业是否拥有大量的优秀人才，企业的竞争就是人才的竞争。因此，作为企业高层管理者，应该具备更加长远的眼光，努力为加盟企业的员工创造更加美好的工作和生活环境，让广大员工安全工作，激发广大员工的创业激情。

啤酒酵母吸附工业废水中镉离子的可行性研究

东北电力大学应用技术学院　吉林农业科技学院
刘振扬　刘 超

含镉废水主要有含镉矿山的开采和冶炼所产生的工业废水、镉化合物工业废水、镍镉电池生产废水及电镀含镉废水。

生物法治理含镉废水，国内外都是近几年开始研究的。国外，LEE 等用特种菌株吸附处理含镉废水，并申请了专利。OZDEMIR 等对革兰细菌 Pantoea sp.TEM18 处理废水中的镉、铜进行了研究，当 pH 为 6 时，除镉效果最佳。VASUDEVAN 等对酵母菌吸附镉的动力学进行了研究。Akhtar 等用绿藻吸附废水中的镉，除镉率可达 97.9%。国内，李清彪、陈翠雪等运用黄孢展齿革菌生物吸附镉离子。适宜的操作条件处理后的镉离子由 10.00mg/L 降至 0.04 mg/L，达到国家污水排放标准。邱廷省等研究啤酒酵母对镉生物吸附过程及适宜的操作条件。徐惠娟等用啤酒酵母吸附镉离子，得到啤酒酵母的最大回收率约为 93%，吸附效果良好。

采用啤酒酵母为吸附剂是因为啤酒酵母是啤酒生产副产物，易得到，成本低。从而克服人工培养的功能菌的时间长、成本高、不易实现工业化的缺点。该法操作简单、设备安全可靠。并且污泥量少，污泥中镉金属可回收利用；实现了清洁生产、无污水和废渣排放。

一、中型实验方法与数据分析

对于啤酒酵母吸附镉离子的吸附速度、吸附温度、pH 等影响因素的分析，已有很多详细的论述。作者在之前实验（本文略）的基础上，进行中型实验；目的是探讨利用啤酒酵母处理含镉废水工业性的应用途径。

（一）材料与设备

啤酒厂废酵母：中型实验中采用某啤酒厂发酵罐的罐底沉淀物，经压滤机压滤，含水 80% ～ 85% 的酵母滤饼。也可采用经去离子水处理后烘干的酵母粉。

含镉废水：中型实验中采用某电镀厂废水，经预处理后不含其他渣滓的废水。某电镀厂含镉废水水质见表 1。

表 1. 某电镀厂含镉废水水质

指标	pH	镉离子/(mg/L)	锌离子/(mg/L)	氰离子/(mg/L)
数值	8	50	30	25

助滤剂：中型实验中采用的助滤剂是 40 目稻壳粉。稻壳的基本化学组成见表 2。

成分	纤维素	木质素	多糖	蛋白	水分	灰分
质量分数 %	26-36	20-24	16-20	4-8	10-12	13-29

实验设备：中型实验中采用 2 个 2 立方米吸附罐串联及与之匹配的过滤设备、中间槽、贮罐等。

实验仪器：光电分析天平，电热恒温水浴锅，酸度计，多头磁力搅拌器，电热干燥箱，离心沉淀机，原子吸收分光光度计，X 射线光电子光能谱仪，红外光谱仪等。

（二）实验流程及操作说明

酵母、稻壳　　　　　酵母、稻壳
↓　　　　　　　　　↓
废水→一级吸附→过滤→二级吸附→过滤→排水
↑_滤渣　　　　　　└→滤渣→回收镉

酵母加入量根据实验要求按干物质折算。稻壳加入量按过滤设备、过滤时间、过滤效率等影响因素，通过实验优选确定后加入。实验中选取酵母：稻壳 =1 ：10，酵母与稻壳经搅拌混合后加入，酵母在 10℃以下保存。吸附时间按每批实验要求确定，吸附 pH 按每批实验要求确定。吸附温度根据正交实验影响不显著按常温进行。

（三）实验条件与数据分析

1. 实验工艺条件根据实验室实验结果分析，以镉离子的回收率为实验指标，分别以 pH(A)、吸附时间 (B) 与酵母加入量 (C) 和搅拌转数 (D) 为实验因素，选用 L9(34) 进行正交实验。因素和水平见表 3，正交实验结果分析见表 4。

表 3. 因素和水平

水平	因 素			
	PH	吸附时间 min	酵母加入量 g/L	搅拌转数 n/min
1	6.5	60	10	20
2	7.0	90	20	25
3	7.5	120	30	30

表 4. 正交实验结果分析

实验号	因素				回收率%
	A	B	C	D	
1	1	1	1	1	80.72
2	1	2	2	2	95.33
3	1	3	3	3	81.18
4	2	1	2	3	88.41
5	2	2	3	1	92.75
6	2	3	1	2	96.77
7	3	1	3	2	77.25
8	3	2	1	3	91.93
9	3	3	2	1	78.58
K1	257.2	246.4	269.4	269.4	252.0
K2	277.9	280.0	262.3	269.4	
K3	247.8	256.5	251.2	261.5	
k1	85.7	82.1	89.8	84.0	
k2	92.6	93.3	87.4	89.8	
K3	82.6	85.5	83.7	87.2	
R	10.1	11.2	6.1	5.8	

注：描述统计；置信度 (95%) 均值为 96.80±0.064

由表 4 可见，因素的重要性；B>A>C>D，最佳条件为 A2B2C1D2，即 pH 为 7.0、吸附时间为 90min、酵母加入量为 10 g/L、搅拌转数为 25 r/min。

在该最佳条件下，镉离子的回收率为 96.80%。

对于正交实验结果获得的优化工艺条件，进行重现性实验验证，结果见表 5。

表 5 结果表明，重现性实验所得的镉离子回收率大于正交表中其他条件下的得率，其 3 次重复性实验再现性很好，平均回收率为 96.80%。从而验证了正交实验确定的优化工艺条件。

表 5. 重现性实验结果

水平	A	B	C	D	回收率%
1	7.0	90	10	25	96.82
2	7.0	90	10	25	96.79
3	7.0	90	10	25	96.80

2. 实验结果在中试中，分别对不同种类（电镀厂、冶炼厂、矿山）含镉工业废水进行多次实验，废水中的镉离子浓度均达到污水综合排放标准 (GB8978- 1996) 排放标准。实验证明，可以利用啤酒酵母进行处理含镉废水。

二、啤酒废酵母作为吸附剂可行性

（一）啤酒干酵母加工方法啤酒废酵母是啤酒生产重要的副产物

若按 2001 年我国啤酒总产量 2274 万 t 啤酒计算，每年我国将 45.5 ～ 68.3 万 t 的啤酒酵母。如果利用啤酒酵母处理含镉工业废水，将为啤酒酵母的综合利用上开发一条新途径。

1. 干啤酒酵母加工流程和说明干啤酒酵母加工流程：

啤酒酵母泥→ 加水冲洗→ 过筛除杂→离心分离→预处理→干燥→干啤酒酵母粉→添加剂

加水稀释：采用 5℃的冷水稀释，加水量不低于 3 倍。

过筛除杂：将稀释的酵母泥，充分搅拌均匀，用 80 目的筛子筛分 1 次，即可除去全部可见杂质。

离心分离：经过筛分后的酵母乳液，静止 30 ～ 40min，倾出上清液，得到不含杂质的酵母乳液。将筛分后的酵母乳液，进行离心分离。离心机转数为 2000 r/min，离心 5 min，即得酵母泥。

预处理：将其酵母泥调配成乳液，加添加剂，搅拌均匀，使其成为均匀的乳状液准备进行干燥处理。

干燥：将酵母乳液进行喷雾干燥。

干燥后的酵母冷却、包装。即得到廉价的处理含镉工业废水的生物吸附剂——啤酒酵母粉。

2. 啤酒湿酵母可直接利用将啤酒厂发酵罐的罐底沉淀物，经压滤机压滤，回收啤酒后的含水 80% ～ 85% 的酵母滤饼，不需再处理可直接使用，通过中试，结果证明吸附效果良好。但因酵母滤饼极易自溶且含水量高，不便使用。

（二）用啤酒废酵母处理含镉废水的工艺探讨

通过对一些报道中的实验的结果分析，根据对某电镀厂废水的中型实验结果。确定啤酒酵母处理含镉废水的工艺流程。

酵母吸附剂
↓
工业废水→调节池→生物吸附→沉淀池→废水排放
↓
金属回收→过滤
↑
助滤剂

废水调节：首先对含镉废水进行除杂，然后加酵母吸附剂，进行搅拌。

生物吸附：采用气浮式搅拌二级循环吸附流程。经吸附后的废水检测达标后排放。

沉淀：含镉工业废水经啤酒酵母处理后，在沉降池中进行沉淀。啤酒酵母的沉降时间为60min。上清液达到排放标准，进行排放。其浑浊液进行压滤。

压滤:在浑浊液中加入助滤剂(粉碎后稻壳)进行压滤。

干燥：为便于储存，将滤饼进行干燥。可用滚筒干燥机进行干燥。

回收金属镉：可通过火法、湿法、中和法及氨浸出法等不同工艺等进行重金属回收。

在实际工业生产过程中，不同行业产生中废水的水质是不一样的，即使同一生产流程，其生产中废水的水质也是时刻在变化。生产中可以根据废水性质变化情况进行相应工艺参数的调节。

三、结语

（一）用啤酒废酵母，作为含镉废水的吸附剂，通过中型实验认为是可行的。啤酒酵母对隔离子的吸附最佳条件:pH 为 7.0、吸附时间为 90min、酵母加入量为 10 g/L、搅拌转数 25r/min。在该最佳条件下，镉离子的回收率为 96.80% 对于高浓度的含镉溶液，酵母表现出较强的吸附能力。废水经二次吸附处理后均能达到排放标排。

（二）用啤酒酵母吸附工业废水中镉离子的工艺是一种设想，还没有应用于工业生产。采用二级间接吸附，是为了节省酵母，同时增加重金属的积累。采用啤酒酵母为吸附剂，是因为啤酒废酵母来源广、价格底。采用稻壳等有机物做助滤剂是为便于焚烧回收重金属。

浅谈白酒新标准的执行

重庆诗仙大白酒业（集团）有限公司
程宏连　刘中利

国家白酒新标准颁布实施以来， 受到所有白酒生产企业及消费者的广泛关注，可以说是中国白酒发展里程中一次白酒质量变革，同时也带来了新的发展机遇或面临更加严峻的生存挑战，总的说来新的标准更加有利于国家资源的综合利用，有利于扩大内需，拉动消费，促进行业进步发展，具有较强的经济性、适应性。但结合企业生产经营、市场检查的实际，也反映出一些不足之处，本文就新标准的关联性、符合性、针对性方面作一点肤浅评论，以期能在某些方面形成共识，使相关配套标准法规更加完善，更具有效性、符合性，更加有利于白酒行业整体持续健康发展，让中国白酒更具中国特色，更具生命活力。

一、新标准是白酒行汪技术进步的体现

（一）以浓香型白酒为例，新标准 GB/T10781.1- 89 与 GB/T10781.2 两个标准合并在一起，减少了企业生产过程中包装材料混装错放的机率和库存压力。对企业库存管理和审样对标发挥了重要的效能作用。

（二）新标准将高度酒酒度上限和低度酒酒度下限作了相应调整，涵盖了 25%vol ～ 68%vol 的度数范围，有利于不同酒量，不同嗜好消费者对酒度的选择范围，更加贴近消费群，满足市场需求。

（三）新标准将质量等级分为优级、一级两个等级，而去掉原标准中的二级，等级提高有利于提高固态法蒸馏白酒质量档次信誉，符合中国白酒“优质、低度、健康”的发展方向，对消费者健康有利。

（四）新标准理化指标作了相应调整。由于受指标限制，加上国内南、北消费群体对香、味要求上的差别，企业生产出的产品市场适应能力较差。采用新标准可根据不同区域市场口感要求，相应调整指标，从而提高产品市场适应能力。

（五）新标准增加了术语和定义、产品分类、分析方法、检验规则、标志、包装、运输、贮存等内容，同时分别规定了高度酒、低度酒的感官、理化要求，从而使产品工艺要求及风格特点得到进一步明确、规范，有利于检验测试标准的统一和消费者对产品工艺特点及质量风格的了解。

（六）新标准增加了液态法白酒、固态度生硬法白酒、地理标志标准白酒及凤香型、豉香型、芝麻香型、老白干香型、特香型等多香型白酒国家标准，不利于中国白酒行业工艺技术创新。香型风格百花齐放，更有利于企业知识产权保护，同时由于多工艺、多配方、多香型白酒的产生，极大的丰富了中国白酒消费者的白酒文化知识和产品质量内涵，对中国白酒的继承、发扬、走向世界必将产生重要而深远的历史意义和现实作用。

（七）新标准在感观色测中增加一条重要内容：即当酒温低于10℃时，允许出现白色絮状沉淀物或失光，10℃以上时应逐渐恢复正常。低度纯粮固态白酒在低温条件下，受三大高级脂肪酸影响出现失光，沉淀物应是自然科学规律下的白酒物理现象。新标准既顺应了自然科学的变化规律，也是对固态法、液态法白酒低温环境下验证的一种方法。

（八）与新标准相配套的GB1034《预包装饮料酒标签通则》规定产品标签上必须如实标注原料品名，如固态法白酒应标注（原料：水、高粱、大米、小麦…等）而液态法白酒则应标注（原料与配料：水、食用酒精、稳定剂、食用香精香料、甜味剂具体名称）。这种科学、真实、公平地标注方法有利于消费者明白消费、真实消费，既规范了企业的生产行为，也保护了广大消费者的合法权益。

二、新标准应进一步配套完善和执法规范

（一）对产品的真实性无法计量测定

固态法白酒新标准中明确要求固态法白酒“不得添加或含有食用酒精及非白酒发酵产生的呈香呈味物质”；GB/T208822《固液法白酒》标准本身是科学合理、先进公正的，然而是有标准而没有一个适宜有效的检验判定方法，不管是针对消费者或是监督检查部门都无法应对。与此现时关于各种“陈酿”、“窖藏”、“年份酒”的宣传很多也是有其名无其实，加上没有统一的鉴定方法，长此以往，市场规范，公平竞争的秩序无法建立。

（二）食品添加剂使用规定不明确

《液态法白酒》、《固液法白酒》新标准规定允许按照GB2760 的标准使用食品添加剂，然而按蒸馏白酒15.01.01 及调香蒸馏酒15.01.02 的人类划分，标准不一致，对液态法、固液法白酒归类不明确，因而按GB2760标准只在15.01酒类中规定了高锰酸钾可以使用，其他食品添加剂没有明确，生产企业执行困难。

（三）标准应在“强制性”和限量值上进一步规范

2009年6月1日正式实施的《食品安全法》对白酒产品提出了更高的要求，按照胡锦涛总书记“食品安全必须全程监控的理念”，白酒产品应强化源头把关，过程控制，监视测量信全过程食品安全管理，目前白酒食品安全有三点较为担忧，一是“强制性”指标范围太窄；二是标准限量值偏高，缺乏保险系数；三是白酒生产中的加工助剂如活性碳、硅澡土中的金属离子、硫酸根离子检测控制难度大，急需国家出台较完善的白酒安全技术标准，以加大白酒质量安全保障力度。

（四）国家标准与企业备案标准的法律地位

GB/G20821《液态法白酒》、GB/T20822《固液法白酒》标准中没有规定主体香成份及含量，没有香气感官特征、对香型标准也没有要求，两标准对企业来说应是非常有利的，便于不同香型、不同口感的产品开发生产，然而对消费者来讲，就有点模糊消费了，为了准确标注产品个性特征，香型归属，按标准化法第十七条规定；鼓励企业制定严于国家标准，行业标准或者地方标准要求的企业标准，在企业内部适用。由于对企业标准的合法性、胡效性认识上不统一，在市场执法检查中，企业标准就处于非常尴尬的位置，而企业备案，标准往往比国家标准更严，内容更全面，适应于企业生产，检查和市场监督，因而白酒企业非常希望能给企业标准的合法有效予以法律定位。

（五）建议增加部份条款内容

低度白酒在贮存过程中必然会产生酯类水解反应，特别是度数越低水解速度越快，这是不可抗拒的自然规律。以浓香型优级白酒为例，按标准限量值总酯≥ 1.5g/L，已酸乙酯0.7～2.2g/L，如果25℃抵度浓香型白酒三年后进行市场抽样，估计总酯和已酸乙酯指标将很难满足，如果我们认定总酯和已酸乙酯指标对人本健康无害，对风格质量损坏不严重的情况下，是否可对低度白酒指标作一个保质说明，更有利于保护企业和消费者合法权益。

（六）关于白酒运输、贮存温度的问题

按照新标准规范性引用文件GB/T10346《白酒检验规则和标志、包装、运输、贮存》标准要求，白酒贮存温度以10℃～25℃为宜，而国骨贮存白酒环境一般都是自然温度条件下贮存，高于40℃环境贮存条件时，白酒的争测状态是要发生物理变化的，特别是裸露玻瓶白酒在阳光的长时间照射下反应就尤为明显，甚至出现明显的沉淀物，因而建议对白酒的贮存温度环境作一个相对严格的要求，同时对高于40℃和阳光长时间照射环境下的白酒色测指标比照低于10℃温度环境下的状态作一个补充说明，这样可以避免很多质量标准纠纷，同时也让经销商与消费者了解更多的白酒贮存知识。

（七）关于白酒市场监督检查执法规范问题

长期以来，白酒产品一直是工商、质监、卫生防疫监督检查的重点，骨干白酒企业更是主动发履行质量安全责任，积极配合监督检查部门抽查检验，接受处理，但在很多的市场检查执法上，部门执法标准不统一，更是随意性进行处罚，比如在查处字幅高度、尺寸大小及QS标准方面根本不按国质监CCGF0.3-2008《产品质量监督抽查实施规范》标准中的8.2条规定“标签判定原则”进行判定；又如个别地方检查要求不仅在标签标注栏标注“浓香型白酒”，而且不必须在产品名称旁边标注“白酒”二字，否则

不合格；又如某些地方要求经销商出具厂家每批产品国家质量检验机构的检验报告，还必须加盖鲜章，不规范，给白酒生产企业和经销环节造成很大影响，白酒行业应呼吁执法部门规范公正执法。

（八）关于引导宣传明白消费新工艺白酒问题

新工艺白酒生产销售二十余年来，终于迎来了名正言顺的国家标准，新工艺白酒市场份额占到50%以上也是不争的事实，新工艺白酒是中国白酒技术进步，质量发展的主要体现。但由于长期以来形成的传统保守观念，对酒精和食品添加剂缺乏专业的知识，加上对新工艺白酒缺乏卫生健康安全知识的宣传，致使众多的消费者谈“酒精”，谈“食品添加剂”而色变，也造成了新标准出台后不少企业不敢理直气壮地标注产品真实属性和真实配料，这种状况不利于液态法、固液法白酒的健康发展，更不利于GB/T20821T和GB/T20822新标准的全面贯彻实施，也是对消费者不诚信的表现，因而应由国家行政部门、行业协会、工商、质监、卫生及媒体等部门共同牵头引导宣传国家新标准和新工艺白酒的食品安全知识，逐步消除负面影响，使新工艺白酒更好地为丰富人民的物质文化生活需要，更好地为白酒产业和城乡统筹发展发挥更大的作用。

三、对食品安全新形势下白酒标准化工作的几点建议

（一）全力构建白酒安全标准体系，建立白酒安全标准应急机制一是要开展白酒安全技术的理论研究和基础研究，充分运用食品安全风险分析，评估的程序办法认真开展农药残留量、重金属残留量、污染物影响方面的分析检测工作，抓好源头控制；二是强化白酒生产企业的体系管理工作、严格按照质量、食品安全、职业健康、环境卫生四体系标准要求对生产企业进行生产许可证的资格审核和产品质量审核，促企业自律、诚信，承担食品安全社会责任；三是调查研究的基础上，尽快完善制订涉及白酒生产的农残量、重金属残留量、加工助剂留量、包装材料化学残留量及其他有毒有害物质的限量值。

（二）建立白酒标准化专家队伍

建议在白酒技术委员会的基础上培养建立一支年轻化、专业化的标准化技术人才队伍，学习、引进、吸收国际标准化先进技术手段，迅速提高白酒标准化专业技术水平。

（三）产学研结合，迅速提高白酒分析检测技术能力

建议以中国白酒169计划专家队伍作平台，与国内大专院所、科研机构、白酒大型企业协作，加强对白酒未知成份、危害因素进行深及地实验分析，提高对白酒食品安全的检控能力。

（四）完善理顺检测方法标准体系

应尽快建立纯固态法白酒含量检测方法，年份酒鉴定标准，食品添加剂限量检测标准等，同时应通过标准化技术部门和质检部门的集中培训、样品比对工作，提高白酒企业检测能力和检测精确度，确保检测数据的准确。

（五）加快白酒标准的修制订速度

充分发挥标准的引导、把关作用从1989年白酒国家标准到2006年的新标准发布，经历了长达17年时间，不适应日新月异的技术创新和食品安全形势的需要，建议国家标准化管理部门建立标准定期复审和实施信息反馈机制，充争运用信息技术、发挥行业协会技术优势，缩短标准修制定周期，真正发挥标准领先的作用。

白酒国家标准是中国白酒的质量法规，也是指引中国白酒健康发展的行动指南，如何使白酒国家标准更具先进性、安全性、适应性、符合性、经济性，更好地为白酒企业和白酒产品服务是每一个白酒技术人员责任和心愿，相信我们在中国酿酒工业协会的领导下，通过各方的努力，中国白酒标准化水平，整体质量安全水平一定会有大的提高和发展，中国白酒一定会源远流长，永放光芒！

肉类食品科学应用性研究

——兼国际肉类科技大会(ICoMST)介绍

南京农业大学 食品科技学院 教育部肉品加工与质量控制重点实验室
邹玉峰 刘登勇 徐幸莲 周光宏

肉类成为人类饮食的重要组成部分，至少已有200万年的历史。食品产业属于关系国计民生的产业，2008年总产值约为4.2万亿，占国内生产总值近1/7，在我国国民经济中具有举足轻重的地位；同时我国又是世界上最大的肉类生产和消费国，肉类产业产值一直稳居国内农业产业第一位，占食品工业总产值的比例约为25.1%。

行业的发展，必然要依靠科技的发展来推动。和食品的其他子行业相比，肉类产业面临的问题更加突出：全球

最大的肉类生产国，但加工技术水平与科技含量却非常低，自主研发能力弱，技术成果转化率不高，高科技、高附加值的产品非常少；肉类加工的应用性基础研究滞后，存在的肉品质量与安全问题影响和制约了行业的健康发展。因此，肉类科技的发展成为促进中国肉类产业创新与发展的关键。我国由肉类工业大国向强国转变，不仅需要我们立足国内实际，发掘自身潜力，努力解决发展中出现的新问题；同时还应该多学习和吸收国际先进经验，多了解当前全球肉类科学技术的研究进展及发展趋势，博采众长，融会贯通，为我所用，努力推动我国的肉类产业进步，提高我国肉类行业的发展水平。

肉类食品科学的研究分为基础研究、应用基础研究、应用（工艺、技术、产品开发等）研究。基于此，我们根据最近几年的国际肉类科技大会（2007-2009, ICoMST）讨论的各项主题和具体内容，并结合我国的实际情况，简单综述国际肉类食品科学领域“应用性研究”的研究进展，并稍后介绍2010年8月在韩国举行的第56届国际肉类科技大会。

一、应用性研究的研究进展

（一）肉类生产（品种选育、饲养、应激、屠宰）

家禽和家畜的品种选育，之前多关注生长性能，如饲养周期短、饲料利用率高、胴体瘦肉含量多的品种；而近几年则倾向于生长性能和肉质（质地、风味和营养价值）兼顾。同时，之前的品种虽然生长性能好，但是容易出现PSE肉或DFD肉；最近几年根据研究肌纤维类型对宰后初期新陈代谢和猪肉品质的影响等，也在逐步探讨如何从育种环节减少PSE肉的出现几率。值得关注的是，基因组学（基因调节）技术的应用越来越普及，比如，西班牙的某些地方猪种，猪肉的脂肪酸含量和肌间脂肪的组成要优于杜洛克猪，而杜洛克猪的生产性能优于地方猪种，研究人员就希望找到调控肌间脂肪酸表达的基因和调控具体生产性能的基因，以设计和选育更好的品种；再比如，找到影响猪肉牛肉鸡肉等肉质特性的主要基因，在此基础上设计试剂盒，在品种选育的时候根据试剂盒的试验结果，即可快速进行更优品种的筛选；找到影响产仔率和存活率的关键基因，设计试剂盒，选择有该基因存在的个体作为种猪或种禽，提高品种选育的准确率和工作效率。

肉属于高营养食品，但肉中的某些成分，如饱和脂肪酸摄入过多，对人体健康可能存在危害。改变饲料配方，可以改善动物肉中沉积的脂肪酸比例，增加单不饱和脂肪酸和多不饱和脂肪酸等有益人体的脂肪酸含量；肉类食品加工储藏过程中，容易发生脂肪和蛋白质氧化，损害加工性能并不利于人类健康，通过改善饲料配方可以增加肉类的抗氧化能力；动物养殖环境对肉质的影响非常大，笼养、散养（草地、林地、沼泽地），养殖面积，密度，光照、饲养天数等因素，都会影响肉的品质和性能，养殖条件（国外习惯称为动物福利）对肉质的影响研究也非常多。

和国内相比，国际上对动物宰前应激的研究深入而广泛：宰前运输（距离长短、装笼密度、喂水喂食情况、运输工具、路面情况）、击晕方式（物理击晕、电击晕、CO2气体击晕）等。一方面是为肉质考虑，一方面也是为法律和消费者考虑（欧美等国家的动物福利法规实施和惩罚力度大，必须要严格遵守）。屠宰过程中，屠宰和悬挂系统、电刺激（电压、电流、刺激时间）对肉质的影响都非常大。另外值得一提的是，很多国家对屠宰自动化的研究非常重视，因为屠宰工作环境比较差（低温，屠宰一般是夜班，比较危险，而且容易被传染人畜共患病），为减轻屠宰人员的工作压力并改善工作环境，技术人员设计了很多办法，如牛胴体的初级自动分割（机器人），快速自动分级，以及肉的自动传送带运输和冷冻等。

（二）肉品质量与营养（质量分级、宰后生化变化、PSE肉、功能特性）

质量标准和肉的分级体系一直是国际研究热点，主要集中在两方面：不同国家和地区肉的质量标准的统一，以及肉的自动化分级。随着全球一体化和国际肉类贸易的增加，肉的质量标准的统一显得很有必要。另外，分级属于屠宰的一个步骤（屠宰环境差，需要自动化），因此，对分级自动化的研究也非常多，例如，用近红外光谱在线检测不同胴体部位的脂肪含量和脂肪酸组成，用超声和CT图像分析，进行猪胴体的快速分级等。

宰后生化变化对肉质影响的研究，主要集中在新陈代谢（糖酵解）、肌肉僵直解僵和成熟，对各种肉质（肉色、嫩度、加工特性、营养组成）的影响。宰后早期不良的pH和温度条件会加速肌肉糖酵解，导致过多蛋白变性，肉的品质下降。糖酵解速率受肌原纤维ATPase酶活性水平控制；因此，不同肌纤维类型影响ATP降解，随后改变宰后糖酵解进程。经过僵直解僵，肌肉转化为可食用肉（muscle to meat），而在这过程中，促进僵直的因素会增加肉的品质损失；所以如果宰后的处理条件不当，会导致类似PSE肉出现。随着生物技术的发展，很多研究可以利用蛋白组学技术来实现，例如不同宰前处理的猪肉，其成熟对肉质的具体影响等。

肉是人类营养的主要蛋白质源，其生物价非常高；肉也是一些矿物质和维生素的重要提供源，如铁、维生素

B12、叶酸等；这些营养最好由肉来提供，因为其他食物中要么不含有，要么生物利用率很低。

随着对健康的关注，人们对肉类中功能成分的开发也越来越多。肉本身或通过加工，可以含有很多的功能成分，如肌肽、肌酸、L-肉毒碱、共轭亚油酸、anserine、谷胱甘肽、牛磺酸等。这些生理活性物质，可以调节人体生理功能，预防疾病，如抗癌、抗诱变、抗氧化、延缓衰老等。

（三）肉类加工与包装（加工技术、高附加值产品开发、包装技术）

肉制品的加工技术研究，主要集中在三个方面：传统肉制品的现代化生产工艺；安全性高且利于人类健康的生产新技术；自动化加工和质量在线检测技术。例如，西班牙的传统肉制品（干腌火腿）的加工，只需要在传统工艺基础上加入一套pH和电阻光谱（EIS）在线测量系统，通过改变和控制猪腿肉的pH和电导率，即可快速的进行原料腿分级，腌制，后熟和干燥，花费更短的时间，生产出更安全质量更好的火腿产品；当然，如果能够在生产线上加入全身电导率检测仪、双能X-射线扫描仪、超声设备、低场NMR在线检测、CT扫描、和近红外辐射，加工自动化程度会更高，安全性更有保证，获得的产品质量会更好。肉中的脂肪含量尤其是饱和脂肪酸含量高，盐（NaCl）的含量也高，长远来看这些都不利于人的健康，影响消费者的购买选择;但是,食盐使蛋白溶解,使脂肪的乳化体系稳定，具有非常重要的加工意义；因此，很多研究集中在如何减少配方中的盐和脂肪含量，同时又使肉制品的品质不受影响（如采用高压处理、pH、蛋白含量等参数的改变）。采用欧姆和射频技术（电加热）生产肉制品，李斯特菌等微生物被完全抑制，而且不产生杂环胺等致癌成分，产品安

全性会更好；采用高压技术，生产低盐的肉制品；采用微波和超声技术，使肉的嫩度更优；建立猪肉品质的数据库，只需将胴体重、肥瘦比例输入即可在线快速得出猪胴体的质量指标。

生产高附加值的肉类产品，既可以满足消费者的需要，又可以提高肉类行业的经济效益，因此，在该方向的研究也非常多。目前的研究，主要集中在五个方面：得到天然、有机、绿色的肉类食品；通过添加或使肉产生有益于人类健康的生理活性成分，在此基础上得到功能型肉制品；低热量低胆固醇的健康食品；副产品的综合利用；以及发酵肉制品。消费者喜欢天然的，有机或绿色食品，因此如何生产以及鉴定有机肉制品就很有研究意义；将肉酶解，可以得到具有保健功能的小肽；肉中的饱和脂肪酸被替代，同时加入其他天然成分，以生产低热量肉制品；骨头本是下脚料，没有多少实际价值，还造成环境污染，但是，鸡腿骨骨蛋白被酶降解，可以得到具有具有生理活性功能的小肽（如血管紧张素转化酶抑制肽，防治高血压），可以据此生产药品或保健肉制品；肉中加入特定微生物发酵，可以降解饱和脂肪酸和大分子蛋白质，产生对人体有益的小分子物质，同时还能消除肉中不利于健康的饱和脂肪酸和胆固醇等成分。

包装技术的研究，可以分为包装和贮藏两个方面。比如，新鲜肉和肉制品的货架期的不同要求；新鲜肉的货架期模型的建立；如何保持新鲜肉的色泽稳定性；气调包装，对成熟不同时间的牛肉，氧化和微生物的影响；冻藏的禽肉熟制品，加入酒类生产的下脚料作为抗氧化剂，进行真空包装；澳大利亚出口的真空包装牛肉，如何延长保质期；生产和贮藏火腿（手工生产的，气调包装）期间，主要的腐败微生物抑制；为保持鲜肉色泽，需要采取高氧气调包装，但是高氧容易导致冷藏期间蛋白的氧化，不利于肉的嫩度，因此需要加入合适的抗氧化剂。干腌火腿需经过微生物发酵，但如果包装不当，会使微生物菌群发生变化，不利于货架期，因此需要选择合适的包装材料和气调比例。

（四）肉类食品安全（物理、化学和微生物污染，在线检测，可追溯系统）

肉类食品安全是关系国民健康和消费者权益的大事，也是全球性的研究热点，涉及到食品安全的各个要素几乎都在被研究。简单而言，目前的研究主要集中在五个方面：微生物污染防治，减少加工中产生的亚硝、生物胺、杂环胺、多环芳烃等致癌化学成分，抗氧化，危害分析关键控制点（HACCP）和在线检测，可追溯系统。

微生物污染对食品安全的危害非常大。最近研究的防治技术，比如，葡萄牙家禽屠宰时，弯曲杆菌属的污染及预防；如何更好的抑制李斯特单细胞杆菌；干发酵香肠切片刀，强光脉冲处理，以减少大肠杆菌0157 ：H7的污染；大块、完整肉，确保微生物被杀死的烹饪和加工程序；有机酸可抑制低盐肉制品中的肉毒杆菌；风险评估和微生物预测模型的建立和使用等。有毒有害的化学成分主要是养殖和加工导入的，对此的研究也比较多，如二英的检测，烹饪过程中的杂环胺产生途径及避免；如何减少发酵香肠中的生物胺含量；烟熏肉制品中多环芳烃的控制；腌腊肉制品的亚硝含量产生途径及阻断机制等。氧化不仅影响肉中各成分的加工特性，使肉制品的风味和质地变差；也不利于人体的消化和营养吸收。肉中容易氧化的成分主要是脂肪和蛋白质，脂肪的氧化抑制早有研究，近年来开始深入探讨蛋白质的氧化及抗氧化措施。一般先从原料肉入手，

研究宰后早期，蛋白氧化对牛肉品质的影响，以及如何避免；采用免疫和蛋白组学技术，测定鸡肉中具体的氧化修饰蛋白；研究一些加工新技术，如超声，对氧化的抑制；或者加入一些天然抗氧化剂，如绿茶提取物、百里香花穗精油、迷迭香精油等，研究其对法兰克福香肠等肉制品的抗氧化，或者对腌腊肉制品色泽等的影响。

防患未然，防胜于治。很多危害分析和关键控制点研究、在线检测、以及可追溯系统的研究，都很有实际价值。如禽肉生产链中潜在得易被污染的薄弱点的鉴定和评估；冷鲜肉的微生物生长模型及在线检测系统等；可追溯系统的建立和新技术的应用等。此外，还有一些新的食品安全风险也需要注意，如纳米技术引起的肉类食品安全问题，等等。

二、国际肉类科技大会（International Congress ofMeat Science and Technology, ICoMST）介绍

需要清楚地认识到，和国际前沿相比，我国的肉类食品科学研究仍然存在一定的差距；当前的科技水平需要进一步提高，以解决国内肉类产业发展面临的突出问题，更好地满足广大消费者对肉类食品加工和肉类食品安全的期望。时不我待；但是科研的进步绝非一朝一夕可以完成；我们需要紧盯国际前沿，积极学习和借鉴先进经验，更好得为我国的发展服务。因此，我们简单介绍一下国际肉类科技大会的情况，以及2010年8月在韩国济州岛举行的第56届国际肉类科技大会。

国际肉类科技大会（ICoMST），是肉类食品科学研究新进展的全球交流平台，以年会的形式举办。常务秘书处目前设在芬兰赫尔辛基大学，现任秘书长为Eero Puolanne教授。大会第一次举行是在1955年，当时的名称是“欧洲肉品研究人员联席会议”，只限于欧共体国家。随着全球肉类加工与科学技术的迅猛发展，这一地区性科技会议在1987年拓展为全球性大会（正式更名为ICoMST），成为世界肉类科技领域的权威性会议，全球主要肉类生产国的科研人员每年聚会于此，交流肉类食品科技发展动态，讨论国际科技合作等事宜。

2007年，ICoMST（53rd）首次在我国成功举办，不仅向全球展示了中国畜牧业和肉类行业发展的巨大成就，还围绕安全、生产、加工等议题进行了国际性、前瞻性、专业性和开放性的交流和探讨；有力

地促进了中国同世界各国在肉类科技领域的交流与合作，亦对我国肉品加工的技术进步起到积极地推动作用。

食品机械螺杆表面渗氮强化研究

濮阳职业技术学院机电工程系　许昌职业技术学院
任保臣　王亚辉　楚宣民

螺杆是粮油食品机械的心脏部件，在高温环境下对物料进行混合、揉搓、剪切、挤压和输送，物料沿螺杆螺旋槽滑移，从而形成对螺杆表面的高温粘着磨损，同时物料对螺杆表面产生不同程度的化学腐蚀，加快了螺杆的磨损失效。由于螺杆的快速磨损，造成设备加工工艺参数波动，影响加工产品的品质，同时造成单支螺杆生产能力下降，螺杆寿命缩短，增加螺杆更换和维修费用，企业成本提高。

为提高螺杆工作表面的耐磨性和抗蚀能力，采用离子氮化处理技术对螺杆表面进行强化处理，并对硬化层硬度和深度进行测定，对氮化层显微组织状态进行分析和讨论。

一、试验材料与方法

（一）螺杆材料

食品机械螺杆一般采用调质态40Cr或38CrMoAl合金钢材料制造，具有较高的疲劳强度、屈服强度、抗拉强度、淬透性及较好的韧性，本试验材料为38Cr-MoAl，其化学成分见表1。

表1. 螺杆材料成分（Wt%）

	C	Si	Mn	Mo	Al	Cr
38CrMoAl	0.37	0.20	0.34	0.23	0.92	1.65

（二）试验方法

采用线切割设备从螺杆基体切割100mm×25mm×12mm试块1件，进行氮化处理。氮化处理的试验工艺参数为：试件氮化前需经过调制处理，表面清洗干净，550±10℃保持温度及离子氮化时间15h，电流38A，电压500V，气流量0.5L/min（氮气），气压500～600Pa。氮化处理后制作金相试样，运用扫描电镜观察其硬化层显微组织状态，并用显微硬度计测其硬度。

二、结果与分析

（一）氮化强化层硬度分布

图1所示为离子氮化处理后螺杆表面硬化层的硬度

分布状态。离子氮化处理15h后硬化层表面最高硬度为HV572.8，由表及里呈梯度降低趋势，与基体存在明显的硬度过度区。硬化层深度为0.1～0.2mm，沿不同硬度测量线打点测试，渗层厚度不够均匀，工件表面硬度较内层基体硬度提高约1倍。

图1. 离子氮化处理后表层的硬度分布曲线

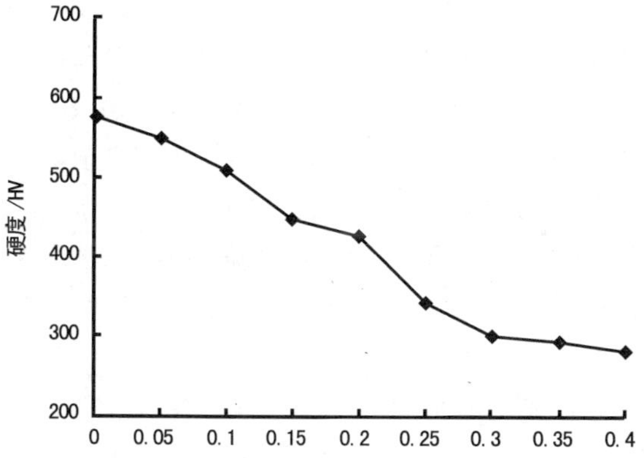

（二）氮化层显微组织

图2为螺杆试件离子氮化处理后的金相组织。螺杆材料38CrMoAl 调质处理后的组织状态为具有马氏体特征的回火索氏体，离子氮化处理后，除了Fe中溶入一定的[N]和与[N]形成氮化物外，钢中Cr、Mo、Al等元素都可以与N 形成高度弥散，硬度很高的稳定氮化物（CrN、MoN、AlN）分布在渗氮层中，形成白亮层，使氮化处理后的工件表层有高的硬度和耐磨性。

经氮化处理后的螺杆，沿着硬化层深度由表及里依次形成：ε → ε + γ′ → γ′ → αN→ α 相。表面的 ε 相为以Fe2～3N为基的间隙固溶体，晶体结构为密排六方晶格，脆性较大，耐蚀性较好。随着表面氮浓度向里扩散，将逐渐形成 γ′ 相以Fe4N为基的间隙固溶体，晶体结构为面心立方晶格，脆性较小，强度较高，为主要氮化强化区。由图2a可见氮化层组织存在不够均匀现象，组织存在疏松的缺陷，造成试件强化层硬度测定值差别较大；由图2b可知白亮层较浅，渗氮层厚度不均，且对工件表面质量有一定的影响。

三、结论

螺杆经过离子氮化强化处理后，表层氮元素含量提高，在工件表层与基体形成固溶体，或与基体发生化学反应生成了氮化物，形成强化相，达到对螺杆表面的强化目的，提高了螺杆表层的硬度、耐磨性和耐蚀性，有助于提高单杆产值，延长螺杆的工作寿命，保证整机的工作性能，降低企业生产成本。

食用油中DNA提取方法的研究进展

中国检验检疫科学研究院　　南京财经大学食品科学与工程学院
张海亮　吴亚君　陈银基　鞠兴荣　陈颖

近年来，随着食品安全事故的频发，食品安全越来越成为人们关注的焦点。食用油安全是食品安全的重要内容之一。食用油掺假掺杂不仅威胁着人们的身体健康，而且侵犯消费者利益，影响消费信心，不利于食用油产业的健康发展。运用分子生物学技术对食用油进行品种鉴定及掺假检测是新发展起来的一种检测方法，与传统方法的理化检测和仪器分析检测相比（如测定过氧化值、脂肪酸比例、色谱分析等），具有检测灵敏度高、可靠性强、操作简单和省时省力等优点。

运用分子生物学技术对食用油进行品种鉴定及掺假检测，首要前提是从油脂中提取出适合PCR扩增的DNA。由于精炼食用油生产需经过高温及高压等处理，其中的DNA降解为大小不一的碎片，且含量极低，这给DNA提取造成了很大困难。因而DNA提取技术成为食用油PCR检测技术的瓶颈，是食用油检测成功与否的关键所在。

国际上研究人员一直在努力探索食用油中DNA的提取技术。例如Pauli等从粗制大豆油中提取DNA，但这种方法并不适合精炼植物油。另外有很多关于从橄榄油中成功提取DNA的报道，主要原因是初榨橄榄油不经过精炼，极大地避免DNA的破坏和损失。1997年Maja Hellebrand 等首次从精炼菜籽油中提取到菜籽DNA，并证明可用于物种鉴定。2010年Joana Costa等利用改良的试剂盒法从精炼植物油中提取大豆DNA，这是国外第一次报道从精炼植物油中检测到大豆DNA。

国内也有学者建立了食用油中DNA提取的方法。覃文等在2002年就对油脂中转基因成分的检测进行了初步研究，并对市售的食用油进行了DNA提取，利用PCR-GeneScan技术对其进行了检测，且检测到植物内源基因。

2004年金红等对大豆色拉油中DNA的提取方法进行优化，采用PCR检测出大豆的外源基因。徐伟丽等通过试剂盒改良，建立了一种稳定有效、重复性好、操作简便的油脂中DNA提取方法。白立群等利用冷冻干燥技术对含有DNA的水相进行浓缩，建立了一种油脂中DNA提取的新方法，可用于转基因检测。

国内外在食用油中DNA提取方面所考虑的技术要点主要包括：(1) 样品的前处理；(2) 裂解和分离；(3) DNA富集和纯化。本文将针对这3个技术环节对目前的食用油中DNA提取方法进行介绍。

一、样品前处理

由于食用油是一种高度加工和纯化的产品，为了尽可能多的从油脂中分离残留的DNA分子，合理地对样品进行萃取和浓缩是必要的。目前常用的前处理方法是乳化法和浓缩法。

（一）乳化法

将油相与水相或有机相进行充分的乳化处理，使油脂中的DNA保留在水相中，是提取DNA的关键。Clarissa Consolandi 等将橄榄油与正己烷混合，充分乳化后离心，并用含有吐温的裂解液和蛋白酶K分别处理上清和沉淀，经孵育和离心后，各分离相用预冷的异丙醇沉淀DNA，并用体积分数70%冷乙醇清洗，最后将DNA溶解于水中。实验利用多重PCR对提取的DNA进行检测，结果显示该方法不仅效率高，而且成本低，样品量小，仅需2mL 橄榄油，便可提取到50μL总量为1.35μg的DNA，比Wizard试剂盒的起始检测油量低50倍。Maria等在此法的基础上进行改进，将CTAB裂解液和正己烷等体积混合，并在60℃条件下与橄榄油充分乳化，提取结果显示改良的乳化法显著优于CTAB法和正己烷法。

（二）浓缩法

由于精炼油经过复杂的处理后DNA含量极少，因此如果能用适当的方法将含有DNA的大量水相进行浓缩，将大大提高后续的提取效果。白立群等建立了一种有效的大豆精炼油DNA提取方法——冷冻干燥法。冷冻干燥法将食用油与水充分乳化，利用冷冻干燥技术将水分完全蒸发，再使用CTAB裂解液从沉淀中提取和分离DNA。采用该方法从5种市售一级大豆油中提取DNA，成功检测到大豆内源Lectin基因、外源CaMV35S启动子、NOS终止子。

二、裂解和分离

DNA提取中常用的裂解液主要有CTAB、SDS、异硫氰酸胍等，基本原理是通过裂解液裂解细胞并分离DNA，利用酚/三氯甲烷等有机溶剂除去蛋白质等杂质，并加入异丙醇或乙醇等沉淀DNA，最终用TE缓冲液或双蒸水溶解DNA。目前常用的裂解和分离方法适合于动植物及微生物中DNA的提取，因此根据食用油组成及理化性质的不同，需要对已有的方法进行改良。

（一）CTAB（十六烷基三甲基溴化铵）法

CTAB法被广泛的应用于植物叶子、种子、微生物以及加工食品中的DNA提取，是一种经典的DNA提取方法。其基本原理是：CTAB是一种阳离子去污剂，它能与核酸形成复合物，这些复合物在低盐溶液中因溶解度的降低而沉淀，而在高盐溶液中可解离，从而使DNA与多糖等杂质分开，再用乙醇沉淀DNA而除去CTAB。自从Murray等人首次使用CTAB法成功的提取植物基因组DNA，CTAB发展迅速，不断得到改进，已经成为分子生物学中提取DNA的最常用的方法之一。

根据食用油的性质和特点，经改良后的CTAB法更加适合食用油DNA的提取。Innocenzo Muzzalupo利用CTAB法从橄榄油中提取DNA，添加了蛋白酶K，并向CTAB提取缓冲液中加入2%的巯基乙醇，不仅能使蛋白质充分变性，还能够保护DNA的完整性，使提取的DNA更适合进行RAPD-PCR扩增。

Matteo Busconi等通过提高CTAB的浓度，并使用三氯甲烷/辛醇代替三氯甲烷/异戊醇抽提，提高了橄榄油中DNA的提取效率。王亚等通过向CTAB提取缓冲液中加入PVP和巯基乙醇，经酚/三氯甲烷抽提，最后用异丙醇和醋酸铵沉淀油脂中DNA，取得了不错的效果。

CTAB法提取DNA成本较低，不需要昂贵仪器和试剂，操作简单，具有普遍的适用性。但该法比较耗时，容易造成提取过程中DNA的损失，而且提取过程中用到酚、三氯甲烷等有毒试剂，因此CTAB法在食用油DNA提取方面还具有一定的局限性。

（二）SDS（十二烷基磺酸钠）法

SDS法也是一种分子生物学中常用的DNA提取方法。与CTAB不同，SDS是一种阴离子去垢剂，在高温条件下能裂解细胞，使染色体离析、蛋白变性，同时SDS能与蛋白质及多糖结合成复合物，释放出核酸。通过提高盐浓度并降低温度，使SDS-蛋白质复合物的溶解度变得更小，从而使蛋白质及多糖杂质沉淀。上清液经酚/氯仿反复抽提后用乙醇沉淀DNA。

传统的SDS提取缓冲液，包含Tris-HCl，EDTA，NaCl，巯基乙醇和SDS。SDS法最初也主要用于植物DNA的提取。在后来的应用中，SDS法经过一步步改良，不断完善，所获得的DNA质量和产量也逐渐提高，已经成为DNA提取的一种较好的方法。

根据食用油的特点和性质，Maja Hellebrand 等利用SDS 法成功的从精炼菜籽油中提取到菜籽 DNA。他们首先向预处理后的菜籽油加入 SDS 提取液，并添加蛋白酶 K，后经酚 / 氯仿抽提，最后用乙醇沉淀 DNA。结果发现，在粗制油和精炼菜籽油中均可以提取到 DNA，并能成功进行 PCR 扩增。许冬倩等对 SDS 法进行改良，省去了酚 / 三氯甲烷抽提步骤，减少了大豆油 DNA 的损失，提取的 DNA 含量高，质量也足以保证 PCR 反应的要求。

SDS 法操作简单而且比较温和，也可提取到高分子量的 DNA，但所得到的产物含杂质较多，有一些报道称用 SDS 法提取的 DNA 的纯度不如 CTAB 法提取的高。

（三）异硫氰酸胍（GuSCN）法

异硫氰酸胍是一种蛋白质变性剂，它能使细胞结构迅速被破坏，使核酸从细胞中释放出来。同时高浓度的异硫氰酸胍还使细胞内的核酸酶失活，使释放出的核酸不被降解。

异硫氰酸胍除了用于一般动植物 DNA 的提取之外，还可用于食用油等深加工产品的 DNA 提取。SimonaPafundo 等使用 Nucleospin Plant 试剂盒提取橄榄油中的 DNA，并将提取的 DNA 成功的用于 AFLD 分析，而该试剂盒的裂解液中的主要成分之一为异硫氰酸胍。Wizard 试剂盒裂解液中也含有异硫氰酸胍成分。覃文等使用 Wizard 试剂盒提取食用油中的 DNA，经实时荧光 PCR 检测出大豆内源基因 Lectin 以及外源抗除草剂基因 EPSPS，成功的为食用油脂进行核酸类生物性检测提供了一种简捷有效的方法。徐伟丽等针对色拉油中 DNA 含量低，破坏严重的特点，采用 Wizard 基因组纯化试剂盒成功检测出大豆的内源基因、抗除草剂基因等。MaríaJosé Chapela 等曾利用 Wizard DNA 纯化试剂盒提取金枪鱼罐头中 DNA，结果显示提取的金枪鱼 DNA 质量良好，并成功地用于 PCR 扩增。

三、DNA 富集和纯化

（一）磁珠法

磁珠法的核心是将细胞中游离出来的核酸分子吸附到磁性颗粒表面，蛋白质等杂质不被吸附而留在溶液中。在磁场作用下，使磁性颗粒与液体分开，回收颗粒（即磁珠 -DNA 混合物），再用洗脱液洗脱即可以得到纯净的 DNA。

磁珠法提取的 DNA 纯度好，质量高，已经被用于多种复杂及深加工食品的 DNA 提取。Catherine 等对比 Wizard 试剂盒磁珠，硅胶和羟基磷灰石 3 种材料吸附提取橄榄油中的 DNA，提取发现 Wizard 磁珠试剂盒法对橄榄油 DNA 提取效果最好，提取的 DNA 可用于微卫星分析。Wu 等比较了 Wizard 磁珠纯化试剂盒和 CTAB 法对大豆油 DNA 的提取效率，发现磁珠法提取 DNA 的 lectin 基因扩增效率更高。

磁珠法提取的 DNA 片段大，纯度高，质量稳定可靠，而且磁珠法不需要离心、不需要加入多种试剂，操作简单，符合核酸自动化提取要求，是未来核酸纯化方法发展的一个重要方向。

（二）离心柱法

离心柱法是将树脂或硅胶膜固定在离心管中，在高盐低 pH 值条件下，DNA 选择性吸附于离心柱内的树脂或膜上，通过漂洗、离心等步骤，去除蛋白和多糖杂质，最后用低盐高 pH 值的洗脱缓冲液将 DNA 从树脂或硅胶膜上洗脱。

Joana Costa 等使用以离心柱法为原理 NucleospinDNA 提取试剂盒从精炼油中提取到大豆 DNA。Joana 等用 Nucleospin DNA 提取试剂盒成功地从大豆油精炼过程中碱炼、水洗、脱色、脱臭等各个环节的油脂产物中提取到高质量的 DNA。InnocenzoMuzzalupo 等使用 QIAampDNA 离心柱提取试剂盒提取橄榄油中 DNA，能够用于微卫星分析，进行橄榄油品种的鉴别。Rayda Ben Ayed 等比较了 QIAamp DNA 提取试剂盒，Wizard 基因组纯化试剂盒和 CTAB 法对橄榄油中 DNA 的提取效果，发现 QIAamp DNA 试剂盒提取 DNA 的效果最好，能够用于物种鉴定。

栾凤侠等针对食用油脂中提取高纯度和高得率 DNA 比较难的问题，通过对以离心柱为原理的试剂盒进行改良，用离心柱法从食用油脂中提取到了纯度和浓度均比较高的 DNA，并用实时荧光 PCR 技术成功地检测出了食用油脂中的内源基因和外源基因。程红梅等通过将油和正己烷充分乳化，使残存在油中的 DNA 交换到缓冲液中，并用自制的离心柱纯化富集 DNA，成功从大豆油中提取 DNA。

（三）担体法

在食用油 DNA 提取过程中，通过添加一定量的 DNA 或 RNA 等物质作为担体，能够提高 DNA 的提取效率，而且不对检测结果产生影响。担体 DNA 或 RNA 一般都在沉淀 DNA 之前加入，而且担体 DNA 或 RNA 的选择，最好选择与目标 DNA 的物种相差较远的植物、动物或微生物 DNA 或 RNA。

王彭等在提取大豆油中 DNA 过程中，在用无水乙醇沉淀 DNA 时加入少量东北大豆黑衣 33 号 DNA 作为担体，不仅能够提高大豆油中 DNA 的得率，而且不会影响转基因检测的结果，从而为转基因深加工产品检测过程中的 DNA 提取提供了新的手段。覃文等在用异丙醇沉淀油脂 DNA 之前加入植物基因组 DNA 作为担体，效果良好。白立群在大豆油中 DNA 富集过程中，比较了线性丙烯酰胺和鲑鱼精 DNA 作为担体的效果，发现前者富集的 DNA 扩增效率更高。Giménez 等在提取橄榄油中 DNA 过程中，也使用了线性丙烯酰胺作为担体，且提取效果显著。

四、结语

虽然CTAB法、SDS法提取的DNA纯度能够满足分子生物学实验的一般需要，但是还存在着一定的缺陷，如步骤繁杂，耗时长，DNA损失较大，提取的DNA质量不高等。另外，酚、三氯甲烷等有机溶剂有毒，有损操作者健康。磁珠法和离心柱方法多为一些商业试剂盒采用，它们均采用独特的缓冲液体系，省去了酚/三氯甲烷抽提，减少了DNA的损失，操作简单而高效，提取的DNA质量较高，但成本较高，提取量少。浓缩法和乳化法由于其提取步骤简单，DNA损失较少，而且能极大的富集食用油中DNA。

国内外研究人员对食用油中DNA提取各种方法的提取效果进行了对比。栾凤侠等比较了CTAB法和离心柱法提取精炼大豆油中DNA的效果，结果表明离心柱法操作简单快速，提取的DNA质量高，效果显著优于CTAB法。Andreas Zimmermann 等比较了CTAB法，SDS法及离心柱法等9种DNA提取方法在提取大豆深加工产品中的效果，并从DNA质量和产量2个方面进行评价。他们发现，离心柱法提取的DNA量相对低，但是却具有质量高、易进行PCR扩增等特点；相比之下，CTAB、SDS等方法虽然提取的DNA产量较高，但往往导致DNA质量较低，易含有PCR抑制剂。Angela Di Pinto等也发现，试剂盒中采用的磁珠法和离心柱法与CTAB法和SDS法相比，含有相对较少的污染物和PCR抑制剂。

高质量DNA的提取是决定分子生物学实验成败的关键因素。食用油中DNA 提取主要包括3个技术环节：(1)样品的前处理；(2)裂解和分离；(3)DNA富集和纯化，其中最重要的环节就是DNA的富集和纯化。随着科技的不断发展，纳米磁珠和生物膜等新型DNA吸附材料未来将会在食用油等深加工产品的DNA提取过程中发挥重大作用，并能极大的提高分子生物学中技术在食品检测中的应用范围。与此同时，还应当提升DNA的后续检测技术的水平，提高其检测灵敏度。

除此之外，随着未来新型油料作物的增加，各种类油的出现，以及食用油掺假、掺杂现象的增加，快速的、高通量结合自动化系统的DNA提取方法的应用将会极大地降低提取时间和成本。

酸奶保藏过程中微生物学变化趋势研究

吉林农业大学食品科学与工程学院
王秀娟　韩亮亮　王萍　王玉华

本研究对市场上销售的辉山牌凝固型酸奶及饮料型酸奶在保质期范围内的乳酸菌、霉菌和酵母菌进行每隔一段时间的菌落计数，研究酸奶在保存期内的乳酸菌、霉菌、酵母菌的数量变化，从而讨论市售酸奶的品质问题。

一、材料与方法

（一）材料

辉山酸奶凝固型（117g/杯）：沈阳辉山乳业有限公司生产，保质期21d；辉山原味酸奶调味酸牛乳（125g/袋）：沈阳辉山乳业有限公司生产，保质期14d。

MRS培养基：柠檬酸氢二铵20.0g，磷酸氢二钾2.0g，乙酸钠5.0g，硫酸镁0.58g，硫酸锰0.25g，葡萄糖20.0g，吐温801.0mL，蛋白胨10.0g，牛肉膏10.0g，酵母膏5.0g，琼脂18.0g，加蒸馏水至1000mL。马铃薯-葡萄糖琼脂培养基：马铃薯（去皮切块）300g，葡萄糖20g，琼脂20g，加蒸馏水至1000mL。

查氏培养基：硝酸钠2.0g，磷酸氢二钾1.0g，氯化钾0.5g，硫酸镁0.5g，硫酸铁0.01g，蔗糖30.0g，琼脂20.0g，加蒸馏水至1000 mL。

（二）仪器

BS210电子天平：上海赛多利斯公司；SPX型智能生化培养箱：宁波江南仪器厂；YQX-2厌氧培养箱：上海新苗医疗科技公司；280不锈钢电压锅：上海三申公司；303-2电热培养箱：上海浦东荣丰科学仪器有限公司；格兰仕微波炉：佛山市顺德区格兰仕微波炉电器有限公司。

（三）实验方法

用灭菌容器称取样品25mL，放入装有225mL 蒸馏水的三角瓶中，充分震荡，将预处理后的样品依次进行10倍稀释至10-7。在已经灭菌的平皿中加适量45～50℃培养基，选择适当倍数的稀释液，各以 1mL 量加入平皿中，MRS 培养基培养的乳酸菌需放入厌氧培养箱中（35 ～ 37℃）培养 2d，马铃薯 - 葡萄糖和查氏培养基需放入培养箱中（25 ～ 28℃）培养 5d，计数。

二、结果与讨论

（一）酸奶在保藏过程中乳酸菌的变化情况

在灭菌的平皿中加入适量 45 ～ 50℃ MRS 培养基，将酸奶样品稀释液 1mL 涂布于培养基上，放入 CO2 培养箱中（37℃）培养 48 h，进行菌落计数，结果见表 1。

储藏时间	霉菌数/（cfu/mL）	
	凝固型	饮料型
第 1 天	6.2×10^3	0
第 7 天	5.9×10^3	1.2×10^3
第 14 天	3.8×10^3	2.8×10^3
第 21 天	1.1×10^3	2.4×10^3

由表 1 可知，凝固型酸奶中乳酸菌的数量随着时间的增加而变得越来越少，从第 1 天的 6.2×108 cfu/mL 下降到 1.1×106 cfu/mL。根据新的酸奶国家标准（GB2746-1999）中规定产品中的乳酸菌数不得低于 1.1×106/mL，符合国家标准。

饮料型酸奶中乳酸菌的数量在保质期内（14d）菌数变化不明显，低于国家标准中关于细菌总数的规定（1×104cfu/mL），符合国家标准。从表 1 中可看出乳酸菌活菌数低于凝固型酸奶。

（二）酸奶在保藏过程中霉菌的变化情况

在灭菌的平皿中加入适量 45 ～ 50℃马铃薯 - 葡萄糖琼脂培养基，取稀释液 1 mL 涂布于培养基上，放入恒温培养箱中（25~28℃）培养 5d，进行菌落计数，结果见表 2。

表 2 酸奶在保藏过程中霉菌的变化情况

储藏时间	霉菌数/（cfu/mL）	
	凝固型	饮料型
第 1 天	2.1×10^3	2.1×10^3
第 7 天	3.5×10^3	2.3×10^3
第 14 天	8.7×10^3	2.8×10^3
第 21 天	7.5×10^3	2.5×10^3

由表 2 可知，凝固型酸奶中霉菌的数量随着时间的增加而变得越来越多，但是变化不显著。饮料型酸奶中乳酸菌的数量并没有随着时间的增加而明显变化。

（三）酸奶在保藏过程中酵母菌的变化情况

在灭菌的平皿中加入适量 45 ～ 50℃查氏培养基，取稀释液 1mL 涂布于培养基上，放入恒温培养箱中（28℃）培养 5d，进行菌落计数，结果见表 3。

表 3 酸奶在保藏过程中酵母菌的变化情况

储藏时间	霉菌数/（cfu/mL）	
	凝固型	饮料型
第 1 天	1.2×10^3	1.1×10^3
第 7 天	2.8×10^3	1.6×10^3
第 14 天	8.4×10^3	1.4×10^3
第 21 天	2.5×10^3	2.3×10^3

由表 3 可知，凝固型酸奶中酵母菌的数量随着时间的增加而变得越来越多，但变化不显著。饮料型酸奶中酵母菌的数量并没有随着时间的增加而明显变化。

（四）讨论

凝固型酸奶的乳酸菌数从出厂到保质期结束，总体数量呈下降趋势，即出厂的时间越长，酸奶中所含的乳酸菌数越少。酸奶中所含的总菌数从出厂第 1 天的 6.2×108 cfu/mL 下降到出厂第 21 天的 1.1×106 cfu/mL。霉菌和酵母菌的数量总体呈上升趋势，即出厂时间越长，酸奶中所含的霉菌和酵母菌数越多。刚出厂时产品中就含有霉菌和酵母菌，随着时间的延长，菌数逐渐增加，冷藏条件下，变化不明显；当贮藏条件发生变化，尤其是温度升高时，这些霉菌和酵母菌会迅速生长。夏季酸奶常出现的胀袋现象，就是因为酵母在生长过程中产生二氧化碳所致。这说明市售的酸奶潜在一些质量问题，酸奶保质期的限制因素主要是酵母菌和霉菌。另外，酸奶制品的 pH 为 3.8 ～ 4.2，大多数微生物很难生长繁殖，只有霉菌和酵母菌能生长，因为这两类微生物 pH 生长范围在 3.8-6.0 之间。所以，酸奶制品中，霉菌和酵母容易生长繁殖，引起酸奶变质。

饮料型酸奶中，乳酸菌数量仅为 1000cfu/mL，霉菌和酵母菌的数量与乳酸菌数量基本相当，而且稳定存在。结果表明饮料型酸奶在营养价值方面远比不上凝固型酸奶。

三、结论

实验采用凝固型酸奶样品中所含的乳酸菌数在出厂第 1 天为 6.2×108 cfu/mL，14d 内活菌数没有显著改变，出厂 21d 菌数降低 100 倍，达 1.1×106cfu/mL；霉菌和酵母菌的数量总体呈上升趋势。饮料型酸乳菌数较低，保质期内菌数没有明显变化，不属活菌类饮料产品。

提高食品出口竞争力的问题研究
——以宿迁罐头食品出口为例

宿迁学院经济贸易系
陈学妍　李怀建

食品是人类赖以生存的最基本的物质条件。实践证明，食品行业的快速发展，既可以提高人民的生活和健康水平，又可以促进经济发展。中国罐头工业协会技术中心对外公布的数据显示，2010 年1—3 月，我国出口各类罐头 71.05 万吨，比去年同期增长了 30.92%；出口额达 7.84 亿美元，同比增长了 13.7%。据海关统计，2010 年 1—5 月份我国罐头出口量为 120.10 万吨，出口值为 13.40 亿美元。可见，我国的罐头食品行业发展较快。在全国罐头产业发展的带动下，宿迁罐头食品出口保持持续增长的势头，其发展面临大好前景。

一、宿迁罐头食品出口的现状分析

中粮集团从 20 世纪 50 年代开始从事罐头食品的生产与销售，带动了国内罐头食品和相关产业的发展。近年来，苏北宿迁罐头工业发展同样迅速，产量与出口量保持持续增长的势头。2010 年上半年，宿迁市完成进出口 4.46 亿美元，出口 3.33 亿美元，其中罐头产品的出口比例为 30.03% 左右。宿迁罐头食品有限责任公司全面发展各种罐头产品的生产，外销产品有梅林牌芦笋、黄桃、蘑菇、什锦果蔬等五十多个品种，产品远销美国、欧州、加拿大、韩国等三十多个国家和地区，其中芦笋和黄桃两个品种被北京中绿华夏有机食品认定中心认定为有机产品。该企业现已发展成为国家级农副产品加工龙头企业，利用市郊芦笋、黄桃、樱桃番茄等绿色农产品资源，重点发展罐头、脱水及速冻出口产品，力争未来三年内加工量突破 10 万吨，实现销售收入 3 亿元以上。公司的目标是进行广泛的国际市场调查，了解国际市场上的供给需求状况，找出自身的不足，弥补与国际市场之间的差距；人工栽培无公害的作物加工成罐头，生产适销对路的产品，打造强有力的罐头食品出口竞争优势。

二、如何提高宿迁罐头食品出口竞争力

旧金山大学的管理学教授韦里克曾提出 SWOT 分析法，又称为态势分析法，SWOT 分别是：strengths（优势）、weaknesses（劣势）、opportunities（机会）、threats（威胁）。SWOT 分析通过对优势、劣势、机会和威胁加以综合分析，然后再调整企业资源及策略来达成企业的目标。我们采用这种分析法，结合宿迁罐头食品自身发展的情况，分析内外部因素，以此达到提高出口竞争力的目的。

（一）充分发挥优势，提高出口竞争力

第一，产品自身优势。宿迁罐头食品行业已经发展成为强势龙头企业，成为本地区绿色食品开拓国际市场的先锋。其产品方便食用、便于携带且营养丰富；种类齐全、卫生健康且食用安全；常温保存、无污染且新鲜无菌；节能环保、省水、省电且远离油烟；空瓶空罐可再回收。第二，价格低廉优势。首先，我们在生产中采用当季大批量产品加工而避开反季节的高价原材料；其次，我们知道理论来源于实践又支撑着外贸实务的发展。当今世界，任何一个国家的发展都不能脱离其他国家的发展而独立进行，即各国都通过国际贸易这个“传递”渠道，促进相互的经济合作。国际贸易中的比较优势理论认为，每一个参与贸易的国家应选择本国具有相对优势的产品进行交易，获得比封闭条件更多的利益；而 H-O 理论认为，这种相对优势的产品主要体现在某国或某地区相对丰富和便宜的要素密集型产品。所以说，我们出口的食品在国际市场上显示出较强的价格竞争优势来源于宿迁地区相对便宜的劳动力价格。

（二）针对劣势，提出增强出口竞争力的措施

受到地理位置等因素的影响，宿迁罐头食品厂在信息交流能力、运输能力等方面较发达城市弱一些。宿迁位于江苏北部，是经济发展较落后的地区，虽然有纵贯南北的京杭大运河，但目前港埠没有形成规模，配套设施亟须完善；虽有宿迁港、洋北港、泗阳港、皂河港等港口，但与公路、铁路及重要航道的衔接不畅，无法发挥应有的作用，且高等级航道太少。我们国家有近 80% 的货物是通过海运来完成进出口贸易的，因为海洋运输具有运费低、运量大等优点。而宿迁罐头食品等产品却享受不到这一优势。同时，宿迁也没有飞机场和火车站，

这会增加我们谈判、选择贸易术语，尤其是运输方面

的成本。据此，我们要积极主动地弥补劣势：理论上，实行规模经济，通过出口扩大增加产量，降低成本；采用新技术和新管理办法，增加出口数量、提高出口的质量；进行制度创新，提高组织运行效率和技术创新效率，降低交易费用，进而提高出口企业的竞争力。实践中，我们通过谈判正确使用贸易术语；发挥物流公司的作用；政府加大对水运建设资金的投资；推进徐洪河等航道的整治工程，推进水路运输企业与大型电厂、生产制造企业、商业营销企业及公路、铁路、航运等运输方式的协调与合作；加强行业管理与引导完善综合运输体系规划，落实港埠配套设施建设；促进水路运输企业由承运人转向第三方物流代理服务，逐步适应水路运输市场需要。

（三）把握机会，夯实出口产品的基础

宿迁罐头食品的出口在全球经济发展的带动下稳步上升。我们应充分利用国内外两种资源、国内外两个市场，借助"生态宿迁"的影响力，抓住机遇发展龙头企业。迈克尔·波特的国际贸易竞争优势理论认为，一个企业要想获得竞争优势，需要几个推动因素，即要素的推动、投资的推动、创新的推动、财富的推动。中国经济改革研究基金会国民经济研究所的学者张晓晶提出，我们应正确认识政府创造一个具有比较优势的贸易环境的行为。针对宿迁经济发展状况，为了强化国家级农副产品加工龙头企业的竞争优势，政府应加大人力、资本、

技术等要素的积累力度，加强教育投资，达到要素优化配置使用。同时，企业应在政府的支持下抓住机会，组织访问团学习先进经验，实行出口奖励制度，建立商业情报网向出口厂商提供信息，做到知己知彼，才能百战不殆；企业应进行产品的创新，将高科技成果转化为商品以增强经济适应能力、赢得持续的竞争优势，支持出口企业的发展，达到扩大出口市场份额，优化出口商品的结构。企业还可以利用政府调高出口退税率等机会迅速扩大生产、增加出口。

（四）灵活应对国外"新贸易壁垒"的威胁

随着国际经济科技的不断发展，无污染、纯天然的食品越来越受到消费者的关爱。新贸易壁垒的产生更多地源于考虑食品对人类健康、安全及环境的影响。据商务部调查显示，每年我国有90%左右的食品出口企业受到国外技术性贸易壁垒的影响。我们的罐头食品出口质量标准整体上达到了发达国家食品卫生安全标准，但由于进口国对食品生产中的农药残存、化肥使用量及加工中的防腐剂、添加剂、色素含量等要求越来越严格，面对国外制定的苛刻的技术、卫生检疫、商品包装和标签等标准时，出口仍受到一定程度的限制。对此，我们应完善技术、环境等体系建设，充分了解其他国家设置的技术、环境壁垒，绕开出口中遇见的障碍，关键是从本质上建立罐头食品产业的保障机制，进一步完善绿色食品检查制度及质量检测体系，制定并完善罐头食品生产技术标准，不断提高产品质量、提高出口的市场监管能力、加强生产与科技合作；同时，要实施出口市场多元化战略，在遭遇国外的绿色壁垒限制时，灵活调整企业的贸易地理方向，达到"东方不亮，西方亮"的效果。

三、前景分析

（一）进一步拓宽出口市场

近年来，在江苏省的带动下、地方政府的扶持下、招商引资的推动下，宿迁罐头食品的发展速度逐渐加快。我们已经改变了过去"只拉车，不看路"的落后发展观念，以崭新的姿态迎接未来的挑战。据了解，2010年4月份连云港市港口管理局和港口集团有限公司的相关负责人到宿迁市调研内河港口发展和航道建设情况。宿迁作为京杭大运河黄金水道经过的主要城市之一，未来港口发展前景良好，将来宿迁港口成立后，对进出口贸易的发展将起到巨大的推动作用。在自由竞争环境中，本土进出口企业要获得生存，还需要根据出口食品的特点，有针对性地收集国外信息，及时发布预警信息，为企业提供信息咨询服务，使食品出口顺畅;需要提升技术水平,挖掘潜能,把握机会,发挥优势，避开劣势，积极了解国际市场的需求，提高贸易依存度，尤其是出口依存度；积极开展形式多样的产品促销和商贸洽谈活动，不断提高罐头食品品牌的国际影响力和竞争力，最终达到拓展出口贸易渠道的目的。

（二）人民币升值的压力

近年来，我们的罐头食品行业虽然发展较快且出口保持持续增长的势头，但中国罐头工业协会理事长助理林焜辉强调："从价格走势上看，国产罐头出口在经历国际金融危机的冲击下又迎来了新一轮的低价销售期。在各种成本只高不跌、人民币升值压力不断增大的情况下，这种出口增加方式不可能给行业带来持续发展的后劲。"因为一定时期内人民币的升值，使得用本国货币生产的产品折合成外币时价格上升，而食品加工业的环保及食品安全等各项费用较高，成本高即收益低，如在生产经营上稍有不慎，就会导致产品亏损。所以，我们不可能为了盲目地追求出口创汇收入而扩大出口。因此，罐头出口企业在控制成本、确保安全质量的同时，应将人民币汇率变化带来的经营风险降到最低，以保持企业健康稳步的发展。总之，宿迁罐头食品出口虽然会面临或多或少的问题，但未来发展的潜力巨大。

小议我国食品机械的发展与机遇

九三粮油工业集团工业有限公司　九三粮油工业集团哈尔滨惠康食品有限公司
张　辉　安晓锋

食品安全是关系国计民生的重大问题，与此息息相关的食品包装的重要性也就毋庸置疑。在满足中国13亿人口食用供应的背后，是庞大的食品包装机械市场。随着中国经济高速发展以及人们生活质量的提高，国内对于微波食品、休闲食品及冷冻食品等方便食品的需求量不断增加，这将直接带动相关食品包装的需求，令国内食品与包装机械业可在较长时间内维持增长，预测到2010年，国内食品与包装机械业的总产值将达到1300亿元人民币，而市场需求可能达到2000 亿元人民币。

一、食品包装技术现状

食品包装机械在食品机械中所占比重很大。近年来，世界各国的食品机械相关标准纷纷向国际标准（或欧洲标准）靠拢，采用国际标准或区域标准作为本国技术标准的主要内容，实现国际间食品机械技术标准的一致性和协调性，以促进国际间食品机械技术交流和贸易往来的顺利发展。据不完全统计，到2005年底，约有100多个国家已经等效采用国际标准或欧洲标准，使国际标准的趋同化成为世界食品机械发展的一大主流。在这一发展主流中，技术实力较强的发达国家较多地承担了国际食品机械相关标准的制修订工作，并把本国的一些技术纳入到国际标准之中，从而获得更大的技术经济利益；技术实力较弱的发展中国家，在食品机械领域也必须走与国际接轨的道路，以等效采用或部分采用国际标准，如不这样做就会处于被国际边缘化的危险。尤其是WTO成员国，大都以国际标准作为制定本国食品机械技术标准的基础，从而强化了国际标准在协调各国食品机械技术标准方面的作用，进一步巩固了国际标准在食品机械中的全球化地位和经济一体化作用。因此，食品机械国际标准越来越被世界各国所接受和采纳，并逐步成为全球性普遍采用的技术标准。

二、技术创新成为技术跨越的重要手段

在食品机械的发展历史上，部分欧洲国家（如英、法、德、意、丹、瑞、荷等）是世界上率先进行自主技术创新的国家，他们充分利用自身的技术优势，最早开展了以实现技术跨越为特征的技术创新工作。美国最早通过购买欧洲的先进技术，开展食品机械的技术创新工作，经过几十年的努力，实现了由引进技术创新转变成自主创新的强国。到20 世纪中后期，日本、韩国等国家积极学习美国由模仿创新走向自主创新的先进经验，也实现了食品机械的技术跨越。其中，日本已成为世界食品机械的主要出口国之一。目前发达国家在开展食品机械的技术创新活动中，大都在人、财、物等方面给予很大的投入，其创新主体的投资一般为企业销售额的2%～3%，投资高的达到10%左右。与此同时，各国政府还对开展技术创新给以大量的倾斜政策和经费支持，以提高食品机械的技术创新能力，促进食品机械的技术竞争和扩大出口。当前，世界各国通过技术创新及实现技术跨越所带来的发展效应，主要是形成食品机械的高技术产品品牌和丰厚的经济利益等。从总体来看，技术创新已成为食品机械实现技术跨越的重要手段。

目前，食品包装机械的研发正朝着高速、多功能化及控制智能化的方向发展，以适应市场需求。为满足交货期的要求和降低工艺流通成本的需要，未来食品包装机械要求能够进行高速生产。同时对一些产品，还要求包装机械和生产机械相衔接，还可采用连续工作或多头工作方式。此外，还必须降低废品率及故障率，使正常的生产率得以提高，发展趋势是使包装机械进一步智能化。

三、我国与国际在技术上的差距

中国机械工业联合会预计，从2011～2015 年，中国食品与包装机械业总产值有望突破6000亿元(人民币,下同),每年平均增速约维持在16%的水平。但目前中国包装机械对国外高端技术的过度依赖，已经严重制约了中国包装工业持续、稳定发展但是在我国包装工业快速发展的背后，触目惊心的是大量技术含量高的成套设备仍依靠进口，每年大量的外汇用于进口成套的高端设备。如塑料薄膜双向拉伸设备，一条生产线就近1亿元，从20世纪70年代开始引进，到目前为止，国内相继进口此类生产线1100条。除此之外，还有乳品业大量使用的无菌包装盒、灌装设备几乎都为瑞典利乐公司一家提供。业内专家认为，我国包装机械对国外高端技术的过度依赖，已经严重制约了我国包装工业持续、稳定发展。

中国食品和包装机械工业协会秘书长何南至认为，与国外相比，我国机械制造水平的差距主要体现在技术上。

他分析，我国的技术研究力量主要由三部分组成，一是科学研究所，二是大专院校，三是企业内部的科研机构。目前科学研究所要求其自主经营、自负盈亏，面临向企业化的方向转变，开始无法顾及技术性的开发与研究；大专院校也有创收任务，没有精力作一些技术性研究；而企业的技术力量本身就是依附生产，因此进行开发性研究就面临着科研技术力量和实验室装备两方面的限制，而一种新技术若不经过科研所的前期开发是无法直接应用到生产的。

"像高压杀菌等世界尖端技术，我们目前还没有人去开发，这种前沿技术的开发既需要知识上的投入，也需要装备上的投入，企业不愿投入，科研机构又没有力量，长此以往，将会使我国与国际先进水平之间的差距越来越大。"何南至说。

针对此种现状，有专家认为，中国包装工业应该从实际出发，走引进技术且与自主创新结合的道路，很难完全靠自主创新去发展。我国的包装业是靠着比较优势走上发展道路的。一是汉字信息处理的优势；二是人才的优势。如果从综合制造水平，去跟国外制造商硬拼，是不行的。包装机械自动技术所涉学科众多，"有些企业可自行解决，有些则必须和有关专业企业或研究院联合解决。至于环保产品攻关涉及面更广，所以在这些方面，我们的自主创新意识还很不够！"

专家介绍，一个完整的机电一体化系统，一般包括微机、传感器、动力原、传动系统、执行机构等部分，它摒弃了常规包装机械中的烦琐和不合理部分，而将机械、微机、微电子、传感器等多种学科的先进技术融为一体，给包装机械在设计、制造和控制方面都带来了深刻的变化，从根本上改变了包装机械的现状。

为了食品包装业的健康有序发展，中国印刷及设备器材工业协会高级顾问谭俊峤建议：全力推进企业资产重组，加快建立现代企业制度；立足科技创新，加大自主创新力度；逐步推行"大强小专"的生产经营模式，形成"差异化"市场竞争体系；重视绿色包装杜绝污染和重视环境保护。

四、适应国际市场，开发绿色食品包装机械

随着知识经济时代的到来以及全球环保与资源意识，绿色产品、绿色消费和绿色经营将成为各国实施经济可持续发展的着眼点，所谓"绿色包装"就是指节约资源、减少废弃物，用它易于回收再用成再生，易于自然分解，又不污染环境的包装，"绿色包装"在发达国家广泛流行，由此可见，绿色壁垒将对我国的出口产品包装提出更高的要求，要扩大产品的出口，必须不断开发绿色产品及与之相适应的绿色包装，所以必须改变传统的食品包装机械设计及开发模式，在设计阶段考虑到食品包装机械在其全生命周期中（设计、加工制造、装配、使用、维修直至废弃处理处置过程）对环境无影响或影响最小化、资源低耗、易于回收等"绿色特征"，以提升我国食品包装机械的核心竞争力。

中国食品科技的发展状况

——重点讨论中国传统食品和健康食品

江南大学食品科学与技术国家重点实验室　江南大学食品学院　江南大学工业生物技术教育部重点实验室
周　鹏　陈　卫　江　波　陈　洁　陈　坚

21世纪以来，我国食品工业发展迅速。目前，食品产业逐渐由农业主导型向食品工业主导型转变；食品工业也正在由传统食品加工业向现代食品制造业转变。与此相对应，消费者对食品健康和安全程度的关注及要求也在不断提高，这就需要我国食品工业不断提高自身的科学技术水平和生产水平。本文简要介绍了我国食品科技发展现状，并着重探讨了中国传统食品以及健康食品的最新研究进展和产业现状。

一、中国食品科技发展状况

"国以民为本，民以食为天"。充分合理地利用和开发以农、牧、渔产品为主的食品资源，是国民经济发展的重要举措，是解决我国未来人口饮食和营养问题的重要途径。食品工业是永恒不衰的生命工业，发展食品工业对我国国民经济的持续发展具有重要的战略意义。近10年来，中国食品工业取得了长足进步，已发展成为中国工业经济中颇具竞争实力和发展优势的重要产业，连续13年位居制造业之首。2006年全国规模以上食品工业企业实现总产值21 587亿元人民币（不含烟草），占全国工业总产值的6.8%。中国一些重要食品的产量，如啤酒、食用油、饮料、味精等已经位居世界前列。目前，中国食品工业持续快速、健康发展，部分食品企业的加工技术和装备接近或达到国际

领先水平，产品结构趋于优化，有效满足了消费者日益增长的多层次需求。中国食品工业发展在很大程度上归功于我国近年来在食品科学技术领域人才培养和研究水平的迅猛发展。目前，全国200余所高校设有食品类专业，分布在31个省、市的综合、工科、农业、工商、医学、师范、民族等院校中。每年招收约2.8万名本科生和6000名研究生，形成了以本科和研究生教育为主体，全方位的食品科学与工程人才培养体系。其中，建有食品科学与工程专业一级学科博士点的学校13所，硕士点的学校32所；二级学科博士点的院校24所，硕士点的院校100多所。到目前为止，食品科学与工程一级学科下属二级学科有4个国家重点学科，分别是食品科学（江南大学、南昌大学、华南理工大学）、粮食、油脂及植物蛋白工程（江南大学）、农产品加工及贮藏工程（中国农业大学、江南大学）和水产品加工及贮藏工程（中国海洋大学、江南大学）。江南大学"食品科学与工程"于2007年被教育部认定为首批一级国家重点学科。

与食品领域教育水平和人才培养力度的不断提高相对应，我国食品科学研究的综合实力也得到进一步提升。近年来，各食品科研院校通过引进和培养一大批高层次的学术骨干，学术梯队的结构不断优化，逐渐形成了一支以中青年教师为主体，年龄结构合理，学历层次高，不同专业相互配套，富有开拓和知识创新能力的学术骨干队伍。目前我国食品教育、科研领域已有教授500余人，研究团队100多个。与此同时，中国已经建立了由政府支持、国际合作、大学与知名食品企业共建的100多个食品科研基地和研发中心，通过积极参加和组织国际学术活动，开展国际合作科研项目，并参与国际食品组织的工作。中国食品科学家与国际学者关系融洽，国际影响力提高。

目前，国家对食品科学技术领域的科研投入和支持力度逐年加大，特别是"十一五"以来，国家先后推出的科技支撑计划、高技术研究与产业化发展计划（"863"计划）和国家自然科学基金等项目中，食品及其相关学科，即食品生物技术、功能性食品、农产品加工、现代奶业、食品安全等研究项目增加，经费强度提高。其中，国家"十一五"科技支撑计划在食品科研方面立项总计9个项目，108个课题，总投入经费达6亿元人民币。"863"计划在现代农业技术领域投入总经费7亿多元人民币，其中与食品科学技术直接相关的项目资助额度超过1亿元人民币。同时，食品科学与技术领域的科学研究也取得了丰硕的成果，特别是在食品生物技术、食品加工、功能性食品以及食品安全等重大关键和共性技术与理论方面取得了具有先进性和创新性的科技成果。2007年，我国科研人员在国际学术刊物上发表食品类SCI 论文3000多篇，在食品领域申请国内外专利达8700余项，约占全国专利总数的2%。这些科技成果直接或间接地转化为巨大的生产力，促使食品工业步入从数量增长向营养、健康和安全的转变，产生了明显的经济和社会效益。本文将重点围绕现代生物技术在我国传统食品中的应用以及具有资源特色的中国健康食品开发这两个具有我国特色的食品研究领域，探讨近年来中国食品科技的进展。

二、生物技术在中国传统食品加工中的应用

中国传统食品有着悠久的历史和丰富的内涵，不仅分布广泛、口感风味多样，而且具有丰富的营养价值和保健功能，深深地植根于中国人的饮食生活中。近年来，中国在应用高新技术改造和发展传统食品方面取得了长足的进步，改变了中国传统食品工业的面貌，促进了新产品的研制和开发，推动了中国传统食品的工业化和现代化，年产值达到1 500亿人民币。这些技术中尤以生物技术的影响最为显著。功能微生物学、微生物生态学、现代发酵技术、酶学、风味化学等相关领域的科学发展和技术进步，加强了对中国传统食品生产过程中生物化学过程的控制，促进了生产效率和规模的增加，提高了产品质量和安全性。现对现代生物技术在具有代表性的中国传统食品（黄酒、醋、酱油、腐乳和发酵乳制品等）生产过程中的应用情况作简要介绍。

（一）黄酒

黄酒起源于中国，是世界上最古老的酒精饮料之一。每年中国的黄酒消费量超过200亿L。黄酒的产地主要分布在南方，以浙江绍兴黄酒为代表的麦曲稻米酒是黄酒历史最悠久、最有代表性的产品。传统黄酒主要是由糯米、麦曲（作为糖化剂）和酵母（发酵剂）混合发酵得到。其发酵工艺的一个重要特征是同步糖化和发酵。但是近年来随着淀粉酶和糖化酶制剂的大规模商业开发和应用，促进了液化法发酵黄酒新工艺，提高了糖化发酵力和粮食利用率。此外，蛋白酶和脂肪酶的添加进一步改善了黄酒的澄清度、口味和香气。

在传统黄酒酿造过程中，麦曲具有极其重要的作用，而麦曲中的微生物系统又对麦曲的品质至关重要。麦曲中的微生物包括霉菌、细菌、酵母等种类，其组成受原料、环境等诸多因素的影响，比较复杂。由于这个微生物体系在很大程度上决定了黄酒的风味、口感，因此对麦曲微生物体系的鉴定尤为重要。以前，由于传统技术手段的限制，国内对黄酒麦曲中微生物的系统研究不够。近年来，随着分子生物技术的发展及在相关科研中的广泛应用，国内科研人员对整个麦曲中的微生物体系以及微生物种群之间的相互影响关系进行了较为深入地研究。现代分子生物技术的应用极大地促进了人们对黄酒麦曲的微生物系统及酿造过程中微生物的酶作用及代

谢机理的认识，为黄酒酿造技术的改进提供理论基础。

（二）酱油

酱油是世界上最古老的调味品之一，在中国已有2500年的历史。从汉唐时期起，酱油被用来指代由大豆和小麦经“全料制麴”、“天然踩黄”工艺酿造而成的咸香型调味液。目前全世界的酱油产量为800万t，中国市场占全球市场的一半以上，约500万t[8]。大部分的中国酱油生产采用低盐固态发酵，生产的是中等质量产品；高端酱油产品采用高盐稀释发酵工艺，但市场份额较小。

酱油发酵是一个复杂过程，包括真菌、酵母和乳酸菌的参与。其中最重要的微生物是真菌，尤其是曲霉，主要负责淀粉的降解和把蛋白质降解为鲜、甜的氨基酸和肽；同时酵母和细菌在风味形成中也起重要作用。我国科研人员利用现代生物技术，分离、鉴定了性状优良的米曲霉，并对其生长过程中分泌的多种酶系和相关发酵特性进行了深入研究，以提高酱油的色、香、味。此外，一些研究发现，结合米曲霉、黑曲霉等曲霉混合制曲的方法可提高原料的利用率和酱油风味。对于菌种的研究主要集中在产香酵母的选育与应用方面，同时结合淋油技术的改革，为酱油品质的提高发挥了积极的作用。这些研究成果已被应用于我国酱油的商业化生产。

在酱油酿造中起主要作用的是微生物分泌的各种酶，即通过各种酶的作用来完成酱油酿造中各类生化反应，把原料中的不溶性高分子物质分解成低分子化合物。因此发酵过程中酶系是否丰富、酶活是否高将直接影响酱油的产量和质量。我国科研和生产人员应用不同的酶制剂（主要有蛋白酶、淀粉酶、糖化酶、纤维素酶等），采用“半曲半酶法”、“中间补酶法”等方法生产酱油，提高了酱油质量及产品出品率，降低了生产成本。

（三）醋

作为调味品，发酵醋占有中国四分之一的调味品市场。我国传统的醋通常是由谷物，如米、黍、大麦等经固态发酵获得，这与西方国家生产的来源于水果的醋有显著的不同。同其它传统发酵食品相似，我国传统醋的发酵也需要多种微生物参与，不同于欧美国家中普遍采用的单一纯培养醋酸菌的深层液态发酵食醋工艺。由于多种微生物参与了醋的生产，醋中的代谢产物极为复杂，产品的性质各异。因此，我国传统醋生产中的微生物生态学近年来受到广泛关注。通过对镇江恒顺醋中好氧固态发酵中细菌群落的16SrDNA库的系统发育分析，参与恒顺香醋发酵过程的细菌包括乳酸菌、醋酸菌、葡糖酸醋杆菌、葡萄球菌等。除细菌之外，包括酵母菌、霉菌等在内的真菌对醋发酵的顺利进行以及成品风味物质的产生也具有重要的作用。但是对醋醅中真菌的群落结构及功能仍需进一步研究，以便更好地揭示传统酿醋的过程。

传统醋的发酵是在陶罐中进行酒精和醋酸发酵。近年来，醋的市场需求刺激了醋的生产。液态酒精发酵和固态醋酸发酵的组合生产非常适合规模化工业生产。为了增加醋的产量，很多工厂采用现代酒精和黄酒发酵的技术和设备。大型发酵罐的使用提高了原料的转化率，降低了生产成本，促进了生产工艺控制，极大地提高了生产效率。

（四）腐乳

腐乳是豆腐经固体发酵制得的一种质构细腻柔滑、滋味鲜美的佐餐食品和调味品，被称为“中国奶酪”（Chinese cheese）。我国目前大多数腐乳都为发霉型，使用的发酵菌种有霉菌类，如毛霉、根霉；细菌类，包括藤黄微球菌、枯草杆菌和鲁氏酵母等。目前用于酿造腐乳的菌种主要是毛霉，其次是根霉。由于我国采用的毛霉菌种大多数为低温毛霉属，不适于夏季高温生长，因此研究人员正致力于筛选和诱变得到一些耐高温的生产菌株以用于生产。另外多种菌株发酵也是目前研究的一个方向。

传统腐乳含盐量较高，与近年国际上提倡的食品低盐化相抵触。但是一定的食盐含量对于保持腐乳的风味和质构以及在后发酵阶段防止蛋白质被过度分解和延长腐乳的保质期有重要作用。腐乳低盐化会引起产品酥烂易碎、发酸发臭、保质期短等问题，因此在开发低盐化腐乳时应注重对改善产品风味及延长产品保质期的研究。

（五）传统发酵乳制品

我国蒙古族、哈萨克族、藏族等一些少数民族一直有制作和食用发酵乳制品的习俗。具有代表性的传统发酵乳制品有酸牛奶、酸马奶、马奶酒、奶干、奶豆腐、乳扇、乳饼等。它们所采用的原料、工艺等方面的差异使得我国乳酸菌资源非常丰富，且具备很好的生物多样性和基因多样性。近年来，我国科研人员开始重视这些传统发酵乳制品中乳酸菌资源的搜集、保存及资源库的建立工作，并在此基础上筛选开发出一些发酵特性良好并具有益生作用的优良乳酸菌菌种。这对今后我国乳酸菌资源可持续利用及提升我国乳品工业的核心技术有着重要的意义。

目前，我国科研人员已经完成了针对一株筛选自内蒙古传统酸马奶中益生乳酸菌（Lactobacilluscasei *Zhang*）的全基因组序列测定，并对该菌株蛋白组学进行了较系统的研究。该研究为分析益生乳酸菌生物学功能及机制，进而改造和选育优良益生菌奠定了基础。对提高我国益生乳酸菌的研究水平和我国乳酸菌产业的发展起到积极的促进作用。

中国人民在长期的生产实践过程中发明了很多有鲜明特色的传统发酵食品。这些发酵食品长期以来基本沿用传统的生产方式。近年来现代生物技术的发展极大地促进了该领域的发展，使其生产更规范化和现代化。我国传统发酵食品正通过自身科学技术革新和国际交流、合作，在人们的现代健康生活中扮演越来越重要的角色。

三、具有资源特色的中国健康食品的发展

中国经济的持续高速发展和人民生活水平的不断提高，使健康食品成为中国食品工业的发展趋势之一。以"药食同源"为理论基础，结合东方特有的传统食品资源，运用生物制备、先进提取和分离技术、构效理论与营养基因组学，我国科研工作者和企业研发人员围绕功能性碳水化合物、蛋白质、脂质、多酚、黄酮和益生元等展开深入研究，形成了具有中国特色并符合国际潮流的现代功能食品体系。现重点分析几种具有资源特色的典型中国健康食品的研究、开发和生产情况。

（一）茶及其功能因子

茶在中国具有极其悠久的历史。它不仅风味独特，而且具有很好的保健功效。茶叶含有多种化学成分，其中以多酚类物质为主。茶多酚是茶叶中所含的一类多羟基酚类化合物的总称，包括儿茶素、类黄铜、酚酸等，具有降血脂、抗癌、抗紫外辐射、抗衰老、抑菌等功能活性。茶叶中另一类重要的功能成分是生物碱，主要包括咖啡碱及少量的可可碱和茶叶碱。研究表明咖啡碱具有提神效果，并能促进血液循环，降低胆固醇，防止动脉硬化以及利尿功效。

近年来，随着人们对于健康生活的需求及对茶叶功能活性的认识，茶饮料逐渐为人们所接受。目前其在国内外饮料市场中占据的比例越来越大。在茶饮料的生产及存放过程中，如何保证产品的澄清度是极为关键的因素。另外，新型茶功能饮料和食品的开发对茶功能性成分的浓缩和分离也提出更高的要求。近年来，各种膜技术包括微滤、超滤和纳滤被引入茶叶的澄清和功能成分浓缩及分离上。这些膜技术与柱分离、超临界萃取、微胶囊包埋等技术相结合，为茶叶功能性成分的高效开发与利用提供了有效的途径。

（二）银杏及银杏类黄酮

银杏是一种古老的树种，在我国的分布较广。我国传统医学很早就发现银杏果叶的药用价值。研究表明银杏叶中黄酮类化合物含量较高，主要包括四大类，即：黄酮及其苷、黄酮醇及其苷、双黄酮和儿茶素。它们具有改善心脑血管循环、抗凝、清除自由基、保护中枢神经系统等功能作用。目前我国银杏的综合开发利用发展很快，各类银杏加工企业迅速崛起，银杏系列产品的年综合效益已超过30亿元人民币。市场上常见的银杏制品大部分以冲剂、片剂、胶囊、口服液等形式存在。

随着对银杏黄酮类化合物研究的深入及高端产品研发、生产的需要，黄酮类化合物的提取技术越来越受到重视。国内常用的提取技术是有机溶剂提取法，主要采用乙醇作溶剂。目前，科研人员正通过超声波和微波等辅助技术来提高溶剂提取的得率。酶浸渍萃取和超临界萃取技术由于萃取速度快、效率高、操作简单、条件温和等特点，也可能成为替代传统萃取分离工艺的良好选择。此外，我国科研人员还在探索通过细胞培养和固定化技术生产黄酮类化合物的可能性，以便为今后大规模生产银杏活性成分奠定基础。

（三）功能性低聚糖

低聚糖又称寡糖，是单糖经糖苷键缩聚而成的低分子糖类聚合物。功能性低聚糖专指具有促进人体双岐杆菌的增殖功能并不为人体消化的一类低聚糖。常见的功能性低聚糖包括低聚果糖、低聚异麦芽糖、低聚木糖、低聚甘露糖、低聚半乳糖等。研究表明，除了能够改善肠道功能外，功能性低聚糖还具有激活免疫，延缓衰老，降低血脂和血压，促进矿物元素的吸收，预防龋齿等功能作用。

我国低聚糖的科学研究始于20世纪80年代，工业化产品于90年代投放市场，在各种饮料、食品中作为配料广泛使用。我国功能性低聚糖的生产主要以酶制备法为主，目前正围绕酶源菌种选育、酶固定化、制备工艺条件优化以及终产物的分离、提纯等方面展开大量的研究工作，以便进一步发展并完善功能性低聚糖生产工艺。

（四）免疫球蛋白

免疫球蛋白是体液免疫的主要物质，普遍存在于哺乳动物和人类的血液、组织液及外分泌液等液体中。免疫球蛋白在体外也具有抗菌、抗病毒，预防肠道疾病，增强机体的免疫功能等功效，因此被应用于功能性食品的研制。目前，用于提取免疫球蛋白的原料主要有：禽类的蛋黄、动物（猪）血清以及牛初乳。特别是鸡蛋黄，其免疫球蛋白的含量较高，10 ～ 20mg/mL。我国是世界上蛋鸡饲养量和鸡蛋产量最多的国家，拥有丰富的资源，为免疫球蛋白的制备与产品开发提供强大的物质基础。

从上世纪80年代以来，我国功能食品的科学研究和商业化生产发展极为迅速。1996年"保健食品管理办法"的颁布与实施，标志着中国从传统保健食品时代进入现代功能食品时代。至今，中国已先后审批通过了10000多个保健食品。目前市场上的功能食品种类按照其市场占有率从高到低依次排列为：免疫调节、抗疲劳、调节血脂、减肥等。我国的茶多酚、银杏类黄酮和功能性低聚糖等在世界功能性食品市场上占有极大的份额。我国科研人员正运用新技术、新工艺，结合我国丰富的传统资源，研制具有中国特色的现代功能食品体系，为提高我国人民的健康水平作出新的、更大的贡献。

第六部分

食品文化及遗产

中国古代酿酒的考古学观察

中国人民大学历史学院　魏 坚

中国有关酒的历史源远流长。因而，酒在中华文化的历史长河中，已不仅仅是一种客观的物质存在，更是一种文化的象征。

近年来，随着人们物质文化水平的不断提高，有关酒文化的研究也日益引起学术界的关注，特别是考古学实物资料的不断出土，为科学的研究提供了基础。就目前的研究而论，人类最早的有关谷物酿酒起源的佐证，应当满足两个最基本的条件，即是必须具有必要的酿酒原料和酿酒容器。

考古学发现，至少在距今 8000 ～ 6000 年的新石器时代中晚期阶段的裴李岗文化和河姆渡文化时期，已经具有丰富的陶器和农作物遗存，均具备酿酒的物质条件。在距今 7355 ～ 7235 年的磁山文化中，存在有发达的农业经济。据有关专家统计，在遗址中发现的粮食堆积有 100 平方米左右，折合重量约 5 万公斤，还发现了一些形制类似于酒器的陶器。故有人认为磁山文化时期，谷物酿酒的可能性是很大的。在距今 6800 ～ 4800 年前著名的三星堆遗址中，出土了大量的陶器和青铜酒器，器形有杯，觚，壶等，其器形之大也为史前文化所少见。1979 年，在大汶口文化墓葬中发掘到大量的酒器。尤其引人注意的是一套组合酒器，包括酿造发酵所用的大陶尊、滤酒所用的漏缸、贮酒所用的陶瓮和用于煮熟物料所用的陶鼎，还有各种类型的饮酒器具 100 多件。据分析，墓主生前可能是一职业酿酒者。在发掘到的陶缸壁上还发现刻有一幅图，据分析是滤酒图。这几处典型的新石器时代文化遗存中有关粮食和器具的情况，对探讨酿酒的起源有一定的参考作用。在龙山文化时期，酒器的发现更为普遍，国内学者多认为龙山文化时期已经存在酿酒的行业。

夏商阶段，随着农业生产的发展，用谷物酿酒就更加普遍了。在二里头文化遗存中已经发现了成组出土的陶制和铜质的饮酒器。甲骨文和金文中保留着许多殷王室用酒祭祀先王的记载。在郑州二里岗、河北藁城台西商代遗址中，均发现有酿酒遗址。尤其是藁城台西村还发现一座较为完整的酿酒作坊，其中出土了大量陶质的瓮、大口缸、垒、尊和壶等容器和漏斗形器。同时在作坊内还发现了桃、李、枣等和灰白色似水锈状沉淀物。沉淀物经过鉴定认为是人工培植的酵母，证明了《尚书》中“若作酒醴，尔惟曲蘖”的记载是事实根据的。

西周至春秋战国时期，酿酒技术有了进一步的发展，周代已开始设有专门管理酿酒的官吏。《周礼》、《礼记》中有“酒正”、“浆人”、“大酋”等执掌酿酒事物的官吏的名称。《礼记》里还详细记载了酿酒原料、发酵剂、水质、器具、温度和时间控制等。1974 年，在河北平山中山王墓出土的铜扁方壶中，发现了两种古酒，一种青翠透明如今日之竹叶青酒，另一种呈黛绿色。这两壶锈封严实的古酒在启封时依然酒香扑鼻。经科学分析，证明都是籼酿酒。

至秦汉以来，酿酒技术有了飞跃的发展，同时出现了许多专门论述酒的论著。目前所知除了已经散佚的零星记载酿酒知识的《食经》、《博物志》等以外，值得提到的还有曹操的《上九酝法奏》，北魏贾思勰的《齐民要术》，宋代朱翼中的《北山酒经》和李保的《续北山酒经》，以及苏轼的《酒经》等。这一时期，酒的需求量和酿造规模也变得非常之大。1968 年，在河北满城发掘了西汉中山靖王刘胜墓。刘胜其人，平生豪饮，在出土的诸多随葬品中，有 16 件排列整齐的贮酒大陶缸，其上写有朱书文字：“黍上尊酒十五石”、“甘胶十五石”、“甘醪十石”、“稻酒十一石”等，均是各种酒的名称和数量，足见当时造酒的规模。汉代的饮酒之风在边塞亦有所反映。2003 年秋，在内蒙古巴彦淖尔市的一座西汉时期的砖室木椁墓中，出土了一件高约 20 厘米的青铜钫，其中发现的液体经鉴定是含有乙醇的食用酒。

辽金元之际，随着社会经济的高度发展和北方民族不断南下进入中原，中原农耕文化和来自草原地带的猎牧文化得到了进一步的融合。同时，北国的彪悍豪饮之风，在某种意义上也推动了酿酒规模的扩大和技术的发展。考古学上有关的酿酒作坊和酿酒器具也一再有所发现。

1998 年 7 月，河北保定徐水刘伶醉酒厂在东厂区第一车间的技术改造工程中，发现了两排共 16 个发酵池和一处青砖水井。遗址南北长 28．8 米，东西宽 17．7 米。徐水县文物管理所对遗址周围进行了详细的调查，并对发酵池北侧的水井进行了勘探和清理，发现了小口黑花四系瓶、鸡腿瓶、残高足杯和部分瓷器残片等。经初步鉴定，这批遗物都具有明显的金元时期文化特征。遗址南侧还出土了清代青花大缸和酱釉小口酒罐各一件。此外，酒库中保存有清末木制酒海四件，至今仍在使用。该遗址对探讨和研究蒸馏酒的起源，提供了实物依据。

2006年5月至11月，在内蒙古包头市配合铁路建设对燕家梁元代遗址进行的抢救性考古发掘中，于发掘区中部一南北大道两侧临街的房屋内，发现了分布密集的地炉和火灶遗迹。地炉平面多呈葫芦形，两个圆形灶坑一大一小，一深一浅相连。大灶坑旁还设有出烟的通道。大灶坑深一般为1.5米，直径0.6米左右。小灶坑一般深为0.3米，直径0.4米。在一地炉大灶坑旁曾发现一粗瓷缸，并有一大铁锅覆盖其上，地炉的大灶坑内堆积有草木灰。从这类地炉的结构分析，很有可能与造酒作坊有关，炉内燃烧秸秆，炉上放锅蒸酒糟，旁边的水缸承接流出的酒液。

早在1975年12月，河北青龙县西山嘴村开挖河道时，在一处金代遗址中出土了一批文物。据报道称，在金代地层的一个直径100厘米，深约120厘米的圆形直壁窖穴内出土了一件上下体套合组成的铜质蒸馏器，高度41.6厘米，下分体铜釜腹径36厘米，口径28厘米，口沿内侧有凹槽一周，外接下斜状流口；上分体口径31厘米，底径26厘米，底部呈半球形凸起，壁底部外接斜状流口。此外，还出土了六耳铁锅、曲把铁锄、小铜佛各一件，铜钱50余公斤和少量陶、瓷片。其中的铜钱的年号共23种，最晚的是金世宗年间铸造的“大定通宝”。再从其后的详细报道的情况分析，这件铜质蒸馏器和这批器物应当出自一处金代窖藏。

从常理分析，人类有意识地酿酒，当是从自然界的偶然发现受到启发的。所以，最早的饮料酒应该是果酒和乳酒。我国古代典籍中有不少关于水果自然发酵成酒的记载。如宋代周密在《癸辛杂识》中曾记载，山梨被人们贮藏在陶缸中后竟变成了清香扑鼻的梨酒。元代的元好问在《蒲桃酒赋》的序言中也记载某山民因避难山中，堆积在缸中的蒲桃也变成了芳香醇美的葡萄酒。另外，动物的乳汁中含有蛋白质和乳糖，极易发酵成酒，以狩猎和放牧为生的北方先民们也有可能意外地从留存的乳汁中得到乳酒。在《黄帝内经》中，记载有一种“醴酪”，即是我国乳酒的最早记载。

一般来说，酿酒应是在农耕产生之后才发展起来的。汉代刘安在《淮南子》中说：“清盎之美，始于耒耜”。现代的许多学者也持有相同的看法，认为应当是农业生产发展到一定程度，粮食有了较多的剩余后，才开始了酒的酿造。

从生产的工艺技术上看，酒可以分为酿造酒和蒸馏酒两大类。所谓酿造酒就是发酵酒，通常是指以水果和粮食蒸煮，加粬发酵，经压榨后而生成的酒。所以，无论是“吴姬压酒劝客尝”，还是“李白斗酒诗百篇”，喝的都应该是酒精度较低的果酒或米酒。蒸馏酒则是在发酵之后，再经蒸馏而得的高度酒，即是中国传统的白酒。蒸馏酒与酿造酒相比，在制造工艺上多了一道蒸馏工序，而能否进行再次蒸馏，其关键是蒸馏器的出现和用于酒的蒸馏。所以，蒸馏器的发明与在造酒上的使用是制作蒸馏酒的前提条件。

明代的李时珍在其《本草纲目》中说：“烧酒，非古法也，自元时始创其法。”于是多年来，学界多数不赞成蒸馏的“烧酒”产生于唐宋时期，而同意蒸馏酒的烧造应当始于元代的说法。同时，也有研究者认为：“宋人并不知道有蒸馏设备和蒸馏方法。至于元朝蒸馏器的出现，从当时一种蒸馏酒名上推测，可能由阿拉伯传入我国”，即是由元天历三年（1330年）忽思慧记述的“蒸熬取露”的阿拉吉酒的名称上做的推定。

所以，蒸馏器的产生，无疑是蒸馏酒产生的先决条件。南宋吴与《丹房须知》上记载当时已经有多种类型完备的蒸馏器了。同样是南宋的张世南在《游宦纪闻》中也有把蒸馏器用于日常生活的记载。但是，这类器形较小的蒸馏器一般多是用于丹药的蒸馏，而非大量蒸馏酒的烧造。

综上所述，考古发现的徐水刘伶醉酒厂成排的酒窖和金元时期遗物，特别是青龙西山嘴器形较大的金代铜蒸馏器的出土表明，我国蒸馏酒的烧造，应当是在早于元代的金代已经产生了。在敦煌石窟榆林窟中发现的被认为是属于西夏时期的酿酒蒸馏图壁画，亦可作为我国的蒸馏酒产生于金与西夏时期的佐证。

从考古新发现看中国古酒的起源及其与农业的关系

中国人民大学历史学院 马利清

世界上最古老的酒被认为出现于大约公元前5400年的伊朗。1994年，美国宾夕法尼亚大学考古队在伊朗一处新石器时代遗址发掘出土两件盛有液体的陶罐，经过化学检测，确认这是当时所知的世界上最古老的白酒，因而酿酒的历史可追溯至距今7000年前。中国古代酒文化丰富多彩，源远流长，一向被认为是世界上最早酿酒的国家之一，但长期以来对于酒的起源问题因缺乏实物发现和严密的科学检测而得不到科学的解释，仅仅依靠互相抵牾的文献和传说以及考古发现的类似于晚期酒具的所谓原始“酒器”的出现加以推测，对于酒的起源与农耕文化的关系问题也存在截然相反的意见。

关于中国古酒的起源问题在前人的研究中最早可以追溯到黄帝时代，《黄帝内经》中有黄帝与岐伯讨论用黍、极、稻、麦、寂等五谷来造酒的记载。至于酒的发明者或曰仪狄，或曰杜康，按《战国策》的相关记载，“昔者，帝女令仪狄作酒而美，进之禹。”则至迟在夏代之初已发明人工造酒。而以杜康为中国的造酒祖师爷在民间流传甚广，深入人心。曹操在《短歌行》中说：“慨当以慷，忧思难忘，何以解忧，唯有杜康”。然杜康究竟是那个年代的人，就像造酒的传说般莫衷一是，散见各处的文献，记载着他在黄帝时代、夏禹时代、周朝秦朝的事迹。直到今天对杜康故里的纷争也从未间断，一些地方甚至有“杜康沟”、“杜康泉”、“杜康墓”、“杜康庙”一类的名称使得故事变得更加生动而真假难辨。除此之外，民间至今还流传着“天地造酒”、“猿猴造酒说”等传说。晋人江统在《酒诰》里记载：“酒之所兴，肇自上皇。或之仪狄，一曰杜康……，有饭不尽，委余空桑，郁积成味，久蓄气芳。本出于此，不由奇方。”明显是指农业社会，粮食开始出现部分剩余，熟谷被放置在树洞或陶罐里，偶为雨水所浸，受潮后再经一定时间的闷存，谷物中的主要成分淀粉便会自动分解成葡萄糖，接着和空气中的微生物发生作用，散发出诱人的香味，产生酒化现象。人们受这种自然发酵成酒的启示而开始有意识地人工酿酒。这些记述和议论虽不无道理，但终究缺乏更为科学可靠的依据，不可尽信。

1979年在河南信阳y罗山蟒张乡天湖商代晚期墓地，发现了酒的实物，装在一件青铜卣内，密封良好。经河南食品工业科学研究所对其进行成分检测，证明每100毫升酒内含有8．239毫克甲酸乙酯，并有果香气味。近年，河南安阳殷墟出土的青铜器中发现酒渍残留物，河南鹿邑太清宫商末周初大墓中封闭的青铜器内发现了液态酒。1973年，在河北藁城台西村商代中期遗址还发现了一座酿酒作坊，并出土距今3000多年前的具有发酵作用的酵母。与此同时，夏商时期已大量出土陶质的鬶、盉、爵、觚以及青铜爵、角、觚、觯、尊、斝、觥、彝等酒器，甲骨文中已屡见“酒”以及相关的文字。可以肯定，此时的酒在贵族生活中已经相当普及，精美成熟的酒具和关于酒的文字记载反映出酿酒技术已相当成熟，而在此之前必定经历了一个相当长的发展过程。那么中国最早的酒起源于何时？当代学术界流行的观点认为酿酒必须具备两项条件：成熟的农业提供酿酒的原料和发达的陶器提供酿酒、盛酒和饮酒的用具，以此为衡量的标准，以考古发现具有剩余农作物和类似于后世酒器的一些所谓“酒具”的出现为依据，推测酿酒当出现于距今五六千年的新石器时代中晚期。如仰韶文化的陶罐、瓶、碗、盉、杯和小口尖底瓮，红山文化的双腹瓶，屈家岭文化中的壶形器、薄胎陶杯，大汶口文化的陶鬶、盉、壶、觚形杯、高柄杯，以及稍晚的龙山文化制作精致的黑陶鬶、盉、杯，良渚文化中的双鼻壶、带流宽鋬杯等，都被认为可能属于早期的酒器。1979年，在山东莒县陵阴河山东大汶口文化一座墓葬（M17）中出土一组大型陶器和各种类型的饮酒器具100多件，墓主人因而被认定为职业酿酒师，大型陶器则属于成套酿酒器具，其中包括酿造发酵所用的大陶尊，滤酒所用的漏缸，贮酒所用的陶瓮，用于煮熟物料所用的炊具陶鼎。并在陶缸壁上发现一幅刻划图案，据分析应是滤酒图。由此，学界通行的说法认为中国古酒的起源应在仰韶文化到龙山文化时期。而事实上，酒具与酒是否同步出现，是否有了酒具才‘能酿酒，都值得商榷。另外，众所周知，史前陶器特别是早期的罐、瓮、壶、瓶一类器物，一器多用的现象十分普遍，即使它们中确有用作酒器的可能，但更大的可能仍是作为盛放水、羹、饭等食物的日常用具，在没有发现与酒有关的直接证据的情况下，想当然地以此作为酿酒产生的证据，也是很不严谨的。还有学者根据新石器时代遗址中粮食作物的贮存情况大胆地推测，中国古代酿酒业的出现应该早于五六千年。但直到2004年之前，关于这一问题的探讨一直缺乏令人信服的、直接的实物依据。

2004年，中美合作的对河南舞阳县贾湖遗址陶器沉淀物的分析结果表明其中含有酒精的成分，可以确认其属于最早的含酒精的发酵饮料。这一发现可以称得上改写了中国和世界古酒起源的纪录。贾湖遗址早在1961年既被发现，1984～1987年先后6次发掘，2001年进行第7次发掘，发掘面积2700平方米，发现有房基、陶窑、灰坑、墓葬、埋狗坑等遗迹，先后出土各类遗物5000多件，包括生活用具、农具、家畜、原始宗教用品及骨笛、龟甲和刻划符号等，发现了大量的植物种子，包括碳化的稻谷。经碳14测定年代在公元前7000～5500之间，发掘者认为舞阳贾湖文化的创造者是故事传说中的太昊氏。值得注意的是，在出土的数量众多的陶器中，其中属于中期阶段约距今8600年左右的一些陶器碎片的内壁上，留有一些疑为酒的沉淀物。从1999年开始，中美学者合作对16个陶片标本上的沉淀物进行化验分析，由美国宾夕法尼亚大学的帕特里克·麦克戈温（McGovern P，E．）教授等对这些陶器碎片上遗留的沉淀物先后进行了气相色谱分析、液相色谱分析、傅立叶变换红外光谱分析、稳定同位素分析等一系列化学分析，结果显示，这些沉淀物含有酒类挥发后的酒石酸。得出最终的定论：这些陶器曾经盛放过以稻米、蜂蜜和水果为原料混合发酵而成的酒饮料。残留物的化学成分与现代稻米、米酒、葡萄酒、蜂蜡、葡萄丹宁酸以及一些古代和现代草药所含的某些化学成分相同，其中还包含有蜂蜜和山楂的化学成分。分析发现全部酒呈现出稻米的化学特性。对这些分析结果的直接解释是陶器盛放过以稻米、蜂蜜和水果为原料混合发酵而成的饮料。2004年12月，张居中和麦克戈文将这项合作研究成果，发表在美国《国家科学院学报》上，确认这些残留物中含有一种酒类饮料的沉淀物，从而将人类酿酒史提前到了距今约9000年前后，将世界酒史向前推进了1000多年。也使贾湖遗址成为目前世界上发现最早酿造酒类的古人类遗址。他们认为因为掺有蜂蜜，这些最古老的含有酒精的发酵饮料，味道肯定“甘甜可口”。需要说明的是贾湖古酒属于米酒，类似于江南地区民间制作的江米甜酒。研究者综合我国专家提供的植物学和考古学证据发现，当地的山楂等其他几种水果中酒石酸浓度也很高，贾湖酒中所含成分可能并非来自葡萄，可能山楂才是最早“入酒”的水果。张居正先生撰文指出：“在古代中国，也有类似于啤酒的酒精饮料，古人称之为醴。而贾湖遗址南的一条河自古以来就叫醴水，这可能不仅是巧合”。

这项研究成果曾经轰动一时，之后美国特拉华州的“角鲨头”酿酒厂按照复原的贾湖古酒的配方仿制出一种新款啤酒，酒精纯度为8%，命名为“贾湖城”啤酒。一度激起了国人对商标注册和古酒配方甚至文化遗产保护的极大关注和热烈讨论。

贾湖遗址古酒残留物被确认为是迄今考古出土所见最古老的酒的实物资料，之前学术界关于酒的起源的所有猜测、推论和争议可以暂告一段落。然而，由贾湖古酒的确认从而引发出来的另一个问题则必须重新给与回答和解释。早前，关于酒的起源与农耕文化的关系问题，在学界存在两种截然相反的意见，传统观点认为，酿酒是在农耕之后才发展起来的，这种观点在我国由来已久，汉代刘安在《淮南子·说林训》中就有“清醠之美，始于耒耜”的提法。国内的许多学者也基本在这一问题上达成共识，认为酒是农业发展的产物。多数人都认为酒是在农业发展到相当成熟的基础上产生的，是粮食剩余现象的副产品。相反的观点则认为酿酒先于农耕时代，在国外这种观点较为流行，但一直没有证据。美国人类学家索罗门·卡茨认为人们最初种粮食的目的是为了酿制啤酒，人们先是发现采集而来的谷物可以酿造成酒，而后丌始有意识地种植谷物，以便保证酿酒原料的供应。我国考古学家吴其昌在1937年也曾提出类似的观点：“我们祖先最早种稻种黍的目的，是为酿酒而非做饭……。吃饭实在是从饮酒中带出来。”这种观点该观点的依据是：远古时代，人类的主食是肉类不是谷物，既然人类赖以生存的主食不是谷物，那么对人类种植谷物的解释可能也可另辟溪径。国外发现在1万多年前，远古时代的人们已经开始酿造谷物酒，而那时，人们仍然过着游牧生活。

我国当代学者在酒与农耕问题的讨论中，几乎完全站在了“农业基础论”的一方。他们以酒的起源发生在仰韶、龙山时代农耕文化已相当发展的背景之下作为立论的前提，确如考古学所揭示的，肇兴于距今1万年前后的原始农业，经过数千年的发展，到仰韶时代南北方都已经迈进了一个相对繁荣发达的新时期。在南方长江流域江西万年仙人洞与吊桶环遗址、湖南道县玉蟾岩遗址范围内在大约公元前10000年前后都发现了栽培稻遗存，约公元前6500～前5500年的彭头山文化发现了大量的栽培稻，在公元前5000～前3000年前，长江下游的河姆渡文化、马家浜文化与崧泽文化、北阴阳营文化，长江中游的汤家岗文化、大溪文化、薛家岗文化、赣江流域的拾年山一、二期文化、江淮东部的龙虬庄文化、淮河中游地区的侯家寨文化等均发现稻作遗存，原始稻作农业文化已发展至整个长江中下游地区、赣江流域、闽江流域、珠江流域，以及黄河中下游的部分区域。河姆渡文化遗址中发现的炭化稻壳总量达150吨。黄河流域属传统认为的旱作农业区，同时在这一区域内也发现有多处稻作遗存，在磁山文化、裴李岗文化、仰韶文化、庙底沟二期文化、龙山文化、新砦文化、二里头文化等各时期均有农作物发现，主要以粟、黍为主，公元前6000～5000年的磁山文化发现300余窖穴，所贮存的的炭化的粟可达10万斤以上，在公元前4500～3000仰韶文化，中原地区普遍发现粟类作物，西安半坡、宝鸡北首岭、福临堡、元君庙、扶风案板、三门峡南交口遗址仰韶中期遗存中都发现有粟粒等，山西垣曲古城东关遗址的庙底沟二期文化晚期遗存Ⅰ H210中出土有黍的籽粒，其龙山文化早期遗存Ⅰ H187中出土有粟的籽粒，龙山文化的洛阳王湾遗址和汝州李楼遗址也有粟粒出土，新砦文化时期的新砦遗址浮选出了一批植物籽实，初步观察有水稻、小麦、粟、豆类等。裴李岗、河姆渡文化时期，南北方的原始农业已经形成并取得初步发展；到仰韶文化时期，农业得到了进一步发展；至龙山文化时期，原始农业已相当发达。这一考古现象被很多学者用来解释酒的起源，认为粮食的剩余为酿酒的出现奠定了基本的物质条件。正如由种植业提供饲料来源的家畜饲养业是在农业的基础上发展起来的一样，由种植业提供原料的酿酒工业也同样建立在农业相当发达的基础之上。而农具的进步也常常被被拿来作为农耕文化发展的证据，河姆渡遗址发现170多件骨耜，有双齿刃骨耜、斜刃骨耜、平刃骨耜等几种，还有骨平田器等。在鲞架山遗址出有木耜、角质鹤嘴锄，慈湖遗址出有木锄与木平田器，在草鞋山遗址、青墩遗址、罗家角遗址都出有骨耜。这些材料也都似可与刘安“清醯之美，始于耒耜”的论断相印证。

然而贾湖古酒的发现及其所处的经济背景并不支持这一说法。这一存在于距今9000—7800年的新石器早期文化，根据目前的研究看，农业和家畜饲养所占成分很小，只是辅助性的生产活动，主导经济仍是采集、狩猎。由中国社会科学院赵志军先生主持的贾湖遗址的植物考古学研究结果显示，与发现的各种野生植物类食物资源相比（如莲藕、菱角、栎果、野大豆、野豌豆等），稻谷不论在出土的绝对数量和总体重量上，还是在出土概率上都不具备明显的优势，说明稻谷在贾湖人的植物类食物资源中并没有占主导地位。与农业相关的家畜饲养业在贾湖也不发达，由袁靖先生主持的动物考古学研究结果显示，在出土的动物骨骼中可以确定无误的驯化动物仅有狗，猪骨的形态特征虽然呈现出了家猪的迹象，但不足以被确定为家猪。在2001年对贾湖遗址进行的第七次发掘过程中，他们通过浮选法浮选土样360份，发现大量动植物遗存，其中可以鉴定种属部位的鱼骨有3417块，占全部动物遗存的69%，植物中块茎类占27%，坚果占35%，豆类占23%，稻谷仅占15%。因而可以肯定贾湖遗址的先民获取食物资源的方式是以采集、渔猎为主，以农业生产为辅，属于稻作农业形成过程中的早期阶段。而此前六次的发掘中使用传统的方法仅发现有大量废弃的鱼骨，但很残碎，可以鉴定的鱼骨仅有13块。所以发掘报告中得出这样的结论“贾湖遗址的稻作农业与渔猎家畜饲养并重，其繁多的生产工具显示出这里的农作因素要大于采集因素，渔猎成分也占有重要地位”显然是站不住脚的。虽然贾湖遗址出土了炭化稻谷，以及一批加工精制的石镰、石刀、石铲、石磨盘和石磨棒等农业生产工具和谷物加工工具，说明稻谷种植应该是贾湖先民生产活动中的一个组成部分，但绝不是贾湖先民们的主要食物来源，贾湖先民不是因为稻谷大量剩余才用来酿酒，而是将仅有的少量的稻谷用于酿制米酒。考古发现揭示出贾湖古酒产生的背景，与农业没有必然的联系，贾湖先民是在采集野果、捕鱼为生的条件下，种植少量的稻用于酿酒。甚至可以认为，贾湖先民完全不以农业为生，种植粮食就是专供酿酒原料之用。

贾湖古酒在农业尚不发达的采集经济下产生，似乎从一方面验证了发达的农业并不必然是古酒产生的前提，农业经济或许会制约酿酒业的规模，但绝非影响酿酒产生的不可逾越的障碍。采集的粮食可以达成同样的目的，野生稻谷粟米一样可以被用来酿酒。由此推论，最初的酒很可能就是大自然的杰作，天然生长的粮食、水果等含淀粉或糖的物质经过在适当的温度和水的浸泡下自然发酵成为含乙醇的饮料是完全可能的，早于贾湖先民的人类甚或猿猴或许早已享受过大自然酿就的美酒，所谓“猿猴造酒”也可能不完全是无稽之谈，江统所谓“有饭不尽，委之空桑，郁积成味，久蓄气芳”的猜测也颇有见识。有学者甚至推测早在 1 亿年前，这种自然果酒就已经产生了。那时的地表状况与今相差无几，完全具备产生酒的条件，地球上出现了被子植物，其中能够酿酒的水果如葡萄、梨、苹果等野生树木大量生长，熟透的野果落地，偶尔滚到岩石低洼的地方堆积成堆，遇有适当的温度、湿度，野果中所含能够发酵的糖分在自然界微生物的作用下发酵，产生一种香甜的含酒精液体。至于酿酒的工具最初也并不一定是陶器，很可能就是天然的石洼。果如此，则以陶质酒器的出现作为古酒起源的标志这一观点也受到极大挑战，很可能有了酒，才逐渐从日用器皿中分化出酒器。当人们发现了这种自然的美味并开始效仿，人工酿酒就产生了。所以人类不是发明了酒，而是发现了酒。贾湖先民恰好成为最早发现并学会酿酒的人们的一部分，并且侥幸成为将这些古酒保存了近万年的人。因为酒不是生活必需品，所以贾湖先民们将主要力量用于采集、狩猎，以植物的根块、坚果、豆类和大量的鱼来果腹，而用采集来的水果、蜂蜜、谷粒和种植少量的稻米酿酒来满足精神享受。贾湖遗址丰富的原始宗教文化遗存包括乐器、卜甲、刻画文字符号的发现，生动地展示了贾湖先民丰富的精神文化生活，所以，酒的出现并非孤立现象。可以说，粮食是酿酒的必备条件，但并不必然经由农耕去获得，采集方式完全可以提供酿酒产生的条件。不能排除人们正是出于酿酒的需求才开始有意识的种植粮食。这恰恰为农业起源宴享论提供了有力的证据。虽然对于索罗门 · 卡茨所说的“远古人类的主食是肉类”的观点我们仍有疑问，但从贾湖遗址的考古发现来看，那时的人们的主食的确并非谷物，而是鱼类和采集的根块类植物和坚果。人类的确是在过着采集狩猎生活（索罗门 · 卡茨所说的“游牧生活”）的情况下开始了酿酒。吴其昌先生和索罗门 · 卡茨博士的观点虽然不尽完善，也未必适用于所有地区，但通过贾湖遗址古酒和农业、采集、狩猎相关遗迹遗物的研究，至少可以证明在某些地区，“最早种稻种黍的目的，是为酿酒而非做饭”，这可能也是特定地区农业起源和发展的途径之一。

由此看来，农耕文化并非是酿酒起源的必然条件，甚至早在农业产生之前酿酒可能已经出现了。但可以肯定地说农耕是酿酒业得以扩大规模和继续发展的物质基础。贾湖古酒的发现不仅仅提供了中国最古老的酒的实物依据，而且在厘清酒的起源与农业的关系上提供了有力的佐证，更进一步讲，亦为研究某些地区农业起源的途径提供了一种可能的解释。

- 全国食品工业强县
- 国家火炬计划功能性生物糖特色生产基地
- 中国优质饼干加工示范基地
- 全国食品安全示范县
- 中国食品城

来自沂蒙山的绿色食品基地

沂水食品

YISHUISHIPIN

沂水县食品企业已发展到300余家,固定资产达到36亿元，从业人员6万人，规模以上企业102家。2009年完成产值145.97亿元、利税8.28亿元，分别占规模以上工业企业产值和利税的43.7%和30.3%，其中产值过10亿元的企业3户，过亿元的6户。整个行业产品达十大系列500多个花色品种，年加工各类食品360多万吨，其中以面粉为原料的饼干产品产量达到40万吨，在全国饼干行业中位列第一，约占全国总产量的22%，以玉米为原料的淀粉、淀粉糖产品生产能力达到200万吨，在全国淀粉糖行业中位列第一，约占全国总产量的25%；肉及肉制品达到6万吨，糖果产量达到22万吨，果蔬加工能力达到15万吨，豆奶粉、八宝粥生产能力达到20万吨，面粉达到10万吨，畅销全国各地并远销30多个国家和地区。

2001年沂水县被评为“全国食品工业强县”并保持至今，2007年以来，先后被命名为“中国优质饼干加工示范基地”、“全国食品安全示范县”，“国家火炬计划功能性生物糖特色生产基地”，被中国贸促会命名为“中国食品城”。鲁洲、青援、正航、乐福记等四个商标被评为“中国驰名商标”，鲁洲牌淀粉糖被评为“中国名牌产品”，鼎福等11个商标被评为“山东省著名商标”；正航牌饼干等11个产品获“山东名牌产品”称号。鲁洲生物科技有限公司建立了国家级科研中心。青援食品公司、家乐氏（山东）公司2户企业技术中心为省级技术中心，大地玉米、得力、大仓、乐福记、鼎福5户技术中心被认定为市级技术中心。

山东省沂水县经济贸易和信息化局
地址：沂水县正阳路19号
电话：0539-2251564 2251446
传真：0539-2251564
邮箱：sdysjmj@163.com

南溪食品产业介绍

南溪食品产业历史文化

（一）南溪豆腐干历史渊源

关于豆腐的起源，历来说法很多。古代即有不同的说法，一说是孔子时代即有豆腐；另一种说法是豆腐始于西汉淮南王刘安；而我们认为豆腐的发源于西汉时代。李治寰先生提出“豆腐制法与道家炼丹有密切关系”，认为道家炼丹用豆浆来培育丹苗，无意中发明了豆腐。

千百年来豆腐的保质时间短，难以储存等问题一直困绕着人们，相传，公元前135年，僰道人（今南溪人）发明了把豆腐压制成脱水豆腐干，再经过熟加工，从而使得保质时间和储存问题得到较大改观。清光绪二十八年（1902年），县城郭选清（外号郭大良心）在东街开门店始制作豆腐干，并占据了很大的市场份额。据郭大良心的第一代嫡系传人郭道福介绍：由于他的祖父和父亲都信奉基督教，当时家境比较富庶，不仅生产的豆腐干工艺精细、色香味浓、货真价实，而且还经常资助当地一些贫苦群众，因此，南溪人都称他们一家为“郭大良心”。从此，南溪豆腐干得到了发展。

历史上共有两次大规模的社会运动促进了南溪豆腐干的流传,分别是国民党迁都重庆培都时期和中国在六十年代推出的“支援三线建设”。

正是因为历史上这两次大规模的社会运动，南溪豆腐干得益于良好的国家政策,使其从长江的源头，以四川为中心，沿长江航运、铁路客运、汽车客运向全国流传开来。成为了如今的川南美食佳品——南溪豆腐干。

至今，南溪豆腐干已上百年历史，全县已有30多家南溪豆腐干生产企业，其中涌现出了一批知名品牌，如 “好巴食”、“庶人坊”、“国砫”、“玉林”等产品享誉海内外，在豆制品加工业市场上占有较大份额。

（二）南溪酒文化历史

南溪，地处宜宾、泸州、自贡三市“品”字型区域中心地带，大江东去的浩浩长江，流淌着千年历史的文明，流淌着博大精深的酒文化史，流淌着醉倒千古风流的华彩乐章。唐宋时期，宜宾南溪一带出产的荔枝酒、杂粮酒，该酒以其“香气悠久、口味醇厚、入口甜美、如喉净爽、香味谐调、恰到好处”的独特风格而扬名华夏，因此也吸引了无数社会贤达之士、英雄豪杰、骚人墨客前来开怀畅饮，际会风云、吟诗作赋、交游天下。据史料记载，唐代宗永泰元年（公元765年）五月，避居成都著名“诗圣”杜甫离开蜀中南下，船行至南溪城边，看见南溪古城糟房林立、美酒飘香的盛景，诗兴大发，留下“分腥不觉归来晚，一片云烟拥醉人”的赞美诗句。唐大历三年（公元768年），著名的边塞诗人岑参在宜宾、南溪小住，写下《南溪别业》一诗。此外，大诗人黄庭坚、陆游也先后留下赞美南溪美酒的千古佳句。“中国酒业大王”五粮液的鼻祖邓子均，是南溪县仙临乡人，应该说，南溪的诗酒文化孕育他成为一代酒圣。从这里，一路走来，走进“温德丰”，更名“利川永”，漂洋过海到美国旧金山捧回了巴拿马食品博览会第一块国际金奖，为五粮液奠定了坚实基础。

往事不堪回首，上世纪40年代末，由于国民党的黑暗统治，给了30年代兴起的南溪酒业以沉重打击，许多酿酒糟坊纷纷倒闭。新中国成立后，随着国民经济的复苏，在人民政府的大力扶持下，许多糟坊逐渐恢复生产，南溪人民在十分困难的条件下和处境下，迈出了创业的步伐。

南溪县食品产业现状

近几年，在南溪县委、县政府的重视和支持下，南溪县豆腐干已形成了“好巴食”“庶人坊”、“国砫”、“玉林”等知名品牌，系列产品已达上百种，产品遍布全国各大中城市，并远销美国、泰国、新加坡等地。作为地方性特色农产副产品，南溪豆腐干的发展不仅能促进县域经济的发展，还能带动农民增收致富。

目前，仅“好巴食”“庶人坊”、“国砫”、“玉林”、“大良心”等五家主要生产企业的豆腐干产量就达8.83万吨，产值约为13亿元。按照现代加工业与传统手工业相结合、协同发展以及延伸豆制品产业链的发展思路，预计2015年我县豆制品产值将达45亿元，把我县打造成西部豆制品加工产业基地，全国豆制品产业第一大县。

我县酒类生产企业共35个，其中：五粮浓香型酒企11个，高粱（清香型）酒厂24个，原酒产能达1.3万吨，产值2.5亿元，丝丽雅集团在长信投资的5万吨白酒项目正在顺利推进。结合省、市打造中国“白酒金三角”的战略，拟用5年时间将南溪打造成以浓香型原酒生产、销售为主的产业基地，产量达到10万吨（含长信酒类项目），产值预计30亿元（含品牌酒销售）。

目前我县已建成高标准无公害蔬菜基地20万亩，先后被命名为四川省第一批优质蔬菜基地、全国和省级无公害蔬菜示范基地、全国蔬菜标准化示范区、四川省无公害农产品整体认定基地县、四川省优势特色效益农业蔬菜基地。以此为基础建立了三家榨菜企业，产能达9万吨，产值为1.5亿元。到2015年，通过发展蔬菜粗加工加强农超对接、研究蔬菜深加工、发展观光农业经济等发展模式，预计蔬菜总产值（含鲜销和加工产品）达10亿元。。

畜禽产品，以四川白鹅（属国家七十二系保护品种）为主，年孵化鹅苗1000万只；年宰杀分割白条鹅（鸭）600万只，年量达1500吨；年生产鹅肉干180吨，总产量达1680吨，产值达1亿元。通过发展鹅肉干加工和鹅肉直营连锁店，白鹅加工产业争取在2015年达到15亿元的产值。

今后发展目标与举措

（一）目标定位：国家休闲食品产业基地、西部豆制品加工产业基地、中国优质原酒酿造基地、中国生态白鹅养殖加工基地、西部蔬菜加工产业基地、西部食品之城。

（二）产业目标：

豆制品：2012年产值达到20亿元， 2015年达到45亿元，2020年争取达到70亿元。

酒类：2012年产值达到11亿元，2015年达到30亿元，2020年争取达到60亿元。

畜禽（白鹅为主）：2012年产值达到5亿元，2015年达到15亿元，2020年争取达到40亿元。

蔬菜：2012年产值达到4亿元，2015年达到10亿元，2020年争取达到30亿元。

2012年产业目标总量达到40亿元，2015年达到100亿元，到2020年达到200亿元。

吉尼斯总部官员向国柱食品颁发世界最大豆腐干证书

三水获授“中国饮料之都”牌匾
第三届中国三水饮品文化节盛大开幕

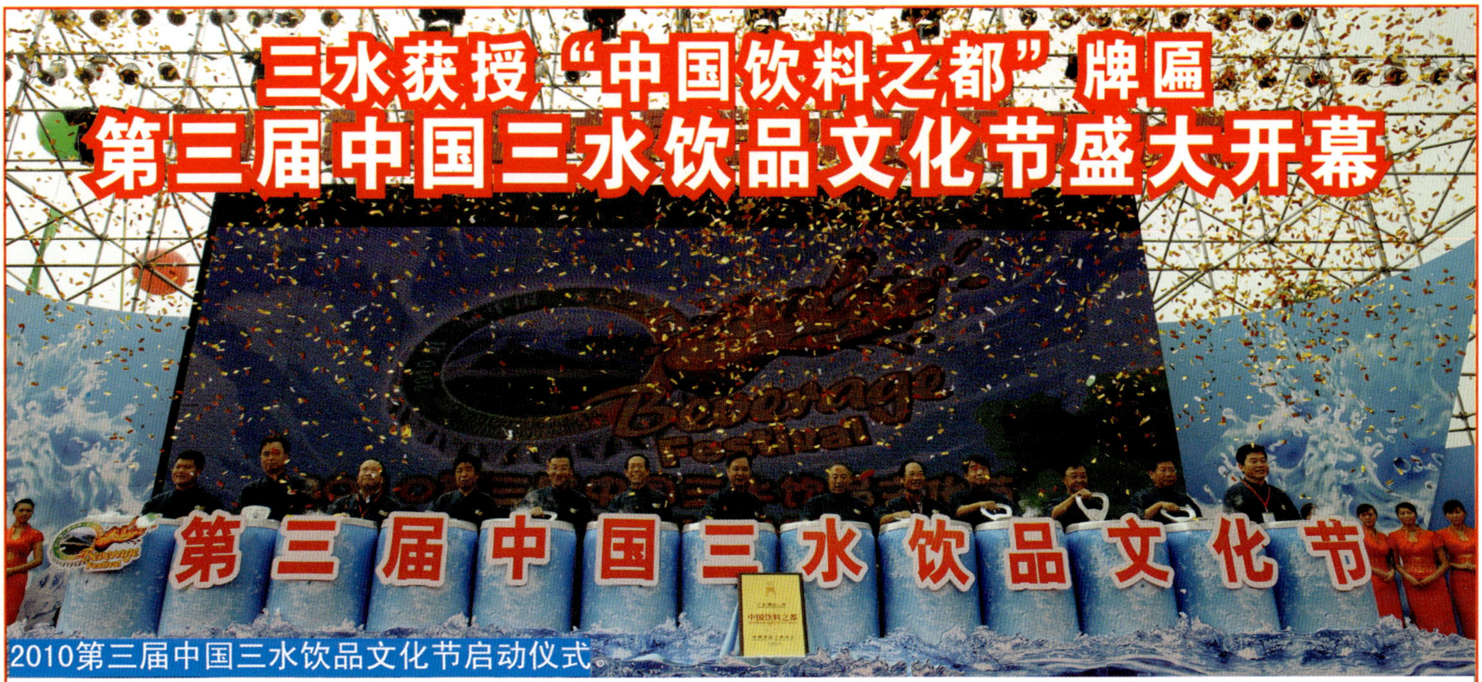

2010第三届中国三水饮品文化节启动仪式

欢聚饮料之都，畅享长寿生活。9月28日上午，为期3天的2010第三届中国三水饮品文化节在广东三水西南街道河口文塔公园隆重开幕。开幕当日好戏连台，其中最吸引人们眼球的是中国食品工业协会为三水授予“中国饮料之都”牌匾，三水成为国内唯一的“中国饮料之都”。为三水注入新元素和新内涵，进一步提升了三水饮料产业的知名度和影响力。

三水成为唯一的“中国饮料之都”

三水借力饮品文化盛会，搭建经贸合作交流平台，倾力打造中国饮料之都。饮料业作为三水重点发展的六大产业之一，三水近年引进了百威啤酒、红牛、可口可乐等多家国际知名饮料企业；百威啤酒投产后产销两旺，投产第一年税收就超亿元；本土品牌健力宝成为“广州2010年亚运会指定运动饮料”，青岛啤酒、伊利、隐雪、华力等饮料企业也日益发展壮大。

据统计，目前，三水区食品饮料企业共184家，相关配套企业60家，食品饮料产业完成工业总产值89.29亿元，销售额达30亿元，纳税超过3亿元。拥有中国名牌产品2个、中国驰名商标2个、广东省名牌产品1个、广东省著名商标1个，以饮料包装、饮料制造、饮料销售为主的饮料产业格局日益健全。

通过不懈努力，7月，三水申报“中国饮料之都”顺利通过中国食品工业协会的评审，成为国内唯一的“中国饮料之都”。开幕式上，中国食品工业协会常务副会长刘治和中国食品工业协会副会长、广东省食品行业协会会长张俊修向三水区委书记卢立湃授予“中国饮料之都”牌匾。卢立湃表示，三水将把饮品文化节作为三水一个特色节庆品牌，把它打造成“永不落幕的饮品博览盛会”。

“要让三水走向世界，要让世界了解三水，举办饮品节是一个很好的载体，是一种有效的途径。”刘治希望三水继续以饮品节为平台，扩大节庆品牌的影响，提高知名度，积极推动水乡区域优势与食品饮料文化的深度融合，把饮品节办成展示饮料文化的盛会，办成促进经贸交流合作的盛会。

饮品文化节，是三水连接四海的桥梁，是宣传三水、展示三水发展成就的窗口。对此，三水区长刘东豪表示，三水将以水为媒，以饮品文化搭台，进一步擦亮“中国饮料之都”和“中国长寿之乡”两块金字招牌，联姻四海宾客，共议商机，共谋“双赢”。

第三届中国三水饮品文化节开幕

9月28日上午10时，第三届中国三水饮品文化节的正式启动，整个文塔公园顿时沉浸在一片欢乐海洋。本届饮品文化节除了各种饮料及食品的展销，还有举行了开幕式文艺表演、7场狂欢嘉年华活动及多场专场文艺表演。市民和游客不仅尽情品尝各种饮品和美食，还欣赏到了多场各具特色的表演。饮品节期间，第三届中国三水投资推介会在金太阳酒店举行，向国内外嘉宾推广三水优越的投资环境。同时，三水各大饮料企业举行开放日活动，吸引了大批市民和游客前往参观；各大商场联合国内外饮品企业开展促销周活动，在全三水营造了饮品节浓厚的氛围。

筑巢引凤，壮大饮料产业集群

三水饮料产业基地——西南水乡工业园规划用地1.2万亩，首期2000亩已开发并投放使用，二期3000亩也在逐步开发使用。水乡工业园的规划特点是建成水乡特色的工业园区，重点发展食品饮料及期其配套企业。园区所在地金本是西、北、绥三江汇流之地，水资源丰富优质。园区内部的特点是河涌交错，园区开发将保留原有的河涌，并进行拓宽改造，使整个园区形成岭南水乡特色。园区交通十分便利，拥有四通八达的高速公路网，毗邻3000吨级的三水港，30分钟可到达广州白云机场。园区基础设施配套建设完善。为使园区更美化、环保，园区实行蒸汽、天然气集中供应和污水集中处理。目前已入园企业有可口可乐、百威、红牛、杨协成等20多家国内外知名食品饮料企业及配套企业。水乡工业园一期产值将达500亿元，其中饮料企业的产能约500万吨，税收预计可达15亿元。

三水区拥有得天独厚的交通、区位、资源和生态优势，产业配套设施完善，投资环境优越，水文化和长寿文化底蕴深厚，是投资兴业的理想福地！

杨协成有限公司在三水西南水乡工业园奠基

中国食品工业协会常务副会长刘治（左）和中国食品工业协会副会长、广东食品协会会长张俊修（右）向三水区委书记卢立湃（中）授予“中国饮料之都”牌匾。

水乡工业园鸟瞰图

百威啤酒（佛山）有限公司

引领“两型”园区 跻身国家方阵

湖南宁乡经济开发区简介

湖南宁乡经济开发区创建于2002年，是经湖南省人民政府批准、国家发改委、国土资源部审核设立的省级开发区，先后成为国家发改委设立的中小企业科技工业园（全国仅两家）、湖南省首届十大投资环境诚信安全区、全国模范劳动关系和谐工业园区（湖南仅1家）、湖南省首批循环经济试点园区。2009年成为湖南省“两型”试点园区，并成功创建国家“中小企业信用体系建设示范园区”和“中国食品工业示范园区”，被长沙市政法委列为全市第一个“平安园区”试点园区。

湖南宁乡经济开发区外景（办公楼）

区位优越 园区总规划面积40平方公里，以打造西长沙工业新城为规划定位，以长石铁路、长张高速公路、国道319线和长沙城市快速干线金洲大道为交通辐射源，距长沙市区25公里、黄花国际机场45公里。园区是宁乡县城“北拓东进，快速融城”的第一建设带、长沙大河西先导区的重要组成部分，区位优越，交通便利，资源集中。

设施齐全 园区实现了水、电、路、通讯、宽带网络、有线电视、天然气、排污管网等基础设施“八通”。立足提升区域竞争实力，打造“长沙的区位、宁乡的成本”比较优势，建有湖南省工业园区首家提供热电联供配套服务的湖南天宁热电厂，商贸、物流服务网点健全，后勤服务实行社会化、集约化，并出台招贤引智政策，在人才劳务资源保障上做足文章。

服务到位 园区实行“一个窗口对内，一个窗口对外”的“一站式”、“一条龙”、“超市化”服务。县级立项、规划、建设行政审批职能授权管委会；国土、公安、城管、环保、工商、房产、劳动、国税、地税等9个职能部门在园区设立派出机构（分局），相关职能授权到位，实现园区封闭式管理和项目引进、建设、运营手续全程代理；同时，实行“以区管乡”，将规划区域内城郊乡成建制划归园区管理，进一步优化了建设发展环境。

发展高效 八年来，园区引进企业236家，规模企业达到213家，各项主要经济指标连年保持60%以上增速。2009年，园区工业总产值达到197.2亿元，实现工商税收8.23亿元。园区重点发展的食品、机电、新材料及现代服务业“3+1”主导产业基础雄厚，竞争优势日益突出。食品产业发展尤为迅速，香港加加、青岛啤酒、台湾宏全、广东美怡乐、国大酒业、法国乐福来等知名食品企业落户园区，即将建成全国最大的“液态食品”基地。园区目前已有高新技术企业9家、中国免检产品11个、中国名牌6个、中国驰名商标6件以及16个省著名商标、13个省名牌产品。

目标高远 2010年，园区明确了“引领‘两型’园区，跻身国家方阵”的战略定位，将紧扣工作重心，提升发展品质，在长株潭“两型”社会综合改革试验区的先导区中率先发展，力争成功创建国家级经济技术开发区。

原湖南省委书记张春贤（前排右二）在宁乡县委常委、经开区党工委书记戴中亚（前排左二）陪同下视察宏全企业（长沙）有限公司。

原湖南省委副书记、省长，现任湖南省委书记周强视察加加集团。

中国食品工业协会第十五次部分省市食协协作会议暨宁乡食品产业推介会现场。

“中小企业信用体系建设示范园区”授牌仪式上，中国人民银行征信管理局副局长姜维俊（中），湖南省社会信用体系建设领导小组办公室副组长、省金融证券办副主任黄卫东（右一），向宁乡县委常委、经开区党工委书记戴中亚授牌。

青岛啤酒（长沙）有限公司外景

远大住工签约仪式。长沙远大住宅工业有限公司副总经理兼投资事业部总经理唐芬女士，宁乡经开区党工委副书记、管委会主任陈海波代表双方签约。长沙市副市长文树勋，宁乡县委副书记、县长黎春秋，宁乡县委常委、经开区党工委书记戴中亚、长沙市经委副主任刘志辉等市县领导及远大住工实业有限公司董事长张剑等参加了签约仪式。

中国海洋食品名城 山东 荣成

荣成市地处山东半岛最东端，与韩国、日本隔海相望，拥有石岛、龙眼两个国家一类开放港口，威海机场、青烟威荣铁路临近市区；荣成是中国东部沿海快速崛起的国家生态市、国家环保模范城市、国家园林城市、中国优秀旅游城市、全国绿化模范市和全国科技实力百强市，综合实力连续多年位居全国百强县（市）前列、山东省首位。

荣成市坚持科学发展观，全力打造山东半岛蓝色经济区先行区，依托海洋资源优势，大力发展海洋食品产业，形成了以海洋食品为主、多元化发展的食品产业格局，成为全国食品工业强县（市）、全国食品工业十大发展特色市和中国产业集群品牌50强之一。2009年被中国食品工业协会授予“中国海洋食品名城”称号、被中国绿色食品协会授予“中国绿色食品城”称号。

得天独厚的海洋渔业资源

荣成市三面环海，海岸线长500公里，占中国海岸线的1/36，沿海分布着10大海湾、50多个岛屿，拥有滩涂15万亩，20米等深线内可养水面200万亩。近海经济生物种类300多种，石岛渔场是中国四大渔场之一，石岛渔港则是中国北方最大的渔港。荣成拥有远洋捕捞渔船200多艘，水产品产量和渔业总收入分别占山东省的1/7和1/5，连续28年位居全国县级之首。

荣成先后被确定为国家级海洋综合开发示范区、国家科技兴海示范基地、国家级海水养殖科技兴农与可持续发展综合示范县、国家级高新技术成果转化基地、国家级科技产业示范中心和全国海水健康养殖示范区。多年来，在发展大洋渔业的同时，全面实施生态健康海水养殖业，建成了全国最大的“海上牧场”，形成了水面、海底、滩涂、工厂化立体利用的养殖格局，养殖品种包括鱼、虾、贝、藻等5大类30多种，海带、鲍鱼、工厂化养鱼等多项养殖规模、效益居全国第一，成为全国著名的海参、鲍鱼、牙鲆、海胆等海珍品养殖基地。海带产量占全国总产量的一半，并成功推出了深海小海带这一海带深海养殖新品种。

石岛渔港
渔港渔船

鲍鱼

海参

海芝宝海带

牡蛎盒(贝

对虾

海胆

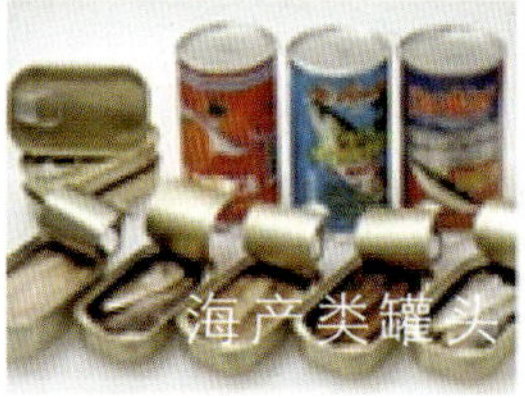
海产类罐头

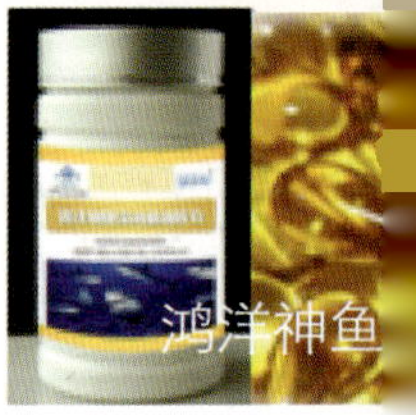
鸿洋神鱼

行业领先的海洋食品产业

荣成市依托丰富的海洋优势资源，构建起山东最大的食品产业集群，涌现出近300家规模以上食品精深加工企业，年水产品加工产量200多万吨，食品工业年产值700亿元，占全市工业比重的40%。荣成市建有7处食品工业园区，发展“三资”食品企业185处，实际利用外资4亿美元。

海带牧场

无菌加工车间

成立了食品工业促进局、农产品质量安全管理办公室、食品协会、渔业协会、海藻协会等服务行业性组织。2005年通过了中食协组织的全国冷冻调理食品安全信用体系建设试点市工作；2008年率先在全国县级市举办国家级食品安全师培训班，全市有72人取得了国家级食品安全师资格证书。有5家企业被评为农业产业化国家重点龙头企业；省级以上农业产业化龙头企业30家；威海市级以上农业产业化龙头企业59家。

荣成市委、市政府高度重视科技支撑食品产业发展，每年举办一次产业技术创新战略联盟周活动。先后与中国海洋大学、中科院海洋所等20多家高等院校和科研机构建立了长期的合作关系，承担全国海洋863计划项目30多个，居全国县级首位。全市共实施科技创新项目120多项，获得国家、省、市、食品行业科技进步奖项目50多项，多项产品填补国内外空白，生产技术水平达到国内或国际领先水平，申请并受理专利460项，其中发明专利105项。荣成食品企业近几年参与起草了《水发刺参》、《即食海带》、《多烯鱼油及制品》等四项国家标准。泰祥集团建立了山东省技术中心、“博士后工作站”，与中国营养学会等联合成立了山东省海洋食品营养研究院，在全国冷冻调理水产品行业率先制定了“全国冷冻调理食品生产经营示范文本”，在全国同行业中推广；好当家集团、泰祥集团检测中心通过国家实验室认证认可，并被山东出入境检验检疫局批准为首批社会实验室；好当家企业技术中心通过国家级技术中心认定；好当家集团、泰祥集团、寻山集团已被批准建设山东省首批“院士工作站”。科技实力的大幅提升，极大地增强了荣成食品工业的综合竞争力。

驰名中外的海洋食品品牌

荣成市根据世界海洋经济发展趋势，研制生产出海洋养生食品、海洋保健品和海洋生物药品等各种高端产品7大系列3000多个品种，为改善人们的膳食营养结构、提高人身体素质等做出了积极贡献。已成为国家级海洋功能食品加工“科技兴海”示范基地、全国海带加工示范基地和山东省优质冷冻调理食品生产基地。素有“中国海带之乡”美誉的荣成市，先后开发出海带浓缩汁、海藻盐渍品、海带脆片等即食海带食品，培育了“海芝宝”、“食藻宝”、“高绿”、“仁一”等知名海藻食品品牌；采用酶工程、分子生物技术，开发出“好当家”牌海参胶囊、海参口服液、“鸿洋神”牌DHA、EPA系列鱼油软胶囊等为代表的海洋保健品；以“好当家”牌即食休闲食品、“泰祥”牌冷冻调理食品、“创新”牌海产罐头、“盛泉”牌海鲜调味汁等为代表的海洋食品；以达因海洋生物制药为代表的海洋药品等一批“海洋三品”知名品牌。

荣成已建成全国最大的冷冻水产品、冷冻调理食品、海带食品、海产罐头食品和深海鱼油软胶囊等生产基地，省级以上名牌、著名商标拥有量居山东县级前列，拥有“荣成大花生”、“荣成海带”等地理标志商标和“荣成苹果”、“荣成绿茶”2个全国农产品地理标志，有280多家企业通过了ISO9000、ISO14000或HACCP等标准认证，各类食品畅销欧盟、美国、日本、韩国、东南亚以及香港、台湾等国际国内市场，出口数量和货值连续多年位居全国县级第一。

中国名酒
沱牌麯酒®
一曲天成
【天赐生态】【天赋神曲】
15年
沱牌
麯酒
CHINA WELL-KNOWN TRADEMARK
中国驰名商标
中国名酒国家金质奖
中华老字号
China Time-honored Brand
中国非物质文化遗产
纯粮固态发酵白酒
中国食品文化遗产
全国质量奖
CHINA QUALITY AWARD
四川沱牌曲酒股份有限公司
TUOPAI YEAST LIQUOR CO., LTD. SICHUAN

中国驰名商标
中国文化名酒
红楼夢酒
金梦
夢
四川宜宾红楼梦酒业集团有限公司
地址：四川省宜宾县喜捷镇红楼梦村
酒精度：42%vol
红楼梦金钗
四川宜宾红楼梦酒业集团有限公司
红楼梦
四川宜宾红楼梦酒业集团有限公司

Moutai
BIFIDUSFACTOR BEER
茅台
低醇
双歧因子
啤酒
茅台啤酒
啤酒中的茅台
MOUTAI
贵州茅台酒厂集团啤酒有限责任公司

贵州茅台啤酒有限责任公司

我公司座落于历史文化名城遵义市汇川区，隶属中国贵州茅台酒厂有限责任公司控股企业。公司自成立以来，始终不懈地坚持“我爱茅台，为国争光”的企业精神，恪守“人才是根本，质量是生命，管理出效益，诚信出市场”的企业方针。一方面从适应市场、拓展市场、实现与国际惯例接轨，推动企业快速健康发展的需要为出发点，于2003年元月，在同行业中率先通过三项整合认证，成为同行业首家一次性通过ISO9000、ISO14000、OHSAS18000三项整合认证的企业；并于2005年12月通过了HACCP食品安全管理体系认证，实现了内部管理的体系化、程序化和规范化；另一方面以“茅台啤酒，酿造高品位的生活”为经营宗旨，以市场为中心，以顾客为关注焦点，坚持“顾客至上，服务一流”的经营理念，坚持科技创新，按照高起点、高标准的要求，全力打造“茅台啤酒，啤酒中的茅台”，实现品牌与品质的提升。2000年11月，为了进一步扩大企业生产规模，增强公司自主开发能力和竞争能力，投资2.4亿元新建十万吨茅台啤酒生产线，该生产线是按照高起点、高标准先进技术的要求设计施工。主要设备分别采用德国克朗斯公司、斯坦尼克公司和意大利萨西布公司生产的世界一流啤酒生产设备，实现了从投料、糖化、发酵、过滤全过程的微机控制，为进一步稳定和提高产品质量、增进顾客满意度奠定了坚实的基础。

公司产品曾多次获得国家、省、市的奖项，其中自主研发的茅台双歧因子啤酒，于2010年荣获“国家知识产权局技术专利”，并经中国啤酒国家级专家会议评审，认定为“中国啤酒著名创新产品”，授予“中国食品工业技术创新重大专项成果奖”。

国人的迎宾酒
中国驰名商标
迎駕貢酒·生态年份酒
【十年·二十年】
迎駕貢酒
公元前一零六年
浓香型白酒

ALTIPLANO
澳特兰™
高品味生活的代言
原汁原味的甘纯
好品质 源自好鲜奶
新希望
ALTIPLANO
澳特兰
高品牛奶
净含量:950毫升
净含量:500毫升
高品舒活奶
净含量:250毫升
至臻的天然纯净
西部高原的生态牧场，
成就澳特兰至臻的天然纯净
99%
至强的营养吸收
乳糖水解达99%以上，
成就澳特兰至强的营养吸收
至纯的奶牛血统
澳洲进口纯种奶牛，
成就澳特兰至纯的奶牛贵族
3.5%
至高的天然营养
天然乳蛋白含量3.5%，
成就澳特兰至高的天然营养
新希望乳业
澳特兰，不仅仅是牛奶

杭州娃哈哈集团有限公司

宗庆后董事长在娃哈哈22周年厂庆上致辞

娃哈哈22周年厂庆

娃哈哈国家级实验室

娃哈哈国家级企业技术中心

杭州娃哈哈集团成立于1987年，从3个人、14万元借款起家，进过20多年的辛勤耕耘，现已发展成为中国规模最大、效益最好的饮料企业之一。公司拥有总资产299亿元，员工30000余人。公司先后投资100多亿元从美国、法国、德国、日本、意大利等国引进360余条世界先进的自动化生产线，以一流的技术、一流的设备，一流的服务，打造出一流的品质，主要生产含乳饮料、饮用水、碳酸饮料、果汁饮料、茶饮料、保健食品、罐头食品、休闲食品等8大类100多个品种的产品。

勇克时艰 逆势飞扬

在金融危机背景下，娃哈哈积极贯彻落实党中央关于"保增长、保民生、保稳定"的号召，逆境飞扬、稳步前进，从"危机"中抓住了发展的机遇。2009年实现营业收入432.14亿元，比上年增长31.62%；实现利税125.67亿元，增长82.61%，上交税金38.01亿元，各项经济指标连续12年位居中国饮料行业首位。公司荣列2009中国企业500强第185名，中国制造业企业500强第93名，中国企业效益200佳第44名，饮料加工业第1名。

产品创新 品牌提升

2009年，娃哈哈自主研制开发的娃哈哈牵手快线、娃哈哈果粒果汁、娃哈哈凤梨椰香复合果汁、娃哈哈金银花凉茶等新饮品成功上市，获得消费者的热捧，企业综合竞争力和品牌得到不断提升。2009年，娃哈哈获得人民网等单位评选的"2009年度10大风云品牌"、"共和国60年最具影响力品牌60强"、"年度中国最具品牌价值企业"。公司董事长宗庆后也因此获得"2009年度十大风云浙商"、"2009品牌中国年度人物"等多项荣誉。

成功举办22周年庆典

2009年11月5日，娃哈哈集团22周年成立庆典大会在杭州隆重举行。来自全国各地的900多位党政领导、9000多名经销商和供应商、5000余名娃哈哈员工共同见证了大会庆典。浙江省委常委、杭州市委书记王国平，全国人大常委会法制工作委员会副主任王胜明，中国轻工业协会会长潘蓓蕾、浙江省商务厅厅长金永辉、杭州市副市长沈坚、杭州市人大常委会副主任于辉达、上城区区委书记徐祖萼、上城区区长陈红英等领导和嘉宾亲临现场，向娃哈哈送上生日的祝福。

奉献社会 履行责任

2009年元月，在浙江省慈善总会等单位的倡议下，娃哈哈向"彩虹行动"捐赠100万元，向我省贫困地区困难群众伸出援手，为困难群众送去文化大餐。

2009年6月，娃哈哈出资200万元启动"接过爱心教鞭，托起明天希望"大型爱心支教公益行动，招募100名志愿者支援川、黔贫困地区教育发展。

在杭州市第十次春风行动中，娃哈哈再次慷慨捐赠500万元，连续三年创下单笔捐赠最高纪录。截止2009年，娃哈哈已累计向杭州市春风行动捐助总计约1500万元。

在董事长宗庆后的推动下，2009年娃哈哈注资1000万元成立"娃哈哈慈善基金"，标志着娃哈哈建立起系统、稳固、长效的公益慈善机制，并将履行企业责任、热心公益慈善纳入公司的长期规划中，为娃哈哈更好地履行社会责任提供了强有力的保障。

娃哈哈的义举得到了社会各界的肯定和高度赞扬，公司也因此获得"2009年度人民社会责任奖"、"2009中国饮料行业实践社会责任优秀企业"等多项荣誉。

16TH ASIAN GAMES
Guangzhou 2010
王老吉
广州2010年亚运会高级合作伙伴
怕上火
喝王老吉
王老吉
Herbal Tea
王老吉凉茶
JDB
加多宝集团

润田
Runtian
天赐好水 润我心田
润田翠天然含硒矿泉水
水以硒为贵
翠
天然
含硒矿泉水
国家森林公园
源自国家地质公园
国家森林公园·明月山
江西润田饮料股份有限公司
销售热线：0791-8113728
www.Runtian.com.cn

Dove
德芙
此刻尽丝滑
Dove
德芙
丝滑牛奶巧克力

广西南方食品集团股份有限公司

企业简介：

广西南方食品集团股份有限公司是一家主要以糊类食品研发、生产为主的大型农副产品加工企业集团，拥有中国驰名商标——“南方”，其拳头产品“南方黑芝麻糊”在国内同类产品中出于领先地位。公司前身为国有控股上市公司——广西斯壮股份有限公司。其母公司广西黑五类食品集团有限公司，是国家农业产业化重点龙头企业。

公司“以食品业为主，物流业为辅”，公司股票在深圳证券交易所上市（股票代码：000716），是主营业务突出、极具发展潜力的一家投资控股型上市企业。公司采用的是“公司+农户”模式，26年累计消耗农产品300吨，为几十万农户创收100余亿元，带动相关行业创造价值200多亿元。

“南方”黑芝麻糊已成为黑色食品、糊类食品全国第一品牌，并获准使用中国绿色食品标志。目前公司正在培育“南方”玉米糊等一批具有市场潜力的拳头产品，开发利乐产品，推进糊类产业升级，努力实现“糊类第一”的战略目标。2010年1月，获得中央投资重点振兴和技术改造专项资金支持的公司糊类技改扩建项目一期工程竣工投产，成为国内加工能力最强、技术级别最高的糊类食品生产基地，年消耗农产品将超过15万吨，创造农业产值超过10亿元。

公司一直注重产品研究开发，并取得了丰硕成果，为企业的可持续发展提供了有力的科技支持。其中，“黑色食品作物资源的研究与利用”获广东省2006年科学技术一等奖；“功能化传统食品研究与产业示范”成为“十一五”国家科技支持计划项目。2008年，公司获设“国家稻谷加工技术研发分中心”。2009年，公司参与的国家级科研项目“黑色食品作物种质资源研究与新品选育及产业化利用”获2008年度国家科技进步二等奖，为公司的可持续发展和保持全国黑色食品产业化利用领先水平奠定了坚实基础。

白象食品集团

BAIXIANG FOOD GROUP

食泽民众 业润社会

姚忠良

第十届、十一届全国人大代表、全国五一劳动模范

中国食品工业协会第六届理事会副会长

中国企业家理事会常务理事

中国食品科学技术学会理事

河南省方便食品协会会长

白象食品集团董事长兼CEO

白象食品集团是一家以方便面生产、销售为主营业务，横跨面粉、挂面、粉丝、面点等多个领域的全国大型综合性食品企业。

集团正式创立于1997年，至今已在河南、河北、山东、山西、湖南、江苏、四川、陕西、吉林等省市布局10个方便面生产基地、2个面粉生产基地、1个挂面车间和2家调味料公司。集团先后被评为全国“农业产业化国家重点龙头企业”、“河南省粮食深加工和食品生产龙头企业”、“全省粮食深加工十家重点保护企业”和 “中国面制品业最具活力的企业之一”。

白象食品集团现有国际一流方便面生产线87条，年产方便面近100亿包。2003年，白象勇于创新，大胆探索，潜心研发出了骨类系列方便面，首次成功打破了国内方便面行业多年只有牛肉面口味的产品格局，重新把握了方便面行业新的“定味权”。此后的7年间，白象“骨类”系列方便面以其健康、美味、营养的产品诉求，得到了全国亿万消费者的亲睐和追捧，引领了国内方便面市场全新的消费潮流。国际权威调查机构 AC 尼尔森数据显示， 2003年至今，白象方便面始终保持了17%左右的市场占有率，一直稳居全国方便面行业三甲之列。

经过十三年的品牌发展，“白象”品牌先后荣获了“亚洲品牌500强”、 “中国驰名商标”、“国家免检产品”、“中国知名品牌认知百强”、“河南省著名商标” 等诸多荣誉。2009年开始，白象启动了未来品牌发展战略，正加紧对品牌做进一步梳理和形象提升，朝着国际化的品牌之路大步迈进。

在全面推进集团快速发展的同时，多年来，白象始终坚持“食泽民众、业润社会”的企业使命，回报社会，回馈人民。如今，白象每年需要消化面粉90万吨，实现小麦转化120万吨，由此带动的小麦种植农户达300多万户，产业带动面粉厂、造纸厂、机械制造、调味料、运输等相关企业达5000多家，为河南和全国的粮食深加工转化及农业产业化发挥了重要作用，极大地支持了全国城乡经济发展和国家“三农”建设。 与此同时，白象还积极投入公益慈善事业，向宋庆龄基金会捐款1000万元用于救助贫困大学生、兴建希望小学、踊跃参加汶川、玉树抗震救灾，支持灾区重建等，十年来白象已累计投入公益资金达三千多万元。

展望未来，白象食品集团拥有着巨大的发展潜力和广阔的产业前景，尽管前进之路可能充满挑战，但白象人坚信，只要秉承“千山万水、千言万语、千辛万苦、千家万户”的企业精神，专注品质，用心经营，就一定能够缔造出一个崭新的，更加务实、更有活力、更受尊敬的世界级食品企业。

地址：中国 北京朝阳区朝外大街20号联合大厦6层

电话：8610-65886619

传真：8610-65882018

网址：www.baixiangfood.com

第七部分

品牌建设

商标专栏

2009年中国驰名商标名单（食品类）

认定商标	商标注册人	类别	核定使用商品或服务项目
金丹及图	河南金丹乳酸有限公司	1	乳酸
爱普及图	上海爱普香料有限公司	3	香料、香精油
纽崔莱	美国安利有限公司	5	医用饮料等
龙宝 longbao	本溪龙宝（集团）参茸有限公司	5	人参
中宁枸杞 THE LYCIUM CHINENSE OF ZHONGNING	中宁县枸杞生产管理站	5	枸杞
三元 SANYUAN 及图	北京三元食品股份有限公司	29	消毒牛奶、酸牛奶
盛洲 SHENGZHOU 及图	厦门中盛粮油企业有限公司	29	食用油
棒棒娃 BANGBANGWA 及图	成都市棒棒娃实业有限公司	29	肉干、猪肉食品等
國聖及图	福建省红太阳精品有限公司	29	酱菜、蔬菜罐头、牛奶制品
光阳及图	福清市阳光食品有限公司	29	皮蛋、蛋品
圣农 SUNNER 及图	福建圣农发展股份有限公司	29	肉冻等
金浩 JINHAO 及图	湖南金浩茶油股份有限公司	29	食用油
六味斋	太原六味斋实业有限公司	29	酱肉、火腿等
栗源及图	遵化栗源食品有限公司	29	精制坚果仁、糖炒栗子
百联	福建百联实业有限公司	29	加工过的瓜子
梧桐及图	黑龙江泰丰粮油食品有限公司	29	大米
好当家 HOMEY 及图	山东好当家海洋发展股份有限公司	29	海参（非活）、虾（非活）
胡姬花	嘉里粮油（青岛）有限公司	29	食用油脂、花生油
柏慧燕都及图	辽宁柏慧燕都食品有限公司	29	猪肉食品
连城红心地瓜干	连城红心地瓜干协会	29	地瓜干
小龙王 xiao long wang 及图	小龙王食品有限公司	29	加工过的槟榔
得尔乐	江西春源绿色食品有限公司	29	食用油
天喔	上海天喔食品（集团）有限公司	29	蜜饯、加工过的坚果
绿色芳山 LSFS 及图	辽宁绿色芳山有机食品有限公司	29	加工过的花生、熟制豆
中澳 ZHONG AO 及图	山东中澳农工商集团有限公司	29	肉
宣威火腿 Xuanwei ham 及图	宣威火腿行业协会办公室	29	火腿
吉百利	吉百利有限公司	30	巧克力、糖果等
川及图	湖北省赵李茶桥茶厂	30	砖茶、青砖茶
鼎丰真	长春市鼎丰真食品有限责任公司	30	糕点
海堤 SEA DYKE 及图	厦门茶叶进出口有限公司	30	茶
今麦郎	今麦郎食品有限公司	30	方便面
五得利及图	五得利面粉集团有限公司	30	面粉
兴盛	厦门兴盛食品有限公司	30	挂面、面条
郫县豆瓣	成都市郫县食品工业协会	30	豆瓣
徐福记及图	东莞徐记食品有限公司	30	糕点、糖果

接上表

周君记	重庆三九火锅底料厂	30	火锅调料
君山 JUN SHAN 及图	湖南省君山银针茶业有限公司	30	茶叶
小站稻 xiaozhandao 及图	天津市津南区农业技术推广服务中心	30	稻米、米
中意及图	津市市中意糖果有限公司	30	糖果
采花及图	湖北采花茶业有限公司	30	茶叶
AFDG 及图	安徽丰大股份有限公司	30	面条、面粉制品
东湖 DONGHUBRAND 及图	山西老陈醋集团有限公司	30	醋
味之家	安徽新锦丰企业投资集团有限公司	30	方便面、饼干
武夷 WU YI 及图	福建省建阳武夷味精有限公司	30	味精、鸡精
国宝 Gb	湖北国宝桥米有限公司	30	大米
嘉士利	开平市嘉士利食品有限公司	30	饼干、糕点
洞庭山碧螺春及图	苏州市吴中区洞庭（山）碧螺春茶业协会	30	茶叶
太太乐	雀巢产品有限公司	30	鸡精（调味品）
蜂之语	浙江蜂之语蜂业集团有限公司	30	非医用蜂王浆、食用蜂胶（蜂胶）
临海蜜桔	临海市特产技术推广总站	31	柑桔
雁来红及图	山东省滨州裕华（集团）实业总公司	31	冬枣
丹玉	辽宁丹玉种业科技股份有限公司	31	种子
地神 DISHEN 及图	河南黄泛区地神种业有限公司	31	植物种籽
金康达及图	淮安市康达饲料有限公司	31	饲料
富友及图	辽宁东亚种业有限公司	31	玉米种子
淳	杭州千岛湖发展有限公司	31	活鱼
骆驼 LUO TUO 及图	唐人神集团股份有限公司	31	饲料
冠丰 GUANFENG 及图	山东冠丰种业科技有限公司	31	种子
固城湖 GUCHENGHU 及图	高淳县集体资产经营有限公司、南京固城湖水产实业有限公司（共有商标）	31	螃蟹
盱眙龙虾 XUYILONGXIA 及图	江苏省盱眙龙虾协会	31	龙虾（活）
章丘大葱及图	章丘市大葱产业协会	31	大葱
集发及图	秦皇岛市北戴河集发农业综合开发股份有限公司	31	新鲜蔬菜、鲜水果
大雪 DAXUE 及图	大连大雪啤酒股份有限公司	32	啤酒
银麦	山东新银麦啤酒有限公司	32	啤酒等
第 3367796 号图形	宣化新钟楼啤酒有限公司	32	啤酒
怡宝及图	华润怡宝食品饮料（深圳）有限公司	32	水（饮料）
王老吉	广州医药集团有限公司	32	无酒精饮料
大寨 DAZHAI 及图	昔阳县大寨经济开发总公司	32	核桃露
莫高 MOGAO	甘肃莫高实业发展股份有限公司	33	葡萄酒
道光	辽宁道光廿五集团满族酿酒有限责任公司	33	烧酒等
五女山及图	辽宁省五女山绿色食品开发有限公司	33	人参酒、五女山窖酒等
三沟及图	辽宁三沟酒业有限责任公司	33	白酒
洮儿河牌及图	吉林省洮儿河酒业有限公司	33	酒
汤沟及图	江苏汤沟两相和酒业有限公司	33	酒
华东	青岛华东葡萄酿酒有限公司	33	葡萄酒
新天 suntime	新天国际葡萄酒业有限公司	33	葡萄酒
五粮醇	四川省宜宾五粮液集团有限公司	33	白酒
芝华士、CHIVAS、CHIVAS REGAL	芝华士兄弟（美洲）有限公司	33	含酒精饮料（啤酒除外）

2009年各省、自治区、直辖市著名商标名单（食品类）

北京市

（以《类似商品和服务区分表》为序）

认定商标	商标注册人	类别	核定使用商品或服务项目
月盛斋	北京月盛斋清真食品有限公司	29	肉
双大	北京大发正大有限公司	29	肉，加工过的肉
卓宸	北京卓宸畜牧有限公司	29	肉、牛肚，腌肉
御香苑	北京御香苑畜牧有限公司	29	肉、肉片
图形	北京红山食品有限公司	29	腌制蔬菜
益君	北京资源亚太食品有限公司	29	猪肉食品，猪肉
大红门	北京市第五肉类联合加工厂	29	猪肉食品、猪肉
京华	北京茶叶总公司	30	茶；茶叶代用品
龙菲	北京龙菲业食品有限公司	30	醋、酱油
劲得	北京世纪劲得保健品有限公司	30	非医用营养片
三禾	北京稻香村食品有限责任公司	30	糕点；元宵；饺子
金路易	北京金路易速冻食品有限公司	30	饺子
都一处	北京便宜坊烤鸭集团有限公司	30	烧麦、面点
JING TANG	北京市糖业烟酒公司	30	糖
马大姐	北京康贝尔食品有限责任公司	30	糖果
金北联	北京凯达恒业农业技术开发有限公司	31	红小豆（未加工）
小店	北京顺鑫农业股份有限公司	31	活动物、种家禽
大地	北京锦绣大地农业股份有限公司	31	新鲜蔬菜
小汤山	北京天安农业发展有限公司	31	新鲜蔬菜
绿富隆	北京市绿富隆菜蔬公司	31	新鲜蔬菜、鲜水果
顺鑫农业	北京顺鑫农业股份有限公司	31	新鲜蔬菜；新鲜水果
燕京	北京燕京啤酒集团公司	32	矿泉水（饮料）
艾尔	北京艾尔酒业集团有限公司	32	啤酒
牵手	北京顺鑫牵手有限责任公司	32	无酒精饮料
京都	北京皇家京都酒业有限公司	33	含酒精饮料（不包括啤酒），酒
龙徽	北京龙徽酿酒有限公司	33	酒

天津市

认定商标	商标注册人	类别	核定使用商品或服务项目
海河	天津奶业有限公司	29	奶粉
迎宾	天津市肉类联合加工厂	29	肉、火腿、肠
月季花	天津市油脂（集团）有限公司新港分公司	29	食用油
玉川居	天津市利民调料酿造集团有限公司	29	酱菜、面酱、腌制蔬菜、蒜蓉辣酱
果仁张	天津市果仁张食品有限公司	29	加工过的花生等果仁
金象	正大集团（天津）实业有限公司	29	食用油脂
利民	天津市利民调料酿造集团有限公司	30	蒜蓉辣酱、米醋精、涮羊肉调料、酱油、醋、面酱
康乐	天津市康乐饮料有限公司	30	冰糕、冰淇淋、汤元
十八街	天津市桂发祥十八街麻花总店有限公司	30	麻花
耳朵眼	天津耳朵眼炸糕餐饮有限责任公司	30	炸糕
天立	天津市天立独流老醋股份有限公司	30	醋、酱油
利达	天津利金粮油股份有限公司	30	面粉
猫不闻	天津市猫不闻速冻食品有限责任公司	30	饺子
狗不理	天津狗不理集团有限公司	30	包子
红星	天津实发集团有限公司	31	饮用冰、冰制品
大桥道	天津市大桥道糕点食品有限公司	31	糕点、元宵
津春	天津科润农业科技股份有限公司	31	黄瓜种子
山海关	天津实发集团有限公司	31	汽水
华旗	天津市捷拓新食品研究开发有限公司	31	果茶、汽水、果汁
冠芳	天津冠芳可乐饮料有限公司	31	无酒精饮料
天外天	天津市保健饮料厂	32	碳酸饮料
金星	天津食品进出口股份有限公司	32	白酒、露酒、葡萄酒、改制酒
渔阳	天津渔阳酒业有限责任公司	32	白酒
津牌	天津津酒集团有限公司	33	白酒
天尊	天津市宁河县酒厂	33	白酒
	中法合营王朝葡萄酿酒有限公司	29	葡萄酒
梦思得露	天津光明梦得乳品有限公司	29	奶及乳制品
大海	天津市大海肉类制品有限公司	29	肠子
迎客	天津市第一食品加工厂	29	速冻食品
正兴德	天津市正兴德茶庄	29	茶叶
桂发祥	天津市桂发祥十八街麻花总店有限公司	29	麻花
朝阳	天津朝阳食品西青有限公司	29	面包、糕点
神农	天津神农种业有限责任公司	30	蔬菜种子
莱格	华润雪花啤酒（天津）有限公司	30	啤酒
盘山	天津盘山啤酒厂	30	啤酒
直沽	天津津酒集团有限公司	30	白酒
起士林	天津市起士林大饭店	30	餐馆、快餐馆

山西省

认定商标	商标注册人	类别	核定使用商品或服务项目
日前牌	清徐县绿源生态农业开发有限公司	29	鲜水果、鲜葡萄
大唐明楼牌	太原迎春楼广东酒家实业有限公司	29	糕点
崇康牌	山西崇康食品集团有限公司	29	猪肉食品
顶禾牌	太原顶禾食业有限公司	29	面包、糕点
平型关牌	灵丘县益寿面食品厂	29	苦荞面、莜麦面
同冀牌	大同市南郊区同冀调味食品有限责任公司	29	涮羊肉调料、调味品
佰草香牌	大同市百草香清真精品肉业有限责任公司	29	肉
御泉牌	大同市田源酿造有限责任公司	30	酱油
九牛寨牌	长治市九牛寨乳业有限公司	30	牛奶制品
爱英牌	屯留县东古爱英食品有限公司	30	加工过的瓜子
神手牌	襄垣县和平手工挂面厂	30	挂面
三泰牌	黎城三泰科技实业有限公司	30	核桃
唐宫悦牌	潞城市凤栖桥酿业有限公司	30	白酒
谷氏亨德谊牌	长治市亨德谊食品有限公司	30	馒头干
康寿园牌	山西康寿园食品有限公司	30	面粉
味思特奇牌	长治市城区味思特食品厂	31	糕点
荞王牌	山西武乡涌泉生态农业经济开发有限公司	31	燕麦片
巴公牌	泽州县双丰农业开发有限公司	31	大葱
三利珍牌	阳城县三利珍农业综合开发有限公司	31	黄花菜、加工过的核桃、柿饼
丰田山庄牌	山西丰田食品有限责任公司	31	谷类制品、玉米（磨过的）
九霄牌	朔州市平鲁区九霄糕点厂	31	糕点
绿都牌	山西绿都沙棘食品饮料有限公司	32	沙棘汁
兆辉牌	山西平遥兆辉食品有限公司	32	馍馍干
员喜林牌	山西省太谷喜林六味酱菜有限公司	32	腌制蔬菜
年红牌	山西省平遥县维义食品工业有限责任公司	33	牛肉
麻田顺康农坊牌	左权县麻田顺康天然农产品有限公司	33	核桃
同盈牌	山西省平遥县国青同盈禽业有限公司	29	鸡蛋
苏家坡牌	左权县苏家坡深水山泉有限公司	29	天然泉水

接上表

千年井牌	山西千年井老陈醋有限公司	29	醋
老醯儿牌	山西八达食品有限公司	29	软包装肉制品
三农恋牌	忻州三农特产有限责任公司	29	面条、食用面粉
台珍牌	五台县五台山台珍特产有限公司	29	干食用菌、黄花菜
汾圣牌	山西省宁武县汾源绿色食品开发公司	29	蘑菇罐头、蕨菜
惠宾牌	河曲县冰河饮料有限责任公司	30	果汁饮料
太平洋牌	繁峙县东风粉丝厂	30	粉丝
老牛湾牌	偏关县桂香园醋厂	30	醋
富根牌	神池县富根老油坊	30	食用油脂
四达牌	山西四达酒类饮料有限责任公司	30	黄酒
杏井牌	山西杏花酒乡酒业有限公司	30	白酒
金杏牌	汾阳市金杏花酒业有限公司	30	白酒
六郎牌	柳林县三交六郎红枣加工厂	30	干枣
惠口牌	山西惠口食品有限公司	31	加工过的瓜子
沟门前牌	柳林县沟门前风味食品有限公司	31	荞面碗团
白清泉牌	兴县清泉醋业有限公司	31	醋
汇祥牌	洪洞县溢康酿造有限公司	31	醋
黄河牌	山西午城酿酒有限责任公司	31	白酒
龙泉山庄牌	山西太子湖食品有限公司	31	果汁饮料
永和牌	永和县黄河天然食品有限公司	32	鲜枣
007JAMSBAND 牌	侯马市圣奇食品有限公司	32	不含酒精饮料
稷皇牌	山西省稷山县陶梁红枣制品厂	32	干制红枣
致贵牌	稷山县邓氏食品有限公司	33	麻花
七儿牌	运城市麦可馨食品有限公司	33	面包干、饼干
中条山牌	垣曲县康源蜂业有限公司	32	蜂蜜
晶童牌	山西省平陆县黄河果业开发有限公司	32	鲜水果、花粉
绵山牌	平陆县田园蜂业有限公司	32	蜂蜜
晋源春牌	山西新绛县蔬菜产业发展有限公司	33	蔬菜
唯源牌	闻喜县唯源调味食品有限公司	33	醋

辽宁省

认定商标	商标注册人	类别	核定使用商品或服务项目
克拉古斯	沈阳克拉古斯食品有限公司	29	肉、猪肉食品
蒲兴	沈阳蒲兴禽业有限公司	29	肉冻、家禽、肉脯
好而食	沈阳新大地现代农业开发有限公司	29	鲜水果、新鲜蔬菜
天兴	沈阳王氏天兴蜂蜜有限公司	29	蜂蜜
长海岛	大连靖龙水产有限公司	29	海参、鱼、虾
爬山	普兰店市爬山绿色果品生产基地	30	鲜水果
兴泽	大连兴泽制麦有限公司	30	酿酒麦芽
桑地	大连桑地蜜蜂有限公司	30	蜂蜜
皇诺	大连皇诺实业有限公司	30	蜂蜜、蜂胶、蜂王浆
图形	大连友联海味品有限公司	30	鱼肉制品
国富	大连国富水产食品有限公司	30	贝壳类动物、速冻菜、鱼虾
海龙	大连育明食品有限公司	30	龙虾片
久华	鞍山久华卤鸡店	30	卤鸡
4+4	抚顺市美的好食品厂	31	膨化食品
四勇	本溪市明山区四勇肉食品厂	31	火腿、家禽、香肠
鸭绿江	丹东幸福食品有限公司	31	汽水、水（饮料）
东港大米	东港市粮食行业协会	31	米
大鹿岛	丹东大鹿岛海兴集团有限公司	31	鱼、贝、虾（非活）
绿之地	锦州绿地米业有限公司	31	大米、面粉
尹家	北镇市勾帮子尹亚茹（尹家）熏鸡有限公司	32	熏鸡、猪蹄
莱旺尼	营口双辰莱旺尼肉制品有限公司	32	火腿、火腿肠、熏烤酱肉
千山	辽宁千山酒业集团有限公司	32	白酒
适乐	辽宁新风集团牧业有限公司	33	蛋
曙光	铁岭曙光农业发展集团有限公司	33	鸡肉食品、肉
曹氏祖	铁岭曹氏祖故乡酒业有限责任公司	32	白酒、酒精饮料
岛城牌	北方绿色食品股份有限公司	32	啤酒
兵山乳业	辽宁兵山乳业有限公司	32	冰淇淋、冰糕、冰棍
嘉珍	凌源市嘉珍兴业食品有限公司	32	猪肉食品、火腿、香肠

接上表

全球	辽宁振兴生态集团发展有限公司	32	大米
鹤乡王	盘锦鹤乡王酒业集团有限公司	30	白酒
红地毯	盘锦大米王酒业有限公司	31	白酒
利是	盘锦利是米业有限公司	31	米
希瑞	葫芦岛希瑞集团	31	食用淀粉产品
辉山	沈阳乳业有限公司	31	牛奶、牛奶制品
大清宝泉	沈阳大清宝泉矿泉水制品有限公司	31	水（饮料）
老四季	沈阳市沈河区老四季抻面馆	31	面粉、自助餐馆、备办酒席
礼拜天	沈阳礼拜天食品有限公司	32	果茶、果汁、冰淇淋
海晏堂	大连海晏堂生物有限公司	32	海参、人食用蛋白质
绿水	大连富谷水产品有限公司	32	贝壳类动物，活鱼、虾
三叶	大连市三叶食品有限公司	33	食品
群英楼	大连群英楼食品有限公司	33	食品
木户泉	大连木户泉酿造有限公司	32	清酒、调味料、米醋
金山	大连金山水产有限公司	32	加工的鱼、贝壳类、海藻、水生植物提取液
虎威	大连北方酿酒有限公司	32	葡萄酒
曲佳	抚顺市洪发肉制品加工厂	33	香肠
千台春	抚顺启运千台春酒业有限公司	33	酒、烧酒
木兰花	本溪木兰花乳业有限责任公司	31	纯鲜牛奶、酸牛奶、精品鲜牛奶
升泰	东港市前阳升泰乳品厂	32	乳产品
鸭绿江	东港鸭绿江米业有限公司	32	米
天成	锦州天成粮食公司	32	面粉
东祥	阜新县东祥植物油厂	33	大豆油、饲料
富虹油品	富虹集团有限公司	33	食用油、食用菜油
图形	铁岭市西丰御林鹿业集团 鹿茸酒制造有限公司	32	白酒
盛仓	开原鹤采谷业有限公司	32	谷类制品
福香居	辽宁福香居食品有限公司	32	酱油、酱、醋
喜加喜	凌源喜加喜饮品科技限公司	33	果汁、饮料
建玉	建平宝华糖业有限公司	33	棉白糖
盘锦	盘锦市盘山酒业有限公司	33	白酒
菊花	葫芦岛菊花啤酒有限公司	33	啤酒
圣	盘锦市友谊粮库	33	大米
日食	丹东日食罐头食品厂	33	罐头、速冻食品

吉林省

认定商标	商标注册人	类别	核定使用商品或服务项目
惠佰乐	长春市惠佰乐食品有限公司	30	面包、糕点
梅花牌（组合）	长春市春城酿酒有限公司	36	白酒、果酒
天景（组合）	吉林天景食品有限公司	30	速冻玉米 速冻玉米面食
中之杰（组合）	长春中之杰实业有限公司	30	包子、豆包
徐老扁	长春徐老扁食品酿造有限公司	30	酱油、酱菜（调味品）
小村外（组合）	吉林省小村外酒业有限责任公司	33	白酒
高丽王朝	吉林高丽王朝餐饮有限公司	29	肉、泡菜、汤
龙华（组合）	吉林龙华食品酿造有限公司	30	酱（－酱油）、醋
陆路雪	吉林省陆路雪食品有限公司	30	冰淇淋、冰糕
榆五	榆树市五棵树华盛酿酒厂	33	酒
阿满	吉林省阿满食品有限公司	29	猪肉食品、肉等商品

黑龙江省

认定商标	商标注册人	类别	核定使用商品或服务项目
宾西	黑龙江宾西牛业有限公司	29	肉、香肠、火腿、死家禽、肉干等
爱星	黑龙江省富裕明星食品有限公司	29	奶及乳制品
世罕泉	黑龙江省世罕泉饮品有限责任公司	29	矿泉水
萨哈林	穆棱市雪城食品有限公司	29	精致坚果仁
百家得	佳木斯百家得冷冻食品有限公司	29	冰淇淋
龙谊牌	黑龙江晨谊麦业有限公司	29	面粉
华丹	黑龙江澳佳乳业有限公司	29	奶及乳制品
双洁	庆安双洁天然食品有限公司	30	食用的去壳谷物、米
高贤	望奎高贤酒业有限公司	30	烧酒
佳地	鹤岗市兴盛米业有限责任公司	30	米
水灵	黑龙江省人和米业有限公司	30	米、面粉
红运	鹤岗市龙跃米业有限责任公司	30	米、谷类制品
金博华	鹤岗市金盛粮油有限公司	30	大米
小农人	黑龙江省天维粮油有限公司	30	谷类制品、大米
长乐山	黑龙江省长乐山大果沙棘开发有限公司	30	饮料
忠芝	伊春市忠芝大山王酒业有限公司	31	果汁饮料
森都	伊春市新昊实业有限责任公司	31	精致坚果仁

上海市

认定商标	商标注册人	类别	核定使用商品或服务项目
淀山湖	上海青西禽蛋生产联合社 上海青西禽蛋食品有限公司	29	皮蛋、咸蛋
展望生命	上海展望科技有限公司	29	鲜鸡蛋
君安	上海军安特种蛋鸡场	29	鲜鸡蛋
大江	上海大江（集团）股份有限公司	29	饲料、鸡肉
元盛	上海元盛食品有限公司	29	速冻肉制品
永辉羊园	上海永辉羊业有限公司	29	羊肉
丁义兴	上海丁义兴食品有限公司	29	肉制品
新成	上海新成食品有限公司	29	猪肉食品、干蔬菜
图形	上海市豆制品行业协会	30	豆制品
艺杏	上海艺杏食品有限公司	30	豆制品
绿缘及图形	上海绿缘食品有限公司	30	腌制蔬菜
台尚	上海台尚食品有限公司	30	休闲食品
小辣椒	上海海湾食品有限公司	30	休闲肉制品
义林	上海义林食品有限公司	30	南北干货
美峰及图形	上海美峰食品有限公司	30	粉丝
老大房	上海西区老大房实业公司	30	糕点、熟食
真字	上海市泰康食品有限公司真老大房食品分公司	30	糕点、黑酥糖
百酿工坊	上海融氏企业有限公司	30	蜂蜜、蜂胶
玉堂及图形	上海市糖业烟酒（集团）有限公司	30	食糖
唯加及图形	上海好唯加食品有限公司	30	调味品
福新及图	上海良友（集团）有限公司	30	面粉
顶味	上海顶味食品有限公司	31	挂面
瀛丰五斗	上海万事发实业总公司	31	米
图形	上海早早麦食品有限公司	31	燕麦食品
叙友	上海黄山茶叶有限公司	31	茶叶
图形	上海市嘉定区农业技术推广服务中心	31	新鲜水果、米
仓桥	上海仓桥水晶梨发展有限公司	31	水晶梨
申凤	上海团凤农业科技有限公司	31	蜜露桃
图形	上海市崇明县庙镇农技综合服务部	31	鲜水果、西红花
天寿	上海正义园艺有限公司	31	新鲜蔬菜
图形	上海绿笋芦笋种植专业合作社	31	新鲜芦笋
碧纯	上海碧纯饮用水有限公司	31	纯净水、盐汽水
市中	上海市中绞股蓝保健食品有限公司	31	纯净水、盐汽水
图形	冠生园（集团）有限公司	31	补酒

江苏省

认定商标	商标注册人	类别	核定使用商品或服务项目
宇航	东台市宇航奶业有限公司	29	鲜牛奶，奶粉等
寧富	江苏宁富食品有限公司	29	生肉食
三鸿	江苏三鸿食品有限公司	29	肉松
百路	江苏省百路养殖实业公司	29	猪肉，非活家禽等
沙沟	新沂市沙沟香油有限公司	29	香油等
葵王	江苏金太阳油脂有限责任公司	29	食用油等
口福	丰益中国投资（益海）私人有限公司 （益海（连云港）粮油工业有限公司 *）	29	精炼植物油
板浦	黄友沛（灌云县板浦东达肉制品 *）	30	香肠，猪肉食品等
味之琦	南通守俊味业食品有限公司	30	腐乳等
吕鲜	江苏吕鲜水产食品有限公司	30	水产品（非活）等
云雪	徐州云雪面粉有限公司	30	面粉，食用面粉等
丹玉	镇江丹玉食品有限公司	30	米，面粉（包括五谷杂粮）
碧螺	苏州市东山茶厂	30	茶及茶叶代用品等
金山寺	镇江市恒康调味品厂	30	酱油，醋
老周	盐城市老周食品有限公司	30	糕点，面包，豆腐干
晶品	南京速冻食品有限公司	31	饺子，小包子，元宵等
绿柳居	南京金都饮食服务有限公司	31	小包子等
沁雪	金坛市江南制粉有限公司	31	米，汤元粉，生糯粉等
三邦	扬州三邦天然保健品有限公司	31	蜂蜜，食用蜂胶（胶囊剂、片剂）等
退思园	苏州市吴江合兴味精有限公司	31	鸡精（调味品），酱油，味精，佐料（调味品）
怡味莲	江苏荷仙食品集团扬州市永佳食品有限公司	31	藕粉，食用淀粉产品等
海悦	江苏海悦实业有限责任公司	32	米，面粉，面粉制品，面条，食用淀粉产品等
南之缘	靖江南园樱花宾馆有限公司	32	包子，汤包
宜竹	宜兴市太华镇乾元茶场	32	茶，茶叶代用品
袁龍	徐州龙龙食品有限公司	33	冰淇淋，冰糕，冰砖，食用冰，冰棍等
周维龙	周维龙（扬中市绿健苦瓜茶厂 *）	33	苦瓜茶等
大浮	无锡太湖山水城旅游度假区果农协会	31	鲜水果，杨梅，水蜜桃，柑桔等
神园	张家港市神园葡萄科技有限公司	31	鲜葡萄，植物用种苗等
陽山	无锡市惠山区阳山水蜜桃桃农协会	31	桃子
盱眙龙虾	江苏省盱眙龙虾协会	31	龙虾（活）
中丹	青岛啤酒股份有限公司 （青岛啤酒（扬州）有限公司 *）	31	啤酒
飘之霖	无锡华晶飘之霖有限公司	31	不含酒精饮料
朗格	江苏朗格食品有限公司	32	果汁，果汁饮料（饮料）等
润发一世	徐州润发一世超纯水有限公司	32	水（饮料），矿泉水（饮料）
秦淮	江苏秦淮酒业有限公司	32	酒（饮料）
两相和	江苏汤沟两相和酒业有限公司	33	酒（饮料）等
蓝色经典	江苏洋河酒厂股份有限公司	33	酒（饮料）等
Nanjing	南京卷烟厂	33	卷烟

浙江省

认定商标	商标注册人	类别	核定使用商品或服务项目
李子园	浙江李子园牛奶食品有限公司	29	牛奶
恒康	宁波恒康食品有限公司	29	炒货食品
大好大	浙江大好大食品有限公司	29	瓜子
姚生记	杭州民泽科技有限公司	29	加工过的山核桃、精制坚仁果
榧皇	诸暨市榧皇食品有限公司	29	加工过的坚果
飞日	宁波飞日水产实业有限公司	29	鱼制食品
正龙	浙江正龙食品有限公司	29	鱼、虾、水产品及制品
陆龙	宁波市陆龙兄弟海产食品有限公司	29	海水产品、水产罐头
鲸海	浙江省岱山县宝发水产有限公司	29	鱼、虾、水产品及制品
鲜巴老	浙江和丰食品有限公司	29	加工过的肉、非活家禽、蛋
新昌小京生	新昌县小京生花生协会	29	加工过的花生
云	宁波雨云蔬菜厂	29	榨菜、腌制蔬菜
阮小二	浙江阮氏食品有限公司	29	豆腐制品、板鸭
冠华王	桐庐冠华兔业有限公司	29	肉、猪肉食品、肉脯
宏基	舟山市普陀宏基水产有限公司	29	鱼、虾、水产品及制品
翔远	嵊泗县翔远水产有限公司	29	鱼、虾、水产品及制品
西湾	东阳市东白山土特产开发有限公司	29	加工过的香榧
云楼	海宁云楼食品有限公司	29	腌制蔬菜
亨哈	文成县亨哈山珍食品有限公司	29	野生蕨菜；腌制蔬菜
山兰	云和县农产品专业合作社	29	木耳、香菇、食用菌、干蔬菜
郭氏	杭州临安天目山绿色食品有限公司	29	笋干、山核桃
顺丰祥	杭州顺丰祥食品有限公司	29	皮蛋 、咸蛋
紫云堂	宁波紫云堂水产食品有限公司	29	紫菜、腌制蔬菜
铜鸟	龙游县铜鸟食品厂	29	腌制蔬菜
祐康	祐康食品集团有限公司	30	饺子；饮用冰；糖果
五丰	杭州五丰冷食有限公司	30	饺子、食用冰制品、冰淇淋
开化龙顶	浙江省开化龙顶名茶集团	30	茶叶
蜂之语	浙江蜂之语蜂业集团有限公司	30	蜂蜜、食用蜂胶、食用王浆
莱克	宁波市莱克调味品有限公司	30	味精、调味品
江山	浙江江山健康蜂业有限公司	30	食用蜂胶
祖名	杭州华源豆制品有限公司	30	豆腐干，豆腐，豆制品
润露	绍兴县润露绿色食品有限公司	30	蜂蜜、蜂皇浆冻干粉
临海蟠毫	临海市特产技术推广总站	30	茶叶
乌牛早	浙江乌牛早实业股份有限公司	30	茶、茶叶
金谷	浙江金谷食品有限公司	30	发糕、年糕、面包
春发	桐乡市春发菊业有限公司	30	杭白菊

接上表

梅中田	丽水市梅峰茶叶有限公司	30	茶叶
奇尔	浙江奇尔茶业有限公司	30	茶叶
欣欣	浙江欣欣饲料股份有限公司	31	饲料
天邦	宁波天邦股份有限公司	31	水产饲料
钱江源	浙江省钱江源实业有限公司	31	新鲜蔬菜
钱江	杭州萧山钱江水禽驯养繁殖场	31	活家禽、种家禽
通元	海盐通元饲料有限公司	31	饲料
振宁	宁波市振宁牧业有限公司	31	活家禽（土鸡）
键劲	杭州萧山海天水产养殖有限公司	31	甲鱼、河蟹、虾
石梁	天台县蔬菜经济作物服务公司	31	新鲜蔬菜、辣椒
丰冠	奉化市农业总公司	31	鲜草莓
瓯源	浙江瓯江源生态农业发展有限公司	31	鲜食水果、新鲜蔬菜等
宝宝	湖州市蚕业技术推广站	31	蚕种、蚕
清溪	浙江清溪鳖业有限公司	31	花（乌）鳖
风味	浙江海蕴生物有限公司	31	饲料
农夫山泉	农夫山泉股份有限公司	32	天然水
非常	杭州娃哈哈集团有限公司	32	矿泉水（饮料）、汽水、可乐
千岛湖	杭州千岛湖啤酒有限公司	32	啤酒
女儿红	绍兴女儿红酿酒有限公司	32	饮料酒

安徽省

认定商标	商标注册人	类别	核定使用商品或服务项目
老高炉	安徽高炉酒厂	29	白酒
和谐	安徽双轮酒业有限责任公司	29	白酒
众口	亳州市汇丰食品有限公司	29	方便面
闯	安徽省亳州市古井镇闯王酒业	29	白酒
方敏	亳州市方敏药业有限公司	29	茶饮料
金不换	安徽金不换白酒集团亳州市酒厂	29	白酒
恒盛	利辛县宏发肉类食品有限责任公司	29	牛肉
保姆	安徽井中集团小保姆食品有限公司	29	方便面
正益	安徽正益肉类食品有限责任公司	29	牛肉
难得糊涂	亳州市板桥酒业有限责任公司	29	白酒
五洲	蒙城宏健食品有限公司	29	牛肉
华奥	淮北市华奥科技有限责任公司	29	鲜食用菌
相山	安徽曦强乳业集团有限公司	29	牛奶
天宏	安徽淮北天宏集团实业有限公司	29	面粉、挂面
康美达	安徽康美达面业有限责任公司	29	面粉、挂面
砀山酥梨	砀山县酥梨营销管理协会	29	鲜梨

接上表

鹜天	宿州市符离集向阳烧鸡食品有限公司	29	烧鸡
荣毅	宿州市符离集中华烧鸡食品有限公司	29	烧鸡
刘老二	宿州市刘老二烧鸡有限公司	29	烧鸡
东鼎	安徽省东方面粉厂	29	面粉、挂面
正一品	安徽文王酿酒股份有限公司	29	白酒
九珍	阜阳九珍食品有限公司	29	调味品
千古管相	安徽颍上管仲酒业有限责任公司	29	白酒
德发	界首市德润发食品有限公司	29	糖果、巧克力
大田恋思	阜阳市颍州区大田练丝农业服务站	30	新鲜水果蔬菜
叫化鸡	阜阳宏达食品有限公司	30	瓜子、果冻
鹿鹿	安徽阜阳鹿鹿食品有限公司	30	芝麻油
金种子	安徽金种子酒业股份有限公司	30	白酒
图形	蚌埠卷烟材料厂	30	香烟过滤嘴棒
梅桥	安徽省怀远县兴达实业有限公司	30	新鲜蔬菜
雪枣	蚌埠市兄弟粮油食品科技有限公司	30	面粉
神禹	安徽省怀远县金淮河食品有限公司	30	猪肉
双志	五河县顺鹏农副产品有限公司	30	面粉
顺禾	安徽省天麒面粉有限公司	30	面粉、挂面
雁湖	安徽雁湖面粉有限公司	30	挂面
百年皖	安徽皖酒制造集团有限公司	30	白酒
雪雁	安徽雁湖面粉有限公司	29	挂面
鑫杨	淮南市兴杨食品有限公司	29	家禽（非活）
大作坊	淮南市吴氏豆制品有限公司	29	豆制品
龙丹	凤台县尚塘花生经营有限公司	29	花生果
路遥	凤台县阳春白雪面粉有限公司	29	面粉
龙潭王	安徽龙潭王酒业有限公司	29	白酒
夏集	淮南市夏集贡园食品有限公司	29	油炸丸子
致远	凤阳县东丰面粉有限公司	29	面粉
倮倮	安徽省大圹圩农场	29	大米
京达	安徽金禾实业股份有限公司	29	食用芳香剂
女山湖	明光市永言水产有限公司	29	大闸蟹
金玉	滁州市滁菊研究所	29	茶叶代用品
大包干	安徽省绿源实业有限公司	29	食用淀粉、粉丝
王义兴	滁州市王义兴鹅鸭制品有限公司	29	腊味板鸭
康盈	天长市康盈米业有限公司	29	大米
东兴	中盐东兴盐化股份有限公司	29	食盐
万佛湖	安徽天赐粮油有限公司	29	食用油脂
华祥	安徽华祥食品有限公司	30	龙虾、速冻菜
板兰花	安徽板蓝花饮料有限公司	30	果汁饮料
齐头山	六安市汇丰贸易公司	30	茶叶
万佛湖	舒城县万佛湖渔业总公司	30	活鱼、虾
六安瓜片	六安市裕安区茶叶产业协会	30	茶叶
霍山黄芽	霍山县茶叶产业协会	30	茶叶
金田花	安徽庆发集团金田花粮油食品有限公司	30	食用油
圣运	安徽双福粮油工贸集团有限公司	30	面粉、面条

接上表

巢湖	安徽鸿运实业有限公司	30	大闸蟹
巢三珍	安徽富煌三珍食品集团有限公司	30	鱼制食品、虾
万乐	安徽万乐米业有限公司	30	大米
益和	安徽省含山县油脂有限公司	30	芝麻油
象牙	安徽象牙米业有限公司	29	大米
槐祥	安徽槐祥工贸集团有限公司	29	大米
百春	安徽省百春制药有限公司	29	蜂蜜、食用蜂胶
天旭	安徽省天旭茶业有限公司	29	茶叶
林锦记	安徽省林锦记食品工业有限公司	29	果冻
溪花	安徽省繁昌县丰润油脂有限公司	29	小磨麻油
广善	安徽省南陵县七星河食品厂	29	酥糖
梅地亚	安徽梅地亚茶业有限公司	29	茶叶
万嘉爱	马鞍山市万嘉爱食品有限公司	29	腌制蔬菜、腌制鱼
良奇	安徽良奇生态农业科技有限公司	29	茶叶
缘	安徽缘酒酿造有限公司	29	白酒
天柱剑毫	安徽省潜山县天柱山茶叶开发有限公司	29	茶叶
皖峰	安徽皖峰蜂业有限公司	29	蜂蜜
润香	怀宁润香植物油有限公司	29	植物油
老奶奶	安庆市高平老奶奶食品有限公司	29	花生米
天华	太湖县茶叶开发公司	29	茶叶
杨棚	池州市梅村茶叶专业合作社	29	茶叶
秋浦	池州市秋浦特种水产开发有限公司	30	活鱼龙虾
大胡子	池州市贵池区大胡子实业有限公司	30	黄酒
升金	东至良种棉业有限责任公司	30	棉种
天方	安徽天方茶业（集团）有限公司	30	茶叶
金长江	铜陵市金长江食品高新技术有限责任公司	30	水果罐头
潘茶鸦	宁国市板桥森林农业有限公司	30	茶叶
双丰野栗王	宁国市双丰农特产贸易有限公司	30	加工过的栗子
徽芝园	安徽省宁国徽芝园天然食品有限公司	30	加工过的坚果
万山红	安徽明珍堂养生品有限公司	30	茶叶
涌溪火青	安徽泾县其华涌溪火青茶叶有限公司	30	茶叶
正文	安徽三兄弟薯业有限责任公司	30	食用淀粉、粉丝
南漪湖	安徽省长友禽业有限公司	30	皮蛋、咸蛋
绿川	郎溪上野忠食品加工有限公司	30	新鲜蔬菜
詹氏	安徽詹氏食品有限公司	30	山核桃
图形	安徽省古南丰酒业有限公司	30	黄酒
洪通	黄山市丰瑶泉绿色食品有限公司	30	茶叶
五城	黄山市五城豆制品厂	30	豆腐制品
祁香	黄山市祁门香茶食品有限责任公司	30	茶叶
徽山	黄山市徽山食用油业有限公司	30	食用油
新安源	黄山市新安源有机茶开发有限公司	30	茶叶
山华	黄山山华（集团）有限公司	30	食用菌
漕溪	黄山谢裕大茶业股份有限公司	30	茶叶
祁山	安徽省祁门红茶厂	30	红茶

福建省

认定商标	商标注册人	类别	核定使用商品或服务项目
丹凤及图	福建省南平森发天然色素有限公司	2	食品着色剂
天天旺及图	林克健（福建世纪印福粮油工业有限公司）	29	食用油，食用油脂
XRX 及图	福建新日鲜集团有限公司	29	蔬菜罐头，腌制蔬菜，笋干
东威及图	福清市东威水产食品实业有限公司	29	鱼（非活的），虾（非活），鱼制食品
龙庭及图	福清龙威水产食品有限公司	29	鱼制食品，鱿鱼，虾（非活）
贸旺及图	福清市贸旺水产发展有限公司	29	鱼（非活的），虾（非活）， 贝壳类动物（非活）
现龙 XIANLONG	福建省连江县官坞海洋开发有限公司	29	海带，紫菜
旺嘉兴	长乐新贸粮油食品有限公司	29	食用油脂
健身及图	福清市海兴保健食品有限公司	29	烤紫菜
第 3520342 号图形	何学恒（福清市华盛水产食品有限公司）	29	虾（非活），鱼（非活的），鱼制食品
金海林及图	福州海林食品有限公司	29	紫菜，海带
翁财记及图	翁财记食品股份有限公司 （福州翁财记食品有限公司）	29	瓜子，蚕豆，肉干
久佳	魏步腾（福建省永泰县玉井坊食品有限公司）	29	蜜饯，干食用菌，糖炒栗子
源水及 yuanshui 及图	厦门市同安源水水产有限公司	29	加工过的鱼，非活鱼，鱼制食品
绿帝 LUDI 及图	厦门嘉祺贸易有限公司	29	冬菇，桂元，鱿鱼
绿進及图	厦门绿进食品有限公司	29	猪肉食品，肉冻，鱼制食品
香大王及图	厦门市立大冷冻调理食品有限公司	29	鱼，肉及水产制品
EAST OCEAN 及图	厦门东海洋水产品进出口有限公司	29	甲壳动物（非活），鱼制食品，鱿鱼
源之香 YuanZhiXiang	陈自然（厦门市源香食品工业有限公司）	29	猪肉食品，鱼制食品，香肠
Q3 Q-three 及图	福建漳州市港昌罐头食品有限公司	29	水果罐头，蘑菇罐头，肉罐头
TAN 及图	漳州市陈字贸易有限公司	29	水果罐头，蔬菜罐头，蘑菇罐头
益龙 YILONG 及图	南靖益龙食品有限公司	29	水果罐头，蔬菜罐头，酱菜
TYSP 及图	福建省平和县同益食品有限公司	29	咸菜，笋干，薇菜干
丽西及图	福建省丽西食品有限公司	29	水果罐头，蔬菜罐头，水产罐头
兴福 XINGFU 及图	龙海海昌食品有限公司	29	水果罐头，蔬菜罐头，水产罐头
裕得及图	漳州裕得食品有限公司	29	干食用菌，肉罐头，水果罐头
海得及图	高亚方（龙海市嘉荣食品有限公司）	29	鱼制食品，加工过的鱼，水产罐头
宝石及图	福建平和宝峰罐头食品有限公司	29	水果罐头，蔬菜罐头，蘑菇罐头
贝登	福建省雅俊食品工业有限公司	29	牛奶，牛奶制品，奶粉
稹好 ZHENHAO 及图	吴雪海（福建省真好食品有限公司）	29	腐竹，豆腐制品，米粉
升龙及图	翁君强（福建省莆田市飞龙食品有限公司）	29	豆腐，豆腐制品，腐竹
宏悦 HONGYUE 及图	福建省宏宇牧业发展有限公司	29	肉，肉冻，肉干
第 1738639 号图形	三明市鑫兴食品有限公司	29	清水笋，笋干，蔬菜罐头
明琼 MINGQIONG 及图	福建明福琼脂有限公司	29	食用果胶

接上表

友青及图	陈善明（武夷山友青食品有限公司）	29	干食用菌，干蔬菜，萝卜干
老知青	张长发（福建省天福油脂有限公司）	29	食用油脂，食用油，茶籽油
健尔聪 JIAN ER CONG 及图	福建连城健尔聪食品有限公司	29	地瓜片（油炸），加工过的地瓜干（果脯）
三都港及图	宁德市金盛水产有限公司	29	鱼（非活的），鱼制食品，水产罐头
宇辉及图	福建宇辉食品实业有限公司	29	鱼(非活的),虾(非活),贝壳类动物(非活)
中洋及图	福建省霞浦东吾洋绿色食品有限公司	29	食用鱼子，鱼片，腌制鱼
鼎福来及图	福建省好口福食品有限公司	29	油炸土豆片，油炸土豆条，红薯干
晶华及图	福建省盐业公司	30	食用盐，防腐盐
三和 SANHE 及图	福建三和茶业有限公司	30	茶
新大泽 KINGDNARMSA	福清市新大泽螺旋藻有限公司	30	非医用营养胶囊，非医用营养片
崟露及图	福州市城门敖峰闽榕茶厂	30	茶叶
福百祥及图	福建百祥进出口贸易有限公司	30	茶，糖果，饼干
清铧 QingHua 及图	林清修（福州清铧茶业有限公司）	30	茶
闽津 MINJIN 及图	福州联合闽津茶业有限公司	30	茶，茶叶代用品
第 3161167 号图形	厦门亿美食品有限公司	30	糕点
好年东及图	厦门好年东米业有限公司	30	米
飞鹭及图	厦门市利安茶业有限公司	30	茶，茶叶代用品
第 3034825 号图形	大闽食品（漳州）有限公司	30	茶，茶叶代用品
精益珍及图	精益珍食品（漳州）有限公司	30	糕点，糖果，饼干
沁香源 QinXiangYuan 及图	福建省沁香源茶业有限公司	30	茶，茶饮料，茶叶代用品
茗扬天下 MINGYANGTIANXIA	龙海市茗扬天下科技制茶发展商社	30	茶，茶叶代用品
名峰山 MINGFENGSHAN 及图	福建向荣大芹山茶业发展有限公司	30	茶，茶叶代用品
福泉春及图	福建泉州市福泉春食品有限公司	30	醋
鹏程及图	福建省安溪鹏程茶业有限公司	30	茶，茶叶代用品
祺祥 QIXIANG 及图	安溪县凤城祺祥茶店	30	茶
庆芸及图	陈庆云（安溪县感德庆云茶厂）	30	茶
祥华及图	福建省安溪县祥华茶厂	30	茶叶
仙恩及图	福建省安溪县裕安茶厂	30	乌龙茶
蓝氏钟楼 LANSHIZHONGLOU 及图	篮雄辉（泉州鲤城蓝氏钟楼肉粽店）	30	粽子
ZHANSHIFUYUAN 詹氏富源及图	詹跃明（福建富源茶业有限公司）	30	茶，茶饮料，茶叶代用品
肖大妈 GrannyXIAO 及图	福建肖大妈食品有限公司	30	酱油，调味酱，醋
佩玉及图	福建省莆田市涵江蜂产品开发中心	30	糖浆，蜂蜜，蜂皇浆
老潘头及图	老潘头（福建）食品有限公司	30	酱油，醋，豉油
春辉及图	宁化县春辉茶业有限公司	30	茶叶，茶叶代用品
九阜山及图	福建省尤溪县九阜山有机茶有限公司	30	茶，茶叶代用品
客家源 KEJIAYUAN 及图	福建省三明市客家源食品有限公司	30	米粉，食用淀粉产品，方便米饭
国泰沙利 GUOTAISHALI 及图	上海长虹食品科技研究所邵武国泰食品厂	30	糕点，谷类制品，春卷
光兴及图	福建省建瓯市龙兴茶叶有限公司	30	茶
石上英 SHISHANGYING 及图	朱建才（武夷山市天心岩茶园茶厂）	30	茶
北岩 BEIYAN 及图	武夷山市北岩岩茶精制厂	30	茶
第 4219079 号图形	武夷山清神阁茶业有限公司	30	茶，茶叶代用品

接上表

松溪绿茶及图	松溪县茶叶管理总站	30	茶
政和白茶及图	政和县茶叶技术推广总站	30	茶
政和工夫及图	政和县茶叶技术推广总站	30	茶
仙岩	武平县仙岩茶业有限公司	30	茶，茶叶代用品
宏峰 HONGFENG 及图	陈宏良（武平县宏峰茶业有限责任公司）	30	茶
九鹏及图	漳平市九鹏茶叶有限公司	30	茶，茶叶代用品
大翔及图	宁德市奇隆翔农业有限公司	30	茶
友缘及图	福安市林芝茶业有限公司	30	茶
南方佳木及图	福建省南方佳木茶业有限公司	30	茶，茶叶代用品
天禾及图	李金衫（福建天禾茶业有限公司）	30	茶叶
福鼎白茶 FUDING WHITE TEA	福鼎市茶业协会	30	茶，茶叶代用品
一园春及图	福建省满园春茶业有限公司	30	茶，茶叶代用品
誉达及图	福建誉达茶业有限公司	30	茶
嘉叶农业及图	福清市嘉叶现代农业开发有限公司	31	新鲜蔬菜，洋葱，鲜水果
第 3291567 号图形	福建大昌生物科技实业有限公司	31	非医用饲料添加剂，动物用鱼粉，饲料备料
绿百合 LUBAIHE 及图	福建绿百合现代农业有限公司	31	鲜水果，鲜橄榄
科力 KELI 及图	福州科力现代农业科技开发有限公司	31	鲜食用菌
漳港 ZG 及图	长乐市漳港海蚌场	31	贝壳类动物（活的），海蚌（活），活动物
菁园及图	朱东兵（厦门市菁园果蔬保鲜有限公司）	31	新鲜蔬菜，鲜水果，鲜食用菌
第 4112102 号图形	厦门中厦蔬菜种籽有限公司	31	植物种子，植物种籽，籽苗
Hailin 及图	厦门市海林生物饲料有限公司	31	水产饲料，动物饲料
GFF 及图	厦门青田食品工业有限公司	31	新鲜蔬菜
新时晛 XSX 及图	厦门新时鲜食品有限公司	31	新鲜蔬菜
齐翔及图	厦门齐翔食品有限公司	31	鲜水果，新鲜蔬菜
新美 XINMEI 及图	福建省莆田新美食品有限公司	31	甜玉米（新鲜的）
川溪及图	永安市洪田川溪果业有限公司	31	柑橘，鲜水果，坚果（水果）
日新及图	天新（福建）农业综合开发有限公司	31	鲜水果，新鲜蔬菜，鲜食用菌
神农白雪 shennongbaixue 及图	福建省顺昌神农珍稀菇业有限公司	31	新鲜蘑菇，鲜食用菌，菌种
登月及图	宁德市登月水产食品有限公司	31	贝壳类动物（活的），活鱼，海参（活的）
天坤 TIANKUN 及图	曾天坤（古田县天坤农场）	31	脐橙（水果），鲜水果，油柰（水果）
福鼎槟榔芋、福鼎芋及图	福鼎市槟榔芋协会	31	芋
开卫	吴锦文（福建胜基食品饮料有限公司）	32	无酒精果汁饮料，蔬菜汁（饮料），无酒精饮料
森美及图	森美（福建）食品有限公司	32	果汁，无酒精饮料，蔬菜汁
海坛及图	福建省平潭县北厝酒厂	33	黄酒
云谷及图	福建省建阳朱子家酒业有限公司	33	含酒精液体，米酒，烧酒

江西省

认定商标	商标注册人	类别	核定使用商品或服务项目
绿露及图	上饶市茗龙实业集团有限公司	30	茶叶
龟峰经国及图	弋阳县龟峰金龟食品厂	29	扣肉，年糕，油淋鱼
源森	江西省德兴市源森红花茶油有限公司	29	茶油
五百里井冈	江西五百里井冈特产有限公司	29	茶油
誉福园	江西好口福油脂有限公司	29	食用油脂
秋馨	南城秋茶油厂	29	茶油
阳光	江西阳光乳业集团有限公司	29	牛奶制品
高山青草	于都高山青草奶业有限公司	29	奶制品（以牛奶为主的）
牡丹亭	大余县牡丹亭旅游食品有限公司	29	多味花生
田昌	江西田昌农业技术开发有限公司	29	泡菜，酸菜，蛋，五香萝卜
郑新初	江西郑新初健康食品有限公司	29	考鲜牛肉，加工肉，牛肉干
珠田八仔及图	遂川县珠田板鸭厂	29	板鸭
寇寇及图	江西寇寇豆制品制造有限公司	29	腐乳，豆腐制品，腌制蔬菜
圆中圆	江西萧翔禽业有限公司	29	蛋，咸蛋，皮蛋
新青叶	万载县青叶食品有限公司	29	罐头，腌制蔬菜，脱水菜
一品斋	江西丰城一品斋食品有限公司	29	腌菜，麻辣介菜
林师傅及图	泰和县福林酱业有限公司	29	调味品（酱及酱制品），酱腌菜
老艾食话食说	江西天地缘崇仁麻鸡食品有限公司	29	禽肉，香肠，腌肉，板鸭，蛋，豆腐制品
迈的乐	广昌莲香食品有限公司	30	食用淀粉
井冈杜鹃	永新县粮油食品有限公司	30	糯米粉
抚穗米业泰丝苗	抚州市金穗米业有限公司	30	大米
鹅湖山	江西省江天农业科技有限公司	30	大米
千水	鄱阳县振兴精制米有限公司	30	大米
锅丰及图	吉安锅丰米业有限公司	30	大米
富贵春及图	吉水县富贵米业有限责任公司	30	大米
一江秋	万安县伟星农业开发中心	30	大米
江氏粮丰	鹰潭市粮丰米业有限公司	30	大米
潭林	江西潭林粮油食品发展有限公司	30	大米
圣牛	江西圣牛米业有限公司	30	大米
三清源	南康市横市丰泰大米加工厂	30	大米
将军绿宝	兴国县绿宝米业有限公司	30	大米

接上表

人之初	南昌市草珊瑚科技产业有限公司	30	谷类制品
小阿哥	南昌市草珊瑚科技产业有限公司	30	薄片（谷类制品）
聪尔壮	南昌康泰利保健品有限公司	30	非医用营养液
意峰	江西意蜂实业有限公司	30	蜂蜜，非医用蜂王浆
汪氏	江西汪氏蜜蜂园有限公司	30	蜂蜜，非医用营养液
雪脂莲	江西汪氏蜜蜂园有限公司	30	蜂蜜，食用蜂胶（蜂胶）
汪氏蜂四宝	江西汪氏蜜蜂园有限公司	30	蜂蜜，食用王浆
浮红	浮梁县浮瑶仙芝茶叶有限公司	30	茶叶
谷御赣森	江西赣森绿色食品有限公司	30	茶叶
浮梁茶	浮梁县茶叶协会	30	茶叶
佳乐	江西井冈山茶厂	30	茶叶
村姑	井冈山市茶厂	30	茶叶
霞森	修水县大椿茶厂	30	茶叶
武夷源	赣州市武夷源实业有限公司	30	茶叶
信明及图	江西信丰信明银杏实业有限公司	30	银杏茶
九云	江西九岭白茶开发有限公司	30	白茶
浔阳楼	九江市金樱食品发展有限公司	30	酥糖，糕点，茶饼
天凯乐	新余市天凯乐冷饮食品厂	30	冰淇淋，食用冰，冰糕
宁都黄鸡	宁都县畜牧兽医技术服务中心	31	宁都黄鸡
芦花	彭泽县水产养殖场	31	鱼虾（活的）
会仙	新余市仙女湖风景名胜区仙女湖水产场	31	活鱼，活家禽，甲壳动物
kenong	新余市科农种猪改良有限公司	31	活动物
金鹄	乐平市金鹄生态农业园	31	鲜水果，新鲜蔬菜，植物种子，树木
绿乐	乐平市蔬菜开发总公司	31	新鲜蔬菜，鲜水果，植物种子
丰收椒及图	余干县伟良枫树辣椒开发有限公司	31	辣椒
葛佬	横峰县葛业开发有限公司县	30	葛产品葛、根凉茶
赣泉	江西省赣泉啤酒有限公司	32	啤酒
夜鹰	江西夜鹰酒业有限公司	33	保健酒
婺缘红	江西婺缘红酒业有限公司	33	白酒，露酒
大樟树贡及图	江西省樟树市樟树贡酒业有限公司	33	白酒
瑞田	江西省高安市田南老酒厂	33	米酒

山东省

认定商标	商标注册人	类别	核定使用商品或服务项目
蒙山娇	山东省蒙山娇商贸有限公司	30	蛋
群康及图	济南群康食品有限公司	29	雪糕
九顶塔及图	济南野风酥食品有限公司	29	糖果；煎饼；烧饼
川婆婆	济南鸿喜食品有限公司	29	调味品；调味酱
灵岩及图	济南立泰山茶叶有限公司	29	茶；茶饮料；茶叶代用品
荣元及图	山东荣元粮油有限公司	29	面粉；挂面
财缘宝	济南财源酒业有限公司	29	烧酒；酒（饮料）；含酒精液体
金王泉	济南金王食品有限公司	29	速冻菜
图形	山东中烟工业公司	29	香烟；烟草
青岛及图	青岛葡萄酿酒有限公司	29	葡萄酒
红岛及图	青岛红福集团有限公司	29	冷冻水产品；鱼虾；蛤蜊
晓阳春及图	青岛晓阳工贸有限公司	29	茶
妙府及图	山东即墨妙府老酒有限公司	29	黄酒
图形	青岛市蔬菜科技示范园有限公司	29	新鲜蔬菜
栈桥及图	青岛齐鲁春酒业有限公司	29	白酒
鱼乡情	青岛海顺食品有限公司	29	鱼制食品；鱿鱼
康洋及图	青岛康大食品有限公司	29	鱼制食品；水生贝壳类动物
建华及图	青岛建华食品机械制造有限公司	29	屠宰机
图形	青岛柏兰食品有限公司	29	芝麻油；食用油；熟芝麻
胶州大白菜	胶州市大白菜协会	29	白菜
图形	山东半岛酒业有限公司	30	葡萄酒；果酒（含酒精）；白兰地
喜燕及英文	青岛天祥食品有限公司	30	食用油
波尔旺及图	青岛波尔旺肉业股份有限公司	30	肉；肉片；香肠
图形	青岛东生股份有限公司	30	加工过的花生
十里香	淄博十里香食品有限公司	30	芝麻油；食用油
石蛤蟆	淄博石蛤蟆食品有限公司	30	饺子；小包子
康浪河及图	山东康浪河面业有限公司	30	面粉；面粉制品；粗面粉；面条
中庄及图	沂源县中庄乡林果站林果技术服务部	30	鲜水果
国井	山东扳倒井股份有限公司	30	白酒
百粮及图	山东天下第一店酒厂	30	白酒
今缘春	滕州今缘春酒业有限公司	30	白酒
悠美	枣庄天润食品饮料有限公司	29	牛奶制品；牛奶饮料；奶茶
三口品及图	胜利油田胜大酒业有限责任公司	29	白酒
万全	万达集团股份有限公司	29	工业油用的化学品；未加工的合成树脂
MATHILDE 及图	烟台威斯诺查尔斯酒业有限公司	29	葡萄酒；白兰地；威士忌

接上表

图形	烟台欣和味达美食品有限公司	29	酱油；调味酱
天赐及图	莱州天赐宝物产有限公司	29	鲜葡萄；鲜水果
杰记及拼音	莱阳市俊杰食品有限公司	29	苹果；梨；樱桃
仙坛及图	山东仙坛集团有限公司	29	肉；肉冻
安德利及图	烟台北方安德利果汁股份有限公司	29	果汁；果汁饮料；无酒精果汁饮料
图形	烟台爱华食品有限公司	29	方便米饭；寿司；饺子
德丰及图	栖霞市德丰食品有限公司	29	鲜水果
泉源及图	烟台泉源食品有限公司	29	鲜水果
富瑞斯及图	烟台市富瑞斯酿酒有限公司	29	酒（饮料）
MK 及图	烟台中意华夏葡萄酒有限公司	29	葡萄酒
玉强及图	山东金都塔林食品有限公司	29	粉丝（条），食用淀粉
图形	招远三嘉粉丝蛋白有限公司	29	粉丝（条）；粉皮
华东明珠	烟台华东明珠葡萄酒业有限公司	29	白酒；含酒精饮料；酒精饮料（啤酒除外）
图形	烟台时代长城葡萄酒有限公司	29	葡萄酒
伊斯顿堡	蓬莱蓬莱阁葡萄酒有限公司	30	葡萄酒；白兰地；威士忌酒
新烟及图	新烟食品有限公司	30	面粉
图形	烟台市南沪食品有限公司	30	水饺
东美及图	龙口市大洋食品有限公司	30	鱼片；鱼制食品；鱿鱼
绿杰及图	烟台市齐威葡萄酒业有限公司	30	果汁饮料（饮料）
麦田 MAITIAN	潍坊麦田食品有限公司	30	糕点；蛋糕
潍一及图	潍坊美城食品有限公司	30	非活家禽
永寿及图	山东永寿食品有限公司	30	肉类罐头
岱鸢及图	诸城市润生淀粉有限公司	30	食用淀粉
洛城	山东洛城农发有限公司	30	鲜水果；鲜葡萄；新鲜蔬菜
阳春及图	山东景芝酒业股份有限公司	30	白酒
水晶及图	山东昌邑廒里盐化有限公司	29	原盐
好友及图	昌乐县好友油脂有限责任公司	29	食用油脂
凯美及图	潍坊凯美食品有限公司	29	咖啡；调味品；醋；通心粉
圣和及图	山东呱呱鸭制品有限责任公司	29	死家禽
微山湖及图	山东微山县酿酒厂	29	白酒
祥湖及图	微山县南阳湖禽蛋加工厂	29	皮蛋（松花蛋）；咸蛋
金乡大蒜及图	金乡县大蒜协会	29	大蒜
圣花及图	山东圣花实业有限公司	29	调味品；味精
利生及图	山东利生面业（集团）有限公司	29	面粉；挂面
孔府家及图	曲阜孔府家酒酿造有限公司	29	白酒
泰山日出及图	泰安市泰山日出酒业有限公司	29	酒（饮料）
肥城	山东省肥城桃开发总公司	29	桃

接上表

银宝及图	山东银宝食品有限公司	29	猪肉食品；肉
荣成海带及图	荣成市渔业协会	29	海带
鑫湲及图	荣成宏业水产食品有限公司	29	鱼制食品；虾（非活）；海菜
旭光及图	山东日照北极春茶业有限公司	29	茶
百满及图	日照市百满茶业有限公司	29	茶
日然及图	日照天然食品有限公司	29	贝壳类动物（非活）；鱼制食品；鱼片
沂蒙小调及图	山东莒国春酒业有限公司	30	白酒
三结义及图	汇融集团莱芜酒业有限公司	30	酒
三维及图	山东三维油脂集团股份有限公司	30	豆油；花生油；食物蛋白
康发及图	临沂市康发食品有限公司	30	水果罐头；蘑菇罐头
秋香	临沂市福临门食品有限公司	30	糕点
同德及图	临沂同德农业科技开发有限公司	30	新鲜蔬菜
三益及图	临沂市三益畜禽有限责任公司	30	蛋
沂雪及图	山东信和粮油有限公司	30	面粉
白石屋	费县白石屋风味食品厂	30	煎饼
聚鑫及图	山东旺多多食品有限公司	30	水果罐头
易源鑫及图	山东易鑫源食品有限公司	30	调味品；酱菜（调味品）；佐料（调味品）
绿枫及图	山东瑞普生化有限公司	29	食物防腐用化学品；食品储存用化学品
鼎力及图	山东鼎力枣业食品集团有限公司	29	啤酒；麦芽汁（发酵后成啤酒）
正易及图	山东庆云永兴酒业有限公司	29	烧酒；果酒（含酒精）
夏王龙及图	德州夏洋酒业有限公司	29	酒
津华及图	山东津华集团有限公司	29	食用油脂；食用油
乐盛斋及图	德州市康润德食品有限公司	29	肉
谷神及图	谷神生物科技集团有限公司	29	人食用蛋白质；食物蛋白；大豆蛋白肽
真卿及图	山东同兴酒业有限公司	29	酒
贝州春及图	山东贝州春酿酒有限公司	29	白酒；烧酒；葡萄酒；苹果酒；酒（饮料）
梦思香及图	山东梦思香食品有限公司	29	胡辣汤粉；豆沫粉
凤凰台	山东雁宾酒业有限公司	29	酒
孟尝君及图	山东孟尝君酒业有限公司	29	白酒
小杨屯	山东小杨屯鸭业科贸有限公司	30	卤鸭；肉
图形	山东省高唐蓝山集团总公司	30	加工过的肉；火腿
五更爐	山东爱迪西－凤祥食品有限公司	30	肉（熏鸡）；火腿
鸿安及图	山东阳信广富畜产品有限公司	30	牛肉清汤汤料；肉；肉冻
鑫悦及图	阳信县鑫悦实业发展有限公司	30	鲜水果；鲜枣
董公及图	山东省博兴县董公酒有限公司	30	酒
香驰及图	山东香驰粮油有限公司	30	食物蛋白；人食用蛋白
当家人	山东曹县壮大食品有限公司	30	雪米饼；米果

河南省

认定商标	商标注册人	类别	核定使用商品或服务项目
吃可得	滑县众发食品有限责任公司	29	肉
淇品	淇县易普森鸽业有限公司	29	肉
迪可及图	河南省平顶山市迪可（集团）食品有限公司	29	五香牛肉
群发及图	唐河肉牛产业（集团）有限公司	29	加工过的肉；牛肉
益力康及图	南阳市巨鑫兔业有限公司	29	肉；猎物（非活）；咸肉
超汇	河南超汇实业有限公司	29	猪肉食品；肉；火腿；香肠
同豫兴及图	博爱县回族马记烧鸡总店	29	烧鸡
好想你及图	好想你枣业股份有限公司	29	加工过的枣；干枣
秦新民及图	平顶山市秦新民食品有限公司	29	加工过的瓜子
李氏高芳	洛阳李氏高芳食品有限公司	29	加工过的花生
明轩及图	平顶山市明轩油业有限公司	29	芝麻油；食用油
华豫及图	辉县市华豫油脂有限公司	29	食用油
三口及图	开封县三口食品有限公司	29	食用油
商大及图	河南省商城县商大油脂有限公司	29	食用油
淮绿及图	信阳市潢川开发区淮绿油脂有限责任公司	29	食用油
李耳	鹿邑县金日食用油有限公司	29	食用油
奥利福	河南阳光油脂集团有限公司	29	食用油
鑫苑及图	郑州市鑫苑油脂有限公司	29	食用油
申源及图	固始县豫申粮油工贸有限公司	29	食用油脂
兆君及图	许昌三国许田粮油有限公司	29	食用油；芝麻油
想你及图	好想你枣业股份有限公司	29	水果蜜饯
帅龙	郑州市帅龙红枣食品有限公司	29	加工过的枣
成洋	夏邑县中州食用菌开发有限公司	29	蘑菇罐头；腌制块菌
水上漂及图	新蔡县水上漂酱菜加工厂	29	酱菜
海蛟	漯河市五龙明胶有限公司	29	食用胶
户喻及图	罗山县城关李老太大肠汤馆	29	血肠；肉汤
冯异及图	宝丰县冯异醋业有限公司	30	醋
钱师傅及图	平顶山市奎星调味品厂	30	酱油；醋

接上表

汴梁及图	开封市酿造有限公司	30	酱油；醋
杜良及图	河南开元米业有限责任公司	30	米
原阳大米	原阳大米协会	30	大米
原黄及图	原阳县原黄米业有限公司	30	米、面粉
嘉星	郏县红星面粉厂	30	面粉
玉雪及图	河南省益民面业有限公司	30	面粉
豫光	鹤壁市豫光面粉有限公司	30	面粉
舞鑫及图	舞阳县华鑫面粉有限责任公司	30	面粉
埠江雪	桐柏县双江面粉有限责任公司	30	面粉
超球及图	濮阳市豪门面粉有限公司	30	面粉
濮雪及图	濮阳市雪原面粉加工有限公司	30	面粉
建琴	偃师市挂面面粉厂	30	面粉；挂面
图形	濮阳市伍钰泉面业集团有限公司	30	面粉；面条；挂面
天源及图	开封市天源面业有限公司	30	食用面粉
义兴坊	漯河石磨坊面业有限公司	30	食用面粉
恒一及图	周口鲁王面粉有限责任公司	30	挂面；面粉
乾雨及图	濮阳市乾雨食品有限公司	30	面条；挂面
奥神及图	商丘市奥神面业有限公司	30	挂面；面条
奥威特及图	河南奥威特食品有限公司	30	面粉制品
白象及图	河南省正龙食品有限公司	30	方便面；挂面；食用面粉
傲龙	商丘市傲龙食品有限公司	30	方便面
丽星及图	河南省丽星亿源食品有限公司	30	粉丝（条）
莲花久及图	河南莲花味精股份有限公司	30	味精；调味品
居香及图	河南久居香调味品有限公司	30	调味品
运财	新乡市运财调味品有限公司	30	调味品
兴厨及图	安阳市兴厨调味品有限责任公司	30	调味品
金博大	河南省尚志哈尔食品有限公司	30	鸡精（调味品）
庆文	郑州庆文食品有限公司	30	非医用营养粉，非医用营养液
响口当口当	许昌响口当口当食品有限公司	30	元宵；饺子；冰淇淋
怡园及图	焦作市怡园冷食有限公司	30	冰淇淋；冰棍；冰糕
雪汇	河南省雪汇食品有限公司	30	雪糕；冰棒；冰淇淋
巧巧	漯河联泰食品有限公司	30	膨化土豆片；虾味条

接上表

同心圆及图	河南省同心圆商贸有限责任公司	30	雪米饼；虾味条
小帅才及图	漯河市恒达食品工业有限公司	30	饼干；米果
金鑫梅	上蔡县金鑫梅食品饮料厂	30	糕点
杨家将	上蔡县杨家食品有限责任公司	30	糕点
大营及图	三门峡大营和平麻花总店	30	麻花
益群	焦作市益群营养品技术开发有限公司	30	茶；茶饮料
怀四宝及图	沁阳市怀四宝茶庄	30	茶叶
天潭及图	信阳市浉河区天潭茶叶有限公司	30	茶
广义及图	信阳市浉河区广义茶叶有限公司	30	茶
九凤泉及图	沁阳市九凤泉矿泉水开发有限公司	32	矿泉水
淼雨	河南省淼雨饮品有限公司	32	果汁
永生堂	河南宏伟实业有限公司	32	果汁；豆类饮料
怀宝	河南省怀宝食品技术开发有限公司	32	无酒精饮料
情动	许昌县红威食品有限公司	32	无酒精饮料
图形	河南七点半食品有限公司	32	水果饮料（不含酒精）
易生元及图	焦作市易生元保健食品有限公司	32	植物饮料
红旗渠及图	河南省红旗渠酒业有限公司	33	白酒
字聖	河南省字圣酒业有限公司	33	白酒
傅潭及图	濮阳市傅潭酒业有限公司	33	酒
大酿访	汝阳杜康大酿坊有限责任公司	33	酒
贾湖及图	河南省富平春酒业有限责任公司	33	酒
茂洲	罗山县陈氏酒业有限公司	33	酒
朗陵罐及图	河南朗陵罐酒有限公司	33	酒
俸皇	河南省俸皇酒业有限责任公司	33	酒
泉阁及图	河南泉阁酒业有限公司	33	酒
宋贡	河南省宋贡酒业有限公司	33	酒
兆丰恒	河南省沈丘县兆丰酒厂	33	酒
四方绿原及图	河南省四方绿原保健品有限公司	33	酒（饮料）；白酒
三味奇	河南三味奇食品有限责任公司	40	加工面包；加工蛋糕

湖北省

认定商标	商标注册人	类别	核定使用商品或服务项目
德炎	德炎水产食品股份有限公司	29	贝壳类动物（非活的）、水产罐头
鱼米乡	洪湖市水乡特产开发有限公司	29	咸蛋、皮蛋
鄂南明珠	石首市鄂南明珠天然食品有限公司	29	鱼肚
天湖	监利县天湖蛋禽有限公司	29	皮蛋、咸蛋
洪湖水乡	洪湖市晨光实业有限公司	29	蛋
洪莲	洪湖市晨光实业有限公司	30	藕粉
好吃佬	湖北金特利食品实业有限公司	30	饼干、果冻
天涯	湖北松滋兴农种子有限责任公司	31	植物种籽、谷种
三湖	湖北三湖种子有限公司	31	大麦种子、谷种
荆楚	湖北荆楚种业股份有限公司	31	种子、种苗、饲料
换甲山	郭锋	32	纯净水（饮料）、果汁饮料、矿泉水
黄山头	湖北黄山头酒业有限公司	33	酒

湖南省

认定商标	商标注册人	类别	核定使用商品或服务项目
九道湾＋图形＋拼音	浏阳市九道湾食品有限公司	29	蜜饯、腌制蔬菜、 五味姜
牙痒痒	湖南常佳食品有限公司	29	蜜饯、豆腐制品、肉
浏阳河＋图形	长沙金果罐头食品有限公司	29	罐头
七妹＋拼音	长沙可可槟榔屋有限公司	29	槟榔（加工过的）
流沙河	长沙市沙龙畜牧有限公司	29	猪肉食品、熏猪肉、腌腊肉
白沙廖妈＋图形	湖南省浏阳市白沙廖妈豆制食品厂	29	豆腐、豆腐制品
鸽来香＋图形	衡阳银鸽实业有限公司	29	油炸鸡、油炸乳鸽、冰冻鸡
喜雁＋图形	衡阳喜雁四件宝特产食品有限公司	29	鱼制食品、猪肉食品、干食用菌
君山＋图形	岳阳市永盛油脂化工有限公司	29	食用油、食用油脂
相思毛毛	平江县平芝食品有限公司	29	豆腐制品、腌制蔬菜
再君	华容县再君蔬菜食品厂	29	泡菜、榨菜、腌制蔬菜
渔米之湘＋图形	岳阳市渔米之湘食品有限公司	29	鱼制食品
笑呵呵	湖南笑呵呵食品有限公司	29	酱菜、鱼肉干
鑫湘汇＋拼音＋图形	常德市汇美食品有限公司	29	水果罐头、蔬菜罐头、肉罐头
木子＋图形	津市市十八子食品有限公司	29	腐乳
盈成	湖南盈成油脂工业有限公司	29	食用油
精为天 ＋图形	湖南省精为天粮油有限公司	29	食用油、
年年有	郴州市年年有东江鱼特色食品制作有限公司	29	鱼制食品、猪肉食品等
朝慕思＋图形	湖南雨露商贸有限公司	29	鱼（非活的）、腌制蔬菜
法新＋英文＋图形	武冈市法新食品有限责任公司	29	肉罐头、豆腐制品 干食用菌
玺＋拼音	湖南省三可食品有限公司	29	肉、肉冻、鱼（非活的）
恭兵＋拼音＋图形	湖南省恭兵食品有限公司	29	豆腐制品、死家禽、肉干
银松＋拼音＋图形	益阳市银松食品厂	29	皮蛋（松花蛋）、咸蛋

广东省

认定商标	商标注册人	类别	核定使用商品或服务项目
乐百氏	广东健力宝集团有限公司	29	饮料
广合	广东今日（集团）有限公司	29	乳酸饮料
华丰	开平广合腐乳有限公司	29	腐乳
海天	珠海市华丰食品工业（集团）股份公司	29	快食面
双桥	佛山市海天调味食品有限公司	29	酱油
致美斋	广州味精食品厂	29	味精
嘉士利	广州市副食品公司	29	酱油
珠江桥	广东嘉士利集团股份有限公司	29	饼干
七宝一丁	广东省食品进出口集团公司	29	酱油
太阳神	东莞七宝一丁食品有限公司	29	方便面
珠江	广东太阳神集团有限公司	29	滋补饮料
金威	广州市珠江啤酒集团公司	29	啤酒
益力	深圳金威啤酒有限公司	29	啤酒
怡宝	深圳市益力矿泉水股份有限公司	29	矿泉水
王老吉	深圳怡宝食品饮料有限公司	29	纯净水
汾煌	广州羊城药业股份公司王老吉食品饮料分公司	29	固体饮料
大大	广东汾煌食品工业公司	29	果脯、蜜饯
大印象	广州番禺糖果有限公司	29	泡泡糖
美怡乐	广东省汕头大印象保健品有限公司	29	减肥茶
五羊	广东省美怡乐食品总厂	29	冰淇淋、雪糕
星湖	广州市人民食品厂	29	冰淇淋
紫荆	广东肇庆星湖股份有限公司肇庆味精厂	29	味精
威字	广东湛江紫荆面粉股份有限公司	29	面粉
金福	广东华威饼业股份有限公司	29	饼干、威化饼
佳宝	广东省粮油进出口公司	29	大米
雅士利	州市庵埠佳味食品厂	29	果脯、蜜饯
白沙	广东雅士利集团有限公司	30	果脯、蜜饯、麦片
津威	汕头市白沙蔬菜原种研究所	30	蔬菜、豆类、瓜类种子
蓬盛	东莞市二轻石龙津威工业公司 澄海市外砂蓬盛果蔬副食品厂	30	乳酸饮料 腌制蔬菜、咸菜
鹰金钱	广东罐头厂	30	水产罐头
榕江	揭阳市酱油厂有限公司	30	酱油、醋
莲香楼	广州市莲香楼	30	馅饼、馅料
图形	广东湛大集团有限公司	30	饲料、动物饲料
双喜	广州卷烟二厂	30	香烟

四川省

认定商标	商标注册人	类别	核定使用商品或服务项目
四川环太实业有限责任公司	环太及图	29	干实用菌、木耳、干蔬菜
商标注册人：官毅 （被许可人：四川省百世兴食品产业有限公司）	百世兴	29	加工过的花生、加工过的瓜子、精制坚果仁
仪陇县植物油业有限责任公司	仙宇及图	29	食用油脂、食用油
成都市盈宇食品有限公司	盈棚及图	29	泡菜、酸菜、腌制蔬菜等
四川省金扬食品有限公司	杨门及图	29	豆腐、腌豆、腐乳、肉干
四川省宏腾佳味食品有限公司	宏腾及图	29	青菜、萝卜
南充多善食品有限公司	多善及图	29	泡菜、榨菜、冬菜等
四川省南江县土产果品公司	光雾山及图	29	干食用菌、腌制蔬菜等
四川省南江油脂有限责任公司	亦奇及图	29	菜油
四川省汇强油脂有限公司	魁山及图	29	食用植物油
四川仁吉粉业有限公司	仁吉及图	30	面粉、挂面等
名山县茶叶协会	蒙顶山茶及图	30	茶
四川广达淀粉制品有限公司	唐风及图	30	食用淀粉
成都市大王酿造食品有限公司	太和 TAIHE	30	酱油、醋、豆鼓、豆瓣
四川南充阆中王中王酿造有限公司	贵族王中王及图	30	醋、酱油等
四川省苍溪县面业有限责任公司	雪梨山	30	面粉、大米等
广安大新食品有限责任公司	胖大妈	30	面条、面粉等
德阳市野阳食业有限公司	野の阳+拼音	30	佐料（调味品）、鸡精（调味品）等
成都康达养生食品厂	辉煌及图	30	糖果、糕点等
商标注册人：成都蒙顶皇茶茶业有限公司 （被许可人：四川省蒙顶皇茶茶业有限责任公司）	蒙顶 MENGDING 及图	30	茶
四川早白尖茶业有限公司	早白尖	30	茶、茶叶代用品、咖啡、可可
商标注册人：谭兴惠 （被许可人：郫县恒星调味品有限公司）	恒星及图	30	调味品、酱油、醋
成都市甜头营养食品有限公司	甜头及图	30	糖果、巧克力等
米易华森糖业有限责任公司	一枝山及图	30	白砂糖
成都冯氏蜂业有限公司	蜂语堂及图	30	蜂蜜、非医用营养粉等
四川梨梨生物工程有限公司	梨梨及图	30	百合粉、地瓜粉、含淀粉食品等
四川金太阳畜牧饲料有限公司	金太阳 JINTAIYANG	31	非医用饲料添加剂、动物饲料等
安岳县柠檬开发办公室	安岳柠檬及图	31	柠檬
射洪县金华清见桔橙有限责任公司	金华清见及图	31	桔、柑橘等

接上表

商标注册人：林传益（被许可人：荣县鼎新蔬菜协会）	鼎新及图	31	新鲜蔬菜、莴苣、黄瓜
商标注册人：江西润田饮料有限责任公司（被许可人：成都润田食品饮料有限公司）	润田	32	蒸馏水、矿泉水等
小金县四姑娘山天然沙棘食品有限公司	四姑娘山及图	32	果子品、果汁饮料等
四川广汉金雁酒业有限公司	金雁及图	33	白酒、曲酒、果酒等
泸州池窖酒业集团有限公司	泸坊	33	白酒
商标注册人：绵竹东方红酒业有限公司（被许可人：四川绵竹剑南春酒厂有限公司）	东方红＋拼音	33	白酒
泸州老窖股份有限公司	永盛烧坊	33	含酒精饮料（啤酒除外）
古蔺县红军杯酒业有限责任公司	赤渡及图	33	白酒、酒（饮料）等
商标注册人：许多林（被许可人：四川省泸州多林酒业集团有限公司）	泸皇及图	33	酒（饮料）、酒精饮料（啤酒除外）等
四川省宜宾五粮液集团有限公司	尊	33	白酒
四川丰谷火把液酒业有限责任公司	火把夜及图	33	果酒（含酒精）、烧酒等
四川省邛崃市金龙酒厂	百年至尊及图	33	果酒（含酒精）、酒（饮料）等
四川省岳池特曲酒业有限公司	丘山及图	33	各种酒

云南省

认定商标	商标注册人	类别	核定使用商品或服务项目
黄龙山	昆明黄龙山（饲料）工贸有限公司	29	食用油脂
撒坝	禄劝撒坝火腿研究会	29	火腿，肉罐头
开牌	云南保山开心食品有限公司	29	熟制豆，开花豆，五香豆
何礼	云南新平何礼酱菜厂	29	腌制蔬菜，酱菜，干菜笋
祥祥	德宏祥祥乳业有限公司	29	牛奶，牛奶制品
为宇	施甸县吉祥食品有限公司	29	腌腊肉，火腿，腌肉
广天成	大姚广益发展有限公司	29	加工过的核桃，精制坚果仁
天台	云南牟定天台食品有限责任公司	29	腐乳
彝香	南华县云华绿色食品开发有限责任公司	29	冬菇，发菜，干食用菌
三尖山	楚雄市树苴乡农业技术综合开发公司	29	火腿，板鸭，肉干
杉阳	永平县天然食品有限公司	29	泡菜，腌制蔬菜
汇恳	宾川县清水河香葱厂	29	脱水菜叶
云宝	洱源县邓川农特产品开发有限责任公司	29	果脯，话梅，蜜饯
傣旺	黄海洲	29	牛肉干
乍甸	云南乍甸乳业有限责任公司	29	牛奶，牛奶制品

接上表

好甩	新平华兴食品有限责任公司	29	腌制蔬菜，泡菜，酸菜
云牛乳业	红河云牛乳业有限责任公司	29	牛奶，牛奶制品
东泽	泸西县东山火腿厂	29	火腿，腌腊肉，香肠
一品龙	修跃明	29	食用蛋白，豆腐，豆腐制品
丰林牌	砚山县丰林花生油厂	29	花生油
浪广	江川大头鱼酒店	29	鱼制食品，盐腌鱼，鱼肉干
隆香园	云南宏斌绿色食品有限公司	29	酱菜
傣佳	德宏州彩云琵琶食品有限公司	29	肉干，水果片，酸菜
XINTAIYANG	云南通海县新太阳食品厂	29	酱菜
前进	昆明前进乳业有限责任公司	29	牛奶，牛奶制品
宣威火腿	宣威火腿行业协会办公室	29	火腿
成胜	云南通海兆成农业有限公司	29	酸辣泡菜，腌制蔬菜，酱菜
赤水源山珍	王太平	29	脱水菜，腌制蔬菜
海子	昆明市海子乳业有限公司	29	牛奶，牛奶制品
云康	宣威市永进火腿厂	29	火腿，猪肉，香肠
宣华	宣威信成食品有限公司	29	火腿
如愿	昆明虹山面粉有限责任公司	30	面粉，挂面，面条
花馨	云南丁氏蜂业工贸有限公司	30	蜂蜜，食用蜂王浆（非医用），食用蜂胶
青树	景洪市普文东定茶场	30	茶，茶叶代用品
同庆	西双版纳同庆号茶业有限公司	30	茶，茶叶代用品
黎山雪	云南保升龙糖业有限责任公司	30	白糖
会丰	腾冲县合丰食品有限责任公司	30	米粉，谷类制品，薄片（谷类产品）
XUELAN	昌宁雪兰茶有限责任公司	30	茶叶
树根地	范可为	30	茶，谷类制品，食用淀粉产品
百草岭	大姚县百草岭蜂业有限责任公司	30	蜂蜜，食用王浆（非医用），食用蜂胶（蜂胶）
菖河	姚安县菖河生态蜜蜂园科技有限公司	30	蜂蜜
鑫凤凰	李世章	30	茶，茶叶代用品
下关	云南下关沱茶（集团）股份有限公司	30	茶，茶叶代用品
边花	梁河县益坤粮油工业有限责任公司	30	米，面条及米面制品，豆制品
王子春	番世金	30	茶叶
新艺坊	蒙自新艺坊食品厂	30	月饼，糕点，蛋糕
滇燕	开远市卧龙谷荣祥优质米加工厂	30	大米
阿庐	泸西县阿庐旅游食品有限责任公司	30	方便米饭，茶，面粉
滇峰	永胜滇峰蜂业有限责任公司	30	蜂蜜
尼罗非	昆明逢发经贸有限公司	30	调味品（辣）
濮女	普洱茶厂（赵华琼）	30	茶，冰茶，茶饮料

润麒	云南富源金田源农产品开发有限责任公司	30	魔芋粉，食用淀粉产品
润凯	云南润凯淀粉有限公司	30	食用淀粉，食用淀粉产品
罗悦	罗平县蜂业基地项目中心	30	蜂蜜，蜂花粉
龙谷湖	秦晓绍	30	茶
绿益	曲靖市麒麟区禽蛋副食品有限公司	30	豆粉，豆浆，豆豉
冯家	文山县马塘冯家粮油食品有限责任公司	30	面条
源升	广南县凯鑫生态茶叶开发有限公司	30	茶，茶叶代用品
万道香	云南万道香茶叶有限公司	30	茶，茶叶代用品
映象	云南大不同食品有限公司	30	南糖，月饼，糕点
红塔	黄志红	30	糖果，糕点
昭八景	昭通市新兴糕点食品厂	30	糕点
溪洛渡	永善天山食品有限公司	30	魔芋粉，花椒粉，粉丝（条）
图形	凤庆县龙泉茶业有限责任公司	30	茶叶
白竹山	云南省双柏县白竹山茶业有限责任公司	30	茶叶
澄阳绿业	云南澄江朝阳净菜有限责任公司	31	新鲜蔬菜
玛西入木	云南茂陇实业有限公司	31	鲜食用菌，菌种
绿艳	元谋绿艳果蔬经纪有限责任公司	31	新鲜蔬菜
蒙生	蒙自生态农业科技服务有限责任公司	31	鲜水果，新鲜蔬菜
深沟	马龙县云昆养殖有限公司	31	活家禽，孵化蛋
和源	红河州和源商贸有限公司	31	新鲜蔬菜，鲜水果
态康	开远市振东林果种植场	31	鲜水果
红土高原	陈满堂	31	辣椒（植物），坚果（水果）
会丰	云南会丰种业有限责任公司	31	植物种籽，未加谷种
七犀	华宁县新村柑桔有限责任公司	31	鲜水果
汪家富	通海县汪家富蔬菜有限公司	31	新鲜蔬菜
爽馨	宾川县绿色果品开发有限责任公司	31	鲜水果
东绿	通海县东绿食品有限公司	31	新鲜蔬菜
品世	昆明品世食品有限公司	32	果汁，蔬菜汁（饮料），乳酸饮料（果制品、非奶）
承龙	昆明承龙水业有限责任公司	32	水（饮料）
漾宝	大理漾濞核桃有限责任公司	32	果汁饮料，乳清饮料
雪域映象	曹华勋	32	水（饮料）
云珍	昆明仙台山茯苓酒厂	33	酒
阿昌情	赵兴册	33	米酒、烧酒、包谷酒
洱宝	云南大理洱宝实业有限公司	33	果酒（含酒精），含水果的酒精饮料
大藏秘	香格里拉酒业股份有限公司	33	青稞酒
冷山	兰坪县啦井镇紫兴五味子饮品加工厂	33	果酒（含酒精），果子饮料，酒精饮料
腻脚	云南省邱北县糖烟酒有限公司	33	酒
云南红	云南红酒业有限公司	33	葡萄酒，酒（饮料），果酒（含酒精）

陕西省

认定商标	商标注册人	类别	核定使用商品或服务项目
零零发	西安麦一香食品有限公司	29	加工过的瓜子；加工过的花生；加工过的开心果；加工过的松子；精制坚果仁；五香豆
秦王及图	陕西秦王食品有限责任公司	29	可可制品；茶；糖果；糕点；粽子；谷类制品；膨化水果片；蔬菜片；含淀粉食品；食用冰；调味品
春发生及图	西安饮食股份有限公司东亚饭店	29	肉；猪肉；腌肉；肉罐头；腌制蔬菜；豆腐制品；干食用菌；精致坚果仁；蛋；肉汤
图形	西安市十九粮贸有限公司	29	糕点；面包；麻花
德富祥及图	陕西德富祥食品餐饮有限公司	29	肉泡馍；油茶粉；糕点；盒饭；琥珀花生；方便面；膨化土豆片；涮羊肉调料；调味酱；调味品
琪玲	西安金琪玲醪糟食品厂	29	醪糟
同兴及图	户县同兴瓜菜协会	29	西瓜，新鲜蔬菜，植物种子，甜瓜，植物，籽苗，谷（谷类），猕猴桃，鲜葡萄
董白及图	西安市董白面粉有限公司	29	面条，面粉制品
xihanmei	西安西汉美酒业有限公司	29	酒（饮料），米酒，烧酒，清酒，黄酒，酒精饮料（啤酒除外）
南石长祥及图	西安长祥食品有限公司	29	面条，面粉制品，挂面，豆粉，食用淀粉产品，面包，食用面粉，糕点，面粉，包子
福锦	陕西福锦米业有限公司	29	食用面粉，谷类制品，方便米饭，挂面，豆粉，食用面筋，食用淀粉产品，面粉制品，花椒粉
秦生园及图	西安市秦生园食品有限公司	29	面包，馅饼（点心），糕点，冰棍，冰糕，冰砖
绿坤天和	陕西新一佳米业有限公司	29	米，面粉，谷类制品
喜仙	西安市喜仙食品有限公司	29	醪糟
香芝廊 Xiangzhilang	陕西三原香芝廊调味食品有限公司	29	食用油脂；芝麻油；食用菜子油；芝麻酱；花生酱；食用葵花籽油；熟芝麻；食用菜油；豆腐制品；腐竹
原点及图	陕西省泾阳康华食品有限责任公司	29	糕点，饼干，面包，面粉
同乐 Tongle	泾阳永乐乳业有限公司	29	奶粉；牛奶制品
杨三友及图	三原三友调味有限公司	29	食用油脂；芝麻油；食用葵花籽油；食用猪油；食用板油；食用骨油；食用菜子油；芝麻酱；花生酱
家友缘及图	咸阳家友缘食品有限公司	29	腌腊肉；板鸭；牛肉；加工过的肉；香肠；火腿；牛肉干；鸡松；肉；非活家禽
宏亮及图	咸阳一品油料加工厂	29	芝麻油，食用油，食用葵花籽油，食用菜子油，食用油脂，食用猪油，玉米油
张辣妹	陕西张辣妹食品有限公司	29	调味品（辣）；辣椒粉；胡椒；花椒粉；五香粉；桂皮；辣椒油；八角大茴香；多香果（香）；调味品
吕彬及图	咸阳吕彬肉食品有限公司	29	肉汤；猪肉食品；油炸丸子；肉；肉冻；火腿；熏猪肉；咸肉；腌肉；猪肉
莉莉	咸阳莉莉食品有限公司	29	蛋糕，小蛋糕（糕点），面包，糖点（酥皮糕点），饼干（曲奇），牛奶蛋糕
鑫	三原鑫源面粉有限公司	29	面粉
顶馨	咸阳顶馨食品有限责任公司	29	糕点；锅巴；月饼；面包；饼干；膨化水果片、蔬菜片；麻花；粽子；元宵；油茶粉
老关中	三原兴原食品有限公司	29	食用油脂；花生酱；食用油；芝麻油；芝麻酱；熟芝麻；黄花菜；五香豆；加工过的花生；木耳
赵飞	陕西九九红香油有限公司	29	芝麻酱；芝麻油；食用油脂；花生酱；果酱；腌制蔬菜；腐乳；泡菜；蛋；咸菜
鸣凤春	三原龙凤春调味品有限责任公司	29	食用油脂

接上表

秦绿	兴平市秦绿食品有限公司	29	调味品；辣椒粉；蒜汁；辣椒油；调味酱；佐料；姜（调味品）；八角大茴香；番茄酱；花椒粉
张兴邦 zhangxingbang	三原兴邦油品有限公司	29	豆腐制品；果酱；花生酱；肉；食用油脂；蔬菜罐头；水果罐头；芝麻酱；猪肉食品；腌蔬菜
老时家及图	三原新庄老时家十佳调味品厂	29	食用菜油；食用葵花籽油；食用油；食用油脂；食用猪油；食用棕榈油；玉米油；芝麻油
老牛及图	陕西老牛面粉有限公司	30	谷类制品；面粉；米；糕点用粉；挂面；方便面；面粉制品；面条；食用淀粉；米粉
图形	陕西老牛面粉有限公司	30	谷类制品；面粉；米；糕点用粉；挂面；方便面；面粉制品；面条；食用淀粉；米粉
唐金凤	陕西金凤酒业有限责任公司	30	烧酒；酒（利口酒）；酒（饮料）；米酒；含酒精浓汁；酒精饮料（啤酒除外）；汽酒；清酒；黄酒；料酒
柳林	陕西柳林酒业有限公司	30	白酒，果酒
小孟华及图	宝鸡市渭滨区小孟华面皮店	30	面粉制品，面条，挂面，糕点，蛋糕，饼干，麻花，面包，粽子，包子
秦川雪及图	宝鸡市衷佳食品有限公司	30	玉米粉；大麦粗粉；面粉；粗燕麦粉；通心粉；面粉制品；挂面；方便面；米粉
凤县大红袍花椒及图	凤县花椒产业发展局	30	花椒（调味品）
秦东及图	宝鸡市秦东食品有限公司	30	麻花，大饼，挂面，面粉制品
神玉泉	宝鸡市神农山泉饮品有限公司	30	果汁饮料（饮料）；水（饮料）；果茶（不含酒精）；矿泉水；蔬菜汁（饮料）；绿豆饮料
家之友	宝鸡市新捷粮油有限责任公司	30	食用油脂；食用菜子油；食用棕榈油；食用葵花籽油；芝麻油；玉米油；食用油；食用棕榈果仁油；食用橄榄油；椰子油
西岐及图	陕西西岐食品有限公司	30	肉酱；肉罐头；蔬菜罐头；水果罐头；脱水菜；豆腐制品；腌制蔬菜
流曲及图	陕西金盛食品有限公司	30	糖果；食用淀粉；酥糖；糕点；醪糟；谷类制品；挂面；酱油；醋；调味品
陕富及图	陕西陕富面业有限责任公司	29	面粉；谷类制品；面粉制品；食用淀粉产品
龙首山 LONGSHOUSHAN	大荔县龙首山矿泉水业有限责任公司	29	果汁；水（饮料）；矿泉水；汽水；不含酒精的果汁饮料；水果饮料（不含酒精）；乳酸饮料（果制品，非奶）
兴隆及图	陕西兴隆乳业有限责任公司	29	奶粉
延兴源及图	陕西蒲城永信食品有限公司	29	蔬菜罐头；加工过的花生；泡菜、酸菜；腌肉；腌制蔬菜；水果片；豆腐制品；芝麻酱；腐乳；芝麻油
多旗及图	富平县宫里镇康旗食品厂	29	豆沙；饼干；果子面包；蛋糕；糕点；薄烤饼；三明治；小圆面包；汉堡包；月饼 ，
张老八琼锅糖	富平县流曲镇张老八食品厂	29	糖；麦，芽糖；甜食；花生糖果；米花糖；食品用糖蜜；糖果（锭剂）；食用糖果
李景壁	陕西大荔景璧肉类食品有限公司	29	猪肉，肉，冻肉，加工过的肉，火腿，生熟肉，腌制肉，猪蹄猪肉肘子，非活家禽
韩塬金太阳及图	韩城市金太阳花椒油脂药料有限责任公司	29	蛋；芝麻酱；肉
沁欣及图	铜川市齐天乳业有限责任公司	29	牛奶；牛奶饮料（以牛奶为主的）；牛奶制品；可可牛奶（以奶为主）；酸奶
唐旗太后酥	陕西华荣实业有限公司	29	糖果；饼干；蛋糕；糖点（酥皮糕点）；面包；糕点；油茶粉；方便面；锅巴；调味品
乔山	铜川乔山矿泉水饮料厂	29	啤酒；水（饮料）；矿泉水（饮料）；矿泉水；制矿泉水配料
图形	宁强县千山茶叶土产开发有限责任公司	29	茶，茶饮料，茶叶代用品，蜂蜜，糕点，饺子，食用淀粉产品，包子，唐松子，糖核桃
图形	汉中泛亚绿色食品有限公司	29	鲜水果，桔，新鲜蔬菜
双亚	陕西双亚粮油工贸有限公司	29	食用面粉，面粉制品，面条，挂面，方便面，人食用的去壳谷物
羌州及图	宁强县羌州茶业有限责任公司	29	茶；茶饮料；蕨粉；蜂蜜；魔芋粉；食用土豆粉；马铃薯粉；豆豉；粉丝（条）；茯苓粉
汉水绿梦及图	宁强县绿梦食品有限责任公司	29	木耳；干食用菌；干蔬菜；腌制蔬菜；精制坚果仁；腌腊肉；加工过的核桃；豆腐制品；食用油脂；脱水菜
南山村	西乡县南山茶业有限责任公司	29	茶叶；茶叶代用品

接上表

合鑫	山阳县合鑫面业有限公司	29	面粉制品；挂面；面粉；谷类制品；面条；豆类粗粉；谷类碾成的粗粉；玉米粗粉
烛山	岚皋县烛山食业有限公司	29	猪肉食品；肉；腌腊肉；腐乳；笋干；腌制蔬菜；干蔬菜；酱菜；豆腐制品；干食用菌
龙王泉	安康市青莲饮料有限公司	29	啤酒；无酒精饮料；水（饮料）；果汁；碳酸饮料；汽水；植物饮料；豆奶；等渗饮料；饮料制剂
秦巴及图	安康市恒口酿造厂	29	食用葡萄糖，糖，天然增甜剂，糖果，南糖，面包，糕点，代乳制品，馅饼，肉馅饼，烘馅饼，饺子，小包子
女娲神草及图	平利县百草堂生物科技有限公司	29	酒（饮料）；果酒（含酒精）；烧酒；清酒；米酒；黄酒；料酒；威士忌酒；白兰地；鸡尾酒
华泰 HUATAI	安康市红星软香酥食品有限公司	29	面包；糕点；麻花；月饼；馅饼；馒头；饺子
盛世安康	安康市红星软香酥食品有限公司	29	馅饼；馒头；饺子
夏州及图	榆林市怀远酒业有限责任公司	29	烧酒，含酒精液体，酒精饮料（啤酒除外）
三十里铺杂粮	绥德县三十里铺精品杂粮有限公司	29	谷类制品；人食用的去壳谷物；玉米（磨过的）；玉米（烘过的）；去壳大麦；碾碎的大麦；米；去壳燕麦
雪峰情	神木雪峰食品有限公司	29	面包；麻花；馒头；谷类制品；锅巴；食用淀粉产品；面条；面粉制品
水点及图	榆林市榆阳区水点食品有限公司	29	豆腐；豆腐制品；干食用菌；加工过的花生；加工过的瓜子；食用油脂；蛋；肉；干枣；牛奶制品
佳州红	佳县东方红枣业有限公司	29	干枣；果肉；水果片；水果蜜饯；果酱；水果罐头；炖熟的水果；果皮
陕北长青及图	神木县长青食品饮料有限公司	29	蛋糕；面包；糕点；麻花；月饼；面粉制品；醋；以谷物为主的零食小吃；酱油；以米为主的零食小吃
秦香及图	榆林市三丰油脂有限公司	29	食用油脂；可可脂；可可油；食用菜籽油；食用菜油；食用油；制食用脂肪用脂肪物
宜壶及图	宜川兴华酒业有限责任公司	30	酒（饮料）；米酒；黄酒；清酒；果酒（含酒精）；含酒精果子饮料；含水果的酒精饮料；烧酒
百通及图	子长县薯类开发总公司	30	含淀粉食物；含淀粉食品；食用淀粉；粉丝（条）
秦延及图	吴起县荣森畜禽开发有限责任公司	30	豆奶（牛奶替代品）；牛奶；奶茶（以奶为主）；乳酒（牛奶饮料）；牛奶饮料（以牛奶为主的）；牛奶制品
益隆及图	延长益隆粮油开发有限公司	30	通心粉；面粉制品；面条；人用麦芽；挂面；方便面
蔡和平油糕及图	黄陵县蔡和平油糕店	30	糕点；甜食；油炸糕
延安及图	陕西轩辕圣地酒业有限公司	30	酒
延安颂及图	延安老窖酒业有限责任公司	30	酒（饮料）；果酒（含酒精）；含酒精果子饮料；葡萄酒；米酒；黄酒；食用酒精；青稞酒；烧酒；酒精饮料
鄜州及图	延安富县莲池酒业有限责任公司	30	酒（饮料）；酒精饮料（啤酒除外）；含酒精液体；含酒精果子饮料；含水果的酒精饮料；果酒（含酒精）
秦之实及图	延川延黄枣业有限责任公司	30	浸酒的水果；莲子；果酱；水果蜜饯；冷冻水果；加工过的花生；水果片；腌制蔬菜；土豆片
骐鸿	延川县宏达有限责任公司	30	肉；肉罐头；干枣；腌制蔬菜；牛奶；食用油脂；果冻；精制坚果仁；干食用菌；豆腐制品
图形	延川县宏达有限责任公司	30	肉；肉罐头；干枣；腌制蔬菜；牛奶；食用油脂；果冻；精制坚果仁；干食用菌；豆腐制品
金腰鼓及图	安塞腰鼓酒业有限责任公司	30	酒（利口酒）；酒（饮料）；烧酒；米酒；黄酒；果酒（含酒精）
美水及图	甘泉鹏德食品开发有限责任公司	30	酱油，食醋，豆腐干，米，面包，月饼，蛋糕，酱菜（调味品），麻花
保安及图	志丹县丰元农业开发有限责任公司	30	面粉制品；谷制食品糊；挂面；方便面；米粉；食用淀粉产品；醋；调味品；芥末
老闫家及图	绥德县老闫家炒货食品有限责任公司	30	精制坚果仁；加工过的花生；加工过的瓜子；加工过的松子；糖炒栗子；干食用菌；干枣；鱼制食品
凤栖及图	洛川福旺食品有限责任公司	30	果汁；水（饮料）；无酒精饮料；汽水 （不含酒精）
国绿及图	杨凌国绿高新农业有限公司	30	鲜水果；西瓜；甜瓜

甘肃省

认定商标	商标注册人	类别	核定使用商品或服务项目
雪莲	甘肃省临泽雪莲乳品有限责任公司	29	全脂奶粉
雄鹏牌	酒泉市雄鹏乳业有限责任公司	29	牛奶制品
天泉牌	永昌植物油有限责任公司	30	葫麻油，食用菜籽油
源达	金昌市源达农副果品有限责任公司	30	加工过的瓜籽；加工过的蚕豆
喜百丰	甘肃天方食品有限责任公司	29	牛奶制品
三开	民勤县三开食品有限公司	30	加工过的瓜子，精制坚果仁，加工过的花生，加工过的松子，加工过的开心果，五香豆，熟制豆，开花豆
回生	环县回生果品有限责任公司	30	果脯、蜜饯、果丹皮、甘草杏
伊味思	张家川回族自治县伊味思清真食品有限责任公司	30	火腿；肉；肉冻；肉干；肉罐头；肉制品；香肠；腌腊肉的生产与销售
御宝泽	甘肃御宝泽农垦御米生物开发有限公司	30	食用油；精制坚果仁；肉；食用花粉；土豆片（油炸）；脱水菜；果冻；食用油脂；蛋白；水果色拉（商品截止）
宝源	庆阳市宝源果蔬食品有限公司	30	脱水菜；黄花菜；果蜜饯；果肉；精制坚果仁；加工过的瓜子；土豆片；山楂片
渭河源	甘肃渭河源生物工程有限公司	30	肉；肉干；百合干；食用花粉；牛奶制品；酸奶；干蔬菜；干食用菌；蕨麻（干制）
庆发	甘肃庆发绿色食品有限公司	30	水果片、脱水菜、黄花菜、加工过的瓜子、加工过的松子、精制坚果仁、果肉、蜜饯、果皮、杏仁粉
眼睛瓜子	兰州眼睛瓜子食品有限公司	30	精制坚果仁；加工过的花生；加工过的瓜子；加工过的松子；加工过的开心果；五香豆；糖炒栗子；熟制豆；熟芝麻；加工过的榛子
秦岭泉	天水昌盛食品有限公司	30	蘑菇罐头；肉罐头；蔬菜罐头；干食用菌；水果罐头；水产罐头；木耳；豌豆罐头；发菜；酸果酱（蜜饯）
四口牌	甘肃四口食品有限公司	30	肉；火腿；死家禽；板鸭肉罐头；腌制蔬菜；蛋；豆腐制品；香肠
河州	临夏州华夏乳品有限责任公司	30	黄油；奶油（奶制品）；奶酪；牛奶饮料；乳清；牛奶制品；食用酪蛋白；酸奶；食物蛋白；食用蛋白
富尔泰	平凉市富尔泰禽类加工有限责任公司	30	血肠；肉汤；肉；肉冻；猎物（非活）；死家禽；肝；肉片；肉干
和牌	民勤县易发贸易有限责任公司	30	加工过的瓜子；加工过的松子；加工过的开心果；加工过的花生；五香豆；土豆片（油炸）；熟制豆；土豆片；精致坚果仁
八坊清河源	临夏市清河源清真食品有限责任公司	30	牛奶、牛奶饮料（以牛奶为主）、腌腊肉；食用酪蛋白；奶油（奶制品）；搅打过的黄油；酸奶；肉汤浓缩汁；乳油；奶酪
农庄牛	甘肃康美现代农牧产业集团有限公司	30	肉；火腿；香肠；肉罐头；牛奶制品；食用油脂；肉片；肉干；肉汤浓缩汁
碧泊	永登碧泊产业有限责任公司	30	加工过的鱼，鱼制食品，肉汤浓缩汁；油炸丸子；肉；火腿；鱼子酱；糖玫瑰；腌制蔬菜；速冻方便菜肴；食用油；水晶冻
田园品味	陇南田园油橄榄科技开发有限公司	30	水果罐头；罐装水果；蔬菜罐头；果肉；食用橄榄油；水果肉；橄榄蜜饯；食用油脂；水果蜜饯；涂面包片用脂肪混合物
丰海	陇南市丰海油橄榄科技有限公司	30	食用油；食用橄榄油（截止）

接上表

春芽	金昌市春芽粮油食品有限责任公司	30	干蔬菜；腌制蔬菜；食用油脂；食用油；蛋；蔬菜罐头；肉；牛奶制品；干食用菌；熟制豆
庄园牧场	兰州庄园乳业有限责任公司	30	肉；蛋；牛奶；奶油（奶制品）；奶茶（以奶为主）；牛奶饮料（以牛奶为主的）；牛奶制品；干蔬菜；酸奶
华陇亨业	陇南市华龙恒业农产品有限公司	30	精致核桃仁；食用油；食品用胶；食用蛋白；脱水菜；咸菜；黄花菜；速冻菜
陇郁香	会宁县永鑫粮油有限公司	30	食用油脂；食用油；食用菜籽油；食用菜油；芝麻油；玉米油；食用棕榈油；食用猪油；食用葵花籽油；食用橄榄油
碧口	甘肃省文县碧口御香茶厂	30	茶
禾蕊牌	天水市第一粮库有限公司	30	面粉；挂面
康阳牌	甘肃龙神茶业有限公司	30	茶
华岭牌	通渭县晓铃商贸有限责任公司	31	面粉
侨鑫	兰州侨兴茶叶食品有限公司	31	茶；茶叶代用品；白糖；方糖；奶片（糖果）；果冻（糖果）；豆沙；饼干；糕点；冰糖
御泽春	甘肃文县御泽春茶业有限责任公司	31	茶；茶叶代用品
黄土	天水黄土地工贸有限公司	31	粉丝（条）；食品淀粉；食用淀粉产品
景润牌	甘肃条山农工商（集团）有限责任公司	31	蜂蜜；食用蜂胶；非医用蜂王浆；花粉健身膏；食用王浆（非医用）；食品用糖蜜；秋梨膏；非医用营养液；非医用营养粉
西域阳光	甘肃西域阳光食品有限公司	31	番茄酱
丰原牌	陇南香园食品厂	31	酱油；醋；调味品（辣）；辣椒粉；花椒粉；佐料（调味品）；调味酱；豆浆
醋头	宁县醋头醋食品厂	31	醋；醋精；调味酱油；酱油；啤酒醋；调味品
北凉厨老大	高台县厨老大调味食品厂	31	醋；调味酱油；酱油；醋精；调味品；番茄酱；味精；除香精油外的饮料调味品；辣椒粉；鸡精
精王	甘肃精王淀粉有限公司	31	食品淀粉产品；含淀粉食物；含淀粉食品；食品淀粉；香肠粘合料；食用土豆粉；食用淀粉；粉丝（条）；地瓜粉；马铃薯粉
云鹏	张掖市云鹏工贸有限责任公司	31	糖；糖果；果冻（糖果）；奶片（糖果）；白糖；红糖；冰糖；方糖；食用葡萄糖
晶谷	庆阳市澳恺食品有限公司	31	咖啡；茶、茶叶代用品；糖；非医用营养胶囊；饼干；玉米粉；方便面；米果；豆粉；魔芋粉；食品用包装工具；调味品；冰冻奶
味味晓	武威市味味晓食品酿造厂	31	饼干；蛋糕；面包；馅饼（点心）；糕点；月饼；醋；调味酱油；调味酱；酱油
西北磨坊	甘肃西北大磨坊食品工业有限公司	31	谷物制品；谷物片；面粉；人使用的去壳谷物；玉米粉；粗燕麦片；谷制食品糊；米；粗面粉；面粉制品；挂面；方便面
腾胜貂禅	甘肃腾胜农产品集团股份有限公司	31	食用淀粉产品；粉丝（条）；膨化土豆片；马铃薯粉；含淀粉食物；膨化水果片、蔬菜片；百合粉
蝴蝶泉	甘肃超兴淀粉制品有限公司	31	食用淀粉产品；含淀粉食物；食品淀粉；食用土豆粉；粉丝（条）；马铃薯粉；百合粉；地瓜粉；香肠粘合料；食用淀粉
西联	天水西联蜂业有限责任公司	31	蜂蜜；食用蜂胶（蜂胶）；非医用蜂王浆；非医用营养液；非医用营养膏；非医用营养粉；非医用营养胶囊
陇源益通	陇南市益通有机茶业有限公司	31	茶；茶饮料；非医用营养液；谷类制品；糕点；面粉制品；食用淀粉产品；膨化水果片、蔬菜片；冰淇淋；调味品
茗芝	康县茗芝茶业有限责任公司	31	茶；茶饮料、茶叶代用品；糖核桃；蜂蜜；魔芋粉；蕨粉；酱油；醋；调味品

接上表

漫漫	甘肃省岷县漫漫清真食品有限责任公司	31	饼干、蛋糕、面包、糕点、米糕、汉堡包、麻花、油茶粉、芝麻糊
柏树庄	武威柏树庄醋业有限责任公司	31	醋；酱油；调味品；糕点；食用香料（不包括含醚香料和香精油）；面粉制品；酵母；食用淀粉；糖果
金谷	平凉市金谷食品有限公司	31	方便面；挂面、谷类制品、饼干、糕点、调味品、面粉制品、佐料（调味品）、豆粉
戈壁情	金昌天乐食品有限责任公司	31	玉米（烘过的）；谷类制品；玉米粗粉；玉米片；糕点；玉米浆；玉米花；食用淀粉；调味品；茶
迭山牌	迭部县天然食品有限责任公司	31	新鲜蔬菜；食用根植物；新鲜块菌；鲜食用菌
阳关	瓜州县阳关种苗有限责任公司	31	植物种子
兰州百合	七里河区百合质量监督管理站	31	新鲜百合
特尔	酒泉市特尔鲜农产品有限责任公司	31	花生（果品）；鲜食用菌；鲜水果；鲜枣；新鲜蔬菜；杏仁（水果）
陇海	兰州市林木种苗繁育中心	31	植物；新鲜的园艺类草木植物；花球茎；籽苗；植物种子；鲜水果；坚果（水果）；新鲜蔬菜；鲜食用菌；食用鲜花
瑞泰	兰州瑞泰绿色食品有限公司	31	新鲜蔬菜；黄瓜；菊苣；青蒜；食用葫芦科蔬菜；新鲜蚕豆；鲜扁豆；鲜土豆；食用植物根；鲜豌豆
爱兰	定西市爱兰马铃薯种业有限责任公司	31	新鲜蔬菜；鲜土豆；植物种子；植物用种菌；植物种籽；植物园鲜草本植物；鳞茎；花球菌；树木；鲜实用菌
河西走廊	永昌县金穗麦芽有限公司	31	酿酒麦芽
羲皇	天水众兴菌业有限责任公司	31	新鲜蘑菇；新鲜蔬菜；鲜水果；鲜葡萄；苹果；西瓜；桃；梨；甜瓜；杏（截止）
国翔	甘肃国翔麦芽有限公司	31	酿酒麦芽；新鲜蔬菜；小麦；谷（谷类）；大麦；鲜水果；鲜食用菌；未加工谷种；植物种子；活动物
陇原冰泉	甘肃宕昌县陇原冰泉天然矿泉水有限公司	31	矿泉水；水（饮料）；无酒精饮料
图形	天水长城果汁饮料有限公司	31	无酒精果汁；无酒精果汁饮料；果汁；啤酒；果汁饮料（饮料）；葡萄汁；番茄汁（饮料）；蔬菜汁（饮料）；水果饮料
拓璞	玉门拓璞科技开发有限责任公司	31	制啤酒用蛇麻子汁，制啤酒用蛇麻子浓缩剂
金泉牌	酒泉市金泉酒厂	31	果酒（含酒精）；烧酒；酒（饮料）；汽酒；黄酒；开胃酒
九台春	宕昌九台春酒业有限责任公司	31	酒（饮料）；酒精饮料
山荞	陇南市康神苦荞酒业有限公司	31	酒（饮料）

青海省

认定商标	商标注册人	类别	核定使用商品或服务项目
绿草原	青海绿草原食品有限公司	29	肉食品
日月山	湟源日月山陈醋有限责任公司	30	醋
湟乳	民和湟乳乳制品有限公司	29	乳制品
威远	互助威远青稞酒业酿造有限公司	33	青稞酒
天露	青海天露乳业有限责任公司	29	乳制品
小西牛	青海小西牛乳品饮料有限公司	29	乳品饮料
可可西里	青海可可西里肉食品有限公司	29	肉食品

宁夏回族自治区

认定商标	商标注册人	类别	核定使用商品或服务项目
西夏	宁夏回族自治区银川啤酒厂	30	啤酒
六盘山	宁夏回族自治区银川糖厂	29	糖
四波	宁夏隆德县四波淀粉（集团）公司	31	淀粉糖
新月	宁夏味精厂	29	调味品
夏进	宁夏夏进乳品饮料有限公司	30	乳制品
香山	宁夏香山酒业有限公司	30	酿酒
永祥	宁夏永祥茶业有限公司	29	茶叶
老苗	青铜峡市清真食品有限责任公司	29	糕点
乒坛	吴忠卷烟厂	31	烟草
金驼	吴忠卷烟厂	31	烟草
银川	银川广夏昊都酒业有限公司	30	酿酒
北塔	银川乳品饮料总公司	30	饮料
三利	银川三利清真酱醋有限责任公司	29	调味品
北塔	银川市清真酱制品厂	29	调味品

新疆维吾尔族自治区

认定商标	商标注册人	类别	核定使用商品或服务项目
唐布拉	伊犁伊力特乳业有限责任公司	29	奶粉
阿尔曼	新疆阿尔曼实业有限公司	29	奶制品
塔原	新疆塔原红花有限责任公司	29	红花籽油
羚羊唛	新疆博乐新赛油脂有限公司	29	食用油
昆托	新疆昆托米业股份有限公司	29	大米、糯米
麦趣尔	新疆麦趣尔食品有限公司	29	面包、糕点
盐湖	新疆盐湖制盐有限责任公司	29	精制盐、无水硫酸钠
沙驼	五家渠沙驼酿造有限责任公司	29	酱油、醋
四方	新疆四方实业股份有限公司	29	砂糖
天山	新疆天山味精有限责任公司	29	味精
天山	新疆天山面粉（集团）有限责任公司	29	面粉
雪百真	新疆雪百真食品有限公司	29	纯净水、冰川水
乌苏	新疆乌苏啤酒集团有限责任公司	29	啤酒
新疆	新疆新啤（集团）有限责任公司	29	啤酒
新天	新天国际葡萄酒业有限公司	30	葡萄酒
西域	新疆新天西域酒业有限公司	30	葡萄酒
和阗	新疆和阗玫瑰酒业限责任公司	30	石榴酒、葡萄酒
白杨	新疆白杨实业（集团）有限责任公司	30	白酒
肖尔布拉克	伊犁肖尔布拉克酒业有限责任公司	30	白酒
新安	新疆石河子新安酒业有限责任公司	30	白酒
三台	新疆三台酒业（集团）有限责任公司	30	白酒
雪莲	红河卷烟总厂新疆卷烟厂	30	卷烟
庄子开拓	新疆庄子实业有限公司	30	红花食品
秦星	新疆秦星商贸有限责任公司	30	小磨香油
天山	新疆乐升食品有限公司	30	瓜子
西尔丹	新疆西尔丹食品有限公司	30	辣椒酱
天山	木垒县绿原豆制品有限责任公司	30	白豌豆粉、粉丝
米全	昌吉回族自治州粮油购销集团米泉有限责任公司	30	大米
江南乡	新疆万业有限公司	30	粽子
绿原	新疆绿原糖业有限公司	30	白砂糖
拓普	新疆拓普农产品有限公司	30	鲜水果
白粮	吐鲁番白粮液酒业有限责任公司	30	白酒

龙头企业动态

四川沱牌舍得集团“1231”管理思想

沱牌舍得集团副总经理 总工程师　李家民

四川沱牌舍得集团在30余年内，由一个名不见经传的小作坊发展成为国家大型一档企业，其主要产品沱牌曲酒也实现了由默默无闻到四川名酒再到中国名酒的飞跃，多次荣获“全国质量效益型”先进企业。在市场竞争日趋激烈的硝烟里，沱牌舍得集团由小舢板成长为一艘巨轮，走过的是一条“以质量求生存，以创新求发展”的质量效益型道路。

改革开放以来，无论市场环境如何变化，沱牌舍得集团都能处变不惊。这应该说得益于良好的企业内部运行机制，得益于公司决策层坚定不移的质量观及管理思路，概括起来讲，就是：“一个中心——质量；二个基本点——成本、服务；三个着眼于——着眼于正在做的事——落实，着眼于对已做之事进行理性思维——求是，着眼于为将干之事提供科学的战略设计——务实；一个立足点——创新，即“1231”管理思想。该思想首先在质量管理领域得到成功实践，后逐步拓展到企业经营管理的各个领域，推动企业不断成长壮大，成为企业文化中一笔宝贵的无形资产，为企业创造了大量的财富。

现将“1231”管理思想详加阐述：

一个中心：质量

企业就像一棵树，质量就是它的根，只有根深才能叶茂。沱牌舍得集团从小作坊发展为大型现代化企业，走的正是一条牢牢扎根于质量的路。

沱牌舍得集团产品的独特风味和稳定质量已在全国白酒市场得到了一致的认可，“全国质量奖”及质量、环境、安全等多个体系认证证书的获得，有力地证明了公司全面质量管理体系的严谨有效。公司始终坚持“质量就是企业的生命，进行系统的质量管理，百分之百地满足顾客健康和嗜好的需求，使沱牌舍得集团永远成为消费者心中的金牌”的方针，并将质量管理体系文件上升到企业“法”的高度。要求质量面前人人平等，“人有情，质量无情”，真正做到有“法”可依，有“法”必依，执“法”必严，违“法”必究。不仅如此，公司还明确提出实施“质量经营”战略，将质量管理与企业经营管理紧密结合起来，一方面坚持企业经营管理以质量管理为中心，一方面强调质量管理为企业经营管理服务，让质量为企业创效益。在产品生产中坚持“一、二、三、一（三样合一）、一”原则，即：一更好——口感更好；二更优——成本更优，卫生指标更优；三样合一——小样、大样、标样合一，同一品种在不同时间、不同地点，由不同人员设计、制造、包装都要做到整齐划一。通过全体员工的共同努力，公司先后通过了ISO9001、ISO14001、ISO10012、OHSAS 18001等体系认证，并以卓越管理体系为框架，建立兼容质量、环境、食品安全、测量、职业健康安全、信息安全、社会责任的全面管理体系。

沱牌舍得集团决策者根据酿酒行业的特点，高瞻远瞩地指出：质量不仅仅是产品性能指标定量的体现，当名牌产品经营到一定的程度，质量的概念就超出单纯的经济范畴。酿酒行业是一个特殊的行业，它不仅具有悠久的历史，而且蕴含了深厚的酒文化。酒的市场，特别是国家名酒市场，将逐步从追求“一醉方休”的非理性消费阶段过渡到追求恬静高雅、健康舒适、文化享受、表现身份品质的理性消费阶段。据此，公司确立既要以产品形象树企业形象，更要以企业形象树产品形象的新观念。公司广邀专家、实业家为企业引入包括企业发展战略、管理体系、企业文化和理念识别（MI）、行为识别（BI）、视觉识别（VI）以及营销策略、公关策划、广告创意在内的全方位的CIS工程，使沱牌舍得集团以更加清晰的、积极向上的、值得信赖的、品质卓越的、饱含民族文化气息的企业新形象呈现于公众面前，并明确企业使命：“纵横多元世界，创造国际名牌”。公司在积极贯彻《质量振兴纲要》的同时，进一步促进群众性质量管理活动的开展，在全体员工中树立“我就代表企业，企业就是我的家”的观念，提高全员质量意识，为沱牌舍得集团的质量进步奠定了坚实的基础。

同时，产品质量的好坏又与标准和计量工作有着密切的关系。在标准建设方面，公司在严格贯彻国家强制性标准的同时，参照国际先进标准制定了更具竞争力的、优于国家标准的企业内控标准，现已建立包括酒类、在制品、包装物、原辅材料4大类共71个分类的技术标准体系，其中“沱牌白酒”、“舍得白酒”还上升为国家标准；此外还辅之以涉及产、供、销、人、财、物各环节的管理、工作标准，使企业的管理工作按科学的程序化、规范化方式运作。在计量检测方面，公司现拥有300万元的计量在用设备，并配备了包括标准温度计、标准酒精浓度计、标准天平、标准压力表等6套标准检测装置，确保了计量的准确。集团公司一如既往地以质量为中心，以标准和计量为两大基础，严格执行相应的质量标准和计量标准，保证和促进产品质量的稳步提高。

科技水平决定质量水平，管理水平决定质量的维持及提升。根据党和国家领导人多次强调国家的宏观经济要紧紧依靠科技的精神，公司全力实施“科教兴企”战略。人是产品质量的缔造者，高质量的产品需要高素质的人来设计、制造。因此，现代企业需要既懂技术又懂管理的复合型人才，以适应质量管理的系统性、科学性、整体性要求。沱牌舍得集团的名牌战略追求的目标是“百分之百地回归自然，满足顾客健康和嗜好的需求”，以“我就是顾客”的责任感要求产品不仅是高质量的，而且要求高质量是提升发展的。回顾沱牌舍得集团的发展史，质量管理经历了由产品质量管理到全面质量管理，再到一体化管理、卓越绩效模式的质变过程，提出了其独特的质量塑造观：抓质量不应仅就产品的质量来抓产品的质量，更应通过造就企业的整体质量来塑造产品的质量。也就是说仅着眼于产品本身只能是治标，而着眼于人的质量建设则是治本。沱牌舍得集团所要求的人的质量，不仅是学历、经验和技术，更重要的是人的敬业心、进取心、忠诚度和凝聚力，即团体精神，要求员工既有技艺更有德行。有了高质量的人才，方能塑造高质量的产品，使企业在激烈的市场竞争中更具竞争力。

两个基本点：成本与服务

一、质量成本最优化

众所周知，增加效益有两条途径，一是增加收益，二是降低成本。一般来说，产品质量的高低与质量成本中预防成本与鉴定成本的投入呈正相关的关系。而一切产品价值都必须在市场上交换后方能实现，产品质量过低，消费者不能接受；产品质量过高，则出现高成本导致的高价格使得产品不能在市场上实现交换，事实上高质量就变成了无用的质量。要让质量管理与企业经营紧密结合起来，首先就要解决质量货币化的问题。质量是企业的生命，货币是企业效益的表现形式。推行质量货币化，既要质量，又要效益，找准质量与成本、质量与效益的最佳结合点，这才是企业的最佳生存状态及扩张途径。公司成立专职部门负责质量成本管理工作。在质量成本管理上，一方面做“减法”，即通过对人、机、料、法、环、测等全方位的成本控制，面向市场开门核算成本，使全员树立“浪费一分钟，浪费一度电，浪费一滴水，都会影响企业效益”的忧患意识，防止各生产环节的跑、冒、滴、漏，并通过科学有效的办法实施考核奖赔，最大限度地降低产品的绝对质量成本。另一方面是做“加法”，适时适量地增加质量成本中预防成本投入，特别是积极开发和应用“四新”技术（新技术、新工艺、新材料、新设备），将科技投入当作经济效益最大的投资。企业认识到质量成本管理并不是一味地降低成本，而是寻找质量成本与质量收益的最佳结合区域，通过增加产品的技术含量来提高产品的质量，从而降低产品的相对质量成本。降低质量成本在质量收益中的比重，以少量的质量成本投入换取良好的质量效益，实践证明这是一种不断增加企业经济效益的有效扩张途径。

二、服务没有最好、只有更好

通常意义上的服务，是指对顾客的服务。沱牌舍得集团将产品质量的竞争视为市场上的第一次竞争，将服务质量的竞争视为市场上的第二次竞争。公司一贯以一流的名牌产品配套一流的优质服务来满足消费者。不仅如此，公司还将服务的概念延伸到质量的管理控制过程中。在生产上提出“下道工序即顾客”的观点，要求上道工序为下道工序服务，又强调下游工序对上游工序的监督权，从敬业心和组织保障两个角度促成高质量产品的形成；在管理上，提出了“管理即服务”的观点，要求上级人员为下级人员服务，职能管理部门为生产经营单位服务，提倡“打水到井边”的现场主义，不容许偏离实际的清谈论道和瞎指挥。并形象地将部室职能部门比喻成“生产关系单位”，将生产经营部门比喻成“生产力单位”，贴切地阐明了两者之间的服务与被服务关系和“跟现场”在整个企业中的作用。从而使产品在市场和工厂两个地点同步实现高质量。

把握住成本和服务这两个关键环节，就抓住了包括技术投入、质量形成、市场接受和消费实现的整个质量经营链条，牢牢把握这两个基本点，质量的中心地位就永不动摇。

从政治归根到底是经济的反映，这一基本观点来分析和理解，对于沱牌舍得集团来说，讲科技、讲质量、讲效益就是具体的讲政治，让顾客满意、员工满意就是企业最大的讲政治。

三个着眼于：着眼于正在做的事——落实

着眼于对已做之事进行理性思维——求是

着眼于为将干之事提供科学的战略设计——务实

著名质量管理专家朱兰博士在1995年会见中国质量考察团时曾说过，“质量问题的首要前提不是解决什么方法问题，而是踏踏实实地去干，要结合自己的文化”。美国IBM管理学院也有一句名言:“质量90%是态度，10%是知识”。着眼于正在干的事，就是要求全体员工踏踏实实地履行岗位职责，“质量求真，为人求善，生活求美”。要提倡“三讲三不讲”原则，即：只讲自己，不讲别人；只讲主观，不讲客观；只讲内因，不讲外因。积极发挥主观能动性，做到“眼勤、口勤、脚勤、手勤、脑勤”，每个环节都力求做得尽善尽美。在工作中要正确处理好批评与表扬的关系，接受批评与表扬的态度是检验一个人成熟与否的关键。对于管理者来说，着眼于正在干的事就是要求管理上一切按标准办事，一切按程序办事，“严是爱，宽是害，不帮不管要变坏”。严格管理就是对公司高度负责的表现，也是对员工高度负责的表现。

着眼于对已做之事进行理性思维也就是勇于发现问题、解决问题，“永不满足”是质量管理的精髓，企业发展到一定规模，管理层次增加，跨度加大，存在问题的隐蔽性也会随之增强。工作中若没有一种“找问题”的态度和工作作风，成天报喜不报忧，企业就会失去进一步发展的动力。在市场经济条件下，一切从市场这个实际出发，质量的好坏不仅由产品的检测指标与标准的对比来决定，还需由市场来认可。从实际出发，就是要求公司全体员工不仅要站在生产者的立场，更要站在消费者的立场来审视自己的工作。每个员工都要作市场人，把工作中存在的实际情况作为发现问题和解决问题的出发点，而不是教条地执行领导的安排，“领导没有听到、看到、想到、做到的，我们要帮他听到、看到、想到、做到”。离开了实事求是，什么事情都唯命是从或搞本本主义，工作中的问题就不能及时解决，产品的质量得不到提高，企业更谈不上发展壮大。只有以理论结合实际，“不唯书、不唯上、只唯实”，充分发挥主观能动性，才能更好地搞好生产，搞好管理。充分发挥主观能动性，自觉地干好本职工作，就是对公司高度负责的表现。发现问题要有勇敢和机智的态度，解决问题更要用铁的手腕，严格贯彻“三不放过”的原则（原因、责任、纠正措施），该追就追，该换就换，该撤就撤。

沱牌舍得集团的工艺技术有着悠久的历史渊源，质量管理经过十余年的发展也积累了丰富而独特的经验，这种传统对企业的发展起了根本性的作用。但如果让传统束缚了手脚，企业就只能在惯性中前进，在未来的竞争中落后。市场需求在不断变化，传统的东西必须在市场的指导下予以扬弃，这才是正确的传统观。对已做过的事进行理性思维，就是要让“传统科学化，科学传统化”。通过这种否定之否定原理的灵活运用，不断升华自己的传统。

“三个着眼于”虽各强调不同的侧面，但归结成一点，就是一种对企业高度负责的态度，一种在工作中不懈追求“落实、求是、务实”的精神。这也是对全面质量管理理论中质量改进基本方法PDCA循环的具体有效运用。

一个立足点：创新

在企业发展初期，沱牌舍得集团的决策层敏锐感觉并深刻认识到“抢先一步，抓住机遇，内涵抓基础，外延抓覆盖，努力提高企业生产能力和产品的市场占有率”将是历史赋予企业发展的难得机会。在1976年企业仅有固定资产14.8万元的条件下，果断向银行贷款160万元进行技术改造。此后，通过滚雪球的方式先后投资4 400万元、2.4亿元、2.05亿元进行第三、四、五期技术改造和基础设施建设，不断扩大生产规模（窖池1万余个），使白酒产销量在全国近4万家酒厂中名列前茅，成为中国最大白酒生产基地之一。公司逐步实施并完成股份制改造，扩大融资渠道，走资本扩张和低成本扩张道路，完成对原射洪教学仪器厂、射洪玻瓶厂、射洪制药厂、遂宁遂州酒厂、江油太白酒厂、绵阳西蜀酒厂等的兼并和收购，与外资企业合资组建天马公司，与郑州华美印务公司、香港宝图行组建四川天华包装有限公司等等，形成以酒业为支柱产业，多元化生产经营的大型企业集团。在这种不断创新进取的精神激励下，企业资产现已达37.8亿元，进入了国家大型一档企业的行列。然而，市场是不断变化的，消费者的消费观念也在变化；经济发展的速度加快，知识更新的速度则更快，产品的寿命周期随着科学技术的发展越来越短，经济活动中的后发优势日益减弱。因此，墨守成规，没有创新意识和创新能力，即是大型企业，也将在市场经济的汪洋大海中被淹没。

“创新是一个民族进步的灵魂，是一个国家兴旺发达的不竭动力”。对于创新，首先强调一个“创”字，沱牌舍得集团的决策者们认为：“创”是我们从小到大，从弱到强的成功之道，也是我们唯一可以视为“资本”的东西。面对日益激烈的市场竞争，更需要我们发扬“创”的精神。任何进步都必须建立在某种改变的基础上，而这种改变必须靠我们去不断探索。改什么，怎么改，这是我们全体成员都应思考的问题，沱牌舍得集团的全体员工不仅为企业奉献自己的双手，更为企业奉献自己的头脑。世上没有救世主，任何人也不能代替本组织成员的作用，这就要求沱牌舍得集团人既要做实干者，也要做理想家。

在创新的环节中，还要强调一个“新”字，新从何来，从比较中来，从扬弃中来。

强调“新”，就必须实行开放，广泛收集来自外界各方面的信息，并进行迅速有效的分析，开拓广阔的创新空间。为此，公司构筑了广泛严密的经营信息收集处理系统，并成立了市场调研小组，为公司的创新工作提供了基础和原动力，为公司彻底实现市场策略从推销向营销的转变起到了至关重要的作用。公司于每年 8 月集中开展科技质量宣传教育活动，经常性地邀请国内理论界和实业界的专家、知名人士到公司讲学，博采众长，又经常性地派出人员学习理论知识或到其它企业学习先进技术和管理经验，与同类行业保持长期而稳定的联系。广泛开展和实施“借脑子工程”，走联合创新和自主创新相结合的路子，争取在发展中少走或不走弯路。

“工欲善其事，必先利其器”。公司 CIS 宣言明确提出“以科技开拓未来”，在长期的经营实践中也始终坚持技术创新的核心地位，并率先成立了全国酒类行业的第一家省级企业技术中心，通过产学研的联合扩大其功能效应，使之建成一个“没有边界的实验室”，使公司的技术创新处于不间断的逐步升级过程，为实现经济增效的四个转化提供了稳定的保障。这四个转化是：把开发优势变为转化优势，让潜在的隐性优势迅速转化为成果的优势；把生产优势转化为市场优势；把产品优势转化为资本优势，使企业获得超常的资本积累；把产业优势转化为科技优势。公司在技术创新上遵循“一、二、三、四、五、六、七”创新思路，即技术创新要依托技术中心这一载体，以生物工程和药业为两个发展重点，通过技术创新与制度创新、规则创新、资本经营相结合，实现三步联动；在企业自主创新基础上，狠抓四大措施，即实行产、学、研的结合，积极推行国际标准，抓好基础计量标准化工作，搞好信息网络系统的开发建设，提高产品质量和公司的质保能力；同时技术创新还需突破五道关口，即观念突破、导向突破、体制突破、机制突破和功能突破，将技术中心建设成为企业的信息中心、决策中心、新产品新技术开发中心、知识产权与产品的储备中心、商品化技术成果的转化中心、技术人才的培养中心。针对以上几个方面，技术中心要搜集筛选情报，制定近期及中长期开发规划，储备超前技术和产品，追踪研究关键核心技术，转化成果、创新体制，培养学术带头人与技术队伍，参与技术决策、提供决策咨询。依托技术中心，将科技开发与转化应用连成一体，大大缩短了开发与应用的转化周期，既有利于增加产品的科技含量，又有利于加快科技与产品的融合，以最快的速度回应市场，并迅速主动出击，占领市场。公司提出了“生产一代，储备一代，开发一代，研究一代”的科研发展战略，对科技进步的高度重视和大力投入不仅显示了企业在市场经济条件下的远见卓识，而且有力地支撑了企业“人无我有、人有我优、人优我廉、人廉我变”的市场应变机制。

市场经济中的企业竞争，已由单纯的产品内在质量的竞争转化为产品质量、价格、技术质量、品种、性能和功能等全方位的竞争。因此公司对新产品的开发，提出了更高要求，不仅要在内在质量上保持和发展沱牌舍得集团系列酒的风格，还要在包装装璜的外在质量上下功夫，坚持在贯彻“继承传统、兼纳各大名家之长，研制独特上品”方针的基础上遵循“两 P 严要求”原则开发新产品。所谓“两 P 严要求”，一是要求新产品的完美（Perfect），二是要求新产品的个性化（Personal）。在保持满足消费者嗜好要求的基础上，赋予产品以新的技术含量，给人耳目一新的感觉，从而实现产品的换代升级，以“老名牌，新产品”来增加对消费者的吸引魅力。

同时，为迎接 21 世纪市场对营养保健食品的需求，公司依托技术中心，以生物工程技术为核心，多方位、多渠道地研究开发营养保健新产品，最大程度地减少和消除白酒中对人体不利的微量物质，提高白酒的内在品质。公司开发出“不上头、不口干，不晕醉，不伤肝”的“四不”系列低度营养型白酒，以适应白酒消费向优质、低度、营养保健方向发展的趋势。在此基础上，通过生态酿酒 5P 标准等先进工艺技术的研发及应用，成功开发幽雅、舒适、健康型白酒，更好地适应了消费嗜好需求。

市场是企业赖以生存的沃土，谁也不能丧失了它。市场经济中企业的一切生产经营活动都要以市场为导向，通过广泛的市场调研，增强驾驭开拓市场的能力。为进一步开拓市场，公司采取了灵活多变的营销策略，根据不同地区的消费习惯和不同消费层次的消费心理，有针对性地采取不同的营销方式，巩固老市场，开发新市场，在全国各大地区设立销售分公司，建立全国性的营销网络体系。公司为抢占市场的控制权，不仅加强售前、售中、售后的服务工作，更加注重市场的策划，使产品的结构不断顺应市场需求的变化，以便及时调整销售策略。公司将“稳定市场，稳定价格，工商联手，互惠互利，长期合作”作为营销工作的指导思想，建立迅捷畅通的市场信息反馈渠道，定期或不定期地召开用户座谈会和走访用户，广泛听取经销商的意见，及时掌握市场行情，了解市场需求动态。在努力确保主要销售渠道的同时，还与经销商联手开发新产品，实行市场区域销售或垄断销售方式，把经销商与企业紧紧连在一起，共同开发和培育市场。公司不断加强营销队伍建设，把企业的精兵强将和具有一定营销素质的人员配备到销售部门，充实营销队伍，提高销售人员的整体素质。同时，公司拟着手组建全国范围内的以酒业为主体的营销能人网络系统，以实现最大限度地占领市场。

现代市场营销就象一场立体战争，同样需要充分运用各种营销力量进行协同作战，不仅将企业、合作者、经销商等营销力量结合在一起综合考虑，为进一步争取和挖掘市场，更要将消费群体看成企业的一股强大的营销力量。如何才能使消费者成为企业的“推销员”呢？沱牌舍得集团公司在日常性营销方式中着重采取“务实营销”和“口碑营销”策略。“务实营销”是指开展各种让利于顾客的营销活动，给市场上为沱牌舍得集团直接创造效益的卖酒人（经销商）、开箱人、开瓶人（服务人员）和喝酒人（消费者）更多的实惠和好处。通过“务实营销”，吸引更多的消费者，扩大了产品的市场占有率。而“口碑营销”作为一种最直接、最有效且成本最低的营销方式，是利用消费者的从众消费心理，通过消费者相互之间的信息传递，实现产品的营销。沱牌舍得集团一贯以一流的产品配套一流的服务，使消费者在享受高质量的同时，潜移默化地接受沱牌舍得集团企业文化的熏陶，以此给消费者留下深刻的印象。通过消费者的口碑效应，在消费群体中形成一传十、十传百的连锁宣传效果，让每个消费者都不由自主地成为沱牌舍得集团的义务宣传员，以实现公司“口碑营销”的目的。

公司还不断尝试践行新的营销方式，将生产领域沿用的“精益”思想和“6σ”管理工具与“体验营销”巧妙地结合在一起，通过对渠道、终端两条主线的科学掌控，构建了一种标准化营销的新模式——精益（6σ）体验营销，对成功赢销进行科学解码。

在市场营销活动中，不仅重视日常性营销方式，而且注重利用事件或活动开展营销。公司坚持“日常营销是基础，事件营销是推进器”的原则，以日常营销为事件营销积累能量，事件营销的成效由日常营销转化为效益，通过事件或活动营销，宣传了沱牌舍得集团的企业文化，树立了沱牌舍得集团良好的企业形象，提高了品牌的知名度和美誉度。

公司除了在改变营销思想，调整产品结构，进行市场挖潜外，还将眼光伸展到白酒行业以外的软饮料、包装、制药、生物工程等产业，以多元化经营为企业发展注入新的活力，使企业避免单一产业经营的高风险。

“1231”管理思想是沱牌舍得集团公司在激烈市场竞争中经过多年艰难探索的智慧结晶，它不仅是集团企业文化的重要组成部分，也是宝贵的无形资产之一，其理论及实践成果必将有力助推沱牌舍得集团的再次腾飞。

（本编辑部对原文进行了删改）

强化品牌建设，拉动企业发展

——浅议春发公司品牌建设实践经验

天津春发生物科技集团有限公司总经理　邢海明

在经济全球化的今天，知名品牌的市场引导力、品质影响力、商标深入力等，日益成为其拥有人开拓和占领国际市场的巨大资本，我国改革开放以来的实践已经证明了这一点。

“商标”与“品牌”经常被人们混用，但究其本质却存有很大差异。应该明确品牌是一个市场概念，是品牌使用者对顾客在产品特征、服务和利益等方面的承诺；而商标则是一个法律概念，是已获得专用权并受法律保护的商标标志，也是品牌的一部分。

此外，两者的保护和增值方式不同，商标受国家法律保护，增值主要靠按法律及市场规律来运行；而品牌主要靠科技、文化、创新和市场概念来塑造附加值，靠品牌拥有者的管理等方式来保护。同样，在适用范围和扩展空间上也有很大差异，商标的主要功能是依法保护商标拥有者的合法权益和商标的增值，而品牌主要用在社会和市场中，体现在工具和策略的功能上，其功能主要是塑造附加值，让产品或服务卖溢价。

因此，对于企业来说，商标仅仅是企业为了生存、开拓市场的第一步，而真正想要占有市场、赢得市场，企业要做好的是品牌建设与管理。

一、工业品品牌建设现状与必要性

（一）工业品品牌建设现状

对于工业品，一般将其分为两类：一类是中间型产品（如原辅材料、零部件等），主要服务于下游工业品企业，其最终产品可能是工业品也可能是消费品，而其消费品可能是耐用消费品也可能是快速消费品；另一类是最终工业品，主要服务于工业或工程，但亦有可能是民用产品。目前，由于工业品竞争日趋国际化，以及众多工业品生产经营企业的觉醒，加速了工业品品牌时代的到来。但是还有不少的工业品企业的品牌意识仍处于一种朦胧状态。

自我国改革开放以来，消费品行业经过 20 多年发展，才迎来了品牌营销的鼎盛时期。虽然很多企业还不善于做品牌，甚至走了很多弯路，但毕竟开始意识到了做品牌的价值，或者说具有了品牌观念。尽管如此，工业品营销还是存在很多问题，这也是打造工业品品牌的抗性因素。如：

1. 工业品交易注重两个指标：质量和价格。也可以说是注重产品实用性和经济性。工业品采购尤其是批量采购，先比质量再比价格，然后定胜负。注重产品“性价比”功能性价值，忽略情感价值。

2. 工业品推广过于重视推力，而忽略了品牌拉力。。即注重批量交易，强调开发大客户，注重面向客户开展销售攻势，而忽略品牌对客户的吸引力，品牌拉动力很小。

3. 工业品推广注重感情沟通，即人际关系沟通，却不注重品牌沟通，导致“灰色营销”、“地下交易”等不良风气存在，使很多企业不得不在这方面增加投入，却不愿意在品牌建设上多做投资。

4. 工业品企业多注重于专业媒体传播，而忽略大众媒体传播。

（二）工业品品牌建设的必要性

打造产品品牌对于企业来说，所获得的利益是多方面的，难以量计的。

1. 可获得更大的利润空间。国际营销大师米尔顿 • 科特勒在谈及中国制造业时指出：“对于高品质产品进入发达市场时，在质量、价格方面的控制力不大，中国企业需要从品牌上获得 30% 的利润，而不是 10% ～ 15% 的市场加工费”。毋庸置疑，品牌产品可以卖得更高的价格，且依旧具有极强的竞争力，这就是做品牌的魅力。

2. 可以获得更多市场机会。工业品采购决策越来越理性化、民主化。过去，对工业品采购可能一个人就拍板决策，而现在则是一个采购项目的团队，或是一个部门，或是一个项目组，其中还要有专家参与。打造工业品品牌，可以对采购团队形成一个“综合影响力”，容易在竞争中胜出。

3. 可以获得国际竞争优势。世界著名市场战略家杰克 • 特罗特在分析未来市场品牌的意义时指出：“有两类竞争者是成功的，一类是强有力的品牌、大的品牌，这类公司能够在全世界范围内谋求利益；另一类是专门化或者定位很好的品牌，这是一些小的竞争者。”

4. 提升工业品抗危机能力。“特富龙不粘锅事件”中美国杜邦公司研发的特富龙可能致癌的新闻后，杜邦公司以及使用该种涂料的炊具生产商都面临巨大的商业危机。如果杜邦公司不能通过传播正名，产品将丧失生命力。他们清楚地认知到，不粘锅产品的客户群体为大众百姓，取得他们的信服是关键，而不是取得不粘锅企业的信服。

5. 可获得长远的竞争优势。对于大多数工业品企业，市场营销的重点一般放在怎样“赢得”客户上，而不是如何长期“拥有”客户上。

（三）驰名商标的品牌效应

驰名商标一词，最早见于 1883 年签订的《保护工业权巴黎公约》。该公约第六条之二的规定：“公约的任何成员国，在本国法律允许的条件下，对于其他成员国主管机关认为该国一项商标已成为驰名商标，有义务予以保护”。驰名商标是指为相关公众所熟知，在消费者心目中享有崇高的信誉、在市场上竞争力强的商标。驰名商标具有如下三个主要特征：

1. 在较大范围的区域内至少应是在全国范围内，为公众所熟知，世界驰名商标一般在世界上多个国家具有广泛的影响；

2. 具有高的知名度，驰名商标的高知名度主要是以其所标志商品的优质、完善的服务，在消费者心目中长期形成的极高的信誉感；

3. 具有很强的竞争力，竞争力的强弱可依据其所标志商品的市场占有率来衡量。一般商标所标志的商品市场占有率远远低于驰名商标所标志商品的市场占有率。

国家工商总局在几经调研、论证的基础上，于 2009 年 6 月制定并发布《关于贯彻落实 < 国家知识产权战略纲要 >、大力推进商标战略的实施意见》，成立了由总局周伯华局长、付双建副局长任正、副组长，18 个司（局）和直属单位主要负责同志为成员的商标战略实施领导小组，办公室设在国家工商总局商标局。

综上所述，驰名商标的获得正是商标战略的重要组成部分，更是企业品牌建设的重要目标。对此，天津春发公司予以了高度重视，并积累了一定的经验。

二、春发公司品牌建设工作成绩

以此，我们不难看出，作为工业品企业，品牌同样具有重要意义，品牌建设是春发公司发展战略中不可或缺的一环，所取得的成绩主要体现在商标战略上。

天津市双星香精香料有限公司于1996年2月21日注册了“春发”商标及图形，用于第30类商品“食用香精”，并授权给春发公司使用，自此春发公司的品牌之路迈出了第一步。

2007年2月6日公司组织项目专题会，在会议上第一次提出了中国驰名商标申报工作，经过1年的筹措，于2008年3月18日经董事会全体讨论通过，建了申报小组，正式启动中国驰名商标申报工作。

在发生商标侵权事件后，经过半年的准备，于2008年9月至2010年4月先后向天津市工商行政管理局商标处提交了《关于申报认定“春发“商标为中国驰名商标》申请报告和相关证据材料，及两次补充材料。经过3年的努力，最终于2011年5月27日通过工商管理案件被国家工商总局商标局认定为中国驰名商标。

就企业规模和产值而言，“春发”商标并不占优势，但是它作为行业龙头，具有很高的公众知晓度，为“中国驰名商标”评审专家和商标管理部门所认可，并给予较高的评价。驰名商标申报过程，得到了天津市工商行政管理局及东丽分局的大力指导和支持，也得到了有关朋友的鼎力帮助。

在申报过程中，由于社会上频发食品安全事件，这对于申报工作造成了极大的负面影响，在一定程度上延缓了认定结果的实现。但是，“春发”商标在公众、政府、相关社会机构中的知名度已经形成，市场占有率多年来一直占据行业首位，相关部门也出具了证明材料。此外，一份份客户证明，外部检验报告、专项检验报告，都为春发公司产品质量和食品安全保障提供了有利证明。

翻开春发公司每年的申报资料，都可以看到公司的实力和进步，虽然申报期间连续两年没有获得认定，但公司并未放弃努力，因为我们对自己的品牌、对自己的产品有充分的信心。在董事会的正确决策之下，在邢海明总经理的直接领导之下，申报驰名商标的这种信心为我们带来了最后的成功。由此“春发”成为使用在商标注册用商品和服务国际分类第30类“食用香精”的第一个中国驰名商标，这是公司最宝贵的无形资产，未来这份资产将带来无限的增值空间。

三、春发公司品牌建设持续发展战略思路

认定为“中国驰名商标”是春发公司在品牌战略上走出的主要思路第一步，而且仅仅是很小的一步，这是因为：按照世界著名品牌专家大卫·艾克的品牌资产理论，构成一个品牌资产的要素主要有：品牌知名度、品牌认知度、品牌忠诚度、品牌联想及其他资产。因此，工业品的品牌形象不仅仅是公司自身努力的结果，更要经过政府管理部门、行业协会组织、行业专家、媒体、客户（包括经销商）、竞争对手等诸多社会力量的认可。而如何获得这种认可，不仅仅是驰名商标就能做到的，这是工业品实施品牌管理的方向和目标。

（一）构建品牌个性体系

打造公司的品牌应抓好以下几个关键环节：进行品牌长远战略规划，建立品牌传播长效机制，坚持个性品牌传播模式，制定实效品牌传播策略，构造品牌传播沟通工具，整合多种品牌传播渠道，完成足够的品牌积累。具体战略思路是：

1. 要对目前公司品牌资产状况进行检视，明确公司品牌在市场中的状态、地位，在客户心目中的状态和形象，客户实际购买与理想购买的差距，最终确定公司应该在哪些环节加以建设与维护。

2. 之后，应进行品牌核心价值的提炼，这是品牌资产的核心与精髓，它让客户明确、清晰地识别并记住品牌的利益点和个性。提炼出高度差异化、鲜明个性化的品牌核心价值，然后用以统帅企业的一切传播活动，使一切营销传播行为都体现、巩固、强化和丰富品牌核心价值。这已经成为全球强势大品牌进行品牌化战略管理的共识，也是塑造高档、强势品牌的不二法宝。

3. 一个品牌只有具备显著的、独一无二的个性特征，才能与其他品牌进行有效区隔，才能与客户建立起亲密无间的情感和品牌忠诚。只有品牌个性才使得品牌核心价值生动起来，并对客户和市场产生强烈的亲和作用。

春发公司目前可以算是行业大公司，但要真正成为行业的强势大品牌，就必须为品牌注入独特的价值，建立和强化能吸引客户的情感效应，而要做到这些，最佳的办法就是构建丰满的品牌个性体系。这些品牌个性不断提供与众不同的差别，从各个角度，具体、丰满地表现品牌的核心价值，并在其统帅下，有机地结合，构成一个完整的、充满张力的体系，突显品牌识别特征，为公司与目标客户之间构建一个完美而相对独立的共鸣空间。

（二）做好品牌危机管理

好品牌危机管理，这是品牌管理中不可或缺的一个重点。对于品牌企业一些负面的消息，特别容易成为媒体热炒不休的话题。一个普通的质量事件都可能引发消费者、客户对品牌的信任危机，甚至造成致命伤害。经历数十年精心打造的品牌因为一个偶发事件而转瞬即逝的案例比比

皆是。

所谓“品牌危机”，我们可以从相关资料中得到这样一种定义：由于企业自身、竞争对手、顾客或外部环境等因素发生变化，致使社会公众对企业及其产品或服务产生信任危机，从而导致企业面临市场危机并直接关系到企业生死存亡的状态。实际上凡是损害到品牌所涉及的六大支撑要素：“产品、形象、客户、渠道、视觉、商业信誉”中的任何一项，都可能演化为商业企业所须应对的“品牌危机”，并最终削弱其品牌价值。

品牌危机，是对企业品牌管理的一项挑战，同时也充满了机遇。至于如何应对危机，是否能从危机中发现机遇，这是国内众多企业需要予以关注的重点问题。

1. 在没有发生品牌危机时，就应请有关专家、媒体共同来研究制定预防及应对计划，做到未雨绸缪。作为应对计划的一部分，应对企业领导者及对外人员进行媒体公关培训；建立并维护良好的媒体合作平台，定期与媒体进行沟通，获得媒体的信任与支持；加强企业内部传播流程管理，适当时候进行危机预演，使内部人员熟悉发生危机时必须要做的事情。

2. 当危机来临时，公司要以最快速度成立危机工作小组，以最快速度启动危机公关处理方案。无论谁是谁非，都不要隐瞒事实、回避真相，高层领导必须以“企业代表”身份，在第一时间以坦诚的态度直面媒体和客户、公众，以解决问题的态度与之保持良性互动。能否首先控制住事态，使其不扩大、不升级、不蔓延，是处理危机的关键。

3. 在危机公关中，最重要的、最关键的是如何面对媒体。如果公司管理人员不能对外提供强档、充足、一致的信息，媒体就会通过其他渠道寻求信息，成为消息的制造者。

企业应尽力争取政府主管部门、独立的专家或机构、权威的媒体及客户代表的支持，而不是自己去徒劳地解释或自我辩护。

4. 当危机不再继续造成明显损害时，品牌危机管理的重点需要转向尽快使品牌从危机中恢复过来，进入品牌发展的正常状态，以维持企业的连续性和品牌的生存，并使之获得新的发展。在品牌危机恢复管理中，可选用如下策略：

（1）转用策略：利用危机事件的发生，促进工作和管理方式的改进，以此获得多重效果和长期效应；

（2）合并策略：与公司在经营关系、技术关系上比较密切的单位合并，输入其他企业的资源或管理技术，使企业得以生存和发展；

（3）保全策略：将受到不利影响的产品暂时或永久停销、减产或停产；尽力保存技术实力和能力很强的员工，全力维持几个赢利的产品项目，逐渐积蓄能量，东山再起；

（4）成长策略：推出新产品，开发新市场，采用新设备或新工艺，实施新的促销方式和促销通道；

（5）重整策略：对企业进行组织结构调整，调换负责人和高层管理团队，重建企业文化，实施员工激励计划。

总之，品牌管理在中国刚刚起步，尤其是在工业品行业，尚未形成品牌管理意识。春发公司目前的品牌管理也属于起步阶段，并未形成自身的品牌战略规划，只是形成了一定的品牌拉力，但是这种拉力是零散的、无意识的。我们需要对春发品牌进行检视和定位，建立春发品牌个性体系，强化品牌吸引力，同时做好品牌危机管理。

（本编辑部对原文进行了删改）

新浙商 大哲商

——记杭州贝因美集团有限公司董事局主席谢宏

提出约访贝因美董事局主席谢宏，大约有两个月的时间了。春节前十几天，突然接到谢宏助手的通知，说是第二天七点整在杭州香格里拉的早餐厅里接受采访，9 点整，作为评委，他得在这里出席由贝因美倾力支持的首届中国婴童产业创富大赛。

显而易见，谢宏不是一般的忙。

那天早晨，我们一行如约来到了香格里拉早餐厅。一见面，谢宏就向我们赠送了他刚拿到手一个年销售额上百亿元企业的掌门人，用日理万机来形容他是一点不为过的，竟然还有闲情雅致舞文弄墨，着实令我们啧啧称奇。

据谢宏的助手介绍，写作是谢宏最主要的爱好。谢宏是一位爱好思考的人，考虑问题的领域远远超出了他所从事的产业，涵盖了哲学、经济、社会、历史、人类学、心理学等学科。而且一有空闲（往往是晚上甚至深夜），他就把这些所见所感所悟写成文字，甚至放到他的博客里。到目前为止，谢宏已发表各类论文论著 20 多篇（部）。

这是一次与众不同的采访，谢宏给我们充分展示了一位知识型年轻浙商的深度和高度。他高谈阔论，却不是像一般企业家那样泛泛地讲管理、讲营销、讲创新，他侃的都是商道、人道、学道，其视角则是哲学、经济学、人类学、社会学、心理学……

上篇：哲商思维的践行者

一

谢宏出生在一个教师家庭里。过人的天资加上良好的家教，谢宏一直是同龄人中的佼佼者。上世纪八十年代，年仅十五岁的谢宏以优异的成绩考上了杭州商学院（今浙江工商大学），毕业后因品学兼优留校，成了该校最年轻的老师。

据浙江工商大学前校长、现浙江省社科联主席、研究会会长胡祖光介绍，谢宏在大学里工作时，就给人以勤于学习、乐于思考、敢于行动的深刻印象。作为校长，胡祖光对这位年轻人也有着特别的关注。

在大学几年，谢宏一直在默默地为他的宏图大志积蓄能量，铺垫基石。上世纪 90 年代初，谢宏敏锐地觉察到了中国婴童产业巨大的发展空间，于 1992 年毅然“下海”，在杭州创办了贝因美，从而开始了缔造中国婴童产业王国的艰难征程。

谢宏在做出“下海”决定之时，就下定决心：既然选择了办企业、做商人，就一定要做好，所谓“得道成功、德行天下”，这也注定了他以后必定会成为一位出类拔萃的商人。

二

谢宏之所以选择婴童产业作为他实现人生理想的平台，一方面，这是一个在快速崛起的发展大国中空间无限的产业，另一方面，这是一个攸关中华民族前途和命运的产业。显然，从事着如此责任重大的产业，仅仅靠奋斗、靠拼搏是远远不够的。因此，创业十八年来，谢宏一直努力试图让自己成为“另类”的企业家，除了须臾不敢松懈的责任感、使命感外，他一直孜孜不倦地在追求一种境界。有一次，在机场的候机厅里，他意外地看到了新加坡纸业大王黄福毕先生所著的《哲商》，如获至宝。在这部书里，黄福毕的一个观点使他茅塞顿开。黄先生说：完全凭勇气和胆识行事的商人，是草商；学养高的知识分子型商人，是儒商；有大智慧、有思辨能力的商人，是哲商。而哲商把哲学智慧运用到商业中，是哲人和商人的完美结合，是商人中的最高境界。

蓦然回首，谢宏突然明白，十多年来，黄福毕先生的“哲商”理念，不就是自己“众里寻她千百度”的执着追求嘛？

三

作为新生代浙商中的“哲商”，谢宏在打造起一个国内著名的婴童产业王国的同时，也形成了自己一套独到的关于“哲商”的理念。他认为，所谓“哲商”，就是能悟透生命的价值、生活的意义，用哲学的智慧建立起自己的经营哲学、经营战略、经营策略，有着清醒的角色认识、正确的价值取向、坚定的人格精神，应该是“哲商思维”这个概念所包含的主要内容。多年来，谢宏曾利用各种场合再三强调，要进入“哲商”境界，要做成功的经营管理者，首先要具备“哲商思维”，“成功的生意人，一定是懂得生命价值和生活意义的人”，“领悟生命，是一个起点”。

由于视角独到，感悟深刻，理念新颖，谢宏“哲商”的经营理念、“哲商”的发展战略、“哲商”的战术策略得到了广泛的关注和认同，罗建幸、邵清风、林元三位研究学者围绕着谢宏的“哲商思维”完成了《贝因美密码》的研究报告，丰收企业管理顾问公司的吴忧博士撰写了《贝因美是谁》，国内著名媒体都纷纷报道过谢宏的“哲商思维”的思想精华。

四

谢宏说自己骨子里是一个“性情中人”。他喜欢读书思考，喜欢旅行考察，喜欢良师益友。他不喜欢说空话、废话、大话，要说就说真话、实话，同时，他也是一个关注新奇事物的人，喜猎奇，好创新。一旦有了新奇的念头，就按捺不住，就会想方设法地创造条件，寻找机会，去尝试，去实践，去创造，也就是知了就要行，追求知行合一。谢宏始终认为，按他的性格特质，其实更适合去做科学技术的研究。其实，大学教师的职业本还是蛮适合他的，而他却早早地放弃了，这其中的矛盾，或许只能靠“哲商思维”来解答了。

《哲商思维》是作为新生代“哲商”标杆的谢宏近年来观察、思考和感悟的文字记载，是百分之百的真情实感。在这部书里，记录了一位富有使命感和责任感的知识型企业家的商道、人道和学道，也是对“哲商”最生动、最形象的诠释。

《谢宏说法》是《哲商思维》中的开篇，记录的是谢宏在三聚氰胺事件中的感受和认知。2008年，当二聚氰胺污染奶粉事件震惊海内外时，贝因美旗下的三家公司无一涉案。这是他一开始就给自己确立的经营原则上的“保险”：“决不能让商业利益伤害到专业，但专业也要体现商业价值。”自从创立贝因美以来，谢宏就深知食品安全兹事体大，一直是诚惶诚恐，如履薄冰，不能做就不做，绝不能唯利是图，急功近利！谢宏认为，这一事件的发生，归根到底是违背客观规律，以火箭速度搞大跃进——超常规发展乳品行业带来的恶果。这既违反自然规律，又违反价值规律，还违反产业发展规律，自然要遭到惩罚。在《我发誓：一定让中国宝宝喝上国际品质的放心奶》中，他告诫食品产业投资商：“良心产业不是投机者的乐园！”

作为中国最早一拨食品卫生（现在是食品安全）本科生中的一员，又是从事了近20年食品产业的企业家，谢宏深知食品安全至关重要。在《食品安全搞好了，中国就真的强大啦！》中，谢宏提出：如果中国的食品安全问题解决了，那么就意味着：

——中国的农业和农民问题解决了！

——中国最大的难题——人口与资源问题解决了！

——中国现代化最大的障碍——国民素养提高了！

——中国的人口包袱成功转化为人力资源优势了！

谢宏坚定地认为，自己是一位儒商。他对儒商有一个自创的定义，那就是有道德有良知的商人。做儒商最重要的是不能见利忘义，而一定要实现义和利的完美统一。那么，如何实现义和利的完美统一呢？谢宏认为要统筹兼顾五大价值，并且实现这五大价值的统一。这五大价值是客户价值、员工价值、股东价值、合作伙伴价值和社会价值。这五大价值构成了一条完整的生态链。在这根价值链上，相互之间应该是合作共赢的关系，而绝不是你死我活的关系。其中，在统筹社会价值方面，谢宏特别注重依法纳税和扩大就业。如果做到了这五大价值的统筹兼顾，就做到了义和利的统一，也就是所谓的“君子爱财，取之有道”。

作为一名成功的企业家，谢宏把做人放在了首要位置。他曾经说过，他不认为他今天已经很成功，但他可以掷地有声地说做人问心无愧！他还专门总结了人生发展的十大陷阱与同事与朋友共鉴：迷失人生目标、丧失做人原则、缺乏自知之明、急功近利、自以为是、自以为大、半途而废等。

在谢宏身上，最让人肃然起敬的是他的责任感和使命感。作为企业家，他固然要思考企业的近期经营和长期发展。同时，作为一名共和国的公民，他也经常关心和思考国家大计。在改革开放三十周年之际，谢宏提出，中国必须要向现代化甚至后现代化转型，而现代社会是由无数根支柱构成的，就是所谓的知识社会、公民社会、法治社会、道德社会、商业（商人）社会。为此，政府应该尽早大力推行全民社保、全民医保，这对转变国民心态，解除国民焦虑，提升国民素养，甚至对拉动内需，都有成效。他还大声呼吁，建立一个更加公平高效的服务型政府，真实落实“为人民服务”理念，叫响“对人民负责，让人民放心，让人民满意！”

谢宏告诉记者，最近，他正在思考中国的城市化问题。城市化不是简单的城镇化，这是一项高度的系统工程。他认为，这是一个决定中国长远发展的根本性问题。他甚至断言，解决了中国城市化问题，就真正解决了科学发展观问题。

谢宏的“哲商思维”既系统又全面，很难简单地表述，在这里，笔者再采撷其中的几个精典理念，与读者共飨：

行业领袖应该是行业发展的风向标，其对行业规律及发展趋势有着最深刻的理解和把握，能发挥导向作用。

好的管理者凡事首先要判断利害关系（价值属性），凡事一定要认真研究策划，凡事一定要讲究效率效益，凡事一定要即时反馈复命，凡事一定要及时总结提高。

中国应进一步大力强化国家营销，我认为最重要的就是在全球打响“中国”这个品牌，提升美誉度和品牌价值，使之成为全球公认的顶级品牌！

所谓成功，我认为就是你自己设定的目标达成、愿望实现、价值体现出来。千万不要把别人的目标当作自己成功的标准。

为人父母之道，说千条道万条，最重要的是把握一条：

给孩子无条件的爱，千万不要无原则的宠！

经济的背后是文化，文化的背后是道德，道德的背后是信仰，而所有这一切都要靠教育来完成。因此，最积极根本的办法就是大力投资教育。

下篇：婴童产业的领军者

一

1992 年，谢宏告别了母校杭州商学院，开始“下海”创业。

谢宏在作出这一决定前，已经进行了多方面的调查准备。作为食品专业的大学生和随后的大学教师，谢宏敏锐地发觉到了中国婴童产业存在的巨大潜力。首先，中国的婴童食品种量少、品质低；其次，中国的百姓正在快速地走向殷实富足，原有的少量品牌远远不能完全满足中国婴幼儿生长的需要；此外，中国的婴幼儿有着特有的生长机能和生理特性。当他完成了专门针对中国宝宝营养需要以及生理消化特点而开发的婴幼儿营养米粉的研制工作之后，就明确了一个至今不变的目标——做中国最出色的婴童食品企业，为中国宝宝提供优质食品。继 1992 年研制上市贝因美速食婴幼儿营养米粉后，1995 年，贝因美又配制了婴幼儿各类辅食，2001 年，贝因美隆重推出了婴儿配方奶粉。2008 年 6 月，由贝因美投资引进的国内首条具有国际先进水平的高端婴幼儿配方奶粉生产线在黑龙江安达市投产，此项目的建成标志着贝因美生产的高端婴幼儿奶粉的技术水平和产能已经跻身中国乃至世界前列，预计今年三期工程完成后，贝因美安达生产基地将成为年产 10 万吨的亚洲最大的现代化高端婴幼儿配方奶粉生产企业。

奶粉、童装、玩具、早教、书籍、动漫……可以形成一条长长的产业链，而这条产业链托起的则是规模巨大的婴童经济。

谢宏很早就洞察到这一点。早在 10 多年前，当贝因美婴童食品业务基本成熟时，谢宏就开始布局婴童产业链上的其他棋子，从“专为中国宝宝研制”到做中国宝宝的“育婴专家”，贝因美的产业链被进一步拉长，并先后推出了“BEINGMATE 品牌授权经营项目”和“贝因美婴童生活馆项目”。

2001 年 5 月，BEINGMATE 国际品牌样板店在杭州开业。这家全新模式的婴童产业连锁店除了提供会员制的母婴商品零售外，还定期举办“妈咪课堂”、“冠军宝贝训练营”等一系列母婴服务项目。到目前为止，遍布全国的授权店已经有 1000 多家。

近年来，国外的“Hello Kitty”、“机器猫”、“米老鼠”等动漫形象风靡全球，从而带动了相关产业的大繁荣大发展。谢宏觉得，打造中国自己的动漫形象，是带动婴童行业转型升级的又一契机。目前，贝因美已控股成立动漫卡通公司，开始投资拍摄制作自有知识产权系列的动漫影视。

据有关机构估算，2010 年，全国婴童市场规模可达 1 万亿元。2009 年，贝因美已经赢得了 100 多亿元的份额。今年，贝因美计划抢到更大份额。目前，贝因美共有分公司 30 家，下属业务部 150 多个，专业母婴顾问服务人员近 3 万名，并且计划在今年将 1000 多家品牌授权店扩大到 2000 家以上。谢宏已经初步打造起了独具特色又极具综合竞争力的婴童产业王国。

二

从上世纪 90 年代末期以来，中国奶粉行业先后爆发了一系列令人痛心的事件。先是 1998 年的“二恶英事件”，后是 2004 年的“大头娃事件”，再到 2008 年的“三聚氰胺事件”。在这一件件涉及众多奶粉企业的丑闻中，贝因美都能“独善其身”。以至于 2008 年秋天的一个时期，国内不少超市的货架上国产奶粉只有一个品牌在销售，那就是贝因美。贝因美为何能始终远离这一系列的乱象？答案是：谢宏致力于打造国内婴幼儿奶粉第一品牌的努力确保了贝因美产品一流的品质。

有人说，赚孩子的钱比喝水还容易。正因为如此，不少抱着投机心理的投资人直奔婴童产业的“钱”景而来。而在做的过程中，往往是急功近利，急于求成，而忽略了至关重要的品质。谢宏时常告诫他的团队：“婴童产业归根结底是一个良心产业，有好的设备好的技术好的管理而没有端正的经营动机，迟早要垮，而且往往是顷刻便垮！”

正因为如此，自贝因美出生以来，谢宏始终将她当女儿养，精心呵护。在同行们纷纷“重市场、轻牧场”，将 80％的资金和人力用于市场营销时，谢宏却将 80％的资金和人才用在了奶源的品质保障上。为了拥有一流的奶源基地，贝因美不远千里，在国际公认的北纬 45° 最佳养牛带——黑龙江安达市分期斥资 13 亿元，建起了国内首条具备国际先进水准的高端婴幼儿奶粉生产线。

2008 年 11 月 18 日，在北京“贝因美婴童生活馆全球概念店”开业之际，贝因美发布了中国婴童行业首部企业社会责任（CSR）绿皮书，郑重向客户承诺：“用爱心、专业和责任心为孩子们提供放心产品”。与此同时，作为杭州婴童行业协会会长的谢宏也一直在推动相关行业标准的出台。同年 12 月，中国标准化协会发布了由杭州婴童行业协会起草的《商品质量管理要求》，这有力地促进了中国婴童产业的标准化建设，大大提升了整个行业的产品质量。

三

中国的婴童产业蒸蒸日上，主要产品年增长率都在百分之五十以上。据有关部门预测，2010 年全国婴童产品的市场规模将超过 1 万亿元。强大的市场需求给婴童产品的生产和流通带来了巨大的商机。然而，令人忧心的是前几年，婴童产品市场缺乏有效的监督体系，产业结构不合理，生产要素集中度低，产品研发能力薄弱，产品质量参差不齐，已经成为该行业的顽疾。行业规范缺失、人力资源缺乏则成为行业发展的两大核心瓶颈。由于缺乏有效的监管，婴童产业内部缺乏沟通，缺少协调，内耗严重。作为国内婴童产业龙头企业的掌门人，谢宏看在眼里，急在心里。他大声疾呼：产品的科学性和安全性应该成为行业的核心价值诉求；政府部门应该对婴童产业给予特别的产业扶持和强制规范化；从业者应该怀有强烈社会责任感，做到高度自律。为了推进行业的规范化发展，2004 年 9 月，谢宏发起建立了中国唯一的婴童行业组织——杭州婴童行业协会，并率旗下知名婴童企业签订《自律书》，承诺“以质量求生存，用良知做事业”。这个由贝因美牵头、企业自发成立的民间组织在杭州市政府的大力支持下，已经汇集了企业会员 50 多家，个人会员 30 多名，名誉会员 220 家。作为杭州婴童产业的行业老大，贝因美当仁不让地担任了协会的会长单位。谢宏及贝因美集团为协会的运作付出了巨大的精力和财力，每年仅为协会提供的经费就在七位数以上。

从 2004 年开始，国内外婴童行业的大大小小企业每年都要汇集到杭州。由杭州婴童行业协会承办的一年一度的中国妇幼婴童产业博览会已经成为中国婴童产业最具影响力的专业展会，并且在亚太地区也颇负盛名，最近几届的交易额都突破了百亿元。

2009 年，为鼓励年轻人在婴童行业创业创新，谢宏发起并资助举办了以贝因美冠名的中国婴童产业创富大赛。大赛吸引了国内许多有志于婴童产业的青年才俊，从中发现了一批高水平的创意和优质的项目，这些创意和项目最终将实现产业化。

四

杭州目前共有婴童产业生产企业约 130 家，还衍生了一批如早教、母婴服务等服务性机构，汇集了一批知名品牌，如贝因美、贝贝血宝、保灵孕宝、十月妈咪、孕美、娃哈哈、百利威等。基于雄厚的产业基础及强劲的发展态势，2007 年，在第二届“中国（杭州）国际婴幼童产业高峰论坛”上，谢宏提出的“婴童产业之都、生活品质之城”理念得到了杭州市政府的高度肯定和大力支持。随后，婴童产业被列入了杭州市十大特色潜力行业之中，杭州市经济发展委员会编制了《杭州市婴童产业发展规划》，并提出了杭州婴童产业三步战略目标：第一步，2007—2011 年行业销售总额 200 亿元；第二步，2010—2020 年，行业销售总额 1000 亿元；第三步，2021—2050 年，行业销售总额 3000 亿元。

作为杭州打造“婴童产业之都”的公认推手，谢宏拍板加大在杭州的投资。2008 年 7 月，杭州国际婴童产业园正式落户杭州钱江经济开发区，园区建成后将形成食品、用品、服装、玩具四大支柱，目前已有 20 多家企业进驻园区。而贝因美总投资 3 亿元、占地 72000 平方米、年产 6 万吨配方乳粉项目是第一个进入园区的重大项目，投产后年产出不低于 50 亿元。今后一两年，园区内企业的产值将达到二三百亿元。而今，杭州市婴童行业已步入了一个全新的发展轨道，并日益成为杭州经济的一个新增长点。

多年来，谢宏为中国婴童产业的发展，为中国婴童经济的繁荣可谓殚精竭虑，但他依然是乐此不疲。因为他坚信：“如果一个企业能够为整个行业的发展打开创新空间，同时撑起足够的利润空间，让更多的同行存活并且快速健康成长，这样的企业想不成为行业的领导者也难。”

北京燕京啤酒集团公司

燕京啤酒于 1980 年建厂，1993 年组建集团，现已由起步时投资 640 万元的小型啤酒企业，发展成为拥有总资产 150 亿元的全国大型啤酒企业集团，并进入世界啤酒产销量前八名。目前，燕京啤酒集团公司拥有啤酒生产企业 37 家、啤酒原料生产基地 2 家、相关附属产品企业 7 家，其中燕京总部已成为亚洲最大的啤酒生产基地。集团公司连年被评为全国 500 家最佳经济效益工业企业、中国行业百强企业，在同行业中率先通过了 ISO9002 产品质量认证和质量体系认证、ISO14001 环境管理体系认证和食品安全控制体系 HACCP 认证，成为国内 5 家 4A 级标准化良好行为企业之一和 2008 年第 29 届北京奥运会啤酒赞助商。1997 年燕京牌商标被国家工商局认定为“驰名商标”，商标商誉价值现已达 229.52 亿元。

高品质的燕京啤酒先后在国际国内多项评比中获奖，被指定为“人民大会堂国宴用酒”、国际航空公司配餐用酒、国家绿色食品 A 级产品、中国名牌产品，取得了北京市场

85%、华北市场 50%、全国市场 12% 的市场占有率。燕京多年来保持全国产销量第一，行业经济效益第一，发展态势持续、稳定、健康、高速。2005 年、2006 年集团公司分别以 312 万千升、353 万千升的啤酒产量顺利进入世界啤酒行业前十强。2009 年，燕京集团完成啤酒产量 467 万千升，同比增长 11%；销售收入 133 亿元，同比增长 15%；实现利税 30 亿元，同比增长 30%，连续 14 年位列同类产品市场销量第一名，较好地保持了在行业中的主导地位。2010 年 1 ～ 6 月份完成啤酒产销量 243 万千升，实现销售收入 69.6 亿元，利税总额 16.5 亿元。

1997 年燕京完成股份制改造，具备了"A 股身份、红筹背景"这样一个独特而优秀的股权结构模式。上市以来，燕京通过一次新发、两次配股、一次可转换债券成功地募集资金突破 40 亿元，大大提高了企业的竞争实力。2006 年，燕京又全面完成股权分置改革任务，开创了资本市场良性循环、健康发展的新局面。2008 年，燕京顺利完成再融资，通过非公开发行股票募集资金 11.2 亿元，为公司实现"十一 • 五"规划实现 500 万吨战略目标，奠定了坚实的基础。

从 1998 年开始，燕京由单一的产品经营，转向了产品与资本的双向经营，本着市场前景广阔、有良好的水资源、设备有可改造性、领导班子团结有力、当地政府支持力度大等"择优而进"的五项原则，参与行业整合，进行联合购并。先后在华中、华南、东南、西南、华东、华北等地区建立了 37 家外埠分公司。通过输入燕京的管理、品牌、技术与人才，外埠公司实现了规模与效益的同步增长，促进了燕京集团全国市场开发，提升了燕京品牌，增强了集团公司整体竞争力。

燕京特别注重企业文化建设和企业精神的培育，从而大大增强了企业的凝聚力。燕京长期培育的"尽心尽力的奉献精神，艰苦奋斗的创业精神，敢打硬仗的拼搏精神，顾全大局的协作精神，为企业分忧的主人翁精神"的五种燕京精神，和"以情做人、以诚做事、以信经商"的经营理念，以及奉献机制与激励机制相结合的分配模式，使企业克服了一个又一个困难。

燕京下一步的目标是在 2010 年啤酒产销量达到 500 万吨，2015 年啤酒产销量达到 800 万吨，进入世界啤酒行业前六名，力争第五名，并实现燕京品牌的国际化提升。燕京按照积极而稳妥的方针，依托行业发展的大环境，实施名牌战略，调整产品结构，积极参与国内和国际的两个市场竞争，确保在中国啤酒行业中的领先地位。同时，燕京将搞好资本运营，培育新的经济增长点，使企业继续保持快速、健康、稳定、高速发展态势。

北京稻香村食品有限责任公司

【概 况】

悠悠百年 继往开来 自公元 1895 年金陵人郭玉生南菁北迁、落户前门观音寺，到 1983 年老掌柜刘振英勇担重任、小胡同里艰难复业，再到现在第六代掌门人毕国才继往开来、开辟发展新篇章，北京"稻香村"已在京城薪火相传悠悠百年。

行业领先 迅猛发展 如今，改制为食品有限责任公司的"北京稻香村"，以稳健、迅猛的增长态势，领跑着中国传统食品业的健康发展。公司拥有 109 家连锁店，一个物流配送中心，300 多个销售网点和独具特色的社区连锁店体系；一个占地 120 亩、建筑面积 7 万平方米的现代化生产基地；生产糕点、肉食、速冻食品、月饼、元宵、粽子等特色食品，共 16 大类 600 多个品种。年销售额 25 亿元。

传承精髓 质量为纲 北京稻香村始终坚持"承中华智慧，融现代精神，弘扬中国食品文化"的核心理念，在继承"前店后厂、自产自销"传统经营模式基础上探索出"一体两翼、工商互动"的事业发展模式，高度重视产品质量。早在 2002 年，公司就通过了质量、环境、食品安全三体系认证；2005 年作为示范企业，在全国传统糕点行业率先通过了最新标准 ISO22000 食品安全管理体系的认证。2008 年，被指定为北京奥运会食品供应商，在产品质量管控方面达到国际水平。

锐意进取 勇创佳绩 北京稻香村曾荣获"全国食品工业优秀企业"、"中国名牌"、"中华老字号"、"北京市著名商标"、"中国食品工业百强企业"、"重点行业（糕点）十强企业"、"北京十大商业品牌金奖"、"最佳行业影响力企业"等多项荣誉。

【经营业绩】

2010 年，是北京稻香村发展的协同管控转型年。在科学发展观和传统产业现代化基本理念指引下，公司全面推

入，换来的是丰厚回报。宋河改制后，尤其辅仁集团经营宋河酒业以来，对宋河酒业再次进行了大规模技术改造，为宋河插上了新的腾飞翅膀。

宋河酒业，以市场为导向，全面贯彻实施“以绩效为核心的人本管理”战略，坚持走名牌持续发展之路，积极发掘宋河文化内涵，注重品牌建设与优势扩张，不断深化营销理念创新、科技创新、管理创新、全面提升企业综合管理水平和市场运营质量，继续遵循可持续性发展产略，传承五千年美酒文化，创新经营，优化管理，不断增强企业综合竞争力，追求卓越，永创一流，向国酒品牌的全球化道路迈进。

八、宋河荣誉

1979年，“宋河粮液”被评为河南省名优产品；1984年，“宋河粮液”获轻工部银杯奖；1989年，“宋河粮液”在第五届全国；2001年中国名酒复评，宋河粮液以其稳定的质量，再次荣膺“中国名酒”称号，被列为河南省重点保护产品、省卫生系统免检产品；2001年“宋河牌”被河南省工商行政管理局认定为河南省著名商标；2001年“宋河粮液、宋河特曲、千年宋河、宋河福酒”被中国质量检验协会评定为国家质量检测合格产品；2003年“宋河粮液”被河南省经济贸易委员会、河南省人民政府食品工业办公室认定为河南省食品工业第一品牌；2003年“宋河粮液”被河南省名牌战略推进委员会授予河南省名牌产品。2004年11月，宋河商标被国家工商总局商标局认定为中国驰名商标。2005年通过HACCP食品安全认证。2007年在中国名酒复评中确认保持中国名酒称号。

河南永达食业集团

河南永达食业集团是集肉种鸡繁育、饲料生产、商品鸡养殖、屠宰加工、熟制品生产、冷藏配送、商业连锁、国际贸易为一体的肉鸡产业化外向型企业，是“农业产业化国家重点龙头企业”、“国家扶贫龙头企业”、“全国少数民族特需用品生产定点企业”、“全国民族团结进步模范集体”、“全国食品工业百强企业”、“中国肉类食品行业五十强企业”、首批“国家农业综合开发财政投资经营试点项目企业”、国家首批中西部唯一一家“出口食品农产品免验企业”、“全国食品安全示范单位”，是全国最大的“农业标准化国家级肉鸡养殖示范区企业”，永达食品荣获“中国名牌产品”、“出口食品农产品免验产品”、“中国名牌农产品”等荣誉称号，永达商标被认定为“中国驰名商标”，企业技术中心是“国家认定企业技术中心”。

集团下辖16个分子公司，现有员工8000余人。公司拥有肉鸡生产线3条，年屠宰加工肉鸡规模6000万只；出口注册鸡肉熟食加工厂1座，年加工能力2万吨；熟食生产厂1座，年加工能力1.2万吨；速冻面食生产厂1座，年加工能力6000吨；在建年加工20万吨速冻调理禽肉食品园区1座，其中3座工厂已经投产，新增加工能力5.5万吨；肉种鸡场7座，年存栏种鸡50万套，与其配套的孵化厂2座，年孵化能力7000万羽；饲料生产线4条，年加工能力40万吨；拥有“永达放心鸡”连锁店150多家；年出栏30万只现代化商品鸡场102座，年出栏毛鸡3000万只；公司社会养鸡遍及豫北5市20个县（市）及河北省邯郸市5个县，联接农户2300多家社会养鸡，年出栏肉鸡1500多万只；带动农户建设标准化养殖小区50多座，年出栏肉鸡1500多万只。每年为农民增收1.68亿元。

公司先后通过了HACCP、ISO9001、ISO14001、ISO22000、GAP、QS、无公害农产品、无公害畜产品等国际国内产品质量保证及环境保护体系认证，化验检测中心通过国家合格评定委员ISO/IEC17025认证。永达食品畅销国内30个省、市、自治区和香港特别行政区，公司是肯德基、麦当劳等国际快餐连锁企业的“十大供应商”。在国际市场，出口到日本、韩国、南非、中东、东南亚等10多个国家和地区。

食品安全是食品企业的生命，打造食品安全是企业的最重要使命，推行企业标准化管理是食品安全的重要保证。公司企业标准化建设，涵盖了从养鸡生产到产品售后服务的全过程。按照ISO9001和HACCP质量保障体系的要求，公司建立了542个企业管理标准，从2002年开始致力于“食品安全三大保障体系”的建设，该体系被国家质检总局指定为“肉类出口企业食品安全三大保障标准体系”。

一是疫病防治体系：从源头抓起，在种鸡饲养、雏鸡孵化、饲料加工环节严格按照标准程序控制疫病及药残，而重点控制在商品鸡饲养环节。对于商品鸡饲养场（户），公司实行“五统一”管理，即“统一供鸡苗、统一供饲料、统一供药品、统一防疫程序、统一回收屠宰”，建立物流配送中心及22个配送服务站，为场（户）提供饲料、药品的供应和技术服务；在现代化商品鸡场，实行工厂化饲养管理，实施标准化饲养和卫生防疫程序，鸡舍的通风、取暖、湿度、温度、供料、供水等实行程序化控制，从根本上保证了肉鸡的无公害品质。对符合肉鸡出口的商品鸡场，通过省出入境检验检疫局检查验收，于2003年向国家质检总局备案了83座出口商品鸡场；

二是药残监控体系：公司投资800多万元，建立起现代化的化验检测中心。化验中心具备疫病、药残、微生物三大检测功能，出口产品所有检测项目均可完成，通过了国家合格评定委员会ISO/IEC17025认证，被河南出入境检验检疫局认定为禽肉及其制品指定检测机构；

三是质量保障体系：公司按照国际标准，在食品加工厂的各个环节，建立实施卫生标准操作程序（SSOP）、加工标准操作程序（SOP）、良好生产规范（GMP）、危害分析与关键控制点（HACCP）等食品安全质量保障体系。对各食品工厂的生产加工环节进行危害分析，设立关键控制点，完善在线检测、品质塑源和召回流程，层层把关，严格检测，实现了食品加工的标准化、规范化、无公害化。

2008年，公司在鹤壁新区投资7.95亿元建设康食源食品园区，即建设年加工20万吨清真速冻调理食品项目，规划总用地390亩。标准化全程控制食品安全年加工10万吨清真速冻调理食品项目为该项目的一期工程。

截至目前，项目已累计完成投资3.8亿元。该项目一期工程已进入收尾阶段，整个一期工程占地290亩，主车间建筑面积4.7万平方米，配套设施面积1.6万平方米。目前，一期工程四个生产车间中，三个车间已建成正式投产，其中河南永达康食源食品有限公司面食工厂年产速冻面食、调理食品3万吨；河南永达生物食品有限公司骨素工厂年产各类高级调味品5000吨；河南永达百世特食品有限公司偶蹄工厂年产方便菜肴系列产品2万吨；禽肉速冻调理食品车间主体工程已竣工，正进入收尾阶段。与此同时，园区供水、供电、供气、供热、污水处理、厂区主干道已全部完工；员工住宿楼、餐厅已交付使用。

项目全面建成达产后，将成为同行业最大的禽肉调理食品生产基地、最大的清真食品生产基地。届时年可实现销售收入30亿元，利税4亿元，可带动周边10多个县（市），10000多农户，出栏加工销售肉鸡1.2亿只，创造社会效益2.4亿元。可安排劳动就业16000人。

该项目科技含量高，产品附加值高，将使永达食品实现从初级加工到精深加工方向的转变，对永达集团延伸产业链，实现产业升级具有重要意义。

河南众品食业股份有限公司

河南众品食业股份有限公司是专业从农产品加工、食品制造与冷链物流服务于一体的食品集团。公司总部位于河南省许昌长葛市。公司性质为民营股份制企业。公司综合实力位居中国肉类行业前四位。

公司是首批农业产业化国家重点龙头企业、全国农产品加工业示范企业、全国新农村建设百强示范企业、商务部“万村千乡市场工程”承担企业、“农超对接”试点企业、中央储备冻肉企业、中央储备肉活体储备代储企业、河南省百户重点企业、中国冷链物流示范企业。

公司主导产品——生鲜肉制品、低温肉制品分别荣获“中国名牌产品”称号，“众品”荣获“中国驰名商标”称号。

多年来，公司抢抓市场机遇和政策机遇，始终围绕“农”字，连做“农产品基地、农产品加工、农产品流通”3篇文章，通过区域化布局，产业化经营，标准化管理，专业化发展，国际化运作，“把工厂建在农区，把技能传给农民，把冷链延到农村，把市场连到农家”，探索出了一条“市场连接基地，产业带动区域，工业反哺农业”的发展模式。在自身发展壮大的同时，带动了农村发展、农民致富、推进了产业升级。

在产业布局上，立足河南，分别在总部和豫南、豫北、豫西、豫东先后建设5个标准化农产品加工和冷链物流产业基地。同时，公司以管理输出方式，通过并购、联盟合作等模式，先后在东北、华北、西南、华东等省区建立了10多个众品产业基地和冷链物流产业基地。

在农产品物流配送和市场布局方面，建立了大中原地区、长三角地区、环渤海湾地区、中南地区、珠三角地区以及东北、西南等区域15个农产品加工配送中心和市场网络。

公司已建立了以农产品配送系统为核心，以出口、直销、分销为通道，以商超、连锁经营、高端团购为终端的网络系统。国内市场覆盖国内20多个省区，主要锁定长三角、珠三角、闽三角、华中、东北、华北及环渤海湾地区，以及外资肉制品企业上链供应等高端市场。产品出口20多个国家和地区。

在地域市场，依托连锁店（柜）等终端网络，建立了以河南为中心，辐射周边省份6小时经济圈内的中心城市的连锁营销系统，开设连锁店、加盟店、“万村千乡”农家店2000多家，初步建立了以信息系统、储运系统为核心的农产品配送供应链。与国内大型零售业集团建立了战略合作伙伴关系，开创了“农超对接”新模式。

在农产品原料基地建设方面，通过完善利益联结机制，带动养殖场、养殖户增收。围绕产业链带动了农村经济合作组织，培训农村劳动力和农民经纪人，形成了总规模超过100亿元的农产品产业链。

在标准化建设与技术创新方面，公司与国内知名高校院所合作，建立产学研结合的平台；公司技术中心是农业部认定的“国家猪肉加工专业分中心”和“河南省调理肉制品工程技术中心”。检测中心通过了CNAS认证，实验室被认定为国家级实验室。公司通过新技术和先进实用技术的应用，不断提升企业的技术创新能力。

未来几年，公司将继续立足河南，面向全国，以开放思维整合社会资源，专注食品产业，持续提升企业核心竞争力。

在产业链上游，原料基地围绕河南现代畜牧业产业体系建设规划，以新技术应用为切入点，通过建立标准化示范基地，提升供应链协同度；在产业链中游，构建初加工、精加工、深加工和综合加工梯次开发的产品格局。在产业链下游，以标准化和信息化建设为手段，整合供应链资源，建立和完善冷链物流与生鲜加工配送网络，打造链、群、网结合的发展模式；以产品开发和市场开发带动品牌建设；以建立品质溯源体系保障食品安全；以冷链物流服务实施品牌延伸，提升品牌影响力，成为最有价值的国际农牧产业集团之一。

公司将紧紧抓住国家实施粮食战略工程和河南建设食品工业强省的机遇，立足河南，辐射全国，融入全球，将继续立足农副产品深加工，不断拉长产业链条，提高附加值，扩大规模，占领行业制高点，将河南的农产品资源优势转化为强大的“背书”，充分依托农区的粮食、畜产等资源优势和劳动力优势，把中原“大粮仓”变成中国乃至世界的“大厨房”，以更加优异的业绩，带动更大范围内的农业结构战略性调整和农民增收，为实现中部崛起和新农村建设、构建和谐社会及促进河南经济发展做出新的贡献。

公司总部地址：河南省（许昌）长葛市长社路21号
联系电话：0374－6219326　　6226806（传真）
客服热线：800-883-5520　　400-693-7978
E-mail：zhongpin@zhongpin.con
网址：www.zhongpin.com

重振旗鼓的古井集团

古井集团是中国老八大名酒企业，是中国第一家白酒类上市公司安徽古井贡酒股份有限公司的母公司，坐落在历史名人曹操与华佗故里——安徽省亳州市。公司的前身为起源于明代正德十年（公元1515年）的公兴槽坊，1959年转制为省营亳县古井酒厂。目前公司拥有员工7300多名，集酒业、商旅业、房地产业、类金融业等产业为一体，是国家大型一档企业。在2007年度中国企业集团纳税500百强排行榜中，古井集团位居第365位，在整个安徽企业集团中排名第8位。在2009年中国500最具品牌价值排行榜中，古井贡以46.60亿元位居第175位，并获选“影响世界的民族品牌”。

古井贡酒是集团的主导产品，其渊源始于公元196年曹操将家乡亳州产的“九酝春酒”和酿造方法晋献给汉献帝刘协，自此一直作为皇室贡品。它以“色清如水晶、香纯似幽兰、入口甘美醇和、回味经久不息”的独特风格，四次蝉联全国白酒评比金奖，是巴黎第十三届国际食品博览会上唯一获金奖的中国名酒，先后获得中国驰名商标、中国原产地域保护产品、国家文物保护单位、国家非物质文化遗产保护项目等荣誉，被世人誉为“酒中牡丹”。目前公司主打产品古井贡酒“年份原浆”，以“桃花曲、无极水、九酝酒法、明代窖池”的优良品质被安徽省委省政府指定为接待专用酒，并获选2009、2010年全国“两会”政协宴会用高档白酒。安徽古井贡酒股份有限公司多年来一直位列中国白酒企业前十强，2008年10月古井酒文化博览园被国家旅游局批准为AAAA级旅游景区，这也是中国白酒业第一家AAAA景区。

古井酒文化博览园兴建于1994年，园区占地面积117万平方米，整体投资5亿多元。博览园旅游资源非常丰富，主要是依托闻名天下的古井贡酒及其衍生的文化作为主要内容，具体景观达40余处，主要景点包括1400年前的魏井、1000年前的地下宋井、明代正德十年即公元1515年前的窖池群，古井酒文化博物馆、酿酒体验区与休闲区，地下酒库，古井园、古井宾馆等。其中有3处已经申报国家重点文物保护单位，即魏井、宋井、明代窖池群，1个国家非物质文化遗产保护项目，即源自公元196年曹操晋献“九酝酒法”以来的古井贡酒酿造工艺。可以说古井酒文化博览园是荟萃了中国酒文化的结晶，是中原酒文化的杰出代表。2008年10月份，国家旅游局正式批准古井酒文化博览园为国家4A级工业旅游风景区，这也是当前中国白酒业第一家4A级旅游风景区。

其主要景点古井酒文化博物馆占地面积3200平方米，展厅面积1152米。大殿是博物馆的主展厅，共两层，一楼和二楼共7个展区，东西两边是配殿。配殿后面是一条清式回廊。清式回廊连结的是古井最早的车间，也是古井酒厂前身明正德十年（公元1515年）“公兴槽坊”旧址。馆内藏有大量酒器酒具、文献资料和珍贵酒样，其中包括已成为海内孤本的1989年最后一届全国评酒会的全部参评酒。2008年，古井集团对原有馆舍和展线进行升级改造。改造完成后的博物馆，利用声光电等方式，通过实物陈列、情景再现、现场模拟等手段，让游客能够非常直观的感受到源远流长的中国酒文化。游客在景区里可以享受吃、住、游、娱、购的一条龙服务，并且可以身着汉服亲自体验酿酒的过程，还可以品尝刚刚酿造出来的原酒，享受个性化的产品服务等。

上海金丝猴食品股份有限公司

上海金丝猴食品股份有限公司的前身是金丝猴集团(组建于1996年，系国家级企业集团)。企业根据上市需要，2008年11月对原集团公司的子公司——上海金丝猴食品有限公司进行增资扩股，改制变更为“上海金丝猴食品股份有限公司”。公司现下辖周口金丝猴食品有限公司、咸阳金丝猴食品有限公司、沈阳金丝猴食品有限公司、内蒙成吉思汗金丝猴乳业有限公司等5个核心企业及北京、郑州、漳州、周口等10多个合作型企业。公司现有员工5000多名。企业拥有国内外一流的设备和生产技术人员，并在全国各地设立了7个销售分公司和130多个办事处。目前企业已发展成为国内同行业的龙头企业。

拳头产品——“金丝猴”牌糖果、巧克力、果冻、豆制品、小食品等五大系列200多个品种，畅销全国30个省、自治区、直辖市的200多个大中城市和广大农村，并出口到美国、澳大利亚、新西兰、俄罗斯、蒙古、哈萨克斯坦、拉美及东南亚地区，受到国内外广大消费者的欢迎。

“金丝猴”牌系列产品，曾先后荣获“中国名牌创造奖”、“亚太地区国际食品及加工技术博览会双项金奖”、“第二届亚太地区APEC国际经济贸易博览会金奖”、第三届“上海国际食品博览会”金奖等多种荣誉称号。2000年，企业被中国企业发展研究中心评定为“新世纪中国优秀企业”，被中国糖果工业协会评为“中国糖果工业优秀企业”;2002年，“金丝猴”商标被国家工商总局认定为“中国驰名商标”；同年，企业顺利通过了ISO9001：2000版质量认证；2004年9月“金丝猴”糖果系列被评为“中国名牌产品”；2005年通过了QS认证。2007年“金丝猴”糖果系列顺利通过“中国名牌”复评，再次获得“中国名牌产品”称号；2007年至2009年，企业连续三年被国家食品协会、国家食品药品监督管理局等部门联合评定为“国家食品安全示范单位”。

公司在发展过程中，坚持“不断否定自己，永远追求卓越”的企业精神和“一业为主、多元经营、优势互补、滚动发展”的经营方针，树立“以人为本，科技创新，回报社会，造福人民”的企业理念，强化内部管理，开拓国际国内市场，加大产品结构调整和科技创新力度，实现了持续、快速、健康发展。如今，金丝猴企业正以矫健的步伐朝着“铸造精品王牌、打造百年老店”的战略目标迈进。

上海伟隆集团

上海伟隆集团创建于 1995 年，集团下属上海伟隆机械设备有限公司、上海伟隆包装设备有限公司、上海伟隆轻工机械有限公司（中日合资），集团坐落于美丽的松江工业区，总占地 1.8 万平米，厂房面积达 1.3 万平米。

上海伟隆集团是集自主研发、生产及销售为一体的专业性食品机械厂家，能满足各类用户从自动包馅、自动包蛋黄、定量、成型、排盘、灭菌、包装等机械化生产的一切技术要求。集团主打产品为：

上海伟隆机械设备有限公司：

月饼自动包馅机、包蛋黄机、成型机、排盘机：可满足客户各类广式月饼、中式包子、日式餐包、传统糕点、饼干等产品的机械化生产；

WL-10-1A 型多功能包馅机：可满足客户各类苏式月饼、面包等产品的机械化生产；

上海伟隆包装设备有限公司：

自动进料系统、自动投包机、金属检测机、旋转式包装机、密封度测试仪：可满足客户的馅料和烘焙产品的自动进料、检测、包装等一切机械化生产；

上海伟隆轻工机械有限公司（中日合资）：

撒粉机、单箱清洗机、双箱清洗机、三箱清洗机、各类合面机；

伟隆集团产品多次荣获国家专利，产品销售目前已遍及全国三十多个省市自治区的酒店业和食品厂商，及香港、澳门特别行政区，还远销至美国、阿联酋、俄罗斯、马来西亚、韩国、越南、菲律宾等。

伟隆集团坚持面向市场，贴近用户，大搞技术创新，不断追求技术进步，以制造月饼机械为主，树立好“伟隆”品牌，完善服务体系，在烘焙行业始终保持良好的市场占有率和品牌知名度。在 2010 中国十大月饼品牌排名榜中，90% 的月饼生产厂家均采用了“伟隆”牌月饼生产设备。

在市场竞争愈演愈烈的今天，如何使企业始终保持一枝独秀？对此，伟隆集团董事长仲镇明认为：控制生产销售和售后服务两端的平衡和相互促进，并以售后服务为核心向前端环节延伸，结合科研、生产、销售和管理等方面，形成科学合理的产业基础。企业的主要方向必须定位在服务。像月饼机械此类使用频率集中的长线投资产品，如果没有完善的服务体系，不能在第一时间为客户解忧，断不能取得客户的信任，而最终只能是失去市场。

上海伟隆集团本着朴素的为客户服务的思想，坚持继续保持和发扬企业的自身优势，注入于售后服务新的内涵，随时跟踪用户的“最高要求”，不断的以自身的“最好表现”来满足它，用户的利益才能得到根本保证。及时根据第一时间服务的反馈信息对各机械产品进行不断的改良和优化，务求使每个产品均保持国内同类产品的领先地位。

也正是由于“为客户服务”，成为企业的日常工作准则，“伟隆”品牌真正保证了用户的利益。因此上海伟隆并不只是单一的供应商，他已经成为烘焙业客户谋求进一步发展的合作伙伴。

这种超前的企业发展模式，在行业竞争中显现出强大的适应性，伟隆产品为食品生产商降低成本，提高效率，稳定产品质量等方面提供了保证。北京稻香村食品有限公司、广州酒家企业集团利口福（企业）食品有限公司、太原双合成食品有限公司、北京好利来工贸有限公司、上海杏花楼食品有限公司、东莞华美食品有限公司等等诸多用户、在先后使用了伟隆产品后，都给予了高度的评价，一致认为属国内同类产品中的先进水平。这使上海伟隆集团更加信心百倍，更要坚决贯彻“为客户服务”的原则。如今，除了西藏、台湾之外，上海伟隆在全国各地均有技术人员实行永久跟踪服务，编制好用户服务网络，并与用户保持着良好的信息沟通，真正做好、做深受后服务工作。

新经济发展时代，我国烘焙业的纵横联合之间必须出现机遇和挑战并存。正如上海伟隆始终贯彻的真诚服务用户的原则，将服务意识贯穿于企业经营的每个环节，并与技术开发紧密相连，以此才能建立起有竞争力的，可持续发展的框架去面对今后更强大的市场挑战。以上海伟隆的诚和信，真正做到为客户服务，一定商机无限。

伟隆集团在经营企业的同时也不忘支持中国偏远山区的慈善事业，于 2006 年得知云南省维西县柯那村由于历史原因和地理结构因素而导致柯那村学生入学难的问题时，当即联系了维西县人民政府投资建设了“上海伟隆机械希望小学”，并于次年公司组织全体员工前往云南看望那里的学生，在学校举行的欢迎仪式现场又捐助善款并与学生签订办理了资助手续，直到现在，伟隆的员工还在不断关心那里的学生，坚持每年的资助行为。

伟隆集团不仅关心偏远山区的孩子，还坚持给养老院的老人送去关怀，每年中秋节佳节，公司会特意购买适合老年人食用的月饼送往，每年春节，公司会坚持送红包给养老院的老人，给他们改善生活条件。

上海伟隆集团将一如既往的坚持：

为行业做奉献、为员工创福利、为社会做贡献

厦门古龙罐头食品有限公司

厦门古龙罐头食品有限公司（原厦门罐头厂）是厦门古龙集团有限公司的全资子公司、核心企业，始建于1954年。公司座落于规模大、设备先进、种类齐全、环境优美的罐头生产科研基地——古龙工业园。工业园总投资3亿多元，占地面积近28万m^2，设计遵循可持续发展原则，被誉为罐头食品工业循环经济典范。

"古龙"牌罐头自1994年创立以来，我司坚定不移地走品牌经营之路，坚持"市场是企业取之不尽的利润源泉"，始终以实实在在的品质、实实在在的服务去赢得消费者，满足消费者的需求。"古龙"产品已全面涵盖红烧肉、午餐肉、海产品、果蔬及其他类等五大类近百种罐头，还拥有传统工艺酿造的酱油、豆豉、豆酱等3大系列共30余种调味品。古龙罐头是目前中国罐头行业荣膺"中国出口名牌"、"中国名牌"、"中国驰名商标"3项国家级荣誉的唯一企业。

产品质量是品牌的生命。企业制定了严格、科学的原辅材料采购和检验控制程序，所有采购均经过严格的把关、筛选。以在当地检验检疫局注册备案的猪场为定点采购单位，派人常驻产地，从场地选择、饲料使用、兽药使用、动物疫病控制、生产加工、标识管理等实施全过程严格的现场监控，确保猪肉原料质量的稳定。企业建立健全质量保证体系，先后通过了ISO9001：2000质量体系、HACCP食品安全控制体系、IFS、BRC、QS等认证，并在美国食品药品管理局、加拿大渔农处、日本厚生省、新加坡原产局、澳大利亚检疫检验处等权威机构注册，达到国际先进水平。公司投资近2000万元组建了占地2000平方米的综合性实验室；配置液质联用仪、气质联用仪、原子吸收光谱仪等一百多台(套)先进检测仪器设备，检测范围包括农药残留、兽药残留、重金属、微生物、理化、包材技术指标、计量检定等项目，从源头上把好质量关。

企业投入巨资从欧美引进当今世界最先进的设备：美国制造的微波解冻机（中国第一台）、德国制造的高速真空斩拌机(刀片线速度144米/秒)、法国制造的高精度装填机(每罐误差≤2g)等，组成国内一流的健康型午餐肉罐头生产线，"不腌制、不添加亚硝酸钠"的生产工艺，完全符合绿色健康食品的要求；引进当今国际最先进两片罐、三片罐制罐生产线，提高了制罐质量和生产能力；新建3500吨、1500吨冷库各壹座，满足罐头生产的需要；在国内首次将冰蓄冷空调技术运用于罐头生产车间低温空调系统技术改造，在满足生产工艺要求的同时降低了企业生产用电成本；拥有一座日处理能力4000吨的污水处理站，工业园全部生产、生活污水经处理后大部分回用于工业园的绿化、景观、冲洗道路和厕所等，保证企业可持续发展。

坚持产品创新和技术创新，不断提高产品质量，不断增强产品的竞争力。把古龙美食带给千家万户的同时，也把古龙人所坚持的健康、营养的理念带给消费者。拥有全国规模最大的以传统古法缸晒酿造酱油的晒埕，生产的酱油经天然日晒酿造达两年以上，酱香浓郁、口感纯正，且不含三氯丙醇。

我们将秉承"实实在在"的企业精神，不断研制出有特色、营养、健康的罐头食品，致力于在维护消费者利益的基础上把"古龙"做得更精做得更专做得更强。竭诚欢迎国内外朋友与我司携手合作，共谋发展。

公司地址：厦门市同集中路1666号
电话：0592-7396666
传真：0592-7396699
邮政编码：361100
电子信箱：xm-gulong@163.com

产业结构调整与企业可持续发展
——江苏雨润集团

一、雨润集团发展概况

雨润集团是一家以食品为主业，涵盖物流、商业、旅游和房地产五大产业于一体的多元化企业，旗下拥有“雨润食品”和“南京中商”两家上市公司，总部位于江苏南京。目前，员工总数为7万人，下属分子公司200多家，遍布全国30个省市自治区。雨润产品市场覆盖全国300多个大中城市，并出口至俄罗斯、韩国、东南亚、港澳等国家和地区。

2009年，雨润实现销售收入451亿元，综合实力位列中国企业500强第135位，中国制造业500强第60位，中国民营企业100强第7位。

在做强做大企业的同时，雨润积极发挥“国家级农业产业化重点龙头企业”的示范作用，全力推行“公司+基地+农户”的订单农业模式，每年可直接带动约600万户农户实现增收。

二、雨润调整产业结构、转变发展方式的做法

2008年国际金融危机爆发以来，雨润集团就确立了“转型发展、创新发展、跨越发展”的战略思路，积极调整产业结构，加快转变经济发展方式；以“调优调高调轻”为基本取向，大幅度提升产业层次；以增强自主创新能力为核心环节，大幅度提高科技进步对经济增长的贡献率。主要有以下两点做法：

（一）加快战略转型升级，构筑全产业链优势

雨润积极探索全产业链经营模式，不断向上下游产业链延伸，业务覆盖种植、饲料、育种、养殖、屠宰、精深加工、生物制药和农产品物流等各个环节。雨润已经由过去单一的加工型企业，发展成从田头到餐桌的全链经营企业，即：前端发展现代养殖业，中端提升加工产业附加值，后端发展现代农产品物流业和生物制药产业，形成一、二、三产的科学组合，实现由劳动密集型企业向农业科技型企业转变，真正实现转型升级发展。

以农产品物流业为例，2009年，国务院常务会议将物流业列入十大产业调整振兴规划，是我国未来重点发展的领域之一。雨润紧紧抓住这一历史性机遇，以“加速农副产品物流业发展、建设现代化物流体系”为目标，规划到2015年，将在全国9大物流区域初步建立以大型物流中心为轴心、以农副产品基地和销地为节点的供应链物流体系。雨润目前发展的第五代农副产品交易市场——农副产品全球采购中心，相比传统的农贸市场，在技术、管理、供需关系、平台建设、交易方式等方面全面升级，实现跨时间交易，跨地区配送，汇聚全球农副产品，吸引国内外供应商、采购商，真正让中国的农副产品行销世界。目前雨润已在西安、天津、石家庄等十余个省级以上城市开工建设规模宏大的农副产品全球采购中心。这些项目建成后，将成为保障当地农副产品供应、稳定市场价格、确保食品源头安全的中流砥柱。

再以生物制药产业为例，在全球金融危机的背景下，生物制药行业的表现可谓一枝独秀。我们国家也十分支持生物医药、生物育种、生物医学工程等高新产业的发展。未来一段时间内，我国的生物制药行业将呈现突飞猛进的发展态势。目前，雨润首批高科技生物制药产业已经进入实质性操作阶段，其中包括：在东海投资建设国内首个干扰素生物制剂项目和江苏省最大的肝素钠生物制药项目。此外，雨润还联合中国农业大学共同承担“动物骨血制备功能性蛋白和生物活性肽关键技术研发及产业化项目”，在国内也属首创。

（二）强化产学研合作，实现自主创新发展

每一次经济危机都会带来大规模的技术进步和产业升级。去年以来，我们紧紧依靠自主创新与科技进步来提升企业的核心竞争力，成功克服了金融危机，实现了逆势增长。

目前，雨润集团与近20家国内外著名的研发机构建立了紧密的产学研合作关系。我们企业的研发经费每年都以20%的速度复合增长，去年接近3亿元。雨润集团国家认定企业技术中心现有科研人员300多名，本科及以上学历占80%，包括博士39名，硕士153名，高级职称116人。

在科研平台建设方面，雨润拥有一个“国家级重点实验室”、一个“博士后工作站”和一个“院士工作站”。依托科研优势，雨润在食品关键技术领域取得上百项专利，牵头和参与制定数十项国家及行业标准，承担了肉类行业大部分重大科技攻关项目，新产品研发位列同行前茅，新品销售占比达到30%以上。

三、雨润实现可持续发展的路径

可持续发展要求我们的经济增长模式要由粗放型向集约型转变，经济结构要逐步优化，要调轻、调优。我们的肉食品工业也要走出一条科技含量高、经济效益好、资源消耗低、环境污染少、人力资源优势得到充分发挥的新型工业化路子。

此次峰会的主题是“食品安全与品牌发展”，意在引导中国肉类产业实现可持续发展。我们认为，雨润集团的可持续发展，也将主要依托食品安全、品牌发展和人才战略三个方面：

（一）紧紧依托“食品工业是道德工业”的核心理念

作为国内食品行业的龙头企业，雨润自成立之初起就提出了“食品工业是道德工业”的核心理念，视食品安全为企业生死存亡的头等大事。企业经营 18 年以来，未发生过严重的食品安全事故，有力地保障了人民群众的饮食安全，提升了肉食品加工行业的安全控制水平。

在食品安全管理方面，雨润形成了特色鲜明的五大体系：一是形成了完善的原辅料检验体系；二是形成了先进的过程质量控制体系；三是形成了完备的产品质量管理体系；四是形成了全覆盖的物流冷链体系；五是形成了成熟的产品召回可追溯体系。通过以上这些做法，最大限度地预防、减轻和消除食品安全危害与风险，形成“从源头到终端”的全程食品安全监控体系。

（二）紧紧依托雨润多品牌协同发展的战略优势

雨润通过实施品牌战略，不断提升企业知名度和美誉度。雨润目前已经拥有“雨润”、“旺润”、“福润”、“大众肉联”四大品牌；拥有一个中国驰名商标，三个中国名牌，一个中华老字号；同时，雨润积极展开国际合作，分别与日本伊藤火腿和意大利百年肉制品企业百乐得公司合作，将国外知名品牌引入国内市场；目前，雨润还在积极争创中国肉类行业的世界名牌产品。随着雨润品牌知名度的不断积累，雨润品牌价值也不断提升，在最新的“中国品牌榜”中，雨润以 110 亿元的价值位列第 35 位。

应当说，品牌是无形的资产，是企业实现可持续发展的重要资源。未来五年，雨润将继续实施品牌战略，争创全球影响力最大的食品品牌之一。

（三）紧紧依托“以人为本”的人才发展战略

人才是雨润实现可持续发展，克服一切艰难险阻的法宝。当前，雨润正处于经济转型升级的关键阶段，加快转变发展方式，加快自主创新步伐，基础在人才，关键靠人才。今年上半年，雨润花费数千万元巨资筹建企业大学——雨润学院，就是想集中培养出一批专业素质好、道德品质优、管理能力强的年轻人才队伍，加快推进人才强企战略，构筑企业科学发展的坚实基础。

雨润 18 年的发展历史告诉我们，留住人才、发展人才、依靠人才是我们集团实现不断突破的根本。让所有人才都做到——创业有机会、干事有舞台、发展有空间，真正让人才受尊敬、有地位、得利益，不断开创人才辈出、人尽其才的新局面。在雨润，人人都有顺畅的晋升通道，业绩优先、品德一票否决，注重过往经历、教育背景和良好纪录，最后是民意推荐和竞聘上岗，通过以上“七个优选法”的人才遴选法则，做到公平、公开、透明。在这个平台上，我们杜绝论资排辈，我们创造一切机会“让金子发光”，让优秀人才脱颖而出，成为推动企业发展的核心骨干。

“十二五”是中国肉类产业实施战略升级的关键时期，面对这一难得的发展机遇，雨润提出到 2015 年跻身世界 500 强，成为全球最大食品企业之一的宏伟目标。虽然现在还有一定的差距，但雨润将以此梦想为目标，不断推进转型升级，全面加大创新投入，实现更大跨越发展，打造中国民族工业的百年品牌。

浙江银象生物工程有限公司

浙江银象生物工程有限公司（以下简称银象公司）是一家采用现代高科技生物技术、专业生产天然食品防腐剂的民营有限责任公司，座落于国家级风景名胜区天台山麓的高新技术产业园区内。公司始建于 1994 年，注册资金 5000 万元，拥有总资产 2.6 亿元，占地面积 65000m^2，现有员工 500 余人。

公司自创建以来，先后承担了国家自然科学基金项目以及国家火炬计划项目、国家“八五”、“九五”、“十五”科技攻关项目以及 2006 年度国家“863 计划”项目等科技项目；建有世界上率先利用植物蛋白制备乳酸链球菌素生产线，现有乳酸链球菌素年生产能力 500 吨，已成为当今世界上最大的乳酸链球菌素制造商。

银象公司系国家火炬计划重点高新技术企业、全国食品行业创新型企业、浙江省高新技术企业、浙江省绿色企业、QB2394-98（食品添加剂 乳酸链球菌素）轻工行业标准的起草单位和 QB2394-2007 标准的修订单位。公司荣获了“2005 年度国家科学技术进步奖二等奖”、“中国食品工业协会科技进步特等奖”、“2008 年度全国食品安全示范单位”、“2007 年度浙江食品‘龙头企业’”、“2008 年度浙江食品行业百强企业”等荣誉。

目前银象产品系列有：“银象牌”乳酸链球菌素 Nisin A/Nisin Z、纳他霉素、ε-聚赖氨酸、复合防腐剂等。“银象牌”乳酸链球菌素已成为全球知名品牌，具有市场占有率第一、产量第一、效益第一，并荣获了“浙江省著名商标”、“浙江省名牌产品”、“中国食品工业重点产品”、“浙江省高新技术产品”等荣誉称号。

江苏阿里山食品有限公司

江苏省阿里山食品有限公司成立于 1984 年 7 月，注册资金 3 万元，职工 15 人，主要生产奶油香瓜子，在国家改革开放政策推动下，从最初的一个村办小作坊发展成为江苏阿里山集团公司，1998 年公司改制建立江苏阿里山食品有限公司，主要从事炒货食品生产、加工、货物及技术进出口业务。公司经过 10 多年的创业历程，现拥有注册资金 1800 万元，总资产超过 2 亿元，占地 7 万平方米，职工 400 余人，其中科技人员 35 人，鉴于公司近几年持续快速发展及在全国同行业居第三位，江苏省第一位，是国内规模较大的农产品深加工基地。

近几年公司坚持科技创新、研发新品、研究新工艺、新技术、提高产品科技含量，从原来单一葵花籽发展到四大系列，四十多个品种。由于“阿里山”炒货食品选料讲究，工艺独特，赢得了消费者的青睐，华东地区市场占有率达 40% 以上，现拥有 400 多个销售网络；大润发，沃尔玛，苏果，家乐福等超市大卖场 4000 多家，产品走出国门，销往美国、加拿大、印尼等国家。

公司坚持科学管理，严格产品质量。自 2002 年通过 ISO9001：2000 质量管理体系认证。2005 年 10 月，在全省率先获得工业产品生产许可证（QS）。2009 年 5 月获得 HACCP 安全体系认证。“阿里山”炒货食品连续十年荣获江苏省名牌产品，江苏省著名商标。2006 年至 2008 年“阿里山”炒货食品被国家评为坚果炒货著名品牌，2009 年被中国食品工业协会评为坚果炒货行业优秀企业，2007 荣获苏州市农业龙头企业，2009 年提升为江苏省农业龙头企业。

随着中国经济的快速复苏和扩大内需政策的深化，企业围绕农产品深加工特色产品，以进一步发展壮大农业龙头企业为载体，以提升农产品精加工规模化技术水平为突破点，调整产业结构，继续加大技改力度。2009 年初实施年产 1000 吨炒货食品深加工扩项及节能技术改造项目已完成，总投资 2000 多万元。通过淘汰产能低、耗能大的老设备，引进产能高、耗能低、自动化程度高、工艺先进的设备，经投入生产，产能翻一倍，日产 60 吨，能耗降低 50%，节能减排效果显著，经济效益与社会效益大幅度提高。

“阿里山”将以振兴民族食品工业为己任，本着质量是生命，顾客是上帝，服务创一流的经营宗旨，使阿里山成为民族品牌的骄傲。

川酒奇葩　金潭玉液
——高洲酒业“金潭玉液”创品牌初探

四川省宜宾高洲酒业有限责任公司（以下简称高洲酒业），地处万里长江第一支流南广河畔的高县，位属中国白酒金三角腹地。

1985 年，选址初建的高洲曲酒厂即高洲酒业前身，厂房仅 8000 平方米，员工 315 名，年产基础酒 1200 吨。

25 年后的今天，高洲酒业超常发展，脱颖而出，6 年前挺进“中国白酒工业百强企业”。企业产品“金潭玉液”系列酒荣获“中国驰名商标”、“四川省著名商标”、“四川名牌”。高洲酒业现有资产 5.6 亿元，年产基础酒 4.5 万吨，年销售超 10 亿元，年创税利 9000 余万元。高洲酒业占地 700 余亩，员工队伍 2700 余人。

25 年前，酒风劲吹，酒花遍地已成历史。而高洲酒业一支独秀成为中国白酒生产不可或缺的企业，高洲酒业的成长折射中国改革开放三十年来在这特定的具有深远历史意义的（虽不敢妄称全部，但自信敢言大部份）时代印记。

2009 年之前，高洲酒业坚持“原酒、贴牌、品牌”三路并进的发展策略初见成效，高洲酒业向中国若干知名企业输送着源源不断质优价廉的浓香型原酒。高洲酒业就是中国白酒界的“原酒大王”的美名不胫而走，斐声国内。

2009 年，高洲酒业经受了席卷全球的金融风暴的洗礼。随着高洲品牌在国内白酒生产行业影响力不断提升，一个历史的机遇摆在高洲酒业的面前——打造属于高洲酒业自身品牌的时机成熟了。

高洲酒业凭籍传统的多粮浓香型酿酒技术支撑，加上高洲酒业源自乾隆年间的“杨氏大曲烧坊”的酿造秘籍和百年老窖，所生产的浓香型白酒堪称“天赐神品”。高洲酒业牢记科学技术是第一生产力的宗旨，与诸如四川省食品发酵设计学院建立长期、紧密产学研联盟。目前已拥有各类专业技术人才 200 余名，雄厚的产品科技含量，使高洲酒业的产品迈上一个又一个新台阶，增强了产品的竞争优势。

“好酒不怕巷子深”在今天的信息时代也演变成“酒好也怕巷子深”。

2009 年 5 月，高洲酒业高层管理调整了企业战略，在做大做强“原酒”全国品牌的基础上，提出了用 3 年时间强势打造“金潭玉液”的品牌大战。

面向六朵金花、五粮液、剑南春、泸州老窖、全兴大曲、郎酒、沱牌曲酒强势发展。高洲酒业自我加压，迎难而上，3 年时间就要在成都、重庆登陆，让蓄猛势而待亟发的“金潭玉液”占领它应有的市场份额。

精心设计，由一支能吃苦、打硬仗的销售精英的团队开始了漫漫征程，传统的户外路牌、车身广告，遍布成都、重庆城乡。宣传“金潭玉液”的影视广告在各级电视台频频播出，花样翻新的促销方式琳琅满目。

著名影视歌三栖明星黄圣依加盟高洲酒业成为“金潭玉液”产品形象代言人。2009 年 9 月 19 日，在成都国际网球中心举办的高洲酒业独家冠名的“今年我最醉红”的黄圣依个人演唱会，社会反应强烈，高洲酒业的“金潭玉液”逐渐进入普通中国民众的视野。

十年创品、百年创牌。在今天的信息时代，高洲酒业清醒地认识到，除了自身产品质量上乘、独具特色，还有很多工作必须跟上。

高洲酒业的“金潭玉液”已经获得了“中国驰名商标”的殊荣。虽然新年伊始，高洲酒业在 2010 年 1 ～ 2 月生产基酒 8024 吨，同比增长 32%，实现利税 2570 万元，同比增长 116%。高洲酒业的开门红是虎年虎啸、虎虎生威的开始。

高洲酒业质朴而简单的理念是：金潭玉液为社会日益增长的物质文化需求填充了空间，中国和谐稳定的发展为金潭玉液提供了市场。高洲酒业有理由相信：2010 年中国白酒业内“金潭玉液”将是一只吉祥的凤凰。

华泽集团

华泽的英文名“VATS”在英语中最原始的意思是许许多多盛美酒的大桶。华泽集团（VATS GROUP）成立于2006年3月，整合于有10余年历史的金六福企业，凭借先进的营销模式和管理理念，现已发展成为国内专业从事酒类酿造、生产、营销及品牌打造的集团公司。

一、华泽集团基本情况

华泽集团现拥有15000名员工，总资产60亿，年营业额60亿，业务遍及全国31个省、区、市；拥有上、下游合作企业5000余家，从业人数超过30万。

华泽集团下辖事业一部、事业二部、事业三部、金六福事业部、事业五部共5大业务事业部及服务管理中心。并参股全国最大的高端酒品连锁公司----华致酒行连锁管理有限公司。

华泽集团拥有13家酒类生产企业；包括湖南湘窖酒业、湖南雁峰酒业、滕州今缘春酒业、四川金六福酒业、安徽临水酒业、桂林湘山酒业、广东德庆无比酒业、云南香格里拉酒业、黑龙江玉泉酒业、吉林榆树钱酒业、江西李渡酒业、陕西太白酒业、贵州珍酒酿酒有限公司。

华泽集团目前旗下拥有：金六福、福酒、六福人家、香格里拉、大藏秘、天籁、恒美、湘窖、开口笑、邵阳、临水、今缘春、雁峰、屋里厢、湘山、玉泉、李渡、榆树钱、太白、珍酒、无比古方等20余个自有品牌。参股企业华致酒行拥有五粮液陈酿年份酒、雷狄城堡干红、拉弗格威士忌、古越龙山陈酿年份酒等专销品牌。

二、华泽集团倡导的企业精神和理念

华泽集团以诚信作为企业的生命，永争市场第一位。把为一线市场提供最优质的服务作为企业的核心价值观。

华泽坚持以人为本的用人理念，“每一位员工都是企业的品牌”，尊重员工特性，人尽其才，倡导“企业因我而美丽”。

企业愿景：让每一个消费者，在每一个幸福的时刻，在每一个期盼幸福的时刻，喝上幸福的美酒。

企业使命：为社会创造更多就业机会、为消费者提供更多有价值的品牌、为员工营造快乐工作的氛围。

企业目标：确保中国第一卖酒商地位不动摇。

企业精神：

信念坚定——“企业价值观”；意志坚毅——“市场竞争观”；循序渐进——“工作方法”；水滴石穿——“工作哲学”。

• 抓住关键目标，快速行动

• 诚实、快乐地工作

• 360度学习，行大于知，把事做好

• 胜不骄、败不馁，永不放弃追求卓越的事业

企业主张：

• 诚信是我们企业的生命，是每一位员工的最高工作准则。

培养“六爱”精神：爱企业、爱伙伴、爱产品、爱营销、爱市场、爱品牌 。

• 时刻警惕“千里之堤，溃于蚁穴”。

不断提升六种能力：

一是思考能力

二是实现目标能力

三是服务能力

四是发现问题能力

五是学习改进能力

六是反馈、沟通、协作能力

提倡团队“三比”、“三不比”：

三比：比市场操作能力（或服务能力）；比管理能力；比团队建设能力。

三不比：不比个人荣誉；不比个人收入；不比市场投入

严守五项铁的纪律

一是不从事第二职业。

二是未经公司允许不擅自借关联客户的钱、物和车。

三是不得以任何理由与关联客户赌博。

四是禁止收受任何回扣。

五是不对客户乱承诺、禁止口头承诺，禁止费用投入先斩后奏。

落实四项责任：

对货物流向负责；

对客户利润负责；

对拉动消费负责；

对价格稳定负责。

青海互助青稞酒有限公司

青海互助青稞酒有限公司是在原青海青稞酒业(集团)有限责任公司基础上改制组建的法人独资企业，是青稞酒的原产地，也是青海省首家通过ISO9001国际质量体系认证的食品企业。公司主导产品“互助”牌、“天佑德”牌青稞酒至今已有400余年悠久历史，据史料记载，早在明末清初，互助县民间已在小规模土法酿造青稞白酒。解放初期，在互助县威远镇地区已出现具有一定规模的青稞酒八大作坊，其中“天佑德”最为出名。1952年，政府以“天佑德”为主整合八大作坊组建互助县酒厂，1992年，企业更名为青海青稞酒厂，1995年组建青海青稞酒集团公司，2005年企业改制组建青海互助青稞酒有限公司，是法人独资的有限责任公司。公司占地面积30万m^2，注册资本1.2亿元，资产总额4.3亿元，职工人数1400余人，青稞酒年生产能力5万吨，“互助”牌青稞酒是“中华人民共和国原产地保护地理标识产品”，“互助”牌、“天佑德”牌商标是“中国驰名商标”。

公司生产的青稞酒产品以青藏高原特有的粮食作物——青稞为原料，采用传统工艺经科学配料、精心酿造、久储自然老熟而成，是青海特色品牌，也是中国白酒业的一朵奇葩，以它独特的酿酒原料、独特的高原地理环境、独特的生产工艺、独有的花岗岩条石窖发酵以及独特的青藏高原民族文化，共同形成了“香气清雅纯正，怡悦馥合，口感绵甜爽净，醇厚丰满，香味谐调，回味怡畅”的产品风格和高原特色，深受广大消费者的喜爱。目前已按公司战略发展规划形成“互助”、“天佑德”、“八大作坊”、“永庆和”四大品牌系列40多个品种，2006年10月，互助青稞酒被中国酿酒工业协会认定为“中国白酒清香型（青稞原料）代表。2009年实现销售收入4.89亿元，比上年增长40%；实现税金总额1.51亿元，同比增长76%；实现利润1.23亿元，同比增长64%，各项经济指标预计比上年有大幅增长，再创历史新高。

在未来3年内，公司将突出“互助”及“天佑德”牌青稞酒的战略品牌地位，销售收入达到10亿元，上缴税收突破2亿元，并争取成功上市。在突出青稞酒主业的同时，公司将重点实施旅游生态园建设，以青稞酒文化和互助土族文化为切入点，挖掘土族历史文化资源，建成以民俗展示、休闲度假、工业旅游、观光、美食、健身、娱乐为一体的综合性多功能产业园区。项目建成后，青稞酒产业及旅游生态园区将形成规模，以旅游宣传带动酒业，以酒业带动民俗旅游业，使两者相互促进，共同发展，从而提高青稞酒产业的整体发展水平。目前，公司已被青海省人民政府认定为“青海省重点文物保护单位”，“互助青稞酒传统酿造技艺”被列入青海省非物质文化遗产名录。我们坚信，一个具有强势品牌和核心竞争力、具备科学的管理体系和营销体系，具有可持续发展能力的企业，一定能够走出高原，走向世界！

蒙古王酒史话

蒙古族是中国北方古老的游牧民族，以畜牧业为主，兼营农业。“蒙古”最早见于唐代，是发祥于古望建河（今额尔古纳河）东岸一带，13世纪初，蒙古族部落首领铁木真统一了蒙古诸部，被推举为大汗，号称成吉思汗。

13世纪初，成吉思汗率部西征，先后建立了横跨欧亚的窝阔台、察合台、钦察、伊儿四大罕国，打通了亚欧陆路交通线，促进了东西方文化交流和世界文明的进步，从成吉思汗到忽必烈，历经70年，统一了中国，确立了现代中国的版图。

在漫长的历史发展进程中，蒙古民族创造了辉煌的文明和灿烂的文化，《蒙古秘史》被联合国教科文组织定为世界著名文化遗产。蒙古酿酒文化开创了中国酒文化的新里程，并使用中国酒的蒸馏技术延用至今。

酒是草原文化的符号之一。草原少数民族爱酒，擅酿酒。据专家考证，早在春秋时期，北方少数民族就发明了酿酒技术．西汉时期，我国北方少数民族匈奴人、鲜卑人就已经把奶酒作为主要饮品，“马逐水草，人仰湩酪”便是当时的文字记载，同时酿造精细，品味功效各异的奶酒承担着祭祀、礼仪用酒的神秘角色，。

蒙古酒，始创宋末元初。此前蒙古民族处于游离部落状态，酿造技术属家庭发酵方式，自成体系。自成吉思汗率蒙古铁骑横扫欧亚大陆和南下的军事侵略后，使中国进入大蒙古帝国阶段，疆土的扩张给蒙古文化与汉族文化同其他各民族文化的相互交融，提供了一些便利的机会，蒙古酒就是这场文化的产物。

元 • 帝师——巴思巴，蒙古文化的创造者，集藏、蒙、汉及其他民族酿造之精华，并结合阿拉伯人独有的蒸馏设备——“阿剌拉”于一体，酿造出汗王御用的“槽坊”酒、“宣徽”酒，堪称酒中珍品。

20 世纪 90 年代，蒙古王实业技术人员将“东泰隆——西烧锅”所采用的元代传统酿造工艺与现代酿造技术进行了嫁接融合，酿造出了高品质的蒙古王酒，从此蒙古王酒香飘草原，芳溢五洲！

四川蓝剑饮品集团有限公司

四川蓝剑饮品集团有限公司（简称：蓝剑饮品集团 / BSG），下属 11 家子公司和 5 个原料（原酒）生产基地，提供 5000 多个就业岗位，公司主要从事植物蛋白饮料和天然矿泉水的生产和销售。作为中国最大的饮用矿泉水生产企业，四川蓝剑立足“整合、创新、突破”的发展战略，取得长足发展。

蓝剑饮品集团的饮料产销量连续六年蝉联中国西南地区前茅。2009 年饮料总产量 116 万吨，其中植物蛋白饮料 14 万吨，产销量位居西部第一；天然矿泉水产销量 102 万吨，位居全国第一。2009 年蓝剑饮品销售收入 8.6 亿元，实现利税 8500 万元；2010 年上半年公司产值和利税大幅增长，完成产值 5.8 亿元，全年利税总额力争实现 1.5 亿元。

蓝剑饮品集团旗下拥有四川省饮料行业唯一的中国名牌、两个四川名牌和一个四川著名商标。中国名牌“冰川时代”和四川省著名商标“蓝剑富氧薄荷水”已成为中国最具竞争力的饮用水品牌之一。

企业通过 ISO22000、HACCP 和 ISO9001 体系认证，是目前四川省内唯一获得三个体系认证的饮料企业，并获得“中国食品工业质量效益奖”、“中国饮料行业信得过企业”、“质量信用 AAA 级证书”、“四川省质量管理先进企业”、“四川省五一劳动奖”、“3.15 诚信品牌”等殊荣，是“中国饮料工业二十强企业”和“四川省经济效益显著企业”。

蓝剑饮品集团的经营理念是：我们只销售健康。企业立足西部，拓展全国，致力于为消费者提供高品质的健康饮品，持续提升顾客满意度，正在努力实现“一个上市公司、两个全国第一品牌”的企业愿景。

蓝剑饮品集团是中国西南地区最大的植物蛋白饮料生产企业。植物蛋白饮料磨浆技术的研究和新工艺质量控制标准的建立，开拓和搭建了公司在植物蛋白饮料生产中新的技术平台，将在植物蛋白饮料质量控制水平、扩大产品研发等方面为行业起到示范作用。

通过近 3 年的实验，公司成功开发了唯怡之王和 E9 植物蛋白饮料，填补国内空白；追随饮料市场潮流，公司开发了唯怡果汁乳双蛋白饮料，喜羊羊乳酸菌饮料和美羊羊双蛋白饮料，产品引进受儿童欢迎的喜羊羊品牌作为推广的形象代表，产品内在质量和外在质量都符合消费者的观念，市场反响良好。

在生产工艺用水方面，蓝剑饮品集团采取杀菌热水回收，冷却、制冷、空压冷却用水集中循环利用，实现每吨产品节约用水 3 吨以上。企业建立了独立的雨水、污水、废水排放管网系统，严格按环评要求和工业园区的规定排入指定的管网。

随着蓝剑饮品集团矿泉水产业规模的扩大，通过对容器清洗工序的技术改造而降低清洗用水；通过制水工艺的改进，如滤后浓水的再利用，使原水的成品产水率达到 85% 以上。节水技术的应用使蓝剑饮品生产每吨矿泉水的耗水量由 5 吨以上减少到 3.04 吨。

在水源地保护方面，蓝剑饮品集团为保护“冰川时代”矿泉水资源不受工业和农业污染，申请在什邡龙门山国家地质公园中央地带设立 300 平方公里“冰川时代”天然矿泉水保护区，请示政府不再批准在该水系冰碛冰水堆积层上对水资源进行工业、农业和生活用水的开发。

为避免粉尘污染，该公司在饮料生产中不使用自备锅炉而外购蒸汽，饮料生产烘炒炉灶采用消烟除尘设施保护环境，被誉为无烟工厂。为创造一个更加舒适健康的工作环境，公司厂区的绿化面积已占总面积的 37%，公司在绿化方面的资金投入将继续加大。

蓝剑饮品集团在20年的发展历程中，不忘回报社会，在教育及体育等领域捐款累计近1亿元。

1996年，四川蓝剑出资20万元捐建中江继光镇蓝剑希望小学。每到开学，蓝剑就为学校孩子送去书包、字典、日记本、手巾等学习生活用品。为鼓励贫困学生积极、刻苦学习，特别设立的奖学金颁发给每个班成绩在前五名的学生。该企业获得全国“希望工程20年特殊贡献奖”，是四川省唯一获此殊荣的企业。

2007年设立“冰川时代100万奖（助）学金”，用于支持什邡教育事业发展，弘扬捐资助学风尚，鼓励在校学生刻苦学习努力成人，企业是2007什邡市“尊师重教先进单位”。

2008年汶川震灾后，蓝剑饮品集团向四川省青少年发展基金会和四川省希望工程办公室捐赠1000万元，共同设立“蓝剑饮品集团5.12灾区助学基金”，帮助灾区学生重塑信心，尽快走出灾难阴影；协同共青团四川省委给阿坝州汶川县映秀镇板房小学师生送去长久和持续的心理关怀——“蓝剑饮品集团•12355心灵驿站”板房小学。

2010年西南旱情接连告急，特别是地处灾区的孩子们牵动着每一个蓝剑人的心。作为首批抗旱救灾的“生命之水”，四川蓝剑优质矿泉水被立即送往位于四川攀枝花和云南、贵州部分重旱区的26所希望小学，为几千名学生每人每天提供一瓶矿泉水，直到旱情结束。为了彻底改善当地旱灾造成的缺水现状，四川蓝剑组织了专业打井队，分赴灾区希望小学打井取水，解决孩子们长期健康饮水的问题。

2008，什邡市“‘5.12特大地震赈灾爱心企业”；

2008，什邡市“抗震救灾模范集体”；

2009，中国饮料行业节水优秀企业；

2009，中国饮料行业实践社会责任优秀企业；

2009，希望工程20年特殊贡献奖。

安徽乐健集团

安徽乐健集团是一家集研发、加工和销售为一体的省级农业产业化龙头企业、粮食产业化龙头企业。近几年来，企业综合经济效益指数稳居安徽省农业、粮食企业排名前列。公司现占地230多亩，资产总额3.7亿元，员工760人，2009年集团完成产值11亿元，实现销售收入10.5亿元，利税9750万元，利润5160万元。企业目前呈现超常发展势头，成为带动农户致富的区域性核心企业。“乐健”牌商标已被相关部门认定为中国著名品牌、安徽省著名商标。

2007年10月份成立安徽乐健集团。集团创建之初，就坚持“立足农村，面向农业，服务农民”的宗旨，短短10几年的时间，形成了“种植养殖、加工、林木、中西式快餐连锁”四大主产业，产品包括淀粉糖及淀粉糖衍生产品、高档饼干、月饼系列产品、膨化食品、油炸食品、淀粉及淀粉制品。集团下设1个母公司（安徽乐健绿色食品有限公司）、六个子公司（南京钱福记餐饮管理有限公司、安徽财源文化传媒有限公司、安徽征途物流有限公司、桐城市乐健林业开发有限公司、桐城市恒基乐健食品有限公司、桐城市菜子湖渔业水产开发有限责任公司）及1个农民专业合作社（桐城市乐健种植专业合作社）。

安徽乐健集团充分发挥桐城市是国家级商品粮基地县（市）资源丰富的优势，结合当地实际，积极探索农业发展的新途径，走出了一条集种殖、养殖、研发、加工、连锁销售与加工为一体的产业化发展之路。公司建立完善了产业化经营利益联结机制、风险保障机制和监督约束机制等产业化经营长效机制，加强了新品种核心示范基地和优质稻生产基地建设。通过实施“六个统一”模式，实施全程监控，确保了从农田到消费者的食品安全，形成了“市场牵龙头、龙头带基地、基地连农户”的农业产业化运作体系。

2006年公司投资9000多万元人民币新建占地面积150多亩的以大米、甘薯、面粉等农副产品为原料进行精深加工的食品加工基地，拥有3幢总面积达28000平方米标准化厂房，3000平方米综合办公大楼和2200平方米设施齐全的职工宿舍楼。自2007年10月投产至今，已达到日加工大米、面粉等为原料220吨的规模，且产销两旺。产品有淀粉糖及淀粉糖衍生产品、高档饼干系列产品、高档中西式烘焙食品系列产品、膨化食品、油炸食品、淀粉及淀粉制品等300多个品种，深受广大消费的喜爱。

2009年10月，公司通过深入调研和慎重决策，将目光瞄准当下最具竞争也最有活力的烘焙餐饮连锁业。公司借助从香港收购的知名品牌“钱福记”，注册成立了“南京钱福记连锁餐饮管理有限公司”，主要经营项目为烘焙快餐连锁，产品主要有：西式甜点，中式餐饮，咖啡饮品，礼品礼盒，外带外送等。公司本着以民为本、奉献于民的企业理念，真正做到企业的发展与人民群众之间建立起息息相关的鱼水关系，始终贯彻“三业政策”（就业、创业、转业）。第一步先立足于南京，占领南京烘焙餐饮连锁市场；第二步再利用南京特有的区位优势，辐射到周边长三角区域内的二、三线城市；第三步再经由这些城市继续做大，最后推向全国市场，通过自营、加盟两种经营方式，迅速拓展形成连锁餐饮体系。目前公司已在南京成功开业了4家大型品牌连锁店“钱福记”试图把烘焙和中式餐饮融合到一起，结合两个市场的优点，运用连锁经营的模式，开拓复合式餐饮的全新市场。“钱福记”的目标是：在3至5年内，推广千家以上连锁加盟店，创造万人以上创业平台，实现销售收入30亿元，打造中国式的烘焙航母。随着皖江城市带承接产业转移示范区重大措施逐步落实，得益于宽松的经济发展环境，乐健将迎来前所未有的发展机遇。

在突出加快龙头企业建设的同时，集团把基地建设放到更加突出的位置，专门成立了农业基地建设领导小组，本着″发展基地、建设基地、管理基地、服务基地″的原则，相继出台了一系列扶持基地建设的优惠政策，积极探索多种基地建设的模式。以当产业化龙头为目标，以带动农民稳定增收为已任。公司根据企业的经营能力和市场需求情况，通过“公司+基地+农户”的种植模式，与农户建立了稳定的原料产销关系，实现了粮食产销与农民稳定增收的衔接。2008年以来，以优质品种为主，公司通过订单和返利等办法在周边市和淮北市周边建立优质稻、小麦订单基地26.9万亩，建立的脱毒山芋和优质水稻生产基地面积已达9.5万亩，受益农户达11.078万户左右。建立了5.5万亩的水产品养殖基地，带动当地1000千余户渔民参与大水面精养开发和优质水产品加工。充分发挥了桐城市商品粮生产基地的粮食资源优势，实现粮食生产、收购、储存、加工、销售一体化经营，辐射相邻多个县市，取得了较好的经济效益和社会效益。3年内，受乐健集团发展拉动的农户将达２０万户，辐射人口将超过５０万人。

为进一步推进企业规模扩张，充分发挥龙头企业的示范带动作用。公司将以桐城市被评为国家级绿色食品工业园为契机，通过“以淀粉糖为基础、以膨化食品为平台，以饼干、中西式烘焙食品为新的增长点，丰富产品结构，打造绿色、健康食品理念，打响“乐健”自主品牌，谋求长远发展，做大、做强乐健牌绿色食品产业。

长沙加加食品集团有限公司

长沙加加食品集团有限公司是中国著名的调味品食品企业之一。公司创建于1996年，是集科研、生产、营销于一体的食品企业。目前集团公司下辖4家全资子公司，加加酱业（郑州）有限公司、盘中餐粮油食品（长沙）有限公司、长沙市汤宜调味食品有限公司、长沙市九陈香醋业食品有限公司。公司实施以“加加”系列酱油为主导，味精、植物油、鸡精、食醋等多品类食品广泛发展的产销模式。2009年实现产值13.6亿元，利税1.69亿。

公司在湖南长沙、河南郑州建立大型生产基地，采用传统与现代相融合的生物工程技术，导入推行ISO9001质量管理体系、ISO22000食品安全管理体系、ISO14001环境管理体系，全面监控各项影响因素，最大限度地保障和实现品质优良、安全卫生、环境友好的产业目标和责任。

公司成功研制了5大系列100多个品种规格，以满足全国各地消费者不同消费习惯和消费需求。并已在全国30多个省市建立了上千个总经销，5万多个基础客户，产品全面覆盖全国各城乡。在广大消费者心目中，“加加”已成为优质生活的象征符号之一。连续7年，加加酱油产销量在全国同行业中稳居前列，并先后荣获“国家食品工业重点企业”、“全国酿造酱油示范企业”、“中国名牌”、“中国驰名商标”、“国家农业产业化重点龙头企业”等荣誉。

加加以强有力的人才优势、品牌优势、技术优势推动着中国调味品行业的发展。振兴民族产业，打造百年企业，加加将实现更宏伟的蓝图！

公司地址：湖南省宁乡县火车站经济开发区
联系电话：0731-87801016
网址：www.jiajiagroup.com

抚顺市独凤轩食品有限公司

抚顺市独凤轩食品有限公司坐落于沈抚新城经济开发区，是中国鲜骨调味原料专业研发生产企业，中国食品配料百强企业。辽宁省高新技术企业及农业产业化龙头企业。

公司拥有国际先进的动植物萃取、浓缩、反应、调和、灌装设备，是目前国内最专业、规模最大、工艺最先进、综合利用率最高的专业致力于天然调味原料及调味品的研发企业。公司注重以人为本、以科技为先导、走科技创新之路，多年来公司在创始人于连富的带领下以自主研发为主体，与国内国际多所食品、调味品、生化大学合作，以动物鲜骨和植物香辛料为原料，利用现代生化技术成功的研发了 8 大系列动物鲜骨天然调味原料和食神餐料等新型天然调味品。

产品广泛应用于肉类、速冻食品、方便食品、调味品、小食品、保健食品、餐饮酒店及餐饮连锁行业。为天然健康食品发展奠定了前提调味基础。

企业已通过出口商检认证、QS 认证、HACCP 认证、ISO9001 管理体系认证，公司严把原料进厂关，所有原料建立源头可追溯体系，大型正规企业直接采购，杜绝不可控的零采及个人商贩供货，同时加强过程控制和产品出厂检验制度，坚决执行“三不放过”的原则控制产品质量的稳定性和安全性。

与技术监督部门合作起草了 200 多项企业标准并申报了 3 项国家标准。

农业产业化国家重点龙头企业
——贵州永红食品有限公司

贵州永红食品有限公司位于贵州高原南部，著名布依族民歌《好花红》的故乡 --- 惠水，具有得天独厚的自然环境：环境优美、气候宜人、雨水充沛、牧草天然。

公司始创于 1984 年，通过 26 年的发展，已成为拥有员工 1300 余人、资产 1.65 亿元、占地面积约 10 万平方米，集肉牛养殖、加工、销售、科研于一体的贵州省规模最大的牛肉干制品生产企业。公司是农业产业化国家重点龙头企业，国家牛肉加工技术研发分中心，国家级、省级重合同守信用企业，连续多年被省、州评为“先进企业”。公司通过了 HACCP 食品安全管理体系等认证，“牛头牌”系列产品从 1998 年至今连年荣获贵州省名牌产品称号，“牛头牌”荣获中国驰名商标。

公司产品有“牛头牌”牛肉干、牛肉松、牛肉脯、卤汁禽肉、豆制品系列，产品畅销北京、上海、广东、重庆、东北等 29 个省、区、直辖市。“牛头牌”产品已成为全国牛肉干行业知名品牌。

近几年来，公司各项经济指标连续实现增长，2009 年实现产值 1.8 亿元，上缴税收 1723 万元；预计今年可完成产值 2.1 亿元，上缴税金 2000 余万元。

近年来，公司在各级党委、政府及各有关部门的大力扶持下，完成了 1000 吨卤汁牛肉制品、1200 吨特色牛肉制品生产线改扩建，使公司生产规模日益扩大。2003 年以来，公司采取市场牵龙头、龙头带基地、基地连农户的养殖模式，建立了占地 43 亩年出栏 2000 头的优质育肥牛示范基地，并以此作为联系农户、培训农户的窗口，带动全县 1 万多农户饲养肉牛；2008 年，在省种草养牛项目推动下，采取“公司 + 基地 + 农户”的模式，投入资金 268 万元带动惠水县斗篷、鸭绒等乡镇 1050 户农户发展肉牛养殖 2650 头。近五年来，该公司向农村投放收购资金 4 亿多元，为农民增加收入 2000 多万元。同时，随着产业链的延伸，还带动了全县辣椒、花椒、肉鸡等种养殖业的发展。

公司的崛起和快速发展，得到各级领导专家的高度评价。早在 1985 年，时任贵州省委书记胡锦涛同志到惠水县考察调研，专程到公司视察，对公司产品提高质量、改进包装等方面提出了改进意见。1998年2月，著名经济学家于光远先生专程到公司进行调研，全程参观了生产线，仔细品尝公司“牛头牌”产品，对公司发展思路提出了建议，并挥毫题词“永红永红”，祝愿公司永远红红火火。2000以来，全国政协副主席钱运录（时任贵州省委书记）、全国人大财经委主任委员石秀诗等先后到我公司考察指导，2010年9月贵州省委书记栗战书到公司考察指导工作，对公司今后的发展提出了具体的要求。近年来，公司的发展引起了国际友人、政府和社会各界的密切关注，远在非洲的卢旺达爱国阵线总书记恩兰·加贝、众议院院长文森特·比鲁塔、卢旺达磨粉工业进出口公司总经理费利思及法国农业部畜牧研究会的专家、日本株式会社专家先后到公司考察。

为把企业做大做强，公司制定了中长期发展规划，以实施新增“年产5000吨特色食品加工生产线”项目为契机，异地搬迁扩建永红工业城，推进第三次创业，到2015年，完成销售收入8亿元以上、上缴税金8000万元以上、解决就业5000人以上，带动4000户农户15000人以上脱贫致富，远期力争发展成集观光、旅游、生产、销售为一体的“永红工业城”，打造现代化“永红集团”，成为“上市公司”。

以质量求生存，以服务求发展
——河北昌黎地王集团

河北昌黎地王集团是一家大型民营企业，始建于1919年，有着近一个世纪的酿造史，是中国最大500家饮料制造企业之一，也是我国第一家干红葡萄酒生产企业。集团现有员工220名，专业技术人员35名，其中高级工程师2名，中级职称12名，管理人员21名。公司内设总经理办公室、生产技术处、供应处、财务处、人力资源处、销售公司和试化室，在北京、上海、南京、广州、福州等地均设立办事机构，组织机构健全，规章制度完善。

集团占地约6万平米，资产总额1.3亿，生产能力可达3万吨，主导产品包括地王牌干红葡萄酒、干白葡萄酒、北戴河干红葡萄酒、白兰地及饮料酒、地王牌系列白酒等160个品种，产品酒质上乘，包装雅致，融入了民族与时代的经典内涵，曾荣获国家及国际金奖12枚，河北省优质产品奖47枚。产品内销北京、天津、上海、广州、深圳、哈尔滨等27个省、区、市，外销南韩、日本等国家和地区。

集团位于昌黎县城关，距秦皇岛港45公里，且有京哈铁路相通，京沈高速公路相连，交通十分便捷。昌黎地区气候温和，物产丰富，依山傍海，享有“中国葡萄酒之乡”、“中国酿酒葡萄之乡”和“中国干红葡萄酒之乡”的美誉。

1978年轻工业部食品发酵研究所高级工程师、葡萄酒专家郭其昌先生受轻工业部的委派在我公司研制赤霞珠干红葡萄酒，于1980年研制成功第一瓶新工艺干红葡萄酒，从而添补了国内空白。该产品于1984年荣获国家产品质量大赛金质奖，从此地王干红葡萄酒被称为3个第一，即中国第一瓶新工艺干红；中国第一枚干红金奖；中国第一家引进国际优质酿酒葡萄品种赤霞珠。地王干红葡萄酒先后禅联八次国际金奖，“地王”牌商标连续9年被河北省评为著名商标。

多年来，集团始终坚持“以质量求生存，以服务求发展，产品品质优良，顾客消费信赖”的质量方针，坚持党和国家食品安全有关方针政策，严格实施食品质量安全市场准入制度，从原辅材料收购到各个生产流程，从生产场地到检验仪器、项目及方法等，认真查找存在的不安全因素，努力把握好关键控制环节。在积极开展食品安全放心工程的同时，配合工商、技术监督部门坚决打击假冒伪劣行为，维护消费者的合法权益，信守对消费者及用户的承诺，在社会和行业中取得了较高的影响力，赢得了良好的社会声誉，深受业内及业务伙伴好评，并多次荣获政府和上级部门嘉奖。地王集团不仅保持了20年的省重合同守信用单位称号，而且被评为省市农业产业化经营重点龙头企业和食品安全生产企业，“地王牌”干红葡萄酒定为国家指定的原产地域保护产品，“地王庄园”干红葡萄酒被评为中国葡萄酒十大A级产品之一，2008年被中国食品工业协会授予龙头企业称号。

燕京啤酒（桂林漓泉）股份有限公司

燕京啤酒（桂林漓泉）股份有限公司于2002年7月18日揭牌成立，是北京燕京啤酒集团公司规模最大的外埠企业，其前身桂林漓泉股份有限公司于1985年筹建，1987年正式投产。历经九次改扩建，燕京啤酒（桂林漓泉）股份有限公司于2002年7月18日揭牌成立，是北京燕京啤酒集团公司外埠企业之一，其前身桂林漓泉股份有限公司于1985年筹建，1987年正式投产。历经九次改扩建，截至2010年，燕京漓泉公司桂林本部年产能达80万吨/年，加上控股的燕京玉林公司40万吨/年的生产能力，合并后公司在广西区内整体产能已达到120万吨/年。

在总部的大力支持下，燕京漓泉公司按照既定的“大西南战略”规划框架，经过多方实地考察和风险评估，最终确定与燕京集团共同出资，在云南昆明市嵩明县杨林工业园区新建年产40万吨啤酒现代化生产基地。该项目总投资6亿元，其中一期投资3.6亿元，占地342亩，年产规模20万吨，已于2010年9月正式竣工投产。燕京（昆明）公司的竣工投产，进一步扩大了燕京在大西南区域的版图，为携手广西拓展大西南构筑更加扎实的市场基础和产能基础，也拉开了燕京进军东盟市场的序幕。

加盟燕京后的九年时间里，在区、市两级党委政府和燕京集团的正确领导和大力支持下，公司领导班子团结带领全体员工，秉承“以情做人，以诚做事，以信经商”的经营理念，以“六个创新、四个做强”为指导思想，紧紧围绕总部下达的各项经营目标，大力实施“产品、市场、品牌”为核心的三大结构调整，努力拓宽经营思路，积极寻求管理创新。通过多年的积累和循环改进，形成了独具“燕京漓泉”特色的深度分销模式、精益生产模式、绩效飞轮管理、任职资格体系、TPM项目管理、环保节能工程、ERP/DRP信息化建设等一整套先进的管理流程，经过不断地完善、梳理和细化，具备核心竞争力的管理模式被成功复制到燕京玉林公司和广东燕京公司，成功总结出防御型市场和进攻型市场两套营销模式，为拓展市场和提升产销量提供了有力保障，并经受住了实践的检验和证明，燕京漓泉也因此成为燕京啤酒集团下属外埠公司中的标杆企业。

同时，公司坚持采用“燕京+漓泉”的双品牌运作模式，战术与战略相结合，依托现代化的生产设备和先进工艺，采用澳大利亚优质原料，酿造出了新鲜优质的全生态啤酒。目前，已形成以高档类纯生、冰豹、小支产品以及中档类冰爽、精品双滤爽等系列产品为塔顶，大众类10度清爽、8度双滤爽等普通啤酒为塔身，专供农村市场消费的劲爽产品为塔底的金字塔型产品结构，产品广西市场占有率高达85%，成为国内继燕京之后，第二个在省级市场占有率如此之高的啤酒品牌。

九年来，公司取得了良好的经济效益和社会效益，连续九年成为桂林市纳税首户，纳税总额近30亿元，跻身广西纳税五强，全国啤酒行业纳税六强，广西十佳、广西优秀诚信企业，中国啤酒行业杰出企业，国家级高新技术企业，广西首家循环经济示范企业；品牌荣获中国驰名商标、广西著名商标、广西名牌、建国以来广西60个最具影响力品牌等荣誉称号，32个产品获得绿色食品认证；成为桂林市首家国家级工业旅游示范点、全国五一劳动奖状企业、全国模范职工之家；连续多年总资产贡献、流动资金及存货周转率、净资产收益率刷新行业新纪录，多项技术能耗指标创国内同行业新低，品牌价值跃升至36.9亿元。

广东南台药业有限公司

广东南台药业有限公司是一家集中药材种子种苗繁育、中药材种植、中药饮片加工、中药保健食品、保健用品生产和中药研发等于一体的中药企业，注册资金1000万元人民币，是广东省民营科技企业、广东省重点农业龙头企业、广东省医药信用等级AAA企业。

公司从1999年10月起，利用山区良好生态环境开展中药材种植，通过数年努力，现达到拥有8个中药材种植和种子种苗繁育基地，面积近万亩的规模。公司基地种植品种有鸡血藤、岗梅、毛冬青、两面针、江南柏、广金钱草、溪黄草、凉粉草、南板蓝根、灵芝等20多个。与多家广州市制药企业合作建立了中药材GAP种植基地，还带动当地十二个乡镇千户农民种植中药材。

公司现有符合国家GMP要求的生产车间2个，面积2000m²，具备进行中药饮片加工、保健食品和保健用品生产的良好条件。中药饮片厂已取得《药品GMP证书》，有完善的质量保证体系，健全的企业管理机构和严格的GMP管理规章制度。建立了研发中心进行产品开发和技术创新。公司生产的“南国绿”牌产品包括中药饮片、灵芝及灵芝孢子粉、中药代用茶、植物汤料和中药沐足剂等多个系列20多个品种，其中有的是国家发明专利产品，中药代用茶通过了国家QS认证。

公司拥有由中药学、药学、农学等专业具有高、中、初级职称人员组成的专业技术队伍，大中专毕业生占职工总人数的40%。公司与广州中医药大学合作共建中药产学研示范基地，广州中医药大学首席教授及一批教授、副教授、博士成为公司有力的技术支撑力量。公司从2003年起承担了国家农业综合开发项目、广东省科技厅和广州市科技局多个科技计划项目，取得较大成效。公司获改革开放30年广东省医药行业“突出贡献奖”，被评为“创新企业”和广州中医药大学“产学研结合先进基地”。2009年被国家科技部评为中药现代化科技产业基地建设10周年优秀单位。

公司以“继承、创新、团结、进取”，“发展药业，服务健康”为宗旨，朝着中药现代化和产业化的方向，以诚实扎实的作风，求前进求发展，争取为社会作出应有的贡献。

湖北楚天鹅业发展有限公司

湖北楚天鹅业发展有限公司，地处湖北汉江平原，是全球同纬度上保持良好的一块湿地。占地10万余亩，该地区气候温和、鸟语花香、四面环水、风景秀丽；植被覆盖率高达98%，水土中有机物含量极高，该地区无任何工厂，无农户居住，没有任何污染源，是一个良好的生态园。

我公司所选种鹅，为世界上生产鹅肥肝品质最佳的法国朗德鹅，该品种抗病免疫力强，肥肝个体大、成色好、口感佳、营养价值高。被中外食客称为“餐桌上的皇帝”，被誉为世界三大美味之一。

朗德鹅肥肝所含脂肪大多是人体有益的不饱和脂肪酸，每100g鹅肝中卵磷脂含量4.5～7克。具有降低血脂，降低人体血液中胆固醇含量，软化血管，延缓衰老，预防心脑血管疾病的发生等功效。

我公司现已投资3000万元人民币，是集繁育、饲养、加工、科研、示范为一体的规模型产业化基地，是政府首肯的民营养殖与科技相结合的龙头企业，是我国运用高科技手段对朗德鹅养殖与加工实施产业化管理的示范基地之一。

湖北楚天鹅业发展有限公司
地址：湖北省天门市沉湖林科技示范区
电话：07284577258

百年汇洋 百年京鲁

这里有中国古代四大名楼之一的蓬莱阁，这里有虚无缥缈的海市蜃楼，这里有八仙过海的神话传说，这里还是中国古代北方最大的港口城市和东方海上丝绸之路的起点。当新世纪的曙光从东方冉冉升起，汹涌澎湃的经济全球化浪潮又在仙境蓬莱孕育一个新的传奇，在这片地理环境优越，气候温暖宜人的土地上，山东汇洋集团正茁壮成长，像一颗璀璨的明珠为蓬莱增添了无穷的魅力。

蓬莱京鲁渔业有限公司成立于 1990 年 6 月，2006 年发展为山东汇洋集团，下设 5 个分公司，分别为蓬莱京鲁渔业有限公司、蓬莱汇洋食品有限公司、蓬莱京鲁食品有限公司、蓬莱鲁京食品有限公司、蓬莱京鲁船业有限公司。现已成长为集远洋捕捞、水产品加工出口、调理食品的精深加工销售，海水养殖育苗、造船为一体的综合性股份制企业。通过全体员工多年来的共同努力，先后被授予全国农产品加工业示范基地、国家标准化良好行为企业、国家农产品加工企业技术创新机构、国家级出口水产品标准化综合试验区、全国食品工业优秀龙头食品企业，集团的调理食品被授予“中国名牌”的荣誉称号。

集团立足原料捕捞，发展产业经营，实现可持续发展。集团远洋捕捞船队经过多年不断努力和探索，积累了丰富的经验。集团现拥有鱿鱼钓船 6 艘，超低温金枪鱼延绳钓船 6 艘，常年在北太平洋、印度洋、南美阿根廷、秘鲁等地作业，捕捞原料产量逐年提高，为水产加工提供了充足保障。

集团同步发展了育苗养殖业，现有 2 处规模较大的养殖厂，育苗养成水体 15000 立方米，养殖厂主要养殖海参、鲍鱼、舌鳎、夏夷贝、大菱鲆等苗种，取得了良好的经济效益。

集团拥有现代化的水产品加工厂 18 座，职工 4500 余人，专业技术研发人员 100 多人，年加工成品能力 6 万多吨，冷库 8 座，冷藏能力 68000 吨，其中公用型保税仓库 1 座，并拥有现代化的制冷机房 5 座。加工厂通过了 ISO9001、ISO10002、ISO10015、ISO14001 国际质量体系认证、IFS 国际食品标准认证、欧盟注册、BRC、OHSAS18001、HACCP 体系认证、清真认证、CNAS 实验室认可以及调理食品厂库注册，产品获得由国家标准化管理委员会颁发的“无公害农产品标志证书”。目前，已申报专利 100 多项，其中《-60℃工质（氨）金枪鱼储存库研制项目》填补了国内空白，07 年被列为“国家星火计划项目”和“山东省科技发展计划重点项目”，2009 年获得“山东省技术创新优秀成果”一等奖。集团的检测中心被山东省评为第一批出口农产品区域性检测中心，对外可出具权威性的检测报告。

公司使用的原料全部源于深海，绿色安全无污染，主要从事鱿鱼、鲐鱼、鲅鱼、马哈鱼、金枪鱼、虾蟹类、贝类等水产品以及调理食品的精深加工，加工品种 2000 多个，产品重点出口日本、美国、欧盟等国家和地区。同冈食品、明和产业、伊藤忠、农水、神港、八户缶詰、双日、MAR、新东京、西部渔业等众多大客户建立了良好的合作伙伴关系。

2006 年 4 月，集团进行了产业升级，新建了蓬莱中柏京鲁船业有限公司，总占地 84 万平方米，主营船舶制造，并兼顾海洋工程制造。公司被列入山东省船舶工业“十一五”发展规划的重点造船企业及重点建设项目。现有员工 4500 余人，工程技术和管理人员 400 多人，年生产能力将达到 200 万载重吨。船厂拥有 369 米 ×102 米造船坞 1 座；275 米 ×69 米船台 1 座；舾装码头 2500 米；17000 平方米的钢材加工车间 2 座；1 喷 2 涂现代化涂装车间 2 套；32400 平方米分段制造车间 1 座；16000 平方米舾装车间 1 座；配备了 2 台 150 吨和 1 台 500 吨造船门式起重机，其他设备包括钢材预处理流水线、数控等离子切割机，肋骨冷弯机，大型油压机，三辊滚筒机等各种造船专用设备 700 余台套。完善的硬件设施和先进的机器设备更有利于打造国内外一流的船舶企业。

2008 年年底，集团正式启动国内冷冻调理食品市场。经过短短一年时间，先后开发了浙江、江苏、广东、辽宁、新疆、北京、云南等国内大中省市冷冻调理品市场 10 几个，产品已进入批发、流通、超市、配餐、快餐等多个渠道。在冷冻调理食品市场高速发展的同时，公司同步启动了国际连锁渠道开发战略。2009 年已分别与国际快餐连锁巨头肯德基和全球三大比萨品牌之一的棒约翰正式展开合作及供货。

多年来，集团始终坚持“以人为本”的经营理念，力求达到四项发展目标：追求客户满意——首先要让自己的员工满意；绩效最大——要让员工高高兴兴地努力工作；训练有素——打造——支学习型的高效团队；平安京鲁——每个人都有平等的生存权利，安全的生活环境。

集团的“以人为本”、和谐平等理念已渗透到每一个角落；公司实行食宿免费，并定期发放福利物品；开设平价医务室，每年一次为职工免费查体；定期对员工培训，把建设“学习型 ”企业作为长远发展目标。公司领导注重企业文化建设的创新，为活跃职工的文体生活，在培训学习的同时，还建立了大型娱乐室、宣传栏、图书室、培训室等，充分满足员工文化生活及娱乐需求。

荣誉属于过去，未来就在脚下。集团将秉承“诚信、敬业、挑战、创新”的企业宗旨，自强不息，拼搏进取，敞开胸怀，拥抱世界，为打造百年汇洋而努力奋斗！

湖南省克明面业股份有限公司

克明面业的创始人于 1984 年开始从事挂面的生产和研究。公司经过 20 多年的发展，已经成为了一家现代化的挂面食品制造高科技企业。现克明面业股份有限公司主营“陈克明”牌挂面，总部设在湖南省南县工业园区，总资产 3 亿多元，并在河南延津、遂平、湖北武汉、湖南岳阳、南县等地拥有多个挂面生产基地，挂面年生产能力达 17 万吨，年产量、销售额、市场占有率在全国挂面行业中均名列前茅。此外，公司还拥有自己的食品科学研究所、食品检测中心。

20 多年来，克明面业带头开创了中国现代化挂面产业化的新局面，引领了中国挂面消费的新潮流，带动了中国挂面行业的发展。公司生产的“陈克明”牌营养、强力、如意、高筋、礼品、儿童等 6 大系列共 200 多个规格品种挂面，以其“柔韧、细腻、口感好；易熟、耐煮、不糊汤”的独特品质，赢得了广大消费者的好评。目前，公司建立起了遍布全国的销售网络，产品畅销全国 31 个省、区、市的大中小城市。“陈克明”牌系列挂面成为了消费者的挂面首选品牌，公司品牌的广告语“一面之交，终生难忘”已经深入人心，并冠名“八一克明面业女子排球队”。

克明面业在不断扩大生产规模的同时，严抓产品质量管理和公司规范化管理，公司先后通过了 ISO9001:2008 质量管理体系、ISO22000:2005 食品安全管理体系、GB/T28001-2001 职业健康安全管理体系、ISO14001 环境管理体系、HACCP 及绿色食品等认证。公司的规范化管理保障了产品的质量和安全，真正做到了为每一位消费者提供安全营养、健康美味的面食。

近年来，克明面业先后荣获“中国驰名商标”，“湖南省质量管理奖”，“湖南省加速推进新型工业化先进企业”，“湖南省食品千亿产业突出贡献企业”，“湖南省高新技术企业”，“农业产业化国家重点龙头企业”等众多殊荣。公司的发展壮大还受到了各级领导的关怀和指导。周伯华、徐明华、周强、史济春、胡彪、梅克保、赵宗鼐、徐守盛等领导先后莅临公司视察。

克明面业股份有限公司部分荣誉及奖项

2007 年 08 月——“陈克明”商标获评为“中国驰名商标”

2008 年 10 月——公司产品成功续展中国绿色食品认证

2008 年 12 月——公司获评“湖南省质量管理奖”

2009 年 01 月——八一女排冠名为“八一克明面业女子排球队”

2009 年 02 月——获评为“湖南省推进新型工业化先进企业”

2009 年 05 月——获评为“企业信用评价 AAA 级信用企业”

2009 年 06 月——获评为“湖南省食品‘千亿产业’突出贡献企业”

2009 年 07 月——被湖南省四厅局联合评定为“高新技术企业”

2010 年 05 月——认定为“农业产业化国家重点龙头企业”

2010 年 09 月——陈克明“五谷蔬香”系列新品荣获第十届中国面制品大会“2009 ～ 2010 年度中国面制品创新产品”奖

2010 年 09 月——获评为“湖南省十佳农业产业化龙头企业”

广东省增城市立高食品有限公司

增城市立高食品有限公司（以下简称立高公司）是一家致力于开发高技术和新潮流蛋糕制作的原材料、工具、技术的企业。立高公司技术力量雄厚，具有很强的新产品开发能力，除了能根据客户要求不断完善现有产品外，每年都保持有新的产品上市。

1997 年 立高牌植脂奶油作为第一个中国品牌的植脂奶油在中国上市，并通过裱花技术的推广，推动了植脂奶油在中国的广泛应用。

1999 年 创新发明推出了“晶晶亮果膏”，并研究出了多种创新款式的晶晶亮果膏蛋糕，通过多种形式的演示会、培训班向全国各地饼店介绍、教授果膏的使用方法及蛋糕制作技巧，开创了“晶晶亮果膏”蛋糕的消费潮流，使烘焙行业有了新的商机，消费者有了新选择。

2000 年 创新推出 24 头精选裱花嘴；巧克力软膏上市。

2001 年 推出集 12 生肖卡通动物、各类花卉、立体裱花蛋糕制作技巧为一体的“21 世纪新派艺术蛋糕制作”教学 VCD，以及立体插花艺术蛋糕专用的可食用花枝、裱花托架产品。

2002 年 发明推出香彩雪，使蛋糕色彩装饰又有了一种革命性的产品。

2003 年 推出“美浓”特级配方植脂奶油，双 V 巧克力块、巧克力围边专用模具、欧式蛋糕装饰专用工具、应手牌裱花工具系列等相继上市。更将公司几年来研究、总结的多项全新裱花技术及新产品汇编成“21 世纪新派艺术蛋糕续集之再谱新曲”VCD 推介给广大用户。

2004 年 先推出双 V 巧克力融解器，令巧克力的调温工艺有了更科学、快捷方便的工具；之后又推出鲜果啫喱系列，丰富了蛋糕西饼夹心品种。

2005 年 立高公司紧跟现代消费潮流：崇尚自然，提升品味，推出“新天地”系列产品包括：“汝之友”含乳脂乳香奶油，盛装鲜果浆系列，新仙尼鲜果馅系列。

2006 年 推出巧克力卡通模具系列，使装饰巧克力制作在保持艺术性的基础上制作便捷快速，适应了消费者的需要；同时改良了香彩雪，推出真好采产品系列。

2007 年至今，立高公司经过技术研发团队对欧洲古代蛋糕制作技术进行重新发掘整理后，推出了“欧洲经典 · 手稿蛋糕”制作技术并将这一技术推广到国内外的蛋糕制作中，使更多烘焙同行能分享这一技术成果。同时，立高公司研发团队致力于新产品的开发，推出了玫瑰果酱，芝美芝士奶油、啫喱粉以及一系列的巧克力食用装饰转印纸。

享受美味．健康，装扮美好生活，努力成为食品文化潮流的领导者，是立高人多年以来坚持不懈的追求。随着社会经济繁荣，节日文化日益蓬勃，立高公司及时发现了节日蛋糕礼品此重大商机，并不遗余力地向业界客户推介。每年立高公司都会组织大量技术资源研发节庆蛋糕，尤其是圣诞、母亲节、情人节和儿童节，使客户每年均可以及时提供节庆蛋糕新品吸引消费者。

立高人的努力得社会的认可与回报。立高公司已经连续两年荣获中国食品工业协会颁发的中国十大最受欢迎原料供应商奖；2009 年立高商标更荣获广东省著名商标殊荣。

立高人并不满足已经取得的成就，而是只将以往的成绩作为今后前进的基础。2010 年立高公司更是百尺年竿头更进一步：成功地与美国华特迪士尼公司开展合作，正式成为中国大陆迪士尼蛋糕的主要原料材料唯一供应商。勿用置疑，以多彩、新颖的形式表达各种消费者深深喜爱的迪士尼卡通主题故事的迪士尼蛋糕将会掀起蛋糕消费的又一热潮。

立高公司将继续秉承“美丽蛋糕，需要立高；开拓创新，顾客满意”的质量方针，不断完善自我，更好地服务于广大的中国烘焙市场。

广东民大华威饼业有限公司

广东民大华威饼业有限公司成立于2004年5月，是由广东华威饼业股份有限公司改制而成。目前公司已取得全国工业产品QS440808010202（饼干）、QS440824010014（月饼）、QS44081301008（巧克力制品）生产许可证。

广东华威饼业股份有限公司曾是粤西地区最大的饼干食品生产企业，始建于1952年，坐落于广东省湛江市开发区人民大道路段，交通条件得天独厚。公司的占地面积为27102m²，其中建筑面积为27770m²；固定资产为4000万元人民币，配套各种饼干的生产设备和设施，拥有奥地利、德国、意大利和日本等国90年代国际先进水平及国产的饼干生产线20多条。

公司现有技术人员10多人，所具备的条件能满足生产、技术标准和产品质量安全要求。公司遵循“开拓、务实、创新”的经营理念，倡树“做百年饼业品牌”的经营宗旨，与客户共同成长，实现客户价值最大化。

我公司的主要产品有：威字牌威化饼、华威牌巧克力威化、水泡饼、蛋卷威化、异型威化饼等各类饼干和月饼系列，威化饼1984年荣获国家“银质奖”；威字牌威化饼于1990年荣获全国饼干行业唯一的国家“金质奖”；在1997年经全国食品质量检评会确认继续保持国家“金质奖”水平；水泡饼、蛋卷威化饼和异型威化饼均获得过轻工部“优质产品奖”；威字牌饼干于1995年曾获得“广东省名牌产品”的称号；2006年荣获“广东精品月饼”称号；2006年“伍仁月饼”获“中国名饼”称号；2006年“华威月饼皇”获“广东精品月饼”称号；2007年“蛋黄纯莲蓉月饼”获“中国名饼”称号；2007年我公司被推选为优秀诚信品牌会员A级研究企业；2007年公司在中国新闻社评价中心品牌推广活动中“华威”牌月饼、饼干、巧克力制品为中国最具竞争力著名品牌重点培养推广单位；2008年“油酥皮纯莲蓉橄榄仁月饼”获“知名月饼”称号；2008年“奶油酥皮莲蓉榄仁月饼”获“中国（广东）焙烤食品最佳广式月饼奖”；2008年“华威月饼皇”获“2008年度广东精品月饼金奖”称号，2009年“华威蛋卷威化酥”获得“中华国饼”称号，产品销售到全国各地，质量保证，颇受消费者的欢迎。

2009年公司通过ISO9001质量管理体系和ISO22000食品安全管理体系认证。

地址：广东省湛江市霞山人民大道南12号

电话：0759-2220671　　传真：0759-2218123

邮编：524001

山东东阿史美生阿胶保健股份有限公司

山东东阿史美生阿胶保健股份有限公司始建于2004年8月，前身为山东东阿阿康阿胶食品有限公司，是一家集阿胶及阿胶系列保健产品研发、生产、销售、售后服务为一体的现代化新型企业，是东阿生产阿胶的最大企业之一，同时也是市县两级政府重点扶持和发展的阿胶行业龙头企业。公司位于泰山脚下、黄河岸边的中华阿胶原产地——山东省东阿县。环境幽雅，四季常绿，交通便利，临近济聊高速、105国道等重要交通干线。注册资本1500万元，总资产已达9638万元，固定资产5308万元。

公司坐落于东阿县科技工业园区，现有员工500多人，厂房总占地面积125000m²，拥有35000m²通过国家GMP认证的现代化生产厂房及先进的生产设备。新厂区投资7000万于2008年1月份正式投产，2010年4月县政府亲自帮办、公司年度重点建设项目，总投资额2000万的阿胶延伸项目建成，并进入规模化生产经营阶段，极大地增强了公司的阿胶及系列保健产品的生产能力，使得史美生阿胶无论在规模还是在厂区环境、生产能力方面都成为鲁西生产阿胶保健品的一流企业。史美生公司凭借强大的企业实力和先进的生产理念，成为国内首家荣获“中国阿胶生产示范基地”称号的阿胶生产企业。

史美生阿胶秉承“鉴史开来，美由心生”的企业理念，恪守为人类健康服务的经营宗旨，严把产品质量关。在继承发扬阿胶传统产品的同时加大产品创新力度，不断推出迎合现代市场以及消费者需求的新型保健产品。“美由心生”的理念促进史美生公司重视公司品质的培养和企业境界的提升。恪守为人类健康服务的宗旨，注重生产流程严格控制；坚持把质量视为企业的生命，严格执行质量管理体系，努力生产出高质量产品，做到高水平的客户服务。

史美生阿胶以“打造健康产业航母”为使命，推崇“质量是企业生命”的理念，以高品质、大品牌赢得消费者新任。现已形成阿胶块系列、口服液系列、颗粒系列、冲剂系列、休闲系列等五大产品线，多项产品获得国家专利。下一步公司将引入 ISO 国际质量体系认证，以国际通行的质量标准严格要求产品的生产、研发等，做好质量管理工作。公司始终迎合市场的需求，不断调整产品结构，2010 年公司高瞻远瞩，将原有 90 多个品种进行了合并消减，采取重点集中的措施对于产品线进行了大刀阔斧的调整，使得公司产品结构趋于合理，专心生产迎合消费者需求的品牌。

史美生阿胶重视与科研院所的合作，中与陕西科技大学、南与浙江大学、北与北京博士安医药生物技术有限公司等建立起合作关系，借助科研院所密集型人才资源优势做足产品研发，每年都投入巨额科研经费用于新产品的试验工作。2010 年公司用于这 3 个科研单位的资金预算达到 800 万元。

市场决定企业存亡，史美生阿胶立足全国，致力于打造阿胶行业的骄子品牌，将全国市场划分为华北大区、华东大区、华中大区、华南大区、山东大区，销售网络遍及北京、上海、浙江、山东、河南、河北、安徽、江苏、广东、福建、四川、山西、陕西、东北三省等 20 几个省市。重视借助大众传播媒体实现产品知名度美誉度的提升，公司与多家业内顶尖整合营销策划公司合作推出了一系列广告、公关措施宣传推广产品，同时注重利用展览会的平台，如 2010 年 5 月代表东阿县参加江北水城文化旅游节特色产品展览会，取得了很好的宣传效果。

史美生公司高度重视企业荣誉，并精心呵护。产品自上市以来受到市场的一致好评，并荣获“山东省第七届消费者满意单位”、“山东省第八届消费者满意单位”、“聊城市消费者满意单位”、“县级农业产业化龙头企业”、“市级农业产业化龙头企业”和“中国阿胶生产示范基地”等荣誉称号。

公司秉承“勤俭务实简单诚信”的企业文化，全体上下正在迅速调结构、建队伍、谋突破，实现企业高速规范化、标准化、现代化、制度化，为公司实现创业板上市的近期目标、成长为阿胶业骄子品牌的远景目标而不懈努力！

成长中的“跳跳龙”

——记成都跳跳龙食品有限公司发展纪实

成都跳跳龙食品有限公司是一家新加坡独资企业，是专业生产糖果、巧克力及凝胶类休闲食品的现代化企业。公司成立于 2007 年（它的前身是成立于 2001 年成都嘉隆利食品有限公司）是目前国内西南地区最大的从事糖果集研究开发、生产、销售为一体的企业化公司，并拥有自主经营进出口权。其自有品牌“跳跳龙”已成为国内具有较大影响的品牌，深受广大消费者的喜爱和支持。

为适应公司战略发展的需要，公司在温江投资约 3 亿人民币建现代化标准厂房，占地约 258 亩。第一期工程已于 2007 年 9 月中旬建成投产，年生产能力由原来的 3 万吨提高到 5 万吨，年产值最高可达到 10 亿人民币。

公司引进和拥有上百台最先进的糖果生产线及包装设备，包括在业界广受赞誉的澳大利亚棉花糖 / 橡皮糖生产线，英国太妃糖生产线，德国小糖排生产线，法国大糖排生产线，英国巧克力涂层生产线，英国甘草糖生产生产线，意大利求斯糖生产线，意大利模立体造型巧克力生产线，英国巧克力排生产线，小颗粒糖果生产线以及日本自动称量分装机、意大利高速扭结式和枕式包装机等生产线和设备。

公司生产规模大，产品范围广泛，硬糖、软糖、牛轧糖、奶糖、太妃糖、橡皮糖、棉花糖、核桃糖及巧克力等各种产品一应俱全，且技术含量高，有很强的市场竞争力。

公司机构非常完善，下设产品开发研究基地、生产工厂、销售公司及完善的经营管理体系，拥有强大的营销网络。

公司具有进出口经营权及商检部门颁发的出口卫生注册证书。产品覆盖全国及香港等地，并出口到美国、日本及马来西亚、印度尼西亚等东南亚国家。

引导健康消费　促进食品安全

——盐城捷康三氯蔗糖制造有限公司的发展创新之路

新一代的功能性甜味剂 ---- 三氯蔗糖，与其它甜味剂相比，具有多项无可比拟的优越性质。甜度高，是蔗糖的600-650倍；口味纯正；高度安全；无能量，不会引起肥胖；不会引起血糖波动，可供糖尿病人食用；不会引起龋齿，对牙齿健康有利；具有很好的溶解性和稳定性，从酸性到中性都能使食品的甜味，对酸味和咸味有淡化效果；对涩味、苦味、酒味、等不快的味道有掩盖效果；对辣味、奶味有增效作用。因此，三氯蔗糖是目前市面上最好的功能性甜味剂，并且在美国、加拿大、英国、中国、印度等30几个国家有着广泛的应用，是一个不可限量的巨大市场。对于在阿斯巴甜时代集体失语的中国企业来说，也将可以在这个庞大的市场中分一杯羹，甚至打响中国的民族食品品牌。而要想进入美国——这个三氯蔗糖最大的消费市场，却不是那么容易的。中国企业能打开美国市场，要归功于一场赢得漂亮的跨国官司，既以盐城捷康三氯蔗糖制造有限公司（以下简称盐城捷康）为首的几家中国企业赢得了美国337条款对于外国产品是否存在知识产权侵权行为调查的胜利。这次胜利不仅让盐城捷康捍卫了其自主研发的知识产权，也使得中国三氯蔗糖生产企业获得了进入美国市场，乃至全球市场的通行证。

投资知识产权　突破贸易壁垒

盐城捷康三氯蔗糖制造有限公司（JK Sucralose Inc）坐落在江苏省射阳县经济开发区内，是中国规模最大、最专业的三氯蔗糖生产企业，也是江苏省高新技术企业。盐城捷康根据自身发展需要，不仅在北京成立了销售服务中心，同时在美国、欧洲等地还设有销售分公司。但是在布局全球的过程中也非一帆风顺，在盐城捷康发展的初期，即遭遇了英国泰莱和其美国公司发起的337调查，意在发起针对中国三氯蔗糖制造企业产品侵权的调查，以申请发出普遍排除令。

2007年4月初，美国泰莱公司以进口到美国本土的三氯蔗糖产品（含下游产品及中间体）侵犯了其有效的专利，对美国本土相关产业造成损害为由，依据美国《1930年关税法》第337条，向美国国际贸易委员会（ITC）提起337-TA-604针对五项专利的调查申请，请求ITC认定被诉的三家中国生产企业和贸易公司共25家三氯蔗糖生产、销售企业侵权，并签发普遍排除令，排除所有来自美国境外的三氯蔗糖及下游产品。（三家生产企业分布在广东、河北、江苏常州）

ITC经过法定时间的审查，于2007年5月6日受理了泰莱公司的申请并在官方网站上公布了调查通知。此时，作为三氯蔗糖生产企业的盐城捷康才刚刚起步，美国市场又是盐城捷康战略规划的重要开拓市场之一。此调查对盐城捷康无疑是一个沉重的打击。无论最终结果如何，盐城捷康只要主动参加法律调查就必然要面临一笔高昂的律师费用，这也是泰莱公司瞅准中国企业的一大弱点而采取的不公平贸易竞争行为。但倘若不应诉，如果三家被告生产企业全部胜诉，美国市场就将选择胜诉企业生产的产品，盐城捷康就将失去更多的美国市场和其他国际市场机会，同时还会面临ITC判决后盐城捷康在地方法院被泰莱公司起诉的危险；只要中国三家被告生产企业中有任何一家败诉，ITC就会签发普遍排除令，盐城捷康将被排除在美国市场以外，导致前期大量市场投资和销售渠道建设都将付之东流，自主研发的知识产权因产品无法进入美洲市场而大大降低价值。更重要的是，此时美国的不少终端客户通过考察，对盐城捷康的产品抱以了极大的兴趣，如果盐城捷康采取消极的态度，将使众多美国客户对捷康的产品丧失信心，盐城捷康高管层及律师顾问在综合考量各种因素，并多次听取技术研发人员对自身技术特点的汇报和与美国多家知名律师所的专利律师仔细研究后，发现美国ITC允许没有被告的企业在满足ITC的法律要求前提下，可以申请主动加入ITC-337调查，保护自身的合法权益，不用支付对方赔偿金，只需各自承担法律费。美国地方法院在案件审理中可以随时加入被告名单，但对主动加入诉讼的被告的生产企业的客户则不能随时加入，为了保护客户，占据市场主动权，盐城捷康的高管层和律师团一致认为盐城捷康的生产工艺具有自主知识产权，应当主动申请加入ITC-337调查，以实际行动向所有的客户表明，盐城捷康的生产工艺不侵犯泰莱专利，并在第一时间占领法律主动权。

按照美国法律，必须持有美国律师资格才能代表企业出庭辩护。为确保本次主动加入ITC调查取得绝对胜诉，盐城捷康于6月份与美国具有百年历史，在知识产权领域最知名的Fish &Richardson专利律师事务所合作，组成了以9位资深律师作为主要辩护律师的律师团进行辩护，并聘请美国最权威的化学博士作为专家证人。于2007年7月向TIC递交了主动参与337-TA-604全部5项专利调查的申请。泰莱公司的律师竭力反对，因为盐城捷康的加入不仅打乱了泰莱的法律部署，且大大消耗了泰莱的律师精力和律师费用，在泰莱没有任何捷康的证据储备和法律方案的情况下，增加的泰莱的败诉几率。由于盐城捷康根据ITC的法律提出了四条理由：1：盐城捷康实际已经出口到美国市场，2：美国市场有盐城捷康已有和潜在的客户；3：由于生产工艺不同，其他3家被告企业不能代表盐城捷康的利益；4：泰莱申请的普遍排除令严重损害了盐城捷康的市场利益；5：盐城捷康可以按ITC的法定程序，在规定时间内，完成证据递交和辩护工作，不会申请法律程序延期。经过盐城捷康辩护律师的积极辩护，ITC法官和ITC的委员于2007年8月15日同意盐城捷康主动加入ITC-337-TA-604针对三氯蔗糖产品的调查。盐城捷康因而成为中国有史以来第一个主动申请接受ITC调查的生产企业。同时通过美国知名网站FLEXNEWS向全世界声明：盐城捷康充分尊重他人的知识产权，但更希望别人同样尊重盐城捷康的知识产权。

根据ITC的程序要求，需要将盐城捷康的所有资料包含电脑、文字、邮件等交给泰莱的律师。盐城捷康按要求把公司几千份资料经过中国的律师审核后递交给盐城捷康的美国辩护律师，在经过美国辩护律师的仔细挑选，按程序要求将资料交给美国泰莱的律师。盐城捷康的主动加入不仅让泰莱的律师追加了人员和预算，也增加了泰莱必须根据ITC的程序在规定时间内完成对盐城捷康进行调查的难度。根据盐城捷康递交的资料，从2007年10月5日起，泰莱用大约三天时间针对捷康公司的1名公司证人和3名技术证人进行了询证。现场有盐城捷康的美国辩护律师及中文翻译，泰莱的辩护律师及ITC的官员和中文翻译，整个询证过程全部录音和摄像。根据递交的资料和对证人的询证，泰莱律师及专家在ITC官员和盐城捷康美国律师和中文翻译的陪同下，于2007年10月30日到盐城捷康工厂现场进行生产过程的摄像和取样。

为了找到有利证据，泰莱甚至把车间地面的灰尘都取样带到美国去化验，希望从中找到对盐城捷康不利的证据，所有样品立即用全程保温特快寄往美国泰莱公司指定的实验室。盐城捷康为了确保样品化验数据的准确性，也按同样保温冷藏方式寄到盐城捷康在美国的指定实验室。盐城捷康的美国辩护律师为了确保绝对胜诉，按照ITC法律程序要求到英国对泰莱的专利主要申请人进行了调查，并针对专利在美国的实际使用情况进行了调查。同时查阅了大量的资料来证明泰莱的专利无效。按照ITC法定程序要求2008年2月28日对盐城捷康公司的公司证人、技术证人、专家证人进行法庭当庭答辩，同时证据递交将截止。

根据双方递交的证据资料和法庭的答辩，ITC第三律师法庭审理前后都做出了盐城捷康生产工艺不侵犯泰莱专利，泰莱“463”无效的结论。ITC行政法官开庭审理中充分听取双方的意见，综合审查案件材料后，于2008年9月22日对本案做出认定：进口到美国的三氯蔗糖及下游产品并不侵犯泰来公司诉请的4980463、5470969、5498709、7049435四项专利；对于泰莱公司诉请的5034551号专利，ITC没有管辖权；同时还认定，美国并不存在与4980463专利相关的国内产业。基于此，ITC裁决，除缺席者和败诉的以外，盐城捷康公司及中国3家被诉企业的生产工艺并不侵犯泰莱公司的专利权。

盐城捷康经历了一年半的辩护，共支付律师费2000多万元，最终赢得了全球同行唯一一家主动加入诉讼并且不侵权的判决。这次胜利也被知识产权局评为十大应对国际贸易壁垒经典案例，并使盐城捷康赢得了进入全球市场的通行证。

争取市场主动权　打好战略组合拳

盐城捷康主动加入337调查并获得胜利，让盐城捷康的出口市场在全球金融危机的形势下照样高速发展。取得如此成果全部得益于投资意识的转变。知识产权也是第一生产力，现代企业的最高竞争就是知识产权的竞争，国际贸易的竞争更是知识产权的竞争，投资知识产权是企业得以持续发展的根本保障。投资法律，维护知识产权也成为盐城捷康投资理念上的一次突破性创新，并且给其他同行树立了积极的正面范例。由于三氯蔗糖产品是新型甜味剂，安全性好，口感好，耐加工性好，无热量适合于糖尿病和肥胖病人食用，产品寿命可达百年，而要想进入美国市场必须要经过知识产权法律竞争。在2006年进入美国市场之前，盐城捷康就聘请美国专利律师把捷康的生产工艺与泰莱的所有专利进行比较，确定不侵犯泰莱的专利。已经做好了专利战的思想准备，随时应对美国的知识产权法律战。

盐城捷康提出的以市场战养法律战，是由于充分认识到法律战的最终目的是占领和拥有国际市场，要想保护和发展市场就必须取得法律主动权，以市场战支持法律战是取得法律胜诉的根本。按照美国法律一旦成为被告，客户将远离被告企业的产品，直到几年胜诉以后才可能接受使用。在几年的法律诉讼过程中一定要确保市场的畅通才能达到以市场战养法律战的目的，否则，赢得法律丢了市场则失去了知识产权保护的根本意义。

盐城捷康还把知识产权诉讼作为一项投资来认识，是一次投资理念的重大改变。国际高端市场的准入条件，首要条件是不侵权。投资知识产权就好像投资一个软工厂，他不仅使自身工厂固定资产投资很快收回，还可以盘活国内的其他工厂的资产，通过不侵权工艺的授权，利用其他工厂生产产品进行销售，还可以减少固定资产的投资，最大限度降低投资风险。而要想取得知识产权的胜利，还需要熟悉美国的法律。国际贸易、地方法院、ITC 都有自身的法律程序，打法律战需要根据特定的法律程序制订市场和法律策略。

盐城捷康在前期所作的大量的准备，实际上也是在做战略组合的布局。根据国际市场、法律诉讼情况有效使用资金，根据资金情况在最大限度使用外部生产设备和厂房的情况下把有限资金使用到国际网络和知识产权建设上来，使工厂后期固定资产投资风险降到最低，价值利用最大。

引导健康消费　促进食品安全

主动加入美国国示贸易委员会"337"调查"的胜利使得盐城捷康的知名度迅速上升，销售网络的建设加快，在短时间内建立了遍布北美洲、欧洲、南美洲、亚洲、南非、澳大利亚等全球销售网络。在取得市场主动权的同时，盐城捷康始终以"引导健康消费，促进食品安全"为使命，致力于三氯蔗糖的应用及普及推广，让中国的消费者用上健康、安全的甜味剂。三氯蔗糖口感纯正，且不参加人体循环、无热量、不引起血糖波动、不增加龋齿，符合追求健康的消费者的要求，也适合糖尿病人使用，是盐城捷康所倡导的健康的消费观念。

盐城捷康自主研发的三氯蔗糖，共申请了 7 项中国专利和 4 项国际专利，是中国三氯蔗糖生产企业中申请相关专利最多的企业，也是国家三氯蔗糖标准主要起草单位之一。盐城捷康经营的产品三氯蔗糖是以蔗糖为原料经过化学反应生成，是蔗糖的 600 倍，是当前最好的高倍甜味剂，更是一个高科技产品。食品添加剂的发展在食品工业发展史上有着重要的贡献，"没有食品添加剂就没有现代的食品工业"已经成为食品界的共识。盐城捷康对自主研发的产品基于"盐城捷康，三氯蔗糖，口感似糖，健康胜糖"的认识，以及一直秉承"引导健康消费，促进食品安全"的使命，赢得了国内外很多知名生产企业的高度赞扬。

盐城捷康在全国率先投资 GMP 精烘包车间，将制药标准引入到食品化工生产。盐城捷康通过 ISO9001、HACCP、GMP 等认证，并通过了 KOSHER、HALAL 等多项国际产品认证，尤其通过了第三方 RQA 等认证公司的认证，并取得了多家国际知名食品企业全球供应商资格认证。在国家《食品安全法》实施的同时，捷康强化产品生产和质量评估，发展更加可靠的食品安全检测技术，使标准体系、检验检测体系建立在坚实的科学基础之上，保证食品安全。

如今的盐城捷康出口和产能跃居中国第一，全球第二，并且由于市场的需要和盐城捷康自身不断地技术创新，投资 2 亿元建成年产 400 吨的大规模生产线，已于年内投入使用。在经济危机席卷全球的环境下，盐城捷康的出口不降反升，盐城捷康对未来 10 年进行了详细的规划，至 2020 年还将累计投入 20 亿元，继续与国内科研院所共同研制新的技术，将产能扩大至年产 4000 吨的规模。

盐城捷康从三氯蔗糖制造企业中的后起之秀，到成为全球市场第二大供应商，这给中国的企业树立了榜样，起到了可资借鉴的作用：只有重视科技创新，不断开发具有自主知识产权的产品，增强投资知识产权意识，企业才能底气十足的参与到国际市场竞争中去，才能在激烈的市场竞争中立于不败之地。

中山市百威食品实业公司

中山市百威食品实业公司成立于 1992 年，总投资约 1.5 亿元，公司坐落于广东省中山市，环境优美，交通便利。

百威公司是一家专业从事烘焙食品研发、生产的大型食品企业，尤以月饼生产、加工成绩显著。从产品的设计定位、原料采购、馅料加工、月饼烘焙、产品包装均有名独到之处，10 余年月饼专业生产，百威拥有了一个经验丰富，精益求精的月饼生产管理团队。百威月饼以其"优质、创新"受到业界人士好评，客户欢迎。

生产条件

公司拥有生产厂房 32000m^2，生产员工 1200 人。

拥有现代化厂房和先进的月饼生产线设备：月饼包馅机 12 台，月饼成型机 12 台，自动包装机 10 台，50 米遂道炉 2 条，莲蓉煮锅 20 台，莲蓉炒锅 22 台，馅料自动包装机 4 台。

品质管理

百威公司率先在行业内通过 ISO9001-2000 质量管理认证，以及 HACCP 食品安全认证，广东省首批糕点（月饼）QS 认证，广东省食品行业 A 级卫生单位。

公司始终将产品的质量及卫生视为立足的生命线，设立专业的品质管理部门，检测部门，负责产品的质量与卫生监督管理，务求从原料采购，生产设备，工艺流程及人员培训与管理上均超行业标准。

产品特点

百威月饼以传统方式月饼在国内市场见长，兼有其他不同风味月饼。主要产品有：蛋黄白莲蓉月饼系列，鲍鱼伍仁月饼系列，翡翠绿豆沙月饼系列，金沙奶黄月饼系列，金香红豆沙月饼系列，共计 5 大类 30 余款月饼。

企业荣誉

百威月饼曾荣获"中国国饼十佳""广东省名牌产品""中国月饼节名牌月饼""月饼龙头企业""食品卫生 A 级单位"等称号 30 余种。

服务客户

全国各大零售卖场、每省 1 个特五星酒店、中国邮政。

制造商：中山市百威食品实业公司
地　　址：中山市小榄镇联东工业大道
电　　话：(0760) 22247788（共 68 线）
传　　真：(0760) 22247363　邮编：528416
公司网址：www.power-foods.com.cn
电子邮件：power@power-foods.com

湖北省云梦龙云蛋白食品有限公司

一、企业基本情况

湖北省云梦龙云蛋白食品有限公司（以下简称龙云公司）成立于 2007 年，注册资本 8306 万元，注册地为湖北省云梦县城关梦泽大道 272 号，法定代表人王来元。

公司的经营范围：从事大豆蛋白、小麦蛋白、纤维食品、食用植物油脂、油料及相关产品和副产品的研究、开发、生产、销售及有关技术咨询和销售服务、货物和技术的进出口业务。

龙云公司前身为云梦县植物蛋白质厂，该厂始建于 1989 年。是国内最早从事大豆蛋白生产研发的单位之一。1998 年以云梦蛋白质厂为核心组建湖北龙云蛋白食品集团，2001 年集团核心企业云梦蛋白质厂被杜邦公司全资收购，成为一家外资企业。2007 年杜邦公司因为全球战略结构调整而将公司以股权转让的方式整体出售给现在的国内民营企业主。2007 年 7 月成立湖北省云梦龙云蛋白食品有限公司。

公司是国内最早从事大豆分离蛋白生产的两家企业之一，是湖北省首批产业化龙头企业、湖北省高新技术企业、国家大豆行动计划示范企业。公司生产的大豆蛋白系列产品是大豆通过浸出法提取豆油后，用低温豆粕制备而成，是一个农产品深加工企业。主要产品的生产能力为：大豆加工能力 35000 吨；大豆分离蛋白 1 万吨；大豆浓缩蛋白 2000 吨；大豆低温豆粕 19500 吨；大豆油 4500 吨。其中大豆分离蛋白和豆油为公司的两个拳头产品。

二、产品及产品技术创新

（一）工艺简述

大豆分离蛋白是大豆通过浸出法提取大豆油脂后，利用碱溶酸沉法加工生产而成，在大豆蛋白系列中是最高档的产品。主要生产工艺如下：

大豆—→清理—→破碎—→脱皮—→脱脐—→软化—→轧胚—→浸出—→脱溶—→低温豆粕包装—→低温豆粕—→萃取—→分离—→二次萃取—→分离—→ 混合豆乳—→酸沉—→分离—→水洗—→分离—→中和—→杀菌—→闪蒸—→高压输送—→干燥—→清理—→筛选—→金属检测—→包装。

（二）产品介绍

产品名称：龙云牌大豆分离蛋白 泽龙牌大豆油

大豆分离蛋白是一个整体的产品概念。由于大豆蛋白具有良好的保健功能，可以应用于食品生产的各个领域，在实际生产和应用领域大豆分离蛋白又根据功能特性的不同及应用领域的差异而分类成一个产品系列。龙云公司 10 几年的发展产品系列化也在不断完善，到现在为止，龙云大豆分离蛋白主要包括下面系列化产品可以广泛应用于肉制品、保健品、饮料制品和乳制品中。

（三）产品技术创新

自1993年来公司承担了国家星火计划项目1项，国家重点新产品（试产）计划项目两项，省级重点科技研究计划2项，省级星火计划项目1项。1991年公司与武汉食品工业学院共同完成“大豆脱皮、浸出粕低温脱溶工艺及大豆蛋白产品的开发”项目于1995年4月获湖北省科技进步二等奖。1999年，公司自主创新研发的“酸法生产大豆浓缩蛋白”项目获湖北省科技进步二等奖。

2007年，针对国内外市场的消费需求，公司历时六个月开发出“高分散（注射）型大豆分离蛋白”。这是应用于饮料行业和能被人体直接食用的大豆分离蛋白产品，也是当前大豆分离蛋白中技术含量最高的产品，该项目已于2008年通过省级技术鉴定，结果为“国内领先水平”。2008年公司自主开发的小麦蛋白已投放市场销售，该技术正在申报国家专利，专利申请工作已完成所有审查进入公示阶段。

三 、质量管理、企业未来发展方向

十几年专业生产的历史，龙云公司形成了一套完整的质量保证和质量控制体系。公司分别通过ISO9001质量管理体系认证、ISO22000食品安全体系认证、GMP-HACCP食品体系认证、IP（NON-GMO Supply Chain Certification）认证、犹太食品生产许可认证。“龙云”品牌作为国内最早从事大豆蛋白生产的两家企业之一，几十年的发展公司拥有行业先进的实验室、理论知识和实践经验完美结合具有极强开发能力的科研团队、与国内外广泛的信息交流和沟通渠道。利用这些优势，公司将以大豆蛋白拳头产品作为依托，以技术创新为核心、以产品品质为保证，以更加完善的系列化产品为规模化发展的主要途径、以延伸上下流产业链为纵向发展的主要方向，使公司在未来的发展上不断实现新的跨越。

地址：湖北省云梦县梦泽大道272号（316国道与汉十高速交汇处）

Add:No.272,mengze Avenue,yunmeng County

邮编P.C：432500

电话Tel: +86 712 4225255

传真Fax: +86 712 4220036

网址Http://longyunprotein.en.alibaba.com

通化葡萄酒股份有限公司

通化市地理环境：通化市位于吉林省东南部长白山区，东经125° 10—126° 44，北纬40° 52—43° 3之间。东接白山市，西邻辽宁省的铁岭市、丹东市、南与朝鲜民主主义人民共和国的慈江隔鸭绿江相望，北连辽源市、吉林市。南北长238公里，东西宽108公里。全境幅员15，195平方公里。通化山多水多，资源丰富。全市大小山脉200多个，属长白山脉系，森林覆盖率62.9%，是国家重点林区，山上生长珍贵的野生山葡萄和中药材。通化市有汉族、满族、朝鲜族、回族等24个民族。全市总人口225.81万人，市区人口45.43万。

6000多年前，通化就有人类生息繁衍。这里是东北少数民族政权高句丽王国和满清贵族的发祥地，是高句丽文化、满族萨满文化的发源地。高句丽王国在这里设都425年，保留大量珍贵文物和文化遗址。全市各种文化遗址300多处，有4处国家级文物保护单位，15处省级文物保护单位，集安市高句丽将军坟被列为世界文物保护遗产。

通化有“四乡”之称。是“中国葡萄酒之乡”、“中国中药之乡”、“中国人参之乡”、“优质大米之乡”。以长白山野生山葡萄为主要原料，采用独特的传统工艺精制而成的通化葡萄酒，至今已有70余年的酿造历史，是中国唯一一个以地名命名和注册的葡萄酒商标，远销5大洲30多个国家和地区。

通化葡萄酒股份有限公司

通化葡萄酒股份有限公司地处美丽纯净、山清水秀的吉林省通化市，始建于1937年（伪康德4年），有着70余年珍贵的山葡萄酒酿造经验。通化葡萄酒在相当长的时间里一直是中国红酒的代名词，也是目前唯一以地级城市命名的葡萄酒。通化葡萄酒是利用长白山的特产野生山葡萄经传统酿酒工艺结合现代酿酒技术精心酿造的山葡萄酒，是目前最具有独特性并代表中国葡萄酒远销国外的葡萄酒。

通化市位于长白山的西麓，毗邻中朝边境，通化的集安，公元1世纪到7世纪一直是高句丽王朝的600年的都城所在地，他又是满清皇家禁苑。这片神秘的土地，充足的阳光，适宜适时的降水，干燥干爽的流动空气，昼夜温差极大的林间气候，绿色山林，腐叶沃土，山涧泉水为野生山葡萄的内在营养、功能性物质的积累，提供了得天独厚的、特殊的生态环境，造就了野生山葡萄独特品质。

早期满族人饮的酒叫米儿酒，另外满族人还特别善于酿制各种果酒。每逢秋季，山里的野果成熟之际，各家都习惯自制果酒，常见的有山葡萄酒，山里红酒等，乾隆皇帝诗赞道："山果还将山蜜浸，味合梅酸与蔗甘"。

山葡萄是一种珍贵天然资源，在村上政明来到到处都是野生山葡萄的中国东北通化的时候，在这样富于挑战的课题面前，对任何一个酿造葡萄酒痴迷的人来说都是千载难逢的机会。1937 年初，当抚顺东三洋行的财阀中岛佑仲先生与酿酒专家研讨了酿造葡萄酒的可行性计划后，派当时的体育健将木下溪司来到散发着浓郁开发气息的山城通化，并开始了建葡萄酒厂的工作，公司相继建造了现在的一万平方米的地下酒窖和橡木桶。

1945 年"九三胜利"的当时，伪地方："维持会"维持秩序，工厂未遭到破坏，后由地方商业工会经营。1946 年由东北商店接管而后又移交工商管理局经营。1947 年第二次解放通化后，工厂由贸易公司继续经营，同年 11 月间移交于辽宁省工业领导，1948 年工业局改为安东市实业公司，工厂也随之改为该公司领导。3 月份该公司撤销，工厂直接由辽宁省工业厅领导，6 月份改组机构，工厂改为沈阳光华酿造总厂通化葡萄酒分厂，并于 1950 年扩大了生产规模。

1951 年，正当山葡萄收购开始时，公司先后从上海特请江南大学教授朱宝镛和沈阳化学厂安井工程师（发酵专家）来公司做技术指导，并从沈阳调来一名技术员康荣宦共同研究，改进葡萄发酵方法和酿造技术。

从 1952 年开始，技术队伍开始逐渐扩大。村上政明、董成章、栾克、乔思忠、丁克俭、葛桂荣、王玉雯等一大批专业技术人员先后来厂工作。为提高产品质量和加强新产品的研制，逐步持续并强化科技创新，进行了大量的产品研制和工艺改革。经几代酿酒专家的潜心专研，形成了特有的利用长白山野生山葡萄酿制通化葡萄酒的一套技术体系。通化葡萄酒由于是以长白山特有的野生山葡萄作为原料，经过了几代酿酒专家研究，所以喝起来非常醇美，越来越受国内外扩大消费者的欢迎。

1954 年，"通化葡萄酒"首次出口，苏联专门开了一只轮船到大连来装运通化葡萄酒，一下就装走几千吨。从此，"通化葡萄酒"连年为国家出口创汇，在出口的第一个高潮年度的 1957 年，"通化葡萄酒"全年出口 1，726 吨，创汇金额达 2，243，800.00 美元，"通化葡萄酒"的出口国家有：前苏联、朝鲜、罗马尼亚、民主德国、捷克、香港、新加坡、马来西亚、日本、泰国、联邦德国、比利时、卢旺达、法国、澳门等 30 多个国家和地区。

在 1959 年，中华人民共和国十年大庆时，受国家有关部门的委托，通化葡萄酒股份有限公司试制了中国通化葡萄酒（精制），吴作人院长设计葡萄图案，为国庆献礼，周恩来总经理特将此酒命名"国庆"酒。

通化葡萄酒从 1960 年开始先后被评为省、部、国家名酒和优质酒，荣获各种奖项 50 余次，其中：金奖 15 次、银奖 9 次及其他奖励和荣誉称号。并曾多次作为国宴用酒和国家"两会用酒"，党和国家领导人朱德、董必武、彭真、胡耀邦、杨尚昆、江泽民等同志曾到厂视察、并题词给予高度赞扬。

通化牌系列葡萄酒被国家评为"中国名牌"和"中国驰名商标"，通过了"AAA 质量体系认证""A 级产品认证"，"QS 体系认真"和"原产地标记注册"等。

1997 年通化东宝集团成功兼并了通化葡萄酒公司，改制为通化葡萄酒股份有限公司，并与 2001 年 1 月 15 日，通化葡萄酒股份有限公司股票正式挂牌上市。2004 年 9 月北京新华联集团斥资 1.54 亿元控股通化葡萄酒股份有限公司，成为通化葡萄酒股份有限公司第一大股东。

2009 年 9 月 10 日 香港恒通集团控股通化葡萄酒股份有限公司，强大的经济实力和先进的管理理念将使通化葡萄酒这一具有悠久历史的古老品牌放射出更加耀眼光彩。企业呈现更加勃勃的生机，无论是技术力量上、销售体系上、还是在管理上都跃上一个新的台阶，必将使得通化葡萄酒更加辉煌。

1. 已 70 余年传承的山葡萄酿酒技术：

公司成立、利用野生山葡萄酿酒始于 1937 年。70 余年来对山葡萄酒和山葡萄酒酿造的研究、对山葡萄酒产品的开发研制经典传承、精益求精，成绩显著。

"通化牌"山葡萄以山葡萄为原料，采用独特的传统工艺并融合现代技术酿制而成，色泽深浓，香气独特，产品风格独树一帜。

通化葡萄酒投产初期，仅生产一种葡萄酒和酒石酸，之后逐步建立传统的生产工艺方式。经过几代科研技术人员的潜心钻研，历经 70 年的历程，建立和形成一整套独具特色、科学完善、内涵丰富的生产工艺方式，用于生产出公司一系列的独具风格、质量上乘的产品。

1951 年工厂先后从上海特请江南大学教授朱宝镛和沈阳化学厂安井工程师来厂做技术指导并从沈阳调来一名技术员康荣宦和厂技师梁玉德、李永胜共同研究，改进发酵方法，解决成品酒在质量上存在的问题。在发酵工艺上采取了以下方法：

1. 提出加糖复发酵

2. 采用"通化一号"酵母发酵

3. 生产二次汁蒸馏白兰地兑酒

4. 用卧式桶在地下室陈酿

5. 注意防止果汁接触铁质、解决设备、器具问题

6. 成立化验室"加强管理指标检验，从而解决了成品酒的苦酸涩味。

以上方法大部分被后来陆续在全国被推广沿用。

从1952年开始，技术队伍开始逐渐扩大。村上政明、董成章、栾克、乔思忠、王翰荣、丁克俭、葛桂荣、王玉雯、王军等一大批专业技术人员先后来厂工作。为提高产品质量和加强新品的研制，逐步持续并强化科学创新，进行了大量的产品研制与工艺改革。

50年代至60年代，突出在提高产品质量上下工夫，在糖蜜发酵、蒸馏酒精上做了大量的研究和工艺实践，为提高产品质量，提高生产技术做出了显著成绩。由于专业技术人员的不断增加，技术力量不断加强，使技术工作日渐完善扎实。先后制定了《工艺规程》、《技术管理规程》、《技术操作规程》、《技术质量规程》并不断充实完善，使葡萄酒的质量和山葡萄酒生产管理达到新水平。

1954年中国通化葡萄酒开始出口。此时新产品不断增加，先后研制出人参葡萄酒、山楂酒、，玫瑰酒、五味子酒等十多个品种。陆续又研制出了人参露酒、龟露酒、红葡萄酒多个品种。

在1979年公司成立了研究室。专门进行葡萄酒生产技术、新工艺、新方法、新产品的研究和实验。产品质量不断提高，品种不断增长，达到了17个系列36个品种，有工程技术人员44名，形成了强有力的科技队伍，在国内葡萄酒行业也名列前茅。以总工程师为首的科研指挥系统（包括技术科、检查科、研究一室、研究二室、研究三室、葡萄酒研究所和全面质量管理新的科研管理网）有效建立。

此后科技工作有效抓了以下几个方面的工作：

1. 抓新产品开发和研制，研制出味美葡萄酒、山果葡萄酒等6个新产品。

2. 抓山葡萄人工加酵母发酵新工艺，经3年的研究实践，成功通过省级鉴定，应用于生产，效果显著。

3. 抓产品创新保优和公关项目，从而获国优产品2个、部优2个、省优2个。

4. 抓产品升级、更新换代。

5. 抓优质山葡萄酒家植研究。

6. 抓葡萄酒的稳定性研究、查找影响稳定性的因素，经过努力保质期达到1年以上。

7. 抓基础工作，做到了发酵有方案，配方有依据，生产有工艺，质量有标准。

8. 抓市场信息，预测产品发展方向，走以品种求发展的道路。

上述几方面的工作为生产发展起到了决定性作用。

人工酵母发酵工艺取得良好效果后，公司在耐高酸发酵的山葡萄酒酵母驯养上取得了显著成就，从开始选用酵母菌种到近百次的驯养，分离发酵试验，选育出品种优良的人工酵母——通化2号到6号酵母。经工程技术人员鉴定，选出品种优良的人工酵母——通化3号。几代技术人员在70余年的技术工作中不断探索新工艺、新技术。

80年代后，技术科研人员继续大胆创新，与时俱进，产品不断升级换代。

1980年改过去的原酒自然澄清为现代的快速澄清新工艺，1985年又采取了冷加热处理工艺，加速了陈酿，加速了澄清，缩短了储藏时间，研究了产品稳定性控制程序，研究了干型酒无菌生产工艺和甜型酒的巴氏杀菌工艺等，满足了生产发展需要。

研制生产出了山葡萄干酒，填补了山葡萄酒生产历史上的空白。并先后研制出了深受市场喜爱和消费者喜爱的爽口山葡萄酒、1959特制山葡萄酒等。其中，利用经典传承工艺生产的1959特制山葡萄酒在IWC国际葡萄酒、烈性酒挑战赛中荣获金奖，成为IWC组织成立以来授予金奖的非欧洲种葡萄唯一产品。通化山葡萄酒以她70余年来传承经典工艺和独特山葡萄原料酿制而成的产品以他独特而优秀的品质，不但征服了消费者，也征服了世界葡萄酒专家。

众所周知，质量是企业发展的生命线，是企业立足发展的根本。公司在2002年2月通过ISO9000质量体系认证后，又于同年九月通过14001环境管理体系认证。质量管理体系的有效运行，为产品质量提供有效保证与持续改进机制。公司企管部在体系的有效运行上进行严格监督检查，保证质量管理的整体工作落到实处。

技术改造不断进行，先后建立原酒发酵站，引进不锈钢罐、控温发酵罐、进口硅藻土过滤、微孔膜过滤机，引进法国进口无菌罐装生产线等，为通化山葡萄酒这闪耀着历史光辉的葡萄酒产品的现代化生产和经典产品的推出产品的推出奠定坚实的基础。

（二）"通化牌"山葡萄产品的独特性：

"通化牌"山葡萄酒产品有它自己的独特与不同：这首先源于葡萄酒是一种和自然密切相关的产品。不同的葡萄品种、不同的生态条件、不同的酿造技术就会造就出不

同风格的葡萄酒。而山葡萄在漫长而悠久的发展历史上形成了其独特内涵、中国特色、成熟的、完整的、不断创新的、融汇传统与现代工艺背景下的产物。

1. 山葡萄品种的独特性

酿酒的葡萄品种众多，不同的品种有其自身的特点。赤霞珠等品种起源于国外，只是近些年逐渐引进中国。而山葡萄起源于中国，成立于1937年的通化葡萄酒公司73年前即开始用该品种葡萄酿酒。产量由小到大，技术日渐成熟，在中国酒业中独树一帜。

——山葡萄是独特典型的果香味浓、多酚物质含量高的、颜色深浓的北方小浆果。

——“是葡萄属中抗寒力最强的种”

据资料显示“山葡萄已历经历史的实践，成为一个很重要的栽培种，在中国寒冷地区的酿酒业中起着重要作用”，该品种根系的抗寒力极强。

——抗病性强，对葡萄易得的白腐病等均表现为高抗，病虫害少，不施农药或极低的农药使用量。更健康、更安全。

——山葡萄品种有着其自身独特的浆果成分，这些成分最终在酒中表现。丰富的酸含量、单宁物质多，色深。因品种的特点及北方气候条件下的特点，酸度会相对较高，但都是来源于葡萄果实及发酵产生的天然有机酸物质。

2. 生态条件：

——长白山森林覆盖率60%以上，是远离城市的山林地带，无空气污染。

——长白山土壤为富含腐物质和矿物质的暗棕色森林土，为山葡萄带来与众不同的营养成分与不一样的风味物质。

——属于中国的冷凉气候区，而冷凉条件下的缓慢成熟，为果实孕育积累更高的芬芳度、活泼的酸、浓郁的风味。

生态条件的优势通过影响原料而最终在酒中得以表现。

3. 酿造工艺与管理

——从第一本酿酒笔记，到几代工程师与技术人员的不懈努力，形成了完善健全的酿造质量体制与品质管理系统。多年来，从品种选育到新技术的应用，不断改善其酿酒工艺。

——实施全程卫生管理

——实施5S现场管理

——实施品质管理

——保留了传统工艺中的精华部分，近年来又不断引进现代酿造设备和设施手段。

4. “高营养”

因其高酸、高营养、高有机物含量，因此酿造的山葡萄甜酒广泛被消费者喜爱。

——通过对山葡萄汁中水分、总氮、单宁、还原糖、有机酸以及维生素、氨基酸和矿物成分进行分析研究。结果表明，其有机酸及单宁含量高，营养丰富。

“民间偏方用山葡萄汁配合其他成分，治疗咳嗽、哮喘”

“也可引用山葡萄汁及山葡萄酒，可软化血管，降低血脂”

——据测试，山葡萄原酒中白藜芦醇含量是一般赤霞珠原酒的2倍多

（三）通化山葡萄育种与山葡萄研究历史悠久

山葡萄是长白山特有的一种宝贵资源。从50年代开始通化葡萄酒公司就成立了当时的“葡萄园艺场”，占地800多亩。其主要工作是优选野生山葡萄，用于愿意花、基础化。经几代人努力，优选和培育出了众多山葡萄品系，得到广大果农的拥护和爱戴。其中目前栽种面积较大的“双红”品种，其选育代号为77—7—64，就是我公司在77年选育的经过品种鉴定委员会通过的优质品种。此外，公司还与中国农科院特产研究所、吉林农业大学、吉林公主岭农科院，成功地选育了公酿品系、双优、双庆、左山——1等优良品种。为山葡萄酒的发展奠定了坚实的基础。尤其双优、双红葡萄原料近些年为众多生产厂家追逐。

通化葡萄酒厂在1957年以前完全靠野生山葡萄为原料生产葡萄酒。1955年1月15日成立山葡萄研究所，负责山葡萄的调查和收购工作。由于山葡萄的资源有限，不同年份的收购量不稳定，满族不了内销和外贸的需要。为了改变这种状况，从1957年开始工厂进行变野生山葡萄为家植山葡萄的试验，当时曾采取由山林荒野中移植野生山葡萄植株的办法建园。

1957年2月，工厂自筹资金在治安村北山建葡萄园，主要目的是使野生山葡萄变家植。经过三年的努力，在省特产研究所的帮助下，取得了山葡萄的芽接、劈接、扦插等育苗的成功，培育出通化一号、四号、十号、等一批优良品种，并引种公主岭农科院培育的公酿一号（28号）葡萄150株进行试验，结果表明，28号葡萄具有产量大，糖分高、抗寒性能强，并接近山葡萄的典型性，酿酒品质好等特点，为大面积发展原料基地提供了可靠的依据。1959年至1961年先后共投资28万元、有280名职工参加了基地建设，栽植山葡萄180400株，家葡萄216776株。

1960年，通化葡萄酒进行了山葡萄家植试验研究。

1962年从野生山葡萄中选一批产量好的雌能花植株，按1/10的比例栽植雄株作授粉树，并在栽培技术方面积累了初步经验。

通过各个单位协作，在东北三省野生山葡萄的重点产区，进行了较大规模的调查选种工作。共选得200多个经济形状较好的单株，繁殖了这些单株的无性系，选出通化一号、二、三、七、十二、长白五、六、九号、左家一号、74003、73121、73123、73126、704006等一批可供生产栽培的雌能花品系。

通化葡萄酒公司在上个世纪80年代，就根据不同葡萄的品种对气候土壤条件的不同需求，开始陆续在吉林省集安市、山东省的乳山市建立了优质原料葡萄种植基地及大型葡萄汁发酵站。到目前公司发展的葡萄面积超过三万亩，在外阜有四个大型的发酵站。

通化的集安是公司的最主要的家植山葡萄基地。通化的万亩山葡萄基地就坐落在这里。集安市属亚温带大陆性气候，气候宜人、风景秀丽，素有“吉林小江南”之美誉。全市年平均气温6.5℃，无霜期150天左右，年降水量800～1000毫米，最适合山葡萄品系和冰葡萄的生长，集安山葡萄基地被吉林省农科院列为绿色食品优质、抗寒、加工型葡萄原料生产科技示范基地。2002年，集安山葡萄被省政府确定为重点开发绿色食品，并被评为吉林名牌产品。为了充分利用集安得天独厚的自然资源，公司投资3000多万元在集安建11000亩的葡萄基地和发酵站的改造。

10340平方米地下酒窖与5～8吨大橡木桶。

通化原酒的陈酿是优质葡萄酒生产的关键环节。万平米的恒低温地下酒窖和公司特有的大橡木桶几十年来造就了通化山葡萄酒独特而优秀的品质。在通化山葡萄酒的酿制中起着极其重要的作用。

通化葡萄酒股份有限公司酒窖始建于1937年、面积为10340平方米。这里常年保持在14℃左右的恒温状态。地下酒窖四季恒温、具有贮藏原酒的必备条件。新鲜的葡萄汁经发酵而制得的葡萄酒称为原酒，原酒不具备商品的质量水平，它需要在低温下经过一定时间的贮藏（或称陈酿）和适当的工艺处理，使酒质逐渐完善，最后达到商品葡萄酒应有的品质。新酿制的山葡萄原酒在这里经历一定的贮藏陈酿期，最后达到其最佳饮用质量。

地下酒窖有贮藏原酒橡木桶772个，每个容量分别为3～8吨不等，可贮藏山葡萄原酒6000余吨。橡木桶采用长白山天然橡木制作而成。他远比美国，近似于法国橡木桶，在低温下的橡木桶贮藏原酒经过自然老熟、氧化、还原、澄清、生香等过程，使酒体和谐怡雅、酒质醇厚、具有野生山葡萄独特的果香及幽雅的橡木香气、别具风格。经过地下酒窖贮藏的原酒所生产的优质名牌产品、远销世界30多个国家和地区、多次荣获国家和吉林省优质酒称号。此地下酒窖为世界第一大野生山葡萄原酒贮藏酒窖。

以质量和品牌铸就长青基业
——海南椰岛集团

海南椰岛（集团）股份有限公司成立于1993年，是一家由有着70多年历史的海口饮料厂稳健发展起来的股份制上市企业，目前总资产16亿元人民币，现有员工3000多人。公司本着对自然和生命的尊重，立足海南生态优势、专注人类健康产业，形成了保健酒为主导，健康白酒、健康食品和饮料、燃料乙醇等为辅助的产业发展格局。

椰岛集团荣誉卓著。2003年9月，公司荣获首届“全国食品安全示范单位”荣誉称号；在2003年、2004年全国上市企业竞争力评估中，公司位居海南省第一名；2005年1月，公司获“最具影响力的海南知名工业企业”称号，“椰岛”也被评为“最具影响力的海南知名品牌”；2005年4月，椰岛公司被评为中国食品工业百强企业；2005年12月，“椰岛”被评为“中国驰名商标”；2007年9月，椰岛鹿龟酒被评为“中国名牌产品”；2010年，椰岛集团入选海南省唯一一家国家商标战略实施示范企业。

质量至上，椰岛品牌之基石

质量是企业的第一生命，品牌是由产品的质量作为支撑的。椰岛集团的成就在于椰岛集团一直致力于提升自己的品牌，争做中国保健酒的第一品牌。

1995年，美国博尔公司研究了椰岛公司生产的鹿龟酒以后提出以1.2亿元的天价买断鹿龟酒的配方及生产权，椰岛公司在重重困难面前，毅然选择不卖，决意打造自己的民族品牌：改造更新设备，改进配方及工艺，建立质量管理体系，并投入了大量的资金在质量管理和技术研发上。

为贯彻全面质量管理理念，实现“三全一多样”（全过程、全员、全企业的质量管理和多方法的质量管理）的质量管理，使公司的质量管理工作与国际水准接轨，公司于2001年引进了ISO9001国际质量管理体系，通过PDCA循环，从供应商选择、原料采购到生产过程的控制，将产品生产的全部环节都纳入标准化管理体系之中，要求企业所有人员及流程全部进行标准化作业。在2002年8月，公司接受了中国方圆标志认证中心的审核，并获得一次性通过。ISO9001国际质量管理体系的引入，使公司在质量管理上上了一个新的台阶，为今后其他体系的引入和实践打下了坚实的基础。几年来，通过在实际工作中的不断学习和发展，不断优化和改进，建立起了一套以ISO9001国际质量管理体系为核心、符合企业生产实际的标准化生产管理体系，并将质量管理延伸到了供应商的质量管理上，从而使公司的产品质量得到了极大的提升。2004年及2005年，公司先后荣获由国际认证联盟和中国方圆标志认证中心颁发的“管理创新奖”和“管理卓越奖”。

2003年，椰岛公司投入巨资从生产环境、厂房、设备、生产车间等涉及产品生产的各方面对生产基地进行了GMP改造，并派出相关人员参加国家药品监督管理局的GMP培训，取得了合格证书。同时，公司成立专门的GMP机构，组织编写了符合规定的GMP文件612个，涵盖技术标准（STP）、管理标准（SMP）和工作标准（WS），并负责对GMP体系运行的监督和检查。此后公司组织全体员工对GMP文件的学习和考核，使每位员工真正熟悉、理解并自觉执行GMP的相关规定。

2003年12月，椰岛公司一次性通过了GMP的认证审核，并取得《保健食品GMP证书》。公司的GMP工作获得了审核组专家的一致好评，椰岛公司成为保健酒行业第一家通过GMP认证的保健酒企业，在行业内树立了“用制药的标准造酒”的标杆，椰岛鹿龟酒也成为全国第一个完全按照GMP标准生产的保健酒。

为进一步提高食品安全卫生的保障水平，公司参照HACCP食品安全保证体系的标准，严格按照国家“出口食品生产企业卫生要求”改造生产设备设施，顺利取得了出口食品“卫生注册证书”，获得了鹿龟酒的出口资格。

另外，公司致力于管理的标准化和规范化，并于2008年获得了“标准化良好行为证书”，标准化工作达到3A级。质量监测方面，公司引进了大量高素质的专业技术人员，购置了多台先进的检测仪器，提高了公司的监控手段。同时，不断改进生产工艺，使酒液的质量上升到了一个新的台阶。

企业作为一个社会公民，承担社会责任是一个公民必须履行的义务。椰岛集团为此兢兢业业，孜孜以求。一是依法经营，保证质量；二是大力推行科学质量管理方法，为每个生产环节、每道工序都严格制定标准，为消费者提供优质的产品；三是建立质量诚信意识，在企业上下宣传质量诚信理念，做诚信质量的坚定执行者和捍卫者，树立企业的社会良心。

椰岛品牌，企业发展之魂

产品是品牌的载体，品牌是企业的灵魂。10多年来，椰岛公司分别在湖南、福建、浙江、江苏、上海等全国20多个省市设立了22 个销售子公司，在300多个地市县设立了营销部，在海口总部成立了6大管理中心，一张绵密的销售管理网络纵横交错而成，有效覆盖市场的每个角落，椰岛集团的优质产品遍布全国，椰岛品牌深入人心，成为中国保健酒行业内的佼佼者。

椰岛鹿龟酒——中华经典保健酒。“常饮鹿龟酒，活过九十九”的美谈至今在海南民间广为流传。椰岛鹿龟酒配方遵循中医“阴阳平补”养生理念、在古方“龟鹿二仙胶”和“八珍汤”基础上优化完善而成，15味名贵药材科学配伍，按照GMP标准精心酿造，具有显著的抗疲劳和促进免疫调节的保健功效，10多年畅销大江南北。其悠久的历史渊源、深厚的文化内涵、显著的保健功效、独特的药香口感，使之成为中华保健酒的典范。

椰岛海王酒——海洋保健酒。海南椰岛立足海南岛和南海的生态优势，发挥自身专业研发和酿造特长，精选“南海双珍”海牡蛎和海蛇为主料，继承传统酿酒古法，酿造出口感柔顺、温和滋补的椰岛海王酒，让饮者亲近海洋，品味健康，实乃健康佐餐之佳酿。

海口大曲——海南“四大名菜，一大美酒”。 海南民间一直有“四大名菜，一大美酒”的流行语。这四大名菜是指文昌鸡、嘉积鸭、和乐蟹、东山羊。一大美酒，说的是海南椰岛集团出品的海口大曲。多年以来，海口大曲以浓郁的乡土情结、独特的口感和卓越的品质，深受海南百姓的喜爱。历史、传统文化与海南特色的完美融合，塑造了“知客”、“古调”、“品德”和“儒法堂”等海口大曲的四个全新子品牌。如今，她已经成为海南百姓、商政宴客的首选佳酿，更于2010年成为博鳌国际旅游论坛指定用酒。海口大曲不负“一大美酒”的盛名，已成为一张响亮的海南名片。

椰岛系列特色食品。本着“将海南资源优势转化成产业优势、服务海南三农事业”的理念，公司积极进军特色食品行业。“椰岛”牌椰子糖、咖啡糖、椰子粉、咖啡粉、营养饮料、醋饮料等，一系列带着浓郁海南特色的产品一上市便广受赞誉，在2009年的广州中博会、2010年的成都糖酒会和2010北京“海南商品大集”等展会上都被抢购一空。

科技创新与发展，企业动力之源

作为保健酒行业的支柱企业和海南省保健食品生产经营的领军企业，椰岛集团一直重视科技创新，与国内多所科研所保持着良好的合作关系。为加强企业的技术实力和创新能力，椰岛集团于年2009年成立了集团技术中心，技术中心担负着公司现有产品改进、技术创新和新产品研发的重任。一年来，开发研究项目35个，申报国家和省重点科技项目8个。目前技术中心申报了多项食品安全及质量方面的政府课题。如《食品安全及质量监测高新技术的推广应用研究》、《保健酒药渣的资源化再生技术研究与综合利用》等。为了扩大技术中心的规模，椰岛集团一期投入500余万元，移址扩建近600平方米，设立了保健酒、白酒技术部，下设产品稳定性、生产工艺、分析测试中心、中试车间。集团技术研发中心的成立标志着公司将产品与技术的研发改进提升到了一个新的高度，也体现了公司将现有产业做大做强的决心和信心。2010年，椰岛集团还与广西中医学院、海南大学食品学院签订了技术合作协议。企业与学校强强联合，双方将在技术创新、产品研发、人才培训方面实现双赢。椰岛集团将进一步提高产品的科技含量，提升产品的质量与安全，以使企业能获得更加长远的发展。椰岛集团对质量的追求永无止境。

55年来，椰岛集团心无旁骛、专心致志，提供健康产品，倡导健康生活，本着顾客至上的原则，致力于保健酒的生产和和研究。不断加强和完善内部管理，引进先进的生产设备，不断优化和改进生产工艺，从人、机、科、法、环等环节全方位的保证产品质量和安全，确保为广大消费者生产出物美价廉的优质产品，建立一个保健酒行业内的精品企业。

志存高远，打造现代化的综合性食品企业

2010年，在海南省海口市药谷开发区，椰岛集团的一个综合性大型食品生产基地正在兴建。

新生产基地位于海口市南海大道药谷二期开发区，靠近郊区和海湾，依山傍水，是一个风景秀美、环境怡人的花园式工厂。新的生产基地占地面积为200亩；统一采用现代化、自动化的生产设备、生产线。原来的4个车间、11条生产线都将进行升级换代，打造同行业中的领先技术优势；生产规模也将因此由原来的3万吨，升至6万吨。这标志着椰岛公司生产步入规范化、标准化、信息化、现代化的轨道，将彻底改变公司传统的生产模式，使椰岛公司的生产模式与国际接轨；同时，它将进一步完善椰岛公司战略发展格局，将对椰岛公司提高市场竞争力产生重大影响，使椰岛公司进入一个新的发展里程碑。

做一个有社会责任的企业公民

海南椰岛集团，一直坚持以保健酒为主业，以“传承中医养生文化，造福国人健康”为使命，热心公益慈善事业，积极履行社会责任。

2002年，椰岛集团成立“椰岛特困家庭援助基金会”，并开展了形式多样的“献爱心、送温暖”和“金秋助学”活动，七年来，公慰问退休职工和困难职工2000多人次，慰问金66.9366万元，共帮助14名困难职工子女圆了大学梦。多年以来，椰岛集团带着健康理念，走进社区，走进农村，举行健康宣传活动，赢得了社会的广泛赞誉。2004年，椰岛集团向琼山旧州镇勋德村捐助200万元，以帮助改变当地落后面貌，发展农村经济。2008年5月，四川汶川发生8级地震，椰岛集团上下全体员工纷纷捐款，与汶川人民携手共度难关。

2010年4月青海玉树地震发生后，在央视《情系玉树，大爱无疆——抗震救灾大型募捐活动特别节目》的赈灾晚会上，椰岛公司向灾区人民捐款500万元，为海南省企业里捐款数额最大的企业。

海南省委副书记、省长罗保铭在“庆祝海南解放60周年海南省优秀企业、优秀企业家”表彰大会上发表讲话时，盛赞椰岛集团的可贵行为“代表着海南人民、代表着海南所有的企业家在大灾大难面前，体现了企业可贵的社会责任”。

2009年，椰岛集团成功度过了金融危机：主业保健酒销售业绩大幅增长，；白酒市场份额迅速扩大，海口大曲成功打造海南本地白酒第一品牌；房地产业也取得很大进展；椰岛集团各产业呈欣欣向荣的发展势头。2010年，椰岛现代化的综合性大型食品生产基地顺利在建。伴随着海南国际旅游岛的建设，椰岛品牌将面向全国，走向世界，焕发出更加强大的生命力。

食品产业集群巡礼

“中国食品名城”建设，给力促进区域食品工业发展和产业集聚

中国食品工业协会副秘书长　杜　荷

河南省漯河市地处中原腹地，1986 年升格为省辖市，2003 年被列入中原城市群，辖临颍、舞阳两县和郾城、源汇、召陵三区及一个省级经济开发区，总面积 2617 平方公里，总人口 260 万。漯河是食品产业为主的轻工城市，2005 年中国食品工业协会与该市共同建设国内首家“中国食品名城”以来，在河南省省委、省政府的共同努力下，漯河市致力建设功能齐全、特色鲜明的食品名城，下大力气培育和扶持食品工业发展，同时以食品名城建设为契机，充分发挥中国食品名城的品牌效应，以食为媒，以展会为平台，连续成功举办了五届中原食品节和四届中国（漯河）食品博览会，取得了良好的经济效益和社会效益，为扩内需、稳增长、防通胀、惠民生、推动食品行业健康发展方面在全国起到了积极有效的示范作用。

一、食品名城建设影响力遍及全国食品行业

近几年来，我会与漯河市政府紧密合作，加强沟通，以漯河食品产业基础为起点，邀请国内知名的食品科研机构及专家学者为漯河食品产业发展潜心研究，同时充分发挥国家级行业协会的优势，组织各地食品协会及龙头企业到漯河考察投资，截止 2009 年，我会共组织各类食品企业和相关机构近 1000 余家到漯河考察、参展、参观，举办高层论坛、厂商对接会，为漯河的食品名城建设提供了实实在在的帮助。漯河已成为全国食品行业发展和进步的重要风向标。

目前，漯河市食品工业快速发展、不断壮大，相继培育出了世界第四、亚洲最大的肉类加工企业双汇集团；全国重要的方便面生产企业南街村集团；全国第一家葡萄糖饮料生产企业乐天澳的利集团；实现了食品工业的原料基地化、产品系列化、加工多元化、销售网络化、企业集团化。目前，肉类加工、粮食加工、饮料加工、果蔬加工等四大食品企业群体已经成为全市经济的“中流砥柱”。2009 年，全市食品工业实现增加值 200.7 亿元，占全部工业增加值的半壁江山，达 50.8%；占 GDP 的 33.8%。其中规模以上食品工业企业实现工业增加值 179 亿元，同比增长 11.1%。漯河市的食品工业呈现以下三个特点：

（一）产业集聚，具有较大规模集聚效应

漯河食品工业从业人员 13 万人，占职工总数的 40%；拥有规模以上食品工业企业 215 家，占全市工业企业总数的 45%。年生猪屠宰能力达 1600 万头，是漯河生猪饲养量的 4 倍，占全省的 25%；鲜冻肉出口占全省的 90% 以上，占全国的 1/4。年加工转化粮食 400 万吨，是本地粮食年产量的 3 倍，占全省的 11.1%；年产蔬菜 193 万吨，人均蔬菜占有量是全国人均量的 2.4 倍；漯河先后被评为全国首家中国食品名城、全国唯一的食品安全信用体系和保证体系建设双试点市、全国首家农业综合标准化示范市、全省唯一的食品工业企业诚信体系建设试点市、全省无公害食品基地示范市，临颍县、郾城区、源汇区等 3 个县区被授予“全国食品工业强县区”荣誉称号，临颍县是全国食品安全示范县。

（二）名企众多，具有较广品牌知名度

双汇集团、南街村集团、龙云集团、北徐集团、乐天澳的利公司等 8 家企业入围河南省食品工业 50 强。通过验收、认证的无公害农产品、畜产品基地分别达到 63 个、31 个，全市食品行业拥有中国驰名商标 2 个，中国名牌产品 3 个，河南省著名商标 10 个，河南省名牌产品 11 个。双汇集团作为全国最大的肉类加工企业，连续 10 年雄踞中国肉类行业第一的霸主地位，品牌价值高达 106.36 亿元，连续 11 年居全国肉类加工业榜首。此外，可口可乐、美国杜邦、日本火腿株式会社、香港巧巧、台湾旺旺、康师傅、中粮集团、江苏雨润等一大批世界 500 强企业和全国知名食品企业巨头也在漯河市竞相投资建厂，漯河已成为全国

重要的食品加工业集聚地。

（三）种类丰富，具有较全产品覆盖面

在国家统计局统计的22类食品行业中，漯河就拥有18类，全市已形成了以肉食品加工产业、粮食加工产业、饮料生产产业、绿色无公害果蔬加工产业、包装材料生产产业等五大产业为核心，以分割肉、肉制品、面粉、罐头、饮料、奶制品、休闲食品、方便食品、调味品、果蔬制品等15个大类、50多个系列、上千个品种为主导产品的食品工业大格局。

在中国食品名城建设具体工作中，始终坚持做到“六个注重”，突显建设成果。

一是注重联动发展。漯河是一个典型的内陆平原农业市，地上无资源，地下无矿藏。近年来，漯河市立足实际，积极挖掘自身优势，紧紧围绕“农”字做文章，大力发展食品工业，以工兴农，以工促农，工农业联动发展，致力打造食品加工、交易、消费、研发和教育五大基地，初步走出了一条中部农产区发展工业的新路子。通过食品加工业基地的建设来带动种植、养殖业的发展；通过食品研发基地和教育基地的建设来提升食品产业的层次，增强市场竞争力；通过食品交易和消费基地的建设来繁荣食品贸易，反过来食品贸易的繁荣又有力地助推了食品工业的发展。

二是注重引导培育。食品产业是漯河市的支柱产业，全市财政收入的一半以上来自于食品产业，漯河市委、市政府始终把食品产业的做大做强作为经济发展的重中之重来抓，在资金、用地、技改等方面实行政策倾斜。

三是注重产业集群。积极引导中小企业向园区集中，产业化集群发展，形成中小企业密切配合、分工协作的网络体系，打造优势群体，以群体力量形成规模优势。目前，漯河市共有5个省级产业集聚区、2个市级产业集聚区，其中，漯河食品工业园区是全省最大的食品产业集聚基地，区内有双汇、旺旺、康师傅、中粮、花花年等大型食品企业。临颍县食品工业占据全市食品工业三分之一，休闲食品产业占全县食品工业比重达到70%，成为支撑县域经济发展的战略主导产业。“闽商扎堆临颍”投资休闲食品行业，得到了河南省委书记卢展工等领导的高度肯定和关注。

四是注重借力发展。实施“走出去、引进来”战略，先后引进了美国高盛、美国杜邦、美国泰森、日本火腿株式会社等7家世界500强企业来漯投资兴业，韩国乐天、香港华懋、台湾旺旺和康师傅、南京雨润等一批境内外知名企业在漯河市均有投资项目。同时，鼓励企业到国内外、省内外建立生产、研发和原料基地。双汇集团先后在美国、日本、加拿大、韩国、意大利、香港等国家和地区建立了分公司，在全国主要地区建立了自己的生产基地，由规模扩张转向跨地区扩张。

五是注重技术创新。漯河石十分注重提高食品加工企业的技术创新能力，与中国科技大学合作建立了科技园，与江南大学建立了长期全面合作关系，建立健全了食品产业技术研究推广体系、以企业为主体的自主创新体系，形成了企业与科研机构之间的产学研合作机制。全市食品行业拥有2个博士后科研工作站、1个国家级企业技术中心、6个省级企业技术中心，食品行业的新产品开发能力、新技术推广应用能力和自主研发能力明显增强。漯河国家肉类及制品质量监督检验中心已经建成投用，中国食品研发机构正在积极筹建。

六是注重质量监管。食品质量安全是食品产业发展的头等大事。近年来，为了确保食品安全，实行标准化生产、规范化监控、品牌化经营、经常化整治、立体化宣传，健全完善了政府监管体系、行业自律体系和社会监督体系，建立了市、县、乡、村四级食品安全监管网络，形成了食品安全监管工作的全覆盖。在农产品生产方面，加快推进标准化生产，漯河市成为全国首家农业标准化综合示范市。全市共整理、制定及推广各类农业标准238项，其中国家标准56项、行业标准86项、河南地方标准30项、漯河地方标准66项；建立健全了小麦、玉米、生猪饲养等8种主导农产品标准体系；建成各类农业标准化示范区61个，农业标准化示范乡镇12个，无公害农畜产品产地认定和产品认证数量均居全省前列；经国家批准备案的出口养猪场达589家，占全省的80%、全国的32%；蔬菜出口备案基地1.3万亩，居全省首位，并在全国率先实现了市、县两级无公害蔬菜市场准入制度。在食品生产加工方面，积极开展食品行业质量认证，全面加强质量管理体系建设，落实了12个国家和行业标准，制定了88个地方和企业标准，食品生产企业标准覆盖率达到98%以上。北京奥运会期间，漯河的双汇集团、南街村集团、雪健公司等18家企业成为供奥食品企业。

二、中国（漯河）食品博览会快速成长

蓬勃发展的食品工业催生了活跃的食品贸易平台，从2003年，首届中原食品节，漯河市连续举办了五届中原食品节。这五届食品节，从小到大，从弱到强，从第一届的近200个展位发展到第五届的1200个展位，展览会档次、规模和品牌效应逐年提升，得到了商务部和河南省政府的高度关注和强力支持。基于中原食品节效果不断增强，水平不断提高，影响不断扩大，2008年起，中原食品节正式更名“中国（漯河）食品博览会”。更名后的中国（漯

河）食品博览会取得了较大成功，共吸引了境内外客商近12000人，许多企业家实地考察项目，达成了一批投资意向。共吸引参展企业800家，参展产品12大类、近600个系列、1万多个品种，展览面积达2.1万平方米。

中国（漯河）食品博览会得到了河南省省委、省政府高度重视，省委书记卢展工同志寄予厚望，省委副书记、省长郭庚茂同志亲自听取汇报并提出重要指导意见，副省长刘满仓同志多次过问筹备情况并提出具体明确要求。由于该展会在全国食品行业的影响力不断扩大，中央农村工作领导小组副组长田成平等领导同志，著名经济学家龙永图、联合国粮农组织首席代表赛奇托莱科及18个国家驻华使节和商务参赞等应邀参加。食博会参展企业积极性高涨，美国高盛、香港太古可口可乐20等家世界500强企业，青岛啤酒、康师傅等68家国内行业百强企业及17个境外知名团体和50个国内知名商协会、行业协会踊跃参展，展位供不应求，一届比一届规模大、签约率高。会议期间，举办了商家云集的贸易采购活动，规模宏大、隆重热烈的开幕式，简洁明快、成果丰硕的项目签约仪式，专家荟萃、主题鲜明的中国（漯河）食品产业高峰论坛，突出实效、互动性强的产品推介和采购洽谈活动以及格调高雅、清新时尚的迎宾晚会，促进了交流，拓展了商机，推动了合作。与会境内外重要客商达7000余人，市民观众约每年20万人次；1783家连锁经营机构和商贸流通企业参会，包括沃尔玛、新宜家、大商、利群等200多家国内外知名企业，到会专业采购商2200人；现场签约投资项目68个，投资额115.7亿元；现场采购合同成交额69.3亿元，累计成交额187.6亿元。食博会被列为商务部内贸领域重点支持的会展之一。

目前，中国（漯河）食品博览会已发展成为由中国食品工业协会、中国商业联合会、河南省人民政府共同主办，国家商务部重点支持，香港食品委员会、中日韩中小企业促进会协办的国际性食品专业会展。食博会不但辐射全国30个省市自治区，还吸引了400名境外客商到会参观、考察、采购。在参展企业中，境外企业达130多家，涉及11个国家和地区。联合国粮农组织首席代表赛期托莱科、副代表张忠军也出席了食博会各项活动，充分说明了食博会日益增强的国际影响力。食博会的成功已经得到了各级领导的充分肯定和与会客商的广泛好评。郭庚茂省长称赞“食博会为广大中外客商加强合作、共同发展搭建了一个很好平台”；著名经济学家龙永图评价说：“我没想到漯河的食博会人气这么旺，办得非常好，很贴近老百姓”。经济日报、光明日报、中央人民广播电台、中国商报、中国食品报、大公报、香港商报、人民网、新华网、新浪网、央视国际网等一批主流媒体和境外知名媒体竞相报道，产生了空前的轰动效应，有力地宣传了食博会、宣传了漯河、宣传了河南，宣传了“中国食品名城”。

无论是方兴未艾的中国食品名城建设，还是快速成长的中国（漯河）食品博览会，都将始终把食品工业作为区域经济发展的主战场，下大力气培育、扶持食品产业发展，推动中国（漯河）食品博览会向国际化盛会迈进，努力成为展示河南食品工业大省形象的窗口和平台，成为我国食品工业发展的实验田。

中国食品工业名镇——广东庵埠镇

庵埠镇是中国食品工业协会正式认定、授牌的“中国第一食品名镇”. 近年来庵埠镇深入实施“打造庵埠品牌，建设经济强镇”的发展战略，充分发挥国字号招牌的效应，致力做好引导服务协调，力促企业创优质、树名牌名标，不断优化产业结构，力促庵埠食品产业集群上规模、上档次。

至目前已拥有食品企业554家，年均创造产值52.28亿元以上，占全镇工业产值的46%以上，区域品牌和产业特色优势明显，促使食品产业的又快又好发展。

庵埠的食品工业有着悠久的历史，尤其是凉果制作工艺源自唐代。产品原料多取自潮州盛产的鲜果，经腌制、糖（蜜）热煮或浸渍、干燥而成，色、香、味、形四者俱佳，素有“留原香元味而复香，得原果之形而更精美”之美誉。优秀的工艺且辅以埠市之利，使庵埠的食品工业渐成规模，再到改革开放之际，庵埠人以其强烈的市场意识和依靠科技进步的创新精神，积极调整优化产品结构，以提高产品质量为中心，以发展集团化、规模化生产为方向，使食品工业不断焕发新的生机和活力，涌现出雅士利、佳宝、笑咪咪、康辉、威士雅、安乐、金利、济公等一批食品规模企业和高新技术企业；主要产品从原来的腌菜、凉果、肉脯、调味品4大类，发展到现有凉果、糖果、饼干、饮料、膨化食品、炒货、肉脯、奶制品、豆制品、面制品、果蔬腌制、冰淇淋、调味品和保健食品等15类3000多个品种；各类产品畅销海内外，行销全国30个省、区、市，远售欧美、东南亚、中东、非洲、南美和澳洲等40多个国家和地区。

一、食品产业品牌优势明显

食品行业是充分竞争的企业，必须立足于市场竞争，在竞争中创品牌抢占市场，才能赢得发展。庵埠镇的食品企业致力于品牌体系建设，推进实施名牌名标的进程，进一步扩大庵埠"广东省食品产业集群优化升级示范区"的知名度。至目前，全镇食品企业共拥有国家级、省级驰著名商标、名牌产品31项（件），其中国家驰名商标1件；国家名牌产品2项；广东省著名商标11件；广东省名牌产品16项。围绕申报"中国食品第一镇"和"中国印刷包装第一镇"的目标，庵埠镇的食品企业积极推行QS认证和ISO—9000国际质量认证工作，至2009年，全镇所有食品企业均获得QS认证；50多家企业通过ISO—9000国际质量认证；107家企业获农业部全面质量管理达标证书；120家企业获国家三级计量合格证书；16家企业获国家二级计量合格证书。

二、自主创新能力强劲

庵埠食品企业紧紧依靠科技进步，大力推动技术创新，不断与时俱进，促进产品更新换代，进一步提高品牌企业、名牌产品的科技含量。近年来，全镇食品企业共投入技改改革资金10多亿元，引进国内外的先进食品生产线60多条，拥有厂房面积达100多万平方米，各类先进设备8000多台（套）。同时，庵埠镇政府因势利导，积极引导企业走产、学、研一体化道路，在与全国18家大专院校与科研机构合作基础上，有8家企业分别建立了"生产工程技术研究开发中心"、"保健食品工程技术研究开发中心"、"农副产品深加工技术工程中心"等民营科研机构，进一步提高企业自主研制、开发的创新能力。拥有各类食品专业技术人员2167人，其中中级以上技术人员323人，开发出多项产品专利填补了国内的空白，达到国际先进水平，涌现出雅士利、佳宝、威士雅等一批国家和省级高新技术企业。

三、质量检测体系完善

以先进的科学技术建立和完善质量检测机构，推进全面质量管理工作，全面强化产品质量体系，是庵埠镇提升食品产业集群区域竞争力的重要举措。早在1986年，庵埠镇就已建立了国内首家镇级食品工业卫生检验所，近年来又先后投资400多万元增置精密仪器设备，担负起全镇食品企业的质量检测和指导工作，并在2004年通过国家实验室认证，成为具有第三方提供公正性数据、具有法律效力的检验机构。在镇食检所的带动下，雅士利、佳宝、笑咪咪、康辉、威士雅等食品规模企业也相继成立了企业产品质量检测中心，小型食品企业也建立与生产相适应的产品质量检验室，逐步在全镇建立起产品质量检测网络，形成一个管理严格，监管有力的质量管理保证体系。

四、行业协会服务职能充分发挥

庵埠镇十分重视知识产权保护，注重发挥行业协会的作用。成立庵埠食品工业协会，制订并实施了《产品维权公约》，对全镇食品企业创新的品名、商标、标识、发明专利、实用新型专利及外观设计专利进行维权保护。全镇食品企业获得协会维权保护的产品共有170项，有效地保护了企业知识产权，维护了公开，公正的竞争秩序，使假冒，仿冒的违法行为得到遏制。2008年，广东省知识产权局选定庵埠镇食协为"广东省十大行业协会保护知识产权优势单位"之一。另一方面，通过食品协会整顿行业经营秩序，制定并实施了《庵埠镇食品安全信用公约》，并向全镇各食品生产企业和经营户发出《齐诛无良，同建信用，共造庵埠品牌》的倡议书，通过建立诚实守信的行规行约来规范自身的生产和经营行为，逐步完善行业自律机制，树立起庵埠食品行业的国字号招牌。

五、配套产业链条完整

庵埠食品产业的快速发展，亦有力地带动了印刷、包装行业的崛起。目前，全镇印刷包装行业已形成从薄膜、铝箔等原料生产经营、电脑设计、电雕制版、凹凸彩印，以及油墨、粘合剂生产和包装印刷机械制造一条龙配套完整的行业结构；涌现出华业、中港、宝佳利、阳天、彩达、美达、美士达、爱丽斯、龙彩等一批包装骨干企业；销售渠道也已由原来服务本镇食品企业为主转为面向国内外食品、饮料、制药、烟酒等企业。庵埠的印刷包装行业正依托庵埠食品名镇的先天优势，加上本身雄厚的技术力量，灵活务实的市场意识和诚信为本的经营理念，成为庵埠第二大支柱产业，与食品行业形成双轮驱动，推进庵埠产业集群优化升级，加快庵埠经济社会和谐协调发展的格局。

除此之外，庵埠食品行业的发展，还带动了食品原料、食品添加剂，以及运输旅游、餐饮、酒店、娱乐等第三产业的发展。目前，全镇拥有"四星级酒店"一家、"三星级酒店"一家，第三产业呈现了良好的发展态势。

中国食品工业名镇——广东道滘镇

为进一步了解我镇食品产业的发展情况，寻求食品产业发展的对策措施，促进我镇经济持续快速发展，我镇对食品产业展开了深入调研，具体情况如下：

一、道滘简介和食品产业发展的现状

东莞市道滘镇是著名的游泳之乡、中国民间文化之乡、中国曲艺之乡、全国亿万农民健身活动先进乡镇、广东省工业卫星城镇，珠江三角洲一颗崛起中的水乡明珠。道滘镇地处穗深经济走廊中部。北距广州30公里，南距香港90公里，东距东莞市区5公里。广深高速公路、港口大道、西部干道以及新规划建设中的东莞大道延长线、沿江高速公路等快速干线贯穿镇区，紧邻省道256线和市环城路，全新的城市道路网络逐渐形成。同时，道滘更设有广深高速公路大型出入口，是广州、深圳等地进入东莞最主要的门户之一。

道滘是著名的水乡。东江支流横贯镇区，河道纵横交错，别具一番南国水乡韵味。道滘历史悠久，一江流水泛绿，两岸稻花飘香。这里水草丰茂、虾壮鱼肥，古榕常绿，小巷清幽，楼台亭榭，小桥流水；著名的“禾虫、禾鲤宴”、被誉为粽中极品的道滘裹蒸粽、风味独特的蟛蜞酱驰名遐尔，拥有巍焕楼、虹桥、抗清义士万人大坟、济川桥、“六一一”亭、银瓶斟酒、双百亭等多处名胜古迹。道滘既是全国著名的“游泳之乡”，为国家培养了一批又一批杰出的游人才；又是文化艺术氛围浓厚的“中国曲艺之乡”，粤剧曲艺经百年传唱，成为水乡明珠文化艺术的根基。今日的道滘，镇委镇政府精心策划，抢住机遇，创新发展，立足区位优势和资源禀赋，确立了“一岸三园五提升”的全新工作思路，大力打造食品产业，大力发展商务物流、休闲旅游、房地产等第三产业，强力打造全新的“商贸强镇”、“文化水乡”、“旅游新城”和“宜居家园”，朝着努力建设现代和谐水乡新城总目标迈进！

道滘原名到滘，因河涌与东江交汇而名，是东莞著名水乡。耕地原多居围海造田而成，是珠江三角洲冲积平原，土地十分肥沃，以盛产稻谷驰名。以前，道滘农业资源丰富，加上道滘人心灵手巧精心制作，使“道滘粽”、“道滘肉丸”、“道滘米粉”、“道滘龙船饼”等一批风味独特，粗料精做，物美价廉的传统美食早已誉满珠三角。如今，道滘肉丸、道滘粽等特色美食日渐成为道滘的一张闪亮名片，同时以道滘粽、道滘米粉为代表的美食产业在当地也逐步成型，全镇共有几十家粽子店为各地的食客提供品味独特的粽子；16家米粉企业年产量达36万吨．产量占珠三角地区米粉产量的80%，产值达13亿元。其中被誉为“天下第一粽”的道滘粽，已从过去的节日食品转变为批量生产的日常食品，成为当地各大酒楼的著名小吃；以龙船饼为代表的龙凤礼饼也成为周边地区乃至东莞市群众婚嫁的必备礼品之一。

2008年，全镇工业总产值93亿，全镇食品加工生产企业80多家，总产值约24亿，占工业总产值的25.8%。近年来，我镇食品工业以较快的速度持续发展，特别是米粉、雪糕、腊味、饼食、皮蛋、道滘粽等食品逐渐形成一定知名度和拥有一定市场占有率。

目前，我镇食品产业已逐步形成规模化、集群化的态势，成为拉动全镇工业经济增长的重要力量。雪糕、米粉、腊味、饼食等行业产品质量居全省领先水平，部分产品达到国内先进水平。获得“中国驰名商标”的伊利集团公司在我镇设立分公司生产伊利雪糕；联合米粉厂的翠竹牌米粉获省著名商标和省名牌产品。麦之来食品店2005年获中国饼店委员会的“全国优秀饼店”称号和中国食品行业协会的“中国特色小吃”称号。佳佳美食店的瓜子酥、艾角、茶果、麻葛、道滘裹蒸粽、枣红糯米粽、松糕、眉豆糕、鸡仔饼、龙船饼获得“广东省名小吃”称号，以及道滘的传统美食“道滘粽”、“道滘肉丸”、“道滘肉丸粥”等远近驰名。

从调查掌握的情况来看，全镇食品工业经济发展势态总体上比较好，企业规模在不断做大，品牌打造在不断加快，投资潜力在不断激发，基础优势在不断汇聚，市场空间在不断拓展，发展后劲在不断增强。主要呈现如下特点：

（一）米粉产业仍占主导地位

“道滘米粉”作为镇传统特色食品之一，多年以来，“造纸企业”和“米粉企业”都是作为我镇民营经济传统的中坚力量，为我镇经济发展贡献突出。1990年开始首家米粉企业正式投产，并以每三年4到5家的速度在我镇迅速蔓延了开来，米粉企业在我镇最颠峰时期曾达到30多家之多，日平均总产量达到了1000吨，产品供不应求，规模亦不断扩大。然而在大规模生产下，企业主要采取大包装进行销售，都是走低端的路线，企业品牌多而杂，影响力不够，产品只能销往珠三角地区，行业内部恶性竞争，导致品质下降以及抢占市场等因素的影响。我镇的米粉企业有所减少，直至今年，只剩下16家，已基本获得QS认证，其中规模以上企业5家。

据统计，道滘米粉现日产量达800吨，主要销往深圳、中山等广东珠三角城市以及海南、广西等周边省市，产量占珠三角同类米粉消耗量的80%。但缺乏对米粉精加工、深加工的挖掘，企业主要负责产品生产过程，而利润最高的销售部分却是外发给其他个人，销售定位主要集中在企业食堂、农贸批发市场等低端市场。在金融危机的影响下，外来工的迅速减少，米粉企业失去主力消费群体，生产经营状况每况愈下。尽管我镇的米粉企业已获得QS质量认证，质量和管理水平也得到了相应提高，但是基本都是小型企业，仍受到经营方式分散、设备耗能大、技术人才缺乏，销售渠道单一、内部管理和市场运作等问题困扰，企业经营一直处于微利状态。在高物价的环境下，部分企业已经出现亏损。面对市场竞争以及逐渐萎缩的消费市场，已经有米粉企业通过提高技术、增加产品品种等方式谋求更广阔的生存空间。如道滘宏兴米粉厂（我镇首家获QS认证的米粉企业），通过增加面食生产线、改变产品包装、增加产品品种等方式改变米粉销售不利的困局。据介绍，去年该企业新开发的面食市场广受欢迎，呈现供不应求的喜人局面，今年美食节，宏兴米粉厂推陈出新，产品备受游客和群众的青睐。

（二）传统食品渐成规模

近些年来，我镇食品企业积极抢抓发展先机，利用道滘美食名声在外的优势，坚持以市场为导向，以资源为依托，以增效为目标，大力推进产业扩张，部分食品企业完成了原始资本积累过程，从小作坊走向了小工厂、从小食品走向了产业化、从小土产走向了品牌化、从小门店走向了大市场，从过去的季节性、节日性生产转变为全年生产。其中如祥兴饼家、佳佳美美食加工厂、麦之来食品厂等9家饼食制作厂家已进入了小厂房生产阶段，其生产的龙凤礼饼以物美价廉的占领着东莞礼饼市场相当一部份额。而佳佳美、济川等3家粽子生产厂家也改变过去家庭式生产的模式进入按QS标准生产模式，利用保鲜技术将产品销往珠三角各城市中。可以说道滘传统美食生产渐成规模。但不可否认的是，道滘这些食品企业较一些大型企业仍有很大的差距，后面还有一段很长发展道路要走。

（三）引进知名食品生产企业

近年来，我镇进一步提高引进项目规模技术准入门槛，通过拓宽招商渠道，引进了伊利集团分公司、港亨冰糖燕窝和火麻仁饮料、思朗饼干等知名生产企业落户我镇。伊利集团分公司2008年总产值约4亿元，纳税总额超1000万元；得乐多饮料，思朗饼干也快进入投产阶段，港亨正在试投产阶段。他们将成为我镇食品产业的中坚力量，引领道滘食品产业不断发展壮大。

二、加快食品产业发展的对策

为扶持传统食品生产企业发展壮大，我们主要通过以下措施做好有关工作：

（一）加强服务，推动成长

为使传统食品档次尽快得到提升，实现传统食品产业的升级。我镇积极协调华南理工大学实地对饼食、米粉、腊味等一批传统食品生产企业进行指导，督促其逐步建立标准化生产，走规模化生产道路，致力提高企业竞争力。我镇计划与华南理工大学建立合作框架，通过镇府与华工合作，华工将为我镇食品企业提供技术服务，提高企业对技术研发的积极性，推动企业做大做强。

（二）加大宣传，推动转型

为推动我镇食品产业的发展，我镇将加大食品产业载体建设，一方面加大食品产业园建设力度。根据我镇现有两大工业园区板块：民营创业园和南阁工业园，通过对比研究，民营创业园发展食品产业具有较强的优势，我们通过几方面的工作积极推进民营创业园向食品产业园转型：第一、扩大民营产业园现有的规模，积极吸引具有实力的食品企业落户。第二、统筹民营产业园的土地，对于空置的土地，督促其加快建设进度，否则统一收回。做好创业园区的厂房租期统计表，加强对房东单位宣传我镇发展食品产业政策方针，积极引导食品企业进园。另一方面，加快推进我镇食品手信街的建设，研究把商会大厦商场改造成食品手信广场，聚集我镇特色名小吃，形成一个特色美食手信广场，现在进行可行性论证。

（三）加强引导，树立品牌

引导中小企业加快产业产品结构调整、加快技术升级、加快自主创新，塑造正确的品牌观念，增强打造品牌的危机感和紧迫感，积极实施和推进名牌战略。一方面充分利用我镇“道滘”商标的使用，并制定了东莞市第一个镇区制定的商标使用管理规则《“道滘”商标使用管理规则》，实现对商标进行有效管理，为各类地方特色商品树立形象和信誉，为向全国推广品牌，扩大企业影响，推动品牌战略走出了坚实一步。首先我镇出台“道滘米粉”的联盟标准，引导企业共同对道滘米粉品牌进行打造、宣传，提高企业产品的附加价值，致力把“道滘”商标打造成省著名商标。另一方面，我镇大力引导民营企业积极争创知名品牌，经过努力，联合米制品厂的翠竹牌米粉分别于06年、07年被授予"广东省著名商标、广东省名牌产品"称号，在米粉企业中实现了名牌零的突破。我镇的食品企业发展迅猛，不断获得各项。今年主推新兴隆食品厂申报省著名商标。另一方面，与卫生部门积极沟通协调，草拟粽子行业的联盟标准，规范我镇粽子产品标准，提高产品质量，增强企业的市场竞争力。

（四）优化环境，促进发展

我镇深入贯彻实施市扶持民营经济发展扶持政策、《关于实施科技道滘工程建设创新型城镇的意见》、《道滘镇关于加快民营经济发展的实施意见》，并在此基础上制定了民营企业优惠政策，为食品企业发展提供良好的软环境。

（五）积极扶持，推动创新

食品产业不但要生产食品，还要研究食品的健康问题，并开发出更多更好更健康的品种。通过以政府指引为导向，充分发挥食品企业的主体作用，引导他们进一步加大对食品的技术研发力度，为他们的技术创新提供扶持。我镇计划和华南理工大学共同筹建道滘食品研究所，共同为企业提供现代科学研究技术、加强企业与高校科研合作联系、提高企业竞争力。我镇将加大对米粉企业的技术改造扶持力度，通过指导其引进新技术，切实解决米粉加工资源利用率偏低、质量管理水平偏低等问题；同时会加强对传统食品的新产品开发与创新，指引其根据市场需要而开发新产品，使食品更丰富、质量更高，增加市场适销产品，努力提高企业经济效益。

（六）深化改革，加强管理

积极推进食品企业改革改制改组步伐，逐步建立现代企业制度。抓住有利时机以联合、兼并、租赁、购买、参股、控股等形式扩大生产规模，形成一批上规模的龙头企业。引导企业加强企业管理，加强餐饮单位参评"国家级酒家"，推动企业从管理思想、管理模式、管理体系、管理内容、管理方式、管理方法和管理手段进行全方位创新，全面提高管理水平，努力实现管理组织高效化、管理制度规范化、管理手段现代化。把建立现代企业制度和管理创新作为创造市场的基本动力，带动食品产业结构调整。

中国食品工业示范基地——广东黄圃

黄圃镇地处广东省中山市最北部，东北与广州番禺隔河相望，西北与佛山顺德接壤，是中山对接广佛肇经济圈的桥头堡，土地面积88平方公里，户籍人口8万多人，外来人口6万多人。黄圃1600多年前的东晋时期已涉人迹，南宋时期始建制，清光绪年间就开始腊味、头菜等传统特色食品的制作销售，逐步形成"黄圃食品"文化。黄圃镇是中山北部的政治、经济、文化中心，是珠江三角洲的重要商贸城镇和最具活力的城镇之一，是广式腊味发源地，也是全国首个中国食品工业示范基地、中国腊味食品名镇以及全国农产品加工创业基地。"黄圃腊味"被认定为国家地理标志保护产品。

传统优势支撑聚集发展——清朝至今，跨越百年、闻名遐迩的黄圃食品沉淀了坚实的产业基础，形成了腊味、稻米、腌制品、干果、糖果、饮料、酱料、冰鲜食品、酿酒、罐头加工等较齐全的食品生产体系，成为特色明显的区域产业经济。近年来，黄圃制定详细的食品发展总体规划和目标，成立中山市中国食品工业示范基地开发有限公司，整合现有土地资源，加快万亩食品工业示范基地的建设。把所有食品企业集合到示范基地内生产发展，统一规划建设、统一材料供应、统一清洁生产、统一安全检测、统一品牌商标、统一市场开拓，逐步形成聚集发展的态势。

市场优势支撑开拓发展——黄圃食品，特别是黄圃腊味蜚声中外，产品畅销全国各地以及港澳台、东南亚、南美洲、非洲、澳大利亚等地。特别是随着一年一度中国国际食品工业贸易洽谈会的成功举办，为黄圃食品产业创造了名牌效应。黄圃腊味产品在国内市场占有率连续多年位居全国第一，占据全国广式腊味市场的60%以上。在传统市场的基础上，黄圃镇政府鼓励企业进行新产品开发，引入国内外腌腊肉制品的生产技术和工艺，改变黄圃腊味单一口味的现象，做到南北结合、中西结合，使黄圃腊味适应世界各地人民的口味，实现"黄圃腊味世界口味"的目标，让黄圃腊味走向世界，抢占世界市场。经中华人民共和国商务部批准，每年举办中国国际食品工业贸易洽谈会（中山·黄圃），并以此为平台，着力引入一批国内外知名食品品牌企业投资黄圃，壮大产业规模，延长产业链条，提高集聚效应，把黄圃食品与国际食品接轨，做大做强食品产业族群。

原料优势支撑优质发展——黄圃位于珠江三角洲平原腹地，素有“鱼米之乡”的美誉，拥有石军村水稻种植基地、吴栏村粉葛种植基地、三乡围和横石围无公害四大家鱼养殖基地、横档村顺景鳗鱼无公害养殖基地等，是全国农产品加工创业基地，为食品产业提供有力的原料支撑。同时，引入四川蓝雁集团建设3万吨冷库作为食品原材料配送基地，引入市内和周边城市具有一定资质的公司建立无公害食品基地；在四川、广西和广东省内建立多个食品供应基地，确保原料的优质供应。在中国食品工业示范基地建立食品检验检测中心。目前该镇有13家腊味企业通过了ISO9001质量管理体系认证，130多家腊味企业通过了QS认证，有8家腊味企业被评定为卫生量化管理A级单位（免检），53家腊味企业被评定为卫生量化管理B级单位，每年腊味卫生质量抽检合格率达到97%以上。2008年9月，“地理标志产品·黄圃腊味”审定为广东省地方标准。

技术优势支撑创新发展——黄圃积极实施“科技兴企”战略，建成了中国食品工业示范基地检验检测与研发中心、食品工程研究中心和黄圃食品检测站。黄圃腊味企业不断改进生产技术和工艺，通过利用太阳能烘烤技术、应用电脑化管理等，大大降低能耗量，有效降低生产成本。近五年来，黄圃腊味行业每年税收收入年递增50%以上。为进一步促进食品产业科技创新，黄圃镇政府重点加大食品检验检测和与华南理工大学、东北农业大学合作建设的食品研究中心建设力度，为食品产业的健康发展提供强有力的技术支撑。积极鼓励企业开展“产学研”合作，积极开展技术创新，开发新产品，全面推动产业升级。加快经营管理模式的创新，变经验型管理为科学型管理，变家庭作坊式生产为现代化生产，向规模经营发展。加大国内外先进工艺和设备的引进，使食品企业由传统生产技艺型向科技效率效益型转变。运用高效浓缩发酵技术、高温瞬时杀菌技术、高真空技术、无菌储存与包装技术等加速腊味质量的提升。

品牌优势支撑名优发展——在黄圃镇政府“创名牌、创名标”战略的带领下，目前全镇食品产业获国家级质量管理奖1个、省级质量管理奖3个、省级名牌产品4个。其中，银华腊味有限公司被授予“中国食品工业优秀企业”称号，千腊食品有限公司被评为中国食品名优企业，建华牌腊肠、建华牌腊鱼、泰上王牌腊肠和利家佳牌特级腊肉被评为“广东省优质产品”，食品工业园和银华腊味有限公司获批准为“广东省食品药品放心工程示范基地”。黄圃积极推进质量兴企、名牌名标战略，致力提升产品档次和效益，重点培育一批名牌名标重点企业，支持一批龙头企业、精品企业创建省级名牌产品、著名商标，国家质量免检产品，国家名牌产品，着力把“黄圃腊味”商标创建为广东省著名商标。探索成立“黄圃腊味”运营有限公司，把所有腊味企业集中起来，统一使用“黄圃”腊味商标，走集团经营运作新路子，使腊味企业做大做精做强。

中国油茶之都——湖南邵阳

邵阳县油茶产业发展办公室2009年，为做大做强油茶产业，邵阳县委、县人民政府成立以县委常委、副县长李红平任组长，县政协副主席罗耀国、县政府副调研员、县扶贫办主任刘垒（常务）、县农办主任伍亮武、县林业局长周雄任副组长。领导小组下设油茶产业发展办公室，由县林业局党委委员刘豪健具体负责全县油茶产业发展的日常工作。

【产业发展概况】

邵阳县位于湘中偏西南、资水上游、邵阳市区以南，是国家扶贫开发工作重点县、全国油茶基地示范县和“中国茶油之都”。地理座标为东径110° 40′ 14″～110° 59′ 56″、北纬26° 40′ 36″～27° 06′ 08″，全县土地总面积300.3万亩，其中油茶林面积45.2万亩，年产茶油670万公斤以上，油茶生产历史渊源流长。2009年，县油茶产业发展办公室为认真贯彻落实县委、县政府《关于印发2009年产业发展项目建设工作方案》邵发[2009]1号文件精神，紧紧围绕2009年县委经济工作会议提出的“项目立县、产业兴县”的工作思路，把壮大油茶产业作为推进新农村建设、推动县域经济发展的重要举措，强化工作措施，狠抓工作落实，取得了阶段性成效。全县共完成油茶低产林改造3.5万亩，新造优质高产油茶林 0.5 万亩，完成油茶新造整地 1.5 万亩；建立油茶无性系良种苗木繁育基地 3 个（小溪市山田、塘渡口镇石桥、罗城乡铜锣），完成油茶无性系良种苗木嫁接 265.9 万株，年生产油茶良种嫁接苗木 158 万株；与中南林业科技大学在金称市镇南冲村建成油茶区域性对比试验基地和油茶高接换头示范基地各 1 个，在九公桥镇长冲村启动兴建年加工 5000 吨的茶油生产规模精深加工企业，荣获了湖南省油茶产业工作先进单位和"中国茶油之都"国字品牌。

【营造发展氛围】

为营造油茶产业发展氛围，县油茶产业领导小组组织召开了各乡镇场分管林业的副职、65 个参与油茶产业联点单位的副职、林业局班子成员及乡镇林业站站长、技术人员，有关粮油加工企业法人代表、油茶林承包大户及返乡农民工的油茶产业技术培训会、油茶产业工作会议等 9 次，相继出台了《邵阳县 2009 年油茶产业综合开发领导小组工作方案》、《关于切实做好我县 2009 年油茶良种育苗工作的通知》、《邵阳县林地承包合（示范文本）》、《邵阳县油茶产业发展目标管理考核办法》、《邵阳县 2009 年油茶造林和低产林改造检查验收方案》等多个油茶产业发展文件，组织印发油茶丰产林培育实用技术手册 8300 份。各乡镇场和县直机关各单位都成立了相应的领导班子和工作班子，明确了一名党政领导专抓油茶产业工作，制订油茶产业发展工作方案、分解任务、落实工作责任、安排油茶产业发展工作经费，并从林业站挑选一名技术员担任油茶专干，具体负责技术服务，确保技术指导到位，营造了全县上下齐抓共管油茶产业发展的新格局。

【培育产业基地】

我们按照"依法、有偿、自愿"的原则，鼓励油茶林地按照市场规律向有经济实力、懂技术、善经营的企业和大户流转，采取"公司 + 基地 + 农户"的经营合作模式，积极兴办油茶造林和低改产业基地。同时，按照乡镇办点示范，机关联点开发，大户规模经营，企业创办基地的模式，加快油茶产业基地示范点建设。乡（镇）人民政府在完成土地流转的前提下，按要求完成造林面积不少于 100 亩或油茶低改不少于 300 亩的油茶综合开发示范点；县直机关各单位在协助搞好土地流转，按照人均垦覆低改不少于 10 亩或人均新造不少于 5 亩的标准创办油茶丰产林示范点，推进油茶产业规模化经营。2009 年 6 月—12 月，经县人大、纪检、监察、督查、发改、财政、林业等 7 个单位的有关人员逐乡逐村逐块检查验收，全县共完成良种油茶造林 0.5 万亩，新造整地 1.5 万亩，低改 3.5 万亩，其中 65 个县直机关单位联点创办油茶造林示范基地 15 处，面积 0.32 万亩；油茶低改基地 65 处，面积 1.36 万亩。

【打造国字品牌】

我们把培育和扶持油茶加工龙头企业、打造国字品牌作为油茶产业发展的"牛鼻子"来抓，鼓励企业加大精炼高档茶油、高档护肤化妆品、茶皂素等主导产品的研发力度，提高产品的附加值，打造国字品牌。为唱响油茶品牌，县油茶产业发展领导小组积极加强衔接，精心策划申报"中国茶油之都"，2009 年 7 月 22 日中国食品工业协会冠名我县为"中国茶油之都"，10 月 21 日九届全国政协副主席在北京人民大会堂为"中国茶油之都"授牌。同时，启动兴建了年加工 5000 吨茶油精制加工企业——湖南瑞柏茶油有限公司，引进了湖南浩达农业发展有限公司在我县塘渡口镇振羽新区，征地 300 亩，按照集加工、基地、休闲、旅游、科研、博览于一体的油茶产业建设思路，高标准、高起点、高规格规划"中国茶油之都"油茶产业博览园。

【推广良种良法】

依托中南林业科技大学和湖南省林科院，科学编制油茶产业发展年度实施方案，积极培育油茶良种苗木，深入开展油茶测土配肥和高接换冠科学试验。采用无性系嫁接繁育技术，从耒阳市马水乡、株洲市马家河镇、汨罗市桃林林场购回良种油茶接穗 265.9 万个芽，在我县小溪市乡山田、塘渡口镇石桥和罗城乡铜锣建立三个良种油茶苗木繁育基地，采取"专人监管、良种补贴"的办法，确保年内生产优良无性系油茶嫁接苗 160 万株以上。同时，与中南林业科技大学开展技术合作，在塘田市镇清水村、金称市镇南冲村建立油茶测土配肥对比试验基地和高接换冠基地，加速推进了我县良种油茶的发展。

插上腾飞翅膀 打造名牌中职
——前进中的广东省华美技工学校

2009 年底胡锦涛总书记在珠海考察时强调：只有具有较强的自主创新能力，才能在激烈的市场竞争中立于不败之地，才能推动“中国制造”向“中国创造”转变。

对于广东而言，要实现“广东制造”向“广东创造”的转变，培养大量高技能型人才是实现这一目标的关键。广东省委、省政府近年来一直把职业教育作为教育工作的战略重点，2009 年更是将“职业教育发展壮大工程”单列，做为当前及今后一段时期广东省教育事业发展的重点和关键增长点。

广东省华美技工学校作为广东省教育厅直属的国家级重点中等职业学校，作为全省技能型人才培养的智力库，50 多年来一直坚持积极探索、开拓创新，近 5 年来，该校通过筹建新校区、打造品牌专业、建设实训基地、狠抓学生质量，为跨越式发展插上了腾飞的翅膀，走上了品牌发展之路。

花都校区：学校跨越式发展的新天地

学校在广东省发改委、广东省教育厅等上级主管部门的大力支持下，先后投资近 1.5 亿元筹建花都新校区，优化升级了学校各项硬件设施，使学校驶入了加速发展的快车道。

花都新校区占地 260 余亩，背靠花山、毗邻福源水库，依山傍水，景色秀丽，是名副其实的生态园林式校园。新校区一期工程已于 2009 年 9 月竣工并投入使用，已建成能同时容纳 1500 人在岗实操的独立文、理科现代化实习实训基地，体育馆、羽毛球馆、乒乓球馆、篮球场、网球场、400M 标准跑道田径场各种运动设施一应俱全；沿湖而建的宿舍群，宽敞明亮，均配备网线和太阳能热水系统，被同学们亲切地称为“温馨小别墅”。

新校区二、三期工程正在加紧建设，建成后将形成教学楼、办公楼、图书馆三大主体建筑群，届时将可容纳 6000 名学生在校区内学习生活，最终努力建成为一所环境优美、设施先进、配套完善、宜学养性的现代化生态园林式校园。

食品专业：领跑学科建设的排头兵

食品类专业是华美技工学校的名片，也是学校的核心品牌专业。食品专业（食品生物工艺）作为首批广东省级示范专业，经过 20 多年的建设和发展，食品专业已逐渐成为与国际先进技术接轨、师资力量雄厚、软硬件实力突出的行业领先者。

1984 年学校率先与美国小麦协会合作办学，共建食品专业，创办华美烘焙技术培训中心．目前该实训中心已成为中国食品工业协会、中国工商联烘焙业公会、中国糖制品焙烤食品协会、美国小麦协会、美国葡萄干协会、美国蓝梅协会等国内外顶尖行业协会的技术培训基地和指定比赛场地，是劳动部指定的“全国烘焙技术比赛”的主办单位，曾成功举办国家级烘焙食品类比赛、大型示范会、产品推广会近百次。

食品类专业有 3 位长年任教的外籍教师，9 位毕业于美国烘焙学院的本校专业教师，多名任课教师均在星级酒店工作 10 年以上，他们均为国内外行业充分认可、实操技能过硬的中西厨大师；学科带头人周发茂老师是全国十大烘焙名师之一、全国技术能手、全国烘焙技术比赛总裁判长、全国职业技能竞赛系列活动优秀裁判员、广东省职业技术技能鉴定西式点心专家组组长及烘焙食品行业质量标准主要起草人。

食品类专业建有稳定的顶岗实习基地，将学生送到相关企业“顶岗实习”，践行职业能力与企业岗位要求之间“无缝”对接的技能人才培养模式。食品类专业曾先后与广州市莲香楼有限公司、广州长隆集团有限公司、安琪酵母股份有限公司、碧桂园等建立了长期、稳定的合作关系，食品专业学生顶岗实习对口率达到 100%。

实训基地：培养技能型人才的孵化器

华美技工学校一直坚持以技能教学为核心，不断加大实训基地投入力度，强化学生技能实操训练。学校建有 3 栋独立实训大楼和中式烹饪、中西点制作、国际商务、会计、动漫设计、食品检验、西餐制作、商务文秘、商务外语、计算机应用等 10 多个专业实训室。

食品实训楼在所有实训大楼中最具代表性，其设施一流、布局合理、实训岗位充足，可满足 1000 人同时实操，是亚洲最大的融中西点、中西餐研发与教学于一体的实训基地。内有 4 个中餐实训室、4 个西点实训室、2 个西餐实训室以及中点实训室、烧腊实训室、蛋糕装饰实训室，其中蛋糕装饰实训室采用现代化教学视频传导技术，保证图像及信息实时传输至学生，达到教师一对一指导的效果。

该校通过实训基地建设，为学生技能训练提供了实践平台，在操作中教，在操作中学，切实做到了理论与实际相结合，提高了学生的实际动手能力，为以后走上工作岗位打下了坚实的基础。

学生质量：德在心、技能在手的好口碑

华美技工学校深刻认识到只有强化内功，从提升学生综合素质着手，培养出一大批德在心、技能在手的新时代技能型人才，学校才能在中职教育中“勇立潮头”。

学校一直重视学生思想道德教育，早在2007年4月就成立了“德育工作领导小组”，构建了完整的德育工作网络，每年用于德育工作的经费约30万元。学校坚持每学期开展学生操行评定活动，其中2007、2008、2009届毕业生思想品德操行评定合格率分别为90%、99.3% 、98.3%。

学校依托实训基地，坚持开展年度全校技能竞赛，以赛促教，以赛促学。如食品专业的辫子包制作比赛、酥饺制作比赛、象形花刀刀工；国贸专业的手绘、平面设计比赛、动漫创作比赛、英语口语比赛；财经专业的点钞、传票翻打比赛。每一个比赛项目均专门委派几位专业指导老师进行特训指导。近3年来该校学生在食品、英语、计算机、财经等省级专业技能竞赛中屡获佳绩，共获得一等奖7人次，二等奖4人次，三等奖及优秀奖20余人次。在近年的技能展示会上，学生的职业技能分别受到中共中央政治局委员、国务院副总理张德江，广东省省长黄华华，以及省发改委、省教育厅等领导的充分肯定。

华美技工学生“德”“技”在身，因此备受用人单位青睐。多年来，学校毕业生就业率一直稳定在98%以上，位居同类学校前列。

雄关漫道真如铁，而今漫步从头越。励精图治的华美人将乘着广东省“双转移”的东风，继续深化职业教育改革，注重规模质量的协调发展，为创建国家级示范性中等职业学校不懈奋斗，继续书写职业教育新的辉煌和传奇！

成渝经济区绿色食品基地——四川内江

内江市是四川省老工业基地，也是四川粮食和经济作物主产区、国家商品粮生产基地和中国优良地方瘦肉型猪生产基地。近年来，内江在全省率先成立“食品加工产业推进办公室”，围绕打造“成渝经济区绿色食品基地”，以农副产品精深加工为重点，突出肉类、酒类、粮油、果蔬四大支撑，依托资源做大产业，依托项目做强龙头，依托技改做大增量，着力建设食品工业强市，收到明显成效，食品加工产业成为内江第二大支柱产业。2009年，全市食品加工产业实现总产值172亿元、增长25%，增加值53亿元、增长26%。今年1～8月，实现总产值158.87亿元、增长35.5%，增加值41.60亿元、同比增长26.2%，销售收入158.4亿元、增长37.4%，利润9.46亿元、增长74.1%；预计全年产值将达210亿元，增加值达60亿元。

抓产业，促进集群发展。始终坚持用抓工业的理念抓农业，以标准化、规模化、专业化、产业化为重点，不断强化基地建设，大力发展农产品加工，着力打造成、渝两个特大城市的“菜篮子”。壮大产业基地。坚持“宜种则种，宜养则养，因地制宜”和“环境优良，集中连片，规模种植”的原则，按照“一村一品”或“一镇一业”发展模式，积极推行无公害农产品基地和标准化生产示范区建设。加快建设以塑料大棚、日光温室、滴灌喷灌等为重点的设施农业，建成5个现代农业示范园和5个现代畜牧业示范园，建成528个优质粮油、蔬菜、水果、茶叶、柠檬、蚕桑、生猪、家禽、水产等特色产业基地，经农业部认定的各种绿色无公害食品种植基地达11万亩，目前正申报且已达绿色无公害标准的枇杷、“不知火”、泡菜和柠檬等绿色无公害食品种植基地达20余万亩。培育龙头企业。通过重点扶持、当地培育、招商引资、优化重组等多种方式，鼓励生猪、家禽、粮油、水果等农产品加工龙头企业利用新技术、新工艺开发新产品，延长产业链，提高产品附加值；鼓励企业以品牌为纽带，实行资产重组和生产要素整合，以股份换市场、换管理、换技术，培育全省一流大型龙头企业。在新培育出运达粮油、飞龙米业、威宝食品等本地重点龙头企业的同时，先后成功引进台湾旺旺、台湾佳美、香港华润、南京雨润等一大批知名食品加工企业。当前，规模以上食品企业达98户，其中产值上5亿元的12户、上亿元的29户，国家级重点龙头企业1户、省级重点龙头企业19户、市级重点龙头企业80户。力争明年新增上5亿元的企业2个，上亿元的3个，上5千万的4个，上千万的10个。发展专合组织。加大政策扶持和指导服务力度，依靠具有现代意识、营销手段、组织形式的现代农民和农业企业家，大力发展农民专业合作社，探索农业园区、特色产业基地、家庭农场等多种形式，引导农民开展多渠道、多领域的联合与协作，提高基地农民的组织化程度，解决小生产与大市场的矛盾。目前，各类农村专合组织达1000余个，成员达14万人，带动农户27万户；东兴区海椒协会进入了“全国百强协会”，东兴区白合镇金观村水果、资中县龙江海椒、隆昌县圣灯水果3个专业合作社被评为“全国示范专业合作社”。

抓监管，确保食品安全。大力实施绿色食品工程，加大监管力度，不断增强农民实施农业标准化生产的主动性，做到“种、养、加”全过程符合绿色食品生产操作规范。完善食品安全制度规范。围绕净化产地环境、保证食品原料质量、严格市场准入、规范生产经营行为、强化风险监测预警等关键环节，制定一系列科学的制度，着力构建法规完善、风险可控、监管有效的质量安全保障体系。加快建立完善食品安全标准体系，严格食品安全标准实施，鼓励企业实施良好作业规范（GMP）和危害分析关键控制点（HACCP）管理，强化食品安全全程控制，提高食品安全管理水平。建立健全监管体系。加强食品安全监管能力建设，完善食品安全监管责任制和责任追究制，形成了地方政府负总责、监管部门各负其责、食品企业负首责的食品安全责任体系，构建起了统一、协调、高效的监管体系。强化食品安全风险监测管理系统和信息网络建设，建立食品安全数据库和预警体系，预防和控制食品安全风险。加快推进质量诚信评价体系建设，建立食品企业质量安全信用档案，打造诚信企业和诚信社会。加强食品安全监管。建立食品质量可追溯体系和食品召回制度，严格食品生产市场准入制度，强化食品生产质量安全监督抽查检验和生产环节质量安全监控，严肃查处使用非食品原料和回收食品生产加工食品、滥用食品添加剂、在种植、养殖和加工、流通等环节使用违禁品的违法行为。同时，健全重大食品安全事故应急处置机制，及时有效地消除食品安全事故隐患，最大限度地减少危害和损失，保证公众的食品安全。

抓营销，抢占市场份额。坚持“立足内江、覆盖成渝、走向全国、跨出国门”的市场营销理念，着力提高内江造食品知名度。加强行业引导。内江市食品工业协会共有会员80多户，聘请了中食协、省食协领导和有关市领导担任协会顾问，主办了《内江食品工业》会刊，开展全市名优特新食品评选、组织企业进行参观交流和展示，有效增强了全市食品行业的聚合力。大力培育品牌。围绕打造“成渝经济区绿色食品基地”这一整体品牌，在中国食品报和省、市级媒体登载近10篇宣传文章，基本建成“内江市食品产业”官方网站；制定了市级、省级、国家级品牌梯度发展规划并指导企业开展基础性创建工作。目前拥有省名牌产品4个，省著名商标7件，国家地理保护产品3个，四川老字号4个。积极开拓市场。定期举办内江市名优特新食品展示会，分别在成都、重庆、北京等地召开“内江产品推介会”，并组织企业参加中博会、糖酒交易会、西博会、重庆农博会、渝洽会等活动，在内江各大超市设立“内江市名特食品销售专店”，扩大了“内江食品”影响力，不断提高内江特色食品的市场份额。

“天道酬勤”。坚持不懈的努力，终得累累硕果。2010年8月，内江正式被中国食品工业协会命名为“成渝经济区绿色食品基地”。

“国”字号食品产业园区——四川元坝区

一、食品产业发展现状

食品产业是我区经济发展四大支柱产业之一，2009年实现产值10.4亿元，增加值2.5亿元，占工业经济比重达41%。食品产业涵盖粮油、畜禽、冻干、矿泉水、白酒等食品的生产与加工，有从业人员1630人。

2009年4月，全国食品行业对口支援四川灾区，规划建设了中国食品产业发展重点园区，中国食品产业发展重点园区由中国食品工业协会、四川省食品工业协会、广元市人民政府、元坝区人民政府四方共建，我区成为西部地区唯一拥有“国”字号的食品产业园区。至2009年4月以来，元坝区整合各类项目资金近4.2亿元，启动了园区基础配套设施建设。目前，园区水、路、桥、堤、通讯等基础设施建设基本完成。土地整理、给排水管网、污水处理厂、电力设施及园区绿化等项目正在加紧建设，即将全面完工。园区现已入驻食品企业8家，其中雨润集团广元福润肉类有限公司、广元市冰鸟矿泉水业、山清米业、钏琰生物科技有限公司已建成投产，南京雨润集团年产2万吨肉制品加工项目、武媚娘酒业已开工建设。中纺集团油料加工及物流项目、上海三明公司核桃深加工项目等一大批项目正在紧锣密鼓地洽谈，即将签约落户园区。

二、食品安全监督

以法律为准绳。建立健全相关食品安全监督管理长效机制，加强流通环节食品安全监督管理，切实维护食品市场秩序。

以日常监管为手段。成立了由卫生、质监、工商、食品药品监督管理部门为成员的领导小组，负责食品安全监督管理，对各食品饮料生产企业、流通领域建立食品安全信用档案，加大检查监督力度，从生产源头、流通领域加强防控，确保食品安全。

三、食品产业发展规划

（一）产业发展目标

以中国食品产业发展重点园区为依托，秉承以生产绿色、环保、安全食品为宗旨，突出食品精深加工和食品制造两大产业，锁定肉制品深加工业，粮油食品深加工业，绿色山珍果蔬加工业，特色食品、饮料制造五大类别，大力扶持具有资源优势的肉类、粮油、果蔬等农副食品加工业，积极发展特色食品制造业和出口食品加工业，努力把中国食品产业发展重点园区建设成为秦巴绿色经济走廊、食品饮料产业特色区、川陕甘毗邻地区的食品饮料工业强区。到2016年，食品产业产值达到100亿元以上，实现税收10亿元以上。

（二）产业发展思路

1. 肉制品深加工业。利用我区及周边毗邻县（市、区）的猪、牛、羊、禽等资源优势及现有屠宰初加工业基础，坚持引进、嫁接和培育并举大力发展肉食品精深加工业。

2. 粮油食品深加工业。利用我区及周边地区丰富的水稻、玉米、小麦、杂粮精深加工，积极引导加工业向安全、优质、营养、保健、方便食品方向发展。

3. 绿色山珍果蔬加工业。充分利用我区及周边地区黑木耳、核桃、天麻、野生菌、猕猴桃、蔬菜等丰富的特色农产品资源，大力发展果蔬、山珍等农产品精深加工业。

4. 特色食品制造业。依托“三国文化”，以牛肉、豆腐干为主，发展旅游休闲食品；依托“女皇文化”，以加工橄榄油系列食品为主，发展女性食品；依托“红军文化”，以山野菜方便食品为主，发展特色健康食品；依托广元丰富的杜仲、天麻、淫羊霍等资源，结合悠久的白酒传统制造技术，发挥区位、交通优势，发展保健酒生产。

（三）产业结构调整方向

顺利时代潮流，用高科技改造传统产业，生产和制造出安全、营养、健康、优质的食品饮料产品。大力推广使用生物技术、膜分离技术、纳米技术、速冻升华技术等一批高新技术，使食品饮料产业向高质多样、方便化方向发展。

泰顺县茶业协会

泰顺县位于浙江省南部山区，与福建省毗邻。境内山峦叠嶂，涧谷纵横，山高林密，云雾弥漫，雨量充沛，空气清新，造就了产茶的得天独厚的自然条件。泰顺县主产绿茶，是全国百个重点产茶县之一、全国眉茶出口基地县、“中国茶叶之乡”。

茶叶是我县的绿色效益农业的四大支柱产业之一，而“三杯香”是泰顺县茶叶的主导产品。茶叶产业的规划和发展一直得到我县政府的重视和扶持，为了更好的规划和发展我县茶叶产业、协调协调全县茶叶产加销、提高组织化程度、推进产业化经营等方面，由县政府和县茶叶局牵头，于1999年成立了泰顺县茶业协会。2007年9月与政府脱钩，实行“人员专职、机构独立，政务分开，自行管理、自我发展”的管理模式，协会现有会员120人，理事（理事单位）30人、副会长单位8个；

2009年冠名举办“三杯香”第七届温州早茶节。

泰顺县茶业协会成立以来一直以提高经营效益和农民经济收入为目标，以增强我县茶叶市场竞争力为核心，推进规模化、标准化茶叶生产加工基地建设，实行无公害化生产，大力发展绿色、有机茶叶。规范茶叶市场，加强茶叶品质管理，提升泰顺县茶叶市场竞争力。

“三杯香”茶系采用泰顺深山茶园中的茶树之细嫩芽叶，精工细作而成。其外型条索细紧苗秀，毫锋显露，大小匀齐，色泽翠绿；内质嫩香或栗香馥郁持久，滋味鲜爽丰厚，汤色绿艳明亮，叶底嫩绿鲜活。以“香高味醇，经久耐泡”而这著称。

现“三杯香”是我县茶叶产业的主导品牌，也是我县优质茶叶的代名词。在泰顺县县政府的指导下，发挥行业部门的自律、协调、服务的功能，对我县的三杯香进行“统一品牌，统一标准，统一包装”的管理，制定了《温州市农业标准规范》——三杯香茶，出台了《“三杯香”商标及标识物管理办法》，对使用“三杯香”品牌的企业设置门槛，实行“三杯香”注册商标许可使用制度，从而使“三杯香”

品牌茶叶品质和知名度不断提高，产品先后获中国国际农博会名牌产品，国际名茶金奖等荣誉称号20多项，并被列入钓鱼台国宾馆特供茶。是温州市知名商标、浙江省名牌农产品、浙江省著名商标、中国地理标志产品、证明商标。

好山好水出好茶，欢迎各届人士来我县品茗三杯香、沐浴氡泉水、探秘乌岩岭、梦圆古廊桥、观光飞云湖、享尽纯真自然！

协会地址：泰顺县罗阳镇泰庆南路153号
邮　编：325500
联系电话：67590751
邮　箱：tscyxh@126.com
网　址：www.tscyxh.com

◇

中国卤菜之都——湖南武冈

2007年元月，武冈市被中国食品工业协会冠名为"中国卤菜之都"，2008年又被评为"湖南省十大湘菜产业县（市）"。近年来，武冈市走出了一条以基地建设为载体、以地方特色产品为品牌的特色产业发展之路。目前，全市拥有年产值过亿元的武冈卤菜加工企业1家、年产值过千万元的12家、小型加工企业136家，武冈卤菜从业人员达8000余人，武冈卤菜总产值由2005年的8000万元攀升到去年底的4.26亿元，武冈卤菜已形成了卤豆腐、卤铜鹅、卤猪肉、卤牛肉、卤蛋等10多个系列100多个品种，武冈卤菜产品畅销全国21个省市区和美国、东南亚等国际市场，武冈卤菜在2007年10月举办的第二届中国（长沙）国际食品博览会上荣获金奖。2010年10月，"华鹏"食品公司"华鹏"商标 在国家工商总局认定为中国驰名商标。

传统产业蕴涵商机

武冈卤菜具有自己独特的优势。一是生产历史悠久。武冈卤菜久负盛名，已有上千年历史，起始年代虽无从考证，但卤菜作为民间和官场相互往来的礼品则历代相传。相传清代则被列为皇室贡品，成为宫廷餐桌的美味佳肴。二是制作工艺独特。武冈卤菜是原生态绿色食品，属"药卤"，采用大茴、桂枝、沙神、花椒、肉桂等20多种名贵中药材熬制成卤水，然后对豆制品和畜禽肉及其附件采用卤水反复浸煮等独特方法精制而成，具有益气补血、生津开胃、提精养神之功效，常食有益健康。三是市场前景广阔。由于浓郁的地方特色和品种花样的繁多，武冈卤菜既具有广泛的群众基础，又具有广阔的市场前景，既是国宴佳肴，又是风味休闲佐餐、旅途休闲食品，更是馈赠贵宾的最佳礼品。为此，武冈市委、市政府下定决心，举全市之力集中发展武冈卤菜产业。

超常力度扶植产业

为扶植武冈卤菜产业发展壮大，武冈市委、市政府专门出台了《关于加快发展卤菜产业的决定》，加强了"三个"扶植。一是规费减免扶植。对投资新办卤菜企业或项目的，在建设过程中只收取工本费，行政事业性收费全免。对卤菜企业生产经营期间的行政事业性收费和服务性收费，按最低标准收取。卤菜企业用地，除支付征地成本和必须上缴上级的土地出让金外，其它费用一律免除。二是资金投入扶植。建立卤菜产业发展专项基金，主要由3条途径筹措：财政投入，市财政每年安排预算经费300万元以上；湖南武冈卤菜产业发展有限公司每年从利润中安排资金10～20万元。该基金由市特色产业开发办公室设专户管理，主要用于卤菜产业、卤菜企业、卤菜产品的扶植和奖励，组织开展卤菜宣传、促销等活动。实行卤菜龙头企业奖励制度，卤菜龙头企业除享受上级和市本级一切优惠政策外，每年还给予其法人代表适当奖励：凡每年实现税金50万元以上的卤菜企业，对其法人代表奖励1万元；凡每年实现税金100万元以上的卤菜企业，对其法人代表奖励3万元；凡每年实现税金1000万以上的企业，优先安排1名子女招工招干 。三是项目建设扶植。紧紧抓住国家加大对"三农"特别是农村基础设施建设投入的机遇，把卤菜产业发展项目挤进国家、省投资计划笼子，助推卤菜龙头企业做大做强。去年，完成了武冈卤菜产业发展可行性规划编制，并把全市规模卤菜企业统一捆绑以武冈卤菜产业发展有限公司的名义挤进湘西开发重点项目笼子，7家规模卤菜企业享受了总额为6800万元的贴息贷款；另外，还规范建设卤菜集中生产、销售区，投资上亿元在水云路建设占地300亩前店后厂卤菜加工生产一条街，在穿城河沿岸建设卤菜销售一条街。

规范管理提升产业

在保障措施方面，武冈市着重做到"五统一"。一是统一产品标准。成立武冈卤菜产业发展研究中心，每年安排科研经费100万元，加强与有关院校的科技联姻，加大卤菜生产、包装、销售等环节的技术攻关力度。加强了卤菜产品设计和统一包装，邀请国内权威机构，对卤菜产品分禽制品、豆制品、肉制品 3 个系列进行了外型、重量和包装设计 。此外，2008 年湖南省质量技术监督局已将武冈卤菜地方标准进行立项，并已制作完毕进行了发布实施。二是统一规范管理。实行归口管理，全市所有卤菜企业和卤菜产品归市特色产业开发办公室统一管理，重点管理和使用好“武冈卤菜”、“武冈铜鹅”两个证明商标及其地理标志性产品标志；统一税费征缴，卤菜企业税费一律由市特色产业开发办公室参照《规模工业企业税费收缴办法》一次性收缴，其它单位不再收取任何费用；制订了武冈卤菜地方标准，从而结束了中国卤菜没有地方标准的历史。加强了卤菜保鲜技术、卤剂配方、产品设计包装、新产品开发等知识产权的申报和保护，对破坏或盗用这些知识产权的违法行为坚决予以打击。对不按标准生产、不符合卫生条件的卤菜企业和家庭作坊，一律关停。通过整顿，武冈卤菜已逐步走上了市场规范化、生产标准化、销售市场化的轨道。三是统一商标使用。强化地域商标及地理标志产品保护，申请注册了“武冈卤菜”、“武冈铜鹅”两个地域证明商标，申报了“武冈卤豆腐”、“武冈卤铜鹅”地理标志产品保护；严把卤菜市场准入关，加强对卤菜食品及其原材料质量检测，坚决杜绝不合格产品流入市场。 四是统一营销宣传。营销方面，2007 年 11 月武冈市与湖南省湘菜产业协会联合举办了首届“云山杯”传统卤菜美食评选大赛，全国近百家媒体给予高度关注，为推介武冈卤菜提供了平台；大力开展促销活动，积极组织卤菜企业参加各种经贸洽淡、展销等商务活动，提高武冈卤菜的知名度和市场占有率。2007 年参加了在南京市举行的跨国零售商品采购会，2008 年通过多方努力，使武冈卤菜成功列入全国“两会”特供礼品；建立完善了营销网络，在全国大中城市特别是各省会城市建立了武冈卤菜批发销售绿色通道和直销点 2365 个，同时在北京建立了中国卤菜营销中心，共同开拓海外市场。其中福元卤菜公司去年出口创汇 40 万美元，今年可达 100 万美元。宣传方面， 大力宣传武冈是中国卤菜的发源地，真正让卤菜之都成为武冈的代名词；加大在各大中城市的宣传力度，制作了统一、规范的武冈卤菜专题宣传片和上档次的武冈卤菜宣传牌；建立了“中国卤菜之都”网站，在《人民政协报》、《中国企业报》刊发了武冈卤菜宣传专刊，大大提高了武冈卤菜的知名度。五是统一基地建设。按照“公司 + 基地 + 农户”模式，全面推进卤菜原材料基地建设。组建武冈市铜鹅养殖专业合作社，建成了玉屏、九塘、曹家塘等年出笼铜鹅 2 万羽的规模铜鹅养殖场 50 多个，现全市年出笼铜鹅在 100 万羽以上。2007 年开始，对存笼种鹅 50 羽以上，年出笼商品鹅 1 万羽以上的规模养殖场进行了奖励。新建了法新、清溪等优质高产黄豆种植基地20 个，今年黄豆种植面积达 4 万亩。高标准建设生猪、肉牛、蛋鸡养殖基地，今年可望达到出栏生猪 130 万头、肉牛 3 万头、产蛋 1000 吨的水平。在基地建设中，确保了卤菜原料绿色标准化。

中国川菜产业化功能区——四川郫县

2003 年以来，成都市委、市政府在全面落实科学发展观、构建社会主义和谐社会的具体实践中，立足破解“三农”问题，顺应经济社会发展规律，统筹城乡发展、大力推进社会主义新农村建设，探索并实施了以推进城乡一体化为核心、以规范化服务型政府建设和基层民主政治建设为保障的城乡统筹、“四位一体”科学发展战略。在这一战略大背景下，郫县县委、县政府按照“三个集中”要求，大力实施“三化联动”战略，有效推进了新型工业化、新型城镇化、农业现代化之间的统筹互动，促进了县域经济又好又快地发展。

围绕在更高层次上统筹城乡发展，充分发挥安德优先发展重点镇对县域西部传统农业镇的辐射带动作用，着力提升城乡一体化质量和水平，在 2009 年 11 月经县委、县政府研究决定，依托川菜产业化基地成立郫县中国川菜产业化功能区，组建了功能区管委会，按照大力发展高端产业和产业高端的要求，实行“一名县领导、一个工作团队、一个平台公司”的管理运作机制，致力打造“全国一流、西部第一”的产业功能区，建设统筹城乡综合示范典型。

中国川菜产业化功能区位于县域西部，是按照建设世界现代田园城市和统筹城乡综合配套改革示范区的要求，积极顺应工业化、城镇化、农业现代化相互依存、相互促进的内在规律，以中国川菜产业化食品加工基地为核心，以统筹实施“三个集中”、促进“三化联动”发展为根本方法，规划建设的县域经济重要产业功能板块。川菜产业化功能区也是市上确立的郫县四个县管功能区这一，辖安德、唐元、唐昌、新民场四个镇，辐员面积128.55平方公里，人口13.6万人，46个村，8个居委会，219个社。国道317线、成灌高速、成际快铁和沙西线纵贯川菜功能区，和温郫彭快速通道构成了以“四纵一横”为重点的交通枢纽网络体系，属大成都半小时经济圈。这个区域自然条件和生态环境优越，基础设施和功能配套完善，川菜产业园区、配套种植基地、农村新型社区和日新月异的小城镇构成了具有较强产业支撑、体现“田园之美”的新型城乡形态。

中国川菜产业化功能区，在产业上涵盖了一二三产业。工业上，充分发挥“郫县豆瓣”传统特色品牌优势，依托规划建设的3.7平方公里川菜产业化食品加工基地，集中发展调味品、川菜原辅料和农副产品精深加工产业集群，打造全国唯一的以地方菜系为主导的“中国川菜产业化园区”。农业上，依托园区企业带动川菜原辅料配套种植基地建设，推动农业规模化经营、标准化生产、专业化分工、市场化运作、品牌化营销、社会化服务，加快现代都市农业发展。服务业上，依托博大精深的川菜文化，打造形成集观光、体验、品味一体的“川菜味乡”优势服务业品牌，壮大城镇产业支撑。

在统筹城乡发展、推进城乡一体的实践中，我们突出把工业集中发展作为统筹推进“三个集中”的核心和基础，近年来通过健全完善管理体制机制，创新实施“政企三共同（共同建设、共同经营、共同管理）”投融资资建设方式，优化项目服务，川菜产业化安德核心区快速发展。目前核心区已全面形成2平方公里项目承载能力，引进聚集丹丹豆瓣、京韩四季等产业项目80个，投资总额40亿元，已有48家企业建成投产，累计提供就业岗位4000余个；园区获得中国驰名商标企业有丹丹豆瓣和棒棒娃两家，省级著名商标企业有有友、红星软香酥、珪一、友联、高福记5家，国家级重点农业产业化龙头企业有棒棒娃1家（目前京韩四季正在申报国家级重点农业产业化龙头企业），省市重点农业产业化龙头企业8家；2009年园区企业实现销售收入19.8亿元，规模工业增加值5.6亿元。2009年8月，川菜产业化园区被中国食品工业协会正式命名“中国川菜产业食品加工基地”。

突出土地向规模经营集中这个根本，依托入驻园区的川菜加工企业和农副产品精深加工企业，目前已带动安德及周边地区形成了珍稀食用菌、锦宁韭黄等规模化、标准化种植基地4万余亩，带动农户增收0.8亿元，初步构建起了“园区企业+基地+合作组织+农户”有机衔接的产业发展模式，有效地促进了农村新型集体经济发展和农民多渠道就业、多元化增收，为实现农民向城镇集中创造了条件。

同时，通过集中打造川菜产业化基地做强产业支撑、创造就业岗位，加速了农村人口向城镇的转移，聚集了城镇的人气和商机，带动了城镇产业的发展和城镇规模的扩张。目前，功能区核心区安德镇城镇建成区面积由2004年的0.65平方公里扩大到4.5平方公里；城镇常住人口由2004年的8192人增加到28500人，其中外来人口1.2万人，城镇人口规模比2004年扩大了2.5倍；综合城镇化率达65%，比2004年提高了37.1个百分点。目前，以弘扬川菜文化为核心，正抓紧实施以安唐路为轴心的4万平方米川菜美食体验休闲特色街区建设，力争今年9月建成投运，年内引进建成2～3家有规模、上档次的特色餐饮品牌企业，做亮做响“川菜味乡”文化品牌。

中国豆制品第一镇——山东城头

城头镇位于枣庄市，是全国膨化豆制品的发源地之一和最大的大豆加工和设备制造专业镇，豆制品加工已有30余年的历史，享有“中国豆制品第一镇”的美誉，被农业部授予“全国农产品加工创业基地”，机身全国产业集群名镇、山东省特色产业镇、山东省重点产业集群，列为枣庄市民营经济“十朵金花”之首。全镇现有豆制品生产企业200余家，全部取得QS认证，其中，已有30余家企业取得了质量体系认证，并安装实时监控系统。同时，为保证豆制品产品质量，在黑龙江五大连池、嫩江建立了20万亩绿色、有机大豆原料基地，现有休闲食品及豆花、豆绳、豆肠、豆筋、豆丝、豆鱼和素肉条、素鸡翅、素牛排、素豆虾、素鸡脯等30多个品种，年产量达30万吨，先后注册了“春福盈”、“鼎鑫”、“相思毛毛”、“宏仔”、“豆香根”、“鑫鑫”等商标30余枚。其中“春福盈”、“宏仔”已取得山东省著名商标、名牌产品，此外，“春福盈”系列豆制品被评为第十一届全运会指定产品，进入航空食品领域，出口韩国、日本的“鼎鑫”豆制品被评为国家级绿色食品，“相思毛毛”、“雅利洁”被评为“山东名吃”。

中国坚果炒货食品城——浙江龙岗

临安坚果炒货起源于明清年间，起步于山核桃生产加工，通过多年的发展，在企业规模、产业规模、销售市场和种植、生产加工技术等方面都实现了快速的发展，知名度越来越高。2009 年，全市坚果产业实现产值约 50 亿元，占全国坚果食品行业比重超 20%，拥有生产许可证的坚果食品加工企业 230 余家，其中规模以上企业 60 余家，总加工生产能力 3 万余吨。目前全市拥有省名牌产品和著名商标 4 个、杭州市名牌产品和著名商标 5 个。“临安山核桃”于 2003 年获得国家原产地标志使用权，并于 2009 年注册为地理标志证明商标。坚果炒货产品有山核桃、碧根果、杏仁、鲍鱼果、夏威夷果、腰果、瓜子、花生、榛子、松子、小杂豆等 30 多个品种，除山核桃外，货源主要来自于广东、香港、云南、东北等地，销售市场覆盖全国近 30 个省市和欧美、中东、东南亚、港澳台等国家和地区，产供销一体化经营机制基本形成，已经成为全国最大的坚果食品生产、加工、销售集散地，形成了我市以龙岗镇为核心区块的块状产业集聚区，成为我市西部群众的主要经济收入来源。

龙岗镇距临安市区 40 公里，02 省道、18 省道、杭徽高速横贯全境，区位优势明显，现有坚果炒货企业 135 家，产值 300 万元以上的炒货企业 75 家，规模炒货企业 16 家，年销售产值近 10 个亿。2009 年，临安市委、市政府提出打造“中国坚果炒货中心”，规划以 02 省道、杭徽高速为轴线，以龙岗为核心，以周边乡镇为裙带。2010 年 8 月 23 日，临安市被中国工业食品协会授予“中国坚果炒货食品城”，选址在临安西部（龙岗）工业功能区。临安西部（龙岗）工业功能区启动于 2003 年，开发面积 1895 亩，基础设施投入 1.35 亿元，入区企业 63 家，投产企业 21 家，工业性投入 2.5 亿元。配备有自来水厂、供电所、质量技术监督所、食品添加剂配送中心和污水处理厂等。

“中国坚果炒货食品城”的发展目标是：吸引国内外食品加工规模企业 100 家以上，改造提升传统加工企业；建成坚果炒货食品科研技术交流中心；建设中国山核桃博物馆；入园企业年加工销售总产值达到 150 亿元以上；建设占地 800 亩、建筑面积 70 万 m^2 的中国坚果炒货交易市场，年交易额达到 300 亿元以上。建设按照规划先行、基地支撑、市场引领、分步实施的原则，区域面积 6000 亩，其中炒货市场 800 亩，包括坚果炒货贸易区（原料、成品）、仓储物流配送区、山核桃博物馆及休闲区，今年 10 月启动炒货市场第一期 60 亩坚果炒货贸易区，2011 年完成炒货市场第二期 190 亩，包括贸易区、仓储区、物流区及山核桃博物馆，力争在 3 ～ 5 年内将炒货市场全面建成，包括商务办公、五星级酒店，同时，在软件配套上，构筑网络平台、实行网上销售、信息发布、技术交流，并配备专业人员，进行市场管理等。力争把临安西部（龙岗）工业功能区建设成华东最大、全国一流、世界知名的“中国坚果炒货食品城”。

中国南方马铃薯之乡——贵州威宁

贵州省威宁彝族回族苗族自治县位于我国西南部山区，由于光照充足，雨量充沛，年温差小，昼夜温差大，土壤疏松和全县耕地均适宜马铃薯生长以及便利的铁路、公路交通等有利条件，造就了马铃薯产业在威宁有着很大的发展潜力。威宁正是立足这一县情，以“顺应天时、遵循自然规律；顺应市场、遵循经济规律；顺应时代、遵循科学规律”的原则，把马铃薯产业作为全县一大主导产业来培育。

一是每年确保全县种植计划的实现，确保 7 个万亩样板点的落实，确保马铃薯文化节的成功举办，并成功建立马铃薯脱毒种薯扩繁基地 6 个，建成马铃薯商品薯交易市场 6 个。使全县马铃薯种植达到 164.6 万亩，总产量达 270 万吨。

二是积极参加国内各种马铃薯生产、科研及商品交流会，不断更新发展思路。加强与农业科研部门的配合、致力于马铃薯新品种引进、鉴选，组培快繁，依靠现代农业新技术嫁接传统栽培方式，使创新高产栽培技术模式，应用生物工程技术走在了西南几省的前列。全县马铃薯良种覆盖率达到 80% 以上，并在成功培育出“威芋 3 号”、“威芋 4 号”、“黔芋 1 号”等高淀粉优势系列品种的同时，还引进“会—2号”、“合作88”、“昭1”、“昭绿4号”、“云薯201”、“费乌瑞它”、“大西洋”、“鄂薯3号”、“鄂薯5号”等加工型和菜用型新品种20多个进行试种。其中，威宁培育的“威芋3号”获“全国农牧渔业丰收”二等奖和贵州省农委“马铃薯丰收计划”一等奖。

三是采取合资、股份合作、联户等多种形式，大力培育龙头企业，提高马铃薯加工转化能力。现“威宝”牌淀粉获2007年“贵州省名牌产品”和贵州省“第三届名特优农产品”称号。2008年，中国食品工业协会马铃薯专业委员会命名贵州威宁为“中国南方马铃薯之乡”，贵州省农业产业化促进会也将威宁命名为“马铃薯加工示范基地”。

如今，威宁马铃薯种植面积位居中国南方诸省之首，马铃薯产业在增加群众收入，促进农村经济发展中正在发挥出重大的作用。为此，热诚欢迎有志于马铃薯产业发展的各界朋友前来考察投资。

邮编：553100

联系电话：0857-6235898（传）

联系单位：威宁彝族回族苗族自治县农业产业办

农业区划中心

中国海洋食品名城——山东荣成

荣成市地处山东半岛最东端，与韩国、日本隔海相望，拥有石岛、龙眼两个国家一类开放港口，威海机场、青烟威荣铁路临近市区；荣成是中国东部沿海快速崛起的国家生态市、国家环保模范城市、国家园林城市、中国优秀旅游城市、全国绿化模范市和全国科技实力百强市，综合实力连续多年位居全国百强县（市）前列、山东省首位。

荣成市坚持科学发展观，全力打造山东半岛蓝色经济区先行区，依托海洋资源优势，大力发展海洋食品产业，形成了以海洋食品为主、多元化发展的食品产业格局，成为全国食品工业强县（市）、全国食品工业十大发展特色市和中国产业集群品牌50强之一。2009年被中国食品工业协会授予“中国海洋食品名城”称号、被中国绿色食品协会授予“中国绿色食品城”称号。

得天独厚的海洋渔业资源

荣成市三面环海，海岸线长500公里，占中国海岸线的1/36，沿海分布着10大海湾、50多个岛屿，拥有滩涂15万亩，20米等深线内可养水面200万亩。近海经济生物种类300多种，石岛渔场是中国四大渔场之一，石岛渔港则是中国北方最大的渔港。荣成拥有远洋捕捞渔船200多艘，水产品产量和渔业总收入分别占山东省的1/7和1/5，连续28年位居全国县级之首。

荣成先后被确定为国家级海洋综合开发示范区、国家科技兴海示范基地、国家级海水养殖科技兴农与可持续发展综合示范县、国家级高新技术成果转化基地、国家级科技产业示范中心和全国海水健康养殖示范区。多年来，在发展大洋渔业的同时，全面实施生态健康海水养殖业，建成了全国最大的“海上牧场”，形成了水面、海底、滩涂、工厂化立体利用的养殖格局，养殖品种包括鱼、虾、贝、藻等5大类30多种，海带、鲍鱼、工厂化养鱼等多项养殖规模、效益居全国第一，成为全国著名的海参、鲍鱼、牙鲆、海胆等海珍品养殖基地。海带产量占全国总产量的一半，并成功推出了深海小海带这一海带深海养殖新品种。

荣成市注重加强食品原料基地建设，全市取得国家认证的“三品”认证基地面积79.7万亩，建有标准化花生基地20万亩，水果基地5万亩。其中无公害农产品认证认证基地38万亩，绿色食品基地9.8万亩，有机食品基地11.9万亩。“三品”认证数量达到315个，居全国县级第一。

行业领先的海洋食品产业

荣成市依托丰富的海洋优势资源，坚持以高端市场和高效增值为目标，倾力打造国内食品行业领军企业集群，构建起山东最大的食品产业集群，涌现出近300家规模以上食品精深加工企业，年水产品加工产量200多万吨，食品工业年产值700亿元，占全市工业比重的40%。

荣成市大力发展食品工业园区，现已建有石岛湾食品工业园、寻山海洋食品工业园、俚岛海藻食品工业园、好当家食品工业园、泰祥食品工业园、家家悦绿色食品工业园等一批食品工业园区，发展“三资”食品企业185处，实际利用外资3.8亿美元。

荣成市还成立了食品工业促进局、农产品质量安全管理办公室、食品协会、渔业协会、海藻协会等规划、管理、协调、服务行业性组织。2005年通过了中食协组织的全国冷冻调理食品安全信用体系建设试点市工作；2008年率先在全国县级市举办国家级食品安全师培训班，全市有72人取得了国家级食品安全师资格证书。农产品质量安全管理、食品安全信用体系建设和国家级食品安全师培训工作走在了全省全国的前列。好当家集团、赤山集团、靖海集团、寻山集团、山东俚岛海洋科技5家企业被评为农业产业化国家重点龙头企业；省级以上农业产业化龙头企业30家；威海市级以上农业产业化龙头企业59家。好当家集团被评为全国食品工业百强企业，山东好当家海洋发展股份有限公司2004年在上海交易所成功上市，成为国内第一家以海水养殖及海洋食品加工为主营业务的上市公司。泰祥集团、赤山集团、鸿洋神、俚岛水产、泓达罐头、广信食品、波德隆食品等企业被评为中国食品工业优秀龙头企业。好当家集团、泰祥集团连续多年被评为中国食品工业质量效益优秀企业。

荣成市委、市政府高度重视科技支撑食品产业发展，每年举办一次产业技术创新战略联盟周活动，举办了全国海洋食品产业加工技术论坛，打造产学研合作平台，促进企业做大做强。先后与中国海洋大学、中科院海洋所等20多家高等院校和科研机构建立了长期的合作关系，承担全国海洋863计划项目30多个，居全国县级首位。全市共实施科技创新项目120多项，获得国家、省、市、食品行业科技进步奖项目50多项，多项产品填补国内外空白，生产技术水平达到国内或国际领先水平，申请并受理专利460项，其中发明专利105项。

荣成食品企业近几年参与起草了《水发刺参》、《即食海带》、《多烯鱼油及制品》等国家标准;《干海参（刺参）》、《烤鱼片》行业标准；《海参养殖技术规范：苗种》等四项地方标准。

泰祥集团建立了山东省技术中心、“博士后工作站”，与中国营养学会等联合成立了山东省海洋食品营养研究院，在全国冷冻调理水产品行业率先制定了“全国冷冻调理食品生产经营示范文本”，在全国同行业中推广；好当家集团、泰祥集团检测中心通过国家实验室认证认可，并被山东出入境检验检疫局批准为首批社会实验室；好当家企业技术中心通过国家级技术中心认定；好当家集团、泰祥集团、寻山集团已被批准建设山东省首批“院士工作站”。科技实力的大幅提升，极大地增强了荣成食品工业的综合竞争力。

驰名中外的海洋食品品牌

荣成市根据世界海洋经济发展趋势，大力开发海洋精深加工产品，在保持海产品营养价值、风味特点、生物功能等特性的基础上，研制生产出海洋养生食品、海洋保健品和海洋生物药品等各种高端产品7大系列3000多个品种，为改善人们的膳食营养结构、提高身体素质等做出了积极贡献。

荣成已成为国家级海洋功能食品加工“科技兴海”示范基地、全国海带加工示范基地和山东省优质冷冻调理食品生产基地。素有“中国海带之乡”美誉的荣成市，先后开发出海带浓缩汁、海藻盐渍品、海带脆片等即食海带食品，培育了“海芝宝”、“食藻宝”、“高绿”、“仁一”等知名海藻食品品牌；山东海之宝海洋科技有限公司已成功开发出了“海芝宝”牌深海小海带四大系列48个产品，在海藻食品业中异军突起，产品深受消费者青睐。荣成还在国内率先采用“海带资源高质化利用技术”，组织实施了利用海带高效提取岩藻聚糖硫酸酯技术、岩藻黄素提取技术，引领海藻由初级产品向绿色型、健康型、高值型深加工产品的跨越升级。采用酶工程、分子生物技术，开发出“好当家”牌海参胶囊、海参口服液、“鸿洋神”牌DHA、EPA系列鱼油软胶囊等为代表的海洋保健品；以“好当家”牌即食休闲食品、“泰祥”牌冷冻调理食品、“创新”牌海产罐头、“盛泉”牌海鲜调味汁等为代表的海洋食品；以达因海洋生物制药为代表的海洋药品等一批“海洋三品”知名品牌。

荣成已建成全国最大的冷冻水产品、冷冻调理食品、海带食品、海产罐头食品和深海鱼油软胶囊等生产基地，省级以上名牌、著名商标拥有量居山东县级前列，拥有“荣成大花生”、“荣成海带”等地理标志商标和“荣成苹果”、“荣成绿茶”2个全国农产品地理标志，有280多家企业通过了ISO9000、ISO14000或HACCP等标准认证，各类食品畅销欧盟、美国、日本、韩国、东南亚以及香港、台湾等国际国内市场，出口数量和货值连续多年位居全国县级第一。

第八部分

政策法规

防止生猪价格过度下跌调控预案（暂行）

为贯彻落实《国务院关于促进生猪生产发展稳定市场供应的意见》（国发［2007］22号）文件精神，建立保障生猪生产稳定发展的长效机制，防止生猪价格过度下跌，稳定生猪生产，维护生猪养殖户利益，国家发展和改革委员会、财政部、农业部、商务部、国家工商总局、国家质检总局制定了《防止生猪价格过度下跌调控预案（暂行）》，经国务院批准，现予发布，自发布之日起实施。

附件：《防止生猪价格过度下跌调控预案（暂行）》

国家发展改革委　财政部　农业部
商务部　国家工商总局　国家质检总局
二〇〇九年一月九日

附件：防止生猪价格过度下跌调控预案（暂行）

在坚持实施现行扶持生猪生产发展政策的基础上，为建立生猪生产稳定发展的长效机制，防止生猪价格过度下跌，稳定生猪生产，维护生猪养殖户利益，特制定本预案。

一、基本原则

（一）市场主导、政府调控。在尊重市场规律、充分发挥市场机制调节作用的基础上，加强政府调控，调节市场供求，引导市场预期，缓解生猪生产和价格的周期性波动。

（二）统一领导、分级负责。在国务院统一领导下，建立健全分级负责、以属地管理为主的生猪市场调控管理体系，强化“菜篮子”市长负责制，进一步细化“菜篮子”工作的各项具体职责。

（三）分工协作、密切配合。各地区、各有关部门分别负责本行政辖区和部门职责范围内的工作，各司其职，加强协调配合，建立联动机制，努力形成职责明确、信息共享、齐抓共管、综合调控的工作格局。

二、预警指标

国家在判断生猪生产和市场情况时，将猪粮比价作为基本指标，同时参考仔猪与白条肉价格之比、生猪存栏和能繁母猪存栏情况，并根据生猪生产方式、生产成本和市场需求变化等因素适时调整预警指标及具体标准。

三、调控目标

国家加强对生猪等畜禽产品价格监测，采取综合调控措施，促使猪粮比价、仔猪价格、生猪存栏、能繁母猪存栏等指标保持在合理范围内。主要目标是猪粮比价不低于5.5：1；辅助目标是仔猪与白条肉价格之比不低于0.7：1；生猪存栏不低于4.1亿头；能繁母猪存栏不低于4100万头。

四、预警区域

当猪粮比价高于9：1时，按照《国务院关于促进生猪生产发展稳定市场供应的意见》（国发［2007］22号）规定，适时投放政府冻肉储备，必要时向城乡低保对象和家庭经济困难的大中专院校学生发放临时补贴。

当猪粮比价低于9：1时，划分为以下五种情况：（一）绿色区域（价格正常），猪粮比价在9：1～6：1之间；（二）蓝色区域（价格轻度下跌），猪粮比价在6：1～5.5：1之间；（三）黄色区域（价格中度下跌），猪粮比价在5.5：1～5：1之间；（四）红色区域（价格重度下跌），猪粮比价低于5：1；（五）生猪价格异常下跌的其他情况。

五、响应机制

国家加强监测和统计报告工作，根据猪粮比价的变动情况，分别或同时启动发布预警信息、增加储备、调整政府补贴、进出口调节等措施。

（一）正常情况当猪粮比价处于9：1～6：1之间（绿色区域）时，做好市场监测工作，密切关注生猪生产和市场价格变化情况。各部门根据职责定期发布生猪生产和市场信息。中央和地方正常猪肉储备规模主要用于满足应急和救灾的需要。

（二）三级响应

1. 当猪粮比价低于6：1时，在中国政府网及时向社会发布生猪市场预警信息，并通过其他媒体向社会发布。

2. 当猪粮比价连续4周处于6：1～5.5：1之间（蓝

色区域）时，根据市场情况增加必要的中央和地方冻肉储备，并着手做好实施二级响应的前期准备工作。

（三）二级响应

1. 当猪粮比价低于 5.5 ∶ 1 时，通过财政贴息的形式鼓励大型猪肉加工企业增加商业储备和猪肉深加工规模。

2. 当猪粮比价连续四周处于 5.5 ∶ 1—5 ∶ 1 之间（黄色区域）时，进一步增加中央政府冻肉储备，同时要求主销区和沿海大中城市增加地方冻肉储备，还可以适当增加地方政府的活体储备。

（四）一级响应

1. 当猪粮比价低于 5 ∶ 1（红色区域）时，较大幅度增加中央冻肉储备规模。

2. 增加政府储备后，猪粮比价仍然低于 5 ∶ 1，而且出现养殖户过度宰杀母猪的情况，月度母猪存栏量同比下降较多时，对国家确定的生猪调出大县的养殖户（场），按照每头能繁母猪 100 元的标准，一次性增加发放临时饲养补贴；对国家确定的优良种猪场的养殖户（场），按每头公种猪 100 元的标准，一次性发放临时饲养补贴。

3. 适当限制猪肉进口，减少当期市场供应；完善食品安全体系建设，鼓励猪肉及其制品出口。

（五）其他异常情况

当出现生猪价格异常下跌的其他情况时，及时研究提出调控生猪市场的相应措施。

六、配套措施

（一）信息发布。在完善生猪信息统计制度的基础上，在中国政府网建立生猪市场调控统一信息平台，各部门根据职责定期在平台发布有关信息，提醒生产者防范市场风险和疫病风险，引导养殖户适时调整养殖规模和养殖结构。

（二）市场监测监管。加强饲料安全和防疫监管工作；加强疫情监测，建立健全重大动物疫情预警机制；按照《国家突发重大动物疫情应急预案》要求及时处理疫情。加强屠宰环节病害猪（肉）无害化处理的监管。强化猪肉检疫和检验制度，严禁未经检疫检验或检疫检验不合格的猪肉流入市场。严肃查处屠宰加工和销售病死猪肉和注水肉等不法行为，规范生猪市场交易行为和流通秩序。清理整顿在生猪饲养、运输、屠宰和猪肉运输、销售等环节的不合理税费。加强生猪市场价格监督检查，维护正常的市场价格秩序。

注：以上信息统一由国务院有关部门授权中国政府网发布，并注明信息提供单位。

（三）产销衔接。一是生猪主产区和主销区政府之间建立产销合作机制。主销区应当和主产区签订长期、稳定的生猪购销协议，鼓励主销区在主产区建立养殖基地。二是政府鼓励养殖户（场）和肉制品加工企业之间建立产销合作机制。养殖户（场）和屠宰加工企业，屠宰加工企业和大型批发市场、超市之间应当建立长期、稳定的购销合同。鼓励发展生猪订单生产，地方政府应当对采取订单方式采购的加工企业实行必要的扶持政策。

七、组织体系

（一）组织协调。建立生猪市场调控应急会商协调机制，按预案规定的职责分工做好各项日常工作，并按国务院的统一部署，落实各自职责范围内的相关政策。

（二）会商机制。有关部门定期会商，密切关注本预案设定的预警指标变动情况。根据需要报国务院批准后，分别启动三级响应、二级响应或一级响应。当生猪市场出现其他异常波动时，及时会商，向国务院提出政策建议。

（三）地方责任。生猪市场的生产供应责任主要在地方，各地要切实落实“菜篮子”市长负责制，按照国务院的统一部署，具体承担扶持生猪生产、完善生猪疫情防控、保持必要的地方储备、维护市场稳定、保障当地居民正常消费需求的责任。

八、附 则

（一）实际情况发生变化时，由发展改革委会同有关部门报国务院批准后修订本预案。

（二）各地区可结合当地实际情况适当调整预警指标和标准，制定本地区的实施细则。

（三）本预案自发布之日起实施，由发改委负责解释。

信息发布分工表

内 容	提供单位	频率
生猪出场价格	国家发展改革委	每周
玉米批发价格	国家发展改革委	每周
仔猪价格	农业部	每周
生猪存栏量	农业部	每月
母猪存栏量	农业部	每月
生猪疫情	农业部	每月
屠宰企业白条肉出厂价格	商务部	每周
生猪定点屠宰量	商务部	每月
屠宰企业病害猪无害化处理量	商务部	每季度

卫生部监督局关于印发《2009 年食品安全综合协调与卫生监督工作要点》的通知

卫监督综便函 [2009] 33 号

各省、自治区、直辖市卫生厅局监督（法监）处（局），新疆生产建设兵团卫生局监督处，中国疾病预防控制中心、卫生部卫生监督中心：

现将《2009 年食品安全综合协调与卫生监督工作要点》印发给你们，供参考。

二〇〇九年一月二十日

2009 年食品安全综合协调和卫生监督工作要点

2009 年食品安全综合协调和卫生监督工作要认真贯彻落实党的十七大和十七届三中全会精神，坚持以人为本，以深入开展学习实践科学发展观活动为契机，继续深化卫生监督体制改革，加强卫生监督体系建设，加强卫生监督队伍管理，规范卫生行政执法行为，着力提高卫生监督执法的能力和水平，推进卫生依法行政；建立健全食品安全综合监管体系，完善综合协调工作机制，切实履行食品安全综合协调和食品安全重大事故查处职责；围绕社会和群众关心的问题，强化以职业卫生、放射卫生、环境卫生、学校卫生、传染病防治监督为重点的公共卫生监管职责，以及医疗服务和采供血监督等医疗执法监督工作，进一步加大执法力度，维护人民群众的健康权益。

一、加强卫生监督体系建设，严格卫生监督队伍管理

贯彻落实《关于卫生监督体系建设的若干规定》和《关于卫生监督体系建设的实施意见》，改善卫生监督工作条件，加快卫生监督机构房屋等基础设施建设。推进卫生监督内设机构规范化建设。加强农村和城市社区基层卫生监督网络建设。推进卫生监督信息系统建设尤其是加快国家级信息平台建设。配合做好地方机构改革工作。

（一）强化培训，提高卫生监督队伍素质

贯彻落实《2005—2010 年全国卫生监督员教育培训规划》，加强国家级卫生监督员师资交流和卫生监督稽查工作培训，加强各级卫生监督员培训。举办全国卫生厅局长行政执法培训班和地市级卫生监督管理干部培训班，提高领导干部法律素养和依法行政的能力。逐步建立卫生监督员培训基础课件库，提高卫生监督队伍的整体素质。

（二）严格管理，规范卫生监督执法行为

规范卫生监督队伍管理，提高卫生监督队伍依法行政的能力和水平。加强卫生监督与刑事司法衔接问题的研究，规范卫生监督执法中涉嫌犯罪案件的移送工作。开展卫生监督专项稽查，指导卫生监督考核评议，落实执法责任制。组织开展卫生监督网格化管理模式和助理卫生监督员管理模式的专题研究。

二、完善机制，切实履行食品安全综合协调职责

（一）加强食品安全政策信息工作

1. 履行食品安全综合协调职责，建立健全上下对口和相关部门协调的综合协调工作机制。在地方机构改革中，做好食品安全监管职责的移交和衔接，充实食品安全综合监督力量，提高综合监督能力。

2. 做好《食品安全法》的贯彻实施工作，会同有关部门对现行食品安全相关法规、规章进行清理和完善；认真贯彻落实《食品安全十一五规划》和《食品安全整顿工作方案》等。

3. 建立食品安全信息统一公布制度，整合目前分散在各部门、各环节的食品安全信息，协调建立部门间信息沟通平台，实现信息的互联互通、资源共享，严格按照有关

规定和权限，及时公布食品安全信息。

（二）完善食品安全标准管理工作

1. 会同有关部门开展食品安全标准清理工作，收集和分析我国食品安全标准基本情况，确定食品安全标准清理原则和优先领域；落实《乳品质量安全监督管理条例》要求，会同有关部门开展乳品质量安全标准制修订。

2. 会同有关部门开展食品安全检验机构资质认定条件和检验规范制订工作。

3. 开展食品安全标准宣贯工作，加强培训，指导有关部门和企业做好食品安全标准实施工作。

（三）加强食品安全监测预警和风险评估工作

1. 筹建成立卫生部食品安全风险评估委员会和风险评估中心，建立由部级监测评估机构组织指导、省级卫生监测评估机构为基础，延伸到市、县的覆盖全国的食品安全风险监测评估网络；加强省级食品安全重点实验室建设和能力培训，提高检测评估能力，扩大监测评估范围，提高监测评估效率。

2. 建立食品安全监测信息交流网络平台，开展食源性疾病症状监测；完善各级食品安全监管部门的监测信息通报机制，做好食品安全监测数据收集、分析工作；完善食品安全预警机制，加强有关部门食品安全监测信息沟通，积极开展对公众的食品安全宣传教育。

（四）加强食品安全重大事故查处工作

1. 建立重大食品安全事故查处制度和信息通报制度，完善重大食品安全事故查处协调机制。

2. 组织协调查处食品安全重大事故，会同有关部门开展全国打击违法添加非食用物质和滥用食品添加剂专项整治。

3. 强化地方政府对食品安全的监管责任，在当地政府的领导下，落实食品安全监督责任制和责任追究制，开展对各环节食品安全监管工作的稽查。

4. 对各地重大食品安全事故的防范和应急准备等工作进行督查；加强重大食品安全事故查处相关工作人员的培训，提高案件查处能力。

三、突出重点，做好公共卫生监督管理工作

（一）加强职业卫生监管工作

1. 会同有关部门制定职业病防治规划，明确职业病防治工作的目标、任务和主要措施，建立和完善工作机制。

2. 完善职业病诊断与鉴定、职业健康监护管理制度，加强职业病诊断与鉴定机构、职业健康检查机构等职业卫生服务机构建设和管理，规范服务行为；加强重点职业病监测哨点建设，推进基本职业卫生服务试点工作，提高职业卫生服务覆盖率。

3. 以存在粉尘、铅、镉、有机溶剂等职业危害的中小企业为重点，加大对用人单位职业健康监护情况的监督检查力度，严肃查处严重危害劳动者健康的违法行为，并及时向社会公布，切实维护劳动者特别是农民工的健康权益。

4. 进一步完善审批程序和制度，明确职责分工，健全职业卫生专家库建设，规范职业卫生技术服务机构资质审定和建设项目职业病危害评价审查工作。按照属地管理原则，组织开展对各级各类职业卫生技术服务机构和建设项目的职业卫生监督检查。

5. 做好职业病防治相关法律法规和防治知识的宣传教育，提高用人单位职业病防治的责任意识，提高职业卫生技术服务机构的依法执业意识，提高劳动者的自我保护意识。

（二）强化放射卫生监管工作

1. 组织开展《放射诊疗管理办法》和《放射工作人员职业健康管理办法》贯彻执行情况的监督检查。加强医疗机构放射防护监督管理工作，完善放射工作人员个人剂量监测及健康监护管理。

2. 健全放射卫生专家库并加强管理，切实做好核设施、辐照加工装置、医用辐射装置等建设项目卫生审查和监督检查工作。

3. 研究制定核设施周围人群健康管理工作方案，深入、广泛开展公众辐射防护宣传教育工作。

（三）加强环境卫生监管工作

1. 以住宿业为重点推行公共场所卫生量化分级监督管理制度，促进公共场所经营单位加强自身管理，不断提高公共场所卫生水平。

2. 加强饮用水卫生监督、监测工作，做好城市饮用水卫生监测网络试点工作，推进全国饮用水卫生监测网络和数据信息平台建设。

3. 进一步完善消毒产品和涉水产品卫生许可工作制度，规范许可行为。

4. 组织开展公共场所、饮用水及消毒产品和涉水产品卫生监督抽检，依法查处违法行为。

（四）加强传染病防治与学校卫生监督工作

1. 开展对医疗卫生机构的传染病防治监督检查工作，及时查处违法行为；配合做好《传染病防治法》宣传贯彻，开展相关执法业务培训。

2. 开展学校卫生监督检查工作，尤其是加强对农村乡镇中小学校的监督检查，加强与教育部门的配合。

四、加强医疗执法监督，打击非法行医和非法采供血行为

（一）做好群众投诉举报的受理、转办、督办和承办工作。把群众投诉举报作为发现非法行医和非法采供血问

题的重要线索。

（二）加强《最高人民法院关于审理非法行医刑事案件具体应用法律若干问题的解释》和《最高人民法院、最高人民检查院关于办理非法采供血等刑事案件具体应用法律若干问题的解释》的宣贯，做好非法行医和非法采供血涉嫌犯罪案件的移送工作。

（三）严厉打击无证行医，建立有效治理措施。认真分析无证行医存在的原因，建立多部门沟通协调工作机制，强化依法监管责任，加大医疗执法监督工作力度。

（四）加大卫生监督员医疗执法监督工作的培训力度，提高各地医疗执法监督能力和办案水平。

2009年农产品质量安全整治暨农产品质量安全执法年活动实施方案

农质发［2009］2号

各省、自治区、直辖市及计划单列市农业（农林、农牧）、畜牧兽医、农垦、渔业厅（局、委、办），新疆生产建设兵团农业局：

根据中发［2009］1号文件精神，为进一步提高农产品质量安全水平，我部决定开展“2009年农产品质量安全整治暨农产品质量安全执法年活动”，现将实施方案印发给你们，请遵照执行。

二〇〇九年二月六日

根据中发［2009］1号文件精神，针对当前农产品质量安全存在的一些突出问题，为巩固近几年农产品质量安全整治成果，推动农产品质量安全水平不断提高，我部决定开展“2009年农产品质量安全整治暨农产品质量安全执法年活动”，特制定本方案。

一、指导思想

深入贯彻十七届三中全会、中央农村工作会议、全国农业工作会议精神，落实科学发展观，全面实施《农产品质量安全法》等法律法规，围绕食用农产品生产环节，以当前风险高、隐患大的农产品和农业投入品为重点，强化执法监管，坚持标本兼治，着力转变生产方式，加快推进基层农业综合执法，逐步完善农产品质量安全监管长效机制，全面提升农产品质量安全监管能力和水平。

二、工作目标

经过一年的整治，确保生鲜乳中三聚氰胺抽检合格率100%，蔬菜农药残留、生猪瘦肉精残留、水产品药物残留监测合格率和饲料产品监测合格率平均提高2个百分点，杜绝在生鲜乳和饲料中非法添加三聚氰胺等有毒有害物质行为，杜绝在蔬菜生产过程中使用甲胺磷、对硫磷、甲基对硫磷、久效磷和磷胺等五种禁用高毒农药行为，杜绝在水产苗种繁育和养殖生产过程中违法使用硝基呋喃类、孔雀石绿等违禁药物行为，农产品质量安全突发事件多发态势得到有效遏制。

三、整治任务

（一）种植业产品专项整治行动

1. 具体目标。杜绝违规生产、销售和使用甲胺磷等五种禁用高毒农药行为，种植业产品农药残留监测合格率平均提高2个百分点。

2. 主要任务。一是大力整顿农药市场，配合有关部门严厉打击违规生产、经营甲胺磷等五种禁用高毒农药行为，严厉查处农药生产中非法添加高毒农药的行为；二是严厉打击违法违规使用禁限用农药行为；三是加快高毒农药替代产品及其配套技术的宣传、示范和推广，加强非禁限用农药的使用指导；四是加大对无公害农产品（种植业）生产基地创建县蔬菜、水果和茶叶农药残留的监测力度。

3. 整治重点。重点产品：甲胺磷、对硫磷、甲基对硫磷、久效磷、磷胺、氧化乐果、毒死蜱等农药，以及蔬菜、水果、茶叶等鲜食农产品；重点单位：农药生产经销企业，蔬菜、水果、茶叶生产企业或农民专业合作经济组织；重点区域：220个蔬菜、水果、茶叶等无公害农产品（种植业）

生产基地创建县。

此项工作由种植业司牵头负责。

（二）生鲜乳专项整治行动

1. 具体目标。生鲜乳收购站检查率达到100%，生鲜乳质量安全违规单位查处率达到100%，确保生鲜乳中三聚氰胺检测合格率100%。

2. 主要任务。一是继续开展奶站清理整顿工作，提高一批，建设一批，淘汰一批，巩固奶站专项整治成果。二是制定实施《生鲜乳收购站标准化管理技术规范》，指导各地严格生鲜乳收购站准入，严把生鲜乳收购站的市场准入关，所有生鲜乳收购站主体明确、证照齐全。三是开展生鲜乳质量安全监督监测“三项行动”，在全国开展生鲜乳中三聚氰胺等非食用物质专项监测行动，在奶牛主产区开展生鲜乳质量安全飞行抽检行动，在重点地区开展生鲜乳质量安全隐患排查监测行动。四是依法严厉打击在生鲜乳中添加三聚氰胺等有毒有害物质的违法行为。

3. 整治重点。重点产品：生鲜乳；重点单位：生鲜乳收购站；重点区域：奶牛主产区。

此项工作由畜牧业司牵头负责，与《农业部关于开展全国打击食用农产品中违法添加非食用物质和滥用食品添加剂专项整治的紧急通知》相衔接。

（三）饲料专项整治行动

1. 具体目标。饲料产品监测合格率提高2个百分点，查处使用瘦肉精等违禁药物的行为，杜绝在饲料中非法添加三聚氰胺等有毒有害物质行为。

2. 主要任务。一是加大对饲料及饲料添加剂的抽检范围和频次；二是严厉查处在饲料原料和产品中添加三聚氰胺等有毒、有害化学物质的行为；三是严厉打击违法违规饲料企业，坚决取缔无生产许可证、无产品批准文号、无产品标签的“三无”饲料生产企业；四是严厉打击养殖过程中添加瘦肉精、苏丹红等违禁药物的违法行为。

3. 整治重点。重点产品：蛋白原料、自配料和非蛋白氮及其类似物，三聚氰胺、瘦肉精、镇静剂类、苏丹红、孔雀石绿等违禁药物和非法添加物；重点单位：饲料生产经营企业和畜禽养殖场（户）；重点区域：蛋白饲料原料主产省，违禁药物和非法添加物使用问题较严重的地区。

此项工作由畜牧业司牵头负责。

（四）兽药及兽药残留专项整治行动

1. 具体目标。兽药产品合格率平均提高2个百分点，畜禽产品兽药残留检测合格率进一步提高。

2. 主要任务。一是加大兽药生产企业监管力度，对GMP实施状况实行监督检查；二是加大兽药市场整治力度，严厉查处禁用药物；三是加强兽药监督抽检，组织开展对非法生产假劣兽药、过期失效产品的清查行动；四是加大兽药使用监管力度，加强安全用药宣传、指导，完善用药记录和休药期制度；五是加大畜禽产品兽药残留监控力度，重点监测猪肉产品中喹噁啉类、硝基咪唑类等促生长剂药物残留，禽肉产品中硝基呋喃类、喹诺酮和磺胺类药物残留，蜂产品中抗生素药物残留。

3. 整治重点。重点产品：禁用、未批准的兽药，以及兽药残留监测合格率较低的猪肉、禽肉、蜂产品；重点单位：兽药生产经销企业，畜禽养殖基地；重点区域：畜禽养殖大省、大县，兽药残留监测合格率较低的地区。

此项工作由兽医局牵头负责。

（五）水产品专项整治行动

1. 具体目标。水产品药物残留监测合格率提高2个百分点，杜绝在水产苗种繁育和养殖生产过程中违法使用硝基呋喃类、孔雀石绿等违禁药物行为，对监督抽查发现的阳性样品生产单位执法查处率达到100%。

2. 主要任务。一是开展水产苗种质量安全专项整治，规范苗种生产行为。二是加强水产品质量安全专项执法，加强水产品产地监管，严厉查处水产养殖过程中特别是苗种生产阶段违法使用禁用药物和有毒有害化学物质的行为，未依法建立生产记录、用药记录和销售记录的行为，使用限用药物未遵守休药期制度售卖产品的行为。三是开展水产品药残监督抽查，加强产地准出管理。四是对养殖基地的标准化生产情况进行检查。

3. 整治重点。重点产品：硝基呋喃类、孔雀石绿、氯霉素等重点违禁药物，鱼类、虾蟹类等重点出口和国内市场大宗水产品；重点单位：水产苗种生产企业，水产健康养殖示范场、无公害养殖基地、出口基地和标准化养殖示范区（场）；重点区域：渔业主产区重点市县。

此项工作由渔业局牵头负责。

（六）无公害农产品、绿色食品、有机农产品专项整治行动

1. 具体目标：“三品”抽检合格率稳定在98%以上，企业用标行为进一步规范。

2. 主要任务：一是指导各级认证机构完善管理制度；二是加强对获证企业的生产监管，严厉查处非标生产行为；三是全面开展对市场销售“三品”的抽查监测，依法查处不合格产品和生产企业；四是规范“三品”包装标识，严厉打击伪造、冒用、超范围使用标志等违法违规行为。

3. 整治重点。重点产品：不符合“三品”标准的产品，伪造、冒用、超范围使用标志的产品，不符合《农产品包装和标识管理办法》的产品；重点单位："三品"生产企业和农民专业合作经济组织；重点区域："三品"集中生产地区。

此项工作由农产品质量安全监管局牵头负责。

（七）农资打假专项治理行动

1. 具体目标。严厉打击制售假劣农资坑农害农违法行为，农资打假重大案件执法查处率达到100%，放心农资下乡进村覆盖范围进一步扩大，农民群众满意度进一步提高。

2. 主要任务。一是强化农资市场准入管理，严把市场准入关口；二是开展市场拉网式检查，清理整顿不合格市场主体；三是组织开展橡胶树种苗专项整治活动；四是加大假劣农资案件查处力度，严厉打击制售假劣农资坑农害农违法行为；五是强化农资产品质量执法检查，提高抽检覆盖率；六是大力推进"放心农资下乡进村"，开展放心农资下乡进村示范县（市）建设；七是加强服务指导，提高农民识假辨假能力。

3. 整治重点。重点产品：种子（种苗）、农药、肥料、兽药、饲料和饲料添加剂等主要农资；重点单位：具有多次违法行为记录的经营户以及乡村流动商贩，非法制售假冒伪劣农资的小作坊和黑窝点，农资市场和县乡农资集散地；重点区域：假劣农资重大案件多发地区。

此项工作由农产品质量安全监管局牵头负责，相关司局配合，与《农业部关于开展全国打击食用农产品中违法添加非食用物质和滥用食品添加剂专项整治的紧急通知》相衔接。

四、总体安排

（一）部署自查阶段（2月10日～2月底）

启动农产品质量安全整治暨农产品质量安全执法年活动，在全国范围内部署工作。对农业投入品和农产品存在的质量安全突出问题开展自查，对《农产品质量安全法》执行情况开展自查。

（二）集中整治阶段（3月1日～11月底）

一是开展检查监测。各级农业部门联合有关部门加大对禁限用农药、兽药和禁用化学品清理检查力度，加强对农产品违规生产行为的检查，对质量安全问题突出地区的检查。全面加大监测力度，扩大监测品种，增加监测频次，制定并组织实施农业投入品和主要农产品残留监控计划，重点开展对主要生产基地、规模养殖场、饲料加工厂、农产品批发市场以及农业投入品的监测和监督抽查。

二是推进综合执法。全面加强农业执法，重点推进县级农业综合执法，加大动物防疫监督、渔政监督、植物检疫执法力度，强化执法能力建设，提高执法水平。

三是加强指导服务。充分利用媒体，大力宣传国家有关法律法规和禁限用农兽药知识，加大培训力度，根据农业生产的季节特点、产业特点、地域特点，指导生产者科学、合理使用农业投入品。

四是及时查处曝光。针对执法检查和监督抽查中发现的问题，依法进行严厉查处。严厉打击非法经营和添加有毒有害物质的行为，严厉打击非法制售假劣农资的行为，集中曝光一批违法违规企业。

五是强化督导整改。强化对农产品质量安全整治工作的督导检查，对于监督抽查和执法检查过程中发现的问题，要督促相关单位或个人及时进行整改，确保整治工作取得实效。

六是完善制度建设。引导农药、兽药、饲料、饲料添加剂经营企业，建立进货查验、进销台帐等质量保证和安全管理制度；指导规模种植（养殖）场、农民专业合作经济组织和生产企业，完善种养殖生产档案、投入品使用记录等各种追溯制度；推进农产品产地准出和市场准入制度；规范"三品"认证行为及生产管理制度。

（三）总结提高阶段（12月）

各地对农产品整治工作进行总结。农业部组织召开农产品质量安全整治暨农产品质量安全执法年活动总结视频会议，全面总结2009年农产品质量安全整治暨执法年活动，对成绩突出的单位和个人予以通报表扬。

五、保障措施和要求

（一）加强组织领导，落实属地责任

农业部成立农产品质量安全整治暨农产品质量安全执法年活动工作小组，负责统筹协调农产品质量安全整治和执法年活动的有关工作，统一部署有关重大行动。

各地农业部门要充分认识农产品质量安全整治暨农产品质量安全执法年活动的重要性和紧迫性，按照农业部的统一部署，抽调得力骨干组建强有力的工作班子，建立健全组织机构，主要负责同志要亲自抓，分管负责人要直接抓。要切实落实农产品质量安全监管责任，将领导责任、管理责任、监督责任落到实处。各级农业部门要派出督导组，落实方案各项要求，对重点地区和重点案件现场指导、督查督办，及时指导各地行动实施。

（二）细化整治方案，明确工作进度

各任务牵头单位和各地农业行政主管部门要按照本方案要求，制定详细的工作方案，细化工作任务和工作要求，明确工作进度和时间安排，做到有阶段安排、有重点活动、有检查指导、有责任追究、有总结提高，确保各项工作目标和任务落到实处。

（三）突出工作重点，确保整体提升

农产品质量安全问题涉及的范围广、因素多，在整治工作过程中，各地农业行政主管部门要在完成本方案确定的重点任务的同时，梳理当地存在的农产品质量安全突出问题，一并整治，确保农产品质量安全水平整体提升。

（四）加强协调配合，及时报送信息

各级、各地农业部门要加强系统内的配合，强化与外部门的协调，形成合力，齐抓共管，确保整治工作取得实效。各省级农业行政主管部门要加强沟通交流，及时报送信息。从2009年2月开始，每月15日和30日前要向我部农产品整治工作小组办公室和有关牵头司局报告工作进展情况。报送材料要综合各整治行动参与部门的信息，有综述、有查处情况、有产品合格率等量化指标，及时体现进展和成效。重大案件及突发事件，应立即报告。各单位要密切联系，畅通信息渠道，及时反馈情况。

（五）强化技术服务，营造社会氛围

加强农产品质量安全培训工作，指导农产品生产企业、农民专业合作经济组织和农民科学用药。加强对从事农业投入品经营人员的培训和教育，提高依法经营意识。各级农业质检机构要为整治活动提供有力的技术支撑。各地农业部门要充分利用新闻媒体，大力宣传专项整治内容和农产品安全消费等相关知识，及时曝光典型案例，形成强大宣传声势，营造良好的社会舆论氛围。

（六）坚持标本兼治，健全长效机制

各地农业部门在集中开展专项整治的同时，也要着眼今后的日常监管工作，要通过专项整治，达到标本兼治。要改善检验检测条件，提高检验检测能力和技术水平。要健全农产品质量安全管理体制，完善准出准入、质量追溯、包装标识等各项制度，推进诚信体系建设，强化综合执法，逐步完善服务、管理、监督、处罚、应急五位一体的农产品质量安全监管长效机制。

六、重大活动安排

（一）启动农产品质量安全整治暨农产品质量安全执法年活动。2月中旬，召开全国农产品质量安全监管工作会议，启动“2009年农产品质量安全整治暨农产品质量安全执法年活动”。（农产品质量安全监管局牵头负责）

（二）召开全国农资打假专项治理行动电视电话会议。2月份，联合相关部委召开电视电话会议，对2009年农资打假工作进行部署。（农产品质量安全监管局牵头负责）

（三）组织开展“农药市场监管年”活动。3-12月，对农药市场集中进行清理整顿，重点对违规行为进行查处，加大监管力度。3月中旬举行“农药市场监管年”启动仪式。（种植业司牵头负责）

（四）组织开展第五届“放心农资下乡进村宣传周”活动。3月份，组织开展“放心农资下乡进村宣传周”活动，举办放心农资下乡进村现场培训咨询活动，积极营造打假护农保春耕的良好社会氛围。（农产品质量安全监管局牵头负责）

（五）组织开展以“保障饲料安全，推进健康养殖”为主题的饲料执法年活动。2-12月，重点开展饲料质量安全监测和督导检查，查处违法违规行为，提高执法水平。（畜牧业司牵头负责）

（六）组织开展水产苗种专项整治活动。2-11月，重点开展水产苗种场普查，组织各省渔业部门开展拉网式检查，进行苗种药残抽检，对检查抽查发现的问题督促整改。（渔业局牵头负责）

（七）组织开展兽药专项整治活动。2-12月，严厉打击各种涉及疫苗和兽药制假售假违法行为，强化对流通环节的监督检查。（兽医局牵头负责）

（八）组织开展农业综合执法活动。2-12月，选择部分县开展农业综合执法规范化建设示范，推动农业综合执法工作的开展，提升综合执法能力，通报表扬农业执法先进单位和先进个人。（政法司牵头负责）

（九）组织开展农垦农产品质量追溯宣传日活动。10月下旬或11月上旬，在北京等几个城市组织农垦农产品质量追溯宣传日活动，对农垦可追溯行动进行总结和宣传。（农垦局牵头负责）

（十）召开农产品质量安全整治暨农产品质量安全执法年活动总结视频会议。12月份，全面总结2009年农产品质量安全整治暨农产品质量安全执法年活动。（农产品质量安全监管局牵头负责）

关于加强消费环节食品安全信息报送工作的通知

食药监办食［2009］10号

各省、自治区、直辖市食品药品监督管理局、食品消费监管部门：

按照《关于餐饮业、食堂等消费环节食品安全监管职责调整工作的通知》（卫监督发〔2009〕1号）和《关于做好职责交接期食品安全监管工作的通知》（国食药监食〔2009〕22号）要求，为建立畅通的消费环节食品安全信息报送渠道，规范信息报送，提高工作效率，现将有关事项通知如下：

一、加强对消费环节食品安全信息工作的领导。加强消费环节食品安全信息报送和应急处理工作，是关系国家经济社会发展全局和人民群众饮食安全的大事，是全面落实科学发展观、构建社会主义和谐社会的重要内容，各相关部门要高度重视，加强领导，明确责任，不断完善信息报告和共享机制，不断拓宽信息报告渠道，加强信息交流与共享。进一步落实食品安全事故信息报告分管领导和具体责任人，加强应急值守，畅通报送渠道，确保信息报送及时、准确。发生重大食品安全事故而未及时报告的，要给予通报并严肃追究相关人员责任。

二、规范食物中毒事故信息的报送工作。按照《食物中毒事故处理办法》（卫生部8号令）的有关规定，继续实行食物中毒事件快报、食物中毒事故月（季）报、食物中毒事故年报制度。自2009年2月1日起，各地在报送卫生部应急办的同时报送国家食品药品监督管理局。国食品药品监督管理局值班传真：010－68310909，食品安全监管司传真：010－88375603，邮箱：spyj@sda.gov.cn。报送格式请参照附件1～3。请各地认真填写省级食品消费监管部门及人员联系表（见附件4），于2009年2月20日前报至国家食品药品监督管理局。

联系部门：国家食品药品监督管理局食品安全监管司

联 系 人：王柏琴　崔瑞芳

联系电话：88330552/0532

邮箱：wangbq@sda.gov.cn　cuirf@sda.gov.cn

附件：

1. 食物中毒事件快报
2. 食物中毒事故月（季）报表
3. 食物中毒事故年报表
4. 食品消费监管部门人员联系表

国家食品药品监督管理局办公室

二〇〇九年二月九日

附件1：

食物中毒事件快报

报送单位：　　　　　　　　报送时间：　　年　月　日　时　分

标　题			
主　报			
抄　送			
签发领导			
事件经过			
事件原因			
控制措施			
联系人		联系电话	办公室
			手机

附件2：

2009年食物中毒事故月（季）报表

报表单位（盖公章）： 统计人： 电话：办： 手机：

事故顺序	伤亡人数	发生场所					中毒类型					处置情况		发生地点	发生时间
		餐饮服务单位	学校食堂	其他集体食堂	家庭	其他	化学	微生物	有毒动植物	不明原因或尚未查明原因	疑似投毒	完毕	处理中		
1															
2															
……															
合计															
事故简要说明（没有上报快报的做出简要说明）：															
防控事故采取的措施：															

说明：1．伤亡人数（伤／亡）用斜线隔开。如：一起事故涉及5人，其中4人受伤，1人死亡，应表示为4/1。

2．填写发生地点要准确具体。发生场所、中毒类型及处置情况以“√”表示，合计一栏应由数据来表示。

3．报送时间：每月（季）报表为月（季）结束后下一个月的第二个工作日17时前报送。

4．传真：010—88375603，同时发至spyj@sda.gov.cn邮箱。

附件3：

2009年食物中毒事故年报表

报表单位（盖公章）： 统计人： 电话：办： 手机：

项目	发生场所					中毒类型				
	餐饮服务单位	学校食堂	其他集体食堂	家庭	其他	化学	微生物	有毒动植物	不明原因或尚未查明原因	疑似投毒
各类事故发生起数										
年度事故总数										
各类事故中毒人数										
年度中毒总人数										
各类事故死亡人数										
年度死亡总数										
本年度食物中毒事故										
下一年防控事故										
事故处置结果情况说明										

说明：1．年度事故总数、年度中毒总人数、年度死亡总数分别是发生场所各项数字之和。

2．每年1月10号之前报送上一年年度报表，传真至010—88375603，同时发至spyj@sda.gov.cn邮箱。

附件4:

食品消费监管部门人员联系表

填报单位（盖公章）： 值班电话：白天 值班传真：白天

夜间 夜间

部门	人员	姓名	职务	办公电话	手机	传真	电子信箱
	分管厅（局）领导						
	分管处领导						
	具体联络人						
备注							

中华人民共和国主席令

第9号

《中华人民共和国食品安全法》已由中华人民共和国第十一届全国人民代表大会常务委员会第七次会议于2009年2月28日通过，现予公布，自2009年6月1日起施行。

中华人民共和国主席　胡锦涛

二〇〇九年二月二八日

中华人民共和国食品安全法

第一章　总　则

第一条　为保证食品安全，保障公众身体健康和生命安全，制定本法。

第二条　在中华人民共和国境内从事下列活动，应当遵守本法：

（一）食品生产和加工（以下称食品生产），食品流通和餐饮服务（以下称食品经营）；

（二）食品添加剂的生产经营；

（三）用于食品的包装材料、容器、洗涤剂、消毒剂和用于食品生产经营的工具、设备（以下称食品相关产品）的生产经营；

（四）食品生产经营者使用食品添加剂、食品相关产品；

（五）对食品、食品添加剂和食品相关产品的安全管理。

供食用的源于农业的初级产品（以下称食用农产品）的质量安全管理，遵守《中华人民共和国农产品质量安全法》的规定。但是，制定有关食用农产品的质量安全标准、公布食用农产品安全有关信息，应当遵守本法的有关规定。

第三条　食品生产经营者应当依照法律、法规和食品安全标准从事生产经营活动，对社会和公众负责，保证食品安全，接受社会监督，承担社会责任。

第四条　国务院设立食品安全委员会，其工作职责由国务院规定。

国务院卫生行政部门承担食品安全综合协调职责，负责食品安全风险评估、食品安全标准制定、食品安全信息公布、食品检验机构的资质认定条件和检验规范的制定，组织查处食品安全重大事故。

国务院质量监督、工商行政管理和国家食品药品监督管理部门依照本法和国务院规定的职责，分别对食品生产、食品流通、餐饮服务活动实施监督管理。

第五条　县级以上地方人民政府统一负责、领导、组织、协调本行政区域的食品安全监督管理工作，建立健全食品安全全程监督管理的工作机制；统一领导、指挥食品安全突发事件应对工作；完善、落实食品安全监督管理责任制，对食品安全监督管理部门进行评议、考核。

县级以上地方人民政府依照本法和国务院的规定确定本级卫生行政、农业行政、质量监督、工商行政管理、食品药品监督管理部门的食品安全监督管理职责。有关部门在各自职责范围内负责本行政区域的食品安全监督管理工作。

上级人民政府所属部门在下级行政区域设置的机构应当在所在地人民政府的统一组织、协调下，依法做好食品安全监督管理工作。

第六条　县级以上卫生行政、农业行政、质量监督、工商行政管理、食品药品监督管理部门应当加强沟通、密切配合，按照各自职责分工，依法行使职权，承担责任。

第七条　食品行业协会应当加强行业自律，引导食品生产经营者依法生产经营，推动行业诚信建设，宣传、普及食品安全知识。

第八条　国家鼓励社会团体、基层群众性自治组织开展食品安全法律、法规以及食品安全标准和知识的普及工作，倡导健康的饮食方式，增强消费者食品安全意识和自我保护能力。

新闻媒体应当开展食品安全法律、法规以及食品安全标准和知识的公益宣传，并对违反本法的行为进行舆论监督。

第九条 国家鼓励和支持开展与食品安全有关的基础研究和应用研究，鼓励和支持食品生产经营者为提高食品安全水平采用先进技术和先进管理规范。

第十条 任何组织或者个人有权举报食品生产经营中违反本法的行为，有权向有关部门了解食品安全信息，对食品安全监督管理工作提出意见和建议。

第二章 食品安全风险监测和评估

第十一条 国家建立食品安全风险监测制度，对食源性疾病、食品污染以及食品中的有害因素进行监测。

国务院卫生行政部门会同国务院有关部门制定、实施国家食品安全风险监测计划。省、自治区、直辖市人民政府卫生行政部门根据国家食品安全风险监测计划，结合本行政区域的具体情况，组织制定、实施本行政区域的食品安全风险监测方案。

第十二条 国务院农业行政、质量监督、工商行政管理和国家食品药品监督管理等有关部门获知有关食品安全风险信息后，应当立即向国务院卫生行政部门通报。国务院卫生行政部门会同有关部门对信息核实后，应当及时调整食品安全风险监测计划。

第十三条 国家建立食品安全风险评估制度，对食品、食品添加剂中生物性、化学性和物理性危害进行风险评估。

国务院卫生行政部门负责组织食品安全风险评估工作，成立由医学、农业、食品、营养等方面的专家组成的食品安全风险评估专家委员会进行食品安全风险评估。

对农药、肥料、生长调节剂、兽药、饲料和饲料添加剂等的安全性评估，应当有食品安全风险评估专家委员会的专家参加。

食品安全风险评估应当运用科学方法，根据食品安全风险监测信息、科学数据以及其他有关信息进行。

第十四条 国务院卫生行政部门通过食品安全风险监测或者接到举报发现食品可能存在安全隐患的，应当立即组织进行检验和食品安全风险评估。

第十五条 国务院农业行政、质量监督、工商行政管理和国家食品药品监督管理等有关部门应当向国务院卫生行政部门提出食品安全风险评估的建议，并提供有关信息和资料。

国务院卫生行政部门应当及时向国务院有关部门通报食品安全风险评估的结果。

第十六条 食品安全风险评估结果是制定、修订食品安全标准和对食品安全实施监督管理的科学依据。

食品安全风险评估结果得出食品不安全结论的，国务院质量监督、工商行政管理和国家食品药品监督管理部门应当依据各自职责立即采取相应措施，确保该食品停止生产经营，并告知消费者停止食用；需要制定、修订相关食品安全国家标准的，国务院卫生行政部门应当立即制定、修订。

第十七条 国务院卫生行政部门应当会同国务院有关部门，根据食品安全风险评估结果、食品安全监督管理信息，对食品安全状况进行综合分析。对经综合分析表明可能具有较高程度安全风险的食品，国务院卫生行政部门应当及时提出食品安全风险警示，并予以公布。

第三章 食品安全标准

第十八条 制定食品安全标准，应当以保障公众身体健康为宗旨，做到科学合理、安全可靠。

第十九条 食品安全标准是强制执行的标准。除食品安全标准外，不得制定其他的食品强制性标准。

第二十条 食品安全标准应当包括下列内容：

（一）食品、食品相关产品中的致病性微生物、农药残留、兽药残留、重金属、污染物质以及其他危害人体健康物质的限量规定；

（二）食品添加剂的品种、使用范围、用量；

（三）专供婴幼儿和其他特定人群的主辅食品的营养成分要求；

（四）对与食品安全、营养有关的标签、标识、说明书的要求；

（五）食品生产经营过程的卫生要求；

（六）与食品安全有关的质量要求；

（七）食品检验方法与规程；

（八）其他需要制定为食品安全标准的内容。

第二十一条 食品安全国家标准由国务院卫生行政部门负责制定、公布，国务院标准化行政部门提供国家标准编号。

食品中农药残留、兽药残留的限量规定及其检验方法与规程由国务院卫生行政部门、国务院农业行政部门制定。

屠宰畜、禽的检验规程由国务院有关主管部门会同国务院卫生行政部门制定。

有关产品国家标准涉及食品安全国家标准规定内容的，应当与食品安全国家标准相一致。

第二十二条 国务院卫生行政部门应当对现行的食用农产品质量安全标准、食品卫生标准、食品质量标准和有关食品的行业标准中强制执行的标准予以整合，统一公布为食品安全国家标准。

本法规定的食品安全国家标准公布前，食品生产经营者应当按照现行食用农产品质量安全标准、食品卫生标准、食品质量标准和有关食品的行业标准生产经营食品。

第二十三条 食品安全国家标准应当经食品安全国家标准审评委员会审查通过。食品安全国家标准审评委员会由医学、农业、食品、营养等方面的专家以及国务院有关部门的代表组成。

制定食品安全国家标准，应当依据食品安全风险评估结果并充分考虑食用农产品质量安全风险评估结果，参照相关的国际标准和国际食品安全风险评估结果，并广泛听取食品生产经营者和消费者的意见。

第二十四条 没有食品安全国家标准的，可以制定食品安全地方标准。

省、自治区、直辖市人民政府卫生行政部门组织制定食品安全地方标准，应当参照执行本法有关食品安全国家标准制定的规定，并报国务院卫生行政部门备案。

第二十五条 企业生产的食品没有食品安全国家标准或者地方标准的，应当制定企业标准，作为组织生产的依据。国家鼓励食品生产企业制定严于食品安全国家标准或者地方标准的企业标准。企业标准应当报省级卫生行政部门备案，在本企业内部适用。

第二十六条 食品安全标准应当供公众免费查阅。

第四章 食品生产经营

第二十七条 食品生产经营应当符合食品安全标准，并符合下列要求：

（一）具有与生产经营的食品品种、数量相适应的食品原料处理和食品加工、包装、贮存等场所，保持该场所环境整洁，并与有毒、有害场所以及其他污染源保持规定的距离；

（二）具有与生产经营的食品品种、数量相适应的生产经营设备或者设施，有相应的消毒、更衣、盥洗、采光、照明、通风、防腐、防尘、防蝇、防鼠、防虫、洗涤以及处理废水、存放垃圾和废弃物的设备或者设施；

（三）有食品安全专业技术人员、管理人员和保证食品安全的规章制度；

（四）具有合理的设备布局和工艺流程，防止待加工食品与直接入口食品、原料与成品交叉污染，避免食品接触有毒物、不洁物；

（五）餐具、饮具和盛放直接入口食品的容器，使用前应当洗净、消毒，炊具、用具用后应当洗净，保持清洁；

（六）贮存、运输和装卸食品的容器、工具和设备应当安全、无害，保持清洁，防止食品污染，并符合保证食品安全所需的温度等特殊要求，不得将食品与有毒、有害物品一同运输；

（七）直接入口的食品应当有小包装或者使用无毒、清洁的包装材料、餐具；

（八）食品生产经营人员应当保持个人卫生，生产经营食品时，应当将手洗净，穿戴清洁的工作衣、帽；销售无包装的直接入口食品时，应当使用无毒、清洁的售货工具；

（九）用水应当符合国家规定的生活饮用水卫生标准；

（十）使用的洗涤剂、消毒剂应当对人体安全、无害；

（十一）法律、法规规定的其他要求。

第二十八条 禁止生产经营下列食品：

（一）用非食品原料生产的食品或者添加食品添加剂以外的化学物质和其他可能危害人体健康物质的食品，或者用回收食品作为原料生产的食品；

（二）致病性微生物、农药残留、兽药残留、重金属、污染物质以及其他危害人体健康的物质含量超过食品安全标准限量的食品；

（三）营养成分不符合食品安全标准的专供婴幼儿和其他特定人群的主辅食品；

（四）腐败变质、油脂酸败、霉变生虫、污秽不洁、混有异物、掺假掺杂或者感官性状异常的食品；

（五）病死、毒死或者死因不明的禽、畜、兽、水产动物肉类及其制品；

（六）未经动物卫生监督机构检疫或者检疫不合格的肉类，或者未经检验或者检验不合格的肉类制品；

（七）被包装材料、容器、运输工具等污染的食品；

（八）超过保质期的食品；

（九）无标签的预包装食品；

（十）国家为防病等特殊需要明令禁止生产经营的食品；

（十一）其他不符合食品安全标准或者要求的食品。

第二十九条 国家对食品生产经营实行许可制度。从事食品生产、食品流通、餐饮服务，应当依法取得食品生产许可、食品流通许可、餐饮服务许可。

取得食品生产许可的食品生产者在其生产场所销售其生产的食品，不需要取得食品流通的许可；取得餐饮服务许可的餐饮服务提供者在其餐饮服务场所出售其制作加工的食品，不需要取得食品生产和流通的许可；农民个人销售其自产的食用农产品，不需要取得食品流通的许可。

食品生产加工小作坊和食品摊贩从事食品生产经营活动，应当符合本法规定的与其生产经营规模、条件相适应的食品安全要求，保证所生产经营的食品卫生、无毒、无害，有关部门应当对其加强监督管理，具体管理办法由省、自治区、直辖市人民代表大会常务委员会依照本法制定。

第三十条 县级以上地方人民政府鼓励食品生产加工小作坊改进生产条件；鼓励食品摊贩进入集中交易市场、店铺等固定场所经营。

第三十一条 县级以上质量监督、工商行政管理、食品药品监督管理部门应当依照《中华人民共和国行政许可法》的规定，审核申请人提交的本法第二十七条第一项至第四项规定要求的相关资料，必要时对申请人的生产经营场所进行现场核查；对符合规定条件的，决定准予许可；对不符合规定条件的，决定不予许可并书面说明理由。

第三十二条 食品生产经营企业应当建立健全本单位的食品安全管理制度，加强对职工食品安全知识的培训，配备专职或者兼职食品安全管理人员，做好对所生产经营食品的检验工作，依法从事食品生产经营活动。

第三十三条 国家鼓励食品生产经营企业符合良好生产规范要求，实施危害分析与关键控制点体系，提高食品安全管理水平。

对通过良好生产规范、危害分析与关键控制点体系认证的食品生产经营企业，认证机构应当依法实施跟踪调查；对不再符合认证要求的企业，应当依法撤销认证，及时向有关质量监督、工商行政管理、食品药品监督管理部门通报，并向社会公布。认证机构实施跟踪调查不收取任何费用。

第三十四条 食品生产经营者应当建立并执行从业人员健康管理制度。患有痢疾、伤寒、病毒性肝炎等消化道传染病的人员，以及患有活动性肺结核、化脓性或者渗出性皮肤病等有碍食品安全的疾病的人员，不得从事接触直接入口食品的工作。

食品生产经营人员每年应当进行健康检查，取得健康证明后方可参加工作。

第三十五条 食用农产品生产者应当依照食品安全标准和国家有关规定使用农药、肥料、生长调节剂、兽药、饲料和饲料添加剂等农业投入品。食用农产品的生产企业和农民专业合作经济组织应当建立食用农产品生产记录制度。

县级以上农业行政部门应当加强对农业投入品使用的管理和指导，建立健全农业投入品的安全使用制度。

第三十六条 食品生产者采购食品原料、食品添加剂、食品相关产品，应当查验供货者的许可证和产品合格证明文件；对无法提供合格证明文件的食品原料，应当依照食品安全标准进行检验；不得采购或者使用不符合食品安全标准的食品原料、食品添加剂、食品相关产品。

食品生产企业应当建立食品原料、食品添加剂、食品相关产品进货查验记录制度，如实记录食品原料、食品添加剂、食品相关产品的名称、规格、数量、供货者名称及联系方式、进货日期等内容。

食品原料、食品添加剂、食品相关产品进货查验记录应当真实，保存期限不得少于二年。

第三十七条 食品生产企业应当建立食品出厂检验记录制度，查验出厂食品的检验合格证和安全状况，并如实记录食品的名称、规格、数量、生产日期、生产批号、检验合格证号、购货者名称及联系方式、销售日期等内容。

食品出厂检验记录应当真实，保存期限不得少于二年。

第三十八条 食品、食品添加剂和食品相关产品的生产者，应当依照食品安全标准对所生产的食品、食品添加剂和食品相关产品进行检验，检验合格后方可出厂或者销售。

第三十九条 食品经营者采购食品，应当查验供货者的许可证和食品合格的证明文件。

食品经营企业应当建立食品进货查验记录制度，如实记录食品的名称、规格、数量、生产批号、保质期、供货者名称及联系方式、进货日期等内容。

食品进货查验记录应当真实，保存期限不得少于二年。

实行统一配送经营方式的食品经营企业，可以由企业总部统一查验供货者的许可证和食品合格的证明文件，进行食品进货查验记录。

第四十条 食品经营者应当按照保证食品安全的要求贮存食品，定期检查库存食品，及时清理变质或者超过保质期的食品。

第四十一条 食品经营者贮存散装食品，应当在贮存位置标明食品的名称、生产日期、保质期、生产者名称及联系方式等内容。

食品经营者销售散装食品，应当在散装食品的容器、外包装上标明食品的名称、生产日期、保质期、生产经营者名称及联系方式等内容。

第四十二条 预包装食品的包装上应当有标签。标签应当标明下列事项：

（一）名称、规格、净含量、生产日期；

（二）成分或者配料表；

（三）生产者的名称、地址、联系方式；

（四）保质期；

（五）产品标准代号；

（六）贮存条件；

（七）所使用的食品添加剂在国家标准中的通用名称；

（八）生产许可证编号；

（九）法律、法规或者食品安全标准规定必须标明的其他事项。

专供婴幼儿和其他特定人群的主辅食品，其标签还应当标明主要营养成分及其含量。

第四十三条 国家对食品添加剂的生产实行许可制度。申请食品添加剂生产许可的条件、程序，按照国家有关工业产品生产许可证管理的规定执行。

第四十四条 申请利用新的食品原料从事食品生产或者从事食品添加剂新品种、食品相关产品新品种生产活动的单位或者个人，应当向国务院卫生行政部门提交相关产品的安全性评估材料。国务院卫生行政部门应当自收到申请之日起六十日内组织对相关产品的安全性评估材料进行审查；对符合食品安全要求的，依法决定准予许可并予以公布；对不符合食品安全要求的，决定不予许可并书面说明理由。

第四十五条 食品添加剂应当在技术上确有必要且经过风险评估证明安全可靠，方可列入允许使用的范围。国务院卫生行政部门应当根据技术必要性和食品安全风险评估结果，及时对食品添加剂的品种、使用范围、用量的标准进行修订。

第四十六条 食品生产者应当依照食品安全标准关于食品添加剂的品种、使用范围、用量的规定使用食品添加剂；不得在食品生产中使用食品添加剂以外的化学物质和其他可能危害人体健康的物质。

第四十七条 食品添加剂应当有标签、说明书和包装。标签、说明书应当载明本法第四十二条第一款第一项至第六项、第八项、第九项规定的事项，以及食品添加剂的使用范围、用量、使用方法，并在标签上载明“食品添加剂”字样。

第四十八条 食品和食品添加剂的标签、说明书，不得含有虚假、夸大的内容，不得涉及疾病预防、治疗功能。生产者对标签、说明书上所载明的内容负责。

食品和食品添加剂的标签、说明书应当清楚、明显，容易辨识。

食品和食品添加剂与其标签、说明书所载明的内容不符的，不得上市销售。

第四十九条 食品经营者应当按照食品标签标示的警示标志、警示说明或者注意事项的要求，销售预包装食品。

第五十条 生产经营的食品中不得添加药品，但是可以添加按照传统既是食品又是中药材的物质。按照传统既是食品又是中药材的物质的目录由国务院卫生行政部门制定、公布。

第五十一条 国家对声称具有特定保健功能的食品实行严格监管。有关监督管理部门应当依法履职，承担责任。具体管理办法由国务院规定。

声称具有特定保健功能的食品不得对人体产生急性、亚急性或者慢性危害，其标签、说明书不得涉及疾病预防、治疗功能，内容必须真实，应当载明适宜人群、不适宜人群、功效成分或者标志性成分及其含量等；产品的功能和成分必须与标签、说明书相一致。

第五十二条 集中交易市场的开办者、柜台出租者和展销会举办者，应当审查入场食品经营者的许可证，明确入场食品经营者的食品安全管理责任，定期对入场食品经营者的经营环境和条件进行检查，发现食品经营者有违反本法规定的行为的，应当及时制止并立即报告所在地县级工商行政管理部门或者食品药品监督管理部门。

集中交易市场的开办者、柜台出租者和展销会举办者未履行前款规定义务，本市场发生食品安全事故的，应当承担连带责任。

第五十三条 国家建立食品召回制度。食品生产者发现其生产的食品不符合食品安全标准，应当立即停止生产，召回已经上市销售的食品，通知相关生产经营者和消费者，并记录召回和通知情况。

食品经营者发现其经营的食品不符合食品安全标准，应当立即停止经营，通知相关生产经营者和消费者，并记录停止经营和通知情况。食品生产者认为应当召回的，应当立即召回。

食品生产者应当对召回的食品采取补救、无害化处理、销毁等措施，并将食品召回和处理情况向县级以上质量监督部门报告。

食品生产经营者未依照本条规定召回或者停止经营不符合食品安全标准的食品的，县级以上质量监督、工商行政管理、食品药品监督管理部门可以责令其召回或者停止经营。

第五十四条 食品广告的内容应当真实合法，不得含有虚假、夸大的内容，不得涉及疾病预防、治疗功能。

食品安全监督管理部门或者承担食品检验职责的机构、食品行业协会、消费者协会不得以广告或者其他形式向消费者推荐食品。

第五十五条 社会团体或者其他组织、个人在虚假广告中向消费者推荐食品，使消费者的合法权益受到损害的，与食品生产经营者承担连带责任。

第五十六条 地方各级人民政府鼓励食品规模化生产和连锁经营、配送。

第五章　食品检验

第五十七条 食品检验机构按照国家有关认证认可的规定取得资质认定后，方可从事食品检验活动。但是，法律另有规定的除外。

食品检验机构的资质认定条件和检验规范，由国务院卫生行政部门规定。

本法施行前经国务院有关主管部门批准设立或者经依法认定的食品检验机构，可以依照本法继续从事食品检验活动。

第五十八条 食品检验由食品检验机构指定的检验人独立进行。

检验人应当依照有关法律、法规的规定，并依照食品安全标准和检验规范对食品进行检验，尊重科学，恪守职业道德，保证出具的检验数据和结论客观、公正，不得出具虚假的检验报告。

第五十九条 食品检验实行食品检验机构与检验人负责制。食品检验报告应当加盖食品检验机构公章，并有检验人的签名或者盖章。食品检验机构和检验人对出具的食品检验报告负责。

第六十条 食品安全监督管理部门对食品不得实施免检。

县级以上质量监督、工商行政管理、食品药品监督管理部门应当对食品进行定期或者不定期的抽样检验。进行抽样检验，应当购买抽取的样品，不收取检验费和其他任何费用。

县级以上质量监督、工商行政管理、食品药品监督管理部门在执法工作中需要对食品进行检验的，应当委托符合本法规定的食品检验机构进行，并支付相关费用。对检验结论有异议的，可以依法进行复检。

第六十一条 食品生产经营企业可以自行对所生产的食品进行检验，也可以委托符合本法规定的食品检验机构进行检验。

食品行业协会等组织、消费者需要委托食品检验机构对食品进行检验的，应当委托符合本法规定的食品检验机构进行。

第六章 食品进出口

第六十二条 进口的食品、食品添加剂以及食品相关产品应当符合我国食品安全国家标准。

进口的食品应当经出入境检验检疫机构检验合格后，海关凭出入境检验检疫机构签发的通关证明放行。

第六十三条 进口尚无食品安全国家标准的食品，或者首次进口食品添加剂新品种、食品相关产品新品种，进口商应当向国务院卫生行政部门提出申请并提交相关的安全性评估材料。国务院卫生行政部门依照本法第四十四条的规定作出是否准予许可的决定，并及时制定相应的食品安全国家标准。

第六十四条 境外发生的食品安全事件可能对我国境内造成影响，或者在进口食品中发现严重食品安全问题的，国家出入境检验检疫部门应当及时采取风险预警或者控制措施，并向国务院卫生行政、农业行政、工商行政管理和国家食品药品监督管理部门通报。接到通报的部门应当及时采取相应措施。

第六十五条 向我国境内出口食品的出口商或者代理商应当向国家出入境检验检疫部门备案。向我国境内出口食品的境外食品生产企业应当经国家出入境检验检疫部门注册。

国家出入境检验检疫部门应当定期公布已经备案的出口商、代理商和已经注册的境外食品生产企业名单。

第六十六条 进口的预包装食品应当有中文标签、中文说明书。标签、说明书应当符合本法以及我国其他有关法律、行政法规的规定和食品安全国家标准的要求，载明食品的原产地以及境内代理商的名称、地址、联系方式。预包装食品没有中文标签、中文说明书或者标签、说明书不符合本条规定的，不得进口。

第六十七条 进口商应当建立食品进口和销售记录制度，如实记录食品的名称、规格、数量、生产日期、生产或者进口批号、保质期、出口商和购货者名称及联系方式、交货日期等内容。

食品进口和销售记录应当真实，保存期限不得少于二年。

第六十八条 出口的食品由出入境检验检疫机构进行监督、抽检，海关凭出入境检验检疫机构签发的通关证明放行。

出口食品生产企业和出口食品原料种植、养殖场应当向国家出入境检验检疫部门备案。

第六十九条 国家出入境检验检疫部门应当收集、汇总进出口食品安全信息，并及时通报相关部门、机构和企业。

国家出入境检验检疫部门应当建立进出口食品的进口商、出口商和出口食品生产企业的信誉记录，并予以公布。对有不良记录的进口商、出口商和出口食品生产企业，应当加强对其进出口食品的检验检疫。

第七章 食品安全事故处置

第七十条 国务院组织制定国家食品安全事故应急预案。

县级以上地方人民政府应当根据有关法律、法规的规定和上级人民政府的食品安全事故应急预案以及本地区的实际情况，制定本行政区域的食品安全事故应急预案，并报上一级人民政府备案。

食品生产经营企业应当制定食品安全事故处置方案，定期检查本企业各项食品安全防范措施的落实情况，及时消除食品安全事故隐患。

第七十一条 发生食品安全事故的单位应当立即予以处置，防止事故扩大。事故发生单位和接收病人进行治疗的单位应当及时向事故发生地县级卫生行政部门报告。

农业行政、质量监督、工商行政管理、食品药品监督管理部门在日常监督管理中发现食品安全事故，或者接到有关食品安全事故的举报，应当立即向卫生行政部门通报。

发生重大食品安全事故的，接到报告的县级卫生行政部门应当按照规定向本级人民政府和上级人民政府卫生行政部门报告。县级人民政府和上级人民政府卫生行政部门应当按照规定上报。

任何单位或者个人不得对食品安全事故隐瞒、谎报、缓报，不得毁灭有关证据。

第七十二条 县级以上卫生行政部门接到食品安全事故的报告后，应当立即会同有关农业行政、质量监督、工商行政管理、食品药品监督管理部门进行调查处理，并采取下列措施，防止或者减轻社会危害：

（一）开展应急救援工作，对因食品安全事故导致人身伤害的人员，卫生行政部门应当立即组织救治；

（二）封存可能导致食品安全事故的食品及其原料，并立即进行检验；对确认属于被污染的食品及其原料，责令食品生产经营者依照本法第五十三条的规定予以召回、停止经营并销毁；

（三）封存被污染的食品用工具及用具，并责令进行清洗消毒；

（四）做好信息发布工作，依法对食品安全事故及其处理情况进行发布，并对可能产生的危害加以解释、说明。

发生重大食品安全事故的，县级以上人民政府应当立即成立食品安全事故处置指挥机构，启动应急预案，依照前款规定进行处置。

第七十三条 发生重大食品安全事故，设区的市级以上人民政府卫生行政部门应当立即会同有关部门进行事故责任调查，督促有关部门履行职责，向本级人民政府提出事故责任调查处理报告。

重大食品安全事故涉及两个以上省、自治区、直辖市的，由国务院卫生行政部门依照前款规定组织事故责任调查。

第七十四条 发生食品安全事故，县级以上疾病预防控制机构应当协助卫生行政部门和有关部门对事故现场进行卫生处理，并对与食品安全事故有关的因素开展流行病学调查。

第七十五条 调查食品安全事故，除了查明事故单位的责任，还应当查明负有监督管理和认证职责的监督管理部门、认证机构的工作人员失职、渎职情况。

第八章 监督管理

第七十六条 县级以上地方人民政府组织本级卫生行政、农业行政、质量监督、工商行政管理、食品药品监督管理部门制定本行政区域的食品安全年度监督管理计划，并按照年度计划组织开展工作。

第七十七条 县级以上质量监督、工商行政管理、食品药品监督管理部门履行各自食品安全监督管理职责，有权采取下列措施：

（一）进入生产经营场所实施现场检查；

（二）对生产经营的食品进行抽样检验；

（三）查阅、复制有关合同、票据、账簿以及其他有关资料；

（四）查封、扣押有证据证明不符合食品安全标准的食品，违法使用的食品原料、食品添加剂、食品相关产品，以及用于违法生产经营或者被污染的工具、设备；

（五）查封违法从事食品生产经营活动的场所。

县级以上农业行政部门应当依照《中华人民共和国农产品质量安全法》规定的职责，对食用农产品进行监督管理。

第七十八条 县级以上质量监督、工商行政管理、食品药品监督管理部门对食品生产经营者进行监督检查，应当记录监督检查的情况和处理结果。监督检查记录经监督检查人员和食品生产经营者签字后归档。

第七十九条 县级以上质量监督、工商行政管理、食品药品监督管理部门应当建立食品生产经营者食品安全信用档案，记录许可颁发、日常监督检查结果、违法行为查处等情况；根据食品安全信用档案的记录，对有不良信用记录的食品生产经营者增加监督检查频次。

第八十条 县级以上卫生行政、质量监督、工商行政管理、食品药品监督管理部门接到咨询、投诉、举报，对属于本部门职责的，应当受理，并及时进行答复、核实、处理；对不属于本部门职责的，应当书面通知并移交有权处理的部门处理。有权处理的部门应当及时处理，不得推诿；属于食品安全事故的，依照本法第七章有关规定进行处置。

第八十一条 县级以上卫生行政、质量监督、工商行政管理、食品药品监督管理部门应当按照法定权限和程序履行食品安全监督管理职责；对生产经营者的同一违法行为，不得给予二次以上罚款的行政处罚；涉嫌犯罪的，应当依法向公安机关移送。

第八十二条 国家建立食品安全信息统一公布制度。下列信息由国务院卫生行政部门统一公布：

（一）国家食品安全总体情况；

（二）食品安全风险评估信息和食品安全风险警示信息；

（三）重大食品安全事故及其处理信息；

（四）其他重要的食品安全信息和国务院确定的需要统一公布的信息。

前款第二项、第三项规定的信息，其影响限于特定区域的，也可以由有关省、自治区、直辖市人民政府卫生行政部门公布。县级以上农业行政、质量监督、工商行政管理、食品药品监督管理部门依据各自职责公布食品安全日常监督管理信息。

食品安全监督管理部门公布信息，应当做到准确、及时、客观。

第八十三条 县级以上地方卫生行政、农业行政、质量监督、工商行政管理、食品药品监督管理部门获知本法第八十二条第一款规定的需要统一公布的信息，应当向上级主管部门报告，由上级主管部门立即报告国务院卫生行政部门；必要时，可以直接向国务院卫生行政部门报告。

县级以上卫生行政、农业行政、质量监督、工商行政管理、食品药品监督管理部门应当相互通报获知的食品安全信息。

第九章 法律责任

第八十四条 违反本法规定，未经许可从事食品生产经营活动，或者未经许可生产食品添加剂的，由有关主管部门按照各自职责分工，没收违法所得、违法生产经营的食品、食品添加剂和用于违法生产经营的工具、设备、原料等物品；违法生产经营的食品、食品添加剂货值金额不足一万元的，并处二千元以上五万元以下罚款；货值金额一万元以上的，并处货值金额五倍以上十倍以下罚款。

第八十五条 违反本法规定，有下列情形之一的，由有关主管部门按照各自职责分工，没收违法所得、违法生产经营的食品和用于违法生产经营的工具、设备、原料等物品；违法生产经营的食品货值金额不足一万元的，并处二千元以上五万元以下罚款；货值金额一万元以上的，并处货值金额五倍以上十倍以下罚款；情节严重的，吊销许可证：

（一）用非食品原料生产食品或者在食品中添加食品添加剂以外的化学物质和其他可能危害人体健康的物质，或者用回收食品作为原料生产食品；

（二）生产经营致病性微生物、农药残留、兽药残留、重金属、污染物质以及其他危害人体健康的物质含量超过食品安全标准限量的食品；

（三）生产经营营养成分不符合食品安全标准的专供婴幼儿和其他特定人群的主辅食品；

（四）经营腐败变质、油脂酸败、霉变生虫、污秽不洁、混有异物、掺假掺杂或者感官性状异常的食品；

（五）经营病死、毒死或者死因不明的禽、畜、兽、水产动物肉类，或者生产经营病死、毒死或者死因不明的禽、畜、兽、水产动物肉类的制品；

（六）经营未经动物卫生监督机构检疫或者检疫不合格的肉类，或者生产经营未经检验或者检验不合格的肉类制品；

（七）经营超过保质期的食品；

（八）生产经营国家为防病等特殊需要明令禁止生产经营的食品；

（九）利用新的食品原料从事食品生产或者从事食品添加剂新品种、食品相关产品新品种生产，未经过安全性评估；

（十）食品生产经营者在有关主管部门责令其召回或者停止经营不符合食品安全标准的食品后，仍拒不召回或者停止经营的。

第八十六条 违反本法规定，有下列情形之一的，由有关主管部门按照各自职责分工，没收违法所得、违法生产经营的食品和用于违法生产经营的工具、设备、原料等物品；违法生产经营的食品货值金额不足一万元的，并处二千元以上五万元以下罚款；货值金额一万元以上的，并处货值金额二倍以上五倍以下罚款；情节严重的，责令停产停业，直至吊销许可证：

（一）经营被包装材料、容器、运输工具等污染的食品；

（二）生产经营无标签的预包装食品、食品添加剂或者标签、说明书不符合本法规定的食品、食品添加剂；

（三）食品生产者采购、使用不符合食品安全标准的食品原料、食品添加剂、食品相关产品；

（四）食品生产经营者在食品中添加药品。

第八十七条 违反本法规定，有下列情形之一的，由有关主管部门按照各自职责分工，责令改正，给予警告；拒不改正的，处二千元以上二万元以下罚款；情节严重的，责令停产停业，直至吊销许可证：

（一）未对采购的食品原料和生产的食品、食品添加剂、食品相关产品进行检验；

（二）未建立并遵守查验记录制度、出厂检验记录制度；

（三）制定食品安全企业标准未依照本法规定备案；

（四）未按规定要求贮存、销售食品或者清理库存食品；

（五）进货时未查验许可证和相关证明文件；

（六）生产的食品、食品添加剂的标签、说明书涉及疾病预防、治疗功能；

（七）安排患有本法第三十四条所列疾病的人员从事接触直接入口食品的工作。

第八十八条 违反本法规定，事故单位在发生食品安全事故后未进行处置、报告的，由有关主管部门按照各自职责分工，责令改正，给予警告；毁灭有关证据的，责令停产停业，并处二千元以上十万元以下罚款；造成严重后果的，由原发证部门吊销许可证。

第八十九条 违反本法规定，有下列情形之一的，依照本法第八十五条的规定给予处罚：

（一）进口不符合我国食品安全国家标准的食品；

（二）进口尚无食品安全国家标准的食品，或者首次进口食品添加剂新品种、食品相关产品新品种，未经过安全性评估；

（三）出口商未遵守本法的规定出口食品。

违反本法规定，进口商未建立并遵守食品进口和销售记录制度的，依照本法第八十七条的规定给予处罚。

第九十条 违反本法规定，集中交易市场的开办者、柜台出租者、展销会的举办者允许未取得许可的食品经营者进入市场销售食品，或者未履行检查、报告等义务的，由有关主管部门按照各自职责分工，处二千元以上五万元以下罚款；造成严重后果的，责令停业，由原发证部门吊销许可证。

第九十一条 违反本法规定，未按照要求进行食品运输的，由有关主管部门按照各自职责分工，责令改正，给予警告；拒不改正的，责令停产停业，并处二千元以上五万元以下罚款；情节严重的，由原发证部门吊销许可证。

第九十二条 被吊销食品生产、流通或者餐饮服务许可证的单位，其直接负责的主管人员自处罚决定作出之日起五年内不得从事食品生产经营管理工作。

食品生产经营者聘用不得从事食品生产经营管理工作的人员从事管理工作的，由原发证部门吊销许可证。

第九十三条 违反本法规定，食品检验机构、食品检验人员出具虚假检验报告的，由授予其资质的主管部门或者机构撤销该检验机构的检验资格；依法对检验机构直接负责的主管人员和食品检验人员给予撤职或者开除的处分。

违反本法规定，受到刑事处罚或者开除处分的食品检验机构人员，自刑罚执行完毕或者处分决定作出之日起十年内不得从事食品检验工作。食品检验机构聘用不得从事食品检验工作的人员的，由授予其资质的主管部门或者机构撤销该检验机构的检验资格。

第九十四条 违反本法规定，在广告中对食品质量作虚假宣传，欺骗消费者的，依照《中华人民共和国广告法》的规定给予处罚。

违反本法规定，食品安全监督管理部门或者承担食品检验职责的机构、食品行业协会、消费者协会以广告或者其他形式向消费者推荐食品的，由有关主管部门没收违法所得，依法对直接负责的主管人员和其他直接责任人员给予记大过、降级或者撤职的处分。

第九十五条 违反本法规定，县级以上地方人民政府在食品安全监督管理中未履行职责，本行政区域出现重大食品安全事故、造成严重社会影响的，依法对直接负责的主管人员和其他直接责任人员给予记大过、降级、撤职或者开除的处分。

违反本法规定，县级以上卫生行政、农业行政、质量监督、工商行政管理、食品药品监督管理部门或者其他有关行政部门不履行本法规定的职责或者滥用职权、玩忽职守、徇私舞弊的，依法对直接负责的主管人员和其他直接责任人员给予记大过或者降级的处分；造成严重后果的，给予撤职或者开除的处分；其主要负责人应当引咎辞职。

第九十六条 违反本法规定，造成人身、财产或者其他损害的，依法承担赔偿责任。

生产不符合食品安全标准的食品或者销售明知是不符合食品安全标准的食品，消费者除要求赔偿损失外，还可以向生产者或者销售者要求支付价款十倍的赔偿金。

第九十七条 违反本法规定，应当承担民事赔偿责任和缴纳罚款、罚金，其财产不足以同时支付时，先承担民事赔偿责任。

第九十八条 违反本法规定，构成犯罪的，依法追究刑事责任。

第十章 附 则

第九十九条 本法下列用语的含义：

食品，指各种供人食用或者饮用的成品和原料以及按照传统既是食品又是药品的物品，但是不包括以治疗为目的的物品。

食品安全，指食品无毒、无害，符合应当有的营养要求，对人体健康不造成任何急性、亚急性或者慢性危害。

预包装食品，指预先定量包装或者制作在包装材料和容器中的食品。

食品添加剂，指为改善食品品质和色、香、味以及为防腐、保鲜和加工工艺的需要而加入食品中的人工合成或者天然物质。

用于食品的包装材料和容器，指包装、盛放食品或者食品添加剂用的纸、竹、木、金属、搪瓷、陶瓷、塑料、橡胶、天然纤维、化学纤维、玻璃等制品和直接接触食品或者食品添加剂的涂料。

用于食品生产经营的工具、设备，指在食品或者食品添加剂生产、流通、使用过程中直接接触食品或者食品添加剂的机械、管道、传送带、容器、用具、餐具等。

用于食品的洗涤剂、消毒剂，指直接用于洗涤或者消毒食品、餐饮具以及直接接触食品的工具、设备或者食品包装材料和容器的物质。

保质期，指预包装食品在标签指明的贮存条件下保持品质的期限。

食源性疾病，指食品中致病因素进入人体引起的感染性、中毒性等疾病。

食物中毒，指食用了被有毒有害物质污染的食品或者食用了含有毒有害物质的食品后出现的急性、亚急性疾病。

食品安全事故，指食物中毒、食源性疾病、食品污染等源于食品，对人体健康有危害或者可能有危害的事故。

第一百条 食品生产经营者在本法施行前已经取得相应许可证的，该许可证继续有效。

第一百零一条 乳品、转基因食品、生猪屠宰、酒类和食盐的食品安全管理，适用本法；法律、行政法规另有规定的，依照其规定。

第一百零二条 铁路运营中食品安全的管理办法由国务院卫生行政部门会同国务院有关部门依照本法制定。

军队专用食品和自供食品的食品安全管理办法由中央军事委员会依照本法制定。

第一百零三条 国务院根据实际需要，可以对食品安全监督管理体制作出调整。

第一百零四条 本法自2009年6月1日起施行。《中华人民共和国食品卫生法》同时废止。

国务院办公厅关于认真贯彻实施食品安全法的通知

国办发〔2009〕25号

各省、自治区、直辖市人民政府，国务院各部委、各直属机构：

《中华人民共和国食品安全法》（以下简称食品安全法）已于2009年2月28日经第十一届全国人大常委会第七次会议通过，将于2009年6月1日起施行。食品安全直接关系广大人民群众的身体健康和生命安全，关系国家经济健康发展和社会和谐稳定。食品安全法的公布施行，对规范食品生产经营活动，防范食品安全事故发生，增强食品安全监管工作的规范性、科学性和有效性，提高我国食品安全整体水平，具有重要意义。为确保这部法律各项规定得到严格执行，经国务院批准，现就有关工作安排通知如下：

一、充分认识食品安全法的重要意义，认真做好学习、宣传和培训工作

食品安全法体现了预防为主、科学管理、明确责任、综合治理的食品安全工作指导思想，确立了食品安全风险监测和风险评估制度、食品安全标准制度、食品生产经营行为的基本准则、索证索票制度、不安全食品召回制度、食品安全信息发布制度，明确了分工负责与统一协调相结合的食品安全监管体制，为全面加强和改进食品安全工作，实现全程监管、科学监管，提高监管成效、提升食品安全水平，提供了法律制度保障。食品安全法的公布施行，对于保证食品安全，保障公众身体健康和生命安全，具有重要意义。

各地区、各有关部门特别是各级领导干部，要从深入贯彻落实科学发展观、全面推进依法行政和建设责任政府的高度，从维护人民群众根本利益出发，充分认识食品安全法实施的重要意义，要把学习、宣传食品安全法作为一项重要工作列入议事日程，把实施食品安全法作为一项长期工作抓紧抓好、抓出成效。县级以上地方人民政府要对食品安全法的宣传工作做出具体安排，广电、新闻出版等部门要充分发挥广播、电视、报刊、网络等媒体的作用，采取多种形式，广泛宣传食品安全法的立法宗旨和主要内容，做到家喻户晓，增强人民群众的食品安全法律意识和监督意识，为法律的贯彻实施营造良好的舆论氛围和社会环境。卫生、农业、质量监督、工商行政管理、食品药品监督管理等部门要开展食品安全法的学习培训，特别要加

强执法队伍的法律知识和专业技术培训，确保执法人员准确理解、全面掌握食品安全法的主要内容，提高执法人员依法行政意识和执法水平。食品生产经营者要加强食品安全法学习，熟练掌握食品安全法律知识，自觉守法经营；食品行业组织要加强行业自律，指导、监督食品生产经营者加强诚信建设；食品行业管理部门要加强对食品生产经营者、食品行业组织学习食品安全法的指导。

二、依法履行食品安全监管职责，严格实行责任追究制

食品安全法规定了县级以上地方人民政府的食品安全责任，以及县级以上各级卫生、农业、质量监督、工商行政管理、食品药品监督管理等部门的具体职责，明确了分工负责与统一协调相结合的食品安全监管体制。县级以上地方人民政府要依照食品安全法和国务院的规定，确定本级卫生、农业、质量监督、工商行政管理、食品药品监督管理部门的食品安全监督管理职责，既要避免职责交叉，又要防止监管空白，确保监管工作统一、协调、有效。

县级以上地方人民政府、各有关部门要强化责任意识，严格履行食品安全法规定的各项职责，切实承担起食品安全监管责任。县级以上地方人民政府统一负责、领导、组织、协调本地区的食品安全监督管理工作，要结合本地实际，采取措施加强食品安全监管能力建设，建立健全食品安全全程监管工作机制，形成监管合力；要统筹规划，建立、完善食品安全信息网络，实现食品安全信息、食品检验资源等的整合、共享；要建立并执行严格的食品安全监管责任追究制度，督促有关监管部门依法履职，严肃查处食品安全监管工作中的失职、渎职行为。各级卫生、农业、质量监督、工商行政管理、食品药品监督管理等部门要依照食品安全法的规定，依据各自职责，严格执行各项食品安全法律制度，采取有力措施，督促食品生产经营者切实承担起食品安全第一责任人的责任，严肃查处违法食品生产经营行为。

县级以上地方人民政府要根据本地区实际，建立健全各食品安全监管部门的沟通协调机制，统一组织、协调有关部门依法开展食品安全监管工作；要明确、细化各监管环节的衔接措施，保证食品安全监管工作的整体性和有效性；对不履行沟通协作责任、造成食品安全事故等后果的监管部门，要依法严肃追究其直接负责的主管人员和其他直接责任人员的责任。各级卫生、农业、质量监督、工商行政管理、食品药品监督管理等部门要依照食品安全法及其配套法规、规章、规范性文件的规定，积极履行部门间的信息通报等责任，加强主动沟通和相互协作，努力实现各监管环节的无缝衔接。

食品安全法实施一段时间后，县级以上地方各级人民政府、各有关部门要及时总结法律执行情况，适时组织开展本地区、本系统执法情况检查，研究、解决法律执行中的问题，及时改进执法工作。

三、抓紧制定、修订食品安全标准，为食品安全监管提供统一、科学依据

食品安全标准是强制执行的标准，是食品安全监管的技术依据。卫生部要依照食品安全法的规定，抓紧整合现行的食用农产品质量安全标准、食品卫生标准、食品质量标准和有关食品的行业标准中强制执行的标准，统一公布为食品安全国家标准。要尽快完成乳品质量安全国家标准制定、修订工作，优先制定、修订食品中致病性微生物、农药残留、兽药残留、重金属、污染物质等的限量标准以及食品添加剂使用标准。食品安全风险评估结果表明需要制定、修订食品安全国家标准的，卫生部要立即依法组织开展相关标准的制定、修订工作，有关监管部门要密切配合。卫生部及省级人民政府卫生部门组织制定、修订食品安全标准，要严格遵循食品安全法规定的程序，确保标准内容科学、合理。食品安全标准应当公开，供公众免费查阅。各级卫生、农业、质量监督、工商行政管理、食品药品监督管理等部门要做好食品安全标准的宣传贯彻工作。各监管部门依据统一的食品安全标准实施食品安全监管。

四、抓紧制定、完善有关行政法规和规章，确保食品安全法律制度的一致性

国务院将根据实施食品安全法的需要，制定食品安全法实施条例，与食品安全法同时施行；食品安全法授权国务院制定的其他行政法规，国务院有关部门要抓紧研究，及时提出有关制度设计的建议。国务院各有关部门和各省（区、市）人民政府要依照食品安全法的规定，依据各自职责，根据食品安全监管工作的实际需要，制定配套的部门规章、地方政府规章，确保食品安全法律制度得到切实执行。

国务院各有关部门和各省（区、市）人民政府要依照食品安全法及其配套行政法规的规定，对现行与食品安全监管有关的部门规章、地方性法规和地方政府规章进行清理，及时废止与食品安全法及其配套行政法规不一致的规章或者修订、废止其中与食品安全法及其配套行政法规不一致的内容，及时提出废止或者修订与食品安全法及其配套行政法规不一致的地方性法规的建议。国务院有关部门和各省（区、市）人民政府起草法规草案、制定规章，应当严格遵守《中华人民共和国立法法》、《行政法规制定程序条例》、《规章制定程序条例》规定的程序，确保食品安全法律制度的一致性。

五、加强食品安全监管能力建设，提高监管的有效性和公信力

食品安全法确立了食品安全风险监测和风险评估制度，规定了食品安全监管部门实施抽样检验应当购买样品并不得收取检验费用及其他任何费用。县级以上地方人民政府要对本地区执行食品安全法确立的各项制度给予经费保障，对增强食品检验能力、提高执法队伍的专业技术水平等食品安全监管能力建设给予必要的支持。要坚决杜绝监管部门通过实施食品安全监管向管理相对人违法收取费用的现象。各监管部门要严格依法实行"收支两条线"管理;对通过实施食品安全监管违法收取费用的，要依法严肃处理，追究直接责任人和负责人的责任。

六、以贯彻实施食品安全法为契机，扎实做好食品安全整顿工作

目前，我国食品安全问题仍然比较突出，食品安全事件时有发生，人民群众对食品安全反映强烈。为切实解决我国食品安全突出问题,国务院已做出部署,用两年左右时间，在全国集中开展食品安全整顿工作。地方各级人民政府、各有关部门要以贯彻实施食品安全法为契机，下大决心、花大力气，从严格落实食品安全法各项制度入手，加强监督和诚信建设，系统、有序地解决食品安全突出问题。地方各级人民政府对本地区的食品安全整顿工作要负总责，按照《国务院办公厅关于印发食品安全整顿工作方案的通知》(国办发〔2009〕8号）要求,加强对食品安全整顿工作的组织领导，制订切实可行的工作方案，抓好督促检查和指导工作，逐级落实整顿工作任务和责任。各级卫生、农业、质量监督、工商行政管理、食品药品监督管理等部门要按照国务院的要求，继续做好违法添加非食品用物质和滥用食品添加剂、食用农产品质量安全、食品生产和进出口、食品流通、餐饮消费、禽畜屠宰和声称具有特定保健功能的食品的集中整顿。要通过集中整顿，使食品安全监管各环节监管责任进一步落实，食品安全标准更加完善，食品行业自律显著加强，食品安全水平明显提高，人民群众食品安全得到切实保障。

各地区、各有关部门要按照本通知精神，结合本地区、本部门的实际，制定具体方案和措施。对食品安全法实施中的有关重要情况和问题，要及时报告国务院。

国务院办公厅

二〇〇九年三月四日

关于印发《全国打击违法添加非食用物质和滥用食品添加剂专项整治近期工作重点及要求》的通知

卫监督发〔2009〕21号

各省、自治区、直辖市人民政府及新疆生产建设兵团办公厅，卫生厅局，经委（经贸委、工业主管部门），公安厅局，监察厅局，农业（农牧、畜牧兽医、渔业）厅（局、委、办），商务主管部门，工商局，质量技术监督局，各直属出入境检验检疫局，食品药品监管局：

为深入、扎实地推进全国打击违法添加非食用物质和滥用食品添加剂专项整治（以下简称专项整治）工作，根据《全国打击违法添加非食用物质和滥用食品添加剂专项整治方案》（以下简称专项整治方案）和专项整治第二次电视电话会议精神，现将专项整治近期工作重点及要求（以下简称近期工作重点及要求）印发给你们，请认真执行。

附件：全国打击违法添加非食用物质和滥用食品添加剂专项整治近期工作重点及要求

二〇〇九年三月六日

附件

全国打击违法添加非食用物质和滥用食品添加剂专项整治近期工作重点及要求

为深入开展全国打击违法添加非食用物质和滥用食品添加剂专项整治工作，进一步加大第二阶段清理整顿工作力度，提高专项整治工作的针对性，有效打击危害大、涉及面广的违法添加非食用物质和滥用食品添加剂的行为，根据各地、各部门专项整治第一阶段工作发现的突出问题，提出近期工作重点及要求。

一、工作重点

（一）食品添加剂

1. 生产环节

（1）复合食品添加剂配方不符合《食品添加剂卫生管理办法》的规定。

（2）未经许可非法生产食品添加剂的行为。

（3）在食品添加剂中添加非食用物质的违法行为。

（4）食品添加剂产品的标签标识不符合相关规定。

2. 流通环节

（1）销售未经许可非法生产的食品添加剂以及违法添加非食用物质的食品添加剂。

（2）销售标签标识不符合相关规定的食品添加剂。

（二）乳及乳制品生产

1. 添加皮革水解物、三聚氰胺、β－内酰胺酶（解抗剂）、硫氰酸钠等非食品用物质及滥用增稠剂、香精、着色剂等违法行为。

2. 添加未经批准的进口食品原料或添加剂。

（三）米面制品、淀粉制品和豆谷制品生产

添加溴酸钾、硼砂、吊白块等非食用物质及滥用过氧化苯甲酰、二氧化钛、漂白剂（硫磺）、膨松剂（硫酸铝钾、硫酸铝铵）等食品添加剂的违法行为。

（四）肉及肉制品生产

添加工业染料、硼酸、硼砂等非食用物质及滥用护色剂（硝酸盐、亚硝酸盐）、水分保持剂、着色剂、防腐剂等食品添加剂的违法行为。

（五）酒类生产

1．添加非食用物质及滥用香精、着色剂等食品添加剂的违法行为。

2．添加未经批准使用的进口食品添加剂。

（六）水产品加工和流通

1．使用甲醛、过氧化氢、火碱处理水产品以及过量使用多聚磷酸盐、亚硫酸盐（二氧化硫）的违法行为。

2．在水产品运输和贮藏过程中使用违禁物质（如孔雀石绿、抗生素、“鱼浮灵”）的违法行为。

（七）调味品生产

1．食醋中使用工业冰醋酸的违法行为。

2．酱油、酱类、食醋等调味品中滥用防腐剂的违法行为。

（八）餐饮食品加工

1．火锅中使用罂粟壳及用甲醛处理黄喉、血豆腐和鸭肠等火锅原料的违法行为。

2．使用地沟油烹制菜肴的违法行为。

3．在鲜榨果汁中滥用食品添加剂的违法行为。

二、工作要求

（一）提高认识，加强领导，全力推进专项整治工作

各地区、各部门要进一步提高认识，统一思想，加强领导，按照专项整治方案和近期工作重点及要求认真履行职责，全力以赴推进清理整顿阶段的工作。各有关部门要进一步加强对基层工作的指导和帮助，分析形势和问题，交流推广好的经验和做法，按照整治重点分步骤、逐地区地开展整治工作的督促检查与整治效果的考核验收，全力推进专项整治清理整顿阶段各项工作向纵深发展。

（二）梳理问题，及时整改，继续狠抓自查自纠

要按照进度服从质量的原则，对第一阶段任务没有完成的和企业自查自纠没有结束的地区，在认真完成专项整治方案的基础上，结合近期工作重点及要求继续做好第一阶段自查自纠工作。企业要将自查自纠检查结果形成书面报告，上报当地专项整治领导小组，各地相关部门要对企业自查自纠情况开展监督检查。各地区要进一步梳理在第一阶段工作中发现的问题和存在的不足，深入分析问题后面的深层次原因，按照边整顿、边规范、边建设的思路，认真清理和规范食品添加剂许可，进一步完善监管制度。同时，要针对食品生产加工、流通和消费环节违法添加非食用物质和滥用食品添加剂的突出问题，制定全面清理整顿的措施和办法，逐步完善食品添加剂使用卫生标准和检测方法、标准，狠抓落实。

（三）突出重点，追查源头，深入开展清理整顿工作

各地要根据第二阶段的任务、措施和要求，重点加强对消费量大、影响面广、问题比较突出的食品类别的整治。要按照近期工作重点及要求，确定本地区重点整治环节和重点整治产品，根据第一阶段掌握的线索，追踪溯源，一查到底。要集中各部门的力量，狠抓大案要案和典型案件的查处工作并及时报告全国专项整治领导小组。对存在问题没有纠正的企业要予以曝光，对故意生产、销售和使用用于食品的非法添加物的违法犯罪行为要依法严厉惩处。

省级专项整治领导小组要根据全国专项整治领导小组公布的“黑名单”和近期工作重点，结合本地区发现的突出问题，统一组织开展抽查工作，并将抽查情况汇总报告全国专项整治领导小组。对没有实施抽查评估的和评估没有达到整治效果的不得转入下一阶段。

（四）规范行业，强化自律，充分发挥行业组织作用

各食品行业组织要切实负起行业自律的责任，积极组织企业开展自查自纠工作，对本行业存在的违法添加非食用物质和滥用食品添加剂的问题进行系统梳理，鼓励和引导企业自觉清理问题，遵守行业诚信，履行企业社会责任。要进一步加强行业自律和诚信制度建设，健全企业自律机制。对不能认真履行行业自律职责、未及时发现和处理本行业存在的违法添加非食用物质和滥用食品添加剂问题的，要给予通报批评并依法严肃处理。

（五）明确责任，完善制度，建立健全长效监管机制

各地区要从做好食品安全工作的全局出发，从强化措施、完善制度、提高水平和加强监管等多方面入手，加强长效机制建设。要按照地方政府对食品安全负总责的要求，按照分段监管的原则，继续明确和细化各监管部门在食品添加剂生产、销售和使用中的监管责任，不断完善长效监管措施，着力消除食品添加剂生产、销售和使用中的监管漏洞。

（六）深入调研，真抓实干，继续加大工作督查力度

各地区负责专项整治工作的领导同志要带头学习掌握专项整治工作的要求和食品添加剂管理的有关知识，深入基层开展调查研究，解决基层工作中的困难和问题，督促指导落后地区的工作，对工作走过场、搞形式和不认真解决问题的地区要给予批评和通报。全国专项整治领导小组将根据第二阶段的工作进展情况，组织调查队和专家进行明查暗访，并将发现的问题向监察部门通报。

关于印发《流通环节食品安全整顿工作方案》的通知

各省、自治区、直辖市工商行政管理局：

现将《流通环节食品安全整顿工作方案》印发给你们，请结合各地实际，高度重视，精心组织，认真抓好落实。

二〇〇九年三月十五日

流通环节食品安全整顿工作方案

为深入贯彻落实国务院办公厅印发的《食品安全整顿工作方案》（国办发[2009]8号），进一步加强流通环节食品安全监管，维护食品市场经营秩序，保护消费者合法权益，制定本工作方案。

一、指导思想和工作目标

（一）指导思想

以邓小平理论和"三个代表"重要思想为指导，深入落实科学发展观，认真贯彻党的十七大、十七届三中全会、中央经济工作会议和党中央、国务院关于食品安全工作的部署和要求，坚持治理整顿与振兴产业相结合、集中整治与长效机制建设相结合、企业自律与政府监管相结合，统筹兼顾，突出重点，强化监管，深入开展食品安全整顿，切实规范流通环节食品经营行为，保障食品市场消费安全，促进食品产业持续健康发展，让人民群众买得放心、吃得安心。

（二）工作目标

用两年左右时间集中开展流通环节食品安全整顿，确保食品生产经营主体资格合法有效，销售者进货查验和进销货台帐制度得到严格执行，食品安全监管制度得到有效落实，食品经营行为规范有序，食品质量安全水平明显提高，流通环节食品安全状况进一步好转，人民群众食品消费安全感进一步增强。

二、整顿工作任务和重点

紧紧围绕消费者举报多的食品和薄弱环节，进一步加大市场监管执法力度，按照《食品安全整顿工作方案》的部署和要求，深入开展专项执法检查。

（一）集中开展奶制品市场专项执法检查

在前一阶段工作的基础上，深入贯彻《乳品质量安全监督管理条例》和《奶业整顿和振兴规划纲要》以及总局的实施意见，严格监督奶制品销售者落实进货查验制度和进货台账制度，特别是继续仔细查验对2008年9月14日前生产的奶制品经生产企业重新检验合格的报告和标识；突出重点市场、重点区域和重点奶制品销售者，严格规范经营行为，进一步整顿和规范奶制品市场秩序，促进奶制品行业健康有序发展。

（二）集中开展打击流通环节违法添加非食用物质和滥用食品添加剂的专项执法检查

按照卫生部、工商总局等九部、局《关于开展全国打击违法添加非食用物质和滥用食品添加剂专项整治的紧急通知》的部署和总局《实施方案》的要求，监督流通环节食品和食品添加剂经营者进行自查自纠，对重点食品、重点区域和重点食品经营者适时开展集中检查行动，加大监管执法力度，依法严厉查处流通环节食品经营者在食品中添加非食用物质和滥用食品添加剂的行为以及违法销售食品添加剂的行为，建立健全有效的流通环节食品添加剂销售和使用的监管机制。

（三）集中开展重点食品以及季节性、节日性食品的专项执法检查

各地要把开展重点食品专项执法检查作为整顿工作的重要任务，着力解决本地区食品市场存在的突出问题。一是要集中开展重点品种的专项执法检查。要以消费者申诉举报多和与人民群众生活密切相关的食品品种为重点，突出抓好奶制品、肉制品、米面制品、禽蛋制品、儿童食品、老年食品、膨化食品、豆制品、饮料、糕点、月饼、干果、调味品、食用油、酒类、腌制食品、冷冻食品等品种以及超市自制食品的专项执法检查，严厉打击销售过期霉变食品、"三无"食品等违法行为，切实解决人民群众反映强烈的问题。二是要集中开展重点区域的专项执法检查。要以城乡结合部、旅游景区、车站码头为重点，依法抓好小食品店、小摊点、小市场的专项检查，集中执法力量加大市

场巡查力度，坚决依法取缔无照商贩，严厉打击制售假冒伪劣食品违法行为。三是要集中开展季节性、节日性食品市场专项执法检查。要以“五一”、中秋、“十一”、元旦、春节为重点，突出抓好对节日性食品以及季节性食品的检查，重点整治价实不符、过度包装、搭售商品、虚假宣传及欺诈消费者等问题，切实保障节日食品和季节性消费安全。四是要集中开展对重点食品经营企业和市场的专项执法检查。要以商场、超市、批发市场、集贸市场和食品经营企业为重点，突出抓好市场开办者和经营者自查自纠和自律工作，认真监督落实食品经营者对食品安全的法定责任和义务，由基层工商所按辖区逐户检查排查，监督市场开办者、经营者自查和整改食品安全方面的问题，切实做到不进、不存、不销假冒伪劣食品和不合格食品，严格规范食品经营者的经营行为。

（四）集中开展农村食品市场专项执法检查

各地在农村食品市场专项执法检查中要紧紧围绕农民群众反映强烈的问题，突出整治重点，加大整顿力度。一是要加大对农村城镇、集镇、乡村举办的食品交易会、庙会和旅游景区景点、车站码头等经营食品的监管力度，严格规范农村食品经营秩序；二是要加大对城乡结合部和乡镇各类食品批发市场、集贸市场，特别是食杂店的监管力度，狠抓重点场所和经营者的整治，严格规范经营行为；三是要加大对消费者反映强烈和与农民群众日常生活消费关系密切的食品品种的监管，狠抓重点品种的整治，强化对食品质量安全的监管，严格规范食品市场安全准入行为；四是要加大推进农村食品安全示范店建设的力度，加快推进食品安全示范店建设进程，不断扩大覆盖面，努力提高规范化水平。

同时，要进一步加大对食品广告的监管力度，依法严厉查处含有虚假、夸大内容的食品广告，严厉查处涉及宣传疾病预防、治疗功能的违法食品广告；坚决制止和查处有关部门或者机构、协会违法推荐食品的广告；严格监管声称具有特定保健功能的食品广告，广告宣传的产品功能和成分与标签、说明书不一致的，要责令停止发布，并依法查处。对于被确认为不符合食品安全规定的食品，要立即停止发布该食品的广告。

三、整顿工作的措施

（一）加大食品生产经营者经济户口和信用分类监管力度，严把市场主体准入关

对从事食品生产经营的，严格按照法定条件，审验法律、行政法规和国务院决定规定的许可文件，未获得相关许可文件的，一律不予登记注册，严把食品生产经营主体准入关。继续按照《关于对食品经营主体予以特别标注的通知》规定，对食品经营主体及时进行特别标注，加大对食品生产经营者的经济户口和信用分类监管力度。建立与许可证发放机关的信息沟通机制，根据许可机关通报的信息依法及时吊销违法经营者营业执照或者责令其变更经营范围。在当地政府统一领导和协调下，按照相关部门的职责分工依法查处和取缔无照经营食品违法行为，确保食品生产经营主体资格合法有效。

（二）加大流通环节食品质量监管力度，严格食品质量市场准入

加大对食品销售者切实履行法定责任和义务的监督力度，切实提高食品经营者自律水平。依法监督食品销售者建立并执行进货查验和进货台账制度，监督从事食品批发业务的销售企业建立销售台账，监督市场开办企业、柜台出租企业、展销会举办企业建立并执行食品安全管理制度；以严格监督从事食品批发和配送业务的销售企业执行进货查验制度和购销台账制度并出具票据随货同行为重点，进一步推进和落实既符合规定又符合实际情况的“两项制度”（进货查验制度和购销台账制度）建设，积极鼓励有条件的销售者建立电子台账，积极探索和完善流通环节食品安全可追溯制度。加大食品质量监管力度，切实提高食品质量保障水平。加强对食品包装、标识、生产日期、保质期等监督检查，按照“上下联动、内外结合、资源共享”的原则，依据法律、法规和新“三定”方案，完善和创新流通环节食品安全监测机制和方式，针对流通环节特点和消费者投诉、申诉和举报的情况，科学确定食品监测的范围、品种、项目和方式，加强对食品安全监测信息的统计、分析和利用，及时进行消费警示和提示。同时，要充分利用相关部门检测、行业协会检测、销售者自检、消费者送检所反映的信息，对经法定检验机构依法确认的不合格食品，有针对性地依法开展市场清查。要加大对不合格食品退市的跟踪监管力度，切实提高食品安全监控水平。建立健全行政监管责令退市和销售者主动退市相结合的监管机制，监督食品销售者对被告知、通报或者自行发现的不合格食品立即采取停止销售、追回已售出的食品并造册登记等退市措施，对有关部门通报和监督检查中发现的不合格食品依法责令销售者退市，并加强对不合格食品退市后的跟踪监管，严防再次流入市场。

（三）加大食品市场日常巡查力度，严格规范食品经营行为

各地要认真贯彻《工商行政管理所食品安全监督管理工作规范》，按照“六查六看”要求，将监管重心下移，严格落实基层工商所食品安全日常巡查和属地监管责任制，突出重点场所、重点区域、重点销售者，采取增加巡查频次、完善巡查内容、提高巡查效率等措施，有针对性地开展市场巡查，及时发现和查处违法违章行为，依法加大对制售假冒伪劣食品等违法案件的查处力度，切实规范食品销售者的经营行为。要将食品市场巡查与经济户口管理、食品质量监测、食品分类监管与信用分类管理等结合起来，建立健全食品安全违法行为记录制度，建立违法案件信息库，完善监管档案，并加强对监管数据的统计分析，切实提高日常巡查的针对性和有效性。

（四）加大食品市场分类监管力度，切实提高监管执法效能

针对商场、超市、批发企业、批发市场、集贸市场和食品店经营食品的不同特点和不同经营管理状况，有针对性采取分类监管措施，切实提高食品安全监管执法效能。对商场、超市、批发市场及食品批发企业，重点监督其落实进货查验和购销台账制度等法定责任和义务，鼓励和督促经营者建立和完善协议准入、质量自检、质量承诺和不合格食品退市等自律制度，严格食品质量市场准入和保障销售食品质量。对农村集贸市场，重点是推广“一户多档”、“实名登记”、“证明登记”、“标牌公示”等四项制度，引导其规范和诚信经营。对食品店尤其是农村食品店，重点是监督其落实进货台账制度，仔细查验和妥善保管食品批发和配送经营者出具的销货单据，引导其积极参与创建食品安全示范店活动，配合商务部门推进食品物流配送和连锁经营，确保食品质量合格、经营行为规范。

（五）加大案件查办力度，严厉查处各类食品违法行为

要强化案件查办工作，尤其要抓好对食品大要案件的排查和督办工作。对流通环节食品违法案件涉及生产环节的食品质量问题，既要依法查处经销不合格食品及其它质量违法行为，又要将有关情况及时移交和通报质检等相关职能部门。要认真做好行政执法与刑事司法的衔接工作，对涉嫌犯罪的及时依法移送公安机关处理。要充分发挥12315行政执法体系的作用，及时受理和处理食品安全方面消费者的申诉举报，依法调解消费纠纷，严厉查处违法行为，切实保护好消费者的合法权益。

（六）加大食品安全信息化网络体系和长效监管机制建设力度，进一步健全食品安全预警防范和应急处置机制

各地要加快推进食品安全信息化监管网络建设，努力形成从总局到工商所五级纵向贯通以及与地区间、部门间、经营者和社会公众网络间横向联接的体系，逐步实现“网上查询、网上咨询、网上受理、网上查办、网上调度指挥、网上应急处置、网上动态监管、网上发布信息”的目标。要强化食品安全监管信息的联网应用，加强食品安全监管信息的采集和综合分析利用，及时发布消费提示、警示，努力做到事前调控、事前把关，有效防范食品安全事故；进一步健全食品安全监管网络，运用无线执法平台、移动查询终端等现代科技手段，有效开展网上预警防范和应急处置。各地要进一步完善食品安全应急预案，加强应急机构、队伍、车辆、物资、设备保障，开展应急演练和应急系统检查，切实建立和完善食品安全预警防范和应急处置机制。

四、整顿工作的要求

（一）加强领导，认真组织实施

各级工商行政管理机关要从贯彻落实科学发展观、构建和谐社会的高度，进一步提高对流通环节食品安全监管工作重要性、艰巨性、长期性和复杂性的认识，进一步增强政治意识、大局意识、责任意识，本着对党和人民高度负责的态度，切实把加强食品安全监管工作作为市场监管工作的重中之重，当作一项政治任务来抓。在地方党委、政府的领导下，切实加强对流通环节食品安全整顿工作的领导，一把手亲自抓，分管领导具体抓，相关职能机构按职责分工协作抓，形成齐抓共管的工作格局。要结合本地实际，研究制定具体的工作方案，层层分解任务，积极认真负责地抓好整顿工作的组织实施。各地要切实加强食品安全监管执法队伍建设，充实执法力量，加强业务培训，保障执法装备和经费，进一步提高食品安全监管的能力和水平。

（二）健全责任制度，严格责任追究

各级工商行政管理机关要进一步建立健全工商行政管理机关对流通环节食品安全属地监管领导责任制、职能机构指导监督责任制和食品安全基层监管岗位责任制。总局食品流通监督管理司牵头，会同有关单位，负责流通环节食品安全整顿的综合协调工作，各地工商行政管理机关也要明确一个内设机构牵头负责流通环节食品安全整顿的综合协调工作，并明确各内设机构的分工。内外资企业登记注册、监督和个体私营经济监管机构要加强对食品生产经营主体的登记管理，查处违反登记管理法律法规的行为，依法取缔无照经营；消费者权益保护机构要及时受理和依法分流、处理消费者的咨询和申诉举报，依法保护消费者合法权益；食品流通监管机构要依法加强食品市场监管，依法查处流通环节食品安全违法案件；市场监管机构要加强对批发市场、集贸市场食品安全的监管，加强食品交易市场信用分类监管，规范食品市场秩序；竞争执法、直销监管、商标管理、广告监管等机构要分别加大对食品市场不正当竞争、传销、商标侵权、虚假广告违法行为的查处力度。纪检、监察机构要对食品市场监管执法工作进行行政监察。要将食品安全日常监管责任落实到基层，按照划片分段、责任到人的要求，把监管任务落实到工商所每一名执法人员。要严格责任追究制度，发生食品安全监管责任问题的，要依据有关法律、法规和规定严肃追究相关单位和人员的责任。

（三）协作配合，形成工作合力

各级工商行政管理机关食品安全监管机构和其他相关职能机构在工作中既要坚持各司其职，各负其责，又要加强内部间的相互配合，分工协作，形成合力。要加强区域间、地区间以及与卫生、农业、质检、公安、商务和食品药品监管等部门之间的协作配合，优势互补，信息互通，不断提高监管执法的整体合力。要密切与新闻媒体的联系，加大宣传工作力度，强化对食品安全整顿工作的舆论引导和监督。

（四）强化督导，狠抓检查落实

各级工商机关要加强对各项工作的督查督办，一级抓一级，层层抓落实。要切实改进工作作风，各级工商行政管理机关领导干部和职能机构都要深入执法监管第一线，认真调查研究，了解一线情况，解决实际问题，有针对性地加强指导、督促和检查。要把组织领导、工作任务、工作措施、工作责任、人员力量和经费保障等逐项落到实处，确保各项工作取得实实在在的成效。总局将适时组织对食品安全整顿工作进行督查。

附件：流通环节食品安全整顿工作情况统计表（略）

二〇〇九年三月一日

关于做好学习贯彻《食品安全法》有关工作的通知

国食药监食［2009］123号

各省、自治区、直辖市食品药品监督管理局（药品监督管理局）：

《中华人民共和国食品安全法》将于2009年6月1日起施行，根据《国务院办公厅关于认真贯彻实施食品安全法的通知》（国办发〔2009〕25号）要求，为切实履行食品安全监管职能，加强食品安全监管工作，现就做好学习贯彻《食品安全法》有关工作通知如下：

一、充分认识《食品安全法》的重大意义，积极开展学习、宣传和培训工作

食品安全直接关系广大人民群众的身体健康和生命安全，关系国家经济健康发展和社会和谐稳定。《食品安全法》的颁布施行，为食品药品监管系统深入贯彻落实科学发展观，践行科学监管理念，推进依法行政提供了强大的法律保障。对规范食品生产经营活动，防范食品安全事故发生，增强食品安全监管工作的规范性、科学性和有效性，提高我国食品安全整体水平，具有重要意义。各级食品药品监管部门特别是各级领导干部，要从深入贯彻落实科学发展观、全面推进依法行政和建设责任政府的高度，从维护人民群众根本利益出发，充分认识学习贯彻《食品安全法》的重要意义，把学习好、宣传好《食品安全法》列入重要议事日程，摆到监管工作的重要位置，抓紧抓好、抓出成效。

各级食品药品监管要部门在地方人民政府的统一领导下，制定具体的学习贯彻方案，广泛、深入宣传《食品安全法》的立法宗旨和食品药品监管部门担负的职能；要加强食品安全监管人员的法律知识、餐饮服务和保健食品监管知识的学习和专业技术培训，确保食品安全监管人员全面掌握《食品安全法》的主要内容，特别是要准确理解餐饮服务监管的法定职责，提高各级监管人员的依法行政能力和执法水平。要监督、指导餐饮服务、保健食品生产经营者和相关行业学习贯彻《食品安全法》，使生产经营从业人员掌握食品安全法律知识，自觉守法经营；行业协会要按照《食品安全法》要求加强行业自律，开展好行业内的诚信建设活动。

食品药品监管系统的各种媒体，要制定学习、宣传《食品安全法》的工作方案，准确宣传法律知识和食品药品监管部门承担的监管职能，加强各地学习、宣传《食品安全法》活动的深度报道，为贯彻实施《食品安全法》营造良好社会舆论氛围和执法监督环境。

二、准确把握餐饮服务、保健食品安全监管的法定职能，积极履行职责，切实把监管责任落到实处

《食品安全法》体现了预防为主、科学管理、明确责任、综合治理的食品安全工作指导思想，明确了分工负责与统一协调相结合的食品安全监管体制，规定了县级以上地方人民政府的责任，以及县级以上各相关监管部门的具体职责。食品药品监督管理部门要依照《食品安全法》和国务院的有关规定，在地方人民政府的领导下，准确把握所担负的餐饮服务、保健食品安全监管职能，严格依法行政、科学监管，努力提高监管能力和水平。

目前，省级政府机构改革正在进行中，省以下食品安全监管职能尚未交接到位，各地食品药品监督管理部门要认真贯彻卫生部、国家食品药品监管局《关于餐饮业、食堂等消费环节食品安全监管职责调整工作的通知》（卫监督发〔2009〕1号）和国家食品药品监管局《关于做好职责交接期食品安全监管工作的通知》（国食药监食〔2009〕22号）要求，强化责任意识，以积极主动的态度，抓紧开展本地区餐饮服务环节和保健食品安全状况的全面调研，掌握基本情况，摸清存在问题，研究加强监管措施。要加强新形势下餐饮服务、保健食品安全监管工作机制的研究，加强与卫生行政部门的合作，搞好工作协调，形成监管合力，既避免职责不清、交叉重复，又防止监管空白。

要认真研究餐饮服务、保健食品监管的保障措施，在增强食品检验能力，提高执法专业技术水平等监管能力建设等方面，积极争取地方政府经费、人力资源的保障和支持，特别要注重提高基层监管能力，打牢基层监管基础，组织开展实用快速检测技术的筛选、研究和推广工作，支持基层加快配备必要的监督和快速检测设备，加强业务培训，提高一线队伍科学监管的水平。要认真研究《食品安全法》赋予的餐饮服务、保健食品安全监管职责，严格餐饮服务和保健食品准入条件，加强生产经营和市场监督稽查，建立和完善相关监管责任制度，明确职责、落实责任，着力解决监管工作中的不作为、不到位和乱作为的问题，严肃查处失职、渎职行为。

要采取有力措施，督促餐饮服务生产经营者落实餐饮服务索证索票、安全管理等一系列规章制度，督促保健食品生产经营者落实保健食品研制、生产、流通的各项规定，切实承担起食品安全第一责任人的责任。严肃查处餐饮服务和保健食品生产经营者的违法违规生产经营行为。

三、积极配合卫生行政部门清理现行的法规制度，抓紧制定、完善餐饮服务、保健食品安全监管行政法规和规章

根据国务院的要求，国务院制定的《食品安全法实施条例》与《食品安全法》同时施行，国务院各有关部门要依照《食品安全法》的规定，依据各自职责，根据食品安全监管工作实际需要，制定配套的部门规章，确保《食品安全法》得到贯彻落实。同时，国务院各有关部门要依照《食品安全法》及其配套行政法规的规定，对现行与食品安全监管有关的部门规章进行清理，及时废止与《食品安全法》及其配套行政法规不一致的规章，或者修订、废止其中与《食品安全法》及其配套行政法规不一致的内容。食品药品监管部门要认真落实国务院要求，根据餐饮服务、保健食品监管职能和实际监管工作的需要，一方面要积极向立法部门提出制定和修订餐饮服务、保健食品监管中的规章和规范的意见和建议，另一方面要加强调查研究，及时提出餐饮服务、保健食品监管中的政策性要求和工作指导意见。

四、以贯彻实施《食品安全法》为契机，扎实做好餐饮服务、保健食品安全整顿工作

国务院办公厅今年2月印发食品安全整顿工作方案，提出用2年时间在全国开展食品安全整顿工作，对切实解决我国食品安全的突出问题做出了明确部署。为贯彻落实国务院要求，国家食品药品监督管理局已印发《餐饮服务和保健食品安全整顿工作实施意见》，将通过建立健全相关监管法规制度；加强监管队伍建设，提高依法监管的能力；会同相关部门开展专项整治、专项检查和保健食品清理换证；开展专项抽查，突出重点区域、重点环节、重点品种的监管；完善餐饮服务环节重大食品安全事故应急机制；及时查处餐饮服务环节和保健食品安全重大案件，曝光典型案例等措施，有效地解决餐饮服务和保健食品安全的突出问题。各级食品药品监管部门要抓住贯彻实施《食品安全法》这个有利时机，认真落实《国务院办公厅关于印发食品安全整顿工作方案的通知》（国办发〔2009〕8号）要求，根据国家局《餐饮服务和保健食品安全整顿工作实施意见》，加强对食品安全整顿工作的领导，制订切实可行的工作方案，抓好督促检查、工作指导和效果评估，逐级落实整顿工作任务和责任。

各地要继续做好餐饮服务环节打击违法添加非食用物质和滥用食品添加剂专项整治工作，并做好专项整治与为期2年的食品安全整顿工作的衔接，确保对违法添加非食用物质和滥用食品添加剂监管更加规范有效，餐饮服务经营者严格自律、依法经营意识显著加强，进一步增强人民群众餐饮消费食品安全的信心，维护好人民群众的合法权益。

各地要及时总结学习贯彻《食品安全法》的经验，要把相关信息和工作动态，及时报送国家食品药品监督管理局。

国家食品药品监督管理局

二〇〇九年四月十三日

国家税务总局
关于加强白酒消费税征收管理的通知

国税函 [2009] 380 号

各省、自治区、直辖市和计划单列市国家税务局：

为落实《国家税务总局关于进一步加强税收征管工作的通知》(国税发〔2009〕16 号)文件精神，加强白酒消费税征收管理，现将有关事项通知如下：

一、各地要组织开展白酒消费税政策执行情况检查，及时纠正税率适用错误等政策问题。

二、各地要加强白酒消费税日常管理，确保税款按时入库。加大白酒消费税清欠力度，杜绝新欠发生。

三、加强纳税评估，有效监控生产企业的生产、销售情况，堵塞漏洞，增加收入。

四、为保全税基，对设立销售公司的白酒生产企业，税务总局制定了《白酒消费税最低计税价格核定管理办法（试行）》（见附件)，对计税价格偏低的白酒核定消费税最低计税价格。各地要集中力量做好白酒消费税最低计税价格核定工作，确保自 2009 年 8 月 1 日起，执行核定的白酒消费税最低计税价格。

五、各地要加强小酒厂白酒消费税的征管，对账证不全的，采取核定征收方式。

六、各级税务机关要加强领导，加强对本通知提出的白酒消费税征收管理各项工作要求的监督检查，发现问题及时纠正、及时上报。

附件：白酒消费税最低计税价格核定管理办法（试行）

二〇〇九年七月十七日

附件：白酒消费税最低计税价格核定管理办法（试行）

第一条 根据《中华人民共和国税收征收管理法》、《中华人民共和国消费税暂行条例》以及相关法律法规制定本办法。

第二条 白酒生产企业销售给销售单位的白酒，生产企业消费税计税价格低于销售单位对外销售价格（不含增值税，下同）70% 以下的，税务机关应核定消费税最低计税价格。

第三条 办法第二条销售单位是指，销售公司、购销公司以及委托境内其他单位或个人包销本企业生产白酒的商业机构。销售公司、购销公司是指，专门购进并销售白酒生产企业生产的白酒，并与该白酒生产企业存在关联性质。包销是指，销售单位依据协定价格从白酒生产企业购进白酒，同时承担大部分包装材料等成本费用，并负责销售白酒。

第四条 白酒生产企业应将各种白酒的消费税计税价格和销售单位销售价格，按照本办法附件 1 的式样及要求，在主管税务机关规定的时限内填报。

第五条 白酒消费税最低计税价格由白酒生产企业自行申报，税务机关核定。

第六条 主管税务机关应将白酒生产企业申报的销售给销售单位的消费税计税价格低于销售单位对外销售价格 70% 以下、年销售额 1000 万元以上的各种白酒，按照本办法附件 2 的式样及要求，在规定的时限内逐级上报至国家税务总局。税务总局选择其中部分白酒核定消费税最低计税价格。

第七条 除税务总局已核定消费税最低计税价格的白酒外，其他符合本办法第二条需要核定消费税最低计税价格的白酒，消费税最低计税价格由各省、自治区、直辖市和计划单列市国家税务局核定。

第八条 白酒消费税最低计税价格核定标准如下：

（一）白酒生产企业销售给销售单位的白酒，生产企业消费税计税价格高于销售单位对外销售价格 70%（含 70%）以上的，税务机关暂不核定消费税最低计税价格。

（二）白酒生产企业销售给销售单位的白酒，生产企业消费税计税价格低于销售单位对外销售价格 70% 以下的，消费税最低计税价格由税务机关根据生产规模、白酒品牌、利润水平等情况在销售单位对外销售价格 50% 至 70% 范围内自行核定。其中生产规模较大，利润水平较高的企业生产的需要核定消费税最低计税价格的白酒，税务机关核价幅度原则上应选择在销售单位对外销售价格60%至70%范围内。

第九条 已核定最低计税价格的白酒，生产企业实际销售价格高于消费税最低计税价格的，按实际销售价格申报纳税；实际销售价格低于消费税最低计税价格的，按最低计税价格申报纳税。

第十条 已核定最低计税价格的白酒，销售单位对外销售价格持续上涨或下降时间达到3个月以上、累计上涨或下降幅度在20%（含）以上的白酒，税务机关重新核定最低计税价格。

第十一条 白酒生产企业在办理消费税纳税申报时，应附已核定最低计税价格白酒清单，式样见附件3。

第十二条 白酒生产企业未按本办法规定上报销售单位销售价格的，主管国家税务局应按照销售单位销售价格征收消费税。

第十三条 本办法自2009年8月1日起执行。

附件：1. 白酒相关经济指标申报表

2. 白酒消费税最低计税价格核定申请表

3. 已核定最低计税价格白酒清单

附件1：

白酒相关经济指标申报表

生产企业名称： 所属时间： 单位：元/500毫升（克）

序号	销售单位名称	品名	规格	出厂价格	产品成本利润率	销售价格（元）	销售收入（万元）	备注
1	2	3	4	5	6	7	8	9

说明：1. 本表由白酒生产企业负责填写。

2. 本表第3栏“品名”填写白酒产品标签标示的产品名称。

3. 本表第4栏“规格”填写白酒产品的酒精度。品名、规格相同但价格不同的白酒按两个规格分别填列。

4. 本表第5栏“出厂价格”为生产企业申报白酒价格所属月份前12个月的平均白酒销售价格（不含增值税）。

5. 本表第6栏“产品成本利润率”为该产品上年度产品成本利润率。

6. 本表第7栏“销售价格”为生产企业申报白酒价格所属月份前12个月销售单位的白酒平均销售价格（不含增值税）。

7. 本表一式2份，一份由填报单位留存，一份报送主管税务机关。

附件2:

白酒消费税最低计税价格核定申请表

生产企业名称（公章）： 填报时间： 单位：元（价格）、万元（销售收入）

序号	品名	规格	出厂价格（元）	产品成本利润率	销售价格	出厂价格占销售价格比例	销售收入（万元）	备注
1	2	3	4	5	6	7=4/6	8	9

经办人（签章）： 财务负责人（签章）： 法人代表（签章）：

说明：1. 本表由白酒生产企业负责填写。

2. 本表第2栏“品名”填写白酒产品标签标示的产品名称。

3. 本表第3栏“规格”填写白酒产品的酒精度。品名、规格相同但价格不同的白酒按两个规格分别填列。

4. 本表第4栏“出厂价格”为生产企业2008年7月至2009年6月的白酒平均销售价格（不含增值税）。

5. 本表第5栏“产品成本利润率”为该产品2008年度产品成本利润率。

6、本表第6栏“销售价格”为销售单位2008年7月至2009年6月的白酒平均销售价格（不含增值税）。

7. 本表第7栏按“出厂价格占销售价格比例”栏按降序排列。

8. 本表第9栏“销售收入”为生产企业该规格白酒2008年7月至2009年6月的销售收入。

9. 本表一式2份，一份由填报单位留存，一份报送国家税务总局。

附件3：

已核定最低计税价格白酒清单

填报企业名称：　　　　　　　　　　所属时间：　　　　　　　　　单位：元/500毫升（克）

序号	品名	规格	出厂价格	核定消费税最低计税价格	备注
1	2	3	4	5	6

说明：1. 本表由白酒生产企业负责填写。

2. 本表第2栏“品名”填写白酒产品标签标示的产品名称。

3. 本表第3栏“规格”填写白酒产品的酒精度。品名、规格相同但价格不同的白酒按两个规格分别填列。

4. 本表第4栏“出厂价格”为生产企业销售白酒价格

5. 本表第5栏“核定消费税最低计税价格”为税务机关核定的白酒消费税最低计税价格。

6. 本表一式2份，一份由填报单位留存，一份办理消费税纳税申报时随同纳税申报表报送。

中华人民共和国国务院令

第557号

《中华人民共和国食品安全法实施条例》已经2009年7月8日国务院第73次常务会议通过，现予公布，自公布之日起施行。

国务院总理　温家宝

二〇〇九年七月二十日

中华人民共和国食品安全法实施条例

第一章　总　则

第一条　根据《中华人民共和国食品安全法》（以下简称食品安全法），制定本条例。

第二条　县级以上地方人民政府应当履行食品安全法规定的职责；加强食品安全监督管理能力建设，为食品安全监督管理工作提供保障；建立健全食品安全监督管理部门的协调配合机制，整合、完善食品安全信息网络，实现食品安全信息共享和食品检验等技术资源的共享。

第三条　食品生产经营者应当依照法律、法规和食品安全标准从事生产经营活动，建立健全食品安全管理制度，采取有效管理措施，保证食品安全。

食品生产经营者对其生产经营的食品安全负责，对社会和公众负责，承担社会责任。

第四条　食品安全监督管理部门应当依照食品安全法和本条例的规定公布食品安全信息，为公众咨询、投诉、举报提供方便；任何组织和个人有权向有关部门了解食品安全信息。

第二章　食品安全风险监测和评估

第五条　食品安全法第十一条规定的国家食品安全风险监测计划，由国务院卫生行政部门会同国务院质量监督、工商行政管理和国家食品药品监督管理以及国务院商务、工业和信息化等部门，根据食品安全风险评估、食品安全标准制定与修订、食品安全监督管理等工作的需要制定。

第六条　省、自治区、直辖市人民政府卫生行政部门应当组织同级质量监督、工商行政管理、食品药品监督管理、商务、工业和信息化等部门，依照食品安全法第十一条的规定，制定本行政区域的食品安全风险监测方案，报国务院卫生行政部门备案。

国务院卫生行政部门应当将备案情况向国务院质量监督、工商行政管理和国家食品药品监督管理以及国务院商务、工业和信息化等部门通报。

第七条　国务院卫生行政部门会同有关部门除依照食品安全法第十二条的规定对国家食品安全风险监测计划作出调整外，必要时，还应当依据医疗机构报告的有关疾病信息调整国家食品安全风险监测计划。

国家食品安全风险监测计划作出调整后，省、自治区、直辖市人民政府卫生行政部门应当结合本行政区域的具体情况，对本行政区域的食品安全风险监测方案作出相应调整。

第八条　医疗机构发现其接收的病人属于食源性疾病病人、食物中毒病人，或者疑似食源性疾病病人、疑似食物中毒病人的，应当及时向所在地县级人民政府卫生行政部门报告有关疾病信息。

接到报告的卫生行政部门应当汇总、分析有关疾病信息，及时向本级人民政府报告，同时报告上级卫生行政部门；必要时，可以直接向国务院卫生行政部门报告，同时报告本级人民政府和上级卫生行政部门。

第九条　食品安全风险监测工作由省级以上人民政府卫生行政部门会同同级质量监督、工商行政管理、食品药品监督管理等部门确定的技术机构承担。

承担食品安全风险监测工作的技术机构应当根据食品安全风险监测计划和监测方案开展监测工作，保证监测数据真实、准确，并按照食品安全风险监测计划和监测方案的要求，将监测数据和分析结果报送省级以上人民政府卫生行政部门和下达监测任务的部门。

食品安全风险监测工作人员采集样品、收集相关数据，可以进入相关食用农产品种植养殖、食品生产、食品流通或者餐饮服务场所。采集样品，应当按照市场价格支付费用。

第十条 食品安全风险监测分析结果表明可能存在食品安全隐患的，省、自治区、直辖市人民政府卫生行政部门应当及时将相关信息通报本行政区域设区的市级和县级人民政府及其卫生行政部门。

第十一条 国务院卫生行政部门应当收集、汇总食品安全风险监测数据和分析结果，并向国务院质量监督、工商行政管理和国家食品药品监督管理以及国务院商务、工业和信息化等部门通报。

第十二条 有下列情形之一的，国务院卫生行政部门应当组织食品安全风险评估工作：

（一）为制定或者修订食品安全国家标准提供科学依据需要进行风险评估的；

（二）为确定监督管理的重点领域、重点品种需要进行风险评估的；

（三）发现新的可能危害食品安全的因素的；

（四）需要判断某一因素是否构成食品安全隐患的；

（五）国务院卫生行政部门认为需要进行风险评估的其他情形。

第十三条 国务院农业行政、质量监督、工商行政管理和国家食品药品监督管理等有关部门依照食品安全法第十五条规定向国务院卫生行政部门提出食品安全风险评估建议，应当提供下列信息和资料：

（一）风险的来源和性质；

（二）相关检验数据和结论；

（三）风险涉及范围；

（四）其他有关信息和资料。

县级以上地方农业行政、质量监督、工商行政管理、食品药品监督管理等有关部门应当协助收集前款规定的食品安全风险评估信息和资料。

第十四条 省级以上人民政府卫生行政、农业行政部门应当及时相互通报食品安全风险监测和食用农产品质量安全风险监测的相关信息。

国务院卫生行政、农业行政部门应当及时相互通报食品安全风险评估结果和食用农产品质量安全风险评估结果等相关信息。

第三章　食品安全标准

第十五条 国务院卫生行政部门会同国务院农业行政、质量监督、工商行政管理和国家食品药品监督管理以及国务院商务、工业和信息化等部门制定食品安全国家标准规划及其实施计划。制定食品安全国家标准规划及其实施计划，应当公开征求意见。

第十六条 国务院卫生行政部门应当选择具备相应技术能力的单位起草食品安全国家标准草案。提倡由研究机构、教育机构、学术团体、行业协会等单位，共同起草食品安全国家标准草案。国务院卫生行政部门应当将食品安全国家标准草案向社会公布，公开征求意见。

第十七条 食品安全法第二十三条规定的食品安全国家标准审评委员会由国务院卫生行政部门负责组织。食品安全国家标准审评委员会负责审查食品安全国家标准草案的科学性和实用性等内容。

第十八条 省、自治区、直辖市人民政府卫生行政部门应当将企业依照食品安全法第二十五条规定报送备案的企业标准，向同级农业行政、质量监督、工商行政管理、食品药品监督管理、商务、工业和信息化等部门通报。

第十九条 国务院卫生行政部门和省、自治区、直辖市人民政府卫生行政部门应当会同同级农业行政、质量监督、工商行政管理、食品药品监督管理、商务、工业和信息化等部门，对食品安全国家标准和食品安全地方标准的执行情况分别进行跟踪评价，并应当根据评价结果适时组织修订食品安全标准。

国务院和省、自治区、直辖市人民政府的农业行政、质量监督、工商行政管理、食品药品监督管理、商务、工业和信息化等部门应当收集、汇总食品安全标准在执行过程中存在的问题，并及时向同级卫生行政部门通报。

食品生产经营者、食品行业协会发现食品安全标准在执行过程中存在问题的，应当立即向食品安全监督管理部门报告。

第四章　食品生产经营

第二十条 设立食品生产企业，应当预先核准企业名称，依照食品安全法的规定取得食品生产许可后，办理工商登记。县级以上质量监督管理部门依照有关法律、行政法规规定审核相关资料、核查生产场所、检验相关产品；对相关资料、场所符合规定要求以及相关产品符合食品安全标准或者要求的，应当作出准予许可的决定。

其他食品生产经营者应当在依法取得相应的食品生产许可、食品流通许可、餐饮服务许可后，办理工商登记。法律、法规对食品生产加工小作坊和食品摊贩另有规定的，依照其规定。

食品生产许可、食品流通许可和餐饮服务许可的有效期为 3 年。

第二十一条 食品生产经营者的生产经营条件发生变化，不符合食品生产经营要求的，食品生产经营者应当立即采取整改措施；有发生食品安全事故的潜在风险的，应当立即停止食品生产经营活动，并向所在地县级质量监督、工商行政管理或者食品药品监督管理部门报告；需要重新办理许可手续的，应当依法办理。

县级以上质量监督、工商行政管理、食品药品监督管理部门应当加强对食品生产经营者生产经营活动的日常监督检查；发现不符合食品生产经营要求情形的，应当责令立即纠正，并依法予以处理；不再符合生产经营许可条件的，应当依法撤销相关许可。

第二十二条 食品生产经营企业应当依照食品安全法第三十二条的规定组织职工参加食品安全知识培训，学习食品安全法律、法规、规章、标准和其他食品安全知识，并建立培训档案。

第二十三条 食品生产经营者应当依照食品安全法第三十四条的规定建立并执行从业人员健康检查制度和健康档案制度。从事接触直接入口食品工作的人员患有痢疾、伤寒、甲型病毒性肝炎、戊型病毒性肝炎等消化道传染病，以及患有活动性肺结核、化脓性或者渗出性皮肤病等有碍食品安全的疾病的，食品生产经营者应当将其调整到其他不影响食品安全的工作岗位。

食品生产经营人员依照食品安全法第三十四条第二款规定进行健康检查，其检查项目等事项应当符合所在地省、自治区、直辖市的规定。

第二十四条 食品生产经营企业应当依照食品安全法第三十六条第二款、第三十七条第一款、第三十九条第二款的规定建立进货查验记录制度、食品出厂检验记录制度，如实记录法律规定记录的事项，或者保留载有相关信息的进货或者销售票据。记录、票据的保存期限不得少于2年。

第二十五条 实行集中统一采购原料的集团性食品生产企业，可以由企业总部统一查验供货者的许可证和产品合格证明文件，进行进货查验记录；对无法提供合格证明文件的食品原料，应当依照食品安全标准进行检验。

第二十六条 食品生产企业应当建立并执行原料验收、生产过程安全管理、贮存管理、设备管理、不合格产品管理等食品安全管理制度，不断完善食品安全保障体系，保证食品安全。

第二十七条 食品生产企业应当就下列事项制定并实施控制要求，保证出厂的食品符合食品安全标准：

（一）原料采购、原料验收、投料等原料控制；

（二）生产工序、设备、贮存、包装等生产关键环节控制；

（三）原料检验、半成品检验、成品出厂检验等检验控制；

（四）运输、交付控制。

食品生产过程中有不符合控制要求情形的，食品生产企业应当立即查明原因并采取整改措施。

第二十八条 食品生产企业除依照食品安全法第三十六条、第三十七条规定进行进货查验记录和食品出厂检验记录外，还应当如实记录食品生产过程的安全管理情况。记录的保存期限不得少于2年。

第二十九条 从事食品批发业务的经营企业销售食品，应当如实记录批发食品的名称、规格、数量、生产批号、保质期、购货者名称及联系方式、销售日期等内容，或者保留载有相关信息的销售票据。记录、票据的保存期限不得少于2年。

第三十条 国家鼓励食品生产经营者采用先进技术手段，记录食品安全法和本条例要求记录的事项。

第三十一条 餐饮服务提供者应当制定并实施原料采购控制要求，确保所购原料符合食品安全标准。

餐饮服务提供者在制作加工过程中应当检查待加工的食品及原料，发现有腐败变质或者其他感官性状异常的，不得加工或者使用。

第三十二条 餐饮服务提供企业应当定期维护食品加工、贮存、陈列等设施、设备；定期清洗、校验保温设施及冷藏、冷冻设施。

餐饮服务提供者应当按照要求对餐具、饮具进行清洗、消毒，不得使用未经清洗和消毒的餐具、饮具。

第三十三条 对依照食品安全法第五十三条规定被召回的食品，食品生产者应当进行无害化处理或者予以销毁，防止其再次流入市场。对因标签、标识或者说明书不符合食品安全标准而被召回的食品，食品生产者在采取补救措施且能保证食品安全的情况下可以继续销售；销售时应当向消费者明示补救措施。

县级以上质量监督、工商行政管理、食品药品监督管理部门应当将食品生产者召回不符合食品安全标准的食品的情况，以及食品经营者停止经营不符合食品安全标准的食品的情况，记入食品生产经营者食品安全信用档案。

第五章 食品检验

第三十四条 申请人依照食品安全法第六十条第三款规定向承担复检工作的食品检验机构（以下称复检机构）申请复检，应当说明理由。

复检机构名录由国务院认证认可监督管理、卫生行政、农业行政等部门共同公布。复检机构出具的复检结论为最终检验结论。

复检机构由复检申请人自行选择。复检机构与初检机构不得为同一机构。

第三十五条 食品生产经营者对依照食品安全法第六十条规定进行的抽样检验结论有异议申请复检，复检结论表明食品合格的，复检费用由抽样检验的部门承担；复检结论表明食品不合格的，复检费用由食品生产经营者承担。

第六章 食品进出口

第三十六条 进口食品的进口商应当持合同、发票、装箱单、提单等必要的凭证和相关批准文件，向海关报关地的出入境检验检疫机构报检。进口食品应当经出入境检验检疫机构检验合格。海关凭出入境检验检疫机构签发的通关证明放行。

第三十七条 进口尚无食品安全国家标准的食品，或者首次进口食品添加剂新品种、食品相关产品新品种，进口商应当向出入境检验检疫机构提交依照食品安全法第六十三条规定取得的许可证明文件，出入境检验检疫机构应当按照国务院卫生行政部门的要求进行检验。

第三十八条 国家出入境检验检疫部门在进口食品中发现食品安全国家标准未规定且可能危害人体健康的物质，应当按照食品安全法第十二条的规定向国务院卫生行政部门通报。

第三十九条 向我国境内出口食品的境外食品生产企业依照食品安全法第六十五条规定进行注册，其注册有效期为4年。已经注册的境外食品生产企业提供虚假材料，或者因境外食品生产企业的原因致使相关进口食品发生重大食品安全事故的，国家出入境检验检疫部门应当撤销注册，并予以公告。

第四十条 进口的食品添加剂应当有中文标签、中文说明书。标签、说明书应当符合食品安全法和我国其他有关法律、行政法规的规定以及食品安全国家标准的要求，载明食品添加剂的原产地和境内代理商的名称、地址、联系方式。食品添加剂没有中文标签、中文说明书或者标签、说明书不符合本条规定的，不得进口。

第四十一条 出入境检验检疫机构依照食品安全法第六十二条规定对进口食品实施检验，依照食品安全法第六十八条规定对出口食品实施监督、抽检，具体办法由国家出入境检验检疫部门制定。

第四十二条 国家出入境检验检疫部门应当建立信息收集网络，依照食品安全法第六十九条的规定，收集、汇总、通报下列信息：

（一）出入境检验检疫机构对进出口食品实施检验检疫发现的食品安全信息；

（二）行业协会、消费者反映的进口食品安全信息；

（三）国际组织、境外政府机构发布的食品安全信息、风险预警信息，以及境外行业协会等组织、消费者反映的食品安全信息；

（四）其他食品安全信息。

接到通报的部门必要时应当采取相应处理措施。

食品安全监督管理部门应当及时将获知的涉及进出口食品安全的信息向国家出入境检验检疫部门通报。

第七章 食品安全事故处置

第四十三条 发生食品安全事故的单位对导致或者可能导致食品安全事故的食品及原料、工具、设备等，应当立即采取封存等控制措施，并自事故发生之时起2小时内向所在地县级人民政府卫生行政部门报告。

第四十四条 调查食品安全事故，应当坚持实事求是、尊重科学的原则，及时、准确查清事故性质和原因，认定事故责任，提出整改措施。

参与食品安全事故调查的部门应当在卫生行政部门的统一组织协调下分工协作、相互配合，提高事故调查处理的工作效率。

食品安全事故的调查处理办法由国务院卫生行政部门会同国务院有关部门制定。

第四十五条 参与食品安全事故调查的部门有权向有关单位和个人了解与事故有关的情况，并要求提供相关资料和样品。

有关单位和个人应当配合食品安全事故调查处理工作，按照要求提供相关资料和样品，不得拒绝。

第四十六条 任何单位或者个人不得阻挠、干涉食品安全事故的调查处理。

第八章 监督管理

第四十七条 县级以上地方人民政府依照食品安全法第七十六条规定制定的食品安全年度监督管理计划，应当包含食品抽样检验的内容。对专供婴幼儿、老年人、病人等特定人群的主辅食品，应当重点加强抽样检验。

县级以上农业行政、质量监督、工商行政管理、食品药品监督管理部门应当按照食品安全年度监督管理计划进行抽样检验。抽样检验购买样品所需费用和检验费等，由同级财政列支。

第四十八条 县级人民政府应当统一组织、协调本级卫生行政、农业行政、质量监督、工商行政管理、食品药品监督管理部门，依法对本行政区域内的食品生产经营者进行监督管理；对发生食品安全事故风险较高的食品生产经营者，应当重点加强监督管理。

在国务院卫生行政部门公布食品安全风险警示信息，或者接到所在地省、自治区、直辖市人民政府卫生行政部门依照本条例第十条规定通报的食品安全风险监测信息后，设区的市级和县级人民政府应当立即组织本级卫生行政、农业行政、质量监督、工商行政管理、食品药品监督管理部门采取有针对性的措施，防止发生食品安全事故。

第四十九条 国务院卫生行政部门应当根据疾病信息和监督管理信息等，对发现的添加或者可能添加到食品中的非食品用化学物质和其他可能危害人体健康的物质的名录及检测方法予以公布；国务院质量监督、工商行政管理和国家食品药品监督管理部门应当采取相应的监督管理措施。

第五十条 质量监督、工商行政管理、食品药品监督管理部门在食品安全监督管理工作中可以采用国务院质量监督、工商行政管理和国家食品药品监督管理部门认定的快速检测方法对食品进行初步筛查；对初步筛查结果表明可能不符合食品安全标准的食品，应当依照食品安全法第六十条第三款的规定进行检验。初步筛查结果不得作为执法依据。

第五十一条 食品安全法第八十二条第二款规定的食品安全日常监督管理信息包括：

（一）依照食品安全法实施行政许可的情况；

（二）责令停止生产经营的食品、食品添加剂、食品相关产品的名录；

（三）查处食品生产经营违法行为的情况；

（四）专项检查整治工作情况；

（五）法律、行政法规规定的其他食品安全日常监督管理信息。

前款规定的信息涉及两个以上食品安全监督管理部门职责的，由相关部门联合公布。

第五十二条 食品安全监督管理部门依照食品安全法第八十二条规定公布信息，应当同时对有关食品可能产生的危害进行解释、说明。

第五十三条 卫生行政、农业行政、质量监督、工商行政管理、食品药品监督管理等部门应当公布本单位的电子邮件地址或者电话，接受咨询、投诉、举报；对接到的咨询、投诉、举报，应当依照食品安全法第八十条的规定进行答复、核实、处理，并对咨询、投诉、举报和答复、核实、处理的情况予以记录、保存。

第五十四条 国务院工业和信息化、商务等部门依据职责制定食品行业的发展规划和产业政策，采取措施推进产业结构优化，加强对食品行业诚信体系建设的指导，促进食品行业健康发展。

第九章 法律责任

第五十五条 食品生产经营者的生产经营条件发生变化，未依照本条例第二十一条规定处理的，由有关主管部门责令改正，给予警告；造成严重后果的，依照食品安全法第八十五条的规定给予处罚。

第五十六条 餐饮服务提供者未依照本条例第三十一条第一款规定制定、实施原料采购控制要求的，依照食品安全法第八十六条的规定给予处罚。

餐饮服务提供者未依照本条例第三十一条第二款规定检查待加工的食品及原料，或者发现有腐败变质或者其他感官性状异常仍加工、使用的，依照食品安全法第八十五条的规定给予处罚。

第五十七条 有下列情形之一的，依照食品安全法第八十七条的规定给予处罚：

（一）食品生产企业未依照本条例第二十六条规定建立、执行食品安全管理制度的；

（二）食品生产企业未依照本条例第二十七条规定制定、实施生产过程控制要求，或者食品生产过程中有不符合控制要求的情形未依照规定采取整改措施的；

（三）食品生产企业未依照本条例第二十八条规定记录食品生产过程的安全管理情况并保存相关记录的；

（四）从事食品批发业务的经营企业未依照本条例第二十九条规定记录、保存销售信息或者保留销售票据的；

（五）餐饮服务提供企业未依照本条例第三十二条第一款规定定期维护、清洗、校验设施、设备的；

（六）餐饮服务提供者未依照本条例第三十二条第二款规定对餐具、饮具进行清洗、消毒，或者使用未经清洗和消毒的餐具、饮具的。

第五十八条 进口不符合本条例第四十条规定的食品添加剂的，由出入境检验检疫机构没收违法进口的食品添加剂；违法进口的食品添加剂货值金额不足1万元的，并处2000元以上5万元以下罚款；货值金额1万元以上的，并处货值金额2倍以上5倍以下罚款。

第五十九条 医疗机构未依照本条例第八条规定报告有关疾病信息的，由卫生行政部门责令改正，给予警告。

第六十条 发生食品安全事故的单位未依照本条例第四十三条规定采取措施并报告的，依照食品安全法第八十八条的规定给予处罚。

第六十一条 县级以上地方人民政府不履行食品安全监督管理法定职责，本行政区域出现重大食品安全事故、造成严重社会影响的，依法对直接负责的主管人员和其他直接责任人员给予记大过、降级、撤职或者开除的处分。

县级以上卫生行政、农业行政、质量监督、工商行政管理、食品药品监督管理部门或者其他有关行政部门不履行食品安全监督管理法定职责、日常监督检查不到位或者滥用职权、玩忽职守、徇私舞弊的，依法对直接负责的主管人员和其他直接责任人员给予记大过或者降级的处分；造成严重后果的，给予撤职或者开除的处分；其主要负责人应当引咎辞职。

第十章 附 则

第六十二条 本条例下列用语的含义：

食品安全风险评估，指对食品、食品添加剂中生物性、化学性和物理性危害对人体健康可能造成的不良影响所进行的科学评估，包括危害识别、危害特征描述、暴露评估、风险特征描述等。

餐饮服务，指通过即时制作加工、商业销售和服务性劳动等，向消费者提供食品和消费场所及设施的服务活动。

第六十三条 食用农产品质量安全风险监测和风险评估由县级以上人民政府农业行政部门依照《中华人民共和国农产品质量安全法》的规定进行。

国境口岸食品的监督管理由出入境检验检疫机构依照食品安全法和本条例以及有关法律、行政法规的规定实施。

食品药品监督管理部门对声称具有特定保健功能的食品实行严格监管，具体办法由国务院另行制定。

第六十四条 本条例自公布之日起施行。

关于印发《食品市场主体准入登记管理制度》等流通环节食品安全监管八项制度的通知

工商食字[2009]176号

各省、自治区、直辖市及计划单列市、副省级市工商行政管理局：

为加强流通环节食品安全监督管理，更好地依法履行食品安全监管职责，推动流通环节食品安全监管“四化建设”，提高依法行政水平，切实维护食品市场秩序，根据《食品安全法》、《食品安全法实施条例》以及《食品流通许可证管理办法》、《流通环节食品安全监督管理办法》的规定，在认真总结流通环节食品安全专项整顿和日常监管经验的基础上，国家工商行政管理总局研究制定了《食品市场主体准入登记管理制度》等流通环节食品安全监管八项制度，现印发给你们，请结合本地实际，认真做好贯彻落实工作。在贯彻落实中的有关重要情况和问题，请及时报送国家工商行政管理总局。

附件：

1．食品市场主体准入登记管理制度
2．食品市场质量监管制度
3．食品市场巡查监管制度
4．食品抽样检验工作制度
5．食品市场分类监管制度
6．食品安全预警和应急处置制度
7．食品广告监管制度
8．食品安全监管执法协调协作制度

二〇〇九年八月二十八日

附件1：食品市场主体准入登记管理制度

为了依法规范食品市场主体资格，严格食品市场主体准入登记行为，根据《食品安全法》、《食品安全法实施条例》以及国家工商总局《食品流通许可证管理办法》、《流通环节食品安全监督管理办法》等，制定本制度。

一、严格食品流通许可行为，切实规范食品经营者经营资格

（一）县级及其以上地方工商行政管理机关应当按照法律、法规和规章的规定，受理食品经营者的食品流通许可申请，根据法律法规规定的程序进行审核，对于符合规定的食品经营者依法核发《食品流通许可证》。

（二）县级及其以上地方工商行政管理机关应当按照方便申请人办理和有利于监管的原则，合理设置食品流通许可窗口，公开食品流通许可事项、依据、条件、程序、期限和需要提交的申请材料目录等，依法受理食品经营者提出的食品流通许可申请。对申请材料齐全、符合法定形式的，许可机关应当及时予以受理，并按要求书面通知申请人。

（三）受理食品流通许可申请的县级及其以上地方工商行政管理机关，应当认真审查食品经营者提交的申请材料是否符合《食品安全法》第二十七条第一项至第四项以及《食品流通许可证管理办法》的要求。在必要时，审核发证的工商行政管理机关可以按照法定的权限与程序，对申请人的经营场所进行现场核查。

（四）县级及其以上地方工商行政管理机关经对食品流通许可申请人提交的材料进行审查，对符合法律法规的规定的，应当依法作出准予许可的决定，并书面通知申请人领取《食品流通许可证》。

（五）食品经营者改变许可事项，应当向原许可机关申请变更食品流通许可。未经许可，不得擅自改变许可事项。食品经营者申请注销《食品流通许可证》的，原许可机关在受理注销申请材料后，经审核依法注销《食品流通许可证》。

二、严格规范对食品生产经营者的登记注册行为，切实把好食品市场主体准入关

（六）申请从事食品生产、食品流通、餐饮服务，应当在依法取得相关许可后，向有登记注册管辖权的工商行政管理机关申请办理登记注册。对未取得相关许可的，登记注册机关不得核发营业执照，或者对其经营范围不予核定食品生产经营项目。

（七）新设食品生产经营主体，申请人应当在申请相关许可之前办理名称预先核准，并以核准的名称申请许可。预先核准的名称保留期为6个月，在保留期内申请人不得以预先核准的名称从事食品生产经营活动，不得转让名称。

（八）食品生产经营主体变更登记注册事项，应当向原登记注册机构申请变更登记注册。未经变更登记注册，不得擅自改变登记注册事项。食品生产经营主体申请注销登记注册，登记注册机构应当依法审查企业或个体工商户提交的申请材料，依法办理注销登记注册。

（九）按照国家工商总局《关于对食品经营主体予以特别标注的通知》（工商消字［2007］74号）的规定，县级及其以上工商行政管理机关登记注册机构受理登记注册申请时，要按照“谁负责、谁录入”的原则，在企业和个体工商户的登记注册管理系统软件中按照从事食品生产加工、食品批发零售、餐饮服务的分类，对食品生产经营主体予以特别标注，实现对食品生产经营主体的分类统计。

三、严格食品流通许可与登记注册事项的监督检查，促进食品经营者健康发展

（十）许可机构应当依据法律法规和规章的规定，加强对《食品流通许可证》的监管。对食品流通许可证事项发生变化的，应当监督食品经营者依法申请变更许可；对《食品流通许可证》有效期届满的，应当依法处理。

县级及其以上地方工商行政管理机关应当层层落实《食品流通许可证》和流通环节未到期的《食品卫生许可证》的监管任务和监管责任，特别是要把许可证的日常监管任务落实到基层工商所，做到任务到岗、责任到人。通过市场巡查，不断强化监管力度。对市场巡查和执法检查中发现没有《食品流通许可证》或《食品流通许可证》有效期届满的，应依法查处。

（十一）登记注册机构按照登记注册法律法规和国家工商总局《企业年度检验办法》、《个体工商户验照办法》的要求，突出检查重点，强化监管措施，严格依法行政，加强对登记注册事项的监督管理。

（十二）登记注册机构依法对食品经营企业进行年检，对个体工商户进行验照。在办理企业年检、个体工商户验照时，应当按照有关规定审查食品流通许可证是否被撤销、吊销或者有效期限届满，并依法严格把关。

对年检、验照结果，应当依托工商系统信息化网络体系，与食品流通许可机构实现互联互通，信息共享。

四、切实加强许可和登记注册机构间的协作配合，努力形成监管执法合力

（十三）县级及其以上地方工商行政管理机关应当建立食品流通许可申请受理、审核发放、变更、注销及吊销情况数据库。依托金信工程，建立健全食品流通许可工作的信息化网络体系。

（十四）许可机构与登记注册机构应当整合食品流通许可信息与登记注册信息，实现资源共享。加强对各类基础数据的统计、分析和利用，建立食品流通许可和登记注册管理情况内部通报制度，相互沟通许可信息与登记注册信息。

（十五）县级及其以上地方工商行政管理机关对食品经营者应当如实记录食品流通许可颁发、日常监督检查、违法行为查处等情况，并将记录情况纳入企业信用分类监管、个体工商户分层分类监管、市场信用分类监管系统，切实加强食品经营主体信用管理工作。

附件2：食品市场质量监管制度

为了进一步加强流通环节食品质量监督管理，有效保障流通环节食品质量安全，根据《食品安全法》、《食品安全法实施条例》以及国家工商总局《流通环节食品安全监督管理办法》、《食品流通许可证管理办法》等，制定本制度。

一、严格规范食品市场质量准入行为，切实监督食品经营者把好食品进货关

（一）县级及其以上地方工商行政管理机关依法监督食品经营者履行食品进货查验义务。监督食品经营者认真查验供货者的许可证、营业执照和食品合格的证明文件。

1. 监督经营者对购入的食品查验供货者的食品生产许可证、食品流通许可证、营业执照等法律法规规定的资格证明和许可证件，并由食品经营者留有供货商的相关证照复印件备查。

2. 监督经营者按食品品种和批次查验食品出厂检验合格证或质量检验合格报告、进口食品的商检证明等法律法规规定的证明文件，并由食品经营者留有供货商的相关证明文件的复印件备查。

3. 监督实行统一配送经营方式的食品经营者依法履行进货查验义务。实行统一配送经营方式的食品经营者，可以由企业总部统一查验供货者的许可证、营业执照和食品合格的证明文件，可将有关资料复印件留存所属相关经营者备查，也可以采用信息化技术联网备查。

（二）县级及其以上地方工商行政管理机关依法监督食品经营企业履行食品进货查验记录或批发记录义务。

1. 监督食品经营企业如实记录食品的名称、规格、数量、生产批号、生产日期、保质期、供货者名称及联系方式、进货日期等内容，或者保留载有相关信息的进货票据，并按照供货商或进货时间等标准，将载有记录内容的票据统一规范装订或者粘贴成册。台账记录、票据的保存期限不得少于2年。

2. 监督实行统一配送经营方式的食品经营企业依法履行进货查验记录义务。实行统一配送经营方式的食品经营企业，可以由企业总部统一进行食品进货查验记录，可将有关资料复印件留存所属相关经营企业备查，也可以采用信息化技术联网备查。

3. 监督食品批发企业按照每次批发食品的情况如实制作批发记录台账，记录应当包括批发食品的名称、规格、数量、生产批号、生产日期、保质期、购货者名称及联系方式、销售日期等内容，或者保留载有相关信息的销售票据。台账记录、票据的保存期限不得少于2年。

4. 鼓励其他食品经营者按照《食品安全法》、《食品安全法实施条例》对食品经营企业的有关规定建立进货或销售记录台账。

（三）县级及其以上地方工商行政管理机关积极鼓励引导食品经营者采用和创新食品安全管理手段和方式。

1. 鼓励和引导有条件的经营者依法对查验的许可证件、食品合格的证明文件以及建立的进销货台账，采用扫描、拍照、数据交换、电子表格等科技手段，实行计算机管理。

2. 鼓励和引导食品集中交易市场的开办者、食品经营柜台的出租者、食品展销会的举办者和有条件的食品经营企业配备必要的检测设备，对食品进行自检。

3. 鼓励和引导食品集中交易市场的开办者、食品经营柜台的出租者、食品展销会的举办者和有条件的食品经营企业与食品生产加工基地、重点企业建立“场厂挂钩”、“场地挂钩”等协议准入机制。

二、严格实施食品质量监督检查，切实维护食品市场秩序

县级及其以上地方工商行政管理机关要依法加强对流通环节食品质量的监督检查，突出检查重点，强化监管措施，切实做好食品质量监管执法工作。

（四）依法监督检查食品经营者经销的食品，其来源与供货方的相关合法资质证明是否一致，食品经营者是否按照食品标签标注的条件贮存食品、是否及时清理变质或者超过保质期的食品。

（五）依法监督检查经营者经销食品的包装标识。检查预包装食品、散装食品和进口食品标签标明的事项是否符合法律、标准的规定。

（六）依法监督检查食品市场开办者履行义务。检查食品集中交易市场的开办者、食品经营柜台的出租者、食品展销会的举办者是否履行食品质量安全管理法定义务，是否落实食品质量安全管理责任。

（七）依法监督检查食品经营者的自律情况。检查食品经营者在进货时是否履行了查验义务，是否进行查验记录、质量承诺，是否对不符合食品安全标准的食品主动退市等。

三、严格实施食品质量分类监管，切实提升食品安全监管效能

（八）依法加强对预包装食品经营的监管。对预包装食品，重点监管其质量合格证、生产日期、保质期等项目。监督食品经营者销售标签符合《食品安全法》第四十二条的预包装食品；监督食品经营者按照食品标签标示的警示标志、警示说明或者注意事项的要求，销售预包装食品。

（九）依法加强对散装食品经营的监管。对散装食品，重点监督食品经营者在贮存散装食品时，在贮存位置标明食品的名称、生产日期、保质期、生产者名称及联系方式等内容；在销售散装食品时，在散装食品的容器、外包装上标明食品的名称、生产日期、保质期、生产经营者名称及联系方式等内容；在销售生鲜食品和熟食制品时，符合食品安全所需要的温度、空间隔离等特殊要求，防止交叉污染。

（十）依法加强对进口食品经营的监管。对进口食品，重点监管其质量合格证明、生产日期、保质期、进口相关手续等项目。禁止食品经营者经营没有中文标签或中文标签不符合规定的进口食品。

四、严格监督不符合食品安全标准食品的退市，切实保障食品市场消费安全

（十一）依法监督检查经营者履行不符合食品安全标准食品主动退市的义务。监督检查经营者是否对被告知、通报或者自行发现的不符合食品安全标准的食品立即停止经营，下架单独存放，通知相关生产经营者和消费者，并记录停止经营和通知情况，将有关情况报告辖区工商行政管理机关。

（十二）对经营者未依法停止经营不符合食品安全标准的食品的，县级及其以上地方工商行政管理机关可以责令其停止经营，并将食品经营者停止经营不符合食品安全标准的食品情况记入经营者食品安全信用档案和信用分类管理系统。

（十三）依法对退市的不符合食品安全标准食品实施跟踪监管。在监督检查中发现不符合食品安全标准的食品，责令食品经营者停止经营，及时追查食品来源和流向，涉及其他地区的，应当及时报告上级工商行政管理机关，通报相关地工商行政管理机关，其原因是由其他环节引起的，应当及时通报有关主管部门，并配合相关部门加强对不符合食品安全标准的食品退市后的跟踪监管，严防再次流入市场。

附件3：食品市场巡查监管制度

为了加强食品市场日常规范化管理，强化食品市场巡查和日常监管工作，依据《食品安全法》、《食品安全法实施条例》以及国家工商总局《食品流通许可证管理办法》、《流通环节食品安全监督管理办法》，制定本制度。

一、完善食品市场巡查工作，强化食品市场日常监管

（一）食品市场巡查是工商行政管理机关加强流通环节食品安全日常监管的重要方式。县级及其以上地方工商行政管理机关应当按照本制度的要求，结合本地实际，制定巡查计划，突出巡查重点，完善巡查方式，增加巡查频次，提高巡查效率，层层落实巡查监管责任，严格监督检查食品经营者的主体资格、食品质量、经营行为和食品经营者自律的法定责任和义务。

（二）县级及其以上地方工商行政管理机关应当将食品安全监管重心下移，切实把市场巡查的任务落实到基层工商所，做到任务到岗、责任到人，不断强化食品市场巡查和日常监管工作。

二、突出食品市场巡查重点，提高日常监管规范化程度

（三）查主体资格，看食品经营者证照是否齐全、是否在有效期内、是否上墙悬挂、是否通过年检验照，许可和经营范围与实际经营情况是否一致，是否有不符合法律、法规和规章规定食品经营要求的情形，以及食品从业人员是否具有有效的健康证明；

（四）查经销食品，看食品的来源与供货方的相关合法资质证明是否一致，食品是否超过保质期，食品经营者

是否按照食品标签标注的条件贮存食品，是否及时清理变质或者超过保质期的食品；

（五）查包装标识，看预包装食品标签标明的事项是否符合法律、标准的规定，散装食品在贮存位置、容器、外包装上是否标明食品的名称、生产日期、保质期、生产经营者名称及联系方式等内容，进口食品是否有中文标签、中文说明书；

（六）查商标广告和装潢，看食品商标是否有侵权和违法使用的行为，食品经营场所的食品广告是否有虚假违法内容，食品装潢是否有仿冒或近似仿冒的情况；

（七）查市场开办者责任，看食品集中交易市场的开办者、食品经营柜台的出租者、食品展销会的举办者是否履行食品安全管理法定义务，是否落实食品安全管理责任；

（八）查经营者自律情况，看食品经营者在进货时是否履行了查验义务，是否进行查验记录、质量承诺，是否对不符合食品安全标准的食品主动退市等。

三、创新巡查监管方式方法，提升食品市场监管水平

（九）县级及其以上地方工商行政管理机关应当以工商所为单位，对本辖区的食品经营者，划分责任区和明确巡查人员，落实监管责任和任务，实行“两图一书”的管理方式，即工商所辖区食品经营布局图、监管人员责任区分布图、工商所与食品经营者签订的《食品安全责任书》，并认真开展日常监管工作。

（十）工商所应当在办公场所设置“食品安全信息公示栏”，及时将上级工商行政管理机关公示的食品安全信息进行转载公示，并按规定公示监督检查中发现的辖区内食品安全有关日常信息；引导辖区内经营食品的商场、超市、批发市场和集贸市场等重点食品经营场所设置“食品安全信息公示栏”，向消费者公示相关食品安全信息，及时进行消费警示和提示。

（十一）工商所应当指导本辖区食品商场、超市、批发市场和集贸市场设立食品安全联络员，及时报送不符合食品安全标准的食品信息，及时收集流通环节食品安全监管数据信息。

四、充分利用现代科技手段，切实提高食品市场监管效能

（十二）县级及其以上地方工商行政管理机关应当运用无线网络执法平台、移动查询终端等现代科技手段，开展市场巡查和日常监管。积极引导和指导商场、超市推进进货查验和查验记录的电子化管理，积极引导和督促食品经营者建立健全食品采购、贮存、运输、交易、退市和食品质量管理等环节的电子监控体系，积极推动有条件的食品商场、超市、批发市场和集贸市场逐步实行计算机网络化管理，并加快与工商所信息化网络体系的对接进程，为实现网上监管创造有利条件。

（十三）县级及其以上工商行政管理机关应当按照国家工商总局《关于积极推进流通环节商品质量和食品安全信息化网络建设工作的意见》，遵循“统一标准、整合资源、扩大功能、优化流程、信息共享”的原则，建立从总局到工商所五级纵向贯通以及横向联接的信息化网络体系。同时，应当建立流通环节食品经营主体、食品市场质量、食品抽样检验和食品安全监管数据库，并与工商机关其它方面执法监管信息互联互通，实现数据信息共享。加强数据的采集汇总、分析研判和综合利用，逐步实现流通环节食品安全“网上查询、网上咨询、网上受理、网上查办、网上调度指挥、网上应急处置、网上动态监管、网上发布信息”。

五、强化食品安全信用监管，严厉查处各种违法行为

（十四）县级及其以上地方工商行政管理机关应当落实记载市场巡查事项和处理结果，并经巡查人员和食品经营者签字，建立食品市场巡查和日常监管档案，充分利用巡查监管情况和信息，提高食品市场巡查监管的针对性和有效性。

（十五）县级及其以上地方工商行政管理机关应当依托“金信工程”，将食品市场巡查监管情况列入食品安全信用档案，作为企业信用分类监管、个体工商户分层分类监管、市场信用分类监管的重要内容，对有不良信用记录的食品经营者增加巡查频次，加强监督管理。

（十六）县级及其以上地方工商行政管理机关应当结合本地实际，以当地消费者申（投）诉、举报多和与当地人民群众生活密切相关的食品品种为重点，适时开展食品安全专项执法检查，严厉打击各种违法行为。

（十七）县级及其以上地方工商行政管理机关应当公布本单位的电子邮件地址或者电话，接受咨询、申（投）诉、举报。对接到的咨询、申（投）诉、举报属于本部门职责的，应当依法答复、核实、处理；对不属于本部门职责的，应当书面通知并移交有权处理的部门处理。对处理情况应当记录、保存。属于食品安全事故的，依照《食品安全法》的有关规定进行处置。

（十八）县级及其以上地方工商行政管理机关在市场巡查和日常监管工作中发现经营者有经营不符合食品安全标准的食品以及其他违法行为的，应当按照行政处罚程序的规定依法查处；对不属于本辖区管辖或者不属于工商行政管理职责范围的，应当按照相关程序移交有管辖权的工商行政管理机关或者移送相关监管部门；涉嫌犯罪的，应当依法移送公安机关。

附件4：食品抽样检验工作制度

为了加强流通环节食品安全监督管理，规范食品抽样检验工作，根据《食品安全法》、《食品安全法实施条例》以及国家工商总局《流通环节食品安全监督管理办法》，制定本制度。

县级及其以上地方工商行政管理机关应当按照法律、法规和规章的规定，依法组织开展流通环节食品抽样检验工作，切实履行法定职责。

一、认真实施食品抽样检验工作，严格抽样检验工作程序

（一）县级及其以上地方工商行政管理机关应当按照当地人民政府制定的本行政区域的食品安全年度监督管理计划，对本辖区范围内流通环节的食品进行定期抽样检验。

（二）县级及其以上地方工商行政管理机关应当按照当地人民政府制定的本行政区域的食品安全年度监督管理计划中确定的重点食品、消费者申（投）诉及举报比较多的食品、市场监督检查中发现问题比较集中的食品，以及查办案件、有关部门通报的情况，对流通环节的食品进行不定期抽样检验。

（三）应当委托符合法定资质的食品检验机构对流通环节食品进行抽样检验。抽样检验应当采用食品安全国家标准；没有国家标准的，应当采用备案的食品安全地方标准；没有国家标准和地方标准的，应当采用依法备案的企业标准作为对该企业食品抽样检验的判定依据。

（四）对流通环节食品进行抽样检验时，应当制作抽样检验工作记录，现场检查所抽检食品的进货查验情况；应当要求检验机构按照国家规定的采样规则进行取样，并将抽样检验结果通知标称的食品生产者。

（五）被告知的被抽样检验人或标称食品生产者对抽样检验结果有异议的，应当向国务院有关部门公布的承担复检工作的食品检验机构申请复检，并说明理由。复检机构出具的复检结论为最终检验结论。

二、积极引导和督促食品经营者建立食品自检体系，严格防范不合格食品进入市场

（六）积极引导有条件的大中型食品经营企业配备必要的食品检测设备和专业技术人员或委托符合法定资质的食品检验机构，对所经营的食品进行定期或不定期的抽检。

（七）督促食品经营企业以消费者投诉、举报多或销售量大的食品品种为重点，加大自行抽检或送检的力度，严把食品质量入市关。

三、强化对抽样检验结果的综合分析和运用，依法报告和发布抽样检验信息

（八）县级及其以上地方工商行政管理机关应当自收到检验结果5个工作日内，将抽样检验结果通知被抽样检验人，责令其停止销售不符合食品安全标准的食品，并监督其他食品经营者对同一批次的食品下架退市。同时，报告上级工商行政管理机关，抄告相关地工商行政管理机关，被抄告的相关地工商行政管理机关应当及时依法采取有效措施，并通报本级卫生行政和相关监管部门，重大情况应及时报告当地人民政府。

（九）县级及其以上地方工商行政管理机关应当按照有关规定，准确、及时、客观的公布食品安全抽样检验信息。对食品抽样检验结果涉及食品安全风险信息的，应当报告当地卫生行政部门，必要时，直接报告国务院卫生行政部门。

（十）县级及其以上工商行政管理机关应当及时汇总和综合分析食品安全抽样检验结果，及时发现辖区不符合食品安全标准的食品，有针对性地开展监督检查工作；及时进行消费提示、警示，开展消费引导；对抽样检验中发现的由其他环节引起的食品安全问题，应当按照国家工商总局《食品安全监管执法协调协作制度》，通报相关部门，促进源头治理；根据工作需要，向行业协会通报抽样检验信息，促进行业自律。

四、认真开展快速检测工作，依法保护消费者合法权益

（十一）县级及其以上地方工商行政管理机关在日常监督管理中，应当对消费者申（投）诉、举报多的食品，采用国务院质量监督、工商行政管理和国家食品药品监督管理部门认定的快速检测方法对食品进行初步筛查。初步筛查结果不得作为执法依据。

（十二）实施快速检测发现可能不符合食品安全标准的食品，应当将食品样本送符合法定资质的食品检验机构检验，并依据检验结果进行处理。食品经营者应当在检验机构未出具检验结果之前，根据实际情况自行采取食品安全的保障措施。

五、加强专业技术人员培训，切实保障抽样检验经费的落实

（十三）对实施抽样检验工作的执法人员要加强专业

技术培训，学习法律法规、政策和相关专业技术知识，不断提高依法行政的能力。

（十四）县级及其以上地方工商行政管理机关实施食品抽样检验以及快速检测工作，应当购买样品，支付相关费用；不收取食品经营者的检验费和其他任何费用，所需经费由同级财政列支。

附件 5：食品市场分类监管制度

为了进一步提高流通环节食品安全监管的针对性和有效性，提升市场监管执法效能，根据《食品安全法》、《食品安全法实施条例》以及国家工商总局《食品流通许可证管理办法》、《流通环节食品安全监督管理办法》等，制定本制度。

县级及其以上地方工商行政管理机关应当按照法律法规的要求，结合本地实际，根据商场、超市、批发企业、批发市场、集贸市场、食品店等不同的食品经营场所和特点，有针对性地采取分类监管措施，明确对各类食品经营主体的监管重点、监管方式，切实提高监管效能。

一、严格监督食品商场、超市等企业加强自律管理，确保入市食品质量合格

（一）监督商场、超市等企业，在巩固索证索票、进货台帐“两项制度”成果的基础上，切实履行进货查验和查验记录义务。工商所要结合日常市场巡查，督促其完善“两项制度”和落实法定责任与义务。

（二）鼓励和引导有条件的商场、超市逐步实行计算机管理，建立健全“两项制度”的电子台账。基层工商所应当建立流通环节食品安全监督管理网络，并逐步与商场、超市等企业的计算机管理网络对接，不断提高监管效能。

（三）积极创新监管方式方法，采取随机抽取商场、超市等企业经营的食品和“倒查”的办法，检查其落实查验记录义务和建立健全“两项制度”落实的情况。

（四）鼓励商场、超市等企业对经营的食品进行自检或送检，加强对配备有检测设备的商场、超市等企业的监督管理，规范其自检行为。

（五）切实加强对商场、超市等企业经营的预包装食品、进口食品、散装食品等食品种类的质量安全的监管，重点检查食品的生产日期、保质期等，督促商场、超市等企业针对处于保质期内、临近保质期、保质期届满等不同情况的食品采取有针对性的管理措施，对即将到保质期的食品在陈列场所向消费者作出醒目提示；对超过保质期的食品，应立即停止销售，食品的处理情况应当如实记录。

（六）鼓励和引导商场、超市等企业与食品生产加工基地、重点企业实行“场厂挂钩”、“场地挂钩”等形式的协议准入，减少中间环节，保障食品质量。

（七）基层工商所要指导本辖区食品商场、超市等企业设立食品安全联络员，及时报送食品安全信息和食品经营动态信息。

二、严格监督食品批发企业建立和完善食品销售台帐，确保食品经营行为规范

（八）县级及其以上地方工商行政管理机关在监督批发企业履行好查验义务和进货查验记录义务的同时，应当监督食品批发企业记好销货台账。

（九）县级及其以上地方工商行政管理机关应当建立流通环节食品安全监督管理网络，并逐步实现与食品批发企业建立的以销售台帐为核心的食品安全计算机管理体系的有机衔接，及时规范经营行为，不断提高监管效率。

（十）严格监督批发企业向食品进货单位提供与食品零售单位的进货凭证统一格式、统一内容的销货凭证。

三、严格监督批发市场、集贸市场履行食品安全管理责任，确保市场开办者切实承担法定义务

（十一）监督批发市场、集贸市场的开办者履行食品安全管理责任，审查入场食品经营者的食品流通许可证和营业执照；明确入场食品经营者的食品安全管理责任；定期对入场食品经营者的经营环境和条件进行检查；建立食品经营者档案，记载市场内食品经营者的基本情况、主要进货渠道、经营品种、品牌和供货商状况等信息；建立和完善食品经营管理制度，加强对食品经营者的培训；设置食品信息公示栏，及时公开市场内或行政机关公布的相关食品信息。

监督批发市场、集贸市场的场内经营者依法履行查验或进货查验记录义务。

（十二）工商所要结合日常巡查，加强对市场开办者履行食品安全管理义务的监督检查。批发市场、集贸市场的开办者没有履行对场内食品经营者经营资格审查，发现场内违法行为没有及时制止、报告的，工商所应当监督其改正，依法给予相应的行政处罚。

（十三）引导和督促农村集贸市场推广"一户多档"、"实名登记"、"证明登记"、"标牌公示"等四项制度，引导其规范和诚信经营。

（十四）工商所应当指导本辖区食品批发市场、集贸市场设立食品安全联络员。

（十五）加强对配备有必要检测设备的大型食品批发市场、集贸市场的监督管理，鼓励其对经营的食品进行自检。

四、严格监督食品店履行查验义务，确保食品来源合法

（十六）监督食品店履行查验义务，对购入的食品查验供货者的许可证、营业执照和食品合格的证明文件。

（十七）鼓励食品店在巩固进货台帐制度的基础上，根据其管理水平和经济实力，采取账簿登记、单据粘贴建档、计算机管理等多种方式，进行进货查验记录。

（十八）积极引导食品店参与食品安全示范店建设活动。按照统一名称、统一标志、统一承诺、统一亮证亮照经营、统一监督电话等"五个统一"的要求，规范食品店经营管理，使食品示范店做到：经营主体资格有效规范；食品质量合格和入市退市规范；食品经营行为合法规范；食品经营者自律管理制度健全规范。

附件6：食品安全预警和应急处置制度

为了有效预防和有序处置流通环节食品安全事故，维护食品市场秩序，保障食品市场消费安全，根据《食品安全法》、《食品安全法实施条例》以及国家工商总局《工商行政管理系统市场监管应急预案》、《工商行政管理系统流通环节重大食品安全事故应急预案》等，制定本制度。

一、坚持预防为主，有效防范食品安全事故

（一）各级工商行政管理机关要高度重视食品安全预警和应急处置工作，坚持预防与应急相结合，常抓不懈，防患于未然，认真做好预警和应急处置的各项准备工作。

（二）县级及其以上地方工商行政管理机关在同级政府的统一领导下，实行分级负责，建立健全条块结合、属地管理为主的食品安全预警和应急处置管理体制，及时有效地做好预警和应急处置工作。

（三）县级及其以上地方工商行政管理机关要切实加强对预警和应急处置工作的组织领导。建立健全抓落实的工作机制，确保组织领导、工作任务、工作措施、工作责任、人员力量等落实到位。

二、完善食品安全预警和应急方案，建立健全工作落实机制

（四）县级及其以上地方工商行政管理机关要按照范围、性质和危害程度对食品安全事故实行分级管理，食品安全事故分为Ⅰ级、Ⅱ级、Ⅲ级和Ⅳ级。县级及其以上地方工商行政管理机关要按照同级人民政府的部署，根据国家工商总局下发的《工商行政管理系统流通环节重大食品安全事故应急预案》、《工商行政管理系统市场监管应急预案》，制定和完善本地区工商系统流通环节食品安全事故预警和应急方案，并落实各自的职责和健全组织保障体系。

（五）食品安全事故发生后，事故发生地县（区）级及其以上地方工商行政管理机关按照规定和事故级别设立食品安全事故应急指挥部，在上一级应急处理指挥机构的指导和当地政府的领导下，有效组织和指挥本地区的重大食品安全事故的应急处理工作。

（六）县级及其以上地方工商行政管理机关要结合实际，有计划、有重点地对食品安全应急方案进行演练。加强应急处置队伍建设，建立联动协调制度，充分动员和发挥社区、企事业单位、社会团体和志愿者队伍的作用，依靠公众力量，形成统一指挥、反应灵敏、功能齐全、协调有序、运转高效的应急管理机制。

三、积极构建食品安全隐患发现机制，健全食品安全事故报告制度

（七）县级及其以上地方工商行政管理机关要利用市场巡查、专项执法检查、流通环节食品抽样检验、12315行政执法网络和相关部门情况通报、媒体报道等，及时了解各种食品安全信息，掌握食品市场动态情况。应当综合分析利用各类信息，及时发现可能引发的食品安全事故苗头。各相关职能机构应各负其责，互通情况。按照规定统一发布日常监管预警信息，采取有效措施防范和应急处置食品安全事故。

（八）县级及其以上地方工商行政管理机关发现食品安全突发问题，应当在当地人民政府统一领导下，加强信息的沟通、反馈和报告，立即将情况报告同级人民政府和通报同级卫生行政部门，同时抄报上级工商行政管理机关，并向突发问题波及地区工商行政管理机关通报。

四、强化和创新食品安全预警和应急处置手段，切实做好物资和人员保障工作

（九）县级及其以上地方工商行政管理机关要加强科学研究和技术开发，运用无线网络执法平台、移动查询终端等现代科技手段，实现食品安全信息的联网应用，有效开展网上预警防范和应急处置。逐步实现总局到基层工商所信息网络五级贯通，并努力做到与同级相关行政部门的信息联网，切实提高网络信息互动效率，提高应对处置食品安全突发事件的科技水平和指挥能力。

（十）县级及其以上地方工商行政管理机关要配备必要的处置食品安全事故的应急设施、装备、物资。应当加强检查，确保执法车辆、通讯设备、检测设备等相关物资设备随时处于备用状态。适时开展应急演练和应急系统检查，确保一旦发生重大食品安全事故，能够及时有效妥善处置。

（十一）县级及其以上地方工商行政管理机关要建立健全值班制度，明确值班电话，落实值班人员，坚持领导干部带班，畅通通讯联络，及时有效受理和处置食品安全突发问题。

附件 7：食品广告监管制度

为了进一步强化食品广告监管，确保《食品安全法》对广告管理的各项规定得到有效落实，根据《广告法》、《食品安全法》等有关法律法规的规定，制定本制度。

一、食品广告监管是食品安全监管的重要环节，是工商行政管理机关的法定职责，应贯彻标本兼治、打防并重的方针，坚持专项整治与加强日常监管相结合，建立健全综合治理的长效机制。

二、工商行政管理机关依法严格监管食品广告，严厉打击发布虚假违法食品广告的行为。重点查处下列虚假违法食品广告：

（一）含有虚假、夸大内容的食品广告特别是保健食品广告。

（二）涉及宣传疾病预防、治疗功能的食品广告。

（三）未经广告审查机关审查批准发布的保健食品广告。

（四）含有使用国家机关及其工作人员、医疗机构、医生名义或者形象的食品广告，以及使用专家、消费者名义或者形象为保健食品功效做证明的广告。

（五）利用新闻报道形式、健康资讯等相关栏（节）目发布或者变相发布的保健食品广告。

（六）含有食品安全监督管理部门或者承担食品检验职责的机构、食品行业协会、消费者协会推荐内容的食品广告。

三、食品广告监管应围绕食品广告的发布前规范、发布中指导、发布后监管等主要环节，会同有关部门不断完善相关管理制度和措施，强化对食品广告活动的监管。

四、建立健全食品广告审查责任制度。按照总局《关于广告审查员管理工作若干问题的指导意见》（试行），指导广告发布者、广告经营者落实食品广告的审查责任。

（一）会同有关部门指导媒体单位履行广告发布审查的法定责任和义务，加强对媒体单位落实食品广告发布审查制度的监督检查。

（二）对广告审查人员开展食品广告法律、法规培训，指导广告发布者、广告经营者建立和完善食品广告承接登记、相关证明文件审验、广告内容核实审查、客户档案管理等工作制度。

（三）对由于广告审查措施不健全、不落实而造成发布涉及重大食品安全事件的违法广告媒体，建议有关部门追究媒体单位主管领导和有关责任人的相应责任。

五、建立健全食品广告监测制度。按照总局《关于规范和加强广告监测工作的指导意见》（试行），加强食品广告的监测预警和动态监管。

（一）食品广告监测的重点是食品广告发布量大、传播范围广、社会影响力大的媒体，并根据实际情况和监管需要，对重点区域、部分媒体、个案广告实施跟踪监测。

（二）坚持集中监测与日常监测相结合，广告监管机关与广告审查机关、媒体主管部门监测相结合，扩大食品广告监测覆盖面，实现监测信息共享。

（三）加强对监测数据的分析研究，及时将监测发现的食品广告中影响和危害食品安全的苗头性、倾向性问题，通报当地政府和有关部门。

六、建立健全违法食品广告公告制度。按照总局等十一部门联合制定的《违法广告公告制度》，加大对虚假违法食品广告的公告力度。

（一）对监测发现、投诉举报、依法查处的严重虚假违法食品广告案件，向社会公告。

（二）根据违法食品广告发布的动态及趋势，定期或不定期进行公告提示，提醒消费者识别虚假违法食品广告。

（三）通过部门联合公告、广告监管机关公告等多种方式，采取虚假违法食品广告典型案例曝光、违法食品广告提示、违法食品广告案例点评、涉嫌严重违法食品广告监测通报等多种形式，加大公告频次和曝光力度。

七、建立健全食品广告暂停发布制度。对食品安全事件涉及的广告，以及需立案调查的涉嫌虚假违法食品广告，迅速果断处置。有下列情形之一的，可暂停有关食品广告的发布：

（一）涉嫌不符合食品安全规定的食品所涉及的广告。

（二）上级交办、有关部门转办、监测发现、群众举报需立案查处的涉嫌虚假违法食品广告。

八、建立健全食品广告案件查办移送通报制度。按照总局《关于加强广告执法办案协调工作的指导意见》（试行），针对违法食品广告在多个地区、多种媒体发布或者违法广告活动涉及不同区域多个主体的情况，建立食品广告案件查办、移送、通报工作制度。

（一）省级工商行政管理机关负责本辖区内食品广告案件查处的组织、指导、协调和督办工作，对同一广告主在本辖区内多个地区不同媒体发布的违法食品广告，应及时交办广告发布者所在地工商行政管理机关依法查处。

（二）省级以下工商行政管理机关依法查处广告发布者后，发现查处异地广告主、广告经营者确有困难的，应将有关案件和相关案情移送、通报广告主、广告经营者所在地工商行政管理机关依法查处。

（三）省级以下工商行政管理机关发现广告主、广告经营者在其他地区不同媒体发布违法广告的，应通报广告发布者所在地工商行政管理机关予以查处，并将有关情况报告省级工商行政管理机关。对广告发布者属于外省工商行政管理机关管辖的，由本省省级工商行政管理机关通知有管辖权的外省省级工商行政管理机关予以处理。

九、建立健全食品广告案件查办落实情况报告制度。按照总局《广告案件查办落实情况报告制度》，加强食品广告案件的督办和监督检查。

（一）明确职责分工，落实办案责任，及时查办上级机关交办、其他地方工商行政管理机关或者有关部门移送、通报以及监测发现、群众投诉举报的本辖区内的违法广告主、广告经营者、广告发布者，并在规定期限内将处理情况上报上级机关，通知其他相关地方工商行政管理机关或者有关部门。对跨省移送或者通报的违法食品广告案件，省级工商行政管理机关可提请总局督办。

（二）建立健全广告案件的督办和监督检查工作机制，提高查办效率，落实监督职责。对推诿不办、压案不查以及行政处罚畸轻畸重、执法不到位等不规范执法行为，依照总局有关规定追究相关责任人的行政执法过错责任。

（三）总局交办、转办的食品广告案件，各地工商行政管理机关应在规定期限以书面形式向总局报告，总局定期或者不定期通报各地广告案件查办落实的情况。

十、建立健全食品广告市场退出制度。按照总局《停止广告主、广告经营者、广告发布者广告业务实施意见》，加强对食品广告活动主体的监督管理，落实食品广告市场退出机制。

（一）对因发布虚假违法食品广告，造成损害社会公共利益以及造成人身伤害或者财产损失等严重后果的，暂停或者停止相关食品生产者、经营者部分食品或者全部食品的广告发布业务。

（二）对多次发布虚假违法食品广告，食品广告违法率居高不下的媒体单位，暂停其食品广告发布业务，直至取消广告发布资格。

（三）对违法情节严重的保健食品广告，提请食品药品监管部门依法采取相关措施。

十一、建立健全行业自律管理制度。按照总局《关于深入贯彻落实科学发展观支持和促进广告协会拓展职能增强服务能力完善行业管理的意见》，指导广告行业组织建立和完善自律管理机制。

（一）支持和指导广告行业组织切实担负起实施行业自律的重要职责，协助政府部门加强食品广告监管，完善行政执法与行业自律相结合的广告市场监管机制。

（二）指导广告行业组织围绕规范食品广告市场秩序，建立健全各项自律性管理制度，开展行业自律和相关法律咨询服务，规范食品广告发布活动。

（三）支持广告行业组织依据自律规则，对实施违法食品广告活动、损害消费者合法权益、扰乱食品广告市场秩序的行为，采取劝诫、通报批评、公开谴责等自律措施，加强行业自我管理，提高行业公信力。

十二、各级工商行政管理机关按照属地管理、分级负责的原则，依法履行广告监管职责，对辖区内广告市场、广告发布媒体全面监管，全面负责，加强食品市场巡查和日常监督检查，落实广告监管责任。对疏于监管、执法不严，致使辖区内严重虚假违法食品广告屡禁不止，违法率居高不下，发生影响公共秩序和社会稳定重大广告案件的，依照有关规定追究相关责任人的责任。

十三、各级工商行政管理机关广告监管机构应积极配合食品流通监管等相关机构对食品安全的监管，围绕食品广告监管重点，加强食品广告发布环节的监管，及时将广告案件查办中发现的涉及生产和销售不符合食品安全标准的有关线索，通报食品流通监管等相关机构。

十四、各地工商行政管理机关应坚持和完善广告联合监管工作机制，充分发挥部门联席会议的作用，积极履行牵头职责，协调各有关部门落实职责分工，加强协作与配合，共同研究和解决食品广告市场存在的突出问题，对虚假违法食品广告进行综合治理，不断增强监管的合力与实效。

附件 8：食品安全监管执法协调协作制度

为了加强食品安全监管执法协作，充分发挥食品安全监管执法部门的整体合力，根据《食品安全法》、《食品安全法实施条例》以及国家工商总局《食品流通许可证管理办法》、《流通环节食品安全监督管理办法》，制定本制度。

一、严格履行法定职责，建立健全流通环节食品安全监管执法协调协作体系

（一）县级及其以上地方工商行政管理机关应当在当地人民政府的统一领导、组织、协调下，依法建立健全流通环节食品安全执法协调协作体系。

（二）县级及其以上地方工商行政管理机关应当按照当地人民政府制定的本行政区域的食品安全年度监督管理计划，定期报告食品流通监督管理工作情况；及时请示、报告需要当地人民政府协调的其他重要事项。

二、强化食品安全监管部门之间协调和协作机制，切实形成监管合力

（三）县级及其以上地方工商行政管理机关应当依法配合同级卫生行政部门建立协调机制，按照法定职责参与协调工作。

（四）县级及其以上地方工商行政管理机关应当按照当地人民政府的部署开展联合执法检查工作，积极配合有关部门依法履行食品安全监管职责。

（五）县级及其以上地方工商行政管理机关在开展食品安全监督检查过程中发现属于农业、质量监督、食品药品监督管理等部门职责范围内的事项，应当及时书面通报并移交相关部门。

（六）县级及其以上地方工商行政管理机关在受理申诉、举报中发现应当由其他部门处理的，应当及时书面通报并移交有权处理的部门处理，对移交的相关材料要复制存档备查。

（七）县级及其以上地方工商行政管理机关对其他监管部门通报或移交的属于工商行政管理机关管辖的事项，应当按照职责及时依法查处或处置。

（八）县级及其以上地方工商行政管理机关在开展食品安全监督检查过程中，发现违法行为涉嫌犯罪的，应当依法移送公安机关。

三、完善工商行政管理机关内部机构分工协作和协调机制，切实提高食品市场监管能力

（九）县级及其以上地方工商行政管理机关各内设机构应当明确职能分工，按照国家工商总局《关于宣传贯彻实施＜食品安全法＞的通知》、《关于印发＜流通环节食品安全整顿工作方案＞的通知》以及其他有关规定，分工负责，建立协作和协调机制。

（十）食品流通监管机构负责流通环节食品监管综合协调，承担辖区食品流通许可和流通环节食品质量监管工作。

（十一）内外资企业登记注册、监督机构负责加强对食品生产经营主体的登记管理，查处违反登记管理法律法规的行为。

（十二）个体私营经济监管机构负责加强对个体私营企业登记管理，在当地政府统一领导和协调下，按照相关部门的职责分工，依法查处和取缔无照经营食品的违法行为。

（十三）市场监管机构负责集贸市场、批发市场食品安全监管，履行《农产品质量安全法》涉及工商机关的相关职责。

（十四）广告监督管理机构负责对食品广告的监管，依法严厉查处违法食品广告。

（十五）消费者权益保护机构负责受理和依法分流、处理消费者的咨询、申诉和举报，依法保护消费者合法权益。

（十六）竞争执法、直销监管、商标管理等机构分别负责查处食品市场不正当竞争、传销、商标侵权等违法行为。

（十七）县级及其以上地方工商行政管理机关内部各职能机构要建立情况通报和工作协作机制，切实形成工作合力。

四、建立健全工商行政管理机关区域横向协作和通报制度，切实加强依法跟踪监管工作

（十八）县级及其以上地方工商行政管理机关对不属于本区域管辖的流通环节食品安全案件，应当及时移送有管辖权的工商行政管理机关处理。

（十九）在查办流通环节食品安全案件中，需要跨管辖区域协作的，相关地工商行政管理机关应当积极配合、密切协作，及时通报，由具有管辖权的上一级工商行政管理机关协调。

（二十）开展食品安全监督检查，应当加强信息通报，实现食品安全信息共享，发挥系统整体功能，强化依法跟踪监管工作。

五、加强社会监督，严格落实食品安全监管责任制度

（二十一）县级及其以上地方工商行政管理机关可以聘请食品安全义务监督员，畅通投诉渠道，充分发挥广大

群众的监督作用。

（二十二）县级及其以上地方工商行政管理机关应当加强与新闻媒体的沟通协调，通过新闻媒体依法公开有关信息，通报食品安全监管执法工作情况，充分发挥舆论监督作用。

（二十三）县级及其以上地方工商行政管理机关应当按照《食品安全法》的要求，强化领导责任制、职能机构监督检查和指导责任制以及属地监管责任制，将食品安全监管任务和责任层层落实到每个岗位和执法人员。

（二十四）县级及其以上地方工商行政管理机关不履行食品安全监督管理法定职责、日常监督检查不到位或者滥用职权、玩忽职守、徇私舞弊的，应当依法追究直接负责的主管人员和其他直接责任人员责任。

国家质量监督检验检疫总局、工业和信息化部、卫生部、商务部、环境保护部关于印发《关于依法规范食品加工企业的指导意见》的通知

国质检食监联［2009］470号

各省、自治区、直辖市质量技术监督局，工业和信息化主管部门，卫生厅（局），商务主管部门，环境保护厅（局）：

按照国务院关于轻工业调整和振兴规划的统一部署，为贯彻落实《中华人民共和国食品安全法》及其实施条例等相关法律法规的规定，加强指导规范食品加工企业生产行为，保障食品安全，国家质检总局会同工业和信息化部、卫生部、商务部等部门共同制定了《关于依法规范食品加工企业的指导意见》，现印发你们，请依据职责遵照执行。

二〇〇九年十月十二日

关于依法规范食品加工企业的指导意见

食品安全关系到广大人民群众的身体健康和生命安全，关系到经济健康发展和社会稳定。为进一步指导食品加工企业加强产品质量管理，提高企业食品安全责任意识，现就规范食品加工企业生产管理行为，提出如下意见。

一、指导思想和工作原则

（一）指导思想。各食品安全监管和相关职能部门指导规范食品加工企业生产行为，要按照党中央、国务院关于加强食品安全监管工作的统一部署，依据《中华人民共和国食品安全法》及《中华人民共和国食品安全法实施条例》等法律法规规定，坚持“督促落实责任、积极帮扶指导、严惩责任缺失、鼓励诚信经营”的指导思想，依法科学规范食品加工企业生产行为，切实保障食品安全。

（二）工作原则。各食品安全监管和相关职能部门指导规范食品加工企业生产行为应坚持“政府领导、依法督促、落实责任、从严监管”的原则。一是要在当地政府的统一领导下，依据各自职责指导规范食品加工企业生产加工行为。二是要严格依照食品安全法及其实施条例等法律法规对食品加工企业的规定，要坚持食品加工企业是食品安全第一责任人，督促食品加工企业建立并落实各项制度，承担食品质量安全主体责任。三是要依据各自职责督促、检查、帮扶食品加工企业。四是要对存在责任缺失、不诚信经营等情况的食品加工企业从严监管，要加强对食品加工企业诚信体系建设工作的指导和推进，有违法行为的依法严肃处理，并公开相关信息。

二、食品加工企业应依法规范生产行为

各食品安全监管和相关职能部门要督促食品加工企业按照食品安全法及其实施条例等相关法律法规的规定切实落实以下各项要求，规范自己的行为。

（一）企业应保持资质的一致性。一是企业实际生产食品的场所、生产食品的范围等应与食品生产许可证书内容一致。二是企业在生产许可证有效期内，生产条件、检验手段、生产技术或者工艺发生变化的，应按规定报告。

三是食品生产许可证载明的企业名称应与营业执照一致。

（二）企业应建立进货查验记录制度。一是企业采购食品原料、食品添加剂、食品相关产品应建立和保存进货查验记录，向供货者索取许可证复印件（指按照相关法律法规规定，应当取得许可的）和购进批次产品相适应的合格证明文件。二是对供货者无法提供有效合格证明文件的食品原料，企业应依照食品安全标准及有关规定自行检验或委托检验，并保存检验记录。三是企业采购进口需法定检验的食品原料、食品添加剂、食品相关产品的，应当向供货者索取有效的检验检疫证明。四是企业生产加工食品所使用的食品原料、食品添加剂、食品相关产品的品种应与进货查验记录内容一致。五是企业应建立和保存各种购进食品原料、食品添加剂、食品相关产品的贮存、保管、领用出库等记录。

（三）企业应建立生产过程控制制度。一是企业应定期对厂区内环境、生产场所和设施清洁卫生状况自查，并保存自查记录。二是企业应定期对必备生产设备、设施维护保养和清洗消毒，并保存记录，同时应建立和保存停产复产记录及复产前生产设备、设施等安全控制记录。三是企业应建立和保存生产投料记录，包括投料种类、品名、生产日期或批号、使用数量等。四是企业应建立和保存生产加工过程关键控制点的控制情况，包括必要的半成品检验记录、温度控制、车间洁净度控制等。五是企业生产现场，应避免人流、物流交叉污染，避免原料、半成品、成品交叉污染，保证设备、设施正常运行，现场人员应进行卫生防护，不应使用回收食品等。

（四）企业应建立出厂检验记录制度。一是企业应建立和保存出厂食品的原始检验数据和检验报告记录，包括检查食品的名称、规格、数量、生产日期、生产批号、执行标准、检验结论、化验员、检验合格证号或检验报告编号、检验时间等记录内容。二是企业的检验人员应具备相应能力。三是企业委托其他检验机构实施产品出厂检验的，应检查受委托检验机构资质，并签订委托检验合同或协议。四是出厂检验项目与食品安全标准及有关规定的项目应保持一致。五是企业应具备必备的检验设备，并在计量检定或校准的法定有效期内使用，相关辅助设备及化学试剂应完好齐备并在有效使用期内。

（五）企业应加快建立企业诚信制度。按照国家有关规定，建立企业内部诚信管理制度和质量诚信保障制度，主要是企业诚信教育制度、企业内部诚信档案制度、企业诚信管理检查制度、诚信危机处理和预警制度等。

（六）企业应建立不合格品管理制度。一是企业应建立和保存采购的不合格食品原料、食品添加剂、食品相关产品的处理记录。二是企业应建立和保存生产的不合格产品的处理记录。

（七）企业生产加工食品的标识标注内容应符合法律、法规、规章及食品安全标准规定的事项。

（八）企业应建立销售台帐。企业应对销售每批产品建立和保存销售台帐，包括产品名称、数量、生产日期、生产批号、购货者名称及联系方式、销售日期、出货日期、地点、检验合格证号、交付控制、承运者等内容。

（九）企业标准执行应符合相关法律法规规定。一是企业标准应按规定进行备案。二是企业应收集、记录新发布国家食品安全标准，参加相关培训，做好标准执行工作。三是依法获得相关认证的企业应持续符合认证要求。

（十）企业应建立不安全食品召回制度。企业应建立和保存对不安全食品自主召回、被责令召回的执行情况的记录，包括：企业通知召回的情况；实际召回的情况；对召回产品采取补救、无害化处理或销毁的记录，整改措施的落实情况；向当地政府和县级以上监管部门报告召回及处理情况。

（十一）企业从业人员健康和培训应符合相关法律法规规定。一是企业应建立从业人员健康检查制度和健康档案制度，保存对直接接触食品人员健康管理的相关记录。二是企业应建立和保存对从业人员的食品质量安全知识培训记录。

（十二）企业接受委托加工食品应符合相关法律法规规定。一是生产企业接受委托应到所在地质量技术监督部门备案，并保存包括备案证明材料、委托加工合同（或复印件）等相关材料；二是委托加工食品包装标识应符合相关规定。

（十三）企业应建立消费者投诉受理制度。企业应建立和保存对消费者投诉的受理记录。包括投诉者姓名、联系方式、投诉的食品名称、数量、生产日期或生产批号、投诉质量问题、企业采取的处理措施、处理结果等。

（十四）企业应主动收集企业内部发现的和国家发布的与企业相关的食品安全风险监测和评估信息，并做出反应，同时应建立和保存相关记录。

（十五）企业应妥善处置食品安全事故。一是企业应制定食品安全事故处置方案。二是企业应定期检查各项食品安全防范措施的落实情况。三是如果发生食品安全事故，企业应建立和保存处置食品安全事故的记录。

（十六）企业对采购的不合格食品、发现的风险因素、检验发现的不安全食品等情况，应主动向当地食品安全和相关监管部门报告。

（十七）企业应履行环境保护相关法律法规所规定的义务，并努力提高环境守法能力与水平，持续改善环境行为。

三、规范食品加工企业生产行为的工作要求

各食品安全监管和相关职能部门在切实落实依法规范食品加工企业工作中，应重点加强以下六个方面的工作：

（一）高度重视、认真组织。当前，依法规范食品加工企业是深入贯彻落实科学发展观的总体要求，是保障食品安全的具体措施，是落实食品安全法及其实施条例的重要手段，各食品安全监管和相关职能部门必须高度重视此项工作，要根据各自职责和辖区实际情况形成具体的工作方案，主动向当地政府报告此项工作实施情况，争取纳入食品安全年度监督管理计划。

（二）完善机制、有序开展。各食品安全监管和相关职能部门开展依法规范食品加工企业的工作，应逐步建立和完善工作机制，形成一整套的工作程序，紧密结合地方政府统一制定的食品安全年度监督管理计划，并与本部门开展的其他工作有机结合，实现规范食品加工企业工作有序开展。

（三）重点明确、强化基层。开展依法规范食品加工企业的重点在基层县级（及县以下）食品安全监管和相关职能部门，各省级食品安全监管和相关职能部门要从资金、设备、人员等方面全面向基层倾斜，从政策措施等多个方面予以全面支持。各级食品安全监管和相关职能部门应把规范食品加工企业工作积极主动向同级政府报告，争取政府的政策和资金支持。

（四）建设队伍、提升能力。做好依法规范食品加工企业的关键是有一只高素质、能战斗的监管人员队伍，各省级食品安全监管和相关职能部门要加强各自的食品安全监管人员队伍建设，建立和完善业务培训制度，根据食品安全监管工作的需要，不断提高监管人员技术水平，切实保障依法规范食品加工企业工作取得实效。

（五）部门联动、加强检查。各食品安全监管和相关职能部门要在政府统一领导下，建立定期协商、信息通报、移交移送等长效联动机制，协调配合，形成合力，切实加大对违法企业的惩治力度，共同促进食品加工企业在食品安全、环境保护等方面守法水平的提高。国务院各食品安全监管和相关职能部门会根据工作实施情况，适时组成联合检查组，对各地依法规范食品加工企业工作进行检查；各省级食品安全监管和相关职能部门应每年至少组织一次对县级食品安全监管和相关职能部门开展工作情况的检查指导。

（六）加强宣传、积极引导。一是要向食品加工企业宣传食品安全法及其实施条例的各项具体要求，务求企业明确自己的质量安全主体责任。二是要向人民群众广泛宣传食品安全监管的政策法规，宣传规范食品加工企业工作的重要作用，加强曝光有违法犯罪行为、不诚信经营的企业，大力宣传优秀企业，不断普及食品安全知识，积极引导消费，在全社会营造良好的食品安全监管氛围。

国家质量监督检验检疫总局关于修改《食品标识管理规定》的决定

总局2009年第123号令

《国家质量监督检验检疫总局关于修改〈食品标识管理规定〉的决定》已经2009年8月28日国家质量监督检验检疫总局局务会议审议通过，现予公布，自公布之日起施行。

二OO九年十月二十二日

根据《中华人民共和国食品安全法》及其实施条例等有关规定，国家质量监督检验检疫总局决定对《食品标识管理规定》作如下修改：

一、第一条修改为："为了加强对食品标识的监督管理，规范食品标识的标注，防止质量欺诈，保护企业和消费者合法权益，根据《中华人民共和国食品安全法》、《中华人民共和国产品质量法》、《国务院关于加强食品等产品安全监督管理的特别规定》等法律法规，制定本规定。"

二、第八条第一款修改为："食品标识应当标注生产者的名称、地址和联系方式。生产者名称和地址应当是依法登记注册、能够承担产品质量责任的生产者的名称、地址。"

三、第九条第一款修改为："食品标识应当清晰地标注食品的生产日期、保质期，并按照有关规定要求标注贮存条件。"

第九条第二款修改为："乙醇含量10%以上（含10%）的饮料酒、食醋、食用盐、固态食糖类，可以免除标注保质期。"

四、第十条第一款修改为："定量包装食品标识应当标注净含量，并按照有关规定要求标注规格。对含有固、液两相物质的食品，除标示净含量外，还应当标示沥干物（固形物）的含量。"

五、第十一条第一款修改为："食品标识应当标注食品的成分或者配料清单。"

增加一款，作为第十一条第四款："专供婴幼儿和其他特定人群的主辅食品，其标识还应当标注主要营养成分及含量。"

六、第十二条修改为："食品标识应当标注企业所执行的产品标准代号。"

七、第二十六条修改为：" 违反本规定构成《中华人民共和国食品安全法》及其实施条例等法律法规规定的违法行为的，依照有关法律法规的规定予以处罚。"

八、第二十八条修改为："违反本规定第十五条，未按规定标注警示标志或中文警示说明的，依照《中华人民共和国产品质量法》第五十四条规定进行处罚。"

九、删除第三十条。

本决定自公布之日起施行。

《食品标识管理规定》根据本决定作相应的修订，重新公布。

食品标识管理规定

（2007年8月27日国家质量监督检验检疫总局令第102号公布　根据2009年10月22日《国家质量监督检验检疫总局关于修改〈食品标识管理规定〉的决定》修订）

第一章　总　则

第一条　为了加强对食品标识的监督管理，规范食品标识的标注，防止质量欺诈，保护企业和消费者合法权益，根据《中华人民共和国食品安全法》、《中华人民共和国产品质量法》、《国务院关于加强食品等产品安全监督管理的特别规定》等法律法规，制定本规定。

第二条　在中华人民共和国境内生产（含分装）、销售的食品的标识标注和管理，适用本规定。

第三条　本规定所称食品标识是指粘贴、印刷、标记在食品或者其包装上，用以表示食品名称、质量等级、商品量、食用或者使用方法、生产者或者销售者等相关信息的文字、符号、数字、图案以及其他说明的总称。

第四条 国家质量监督检验检疫总局（以下简称国家质检总局）在其职权范围内负责组织全国食品标识的监督管理工作。

县级以上地方质量技术监督部门在其职权范围内负责本行政区域内食品标识的监督管理工作。

第二章 食品标识的标注内容

第五条 食品或者其包装上应当附加标识，但是按法律、行政法规规定可以不附加标识的食品除外。

食品标识的内容应当真实准确、通俗易懂、科学合法。

第六条 食品标识应当标注食品名称。

食品名称应当表明食品的真实属性，并符合下列要求：

（一）国家标准、行业标准对食品名称有规定的，应当采用国家标准、行业标准规定的名称；

（二）国家标准、行业标准对食品名称没有规定的，应当使用不会引起消费者误解和混淆的常用名称或者俗名；

（三）标注“新创名称”、“奇特名称”、“音译名称”、“牌号名称”、“地区俚语名称”或者“商标名称”等易使人误解食品属性的名称时，应当在所示名称的邻近部位使用同一字号标注本条（一）、（二）项规定的一个名称或者分类（类属）名称；

（四）由两种或者两种以上食品通过物理混合而成且外观均匀一致难以相互分离的食品，其名称应当反映该食品的混合属性和分类（类属）名称；

（五）以动、植物食物为原料，采用特定的加工工艺制作，用以模仿其他生物的个体、器官、组织等特征的食品，应当在名称前冠以“人造”、“仿”或者“素”等字样，并标注该食品真实属性的分类（类属）名称。

第七条 食品标识应当标注食品的产地。

食品产地应当按照行政区划标注到地市级地域。

第八条 食品标识应当标注生产者的名称、地址和联系方式。生产者名称和地址应当是依法登记注册、能够承担产品质量责任的生产者的名称、地址。

有下列情形之一的，按照下列规定相应予以标注：

（一）依法独立承担法律责任的公司或者其子公司，应当标注各自的名称和地址；

（二）依法不能独立承担法律责任的公司分公司或者公司的生产基地，应当标注公司和分公司或者生产基地的名称、地址，或者仅标注公司的名称、地址；

（三）受委托生产加工食品且不负责对外销售的，应当标注委托企业的名称和地址；对于实施生产许可证管理的食品，委托企业具有其委托加工的食品生产许可证的，应当标注委托企业的名称、地址和被委托企业的名称，或者仅标注委托企业的名称和地址；

（四）分装食品应当标注分装者的名称及地址，并注明分装字样。

第九条 食品标识应当清晰地标注食品的生产日期、保质期，并按照有关规定要求标注贮存条件。

乙醇含量10%以上（含10%）的饮料酒、食醋、食用盐、固态食糖类，可以免除标注保质期。

日期的标注方法应当符合国家标准规定或者采用“年、月、日”表示。

第十条 定量包装食品标识应当标注净含量，并按照有关规定要求标注规格。对含有固、液两相物质的食品，除标示净含量外，还应当标示沥干物（固形物）的含量。

净含量应当与食品名称排在食品包装的同一展示版面。净含量的标注应当符合《定量包装商品计量监督管理办法》的规定。

第十一条 食品标识应当标注食品的成分或者配料清单。

配料清单中各种配料应当按照生产加工食品时加入量的递减顺序进行标注，具体标注方法按照国家标准的规定执行。

在食品中直接使用甜味剂、防腐剂、着色剂的，应当在配料清单食品添加剂项下标注具体名称；使用其他食品添加剂的，可以标注具体名称、种类或者代码。食品添加剂的使用范围和使用量应当按照国家标准的规定执行。

专供婴幼儿和其他特定人群的主辅食品，其标识还应当标注主要营养成分及其含量。

第十二条 食品标识应当标注企业所执行的产品标准代号。

第十三条 食品执行的标准明确要求标注食品的质量等级、加工工艺的，应当相应地予以标明。

第十四条 实施生产许可证管理的食品，食品标识应当标注食品生产许可证编号及QS标志。

委托生产加工实施生产许可证管理的食品，委托企业具有其委托加工食品生产许可证的，可以标注委托企业或者被委托企业的生产许可证编号。

第十五条 混装非食用产品易造成误食，使用不当，容易造成人身伤害的，应当在其标识上标注警示标志或者中文警示说明。

第十六条 食品有以下情形之一的，应当在其标识上标注中文说明：

（一）医学临床证明对特殊群体易造成危害的；

（二）经过电离辐射或者电离能量处理过的；

（三）属于转基因食品或者含法定转基因原料的；

（四）按照法律、法规和国家标准等规定，应当标注其他中文说明的。

第十七条 食品在其名称或者说明中标注“营养”、“强化”字样的，应当按照国家标准有关规定，标注该食品的营养素和热量，并符合国家标准规定的定量标示。

第十八条 食品标识不得标注下列内容：

（一）明示或者暗示具有预防、治疗疾病作用的；

（二）非保健食品明示或者暗示具有保健作用的；

（三）以欺骗或者误导的方式描述或者介绍食品的；

（四）附加的产品说明无法证实其依据的；

（五）文字或者图案不尊重民族习俗，带有歧视性描述的；

（六）使用国旗、国徽或者人民币等进行标注的；

（七）其他法律、法规和标准禁止标注的内容。

第十九条 禁止下列食品标识违法行为：

（一）伪造或者虚假标注生产日期和保质期；

（二）伪造食品产地，伪造或者冒用其他生产者的名称、地址；

（三）伪造、冒用、变造生产许可证标志及编号；

（四）法律、法规禁止的其他行为。

第三章 食品标识的标注形式

第二十条 食品标识不得与食品或者其包装分离。

第二十一条 食品标识应当直接标注在最小销售单元的食品或者其包装上。

第二十二条 在一个销售单元的包装中含有不同品种、多个独立包装的食品，每件独立包装的食品标识应当按照本规定进行标注。

透过销售单元的外包装，不能清晰地识别各独立包装食品的所有或者部分强制标注内容的，应当在销售单元的外包装上分别予以标注，但外包装易于开启识别的除外；能够清晰地识别各独立包装食品的所有或者部分强制标注内容的，可以不在外包装上重复标注相应内容。

第二十三条 食品标识应当清晰醒目，标识的背景和底色应当采用对比色，使消费者易于辨认、识读。

第二十四条 食品标识所用文字应当为规范的中文，但注册商标除外。

食品标识可以同时使用汉语拼音或者少数民族文字，也可以同时使用外文，但应当与中文有对应关系，所用外文不得大于相应的中文，但注册商标除外。

第二十五条 食品或者其包装最大表面面积大于20平方厘米时，食品标识中强制标注内容的文字、符号、数字的高度不得小于1.8毫米。

食品或者其包装最大表面面积小于10平方厘米时，其标识可以仅标注食品名称、生产者名称和地址、净含量以及生产日期和保质期。但是，法律、行政法规规定应当标注的，依照其规定。

第四章 法律责任

第二十六条 违反本规定构成《中华人民共和国食品安全法》及其实施条例等法律法规规定的违法行为的，依照有关法律法规的规定予以处罚。

第二十七条 违反本规定第六条至第八条、第十一条至第十三条，未按规定标注应当标注内容的，责令限期改正；逾期不改的，处以500元以上1万元以下罚款。

第二十八条 违反本规定第十五条，未按规定标注警示标志或中文警示说明的，依照《中华人民共和国产品质量法》第五十四条规定进行处罚。

第二十九条 违反本规定第十条，未按规定标注净含量的，依照《定量包装商品计量监督管理办法》规定进行处罚。

第三十条 违反本规定第十七条，未按规定标注食品营养素、热量以及定量标示的，责令限期改正；逾期不改的，处以5000元以下罚款。

第三十一条 违反本规定第十八条，食品标识标注禁止性内容的，责令限期改正；逾期不改的，处以1万元以下罚款；违反有关法律法规规定的，按有关法律法规规定处理。

第三十二条 伪造或者虚假标注食品生产日期和保质期

的，责令限期改正，处以500元以上1万元以下罚款；情节严重，造成后果的，依照有关法律、行政法规规定进行处罚。

第三十三条 伪造食品产地，伪造或者冒用其他生产者的名称、地址的，依照《中华人民共和国产品质量法》第五十三条规定进行处罚。

第三十四条 违反本规定第二十条，食品标识与食品或者其包装分离的，责令限期改正，处以5000元以下罚款。

第三十五条 违反本规定第二十一条、第二十二第二款、第二十四条、第二十五条的，责令限期改正；逾期不改的，处以1万元以下罚款。

第三十六条 违反本规定第二十二条第一款的，依照本章有关规定处罚。

第三十七条 从事食品标识监督管理的工作人员，玩忽职守、滥用职权、包庇放纵违法行为的，依法给予行政处分；构成犯罪的，依法追究刑事责任。

第三十八条 本规定规定的行政处罚由县级以上地方质量技术监督部门在职权范围内依法实施。

法律、行政法规对行政处罚另有规定的，依照其规定。

第五章 附 则

第三十九条 进出口食品标识的管理，由出入境检验检疫机构按照国家质检总局有关规定执行。

第四十条 本规定由国家质检总局负责解释。

第四十一条 本规定自2008年9月1日起施行。原国家技术监督局公布的《查处食品标签违法行为规定》同时废止。

第九部分

附　录

上合组织及中亚地区有机农业发展方兴未艾

王茂华　袁松宏

一、有机农业的起源和发展现状

有机农业中“有机”一词，由“organic”翻译而来，“有机”是标签用语，用来表示产品是按照有机生产标准生产并经过合法的认证机构或政府认证。“有机农业”一词是由英文词组“Organjc Agriculture”直译过来的，国际有机农业运动联盟（IFOAM）、欧盟、美国等许多国家从不同的角度对有机农业进行概括。

有机农业（Organic Agriculture）是遵照一定的有机农业生产标准，在生产中不采用基因工程获得的生物及其产物，不使用化学合成的农药、化肥、生长调节剂、饲料添加剂等物质，遵循自然规律和生态学原理，协调种植业和养殖业的平衡，采用一系列可持续发展的农业技术以维持持续稳定的农业生产体系的一种农业生产方式。同样，按照定义有机食品是指在有机农业生产体系中根据有机农业生产要求和相应的标准生产加工，并通过独立的有机认证机构认证的农副产品，包括粮食、蔬菜、水果、奶制品、禽畜产品、蜂产品、水产品、调料、烟叶和酒类等。除有机食品外，按照有机生产方式生产的产品还有有机化妆品、有机林产品、有机纺织品、有机洗涤产品、有机厨房用品、有机保健品等。

当前，有机产品作为一种安全、健康的产品，日益得到人们的认可和接受。在发达国家，有机产品消费逐渐成为一种时尚。近年来，全球有机产品消费需求持续增长。2000年，全球有机产品销售额为180亿美元，到2006年达到了386亿美元，而2009年达到549亿美元，是2000年的3倍；全球有机产品的消费市场主要集中在北美和欧洲，这两个地区有机产品的销售额占全球有机产品销售额的96%。北美市场是全球有机产品最大的消费市场之一。在亚洲，有机产品需求主要集中在日本、韩国、新加坡、中国台湾与中国香港等富裕的经济体，目前有机食品销售额达到10亿美元。日本是亚洲最主要的有机产品消费市场，有机产品的进口额约为9000万美元，其中65%～75%为有机水果和蔬菜。

二、有机农业的标准

目前有影响的国际标准是食品法典委员会（CAC）发布的《有机食品的生产、加工、标签和销售指南》和IFOAM制定的有机基本标准（IBS）。IFOAM在标准制定上的目标是在有机生产的各个部分都坚持有机农业的定义；确保有机产品的完整性和可靠性；确保有机标准不会成为贸易障碍；在一个协调的框架内允许变化；确保公平的规则。同时作为有机农业生产方式的积极倡导者，在世界范围内有很大的影响。IFOAM在尊重有机农业发展历史及其目标的基础上，结合有机生产的自愿性特点和有机农业地域性强的特征。充分考虑以生产者和消费者为主的多方面的意见，在公开的求同存异的基础上，建立了一套有机农业生产的基本标准。目前已初步形成了世界范围内不同层次的标准体系，主要表现在国际水平、地区水平、国家水平和认证机构水平等四个方面。1991年，欧盟发布《有机农产品生产和标签条例》（EEC 2092/91）；1999年，CAC发布《有机食品的生产、加工、标签和销售指南》；1990年，美国制定国家《有机食品生产法》，2000年发布联邦有机产品法规（NOP）。已有70多个国家制定并发布国家标准或法规。

三、我国有机农业开展情况

有机生产和贸易因其关注生态、健康、平等和关爱而被世界各国广泛接受。发展有机农业对消除贫困、解决食物安全和食品安全、保护生态多样性和应对气候恶化等方面发挥重要作用。中国是一个农业大国，随着社会发展和人员增多，大量使用化学农药造成土壤活性降低和沙漠化的情况已引起政府和社会的高度重视。2008年《中共中央关于推进农村改革发展若干重大问题的决定》中提出支持发展有机食品。2010年《中共中央关于制定国民经济和社会发展第十二个五年规划的建议》要求以加快转变经济发展方式为主线，同时要求把建设资源节约型、环境友好型社会作为加快转变经济发展方式的重要着力点。农业、环保、卫生等部门正在制订“十二五”规划，都支持有机农业发展。

2004年11月，我国发布了《有机产品认证管理办法》，2005年1月，颁布了《有机产品》国家标准，2005年6月发布了《有机产品认证实施规则》，形成了中国统一的有机产品认证法规和标准体系，并建立了国家有机农业认证认可制度。我国采用的有机产品认证机构认可标准为ISO/IEC 指南65 及IAF GD5。目前经批准可以从事有机产品认证的认证机构25家，截止2010年12月31日，发放有机产品认证证书5439张。

目前我国有机农业为230万公顷，获得有机认证的企业超过4000家。认证的有机产品主要是初级农产品，如粮食、蔬菜、水果、奶制品、畜禽产品、水产品等，出口市场主要是欧盟、美国、日本，出口产品包括豆类、坚果、茶、蜂蜜。

四、上合组织及中亚地区有机农业发展现状

中亚地区有机农业处于早期阶段，出现了一些有机农业的发展形式，但认证机构还很少，获得认证的面积和企业更是少之有少，有机农业多为出口。出口地多为欧盟，所以认证依据标准为欧盟有机法规，欧盟有机认证机构进行检查。认证费用 由欧盟进口方承担。中亚国家还没有任何国家有机法规，也没有任何当地认证机构。甚至“organic”一词在本国语言中如何翻译，也是讨论的话题。

据不完全统计，除中国外其它上合组织成员国，开展有机农业最好的是哈萨克斯坦，现有机农业为134862面积（公顷），农户数量8万户，占可耕地比例0.06%。农业是哈萨克斯坦支柱产业之一，非常重视。哈萨克斯坦气候资源非常丰富，几乎可以种植所有类型的植物，这也有利于畜牧发展。哈萨克斯坦可耕地达222万公顷，但作物种植面积仅24万公顷，其余为牧地。由于是内陆国家，出口很不方便，小麦和面粉出口量较大，其他农产品包括棉花和皮、毛等产品。哈萨克斯坦使用化学农药的土地面积只有16万公顷，并且禁止种植转基因植物，这都成为发展有机农业的有利条件。“有机”标识在哈萨克斯坦还没有相应法规进行规范。哈萨克斯坦《环境法》（ST RK 1618-2007）规定凡对环境、公众健康、自然资源有益的，都可使用“生态产品”（eco-products）标识，但这一标识与国际“有机”并非完全相同。欧洲一些国家常用来表示有机产品的“bio”前缀在哈萨克斯坦表示富含维生素或益生菌的食品，而“organic”只是一个与有机农业或食品完全不相关的产品品牌。

目前哈萨克斯坦仅有3家欧洲有机产品认证机构开展认证活动。据称有8家企业获得有机认证，生产的小麦、油菜、大豆等大多出口，种植面积超过10万公顷。

在荷兰资助下，哈萨克斯坦成立了有机农业中心，负责 协调国内和中亚地区推广有机农业，进行有机培训，信息交换和交流，参与起草有机法规和标准的过程。尽管法规不健全和公众对有机认知度尚低，但国内有机消费正在兴起。据哈萨克斯坦有机中心进行的一项调查显示，国内有机产品销售需求逐渐增多，由于国内有机发展很慢，销售的有机产品大多是从欧洲进口，包括果汁、婴儿食品、化妆品、茶和咖啡。一些超市开辟了有机食品专柜，2011年还将开展有机牛奶的销售。大部分被调查者接受比常规产品高出10%～30%的价格，20%的被调查者接受50%以上的价格。业内人士认为如果尽快制订法规，将会大大促进有机生产和消费。

据瑞士生态研究所（FiBL）和国际有机农业运动联盟（IFOAM）统计，上合组织成员其他国家情况如下：俄罗斯的有机农业面积为78449公顷，占可耕地比例0.04%，农场（贸易商）71个，销售额为6500万欧元，吉尔吉斯斯坦有机认证面积为78449公顷，占可耕地比例0.11%，农场（贸易商）1028个，乌兹别克斯坦有机农业面积为324公顷农场（贸易商）15个，而塔吉克斯坦有机农业面积仅为70公顷，农户39个。

五、上合组织及世界有机农业发展趋势

（一）有机农业生产和市场量日益增长

随着各国对有机农业的认知和接受程度的日益增加，将会有越来越多的农民转入有机生产，以满足市场对有机产品的需求。全球性的有机市场增长将是一个大趋势。一些有机农产品生产国，如中国和俄罗斯等上合成员够等的国内有机消费市场也正在逐渐形成，有机产品将会进军主流销售渠道，而主要的消费人群是追求高质量和健康食品的中上层人士。另外国际知名连锁品牌供应商如麦当劳、雀巢公司等也已开始进入有机领域，有机产品会越来越多的出现在世界各地的商店和餐桌上。

（二）从安全和放心开始更多关注食品安全和环保措施

有机农业发展初期的主要目的是为了确保食品安全和拯救环境，同时也解决农业可持续发展问题。自20世纪90年代以来，特别是欧洲发生疯牛病事件以来，消费者由关心环境问题转向关注环境和食品的安全健康问题。由于有机牛肉的生产承担了环境和安全的成本，因此价格要高一些。据调查，50％以上的美国公民认为有机食品更为健康；60％的丹麦人经常购买有机蔬菜、牛奶。随着消费者对高质量的有机食品要求的不断增加，有机食品如水果和蔬菜、奶制品、禽畜产品、蜂产品、水产品、调料、烟叶和酒类等的需求必将增长。

（三）以标准和认证为障碍的壁垒

目前全球60多个国家已建立了各自不同的认证认可体系，不同的认证认可体系同时又影响了各国有机产品的贸易过程，违背了有机法规制定的初衷——促进贸易便利化，同时为社会和公众等消费者建立信心。但由于各国技术法规和标准以及合格评定程序不同，从而产生了贸易技术壁垒，迫使许多有机生产者必须获得多种有机认证才能确保

有机产品进入不同的市场。因此 UNCTAD(联合国贸易与发展会议)、FAO(联合国粮农组织)以及 IFOAM(国际有机农业运动联盟)等国际性机构和组织正在积极朝着协调各国及各机构有机法规的方向努力，并通过认可体系国际互认，使认证结果得到国际上相互承认，以避免潜在贸易壁垒，促进全球有机产品等领域的自由贸易。

2009 我国食品出口美国受阻分析

2009 年，美国扣留我国食品共计 902 批次。其中遭遇扣留最多的食品是水产制品，扣留原因最多的是产品中含有三聚氰胺。

一、按照扣留食品的种类分析：

2009 年，美国扣留我国 902 批次食品，其中，水产制品遭扣留最多。其次谷物类制品，包括饼干、蛋糕等。与 2008 年相比，美国扣留我国食品的批次有明显增多，其中，美国扣留我国的谷物类制品较 2008 年有明显增多，可可、咖啡、巧克力以及豆制品的扣留批次也有明显增多。与 2008 年扣留批次相当的食品有：调味料、米粉、糖果和蜜饯。2009 年美国扣留我国食品的情况，具体分析如下：

水产制品：174 批次，占扣留食品批次的 19.3%；

谷物及其制品：164 批次，占扣留食品批次的 18.2%；

可可、咖啡、巧克力：98 批次，占扣留食品批次 10.9%；

蔬菜及其制品（包括腌制、干制、蔬菜罐头）：89 批次，占扣留食品批次的 9.9%；

豆制品：61 批次，占扣留食品批次的 6.8%；

水果及其制品（包括腌制、干制水果）：56 批次，占扣留食品批次的 6.2%；

茶、饮料：48 批次，占扣留食品批次的 5.3%；

调味料：46 批次，占扣留食品批次的 5.1%；

米粉：40 批次，占扣留食品批次的 4.4%；

糖果、蜜饯：40 批次，占扣留食品批次的 4.4%；

枣：27 批次，占扣留食品批次的 3.0%；

奶制品：10 批次，占扣留食品批次的 1.1%；

肉、蛋：9 批次，占扣留食品批次的 1.0%；

瓜子：6 批次，占扣留食品批次的 0.7%；

其他：34 批次。

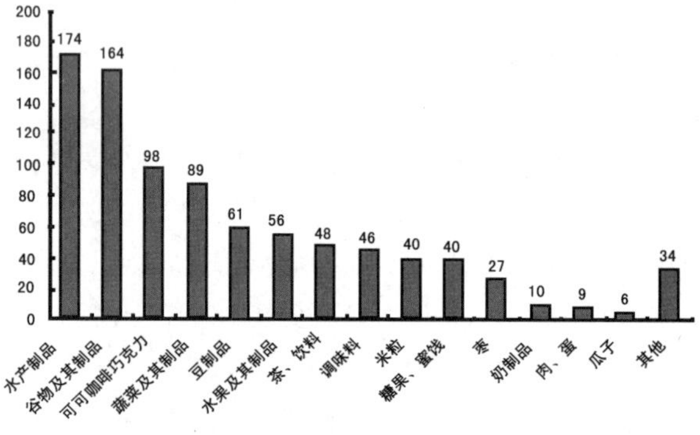

图 1. 2009 年美国扣留我国食品种类情况分析

二、按照扣留食品的原因分析：

每类食品被扣留的主要原因各不相同，各类食品被扣留的原因具体分析如下：

（一）水产制品类被扣留的主要原因是含有腐烂物质

2009 年，美国扣留我国的 174 批次水产制品中，

因含有腐烂物质 65 批；

因含有新兽药或其转化物和不安全食品添加剂 48 批；

因李斯特菌和沙门氏菌污染 28 批；

因在不卫生条件下生产、加工和包装 12 批；

因包装标签不符合规定 11 批；

因生产商未按照规定提供有关生产加工的资料 8 批；

因其他原因被扣留 2 批。

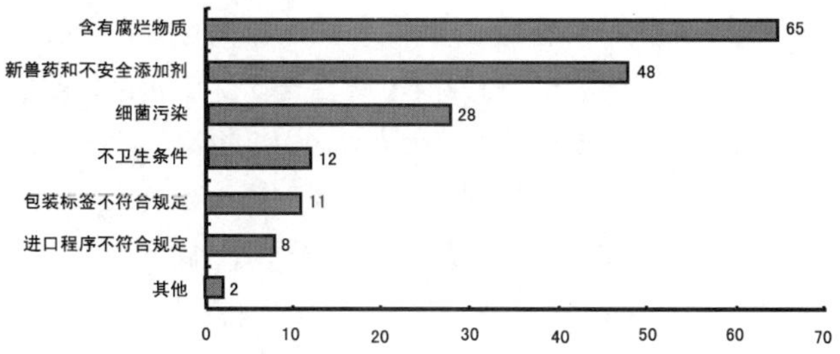

图 2. 2009 年美国扣留我国水产制品的原因分析

（二）谷物及其制品被扣留的主要原因是含有三聚氰胺

2009 年，谷物制品被扣的原因主要是由于产品中含有三聚氰胺，尤其以饼干和蛋糕较为明显，被扣留的饼干全部都是由于含有三聚氰胺。在被扣的 164 批次谷物制品中，因产品中含有三聚氰胺被扣 139 批次，占被扣谷物及其制品的 84.8%。其他被扣留原因还包括含有不安全添加剂、含有腐烂物质、标签不明、营养标签不正确等。

（三）可可、咖啡、巧克力被扣留的主要原因是含有三聚氰胺

2009 年，美国扣留我国可可、咖啡、巧克力的主要原因是由于产品中含有三聚氰胺。在被扣留的 98 批次可可、咖啡、巧克力中，因产品中含有三聚氰胺被扣 96 批次，占被扣总批次的 98.0%。另外 2 批次分别是由于含有杀毒剂以及生产商未按照规定提供有关生产加工的资料。

（四）蔬菜及其制品（包括腌制、干制、蔬菜罐头）被扣留的主要原因是含有腐烂物质

2009 年，美国扣留我国蔬菜及其制品（包括腌制、干制、蔬菜罐头）的主要原因是产品中含有腐烂物质。在被扣留的 89 批次蔬菜及其制品（包括腌制、干制、蔬菜罐头）中，因产品含有腐烂物质被扣 34 批次占 7%，因生产商没有注册或没有按照规定提供相关生产资料等不符合进口程序被扣 29 批次占扣留批次的 33%，因产品含有杀虫剂被扣 11 批次占 12%，因标签不符合规定被扣 6 批次占 7%，因产品含有不安全色素被扣 5 批次占 6%，因其他原因被扣 4 批次占 4%。

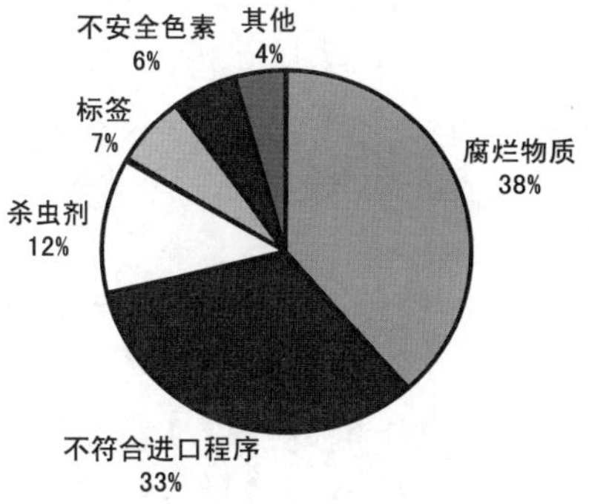

图 3. 2009 年美国扣留我国蔬菜及其制品的原因分析

（五）豆制品被扣留的主要原因是含有腐烂物质

2009 年，美国扣留我国豆制品主要原因是含有腐烂物质。在被扣留的 61 批次豆制品中，因含有腐烂物质被扣留 26 批次；因产品在不卫生条件下生产、加工和包装被扣留 11 批次；因生产商没有注册或没有按照规定提供相关生产资料等不符合进口程序被扣留 10 批次；因含有有毒有害物被扣留 5 批次；因含有三聚氰胺被扣留 4 批次；因含有杀虫剂被扣留 3 批次；因包装标签不符合规定被扣留 2 批次。

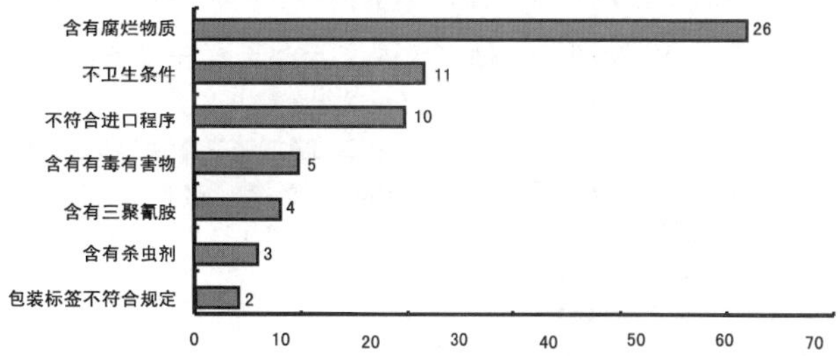

图 4. 2009 年美国扣留我国豆制品的原因分析

（六）水果及其制品（包括腌制、干制水果）被扣留的主要原因是含有不安全色素、糖精等添加剂

2009 年，美国扣留我国水果及其制品（包括腌制、干制水果）的主要原因是含有不安全色素、糖精等添加剂。在被扣留的 56 批次水果及其制品（包括腌制、干制水果）中，因含有不安全色素、糖精等添加剂被扣 27 批占扣留批次的 48%，因含有腐烂物质被扣 13 批占 23%；因生产商没有按照规定提供有关生产加工的资料被扣 8 批占 14%；因含有杀虫剂被扣 4 批占 7%；因标签不正确被扣 2 批占 4%；因含有未经批准的新药被扣 2 批占 7%。

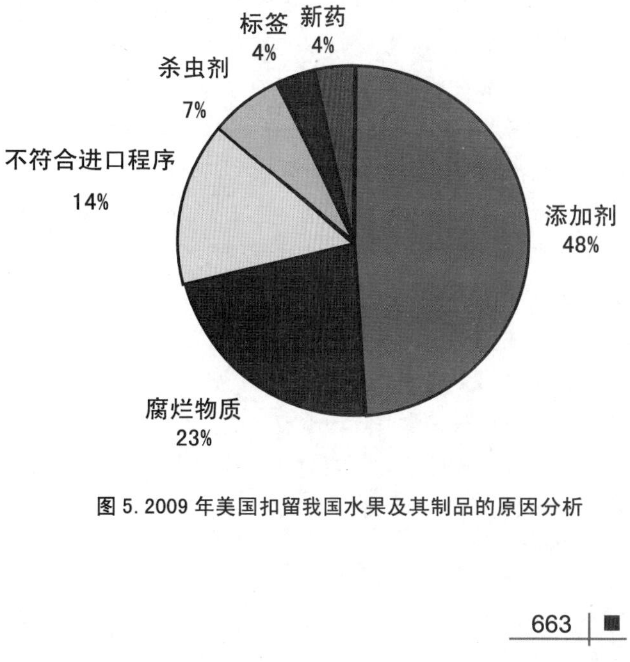

图 5. 2009 年美国扣留我国水果及其制品的原因分析

（七）茶、饮料被扣留的主要原因是包装标签不符合规定

2009 年，美国扣留我国的茶和饮料原因主要是由于包装标签问题以及产品在不卫生条件下生产、加工和包装。在被扣留的 48 批次茶、饮料中，由于包装标签问题为扣留占 31.3%，由于产品在不卫生条件下生产、加工和包装被扣留占 27.1%，其他被扣原因还包括产品含有有毒物质、产品含有三聚氰胺等原因。

（八）调味品被扣留的主要原因是生产商没有注册或不按规定提供生产加工资料等不符合进口程序

2009 年，美国扣留我国的调味品主要原因是因生产商没有注册或不按规定提供生产加工资料等不符合进口程序。在被扣留的 46 批次调味品中，因生产商没有注册或不按规定提供生产加工资料等不符合进口程序被扣留 17 批次；因产品含有三聚氰胺被扣留 13 批次；因产品含有腐烂物质被扣留 5 批次；因产品在不卫生条件下生产、加工和包装被扣留 4 批次；因产品被沙门氏菌污染被扣留 3 批次；因产品含有不安全添加剂被扣 2 批次；因其他原因被扣 2 批次。

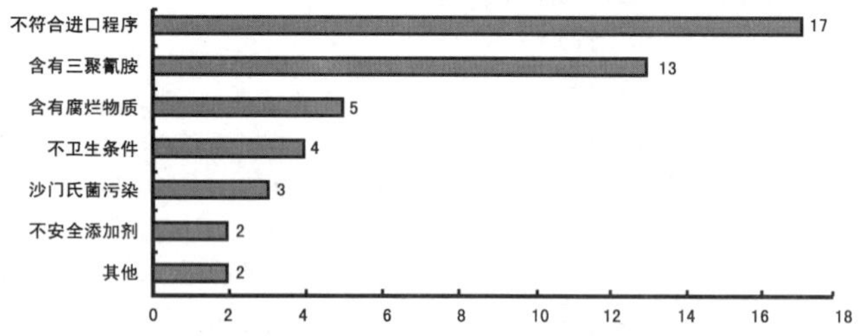

图 6. 2009 年美国扣留我国调味品的原因分析

（九）米粉被扣留的主要原因是含有腐烂物质

2009 年，美国扣留我国的 40 批次米粉中，主要是由于产品中全部或部分含有腐烂物质，占被扣留米粉总批次的 95%，另外一个原因是由于产品中含有三聚氰胺。

（十）糖果、蜜饯被扣留的主要原因是含有三聚氰胺

2009 年，美国扣留我国糖果、蜜饯的主要原因是含有三聚氰胺。在被扣留的 40 批次糖果、蜜饯中，因三聚氰胺被扣留 25 批次，占被扣留糖果、蜜饯总批次的 62.5%；含有不安全色素、糖精等添加剂被扣留 12 批次；因标签不符合规定被扣留 3 批次。

（十一）枣被扣留的主要原因是含有腐烂物质

（十二）奶制品被扣留的主要原因是含有三聚氰胺

（十三）肉、蛋被扣留的主要原因是含有不安全食品添加剂

（十四）瓜子被扣留的主要原因是含有不安全色素

挪威进口食品检疫管理体系简介及对我的借鉴

由于纬度位置高和地形多山的原因，造成了挪威无霜期短并且农业耕地面积少，致使其农产品自给能力有限，所以必须依靠进口来弥补国内市场的不足。据统计，在农产品中的食品方面，挪威进口的食品占市场零售食品的 50%。挪威市场对进口食品十分依赖，因此对关系人身健康的食品的进口监管十分重视，建立了一套严格的进口食品品质监管体系。以下就挪威与食品有关的进口产品检疫体系进行简要介绍。

一、法律体系

由于挪威是欧洲经济区（EEA）成员国，1994 年 EEA 成立后，挪威有关食品检验检疫的法律和法规都是在 EEA 的法律基础上来制定或照样执行的，特别从 1999 年以后，挪威对来自 EEA 以外国家的食品进口，全面执行 EEA 的有关法律规定。

在 EEA 的基础上，挪威食品安全法律的体系建设也经过一段时间的完善，直到 2004 年 1 月，一部新的《食品法》开始实施。新的《食品法》是在合并和修改了以往 13 部食品安全、植物安全和动物安全领域法律法规的基础上形成的。该法律涵盖了挪威境内食品类商品的生产、流通以及进出口领域的安全监督内容。根据该法律授权，食品安全监督执行机构所能采取的执行措施是：对食品安全提出要求；促使经营者满足有关要求；征收罚款；如要求得不到满足，可关闭经营活动，最长可执行关闭经营活动 6 个月；向公众通报信息。

二、进口检疫行政管理构架和科研支持

（一）在人类消费食品等商品管理方面（包括进出口和国内市场），挪威管理部门和构架也经历了演变和重组，力求建立一个反应迅速、效率高的科学管理体系。目前形

成的管理架构和职能如下：

1. 农业与食品部。负责在陆地上生产的食品类商品在初级加工过程中的安全监督法律、法规及政策的制定工作。

2. 渔业部。负责水产的各种鱼类等初级产品的安全监督法律、法规及政策的制定工作。

3. 卫生部。负责加工后的食品类商品以及饮用水的安全监督法律、法规及政策的制定工作。

4. 挪威食品安全署（Mattilsynet）。Mattilsynet 是挪威食品类等产品安全检疫法规的政府执行机构，它是于 2004 年 1 月新《食品法》实施后，由原先的挪威农业检验所、挪威食品控制署、挪威动物安全署、挪威渔业局（部分职能）和 89 个地市食品控制局整合组建成立。Mattilsynet 职能主要是：保证安全洁净的食品和饮用水；保证植物、鱼和动物的健康；保证动物和鱼的福利；维护有质量和公平的生产和贸易环境；负责食品领域内的创新。根据法律规定，Mattilsynet 负责食品从加工到消费的所有食品链的具体安全监督工作。

Mattilsynet 由总部（下分为 4 个部门，130 名员工）、8 个地区办公室（240 名员工）、64 个基层办公室（940 名员工）、15 个边境检验站（BIPs）组成。8 个地区级的办公室中，有 5 个具有国家级的职能。

5. 从宏观上，3 个部委共同制定政策，由 Mattilsynet 具体落实和执行。在日常工作中，三个部委和执行单位的关系是，在法律授权下，由农业食品部负责牵头并协调其它两个部委的意见后，向 Mattilsynet 发出统一的工作指令。

（二）密切配合的科研支持和风险评估体系

食品安全科研方面，一个专门设立的科学委员会以及相关研究机构与 Mattilsynet 之间进行着密切的配合。该科学委员会设在挪威卫生部下，专门负责食品的安全和风险评估；同时，相关的研究机构在实验室配合下，提出化验结果和对策建议；最后，Mattilsynet 在充分获得各方信息的基础上进行食品安全管理。

食品安全风险处理方面，科学委员会的评估、科学委员会与 Mattilsynet 和部委之间的沟通、以及部委与 Mattilsynet 的管理这三个方面是相互交织着的关系。食品安全风险的处理根据不同的情况，采用不同的方式进行。

三、食品类商品进口检疫的实施

（一）边境检验机构（BIPs）

BIPs 隶属于挪威食品安全署 Mattilsynet，总部下设两个国家级的检验站，分部是设在西部海港城市卑尔根（Bergen）的国家级鱼和海产品检验中心、设在奥斯（As）的国家级蔬菜和植物检验中心。挪威边境检验检疫站的设立需经过欧盟批准，并在欧洲经济区公布。挪威有 15 个经欧盟批准的边境检验检疫站，其中 13 个是港口检验站，剩余两个内陆检验站是首都奥斯陆检验站和与俄罗斯接壤的一个检验站。15 个检验站中有 3 个是多功能检验站，可以检疫多种食品，其它检验站只检验鱼类产品。3 个多功能检验站是奥斯陆检验站、嘎德摩机场检验站和俄罗斯接壤的检验站，其中只有嘎德摩机场检验站和俄罗斯接壤的检验站具备活动物检疫职能。

在这里，有一点必须指出，BIPs 只是负责从 EEA 以外的国家进口食品的检疫。对于从 EEA 成员国进口食品的检疫，由 Mattilsynet 的 64 个基层办公室进行。

（二）检验站工作的运转

BIPs 的运作在 Mattilsynet 管理下进行，奥斯陆总部在接到中央部委下达的政策后，由卑尔根检验中心和奥斯检验中心具体制定工作章程，再下达到地方的检验站和 64 个基层办公室。卑尔根检验中心负责鱼类产品检验站的工作，主要制定的工作计划包括：对外信息交流、样本计划、评估和协调检验站的工作、参与立法的提议并管理国际事务和鱼产品的出口管理；奥斯检验中心负责多功能检验站的工作，具体职能由数据管理、通报系统、报告以及国际事务处理和蔬菜和肉类的出口管理。

（三）进口检验程序

1、法律依据。挪威进口检验所依据的是 EEA 的法律，主要是欧洲理事会的 97/78/EC（产品）和 91/496/EC（活动物）的两个法令。这两个法令主要涉及的内容有报告机制、允许进口国名单、允许进口植物和运载工具名单、如何批准对欧盟和欧洲经济区出口国以及边境卫生检疫的操作。

2、检验站场所具备的条件。检验站必须由办公场所、检验场地、检验设备、卸载区和储藏区组成。场所条件具备后，检验站的设立须经欧盟批准。

3、检验对象和内容。由边境检验站检验的商品包括活动物、动物产品及包含动物成分的食品（包括鱼和鱼产品）、人类消费品和非人类消费品。检验必须由官方兽医执行，但是鱼产品进口检疫可以由官方的渔业检验官进行。

检验的内容包括货物文件是否齐全、货证是否相符和实际化验。进口货物情况必须通过填写统一兽医证（CVED）递交给检验站；CVED 的 A 面由进口商填写，在核对 A 面内容后，由兽医在 B 面填写并签字；货物能否被批准进口或者被拒绝入境，都由兽医的盖章和签字来决定。

4、检疫后货物的处理。若检疫合格，货物就可以通关。如果进口货物被拒绝入境，那这批货物将被销毁或者在 60 天内返还给欧盟和欧洲经济区之外出口国。在被返还之前，被拒货物必须在兽医的监督下封存在检验站，直到货物离开。当然，货物封存期间的费用由进口商交纳。

日本农产品批发市场的发展对我国的借鉴

由于地域特征和历史原因，日本和我国农业生产者规模普遍都比较小，农产品物流主要借助于批发市场完成。作为农产品物流中最大的通道及枢纽，批发市场可以满足买卖双方扩大运销规模和交易空间、节省交易成本的需求，是解决小规模农业生产和大市场、大流通之间矛盾的客观场所。在国际上，日本农产品批发市场的发展已得到公认，对于在农业生产上与之有很多相似之处的中国来说，其成功的经验值得我们学习和借鉴。

一、日本农产品批发市场的特点

健全的物流管理体制是保证物流效率和行政管理效率的前提条件。日本经过了近百年的发展，才形成了从农产品生产到流通一整套的理论和体制。归纳起来，日本农产品批发市场具有以下主要特点：

（一）有健全的法律法规作支撑

以法律来规范市场建设和管理，培育出公开、公平、公正的市场环境，是日本农产品批发市场取得成功的保障。早在 1921 年日本就发布了第一部《中央批发市场法》，将中央批发市场的开设、管理、交易等纳入了法治轨道，并于 1923 年开设了日本第一家农产品中央批发市场。随着经济的发展和批发市场地位的日益提高，日本又于 1971 年修订了该法，将《中央批发市场法》改为《批发市场法》，将地方批发市场也纳入了法治轨道，进一步确立了以批发市场流通为主的农产品物流地位。以后每隔 5 年修订一次，各地方政府和有关部门依照该法制定地方性法规和市场运行规则。经过几次修订的《批发市场法》更加严格了交易原则，使交易活动更具公共、公开、公正性，很少发生违法现象。

另外，统一规范的管理体制也保证了行政职能的高效发挥。日本将农产品的生产管理、产后加工、安全卫生、上市运销、零售消费等生产和流透诸环节的行政管理职能，统一归口于农业行政管理部门：在全国层面上由农林水产省流通局负责农产品的流通行政管理，在省、市级层面上由地方农林行政部门的流通室负责行使职能。

（二）有组织化程度极高的农民协会

日本法律规定，中央批发市场必须由政府开办，但地方批发市场可以由农协、商社等法人团体开办。农协是组织日本农民进入流通领域的关键组织，日本农协是根据 1974 年国会通过的《农业协同组织法》，由农户自愿联合组织起来的群众经济组织，是一个拥有强大经济力量的、遍及全国的民办官助农民经济团体。在农产品流通的各环节，如组建批发市场和集配中心，组织物流、商流、信息流及组织结账等方面发挥了不可替代的作用。基层农协一般都建有农产品集贸所，负责本农协成员产品的售种、挑选、包装或冷藏，然后组织上市。目前，全国农协系统共有集货所近 3000 个。此外，农协系统还有全国运输联合会，下设众多运输组织，充分保证了农产品以高保鲜度迅速运到批发市场。

（三）有高效运行的竞争机制

对于批发市场的交易参加者有具体的规定和要求，特别是作为交易主体的生产者、批发商、零售商等都要进行严格的资格审查才能进场交易。为了保证竞争适度，每个批发市场对进场的代理批发商、中间批发商的数量都有严格限制。在日本，通常每个批发市场内的代理商被控制在 2 ～ 6 人。这些人要靠恪守法规、诚实、有实力、有信誉，才能在市场中站住脚，以赢得生产者的信任，使其可以稳定、多渠道、多品种地获得委托销售货源。另外，在价格的形成上主要采用拍卖制，经纪批发商或参加买卖者进行激烈的竞买，以出价最高者买取某一物品。激烈的竞争使得少数有实力、经营得法的批发商发展成为批发株式会社，有的则在激烈的竞争中被淘汰。

（四）有严格的农产品市场准入制度

鲜活农产品的供应，直接关系国民生活的质量与食品安全。日本在这方面的主要做法包括：从分级包装入手，建立农产品产地追溯制度；推行农产品质量认证，建立农产品品牌和信誉；通过加强生产过程管理，实施快速检测与化学分析检测结合的一系列检测手段，确保食品安全；管理部门职责明确、体系健全，质量检测体系建设由财政投入。

（五）有现代化的交易方式和手段

通过采用现代化的电子设备进行拍卖交易，迅速、准确地处理贷款结算。在日本，买卖双方要把货款结算业务委托给第三者处理。一般来说，买方在 3 ～ 7 天之内要通过银行向批发商付款，批发商在 1 ～ 4 天内通过银行向供货人付款，从而完成结算过程。

二、日本农产品批发市场的发展对我国的启示和借鉴

我国农产品批发市场起步于 20 世纪 80 年代中期，经过 20 多年的发展，已基本建立起以批发市场为中心，以城乡集贸市场，连锁超市和其它零售网点为基础的农产品市场体系。目前全国农产品批发市场发展到 4500 多家，承担

着约70%的商品农产品流通任务。

目前，我国的批发市场大体分为两类：一类是由工商局或农民集体兴建；另一类是经过政府批准正式建立。国家级的批发市场，较规范但活力不足从而未达到预期的经济效益，自发形成于市的批发市场，有活力而规范性差，二者都需要进一步发展和完善。纵观日本农产品批发市场的发展历程，其高效运作主要取决于有力的政策支持和完善的法规体系。因此，借鉴日本成功经验，笔者认为，应该着力从以下方面完善我国农产品批发市场。

（一）加快我国农产品批发市场的法规体系建设

要确立以批发市场流通为主的农产品物流地位，规范批发市场的开设、管理与经营制度。我国农产品批发市场的组织化程度和管理规范化程度都比较低，难以适应市场经济的发展需要，其中最重要的原因就是批发市场法规建设严重滞后。由于缺乏市场法规，许多实际问题难以解决。另外，我国现行的市场行政管理体制滞后，有关职能部门责权范围不明，职能交叉，使得批发市场管理上、政策上不统一、不规范，遇事相互推诿，行政效率低下。

因此，借鉴日本建立批发市场法规体系的经验，应尽快制定一部中国农产品批发市场法，以保证农产品批发市场的规范运作，达到公平、公正、效率的目的，使批发市场作为农产品物流的枢纽作用能够充分发挥。

（二）培育规模化经营的现代批发商，激活农产品批发市场

目前，我国规范化的批发市场经营主体都是计划购销体制下形成的国营公司或企业，而自发形成于市的批发市场，任何交易主体都能进场交易。真正的中间商或独立的、自负盈亏的、具有一定规模的批发业者没有很好地培育起来。未来的农产品批发市场不应该是个体摊位的集合，而应该是批发企业的集合。市场竞争必然走向集中，优胜劣汰的规律首先表现在经营者规模经济效益上，竞争必将导致许多小规模经营者无法支持而退出市场，批发业最终将是集中与规模经营。因此，一方面政府和批发市场管理者要引导现有经营主体按照现代流通方式转换经营业态，做大、做优、做强，朝着现代企业方向发展；另一方面，要有计划地引进大生产商、大批发商、大代理商入场经营，尤其是那些在国际和国内都享有很高知名度的品牌企业，要积极创造条件吸引他们入市，通过他们的规范化经营带动批发市场整体素质的提高。

（三）培育农产品流通中介组织，提高农民参与流通的组织化程度

政府积极引导、扶持农产品中介组织、经纪人队伍发展，特别是应重视从农业生产者中培育成熟中介组织和经纪人队伍。通过建立一支具有一定规模和实力的农产品中介组织和经纪人队伍，提高农产品批发市场集贸能力，带动农产品生产、加工和流通上规模。在农民组织起来进入市场的问题上，由于种种限制，始终没有实质性进展，各地各种农协组织多偏重于农产品生产，真正组织农民进入市场、实现农产品销售的组织屈指可数。农产品分散地参与市场流通，一方面增加了物流和交易费用，造成规模不经济；另一方面，农户之间缺乏整合，大大削弱了其讨价还价的能力，难以保护自身利益。当前，国家着力解决“三农”问题，其核心是增加农民收入，农产品批发市场是决定农民收入高低的主要场所。培育农产品流通中介组织，提高农民参与流通的组织化程度，不但有利于农民增收，而且能带动我国农业的结构性调整，促进农产品流通新模式的建立。日本农协以及美国和欧共体国家销售合作社的发展已充分证明了这一点。

（四）积极稳妥地推行拍卖制，健全农产品价格形成机制

拍卖制是国际上规范批发市场价格机制较为普遍运用的方式。日本的中央、地方批发市场都以拍卖制为主。通过买方的竞价购买，使价格的形成过程公开透明，能明显提高信息的集散传播效率，有利于理性的交易决策。另外，拍卖能使同一批产品卖出最高价格。买方投标竞价在公开场合短时间决策，依据的是经营效率和预期利润的约束，这既符合资源优化配置原则，又有利于利润分割的公平、公开。但是，目前我国批发市场由于交易主体经营规模小、流动性大、数量众多、交易分散等特点，使得拍卖制的产生与发育受到制约。因此，一方面要催育大型的批发商组织，以扩大交易规模；另一方面要促进委托代理批发贸易的发展，以提高交易的组织化、专业化程度，从而为拍卖制的发展提供良好的条件。

（五）实施质量安全市场准入制度，保障农产品质量安全

要实施农产品质量安全市场准入制度，维护生产者和消费者的利益。通过建立农产品物流全程监控与可追溯系统，为农产品的生产者、消费者以及农产品监管部门提供一个科学的管理手段和工具。此外，政府应该实行农产品批发市场交易主体的资质认证，交易主体承担保证经营农产品安全无害的义务，如出现问题，取消其经营资质，并按照有关法律追究其责任。建立农产品物流信誉保障体系，实行对农产品供应人、承销人和零售商的备案、不良记录通报制度和农产品安全责任连带制度。通过系统的农产品质量监督管理手段的实施，确保农产品质量安全。

补充刊发 2008 年度末到地方篇

北京市

北京市食品协会　周以秋

【概 况】

2008 年是举办北京奥运会之年，也是北京食品产业迅速发展的一年，面对千载难逢的历史机遇，北京食品协会在市经信委的领导下、在各兄弟协会的支持下，在全体会员的全力配合努力工作下，坚持以科学发展观为指导，坚持“服务”宗旨，认真履行协会职能，与时俱进，努力工作，积极促进了北京食品产业的发展。

一、在组织参与、服务北京奥运中发挥作用，有所作为

2008 年，为实现我国政府作出的举办一届“有特色、高水平”奥运会的庄严承诺，北京食品协会紧紧抓住奥运契机，积极与奥组委有关部门联系、沟通、推荐奥运食品供应的企业名单并全力作好相关协调工作。在各企业的共同努力下，“燕京”成为北京奥运会赞助商；“爱芬”成为“巧克力及其制品”独家供应商；44 家食品企业成为了北京奥运会餐饮及原材料的供应企业。各供奥企业千方百计克服困难，以可能达到的最高标准在时间紧、任务重、标准高的情况下出色完成了任务并做到了零事故、零投诉、零中断，确保了奥运食品供应质量安全万无一失，为举办一届有特色高水平的奥运会和同样精彩的残奥会做出了我们重要的贡献。在参与奥运建设，服务北京奥运工作中，多家会员企业受到北京奥组委及相关部门的表彰，北京食品协会荣获促进企业参与奥运建设优秀组织奖。作为协会我们还不失时机的抓住北京奥运契机，大力发展奥运旅游食品，满足来京旅游观光的中外消费者的需求，服务北京奥运。在市经信委领导下，协会牵头组织了在产业中具有影响力的北京市宫颐府食品有限公司、北京全聚德仿膳食品基地、北京稻香村食品有限责任公司、北京好利来工贸公司、北京味多美食品有限责任公司、北京金凤成祥食品有限责任公司和北京市食品研究所共同联手，实施了“新北京特产”研发项目，成功地研发出新北京特产——“京八件”和“宫廷御点”。产品体现了北京的历史文化特色，“京味”口感突出，质量上乘，营养健康，包装精美，便于携带，适于馈赠，具有纪念意义。2008 年 3 月举行新闻发布会，向社会发布研发成果，并隆重上市销售。推向市场后，销售势头良好，深受广大消费者欢迎，成为北京馈赠“礼品”。

二、以促进产业发展为目标，积极推进品牌建设

2008 年，我们认真贯彻北京市加强北京工业品牌建设的措施，坚持传承创新、拓宽新的思路，大力推进名牌发展战略的实施，认真做好北京名优食品的宣传、推介、评选工作。

（一）完成“北京市著名商标”审核推选工作。协会对 14 件申请“北京市著名商标”的企业给予推荐，全部被北京市工商行政管理局予以认定，成为了“北京市著名商标”；

（二）完成“优秀龙头企业”评选推荐工作。经协会推荐，顺义区、怀柔区、大兴区荣获全国食品工业强区；燕京啤酒、顺鑫农业、王致和等 34 家企业荣获全国食品工业优秀龙头企业；

（三）完成质量效益企业评选推荐工作。经协会推荐，顺义区工业局、怀柔区工业局、北京二商集团荣获中国食品工业质量效益奖单位；顺鑫农业、大发正大、燕京啤酒等 32 家企业荣获中国食品工业质量效益奖企业。

（四）组织企业参与设计示范项目。协会组织企业参与了设计对接示范工程项目。仿膳基地、北京茶叶总公司、稻香村三家企业的项目被受理，享受到政府资金支持。

通过以上工作的全面开展和推进，有效促进了企业品牌影响力的扩大和产业发展质量和效益的提高。

三、发挥服务作用，组织展示首都食品产业发展的新形象

2008 年，在市经信委的大力支持下，北京食品协会相继成功承办了第四届中国（北京）餐饮食品博览会和第十七届中国食品博览会暨交易会。其中，第四届中国（北京）

餐饮食品博览会在北京食品行业中各大集团和企业的高度重视和大力支持下。北京一轻集团、二商集团、三元集团、京粮集团、华都集团、燕京啤酒集团及北京老字号企业稻香村、牛栏山、张一元、百花、红螺等踊跃参展。展示紧抓奥运机遇，开发名、特、优、新产品方面的最新成果。在上千个品种中，汇聚了中国名牌产品 10 个；北京名牌产品 30 个；中国驰名商标 7 个、北京著名商标近百个；中国龙头食品企业 30 家。展示了北京食品产业的实力和北京食品的特色及精华。博览会品牌云集，名品荟萃，精彩纷呈。新到任的苟仲文副市长应邀参观了本届博览会，对展会给予了高度评价。在现场，苟仲文副市长还与部分主要企业代表进行了座谈交流，对北京食品产业发展提出了很好的意见和建议。

在湖北省武汉市举行的第十七届中国食品博览会上，北京团共展示产品近 300 多种，中国名牌 8 个、中国驰名商标 5 个、中华老字号产品 12 个系列、北京名牌 16 个系列、北京著名商标 10 个系列。北京团展台设计精彩，在外形设计上体现出北京传统和时尚的特点，以新颖独特的“鸟巢”设计亮相展台，赢得组委会、参展商和观众的普遍称赞。展会期间举行了京汉合作交流会，厂商面对面交流，宣传了北京食品，建立了购销联系渠道，收到较好的成效。

四、强化企业食品安全意识，积极履行社会责任

2008 年，协会重点关注《中华人民共和国食品安全法（草案）》的出台。联合中国食品报，共同组织了北京部分大中型食品企业座谈会。中国肉类食品综合研究中心等 20 余家企业的负责人出席了会议。针对当前食品安全监管中的薄弱环节、对食品卫生安全制度、对“从农田到餐桌”的食品生产管理，提出了许多的宝贵意见和修改建议并积极向立法机关反映，为《食品安全法》的正式颁布实施奠定了重要基础。

2008 年，面对“三聚氰胺”食品安全事件的发生，协会及时与北京三元食品股份公司取得联系，了解北京奶制品质量情况，并将了解到的情况及时向市经信委汇报。协会还及时向会员企业下发了《确保产品质量安全的紧急通知》，指导生产企业在生产中严格标准，使用乳粉的产品必须逐批进行检验检测，保证产品质量安全，保护消费者利益。

五、搞好跟踪调查，促进节能降耗工作

2008 年，协会对《北京工业能耗水耗指导指标》（第一批）执行情况进行了跟踪调查。对屠宰及肉类加工企业和焙烤食品制造企业的能耗、水耗状况进行了分析， 经分析，看到企业十分重视能源管理工作，积极采取各项措施节能降耗，使企业的万元产值能耗、水耗总体成逐年下降趋势。针对调查中反映的情况，积极向市经信委提出建议，“加大宣传力度”、“细化指导标准”、“加强政策引导”，有效推进节能降耗工作的落实。

六、加大技能培训力度，适应产业发展新需求

2008 年，为适应食品产业发展和迎奥运的需要，协会积极组织行业培训，促进行业人员素质的提高，重点抓了两个方面的培训。

一是组织了食品检验工培训竞赛。在时间紧、任务重且缺少经验的情况下，充分利用各种机会发布竞赛信息，有针对性地组织重点企业参赛选手，并对参赛选手进行理论知识和实际操作的培训。本届竞赛共有来自京粮集团、汇源果汁、红星酿酒、稻香村等 10 家企业、104 名选手报名参赛。在比赛中，选手们充分发挥水平，考核成绩良好，有效提高了行业技能水平。

二是组织食品安全师培训。根据国务院《关于进一步加强食品安全工作的决定》，将食品安全师列入食品从业人员培训体系，逐步在业内推行持证上岗制度，协会举办了北京地区食品安全师的培训班 3 期。68 个食品企业近百余人参加了培训。通过培训，在行业中已形成了一支具备从业资质的食品安全师队伍。

七、扩大对外交流，共促产业发展

2008 年，协会积极参加行业内的各项活动，加强行业交流，共谋产业发展。积极向中食协推荐了中国调味品专家委员会、中国葡萄酒（果酒）专家委员会成员，使北京籍专家数量增加，提升了北京在两个行业中的影响力。与北京工业经济联合会、北京包装技术协会密切合作，在节能减排、新北京特产研发、北京工业改革开放三十年展览等工作中合作，为政府和企业服务。协会加强与区县工业局的联系，寻求区县主管部门的支持和帮助；积极参与支持会员企业的活动，加强与会员企业的联系。一年来，协会还组织会员企业赴美国、加拿大经贸考察和赴南非、埃及经贸考察活动，加强国际交流，学习先进技术，拓展合作领域，有效促进了首都食品产业的发展。

八、加强自身建设，提高服务水平

“服务”是协会的基本职责，是协会工作的宗旨。2008 年，协会对参加奥运会的食品企业的供应情况和全年经济运行情况加强统计，及时向政府有关部门汇报，为政府决策提供科学依据。努力办好会刊《北京食品信息》杂志，扩大对外宣传，促进会员内部交流。还积极发展新会员 5 家。

上海市

上海市食品协会　吴如瑾

2008年是很不寻常、很不平凡的一年，我国经济经历了历史罕见的挑战和风险，受国际金融形势变化等影响，下半年工业经济运行下行压力加大，食品行业更是遭遇农产品价格持续上涨和三鹿奶粉事件的影响，全行业经受了巨大的考验。

在中央各项调控措施指引下，上海食品战线广大职工战胜和化解了各种困难，将不利因素减少到最低程度，总体运行情况良好。

一、上海食品工业在严冬中经济增长

（一）生产运行良好，行业在波动中发展

2008年全市511户规模以上食品工业企业完成工业总产值（可比价）1046.7亿元，同比增长16.7%，增幅比上年增加1.8个百分点；完成主营业务收入1148.5亿元，同比增长21%，增幅比上年增加2.6个百分点；实现利润159.5亿元，同比增长33.5%，保持了在经济严冬中总量增长，但农副食品加工业和饮料制造业效益明显回落。

除卷烟外食品三个行业中，主营业务收入增长最快的是农副食品加工业，主要是食用植物油和豆制品加工，分别比上年增长41.8%、41.6%；其次是食品制造业，完成销售收入369.1亿元，同比增长20.7%，其中饼干及焙烤食品、糖果巧克力、米面制品、乳制品、味精等增幅都超过20%；饮料制造业完成销售收入152.2亿元，增长17.6%，其中碳酸饮料和果菜汁饮料增长最快。

由于农产品价格和国际金融危机等影响，部分产品出口受阻转内销，加剧了国内市场产品竞争。农副食品加工业销售收入下半年增幅比上半年趋缓，回落24.5个百分点。

（二）产销同步增长，满足消费需求

主要食品市场供应充沛，满足了市场消费需求。产、销量增长较快的有：精制食用植物油、味精、碳酸饮料，增幅保持在13%～18%之间，除糕点外，增长速度都高于全国水平。

受消费减少等因素影响，部分食品产量下降，包括：糖果、速冻米面食品、乳制品、罐头、酱油、冷饮等。

（三）利润增长，效益分化

2008年上海食品工业完成利润159.5亿元，同比增长33.5%，增幅比上年增加15.5个百分点。主要是食品制造业和卷烟制造业盈利，而农副食品加工业和饮料制造业都为负增长。利润增长较快的有饼干及焙烤食品、糖果巧克力、味精、豆制品、糕点面包制造，增幅超过30%，有的达到50%。而食用植物油加工的利润大幅下降，2007年大豆价格涨幅巨大，加之油脂加工企业大量采购，2008年3月份起国际和国内市场大豆价格回落，使企业生产成本处于高位运行，损失较大。酒类中的啤酒业出现亏损，黄酒利润下降。乳制品行业上半年利润直线上升，九月份起受三鹿奶粉事件影响销量受阻，利润迅速回落。卷烟制造业盈利能力强、权重大，带动了整个食品工业利润上扬。

由于农产品价格不断走高，工业成本持续上升，压缩了食品工业盈利空间，在全球经济海啸中，上海食品工业受到不同程度影响，2008年仍保持了利润增长，但效益分化。

（四）品牌食品优势尽显

食品安全事件的影响，使消费者买产品更注重选品牌，品牌效应优势尽显，品牌产品市场占有率不断巩固和提高。

如有着严格质量管理的太太乐鸡精，曾获得“中国名牌”产品，市场占有率高达70.7%，在由乳制品引发的食品安全事件中，光明牌液体奶仍以其55%的市场占有率得到消费者的认同；市场占有率在35%以上的产品有：海狮食用油、三得利啤酒、德芙巧克力、乐事薯片、梅林八宝粥、和路雪冷饮、蒙牛液体乳、农夫山泉瓶装水、三添麻油、光明酸奶、双桥味精等，部分是外地产品，表明只要产品质量稳定、安全，符合消费者需要，就能赢得市场。

占据市场份额前三名的大多数是品牌产品，有：中华卷烟、红双喜烟、和酒、石库门酒、乐惠大米、海丰大米、大白兔糖果、卡夫饼干、冠生园蜂产品、上好佳膨化食品、味好美调味粉、佛手味精、爱森冷却肉、五丰上食冷却肉、味都挂面等，品牌效应明显更具竞争力。

二、食品的市场运行情况

2008年，上海实现社会消费品零售总额4537.14亿元，比上年增长17.9%，其中吃的商品零售额1800.16亿元，增长18.1%，拉动全市零售额增长7.2个百分点。全年居民消费价格总水平比上年上涨5.8%，低于全国平均水平，

包括上年翘尾因素2.8个百分点。其中食品类价格上涨15.3%，全年居民消费品价格同比涨幅呈前高后低、冲高回落走势，1—4月涨幅持续攀高，4月份达到本轮涨幅顶峰，当月上涨7.9%，8月份起涨幅明显回落。

2008年，由于股市低迷、农产品价格上涨、食品安全、金融危机等因素，使居民的消费信心受挫，食品消费量有所减少，随着第三季度价格回落，消费者信心开始回升，市场销售局面得到扭转。食品是生活必须品，食品消费增长必然是刚性增长。

三、食品安全　警钟长鸣

近年来，由于食品安全事件的发生，特别是三鹿奶粉事件的爆发，牵连到以乳为原料的各类食品，包括奶糖、奶茶、冰淇淋、饼干等，危害极大，造成消费者对食品信任度的下降，直接影响到食品市场销售和企业利益，也造成国外消费者对中国食品的不信任和国外经销商的信心不足，出现国外订单大幅下降，局部出现食品安全危机与金融危机并举的双重状况。

三鹿奶粉事件使乳制品行业受到极大冲击，2008年全国液体乳产量同比下降3.6%，上海产量同比下降4.7%，而上年为增长10.2%。销售量下降4.8%，上年为增长10.5%，近几年由于消费者健康理念的增强，液体乳销量逐年增加，行业发展处于上升趋势，问题奶使乳品行业受到重挫，食品企业从中引发了危机感，增强了社会责任感，加强了对产品检测、监控，强化了食品安全管理。

据统计，2008年上海市场水果、乳及乳制品、食用植物油、酒类、蛋及其制品、面粉等6类食品的抽检合格率达到或接近100%，消费者信心正在逐步恢复。

食品安全是人民健康的基石，关系着千家万户，已成为全社会关注的热点，食品企业要将食品安全视为生命线，警钟长鸣。

四、不断进取，拓展协会工作空间

2008年上海市食品协会积极履行“指导、协调、维护、监督、服务”职能，抓住世博会即将在上海召开的契机，为世博服务、为政府服务，继续发挥政府与企业间的桥梁和纽带作用。

（一）抓住世博契机，推进产业发展

2010年将在上海举办的世博会是举世瞩目的国际盛会，届时将有7000万人次的中外宾客。做好世博期间的食品供应与管理，是世博会筹备工作的重要组成部分；做好世博会期间上海的食品供应和食品安全，保障人民群众的身体健康，也是上海食品产业面临的重要任务。为做好上述工作，向政府部门提供积极有效的建议和措施，推进产业发展，2007年上海市食品协会提出了开展“上海世博期间及世博后食品供应管理实施方案的研究”课题，经上海市经委批准，课题组经过反复讨论、调研、撰写，历时半年多时间，于2008年初完成。

文章分析了上海食品供应管理现状和世博期间食品供应管理的特点，展望了世博会将对上海食品产业发展带来的契机，提出世博期间食品供应管理的指导思想、基本原则、目标要求，并延伸至世博后食品供应的管理，对服务世博，发展食品产业具有现实意义和指导作用。

为进一步开展向世博服务的系列工作，上海市食品协会经过认真研究，提出编撰《2010年上海世博食品》一书的构想。经立项、报经市政府有关部门批准，于五月份开始启动。在上海市商务委的领导下，上海市食品协会联合全市与“吃”有关的近20个食品集团、行业协会以及部分知名食品加工制造、商贸流通企业、部分国外驻沪机构等，进行对该书的准备、编辑工作。

该书精选了100多个企业产品，入选企业和产品都有较高知名度和美誉度，曾获各级各类名牌或著名商标等称号，产品严格按国家标准、行业标准生产，展示了上海食品行业的发展水平和企业形象。

（二）增强服务意识，拓宽服务领域

1. 主动接受委托，为政府部门服务。协会配合市经委开展生猪屠宰企业等级评定前期准备，参与市经委对20家外省市供沪生猪屠宰场追溯系统建设工作，还参加了市质量技术监督局组织的“餐饮业即食食品环节表面卫生标准”的审定，服务好政府部门。

2. 加快职业技能培训，提升行业技能水平

为加快培养行业职业技能人才，上海市食品协会所属上海市现代食品职业技能培训中心加大力度，在为社会和食品行业培训烘焙类初、中级西式面点师的基础上拓宽渠道，增设了高级工、技师的培训，全年共培训各类技能人员、高级工、技师等近500人，提升了行业技能水平。

3. 为推进长三角地区食品产业的发展，经上海市食品协会发起，召开了长三角食品（工业）协会联席会议，就建立互动合作机制、产业发展等进行探讨并达成了共识，对发展长三角地区食品产业是一个良好的开端。

表 1.2008 年上海食品工业完成主要经济指标

指标	单位	食品工业合计		其中：农副食品加工业		食品制造业		饮料制造业		卷烟制品业	
		2008年	同比%	2008年	同比%	2008年	同比%	2008年	同比%	2008年	同比%
工业总产值	亿元	1046.7	116.7	234.8	114.2	303.1	112.5	178.5	128.0	330.3	116.8
销售产值	亿元	1083.9	121.4	281.9	137.8	324.8	120.7	149.3	110.1	327.9	115.5
主营业务收入	亿元	1148.5	121.0	304.8	131.6	369.1	120.7	152.2	117.6	322.4	114.4
出口交货值	亿元	47.3	114.3	12.8	110.2	22.1	117.8	5.2	116.5	7.2	109.8
利　润	亿元	159.5	133.5	8.3	61.9	24.0	146.8	6.0	89.6	121.2	146.1
利税合计	亿元	388.9	239.0	12.1	72.6	40.9	129.1	18.3	126.3	317.6	317.7
资产总计	亿元	1240.5	111.0	160.2	108.3	321.7	106.2	133.5	99.5	625.1	117.3
企业数	个	511.0		174.5		271.0		64.0		2.0	
平均从业人员	人	104015.0	108.5	26855.5	113.7	60797.0	108.4	12440.0	102.5	3923.0	98.0

（注：以上数据为规模以上食品工业企业，下同）

表 2.2008 年上海工业完成主要食品产、销量

产品名称	产量（吨）	同比增长%	销量（吨）	同比增长%
精制食用植物油	968818	13.7	973483	13.6
糖果	127147	-3.4	123474	-5.2
糕点	43062	17.1	37028	14.3
饼干	55322	1.7	55498	3.1
速冻米面食品	45294	-17.3	44783	-18.9
方便面	21776	0.3	21465	4.3
乳制品	381450	-4.9	381497	-4.2
其中：液体乳	343667	-4.7	343570	-4.8
罐头	49594	-21.9	50097	-23.5
味精	50611	18.6	48936	11.9
酱油	87890	-13.9	87760	-14.4
饮料酒	854700	0.7	855875	1.5
其中：啤酒	726865	-0.4	730345	0.5
黄酒	113416	6.9	111194	6.6
软饮料	2522921	6.6	2474847	5.7
其中：碳酸饮料	1123832	14.2	1103321	13.2
瓶（罐）装饮用水	992396	1.8	971937	0.5
果汁及果汁饮料	89930	-8.7	87433	-12.6
冷冻饮品	81256	-22.9	80411	-21.9
卷烟（万支）	8499857	-0.6	8388093	-2.2

表 3.2008 年上海食品工业企业 50 强

（按销售收入排序）

序号	单位名称	序号	单位名称
1	上海烟草（集团）公司	26	上海天喔食品（集团）有限公司
2	上海嘉里食品工业有限公司	27	上海富恩肠衣有限公司
3	可口可乐（中国）饮料有限公司	28	上海乳品四厂有限公司
4	光明乳业股份有限公司	29	上海石库门酿酒有限公司
5	多美滋婴幼儿食品有限公司	30	三得利啤酒（上海）有限公司
6	上海良友海狮油脂实业有限公司	31	上海伊利爱贝食品有限公司
7	上海申美饮料食品有限公司	32	青岛啤酒上海松江有限公司
8	上海太太乐食品有限公司	33	上海福喜食品有限公司
9	不凡帝范梅勒糖果（中国）有限公司	34	上海大江（集团）股份有限公司
10	上海东辰粮油有限公司	35	上海金丝猴食品有限公司
11	百事食品（中国）有限公司	36	上海乐惠米业有限公司
12	上好佳（中国）有限公司	37	上海锦江麒麟饮料食品有限公司
13	上海嘉里粮油工业有限公司	38	上海香川饲料有限公司
14	上海百事可乐饮料有限公司	39	上海福新面粉有限公司
15	箭牌糖类（上海）有限公司	40	上海冠生园华光酿酒药业有限公司
16	嘉里特种油脂（上海）有限公司	41	上海天下粮仓米业有限公司
17	上海克莉丝汀食品有限公司	42	上海爱屋食品有限公司
18	上海梅林正广和股份有限公司	43	上海惠氏营养品有限公司
19	上海佳格食品有限公司	44	上海味好美食品有限公司
20	上海双汇大昌泰森有限公司	45	华奇顿食用香精香料（上海）有限公司
21	上海亚太酿酒有限公司	46	上海元盛食品有限公司
22	上海五丰上食食品有限公司	47	上海雀巢有限公司
23	上海江崎格力高食品有限公司	48	上海大山合集团有限公司
24	英联饲料（上海）有限公司	49	卡夫食品（上海）有限公司
25	上海东方航空食品有限公司	50	上海都乐食品有限公司

表 4. 中国名牌产品（上海）

产品名称	企业名称	品牌
糖 果	冠生园（集团）有限公司	大白兔
黄 酒	冠生园（集团）有限公司	和
鸡 精	上海太太乐食品有限公司	太太乐
肉类罐头	上海梅林正广和股份有限公司	梅林
卷 烟	上海烟草（集团）公司	红双喜
卷 烟	上海烟草（集团）公司	中华
速冻主食品（饺子、汤团）	上海国福龙凤食品股份有限公司	龙凤
焙烤食品 月饼	杏花楼食品餐饮股份有限公司	杏花楼
糖 果	上海金丝猴集团有限公司	金丝猴
黄 酒	上海金枫酿酒有限公司	石库门

表 5. 中国驰名商标（上海）

认定商标	企 业 名 称	认 定 商 品
冠生园	冠生园（集团）有限公司	糖果、蜂制品、糕点、速冻食品
大白兔	上海冠生园食品有限公司	糖果
光 明	光明乳业股份有限公司	乳制品
中 华	上海烟草（集团）公司	卷烟
杏花楼	杏花楼食品餐饮股份有限公司	月饼、糕点
金丝猴	上海金丝猴集团有限公司	糖果
上好佳	上海晨光食品工业有限公司	膨化食品
石库门及图	上海金枫酿酒有限公司	黄 酒
昂立	上海交大昂立生物药业有限公司	非医用营养液

表 6. 2008 年上海市名牌产品

生 产 企 业	品 牌	产 品
冠生园（集团）有限公司	和牌	黄酒、华佗十全酒
上海太太乐食品有限公司	太太乐	鸡精调味料，宴会酱油
上海梅林正广和股份有限公司	梅林 B2	午餐肉、火腿、八宝饭、番茄沙司罐头
光明乳业股份有限公司	光明	果汁饮料
上海烟草（集团）公司	红双喜	卷烟
	中华	卷烟
	牡丹	卷烟
上海国福龙凤食品股份有限公司	龙凤	速冻米面
杏花楼食品餐饮股份有限公司	杏花楼	广式月饼，广式腌腊制品
上海乐惠米业有限公司	乐惠	大米
上海福新面粉有限公司	雪雀（福新）	食品专用面粉
上海良友海狮油脂实业有限公司	海狮	精制食用油
上海申美饮料食品有限公司	雪菲力	饮料
上海益民食品一厂有限公司	光明	冷冻饮品
上海金丝猴集团有限公司	金丝猴	糖果
上海金枫酿酒有限公司	金枫、石库门	黄酒
上海正广和饮用水有限公司	正广和	饮用纯净水，饮用水，天然矿泉水，蒸馏水
上海立丰食品有限公司	立丰	牛肉干，香肠，肉松，肉脯，鸭肫肝，鸭舌，鸭翅
上海三添食品有限公司	三添	芝麻油

接上表

上海鼎丰酿造食品有限公司	鼎丰	酿造制品
上海神仙酒厂	神仙	曲酒
上海冠生园天厨调味品有限公司	佛手	味精、鸡精
上海宝鼎酿造有限公司	天鱼	食醋，糟卤
上海融氏企业有限公司	融氏 RONGS	玉米油、葵花籽油
上海爱森肉食品有限公司	爱森	冷却肉
上海克莉丝汀食品有限公司	克莉丝汀	中西糕点
上海静安面包房有限公司	图案（静安面包房）	中西糕点
上海清美绿色食品有限公司	清美	豆制品
东方先导糖酒有限公司	玉棠	小包装食糖
上海大瀛食品有限公司	大瀛	肉鸭及制品
上海瑞莱新侨食品有限公司	瑞莱新侨	月饼及糕点
上海海丰米业有限公司	图案（海丰）	大米
三得利啤酒（上海）有限公司	三得利	啤酒
上好佳（中国）有限公司	上好佳 Oishi	休闲食品
上海川崎食品有限公司	川崎	元贞糖，火锅调料，中华便当（方便粥）
上海市食品（集团）公司	上食	清真牛羊肉系列
上海万有全（集团）有限公司	万有全	腌腊制品，熟食，豆制品，水产及冷冻副食品
上海好唯加食品有限公司	唯加	调味品
上海三明食品有限公司	阿明	炒货
上海喔喔（集团）有限公司	喔喔	糖果
上海亚太酿酒有限公司	力波	啤酒
上海冠生园蜂制品有限公司	冠生园	蜂蜜
上海杏花楼（集团）有限公司新雅粤菜馆	新雅	广式月饼
上海冠生园食品有限公司	大白兔	糖果
上海汉康豆类食品有限公司	汉康	豆制品
上海爱屋食品有限公司	来伊份	休闲食品（炒货、蜜饯、鱼制品、肉制品）
上海皇家酿酒有限公司	谷和	黄酒
上海森蜂园蜂业有限公司	森蜂园	蜂产品
上海海湾食品有限公司	小辣椒	休闲肉制品
上海韦创贸易发展有限公司	诗蒂 shincticn	喜糖
上海新农饲料有限公司	新农	仔猪（前期）配合饲料
东方希望集团有限公司	金豆	配合饲料
上海爱普香料有限公司	爱普	食用香精
上海交大昂立股份有限公司	昂立	1 号口服液、多邦胶囊、明视胶囊、心邦片、舒渴安糖片
上海仓桥水晶梨发展有限公司	仓桥	水晶梨
上海新光农贸有限公司	锦绣	黄桃
上海奉叶农副产品配送有限公司	奉叶	上海蜜梨
上海富味乡油脂食品有限公司	富味乡	芝麻油
上海南汇瓜果有限公司	绿妮	西瓜
上海老杜鸭鸭养殖有限公司	老杜	鲜禽（鸭、鸡）制品
上海田博瓜果专业合作社	田博	西瓜、甜瓜
上海禾煜贸易有限公司	图案（禾煜）	南北干货
上海正义园艺有限公司	天寿	蔬菜
上海天下粮仓米业有限公司	天下粮仓	大米
上海垠海贸易有限公司	升月	大米
上海练塘叶绿茭白有限公司	练塘	茭白
上海高榕食品有限公司	GR（高榕）	保鲜蔬菜
上海丰科生物科技股份有限公司	丰科 Finc	蟹味菇

接上表

上海青西禽蛋食品有限公司	淀山湖	禽蛋食品
上海大山合集团有限公司	大山合	干食用菌系列
上海金山银龙蔬菜加工厂	图案（SYL 上海银龙）	新鲜蔬菜、鲜切蔬菜
上海新晖酿造有限公司	沪	黄酒
上海青浦赵屯草莓研究所	赵屯桥	鲜食草莓
上海闽龙实业有限公司	闽龙达	南北干货
上海马陆葡萄研究所	马陆	鲜葡萄
上海孙桥现代农业联合发展有限公司	孙桥	蔬菜
上海市南汇桃子研究所	圣牌 申风 石笋	南汇水蜜桃
上海都市农商社有限公司	星辉	蔬菜
上海崇明绿华农贸总公司	飞岛	柑橘

表 7.2008 年上海市著名商标（食品）

商标名称	使用商品或服务项目	商标注册人
冠生园	糖果、蜂制品、速冻食品、调味品、面制品	冠生园（集团）有限公司
佛手	调味品	
和	黄酒	
大白兔	糖果	
光明	奶及乳制品	光明乳业股份有限公司
红双喜	卷烟	上海烟草（集团）公司
中华	卷烟	
牡丹	卷烟	
龙凤	速冻米面制品	上海国福龙凤食品股份有限公司
杏花楼	月饼、糕点、餐馆	杏花楼食品餐饮股份有限公司
乐惠	大米、粥、盒饭	上海良友（集团）有限公司
海狮	食用精制油	
雪菲力	饮料主剂　碳酸饮料	上海申美饮料食品有限公司
上好佳	休闲食品	上海晨光食品工业有限公司
金枫	黄酒	上海金枫酿酒有限公司
石库门	黄酒	
正广和	饮用水、果汁、汽水	上海正广和饮用水有限公司
光明	冷饮	上海梅林正广和（集团）有限公司
立丰牌	牛肉干，香肠，鸭肫干	上海立丰食品有限公司
三添	芝麻油	上海三添食品有限公司
一只鼎	糟醉水产品	上海一只鼎食品有限公司
鼎丰	酱油、乳腐	上海鼎丰酿造食品有限公司
神仙	曲酒	上海神仙酒厂
融氏	玉米胚芽油	上海融氏企业有限公司
爱森	猪肉食品	上海爱森肉食品有限公司
克莉丝汀	面包、糕点	上海克莉丝汀食品有限公司
练塘	茭白	上海练塘叶绿茭白有限公司
高榕	新鲜蔬菜	上海高榕食品有限公司
FINC	鲜食用菌	上海丰科生物科技股份有限公司
清美	豆制品	上海清美绿色食品有限公司

接上表

大瀛	鸭产品	上海大瀛食品有限公司
图形（海丰）	大米	上海海丰米业有限公司
川崎	调味用品	上海天天商务实业有限公司
上食	冷却肉、熟食制品	上海市食品（集团）公司
万有全	腌腊制品、冷冻副食品	上海万有全（集团）有限公司
阿明	休闲食品	上海三明食品有限公司
喔喔	糖果	上海喔喔（集团）有限公司
力波	啤酒	上海亚太酿酒有限公司
新雅	月饼	上海杏花楼（集团）有限公司新雅粤菜馆
大山合	干食用菌	上海大山合集团有限公司
新长发	糖炒栗子	上海新长发栗子食品有限公司
汉康	豆制品	上海汉康豆类食品有限公司
city	新鲜蔬菜	上海城市蔬菜产销合作社有限公司
张小宝	豆制品	上海福生豆制食品有限公司
天喔	蜜饯、炒货、南北货	上海市南浦食品有限公司
SYL	新鲜瓜果蔬菜	上海金山银龙蔬菜加工厂
赵屯桥	新鲜草莓	上海青浦赵屯草莓研究所
百味林	蜜饯、炒货、南北货	上海百味林实业有限公司
闽龙达	南北货	上海闽龙实业有限公司
来伊份	休闲食品	上海爱屋食品有限公司
马陆	鲜葡萄	上海马陆葡萄研究所
汇农	肉鸽	上海朱桥王鸽有限公司
沈大成	餐馆、速冻食品	上海沈大成餐饮速食有限公司
百诺	巧克力	上海百诺食品有限公司
香特莉	西点、月饼	上海铭源实业集团有限公司
老城隍庙	炒货	上海老城隍庙五香豆食品有限公司
生	菊花晶	上海梅林正广和股份有限公司上海咖啡厂
稻香村	鸭肫肝	上海市泰康食品有限公司稻香村肫肝食品分公司
南翔	小笼包	上海南翔速冻食品有限公司
孙桥	新鲜蔬菜	上海孙桥现代农业联合发展有限公司
诗蒂	巧克力、糖果	上海韦创贸易发展有限公司
新农	猪饲料	上海新农饲料有限公司
豫园	止咳梨膏糖	上海梨膏糖食品厂
高博特	非药用营养液	上海高博特生物保健品有限公司
天下粮仓	米	上海天下粮仓米业有限公司
金豆	动物饲料	东方希望企业管理有限公司
洪长兴	餐馆、涮羊肉	上海清真洪长兴餐饮食品有限公司
老杜	畜禽制品	上海老杜鸭鸭养殖有限公司
龙门	水产品	上海水产（集团）总公司
梅林	罐头食品	上海梅林罐头食品厂有限公司
昂立	保健食品	上海交大昂立股份有限公司
邵万生	糟醉水产品	上海邵万生商贸合作公司
三阳盛	南北干货	上海三阳盛食品有限公司

江西省

江西省食品工业协会　陈叔然

【概 况】

2008年，江西省规模以上食品工业企业695户，全行业从业人员9.52万人，资产合计311.83亿元，比上年增长7.61%。其中,流动资产140.32亿元,比上年增长3.75%,流动资产全年平均余额147.89亿元，比上年增长8.00%。固定资产117.76亿元，比上年增长9.07%；固定资产原值150.64亿元，比上年增长8.73%；固定资产净值全年平均余额106.43亿元，比上年增长9.15%。主要发展特点：

一、经济运行质量进一步提高

全行业完成工业总产值657.15亿元,居全国第19位，同比增长38.48%；增加值226.41亿元，列全省六大支柱产业第三位，同比增长27.46%。实现主营业务收入650.26亿元，同比增长39.59%；利税总额95.70亿元，同比增长27.85%，其中利润总额为36.26亿元，同比增长48.90%。

二、主要产品产量稳定增长

纳入统计范围的12种主要食品产品中，有9种产量比去年有不同程度的提高，其中瓶（罐）装饮用水40.83万吨、软饮料95.25万吨、大米384万吨、精制食用植物油8.01万吨、液体乳14.21万吨、啤酒94.04万千升、卷烟503.99亿支、罐头4.46万吨、精制茶1.74万吨，分别比去年同期增长94.71%、83.42%、51.83%、30.03%、8.81%、7.92%、5.22%、4.93%、1.75%。

三、“四个一”项目引领作用显著

2008年,全省“四个一”项目（“一支烟”、“一瓶酒”、“一片茶叶”和“一盒胶囊”）实现主营业务收入166.1亿元，同比增长15.03%；实现利税总额64.3亿元，同比增长11.83%，分别占全省食品工业的25.54%和67.19%。

四、农副食品加工业和食品制造业增幅较大

2008年，两大行业实现总产值482.38亿元，实现主营业务收入479.81亿元，平均增幅达43%以上。农副食品加工业利税总额和利润总额同比增长分别为55.38%和56.58%，食品制造业利税总额和利润总额同比增长分别为80.04%和107.00%,成为全省食品工业发展的主要增长点。

五、技术创新取得新成果

2008年，全省食品行业共有9个产品荣获江西省优秀新产品奖，其中一等奖2项，二等奖3项、三等奖4项。

江西中烟工业公司“金圣”卷烟通过科技创新，在产品中加入中草药降害添加剂金圣香，使其卷烟能降低卷烟危害30%以上。江西德宇集团的“得雨五色蔬菜晶”新产品完成试制并投入试生产，经省级新产品鉴定，该技术达到国内先进水平。南昌亚洲啤酒有限公司的“啤酒纯生化技术应用成果与产品”通过省工信委和省科委鉴定，其纯生产品填补了我省高档啤酒的空白。江西汪氏蜜蜂园有限公司应用超临界萃取等高新技术提高了蜂胶的产量和质量。

六、注重品牌建设和市场开拓

江西茶业将在1～2年内完成全省区域性茶叶品牌整合，用“江西绿茶”商标统一茶业品牌。江西婺源县林生实业有限公司把“林生茶”专卖店开到北京马连道茶业批发市场，既开拓了市场，又接触到最新的茶业营销理念。江西蜂业则通过专卖店、营销办事处、代理销售等方式，拓宽销售渠道，建立全国市场营销保障机制和营销服务机制以及利益激励机制，开拓全国市场。目前江西汪氏蜜蜂园有限公司全国汪氏专卖店已超过3100多家。四特酒业有限公司，在北京组建品牌营销团队，利用当地的人才优势，为产品打开市场，并负责对品牌进行定位、策划和包装。同时，该公司还把销售中心从樟树迁到南昌，利用中心城市的辐射作用，大力提高产品的市场占有率。

2008年，江西煌上煌集团有限公司生产的“皇禽”商标被授予“中国驰名商标”称号。至2008年底，全省食品行业已有中国驰名商标6件、中国名牌产品4个，江西著名商标85个，江西名牌产品82个。

七、固定资产投资大幅增长

全年累计完成固定资产投资164.90亿元，同比增长79.43%。其中，国内投资148.87亿元，占投资总额的90.28%，同比增长85.85%；港澳台商投资5.27亿元，同比增长60.08%；外商投资7.39亿元，同比增长0.37%。

增长最快的行业是农副食品加工业，同比增长122.03%。

八、外贸出口增长迅速

2008年全省食品工业克服全球金融危机影响，加大海外市场开拓力度，外贸出口保持了快速发展势头，全年累计完成出口交货值28.50亿元，比上年同期增长23.78%，

比上年高出5个百分点，同比增速比全国高出11个百分点。

九、绿色有机食品继续保持快速发展势头

2008年全省绿色食品、有机食品、绿色有机生产资料总数达1280个，绿色食品总数排全国前8，有机食品产品数继续保持全国第一；绿色食品和有机食品生产企业达442家，环境监测面积4300万亩，比上年增长11.40%；全国绿色食品原料标准化生产基地31个，基地面积850万亩，涉及农户100多万户；实现主营业务收入190亿元，同比增长44.27%；出口创汇1.8亿美元，同比增长28.57%。

十、重大项目进展顺利

英博雪津（南昌）啤酒有限公司总投资约1.18亿元的10扩20万千升/年项目已完工。江西章贡酒业有限公司退城进园异地改造项目已投入试运行，达产后将新增产能1万吨/年。投资2亿元的吉水吉海粮油工业有限公司米糖油深加工改造项目和投资1亿元的中粮可口可乐（中国）饮料有限公司年产8000万标箱可乐项目顺利竣工试产。

仁和（集团）发展有限公司健心胶囊高技术产业化示范项目固定资产投资5850万元，已完成投资4300万元。江西汪氏蜜蜂园有限公司超临界萃取蜂胶及蜂胶制品产业化项目目前正在进行生产车间改造。总投资2.7亿元的四特酒有限责任公司科技工业城和酒都文化城建设项目和南昌亚洲啤酒有限公司总投资约6亿元的60万吨/年扩产项目进入征地报批阶段。

江西省食品工业主要产品产量

产品名称	单位	2008年	2007年	同比增长±%
原盐	万吨	186.84	141.31	32.22
配混合饲料	万吨	437.51	336.15	30.15
乳制品	万吨	15.98	16.46	-2.92
罐头	万吨	4.47	4.26	4.93
白酒	万千升	11.67	11.83	-1.35
啤酒	万千升	94.05	87.15	7.92
软饮料	万吨	95.26	52.48	83.42
精制茶	万吨	1.74	1.71	1.75
卷烟	亿支	504.00	478.99	5.22
大米	万吨	384.00	252.98	51.83
冷冻饮品	万吨	2.27	2.37	-4.22
液体乳	万吨	14.21	13.06	8.81
瓶（罐）装饮用水	万吨	40.83	20.97	94.71
精制食用、植物油	万吨	8.01	6.16	30.03

江西省规模以上食品工业企业财务指标

分类	单位	2007年	2008年	同比增长±%
企业数	个	585	595	1.71
工业增加值	万元	1776173	2264080	27.47
工业总产值	万元	4745390	6571594	38.48
资产合计	万元	2897798	3118318	7.61
流动资产	万元	1352471	1403162	3.75
流动资产全年平均余额	万元	1369307	1478858	8.00
固定资产	万元	1079688	1177622	9.07
固定资产原值	万元	1385405	1506372	8.73
固定资产净值全年平均余额	万元	975150	1064333	9.15
主营业务收入	万元	4658283	6502599	39.59
利润总额	万元	243521	362607	48.90
利税总额	万元	748525	957001	27.85

2008 年江西省食品工业固定资产投资情况

（单位：万元、个）

分　　类		合 计	农副食品加工业	食品制造业	饮料制造业	烟草制造业
投资完成额		1648951	852847	491682	289318	15104
其中	内资	1488651	791589	424263	257698	15104
	港澳台投资	52729	31706	31023		
	外商投资	73868	27902	15856	30110	
	个体经营	33700	11650	20540	1510	
新增固定资产		1456014	704887	399580	245876	105671
施工项目个数		515	280	147	84	4
投产项目个数		361	202	104	53	2

【行业重要活动】

2008 年，江西省食品工业办公室（江西省食品工业协会）在省委、省政府和省经贸委党组的正确领导下，坚持以邓小平理论、“三个代表”和科学发展观重要思想为指导，认真贯彻党的十七大精神，认真贯彻落实省经贸委的工作部署，积极主动开展工作，取得了较好成绩。

一、江西省第九届白酒评委培训暨白酒质量感官品定活动举行

9 月 2 日～7 日，江西省第九届白酒评委培训考核暨白酒质量感官品定会在庐山召开。全省 30 多家白酒生产企业的 60 多名国家白酒评委、省白酒评委和从事生产、枝术和质量管理的有关人员参加了培训，60 多个省名优白酒参加了质量感官品定。培训班由省内外著名白酒专家给学员们传经授艺，采取理论与实践相结合，学员与专家互动的灵活培训方式，增强了培训效果，受到学员们的欢迎。通过培训，使企业进一步了解了我国白酒发展的现状，学习了发达省份的新工艺和新技术，提高了我省白酒行业技术人员的品尝和勾兑水平，为我省白酒行业未来的发展打下

了良好的技术基础。

二、开展全省婴幼儿奶粉事件处置工作

三鹿婴幼儿奶粉事件发生后，省食品工业办公室认真贯彻落实工业和信息部、省委、省政府和省经贸委的工作部署，积极做好婴幼儿奶粉事件处置工作：组织5家重点企业向国家工信部递交质量诚信宣言；协助有关部门制定《江西省贯彻落实乳制品工业产业政策实施方案》，并上报国家有关部委；按国家工信部要求，积极为我省企业争取中央财政更多支持，共有江西阳光乳业集团有限公司、江西美庐乳业有限公司、江西金薄金生态科技有限公司等3家乳制品生产企业获贷款贴息；配合有关部门大力开展乳制品行业整顿和规范工作；建立乳制品生产企业动态情况日报制度，及时准确向国家工信部和省有关部门报送我省乳制品生产企业的整顿和经营状况。

三、做好打击违法添加非食用物质和滥用食品添加剂专项整治活动

协助省经贸委等有关部门做好打击违法添加非食用物质和滥用食品添加剂专项整治活动，指导企业开展诚信教育，帮助企业建立和完善自身管理制度，增强企业自律行为。

四、做好行业调研

对全省茶叶产业发展进行了调研，完成了《关于我省茶叶发展现状及下一步工作的汇报》文稿；面对农副食品价格上涨，经调研撰写了《化解价格风险　健康稳定发展—2007年江西食品工业回眸》一文，发表于2008年《当代江西》第五期；对我省食品工业及重点企业“四率”情况进行了调研，并将有关情况上报有关部门；年初对全省食品企业冰冻灾害受灾情况进行了调研，并形成材料上报有关部门。

五、促进行业交流

（一）协助省经贸委在南昌市成功举办第三届中国（南昌）绿色·无公害食品博览会。本次食博会参展企业达到600多家，参展产品达到1500多种，总成交额6.86亿元，其中，签约6.69亿元，零售额1747万元。

（二）组织企业参加在湖北省武汉市举行的第十七届中国食品博览会和第六届中国（漯河）食品博览会，帮助企业搭建展示宣传平台。

（三）参加在湖北省武汉市举行的等十二次部分省市食品工业发展协作会。在会上介绍了改革开放三十年我省食品工业发展所取得的成就，并与参会的各省、市食协、食品办进行了经验交流。

六、召开省食协三届二次常务理事会

5月16日，江西省食品工业协会三届二次常务理事会在南昌市召开，参加会议的会议代表共60余人。会议通报了“四个一”项目工作进展情况、协会2007年财务收支情况和全国食品企业信用等级评价试点工作情况及我省首批获认定企业名单。会议还就食品企业如何应对成本上升的问题进行了座谈和交流。

安徽省

安徽省食品工业协会　季昌清

一、食品工业在国民经济中的作用

“民以食为天”，食品工业作为满足城乡居民膳食的方便化、安全化和营养化，提高人民体质和智力水平的重要支柱产业，是国民经济的重要组成部分，也是一个永不衰竭的朝阳产业。特别是改革开放30年来，我国的食品工业有了很大的发展，年平均增长速度达到13.10%。统计截止2008年，全国食品工业经济，虽然经历了前所未有的困难和挑战，出现了许多不确定的因素，我国食品行业全年运行仍然呈现“增长叫快、价格回稳、结构改善、效益提高”的格局，食品工业生产波动增长；全国食品产销量同步增长；食品工业生产效益稳定增长，增速小幅回落；食品出口增长放缓，进口高速增长，贸易逆差扩大。

（一）食品工业生产波动增长　去年全国食品工业生产增加值增长14.80%，高出全国工业增长速1.9个百分点。35152家规模以上食品企业全年完成现价工业总产值41997.33亿元，比去年同期增长29.70%提前完成国家“十一五”食品工业发展规划中提出的发展目标。

食品工业是国民经济重要支柱产业，工业生产增加值对应工业行业贡献率达到14.09%，拉动全国工业生产1.43个百分点。若扣除烟草制品业，食品工业对全国工业增加值贡献率达到8.63%，拉动全国工业增加值增长1.11个百分点。

（二）全国食品产销量同步增长　在国内食品市场消费需求拉动下，主要食品产、销量同步增长。2008 年全国食品行业产品销售率 97.64%，有效保障了市场供应，满足了消费者日益增长的多层次的消费需求。

（三）食品工业生产效益稳定增长，增速小幅回落 2008 年全国食品工业实现利税总额 6174 亿元，同比增长 20.42%，其中利润 2597 亿元，增长 20.59%。但由于农产品价格、能源、交通运输价格的上涨，食品企业成本增加，盈利空间减少，企业利润增速回落。

（四）从食品工业几大行业来看，食品制造业因产品附加值和技术含量相对较高，产品符合消费需求、效益增长较好，谷物磨制，糖果巧克力制造、味精制造、蔬菜、水果罐头制造，酒精制造，采盐等行业经济效益保持高速增长，利税总额增长在 40% 以上。

（五）出口增长放缓，进口增速较快　面对世界经济增长明显减速、国际金融危机快速扩散和蔓延、国际市场需求严重萎缩等不利影响，全年我国食品出口增长放缓，进口大幅增长，贸易逆差扩大。2008 年全国食品进出口总额 865 亿美元，比上年同期增长 37%，其中出口金额 366 亿美元，同比增长 13%，增速比 2007 年下降 13 个百分点；进口金额 498 亿美元，同比增长 63%，增速比 2007 年上升 13 个百分点。食品贸易逆差 132 亿美元。其中谷物、食糖出口大幅下降，大麦、水果、食用油籽进口增幅较大。

食品出口的增速回落除受国际经济形势影响外，还受到层出不穷的国际贸易技术壁垒和我国食品安全问题的不良影响。特别是“三聚氰胺”事件在国际上引起极大关注，严重影响了我国食品在国际市场上的声誉。

（六）食品工业的迅速发展，增加了食品品种，提高了食品质量，改变了我国食品原有状况，进而向营养、多样、便捷、安全转变，不断丰富城乡食品市场，不断满足人民生活水平提高的需要。同时，食品工业也带动了农业产业化的进程，为调整农业经济结构，提高农民收入，改变农村面貌提供了有效途径。再次促进了食品加工设备制造业的技术进步，推动各种原辅材料、添加剂等高级化工产品的发展，也带动了食品包装和与食品工业相适应的印刷、广告等行业的发展。食品行业作为劳动密集型产业，还对扩大就业门路，解决城乡人员就业，稳定社会起到积极的作用。

应该说，食品工业为我国国民经济发展做出了巨大的贡献，在促进社会主义市场经济体制建设过程中起到了积极作用。

二、我省食品工业的现状和前景

（一）现状。安徽是农业大省，也是食品工业大省

改革开放以来，我省的食品工业取得了长足的发展，形成了包括食品加工、食品制造、饮料制造和烟草加工在内的 4 个门类 14 个分类行业，成为安徽工业的支柱产业之一。食品工业产值占全省工业总产值的比重长期居行业前列。截止 2008 年底，全省全部国有和规模以上非国有食品工业企业近 2000 户，其中食品加工业 1230 户、食品制造业 152 户、饮料制造业 291 户、烟草加工业 17 户，从业人员达近 30 万人。工业销售收入达 1120 亿元。占全省总量的 13.05%，在我省国民经济发展中占有重要位置。2008 年我省全部国有和规模以上非国有食品工业企业产品销售收入在全国同行业中居 11 位，比重为 3.8%。食品工业发展主要呈现以下特点：

食品工业已经拥有相当规模。按照新的企业标准，2008 年在全省销售收入突破 3 亿元以上的 101 家工业企业中，食品工业企业有 17 家，约占全省总数的 16%。其中 20 亿元以上的有蚌埠卷烟厂、芜湖卷烟厂、合肥卷烟厂；10 亿元以上的有滁州卷烟厂、阜阳卷烟厂、合肥华泰食品公司、金种子集团、古井集团、口子集团；5 亿元以上的有迎驾酒业、华康粮油集团、福润肉类加工公司。

食品企业按照社会需求组织生产。2008 年面对金融危机的影响，我省饮料等主要在产品产量幅度较大下降的情况下，销售收入完成近 1000 亿元，同比增长 13.8%。这充分说明我省的食品企业能够面对金融危机，在激烈的市场竞争中，注重市场调查，注重矛盾手段，注重产品结构调整，掌握消费热点，以市场为导向，以销定产大力开发老百姓喜爱的新产品。在继续保持食品加工、食品制造、饮料制造和烟草加工等传统优势的同时，不断开拓食品工业新的领域，比如玉米加工，薯类加工、食品添加剂、绿色食品、有机食品、生态食品等，并初步形成规模。

食品企业所有制结构调整取得新的进展，民营、三资企业发展较快。2008 年全省食品工业近 1000 亿元的销售收入中，根据不精确统计，国有企业销售收入约占 25%，三资企业销售收入约占 30%，民营企业约占 45%。有一些企业，像合肥华泰公司和丰大集团等已迅速发展并多年立足于行业龙头企业。多元资本的进入，既调整了食品工业的所有制结构，同时也带入了新的管理理念和企业运作机制，有力地推动了食品工业经济运行质量的提高。

由于我省食品工业产品门类过多，大部分企业生产分散粗放，碾米、磨面、榨油、酿酒、卷烟、茶叶等传统行

业比重偏大，产品加工深度不够，也缺乏做得较大的驰名品牌，在全国的市场占有率偏低。在2002年中国食协组织的乳制品、肉制品、啤酒、葡萄酒、方便面和酱油等行业的中国名牌产品评比中，我省产品入选率较低。也可能是没有参报、申报的结果，也可能是我们协会的工作问题。

关于食品工业存在的主要问题，我认为全国食品工业存在的问题，也是我们安徽食品工业的问题所在，可能某些方面换药更严重一些。

（二）从全国范围来说，食品工业存在的战略上的共性问题

1. 产品结构调整不能满足市场多元化的需要。一些具有中国民族特色的传统食品继承、改造、提升滞后，有相当一部分历史悠久的老字号企业，由于种种原因，至今大多数处于作坊或半机械化生产状态，生产方式落后，企业生存困难，进行新产品开发和产品升级换代的步伐不快，高附加值产品短缺，特别是引导人们建设小康型饮食结构和营养方便主食、配餐食品更是不多。食品工业的综合利用与国际先进水平相比差距更大。

2. 国有中小企业改革步伐不快。食品行业亏顺面、亏损额仍然减幅不大。据统计2008年全国食品行业亏损面达21.77%，同比下降1.9%，亏损额达300亿元，同比下降7.75%。这主要是一批中小国有企业所有制结构调整步履维艰，特别是一些历史遗留的较多的中小粮油企业和传统老字号企业，尚在走出困境之中。我省国有中小企业改革尽管在稳步推进，整体扭亏希望较大。目前，粮油企业改制退位，已经走出困境，正在进入一个良性循环环境轨道。2008年按新标准测算，小企业利润增长率达20%左右，同比增长近3倍。

3. 企业管理总体水平偏低，影响企业综合效益的提高和发展速度。目前相当一部分食品企业，无论在管理观念上，或是管理体制、管理制度上，还是沿用传统小生产管理模式，致使产品质量稳定性差，综合经济效益普遍不高，直接影响我国食品工业企业做大做强的速度和应对激烈国际竞争力。

4. 食品工业管理体制滞后于发展需求，行政管理部门较多。食品法规管理没有纳入规范的法制体系，与国际接轨还存在较大困难。突出体现在，由于我国食品法规标准和食品安全执法管理体制等与国际规则存在较大差距，尽管国家食品安全法已经公布实施，但还有一个认识、摸索、实践过程，不可能立竿见影，加之我国进入WTO，不少企业对WTO的一些法规仍然不十分清楚透彻，致使我们不少食品企业产品进入国际市场难度较大。

5. 食品安全问题、卫生问题和发展问题越来越突出。我国食品安全状况总体是好的，但存在的问题也不容忽视。食品工业原料的源头污染没有得到有效的遏制，化肥、农药残留，抗生素、激素与有害物质残留等造成食品原料的污染；一些食品生产加工企业无视法规，唯利是图，生产经营假冒伪劣甚至有毒食品，直接危害人民健康及生命。食品的安全问题、卫生问题通过媒体频频曝光，提高了老百姓对食品安全的警觉性，作为我国食品工业企业，坚持实施食品安全法，保证食品安全应作为我国食品企业的首要职责，这也是我国食品企业加快发展的前提条件。但以当前情况来看，还有四大问题阻碍食品工业健康发展：第一、食品安全问题是影响食品工业发展的重要问题。2008年发生的“三鹿奶粉”事件对我国食品工业造成一定程度的信任危机，由食品安全问题带来的消费信心下降，直接影响了食品市场的增长和食品工业的发展。第二、我国食品工业九成以上是中小企业，农产品价格及原辅料、交通、能源价格上涨，生产成本增加，中小型食品企业获利艰难。中小食品企业信用等级低，信贷困难，普遍存在资金不足问题，制约了企业技术创新的步伐。第三、科技创新和产业技术水平有待提高，我国食品与国外相比，产品品种较单一，附加值不高；企业创新能力和产品市场竞争力不强。食品工业要逐步转变增长方式，要以技术进步促进产业升级。要大力发展循环经济，保护资源、环境，走可持续健康发展的路子。第四、2008年食品工业效益虽然增加，但增速明显放缓，一方面初级农副产品价格提升导致成本增加；另一方面，月度波动对效益影响明显；第三是CPI上半年涨幅过高导致国家对食品价格严格管控，食品价差空间压缩。

三、我省食品工业面临的形式和任务

我省食品工业协会是1982年4月成立的，至今整整27年了。在省委、省政府的关怀领导下，在有关部门的大力支持下，在各市经委、食协和食品企业的配合下，经过食协系统全体同志的共同努力下，继胡坦同志（原副省长）兼任省食协会长以来，历经已任会长承前继后的工作，我省食品工业的到了长足的发展，取得了明显的成效，为安徽的国民经济发展和社会进步做出了重要贡献。曾创造了我省食品工业产值在全国名列第五的业绩。

作为食品工业的行业管理协调、服务机构，20多年来，努力发挥行业协会统筹规划、协调服务、宣传展示的职能，为促进我省食品工业发展做了一些工作，主要体会是：

（一）积极做好全行业的服务工作。我省食品工业涉及轻工、商业、粮食、供销、水产、农垦、乡镇、劳动、烟草等10个管理部门，跨度较大，难以形成合力。食协成立以后，遵照党中央、国务院指导国民经济发展的方针、政策和战略措施，通过调查研究、分析我省食品工业的实际情况和发展趋势，综合社会和经济发展需要，对我省食品工业行业的产品结构调整，产品技术创新和人才的培养，起到了一定的服务指导作用。

（二）提出促进食品工业发展的政策措施。随着社会主义市场经济体制的逐步建立和我国加入WTO，以及食品安全法的公布实施，食品工业的发展面临的形式既是挑战又是机遇。因此，食协围绕着扩大内需、应对金融危机、中西部大开发、全国七大经济板块规划的形式和实施，以及社会主义新农村建设等中央和国务院的重大决策，针对食品工业发展中存在的制约因素，经常及时向有关部门反映并提出一些建设性的政策建议，应该说为我省食品工业企业的发展起到了保驾护航和促进作用。

（三）及时总结食品企业改革开放的新鲜经验。我省食品工业是在市场激烈竞争环境中求生存谋发展的，食品企业只有不断改革创新，与时俱进，才能求的发展。近年来，全省涌现出像古井集团、口子集团、丰原集团、龙津啤酒、华康粮油等一批有实力、有市场的知名企业。它们在企业改制、生产经营、技术创新、开拓市场、人才培养等方面都有很多独到之处，创出了不少著名品牌，也创造了很多新鲜经验。食协注重与企业保持联系，及时总结推广企业成功做法，促进我省食品企业不断发展、壮大。

（四）充分发挥主观能动性，顺应需要，积极开展一些有效工作。

（详见《各年度重大活动情况一览表》）。多年来，我省食品工业有了很大的发展和进步，食协也为此尽了一点微薄之力，但从总体上来说，食品协会的工作滞后于食品工业的发展，不能满足食品企业的要求。

四、按照中国食协的要求和全国不少省份食协工作的状况和业绩，我们是存在着明显的差距和不足，其主要表现在：

（一）组织机构不大健全。全省17个市，有16个市和个别县有食品工业协会，机构改革前，与政府机构是“两块牌子，一个机构”，主要履行行政管理职能。协会没有专门编制，机构改革后，基本没有专职人员，致使食品协会无法发挥应有的作用。

（二）协会人员不足。目前省食协以及不少市食协的工作人员大都是兼职人员。由于本职工作较忙，无暇顾及协会工作，使一些协会机构虽在，但工作无法正常开展。

（三）基础工作较差。由于机构不健全，编制不落实，导致食协对全省食品企业状况、底数不清，情况不明，基础数据严重匮乏。

（四）工作处于被动应付状态。首先是省食品协会长年活动不正常。与食品企业联系越来越少，无法起到协会的统筹、协调、服务的中介作用。

我省食协工作之所以出现应付和维持的现状，其原因是多方面的。就其客观上，20几年来，经济体制由原来的计划经济为主逐步转向市场经济，政府机构多次变革，人员频繁调整、变动。食协受其影响，职能不断变动，行政管理职能逐步弱化，为食品企业提供中介服务已和其他社团协会组织一样成为食品协会的主要工作职能。主观上是我们的思想观念没有跟上形势变化，更没有彻底从计划经济的观念中解放出来。在一定程度上仍然按照行政机关的理念与方法开展协会工作，不能适应市场经济新形势的变化和要求。加之，本届食协的主要领导，具体来说，就是我本人由于原来委里工作较忙，事务缠身，精力有限，无暇顾及，从而导致了省食协工作目前的状况，也可以说是被动局面。

我们食协工作的现状与国家经济发展和人民需求对食品工业的要求很不适应。我们总结过去是为了把握未来，总结不足是为了吸取教训，研究差距是为了寻求方向和新的思路。我们要把搞好食品协会工作的认识统一到振兴崛起安徽食品工业，促进全省经济发展，建设社会主义新农村的目标上来。转变观念，振奋精神，增强信心，埋头苦干，力求食协工作有一个新的起色和面貌出现。

我国当前的国民经济和社会发展已进入了一个新的时期，加入WTO和金融危机后复苏的新形势，对我们行业协会的工作提出了新的要求，在政府机构改革和政府职能转变已经开拓进入良性循环的条件下，行业协会作为社会主义市场经济中的重要组成部分，在提高企业和行业发展服务的水平，为政府当好参谋和助手等方面的作用愈来愈重要。根据上海，深圳等地近来对政府转变职能的要求和做法，行业协会改革下一步的指导思想，就是政府“越位”的职能还给社会。行业协会的职能就是“行业服务”，行业自律，行业代表，行业起死回协调”具体承担“组织行业培训”，“代表行业企业进行反倾销，反垄断，反补贴调查”，叁与地方或国家有关行业产品标。准的制定”等10项职责。我认为这既解决了一个“政会不分”的问题，又解决了协会的定位问题，更说明协会工作今后是大有可为，大有作为的。

我省是一个农业大省，轻工大省，又是一个人口众多的发展中大省。如何加快安徽经济崛起，加快富民强省步伐，尽快实现新的战略目标，是摆在我们食品工业面前的首要问题。面对新形势、新情况、新要求，我们一定要在党的十七大精神指引下，以邓小平理论和“三个代表”重要思想为指导，结合我们安徽食品工业企业的实际，在我们力所能及的范围内，尽力争取省委、省政府和上级主管部门的支持及有关方面的配合，全力为食品企业多服务，办实事，办好事，做好食协工作，为发展安徽食品工业作出应有的贡献。

五、我会经过认真讨论，决定近期着重抓好以下几项工作：

（一）加强食协组织建设。没有建设食协组织的市，建议尽快组建起来，最起码要明确 1—2 人专管或监管食协工作。要争取各级财政划拨一点活动经费，帮助食协能尽快开展工作；已经成立的市食协要积极开展活动，吸纳一批在行业中有影响的食品企业入会，为食品企业、特别是中小型食品企业提供服务。

（二）健全食协的各项规章制度。用制度来规范行业，推动工作，作为我们省食协，近期准备先拟定二项工作制度，即日常工作制度和财务管理制度，一经出台，希望各市，各有关部门及今天在座的各予以监督执行。至于各市的食协有无这个必要，由你们自己决定。做好调查研究和信息统计工作。深入开展调查研究，对带有全局性，行业性的重大问题和重点行业，重点地区的食品发展进行调研，提出加快发展食品工业的建议和切实可行的对策，方法。根据新的企业标准和统计口径，做好食品工业信息的采集，整理，分析和发布工作，为政府决策和企业发展提供及时，有效的服务。

当前，我们急待要做的是以下几件事：1，宣传鼓动；2 建立组织；3 摸清家底。这项工作开展的具体要求和详细情况，诸如各办事，机构设置和选聘人员问题。经费分配问题会后还要作进一步的部署和安排，这里就不细说了。

安徽省食品工业协会是代表全省食品工业全行业的中介服务机构，是政府和食品企业之间的桥梁和纽带，在促进我省食品工业加快发展的进程中，有着不可替代的重要作用。我们一定要坚定信心，把握机遇，锐意进取，扎实工作，不断开创食品工业协会工作的新局面，为做大做强我省食品工业作出应有的贡献。

广东省

广东省食品工业协会　陈昌清

【纪 事】

2008 年 1 月中旬以来，我国中东部地区遭受了多年罕见的低温雨雪天气，人们生命财产受到惨重损失。协会发扬“抗非精神”，组织方便食品、饼干食品、矿泉水、罐头和应急药品生产企业紧急调运送批量食品给湖南、贵州灾区，为保障人民生命安全身作健康作出贡献。

2 月 1 日，广东省食品行业自律管理企业信用等级评价结果公布大会暨省食协年会在广州召开。中央纪律检查委员会纠风室、国务院纠风办和广东省政府纠风办、省经贸委、省食药监局、省民政厅等厅、局领导，中国食品工业协会，各地级以上市经贸、食药、工商、质监等有关局负责同志以及省食协会员单位、骨干企业的董事长、总经理近 400 人出席了会议。张俊修会长向大会作了“解放思想，加强自律，推动广东食品产业创新发展”的工作报告。大会向社会公布了根据《广东省食品行业自律管理工作评价实施细则》由专家评价认定的珠江啤酒、香雪制药、黄振龙凉茶、邓老凉茶等 70 家企业获得广东省食品行业自律管理评价 A 级。

2 月 23 日，在协会八楼会议室召开凉茶博物馆专家会议，专题研究凉茶博物馆建设事项。

2 月 29 日，协会在本部三楼会议室召开修订 GB8956-2003《蜜饯企业良好生产规范》、GB9857-88《糕点厂卫生规范》征求意见会。

经国家新闻出版总署和广东省新闻出版局批准，由广东省经济贸易委员会主管，广东省食品行业协会主办的《营养与食品卫生》杂志从 2008 年第 4 期（总 148 期）开始更名为《食经》杂志。

4 月 9 日，国家民政部姜力副部长率国务院法制办、国家发展和改革委员会、国家民间组织管理局、北京市民政局、上海市社会团体管理局一行领导在广东省民政厅刘洪厅长、省民间组织管理局方向文局长等领导陪同下，到省食品行业协会、省医药行业协会进行调研。

张俊修就秘书处运作情况作了汇报，提出了对行业协会开展评估、进行奖惩、加强监管的建议。

5月14日，中央纪律检查委员预防腐败室副主任高山等领导到广东省食品行业协会、广东省医药行业协会就行业自律和社会领域预防腐败进行专题调研。高山副主任听取张俊修会长汇报后，给予了充分的肯定和高度的评价。

5月16日，国际食品添加剂法典委员会主席、中国食品卫生标准化技术委员会主任、著名食品安全专家——陈君石院士受广东省食品行业协会、广东省食品工业标准化技术委员会邀请，在广州作了“食品添加剂安全性的监督与管理报告会”。同时，卫生部卫生监督中心标准处李晓瑜博士主讲了GB2760《食品添加剂使用卫生标准》。会议由广东省食品行业协会会长、广东省食品工业标准化技术委员会主任委员张俊修主持。

5月23日，中纪委、广东省纪委到广东省食品行业协会、省医药行业协会召开座谈会，就行业自律管理和预防腐败进行专题座谈。广东省纪委常委、省监察厅副厅长、省政府纠风办主任秦通海，省政府纠风办副主任、省纪委纠风室主任周世民等参加了座谈会。张俊修会长汇报了协会构建行业自律管理体系、产业预警平台，尤其是创建行业预防腐败平台的指导思想、实际操作和取得的成效。着重谈了凉茶起死回生、成为中国第一民族饮料的经历及在这次抗震救灾中协会创造了全国三个第一的情况。秦通海高度评价广东省食品、医药行业协会所取得的成绩，就如何进一步发挥协会行业自律作用，建立完善惩防体系，搞好行业廉洁，探索新经济组织的监管路子作出重要指示。

6月7日，“安琪月饼”以其广式月饼制作技艺正式被国务院确定为我国第二批国家级非物质文化遗产项目。2008年6月25日，为了庆贺安琪月饼被列为国家级非物质文化遗产及其新厂投产，深圳安琪食品有限公司在宝安区观澜侨安工业区新厂内举行了盛大庆典活动。近年来，为进一步做好广东省非物质文化遗产保护工作，在省政府和省文化厅的支持下，省食品行业协会做了大量的调查、挖掘、保护工作，安琪月饼被列入国家级非物质文化遗产后，广东食品行业协会成为两项国家级非物质文化遗产保护单位。

2008年6月19日，“中国食品名镇——茶山”授牌仪式在东莞市茶山镇隆重举行。中国食品工业协会会长王文哲、东莞市副市长邓志广等领导出席了仪式。张俊修作了《充分利用标准占领市场制高点，认真履行社会责任，促进产业和谐发展》专题报告并宣读了《关于认定广东省东莞市茶山镇“中国食品名镇”的决定》，王文哲授牌给茶山镇委书记、人大主席卢少雄。

2008年7月5日，“广东省食品（医药）行业认真履行社会责任，创建现代行业协会动员会暨抗震救灾模范集体（个人）表彰大会”在穗举行，广东省纪委常委秦通海等领导及广东省食品（医药）行业协会会员企业、骨干企业的董事长、总经理，各大专院校领导、专家教授等300多人出席大会。张俊修作了《踊跃投入抗震救灾，积极承担社会责任，为创建现代行业协会而奋斗》的工作报告和《广东省食品（医药）行业社会责任标准》起草原则及内容说明。大会为广东加多宝饮料食品有限公司、广州医药集团有限公司、健康元药业集团股份有限公司、广州香雪制药股份有限公司、深圳安琪食品有限公司等129个抗震救灾模范集体和林继红、温良等45位抗震救灾模范个人颁了奖。广东省食品行业协会副会长、深圳安琪食品有限公司董事长、总经理梁球胜宣读了《认真履行社会责任，创建现代协会，勇做实践科学发展观排头兵倡议书》，与会企业代表签署了倡议书。

2008年7月29日，广东省食协、省医药协申报的《广东省食品医药行业自律管理体系标准》、《广东省食品医药行业社会责任标准》被省质量技术监督管理局批准列入2008年地方标准制定计划项目。

2008年8月14日，广东省政协经济委员会主任张远贻一行6人到广东省食品（医药）行业协会召开座谈会，就当前食品医药行业热点、难点问题进行调研。

“全省性行业协会商会会长秘书长工作会议”于2008年8月27日在广州召开。省食品行业协会会长张俊修作了《解放思想，改革创新，全面推进现代行业协会建设》经验介绍，提出了如何创建现代行业协会等问题。

9月26日，协会在广州召开新闻发布会宣布：经过一个多月的筹备，将正式起草经政府标准化管理部门批准立项的《广东省食品（医药）行业自律管理标准》和《广东省食品（医药）行业社会责任标准》两个地方标准。这将是全球第一部行业自律管理和行业社会责任标准。企业代表和中央电视台等40多家新闻媒体150多人出席了会议。与会企业代表向全省奶制品生产销售企业、向社会发表了食品安全宣言。

10月16日，广东省食品（医药）行业协会召开改革开放三十年总结表彰大会，近600余人欢聚广州。中国食品工业协会会长王文哲、原广东省副省长匡吉等领导出席了会议。张俊修会长主持会议，省医药协常务副会长王永辉、省食协秘书长刘荔琛作总结报告。王文哲等讲了话。大会表彰了加多宝集团、广州珠江啤酒集团有限公司、广东燕塘乳业有限公司等349个先进企业及广州香雪股份有限公司董事长王永辉、东莞市华美食品有限公司董事长袁旭培30多个优秀企业家和朱家勇等45名为“广东粮、珠江水”形成和发展做出贡献的著名专家教授。

10月18日，2008首届中国三水饮品文化节暨“中国饮料名镇”授牌仪式在三水明富昌体育馆隆重开幕。中国食品工业协会会长王文哲，中国食品工业协会副会长、广东省食品行业协会会长张俊修、佛山市市长陈云贤，三水区委书记宋德平、区长卢立湃等领导出席了开幕式。中国食品工业协会秘书长沈篪宣读了中国食品工业协会关于授予西南街道“中国饮料名镇”的决定。张俊修、卢立湃在大会上致辞。王文哲为三水区颁授“中国饮料名镇”牌匾。

由国家商务部主办的2008中国食品博览会于11月7日至10日在宁波市举行。在2006年、2007年广东省两次组团参展取得优异成绩的基础上，广东省政府决定再次由省经贸委组团，具体组织工作由获国家民政部授予先进单位的广东省食品行业协会负责。此届博览会，广东省代表团共有64家企业参展。连续第三年成为除浙江省外最大的展团，再一次获得组委会颁发的最佳组织奖和最佳展台奖，是唯一连续三年获此殊荣的代表团。被组委会领导和工作人员誉为企业最放心、产品最放心、工作最放心、安全最放心的组团单位。

张俊修应邀在大会作《食品安全，人类生命中永恒主题；食品质量，人类健康中的原动力——浅谈食品安全与食品质量之我见》演讲，受到与会领导和代表的欢迎和好评。由《食经》杂志增刊的《“‘广东粮、珠江水’——改革开放三十年辉煌历程”2008中国食品博览会广东展团专刊》是食博会唯一的地方组团专刊，20万份专刊免费派发到各省市区组团单位、参展参会代表驻地和展会现场，引起了强烈反响和热烈追捧，起到了很好的宣传效果。

11月10日，根据国务院《民办非企业单位登记管理暂行条例》，“广东省凉茶博物馆”经省民政厅正式批准成立。

中共中央政治局常委、国家副主席习近平在政治局委员、中组部部长李源潮，政治局委员、广东省委书记汪洋和广东省省长黄华华等领导同志陪同下，于2008年12月3日下午视察了广东省凉茶产业骨干企业广州香雪制药股份有限公司并与省食品行业协会会长张俊修，广州香雪制药股份有限公司董事长王永辉等合影留念。

2008年12月4日，《食经》杂志顾问、中国营养学会原理事长、亚洲营养学会联合会前任秘书长、军事医学科学院卫生学环境医学研究所研究员、国家食物与营养咨询委员会委员顾景范教授莅临指导工作，与营养与食品卫生杂志社社长张俊修、主编赖威民深入交流对有关“营养、养生与健康”方面的看法。

12月8日，根据国务院《民办非企业单位登记管理暂行条例》，“广东省南昆山中药研究院”经省民政厅正式批准成立。

由湖北省政府、中食协主办的第十七届中国食品博览会暨交易会于2008年12月12日～16日在武汉市国际会展中心举行。广东代表团由加多宝集团、广州香雪制药股份有限公司、广州黄振龙凉茶有限公司、广东健生堂保健品有限公司、广州白云山和记黄埔中药有限公司、广州市金葫芦凉茶有限公司、深圳市深晖企业有限公司、珠海李氏百草凉茶有限公司、汕头市积士佳食品有限公司、肇庆市梁剑波保健品有限公司等获国家级非物质文化遗产——凉茶秘方及专用术语拥有企业代表广东省食品产业参展，精选了有代表性的凉茶预包装产品、凉茶颗粒袋装产品、凉茶店铺产品三大类产品亮相食博会，体现了广东省凉茶产业发展水平和特色优势。代表团秘书处主动派发国家级非物质文化遗产凉茶指定媒体——《食经》杂志20000余份。受组委会邀请，张俊修会长在中国食品产业发展成就报告会上演讲，引起了代表们的极大关注。

为抓好节日食品安全工作，2008年12月29日下午，广东省副省长雷于蓝在张俊修陪同下视察了广州金谷园实业发展有限公司。雷副省长要求注重品种创新，多研究市场，开发川菜、粤菜、湘菜快餐，充分挖掘广东传统食品，象打造凉茶一样打造鼎立世界的中式快餐。

【概 况】

2008年，广东省食品工业规模以上企业累计完成工业总产值2969.8亿元，比上年增长26.2%；广东餐饮业实现营业收入1776.0亿元，同比增长4.5%。全省食品行业实现经济总量达到4745.8亿元，同比增长17.1%。食品工业总产值占全省工业总产值11.0%，占全国食品工业总产值11.3%。食品工业完成销售产值2885.3亿元，同比增长

23.8%。广东食品工业经济持续平稳增长，位居全国同行业前列。

在列入统计口径的20类主要食品产品产量中，凉茶、酱油、软饮料等5项产品2008年产销量位居全国首位。凉茶、方便面、大米等5项产品产量比上年同期增长20%以上（详见附表）。全省取得生产许可证的工业企业6400多家，其中规模以上企业1500多家。2008年，广东省食品工业实现了工业总产值和销售产值同步增长的目标，凉茶、糕点等5项食品产销率达到98%以上。

【行业发展动态】

重视国家级非物质文化遗产，凉茶逆势快速发展。2008年，国家级非物质文化遗产——广东凉茶逆势快速发展，销售量突破600万吨，同比增长20%，超过可口可乐在中国大陆销量的2倍，并远销50多个国家和地区，继续突显广东食文化遗产拉动产业高速发展的巨大潜力。广东加多宝饮料食品有限公司生产的罐装王老吉凉茶2008年2月被国家统计局公布为全国罐装饮料中销量第一名，在全球10个国家建立了经营公司。广州香雪上清饮凉茶、广州白云山口炎清凉茶产量同比增长30%以上，并在巴西、菲律宾等国家都建立了销售基地。近年来，凉茶已经成为广东食品行业利润和税收主要贡献点。中共中央常委、国家副主席习近平于2008年12月3日视察了生产上清饮凉茶的广州市香雪制药股份有限公司并指示："一定要做强做大凉茶饮料"。

2008年，国务院批准由协会推荐的安琪广式月饼制作技艺为国家级非物质文化遗产，月饼产量翻了3倍。

中式快餐适应市场需求，蓄势发展。2008年下半年，由于受全球金融危机的冲击，市场对中式快餐的需求逐月剧增。广东中式快餐适应市场需求，及时调整经营策略，取得成效。据不完全统计，2008年广东中式快餐业实现营业收入180亿元，同比增长32%。广东中式快餐全自动化生产加工及保温包装和运输配送，解决了确保快餐安全及色香味不变的问题，形成了"广东粮，珠江水"新的增长点。广州金谷园的中式营养快餐不仅使其具有文化底蕴的餐饮品种进行了工业化、标准化生产，保证食品安全，而且为进一步挖掘和传承食文化遗产，为老百姓提供丰富多彩的食品产品走出了一条新路。2008年12月29日，广东省副省长雷于蓝视察了生产中式营养快餐的广州市金谷园食品有限公司，要求"抓紧食文化遗产的挖掘认定工作，建立快餐品种库，让具有中国养生文化的中式营养快餐走向全世界"。

拉动节令食品消费，促进传统优势产业。2008年第4季度，广东省食品行业认真落实中央经济工作会议和省委十届四次全会精神，着力扩大元旦春节期间的食品消费。协会开展了食品质量水平鉴评活动，经专家评价的优质食品通过媒体进行宣传，引起了强烈社会反响。协会还将在市场抽查中有问题企业情况提供给有关部门处理，佟星副省长作了批示，走出了一条拉动内需的新路。节令食品消费促进我省食品行业中方便面、酱油、糖果等传统优势产业保持快速增长势头，继续处于全国同行业领先势头。广东作为全国食品添加剂生产大省，2008年食品添加剂总产量同比增长15%，其中香精产量同比增长17%。

知名品牌不断增多，核心竞争力进一步提高。2008年，中山市金煌食品有限公司、深圳波顿香料有限公司等50件商标被认定为"广东省著名商标"。截至2008年，我省食品行业荣获中国名牌产品、中国驰名商标、广东省名牌产品、广东省著名商标数量达到413项，居各产业之首。培育了"中国第一食品名镇—庵埠"、"中国腊味食品名镇—黄圃"、"中国沙糖桔之乡—广宁"、"中国食品名镇—茶山"、"中国饮料名镇—三水西南"5个全国著名产业集群，广东省食品产业核心竞争力进一步提高。

强化行业自律管理，促进产业持续健康高位发展。2008年，全省食品行业扎实贯彻《广东省食品行业自律管理若干规定》、《广东省食品行业自律管理评价办法》要求，逐步完善了食品安全信用、食品放心工程、质量效益、公平竞争、自律保障和自律管理长效体系，推动产业发展取得了新成绩。2008年4月9日，中纪委在全国纠风工作会议上推广了广东省食品行业自律管理经验，进一步促进了行业自律管理工作深入开展。

规范、科学实施行业自律管理使"广东粮、珠江水"规模效益优势不断巩固和快速扩大。2008年呈现了四个显著特点：一是生产平稳增长。全省规模以上食品企业保持了两位数的增长，高于全省工业增长水平；二是食品质量状况稳定，全省食品产品的生产、流通、服务质量普遍提高；三是食品安全水平有所提高；四是产业结构继续优化，我省不仅优势行业产品产量如啤酒、酱油、饼干、食用植物油等增长较快，而且方便食品、速冻主食品、凉茶等新类别产品增长迅速，尤其是用食文化遗产创造出的凉茶产业超高速发展成为第一饮料。

履行社会责任，打造"首善行业"。2008年在抗冰雪灾害、抗震救灾中，广东食品医药行业做到了"三项全国第一"：行业协会实施抗灾救灾应急处置机制第一，为灾区人民捐赠钱物总量第一（现金物资合计 5 亿元），单企业捐款数额第一，引起了强烈社会反响。

创新服务，产业安全预警发挥作用。广东省食品行业协会在省经贸委、省中小企业局的支持下建立的食品产业安全预警的长效机制作用突显。2008 年 3 月对三聚氰胺发出了产业预警信息，使广东 90% 乳制品企业没有因三聚氰胺受到直接损害。2008 年 10 月在省经贸委的组织下，广东省食品行业协会受国家工信部委托制定了《全国奶制品行业质量安全保证体系实施方案》，为乳制品产业赢得了发展空间。

着力于制订社会管理标准，创造世界唯一。2008 年 5 月，由省食品行业协会、省医药行业协会提出的《广东省食品（医药）行业履行社会责任标准》、《广东省食品（医药）行业自律管理标准》经省质监局批准立项。这是在系统总结广东省食品行业、医药行业长期以来积极投入抗灾战役，尤其是 1998 年抗洪、2003 年抗非典，2008 年抗冰雪和抗地震作出突出贡献、取得宝贵经验的基础上，在系统总结广东省食品行业、医药行业长期自律管理经验的前提下，为进一步提高全省食品、医药企业和行业协会履行社会责任、强化行业自律管理的自觉性、规范会员履责行为而提出的。目前，由协会组织的标准起草工作办公室正在进行紧张的起草工作，公布后将是全球第一部行业自律管理标准。

积极组织参展，开拓区域市场。2008 年，协会积极组织企业参加由政府主办的、影响力大的博览会、招商会等经贸交流活动，促进了企业拓展区域市场。11 月，受省经贸委委托组团参加了 2008’中国食品博览会（宁波）取得了丰硕成果。共有 64 家企业参展，成交合同金额 16 亿元，占大会 1/5，连续第三届成为除浙江省外最大的展团，再次获得了组委会颁发的最佳组织奖和最佳展台奖，是唯一一个连续三年获此殊荣的代表团。12 月，受省经贸委委托协会组团参加了第十七届中国食品博览会暨交易会（武汉），广东加多宝食品饮料有限公司在湖北投资 10 亿元。在本次武汉博览会上，广东展区的凉茶颇受欢迎，闭会前夕销售一空。

甘肃省

甘肃省食品工业协会　成富山　何 毅

【概 述】

2008 年甘肃食品工业积极应对金融危机对经济造成的严重影响，继续保持了高速发展态势，食品工业在全省七大支柱行业中，从业企业户数增长率、从业人员增长率、利润增长率均排第一位；年末总资产增长率、利税增长率、工业增加值增长率排第二位；工业销售产值增长率排第三位。

2008 年甘肃省规模以上食品工业企业 401 户，比 2007 年增加 42 户。其中农副食品加工业 259 户，比上年增加 35 户；食品制造业 61 户，比上年增加 3 户；饮料制造业 79 户，比上年增加 4 户；烟草制品业 2 户，与上年持平。

从业人员 69100 人，比上年增加 8400 人。

全年食品工业完成工业总产值（当年价格）2621626 万元，比上年 1939376 万元增加 682250 万元，增长 35.18%，占全省工业总产值 36704632 万元的 7.14%（同比增加 1.14 个百分点）。

食品工业增加值（生产法）1017200 万元，比上年增加 264300 万元，增长 35.10%，占全省工业增加值 10140200 万元的 10.03%（同比增加 1.5 个百分点）。

食品工业销售产值完成 2473900 万元，比上年增加 593300 万元，增长 31.55%，占全省工业销售产值 33345400 万元的 7.42%（同比增加 1.05 个百分点）。

食品工业完成利润总额 227479 万元，比上年 69021 万元增加 158458 万元，增长 2.3 倍，占全省利润总额 932700 万元的 24.40%（同比增加 21 个百分点）。

食品工业完成利税总额 703002 万元，比上年 375200 万元增加 327802 万元，增长 87.37%，占全省利税总额 2787100 万元的 25.22%（同比增加 15.86 个百分点）。

食品工业完成出口交货值 132819 万元，比上年 102113 万元增加 30706 万元，增长 30.07%，占全省出口交货值 798585 万元的 16.63%（同比增加 6.06 个百分点）。

其中，农副食品加工业完成工业总产值1100644万元（当年价），工业增加值366975万元（生产法），工业销售产值995806万元，出口交货值418543万元，利润总额85077万元，利税总额104540万元，分别占全省食品工业的41.98%、36.08%、40.25%、31.51%、37.40%、14.87%。

食品制造业完成工业总产值298178万元（当年价），工业增加值89672万元（生产法），工业销售产值277352万元，出口交货值47924万元，利润总额23313万元，利税总额32511万元，分别占全省食品工业的11.37%、8.82%、11.21%、36.08%、10.25%、4.62%。

饮料制造业完成工业总产值601635万元（当年价），工业增加值197651万元（生产法），工业销售产值579508万元，出口交货值43042万元，利润总额38089万元，利税总额101610万元，分别占全省食品工业的22.95%、19.43%、23.42%、32.41%、16.74%、14.45%。

烟草制造业完成工业总产值621169万元（当年价），工业增加值362884万元（生产法），工业销售产值621185万元，利润总额81000万元，利税总额464341万元，分别占全省食品工业的23.69%、35.67%、25.11%、35.61%、66.05%。

2008年食品工业固定资产净值占全省工业固定资产净值的6.35%，亏损企业数占全省工业亏损企业数的15.62%，年末负债率占全省工业年末负债率6.89%，管理费用占全省工业管理费用的4.59%，主营业务税金及附加占全省工业主营业务税金及附加的55.96%，主营业务成本占全省工业主营业务成本的5.20%，年末总资产占全省工业年末总资产的8.63%。

2008年甘肃食品工业高速发展，工业总产值比上年增长35.18%，利润总额比上年增长2.3倍，利税总额比上年增长87.37%，出口交货值比上年增长30.07%，年末资产总额比上年增加768300万元，增长28.39%，主营业务税金及附加比上年增加131496万元，增长57.31%，年末负债总计比上年增加809395万元，亏损企业比上年增加5户。从以上数据看出，2008年食品工业对甘肃经济发展做出了卓有成效的贡献。

2008年全省食品工业主要产品产量：食用植物油5.05万吨。比上年4万吨增加1.05万吨，增长26.25%；糖16320吨，比上年17402吨减少1082吨；白酒2.69万千升，比上年4.28万千升减少1.59万千升；啤酒51.89万千升，比上年40.96万千升增加10.93万千升，增长26.68%；卷烟77.90万箱，比上年74.40万箱增加3.5万箱，增长4.70%；乳品37.10万吨，比上年35.32万吨增加1.78万吨，增长5.04%；肉类食品79.21万吨，比上年76.90万吨增加2.31万吨；禽蛋10.14万吨，比上年10.49万吨减少0.35万吨；水产品11650吨，比上年11449吨增加201吨，增长1.76%。

2008年作为食品工业原料的主要农产品产量：粮食888.50万吨，油料53.54万吨，烟叶1.04万吨，甜菜20.09万吨，蔬菜1082.29万吨，水果248.14万吨，核桃39854.38吨，毛栗1449.10吨，花椒22861.42吨，木耳224.41吨。

全省食品工业主要产品产量有增有降，啤酒、食用油增幅较大，分别增长26.68%、26.25%；乳品、肉类食品、水产品略有增加，食糖、白酒下降幅度较大。

【农业产业化经营】

我省农业部门积极推进农业产业化经营，为食品工业的规模化、标准化发展奠定了基础。目前，全省各类农业产业化组织发展到3100个，其中龙头企业1618个。龙头企业销售收入244.3亿元，净利润20.8亿元，上缴税金6.2亿元。省级农业产化重点龙头企业206个。各类产业化组织带动农户185万户，占全省农户总数的39.9%，参与农业产业化经营的农户户均增收1941元。全年特色优势作物面积达到2500万亩，同比增加60万亩。

我省供销社系统采取自办、联办、扶持农民办等形式，重点以中药材、葡萄、花椒和蚕豆等特色商品为主，培育了一批具有区域优势的特色商品基地。新发展特色基地4万亩，累计达到490万亩，据不完全统计，这些特色商品基地扶持带动农户28万户，年帮助农民实现收入32亿元。同时，抓好龙头企业建设，推行“龙头企业+专业合作社+农户”、“龙头企业+基地”的产业化经营模式，扩大农产品加工转化能力，帮助农民增加收入。至年末，全省供销社已办起龙头企业139户，其中国家级龙头企业2户、省级龙头企业7户、总社级龙头企业12户、年销售1000万元以上的龙头企业77户、年销售亿元以上的龙头企业9户。为了大力推广农业标准化示范基地。重点抓了金川啤酒大麦、古浪啤酒大麦、甘谷养鸡、永靖百合、皋兰西甜瓜和定西马铃薯等农业标准化示范基地项目的实施工作，已列入全国总社标准化示范项目库的项目有15个，其中正在组织实施的项目6个、验收合格的3个、已争取到示范扶持资金61万元，示范面积达到21.4万亩。还把项目建设同参与产业化经营、发展网络体系、推进企业发展等工作结合起来，层层制定目标任务，广泛开展招商引资，积极挖掘潜力，寻求合作伙伴，利用多种渠道申报立项，有力地推动了项目建设。据统计，全系统申报项目222个，总投资额23.7亿元，已完成投资7.2亿元。其中：已批复立项217个，总投资21.8亿元;投资千万以上的项目57个，总投资18亿元；已竣工项目121个、在建项目101个。一批骨干项目的实施，增强了供销社参与产业化经营的基础。

【农产品质量安全】

为了加快推进农产品认证，强化农产品品牌培育，加强农业投入品监管，农业部门开展了重要农时农资打假护农专项治理行动和“放心农资下乡进村”宣传周活动，检查农资经营门点2万多家，整顿农资市场2203个（次），查处案件557起，挽回直接经济损失1400多万元。集中开展了奶制品三聚氰胺检测、生鲜奶质量监管和奶站专项整治。组织开展了饲料质量安全专项整治行动，加强动物卫生监督工作。开展农产品例行监测4次，全省农产品质量安全水平保持在97%以上。

【食品安全监管】

问题奶制品事件发生后，我省工商系统积极主动、尽职尽责地开展应急处置。各级干部、特别是工商所广大干部职工、放弃节假日，开展奶制品市场清查，监督经营者下架、退市不合格奶制品，并对下架奶制品就地封存、专人专责跟踪、防止“回流”到市场。据统计，全省系统共销毁问题奶制品263.6吨，受到了各级党委、政府的充分肯定，赢得了群众的广泛赞誉。

【出口食品卫生注册企业实施分类管理】

为了提高卫生注册监管工作的有效性，不断完善出口食品生产卫生质量控制体系，强化企业诚信、自律意识，确保出口食品的安全卫生质量，甘肃检验检疫局制定了《出口食品生产企业分类管理办法（试行）》。

分类管理是指为实现科学管理、监管有效的目标，对出口食品生产企业的生产条件、管理水平、自检自控能力、产品质量情况、诚信状况等八个方面进行综合评价，评定不同等级。一级企业指按照卫生注册规范要求执行优秀的企业；二级企业指按照卫生注册规范要求执行良好的企业；三级企业指取得卫生注册，符合卫生注册规范要求的企业。分级结果将作为确定监管模式和对国外推荐注册的重要依据。

该局根据《办法》规定组成评定小组对所管辖的54家企业进行了分级评定，评定出一级企业4家，二级企业6家，三级企业45家。今后企业的分级评定工作将每年进行一次，根据企业的管理体系运行和硬件条件持续改进等情况实施动态管理，优胜劣汰。该办法也将根据运行情况不断补充完善，逐步推广实施。

【国内最大的啤酒原料科研生产基地】

甘肃省科技厅批准成立了“甘肃省啤酒花工程技术研究中心”。该中心是以甘肃省农垦农业研究院为依托单位，联合甘肃省国有饮马农场、甘肃省国营临泽农场和甘肃省国营黄花农场等单位共同组建的专业技术研究机构。该研究中心将充分利用甘肃省啤酒花行业现有的基础条件和科研、人才优势，立足甘肃，面向全国，按照“流动、开放、竞争、协作”的方针，建立开放的运行机制，通过产学研相结合，东西合作等途径，广泛吸纳国内外科技成果和人才，全面推进技术创新、体制创新和机制创新，努力将其建成促进甘肃省啤酒花产业发展的技术创新基地、科技成果转化基地、信息与技术扩散基地、人才培养与技术交流基地，为啤酒花产业发展提供技术支撑。

借啤酒花工程技术研究中心成立的东风，甘肃玉门市组建全国啤酒花加工产量最大的企业集团，年加工酒花3500吨，产量占全国的1/3多。甘肃拓璞科技有限公司联合两家啤酒花加工企业组建的啤酒花集团已成功签约。

玉门市是全国最适宜种植啤酒花的地区之一，生产的啤酒花以色正味浓、花体完整、甲酸含量高而闻名全国。玉门市已有啤酒花种植基地近两万亩，分别占全国和全省的33%和62%，年产鲜花1.7万吨。玉门市已建成压缩酒花生产加工企业23家，年加工压缩酒花3500余吨，产量占全国的1/3强。

玉门市还出台了《酒花基地建设三年规划》，计划每年新建酒花基地7000亩，力争3年内使玉门市区域内酒花面积增加两万亩以上，同时组建以拓璞公司为龙头的啤酒花集团公司，吸纳全市啤酒花加工企业加盟，组建国内最大的啤酒花集团。

将农业产业集团化，使许多农业企业的最大梦想，可真正要想付诸实施却不容易。第一个敢吃这只螃蟹的甘肃省啤酒麦芽加工企业—华悦集团，不仅率全国之先实现了农业集团化的企业运筹模式，而且还将先后分两期在兰州上马截至目前全国最大的两条啤酒麦芽生产线。第一期5万吨生产线已于8月18日在永登奠基开工。

这两条合计产量达15万吨的生产线，总投资3.8亿元，总占地160余亩。已开工建设的第一期5万吨麦芽生产线是引进设计最先进的德国设备，正常年产啤酒麦芽5万吨，消化啤酒大麦6万吨，该生产线拟于2009年9月建成投产。二期10万吨生产线也有望于明年在兰州市高新开发区彭家坪园区开工。

【大事记】

9月9日，一则题为《14名婴儿同患“肾结石”》的报道出现在《兰州晨报》上，报道中“长期食用某品牌奶粉而导致14名不满周岁婴儿患肾结石”的消息，旋即通过网络在全国引起强烈反响。

9月11日，兰州晨报记者沈丽莉、宋维国经过深入调查，在全国率先点名报道“三鹿问题奶粉”，为揭开问题奶粉的黑幕作出了重要贡献。

9月14日，卫生部部长陈竺带领有关司局领导及专家来到兰州，针对我省有关三鹿奶粉事件应急处置工作展开专项调研。

9月18日，2008年中国定西马铃薯大会在定西开幕。全国政协副主席民革中央常务副主席厉天畏宣布开幕。省政协主席陈学亨等出席开幕式。